中华现代佛学名著

新续高僧传

喻谦 编著　李云 点校

编委会

主　编：赖永海　陆国斌

编　委（以姓氏拼音为序）：

陈　坚	陈永革	程恭让	邓子美	董　平
董　群	府建明	龚　隽	洪修平	黄夏年
净　因	赖永海	李利安	李四龙	李向平
李　勇	刘立夫	刘泽亮	吕建福	麻天祥
潘桂明	圣　凯	唐忠毛	王邦维	王雷泉
王月清	魏道儒	温金玉	吴根友	吴晓梅
吴言生	吴忠伟	徐文明	徐小跃	杨维中
业露华	余日昌	张风雷	张　华	朱丽霞

出版策划：王　皓

总　序

晚清民国是中国近现代史上一个比较特殊却又非常重要的发展阶段。与清王朝的极度衰落相对应，中国佛教也进入一个"最黑暗时期"。在汉传佛教生死存亡的关键时刻，宁波天童寺的"八指头陀"和南京金陵刻经处的杨仁山居士，一僧一俗，遥相呼应，掀起了一场波澜壮阔的佛教复兴运动。

晚清民国的佛教复兴催生了一大批具有重大社会影响的佛教思想家。其中，既有以佛教为思想武器，唤醒民众起来推翻封建帝制的谭嗣同、章太炎，又有号召对传统佛教进行"三大革命"的太虚大师，更有许多教界、学界的知名学者，深入经藏，剖析佛理，探讨佛教的真精神，留下了数以百计的佛学著作。他们呼唤佛教应该"应时代之所需"，走上贴近社会、服务现实人生的"人间佛教"之路。这种"人间佛教"思潮，对当下的中国佛教仍然产生着深刻的影响。

晚清民国佛教复兴的另一个重要产物，是在中国近现代思想史上留下一大批哲学、佛学名著。诸如谭嗣同的《仁学》、太虚的《即人成佛的真现实论》、梁漱溟的《东西文化及其哲学》等。这批著作所产生的巨大影响力，既推动了当时中国佛教实现涅槃重生，实现历史性转变；也是那个时代整个社会思潮历史性转向的一个缩影，是一份极其宝贵的思想文化遗产。

习近平主席在联合国教科文组织总部的讲话中指出:"佛教产生于古代印度,但传入中国后,经过长期演化,佛教同中国儒家文化和道家文化融合发展,最终形成了具有中国特色的佛教文化,给中国人的宗教信仰、哲学观念、文学艺术、礼仪习俗等留下了深刻影响。"

从宗教、文化传播、发展史的角度说,佛法东传,既为佛教的发展焕发出生机,又为中国传统文化注入了活力。13世纪后,佛教在其发源地——印度日渐消失,与此不同,佛教在中国的发展却是另外一种景象。自两汉之际传入中国后,两千多年来,佛教与中国本土文化,在既相互排斥斗争,又相互吸收融合的道路上砥砺前行,逐渐发展成为一股与儒、道鼎足而三的重要的思想、学术潮流。此中,佛教在中国化过程中的契理契机,是其所以能不断发展壮大、历久弥新的最重要的原因之一。

值得一提的是,佛教的中国化,尤其是中国化佛教的形成,既成就了佛教自身,也进一步丰富和促进了中国传统文化的发展。

首先,中国化的佛教本身就是中国传统文化的一个重要组成部分,例如最能体现中国佛教特质的"禅宗",它本身就是一种中国传统文化。对此,学界、教界应已有共识。

其次,佛教的中国化,一直是在与中国本土文化互动的过程中实现的。在这个过程中,佛教对于中国本土传统文化影响之广泛和深远,在许多方面也是人们所始料未及的。

就哲学思想而论,中国古代传统的哲学思想,自魏晋南北朝起,就与外来的佛学产生深刻的互动乃至交融。佛教先是依附于老庄、玄学而得到传播,但当玄学发展到向、郭之义注时已达到顶点,是佛教的般若学从"不落'有''无'"的角度进一步发展了玄学。

隋唐时期的中国哲学，几乎是佛教哲学一家独大。此一时期作为儒家代表人物之韩（愈）、李（翱）、柳（宗元）、刘（禹锡）之哲学思想，实难与佛家之天台、华严、唯识、禅宗四大宗派的哲学思想相提并论。

宋明时期，儒学呈复兴之势，佛学则相对式微。但是，正如魏晋南北朝老庄玄学之成为"显学"，并不影响儒家思想在伦理纲常、王道政治等方面仍处于"主流"地位一样，对于宋明时期"中兴"的"新儒学"，如果就哲学思辨言，人们切不可忘记前贤先哲的一个重要评注："儒表佛里""阳儒阴释"。"儒表"一般是指宋明新儒学所讨论的大多是儒家的话题，如人伦道德、修齐治平，等等；"佛里"则是指佛教的本体论思维模式。一言以蔽之，宋明"新儒学"，实是以佛家本体论思维模式为依托建立起来的心性义理之学。

哲学之外，佛教对于中国本土传统文化的各种表现形式，诸如诗歌、书画、雕塑、建筑、戏剧、音乐乃至语言文字等，都有着十分深刻的影响。当今文史哲各学科，乃至社会各界之所以逐渐重视对佛学或佛教文化的研究，盖因中国传统文化与佛教确实存在着十分密切的甚至是内在的联系。就此而论，不了解佛教、佛学和佛教文化，实难对中国传统文化有一个全面深刻的理解和认识。

晚清民国时期是中国现代史上一个重要的历史阶段，也是中国本土文化与外来思想激烈碰撞的一个重要的时间节点。此一时期的中国佛教，一身而兼外来宗教与本土文化二任，扮演着十分重要的角色。当时所产生的一大批佛学名著，也是近现代中国思想文化的一个重要组成部分。整理、再版和研究这批历史名著，对于梳理近现代中国思想文化的发展大势，理解思想文化与社会发展之间的相互关系，进而达到文化自觉和文化自信，具有十分重要的意义。有鉴于此，商务印书馆约请了一批著名的佛学研究专家，组成"中华现代佛学名著"丛书编委会。由编委会遴选、整理出百部最具影响力的晚清民国时期的佛学名著，并约请了数十位专家、学者，撰写各部名著的导读。导读包含作者介绍、内容概要、思想特质、学术价值和历史影响等，使丛书能够最大限度地适应不同人群、不同文化层次读者的需求。丛书既为人文社会科学研究者提供了一批弥足珍贵的原始文献资料，也为普罗大众了解佛教文化打开了方便之门；既有利于进一步推动"全民阅读"和"书香社会"的建设，也能让流逝的历史文化获得重新彰显，让更多读者从优秀传统文化中汲取营养，不断提升人文素养和人生境界。应该说，这也是我们编纂"中华现代佛学名著"丛书之初衷。

佛学名著即将付梓，聊寄数语，以叙因缘，是为序。

赖永海
丁酉年仲秋于南京大学

凡　　例

一、"中华现代佛学名著"收录晚清以来,为中华学人所著,成就斐然、泽被学林的佛学研究著作。入选著作以名著为主,酌量选录名篇合集。

二、入选著作内容、编次一仍其旧,正文之前加专家导读,意在介绍作者学术成就、著作成书背景、学术价值及版本流变等情况。

三、入选著作率以原刊或作者修订、校阅本为底本,参校他本,正其讹误。前人引书,时有省略更改,倘不失原意,则不以原书文字改动引文;如确需校改,则出脚注说明版本依据,以"编者注"或"校者注"形式说明。

四、作者自有其文字风格,各时代均有其语言习惯,故不按现行用法、写法及表现手法改动原文;原书专名(人名、地名、术语)及译名与今不统一者,亦不作改动。如确系作者笔误、排印舛误、数据计算与外文拼写错误等,则予径改。

五、原书为直排繁体,除个别特殊情况,均改作横排简体。原书无标点,仅加断句;有简单断句者,不作改动;专名号从略。

六、原书篇后注原则上移作脚注,双行夹注改为单行夹注。文献著录则从其原貌,稍加统一。

七、原书因年代久远而字迹模糊或纸页残缺者,据所缺字数用"□"表示;字数难以确定者,则用"(下缺)"表示。

目　录

导读 ··· 李云　1
点校说明 ··· 9
引用书目 ·· 11
序一 ··· 16
序二 ··· 17
序三 ··· 20
序四 ··· 21
序五 ··· 22
述词 ··· 24
启 ··· 26

卷第一
译经篇第一之一　本传五人　附见十人 ································ 29
　　宋京师传法院沙门释法天传 ·· 29
　　宋京师传法院沙门释天息灾传　施护　道圆　行勤　光远
　　　··· 30
　　宋西夏护国仁王寺沙门释不动传 ···································· 32
　　宋京师传法院沙门释法护传　惟净　绍德　慧绚 ············· 32

1

宋京师传法院沙门释吉祥传　慈贤　金总持　日称 …… 34

卷第二

译经篇第一之二　本传九人　附见八人 …… 36

元甘泉马蹄山沙门释智慧传　广福　安藏　逸林 …… 36
元云南玉案山寺沙门释雄辩传 …… 37
元燕都庆寿寺沙门释沙啰巴传　刺温卜　迦啰思巴 …… 37
元燕都广寒院沙门释识里传 …… 38
元会稽圆通寺沙门释弘济传　般若空利 …… 39
明临安净慈寺沙门释宗泐传 …… 41
明金陵钟山西天寺沙门释智光传　班的答　惠辩 …… 42
清五台清凉山寺沙门释老藏传 …… 43
清蒙古多伦泊汇宗寺沙门释克图传 …… 44

卷第三

义解篇第二之一　本传廿四人　附见八人 …… 46

宋永嘉瑞鹿寺沙门释本先传 …… 46
宋温州东溪草堂沙门释处元传 …… 46
宋吴会北禅寺沙门释可观传 …… 47
宋永嘉开元寺沙门释继忠传 …… 47
宋武林灵山日观庵沙门释遵式传 …… 48
宋松江兴圣寺沙门释净真传 …… 49
宋杭州昭庆寺沙门释仁岳传 …… 50
宋温州瑞鹿寺沙门释遇安传 …… 51
宋武林凤凰山圣果寺沙门释希最传 …… 52

宋钱塘宝藏寺沙门释从义传 ………………………… 52

宋武林大悲阁沙门释玄净传 ………………………… 53

宋润州金山寺沙门释梵臻传 从谏 …………………… 54

宋凤凰山圣果寺沙门释佛护传 ……………………… 56

宋泉州宝胜院沙门释戒环传 ………………………… 56

南宋临安上天竺寺沙门释若讷传 …………………… 59

南宋余杭上天竺寺沙门释法照传 …………………… 59

南宋余杭上天竺寺沙门释善月传 …………………… 61

南宋临安净慈寺沙门释居简传 ……………………… 63

南宋台州白莲寺沙门释了然传 ……………………… 64

南宋临安上天竺寺沙门释应如传 本如 道如 …… 64

南宋明州宝林寺沙门释了宣传 善荣 ……………… 65

辽中京报恩传教寺沙门释法悟传 志福 …………… 66

辽燕京奉福寺沙门释非浊传 ………………………… 67

南诏苍山再光寺沙门释普瑞传 普济 皎渊 净妙澄
…………………………………………………………… 68

卷第四

义解篇第二之二 本传廿四人 附见十五人 …………… 70

元古杭净慈寺沙门释善庆传 ………………………… 70

元杭州上天竺寺沙门释性澄传 云梦泽 …………… 70

元杭州下天竺寺沙门释蒙润传 古源 竹堂传 …… 71

元古杭净慈寺沙门释处林传 及庵信 虚谷陵 夷简 …… 72

元杭州慧因寺沙门释盘谷传 ………………………… 74

元绍兴云门寺沙门释允若传 大山恢 ……………… 74

元杭州演福寺沙门释必才传 …… 75

元明州天童寺沙门释悟光传 …… 76

元杭州上天竺寺沙门释真净传 …… 77

元天台荐福寺沙门释善继传 …… 78

元明州宝云寺沙门释子文传 …… 79

元松江延庆寺沙门释融照传 …… 80

元四明延庆寺沙门释本无传 …… 80

元天台佛陇修禅寺沙门释可公传 …… 81

元五台山祐国寺沙门释文才传 迦罗斯巴 …… 81

元秦州景福寺沙门释英辩传 柏林潭 …… 82

元京都崇恩寺沙门释德谦传 …… 82

元京都庆寿寺沙门释达益巴传 绅思吉 …… 83

元京都宝集寺沙门释妙文传 大德明 …… 83

元五台山普宁寺沙门释了性传 …… 84

元玉山普安寺沙门释宝严传 大林性 …… 85

元金陵天禧寺沙门释志德传 海闻 法照禧 …… 85

元镇江普照寺沙门释普喜传 无念端 …… 86

元五台山金河寺沙门释道殿传 …… 86

卷第五

义解篇第二之三 正传十六人 附见十四人 …… 88

明大理荡山沙门释无极传 …… 88

明嘉定净信寺沙门释祖僴传 石室瑛 竹屋净 …… 90

明杭州上天竺寺沙门释弘道传 …… 90

明宁波普陀寺沙门释行丕传 …… 91

明松江兴圣寺沙门释原真传 …………………… 92
明阳山大慈寺沙门释善学传　原澄 …………… 92
明余杭上天竺寺沙门释慧日传　柏子庭 ……… 94
明余杭演福寺沙门释如玘传 …………………… 96
明绍兴宝林寺沙门释大同传　春谷　古怀肇　古林茂 … 96
明钱塘灵隐寺沙门释原瀞传 …………………… 98
明杭州集庆寺沙门释士璋传　天心莹 ………… 100
明婺州智者寺沙门释普仁传　德祥 …………… 101
明上海安国寺沙门释绍宗传　静庵镇 ………… 102
明余杭净慈寺沙门释明德传　悦堂颜 ………… 102
明会稽宝相寺沙门释怀渭传 …………………… 103
明钱塘灵隐寺沙门释大䜣传　了万　晦机　东叟 …… 104

卷第六

义解篇第二之四　正传十四人　附见九人 …… 105

明杭州净慈寺沙门释道联传　物先乂　宗静 … 105
明松江普照寺沙门释居敬传　东源 …………… 106
明杭州龙井寺沙门释普智传 …………………… 107
明姑苏延庆寺沙门释善启传 …………………… 107
明杭州上天竺寺沙门释永顾传　如兰 ………… 107
明桂林横州寿佛寺沙门释应能传 ……………… 108
明云南鸡足山大觉寺沙门释尽玄传　幻空 …… 109
明北直羊山秀峰庵沙门释明龙传　大光 ……… 110
明苏州华山寺沙门释祖住传　大章 …………… 110
明杭州净慈寺沙门释大壑传 …………………… 111

明余杭土桥庵沙门释圆珑传 绍觉承 真界 ………… 113
明隰州石室寺沙门释圆镜传 ………………………… 113
明应天栖霞寺沙门释真节传 ………………………… 114
明塘栖大善寺沙门释传如传 ………………………… 115

卷第七

义解篇第二之五 正传八人 附见十一人 ……… 117
  明金陵宝华山寺沙门释洪恩传 ………………… 117
  明嘉兴东禅寺沙门释明得传 百川海 妙峰觉 …… 118
  明杭州昭庆寺沙门释大惠传 绍觉 愚庵贵 …… 121
  明云南鸡足山放光寺沙门释禅传 ………………… 122
  明余杭径山寺沙门释圆澄传 ……………………… 123
  明天台慈云寺沙门释真清传 宝珠 荆山 月溪 …… 123
  明余杭径山寺沙门释真可传 密藏道开 法铠 性田
     …………………………………………………… 126
  明清凉山竹林寺沙门释镇澄传 小山笑岩 ……… 130

卷第八

义解篇第二之六 正传四人 附见十人 ………… 132
  明庐山法云寺沙门释德清传 西林 福善 通岸 通炯
    超逸 …………………………………………… 132
  明宝庆五台庵沙门释观衡传 惠仁 空印 ……… 136
  明余杭理安寺沙门释如嵩传 静明 易庵 ……… 138
  明定远白马山莲城寺沙门释清宣传 空谷 ……… 140

卷第九

义解篇第二之七 正传十二人 附见九人 …………… 141

清青阳九华山华严庵沙门释智旭传 ………………… 141

清杭州上天竺寺沙门释方誌传 ……………………… 143

清宜都青林寺沙门释道隆传 敏树 ………………… 144

清润州金山寺沙门释通问传 ………………………… 145

清润州金山江天寺沙门释超乐传 明铨 实雄 …… 146

清安徽清凉寺沙门释音可传 ………………………… 147

清峡州石塔寺沙门释戒隐传 德仪 ………………… 148

清当阳玉泉寺沙门释圆惺传 一真 大咸 ………… 148

清四明天童寺沙门释本晳传 ………………………… 150

清四明天童寺沙门释超静传 元盛 ………………… 151

清四明天童寺沙门释通门传 ………………………… 151

清燕都广济寺沙门释湛祐传 灵机观 天树植 …… 152

卷第十

义解篇第二之八 正传三人 附见二人 …………… 154

清燕都万善寺沙门释通理传 心兴 ………………… 154

清钱塘净慈寺沙门释明中传 实荫 ………………… 156

清句容赤山寺沙门释本心传 ………………………… 157

卷第十一

习禅篇第三之一 正传二十一人 附见二十人 …… 160

宋常德文殊寺沙门释心道传 ………………………… 160

宋西蜀昭觉寺沙门释纯白传 ………………………… 161

宋庆元天童寺沙门释普交传…………………… 162

宋潭州法轮寺沙门释应端传…………………… 163

宋温州龙翔寺沙门释士珪传 宗范…………… 163

宋衢州乌巨山沙门释道行传…………………… 164

宋余杭灵隐寺沙门释宗印传 希夷…………… 165

宋潭州大沩山沙门释法泰传…………………… 166

宋当阳玉泉寺沙门释务本传 文宣 可忠 慧远 宗道
　　怀远 知忍 知藏 怀静 齐月 慧本 ……… 166

宋衡山南岳石头庵沙门释怀志传……………… 168

宋眉州中岩寺沙门释祖觉传 慧日能 南堂静 …… 168

宋台州钓鱼台沙门释自回传…………………… 169

宋江宁蒋山太平兴国寺沙门释赞元传 法泉 … 170

宋虎邱云岩寺沙门释清顺传 子英 智通 慧光 …… 171

宋江宁太平兴国寺沙门释慧勲传 怀深 ……… 172

宋潼川护圣寺沙门释居静传…………………… 172

宋潭州大沩山沙门释清旦传…………………… 173

宋天台国清寺沙门释行机传…………………… 173

宋澧州灵岩寺沙门释仰安传 表自 …………… 174

宋江州圆通寺沙门释道旻传…………………… 175

宋隆兴云岩寺沙门释天游传…………………… 176

卷第十二

习禅篇第三之二 正传十二人 附见三人 …… 177

南宋西蜀昭觉寺沙门释克勤传………………… 177

南宋泉州教忠寺沙门释弥光传 黄檗祥 ……… 179

南宋嘉兴报恩寺沙门释法常传……………………………… 180
南宋成都信相寺沙门释宗显传……………………………… 181
南宋平江虎邱寺沙门释绍隆传……………………………… 182
南宋真州长芦庵沙门释青了传……………………………… 183
南宋天台山万年寺沙门释法一传…………………………… 183
南宋建康华藏寺沙门释安民传……………………………… 184
南宋潭州龙牙寺沙门释智才传……………………………… 185
南宋明州天童寺沙门释正觉传 枯木成 丹霞淳 …… 186
南宋临安径山寺沙门释宗杲传……………………………… 187
南宋绍兴慈氏院沙门释瑞仙传……………………………… 188

卷第十三

习禅篇第三之三 正传十七人 附见十人 …………… 190
南宋庆元育王山沙门释端裕传……………………………… 190
南宋隆兴黄龙寺沙门释道震传……………………………… 192
南宋华亭昭庆寺沙门释法宁传……………………………… 192
南宋安吉何山寺沙门释守珣传 广鉴英 …………… 193
南宋眉州象耳山沙门释袁觉传 佛性 ……………… 194
南宋成都昭觉寺沙门释道元传 大别道 …………… 194
南宋平江南峰寺沙门释云辩传 穹窿圆 …………… 195
南宋南康云居寺沙门释善悟传……………………………… 195
南宋隆兴黄龙寺沙门释法忠传……………………………… 196
南宋临安灵隐寺沙门释如珏传 寒岩升 广闻 …… 196
南宋天台护国寺沙门释景元传……………………………… 197
南宋临安净慈寺沙门释妙伦传……………………………… 198

南宋临安灵隐寺沙门释慧远传　灵岩徽 …………… 199
　　南宋临安径山寺沙门释智策传　寂室光　大圆 …… 200
　　南宋临安灵隐寺沙门释道枢传 ………………………… 201
　　南宋明州普陁山沙门释慧晖传　悟明 ………………… 202
　　南宋临安径山寺沙门释宝印传 ………………………… 203

卷第十四

　习禅篇第三之四　正传十三人　附见八人 …………… 205
　　南宋余杭净慈寺沙门释重显传　韩大伯　善暹 …… 205
　　南宋常州华藏寺沙门释有权传 ………………………… 207
　　南宋南康云居寺沙门释德昇传　慧温 ………………… 208
　　南宋南康云居寺沙门释自圆传　善能 ………………… 208
　　南宋临安净慈寺沙门释彦充传 ………………………… 209
　　南宋潭州上封寺沙门释讳才传　海印隆 ……………… 210
　　南宋明州天童寺沙门释文礼传 ………………………… 210
　　南宋临安灵隐寺沙门释德光传　光化吉 ……………… 211
　　南宋江州东林寺沙门释道颜传 ………………………… 212
　　南宋福州西禅寺沙门释鼎需传 ………………………… 213
　　南宋建宁沙门释道谦传 ………………………………… 213
　　南宋平江觉海寺沙门释法因传 ………………………… 214
　　南宋眉州中岩寺沙门释蕴能传　澄甫　崇真 ………… 214

卷第十五

　习禅篇第三之五　正传十三人　附见三人 …………… 216
　　南宋余杭灵隐寺沙门释之善传 ………………………… 216

南宋明州天童寺沙门释昙华传 …………………… 216

南宋婺州智者寺沙门释真慈传 …………………… 217

南宋福州鼓山寺沙门释安永传 安分 …………… 218

南宋临安净慈寺沙门释昙密传 …………………… 218

南宋明州天童寺沙门释咸杰传 …………………… 219

南宋夔州卧龙山沙门释祖先传 法薰 …………… 221

南宋临安灵隐寺沙门释崇岳传 …………………… 221

南宋临安径山寺沙门释师范传 …………………… 222

南宋名山天宁寺沙门释禅惠传 …………………… 223

南宋巴川宣密院沙门释显嵩传 净业 …………… 223

南宋平江静济寺沙门释法全传 …………………… 224

南宋临安径山寺沙门释道冲传 …………………… 224

卷第十六

习禅篇第三之六　正传七人　附见六人 ………… 226

金上京大储庆寺沙门释海慧传 清慧 …………… 226

金济南灵岩寺沙门释道询传 净如 ……………… 226

金燕都庆寿寺沙门释教亨传 普照宝 …………… 229

金燕都潭柘寺沙门释政言传 慈照 ……………… 230

金蓟州盘山双峰寺沙门释广温传 圆新 ………… 230

金郑州普照寺沙门释道悟传 白云海 …………… 231

金燕都潭柘寺沙门释相了传 ……………………… 232

卷第十七

习禅篇第三之七　正传二十人　附见九人 ……… 235

元庆元育王山沙门释如珙传…… 235

元余杭径山寺沙门释行端传…… 235

元泉州开元寺沙门释妙恩传 契祖 真首座 杰道者
…… 236

元燕都西刘村寺沙门释行秀传…… 237

元余杭净慈寺沙门释原妙传…… 238

元保定兴圣寺沙门释德富传…… 239

元明州佛岩寺沙门释天伦传…… 239

元吴兴霞雾山沙门释清珙传…… 240

元钱塘灵隐寺沙门释法林传…… 241

元义乌云黄山宝林寺沙门释绍大传…… 241

元径山兴圣万寿寺沙门释正源传…… 243

元金华天龙寺沙门释守贵传 大道平 千岩长 …… 243

元钱塘妙果寺沙门释水盛传…… 245

元泰安灵岩寺沙门释普就传…… 247

元泰安灵岩寺沙门释智慧传…… 247

元泉州开元寺沙门释如照传 道符 广漩 …… 248

元邹县大明禅院沙门释海印传…… 249

元余杭凤凰山圣果寺沙门释珠明传…… 249

元余杭吴山圣水寺沙门释明本传 惟则 …… 250

元兖州布金山大云寺沙门释行全传 德友 …… 251

卷第十八

习禅篇第三之八 正传十一人 附见五人 …… 252

明杭州灵隐寺沙门释可光传…… 252

明金陵钟山寺沙门释班的答传 …………………… 253
明宜兴龙池寺沙门释永宁传 …………………… 254
明处州福林禅院沙门释智度传 ………………… 257
明杭州净慈寺沙门释智及传 广智 ……………… 259
明四明宝陀寺沙门释慧照传 …………………… 260
明温州雁荡山罗汉寺沙门释正智传 大观 ……… 261
明五台山灵鹫庵沙门释宝金传 ………………… 263
明五台山寿安禅林沙门释具生传 ……………… 264
明杭州天目山沙门释印原传 智曈 ……………… 265
明虎邱云岩寺沙门释文琇传 慧无尽 灭宗起 …… 270

卷第十九

习禅篇第三之九 正传十二人 附见十三人 …… 271
明金陵灵谷寺沙门释道谦传 居顶 净戒 ………… 271
明金陵灵谷寺沙门释能义传 …………………… 272
明金陵灵谷寺沙门释三峰传 …………………… 272
明燕京潭柘山龙泉寺沙门释德始传 …………… 272
明五台山显通寺沙门释迦也失传 ……………… 273
明衡山南岳寺沙门释开缘传 宝珠 圆昂 ………… 274
明泉州开元寺沙门释道超传 秋鉴 祖渊 月溪 绝尘
　　无际 泽忠 ……………………………………… 274
明五台山普济寺沙门释净澄传 ………………… 275
明衡山南台寺沙门释无碍传 …………………… 276
明云南归化寺沙门释善坚传 铁封 ……………… 277
明金陵大报恩寺沙门释永宁传 ………………… 278

明云南鸡足山圣峰寺沙门释德住传　兴彻　祖复 …… 279

卷第二十

习禅篇第三之十　正传十人　附见三人 …………… 281
　　明摄山栖霞寺沙门释法会传 …………………… 281
　　明燕京吉祥院沙门释明信传 …………………… 283
　　明新城寿昌寺沙门释慧经传 …………………… 283
　　明青阳九华山沙门释性莲传 …………………… 286
　　明会稽华严寺沙门释志若传 …………………… 287
　　明庐山云中寺沙门释法忠传 …………………… 288
　　明燕京大慈寿寺沙门释觉淳传 ………………… 289
　　明临安东天目昭明寺沙门释如空传　晓本　性冲 …… 290
　　明金台龙华寺沙门释广祯传 …………………… 290
　　明会城斗光寺沙门释洪上传　不语僧 …………… 292

卷第二十一

习禅篇第三之十一　正传九人　附见三人 ………… 294
　　明径山化城寺沙门释法铠传 …………………… 294
　　明四明天童寺沙门释圆悟传 …………………… 295
　　明云南竹林寺沙门释密行传 …………………… 296
　　明荆南普仰寺沙门释正诲传　了凡昔 …………… 297
　　明云南水目山宝华寺沙门释洪如传 …………… 298
　　明湖州上柏山报恩禅院沙门释天隐传 ………… 298
　　明宁乡大沩山同庆寺沙门释如学传　圆上座 …… 301
　　明漳州南山报劬禅院沙门释亘信传 …………… 302

明夹山沙门释本豫传 方来 …………… 303

卷第二十二

习禅篇第三之十二　正传十二人　附见九人 …… 305
清峨眉毗卢院沙门释克诚传　贯之　性藏　实如 …… 305
清宁乡大沩密印寺沙门释正明传　慧山海 …… 305
清四明天童寺沙门释通贤传 …………… 306
清四明天童寺沙门释通容传 …………… 307
清四明天童寺沙门释道忞传 …………… 308
清钱塘净慈寺沙门释正喦传　方孝 …… 309
清孤屿江心寺沙门释本莹传 …………… 310
清瑞安仙岩寺沙门释超志传 …………… 310
清四明天童寺沙门释本画传 …………… 311
清荆南东山天齐禅院沙门释明智传　实妙 …… 312
清云南水目山宝华寺沙门释普行传　学蕴 …… 314
清富民九峰山西华寺沙门释慧宗传　心安　道瑞 …… 315

卷第二十三

习禅篇第三之十三　正传十四人　附见六人 …… 317
清燕京柏林寺沙门释超方传 …………… 317
清云南水目山宝华寺沙门释通荷传 …… 318
清永丰禅院沙门释本实传　洪中　海航 …… 319
清燕京西城云居寺沙门释僧广传 …… 320
清汉阳栖贤寺沙门释行敬传 …………… 321
清枝江玉安山六合寺沙门释行洪传 …… 322

清公安观音寺沙门释超乘传 云锡 ………… 324
清虎邱云岩寺沙门释弘储传 本琇 ………… 325
清昆明胜因寺沙门释德润传 ………………… 326
清蜀北给孤寺沙门释本襄传 懒石 福慧 … 327
清燕京海会寺沙门释超古传 ………………… 328
清怡山栖云寺沙门释超定传 ………………… 329
清青林龙安寺沙门释超况传 ………………… 330
清漳州驯虎岩沙门释超顶传 ………………… 331

卷第二十四

习禅篇第三之十四 正传十人 附见十一人 …… 333
清杭州理安寺沙门释行昱传 ………………… 333
清四川双桂福国院沙门释印水传 …………… 334
清杭州理安寺沙门释行悦传 行洸 ………… 335
清湘阴神鼎山沙门释行泽传 玄剑 修木 懋功 … 336
清杭州理安寺沙门释行珍传 斯瑞 ………… 338
清长沙岳麓万寿寺沙门释智檀传 操雪筠 … 340
清衡阳万寿寺沙门释行泰传 ………………… 342
清成都昭觉寺沙门释通醉传 溪声圆 佛冕纲 … 342
清杭州理安寺沙门释超格传 超彻 ………… 345
清杭州云林寺沙门释原志传 慧辂 智广 … 346

卷第二十五

习禅篇第三之十五 正传十三人 附见十人 … 348
清杭州理安寺沙门释性音传 ………………… 348

清润州金山江天寺沙门释实彻传 际云 ……… 349

清杭州理安寺沙门释明鼎传 ……… 350

清燕京西山普觉寺沙门释元日传 ……… 351

清杭州云林寺沙门释德元传 德琳 ……… 351

清四川双桂福国院沙门释真旻传 ……… 352

清杭州理安寺沙门释明羲传 实胜 ……… 354

清乌程阳山梵音院沙门释通授传 ……… 355

清成都昭觉寺沙门释了元传 际定 ……… 356

清杭州理安寺沙门释实月传 实道 ……… 358

清西蜀广行寺沙门释自光传 ……… 359

清扬州高旻寺沙门释际圣传 天慧彻 了贞 ……… 360

清天台国清寺沙门释道宗传 妙祥瑞 净鉴 文定静
……… 362

卷第二十六

习禅篇第三之十六 正传九人 附见十二人 ……… 364

清什邡罗汉寺沙门释达激传 月容 ……… 364

清云南水目山宝华寺沙门释祖真传 续果 ……… 365

清润州金山江天寺沙门释大定传 ……… 366

清金陵天宁寺沙门释不二传 焦山长老 ……… 367

清安陆西来寺沙门释秀野传 裕如 纯备 ……… 368

清九华山百岁宫沙门释宝悟传 宝初 宝月 宝印 ……… 368

清荆州如来庵沙门释朗明传 月明 永明 妙明 ……… 369

清衡阳岐山仁瑞寺沙门释无来传 懒放 ……… 370

清燕京广济寺沙门释古念传 ……… 373

17

卷第二十七

明律篇第四之一　正传十人　附见九人 ……………… 376
宋余杭昭庆寺沙门释允堪传 ……………………………… 376
宋钱塘灵芝寺沙门释元照传 ……………………………… 376
宋台州赤城寺沙门释有严传　妙生 ……………………… 378
辽蓟州磐山甘泉普济寺沙门释非觉传　等伟 …………… 378
金燕京左街净垢寺沙门释法律传 ………………………… 379
南宋四明湖心寺沙门释元肇传　道言　思敏 …………… 379
南宋新城碧沼寺沙门释宗利传 …………………………… 380
南宋桃源厉氏庵沙门释晞颜传　惟月 …………………… 381
南宋钱塘七宝院沙门释用钦传　行说　慧亨 …………… 381
元余姚极乐寺沙门释戒度传　旨公　智印 ……………… 382

卷第二十八

明律篇第四之二　正传十四人　附见四人 …………… 383
明华亭兴圣寺沙门释原真传　绍宗 ……………………… 383
明杭州昭庆寺沙门释朴原传　广霨　成玉 ……………… 383
明燕都普庆寺沙门释法闻传 ……………………………… 384
明燕都西山戒台寺沙门释道孚传 ………………………… 384
明金陵天隆寺沙门释如馨传 ……………………………… 385
明五台山清凉寺沙门释承芳传 …………………………… 386
明金陵极乐寺沙门释性相传 ……………………………… 387
明燕都古愍忠寺沙门释永海传 …………………………… 387
明金陵宝华山隆昌寺沙门释寂光传 ……………………… 388
明太原永明寺沙门释远清传 ……………………………… 389

明姑苏报国寺沙门释性祇传 ············· 390

明广陵福田律院沙门释性福传 ············· 391

明潭州三角山沙门释如幻传 ·············· 391

明云南鸡足山大觉寺沙门释真利传 明鉴 ······ 393

卷第二十九

明律篇第四之三 正传十五人 附见一人 ······ 394

清江宁古林寺沙门释性璞传 隐微理 ········ 394

清燕京广济寺沙门释海禄传 ·············· 395

清广陵五台律院沙门释书祯传 ············ 396

清江宁宝华山隆昌寺沙门释读体传 ········ 397

清晋陵天宁寺沙门释戒润传 ·············· 399

清江宁宝华山隆昌寺沙门释德基传 ········ 399

清宿迁极乐庵沙门释性澄传 ·············· 400

清杭州昭庆寺沙门释书玉传 ·············· 401

清姑苏狮林寺沙门释书秀传 ·············· 402

清淮安闻思寺沙门释真贤传 ·············· 403

清姑苏真谛寺沙门释书净传 ·············· 403

清燕京潭柘山岫云寺沙门释照福传 ········ 404

清金陵宝华山慧居寺沙门释真义传 ········ 405

清燕京潭柘山岫云寺沙门释超越传 ········ 406

清金陵慈应院沙门释通明传 ·············· 406

卷第三十

明律篇第四之四 正传十四人 附见八人 ······ 408

19

清金陵宝华山隆昌寺沙门释实琇传 心开 ………… 408
清凤山龙兴寺沙门释溥璘传 ………… 409
清维扬石塔寺沙门释学伦传 瑞亭 ………… 409
清燕京瑞应寺沙门释性证传 ………… 410
清宿迁极乐庵沙门释兴祥传 不器 ………… 411
清淮安普应寺沙门释溥范传 ………… 412
清毗陵永宁寺沙门释学潜传 ………… 412
清淮阴闻思寺沙门释溥训传 ………… 413
清徽州韵松山寺沙门释寂融传 心空 ………… 413
清江宁古林寺沙门释海华传 心融 隆野 印含 ……… 414
清燕京潭柘山岫云寺沙门释澄林传 ………… 415
清金陵宝华山隆昌寺沙门释常松传 ………… 416
清仪征隆觉寺沙门释洪建传 佛定 ………… 416
清燕京潭柘山岫云寺沙门释明寿传 ………… 417

卷第三十一

明律篇第四之五 正传十四人 附见四人 ………… 418
清燕京瑞应寺沙门释祥晖传 ………… 418
清徽州常乐庵释照宏传 ………… 419
清杭州昭庆寺沙门释随道传 福溶 ………… 419
清燕京潭柘山岫云寺沙门释源福传 ………… 420
清杭州昭庆寺沙门释果证传 ………… 420
清宿迁寿圣寺沙门释福住传 ………… 421
清淮安观音寺沙门释源长传 ………… 422
清金陵慈应寺沙门释心观传 ………… 423

清维扬石塔寺沙门释通和传 实森 …………… 423
清宿迁极乐庵沙门释来照传 德明 …………… 424
清燕京潭柘山岫云寺沙门释圆瑞传 …………… 425
清宿迁寿圣寺沙门释祥珠传 ………………… 425
清江阴圆觉庵沙门释宗深传 ………………… 426
清扬州慧因寺沙门释实长传 冶牧 …………… 427

卷第三十二

明律篇第四之六 正传五人 附见三人 …………… 429
  清金陵宝华山隆昌寺沙门释福聚传 …………… 429
  清仪征隆觉寺沙门释普悦传 ………………… 430
  清燕京潭柘山岫云寺沙门释源谅传 …………… 431
  清燕京法源寺沙门释性实传 ………………… 432
  清燕京法源寺沙门释昌涛传 信修 普照 海祥 …… 433

卷第三十三

护法篇第五之一 正传六人 附见三十六人 ………… 437
  宋钱塘灵隐寺沙门释契嵩传 ………………… 437
  宋余杭净慈寺沙门释妙堪传 ………………… 438
  宋余杭白云庵沙门释清觉传 ………………… 439
  元金陵钟山太平兴国寺沙门释妙高传 …………… 439
  元磐山甘泉普济寺沙门释祥迈传 辩的达拔合思八 福裕
    从超 德亨 从伦 圆胤 至温 明津 本璡 道云 了询
    庆规 行育 道寿 相儗 善朗 祖珪 元一 贵吉祥 伦
    吉祥 ………………………………………………… 440

元当阳玉泉山寺沙门释广铸传 止严 宝渊 惠溥 自智
　　福明 自善 明见 至悟 宗元 至福 至荣 绍中 虚谷
　　福资 广铭 福祐 …………………………………… 441

卷第三十四

护法篇第五之二 正传六人 附见四人 …………… 444
　明金陵大天界寺沙门释慧昙传 ………………… 444
　明金台永寿寺沙门释思敏传 邃庵 ……………… 446
　明杭州灵隐寺沙门释德明传 真祥 ……………… 447
　明杭州云居圣水寺沙门释寂心传 ……………… 447
　明燕都普济寺沙门释自成传 觉淳 本在 ……… 448
　明杭州净慈寺沙门释道富传 …………………… 450

卷第三十五

护法篇第五之三 正传十一人 附见十二人 …… 451
　清燕都广济寺沙门释宽寿传 …………………… 451
　清四川昭觉寺沙门释离指传 …………………… 452
　清云南鸡足山兰陀寺沙门释道足传 …………… 453
　清江宁古林寺沙门释本修传 续悟 ……………… 453
　清丹徒焦山定慧寺沙门释了然传 悟春 凡涤 超尘 一诚
　　　智林 明道 凡超 了因 净因 木森 圣举 …… 454
　清丹徒焦山自然庵沙门释修敏传 ……………… 456
　清长沙麓山寺沙门释芳圃传 …………………… 457
　清乐清白鹤寺沙门释华山传 …………………… 458
　清南海槟榔屿极乐寺沙门释复馀传 …………… 459

清金陵毗卢寺沙门释显文传 ………………………… 460
清常州天宁寺沙门释清镕传 ………………………… 461

卷第三十六

灵感篇第六之一　正传十一人　附见二人 …………… 463

宋汴京景德寺沙门释志言传 ………………………… 463
宋福州圣泉寺沙门释绍镫传 ………………………… 464
宋上海静安寺沙门释智俨传 ………………………… 465
宋温州沙门释了兴传 ………………………………… 465
宋天台常宁寺沙门释处谦传 ………………………… 466
宋四明雪窦栖云庵沙门释知和传 …………………… 467
金燕都潭柘山寺沙门释开性传 ……………………… 468
元邢州开元寺沙门释广恩传 ………………………… 468
元潭州天台山沙门释彭彭传 ………………………… 469
元大理沙门释左黎传　连精 ………………………… 470
元晋宁东山盘龙寺沙门释宗照传　空庵 …………… 471

卷第三十七

灵感篇第六之二　正传十四人　附见十人 …………… 472

明四明阿育王山广利寺沙门释崇裕传 ……………… 472
明台州国清寺沙门释昙噩传　荣枯木 ……………… 474
明四明瑞云山清凉寺沙门释僧茂传　启原 ………… 475
明襄阳承恩禅寺沙门释觉成传 ……………………… 477
明昆明大德寺沙门释道源传 ………………………… 477
明金陵法藏寺沙门释杜圣传　董伽　法光　大千 …… 478

明曲靖真峰山沙门释镜中传 志澄 匾囨 …… 478

明杭州佛慧寺沙门释圆果传 …… 479

明四川峨眉山沙门释万世传 年罗汉 …… 480

明云南鸡足山西来寺沙门释如唐传 大智 …… 481

明云南筇竹寺沙门释圆旭传 陕西僧 …… 482

明九江庐山寺沙门释法禅传 …… 482

明云南鸡足山大觉寺沙门释周理传 …… 483

明蓟州净业寺沙门释至明传 …… 484

卷第三十八

灵感篇第六之三 正传十六人 附见七人 …… 486

清燕京玉泉山二圣庵沙门释僧清传 …… 486

清云龙龙蟠寺沙门释法镫传 广术 …… 487

清衡阳法轮寺沙门释石隐传 …… 488

清燕京广济寺沙门释性美传 …… 489

清龙溪圆照寺沙门释行森传 …… 491

清江宁古林寺沙门释寂鼎传 能高 …… 492

清天台国清寺沙门释达珍传 宗海 素庵 昭月 …… 493

清宁乡大沩山密印寺沙门释濬明传 …… 494

清燕京潭柘山岫云寺沙门释广福传 …… 495

清荆州二神寺沙门释悟诚传 酒肆浮屠 …… 496

清衡阳培元寺沙门释无漏传 …… 497

清维扬沙门释澍荟传 …… 497

清润州焦山寺沙门释悟信传 …… 499

清五台山清凉寺沙门释源修传 释柱 …… 499

清燕京潭柘山岫云寺沙门释常顺传……500
清燕京法源寺沙门释护德传……502

卷第三十九

遗身篇第七之一　正传九人　附见四人……505
南宋临安净慈寺沙门释德辉传……505
南宋华亭青龙庵沙门释妙普传……505
元上海柘泽寺沙门释德林传……507
明长沙柏林寺沙门释明星传　曼荼罗尊者　参灵……507
明上海施水庵沙门释善信传……508
明金陵宝华山寺沙门释普照传……509
明荆门沙门释明秀传　明富……509
明富阳栗坞山沙门释康斋传　归化比丘尼……509
明蓟州林亭庵沙门释朗然传……510

卷第四十

遗身篇第七之二　正传十二人　附见九人……512
清杭州理安寺沙门释行果传　侍者……512
清江宁华山沙门释海润传　长泾僧　罗墅僧……512
清荆门沙门释无名传……513
清衡阳法轮寺沙门释淡远传　香英……513
清杭州云林寺沙门释止安传　定世……514
清南岳祝圣寺沙门释斋子传　慧明……515
清江南金山寺沙门释了庵传　络丝僧……515
清房山上方黄龙庵沙门释成渊传……516

清宜昌慈云寺沙门释惺参传　显远 …… 517
　　清荆州资圣寺沙门释性空传 …… 518
　　清常州天宁寺沙门释常慧传　香火道人 …… 518
　　清燕京隆安寺沙门释真源传 …… 519

卷第四十一

　净读篇第八之一　正传十五人　附见七人 …… 521
　　宋金陵太平兴国寺沙门释有基传 …… 521
　　宋四明延庆寺沙门释知礼传　省常 …… 521
　　宋乐清政洪寺沙门释觉秀传 …… 523
　　宋池阳松山庵沙门释义怀传 …… 523
　　宋东山承天寺沙门释本如传 …… 523
　　宋华亭超果寺沙门释灵照传 …… 524
　　宋余杭天竺寺沙门释思义传　可久 …… 524
　　宋余杭祥符寺沙门释择瑛传　从雅 …… 525
　　宋汴京慧林寺沙门释宗本传　善本 …… 526
　　宋泰山灵岩寺沙门释延珣传 …… 527
　　宋余杭法慧寺沙门释慧才传 …… 527
　　宋余杭天竺寺沙门释昙异传　宗坦 …… 528
　　宋甬东栖心寺沙门释中立传 …… 528
　　宋嘉禾崇福西寺沙门释智深传　智仙 …… 529
　　宋余杭法慧寺沙门释法宗传　思照 …… 529

卷第四十二

　净读篇第八之二　正传二十一人　附见二十二人 …… 531

南宋仙潭无量寿佛阁沙门释若愚传　则章 ·············· 531
南宋温州车溪寿圣寺沙门释如湛传 ··················· 531
南宋余杭天竺寺沙门释齐玉传 ························ 532
南宋临安祥符寺沙门释思净传 ························ 533
南宋润州焦山寺沙门释师体传 ························ 533
南宋淀山湖白莲寺沙门释子元传 ····················· 534
南宋松江延庆寺沙门释道因传　法因 ··············· 534
南宋永嘉资福院沙门释道琛传 ························ 535
南宋南湖禅寺沙门释妙云传　有朋 ··················· 536
南宋上虞化度寺沙门释智廉传　惟渥　冲益 ······ 536
南宋菁山常照寺沙门释慧明传　祖南　晞湛 ······ 537
南宋洪州黄檗山寺沙门释了义传　法持　昙懿 ··· 538
南宋钱塘法安寺沙门释思聪传　太微 ··············· 538
南宋乌镇嘉会寺沙门释若观传　师安　显超 ······ 539
南宋雪川千步寺沙门释有开传　如宝　莹珂 ······ 539
辽万宁上方山寺沙门释守常传　禅悦 ··············· 540
金燕都香林寺沙门释祖朗传　净观　利先 ········· 541
元蓟州云泉寺沙门释妙文传　善住　文慧 ········· 542
元嘉定西隐寺沙门释悦可传　祖辉　如鉴 ········· 542
元泰山沙门释大行传　叩头僧 ······················· 543
元余杭净慈寺沙门释蒙润传 ·························· 543

卷第四十三

净读篇第八之三　正传八人　附见十人 ············ 545
明余杭净慈寺沙门释可授传 ·························· 545

明黔中永祥寺沙门释兴宗传 周续 慧鉴 儒施 真怀
　　真全 ……………………………………………… 545
明通州静嘉寺沙门释本明传 性专 祖香 ……… 547
明嘉兴天宁寺沙门释僧秀传 月潭 …………… 547
明会稽沙门释明证传 静明尊者 ………………… 548
明梵村云栖寺沙门释袾宏传 …………………… 550
明怀庆龙冈寺沙门释如迁传 …………………… 553
明杭州资福院沙门释广彻传 体宽 ……………… 554

卷第四十四

净读篇第八之四 正传十二人 附见十五人 ……… 555
明南岳上封寺沙门释法祥传 ………………… 555
明燕都慈慧寺沙门释明玉传 真贵 …………… 556
明钱塘龙井寺沙门释如清传 传记 …………… 557
明幽溪高明寺沙门释传灯传 ………………… 558
明京口净业禅林沙门释古松传 了然 ………… 558
明青阳九华山东岩寺沙门释海玉传 传镫 …… 559
明新安黄山掷钵庵沙门释广寄传 宝相 墨浪 大守 毒鼓
　　……………………………………………… 559
明余杭径山寺沙门释圆信传 照御 …………… 561
明云南鸡足山大觉寺沙门释圆彩传 如然 云峰 …… 562
明会城大德寺沙门释如意传 向和尚 ………… 562
明常州天宁寺沙门释海宝传 无名僧 ………… 563
明仁和吉祥寺沙门释大云传 居溟 金童僧 …… 564

卷第四十五

净读篇第八之五 正传十二人 附见十七人 ·············· 565

清诸暨大雄寺沙门释大勋传 如会 ·············· 565

清常熟南沭静室沙门释崇文传 大真 道枢 具宗 ··· 566

清台州大慈寺沙门释灵睿传 恒转 ·············· 566

清江宁天界半峰寺沙门释成时传 林谷 万缘 ········ 567

清虞山普仁院沙门释行策传 指南 ·············· 568

清金陵大报恩寺沙门释普见传 ·············· 568

清云南鹿溪净乐庵沙门释性香传 寂舜 ·············· 569

清大理雨珠庵沙门释弘宗传 性遇 洪舒 德曙 法华尊者
·············· 570

清燕京广济寺沙门释正会传 振寰 ·············· 571

清鄮山阿育王寺沙门释实贤传 明宏 明德 ·········· 572

清淮安闻思寺释常智传 ·············· 573

清长沙泐潭寺沙门释衍义传 三尹 ·············· 573

卷第四十六

净读篇第八之六 正传十二人 附见八人 ·············· 575

清淮安诞登寺沙门释万清传 ·············· 575

清润州焦山寺沙门释福毅传 ·············· 576

清杭州文殊庵沙门释道彻传 ·············· 577

清吴山接引庵沙门释广志传 实圆 ·············· 577

清姑苏龙兴寺沙门释明悟传 德峻 ·············· 578

清杭州大椿禅院沙门释道证传 梅松 ·············· 579

清钱塘祇园庵沙门释闻言传 法真 ·············· 579

清天目山禅原寺沙门释实定传 际会 佛安 …… 580
清江宁灵谷寺沙门释绪守传 世璞 …… 581
清海宁护国禅院沙门释千一传 彻迷 …… 582
清杭州孤舟庵沙门释实裕传 …… 583
清海宁延恩寺沙门释谛勇传 …… 584

卷第四十七

净读篇第八之七　正传十一人　附见九人 …… 585

清红螺山资福寺沙门释际醒传 …… 585
清嘉禾觉海寺沙门释达纯传 …… 587
清江宁灵谷寺沙门释衍绍传 …… 588
清云间西禅寺沙门释悟虔传 …… 588
清润州焦山寺沙门释觉源传 灏融缘 …… 588
清姑苏南禅寺沙门释佛度传 绝相 孙东瓜 …… 591
清杭州东园德宁庵沙门释律净传 戒乘 …… 591
清金陵鹫峰寺沙门释正真传 …… 592
清天台山国清寺沙门释小有传 妙修 静清 崇池 …… 593
清镇江良篷山寺沙门释自明传 如月 …… 594
清高邮观音寺沙门释松园传 清法 …… 594

卷第四十八

净读篇第八之八　正传十二人　附见十二人 …… 596

清衡州中正禅林沙门释离尘传 …… 596
清曲阳黄山寺沙门释正通传 …… 596
清成都宝光寺沙门释宗质传 …… 597

清长沙岳麓万寿寺沙门释映冰传 一心 心有 续乘
　　　　.. 597
清丹徒竹林寺沙门释悟先传 598
清润州焦山定慧寺沙门释大须传 600
清善化护国寺沙门释慧圆传 开慧 灵一 600
清宝庆点石禅林沙门释仁里传 开莲 601
清乐清净济寺沙门释机溥传 彦恢胜 妙能 大海 603
清上海玉佛寺沙门释戒然传 604
清衡州西禅寺沙门释常析传 惟澄 605
清燕都南城观音院沙门释清苦传 乘参 恒修 607

卷第四十九

兴福篇第九之一　正传十一人　附见十二人 609
宋余杭灵隐寺沙门释幻旻传 609
宋南诏水目山寺沙门释普济传 净妙澄 皎渊 阿标头陀
　　　　.. 610
宋润州金山寺沙门释瑞新传 610
南宋温陵开元寺沙门释敦照传 体瑛 祖机 法均 本一
　　　善演　嗣祖 611
南宋四明延庆寺沙门释子亲传 文表 613
南宋温陵开元寺沙门释了性传 守净 613
南宋临安灵隐寺沙门释道昌传 614
南宋临安净慈寺沙门释可宣传 妙崧 615
南宋黄山云岭禅院沙门释云林传 615
南宋明州天童寺沙门释祖智传 616

南宋福州雪峰寺沙门释天锡传 ……………… 617

卷第五十

兴福篇第九之二　正传十四人　附见十八人 ……… 618

金徂徕山法云禅寺沙门释福灯传　善宁　法朗　智崇
………………………………………… 618

金上方山感化寺沙门释澄方传　圆覆　宝公 ……… 619

金沂州普照寺沙门释觉海传 ………………… 620

元云南大德寺沙门释玄坚传　节思朴　大云 ……… 621

元云南真峰山正法寺沙门释玄鉴传　大休　宗屿 …… 622

元鼓山白云峰涌泉寺沙门释如山传　道杰　崇祖 …… 623

元伏龙山圣寿寺沙门释元长传 ……………… 624

元磐山北少林寺沙门释云威传　圆悟 …………… 626

元泉州开元寺沙门释伯福传　守慈　永宝 ………… 627

元当阳玉泉山寺沙门释慧珍传　霞璧　宝镜 ……… 627

元泰安竹林宝峰寺沙门释法海传 ……………… 628

元泰安灵岩寺沙门释净肃传 ………………… 629

元金陵钟山太平兴国寺沙门释守忠传 …………… 630

元云南崇宝山正觉寺沙门释定山传　悦颜　普觉
………………………………………… 631

卷第五十一

兴福篇第九之三　正传十人　附见一人 …………… 632

明衢州西安福慧寺沙门释世愚传 ……………… 632

明杭州灵隐寺沙门释辅良传 ………………… 634

明钱塘净慈寺沙门释智顺传 ………………………… 636

明四明天童寺沙门释元良传 ………………………… 638

明金陵大天界寺沙门释力金传 ……………………… 638

明金陵灵谷寺沙门释仲羲传 古新 …………………… 640

明崇恩演福寺沙门释显示传 ………………………… 641

明宁海报恩寺沙门释自缘传 ………………………… 642

明天台上云峰证道寺沙门释祖镫传 ………………… 643

明金陵大天界寺沙门释怀信传 ……………………… 645

卷第五十二

兴福篇第九之四 正传十二人 附见十一人 ……… 648

明杭州灵隐寺沙门释忻悟传 ………………………… 648

明金陵大天界寺沙门释夷简传 ……………………… 648

明五台山显通寺沙门释葛里麻传 …………………… 649

明铜梁龙兴寺沙门释空源传 圆聪 智云 明愈 本尊
……………………………………………………… 650

明江宁华严寺沙门释佛妙传 果开 祖祥 …………… 650

明泉州开元寺沙门释正映传 本源 …………………… 651

明杭州净慈寺沙门释师颐传 天宇净 时庵敷 ……… 652

明四明天童寺沙门释祖渊传 ………………………… 653

明杭州净慈寺沙门释宗妙传 ………………………… 654

明远安福河寺沙门释普亮传 弘参 深润 …………… 655

明凤凰山圣果寺沙门释子敬传 ……………………… 656

明泰山竹林寺沙门释满空传 ………………………… 656

卷第五十三

兴福篇第九之五　正传十一人　附见十九人 ············ 657

　明杭州净慈寺沙门释智源传 ················· 657

　明燕京法华寺沙门释德聚传　祖能 ············· 658

　明当阳玉泉山寺沙门释广镇传　碧潭　静玺　道泰　悟景
　　　普旺　青普 ························ 659

　明燕京广济寺沙门释普慧传　且住 ············· 660

　明润州焦山普济寺沙门释妙福传　慧印　乐一 ······ 661

　明宜都显明山寺沙门释道庆传　妙性　明镜 ······· 661

　明昆明妙湛寺沙门释悟本传　净月 ············· 662

　明润州金山灵观阁沙门释定清传 ·············· 662

　明通海东华山寺沙门释慧心传　真澄 ··········· 663

　明峨眉普贤寺沙门释慧宗传　宝昙　无穷 ········ 664

　明洱海般若寺沙门释真语传　圆省　定堂　南嵩 ···· 665

卷第五十四

兴福篇第九之六　正传十四人　附见十人 ············ 667

　明房山上方普济寺沙门释银圆传 ·············· 667

　明黄山慈光寺沙门释惟安传 ················· 667

　明当阳玉泉紫紫庵沙门释法瑄传 ·············· 669

　明鼓山白云洞沙门释悟宗传 ················· 669

　明宜都广济寺沙门释彻天传　彻容 ············· 670

　明黄山云岭禅院沙门释如本传　妙光慧　栎庵 ····· 671

　明杭州灵隐寺沙门释如通传　良玠　慎庵祥 ······· 672

　明沙市白斋庵沙门释道通传　德全　香林 ········ 673

明云中普兴禅院沙门释义玄传……674

明皖中浮山华严寺沙门释本智传……674

明远安寿隆寺沙门释普义传……676

明燕京资福寺沙门释镇端传……677

明梓潼回龙寺沙门释慧慈传 无妄……678

明代州七佛寺沙门释道相传 道梅 法源……678

卷第五十五

兴福篇第九之七 正传九人 附见三人……680

明五台山圣光寺沙门释福登传……680

明云南鸡足山传衣寺沙门释寂观传……682

明四川黄龙寺沙门释观止传……683

明曲靖玉龙寺沙门释海量传 来秀 性寿……683

明鼓山白云峰涌泉寺沙门释大舣传……684

明润州金山寺沙门释洪肇传……685

明湘乡荆紫山寺沙门释无学传……686

明杭州上天竺寺沙门释万灵传 万富……687

明端州庆云禅院沙门释道邱传……687

卷第五十六

兴福篇第九之八 正传十一人 附见七人……689

清云南鸡足山断际庵沙门释寂定传 楚石 普联……689

清四明大梅山保福寺沙门释行帜传……690

清公安玉泉寺沙门释海福传……691

清当阳东禅堂沙门释性关传 觉聪 本赤 印正……692

35

清荆州天王寺沙门释慧海传 …………………… 692

清四川双桂福国禅院沙门释海明传 …………… 693

清盘山正法禅院沙门释行乾传 养心 …………… 694

清黄檗山寺沙门释隆琦传 ……………………… 695

清兴教万寿禅寺沙门释道仁传 ………………… 696

清黄檗山寺沙门释性愿传 超炯 ………………… 697

清衡阳东山智胜寺沙门释明德传 ……………… 699

卷第五十七

兴福篇第九之九 正传十一人 附见十七人 …… 700

清五台山清凉寺沙门释老藏传 ………………… 700

清仙溪城峰禅院沙门释一空传 ………………… 701

清漳州南山万善庵沙门释无疑传 行勉 ………… 702

清杭州灵隐寺沙门释弘礼传 戒显 济玹 ……… 703

清公安报慈寺沙门释济亮传 问石 原直 树可彻 雪干远 ……………………………………… 704

清潭州大沩山寺沙门释明应传 要旨辉 敬元足 浮雪正 天枢铉 远目敬 …………………… 706

清临安迎恩寺沙门释净极传 普灼 妙庵 性融 悟祯 ……………………………………… 708

清金陵灵谷禅寺沙门释宗运传 际曙 …………… 709

清杭州灵隐寺沙门释性证传 …………………… 709

清仁和艮山崇福寺沙门释超海传 ……………… 710

清四明阿育王山沙门释持荃传 ………………… 710

卷第五十八

  兴福篇第九之十　正传十四人　附见四人 …………… 712

    清江宁古林寺沙门释普璠传 ………………………… 712
    清虞山福兴寺沙门释然理传 ………………………… 712
    清维扬智珠寺沙门释性贤传 ………………………… 713
    清姑苏治平寺沙门释性言传 ………………………… 714
    清镇海瑞岩寺沙门释宗辉传 ………………………… 714
    清燕京潭柘山岫云寺沙门释圆琳传 ………………… 715
    清龙城双凤山朝阳寺沙门释语莲传　吼天 ………… 716
    清孤屿江心寺沙门释通榛传 ………………………… 717
    清燕京龙泉寺沙门释真如传　月天宽 ……………… 718
    清衡山晓霞峰沙门释续桂传 ………………………… 719
    清当阳玉泉寺沙门释惠证传　寂清 ………………… 720
    清衡阳太和庵沙门释果法传　清和澄 ……………… 720
    清新化四愿禅寺沙门释慈源传 ……………………… 721
    清长沙定湘王庙沙门释续成传 ……………………… 721

卷第五十九

  兴福篇第九之十一　正传十六人　附见十二人 …… 723

    清新都宝光寺沙门释觉贤传　真印 ………………… 723
    清燕京圆广寺沙门释显珠传 ………………………… 725
    清燕京潭柘山岫云寺沙门释普德传 ………………… 725
    清沔阳甘露寺沙门释悟丘传　昌珩 ………………… 726
    清江陵章华寺沙门释松青传 ………………………… 727
    清新都宝光寺沙门释宗兴传　本立　清福　达摩波罗
     …………………………………………………………… 728

清东天目山昭明寺沙门释顿觉传　圆参　慈寿 ……… 730
清东安麒麟寺沙门释无彼传 …………………… 731
清成都昭觉寺沙门释通朗传 …………………… 732
清润州焦山定慧寺沙门释常照传　肇圆 ……… 733
清江宁古林寺沙门释昌心传　虚舟真　辅仁友 …… 734
清南海槟榔屿极乐寺沙门释地华传　奇量 …… 735
清汉阳圆照寺沙门释体海传 …………………… 736
清燕京潭柘山岫云寺沙门释觉海传 …………… 737
清维扬福缘寺沙门释日照传 …………………… 737
清梓潼永利寺沙门释圆镜传　海瑞 …………… 738

卷第六十

杂识篇第十之一　正传十一人　附见六人 ……… 740
宋京师左街天寿寺沙门释赞宁传 ……………… 740
宋虎邱云岩寺沙门释元净传　思悦 …………… 741
宋余杭灵隐寺沙门释如璧传　白崖长老　如琳　慧光
　………………………………………………… 741
宋润州金山寺沙门释怀贤传 …………………… 742
宋金陵太平兴国寺沙门释良策传 ……………… 744
宋潭州南岳寺沙门释宣义传　了信 …………… 744
宋长沙开福寺沙门释洪蕴传　法坚 …………… 745
宋真定木浮图寺沙门释怀丙传 ………………… 745
宋京师相国寺沙门释智缘传 …………………… 746
宋四明雪窦资圣寺沙门释昙颖传 ……………… 747
宋温州明庆院沙门释处严传 …………………… 747

卷第六十一

杂识篇第十之二 正传十人 附见四人 ……………… 750

南宋泉州开元尊胜院沙门释太初传 宗达 ………… 750

南宋江西罗湖沙门释晓莹传 ………………………… 751

南宋临安灵隐寺沙门释智融传 ……………………… 751

元云南苍山寺沙门释圆护传 ………………………… 752

元余杭净慈寺沙门释希陵传 ………………………… 752

元四明仗锡延胜寺沙门释炳同传 善来 …………… 753

元泰安灵岩寺沙门释福海传 觉达 ………………… 753

元泰安灵岩寺沙门释思泉传 思亨 ………………… 755

元泉州开元寺沙门释大圭传 ………………………… 756

元渭南洪福寺沙门释子成传 ………………………… 756

卷第六十二

杂识篇第十之三 正传十五人 附见十九人 ……… 758

明海盐福臻寺沙门释梵琦传 梅雪 ………………… 758

明虎邱云岩寺沙门释至仁传 心觉 德珉 ………… 759

明福州鼓山涌泉寺沙门释宗繁传 善缘 …………… 759

明泉州开元东塔院沙门释正派传 无断 …………… 760

明燕京万福寺沙门释净伦传 觉明 觉义 波罗 …… 761

明荆州普仰寺沙门释满秀传 正海 死心 ………… 762

明云南昆明寺沙门释广慧传 天祥 ………………… 762

明杭州云居圣水寺沙门释照兼传 清荫 寂章 …… 763

明荆州天皇寺沙门释寒灰传 常镇 碧空 ………… 764

明永嘉西苓紫芝峰沙门释性静传 …………………… 765

明福州鼓山涌泉寺沙门释智闇传 ················ 766

明金陵栖贤庵寺沙门释性洁传 ················· 766

明云南石宝山宝岩居沙门释思明传 大错 警秀 ······ 767

明杭州云居圣水寺沙门释德璟传 德一 德言 ······· 768

明福州雪峰寺沙门释超弘传 ·················· 769

卷第六十三

杂识篇第十之四 正传十四人 附见十人 ·········· 771

清虎邱云岩寺沙门释自扃传 ················· 771

清鼓山白云峰涌泉寺沙门释元贤传 道霈 法文 ····· 771

清泰山普照寺沙门释元玉传 佛藏正 ············ 773

清四明天童寺沙门释本㒥传 一揆 ············· 774

清磐山青沟禅院沙门释智朴传 ················ 775

清福州雪峰寺沙门释照拙传 ················· 776

清漳州南山报劬寺沙门释超极传 ·············· 776

清长沙岳麓寺沙门释续灯传 ················· 777

清嘉鱼西安禅院沙门释弘照传 宏琛 ············ 778

清燕京观音禅寺沙门释元彻传 ················ 779

清南岳石浪庵沙门释法智传 异目宗 ············ 780

清黄山云岭禅院沙门释普信传 苍霞际 ·········· 781

清昆明妙湛寺沙门释读彻传 一雨 水月 ········· 781

清大埔南安寺沙门释幽明传 成鹫 ············· 784

卷第六十四

　　杂识篇第十之五　正传十二人　附见十七人 ………… 786

　　　清当阳玉泉寺沙门释道严传　道乾　遍见　弘礼　性恺

　　　　圣义 ……………………………………………… 786

　　　清海宁安国寺沙门释大涵传 ………………………… 787

　　　清房山上方山寺沙门释常岫传　大观　知幻　达闻 … 788

　　　清太平白雀雨花寺沙门释圣通传　东悟本 ………… 789

　　　清南岳晓霞峰沙门释文惺传　大成 ………………… 791

　　　清润州焦山寺沙门释智先传　德镜　行载 ………… 792

　　　清杭州云居圣水寺沙门释詠湛传　通渊　元玢　实懿

　　　　……………………………………………………… 792

　　　清福州雪峰寺沙门释海印传 ………………………… 793

　　　清杭州净慈寺沙门释明幢传 ………………………… 794

　　　清杭州云林寺沙门释义果传　上志 ………………… 794

　　　清栖水大善寺沙门释篆玉传 ………………………… 795

　　　清长沙华林寺沙门释文楷传　文畅 ………………… 796

卷第六十五

　　杂识篇第十之六　正传十一人　附见十八人 ………… 798

　　　清长沙铁佛寺沙门释无迹传 ………………………… 798

　　　清金陵灵谷寺沙门释弥垠传　弥澍 ………………… 798

　　　清杭州云林寺沙门释悟森传　见初　品莲月　宝林鉴　品高

　　　　峰　体纯洁　研庵谦 ……………………………… 799

　　　清丹徒焦山定慧寺沙门释清恒传　觉镫　觉铨 …… 801

清铜梁寿隆寺沙门释悟贤传 真空　智昙 ……………801

清峨眉卧云庵沙门释源通传 六义　涌泉　德辉 ……802

清公安今古寺沙门释如慧传 ………………………803

清当阳玉泉寺沙门释隆昇传 培润滋　香山漾 ……803

清金陵灵谷寺沙门释袮修传 光莲 …………………804

清成都昭觉寺沙门释照常传 …………………………805

清四明天童寺沙门释敬安传 精一 …………………806

导　读

李　云

　　《新续高僧传》,全名《新续高僧传四集》,近代学者、佛教居士喻谦编撰,是我国继南朝梁代释慧皎《高僧传》、唐代释道宣《续高僧传》、宋代释赞宁《宋高僧传》、明代释如惺《明高僧传》之后,又一部记载佛教高僧之行谊的传记体著作。

　　喻谦,字昧庵,湖南衡阳人,清末卓有盛名的儒学大家王闿运之弟子,与夏寿田、杨度以及"王门四将"齐白石、曾昭吉、张正旸、释敬安等人为同门师兄弟。曾留学日本,归国后一度执教衡阳船山书院。据当代著名佛教文献学家苏晋仁回忆,民国二十二年(1933),喻昧庵逝世于北平菜市口半截胡同衡山会馆,其父与喻昧庵为同门,当时客居衡阳,闻讯挽联以悼念:"二十年故里论交游,时领藻辞钦益友;三千里天涯同客帐,未曾趋奠哭先生。"①

　　自晚清以来,就外部环境而言,由于国力衰弱,财政危机日益严重,政府一方面对佛教疏于管理,另一方面为解决财政危机大量征取或侵吞佛教寺产,给佛教发展带来契机的同时又造成很大压力。就内部状况而言,佛教典籍亡佚严重,佛教教育匮乏,佛学人才凋零,僧伽制度松散,使得佛教发展失去内在动力。正是在这一

---

① 参见苏晋仁:《佛教文化与历史》,中央民族大学出版社1998年版,第305页。

历史背景之下,教内外一些有识之士和高僧大德为振兴佛教,开始重新关注佛教事业的发展,除自觉研习佛教文献以外,积极搜集海内外佛教典籍,大力推动僧伽制度改革,兴办教育培养佛教人才,中国佛教一度呈现出复兴之势。《新续高僧传》正是这一时代浪潮下的新产物。

民国前期,特别是袁世凯复辟帝制失败以后,南北军阀彼此混战,极力扩充军事地盘,湖南一度成为南北军阀激烈争夺之地,战火蔓延整个湖湘地区。戊午年(1918)秋,衡阳喻昧庵为免战乱之祸,避地北来,寓居于当时文士学者交游聚居之地——北京法源寺。适时,法源寺住持道阶法师"鸠聚同参,缵承坠绪,重开《新续高僧传》馆于北京法源寺"(《启》),聘请喻昧庵以纂修之职,先修《法源寺志》,数月而成。迨完稿以后,道阶法师复以《新续高僧传》相属,喻昧庵力辞不获,遂着手编纂。"第以如惺所辑,才及数卷,辞事阙略,参差尤甚,不能称为完书"(靳云鹏《序》),故将如惺《明高僧传》扩而充之,广搜群典,"百方采辑,五载精勤,甄今陶古,门分类别"(严修《序》),参征博引,历时五年,于癸亥年(1923)夏四月撰述成帙,名为《新续高僧传四集》。

关于这一题名,起源于近代著名佛教居士杨仁山之议。光绪十年(1884),杨仁山居士于金陵刻经处刊印慧皎《高僧传》时,在序后题识中提道:

> 藏内《高僧传》,凡有四部,此其一也。古本十四轴,今作十六卷,到梁天监中而止。唐释道宣续之,终于贞观间,凡四十卷,曰《续高僧传》。宋释赞宁又续之,迄于端拱之初,凡三十卷,曰《宋高僧传》。至明季,沙门如惺辑录南宋元明大德,

仅成六卷,曰《明高僧传》。窃以宋明二传,命名未恰,盖《宋传》中多唐五代人,而《明传》宋元人居多。今酌易其名,于第一部则曰《高僧传》初集,《续传》则曰二集,《宋传》则曰三集。至于《明传》,遗漏殊多,未臻完善。拟博采群书,自北宋以迄于今,择其道行超卓者,汇为一编,名曰四集。

于是踌躇再四,几经磋商,仍据杨仁山之论,最终定名为《新续高僧传四集》。

《新续高僧传》全六十六卷,卷首一卷,正文六十五卷。传记年代起于北宋端拱,迄于清末宣统,前后时间达一千余年。其编撰体例,效仿梁慧皎《高僧传》、唐道宣《续高僧传》、宋赞宁《宋高僧传》之分科模式,且在如惺《明高僧传》的基础上,扩大其体例。义分十科,具体包括:"译经篇"两卷,从卷一至卷二,分科依据为:"西竺遗经,尚未尽出,有能译得未刊之典,残编剩义,尤当宝贵。""义解篇"八卷,从卷三至卷十,分科依据为:"寻文见义,豁然悟解,或释经训,或撰语录,说理精深,方当此选。""习禅篇"十六卷,从卷十一至卷二十六,分科依据为:"清修枯坐,万念俱亡,幽山穷岩,古佛所宅,闭关深造,方足当之。""明律篇"六卷,从卷二十七至卷三十二,分科依据为:"精严戒德,说法警众,勘破虚妄,著有律训者,均入此科。""护法篇"三卷,从卷三十三至卷三十五,分科依据为:"外道相贼,功深捍卫,议论纵横,辩者莫当,或以身殉,尤为难能。"梁传无此科,唐宋传增设。"灵感篇"三卷,从卷三十六至卷三十八,分科依据为:"至诚所积,感而遂通,理有自然,世俗罕测,事必可验,道无或爽。"此科,梁传作"神异",唐宋传作"感通"。"遗身篇"两卷,从卷三十九至卷四十,分科依据为:"捐躯见志,明道相期，舍此秽浊，回我金刚，心无疾忿，方足称此。"此科，梁传作"忘身"，唐宋传亦作"遗身"。"净读篇"八卷，从卷四十一至卷四十八，分科依据为："诵经讽佛，是曰净修，功果圆时，西土非遥，念念自持，庶证真如。"此科，梁传有"诵经""经师"两科，唐宋传改为"诵读"，一起并入此科。"兴福篇"十一卷，从卷四十九至卷五十九，分科依据为："名胜古刹，岁久荒落，苦志重修，或启兰若，独自创构，厥功尤伟。""杂识篇"六卷，从卷六十至卷六十五，分科依据为："声音文字，足显佛法，自古以来，不废此科，戒德无愆，不愧斯选。"此科，梁传作"唱导"，唐传作"杂科"，宋传作"杂科声德"。对于这十科分类模式，喻昧庵总结说："至于分科别目，虽参新谊，实率旧章，几经咨度，就正有道。"（喻谦《述词》）分科虽因袭旧传，实有因有革。

《新续高僧传》辑成以后，道阶法师邀请印光法师进行校刊订正。为此，印光法师还曾专门与著名藏书家丁福保居士以及许止净居士进行协商，一度试图修缮全书。据印光法师《复丁福保居士书廿一》所述：

> 《高僧传》尚待三年方刻板，五年始出书，其中错讹甚多，以喻昧庵身有职业，代为纂辑，写排之际，皆未详校。彼再三祈光校，而光直日不暇给。今日来信，言期缓三年，则不足忧。然其所阅书，多属各省府县志及所列种书，固不甚多，其中遗佚当不在少。汝于群籍，颇称博览，凡有出格古德传中无者，当为抄出，按订年时，以备刻时随科前后附入。又此集无论，光欲请许止净居士作论，俾与前三集体裁一同。又梁唐宋三集，皆有遗佚，如于古书中见有出格高僧传中无者，亦抄出，附

一补遗一编于后。

根据印光法师信中所述，《新续高僧传》稿就初成，然错讹甚多，若要完善，须花费较长时间进行校订，不可急于刊印。丁福保居士藏书甚富，博览群籍，印光法师写信给他，希望他能够搜集其中之遗佚，并作梁唐宋三传之补遗，汇集成册，附编于后。与此同时，印光法师邀请文笔高迈的许止净居士为新传作论，冀与前三集体裁相一致。遗憾的是，诸缘不具，最终未克成议。

该传编撰过程中，搜罗文献甚多，亦可谓博览群籍。除卷首所述各省通志、县志，宋、辽、金、元、明诸史以及各家语录以外，引用灯录、碑传、山志、寺志、文集等凡六十余种，参征广博，精言有确。根据传记具体内容来看，该传所用参考书目仍有许多并未列入，实际使用文献远超卷首所述。

就涉及人物而言，据统计所收正传七百八十八人，附传六百二十八人，著录僧人数量甚巨，是南朝梁代以来收载高僧最多的一部传记。辑录的高僧以比丘为主，但亦有少数比丘尼收入。例如卷三十七《僧茂传》附传《启原》，卷三十九《康斋传》附传《归化比丘尼》，卷四十七《松园传》附传《清法》，卷四十八《慧圆传》附传《灵一》，皆为比丘尼。比丘尼混入僧传，从体例上说，虽不谨严，然实为与梁唐宋旧传不同之处。

就地域广度上说，新传对我国东南西北中各个地区皆有所及，除佛教发达之核心区域人数居多以外，很多偏远地区高僧事迹亦有不少，如云南、甘肃、内蒙古、四川、贵州、海南等部分地区。另外，新传亦有外国僧人入传。例如卷十八《印原传》以及附传《智曦》，卷十九《德始传》，卷三十七《僧茂传》附传《启原》，皆是日本籍僧人。又如卷九《湛祐传》,乃三韩籍僧人。

就时代范围来看,新传上起北宋,下至清季,前后跨越多个历史朝代,辑录辽、北宋、西夏、南宋、金各个时期僧人不少,但其中以对元、明、清三代佛教人物收辑最多。此既可补旧传之不足,亦可作为研究元代以来特别是明清佛教史的重要参考资料。

就具体内容而论,从新传中亦可略观两宋以来儒释道相交游之概况。例如卷六十《宣义传》有载,宋乾符五年(878),宣义被召至京师,道门大师陈希夷赠之以诗。卷四十九《瑞新传》又载,瑞新与曾巩、王安石,俱相交游。庆历九年(1048),瑞新力募修复金山寺,曾巩为之记。庆历年间,王安石为鄞州令,与瑞新相交甚厚,有《答十远诗》以寄意。诗曰:"远水悠悠碧,远山天际苍。中有山水人,寄我十远章。我时在高楼,徙倚观八荒。亦复有远意,千载不相忘。"另有《书瑞新道人壁》,惜史籍缺载。卷十四《文礼传》亦载,乾、淳诸儒如朱熹、杨简,大阐道学,文礼与之相游。朱晦翁问"毋不敬",文礼叉手以示之。杨慈湖问"不欺之力",文礼以诗相答:"此力分明在不欺,不欺能有几人知。要明象兔全提句,看取升阶正笏时。"卷二十一《圆悟传》载,明代儒宗周汝登唱道东南,以宗传证圣学,与圆悟深相印契。著名心学家陶望龄,亦与圆悟交参叩击。圆悟道法,能便于东海,自此而始。

综上所言,《新续高僧传》体例分科有据,文献参引广博,人物收录众多,内容详实谨严,撰述井井有条,文字顺适畅达,是一部非常有价值的佛教传记类史料,对于北宋以来乃至近代佛教史料的保存和佛教史的研究,具有极其重要的学术意义和参考价值。正如著名佛教文献学家苏晋仁所赞曰:"自成一家之言,可以继赞宁之作矣。"①

《新续高僧传》自面世以来,学界内外也有不同观点,今检阅全书,确有一些不足之处,略陈如下,以供读者资鉴。

其一,校订不足,沿袭旧传之错漏。该传撰修过程中,有些直接辗转陈述旧传,因疏于校订,错漏不少。于如惺《明高僧传》全部收录,虽略有校正,但校订不严,诸多错漏间有沿袭。例如南宋僧人慧远传,惺明传中宋孝宗与慧远探讨梦幻问题,脱漏"离幻即觉"一句,昧庵新传卷十三《慧远传》直接因袭,没有校补,详见本传。又如南宋僧人昙华传,惺明传中昙华有一句法语"衲僧着草鞋住院,何事口如鼋蛇恶窟乎",昧庵新传卷十五《昙华传》亦因袭之,没有校改。此句旧录如《五灯会元》《吴都法乘》等,皆作"衲僧着草鞋住院,何啻如鼋蛇恋窟乎",当改。

其二,搜罗不全,诸多名僧仍有遗漏。可能基于资料搜集所限,虽然该传前后时间跨度很大,但史上很多名僧没有收入。例如宋初"九诗僧":剑南希昼、金华保暹、南越文兆、天台行肇、沃州简长、贵城惟凤、淮南惠崇、江南宇昭、峨眉怀古。南宋僧人湖隐道济、兰溪道隆、少云宝昙,金代僧人西河兴崇,宋元之际僧人连江俊明,元代僧人清拙正澄、一山一宁,明代僧人退翁一如、一雨通润、南洲溥洽、寿岩智昌,清代僧人玉林通琇、古学通喆、兰谷溥畹、自闻实悦,诸多旧传志乘间有所涉而该传没有列入。

其三,有的传记太过简汰,不如旧传详尽。该传撰辑过程中,虽参阅众多史志、僧传以及灯录,但少数传记写裁过略,不如旧传完详。例如关于南宋僧人法全的传记,《五灯会元》《嘉泰普灯录》

---

① 参见苏晋仁:《佛教文化与历史》,中央民族大学出版社1998年版,第305页。

等皆有撰述,且较为完整。如仅依据《五灯会元》所述,亦可明确其卒于"乾道己丑七月二十五日",不至于完全忽略。然昧庵新传过于简略,甚至直接删汰法全的生卒年信息,如此一来,相比之下,新传反不如旧传详尽,史料价值大打折扣。整部书中这类情况虽少,但不可不算是失误。除此而外,还与文献搜罗不备有关。

其四,与附传相关的一些问题。有些高僧本传之后,附传人数太多。例如卷十一《务本传》附传有十人,卷三十三《祥迈传》附传达二十人,《广铸传》附传有十六人,卷三十五《了然传》附传有十一人,有增积充数之嫌。有些附传比本传更为详细,有主次不明之病。有些附传仅仅有标目,没有传记正文。例如卷四十七《律净传》附传《戒乘》。有些传记互有重复,往往先于他人本传中作为附传出现,他卷中又作本传而单独列出。例如,明僧法铠,在卷七《真可传》中以附传出现,又在卷二十一单列《法铠传》作为本传,略有重复。

简言之,喻昧庵《新续高僧传》虽不尽善,然瑕不可掩瑜,仍不失为一种有参考价值的佛教传记资料。

《新续高僧传》于癸亥年成帙,寂兮寥兮,至今已近百年。值此商务印书馆重出之际,不揣浅陋,聊作赘言,以飨先贤。

庚子年四月于西北大学寓所

点校说明

一、底本。本书点校以清华大学馆藏癸亥年七月北洋印刷局铅印本《新续高僧传四集》为底本。该本于1923年检字出版,内容首尾完整,印制清晰,是最早的印制版本,也是唯一的铅印本,诸多影印本皆来源于此。台湾学者蓝吉富主编《大藏经续编》第27册亦有收录,为同一版本,仅书名更为《新续高僧传》而已。

二、校本。本书主要使用原卷首所列之具体引用书目作为参校本,同时搜讨教内外相关文献资料及碑志塔铭,相互参照,作为辅校。如所引书目有新近整理成果出版,则首先参考最新研究成果。

三、标点符号。本书整理采用现代汉语标点方式,本着谨简的原则,主要使用逗号、句号、冒号、引号、问号、顿号、书名号等标点符号。

四、校勘。本书校勘工作主要涉及以下几项:

（一）底本中因形近、形似而出现的误字,径改不出校记。例如,己、已、巳、戍、戌、茶、荼、人、入、母、毋,等等。

（二）底本中一般的异体字,径改为与现代汉语相对应的规范的简体字。例如,"镫谱"改为"灯谱","毘"改为"毗","盋""缽"改为"钵"。而涉及人名、地名、寺名之异体字,则原字不改。

（三）底本中出现的音译词,与现在使用不一致的,在不影响阅读的前提下，保持原貌，不作更改。例如，补陀、棱严、花严等。

（四）底本中出现的通假字，保持原貌，亦不作更改。例如，表达悬挂意义的"县"、燃烧意义的"然"、次第意义的"弟"，皆保持原字。

（五）校勘过程中发现脱字、漏字现象，有更改依据者，用方括号"[ ]"标示，并出校记；无确切更改依据者，则存疑并出注说明。衍字，有确切依据者，删改并出校记；无更改依据者，则存疑亦出注释说明。

五、段落。原书每篇传记，均未划分段落，篇幅因人而异，长短不一。为便于阅读，短者一律保持原貌，长者根据人物叙事及所涉内容，适当予以划分。

六、目录。原书卷首所列"引用书目""审订大德""参订大德""采辑大德""起发大德""理事大德""书记人员"等目录，保持原貌，一仍其旧。原书人物传记有总目录，每卷卷首亦有分卷目录，总目、分目与正文标题前后不统一者，依据文意校正正文标题，不出校记；有脱字者，加以[ ]补入；再依据正文标题制作全书目录（为简洁，省略"[ ]"），分卷目录不再保留。

引用书目

谨案：各省通志县志，宋辽金元明诸史，自应参考。但所载不详，于近代多缺，又语录已见，本传皆毋庸列入。兹将所采用书籍足资搜讨者，录陈于左，以为后之览者知所本云。

祖灯大统
佛祖统纪
南山宗统
律宗灯谱
杂出教仪
宝积录
法源宗统
指月录
僧宝录
指源录
五灯会元录
释氏稽古录
括苍汇纪
续传灯录

贤首传灯录
景德传灯录
净土传灯录
净土圣贤录
净业染香集
宋文宪护法录
永嘉高僧碑传集
修西闻见录
滇释纪
澹庵集
宝华山志
金山志
续金山志
焦山志

焦山续志
九华山志
天童寺志
广济寺志
东天目山志
潇湘野史
清凉山志
续清凉山志
上方山志
泰山志
灵谷禅林志
虎邱山志
盘山志
说磐
雪峰寺志
云居圣水寺志
凤凰山圣果寺志
杭州上天竺寺志

杭州理安寺志
杭州昭庆律寺志
杭州灵隐寺志
杭州云林寺志
杭州云林寺续志
成都昭觉寺志
杭州崇福寺志
四明山志
安徽黄山志
西湖志余
紫柏文集
憨山文集
八指头陀诗文集
紫云开士传
瘦松集
毬堂草
辩伪录
宏明集

审订大德

宁波补陀山法雨寺印光老法师
宁波观宗寺谛闲老法师
京兆红螺山资福寺普泉老法师

参订大德

上海留云寺禅定法师
安徽迎江寺度厄法师
高邮放生寺仁山法师
扬州长生寺可端法师
奉天万寿寺倓虚法师

采辑大德

荆州玉泉景德寺定宗老法师
云南碧鸡山云栖寺虚云法师
四川新都宝光寺圆性法师
四川铜梁合滩寺本贤法师
长沙慈儿院开悟法师
福建泉州承天寺会泉法师
房山上方兜率寺清池法师

起发大德

常州清凉寺清海大和尚
上海留云寺应乾大和尚
宁波接待寺圆瑛大和尚
宁波七塔寺智圆大和尚
北京广惠寺省三大和尚
宁波普陀山真达大和尚
宁波普陀山了余大和尚
宁波普陀山开如大和尚
南京栖霞寺宗仰大和尚
杭州净慈寺太虚大和尚
北京法源寺道阶大和尚

理事大德

北京广济寺惟澄法师
北京法源寺开权法师

书记人员

杨一舆居士镇寰　湖南常宁
史润之居士泽　直隶献县

谢英杰居士俊 湖南衡阳

刘觐辉居士良任 湖南耒阳

喻仲逊居士上选 湖南衡阳

俞达庵居士濬伦 湖南长沙

序　　一

　　自汉明永平，佛法入中国垂数千年，其间盛衰之迹，往往与世运相升降。每当兴王之世，必有高僧数辈应运而出，明教翊化，与人为善，而其苦行高卓，物感神通，昭昭可睹，为世景行。盖佛寄于法，法寄于僧，是故印佛之心、闳法之绪，非僧奚属？甚矣，僧行之隆污，即佛法之盛衰所由判也。自梁武以逮赵宋，撰辑僧传，代有其人。然自宋而后，时历四朝，岁近千载，其开国之初，若元若明，以迄有清，莫不推崇象教，故一时高座，传经阐化，异迹神力，多有足纪。第以如惺所辑，才及数卷，辞事阙略，参差尤甚，不能称为完书。杨子仁山，曾论及之。顾以时代邈远，曾无人焉任搜辑之役者。衡阳喻昧庵居士，尊其所闻，广加甄采，汰其复杂，成书六十六卷，得高僧千数百人，吁亦盛矣！顾余读是编，更有进焉者。佛法主戒，首在不杀。大雄创教，实具深识。彼盖目睹夫彼土文化未辟时代，一切国众蔽于无明，自坠孽海。而强权之徒，阻兵安忍，恃险攘利，大发杀机，虽生灵涂炭，民穷财尽，国胥以亡，在所不惜。于是弃万乘之尊，力示苦忍悲悯之行，以救其末流，戢其桀骜不驯之心，以归于正觉，与拔迷途，同臻彼岸，是则佛氏设教之要旨也。然则是编之作，非徒为桑门龙象之楷，亦以启寰宇和平之福，读者或亦憬然悟、瞿然觉乎？

　　　　　　民国十有二年岁在癸亥冬日任城靳云鹏撰

序 二

衡阳喻子昧庵,因北京法源寺道阶法师之聘,编辑《新续高僧传》,据明季沙门如惺所撰《明高僧传》推而广之,始于北宋,终于清季,凡六十六卷,自名之曰《四集》。而以梁沙门慧皎之《高僧传》十六卷为初集,唐释道宣之《续高僧传》四十卷为二集,宋释赞宁之《宋高僧传》三十卷为三集,今所编辑,续一、二、三,故云《四集》。喻子编辑既已,征序于虎禅师,且告之曰:"取今《高僧传四集》,合前三集观之,中国数千年佛教人物尽在是矣。求佛法者,可以观此。"虎禅师曰:"唯唯,否否。今所传者,名曰《高僧传》。佛所说法,因僧而传。佛、法与僧,同为三宝。今传高僧,即传佛法。欲求佛法,须识高僧。欲识高僧,有其三义,请略言之:因能说法,故曰高僧;因能学佛,故曰高僧。所说之法,即学佛之法;所学之佛,即说法之佛。说法度人,学佛度亡。以学佛为说法,即以度己为度人;以说法为学佛,即以度人为度己。知一切皆由识生,而力求转识之智;知一切皆由缘起,而力求无缘之慈。戒行圆明,教理通达。如此高僧,是第一义。然而高僧云者,义不止此。此何以故?若以说法而名高僧,则法与不法,邪正殊观,法见未除,斯法执以起;若以学佛而名高僧,则佛与非佛,圣凡异视,佛见未除,斯我执以起。二见二执,皆为心障,斯障不净,何云高僧?是故高僧云者,必知无法可说,亦无[说]①法之人;始为高僧,且知无佛可学,亦无学佛之人。所学之佛,与能学之人,皆以一心幻成二相,自心差别,不自外来。善恶相对而成,迷悟相因而至,有则俱有,无则俱无,必须能所尽消,斯为心境不二。二生于一,一归于空,既了性空,便知相幻。何者是法,何者是佛,一念不生,万缘俱寂。必如此者,方为高僧,是第二义。然而高僧云者,义不止此。此何以故②?一切万法,起于因缘,成于对待。本来无法,因非法而有法;本来无佛,因非佛而有佛。去妄所以显真,妄去亦无真可显;明空所以破有,有破亦无空可明。故高僧者,又必能于无法可说而为说法所说者,即无可说之法;无佛可学而为学佛所学者,即无可学之佛。其说法也,因病付药,随机应缘。遇相则说无相,遇性则说无性,遇无相则说相,遇无性则说性,性相不二,自在通融。谓为有法也得,谓③为无法也得,谓为有佛也得,谓为无佛也得,谓为非法非佛也得,谓为即法即佛也得。虽有八万四千法门,而实无一语言文字。一法都无而万法尽有,万法尽有而一法都无。实相无相,实性无性。即动即静,即事即理。虚空粉碎之中,随意建立花严世界,我为法王,于法自在,是为高僧之说法。其学佛也,明心见性,当下承担。我与如来,无二无别,即心是佛,不待他求。佛与非佛,遍立假名;心与非心,现前实相。三世十方,无非一念。三世止于当时,则一切时间何时非佛?十方止于当地,则一切空间何处非佛?时时在祇树园中,处处皆灵山会上。树影山光,触目皆成佛色;风鸣鸟

---

① 底本无"说"字,恐脱,据后句"始为高僧,且知无佛可学,亦无学佛之人"句式校补。
② 底本为"义不止如何以故",恐误,据前句"义不止此。此何以故"句式校补。
③ 谓,底本作"谓谓"。

啭,遇耳尽是佛声。即此六根,悉成正觉。一切世法,何非佛法?一切魔事,何非佛事?万象如如,无欠无缺。无生可度,无佛可成。心佛众生,三无差别。烦恼即是菩提,生死即是涅槃。极乐净土,只在娑婆。学佛之人,心不拒事,事不留心,缘来起幻,缘去还空,任性随缘,了无择别,逍遥自在,游戏庄严,流去无来,绝无罣碍,是为高僧之学佛。如此说法,如此学佛,谓之高僧,是第三义。了此三义,则能透过三关,洞穿末后。一切众生,齐成佛道,有何分别?可曰高僧,更知僧与佛、法三位一体,一三三一。尽是假名,本无所谓高僧而为此《高僧传》,虽为此《高僧传》而无所谓高僧。以我所观,如是如是。"虎禅师说已,喻子曰唯唯。四集既尔,一、二、三集皆然。因请述之,以为《高僧传》论,以为《高僧传》赞。

癸亥十月一日湘潭杨度序

序　三

　　昧庵居士与不佞，于过去劫在无量佛所，曾植宿因。癸亥之秋，以机缘会遇，针芥相投，晤值于南瞻部洲之天津，以所辑《续高僧传》六十六卷示予，而属为一言。予瞿然谓之曰："僧之称，别于一切人言之乎？高僧之称，别于一切僧言之乎？予入世以来，僧其心而未尝僧其身。准此以谈，不能以形式之故而定其人，亦不能不以形式之故而定其称也。予总角受记于灵岩导师，名之曰悟清，授以《净土切要》，颇能省悟，精进修持，今五十年矣。今姑以净土之说言之。夫净土之境，以心为基。心之体为佛，而心之用则为念。其始也，以佛观心，以心见佛。其继也，念念唯心，念念唯佛。又其继，佛不外心，心不外佛。又其继，即佛即心，即心即佛。及其究竟，乃至无佛无心，无心无佛。充斯义也，文字之立，尚为赘设；名称之别，悉属虚空。彼高僧者，或通神感物，或阐化传经，著其事以昭示来兹则可，泥其迹以趋向真如则不可也。读是书者，苟持此意而放其眼光，吾知人天三界、龙鬼八部皆大欢喜赞叹，必有以为突闻狮子吼者，则予或亦不虚此言也夫！"

癸亥冬十月朔琅邪王景禧序

序　　四

　　尝稽三宝之名，曰佛，曰法，曰僧。佛、法之可崇尚，无待赘言。僧实与鼎足而三，其隆重抑又可见。盖僧以弘法为唯一之责任，而即为后来亲证佛果之人。其恢大悲之愿，而殚普度之诚，作斯人之导师，为同修之善侣，扬宗风于不尽，示模范于将来。兴言及此，顶礼恐后已。是故搜集阐扬，后起之责，非古德之私荣，乃是非之公理。懿夫梁代慧皎倡之于前，道宣、赞宁、如惺诸宿继之于后，使夫穷山苦行，面壁深功，无碍辩才；弥天宏誓，悉昭竹帛，常炳日星。固奇珍有必发之光，亦汲古有至修之绠，语云相得益彰，岂不然哉？今燕都法源寺道阶上人，与诸山长老同抱盛怀，思继前轨，辄以纂修之事，属诸社友喻昧庵先生。虽扬鸣表度，逊让未遑，终以祈向所在，义难自外，乃百方采辑，五载精勤，甄今陶古，门分类别。又以如惺所集，谊例未周，本诸仁山之论，略事修改，参附其中，使宋端拱以来迄清宣统之际，千百年中硕德耆宿，莫不采录。卓哉斯集，洵桑门之大观，禅林之信史矣。癸亥秋初，编辑斯就，于以彰潜德之幽光，示后贤以法守，伸仁山未尽之志，畅诸宿深远之怀，事祇一端，实兼四善。余于佛学高深，有志未逮，今喜此编之成，又重违昧庵之请，聊贡区区，为详颠末，匪曰解人，亦愚者一得焉耳。

癸亥孟秋天津严修序

序　五

夫圣智不言而万灵俱澈，法身无相而众品斯呈，故能总摄群方，妙成至果。岂必借高文以炫世，假隐遁而盗名，欲证清修，转嫌佞口者乎？然而灵山会邈，道焰畴传，慧海波深，慈航莫济。使无王子之碑，何知净域？非有休文之记，讵识法王？善觉露盘，因词人而不朽；同泰墓碣，附作者以永留。发般若之元音，吼天毒鼓；掞生花之彩笔，梵地莲池。此寻奥谊于六通，固在语言之表；而究真谛于三藏，不离文字之间。欲示遗行，多凭纂述，僧传之作，其能已乎？况慧皎刊修于梁代，道宣缀辑于唐时，自宋迄明，间有缵编，并楸邑禅芬，永垂高范。然考赞宁所作，止于端拱初元；如惺所传，又仅教禅数卷。若夫建炎而后，宣统以前，旷有千载，阅历四朝。其中英材之士，苦行之俦，经求身毒，说演天台，禅振北派，律继南山。翊法著辨疑之论，安养辟净读之门。密印神悟，心佛形忘。兴崇福果，兼擅众长。若斯之伦，代有其选，而此作蔑如，斯文将缺，方之往哲，不其恧与？燕都法源道阶、常州清凉静波、宁海普陀印光、析津千福莲舟暨诸山长老、名刹硕耆，俱怀悲悯，共与筹商，将续我佛慧命，宜开方外史馆，庶事责有专，程功可冀。而衡阳喻昧庵先生耽志丘坟，轶情述作，猥以艰荒，避地远来，应南北高侣之聘，萃东西古德之言，循旧例于十科，辑新名之万善，征诸志乘，案之碑铭，或访轺轩之使，或徇老宿之谭，铅椠三易，寒暑五周，成书六十余卷,得僧千几百人,都五十余万言,曰《续高僧传四集》。有闻必择,备法器之瑰奇;无美弗收,侈禅林之珍贵。矧复比类,属词条文。本诸史传,因时致慨。笔削拟乎《春秋》,庶几匡迪来学,见贤思齐;戒惧后生,不肖知耻。则是篇之成,功用所及,非徒烛微阐隐,发潜德之幽光;抑以指谬摘疵,具宗门之痛喝也。已至于文辞典正,体例精严,谅为空门之宝,无惭大雅之林。乃犹自视欿然,更求该博,未谋梓氏,先付印人,将欲希法藏之明鉴,企哲匠之郢斤,志量斯闳,声施弥远。寿田谊属久交,结斯雅契,略叙所由,用尘清虑,如有未周,览者详焉。

　　　　　　　癸亥夏六月朔日桂阳夏寿田序

述　　词

　　昔杨仁山居士取藏中《高僧传》分刊之,用广流传,且识之曰:"梁会稽沙门慧皎,撰《高僧传》十六卷,至天监中而止。唐释道宣续之,终于贞观间,凡四十卷,曰《续高僧传》。宋释赞宁又续之,迄于端拱之初,凡三十卷,曰《宋高僧传》。至明季,沙门如惺辑录南宋元明大德,仅成六卷,曰《明高僧传》。窃以宋明命名未恰,盖《宋传》多唐五代人,而《明传》多宋元人也。当易其名,曰初集、二集、三集。至于《明传》,遗漏殊多,未臻完善。拟博采群书,自北宋以迄于今,择其道行超著者,汇为一编,名曰四集。"嗟夫,杨子固有志于斯而未之逮也。戊午之秋,避地北来,寓于燕都法源寺。时道阶长老久怀悲愿,欲继往修,屡举相属。然自揆梼昧,罔罄弘旨,不敢轻许,但为修辑寺志。数月以来,志稿初就,复申前请,辞不获已。乃从事搜讨旧编,征求遗简,穷年矻矻,忽焉五稔,潦草命觚,大致粗就。只以《明传》六卷分合为难,踌躇再四,商之同学,佥谓仁山之言无以易也。于是取其精详,汰其重复,自北宋以至清季,都六十六卷,名曰《续高僧传四集》,仍杨议也。至于分科别目,虽参新谊,实率旧章,几经咨度,就正有道。若夫追寻源派,判析宗门,诣有兼通,唯其独至。犹虑异方僻处,囿于见闻,采访未遍,滋愧尤深。辄复检字排印,先尘清览者。所冀当代高贤、名蓝耆德,董而正之,匡其未备,翘首云

述 词

天,企之久矣!

癸亥夏四月朔日衡阳喻谦谨述

启

夫道不虚传,非言何述;事无专美,克绍斯彰。是以玄奘西征,贝经显出;达摩东渡,象教流行。秉德至化之俦,激扬清风之士,叩玄机而应响,会妙解以成文,并光充四表,誉专九州。像可绚乎金碧,迹宜著乎竹帛,由是慧皎纂修于梁武,道宣缀叙于唐宗,赞宁则增庥宋代,如惺则集会明时。莫不穷讨遗篇,网罗旧史,考核务其翔实,刊削汰其繁芜,遂得累续前编,式是往则。芳躅宛然,钦高山之仰止;逝者如斯,叹流景之不回。然自明迄今,岁历弥永,事践两朝,年逾三百,此间桑门,英耆辈出,翼教扶运,代有其人。而众家记录,未能综博,致使隐德高风,飒然终古。矧时机多变,法会陵夷,凡夫隳清修之行,俗子骛浮薄之名,兹德莫崇,儳焉是惧。盖徽音久息,谁立正觉之程;懿范不留,曷兴高尚之志。用敢鸠聚同参,缵承坠绪,重开《新续高僧传》馆于北京法源寺。幸当代尊宿、丛席导师,并顾斯文,咸深赞勖,爰集名流,潜心搜采。但见闻所囿,过访为劳,是宜分面征求,别途凑集,或案碑铭,或据行状,或因志乘所载,或繇灯谱所传,孤文片纸,有可纪者,罔弗择取,考其同异,雠其有亡,用宏四帙之编,不外十科之例。虽梁唐分篇,互有出入;宋明两集,微形详略。求之实际,大旨不殊,谨为条例,附识于后。凡我禅林大德、护法檀越、善心居士,慧业文学,炜诸彤琯,贻我新闻,凭此邮筒,伫望来简。

译经篇第一

西竺遗经，尚未尽出，有能译得未刊之典，残编剩义，尤当宝贵。

义解篇第二　唐曰"解义"。

寻文见义，豁然悟解，或释经训，或撰语录，说理精深，方当此选。

习禅篇第三

清修枯坐，万念俱亡，幽山穷岩，古佛所宅，闭关深造，方足当之。

明律篇第四

精严戒德，说法警众，勘破虚妄，著有律训者，均入此科。

护法篇第五　梁无此目，唐宋增改。

外道相贼，功深捍卫，议论纵横，辩者莫当，或以身殉，尤为难能。

灵感篇第六　梁曰"神异"，唐宋均曰"感通"。

至诚所积，感而遂通，理有自然，世俗罕测，事必可验，道无或爽。

遗身篇第七　梁曰"忘身",唐宋改此。

捐躯见志,明道相期,舍此秽浊,回我金刚,心无疾忿,方足称此。

净读篇第八　梁有"诵经",又有"经师"。唐宋改为"诵读",今并入此科,以净为归。

诵经讽佛,是曰净修,功果圆时,西土非遥,念念自持,庶证真如。

兴福篇第九

名胜古刹,岁久荒落,苦志重修,或启兰若,独自创构,厥功尤伟。

杂识篇第十　梁曰"唱导",唐曰"杂科",宋曰"杂科声德"。

声音文字,足显佛法,自古以来,不废此科,戒德无愆,不愧斯选。

卷第一
译经篇第一之一
本传五人　附见十人

宋京师传法院沙门释法天传

释法天，一曰法贤，中天竺摩伽陀国人。宋初至鄜州，与河中梵学僧法进共译经义，始出《无量寿经》《尊胜经》《七佛赞》。州牧王龟从润色之，献阙下。太祖建隆六年八月，召见赐紫，初兴译事，诏童子五十人习梵书。法天所译《大方等总持宝光明经》五卷，《佛说未曾有正法经》六卷，《外道问圣大乘法无我义经》二纸余，《佛说一切如来乌瑟腻沙最胜总持经》七纸余，《佛说圣曜母陀罗经》三纸半，《圣无能胜金刚大陀罗尼经》三纸半，《佛说大乘圣无量寿决定光明王如来陀罗尼经》五纸，《毗俱胝菩萨一百八名经》三纸余，《诸佛心印陀罗尼经》一纸半，《圣虚空藏菩萨陀罗尼经》六纸余，《佛说慈氏菩萨誓愿陀罗尼经》一纸弱，《佛说大护明大陀罗尼经》五纸，《佛说大乘圣吉祥持世陀罗尼经》七纸，《佛说普贤菩萨陀罗尼经》二纸强，《最上大乘金刚大教宝王经》二卷，《妙臂菩萨所问经》四卷，《佛说金刚菩萨降伏一切部多大教王经》三卷，《圣多罗菩萨一百八名陀罗尼经》六纸余，《佛说宝藏神大明曼拿罗仪轨经》二卷，《大寒林圣拿罗陀罗尼经》四纸余，《最胜佛顶陀罗尼经》二纸强，《无能胜大明陀罗尼经》七纸半，《无能胜大明心陀罗尼经》一纸半,《佛说圣宝藏神仪轨经》二卷,《七佛赞呗伽陀》二纸强,《佛说文殊师利一百八名梵赞》三纸半,《佛说圣观自在菩萨梵赞》二纸弱,《犍椎梵赞》七纸半,《佛说长者施报经》六纸余,《佛说七佛经》一卷,《毗婆尼佛经》二卷,《佛说大三摩惹经》四纸半,《妙法圣念处经》八卷,《佛说分别缘生经》一纸余,《嗟袜曩法天子受三皈依获免恶道经》三纸余,《佛说诸行有为经》一纸强,《佛说目莲所问经》二纸弱,《佛说苾刍五法经》四纸余,《佛说苾刍迦尸迦十法经》二纸半,《菩提心观释》二纸余,《佛一百八名赞》二纸余,《胜军化世百喻伽陀经》七纸弱,《六道伽陀经》五纸。综上所译,都四十三种,大小百一十九纸,成帙者三十五卷。其所敷者博,而功亦勤矣。

　　自太祖以来,迄于真宗,四十余年中,累承恩锡,赐天竺三藏朝散大夫试鸿胪卿,号曰传教大师。太宗雍熙二年,帝览新译经已,改其名曰法贤。盖天、贤皆译音,本叠韵也。咸平元年,复进所译新经,真宗为之制序。今《大藏》载法贤所译经共六十余部,中有《佛说最上根本大乐金刚不空三昧大教王经》七卷,共二十五品,首列《圣教序》。以咸平四年五月示寂,谥玄觉法师,敕送终如慧辩①礼。

宋京师传法院沙门释天息灾传　施护　道圆　行勤　光远

　　释天息灾者,中天竺惹兰陀难国密林寺僧也。宋太平兴国五年二月,与施护西来,止于汴京。时法天蚤至,方译《大乘庄严宝王

---

① 辩,底本作"辨",据《佛祖统纪》卷四十四载:"(咸平)四年五月,试鸿胪卿法贤亡,谥玄觉法师,敕送终如慧辩礼。"因改。

经》,太宗为制《大宋新译三藏圣教序》。诏普度天下童男为僧,使习梵书。复敕设译经传法院于东京太平兴国之西,如唐故事,以宰辅为译经润文使。息灾译经十余部,中有《大方广菩萨藏文殊师利根本仪轨经》二十卷,二十有八品。又《佛说大乘庄严宝王经》四卷,佛在舍卫国,有无量菩萨及八部男女集,从大地狱出大光明,遍照园中,见大庄严,除盖障菩萨请问因缘,佛为说圣观自在菩萨历劫救苦之事,及说所住种种三昧之名。又说身毛诸孔希有功德,普贤菩萨十二年不得边际云云,词义明晓。施护译《给孤长者女得度因缘经》,语意简括,皆依次呈览。宋自太宗,尊崇梵典,译经设官,前后所翻新来一切经律都九十余部,真宗为制《继圣教序》。护与息灾皆承锡三藏朝奉大夫[试]①光禄卿,并号传法大师,而息灾更得紫方袍之赐。咸平三年八月,息灾示寂,谥曰慧辩②法师。敕有司具礼送终,宠恤并优。

施护者,乌填曩国人。其国属北印度,故称北印度僧也。

又道圆者,沧州人。既从僧服,便志西方。后晋天福中,负笈西迈,在涂十二年,足迹所届,遍五印度。复居其间,阅六春秋。还经于阗,与其国使,偕至于宋。乾德三年冬,达于京师,以佛舍利一水晶器、贝叶梵经四十策来献。太祖召问所历山川道里及其风俗,圆颇强识,一一指陈,应对如响,太祖嘉之。时立译经院,诏与梵僧同事翻译。

又有行勤、光远二僧,亦求经于西域。光远于太平兴国七年始

---

① 底本无"试"字,据《佛祖统纪》卷四十四载:"(咸平)三年八月,试光禄卿天息灾亡,谥慧辩法师,敕有司具礼送终。"因补。

② 辩,底本作"辨",据《佛祖统纪》卷四十四载:"(咸平)三年八月,试光禄卿天息灾亡,谥慧辩法师,敕有司具礼送终。"因改。

还京师,后皆得入经院。故宋代译经之盛,亦赖此久居西域者能通其语言文字也。

宋西夏护国仁王寺沙门释不动传

释不动,梵名阿闪撒干资罗,华言不动金刚,止行二字,略也,本天竺人。初出家时,遍游五天竺,显密俱彻,性相备知,道誉流闻,播于邻封。及来西夏,栖止护国寺,翻译密部,弘扬般若。金刚谓瑜伽有五部:一曰佛部,二曰金刚部,三曰宝生部,四曰莲华部,五曰羯磨部。不动独传金刚一部,故名金刚上师,乃灌顶时所授称也。阿闪撒者,谓其最初依阿闪撒部法而行持也。不动勤修五悔,广演三坛。尝以唐三藏不空所译《三十五佛名经礼忏文》,前增五十三佛,后缀普贤十大愿偈,都为百八拜,期断百八烦恼。后迁四川蒙山,取唐金刚智《瑜伽施食仪轨》,重与译述,名曰焰口。又演小施食,号曰蒙山法。因以甘露法食度孤,复称甘露法师。弟子勒布传其法,再传于保安,三传于威德幢。今所传尤众,舍是若无佛事者。甚矣,说法之难也。不动不测所终。

宋京师传法院沙门释法护传 惟净　绍德　慧绚

释法护,中印度人。闻宋室龙兴,尊崇象教,设立译馆,专待梵僧,遍翻经论,欲观光上国,以证所闻,因结徒侣,连翩东迈。景德元年春,始达京师,召入译院。法护聪睿超伦,五乘三学,靡不研贯,所演经说,妙达其源。前后译经十有二部,中有《佛说大乘入诸佛境界智光明庄严经》五卷,佛在灵鹫法界殿中,与二万五千比丘、七百二十万俱视那庾多菩萨,俱放光,集十方众,有师子座出偈赞佛,佛升师座,妙吉祥菩萨请问不生不灭是何增语,佛言不生不灭即是如来增说,因为广说琉璃地映帝释宫影喻、忉利天大法鼓喻、空中风云水喻、大梵王喻、日光照喻、摩尼宝喻、响喻、地虚空喻,及说种种法句、种种菩萨胜行,于是妙吉祥偈赞礼佛,佛为较显持经功德云云,尤为详尽。

又同时与法护共译事者,有惟净、绍德。惟净,姓李氏,江南李煜之从子。太平兴国八年,奏选童子五十人学梵字,诏高品、王文寿典选政,以净等充选引见,令入经院受学。净天姿颖妙,冠绝流辈,口授梵章,便解文义。岁余度为僧,与护同译新来诸经。所译《佛说身毛喜竖经》三卷;《佛说如来不思议秘密大乘经》二十卷,即《大宝积》第三金刚力士会同本异译,分作二十五品;《海意菩萨所问净印法门经》十八卷,即《大集经》海慧菩萨品第五也;又译《大乘中观释论》九卷。赐以朝散大夫试鸿胪卿,号为光梵大师。仁宗庆历三年,净见执政裁省译经之务,因自奏疏乞罢。敕曰:"三圣崇奉,朕何敢罢?且琛贡所入,皆异域文字,非鸿胪谁识不凡?"未几,御史中丞孔道辅等果乞罢译馆,仁宗以净疏示之,其议遂止。

绍德者,未详何许人。与净同时预选,所译《诸法无常经》,深通梵义,但文词稍逊于净,亦学僮之铮铮者。又与慧绚等同译《菩萨本生鬘论》十六卷,前四卷为圣勇护国尊者集释迦饲虎、救鸽、分卫、神化、不为毒害、兔王、龙王、慈力王八种缘起,又商主入海获安、老母得度、为病比丘灌顶获安、称念三宝功德、造塔胜报、出家功德六种缘起,凡十四事,文并明畅;后十二卷,共三十四段,语多苦涩,殊难解了。故当时译师,法护而外,唯净为最,绍德亚之。

法护止观兼持，戒操高胜，特赐嘉号曰普明慈觉传梵大师，授三藏银青光禄大夫试光禄卿。以嘉祐三年示寂，寿九十有六。

宋京师传法院沙门释吉祥传 慈贤　金总持　日称

释吉祥，本曰智吉祥，亦名法吉祥，西夏僧也。天圣五年，同侣五人，以梵书来献。仁宗嘉之，赐紫方袍，命入译馆。译《佛说大乘智经》五卷，经言佛在迦兰陀林，入城乞食而还，眉宇生光，劝诸大众安住如来所知境界，愍一切有情受差别相，词谊斐然，深明因果。又译《佛说巨力长者所问大乘经》三卷，经言佛在祇园，巨力长者心生觉悟，为五百长者说世无常及三乘法，五百长者咸皆有疑，同来见佛，佛为略说三乘，诸方长者愿闻大乘深法，佛为广说六度妙行，并说生死过患，长者得无生忍，以偈赞求得出家，佛为授记，文甚明显。或云法吉祥，本天竺人，游方至西夏，居久之始来中土，故人称西夏僧也。

又慈贤，中印度僧。持梵书来宋，诏入译经院。所翻《妙吉祥平等瑜伽秘密观身成佛仪轨》一卷，《妙吉祥平等观门大教王经略出护摩仪》七纸，《佛说如意轮莲花心如来修行观门仪》九纸弱，亦只是根本、心、心中心三咒。后更有《数珠身》及《解界》等五真言，《金刚摧碎陀罗尼》。慈贤善于密部，所翻四部皆密部也。又译《妙吉祥平等秘密最上观门大教王经》五卷，经言世尊在舍卫国，弥勒菩萨等请问三乘妙法门外更有法否，佛言有摩诃三昧耶秘密内法，修者速得成佛，文意朗彗。因赐三藏大法师之号，并锡紫衣。

又金总持者，亦西夏僧也。与吉祥同行，偕止宋京，遂共翻译。

所译《佛说法乘义决定[经]①》，旧分三卷者，合而一之。经言佛在祇园，有二比丘名甚深勇猛，请问鹿野苑中所说法乘决定之义，佛为广说五蕴、五取、十二处、十八界、十二缘生、四圣谛②、二十二根、五三摩地、四禅、四无色定、四无量心、四三摩地、四念处、四正断、四神足、五根、五力、七觉支、八圣道、十六心念、四无所畏、四无碍辩、十八不共法、三十二相及行所感八十种。又《文殊所说最胜名义经》二卷，此与经部《佛说最胜妙吉祥根本智最上秘密一切名义三摩地分》相同，而辞义简括。亦赐明因妙善普济之号。徽宗政和三年，同译语仁义、笔受宗正，南游江浙。

又日称者，亦西夏僧也。慕化来朝，馆于译院。所译《事师法五十颂》二纸余，及马鸣菩萨依秘密教略出《十不善业道经》一纸余。日称入中国，盖与吉祥同时。或云开宝四年，于阗僧吉祥以其国王书来，自言破苏勒国，得舞象一，以为贡，诏许之。又史称太平兴国二年，西天竺沙门吉祥进贝叶梵经。按：于阗僧不闻译经，盖名同耳，而西天竺沙门与或言智或言法者，殆一吉祥也。

---

① 底本无"经"字，恐脱。
② 底本作"四贤谛"，按金总持《佛说法乘义决定经》译本，作"四圣谛"，因改。

卷第二
译经篇第一之二
本传九人　附见八人

元甘泉马蹄山沙门释智慧传 广福　安藏　逸林

释智慧者，旧传甘泉马蹄山僧也。马蹄，今名马鞍，在甘泉西北三十五里。慧善梵书，与西来诸僧同译《文殊利发菩提心愿文》，乃巴看落目瓦所传也。又译《圣妙吉祥真实名经》一卷，其经前有文殊菩萨发菩提心愿文，中明五智勇识真实名句，后有文殊一百八名赞，又文殊赞、哀请摄受偈、发愿偈、六波罗密偈、回向文、咒。或称智慧为土番沙门，盖土番人也，出家至甘泉，居马蹄山耳。

又广福者，未详何许人。译《密迹力士大权神王经偈颂》一卷，都一百七十五赞。

又安藏者，仕至翰林学士。雅好佛乘，兼习梵文。延祐七年十月庚申，奉敕译佛经。所译《圣救度佛母二十一种礼赞经》三纸，二十二像前有七言颂，后有结偈真言，文词警醒，令人起信。

又逸林者，世祖时尝命译《药师坛法仪轨》，将为天下消八苦之灾，增①无量之福，志愿弘矣。因赐紫衣、法号，以寿终。

---

① 增，底本作"僧"，据《佛祖历代通载》《通鉴稽古略续集》校改。

元云南玉案山寺沙门释雄辩传

释雄辩,赐号洪镜,姓李氏,善阐人也。才思俊偶,聪颖绝伦,语音轻利,善通方言。少年出家,事子云国师,为上足弟子。元世祖既破大理段氏,遗孽转徙朝元,南诏僧侣随入华夏。逾岁,雄辩亦复北来,居中国二十五年,更事四师,皆当世大德。最后登班集之堂,嗣坛主之法,研究方等,妙解玄理,其学大备。乃喟然叹曰:"佛法种子,不绝于世。矫矫龙象,岂择地而行?吾其南归,将以方言译其经论,饷我荒服。"因诣坛主,乞白其语于帝师,遂为玺书以赐之,号曰洪镜。既归,取《圆觉》诸经及《摩诃衍四绝论①》,翻以僰语,反复论辩,曲尽幽微,而词旨浅近,通于俗说,故其书盛传,习者益众。六诏玄风,普及妇孺,实自兹始。当其摄斋升讲,口如泉泻,滔滔不竭,人称雄辩法师,足副其名云。时梁王为云南王,以天属之尊,事之甚严。雄辩晚岁,精进行道,化人及物,本诸慈惠。于是德声遐布,法隆荒徼,四众归之达数万指,而自视欲然。盖其猛志迈修,闵愿慈忱,有不可思议者。以大德五年十一月九日坦化,寿七十有三,腊四十有七。荼毗时,见有五色舍利,其他异征甚多。弟子玄坚建塔于玉案山阳。所译经论,多僰人语言,华俗不晓,故不流入中土,今虽有传书,罕见善本。

元燕都庆寿寺沙门释沙啰巴传 刺温卜 迦啰思巴

释沙啰巴,西域积宁人。幼而通慧,年才总丱,即依帝师发思

---

① 论,底本作"纶"。

巴剃染，习诸部灌顶法。又从著栗赤上师学大小乘。时有刺温卜，善通焰曼德迦密教，为世所称，投之，尽得其道。所以善吐番音，说诸妙法，兼解诸国文字。后因迦啰思巴荐于世祖，命译中国未备显密诸经，各若干部，词旨明辨，因赐大辩广智之号。其时，思巴已居帝师，僧司虽盛而风纪寝弊，官吏不能干城遗法，抗御外侮，返为僧害。世祖每论至此，切忧之，欲选能者匡正其失，乃授沙为江浙释教都总统，世祖亲送之。既至江南，尽削烦苛，务从宽大，故遐迩僧寺，赖之以安。寻改统福广，然自律严正，行无偏倚，语多峻切，以是见忤同列。尝自叹曰："天下何事耶，吾人自扰之耳。朝廷设官愈多，则天下之事愈烦，况释教乎？今僧之苦无他，官多事烦耳。所谓十羊九牧，可胜言哉！"遂建言以闻，因得尽罢诸路总统，天下快焉。沙即遁迹坡坻，筑室种树，将欲终老。至大中，复召至燕京，拜光禄大夫大司徒。皇太子、诸王尝问法要，诏给廪馆于庆寿寺。所译之经，朝廷皆为刊行。延祐元年十月五日示疾，赐钞万缗，敕大尉沈王视医药，谢却之，面佛端坐而化。诏赐给葬，遣使驿送，建塔故里。

元燕都广寒院沙门释识里传

释识里者，本名必兰纳识里，北庭感木噜国人，止行二字，略也。生而颖异，幼习辉和尔及西域书，长能贯通三藏，晓西北诸国语言。大德六年，奉敕从帝师受戒于广寒殿，代帝出家，更赐今名，盖初名只刺瓦弥的里也。皇庆中，命译诸梵经。延祐初，特赐银印，授光禄大夫。时诸番朝贡，表笺文字，无能识者，皆令识里译进。会有以金刻字为表，诸吏愕然，乃遣识里视之，廷中睽睽，观所以对。识里取案上墨汁涂金叶,审其字,左右执笔以待,乃口诵表中语及使人名氏与贡物之数,书而上之。明日廷献,有司察其物色,与所译书无少差异。众莫不服其博洽,亦莫测所从受,或以为神悟云。寻赐开府仪同三司,仍赐三台银印,兼领功德使司事,厚其廪膳。至治三年,更赐金印,特授沙津阿古齐,且命为诸国引进使。至顺二年,又赐玉印,加号普觉圆明广照宏辩三藏国师。三年,坐安西王子事,死焉。其所译经,汉字则有《楞严经》,西竺梵书则有《大乘庄严宝度经》《乾陀般若经》《大涅槃经》《称赞大乘功德经》,番书则有《不思议禅观经》,都若干卷。

元会稽圆通寺沙门释弘济传 般若空利

释弘济,字同舟,别字天岸,姓姚氏,世为余姚人。幼孤,从里中宝积寺舜田满出家,满即其从父也。虽在幼弱,机颖俊发,初授《法华经》,便能成诵。年十六,受度为大僧,日持《四分律》,跬步之间,不越绳尺。已而叹曰:"戒为初学之门,工之始基,当更精教乘,以资行解。"于是之鄞,依半山全,读天台之书,久之悉通其玄义。尝修法华、光明、净土期忏,敛意凝神,积诚不贰,仿佛于定中睹尊者畀以犀角如意。自是谭辩风生,词如泉涌,了无留碍。当是时,大山恢尸松江之延庆,越溪澄主武林之演福,法幢双峙,光焰灼然,照曜大江南北,皆延济分座说法。而越溪爱之尤笃,诸部疑难或有未易决者,要其终始而折之。盖谛观圆融,洞若观火,故叩声应响,略无滞机。高昌总统有般若空利者,每谓学兼华梵,出入经论,世无能敌,用其国语与济共译《小止观》,文彩焕发,高昌为之报然。盖济与相处既久,习其梵音,而义理通澈,涵泳胸中,故从事翻译，人以为艰者，济则有余裕焉。

泰定元年，开法于万寿圆觉寺，浙河左右杰伟之士，奔走其室，唯恐后之。明年，盐官海岸崩，居民惴惴，恐为鱼鳖。江浙行省右丞相脱欢甚忧之，祈禜于上天竺，请济亲履其地，建水陆无遮大会七日夜。济冥心观想，取海沙诅之，步率徒侣，遍为洒布，凡足迹所及，岸为不崩，人多异之。天历元年，分主显慈、集庆寺，两院皆杭之名刹，处之泊然。苏人竞欲致之，以币来聘，主大德万寿寺，阅六寒暑，莘莘小子，多所造就。至元五年，江南行宣政院选主会稽圆通，寺宇久废，钟鱼绝响，济念父母之邦，欣然东归，辟斋馆，乞糗粮，摄授徒众多至数百人，寺为中兴。历四载，还隐宝集，专修西方念佛三昧，当会心处，不知念而非念、非念而念也。至正七年，济年已八十矣，钱塘诸名山耆宿凋谢，唯济岿然独存。故士人又以大普福起之，济坚卧不应。门人强之以赴，居亡何，竟拂衣旋故邱，辟镜清阁，以深憩焉。因览诸家所注《首楞严经》繁简失当，方将折中其说，为之疏解。俄疾作，召四众至，以唯心净土惓惓为勉，有未喻其意者，厉声曰："死生难，死生难。"索瓠翰，书偈而寂，时至正十六年三月十日也。世寿八十六，僧腊七十一。葬于里之峨眉山松花坞，生时所自卜者。

济梵貌魁硕，言词清丽，诸书过目，终身不忘，故其本末兼该，无所渗漏。乡先达韩壮节公性、巴西邓文肃公文原，皆钦其道范，遗书殷勤，赞叹不已。平生孜孜以流布教化为务，建法华本部百数十会，苟有召者，未尝不应，屡感祥符，花雨缤纷。然不自侈出，处语默如，未离止观。所著书有《四教仪纪正》及《天岸外集》若干卷，并刊行之。弟子灵隐元瀞为状其遗行，征宋文宪公濂为之铭，曰："佛法正传，实推台衡。大者铿鋐，万鼓齐鸣。彼旁宗者，自谓孤撑。以此较之,苍蝇之声。猗与上师,义观两融。克期破障,息念归宗。煌煌神公,心与之通。授以如意,无碍弗攻。水虫鼓浪,涯岸善崩。凝神冥潆,咒沙为兵。变化倏忽,风霆流形。双足所蹑,凝如坚城。此愿力故,非由外假。妙经之宣,集于兰若。天亦雨华,缤纷而下。有感而应,理无忒者。般若光中,无非妙相。一鉴之明,实含万象。生既不来,死亦非往。何必兴嗟,涉有情想。青山崔崔,流泉在下。回景敛英,绝斥邪窥。万松作花,黄金满坞。舍利斯藏,永奠终古。"

明临安净慈寺沙门释宗泐传

释宗泐,字季潭,别题所居曰"全室"。生有殊质,幼而聪异,授读塾师,便见称许,期以远到。乃性厌俗荣,独契玄妙,偶涉文苑,别有悟心。年当成立,矢厥志愿,竟从剃染。受具足后,得诣净慈笑隐大䜣,博咨经典,精求义蕴,律论梵藏,备尽厥旨。尝居南屏松月居,与竹庵渭、同庵简、鼎庵需,互相参究,时有启迪,奥理深疑,一致推寻,莫不说怿以解,故所为文词,禅机渊味,发人幽省。当代儒宿,若虞文靖集、张潞国翥、黄晋卿溍,皆一时巨子,见泐所作,皆倾心叹赏,引誉士林,群相推重。会元季丧乱,天下汹汹,栖迟山谷,息影潜声,历有年所,而静性弥坚,道行益励。

有明戡定,佛学更兴。洪武初元,应召入都,居龙翔集庆,讲演经义,详注论说。又新制赞颂乐章,宣彰阃旨,深契圣衷。时见临幸,日有赐膳,尝和其诗,称为泐翁,恩眷优隆,莫与比数。又以泐文学畅懋,禅理洞悉,命往西域,搜求遗经。遂辞丹阙,不惮烦疲,冒渡流沙,竟达天竺。泐机才敏悟,声入心通,少时便习梵音,能晓呗谊,翻译《文殊》等经而还。今所传者,即此本也。晚岁禅悦,时发吟兴,尝见其《怀以仁讲师入观图》诗云:"旭日千万峰,白云三四朵。一笑山容开,独自松下坐。瀑流天下来,花飞面前堕。此时中观成,无物亦无我。"又《游雪窦》云:"扪萝登绝顶,清兴渺无穷。两目云霞外,一身霄汉中。珠帘飞瀑雪,翠浪卷清风。欲结茅庵住,尘缘惜未空。"道味诗思,意与俱清,言未空者,真未空耶?

明金陵钟山西天寺沙门释智光传 班的答 惠便

释智光,字无隐,庆云人,不详其氏族。初出家时,居燕都法云寺。志业敏慧,苦心向学,内外典籍,罔不研玩。元至正中,班的答自天竺遨游上都,栖止法云。智光得亲仪范,昕夕请益,聆声通意,渐达梵音,遂为入室弟子。有明肇创,定鼎金陵,师弟连翩,望京朝请。太祖嘉其勤劳,召询便殿,答问之际,见智光语通梵汉,命译班的答所携经典,筑庵钟山,给具供张,颇示优崇。智光乃即其《四众弟子菩萨戒》译为汉文,词简理明,众所推服。甲子春,与其徒惠便①奉使西域,过独木绳桥,至尼巴辣、梵天竺诸国②,宣传圣化,众皆感慕。已而谒麻曷菩提上师,传金刚鬘坛场四十二会,礼地涌浮图,其国起敬,以为非常人。遂并西番、乌思藏,相随入贡。比还,居未久,重渡流沙,更历西竺。

---

① 按:《补续高僧传》卷一《西天国师传》作"惠辩",《金陵梵刹志》卷三十二《西天佛子大国师志略》作"惠便"。

② 底本作"过独木绳至桥尼己辣梵天竺诸国",按《补续高僧传》卷一《西天国师传》作"过独木绳桥,至尼巴辣梵天竺国",《金陵梵刹志》卷三十二《西天佛子大国师志略》作"过独木绳桥,至尼巴辣梵天竺国",底本"至桥"当为"桥至"。尼巴辣,今尼泊尔的音译。

复率其众来朝,太宗嘉之,慰劳备至。与论三藏,领会深奥,嗟叹久之。乙酉,擢僧录左阐教。仁宗嗣位,宠锡封号,赐金印、冠服并孔雀销金盖幡及金银器物、几案、舆马之属,靡不毕具,更广能仁寺居之。宣德初元,加号西天佛子。智光于经藏之蕴,旁达深探,所译显密经义及所传《心经》《八支了义真实名经》《仁王护国经》《大白伞盖经》,并行于世。宣德十年六月十三日示寂,其徒请留偈,乃曰:"大乘法门,无法可说。"众复恳之,始扬言曰:"空空大觉中,永断去来踪;实体全无相,含虚寂照同。"俨然而化。荼毗,骨皆金色,舍利盈掬。弟子进其遗像,御制赞云:"托生东齐,习法西竺。立志坚刚,秉戒专笃。行熟毗尼,情彻般若。澄明自然,恬澹潇洒。事我祖宗,越历四朝。使车万里,有绩有劳。摅沥精虔,敷陈秘妙。玉音褒扬,日星垂曜。寿康圆寂,智炳几先。灵消旷海,月皎中天。"

清五台清凉山寺沙门释老藏传

释老藏者,即阿王老藏,燕京西山之喇嘛也。姓贾氏,生甫十龄,父母送之崇国寺为沙弥。年十八,始受具。禀性超颖,度越众流。已习韦陀,兼究瑜伽。慧根自觉,真空独证。于番汉经书,一目俱了。复历讲肆,遍聆奥机。至于三密护身,坛仪悉练;五部印契,宣导咸推。会大清定鼎,顺治初元,应诏入都。藏与同坛五人,摄斋受戒,有一上士忽谛视曰:"此中有一五台主人。"众皆惘然,莫测所谓。及顺治己亥,藏果以兼通番汉膺选,乘传上主五台,总理番汉经典,旧时所译,多所订正。术士之言,始为有征。自莅众兹山,乳窦重流,荆条复茂,损食减衣,以施贫乏,禅堂骈集,觉路弘开，补缀残典，不惮勤劳。生平不设衣钵，一锡飘然，无所系念。空诸所有，即为正观，平等应缘，解除一切。乘五衍之轼，开八正之门，拯溺逝川，大庇交丧。内翰缪彤、中行李嘉猷，道过台顶，一见皈依。玉带山门，云天瓶水，远吟深契，信非偶然。

厥后比岁，赴觐阙廷，钦承天问，妙谛微几，既协皇情，而译事钩稽，尤邀特眷，是以殊礼异数，宠赉滋多。康熙辛亥，年已七十矣。退居颐养，日以禅诵课心，长坐不卧。遍翻《大藏》，专业《华严》，以千部为期。尝以岁旱露跣，祷祈甘雨，应时而降，万众交忭。癸亥秋，圣祖幸临台山，御书题赐，号为清凉老人，宸藻流辉，焜耀千古。住山二十八稔，法云远荫，火宅晨凉，慧日载升，重昏夜晓，宗风方罄，祖庭用光。以康熙丁卯三月九日示寂。先期集众，告以大限十日，将从西去，勉哉修持，勿令坠失。日至索浴，号佛不绝，端坐而化。春秋八十有七，僧腊六十有九。圣祖闻之，赐金营葬。发龛荼毗，塔于凤林谷。设食供众，至者四千余人。悲声栖响，感动林壑。户部左侍郎蒋弘道为撰碑铭，勒石山阿。

清蒙古多伦泊汇宗寺沙门释克图传

释克图者，章嘉呼土克图也，西藏人。生有异征，不迷本性，相传为达赖第二世呼毕勒罕转生，种种异征，众所钦企。幼育于寺，乃居第五世达赖弟子。清康熙时，寰宇载宁，重译来朝。圣祖晚岁，颇眈禅理，屡咨法典，叹为玄识，特锡灌顶普慧广慈之号，命主蒙古多伦泊汇宗寺。克图博贯宗教，梵行精纯，谛谊圆妙。西藏、蒙古诸王尤相崇信，多所归依。世宗在藩邸时，倾心仰慕，及总万机，广搜禅集，取其语列入御选，叹为真再来人，古今希有，为造善因寺居之,恩礼有加。纯庙登极,膺诏入京,翻译《大藏》中一切咒语,以满文、汉字、梵书三体并列,使读者了然不限方域,刊入藏经,用广流传。尝言其国有狼达尔玛汉者,灭法毁教,其后补缀未全而经已佚,因假《楞严》善本,四译而归之。又佐庄亲王修《同文韵统》。晚年病目,与人讲论,能以手数经卷篇目,而指其文,往往不爽,群相惊叹,非记诵娴熟,未易臻此。以乾隆四十一年,寂于京师。

卷第三
义解篇第二之一
本传廿四人　附见八人

宋永嘉瑞鹿寺[沙门]释本先传

释本先,姓郑氏,温州永嘉人也。幼从州之集庆院出家。年二十五为沙弥,始诣天台国清寺,受满分戒。因侍韶国师,服勤十年。韶初导以非风幡动、仁者心动语,即时悟解,乃述颂三首。见色见心,自已了明,身心安乐,物不碍膺。及居瑞鹿,足不历城邑,手不度财货。不设卧具,不衣茧丝。卯时一食,宴坐申旦。诲教徒子,昕夕恳至。逾三十载,其志弥厉。宋大中祥符元年二月,谓弟子如昼曰:"为我造塔,塔成我行矣。"中秋塔成。翌日,参问如常,至午坐方丈,手结宝印,开一目微视,奄然而寂。如昼奏其所著《竹林集》十卷,诣阙上进,诏藏秘阁。如昼赐紫衣。

宋温州东溪草堂沙门释处元传

释处元,永嘉人,忘其姓字。久参扶宗,遂继法明之席。郡守仰其道化,任以僧正,澄清品流,莫不厌服。所著《辅赞记》三卷,其论经体则推本法智、广智源流之说,论无住本三种观法,答扶宗通相三观,其说明正,学者宗之。宋崇宁二年间,居东溪草堂,述

《义例随释》六卷。初,荆溪以《止观》文广,[例]①为七科,名为义例,俾学者知解行之大旨。虽法智制述之多,不暇为记。元因义神智为《纂要》,以初乘观法性德之境为真如理观,修德之境为唯识事观。元诋其狂妄,徒疑后学,乃决志注释,以斥《纂要》之非。

宋吴会北禅寺沙门释可观传

释可观,字宜翁。年十六,依南屏出家。复从车溪卿,有省。宋建炎初,主嘉禾圣寿。选当湖德藏,补注《楞严》。一室翛然,人或不能堪,观顾而乐之,且曰:"松风山月,此我无尽衣钵也。"乾道七年,丞相魏杞请主吴之北禅,入门适当九日,指座云:"胸中一寸灰已冷,头上千茎雪未消。老步只宜平地去,不知何事又登高?"魏公闻之,击节称赏。观尝五住当湖,皆退隐于竹庵,因号竹庵云。大慧尝访之,对语终日,退而叹曰:"教海老龙也。"有《竹庵集》《山家义苑》行世。

宋永嘉开元寺沙门释继忠传

释继忠,字法臣,姓邱氏,永嘉人也。父母求嗣佛寺,夜梦一僧,授以子曰:"螺溪尊者,寄汝养之。"及有孕,即厌腥血,故生而端详,性好清洁。虽在髫年,每睹佛像,必致敬礼。八岁入开元,蒙恩得度,即诣南湖,依广智学。劳苦得疾,乃行请观音三昧,见大士放光,以水灌顶,其疾即愈。既而洞悟教观,无所凝滞,广智深器

---

① 底本无"例"字,恐脱漏,按《佛祖统纪》卷十四《草堂处元法师》所载:"初,荆溪以《止观》文广,例为十科,名为义例,俾学者知解行之大旨。"因补。

之,时令代讲。雪窦显禅师见而叹曰:"四明之道,为有传矣。"永嘉士夫请居开元东阁,迁妙果慧安,退隐江心,研精禅观。出主西湖法明,学者骤集。有欲革大其居者,忠曰:"施者方受其福,吾忍毁之乎?"每岁正月上八,于郡中受菩萨戒、行放生事,士庶尝至数万人。每誓于众曰:"入吾道场而归命三宝者,纵未得道,愿生生世世不失人身,正见出家,求无上道。"行法华、光明、弥陀、观音三昧,日不虚度。诵咒救疾,神应莫测。每入市,坐者避席,行者避路,举首加敬,称为戒师。杭州大旱,郡守范公仲淹命忠祷于湖,甘雨随应。

宋元丰五年十月八日,沐浴更衣,集众说法,结印坐亡,人见赤光彻照空表。净社全教梦金甲士告曰:"今夜得道人入灭。"庆恩希妙梦神人告曰:"忠法师已生兜率。"忠久行施食,后虽有继,鸟雀悲鸣,三日不下。葬于瑞鹿山。传法者及百人。著《扶宗集》五十卷,《十谏》《指迷》《抉膜》《十门析难》及《十义》诸书,用昭四明,独得祖道之正。赵清献公汴为之赞曰:"教明圆通,听众依响。以心传心,以真破妄。真兮谓何,有相非相。如水中月,如鉴中象。"

宋武林灵山日观庵沙门释遵式传

释遵式,字知白,姓叶氏,宁海人。投天台东掖山义全出家,纳戒于禅林寺,习律于守初师。郡校诸生要其还初服,式答以偈曰:"真空是选场,大觉为官位。"因诣普贤像前然指自誓,习天台教法。趋宝云义通师讲席,尽得台宗秘奥。遂然顶,誓行四禅三昧。后染疾危甚,入灵墟佛室,持咒伏消,梦感神觉,其疾乃愈。于是澄心澈虑，著《观音礼忏文》，复撰《誓生西方记》《念佛三昧》《十四大愿文》。大中祥符四年，昭庆齐一律师启请至寺，宣讲四部，兼弘律仪，学者向慕，如水赴壑，沛然莫御。杭之风俗，以酒肴会葬，式谕以胜缘，其俗皆化，易为蔬果，因著《戒酒肉慈悲法门》以正其事，至今犹则效之。尝赴姑苏开元寺大敷讲席，听者踵止，户内之履，几不能容。后居天竺灵山，于寺东建日观庵。老撰《天竺高僧传》《补智者大师三昧行法说》。著《金光明经忏法三昧仪》，名彻上闻，召赐紫衣。乾兴元年，赐号慈云大师。

明道壬申岁，入寂，葬寺东月桂峰下。所著诗文《金园集》《灵苑集》。释元复赞曰："台岭一宗，兴于法智。师出宝云，金昆玉季。示无生忍，住不退地。徽称累旌，终古不坠。"其《慈云集》中有《酬伉上人》诗云："尘外清闲极，谁能更似君。山光晴后见，瀑响夜深闻。拾句书幽石，收茶踏乱云。江头待无事，终学弃人伦。"又《寄悟和尚》诗云："无累无机祇任缘，一斋长掩古松边。长垂白发过深雪，不下青林知几年。木叶当薪烧更暖，草苗为履着难穿。竟何人问东林社，时引清流灌碧莲。"其风度超迈，胸怀恬淡，可想见矣。

宋松江兴圣寺沙门释净真传

释净真，未详姓氏。从松江兴圣寺若平法师剃染，习贤首宗。嘉熙三年，游浙江诸刹。因钱塘江坝毁，江涛泛溢，漂荡居民，真以偈呈安抚使赵端明曰："海沸江河水接连，民居冲荡益忧煎。投身直入龙宫去，要止惊涛浪拍天。"遂投身于海。三日而返，谓居民曰："我在龙宫说法，龙神听受，此塘不复毁矣。"语讫，复投于海。

赵端明感其德，具闻于朝，敕赐护国净真法师，立祠于杭之会祠。

宋杭州昭庆寺沙门释仁岳传

释仁岳①，字潜夫，姓姜氏，霅川人。闻法智至南湖，往依为学，法智器之。撰《问疑书》及《止疑》《抉膜》《指滥》《十难》以折他师，而辅四明甚力。后因疾宴坐静室，恍若梦觉，自谓向者皆非究竟，更述《三身寿量解》以难《妙宗》。《妙宗》者，四明所著也。自此道不合，还浙阳灵山，慈云摄为法裔。四明乃加《十三简》以斥之，仁复上《十谏》《雪谤》，往还不已。会西湖昭庆移启相请，慈云为诗送之，学徒从往者半，云弗之禁。既而迁石壁，徙灵芝，居永嘉净社十年，大弘化法。霅守请主祥符，观察刘从广请赐紫迦梨，枢密胡宿上其事行，赐号净觉禅师。晚岁专修净业，然三指于佛前，持律至严，不以事易节。治平元年三月二十四日，谓门人曰："明日日午，吾当行矣。"明日，留偈安坐，入寂于隐沦堂休室，塔于何山之西隅。

仁岳著述极富，于《楞严》尤加意，撰《集解》十卷，《说题》一卷，《薰闻记》五卷，胡宿为之序，其略曰："室中千灯，多光互入。堂下六乐，正声相宣。鼓吹妙经，藻火圆教。法施岂有尽哉？"其推许亦未为过。葬后二百余年，何山更为禅居，净觉塔地已夷为蔬圃，仁乃见梦于僧曰："塔处灌溉非便，乞迁之。"及开龛，色身不坏，舍利盈掬，乃具礼易葬他所。此与东山神照迁塔事相类，皆能示兆于数百年之后，异哉！

---

① 岳，底本作"狱"。

宋温州瑞鹿寺沙门释遇安传

释遇安者，闽之福州人也，其姓字不详。初出家时，习天台教。一日，读《首楞严经》，至"知见立知，即无明本；知见无见，斯即涅槃"，忽焉有省，谓此当以"知见立"读，"知即无明本"为句；"知见无"读，"见斯即涅槃"为句。盖以"知见"为入道之始，"知见无"为证果之终，理想圆通，超然无碍。时称之安楞严，谓于此经别有悟处也。已而往天台，礼韶国师。韶便叩曰："闻公常课《首楞严经》，是否？"安曰："是。"韶曰："是则是，是则非是，更须体究始得。"安曰："道是假名，佛亦妄立。十二部教，亦是接物利生。一切是妄，何以为真？"韶云："唯有妄故，将真对妄，推穷妄性本空，真亦何有，故知妄真总是虚名，二字对治，都无实体，穷其根本，一切皆空。"安曰："既言一切是妄，妄亦同真，真妄无殊，复是何物？"韶云："若言何物，亦是虚妄，无相亦无，语言道断。"安于言下大悟，乃呈偈曰："推真真无物，穷妄妄无形。返观真与妄，真妄亦虚名。"遂获印可。

后驻锡仙岩，仍卓庵于大罗之垠坑，所谓白云庵也。相传安居此山，每骑虎出入，至溪畔且属之曰："女且隐伏，以俟我归。"或饷之以食，跨而登山。由是风闻四方，从者如归。尝有仙子三人，同来访安曰："闻师宣扬正法眼藏，度脱迷流，远来造请，愿示津梁。"安云："有道不离，寸步便到家乡，早已涉程途了也。"仙子三人从兹领悟，欣然礼谢，退于岩际，牵臂入潭，隐而不见。宋至道元年春，将示疾，呼嗣法蕴仁，示之偈曰："不是岭头携得事，岂从鸡足付将来？自古圣贤皆若此，非吾今日为君栽。"付已，沐浴更衣，令昇棺至室，良久自入棺。三日，门人启棺视之，见安右胁吉祥而卧，四众哀恸。安乃再起，诃责垂诫，且云："梦幻俱空，空何所有。此度更启吾棺者，非吾弟子。"言讫，入棺长往。安生于后唐庄宗甲申八月十三日，寂于宋至道元年乙未三月三日，世寿七十有二云。

宋武林凤凰山圣果寺沙门释希最传

释希最，姓施氏，霅川人。四岁出家，覃恩得度。年十五，传教观于雷峰广慈。同门畏爱，号为义虎。治平中，敷讲于嘉禾隆平。已而徙居圣果。空室有怪，每祟①所栖，希咒土掷之，得片纸书云："今被法来遣，若法力没，当复来此。"数日，击物扬火，变怪百出。希呵之曰："不闻'恼法师者，头破作七分'？"乃为广说轮转因缘。众僧声咒，助其破障。忽空中轰然，掷朱书云："汉朝烈士沈光大略陈悔过之词。"且云："蒙师说法之力，当生他化天。"自此绝迹。希因净觉背宗，上《十谏书》。法智作《解谤》，净觉复作《雪谤》。时法智在疾，不复答，净觉在灵芝，对众诧曰："只因难杀四明师，谁向灵芝敢开口？"希闻之，乃作《评谤》以辨。净觉见曰："四明之说，其遂行乎！"哲宗元祐庚午秋，集众书偈，坐化。阇维，舍利数百。赐号妙悟。

宋钱塘宝藏寺沙门释从义传

释从义，姓叶氏，温州平阳人也。年十七，通诵《法华》得度，

---

① 祟，底本作"崇"，据《补续高僧传》卷二《从谏·希最二法师》载："有空室，祟所栖，师咒土掷之。"因改。

学扶宗。主大云、五峰、宝积。尝患他宗但任胸臆,于所著《补注》《集解》处处辨明,如论贤首妄判《华严》,议慈恩专用唯识,辨祖承无二十八祖,判道家当摄入儒宗,辞理切直,为世所信。晚居秀之寿圣,大振宗教。宋元祐六年春,示疾就榻,吉祥而逝。瘗舍利于钱塘宝藏,谥曰神智。宪使刘焘记其行业云:"端介清白,不妄游从,寤寐三观,耽味著述,过午不食,非法不言,非右胁不卧,非滤水不饮,行步有常,坐立如植,未尝求公卿之知,可谓贤也已矣。"所著《大部补注》十四卷,释《光明文句》者也;《往生记》四卷,释《观经疏》也;《圆通记》三卷,释《不二门》也;《纂要》六卷,释《义例》也;《集解》三卷,释《四教仪》也;《寓言》四卷,释《金錍》也;《净名略记》十卷;《搜元记》三卷。

宋武林大悲阁沙门释玄净传

释玄净,字无象,姓徐氏,於潜人也。母方孕时,客有过其舍者,曰:"嘉气上腾,当生奇男。"及净生,左肩起如袈裟条,八十一日乃没。伯祖异之曰:"宿世沙门,必使学佛。事八十一者,殆其算与?"后果符其数。十岁出家,每见讲座,辄曰:"吾愿登此,说法度人。"年十八,就学于慈云,闻明智讲止观方便五缘,顿然悟曰:"今乃知色香味触本具第一义谛。"因泣下如雨。自是遇物,无非法界,代讲十五年。杭守吕臻请住大悲阁,严设戒律,其徒畏爱。臻为疏,请锡紫衣、辨才①之号。七年,翰林沈遘抚杭,谓上竺本观音道场,以音声为佛事者,非禅那居,乃请净居之。凿山增室,广聚学

---

① 辨才,《佛祖统纪》卷十一作"辩才"。

徒,教苑之盛,冠二浙。

宋元丰元年,以事谢退,众亦随散。逾年,复以畀净,众更大集。赵清献、苏学士子瞻皆与为世外交。赵公闻之,乃为赞曰:"师去天竺,山空鬼哭。天竺师归,道场重辉。"东坡居士亦寄诗云:"道人出山去,山色如死灰。白云不解笑,青松有余哀。忽闻道人归,鸟语山容开。"三年,复谢去,居南山之龙井,士夫争为筑室,遂成蓝宇。六年,太守邓伯温请居南屏。越明年,复归龙井。时灵山虚席,净以慈云师祖道场,俯就众请。及月余,于禅定中见金甲神曰:"法师于此旧无缘,不宜久住。"既奉冥告,遂还龙井。元祐四年,苏轼治杭,尝问净曰:"北山如师道行者几人?"净曰:"沙门多密行,非可尽识。"东坡生子迨,已四岁,不能行,请净落发摩顶,数日即能步。及将示寂,乃入方圆庵,宴坐谢宾客,止言语饮食,招参寮告之曰:"吾净业将成,若七日无障,吾愿遂矣。"果七日,吉祥而逝,时元祐六年九月晦日也。苏学士辙为铭其塔。

宋润州金山寺沙门释梵臻传　从谏

释梵臻,居南屏,因以号焉,钱塘人。传四明法智之道。初,住金山龙游,侍讲吴公倅都闻其名,革兴教禅居请主之,学者朋来。臻每讲次,会文集义,贯穿始终,浙西台学大振自兹始。尝述二偈赞《妙宗钞》曰:"佛许六即辨,蚊蟆何不通。知一不知二,失西又失东。三千若果成,一切皆常乐。蚊蟆不究竟,诸佛断性恶。"后与净觉岳公辨教门,陈词有司,乞筑高台、立赤幡,效西竺圣师与外道角胜,以幡标显处,义堕者断首截舌,悬之竿头。府尹杜而不从,闻者凛然。初,吴公多于休沐请讲,盛服止阃外,臻未登座,不辄入。

苏东坡①居士尝云："与臻语群集,有所遗忘,臻辄应口诵之,亹亹不休。"东坡《答辩才②文》云："讲有辩③臻者是也。"崇宁中,谥实相。

弟子从谏者,松阳毛氏子。幼见佛经,辄能自诵,父曰："再来人也。"年十九,试《法华经》得度,即谒上竺辩才④,夙夜听习。复往依南屏于金山,问辨如流,南屏叹曰："吾道系子而行也。"熙宁中,讲于明庆,徒众日蕃,乃迁净住。元丰初,处人建寿圣迎居之。越三年,主南屏,臻以年老,屈谏首众。未几,举以自代。元祐五年,上竺虚席,辩才⑤属郡守蒲宗孟曰："灵感胜迹,非从谏不能当。"郡用其说,复为奏赐慈辩⑥之号。义天僧统自高丽来求法,郡以谏应命。乃求炉拂传衣,即诣智者塔,誓之曰："已传慈辩⑦法师教观,还国流通,乞赐冥护。"既归,乃建刹立像,尊为始祖。大观二年,辞归寿圣。学子普明等十人诣室省候,谏曰："诸子远至,后会无期,老僧不如乘兴便行。"遂沐浴更衣,升座说法,书偈,安坐而逝。

---

① 坡,底本作"波"。
② 辩才,底本作"辨才",按《佛祖统纪》《净土圣贤录》《释氏稽古略》均作"辩才",因改。
③ 辩,底本作"辨"。
④ 辩才,底本作"辨才",按《佛祖统纪》《净土圣贤录》《释氏稽古略》均作"辩才",因改。
⑤ 同上。
⑥ 慈辩,底本作"慈辨",按《佛祖统纪》《释氏稽古略》均作"慈辩",因改。
⑦ 同上。

宋凤凰山圣果寺沙门释佛护传

释佛护，字净梵，姓笪氏，嘉禾人。母梦光明满室，见神人似佛，孕而生护，因名佛护。十岁，投圣果永忏主出家，常念阿弥陀佛。或问："年少念佛何为？"曰："我欲参访去。"十八受具戒，投湛、谦二法师习教，得其传。谒神悟，亲讲说，如夙习。初，住无量院，讲《法华》十余会。哲宗元祐初，主姑苏大慈，讲三大部，弟子遍踵吴地。尝率二十七僧修法华忏，每期方便正修二十八日，作三会，精恪上通，感普贤受羯摩法，至称净梵比丘者三，洪音如撞巨钟。三昧将圆，有来二僧曰："春至石梁礼圣迹，忽见空中飞花，异香非常。遇一僧曰：'姑苏梵法主散花至此。'语毕辄不见，某因得礼座下。"长洲令王公度时亲目其事①，记刻于石。元符中，有黄衣使者请至冥府，时王者迎就坐，令吏检祥霭簿。吏云："净梵比丘多劫讲演《法华》。"王即起顶礼，遣使引还。建炎元年十月朔日坐亡，阇维时有五色光，塔择横塘之般若。

宋泉州宝胜院沙门释戒环传

释戒环，温陵人，而佚其姓字。赋性恬澹，不渎世味，寄身空寂，研精梵谊，深造道妙。尝病《法华》《楞严》旧释词义渊微，初学罕喻。因于禅暇，作二经《要解》，而《楞严》尤为翔晓。其叙科判曰："旧科经执匿王琉璃异代，谓非一会顿说，判教局持地耶输等

---

① 底本作"太洲令王公度亲时目其事"，恐误。

事,而断为《法华》之后,愚窃疑焉。夫夜壑负趋,速于反掌;匿王代谢,可唯旦暮。而《楞严》法会,自夏徂冬,此不应执异王疑异会也。《法华》自灯明以还,诸佛无时不说,菩萨无时不证,持地既曰闻诸如来宣妙莲华,岂止释迦与?经称摩登由神咒力消其爱欲,与耶输同悟夙由,或得出缠,或蒙授记。若执授记为《法华》之事,则灵山会上当有摩登,乃可言同。且既言由神咒力,知非《法华》,况有道记、果记之异。今经所言乃道记,非《法华》果记也,此又不应局授记而定先后者也。经言最后垂范者,乃结辩魔文,当十卷末,实《楞严》法会最后,非临灭之最后也。旧引多说,皆无足为科判准绳,科判失准则理义差矣。夫法王说法①,有条不紊。初说一乘顿教以立本,即《华严》也;次说三乘渐教以逗机,即《阿含》《方等》《般若》也;后说一乘圆教以显实,即《法华》也;《楞严》即《般若》《法华》之中,实大乘终极之教。故如来密因菩萨万行修证之法一切毕竟,自此以往,无复进修,直造一乘圆妙之道。故《法华》会上更无地位之说,纯谭妙法,随根印可,授记作佛而已。《法华》之后,更说《涅槃》。扶律谭常者,扶律所以属后事,谭常所以示真寂,此为临灭遗付之事,非有加于《法华》也。说者不本扶律之意,辄判《楞严》在《法华》后,亦称扶律谭常。然则进修既毕而又进修,扶律之后而又扶律,前则加于《法华》,后则赘于《涅槃》,是乃倒置骈枝,紊于法王之法矣。夫进修之事,譬之稼穑犹耘耨也,譬之芙蕖犹敷华也。既号《法华》,秋获《涅槃》,捃拾不应获拾之中又耘耨也。既号《法华》,废权立实,如花落莲见,不应于废落之后又敷华也。以经证之,羚摈之子,既领宝藏,复何所求?化城之人,

---

① 底本作"法设王",按戒环《楞严经要解》《楞严经述旨》《楞严经纂注》均载:"夫法王说法,有条不紊。"因改。

既到宝所,复何前进?灯明说已,中夜涅槃,释尊说已,四众唱灭,复何枝蔓于《楞严》哉?如必《楞严》居后,则阿难既于《法华》诸漏已尽,而复于《楞严》未尽诸漏;既于《法华》堪任佛记,而复于《楞严》未全道力;既先领悟妙法,而复不知真际所诣;既以安住佛道,而复为彼所转溺于淫舍。是皆倒置,理自不然,故判《楞严》在《般若》后也。盖《般若》之后,慧学方盛,定力未充,人或溺于多闻,失于正受,于是示《首楞严》之大定,资《般若》之大慧,使定慧均等,学行兼全,而究竟趣于一乘实相,此《楞严》所以作也。论三经大致,无非为一大事因缘,而必先借《般若》发明,次由《楞严》修证,终至《法华》印可,然后尽诸佛能事,序固如是也。然则导达禅乘,决择正见,莫尚《楞严》矣。"

又判法华教曰:"法王应运,出真兆圣,唯为一事,无有余乘。是以首唱《华严》,特明顿法,虽知根钝,且称本怀,及乎怖大昏惑,乃权设方宜,至于众志贞纯,则还示实《法华》。然则二经一始一终,教实相资,故今宗《华严》而科释也。或谓《华严》纯谭实相,独被大机,《法华》引权人实,三根齐被,二经旨趣迥不相及,引彼释此,殆不知宗。而愚窃观信解品,其父先来,求子不得,中止一城,其家大富,穷子遥见,恐怖疾走,正喻初说《华严》也;临终命子,委付财物,穷子欢喜,得大宝藏,正喻终说《法华》。迹此观之,始而惊怖、终而亲附者,无异父;穷之所弃、达之所获者,无异宝。既无以异,何为而不应宗之耶?又况二经以智立体,以行成德。放光现瑞,全法界之真机;融因会果,开修证之捷径。凡所设法,意绪并同,二经相宗,亦足见圣人说法始终一贯,果唯一事,无有余乘,旨趣稍驯,幸无深诮也。"

《开元寺志》称,戒环所撰《要解》,皆能痛去名相繁蔓,使人无泥枝叶,入佛知见,直发明秘要宝藏者也。至今学者多宗之,殆不诬也。一说,开元千佛院有主僧日诵《法华》,一白鸽常止檐间,若听经状。一日,不至,主僧怪之,夜梦人曰:"我鸽也,得师经力,转生为人,生某氏家,腋有白毛可识,能视我乎?"主僧如其梦求之,果然。父母遂许出家。少长,来从之,得度为戒环云。

南宋临安上天竺寺沙门释若讷传

释若讷,住上天竺。常领徒千人,大宏三观、十乘、五重、六即之道,其词辩若泻悬河,实为当世四依也。南宋淳熙三年,高宗临幸,欲礼大士,讷出迎。高宗问曰:"朕于大士,礼得拜否?"讷对曰:"不拜则各自称尊,拜则递相恭敬。"高宗欣然致拜。又问:"岁修金光明忏,其意为何?"讷曰:"昔佛为梵释四王说金光明三昧,嘱其护国护人,后世祖师立为忏法,令僧每于岁旦奉行其法,为国祈福,此盛世之典也。"上说,授讷右街僧录,赐钱即修其道。次年四月八日,召讷领僧五十入内观堂,修护国金光明三昧。赐斋罢,讷登座说法。上问曰:"佛法固妙,安得如许经卷?"讷曰:"有本者如是。"高宗大悦,进讷左街僧录,号曰慧光法师。自是每岁此日,入内修举佛事,赐绢帛五十匹。七年八月,召讷入内赐斋,说法称旨,恩宠有加。

南宋余杭上天竺寺沙门释法照传

释法照,姓童氏,黄岩人。父好善,生九子,照其次也。母陈氏,梦日赏,骞裳得之,孕,十二月而生。气貌奇伟,耳垂肩,眼如电。幼入小学，便多颖悟，塾师异之。年十三，投圣水出家，以蒙庵宣为师。一夕自外归，寺僧遥望两炬晶炯，近之，乃照也，盖目光远射，令人惊畏。剃染后，精进教乘，三阅《大藏》，出游诸方豁堂，当代尊宿贻书褒勉，诸山以职延致，悉不就。携香礼北峰印。次至蒋山，参琰淛翁，问答之际，深器之。北峰居下竺，招之归，淛翁以教门为属，讲论授受，泠然有得。北峰顺寂，振锡东还，钱丞相作高僧堂，延照共谈。年三十三，改住天台大慈，迁圣水，史卫王举住云间延庆，继迁凤山褒亲，丞相史永公举住四明。延庆、海顺二法师自日本来听讲，且作《读教记》，绘照像归国。高丽崔丞相亦致书问佛法大旨，乞《九祖图》，并赠漂瓷钵盂及金观音、香药。

育王虚席，郡请兼摄，举痴绝冲自代。阃帅夺寺园为酒库，杖履而遁，道出东掖，两山学徒迎之境上。宏斋包公屈致，智者真觉，重祖庭也。理宗闻其名，敕住下天竺，寻迁上天竺，补左街鉴义，御笔特赐佛光法师，进录左街，赐金襕袈裟，召见倚桂阁，对御称旨。集庆寺成，诏命开山，力辞，举白莲观主①诚公自代。明年，诚寂，有旨特转左右街都纲录，令住集庆，不许辞免，御书"晦岩"二大字赐之。开无碍讲，凡禅教律三宗学徒云集，闻者②开悟。召见延和殿，讲《华严经》，又大书"灵山堂"以赐，遣侄武经郎童炎奉宸翰归其里。东宫召见复古殿，讲《般若经》，再赐紫金襕袈裟，斋于明华殿。圣眷隆渥，昔未曾有。偶因面对，力乞

---

① 主，底本作"止"，据《佛祖统纪》卷四十八载："绍定二年……时集庆寺新成，有旨，命法照开山，力辞，举白莲观主南峰诚法师以代。"因改。

② 者，底本作"名"，据《续佛祖统纪》卷一《法照法师》载："凡禅教律三宗学徒云集，闻者多所解悟。"因改。

还山。度宗即位,敕再住上天竺,前后居山二十四年。平章贾魏公为造塔于寺之东冈,奏请锡名曰天岩塔院,复加恩赉,赐田三顷,以助其费。

癸酉秋,示疾,移居塔院,却药屏医,作文自祭。中秋之夕,书偈曰:"佛寿八十,我多九年,虚空掇转,大用现前。"掷笔端①坐而逝,咸淳癸酉八月十五日也。得年八十有九,僧腊七十四。弟子妙应继席,得法四十余人,得度者一百余人。窆于天岩,遵初志也。明年,赐谥曰普通法师,塔曰慈应。所撰《读教记》,录二十卷,为学者日月。其余法语、遗文,诸弟子多所记录,不可罄述。

南宋余杭上天竺寺沙门释善月传

释善月,字光远,号柏庭,姓方氏,定海人。母梦月堕怀,生之夕,白光满室,因以名焉。初学语,尝合掌②道南无字。甫成童,其父编六经授之,读如习旧业。年十二,通《春秋》大义。母携往正觉寺,循殿楹数匝,寺主道并谓其母曰:"吾夜梦白龙绕此柱,其征此儿乎?"于是,父母始许出家。年十五具戒,乃往南湖依草庵。尝以科目繁冗为劳,草庵诲之曰:"白日看家书,有何难解?"善月为之一省。草庵曰:"异时鼓吹吾宗者,其在子乎?"梓庵讲道月波,往谒焉,闻世相尝住之旨,益有省发。乃复归南湖

---

① 端,底本作"瑞",据《续佛祖统纪》卷一《法照法师》载:"掷笔端坐而逝。"因改。

② 掌,底本作"拿",据《佛祖统纪》卷十八《月堂询法师法嗣》载:"初学语,常合掌道法界字。"因改。

见堂,问如来不断性恶之说,心身豁然,如却关钥见府库,以所悟白,堂更为演其义,月拜领而退。及堂寂,月往当阳请竹庵。明年,命月分讲,风仪清温,淡辩雅正。竹庵赞曰:"吾与首座,可谓得人,但恨无继之者。"所居古柏独秀,遂自号柏庭。

淳熙庚子,初主东湖辩利,迁慈溪宝严。居无何,太师史真隐请居月波,学士来奔,廪食不足。太师闻之喜,使人告月曰:"师为道延众,欲食来取,予不啬也。"绍熙①二年,郡守何公澹以南湖虚席,亲裁疏劝请,讲道不倦,御众有法,十三年不改初度,缁素以是信之。嘉泰四年,退隐衍庆精舍,一息十载。梦老叟耳语曰:"六十五,七十一。"嘉定六年,郡将陈卿以南湖有去思,为更屈致,辞弗克,雨华更新,旧徒再拥。未逾月,上竺以敕书召,时年六十五也。八年,夏旱,诏迎大士于明庆,车驾亲幸,月为祷雨,朝注暮洽,皇情大悦,特补左街僧录。十二年秋,拂衣东归,偃息于城南祖关,是年七十一,又知所以验前梦也。

绍定五年春,有敕再领上竺,人皆以东坡"师去忽复来,鸟语山容开"之句为之贺。端平三年,得目眚,请老东庵。一日,示疾,坐床上若相酬酢者,左右或问之,曰:"吾与荆溪尊者对谈祖道耳。"将入寂,顾其属曰:"人患无实德为后世称,若但崇虚誉,我则不暇。千载之下,谓吾为柏庭叟,则吾枯骨为无愧,幸勿请谥,以污我素业。"言已,累足而化,淳祐元年正月十九日也。留龛七日,面色鲜白,心顶俱暖。塔于寺东。寿九十三,法腊七十八。所遗衣发及四

---

① 绍熙,底本作"绍兴",根据文意,从嘉泰四年向前十三年推算,此处应为"绍熙"二年,因改。南宋咸淳本《佛祖统纪》亦载"绍熙二年",可证。

经解,合藏于南湖祖塔之侧,有《楞严玄①览》《金刚②会解》《圆觉略说》《楞伽通义》《因革论》《简境十策》《三部格言》《金錍义解》《宗教玄③述》《仁王疏记》《附钞笺要》,皆行于世,自余杂制曰《绪余》《讲余》,各若干卷。嗣其法者香林清,赐为上首。

南宋临安净慈寺沙门释居简传

释居简,字敬叟,姓龙氏,潼川人也。家世儒素,幼性颖异,见佛书,端坐默观,如宿习者。依邑之广福院圆澄得度,参别蜂涂毒于径山,沉默自究。一日,阅《万庵语》有省,遽往育王见佛照,机契,自是往来其门十五年。走江西,访诸祖遗迹。莹仲温尝掌大慧之记,庵于罗湖,纂所闻成书,发挥祖道,与议论,大奇之。久之,出主台之般若,迁报恩,英衲争附,儒硕钱竹岩、叶水心,莫不推重。时大参真西山为江东部使者,虚东林待之,以疾辞。乃于飞来峰北涧扫一室,居十年,人不敢以字称,以北涧称之。

起应雪之铁佛,常之显庆、碧云,苏之慧日,湖之道场,奉诏迁净慈,所至道化大行,垂老不倦。颂《楞严经》六解一亡云:"六用无功信不通,一时分付与春风。篆烟一缕闻清昼,百鸟不来花自红。"辟一室以居,名曰蘸室,作赋以自见。水心酬以诗云:"简公诗话特惊人,六反掀腾不动身。说与东家小儿女,涂青染紫不禁

---

① 玄,底本作"一",按《佛祖统纪》卷十八、《天台山方外志》卷七均作"楞严玄览",因改。
② 刚,底本作"纲",按《佛祖统纪》卷十八、《天台山方外志》卷七均作"金刚会解",因改。
③ 玄,底本作"浅",按《佛祖统纪》卷十八、《天台山方外志》卷七均作"宗教玄述",因改。

春。"晚岁居天台,有二姓争竹山构衅,为作《种竹赋》以讽之,而讼遂已。赵节斋为奏补灵隐,简笑谢曰:"吾日迫矣。"乃举天童痴绝道冲。淳祐丙午春,示疾,三月二十八日,索纸,书偈于纸尾,复书"四月一日珍重"六字,呼诸徒诫之曰:"时不待人,以道自励,吾世缘余二日耳。"至期,昧爽索沐,浴罢如假寐,视之已逝矣。寿八十三,腊六十二。所著有《北涧集》十九卷。

南宋台州白莲寺沙门释了然传

释了然,号志涌,出家郡之白莲寺。讲演天台教观二十余年,精励后学。白业潜修,日惟一餐,常坐达旦。一夕,梦二龙云中交戏,空际忽然化为神人,从空降谒,且于衣袖出一书示曰:"师七日后,行当西归。"了然既寤,知是往生之应,乃挝鼓集众,登座说法,遗嘱后事。已而书偈曰:"因念佛力,得生乐国,凡汝诸人,可不自逸。"即索浴更衣,命众同声诵《弥陀经》至西方世界,倏然而化,一众皆闻天乐之音盈空,祥光烛于天表。

南宋临安上天竺寺沙门释应如传 本如 道如

释应如,姓胡氏,浦江人。幼默记多闻,尤善持论,来学上竺,慈辩①深器之。尝往灵山访同志,出六能义,反覆辨诘,彼义堕负。应如即揭竿系帛,因谓之曰:"西竺破敌则竖胜幡,道场降魔亦表胜相,今法战既胜,当揭一竿。"人畏其烈,目之虎子。初,慈辩②得南

---

① 慈辩,底本作"慈辨",按《佛祖统纪》作"慈辩",因改。
② 同上。

屏通相三观之旨,秘不授人,玉慧觉祈请尤力,许子夜为密说。应如知之,陟梯揭瓦,伏身窃听,飞雪翻空,背若被铠。且白慈辩①曰:"我于通相三关,若有冥授。"即录其言,以示一众。慈辩②怒曰:"应如盗法。"

绍圣初,主越之圆通。尝因讲散,谓侍者曰:"今日东风吹教法过浙西去,使眼中有耳者得以有闻。"绍兴三年,迁上竺,兀术焚荡之余,唯存藏室,有劝其营建者,则曰:"我但流通大法耳,他日自有兴造者。"尝以偈示人曰:"吾传知者,一性之宗。三千实相,妙空假中。一念法界,生佛体同。凡圣一如,善恶理融。毗卢身上,湛若虚空。达斯旨者,法法圆通。左之右之,受用无穷。"释家称如虎者三人,神照本如、四明道如与应如而三也。一夕,别大众,归寝而终,塔于寺西北隅。有教义,名《指难集》。弟子崇先怀志、白莲慧仙皆足世其业。

南宋明州宝林寺沙门释了宣传 善荣

释了宣,四明人。肄业于宝林,因慕南湖之盛,投之。精究三观十乘之旨,阅《大藏》教无不知其大义,修法华忏法二十七年。与释善荣为同志,相善,凡所修进,必偕荣。尝金书《法华》《楞严》《净名》《圆觉》等经,宣亦为助。或遇西资会,则施人手画水墨观音像。二人结誓往生,每说法则谆谆劝人,皆求安养,从之念佛者众。一日,宣诣荣之室默坐,荣故问之,对曰:"我西归有期矣,难忘若道义,与若净土重会也。"荣曰:"正所幸愿。"宣即集众告别,命诵经号佛,

---

① 慈辩,底本作"慈辨",按《佛祖统纪》作"慈辩",因改。
② 同上。

端坐书偈曰:"性相忘情,一三无寄。息风不行,摩诃室利。"合掌而逝。时正炎暑,停龛七日,颜色红润,口角有微涎,观者以帕裹之,则异香喷人,倾城士庶来裹,香涎愈滋。阇维,舍利无算。宣入寂三年,荣忽取经像分施亲故,讽《普贤行法经》《小弥陀经》,令众同助念佛,跏趺,乃曰:"我为赴宣公之约。"言毕,蜕然而化。

辽中京报恩传教寺沙门释法悟传 志福

释法悟者,未详所出氏族,亦不知何许人。赋性慧聪,道心睿发,研穷经论,分析精微。辽天佑①时,主中京报恩。楸问邕流,上启聪听,而皇衷亮哲,优通玄旨,颇耽释典,雅契性宗。尝谓:"《释摩诃衍论》者,包举一乘,总括百部,庶有宗师,继为义疏,恢阐正教,深化群生。"会因法悟,偶谭要妙,密惬宸中,特降俞音,广求隐义。于是殚思积虑,先立御解四道,皆识迈前人,昭垂来许。仅及十旬,成书五卷,遂呈圣览,果见褒称,乃命曰《赞玄疏》。其自述略曰:"夫圆常果海,湛寂灵源,离教说以难思,超因缘而最胜,四法界讵能含②摄,三世间奚足该收。透③门法之两重,迥绝能所;像希夷而独立,莫得诠缘。不可智知,非其数数者,其唯不二摩诃衍欤?冲虚本一,炳焕随宜,为无为始异从生,世出世毕同归趣,号如意珠藏,俾应用以无穷,名广大神王,况威灵而不测者,则十六所入法之谓焉。真俗有辨,顿渐无参,自他对待以区分,体相寂绝而清净。

---

① 按:"天佑",非辽代年号。辽道宗耶律洪基因推崇佛教,被尊称为"天佑皇帝"。
② 含,底本作"舍",大正藏本《释摩诃衍论赞玄疏》卷一作"含",《全辽文》卷八《释摩诃衍论赞玄疏序》亦作"含",因改。
③ 透,底本作"秀",按《全辽文》卷八《释摩诃衍论赞玄疏序》作"透"。

位殊因果,智惑假立于断修;性出名言,障道不存于遣立者,即十六能入门之谓矣。故我世尊顺本所乘,如义而说。自鹤林俟变,且失指提;龙藏甚深,罔穷幽秘。马鸣菩萨慨兹玄理,匿在筌蹄,蠢厥含①灵,懵于修证,由是迹满二僧祇劫,寄逮无功,文凭《百洛叉经》,具彰总法,《摩诃衍论》自此兴焉。字才啻于万言,旨备包于众典,权舆果道,隐括因门。然法教渊含,奈根宜浅局,故于了义未达幽宗,其犹管眼窥天,粗观寥廓,毛头滴海,安测深弘?龙树大士膺记蓊以挺生,导物情而示现,以为摄义之论,正投乐略之根,乃依百本之金言,广释一轴之宝册。师资继作,本末流芳,而自译出后秦,时经累叶,其间阐布,未之前闻。噫!历世久湮,必将有待,会逢外护,果视中兴。"其畅达宏旨,足该全经。末叙天佑,每余庶政,止味玄风,备究群经,尤精此论。且言叠承中诏,侍讲内庭,凡粗见于义门,幸仰符于睿意,当时宠眷,可想见矣。命太保燕国公耶律孝杰为之叙,谓诏从模镂,言使传通。盖辽时已有印本,今其书犹流行云。

又志福者,亦辽僧,住医巫闾山,赐紫,号曰通圆慈行。著有《释摩诃衍论通玄钞》,与法悟《赞玄疏》并传。

辽燕京奉福寺沙门释非浊传

释非浊,字真照,姓张氏,范阳人。重熙初,礼圆融国师为师。居无何,婴足疾,遁迹盘山,敷课于太白峰颠。每宴坐诵持,时见山灵部从敬侍,久之疾渐痊。重熙八年冬,有诏赴阙,兴宗契厥道要,

---

① 含,底本作"舍",大正藏本《释摩诃衍论赞玄疏》卷一作"含",《全辽文》卷八《释摩诃衍论赞玄疏序》亦作"含",因改。

宠之紫衣。十八年,授上京管内都僧录,寻迁燕京管内左街僧录。清宁改元,加崇录大夫检校太保。逾年,晋检校太傅太尉,赐号纯慧大师。浊搜访阙章,聿修睿典,撰《往生集》二十卷,进呈御筵,大惬皇愫,鉴赏久之,亲为序引,命龛次入藏。清宁六年春,銮舆幸燕,回次花林,浊侍坐于殿,亲受燕京管内忏悔主菩萨戒师。明年二月,设坛奉福寺,忏受之徒,不可胜纪。清宁九年四月,示疾,告终于竹林寺,旋移窆于昌平县。司空豳国公仰其高躅,建立寺塔,并营佛顶尊胜陀罗尼幢,高逾寻丈。庶陵壑有迁,而音尘不泯。文具山志,释真延为之记。

南诏苍山再光寺沙门释普瑞传　普济　皎渊　净妙澄

　　释普瑞,字雪庭,别号妙观,榆城人。童时,日记万言。因读《华严》,至"若有如是如是思维,则有如是如是显现"处,豁开心地。后见皎渊,为之印可。皎渊为普济庆光弟子。济与净妙澄同开水目山,山旧无泉,济以杖卓之,泉随涌出,世称卓锡泉。段氏为建梵宇,赠澄号曰净妙,济号曰庆光。皎渊初参济时,便问如何免得生死,济以扇击案,渊忽然有省,遂嗣其法。水目山广导诸方,朝野尊仰。瑞既承渊付属,南诏信从为建再光寺以居之。瑞澄心妙悟,深入玄理,闭户著书。兀坐终日,积诚相感,常梦与清凉、贤首、华严诸祖共语,撰《华严悬谈会玄记》四十卷,今在藏帙。又诵《金刚经》,有白光如轮,久而不散。瑞虽印心南宗,而恒阐《华严》为业。尝于水目讲经,感金甲神人示像。所著有《楞严纂要》十卷、《金刚方语》一卷,余有《华严心镜》《元谈辅翼》及《外集》诸书,皆发明宗旨,开悟后学。每登讲席,发音硁硁,弘纲微绪,莫不毕宣,听者悦怿,四众归心。讲堂之外,本无池沼,芳草丛中,忽生莲花,时人嗟叹,以为瑞应。后无疾而逝。荼毗,获舍利甚多,莹然耀目,建塔奉之。其嗣法弟子有黄龙无相,与净众寺无相嗣五祖者同名,彼见《高僧传》第三集。

卷第四
义解篇第二之二
本传廿四人　附见十五人

元古杭净慈寺沙门释善庆传

释善庆，字千濑，姓彭氏，严陵人也。卅岁而孤，萍踪无寄，就舅氏习儒。初见怀楚，知为法器。问："能出家否？"庆应之曰："固本愿耳。"遂度之。受具戒品，身律甚严。遍历诸宿庭户，咸无所证。后闻佛心珏主净慈，遂往依焉。闻举洞山麻三称语，领悟，后出世宜兴之保安。凡三徙名刹，每主讲筵，贯澈禅教，乃至净慈，开堂示众无虚日。尝著《扶宗显正论》，以进仁宗，览而嘉之，赐以慧光普照文明通辨之号，并金襕袈裟。久之谢归，作室曰归休，宴息其间，怡神空寂，泊如也。元至元戊寅八月三日化去，春秋七十有九。

元杭州上天竺[寺]沙门释性澄传　云梦泽

释性澄，字湛堂，号越溪，会稽孙氏子也。父满。母姜氏梦日轮从空而堕，既觉，日光犹照其榻，遂生澄。四岁，常戏拈笔为佛像，授以佛经，即能成诵。元至元丙子，投石门殊律师祝发，受具。石门谓，三世诸佛，戒为根本，乃命探律藏而通其遮性双单、止持作犯之义。乙酉，依佛鉴铦公习天台教观。谒云梦泽于南竺普福，泽一见，深加器重，历居清要。以天台国清实台宗讲寺，后易为禅，乃不远数千里走京师，具奏寺之建置颠末、旧制之由，元世祖赐玺书复之。已而欲东渡鸭绿，游高丽，求天台遗书，闻其国有事，遂寝。

大德乙巳，出住杭之东竺。丁未，吴越大旱，澄率众说法祷雨，上格苍穹，甘霖立应。岁饥，民死无以敛，乃为掩其遗骸，作水陆大会普度之。至大戊申，迁南竺之演福。至治辛酉，驿召入京，问道于明仁殿，被旨居清塔寺，校正《大藏》。驾幸文殊阁，引见问劳，赐《无量寿佛》等经各若干卷。事竣辞归，特赐金襕衣。将行，俄有旨，即白莲寺建水陆大无遮会。时丞相东平忠献王请升座说法，事闻，宠赉尤渥，赐号佛海大师。泰定甲子，住上天竺，劬苦九载，不倦津梁。至顺壬午六月朔，忽挝鼓告众曰："我三住名山，逾三十年，自行无益，世缘有限，虽愧不敏，古德风烈，犹或可攀。"竟拂衣归天竺之云外斋。岁余，还越之佛果，笃志净土，修一心三观者七昼夜，屡感瑞应。一日，诘旦，众以常仪问讯，澄遽挥曰："老僧向非急于退步，一十二年几在半途矣。今日则有，明日恐无，光阴其可把玩乎？烦点视衣钵，用表无常。"众为念佛，止曰："佛须自念，明晨却送别。"黎明众集，遂端坐而逝。阅世七十有八，坐六十有四夏。龛留七日，颜貌如生，全身窆于清泰塔院。所著有《金刚集注》《心经消灾经注》《弥陀经句解》及《仁王经如意轮咒经科》，并行世。

元杭州下[天]竺寺沙门释蒙润传 古源　竹堂传

释蒙润，字玉冈，海盐人，姓顾氏。父敏，隐君子也。母孙氏，实古源清之甥女。母娠及诞,俱感异梦。润年十四,依古源于嘉禾白莲,方礼伽蓝神,土偶皆仆,一众惊异。古源授经,辄成诵,遂命从祥公祝发,进具。古源见其锐敏,授以天台《止观》《金刚錍》《十不二门》诸书,即能了大意。会古源归寂,乃事竹堂传以卒业。因苦学,婴奇疾,修忏七七,既获灵应,疾愈而心倍明利,遂得分座于南竺演福。湛堂澄公来莅其席,润居首座。无何出世,主海盐之当湖德藏。夏讲《法华》,众尝千指,屠酤为之易业,瑞应之迹,不可胜纪。迁演福,宗风益振。六年退院事,高卧于龙井凤篁岭之白莲庵,专修念佛三昧,依者日众。宣政院以下竺法席强起之,寺方灾,惟普贤殿岿然荆棘瓦砾中,因慨然谓众曰:"兹寺成于慈云,今殿尚存,则祖师之愿力有在矣。"乃为次第,葺而新之。昕夕演说无倦,率众修法华三昧,感普贤放光,现诸瑞相。居三祀,一日,呼门弟子实法明策等,示止观安心之旨。已而告之曰:"吾生缘殆尽,兹惟其时。"骤称佛号数百声,泊然而化。润生平力修,昼夜无怠,尝修常行三昧,以九十日为期者七,修法华金光明大悲净土,以七七日者不可以期数,故其潜德密行密证者,有未易浅窥之也。

元古杭净慈寺沙门释处林传 及庵信　虚谷陵　夷简

释处林,字平山,姓王氏,仁和人也。母黄氏,方诞之旦,有异僧过其家,持木刻梵僧像,长尺许,遗其父曰:"此即汝所生儿也。"言讫,不知所往,其家人始异之。年十二,即欲出家学佛,父母以其有夙因,弗夺也。礼邑之广严寺僧广修为剃度师。年十七,受戒具。溯涛江,上金华山,谒及庵信于西峰,一见器之,命居侍席。一夕,及庵捻纸沁膏以代烛,举示林曰:"龙息吹灭,作何观念?"因之有省。会及庵迁主湖之道场，携林与偕，遂典藏钥，分座说法。冬至之夕，秉拂跻席，新学毕萃，发百余问，随叩随应，响如钟鸣，辩同瓶泻，众皆叹服。已而及庵化去，若失所依。闻虚谷陵在仰山，时门庭孤峻，莫有当其机者，因之江西，求印焉。初在众中，未有知者。一日，为茶瓢僧作颂，虚谷读之，不胜惊喜曰："宗门有人。"乃处以副座，主宾之间，相与激扬，此事犹灵树之待云门也。久之，去，游江汉湖湘间，遍礼祖塔而还。皇庆癸丑，始出世于大慈山定慧禅院，瓣香所归，为及庵嗣。

延祐戊午，嘉兴之当湖张氏新建兰若曰福源，请林开山，乃为创立制度，重规叠矩，纤悉备具，昭示来者，有所遵守。至元庚辰，迁中天竺三年。高公纳麟由枢密使掌行宣政院事，知林有道行，贯通宗教，谓净慈虚席，非有德望，不容幸进，遂迎林主之，学徒云集，动至万指，檀施泉涌，不期而至。因以余力，造建庭宇，观音、罗汉诸殿，华饰备臻，近而祖堂，远而三塔，凡所宜有，皆一新之。然林自奉则甚薄，二时粥饭，必首众赴堂，不厌粗粝，寒暑布衲而已。至于勘辩学者，随机策励，皆得其归趣，或滞于文字，必从容诱导曰："当知佛祖心传，不碍教相，乃成妙觉。"居净慈十八年，始终如一日。时灵隐方毁于火，丞相达识帖睦尔起林移住灵隐，将事修复，已庀材具。会天下多故，泰州张氏自苏入杭，明太祖以兵讨之未下，灵隐宿兵，殿材焚焉。未几，兵事亦解，忽谓左右曰："吾缘殆尽。"遂入城，别丞相与素所往还者。至净慈，取纸笔作辞世颂，泊然而化，元至正辛丑五月一日也。寿八十有三，腊六十有六。所著有《净居吟》二百余首，虞文靖公集读之大喜，因为作记，叙其前代，住持传次，赖之不坠。高丽国王遣僧赍币，迎阐宗旨，林辞以老，其使乞林所撰《四会法语》，录之而去。

弟子夷简,字同庵。能荷大法,誉彻九重。明洪武十二年,主净慈。重建钟楼,复聚铜三十余万两,铸巨钟县于上,声彻江湖。二十五年,征为僧录左善世教授。为状林行谊,乞徐一夔为之铭焉,详具寺志。

元杭州慧因寺沙门释盘谷传

释盘谷,号丽水,海盐人。状貌特殊,而志气超迈,博览经史,复假山水,以怡禅性。至元中,游五台、峨眉、伏牛、少室诸名胜,每止其地,时发高吟,人尝谓其足迹半天下,诗名满世间,谷笑谢之。时驸马高丽沈王闻其德望,具书聘讲《华严》大意于杭之慧因寺,乃展四无碍辩,七众倾伏,王大悦,而声价益重。后至松郡构精舍,勤修净业,日课弥陀佛号。年七十余,无疾,预告以时,端坐而寂。有《游山诗集》三卷行世。

元绍兴云门寺沙门释允若传 大山恢

释允若,字季蘅,号浮休,因云门之傍有若耶溪,后又号若耶,郡之相里人。年九岁,能通《春秋》大义,父母钟爱之。稍长,翛然有绝尘之趣,遂依云门元。十五,祝发为大僧。随渡涛江,首谒大山恢于杭之福山,授以《天台四教仪》《金錍》《十不二门指要钞》诸书,一览而知大旨。闻湛堂主南竺,往依焉。凡法智所结立阴观、别理随缘、六即蛣蜣、理毒性具等文,靡不精究。至于恩清之兼业,昭圆之异说,齐润之党邪,仁岳之背正,亦皆察其非是。于是湛堂甚器重之,俾司宾客。元至治初,湛堂奉诏入燕都校《大藏》,因奏若之行业,锡以慈光圆照之号,即命出住昌源净圣院。其院颇颓弊,乃力为经度,田芜者辟之,室圮者葺之,三年遂成巨刹。湛堂复招之徕归,命居首座,摄众规范。

泰定中,复出主杭之兴化。时与天岸济、我庵无、玉庭罕三师道望,并峙湖上,世称为钱塘四依。未几,退居越之云门,又与断江恩、休耕逸临风吟咏,不知夕阳在树,又称为云门三高。至正,住越之圆通,迁上竺。其山旧有缨络泉,涸久,若至,持锡叩岩祷曰:"苟吾缘在是,泉当为我一来,不然则涸如故。"言讫,泉涌出,渊泠渐盈。时户部尚书贡师泰称比慈云之重荣桧,命之曰再来泉。后退隐云门,筑精舍,专修法华三昧为暮年净业。会天下大乱,干戈纷扰,众欲拥若避去,若斥曰:"难可苟免乎?吾对将至,待以酬之。"众遁,若独危坐,贼众入其舍,若毅然不为屈,辞色俱厉。贼首知为有道者,约退,一贼独怒,直前挥刃中之,白乳溢出于地,实元至正十九年二月二十九日也。世寿八十,僧腊六十有五。贼退,众归。荼毗,舍利如菽无算。若平生风度简远,不妄言笑,赵孟頫称为僧中御史。得法弟子集庆、友奎、演福、良谨、延庆、如莹、隆德、法让、净圣、圆证十人。所著《内外集》,黄溍为叙。

元杭州演福寺沙门释必才传

释必才,字大用,姓屈氏,台州临海人。父哲,明大经,为科目之儒。母赵氏,嗜善,崇佛惟谨。才娠十月,母一夕梦梵僧振锡入堂内,觉而生。甫能言,辄记《孝经》一卷。七岁,善属句,脱口而就,声文谐协,宛有思致。时有江西瞿法师居越之报恩,实剡源遥公诸孙,通天台教观,才年十二,乃挟册从之。未几,为祝发,进具戒。十六，出游虎林，谒湛堂澄于南竺。湛堂与语，皆中肯綮，即以法器期之，命典客司。时玉冈润居第一座，学者归之如云，才亦执经入室，虽至流金之暑、折胶之寒，足不逾户限者十年。凡山家之玄、教观之要，一经指授，意释心融，靡不臻其闽奥，玉冈叹曰："此子非灵山会上业已习之，乌能至此哉？"一时侪辈，如我庵无、绝宗继，皆英声伟望，超出时流，至于剖决宗旨，议析教章，必推才为选首。玉冈出主海盐德藏，命才分座讲演，其辨若雨注河翻，纵横无碍，听者称之。

泰定元年，玉冈迁演福，宣政院请才继德藏。当是时，湛堂声誉喧播中外，众意其必愿为其弟子。及升座，瓣香嗣玉冈，君子谓其知义。至正二年，迁杭之兴福。三年，补演福，郡帅康里尝咨决心要。先是寺烬于兵，才为次第新之，建万佛阁，其高一百三十尺有奇。才之为人，凝重沉默，观行精励，孜孜修进，无斯须懈怠，接人以慈，诲人无倦，门弟子据猊座者百人，顺帝特赐佛鉴圆照之号。一日，忽觉头目岑然，即谓众曰："吾缘尽矣。"乃焚香，面西端坐，高称弥陀佛号，尽一昼夜。又告众曰："汝等勿谓修持无验。吾净土缘熟，三昧现前矣。"即索浴更衣，为书以别相识，遂合掌而逝。舆龛荼毗，有五色光自龛中发，火余不坏者，二舌根如红莲华，齿牙若珂贝，舍利满地，众竞取之，一时俱尽，最后至者乃穴地尺许，求之亦有得者。塔于寺南。阅世六十有八，坐五十六夏。所著有《妙玄》《文句》《止观》，增治助文，《法华》《涅槃》讲义及诗偈，并行于世。

元明州天童寺沙门释悟光传

释悟光，字公实，号雪窗，姓杨氏，蜀之新都人也。母张氏，感白衣大士授贯珠而孕。及生，有风云光景之异。幼而岐嶷，性不好弄。父母继没，哀痛尽礼如成人。舅氏贤公学佛天王寺，光往依之，日事讲习。贤没，乃受度于了冲。间与同侣游谭，便识旨趣。年十有五，诣大慈讲席，纵观钞疏，慨然曰：“以名义为宗，毋乃滞于见解乎？”欲化除门户，妙彻真诠，振衣出峡，遍历禅林。至杭，谒东屿海知，一见即待以法器，杖厉频加。光坚坐苦究，夜半飞蛾扑灯，见之有省。旦造方丈，应答如响，群疑顿释。自是愤发，益通内外典，充净慈记室。海迁灵隐，复侍巾瓶，尽启心要，声闻日闳。

元至顺元年，平江白马寺请光开法，朝夕提撕，学徒整肃，时论归之。元统元年，广教都督管府请主开元寺，勿就，郡守士民强起之。属天旱，光至说法，甘霖大沛。至正二年，行宣政院使纳麟欲革僧寺旧弊，举光主阿育山。先是诸僧构讼，产业沦没，光力除其蠹，旬月之间，山川草木，为之改观，垦田既复，仓庾日积，殿庑禅房，次第完饰，重建祖堂，整严神相。朝廷以释迦佛舍利所藏，岁颁金帛，至是宠渥益加。光悉以市材木，筑承恩阁，以侈上赐，复锡号曰佛日圆明普济禅师。会天童虚席，宣政院俾兼领寺事，光以五日分会说法。俄示微疾，危坐作书，遗偈而逝，时至正十七年六月甲辰朔也。世寿六十有六，坐夏五十有三。悟光虽事参究，而三谛圆融，一心朗澈。著有《心要》《四会语录》行世，所为诗清丽可传，有《雪窗集稿》二卷。塔于鄮峰草堂，大司农临川危素为之铭。

元杭州上天竺寺沙门释真净传

释真净，字如庵，云间华亭姚氏子也。母朱氏，梦月自海升，坠于怀，觉而有娠。及诞时，瑞光满室，有异僧过，指谓其母曰："此儿海月法师之再来也。"九岁,依化城寺明净志,授《法华经》,历耳成诵。十六得度,博究诸乘,夙慧顿发,乃以性学自许。首谒杭之广福云梦泽公,闻无极度化声大振,遂造其室,尽传所学。元大德间,出住海盐德藏,法嗣无极。其寺方圮,净竭力扶树,众散复聚,田为豪门所夺,复归。不数年,翕然称盛,式廓旧模。至治,迁松江超果。泰定乙丑,元相脱欢举住下竺。居七祀,讲席不倦,辟寺前之径,高大其门,书佛国山以揭之。至顺辛未,上竺湛堂澄以老告休,举净自代。先是净因疾昼夜寝,梦白衣大士持金瓶水灌其口,曰:"汝勿忧,非久自愈矣。"叩以未来休咎,示云:"却后二年,当避喧大树之下。"觉,疾果差,窃疑避喧树下非入灭之谶耶? 及澄举住上竺,至见寝堂西有大树堂,扁曰"净处",始悟梦之所示。由是殚心宏法,学者常数千指。元主慕其道,赐佛心宏辩之号,及金纹紫伽黎衣。净素简重,有古人风,举止不妄言笑,夙兴默课《法华经》,寒暑不辍。癸酉冬,预告终期,乃命舟亟归。未几示疾,书偈而逝。阅世七十有二,坐五十有六夏。阇维,得舌根、顶骨不坏,舍利五色。

元天台荐福寺沙门释善继传

释善继,字绝宗,诸暨娄氏子。生时,母王氏梦人授白芙蕖。始学语,见母举佛号,合爪随声和之。稍长,从季父于山阴灵秘寺,治《春秋传》,窃窥三藏,慨然感叹身如泡聚,官爵奚为? 大德乙巳,投其寺僧思恭祝发。明年,进具戒。寻从天竺大山恢习天台教,恢见其慧解卓伦,尝嘱曰:"吾轮下数百人,而堪继大法者惟子耳,当自爱。勉之。"会大山迁云间之延庆,即往南竺,谒湛堂澄。澄一见,便问曰:"入不二门,属何观法?"继对曰:"三种观法,对属三部,此文既与止观同成观体,的是从行。"澄又问:"诸经之体,为迷为悟?"继曰:"体非迷悟,迷悟由人,亦顾所诠经旨何如耳。"澄公喜溢颜色,谓众曰:"法轮转于他日,将有望于斯子矣。"俾居第一座。澄移上竺,玉冈润补其席,亦居第一座。

天历乙巳,出住良渚大雄寺。日讲《金光明经》,夜梦四明法智谓曰:"尔所讲之经,与吾若合符节。"自是益加精进。至正壬午,高公纳璘请主天台荐福。无何,迁能仁,弘阐《法华玄义》《文句》,朝请暮诵,又释五章奥义。尝示众曰:"吾祖有云:'《止观》一部,即法华三昧之筌蹄;一乘十观,即法华三昧之正体。'须解行并驰,正体兼运,则圆位可登,而不负祖命宗之意。"会元季,天下大乱,遂东还华泾,专修净业,系念弥陀,昼夜不辍。一日,忽告众曰:"佛祖宏化,贵乎时节因缘。缘与时违,化将焉托?吾将归矣。"乃端坐而逝,至正丁酉七月二十二日也。世寿七十有二,僧腊六十三。茶毗,舌根不坏。塔于灵秘之西。得法弟子有灵寿怀古、延庆自朋、崇寿是乘、广福大影、雷峰净昱、演福如玘、报忠嗣琎、车溪仁让、香积昙胄诸子。

元明州宝云寺沙门释子文传

释子文,字宗周,四明象山人也,即北溪闻法师之上足。出主宝云寺,淹博教观,律规甚严。常与人言,则蹇讷若不出口;至于升座,滔滔如建瓴之水,莫之御也。临终时,讲《十六观经》终,即欲就座,别众入灭。或有启曰:"和尚后事未曾分付,奈何遽尔告寂耶?"文曰:"僧家要行便行,岂若俗人为儿女计而有后事?"众恳益切,于是下座,复归方丈,一一条画之,即合掌回向,遂入灭。阇维,舍利灿然,异香袭人,弥日而止。

元松江延庆寺沙门释融照传

释融照,字慧光,世家越之南明。早岁,受业于华藏,刻意修习天台教观于台之安国山及杭之天竺。后从渊叟湛,居华亭延庆寺,力精教乘,勤修禅定,燃膏继晷,旦夕无间。故学由志臻,表于丛席,职跻众右,四十祀矣,名闻京师。诏嘉奖,赐师号。每岁元日,率众修金光明忏。说法之外,力事忏摩,与诸众生扫除尘翳,摄入善根,既老而弥勤。得其法者三人,曰居简,曰宗槩,曰宗权,皆法门龙象。

元四明延庆寺沙门释本无传

释本无,号我庵,黄岩人。幼从方山宝禅师于瑞岩,剃发,进具戒。次依寂照禅师于中天竺,命司笺翰。寂照每深加锥札,亦有省处。后有舅氏,本习天台教,挽之更衣,见湛堂澄于演福,精研教部。寂照惜其去,遂作偈寄之云:"从教入禅今古有,从禅入教古今无。一心三观门虽别,水满千江月自孤。"本无后出世,既嗣澄法,仍爇香以报寂照,盖不以迹异二其心也。寂照将入灭,时本无方主延庆,照乃遗书嘱其力宏大苏、少林二宗,余无他说。因奠寂照,乃拈香云:"妙喜五传最光焰,寂照一代甘露门。等闲触着肝胆裂,冰雪忽作阳春温。我思打失鼻孔日,是何气息今犹存。天风北来岁云暮,掣电讨甚空中痕。"晚岁,迁上天竺。一日,无疾端坐,而蜕于白云堂,谥曰佛护宣觉宪慈匡道大师。

元天台佛陇修禅寺沙门释可公传

释可公,号宜行。博综台宗,精修止观,践履确实,悟理圆融。一夕因听雨,述偈曰:"檐前滴滴甚分明,迷处众生唤作声。我亦年来多逐物,春宵一枕梦难成。"未详其所终。

元五台山祐国寺沙门释文才传　迦罗斯巴

释文才,号仲华,清水杨氏子。其先宏农人,世官垅坻。父净义,为清水主簿,遂家焉。才少孤,事母尽孝。性敏捷,慧悟生知,于古今坟典史籍无不精究,尤邃于理学,好古作,善吟咏。然所禀敦朴,若无所知,或对客讨论,邈如河汉,莫窥其涯涘。自受具后,遍游讲肆,尽得贤首之学。尝曰:"学贵宗通,言必会意,以意逆志,则得之矣。其语言文字糟粕耳,岂能开人之慧目乎?"初隐成纪,筑室树松,将欲终焉,故人称曰松堂。元世祖命主洛阳白马寺,学者奔川赴海,声誉日驰。成宗建万圣寺于五台,诏求开山住持,时帝师迦罗斯巴荐之,成宗即铸金印,署为真觉国师,总释源宗,兼祐国住持事。帝师赍旨至,才辞曰:"山僧荷蒙国恩,居白马寺亦过矣,何德敢主祐国?越分以居不祥,不省而行不明。吾坐此二,烦为我辞。"帝师曰:"此上命也。上于是寺,心亦勤且至矣,非师孰与?此系教门事,师善为之。"于是不得已而行。既被命以来,大宏清凉之道,至老无怠。大德六年壬寅九月朔日,示微疾,乃说法辞众,端坐而寂,年六十有二。阇维,舍利数百粒。塔于东台之麓。嗣法有普宁宏教、普庵幻堂。

元秦州景福寺沙门释英辩传 柏林潭

释英辩,号普觉,俗姓赵。垂髫,为驱乌沙弥。弱冠,受具戒。年二十有五,得学于柏林潭。才三禩,出世于秦州景福寺。其道大震,声驰四表,推伏异见,树正法幢。英辩资性真纯,如玉含璞,不加雕绘,人爱重之。至于悍卒武夫,亦能展敬,以为无佛世之佛也。每得衬币,悉创梵刹,食僧伽,施贫乏。元世祖闻其高风,降旨旌异。至延祐元年六月庚戌,无疾辞众坐寂。塔于普觉寺后。年六十有八,腊六十有一。

元京都崇恩寺沙门释德谦传

释德谦,号福元,姓杨氏,定平人也。幼而勤敏,嗜诵佛书。稍长,即游秦洛、汴汝,逾河北、齐魏、燕赵之邦,咨访先德。初,受《般若》于邠州宁公,习《瑞应》于原州忠公,受《幽赞》于好畤仙公,学《圆觉》于乾陵一公,究《唯识》《俱舍》等论于陕州颐公,听《楞严》《四分律疏》于阳夏闻公。凡六经四论一律,皆辞宏旨奥,穷三藏之蕴,而数公并以识法解义,声名远闻,谦皆亲熏炙之,而必臻其道。后至京师,受《华严》于大司徒万安坛主。初,诏居万宁寺,迁崇恩,前后十纪,道德简于宸衷,流声扬于海外,未尝以荣显宠遇改其志。尝曰:"畦衣之士,抗于世表。苟不愧于朝闻夕死,尚何慕焉?"自以重居巨刹,久佩恩荣,唯恬退为高,乃让席与弟子,自居幽僻,谢绝人事,括囊一室,以明其明、乐其乐,处世而遗世者也。元延祐四年正月二十有六日,示寂。帝赐钱五十缗赙葬,敕有司备仪卫、幡幢、音乐送之。荼毗，获舍利数十颗。建塔于城南隅。世寿五十有一，腊四十有三。

元京都庆寿寺沙门释达益巴传　绰思吉

释达益巴，未知何国人。少为苾刍，事帝师十有三年，侍听言论，陶熏滋久，郁成美器。凡大小乘律论及秘密部，皆得乎理之所归。帝师西还，送至临洮，命依绰思吉大士，十有九年，闻所未闻，道益精萃。秦人请居古佛寺，其六波罗密靡所不修，兼通贤首之教，于是名誉四表，道重三朝。元武宗践祚，召问法要，称旨，所赐虽厚，辞不受。未久乞归，许之。将谋以终自许，俄而复召还京，大宣法化，帝亲临听，特赐宏法普济三藏之号，命铸金印及紫方袍以旌异之，敕王公大臣皆咨决心要。延祐五年八月十有六日，无疾端坐而化，寿七十有三。帝命两宫赐币助葬，皇太子、宰辅致奠，敕有司卫送，全身建塔，谥曰祐圣国师。

元京都宝集寺沙门释妙文传　大德明

释妙文，姓孙氏，蔚人也。九岁出家，十八受具，已而游学于云朔、燕赵之境。年二十一，抵京师，依大德明学圆顿教。陆沈于众，不自表见，十有一年。众请出世，始赤服升猊座，纵无碍辩，若峡倒川奔。及乎闲居简默，言不妄发，其涵养冲挹，无欲速，不躁进，大类如此。年四十八，住蓟之云泉，勤俭节用，老者怀其德，少者严其教，故众睦而寺治，廪有余粟，以赈饥民，蓟人称之。世祖召见，顾谓侍臣曰："此福德僧也。"诏居宝集。自尔教乘法席益盛，性相并融,僧俗溥济。斯时海内,讲席纷纷,方胶锢于名相,凝滞于殊途,文独大宏方等,振以圆宗,使守株者融通于寂默之表,龙象蹴踏,竞驾一乘。年逾八十,专修念佛三昧。延祐六年,预知时至,诫诸弟子,高声称弥陀佛名,面西趺坐,手结三昧印,泊然而蜕。塔于平则门外。

元五台山普宁寺沙门释了性传

释了性,号大林,武氏子也。宋武公之后,以谥为姓。少即好学,聪睿天启。初,依安和尚剃发,登具戒,历诸讲席,精究三藏。后遇真觉国师,启迪厥心。既而周游关陕、河洛、襄汉,访诸耆德,从而学焉。如柏林潭、关辅怀、南阳慈诸公,皆以贤首之学著称一时,性悉造其门,领厥玄旨。及归,复参真觉于垅坻,乃曰:"佛法司南,其在兹矣。"乃从真觉至五台。未几,真觉化去,遂北游燕蓟,晦迹魏阙之下,优游渤海之滨,与世若将相忘。成宗征居万宁,声价振荡内外。至大间,太后创寺台山,曰普宁,延性居之。性为人刚毅,颇负气节,不能俯仰媚悦于人,故足迹不入城闉,不谒权贵。人或忌之,性闻,尝曰:"予本以一介苾刍,蒙天子处之以巨刹,惟乃夙夜宏法匪懈,图报国恩不暇,余复何求?虽有藏仓毁鬲之言,其如青蝇止棘樊耳。顾予命之不遭,道之不行,则纳履而去,何往而不可也?"时元世因尊宠西僧,其徒众甚盛,出入骑从,拟若王公,或项赤氀峨冠,岸然自倨。天下名德诸师莫不为之致礼,抠衣接足,丐其按颅摩顶,谓之摄受。性惟长揖而已,顾谓众曰:"吾敢慢于人耶?吾闻君子爱人以礼,何可屈节自取卑辱?苟为之屈,非谄则佞。吾自为道,于彼何求?"识者高之。至治改元九月三日示寂,塔于竹林之墟,谥曰宏教。

元玉山普安寺沙门释宝严传 大林性

释宝严,字士威,幻堂其号也,成纪康氏子。因罹丧乱,与弟同剃发为僧。后参真觉,得传贤首宗旨而嗣法焉。严为人淳朴无伪,方寸之地,湛如止水。值真觉三坐道场,严与弟皆从而佐之。真觉入灭,乃继其席。无何,奉诏住普安、祐国二寺最久,而与大林性公表里,大宏清凉之教。至治二年七月入寂,世寿五十一,建塔于封谷之口。

元金陵天禧寺沙门释志德传 海闻 法照禧

释志德,号云岩,东昌镏氏子也。年十二,受经于顺德开元寺海闻。后闻真定法照禧大宏慈恩宗旨于龙兴寺,径从之学,而尽得其蕴。至元二十五年,诏江淮诸路立御讲三十六所,务求其宗正行修者分主之。德被选,世祖召见,赐宴并紫方袍,命主天禧、旌忠二刹,日讲《法华》《华严》《金刚》《唯识》等疏。三十一年,特赐佛光大师之号。每与七众授戒,必令其父母兄弟相教无犯,至于爇香顶指,为终身誓。居久之,尽出衣钵,新其殿庑楼阁。或岁俭,乃煮糜食饿殍数万人。

建康流俗尚醵醴,好结官吏,德独以律自绳,徒众谨饰出止,若互用常住物者,误一罚百,故犯者摈之。居天禧三十余年,一衲一履,终身不易,午过不食,夜则危坐达旦。以苦诵丧明,忽梦梵僧迎居内院,高座空中,散花如雨,因示微疾。至治二年二月七日,犹诵经不辍,顷之辞众,安坐而化,世寿八十八。龛留二十一日,颜貌红润如生。阇维,舍利无算,会者数万人。塔江宁张家山,学士赵孟頫为铭。

元镇江普照寺沙门释普喜传 无念端

释普喜,号吉祥,山东人也。身伟面黑,而瘠甚类梵僧。早岁恳父母出家,父母责以无后为大,因娶,育二子。已而始得为沙门,精究慈恩相宗,研习《唯识》《师地》《因明》等论。元至元二十五年,薛禅皇帝创立江淮御讲之所,普照居其一也,诏喜主之,升座敷演,四众倾服。且日诵《华严》大经,以十卷为常课。而素与云南端无念相善。端为唯识之巨魁,天下无出其右,每与喜论辩理趣,或有少失,即以正言救之,端亦为诚服。入灭荼毗,舍利甚夥。其门人留其灵骨,贮以髹函,奉藏二十余年,始建塔于丹徒雩山。逮入塔之际,启视之,但见舍利沾缀函袱,若蜂屯蚁聚,触之熠熠然也。镇江之民多有图像,随处祠之,称为吉祥佛云。

元五台山金河寺沙门释道殿传

释道殿,字法幢,姓杜氏,云中人也。家传十善,世禀五常。始从龆龀,兼习儒典。天然聪辩,性自仁贤。年十五,历诸讲席,访道禅林,博达多闻,群推英悟。盖既精五教,旁通百家,名利不染,爱恶非交,如是者亦有年。既而厌处都城,肆志岩壑,累载悴勤,探穷藏奥,抉择枢要,默识于心,剖析义理,若指诸掌。尝云:"大小之教,不出显密两途,皆证圣要津、入真妙道。览其文体,若异归乎?

正理则同,而学者妄生异义,昧此通方。"于是寻原讨本,分细辨微,错综灵编,纂集玄旨,号曰《显密圆通成佛心要》。文成二卷,略分四门:一曰显教,二曰密教,三曰显密双辨,四曰庆遇述怀。词则简约,义复该弘,盖欲会四教俱归圆宗,收五密咸入独部,庶使显教者不以空有禅律自违而遗究竟之理,密教者非仅坛印字声为法而知秘奥之宗,其有造于后学,诚非浅鲜。宣政学士陈觉既为之序,其弟子性嘉乃镌刻之,复为后序,文并优胜,与书俱传。

卷第五
义解篇第二之三
正传十六人　附见十四人

明大理荡山沙门释无极传

　　释无极，号法天，姓杨氏，大理人也。年十六，礼荡山海印出家。印受法于杭州断崖，崖受法于高峰。无极自弱冠便怀远志，遍历诸方，参叩明眼，大彻宗旨，而六相圆融，三观妙悟。每登讲席，议论风生，有声于时。时大理宰官钦其道誉，延为山主。无极至，以宗印心，以教化人。常讲《华严》《法华》诸经，一方所仰。明洪武十六年，大军奏凯，六诏绥怀，无极率缁侣间关入觐，戾止金陵，献山茶、龙马，《征南赋》、《进觐诗》。诗曰："锡杖飞来自点苍，心含葵赤向春阳。楪榆置县初由汉，南诏封王却是唐。世祖北来还宥段，天兵南下便除梁。累朝未有今方有，万国来朝仰圣皇。　六龙御宇道隆昌，海不扬波奠大荒。辟土神功同五帝，开天圣德媲三皇。河山气壮鸿图阔，日月光绵凤历长。泽及空门无以报，敢将芹曝献君王。"太祖御殿纳之。俄而龙驹嘶鸣，山茶花放，侍从欢呼，天颜有喜，馆之上刹，法衣典馔，叠邀赐赏，且御书《乘春》诗二章赐之，诗曰："春游草木尽青青，觅法年年会未宁。石径云穿霞入树，江波烟罩气横汀。芒鞋馥郁山花嫩，顶相馨香汗水清。试问去来人指路，上方云谷几程程。"又："春行风暖渐塞轻，华萼馨香雨露清。一钵养生黎藿饭，五天合性玉王经。黄梅岭畔人犹集，白鹤林中刹愈增。幸际此时僧敬日，杖挑云衲下巍层。"

敕授僧纲司都纲。敕曰："天下大道，惟善无上。其善无上者，释迦是也。因大慈忍志，立大悲愿心。行无所不至，化无所不被。论性原情，谈心妙理。洁六尘以无垢，净六根以无翳。去诸魔而清法界，制外道而乐人天。斯行斯修，而历劫无量。乃降兜率，至于梵宫。既舍金轮，而犹苦行于雪岭。时道成午夜，明星相符。朕观如来以己之大觉，而欲尽觉诸法界众生，其为慈也大，其为悲也深，可谓无上者与！世人宿有善根者，皆慕佛力，寰中之修甚广。今大理僧无极，博修佛道，善阐宗风，俗人感化，宜授以大理府僧纲司都纲。钦哉。特敕。"及无极辞归，复御制十八章诗，以纪其跋涉之况，并敕大学士李翀、僧录如玘，各赠和章。又御制诗序曰："朕朝天下，八荒之来庭者，皆荒徼诸蛮。观其威仪进退、服色制度、饮食词语，一切尽异，非重译不能通其情，所以异于中国者为此也。洪武十七年，云南大理府等州县名刹高僧相率来朝，朕甚嘉焉。今诸僧居京师日久，敕礼部宜以僧礼送归。其僧生本云南，学超土俗，经通佛旨，语善华言，诚可谓有志之人矣。特谕以诗，仍敕翰林诸学士、僧录司诸首僧，各和以诗赠行，更敕建大云殿，并创三十六院以处其徒。时洪武癸亥也。"

逾年，遣方伯张绔临山慰劳，因达存注之意。十九年，无极始进表称谢。自是息影山阿，研味经义，精阐十年，著《法华注解》七卷。二十九年丙子八月，遣徒文熹诣京呈进。三十二年己卯，以法授文熹，使继其席，盖老之将至，倦于津梁矣。永乐四年丙戌六月二十七日，知时已至，别众而逝。世寿七十四，腊五十八。后五日荼毗，烟云五彩，光见人形。葬于寺西北荡山之原。徒众数百，嗣法者四十余人。

明嘉定净信寺沙门释祖俪传　石室瑛　竹屋净

释祖俪,字日章,俪或作偶,章亦作彰,别号用拙,常熟张氏子也。祝发后,东游四明。时我庵无住延庆,石室瑛居育王,皆待以忘年。后嗣法于竹屋净法师。出世永定教寺,继迁昆山广孝、嘉定净信,而主教吴下垂五十年。洪武初,预选高行,有旨,就天界寺说法。上数召入禁中,奏对称允,加赐慈忍法师之号。后赐归故里,终焉。

明杭州上天竺寺沙门释弘道传

释弘道,字竺隐,姓沈氏,吴江澄源里人也。幼而失怙,鞠于嫂氏。十年,就外傅,日诵数千言。见人诵《法华经》,历耳成诵。年十三,父命礼密印寺云屋慈为师。弱冠剃发,进受具戒,自此为学,孜孜靡懈。往见元叟端,复归密印。时庭生五竹,因以名轩,将藏修焉。闻鲁山文公讲授有规矩,乃从学,台宗疏钞诸书,罔不通贯。会我庵迁主上竺,诣之,我庵深言奖励,且曰:"为我掌记。"未期月,入室请益曰:"前承指教,尝于净夜试以平日所闻,返照己心,圆具法界,念念即空、即假、即中,千界如一,事理无碍。若明日以此心对一切境,接一切佛,未免掉散昏沈,不能任运泯合,不知过在何处?"我庵厉声叱曰:"未在去!"弘道汗流浃背,顿觉平日所闻所行一切疑碍冰消,遂礼拜。我庵复谓之曰:"子善护持,他日教绪灰寒火冷之际,以此对扬明廷、重光末运可也。"

明洪武初,我庵既寂,去,从绝宗继。未几,秀之天岩耀退寂广福,请弘道自代,遂拈香嗣我庵。湖郡守请主慈感,无何,退于澄源溪上,六时礼大悲像,期生净土,为终焉之计。三年,诏天下高行僧道,问鬼神事,弘道建议唯允。杭之灵山,兵后废败,众请弘道主之,乃偕其徒净珠畚瓦砾、剃荆榛,重造光明忏堂。自元季之乱,期忏行法,绝闻于时,至是行之,弘道之力也。初,居五竹轩,时梦与大明照师同游灵竺,赋诗有"出红尘户外,德业至今存"之句,照尝住此山,始悟所梦为有灵应。十年,大祖有旨,笺注《楞伽》诸经,弘道与全室、具庵同注三经,颁行天下,御制《竺隐说》赐之。十五年,迁住上天竺,兼领杭郡都纲,寻转僧录司左善世。二十四年,以老告闲,许之,时年七十七矣。退处长干,修一行三昧。

　　明年秋八月,梦观仁公请为学者讲妙宗,至三辈往生观文,忽示微病,顾其徒正谟等曰:"昔我祖法智,尝为心境叵得,故染可观净,不碍缘生。想成相起,惟色惟心,故当处显现。吾所修念佛三昧,以此为准则。今夕,世缘当谢。"泊然而逝,洪武二十五年九月三十日也。世寿七十有八,僧腊五十有九。火余,藏舍利于天竺双桧峰之麓,曰云隐塔,少师姚广孝为撰碑铭。弘道四坐道场,所至莫不兴修,唯灵竺忏堂,其功最巨;为都纲僧录,三宗诸山,有所依怙焉。

明宁波普陀寺沙门释行丕传

　　释行丕,字大基,鄞人也。宗说兼通,行解相应,蔚为时望。初,由天台佛陇升主宝陀,匡众说法,恢复故业,振兴丛席。洪武庚戌春正,明部使者赣州刘君承直与丕抱杖西东游。使者曰:"此清净境也,盍为亭?"丕乃建清净境亭于寺之南岭上,从三十尺,衡如之,左倚山,右入潮音洞,学士宋景濂为记。

明松江兴圣寺沙门释原真传

释原真,字用藏,上海朱氏子也。出家受具兴圣寺,传天台教观。戒行高洁,博极群书。精修法华、弥陀忏法,暇则书《法华》诸经。随缘演说,禅坐达旦。洪武乙丑,微疾,索浴,书偈告众曰:"四十二年,无作无修。有生有灭,大海一沤。真归无归,心空净游。"跏坐泊然而终。

明阳山大慈寺沙门释善学传 原澄

释善学,字古庭,姓马氏,吴人也。自幼离俗,往大觉院,初习《华严经》,能知大义,亭亭物表,如青莲出水,不染泥滓。元至治癸亥,年十七,始受度为大僧,投华严诸师而穷其说,久之未有所入。时宝觉讲经曹溪,亟往从之,慧解浚发,领悟敏捷,闻响心通,势如析竹,迎刃而解,宝觉誉之不置。自是名称勃然兴起,老师宿德推为时望,别传教在,报恩聘之出典宾客。久之,浒溪之光福偶乏首忏者,古田滋命学司之。又久之,无言宣继席报恩,复延之上座,分筵说经,声采一时,震动江南。行宣政院请开法昆山荐福寺,宣欲摄受为弟子,学笑曰:"吾得法于宝觉,忍背之乎?"赋《曹溪水》四章以见志。越二年,即弃去,还东林隐居,专修白业,谓同志曰:"吾始习晋水源华严忏法,行之已久,及观天竺慈云式净土忏仪,明白简要,五晦诸文皆出《华严》,吾欲借是以祈生安养耳。"掌教者崇其道誉,不容自逸,强主阳山大慈,先声所被,天人具钦,杖锡初临,山川改色。

明室龙兴,庶政改革,浒溪人士恋慕尤笃,爰具疏币,杂以香华,请学居之。学亦欲大弘贤首之教,续佛慧命,虽当俭岁,节省衣资,以供众饭。会天复旱,院有观世音像,素著灵异,郡守率僚属迎致府廨,乞学作法禜之,甘霖立沛,大雨三日,田野俱渥。岁复大稔,士民知精诚所致,施舍接踵。方思有所建置,昭垂来兹,而院僧以官赋违期,当徙虔州,有司知学专任讲席,不亲财贶,欲为辩释,学乃自承曰:"吾为主僧,法当坐主者,敢累他人乎?"遂请行。或哂其迂,学谢曰:"宿业已定,不可逭也。"行抵池阳马当山,示疾而化,时洪武庚戌四月二十日也,年六十有四。

学形貌尪瘠,退然若不胜衣。戒检精严,护持三业,唯恐有所染污。独居屋漏,法衣不离体。三藏诸文,未尝释手。虽盎无斗储,处之裕如。恭谨自牧,竖子请见,亦无惰容。勤于诱掖,有不领解者,多方比喻,反覆数四,俟其开悟始罢。初,传《华严》于宝觉简,时凡清凉《大疏钞》及《圆觉》《楞严》《起信》诸部,虽妙义深微,皆能融会。遐迩学子,敛襟溯瞻,冀获听睹为快。学因造《十玄门赋》,以示圆宗大旨。丛林传诵,谓能发越贤首诸祖之意。或有好为立异,以应观法界性为十界差别事,惟心造为真如之理者,学闻之叹曰:"真如生灭,倒置错乱,一至于此,是可为大息也。"其于匡卫宗乘,唯恐稊稗之混黍苗,固若甚严。然其植心平易,不肯沈溺专家,以殊户异轨为高理之所在,辄幡然从之。每升堂,示众曰:"吾宗法界还源,非徒事空言,能于禅定而获证入者,乃为有得耳。"既而又曰:"吾蚤通《法华》,虽累入法华三昧,然长水璇问道于琅邪觉,又从灵光敏传贤首教。灵光,天台人也。古人为法乃尔，吾徒可拘守一隅乎？"君子美其至公无我，一扫近代互相矛盾之陋，故见诸著述，不落偏卑。又尝与同学原澄，以一乘同别之义，更质叠难，为《法华问答》若干篇。复因主修法华期忏，撰《法华随品赞》三十篇，辩正教门关键，录若干卷及诗文，并行于世。

弟子处仁法慧请于九皋声、启宗祐为造行业记，而乞宋文宪公濂铭其塔。其词曰："贤守之学，杂华为尊，建立六相，条分十门，固自以为琐琐而不可易。至若天台性善性恶、三观三德之旨，一念三千之文，又曷尝不引之而示人？况修门之注释，乃止观熏习次第，亦不外之而立言。念古昔之诸祖，皆契经之由循，初何心于矛盾，唯欲鉴于群昏。或谓无断伏分齐，而失修证之道，乃后嗣之纷纭。卓哉！学师所见绝伦，翦剔其末枝，融通其本根，谈诸法之相即，含性具之缘因，庶几森万象于寸心，合千江于一源，观会通于大府，辟局隘之专门。奈之何道未克施而遽于遵迤。安养之生，固知可以无憾。但学子之亡师，譬犹渡江河而失筏，遵广陆而折辕，企瞻弗及，郁悒难伸。评群行以成章，命勒之于翠①珉。"

明余杭上天竺寺沙门释慧日传 柏子庭

释慧日，号东溟，天台贾氏子，即宋相贾似道之诸孙。及似道责戍，慧日尚幼。志求出家，依县之广严寺平山。数年落发，受具戒。年二十二，闻柏子庭讲台教于赤城，即趋座下。未几，能领大义。子庭叹曰："投丸于峻坂，不足以喻机之疾也。吾道借子，其大昌乎！"自是为学，沈浸浓郁，而名重一时。一旦假寐，恍见竹横地

---

① 翠，底本作"贞"，据《护法录》卷二《华严法师古庭学公塔铭》作"翠"，因改。

下,竹上凝者,白粥糁然,因卧地食之。既觉,言于子庭。庭为解曰:"竹与粥同音,子得就地而食,殆非缘在上下天竺乎?"于是渡钱塘,谒竹屋净于上竺。所处房颇卑湿,乃作诗风之。竹屋见诗,谓众曰:"此子不凡,异日当主兹山,不可以少年易之也。"故乃遇如宾友。无何,命典客寮,寻掌僧籍。竹屋化去,时湛堂澄继其席,延居后堂。年余,出主吴山圣水。元至正四年,住荐福。历三禩,下天竺灾,慧乞高纳麟请新之。寺宇告成,王潜为之记。四年,迁上竺,知缘在此,夙夜罔怠,凡寺中所制,一重缉之。元顺帝闻其名,特赐慈光妙应普济之号,并金襕衣,以征之。十六年,退隐于会稽岩壑间,人无识者,元相达识帖穆尔遣使物色得之,力请还山。凡两住上竺,二十五年。

至明太祖洪武二年,诏赴蒋山佛会,命礼部给馔。明日,召见奉天殿,百僚咸集,僧若鱼贯,惟慧日腊最高,朱颜白眉,班居前列。太祖亲问升济沈冥之道,奏对称旨。太祖顾谓僧众曰:"迩来学佛者,惟饱餐优游,沈薶岁月,如《金刚》《楞伽》《心经》,皆摄心之要典,何不研穷其义? 今有不通者,当质诸白眉法师。"自后召见,太祖但以"白眉"呼之而不名也。尝与别峰同、金碧峰辈赐食禁中,因奏瓦棺寺乃隋智者大师释《法华》之所,不可从废。太祖命就天界别建室庐,以存其迹,诏即开山说法。五年孟春,复于钟山建水陆大斋,命说毗尼戒,太祖亲率百僚临听。事竣,辞归上竺,谢院事,日修弥陀忏,以臻净业。十二年秋七月,一夕梦青莲花生方池中,芬芳袭人,寤告众曰:"吾生净土之祥见矣,于人间世殆不久也。"后四日,趺坐合爪而寂。世寿八十九,僧腊七十三。越十日,奉全身藏于寺之西峰妙应塔院。慧日躯干修伟,眉长寸余,目睛闪闪射人,而人无老少,见其入城,咸呼曰:"我白眉和尚来也!"争持香花，以散其上。慧日状甚严冷，言不妄发，尝对王公大臣，未出一媚语。至于诱引后学，其辞色温如春曦，故人多悦从其学。嗣法有思济、行枢、允鉴、允忠、良谨、普智、文会、元秀、景梵诸人。

明余杭演福寺沙门释如玘传

释如玘，字具庵，别号太璞。得法于文明海慧，继绝宗公。学冠群英，才逸三教，非但十乘三观、九经七史，凡世间所有名言秘典，无不博综。明太祖时，命住天界，日与诸耆德阐扬教乘，以备召问。尝同宗泐订释《心经》《楞伽》《金刚》诸经，诏颁行之。

明绍兴宝林寺沙门释大同传 春谷　古怀肇　古林茂

释大同，字一云，亦字别峰，上虞王氏子。父友樵，母陈氏。妊十月，父昼坐堂上，忽见庞眉异僧振锡而入，父起揖曰："和尚何来？"曰："昆仑山。"竟排闼趋内。急追，闻房中儿啼声，父笑曰："吾儿得非再来者乎？"同幼俊爽，读书辄会玄奥，初习辞章，翩翩大有可观。于是父以缵承家学属之，母独欢曰："是子，般若种也。讵俾缠溺尘劳乎？"遂命入会稽崇胜寺剃发。闻春谷讲清凉宗旨于景德寺，往依之，尽得其传。又谒古怀肇，精四法界观。会春谷移主宝林，乃谓同曰："子之学精且博矣，恐滞心于粗执，但益多闻缚于知见，诚非见性之本，宜潜修而涤之，庶为吾宗之幸。"于是命出钱塘，见晦机熙禅师。见其挥麈之间，同之夙习见闻一时荡绝，惟存孤明，耿耿自照。如是者阅六寒暑，晦机深嘉其志。又闻天目中峰法道之盛，往参，便有终焉之意。中峰一日召而勉曰："贤首一宗,日远而日微矣。子之器量,足以张之,毋久滞此。"特书偈赞清凉像,付以遣之。同大喜曰:"吾今始知万法本乎一心,不识孰为禅,又孰为教也。"还宝林,复侍春谷,且告中峰之意。谷随命分座,讲《杂华经》。

时宋故官徐天祐、王易简,相与崇奖,声光焕著。郡守范公怜春谷腊高,欲风之让席,乃设伊蒲,亲与同言。同毅然动容曰:"其所贵乎道者,在师弟之分耳。分明,可以垂训后学。苟乘其耄而攘其位,岂人之所为哉?明公固爱我,使我陷于名义,实伤之也。"范不觉避席谢曰:"吾师诚非常人,岂吾所能知耶?"元延祐初,出主萧山净土寺,次迁景德。至元,被命住嘉禾之东塔,寻改宝林。然宝林本清凉国师肄业之地,人咸荣之,同殊高卧不赴。于是郡邑交疏,延请再至,始投袂而起,乃仿终南草堂故事,辟幽舍,招徕俊人,故天下学者莫不担簦蹑屩,集其轮下。至正初,赐佛心慈济妙辩之号,并金襕僧伽衣。元忠介泰不华守越,苦旱,力请同祷。同爇臂香于玄度塔下,雨即大澍。元季,天下大乱,寺灾,同奋然谋复新之。大明龙兴,太祖御极,设无遮大会于钟山,召同入见武楼,时年八十。次日,赐宴禁中,事竣,赐内库白金数镒并珍物,荣其归。

同神宇超迈,状甚修伟,玉立亭亭而美谈吐。如坐王公贵人有排难教门者,则法轮滚滚,理或不直,虽斧锧在前,亦不少挫其气。有以危法加之,弗少顾,惟诵《华严经》为常课而已,不移日,其人自毙。同每扶植他宗,毫无猜忌,如继江恩,少林之学者,乃荐之主天衣;天岸济,台教之徒也,挽之住圆通。同游闽时,古林茂主福建之保宁,而驭下过严,楚僧无赖者将诉之于公府,同偶遇旅邸,乃设丰食饷之,从容谓曰:"吾固不识古林,闻其为禅林名德,若辈将不利之,君子以若辈为何如人?不若且止,否则恐自罹大咎。"事遂寝。同性至孝,恨蚤丧父,每至忌日,必流涕不已,养母纯至,非惟顺色凉温,而必使心餐道味。同持律甚严,一钵外无长物,惟有书史五千余卷。洪武二年十二月,示微疾。明年季春十日,登座说法,辞众端坐而化。世寿八十二①,僧腊六十有五。阇维,征异甚多。建塔于竹山。所著有《天柱稿》《宝林类编》,各若干卷。弟子妙心大衍、皋亭善现、高丽若兰、景德仁静、姜山明善、延寿师颐、南塔国琛、福城大慧、景福性澄、妙相道俪、法云道悦、净土梵翱、宝林日益十三人,俱继其法,化亦弘矣。

明钱塘灵隐寺沙门释原澄②传

释原澄,字天镜,一号朴隐,姓倪氏,会稽人也。父机,母严氏,皆为士族。童时从弘教大师立公,于大报恩寺祝发为僧。受戒于昭庆懦律师,嶷然有远志。韩庄节公性以道德辞章下帷授徒,澄往从之,于群经要旨、作文程式、俯仰变化、开阖曲折,悉洞然心胸,伸纸引墨,思源源不渴,每进一解,韩公未尝不称善。天岸济以台衡止观开讲于虎林之集庆,澄又往从之。济为折三千性具之义,及四明孤山同异之辨,波澜浩荡,廉陛高严。澄能一一领解,台宗诸老竞以书聘之。时元叟端说法双经山,人尊为当代妙喜,澄又往从之。入门,叟厉声呵之,若闻雷霆,黏缚尽脱,遽却立作礼。叟曰:

---

① 据《护法录》卷一《佛心慈济妙辨大师别峰同公塔铭》记载,释大同世寿八十一。

② 据《护法录》卷一《故灵隐住持朴隐禅师净公塔铭》作"元净"。《释氏稽古略续集》卷二、《补续高僧传》卷十四、《五灯会元续略》卷二、《五灯严统》卷二十二、《续指月录》卷五、《续灯正统》卷十四、《续灯存稿》卷五、《金陵梵刹志》卷三作"元澄"。《增集续传灯录》卷四、《武林梵志》卷九作"原澄"。

"汝果何所见耶?"复问答三四转,皆惬叟意。顾左右曰:"是般若位中人也。"遂录为弟子,命归侍司,寻掌记室,时年二十七。

久之,出游建业大龙翔寺,寺主广智全悟诉公精贯儒释,行文为世模范,不轻与人,见㻞,盛称之。继往临川,谒虞文靖公集,虞公又盛称之,留三月乃还。当时能文者,若黄文献公㴘、蒙古忠介公泰不华、翰林学士危公素,莫不闻风赞赏,由是声光远施,上达聪听。元至正十六年,行宣政院请出世会稽长庆寺,迁天衣万寿禅寺,四方问道者日至。㻞以衰病,倦于将迎,营精舍一区而归老焉,所谓和塔处也。元运既谢,明室初兴,诏天下名僧建会钟阜,升济幽灵。㻞与上竺东溟日、五台璧峰金,特被召入内庭,从容问道,赐食而退。已而辞归和塔,若将终焉。

洪武九年冬十二月,灵隐虚席,诸山交致疏币,延㻞主之。未及期年,而崇德之祸作矣。初,灵隐有庄田在崇德都寺,僧德现掌之,开辟芜莱,以食四众。无赖比丘某歆其田利,请于前主僧代之。及㻞入灵隐,德现复充都监。某惧发其奸私,走崇德县,列现过失。县令、丞置不问,未几有健令至,上其事邢部。刑部讯鞫得实,以㻞为寺主,失于检察,法当缘坐,移符逮㻞。或谓㻞曰:"此三年前事,且实不知,宜自辩诉,可免。"㻞笑谢曰:"定业,其可逃乎?"至部,主吏问之曰:"现之犯禁,尔知之乎?"曰:"知之。"曰:"既知之,当书责款以上。"㻞即操觚如吏言。尚书、侍郎见之,皆大惊曰:"㻞当今名德,恶宜有是,浑审之,务得其情。"㻞了无异辞,于是皆谪陕西为民。行至宝应,谓从者道昇曰:"吾四体稍异常时,报身殆将尽乎!"夜宿宁国禅寺,主僧总虚了旧日交游,相见甚欢。陈义安为青州卫知事,移戍凤阳,以道经此,亦留寺中,与㻞相遇。㻞喜曰:"吾遗骸有所托矣。"义安者，瀫之女弟夫也。是夕共饭，备言迁谪①之故，不见愠色。明旦，端坐合爪，称佛而逝，时洪武十一年正月十九日也。世寿六十七，僧腊五十三。

义安、总虚为龛敛以俟，法孙梵译走宝应，焚其骨，舍利丛布如珠，结窆山阴，和塔瘗焉。瀫容貌魁伟，襟怀煦然如春，世间机阱之术，不禁自绝。性尚风义，断江恩与为忘年交，其卒也，为刊其诗集，复乞虞公铭其塔。三主名山，起废补败，具有成绩。《三会语》有录二卷，诗文曰《朴园集》，茸若干卷。译等哀慕慈法，惧其湮没，疏为事状，征文于宋文宪公濂而铭诸石。

明杭州集庆寺沙门释士璋传　天心莹

释士璋，字原璞，海宁王氏子也。生有异骨，直贯额顶，目炯炯，黑如点漆。幼勿茹膻，父母或阴试之，辄呕不止。喜读佛书，邻有寺僧，请其父曰："此释氏种也，盍乞师我？"父怒曰："吾儿如芬陀花，非若伦也。"遂舍入传法寺受五戒。时翰林侍制柳贯尝憩寺舍，赏其聪慧，乃授以经史，亲为敷绎奥义。璋闻，迎刃即解。年十九，剃发为大僧。我庵无法师主上天竺，璋将担簦趋侍，忽梦游宝所，有大菩萨教其胡跪作礼，口宣忏文，觉而思之，乃《普贤净行品》偈文。及见我庵，果刮目相视。凡天台教观，一家章义，以次授之，而志虑专一，力学无怠，至忘寝食。我庵阴鉴其勤，常以远大期之。时有天心莹，素具高志，亢不下人，世称义虎，独羡其能，约共灯火，日与磨切诘难，极于毫芒，众曰双璧。久之，我庵化去，东溟

---

① 谪，底本作"谪"，据《补续高僧传》卷十四《天镜瀫禅师传》作"谪"，因改。

日公补其席,陶冶学者,选璋为开科,领忏摩事。元至正十三年,受命住持栖真,而地与南竺、演福二刹相邻,时有大用才、绝宗继二老居之,璋自视欿然,以为未足,日往扣焉。凡教观之奥,偏圆本迹之微,无不条析。尝太息曰:"佛法教藏,渺如烟海,固非独善所能究尽,使自画而不进,其能免于孤陋乎?"二十年,移主旌德。

元季天下大乱,兵戈扰攘,人咸计自藏,璋独专心寺事,不以世难自易厥志。其彰善瘅恶,风彩为之改观,日纳净众,讲演经疏,时无虚晷。至明洪武,集庆虚席,郡守李公请就提唱教乘。未几,中书被旨,俾浙之东西五府名刹住持咸集京师,共擘天界,立善世院,以统僧众。同监董其役、诸方耆德皆莫知所为,璋独出方略,具有条叙,时十万之众咸仿法之。是年六月既望,预知时至,召弟子嘱以后事,至十七日,安然坐蜕,寿四十六,腊二十八。阇维,其弟子圆觉一印、升元克勤等函其骨,建塔于龙井辩才法师塔南。璋器局潇洒,论议慷慨,据直道而不徇流俗,每惩诸刹之树徒植党者,皆为怨府,璋乃自誓,不剃蓄弟子。学者谒,欲依附,必励言拒之,不妄录一人。

明婺州智者寺沙门释普仁传 德祥

释普仁,字德隐,姓赵氏,兰溪人也。性孤峭。年十岁,便有出尘之想,依金华宝石演法院月公祝发。及受具,乃慨然求道,危坐达旦,期息妄缘。时邻院智者住山了然义,道价甚高,仁入室问答,机锋递相奋触。久之,应部使者之请,出主金华西峰净土。元季丧乱,天下纷扰,仁遂引退。戊戌冬,有明兵至婺州,太祖临幸智者寺,见其虚席,特诏仁主之,坐夏十五。处之连云,韶之南华,杭之中竺,檄币交至,皆辞不赴。洪武甲寅之秋,使者三至,请主净慈,始强起应之。开法之日,听者千人,莫不挹深饮醇,叹咏而去。以乙卯八月八日端坐而寂,腊五十,年六十四。著有《三会语》若干卷,《山居诗》百首。

同时,止庵德祥,洪武初亦主净慈,与仁均以悟宗阐教为事。未几,被征为僧录右善世。后迁径山,主席二十五年。甲戌十月十三日,倚座而寂,寿六十三。所著有《桐屿集》,为诗刻苦,逼近郊、岛。尤善书法,时人重之。

明上海安国寺沙门释绍宗传　静庵镇

释绍宗,字遂初,上海陈氏子。年十三,父母舍入里中安国寺,得法于静庵镇。天资颖悟,戒行精严。初,说法于杭之长庆寺,大展玄风,缁素向化。次迁吴兴慈感寺,时金陵长干守仁法师延居首座,一众倾伏。洪武癸酉,应召,有事庐山,奏对称旨,赐金缕僧伽黎,擢右讲经,寻迁右善世。丁丑正月五日,示微疾,端坐而化。太祖遣中使致祭。荼毗日,送者数千人。徒众奉舍利遗骨,塔于安国寺。

明余杭净慈寺沙门释明德传　悦堂颜

释明德,字孤峰,姓朱氏,昌国人。父有成,与普陀怛洛迦山玠公交。玠闻鸡声入道,凡说法必鼓两腋为鸡鸣。玠亡已久,母梦玠来托宿而生。儿时,每跏趺,端坐不动。天童慧明者,明德族诸父也,见而诃之曰:"童子不习诗书,痴坐将焉求?"德曰:"欲学坐禅,求作佛耳。"慧明奇之,挟至鄞县金鹅院。年十七,诣五台,受具足戒。杖锡而出,首谒竺西坦于天童。一日,举世尊拈花语,德于众中闻之,若有省,作偈以呈,西颔之,而德弗自是也。复扣晦机熙于净慈。已而竺田霖延归灵隐,处以首座。田上堂举隐山泥牛入海语,谆谆诱掖,音声如雷,德不觉庆快,群疑顿释,因以偈呈田。田叹曰:"天人眼目,俨然犹在。"自是提唱宗风,称性而说。且邀仲方伦结庵于桃花坞,相与激扬。时则检阅《华严》,足不逾户限者五历春秋,禅教双融,闻誉远邕。

行宣政院请主松江之东禅,迁集庆之保宁。元顺帝时,授以圆明定慧之号,并金襕法衣。大司徒楚国文公欧阳玄圭赋诗远寄,且为作《内外录序》。一时公卿,莫不愿与之交。三迁湖之道场。阅二年,会净慈虚席,先是悦堂颜主净慈,树大法幢,四主名山,东禅、万寿、南屏、双径,俱有建施,名闻京国,玺书再下,拜赐金襕。说法四会,有录行世,宋景濂为之序。主席之盛,颇难为继。是时,浙江行省康里公谓净慈居五山之一,非明德不可,固请主之。但元季戎马纷纭,林柯不静,逮至明初,尊崇佛法,稍事安辑,而明德以耄年谢归道场竹林庵。一夕示疾,索笔写颂,泊然入灭,时洪武五年十二月二十七日也。寿七十九,腊六十二,塔于东冈。

明会稽宝相寺沙门释怀渭传

释怀渭,字清远,晚号竹庵,姓魏氏,南昌人也。幼性颖异,诵书属文,略加指授,便尔开悟。既出家,从其舅氏全悟为师。一日,悟警励诸徒,众未有对,渭直前肆言,如俊鹘横秋,目无留行。悟振威叱之,众为骇愕,渭气不少沮。如是诘难,至于再三。悟莞尔笑曰:"汝可入吾室矣。"命为记室。浙江行省丞相康里公,重其文行,遣使者具书币延至,主会稽之宝相,迁杭之净慈,诱道后进,于五时八教多有启迪。明洪武初,仪曹奉诏设无遮大会于钟山,二浙名僧咸集。渭一至京师,遂退居钱塘之梁渚。梁渚者,为全悟藏爪发之地。洪武八年十二月,怡然而逝。所著《四会语录》及诗文曰《外集》者若干卷行世。

明钱塘灵隐寺沙门释大䜣传　了万　晦机　东叟

释大䜣,字笑隐,姓陈氏,九江人也。初,谒开先一山了万。万尝经神祠,见纸灰随风旋起,脱然忘所证,以白东叟,叟诘之无滞,遂主开先。䜣叩之,未深契也,乃遣参净慈晦机熙。熙器重之,问:"黄龙得旨泐潭,领徒游方,及见慈明,气索汗下,过在何处?"䜣抗声云:"千年桃核里,觅甚旧时仁?"一日,又举百丈野狐语诘之曰:"且道不落因果,便堕野狐;身不昧因果,便脱野狐身,利害甚处?"䜣拟答,机喝之,生平疑滞,涣然冰释。䜣博学多通,于《涅槃》《法华》《大品般若》,靡不穷究,故三谛圆融,观法入妙。尤擅词翰,黄溍、虞集品其文,奇采烂然,铿铉磊落,名重一时。元文宗、顺帝时,屡承恩顾,命坐咨问,授三品文阶,赐赉甚厚,尽用以建阁。元至正四年五月,诣御史大夫脱欢为别,复留书与交游之善者。二十四日,书偈趺逝。

卷第六
义解篇第二之四
正传十四人　附见九人

明杭州净慈寺沙门释道联传　物先义　宗静

释道联,字祖芳,晚号拙逸叟,姓陆氏,鄞人也。幼而英敏,举止不凡,读书尤慧,过目成诵,父母钟爱之。稍长,即好内典,慕出世法。年十四,往游西浙,礼昆山荐严悦堂颜。时玺书再下,有金襕法衣之赐,王公大臣函书问道,黑白奔走如市,随机接引,沾被殊多,联既栖止,遂亦得度。久之,受具足戒于鄞之五台寺。复还昆山,则荐严已更主席,物禅师一见器之,遂留侍室。而联方笃意禅学,兼穷止观,废寝忘飧,惟务明心见性,用志精专,智藏为开,词源涌泻,辩若悬河,同侣无出其右者。明洪武九年丙辰,随侍佛心,住持灵谷,已名震京刹。天界觉源昙重其才识,延居记室,声誉益著。一时湖海尊宿,若穆庵康、恕中温、木庵聪,皆相与忘年,往复酬唱,激扬宗旨,莫不服其解脱。

始出世台之广孝,迁紫箨、道场、景山、补陀、能仁,六徙名刹,而至净慈。所主法席,策励后学,随机开示,各极归趣,缁素向化,道誉为禅林之冠。洪武壬申,净慈又毁,联力任恢复,不数年,殿宇堂室为之一新。先是兹寺困于赋役,联白有司减去田税,蠲除徭役,众赖以安。既而举任僧录,以疾固辞。蜀王闻而贤之,锡之衣盂。永乐四年丙戌,朝廷纂修《大典》,再被征召,命为释教总裁,以其博通经典,文理缜密,恩宠方深。事毕还山。五年丁亥,寺僧擅自披剃,因事逮及,例谪五台。礼部尚书赵羾以联名奏闻,驿召至京,上加慰劳。已丑七月三日,坐逝于京邸大祐国寺,世寿六十四,僧腊五十。著有《拙逸语录》行世。文宗为之嗟悼,敕工部备龛。荼毗,归葬藕花居之阴,建塔焉。胡濙为作铭,刻于石。

弟子宗静照庵者,杭之高氏子。投净慈岳公剃染,深究梵典。时联主席,倡道声高,遂依焉。参究有契,因以典藏界之。永乐初,联被征召,纂修《大典》,静亦偕行,途触贼锋,不离左右,人以为难。已而联逝京邸,竟函其骨,归葬南屏,由是义行闻于海内,名山巨刹争迎致之。岁辛卯,首主京师祐国。宣德初,迁明之雪窦。阅五祀,僧录善世以净慈起之。既至,弘阐教观,缁白服从。丁卯,朝廷颁赐《大藏》以宠异之。及赴阙谢恩,止于弥陀寺,一夕谓侍者曰:"吾缘其止矣。"索浴更衣,危坐而逝。

明松江普照寺沙门释居敬传 东源

释居敬,字心渊,别号兰雪。学通内外,善属文。精严律部,礼金陵大报恩寺一雨。后参杭州集庆寺东源于忏摩堂,居第一座,从而讲《周易》。永乐初,奉诏校《大藏经》,预修会典。已而住持上海广福讲寺。迁松江普照,大开法席,垂十余载,建大雄殿、海月堂、三解脱门,廊庑重轩,精舍香积,焕然新之。七众瞻仰,道风大扇。

明杭州龙井寺沙门释普智传

释普智,字无碍,别号一枝叟,临平褚氏子。出家于钱塘龙井寺,依东溟日授天台性具之学。优于讲说,历四道场,风教远施。晚岁,演法于松江延庆寺,因以终焉。专修净业,寒暑不辍。永乐戊子正月二日,微疾,会众端坐,面西念佛而逝。尝集注《阿弥陀经》一卷。

明姑苏延庆寺沙门释善启传

释善启,字东白,别号晓庵,长洲杨氏子,世为宦族。甫能言教,诵《弥陀》如旧习。父母异之,知是法器,舍入永茂院。无几剃染,受具。屏迹龙山,研穷《大藏》,百氏诸史,无不精究。永乐戊子,出世延庆寺。明年,应召纂修《永乐大典》,并校《大藏经》,赐金缕僧伽黎。一时名人,若沈民望、王汝玉、钱原溥辈,皆为方外交。或辩儒释之异,启曰:"无论圣人,理同且各为其教。"又曰:"东鲁垂道,西竺见性,皆莫先于厚本,故吾侪虽离父母,而养生送死,率皆从厚。"与兄弟极友爱。正统癸亥,示寂,塔于龙山。

明杭州上天竺[寺]沙门释永顾传 如兰

释永顾,字本源,号性庵,鄞人也。十岁丧母,能执丧礼如成人。服释出家,从四明都纲竹庵得度,笃意释典,旁通文艺。既而谒南京僧录唯庵实,命和本宗,偈有云:"三十世生一念有,五千经旨片言该。"唯庵尤加器重，为书状侍者，转忏首。会杭之梵天阙席，唯庵命永顾主之。凡七载，刺血书《妙法华》《阿弥陀经》。僧录心田霆延为大报恩寺都讲，阐扬《法华》奥旨，听者川涌。若陆参政友谅、中书姜孟圭，咸执弟子礼后询。驸马都尉沐公，冢宰黄公，宗伯王公、杜公，太常郑公请主上天竺，至则启滞觉迷，举废兴坠，为之一新。凡十年，有都纲之命，表率九邑，勤劬十稔，无少瑕颣。所著有《讲贯结偈》《朝野赓歌》《山居倡和》《缶音》等集。

又如兰，字古春，富春人。淹通经论，余及诗文，所著曰《支离叟集》。忠肃于公弥月时，召戚友为汤饼，会兰至，摩其顶曰："此儿他日救时宰相也。"后果如其言。

明桂林横州寿佛寺沙门释应能传

释应能，姓杨氏。或曰即建文君也，太祖之嫡孙，懿文太子之长子，封皇太孙，名允炆。生时，顶颅颇偏，太祖抚之曰："半边月儿。"及读书，甚聪颖。一夕，懿文太子与侍，太祖命咏新月诗。太子吟云："昨日严陵失钓钩，谁人移上碧云头？虽然未得团圆相，也有清光遍九州。"太孙吟云："谁将玉指甲，掐作天上痕。影落江湖里，蛟龙不敢吞。"太祖览之不悦，盖"未得团圆""影落江湖"，皆非吉兆。洪武三十一年，太祖大渐，乃授以一小箧，封钥甚密，戒于急难方开。是年五月十六日，即位，年二十有三。明年，改元建文，召方孝孺为翰林侍讲，直文渊阁，日讲《周官礼》，变更太祖旧制。于是诸王多不逊服，乃曲加恩礼。侍读太常卿黄子澄、兵部尚书齐泰议削诸王之权，谋者先燕。命侍郎张昺、都指挥使谢贵察燕动静，遂逼燕起靖难师，南讨黄、齐。建文四年六月十三日，破金川门，帝纵火焚宫，启太祖遗箧视之，得杨应能度牒、剃刀、袈裟缁服，遂削发，自御沟出遁，云游四方。

自湖湘入蜀，历滇闽。复入广西横州南门寿佛寺，居十五年，升座演法，归者甚众，所至成大法席。复往南宁，居一萧寺，衲子云集，能为随缘开示，一众欢然。久之，至思恩州，立于当道，值知州出，从者呵之，能言："我是建文皇帝也，自滇历闽至此，今老矣，欲送骸骨归帝乡。"巡按御史闻于朝，赐号老佛。命驿送至京师，乃赋诗云："流落江湖四十秋，归来不觉雪盈头。乾坤有恨家何在，江汉无情水自流。长乐宫中云影暗，昭阳殿里雨声愁。新蒲细柳年年绿，野老吞声哭未休。"及至京，朝廷未审虚实，以太监吴亮曾经侍膳，使审之。能见亮，即呼曰："汝非吴亮耶？"曰："不是。"能曰："我昔御便殿，曾弃片肉于地，汝伏地饴食之，何得忘也？"亮稽首，大恸。已而取入西内供养，竟卒于宫中。

明云南鸡足山大觉寺沙门释尽玄传 幻空

释尽玄，字如如，姓张氏，澄江人也。幼从塾师，颇通文义。因读《楞严》《维摩》诸经，即作超尘之想。后从鸡足礼幻空祝发，矢志参究，了明宗旨。有问法者，随机而道，应答如响。所著《三教直指》《金刚定衡》《性学正宗》诸书行世。创建拈花寺云。

幻空，本北直人。入滇，憩鸡足大觉寺，后居迦叶殿罗汉崖，戒行孤洁，诸方敬仰。更创碧云寺，参穷法旨，四十余年，大为了悟，语辩如流。时直指姜思睿企慕高望，入山叩访，见像悬壁间，身在龛中，因云："和尚和尚，业障业障。既在龛中，复在纸上。此则为真，彼则为妄。速道速道，免吃吾棒。"空应声曰："业障业障，岂在

109

和尚？放浪室中，威严堂上。真也非真，妄也非妄。如是此说，请收尊棒。"姜改容礼之，为建寺勒碣。

明[北]直羊山秀峰庵沙门释明龙传 大光

释明龙，姓姚氏，宿迁人也，原名东阳。尝入邑庠，为名诸生。居常好修嗜内典，二十年不问家人产，雅从善知识游。隆庆改元，澹然为居士，而北探诸名胜巨刹，访有道耆德。寓清苑，越三寒暑。登银山法华寺，从大光祝发，进具。寻居羊山秀峰庵，名德日起。鹑衣一衲，不袜、不襦、不履，诸陵中贵人多檀施，弗之顾。安七十二众期千日，亲为说法，阐三教宗旨。时休宁汪司马道昆奉诏行边，道出诸陵，期督府法华寺，闻龙高德，乃趣，一沙弥逆至，见其敝衲，曾不掩骭，祈寒无所侵。汪与督府避席礼之，携入洞中，坐石床与语，略举西来意，督府洒然信服。汪问："千日毕，能作常住乎？"曰："无常无住。"明日辞归。越旬有五日，立春，羊山放光五色。又越七日，除夕，集众告曰："元年元日，吾当行矣。汝等识字者，用耳闻经；不识字者，用心念佛。务禅定智慧，务济物普心，即此是佛，慎弗他求。汝等勉之。"除夜既半，命弟子视中星曰："夜午乎？"曰："午矣。"曰："未也，日午乃行。"元日，羊山复放五色光如前。至日中，遂辞众坐化。越七日，阇维，复放光如前。大众与诸中贵人，望光罗拜曰："佛耶！佛耶！愿以光普照下土。"已而舍利累然。督府治塔藏之，汪公为之铭，实万历元年正月也。

明苏州华山[寺]沙门释祖住传 大章

释祖住，字幻依，麓亭其号也，姓杨氏，丹徒人。母朱氏，梦梵比丘入其室,觉而诞住。少沈密,不贪世缘,喜作佛事。年十三,父母舍入龙蟠山,依朝阳受《法华》《华严》诸大部经。年十七,剃染。逾年,受具。通晓诸经大义,自谓觉识所依,非关真际。遂担簦游少室,依大章五载,复至伏牛,依高安十二夏,先后所得二师印可。次游都下,谒松、秀二法师,尽得清凉宗旨。淮安胡给事延住钵池山,造《大藏经》,作水陆无遮会。至南京,访无极法师,居第二座,犍槌之暇,即入众作苦事。后径京口万寿寺,演《华严大钞》,至《入法界品》,地震天雨,甘露宝华。时无极率徒与焉,妙峰、承印二禅衲亦居座下,自是道价郁跂,丛林倾挹。住智崇,礼卑如常,不轻提奖,唱诱孜孜不倦,所至皆成宝坊。住演四十八愿时,有异人顶白冠,冠有蛇四足,来听说法。人方怪问之,对曰:"吾乃法冠,而乃境观。"忽不见。万历甲申,憩锡苏之莲华峰下,建精舍居之。丁亥九月,忽示疾,语众曰:"二十二日不作离散,便可再展《华严》,但老僧不得曲徇人情。"至日,晨起沐浴,跏趺说偈曰:"虚空无面目,无位强安排。话头不话头,处处见如来。"又曰:"今年六十六,不知做甚么? 咦! 诸人着眼看,这个消息。佛祖到来也,用他不着。"言讫而逝。异香积时不散,三日颜色若生。茶毗,敛遗骨塔于莲华峰阴。寿六十有六,腊五十有四。王世贞作铭。

明杭州净慈寺沙门释大壑传

释大壑,字元津,姓薛氏,钱塘人也。父鸾,母高氏,梦衣绛梵僧,授蔗一枝,寤而产壑。貌质清莹,朗若冰雪。五岁寝楼上,屋旁老树低枝拂檐,值邻舍火起,焚毁几尽,壑从焰中缘树下端坐,人皆异之。年十六,所恃见背,从父入净慈寺,睹林木蓊翳,徘徊不忍去。因向父乞身为佛子，父许之，礼万峰院僧袾薰剃度。会以密藏开师赍慈圣所赐《大藏》之补陀，驻锡兹山，见氎器之。以五字呈开，因勉以生死大义，勿堕世智绮语障。乃往授具戒于云栖，寻赴白门，谒雪浪，究贤首教义。一日，定中见寿公三示十二之旨，举似雪浪曰："永明三二，文殊二三。"言下豁然，诸经了义，多所参证。

四方名刹争以香币延登讲台，如胜果、相国、无垢及金明、南禅、报恩，皆次第赴之，竖义无上，点石雨花，洵人天导师。偶归登宗镜台，忆初剃染时，叹祖塔湮废已十五年，为之潸然，于台畔筑方坟。卒从大慈山岩丛筱中，得所瘗寿祖遗蜕，匣函舍利及金色骨，精诚所通，因起塔奉之。复新宗镜堂，改建永明经室，创香严社。修大慈忏，度南北阵亡。遴同戒，礼法华，威仪梵颂，秩然一变。闲与达人名宿，阐扬正法，旁及诗咏。尝念明圣全湖，请为放生池，此寿祖本愿。湖之三潭，蒟蹢泥淤，游泳失所，乃请于郡长监司，交檄协助，筑内堤外塘，中造殿阁门寮，复古湖心亭之旧。四方居士，月举放生会，鱼乐鸢飞，各得其所。石间刘巡抚作碑记之，具详山志。

氎警敏博综，随触洞了，谓诸佛立教，以澄心耳，不觅本心，只在音声轮上分别字句，譬犹认指为月，入海算沙。于是福际、龙华以讲期请者，坚辞不赴，闻者憬然，知有证悟之学。净慈寺无专志，历七百年，氎搜采成帙，都为十卷，事核词典，他山罕匹。而吴山之宝成寺、秀州金明之禅堂，咸仗其力营构之，不日而成。坦性慈衷，颖才实行，惟法是荷，自度度世，动行无懈。禅定之余，游泳翰墨，书画俱清。所著《永明道迹》《吴咏放生池》《黄山诗》《迁塔诗》若干卷，传于世。以明万历丙子十二月七日示寂，年五十二，腊三十七。荼毗，塔于方坟之左，董其昌为之铭云。天启六年，江西参议黄汝亨为文记其生，塔并见山志。

明余杭土桥庵沙门释圆珑传 绍觉承　真①界

释圆珑，字大觉，姓郑氏，武林人也。往来无极讲席间，与雪浪、度门相友善。而绍觉承执弟子礼唯谨，各侍一母，称两睦州。时寄寓土桥民庐，因奉母也。有古松英者，兄弟同出家净慈，珑日与英语，夜宿英寮，如家唱和，挥洒墙壁几遍，自谓寒山、拾得，人莫之许。所寄庐地仅方丈，而集海内名士，座为之满。梵策止一度一架，取读之，恍入龙藏，入无量法门矣。自题栗主于案，欲以谢客，客至，且疑且悲，低回久之，渐入其寝，突遇珑，乃相视莞然。尝读《宗镜》有省，与其徒承，手录百卷，示邻居士虞长孺曰："吾得扫除宗镜堂，为寿师役，足可无憾。来时虚空包法界，去时法界包虚空耳。"逝时喃喃二语不绝。时《宗镜》唯梵本，妙峰福灯阅之而悟，因劝藩王刻其书于秦，而珑始传写于吴，吴中士人多喜读之。妙峰亦驻锡南屏，与筠泉莲为友，皆远嗣永明寿云。

有真界字幻居者，檇李人。亦来吴中，栖止南屏松寿堂。批注《金刚经》，视古今百家注无当旨者，独会祖意而为之注，直指人心而不袭旧语。盖六祖中峰于此顿悟，非直注则经属于论矣。注成，六梦居士序之。去隐西溪，无何，端坐而化。

明隰州石室寺沙门释圆镜传

释圆镜，临人也。早岁出家，游心贤首讲肆，悟诸经密旨。常

---

① 真，底本作"直"，据《释鉴稽古略续集》卷三《幻居法师》载："幻居法师，讳真界，号悦堂，为千松之高足。"因改。

游平阳隰州石室寺,随缘为众说法。一日,至北门瓦窑坡上①,凿构一庵,如龛,燕默其中。忽嘱其徒曰:"吾将归矣。"众请其期,曰:"来日耳。"晨兴,沐浴更三衣,焚香趺坐,说偈而逝。

明应天栖②霞寺沙门释真节传

释真节,字素庵,襄阳人也。少为郡弟子,忽宿根内萌,即辞割亲爱,礼明休祝发。既而北游京师,遍参讲席,谒秀法师,餍餐法喜,深得贤首之印。节学富内外,诸方每以龙象推之。久之,负锡南还金陵,出主摄山栖③霞,众逾三百,教备五乘,据师子座,挝大法鼓三十余年。檀施之余,拓地为庐。时殷宗伯得郎邪大士像,五台陆公亦铸金像,悉归节供奉,罗参知署曰圆通精舍。句曲李石麓学士盟,为外方交。节阐大法,不以期限,尝讲《法华经》,至《多宝塔品》,空中忽现宝塔于座前,一如经言,四众跂观,洒然希觏。中使张某奉慈圣皇④太后命至,同睹圣瑞,乃出尚方金缕僧伽黎衣一袭,宣慈旨锡之。即于讲堂之西,建一浮屠,以征神化,汪道昆记其事。

---

① 上,底本作"土",按《释鉴稽古略续集》卷三《圆镜法师传》载:"一日,至北门瓦窑坡上,凿构一庵,如龛,燕默其中。"因改。

② 栖,底本作"楼",按《释鉴稽古略续集》卷三《素庵法师传》载:"久之甫还,住持栖霞,众逾三百,教备三观五乘。"《大明高僧传》卷四《真节传》载:"久之负锡,南还金陵,出主摄山栖霞,众逾三百,教备五乘。"因改。

③ 同上。

④ 皇,底本作"宝",恐误。

明塘栖大善寺沙门释传如传

释传如,本名兴如,字介山,亦作戒山,姓顾氏,武原人。母梦金甲神推车上堂,遂举子。童时,往僧舍见《楞严经》,恍如宿习,归白母,矢愿出家。投杭之昭庆,礼镜湖为师。其祖大慈曰:"予尝梦慈恩窥基尊者过吾家,此子相貌奇伟,殆类之,名之曰兴如,谓能兴佛道也。"后为真寂百松所器,易名传如,摩顶谓之曰:"三千界如是传,佛心灯以此准,子其勉之。"尝至嘉兴东塔,翻阅藏经。沈居士继山随取般若部经一函,试令背诵,传如立诵数卷,继山惊服曰:"此神僧也。"

东走鄮峰,礼阿育王设利,二七日设利放百宝光,光中涌见无数佛、菩萨,一一皆身在其前瞻礼,向有碍胸之物,至是一时空荡。以此质于百松,松曰:"此普现色身三昧,是方便境,须修法华忏法,方不住此位。"及受具,区冯公西溪安乐之请,修法华忏法六载,默证师言。尝从妙峰法师学天台教,与人谭论,口如悬河,辩者莫当。庚子,入都,欲奏开昭庆戒坛,并请龙藏,与紫柏可公甚契。及妖书事起,如已南归,乃并逮如,如易服自诣县。县主曰:"何来自罹苦趣?"如曰:"解京,游方也;坐狱,住静也;受刑,苦行也;就死,舍身也。除此四法,何处更有安心法门?"赴京,与可同就狱刑部。主政鲁史曾游西山佛寺,逢异僧语之曰:"吾教中有二大士,将以罣误入法网,公当主此案,幸左右之。"鲁问为谁,僧指庭柏及山示之。鲁心识已久,及阅谳辞,见紫柏、介山名,心感悟,竭力剖护,事得释。

丙午,因经厂王太监奏请,得赐《大藏经》,赐金建阁,归构斋堂、寮舍,登坛讲演经论,愿力毕遂。癸亥,驻锡塘栖大善寺。甲子,还真寂,示微疾,更衣趺坐,说《金刚经》及《十六观》题毕,寂然而逝,世寿六十三。塔于瓶匋骆园,后迁本山卧牛石侧。所著有《法华抒海》《棱严歇》《棱严截流》《老子笑》《庄子参》若干卷。有《赠大善宾岳上人》诗云:"江海足优游,尝虑风波恶。郊园可卜居,尘俗纷相错。动止皆畏途,何方堪着脚。但教身云飞,悠然自宾岳。"亦有感而言也。又真可《圜中寄如》诗云:"谁能念尔冲寒去,傀儡提携岂有神。长别莫谈身后愿,好从当下剖微尘。"盖如释可犹未释,故云。又冯梦祯《与如书》云:"洪钟不叩不鸣,公顷无俗事,吾几失公矣。蛣蜣六即之说,敢不击节以副赏音。"其见推当代名流如此。

卷第七
义解篇第二之五
正传八人　附见十一人

明金陵宝华山[寺沙门]释洪恩传

释洪恩，字雪浪，姓黄氏，金陵人也。出家住宝华雪浪山，因以山为号。性颖悟，耽静寂，儿时便学趺坐。双目重瞳，高颡广颧，大口方颐，肌理如玉。年十三，从父往报恩寺，听无极讲《法华》，至"三界无安，犹如火宅"，仿然有觉，遂留不去。密袖剪，礼玄奘发塔，自截其顶发。父来寺趣归，恩提发向父曰："以此遗母。"父恸哭，恩瞪视而已。为小沙弥时，遇设斋，学侣鱼贯，济济雍雍，恩独摄斋趋登，抗席首座。人或喝之，恩曰："此座待谁？"曰："待通佛法者。"恩曰："若然，则我当坐矣。"曰："汝通何法？"曰："请问。"乃举座上讲语，恩信口答之。再问再答，辩论不竭，如倒峡悬河。众大惊异曰："此儿再来人也。"于佛书无所不读，博综外典，旁及晋字唐诗。乃曰："不读万卷书，不知佛学。"

尝从无极学，极迁化，综其讲说，依次补订，尽扫训诂，称性而谈。恒教学人，以理观为入法之门，每当敷演，闻声向化，日盈万指。说法三十年，不立坛场，不设高座，一茗一炉，据几清谈，嬗嬗动听。或杖履闲游，四众围绕，依山水为妙音，化树林为宝网。东南法席之盛，无出其右。明万历丁酉，至焦山，主《楞严》讲会，因撰《般若心经述解》一篇，并讲会疏引，手书《圆觉经》刻于石。戊戌，报恩寺塔顶倾侧，恩奋志修理，当道诸公莫不乐助，给谏祝公为之首倡，恩亲领众数百，行乞于都市，一时人心，跃然兴起，金钱集者动以千百计，大役遂举。塔高二十五丈，其塔顶中心木约长七丈，架半倍之，则从空而下，如芥投针，其势难矣。恩心苦极，忽呕血数升，而塔顶立正，架上之人，如鸟栖柔条，竟无小恙。尝居虎邱，讲《般若经》。有《自题像》偈云："游遍天目山，来坐虎邱石。人道是支公，我说浑不识。雪浪庵中不死人，走向江南说消息。"

晚岁，于望亭结茆饭僧，若将终焉。一日，腹疾，谓其徒曰："日而行，夕而息，未有夕而不息者，吾其息乎！"弟子问："灭后，用龛用棺？"曰："坐以龛子卧以棺，相锡打瓶且莫言。"沐浴端坐而化，寿六十有四。遗命还葬雪浪山北。恩生平不作崖岸，不避讥嫌，说法谈禅，论诗度曲，因人而施，食钵衣衲，不择美恶，随境所处，事至不推，事去不恋。尝于长城山中正定二日，林木屋宇皆为震动。嘉兴楞严寺地饶水竹，恩赏其幽秀，作精舍三间，经营数月，手自涂塈，落成三日，飘然竟去，终身不再至，其逍遥脱略类此。梁溪邹迪光铭其塔。

明嘉兴东禅寺沙门释明得传 百川海　妙峰觉

释明得，字月亭，以绍万松林法，故又号千松，乌程周氏子也。生即颖异，岐然不凡。髫时，随父入西资道场，遂指壁间画罗汉像，问父曰："是何人耶？"父曰："僧也。"因慨然曰："吾愿为是矣。"于是力求出家，父母不听。至年十三，始投郡之双林庆善庵，从僧真祥习瑜伽教。越四载，祝发。闻有向上事，乃首参百川海。不契，因而单衣芒屩,遍游丛席,匍匐叩请,备历艰辛。自念般若缘薄,拟投天竺,哀恳观音大士,祈值明师。道经中竺,闻万松说法,先入礼谒。万松问曰:"大德何来？欲求何事？"对曰:"欲叩普门,求良导耳。"松竖一指曰:"且去礼大士,却来相见。"得泫然再拜,求决生死大事。松曰:"子欲脱生死,须知生死无着始得。"得闻罔然,依受具足戒。自尔朝参夕叩,久无所入。松不得已,授以《楞严》大旨。于是苦心研究,至"清净本然,云何忽生山河大地"处,恍然若云散长空,寒蟾独朗,遂作偈曰:"《楞严经》内本无经,觌面何须问姓名。六月炎天炎似火,寒冬腊月冷如冰。"松领之,嘱曰:"汝既悟教乘,异日江南讲肆无出尔右。向上大事,借此可明。"

松住径山,得为众负米采薪,不惮劳苦。偶行林麓间,有虎踞道,得卓锡而前,虎遁去。尝阅《枣伯合论》至《十地品》,中宵隐几而坐,梦游兜罗绵世界,登座阐《华严》奥旨。至于结座,乃说偈曰:"从本已来无,今日何曾有？一毛头上现,虚空笑开口。"寤,白松。松抚之曰:"此圣力之冥被耳,非惟吾道之将行。清凉一宗,亦大振矣。"无何,松化去,得悬铛守塔三载。闻佛慧祇园法师讲席之盛,戴笠投之,祇园亦默识而爱重之。其弟子沙泉,颇自负,不籍得名,遂挂锡报先寺。报先与佛慧,咫尺之间,故晨则持钵,午则听讲,夕则与同参十余人敷其义趣。于是众日渐益,香积不继,得阴祷于伽蓝神曰:"倘吾与圣教有缘,神其无恪诃护。"移时有外道自云间来,施米百石,自是报先之盛过于佛慧。开堂之日,祇园命侍僧奉以衣拂,得谢还之,瓣香为万松拈出。

已而子身登径山凌霄峰,为碍膺未破,又力参三年。一夕,初夜趺坐,豁尔心境冥会,疑滞冰释,乃跃然说偈曰:"千年翠竹万年松,叶叶枝枝是祖风。云岳高岑栖隐处,无言杲日普天同。"趋礼万松塔曰："老汉不我欺也。"自此道誉益隆，学者辐辏，四方交聘，岁无虚日。开堂灵隐，门庭严峻，无赖僧彻空天然辈，睨视不敢近，竟以不测事诬得。不终日，事白，天然坐诬，遁，余党笞死者二十人。得南游赤城，外道归化者不可胜纪，台郡教乘之被，实得始也。阐玄谈于大中庵，三日庵灾，独所居丈室无恙。讲《圆觉疏钞》于法海，地产白莲华，紫芝生于前，五台居士因匾其堂曰涌莲。得居东禅，夜梦文殊跨狮，出乃遗狮，乘空而去，狮忽化为童子，得故问曰："尔方狮，今童耶？"试开口，童子启颊，口如丹朱。得抚其背曰："尔犹狮也。"童曰："师口何如？"得张口示之，童跃入咽，得惊觉而汗，且喜曰："文殊大智在我腹中矣。"

不数月，五台陆公率众命讲《华严大钞》，众常千指，妙峰觉法师入室弟子也，遥宗四明，宏天台教观之道，以师阐贤首未谙台衡，故质六即蠛蠓之义。得曰："天台六即，在行人迷悟之分耳。如我在名字，则十界皆名字；我证究竟，则十界皆究竟；若我蠛蠓，则十界蠛蠓也。非蠛蠓上别有六即。"觉曰："不然。天台六即，不论世出世间，有情无情，物物皆具，随举一法，六即在焉。何必以我迷悟，观彼优劣哉？"得曰："圣人设教，诚为汲引迷涂。若云'随举一法，六即在焉'，是为惟谈世谛，成于戏论，学人何有哉？前'五即'置所弗论，如云究竟，一究竟则一切皆究竟，如金出矿，似璧离璞。是故如来初成正觉，观于九界，一切众生同时成佛，非惟九界正报，全体遮那则九界依报，无非寂光。所以叹云'奇哉！众生具有如来智慧德相，乃因妄想，不自证得'，岂非以我成佛，观彼皆成佛也？果如子言，其究竟蠛蠓，永无成佛日矣。一切众生而无一人发菩提心，所谓十法界都为一队无孔铁锤。若言究竟蠛蠓，容有成佛，如来何日复迷而作众生？金重为矿，其失孰大？"觉曰："究竟蠛蠓，非是说也。以其心体本具,故曰理即,色相已成,方称究竟。一界既尔,界界总然,当界而论,六即自备。何必以其成佛、不成佛难耶?"得乃笑曰:"子去作一究竟蛣蜣也。"闻者无不高其论。

吴俗尚崇事玄武,比丘亦有披僧伽衣而礼者。得见故,逆而问曰:"汝奚为而来?"曰:"礼祖师也。"得叱曰:"汝身为比丘,心实外道。其玄武,北方一水神耳,教中所谓毗沙门天王是也。彼以神力为佛外护,称其为祖师,乃披七佛衣拜之,不亦谬乎?"遂毁其像,易事达磨之像,谓其僧曰:"此尔祖师也。"凡所过名兰精舍,有事玄武三官,尽去之。俾学人专心正道,其护教概如此也。得为人修干孤高,性度刚毅,以传法为己任,故祸患不避其身,而欣感不形乎色。至于登座,则慈云蔼然,七众无不渥其沛泽。白椎则三千炳著,八万森严,室中虽不横施棒喝,闻毒鼓而心死者,众矣。万历丁亥秋,告众曰:"吾为汝等转首楞严法轮,作再后示,无复为汝更转也。"冬示疾,尤谆谆嘱以教乘事。明年正月望后二日,吉祥而逝,寿五十有八,腊四十有六。荼毗,塔于径山。

明杭州昭庆寺沙门释大惠传 绍觉　愚庵贵

释大惠,字灵源,姓邵氏,仁和人。幼挺特姿,托志超旷,虽处华年,淡于荣利。时莲居绍觉从云栖分席土桥,惠以白衣参叩,问《观经》上品上生章,夙通顿发,慨然遂禀归戒。询及法要,觉为首举台、相二宗,惠即锐心研习,多所诠解,觉深器之。越十载,游燕都。四威仪中,不忘正定。偶于慈慧寺闻愚庵贵师《八识标指》,微参疑义,贵为叹服,就咨决焉。请登讲座,惠以未唱善来为辞,强而后可,一音演畅,皆莲居唯识宗旨。庚申,至愍忠寺,乞大慧海律师剃发。受具时，年已五十七矣。寻即登座谈宗，辩如瓶泻。继历牛宫、石灯诸席，道风弥煽。熹庙闻之，赐紫伽黎，皇太后复遣中使赍香供奉。禅林荣遇，惠略不介意。

海昌有刻唯识疏者，与觉义稍嫌骈出，惠固服膺觉师教义，恐学者浸寻剿说而失其宗，乃奋起，欲厘正之。遂南还，栖黄鹤山，发故帙，纂成《唯识自考录》，盖不敢主名述作也。同门新伊古德、金台元著诸上座，咸卒读赞叹，谓俨若莲居讲筵未散。惠以北缘未了，复如石灯。冲元净凡请归杭驻锡昭庆，诸山瞻礼者日益众，受请，复开适园讲席，居士戒坛院，宏教者六年。复往吴中龙树庵、慧庆寺，大演法化。乙亥，始还昭庆。惠传觉苑，心印台教刚宗，扫波旬障于唯识真诠，获旋陀罗于法华元义，对机设化，身性互融，摄偏归圆，权实无碍。而襟怀洒脱，行履孤高，虽历主名蓝，仍随缘旅泊，诚非四流小果、六欲梵天所能企及。有《自考录》及《元签》《妙乐》《仪注》三种备简，《山宗笔要》《毗檀意旨》《楞伽日记》《唯识证义》《重订因明论解》若干卷。将寂之日，声钟集众，唱经佛名，安详而游，寿七十有三。塔于玛瑙山之阳，吴本泰为之铭。

明云南鸡足山放光寺沙门释禅传

释禅，字本无，姓张氏，昆明人。幼孤失学，放骛不羁。稍长，乃知自艾。从师授读，而天姿明敏，了解文义。偶游昆明，见池中青莲浮于水面，童冠数人皆弗之睹，始叹异焉。年十九，礼通海秀山妙空祝发。禀具于大方，得法于所庵。后栖鸡足，研穷经藏二十余载，见道精深，默维心得。及所庵主席，传衣挈本，偕往同注《肇论》，口述笔授，议论飙举，一字未要，当仁不让，唯大事未明，中怀郁结。一日，托钵洱海城中，忽闻谚语有"枕上思量千条路"者，胸中豁然冰释。明万历丁巳，沐公增题建悉檀寺，延之开山。工师求材，叹无大木。山前龙潭，古木参天，人莫敢近，每有樵采，则雷电大作。禅至，作法持咒，述为文词，以告山灵，躬操斤斧，率诸匠作，栋梁长材，一时取足，神怪俱息，林谷幽静。沐公奏请大内藏经，时光宗御极，企禅道风，亦加敬仰，特旨颁赐，授秩为僧录左善世，兼锡紫衣。所著有《楞严忏法》《风响集》《禅林佛事》《因明论随解标释》及《老子玄览》《诗文偈颂》若干卷。寂于崇祯壬申秋。三日前，简约旧知，二众云集，殷殷话故。已而示疾，焚香拈偈曰："盖天匝地本齐平，万象森罗极有情。只在当人高著眼，波腾鼎沸见无生。"语毕而化。

明余杭径山寺沙门释圆澄传

释圆澄，字湛然，姓夏氏，会稽人也。得法于大觉。明万历间，始来径山，耽其幽寂，还遂栖止。所著有《宗门或问》《慨古录》《思益简注》《楞严臆说》《法华意语》《涅槃疏》《金刚三昧》诸书。修建大刹，五筑石塘一百五十里，屡著神异，远近宗之。

明天台慈云寺沙门释真清传　宝珠　荆山　月溪

释真清，字象先，湘潭罗氏子。生而颖异，修干玉成，威仪严肃，不妄言笑。日诵经史数千言，终身不忘一字。父为河南县尹，常对宾朋以大器期之。年十五，补邑弟子员。偶有异僧，过而目之曰："此法门之良骥也。"十九，因家难起，遂投南岳伏虎岩，依宝珠剃染。受具足戒，令看无字话，自是一心参究，寒暑不辍。至二十五，从珠游金陵，探禹穴。因舟触岸有声，忽有省。珠大喜曰："幸子大事已明，宜自持护。"珠以年高，自普陀栖隐于下天竺。时内臣张公永慕珠道行，密奏张太后，赐紫色僧伽黎衣，以征其德。珠忽一日，命清曰："吾欲观化，无令人入，闻吾击磬声，当启户。"数日不闻声息，清密窥牖隙，见珠鼻柱垂地。越一日闻磬，师方排闼而入，珠已泯然逝矣。珠既化去，清乃访盐官古迹，驻锡觉皇。俄患背疾，感神入梦，授药病愈。

时佛慧寺月溪法师讲《起信论》于吉祥，以清为唱临济宗旨，率众叩其室。清从容语之曰："圆宗无象，满教难思。我若有宗可讲，非但法堂前草深一丈，即真空亦为缘虑之场。汝若有法可听，岂特头上安头，实际却为声名之境。三世诸佛，历代祖师，不过以楔出楔，随迷遣迷。是故会旨者山岳易移，乖宗者锱铢难入。况《起信》之旨，大彻宗乘，何须更烦忉怛？勉之。"众皆稽首而退。清乃南游天台，穷搜胜绝，怀无见睹之高风，诔茆其塔。前三年，有荆山法师赴石梁之社，偕清至毗陵永庆，互以《楞严》参究。荆山叹曰："某所讲经，虽精微于佛语，闻师所论，诚出卷于尘中。"清欲返初服，而礼部唐公荆川留结千日之期。已而复归天台古平田寺，临海王司寇敬所入山访道，订交而去。随迁华顶天柱峰，修大小弥陀忏六年，暇则敷演十乘，阐明三观，故四方学者攀萝而至，户外之履常满。一夕梦琳宫绮丽，宝树参差，见弥陀三圣，方展拜间，傍有沙弥授与一牌，书曰"戒香熏修"，瘄知中品往生之象也。盖清日勤五悔，密持《梵网·心地品》及《十六观经》为常课，是亦精诚之所感耳。尝示众曰："大乘八万，小乘三千，实整六和之模范，出三界之梯航也。今世之高流，轻蔑律仪,惟恃见解,遂令后学,不遵佛制,辄犯规绳,本自无愆,误造深罪,饶他才过七步,辩若悬河,不免识堕铁城,终未解脱。汝等勉之。"

万历丁亥八月,慈圣宣文明太后遣使,赐金纹紫方袍以宠之。十月,王太初居士因母丧,乞清就永明禅室阐《妙宗钞》,百日为期。时台郡邢主理亲登云峤,而设供焉。戊子岁俭,群盗蜂起,相戒无敢入室。檇李五台居士陆光祖,虚芙蓉之席见招,辞不赴。忽谓众曰:"桃源之慈云,实懒融四世孙为开山。唐天宝赐额曰云居,山曰安国。五代德韶国师中兴,为第二道场。永明寿禅师剃发之所,今坐禅石永明庵故址在焉。韶公常领徒五百,说法此地。昔螺溪寂法师请复台教谛观,亦亲礼足,皆此寺也。今为豪民夺之,将为掩骨之所,窃思朝廷千数百年之香火,一旦为俗子葬地,谁之罪也?"遂罄衣钵,赎归之。将谋兴建,俄云间陆宗伯平泉聘说法于本一院,李方伯冲涵聘讲于桐川。

已而返棹嘉禾龙渊,歘抱疾,告门人曰:"夜来神人启我为魏府子,其富贵非吾所志也。"遂付衣钵,遗嘱弟子,如法阇维,尽发长物,于五台云栖西兴五处饭僧。有勉服药石者,清谢曰:"生死,药能拒乎?吾净土缘熟,圣境冥现,此人间世固不久矣。"是岁正月七日,乃绝粒,惟饮檀香水,期于二十九日告终。每日虽米浆不入口,与众说无生法,诲谕进修,而拳拳弗倦。至夕,乃起别众曰:"吾即逝矣,无以世俗事累我。"众请曰:"此去往生净土,九品奚居?"曰:"中品中生也。"众曰:"胡不上品生耶?"曰:"吾戒香所薰,位止中品。"言毕,泊然而逝。延五日,颜色红润如生,手足温软,怡容可掬,吊者无敢下拜。茶毗日,天色霁明,净无纤翳,举火之际,忽有片云如盖,凝覆其上,洒微雨数点。烟焰起时,异香充塞,内自殿阁僧房，外自路人船子，所闻种种，随力不同。火余，骨有三色，而锵锵有声，红者如桃，白者如玉，绿者润似琅玕，犹香气郁郁。清寂于万历癸巳正月二十九日，世寿五十七，腊三十八。释如惺抱骨，初建塔慈云之南冈。壬寅，迁于寺西螺师山右，绣文溪之上。武塘了凡居士袁黄撰铭。

明余杭径山寺沙门释真可传 密藏道开　法铠　性田

释真可，字达观，晚号紫柏老人，姓沈氏。其先句曲人，后徙居吴江大湖滩畔。母梦异人授以桃实，枝叶相附，色鲜而大，寤而有娠。生时，香气盈室，人多奇之。虽在襁褓，貌若潜沈。五岁不语，父母忧之，有异僧过门，摩顶谓其父曰："此儿出家，当为人天师。"言讫不见，真遂发语，不异成人。先是，庭中时见巨人迹，尔后不复见。髫年嬉逐，性独雄猛，状貌魁杰。不喜见妇人，浴不许人先。一日，姊先就浴，乃大怒，自是亲戚妇女莫敢近。稍长，志益壮，父母不能拘。年十七，方仗剑远游塞上，行至姑苏阊门，徘徊市中，天大雨，值虎邱僧明觉冒雨来，相顾遛间，壮其貌，因蔽之以盖，遂同归寺，具夕餐，欢甚。闻僧夜诵八十八佛名，心悦之。侵晨入觉室，解腰缠十余金授觉，请剃度。因礼觉为师，是夜即兀坐达旦。觉尝欲募铁十万两造大钟。真曰："吾助之。"径往平湖巨室门外趺坐，三日不食，主人进食不为动，问何所为，苦行乃尔。曰："欲得铁十万两造大钟。"主人立予之，乃受食，载铁回虎邱。归即闭户，读书年余，不越阃，人多敬惮之。

年二十，从讲师受戒具。尝至嘉兴东塔寺，见僧书《华严经》，跪诵良久，叹曰："禅者不当如是邪？"遂之武塘景德寺，掩关三年。复回吴门，辞觉曰："吾将行脚诸方，历参知识。"遂仗策去。一日，闻僧诵张拙《见道偈》，至"断除妄想重增病，趋向真如亦是邪"，乃大疑之，遍书二语于壁间，默思潜索，头面俱肿。偶尔举箸，忽焉而悟，凌跞诸方。尝言："使我在临济、德山座下，一掌便醒，安用他为？"过匡山，穷相宗奥义。一日，行二十里，足痛，更以石砥脚底，至日行二百里乃止，其猛进类此。游五台，至峭壁空岩，见老宿孤坐，因问："一念未生时如何？"宿竖一指。又问："既生后如何？"宿展两手。豁然领解，迹之，失所在。至京师，参遍融，问答之间，机锋敏捷，融为折服，因留居焉。九年，复归虎邱省觉，更至淞江，掩关百日。寻至嘉兴，见太宰陆光祖，心相契。先是，有密藏道开者，南昌人，弃青衿，披剃于南海，闻真风，往归之。真知为法器，留侍焉。郡城楞严寺，为长水法师疏经处，久废，有力者侵为园亭，真慨然伤之，欲为恢复计，属开任其事。陆太宰弟云台为建禅堂五楹，既成，真刺臂血，题其柱云："若不究心，坐禅徒增业苦；如能护法，诋佛犹益真修。"后二十年，太守槐亭蔡公舍赀重修之，盖真愿力所持也。

居常坐叹道法陵迟，又念《大藏》卷帙重多，遐方僻陬，有终身不闻佛法名字者。欲刻方册，易流通，普使见闻，作金刚种子，即有谤者，罪当自代。遂与太宰陆公及司成冯公梦祯、廷尉曾公同亨、冏卿瞿公汝稷，一商度之，以开董其事。万历己丑，创刻于五台。居四年，以冰雪苦寒，复移于径山寂照庵。工既成，开以病隐去。初，桐城吴公用先为仪曹郎，参道入室，从容及刻藏事，真遽曰："君与此法有大因缘。"真化后，吴公出长浙藩，用冯司成初议，修复化城为径山下院，藏贮经版，人以为真预谶云。尝于于园书《法华经》，颜书经处曰"墨光亭"。闻妙峰建铁塔于芦芽，乃送经置塔中，且与计藏事。复之都门，访憨山于东海，遂走海上。至胶西，秋水泛涨，众度必不能渡。真解衣先涉，疾呼众，水已及肩。真跃而前，既渡，顾谓弟子曰："死生关头，须直过为得耳。"众皆钦服。及底都门，访石经山，礼隋琬公塔。念琬公虑三灾劫坏，正法澌灭，创刻石，藏于岩洞，感其护法深心，泪下如雨。琬公塔院地已归豪右，矢复之而未果，乃决策西游峨眉。

由三晋，历关中，跨栈道至蜀，礼普贤。顺流下瞿塘，过荆襄，登太和，至匡庐。寻归宗故址，唯古松一株，寺僧易米五斗，匠石将伐之，有乞者怜而乞米赎之，树赖以存。真闻而兴感，树根为樵斧剥斫，势将折，真砌石填土，咒愿复生，以卜寺重兴兆。后树日长，寺竟复，其愿力固如此。过安庆，阮君自华请游皖公山马祖庵，喜其超绝，属建梵刹。江阴居士赵我闻谒请出家，遂剃发于山中，命名曰法铠，所谓最后弟子也。复北游，至潭柘。慈圣太后闻之，命近侍陈儒致斋供，特赐紫伽黎。因随过云居，礼石经于雷音寺，启石室佛座，下得金函，贮佛舍利三，光烛岩壑。因奉舍利入内，供三日。出帑金，重藏于石窟。以圣母赐金，赎琬公塔院。初在潭柘，居常礼佛后方食。一日，客至，误先举食，乃对知事曰："今日有犯戒者，命尔痛责三十棒，轻则倍之。"知事愕然，不知为谁。真乃自伏于佛前，受杖如数，股尽墨，乃云："众生无始习气，如油入灰，牢不可破，苟情折不痛，未易调伏也。"又与憨山议修《大明传灯录》，以禅宗凋敝，往浚曹溪，以开法脉。先至匡山以待，时癸巳秋七月也。

越三年，乙未，憨山供奉圣母赐《大藏经》，建海印寺成。以别缘触圣怒，诏逮下狱，鞫无他辞，遣戍雷阳，毁其寺。真在匡山，闻报，为诵《法华经》百部，冀祐不死。往探曹溪回，即赴都下救之。及闻南放,遂待于江浒,执手歔欷曰:"君不生还,吾不有生日。"濒行,且属曰:"吾他日即先君死,后事属君。"遂长别。庚子,朝廷以三殿工榷矿税,中使者驻湖口,南康太守吴宝秀劾奏被逮,其夫人哀愤,以环死。真在匡山,闻之曰:"时事至此,其如世道何?"遂杖策赴都门。吴入狱,真多方调护,授以毗舍浮佛半偈,谓诵满十万,当出狱。吴持至八万声,果蒙上意解,得末减。每叹法门无人,谓:"憨山不归,则吾出世一大负;矿税不止,则吾救世一大负;《传灯》未续①,则我慧命一大负。若释此三负,当不复入王舍城矣。"

居无何,妖书发,震动中外,忌者乘间劾真,竟以是罹难。及输司寇,乃索浴罢,属侍者性田曰:"吾去矣,幸谢江南诸护法。"因说偈,端坐而逝。御史曹公学程以建言逮系,闻之即趋至,抚之曰:"师去得好。"真复开目,视之微笑,悠然而息,时癸卯十二月十七日也。世寿六十有一,法腊四十有一。越十一年乙卯,葬于双径山。后弟子法铠启之,以丙辰十一月十九日茶毗,归灵骨塔于五峰内文殊台。真生平以荷负大法为怀,每见古刹荒废,必思恢复,始从楞严,终至归宗、云居,重兴梵刹一十五所。既刻《大藏》,凡古尊宿语录,若寂音尊者所著诸经论文集,及苏长公《易解》,尽搜刻之,行于世。性耽山水,云行鸟飞,一衲无余。气雄体丰,面目严冷,而立心最慈。每示弟子,必令自参,以发其悟,直至疑根尽拔而后已。所著有《内外集》若干卷行世。

---

① 续,底本作"赎",按《憨山老人梦游集》卷二十七《径山达观可禅师塔铭》作"续",因改。

明清凉山竹林寺沙门释镇澄传 小山笑岩

　　释镇澄,字空印,姓李氏,苑平人也。父仲武,母李氏,梦一僧持锡入室,觉而遂生。幼性聪慧,不类凡儿,嬉戏喜作膜拜。年十五,投西山广应寺,礼引公得度为沙弥。服勤三年,登堂受具。一江澧、西峰深、守庵中诸师弘教于大都,澄寻依讲肆,参穷性相宗旨,融贯《华严》,靡不该练,如是者十余年。复从小山笑岩,究西来密意,妙契心印,一时义学,推为上首。明万历壬午,憨山、妙峰结隐五台,将集海内耆硕,建无遮法会,招澄至,欣然相许,以所居紫霞兰若居之。壁观三年,大有开悟。塔院主人大方广公请修《清凉传》,随留讲诸经,声光赫奕,四方学者日益集。未几,与云峰创狮子窟,建万佛琉璃塔,遂成丛林。讲演《华严》,学者数千指,坐寒岩冰雪,俨金刚窟中也。慈圣太后为国祈福,注念台山,闻澄风,雅重之,特赐《大藏经》。寻复命澄于都城千佛寺,讲所著《楞严正观》,复于慈因寺,讲演诸经。

　　时妙峰造千佛铜殿于大显通寺,神宗嘉其功行,命重修,更赐额曰永明,建七处九会道场,延诸法师讲演《华严》,以澄主第一座。会罢,以古竹林寺文殊现身处也,废久复葺①,所用多出内帑,不日而成。更集学子,重讲《华严疏》。复修南台,为文殊化境。自是疲于津梁,遂谢诸弟子,默然兀坐。顷之,示微疾,犹危坐三日夜,中宵寂然而逝,万历丁巳六月十四日也。世寿七十有一,僧腊五十有奇。塔于竹林之左。澄生而安重,寡言笑,律身甚严,而处

---

① 葺,底本作"缉"。

众以和。说法三十余年,三演《华严》,虽登高座,万指围绕,意若无人。天厨日至,而疏粝自如。居尝专注理观,胁不至席,渊沈静默,老无惰容。受法弟子以千百计,出其门者,率皆质朴无浮习。其于讲演,提纲挈要,时出新意。北方法席之盛,稽之前辈,无出其右者。所著有《楞严正观》《金刚正眼》《般若照真论》《因明起信摄论》《永嘉集诸解》,行于世。

卷第八
义解篇第二之六
正传四人　附见十人

明庐山法云寺沙门释德清传　西林　福善　通岸　通炯　超逸

释德清，字澄印，晚号憨山，姓蔡氏，全椒人也。父彦高，母洪氏，梦大士携童子入门，抱之遂娠。及诞，白胞重裹。生性颖异，方七岁，叔父死，陈尸于床，便问死从何处去。及见人举子，又问生从何处来。若已抱生死去来之疑者。九岁，能诵《普门品》。才及舞勺，辞亲，入江宁报恩寺，依西林染剃。内江赵文肃公摩其顶曰："儿他日人天师也。"逾年，受《法华》，四月而成诵，遂以次讲习，通贯内外典籍。年十九祝发，受戒具于无极。听讲《华严玄谭》，至"十玄门海印森罗常住"处，悟法界圆融无尽之旨。从云谷结禅于天界寺，发愤参究，疽发于背。祷于伽蓝神，愿诵《华严》十部，乞假三月，以毕禅期。祷已熟寐，晨起而病良已。三月之中，恍在梦中，出行市上，俨如禅坐。

嘉靖丙寅，寺毁于火，有司以本寺官住，头首执事下司法者十五人。寺为皇室造建，所费皆出内帑，事干重典，法当论死。僧众惧逃，独清奔走，法庭看点，盐菜饘粥，荷担往来，多方调护，设法解救，竟从末减，坐罚囚粮。先是，西林临化，抚清嘱众曰："我身后寺事，无大小，立我像前，听此儿主张，庶几可保无虞。"由是一寺僧众，皆服其知人。然清与雪浪恩誓志兴复，相与畜德，俟时远出，参方大德檀越，庶或旦夕遇之。故尝听讲天界，厕溷清除，了无人迹，每早起，见后院修洁，意主东净者，非常人也。访之，一黄面病僧，目光射激，遂与定参访之约，质明则已行矣。清以江南习气柔暖，宜入苦寒之地，以自摩厉，遂飘然北迈。天大雪，乞食广陵市中，曰："一钵足轻万钟矣。"抵京师，妙峰衣褐来访，须发毵毵，如河朔估客，望其眸子，相视哑然。参遍融，融无语，唯张目直视。又参笑岩，岩问："何方来，记得来时路否？"曰："一过便休。"岩曰："子却来处分明。"游盘山，至千像峰石室，见不语僧，遂相与樵汲度夏，时明万历元年癸酉也。

明年，偕妙峰结冬蒲坂，阅《物不迁论》至"梵志自幼出家，白首而归。邻人曰：'昔人犹在耶？'志曰：'吾似昔人，非昔人也'"，遂豁然省悟，顿了旋岚掩岳之旨，作偈曰："死生昼夜，水流花谢。今日方知，鼻孔向下。"峰一见，遽问："何所得？"清曰："夜来见河中两铁牛相斗入水去，至今绝消息。"峰曰："且喜，有住山钱矣。"遇牛山法光禅师，坐参请益，法光发音如天鼓，清深契之。清游五台，居北台之龙门，老屋数椽，在万山冰雪中，春夏之交，流澌冲击，静中如万马驰骤之声。以问妙峰，峰举古人三十年闻水声，不转意根，当证观音圆通语。清然之，日寻缘溪横彴，危坐其上，初则水声苑然，久之，忽然忘身世，众籁阒寂，水声不复聒耳。一日，粥罢，经行忽立定，光明如大圆镜，山河大地影见其中，既觉身心湛然，了不可得。因说偈曰："瞥然一念狂心歇，内外根尘俱洞彻。翻身触破大虚空，万象森罗徒起灭。"

游雁门，兵使胡君请赋诗，甫构思，诗句逼凑喉嗌，从前记诵见闻一瞬见前，浑身是口，不能尽吐。清默念，此法光所谓禅病也，唯睡熟可以消之,拥衲跏趺,一坐五昼夜,胡君撼之不动,鸣磬数声,乃出定,默坐却观,知出入动息,住山行脚,皆梦中事,其乐无以喻也。还山,刺血书《华严经》,点笔念佛,不废应对,口诵手书[①],历然分明。邻僧异之,众相诘难已,皆赞叹而去。尝梦登弥勒楼阁,闻说法曰:"分别是识,无分别是智。依识染,依智净。染有生死,净无诸佛。"自此识、智之分,了然心目。清尝与妙峰登建祈储道场于五台,光宗既应期而生,清遂远遁东海之牢山。慈圣命龙华寺僧瑞庵行求得之,遣使再征,不能致,赐内帑三千金,复固辞,使者不敢复命,清曰:"古有矫诏赈饥之事,山东岁凶,以此广圣慈于饥民,不亦可乎?"使者持赈籍还报,慈圣感叹,率阖宫布金造寺,赐额曰海印。因诣京谢恩,为报恩寺请藏,遂奉命赍送。寺塔有光,照曜累夕,迎经之日,光如浮桥北度,经在光中行也。清还,以报恩本末具奏,曰:"愿日减膳羞百金,十年工可举也。"慈圣许之,而黄冠之难作。

　　清住山十三年,方便说法,东海弥离车地咸向三宝,而黄冠以侵占道院,飞章诬奏,有旨逮赴诏狱。先是慈圣崇信佛乘,敕使四出,中人谗构,动以烦费为言,上弗问也。而其语颇闻于外庭,所司遂欲中清以法,因以株连。慈圣左右,并按前后,施舍帑金,以数十万计。拷掠备至,清一无所言,已乃从容仰对曰:"公等欲诬服易耳。狱成,将置圣母何地?公所按数十万,在县官锱铢耳。主上纯孝,度不以锱铢故,伤圣母心。狱成之后,惧无以谢圣母,公穷竟此狱,将安归乎?"主者舌吐不能收,乃具狱上。所列惟赈饥三千金,有内库籍可考,慈圣及上皆大喜。然犹坐私造寺院,遣戍雷州,非

---

① 书,底本作"昼"。

上意也。达观真可闻之,将走都门,为之申救,遇于江上,清曰:"君命也,其可违乎?"为作《逐客说》而别。清度五岭,入曹溪,抵五羊,赭衣见粤帅,就编伍于雷州。

岁大疫,死者相枕藉,率众掩埋,作广荐法会,大雨平地三尺,疠气立解。参政周君鼎石率学子来叩,击举"通乎昼夜之道而知"发问,清曰:"此圣人示,指人要悟,不属生死一着耳。"周君击节叹赏。粤之文秀、冯昌历辈,闻风来归。清构禅室于壁垒间,说《法华》至"宝塔示见,娑婆华藏,涌见目前",开悟者甚众。居粤五年,乃克驻锡曹溪。归侵田,斥僦舍,屠门酒肆,蔚为宝坊,缁白分集,摄折互用,大鉴之道,勃然中兴。盖丙午,始遇赦。癸丑,至衡阳,游南岳,礼八十八祖道影。甲寅夏,至湖东。慈圣上宾诏至,恸哭,披剃返僧服。又二年,念达观法门生死之谊,赴葬于双径,为作荼毗佛事。箴吴越禅人之病,作《担板歌》。吊莲池宏于云栖,发挥其密行,以示学者。自吴门返庐山,结庵五乳峰下,效远公六时刻漏,专修净业,示人偈曰:"但观一句弥陀佛,念念心中尝不断。若能念念最分明,即与弥陀亲见面。只想净土在目前,日用头头无缺欠。佛土全收一句中,便是往生异方便。只在了了分明时,不可更起差别见。"居四年,复往曹溪,以天启三年癸亥十月十一日,妙峰登也。

清示寂,曹溪水忽涸,百鸟哀鸣,夜有光烛天。三日入龛,面色如生,须发皆长,鼻端微汗,手足如绵。世寿七十八,僧腊五十九。所著有《楞伽笔记》《华严纲要》《楞严悬镜》《法华击节》《楞严法华通义》《起信唯识解》及《观老庄影响论》《道德经解》《大学中庸直指》《春秋左氏心法》《梦游集》各若干卷,行于世。清身体魁梧,气宇轩朗,所至及物利生,如日暄雨润,加被而人不知。山东再饥,清尽发其困,亲泛舟至辽东运籴,以赈旁山之民,咸免捐瘠。税使与粤帅有隙,嗾使市民以白艚作难,群噪围帅府,清缓颊谕税使解围,不动声色,会城以宁。珠船千艘,罢采不归,剽掠海上,而开矿之役,绎骚尤甚。采使谒曹溪,清以佛法摄受,徐为言开采利害,由是珠船罢采不入海,而矿额令有司岁解。制府戴公遗书谢曰:"吾今乃知佛祖慈悲之广大也。"尝言居北台时,大雪高于屋,昏夜可鉴毛发,坚坐待尽,身心莹然。迟明,塔院僧穴雪以入,相携行雪洞中,里许乃出。当诏狱拷治时,忽入禅定,榜棰刺爇,若陷木石。逾年,在雷阳闻侍者趣呼,逮系毒楚卒发,几无完肤,此《楞伽笔记》所由作也。前后得度弟子甚众,从之于狱,职纳橐饘者,福善也。始终依于粤者,善与、通炯、超逸、通岸也。归肉身于五乳,留爪发于曹溪。为之塔铭者,弟子皖舒吴应宾、常熟钱谦益也。为之传与碑记者,会稽陆梦龙也。为述灵龛还曹溪,供奉始末者,刘起相也。俱详《梦游集》。

明宝庆五台庵沙门释观衡传 惠仁 空印

释观衡,字颙愚,姓赵氏,霸人也。家世农业。母梦大士携童子入门,亟取抱之,遂生衡。性端凝,不好嬉戏。七岁,从乡塾读,能通字义。质迈凡侪,顾喜近桑门,不乐章句。年十二,即蔬食自持。常念观世音号,自在流露,若出于不自知。渐有超尘之思,请于父母,不之许,乃潜逸。途遇五台山圆照寺惠仁,皈依求度,止于沙村,栖迟五载。年十八,诣五台清凉山师子窟,参空印。令居侍寮,亲授经典,敷绎旨要,迎刃而解,如是三年,无间寒暑。万历庚子,年二十二,随印至北京,侍《楞严》讲席。进菩萨戒,参达观。

后历齐鲁、吴越，叩雪浪、云栖二师。至天台华顶峰，喜其孤迥，结庵独处，读《楞严经》，豁然融彻。癸卯春，至双径，访乐愚。寻过金陵，休夏长干。秋游九华，冬上匡山，卜静乾罡岭，荏苒数秋。尝月夜经行，忽焉省悟，遂下岭礼育王舍利。复渡海，丁未再至天台，入闽游武夷古寺。

戊申夏，自瑞金入粤，游南华，冬进曹溪。己酉夏，见憨山于端州。秋登南岳，遂卜居石廪峰，误食草乌而病。壬子春，紫萝刘居士迎入茶陵，养疾云阳。冬讲《楞严》，释论朗彻，听者百余人，风纪肃然。甲寅，过邵陵，车自心居士延居无念阁。丙辰，年三十八，邵陵诸檀那于双清矶后，首辟荆棘，创建禅林，颜曰五台，不忘厥初。经语佛声，朗朗动听，启人信心，见闻随喜，大生欢悦。丁巳，紫阳梁五峰施以己宅，助建静室，堂阁厨库，次第落成，郑太史为题曰嵩山兰若。地静人幽，阐志撰述，是夏著《心经小谈》。戊午春，集《律仪常轨》及《律学知要》。夏四月，说戒，立《圆通忏法》一卷，并戒坛规则。壬戌，作《中庸说白》及《天主说辩》。

癸亥，年四十五，作《述志诗》，自道其生平甚悉，诗具集中。又以此方教体，在音与闻，舍闻无音，舍音无教，因述《礼观音仪》一卷，率众薰修，得真实行者十五人，是则合音闻而为教体，即音闻而归圣性也。又著《金刚四依解》。丁卯，作《礼佛发愿仪》。己巳，著《首楞严经悬谈》。辛未，著《金刚般若略谈》。门人集所著，刻之成帙，衡名之曰《闭门语》。壬申，著《楞严四依解》。甲戌秋，泛舟之武陵，诣德山，礼鉴大师塔。憩于乾明寺，常德荣王迎衡于梅园说戒，冬至湘潭居法宝庵。乙亥秋，去攸县，历云阳，过吉州，礼青原大师塔。丁丑春，之吉安城理，舟楫诣匡山，扫憨山师塔。秋下匡山，登云居，礼祖塔。主人味白请主法，不许，乃去云门。疾作，憩甘露庵，熊给谏青屿与山中僧众，合词坚请。九月朔，入云居方丈，以禅堂久废，躬亲畚锸，更建静室，筑罗汉堂，期年之间，栋宇一新，是时衡年已六十余矣。

辛巳秋七月，赴吉州刘孝则翰撰《青原祖庭》之请。九月，至青原，说戒结制，法席甚隆。壬午秋，复归云居，筑桥于南溪，曰安乐桥，下镌隐语，有"再遇游鲜，主盖豆函"八字，人莫之识。甲申，金陵士夫迎主石城清凉寺法席。时燕京已陷，明主死之。五月，建荐思宗烈皇帝及后妃、诸臣道场。冬十月，得竹林于金陵城北，欲避烦嚣，卓锡此间，号曰紫竹林，更建禅堂及殿寮静室。丙戌，弘戒天界寺，得新学百七十七人。五月三日，疾增剧，命弟子音乘等摄林中事。四日，招众居士谢别。六日，端坐而逝，年六十有八。丁亥九月，奉灵龛诣云居建塔。衡广颡丰颐，平顶大耳，修髯如戟，短发覆肩，岁一剃落，目光炯炯，学者见之，不威而严。初侍空印，宗贤首，而禅宗印可于憨山，立法不为崖岸，不分门户。田夫牧童，礼不异节，故所至香花争迎。于《楞严》宗旨，得最上正觉。所作法语偈颂，包举深宏，今所见者有语录三十卷，而诗颂书疏附之。弟子音乘为编年谱。

明余杭理安寺沙门释如嵩传　静明　易庵

释如嵩，更名仲光，字佛石，晚号法雨老人，姓戴氏，钱塘人。父邦贤，母陈氏，梦僧以伽黎覆体而生。嵩襁褓中，即恶闻腥膻。甫四龄，礼静明为师，荏苒十载，始从剃染。年十八，受戒于莲池。明年，历游讲肆，习天台教观。及闻雪浪弘扬贤首宗，相依最久。一日，读《圆觉》，至"以思惟心测度如来大圆觉大海，如以萤火烧须弥山",乃叹曰:"寻名取义,皆思惟心也。"遂掩关,竟千日,自寻究竟,疑终未破。会易庵提倡少林宗,就座累月,复叹云:"古人临机觌面语,若只如此疏通,与讲论何异?"仍别去,依雪浪。至甲午,谒紫柏于金陵静海寺。问讯殷殷,便以听雪浪讲《楞严》对,紫柏因指示曰:"经中说当处发生,随处灭尽,幻妄称相,其性真为妙觉明体。如何是妙觉明体?"嵩云:"生灭尽处是妙觉明体。"紫柏痛呵之,嵩惘然。少顷,从容进问曰:"毕竟如何是妙觉明体?"紫柏乃震声一喝,嵩便礼拜。自后始知,宗门下事,非学解所到,来日具威仪归依,因为更名仲光,实授记法也已。复笑曰:"山僧二十年前口不多逊,二十年后一字不出。"矢口歌云:"一泓清可沁诗脾,冷暖年来只自知。"

晚岁厌客,避居峰顶,筑一庵一圹,曰:"吾生可游,死可葬。四十余年受用过分,住得一日是一日。"因颜其庵曰且住,瞰江俯溪,萝悬径绝,虽弟子亦罕接见。营圹后,忽示微疾,就寝席者月余,唯以天气方暑,若有所待。适秋至,谓弟子曰:"今日晴爽,吾欲远去。"或不喻意。乃从容扶杖,起出寝室,盥沐趺坐,属付后事,诫勿妄求,安分守训。复命邀诸檀越,欲严净伽蓝,禁客携觞。时蔡居士在法相山房,应声而至。见之,喜曰:"有居士证明,吾道存矣,余不及待也。"弟子戒慧请留遗偈,走笔书曰:"一句弥陀五十年,分明掘地讨青天。而今好个真消息,夜半钟声到客船。"书竟,顾视左右,掷笔而逝,时崇祯九年七月十日也。寿六十有八,腊五十有四。

尝自记云:"金陵归,即深入十八涧,一盖一笠,蒲团夜安,沙铛昼饷。坐松下,旁为深坑,野筱丰丛,即虎穴也。狰狞欲怒,未免戒心。因随语曰:'此地当仍复梵刹,汝速往他山,如不欲让,夜当大吼。'余即去矣。是夜竟不闻声,迟明已他徙。即编茆而处,栖止八载,上雨旁风,不禁荒寒。时仲期居士觅余踪迹不得,由两峰至涧中,竟于凄烟衰草间,见索衣头陀,居然余也。叹羡者久之,随同伯霖、贞甫两公,邀吴、窦二方伯来游,冯具区先生为订莲社,蓝舆频至,无异虎溪。"即其所记,可想见其为人。

明定远白马山莲城寺沙门释清宣传 空谷

释清宣,字法雨,姓王氏,岳池人也。幼而神颖,初习诗文,便寻义理。长依华银山空谷剃落,始研教乘,论辩亹亹,及专讲筵,蜚声林院。明崇祯元年,复参福庵,习禅有省,及受衣法。更承圣眷,敕主燕京弥勒院,并赐御制手卷,大兴讲席,宗教弘焉。已而杖策游方,契兹山水,助我禅悦。庚午,至滇,黔国沐公请入觉照寺,结制三期,法旨远敷。明之季叶,永历穷蹙,跋踄滇粤,犹加褒谕,兼锡紫衣,命居定远白马山,建莲城寺,弘开炉冶,德响诸方,一时称为滇南宗匠。寂于癸卯,预知期至,其辞世偈云:"来从此处来,去从此处去。来去不离此,遍在一切处。"塔于龙冈,年五十八。著有《堆云集》行世。

卷第九
义解篇第二之七
正传十二人　附见九人

清青阳九华山华严庵［沙门］释智旭传

　　释智旭，字素华，晚称藕益老人，姓钟氏，吴人也。父岐仲，持《大悲咒》十年。母金氏，梦大士抱儿授之，遂生子。旭七岁，闻父训，甘蔬食，不逐腥膻。年十二，就傅读书，日聆师说，即以圣学自任，作《辟佛论》数十篇，复进酒肉。弱冠，阅莲池《自知录叙》及《竹窗随笔》，乃取所著论焚之。年二十，诠《论语》，至"天下归仁"，不能下笔，废寝食者累日。是岁，居父丧，读《地藏本愿经》，动出世心，日诵佛名，尽焚所为文，郁郁三载。听一法师讲《首楞严经》，至"空生大觉"，忽疑何故有此"大觉"，致为空界张本？闷绝无措，因于佛前，发愿舍身。后梦礼憨山，涕泣言："自恨缘悭，相见大晚。"憨山云："此是苦果，应知苦因。"语未竟，遽请曰："弟子志求上乘，不愿闻四谛法。"憨山云："且喜居士有向上志。"时憨山在曹溪，不能往从，乃从其徒雪岭剃度，明天启二年也。寻往云栖，听古德法师讲《唯识论》。疑与《首楞严》宗旨不合，问，古德云："性相二宗，不许和会。"心窃怪之，佛法岂有二耶？遂入径山坐禅。

　　明年，精进益深，觉身心世界忽然消殒，从此性相二宗一时透彻。又明年，受比丘菩萨戒，遍阅律藏。未几母病，刲股和药，卒不能救。既葬,掩关于吴江。疾甚,乃一意求生净土。及疾少闲,结坛持《往生净土咒》七日,说偈云:"稽首无量寿,拔业障根本。观世音势至,诲众菩萨僧。我迷本智光,妄堕轮回苦。旷劫不暂停,无救无归趣。劣得此人身,仍遭劫浊乱。虽获预僧伦,未入法流水。目击法轮坏,欲挽力未能。良由无始世,不植胜善根。今以决定心,求生极乐土。乘我本愿船,广度沈沦众。我若不往生,不能满所愿。是故于娑婆,毕定应舍离。犹如被溺人,先求疾到岸。乃以方便力,悉拯暴流人。我以至诚心,深心回向心。然臂香三炷,结一七净坛。专持《往生咒》,唯除食睡时。以此功德力,求决生安养。我若退初心,不向西方者。宁即堕泥犁,令疾生改悔。誓不恋人天,及以无为处。折伏使不退,摄受令增长。"独居二年,足不逾阃。

既而度南海,觐洛伽山。还住龙居,慨律学坠废,多缘讹误,以弘律自任。既述《毗尼集要》,拟注《梵网》。爇香告佛,以决所宗。拈得天台,于是究心台部。已而居九华华严,述《梵网合注》。旭律仪虽精,每念躬行未逮,不敢为范。因于佛前枚卜,自和尚以次退居菩萨、沙弥、优婆塞,应居何地位,卒得菩萨、沙弥,遂终身不为人授戒。其后,历温陵、漳州、石城、晟溪、长水、新安,而归于灵峰。生平撰述,都四十余种,其著者有《首楞严玄义》《法华文句会义》《楞伽义疏》《唯识心要》,而《弥陀要解》,提持净土,尤为简切。今有《净信堂集》行世,可见一班。

当时禅者多目净土为权教,遇念佛人,必令参究"谁"字。旭独谓持名一法,即是圆顿心宗。有卓左车者,尝设四问:"如何是念佛门中向上一路?如何得离四句、绝百非?如何是念佛人最后极则?如何是淆讹脑后一锤?"旭答之曰:"向上一着,非禅非净,即禅即净。才言参究,已是曲为下根。果大丈夫,自应谛信是心作佛,是心是佛。设一念与佛有隔,不名念佛三昧。若念念与佛无间,何劳更问阿谁?净土极则事,无念外之佛为念所念,无佛外之念能念于佛。正下手时,便不落四句、百非,通身毕露。但见阿弥陀佛一毛孔光,即见十方无量诸佛。但生西方极乐一佛国土,即生十方诸佛净土,此是向上一路。若设现前弥陀,别言自性弥陀,舍西方净土,别言唯心净土,此是淆讹公案。经云:'三贤十圣住果报,唯佛一人居净土。'此是脑后一锤。但能深信此门,依信起愿,依愿起行,则念念流出无量如来,遍坐十方微尘国土。转大法轮,照耀古今,震警大千,皆己性中事,岂待外求?"

清顺治十年冬,有疾,命弟子曰:"阇维后,屑骨和粉,施诸水中。"明年正月二十一日,示寂。后二年,将就阇维,启龛,发长覆耳,面如生,牙齿不坏。门人不忍从遗言,收骨塔于灵峰。年五十七,腊三十四。其别众偈曰:"生平过失深重,犹幸颇知内讼。浑身瑕玷如芒,犹幸不敢覆藏。借此惭愧种子,方堪寄想乐邦。以兹真言苦语,兼欲告诫诸方。不必学他口中澜翻五宗八教,且先学他一点朴朴实实心肠。"尝集僧十五人,结净社,以三年为期。日三时诵佛名,回向净土;二时止静,研究诸大乘经。其生平行事,多实践云。

清杭州上天竺[寺]沙门释方誌传

释方誌,字观如,姓马氏,海陵人。少持素,抵洛伽。回参上竺,夙缘有待。因于竺之雨山居,投历庵为之剃染。万历庚子,竹亭无尘、雨山伴云率合寺请历庵建禅堂。誌勷力勸事,尝持银十六两，走龙游，更募助得材四百余株。又乞榷关，免税舁归，畚筑担负，与众不殊。往听云栖似空讲《楞严》，历庵促归。誌念大事未明，辞游南都五台，遍悉禅讲。乙巳，回竺，听明宗讲《法华》于宋园。而历庵以禅堂付僧自然，誌亦为之辅。明年，台山澄方大师同内监张然送御藏至昭庆，与誌晤，深相契合，比于函盖。戊申，得古心律师大戒。即请澄师自《华严》而下所流通法宝，于竺遍演，福田事咸力主之。阅藏斋僧，尤为恒课。送澄师北上，返于枫岭之阴，造中印庵，以供地藏。甲寅冬，碧海昭阳李公请说《金刚》《法华》于慧照寺。泰州梁垛诸处，四期讲香相接，道化盛矣。丁巳，澄师登皇坛，誌为阿阇黎，受神宗赐紫。又受光宗赐紫，大小衣服十一袭。天启乙丑，说皇戒，再受慈圣赐紫及金冠，密旨弘经。崇祯庚辰，回竺注《法华》，正旨竟，即受径山请，主席三载。甲申冬至，泰州修西山寺。清顺治戊子，应抚院陈公讲《华严》全部，逾年而毕。己丑冬，就杭之慧林说《法华》正旨。庚寅夏，还竺，复讲是经，期终疾作，归中印庵。以顺治七年七月二十六日示寂，别众偈曰："七十八年幻梦中，奔驰南北走东西。还归天竺灵山国，统照元来色即空。"得法弟子野松、松门、恒观、野管、玄闻、隐生、清白、石田、道灯、见明、朗生十一人。茶毗，塔于中印山麓。

清宜都青林寺沙门释道隆传 敏树

释道隆，字博达，一字克文，姓沈氏，枝江人也。少习儒修，介然自守。壮值世变，亲属流离。逃入禅林，记迹空门。初至武定，师子高庵为之披祝，具足于曲靖东山寺知止。后栖夔万慈云敏树，勤求法要，将及廿载，尽得所传。

敏树名印相,得法于破山明。尝付以偈曰:"堪笑陈蒲鞋,记济为大树。盖荫天下人,其根深于土。土因地道殊,则产人亦异。斯人叩我前,取我授悬记。口占而号之,敏树亦如是。"敏树主慈云数十年,从化者众,道隆尤铮铮者。清初定鼎燕京,中原略定。己亥之岁,始归三楚。受宜都之请,重兴废刹,力振青林。更请《龙藏》,以饷学者,四方缁侣,闻风而集。退居紫陵,预知时至,安禅顺化。著有《芝秀集》六卷,《芒屩集》六卷,行世。

清润州金山寺沙门释通问传

释通问,字箬庵,姓俞氏,吴江人。世居荆溪。父安期,博学著书,有名于时,就佛寺祷而生通。幼失怙,弱冠偶过僧舍,阅《首楞严经》,至"此身及心,外洎虚空。山河大地,咸是妙明真心中物",因疑不释。闻天隐居磬山,乃往谒之,示以父母未生前语,无入处。天隐尝与客论《金刚经》,通适至前,因言:"《金刚经》洵妙,不应住色生心,不应住声香味触法生心,应无所住而生其心。"天隐忽顾通曰:"如何是其心?"通爽然自失,遂矢志参决,潜去武林,投南涧理安寺佛石落发。复往金山,参密云。自言:"久看未生前,不得入处。"密曰:"但看到未生前,便是入处。"通方作礼,密迎头一踏,归堂。一夜不寐,迟明复入,拟进问,又被击出。得此淬厉,孤危绝倚,乃复上磬山。一日,闻风声,豁然开朗,呈偈曰:"千玄万妙隔重重,个里无私总不容。一种没弦琴上曲,寒岩吹落五更风。"磬山为之印可,以偈属通,有"他年起我临济宗,杀活纵横开天目"之句。

乙亥,天隐寂,缚茅山后,榜曰:"死心期毕心丧。"丙子秋,佛石迁化,众心注通,群请继席。一住十年,家风严冷,条令森然。同居衲子，戒抑狂见。唯问①实行真参，稍忤鞭斥，不稍假借。晚岁，移金山。江水环流，真性澄彻，随境遇合，无所希求，自号旅泊老人。尝应七众请，建水陆大会。升座，僧问："踏翻沧海，大地尘飞。喝散白云，虚空粉碎。即今拔济，水陆幽冥，向何处安身立命？"通迎机应答，辨论不穷，谓："竭此心力，仿依旧制。昼夜于中，无一佛事不与身俱，无一纤尘或离本座，一香一花，一灯一供，一歌咏一赞呗，一经一佛，一字一句，如帝网光，如摩尼色，交光相罗，互融周摄，到此不可说不可说微尘世界中，或幽或显，或暗或明，一切沈溺苦处，众生何啻？如日并照，如风普吹。达性本空，一真独见。如是所说，足资证明。故通于十界互具之义，推阐至切。今日畜生，明日如来，本自无穷，宗教一源，何分门户？"

庚寅春，复洵禾人之请，住西河古漏泽寺。申酉之变，兵燹连年，漏泽居郡东偏，殿宇俱烬，唯铁佛一躯，巍然瓦砾中。群心恻然，雨点斑痕，远视之，若有泪从佛眼出。三学禅德，同志图复。先铁佛殿，久之未竟，举以属通。既至，畚剔荒秽，营构堂庑，半载拮据，郁成丛席。甲午，走南涧。自卜地于理安左，营建窣堵。苟完，即还磬山。顺治十二年，寓吴江天应寺，卒。著有《续灯存稿》及《诸会语录》十二卷，《磬室后录》一卷。

清润州金山江天寺沙门释超乐传 明铨　实雄

释超乐，字法乳，姓陈氏，淮安盐城人。父母俱好禅悦，尝构庵延僧居之。超儿时嬉游，每至庵闻梵呗，辄依依不去。及失恃，乃

---

① 问，底本作"尚"，疑误。

就庵居,从事染剃。得法行海,继主金山。清康熙己卯,圣祖南巡,驻跸斯寺,超为住持,从容奏对,请以磐山天隐修语录入藏,许之。明年入都谢恩,叠邀赐赉,有菩提叶帽藏于山。尝颂百丈野鸭子语,因作偈曰:"一群野鸭贴天飞,何用邀名鼓是非。恨杀马师施毒手,错将鼻痛当知归。"殊为了解自三昧。移锡,曾赴金陵兴善之招,受銮江宏宗之请,仍领金山。超生于壬午,其化也亦以壬午。得法弟子九人。其最著者明铨,字量闻。栖金陵蒋山香林寺,继主金山。清康熙五十二年癸巳,赐紫。五十九年,修《金山新志》,据《行海旧书》,重加润泽,为十六卷。其宗统一门,诠次明晰,详于旧志。其编次多出其徒实雄之手,雄字独峰。

清安徽清凉寺沙门释音可传

释音可,字元白,姓邓氏,武冈人。年二十,谒颛愚衡,遂祝发,学圆通法门。参访博山、湛然、憨山、雪峤诸老。后谒天童密,多所咨叩,楷柱大法,人或忌之,翩然辞去。过江阴,黄子介请开堂。因溯江右,恢复泐潭祖庭,一鼎新之,乃扫远祖塔。至浮山,四众请弘法慧山,二十余年,重建佛刹,宗风烜赫。居无何,退休舒城华盖山。复应安徽张抚军之请,驻锡皖城清凉。撰《集圆通广忏》六十卷,镂版行世。一日,示微疾,委顺而化,塔于灊之天柱,世寿七十六,僧夏五十六。著语录若干卷。音尝栖黄山莲花峰,庵中有诗曰:"黄海青莲开万仞,天都犹下未为高。予何直到青云上,乐道三年此结茅。"其神识超旷,非久住黄山者,弗能道也。

清峡州石塔寺沙门释戒隐传 德仪

释戒隐，字雪庵，姓陈氏，江陵人也。幼岁舍白，栖止峡州石塔。依年进具，从玉泉无迹老人肄习毗尼，讲演玄旨，追随左右十八载。江浙名蓝，或为宏经之地，或为说法之场。开示来学，津津不倦。尝讲《楞严》于扬州，众以《楞严》注释甚多，未能贯串，戒隐因集诸家批注，合为一集，名曰《贯珠》，金陵宝华山三昧寂为之序。

又德仪，字鸿衢，姓王氏。家世儒素。康熙乙丑，忽弃诸生，遁迹禅林。参药山长老，有所悟入，年已四十余矣，其子已附于庠。德仪晚岁，爱绿萝溪山水幽秀，访古刹旧址，结庐以居。《注金刚》《观音明捷解》若干卷，所著语录多为世传诵。

清当阳玉泉寺沙门释圆惺传 一真 大咸

释圆惺，字鉴莽，一号传真，姓苏氏，西蜀通江人也。幼失恃怙，依于外宅。九岁，避寇梁山旁，匿沙河菩提庵，礼偶然师出家。后为破山老人行者。清顺治三年，出蜀入楚，谒玉泉恒河律师，潜心向学。五年进具，肄习律仪，兼穷贤首，二时听受，十有七年。尝参耳根圆通，猛然开悟，为主僧一真所知。真本当阳刘氏子，初习贤首教观，洞明经旨。尝讲《楞严经》，说三聚戒，得圆通法门及体性三昧者，不可胜数。惺参动静二相了然不生之旨，有省，作偈呈真，有云："原来在者里，何须向外求？烂嚼人糟粕，驴年未了休。"真为印可，付以衣法。康熙元年，湖南九溪镇将郝公请演《金刚》

《楞严》。二年,土司宣慰向公延讲《法华》,皆能阐明秘奥,妙入几微,教海神龙,无以逾之。三年,游金陵,见华藏大咸。问讯之余,一喝云:"汝兴教乘,此'喝'应如何讲?"惺曰:"下文繁冗,附在来日。"归寮呈颂曰:"晴天轰霹雳,平地起波涛。欲晓如斯旨,冢头渰莱蒿。"咸览之,嘿然。翌日,咸复问曰:"《楞严经》空有俱非,汝试说之。"惺答以偈曰:"说有不有,说空不空。行住坐卧,常在其中。"咸厉声曰:"此子大有悟入。"

已而入两浙,谒玉琳琇于天目。遂参木陈老人,为道玉泉山水之胜曰:"堆蓝出仙掌,泉吐漱玉珠。"语意隽绝。四年,由四明,礼南海,拜舍利,越石梁。五年,复至华藏,代座说法。咸付以衣拂,惺辞不受。咸曰:"宗教兼弘,说行并用,古今昭然,何用辞为?"惺拜而受之。六年,登九华清凉,道出终南,至峨眉。十三年,乃旋玉泉,结茅山腰。川湖总督蔡公毓荣重辉殿宇,广增香田。十八年,提督徐公请开堂弘法,一时贤俊,如慧目、具拙、宗乘、鹤飞、梅谷、照玉、莹石,皆当机演唱,王公士庶亦乐闻法要。二十二年,创修珠桥。二十八年,增筑十方堂。三十五年,邑侯以关陵请为建坊表。三十七[年]①,葺观泉亭,董治唐贤碑碣。三十八年,复神州,刻惠王所书《法华经》板,其维持象教,不惮勤苦。四十年三月八日,说偈而逝。先数日,自知期至,力疾还玉泉,与众话别,语音琅琅,其病若失,众方冀其延年,乃如约而去。世寿七十四,僧腊五十四。门人建塔于罗汉山,荆州释天茨为之铭,以彰盛德。天茨文词尔雅,别有传,具弟十科。惺著有语录二卷。

---

① 按:此处恐脱一"年"字。

清四明天童寺沙门释本皙传

释本皙,字山晓,姓魏氏,长寿人也。父国琦,家世儒素。母杨氏,梦梵僧授如意而生皙。髫年有出尘之志,见梵经佛像,辄生敬爱。投近邑定慧寺剃染,初学《法华》《楞严》,精究义旨。年十九,下三峡,至金陵听讲,时以所学质法侣,辨晰折衷,同席有声者推服焉。适天童密云至长干,往谒,不会所问。遂弃教参禅,得报恩大觉指示,疑情辗转,发愤研求,顿释所怀。遂渡钱塘,参山翁禅师。于云门得契,随司职广润,深自晦藏。结茅东海郁州山中七载,杜绝人事,愈厉操行。复移西泠法华山,以啸堂名其庐。山翁再主天童,招充首座,即付以衣钵。清初入关,雅崇释典,随侍山翁,应诏入都,陛见之日,世祖优眷,特赐紫僧伽黎。开法隆安寺,驾临丈室,屡相问证。复举浮山初参叶县事,谆谕众僧,亲近有道。尝幸隆安,面承奖训,称其法范森严,风徽远邕,允足师表人天。

圣祖御宇,恩赐驰驿还山。凡居禁庭,赐赉隆渥,封奉秘阁。移主余杭佛日,振兴凋敝,三载辞归。复为名流邀居洞庭巴山,既而重至佛日,继续三载。康熙壬子,举住天童湖海,奔赴座盈万指。锤锻之余,汇宋元诸尊宿语,成《宝积录》九十三卷,盖继其师残编未竟之志。修葺殿宇及诸祖塔,浚万工池,复古山门,增置田亩,勤劬十载。屡思退休,而众志固留,复力任五稔,以弟子元静代席。康熙丙寅仲冬示寂,塔陶龛于青凤峰之麓。所撰有《奏对录》《全录》《后录》,诗有《啸堂初集》《偶录》《叠秀轩集》。甬上葛同果叙其语录谓:"其风味似大觉琏焚龙脑钵,政黄牛去国士筵,而其调护心宗,申晰大义,则虎邱隆、明教嵩柔刚并济也。若其应机杼绪,游戏墨林,劳于求贤,精于付授,梵海之砥柱,末法之针石。"斯可谓知言矣。遂宁李侍郎仙根铭其塔焉。

清四明天童寺沙门释超静传 元盛

释超静,字冷崖,姓李氏,昌化人也。幼有异禀,素怀出俗志。剃染后,首参湛庵常于南广,后依山晓晳于佛日。入室司香,随至天童。历年既久,始受记莂。首众山中,更号柏堂。后受姚江东山请,开法三年,修复殿宇,四众悦服。因晳养病中峰,郡守莱嵩李煦延静代座说法。静律己临众,惟一严厉,禅规整肃,海内向风。凡作务之劳,以身先之,不异首众时也。晳寂后,守龛一载。因抱疴,欲谢去,李守又延同参。元盛理院事,静得息肩,不旬日怡然而化,塔于幻智庵后。有《二会录》行世。

盛,字慰弘,姓沈氏,桐乡人也。家世儒门,天资颖异,有志向上。既从剃染,勤求梵册,而目光近觑,暗室中能一目数行。著作苍古,时谓杼山再世,因号杼山。闻山晓晳阐化佛日,乃往参谒。晳甚器之,命为内记。后随往天童,典记室。寻开法于佛日,三年退归,守塔于中峰。及继席柏堂,辛劳八载,缁素趋慕无虚日。退隐于姚江,说偈坐脱,归葬于玲珑南山之麓。有《二会录》《华梵集语》《杼山诗文集》,藏之笥中。

清四明天童寺沙门释通门传

释通门,字牧云,号卧庵,姓张氏,常熟人也。从近邑破山寺洞闻祝发,后参密云,得法于天童,出世古南。甲申,渡江扫塔,遂主四明栖真。复住嘉禾梅溪,迁破山及镇江鹤林。壬辰,延主天童,寻迁秀峰。著有《七会语录》二十卷及《别集》《偶集》《懒斋集》,盛行于世。门生平萧散磊落,莅众甚严,诗章超洁,书法遒劲,后退老于湖邨恤庐。康熙辛亥十一月望日,从容舒展而逝,塔于西资庵。数年,忽洪水涌出,塔几坏。因荼毗,得舍利无算,其色晶莹,投入水盆中,以发引之,联如贯珠。时山晓本晳主持天童,为建舍利塔于南山。

清燕都广济寺沙门释湛祐传 灵机观 天树植

释湛祐,字天孚,三韩人也,姓金氏。祐甫生,而家毁于火。生孩七月,其父见背。六岁得危疾,有道人踵其门,手拈一丸,纳之口中,疾寻愈。道人复来,谓其母曰:"此子空门法器也,勿久留。"年十三,入燕山广济寺落发,师事恒明。未几母亡,祐哀毁甚,久之豁然曰:"吾有以报母矣。"于是恪守经训,究心义解。受具戒后,手书《华严经》一部。忽有省,乃发足南游,遍参江浙诸方,与灵机观问答契合。复至京口鹤林寺,时天树植弘法兹山,道风甚炽,因留居之,深入阃奥,遂授衣偈。而都门檀护有启,请归广济,至乃别筑一室,深自韬晦,凡诸名刹祈请开筵者,卒不一赴。

室前种枣树一株,甚赏爱之,久之树枯,别种一树,人多不识,或曰桐也,以其叶相似耳。康熙甲戌冬,翠华幸临,坐别室中,见此树扶疏,因指问之。祐曰:"人谓之桐,殊未得也。"时圣祖雅好吟览,颇矜博洽,睹兹奇卉,欲资考核,详加询采并及花时色相形状。祐悉举以对,盖季春始花,色紫而蓝。明年花时,车驾复临,即坐花下,问侍臣曰:"识此树否?"皆莫能名。帝谓:"斯树皮柔质细,枝不旁引,耸翠上出,真异种也。"嘉赏久之。祐因得从容言曰:"此树有二,一在圃中,既承睿赏,可并移根上苑,馥彧仁风。"帝曰:"福地禅林,赖兹嘉植,此诚勿动。圃中者小,庶可植耳。"及节届长至,进树畅春园,团圞青翠,喜动天颜。凡所赉赐,有御书《金刚经》八部,《药师经》十卷,《罗汉赞》十首,临米芾《观音赞》一首,并特赐帑金寺额,他物称是。东宫更锡以文徵明遗杖一枝。时天童祖席有启请继,忽焉示疾,一夕而化。年五十四,僧腊四十一,建塔玉泉山下。著有《广济寺志》三卷,并诗文集若干卷。唯《志》已梓行,有曹日瑛为之传赞,具详《志》中。

卷第十
义解篇第二之八
正传三人　附见二人

清燕都万善寺沙门释通理传　心兴

释通理,字达天,姓赵氏,新河人也。父士公,母白氏。生性端慧,不随俗器,方在龀龄,便解超善。投妙音铎师剃染,依显如珍始肄经论。年二十,礼潭柘山岫云寺德彰受具,研精律部,津津以讲习为念。因负笈都门,初听弥陀于善应,微有开省。复依衍法听《楞严》,别见会心。雍正三年甲辰,不二老人于京北香岩寺讲《法华》,理参之,每于难解释处,辄有新悟,老人屡印可焉。退而隐居妙峰山下石草精舍,有志注释《法华》诸经。尝于《方便品》初双叹二智之文,顿发疑情,至视听罔觉,食不知味,十余日不能措一词,凝然深究,苦无所得,偶读经至如是相处,忽然了解,自是遍阅诸经,泮若冰释矣。

已而复至岫云,参洞翁律主,探四分止作之宗,研五篇轻重之谊,水乳交融,乃受南山之传。又入京师,参永祥有祖,深得秘要。遂发明十宗五教之旨,不遗余力,为清代中兴贤首一人。后为万善,教授二载。辞居遗光,老屋败椽,讲诵不辍。移主嘉兴善应,香界拈花,诸山讲经,三十余会。每逢举拂,万指环绕,弘戒十四期,造就新学,不可胜计。理尝阅清凉《大疏》,识台山为菩萨住处,遂发心往礼。止万缘庵,讲《报恩经》,为台山供养。一日,至北台,霁日光风,倏忽白云叆叇,山谷中有光芒,若一道银汉,但天色向晚,罔识归途。因默祝曰"菩萨示我",遂拜而起。俄顷之间,已及庵门。欢喜而入,谓众曰:"菩萨送我来。"因作礼赞,偈曰:"菩萨慈悲,不可思议。六十余里,顷刻而至。"乾隆癸酉,奉命管理僧录司印务,圆明园佛楼行走,并赐紫衣。庚子秋,高宗七旬万寿,西藏班禅厄尔德尼来京祝嘏,理与其会,诵赞之余,畅论佛法,大义奥旨,莫不推勘深致。班禅称善,因赠理以香帛曼答诸物。

未几,复荷圣恩,敕封为阐教禅师。敕曰:"通理三乘说妙,布花雨于诸天;四谛观空,现鬘云于初地。悬法门之宝炬,必通定慧之关;结愿海之真香,已入声闻之座。宜申渥典,用奖清修。尔通理不昧前因,克参正觉。皇畿毓秀,绍尊宿之薪传;禁籞承恩,受都纲之印箓。侍佛楼而合掌,曾依丹地之班;直经馆以斋心,旋荷紫衣之赐。白溯真如于临济,月镜澄源;近皈胜果于须弥,风幡契旨。深嘉梵行,特予褒封。兹以尔为阐教禅师,锡之敕印,尔其勉阐宗风,勤宣法教。驻祥轮于腊度,耆龄符老寿之名;示慈筏于春浮,净业注维摩之字。永曼国庆,益懋僧祇。"弟子心兴,字隆法,继席香界,操履端严,宅心妙要。

著有《山居撰要》《五经会要》《八识规矩摘要》,都三卷,名曰《翠微三要》。通理于雍正癸丑之春,奉旨入圆明园,校对《宗镜录①》及教乘诸书,精心研雠,时契圣览。及宪庙宾天,始还旧所。更寻前绪,穷年躬躬,老不遑宁。所著有《楞严指掌疏》十一卷,《法华指掌疏》十卷,《心经合释》一卷,《金刚新眼》二卷,《盂兰摘

---

① 录,底本作"绿"。

要》一卷,《圆觉新义疏》四卷,《普门品别行疏》一卷,《五教仪增注》五卷,行世。乾隆壬寅六月十三日,谓弟子曰:"予八十余年未离佛法,且道即今是有佛法,是无佛法?"众未之应。理视之,微笑而逝。春秋八十有二。

清钱塘净慈寺沙门释明中传 实荫

释明中,字大恒,一字叕虚。原名演中,后得法于无阒永觉,始从玉琳支派,易演为明。姓施氏,桐乡人也。七岁,剃染于秀水楞严寺。其师早世,依太师含明读内典外籍,过目不忘,颖悟非凡儿所及。清雍正十二年,受皇戒于京师法源寺。世宗耆年,潜心释氏,宏度千僧,留选二十二人,侍讲佛楼,明中与焉。复于二十二人,选得四人,明中又与焉。命住吉祥苑池南,参究禅学,万几之暇,日必一至,讨论课程,训谕翔切,于明中尤笃,恩赐手敕数千言发挥本地光明,及杖钵、如意、法帖诸物。未三岁,龙驭上宾,高宗御极,始各还本籍。乾隆四年,受法于永觉。六年,主席西湖圣因寺。寺为圣祖行宫,百寮肃谒,绣岭屏围,花堤带绕,规模崇焕,冠于诸刹。众仰清望,檀施云集,禅侣日臻,常数百人,住持十载,香积无缺。山阴道俗介邑侯舒瞻请驻锡乾峰寺,智杖暂临,旋归湖上。移主上天竺,此间香市盛于补陀,僧伽所欣羡。然明中为大吏所引重,清操弥励,纤尘不染。

十六年春三月,翠华南幸,驻跸寺中,御制七言,命明中赓和,日未移晷,恭进一律,并《南巡颂》十八首,册皆留览。及法驾重临,从容奏称曰:"三竺有上中下者,本土人习称。恳肇锡嘉名,以光青简。"竟邀俞允,赐额"法喜寺",宸眷俯肯,天章下贲。是岁冬,皇太后万寿,赐如意一柄。二十二年,移住净慈,会高宗重游江南,赐紫。二十七年,圣驾三巡,复赐紫,御书"片石孤云"联语。三十年,驾幸净慈,三次赐紫,御制诗一首,刊石寺中。云汉昭回,照耀山谷,前所未觏。以乾隆三十三年二月一日示寂,年五十八,腊五十一。其辞世偈,有"披蓑赤脚千峰去,不问芦塘旧钓舟"之语。得法弟子六人。为建塔慧日峰下,杭世骏为之铭,具《山志》。所著语录上下卷,诗集三卷。明中天性冲夷,耻与物迕,瓶拂萧然,犍椎不设,而戒律精严,道风秀出。禅余为诗,性海游泳,了自忘机。间涉绘事,妙参三昧,得其片楮,咸知宝贵。晋有林远,唐惟禅月,反覆比拟,庶几仿佛云尔。

弟子实荫,字佛裔,汉阳钟氏子。五岁出家,十六受具。参方二十年,胁不就席。初居京,依无阆,问诸宗法要。及遇明中,复随针砭。乾隆壬午,主乾峰,遂再主净慈,重住圣因。以辛亥九月二十日寂于净慈丈室,寿七十三,腊五十六,塔于南屏之麓。所著语录四卷。

清句容赤山[寺]沙门释本心传

释本心,字法忍,姓郭氏,蔚人也。童年好道,不昧夙因。年及弱冠,礼本州朝阳寺明月得度。月尚苦行,躬亲田牧,不授一经。心力作逾人,少倦辄遭棒喝,安然受之,不以为苦,历六寒暑。一日,自念:"别母出家,乃为种田求生计耶?"因于残编中得《般若经》一卷,读之,皆心中所欲言者。及闻僧诵《法华经》,至《学无学品》,耄然有省。遂潜入都,从西域寺圆通受具。贫不能购经,乃以直缀一袭易得《法华》全部,披读一周,洞见诸佛出世本怀,深入《法华》三昧。适金山常静自五台回,与心一见,论宗乘,如旧识。同治十一年,践常静之约,南游至金山,见观心慧,观以向上键锤接之,遂蒙印可,如永嘉之遇曹溪也。心深自韬晦,结茅终南,常于老虎穴习定,坐数日如弹指。后为金山、高旻两寺首座,学者咨厥心要,所至云从,惟赋性严正,稍见非法,即拂衣去。光绪戊子,过句容赤山,喜其地幽阒,诛茅覆莽,为休息处。四方衲子,闻风来者,至屋不能容。乃伐柯结宇,垒石为墙,领众立规,俨如百丈"一日不作,一日不食"。尝示众云:"诸方浩浩,说禅说教,赤山只厕石锄土,设有问西来意,便与锄一柄觅生活。"心古道自处,不徇世情,呵斥诸方,罕可其意。盖其时三关、四句、六步禅之说炽行,心常曰:"古人三关、四句,乃大死大活后,勘验学者一时方便,岂可认为实法有传授耶?今人业识茫茫,无本可据,不教看死话头,何能敌生死、得生悟?"又言:"末法之世,浅尝末道,专用邪智穿凿古人。言句盲笺,混释自炫,多闻无知之徒奉为秘典,此《楞严》所谓断送佛祖慧命者,莫此为甚。"其痛心宗教如此。心虽秉拈花之旨,而深契如来一代时教。每禅余,为众讲解大乘要义,通彻骨髓。楚北归元寺请讲《楞严》《法华》者再。平日机辩,纵横如疾雷迅电,不可摸捉。及诱掖后进,恒谆谆不倦,务使人人因指见月、得意妄诠而后已。尤善《楞伽》《唯识》诸部,语学者曰:"修行不能掀翻八识窠臼,纵有妙语,皆识神耳。"乙巳秋,方讲《观楞伽笔记》,忽焉示疾,乃辞众曰:"吾化缘已毕,将长行矣。"有弟子问曰:"此去依止何地?"曰:"一切无依,唯依般若。"语毕潜然。次日黎明,右胁吉祥而逝,时光绪三十一年乙巳十月十六日也。世寿六十有一,僧腊四十有二。明年四月,门人奉全身塔于兹山,起龛之日,千众围绕,声音动地,香花塞途。释敬安寄禅,于光绪纪元,相与结夏金山。明年丙子,又于西湖龙井,汲泉煮茗,坐石上论宗门事,叹为极生平法喜。因追怀良契,哀述善逝,为之铭焉。

卷第十一
习禅篇第三之一
正传二十一人　附见二十人

宋常德文殊寺沙门释心道传

　　释心道，眉州徐氏子也。年三十得度，诣成都，习唯识，了悟万有，证澈真如，以为佛法尽在是矣。同舍僧诘之曰："三界惟心，万法唯识。今目前万象纷纭，心识安在？"道茫然，遂出游江淮间。既抵舒州太平，闻佛鉴夜参，举赵州柏树子话，至"觉铁嘴云'先师无此语，莫谤先师好'"，因大疑。提撕既久，一夕豁然，即趋丈室，拟叙所悟。鉴见，便闭门。道曰："何事瞒人？"鉴曰："十方无壁落，何不入门来？"道拳破纸窗。佛鉴即开门，挡住云："道！道！"道即以两手捧鉴头，作口啐而出。呈偈曰："赵州有个柏树话，禅客相传遍天下。多是摘叶与寻枝，不能直向根源会。觉公说道无此语，正是恶言当面骂。禅人若具通方眼，好向此中辨真假。"鉴然之。襄守请开法天宁，擢大别文殊。

　　宋宣和改元，诏改僧为德士。因上堂曰："祖意西来事，今朝特地新；昔为比丘相，今作老君形。鹤氅披银褐，头包蕉叶巾；林泉无事客，两度受君恩。所以道，欲识佛性义，当观时节因缘，且道即今是甚么时节？毗卢遮那，顶戴宝冠，为显真中有俗；文殊老叟，身披鹤氅，且要俯顺时宜。一人既尔，众人亦然。大家成立丛林，喜得群仙聚会。共酌迷仙酎,同唱步虚词。或看《灵宝度人经》,或说长生不死药。琴弹月下,指端发太古之音;棋布轩前,妙着出神机之外。进一步,便到大罗天上;退一步,却入九幽城中。只如不进不退一句,又作么生道?直饶羽化三清路,终是轮回一幻身。"

　　二年九月,诏下复僧。上堂曰:"不挂田衣着羽衣,老君形相颇相宜。一年半内间思想,大抵兴衰各有时。我佛如来预谶法之有难,教中明载,无不委知。较量年代,正在于兹。魔得其便,惑乱正宗。僧改俗形,佛更名字。妄生邪解,删削经文。饶钹停音,钵盂添足。多般矫诈,欺罔圣君。赖我圣明,不忘付嘱,不废其教,特赐宸章,仍许僧尼,重新披剃。实谓寒灰再焰,枯木重荣,迷仙酎变为甘露琼浆,步虚词翻作还乡曲子。放下银木简,拈起尼师坛。昨朝稽首擎拳,今日和南不审。只改旧时相,不改旧时人。敢问大众,旧时人是一是二?"良久曰:"秋风也解嫌狼藉,吹尽当年道教灰。"建炎三年春,示众,举临济入灭嘱三圣因缘,乃曰:"正法眼藏瞎驴灭,临济何曾有此说?今古时人皆妄传,不信但看汝三月。"至闰三月,有贼叛,众请避之。道曰:"学道所以了生死,何避之有?"贼至,道曰:"速杀我,以快汝心。"贼即举槊残之,白乳上出,贼骇,引席覆之而去。

宋西蜀昭觉寺沙门释纯白传

　　释纯白,姓支氏,梓人也。父谦,闻法于松山道者,素衣梵行,以生死为幻。纯幼承父训,唯唯无违。一日,跃溪而过,忽焉有省,遂落发。受具,遍历成都讲肆,通性相宗。去而南游,参黄檗惟胜,亲炙岁余,未尝一顾,纯事之益勤。偶晨参入室,胜举目视之,若有所询。纯即诘之曰："老人两眸炯炯,浮光不定,作么生?"胜忽失笑,为之印证。元丰末,胜归蜀,纯负巾钵,以从。会成都府帅奏以昭觉为十方,胜乃举纯开山。纯示众曰："不超性海,是理事缚;不透声轮,是语言缚。"于是净侣靡然向风,讲席一空。

宋庆元天童寺沙门释普交传

释普交,万龄毕氏子也。幼颖异卓伦,不污尘滓,恶喧嗜洁,俨似衲僧。未冠得度,五夏无亏。首谒南明,听习台教。偶为檀信修事忏摩,有人问曰："师所忏罪,为自忏耶,为他忏耶?若言自忏,罪性何来?若为他忏,他既非汝,乌能为忏?"交不能对,大惭。易服径投泐潭,足才踵门,潭即呵斥,交拟申问,潭即拽杖逐之。一日,忽呼交至丈室曰："我有古人公案要与你商量。"交拟进语,潭便喝,交豁然顿悟,顾乃大笑。潭下绳床,执其手曰："汝会佛法耶?"交便喝,潭亦大笑。于是证入,唱道日高,声施自远。

后归桑梓,居天童,掩关却扫者八年。寺偶虚席,郡僚命开法,恐其遁去,遣吏候于道,故不得辞。上堂曰："拙哉黄面老,佛法付王臣。林下无情客,官差逼杀人。莫有知心底,为我免得者么?若无不免,将错就错去。"凡见僧来,必叱曰:"汝椰栗子未担时,我已为汝说了也,且道说个甚么?招手洗钵,拈扇张弓。赵州柏树子,灵源见桃花,且置不论。山僧无怎么间唇吻与你打葛藤,何不休去歇去?"忽拈拄杖逐散。宣和六年三月二十日,沐浴升座,说偈曰:"宝杖敲空触处春,个中消息特弥纶。昨宵风动寒岩冷,惊起泥牛耕白云。"说毕,脱朕而寂。寿七十七,腊五十八,塔于本山。

宋潭州法轮寺沙门释应端传

释应端,南昌徐氏子也。生而眉宇豁如,形仪整肃。幼厌尘秽,少入空门。依郡之化度寺善月,度为大僧。谒真净文,机不谐。时灵源分座云居,扣之,源稍加砥砺,端自负已解,妙入经论,乃援引马祖、百丈机语及《华严经》旨,相为酬答。源见之,笑曰:"举马祖、百丈固误矣,而《华严》宗旨与个事没交涉。"端愤然欲去。因辞,揭帘忽大悟,汗流浃背。源见之,喜曰:"子方识好恶矣,马祖、百丈、文殊、普贤几为汝累。"由是誉问四驰,道钦七众。政和末,太师张司成虚百丈,坚命开堂。举"僧问大隋,劫火①洞然时,这个坏也不坏"话,遂曰:"六合倾翻劈面来,暂披麻缕混尘埃。因风吹火浑闲事,引得游人不肯回。坏不坏,随不随,徒将闻见强针锥。太湖三万六千顷,月在波心说向谁?"

宋温州龙翔寺沙门释士珪传 宗范

释士珪,字竹庵,成都史氏子也。初,依大慈宗雅出家,讲授《楞严》,潜心义奥。后南游,谒诸尊宿。始参龙门佛眼远,以平日所得白之,远曰:"汝解心已极,但欠着力开眼耳。"一日,侍立次,问曰:"绝对待时如何?"远曰:"如汝僧堂中白椎相似。"珪罔措。至晚,远抵堂司,珪复理前问,远曰:"闲言语。"珪于言下大悟。宣和二年,住和州天宁。靖康改元,江州漕使方郎中请住庐山东林。

---

① 火,底本作"大",恐误。

后以兵乱,避地闽中。乾元十二年,诏开山雁宕能仁。时真歇了公居江心,恐珪缘未熟,迎至方丈,大展九拜,以诱温人,由是人皆翕然归敬。未几,其徒失火,寺为煨烬。珪就树缚屋,升座示众曰:"爱闲不打鼓山鼓,投老来看雁荡山。杰阁危楼浑不见,溪边茅屋两三间。"已而听法檀施并力营建,复成宝坊。十五年,移住龙翔。上堂:"明明无悟,有法即迷,诸人向这里立不得、住不得。若立则危,若住则瞎。直须意不停玄,句不停意,用不停机。此三者既明,一切处不须管带,自然现前;不须照顾,自然明白。虽然如是,更须知有向上事。"竖拂子曰:"久雨不晴,咄!"明年丙寅七月十九日,召宗范长老付后事。次日沐浴,声钟集众,就座泊然而逝。荼毗,凡送者均得舍利,塔于鼓山。

宋衢州乌巨山沙门释道行传

释道行,字雪堂,处州叶氏子也。初,依普照英,得度。出游,参佛眼。一日,闻眼举"玄沙筑着脚指"话,遂大悟。住郡南明,上堂:"会得便会,玉本无瑕。若言不会,碴嘴生花。试问九年面壁,何如大会拈花?南明怎么商确,也是顺风撒沙。"次迁乌巨,示众,举玑和尚问僧:"禅以何为义?"众虽下语,未契厥心。众僧请益,玑代云:"以谤为义。"道行曰:"三世诸佛是谤,西天二十八祖是谤,唐土六祖是谤,天下老和尚是谤,诸人是谤,山僧是谤,于中还有不谤者无?谈玄话妙河沙数,争似双峰谤得亲。"忽示微疾,门弟子教授汪乔年至省,遂以后事委之,说偈曰:"识则识自本心,见则见自本性。识得本心本性,正是宗门大病。"又注曰:"烂泥中有刺,莫道不疑好。"黎明,沐浴更衣,跏趺而逝。阇维,获五色舍利,烟所至处，舍利累然，齿舌不坏。塔于寺西。

宋余杭灵隐寺沙门释宗印传 希夷

释宗印，字铁牛，姓陈氏，盐官人。得法于育王佛照光禅师。宁宗时，主灵隐。上堂，举南泉示众云："王老师自小养一头水牯牛，拟向溪东牧，不免食他国王水草；向溪西牧，亦不免食他国王水草。如今不如随分纳些些，总不见得。"颂曰："不如随分纳些些，唤作平常事已差。绿草溪边头角露，一蓑烟雨属谁家。"石鼓希夷禅师者，亦临济宗，嗣无用全，为灵隐二十八代。塔永安别苑，今存。

和梁山远禅师《牧牛十颂》，句法与梁相伯仲，而理趣超卓，殊有过之。一《寻牛》："只管区区向别寻，不知脚底已泥深。几回芳草斜阳里，一曲新丰空自吟。"二《见迹》："枯木崖前岐路多，草窠里混觉非么。脚跟若也随他去，未免当头错过他。"三《见牛》："识得形容辨得声，戴嵩从此妙丹青。彻头彻尾浑相似，仔细看来未十成。"四《得牛》："牢把绳头草放渠，几多毛病未曾除。徐徐蓦鼻牵将去，且要回头识旧居。"五《放牛》："甘分山林寄此身，有时亦踏马蹄尘。不曾犯着人苗稼，来往空劳背上人。"六《骑牛还家》："指点前坡即是家，旋吹铜角出烟霞。忽然变作还家曲，未必知音肯伯牙。"七《忘牛存人》："阑内无牛趁出山，烟蓑雨笠亦空间。行歌行乐无拘系，赢得一身天地间。"八《人牛俱忘》："惭愧众生界已空，个中消息若为通。后无来者前无去，未审凭谁继此宗。"九《返本还原》："灵机不堕有无功，见色闻声不用聋。昨夜金乌蜚入海，晓来依旧一轮红。"十《入鄽垂手》："者汉亲从异类来，分明马领与驴腮。一挥铁棒如风疾,万户千门尽豁开。"

宋潭州大沩山沙门释法泰传

释法泰,字佛性,汉川李氏子。僧问:"理随事变,该万有而一片虚凝;事逐理融,等千差而咸归实际。如何是理法界?"泰曰:"山河大地。"曰:"如何是事法界?"泰曰:"万象森罗。"曰:"如何是理事无碍法界?"泰曰:"东西南北。"曰:"如何是事事无碍法界?"泰曰:"上下四维。"上堂:"渺渺漠漠,十方该括;坦坦荡荡,绝形绝相。目欲视而睛枯,口欲谈而词丧。文殊普贤全无伎俩,临济德山不妨提倡。龟吞陕府铁牛,蛇咬嘉州大象。吓得东海鲤鱼,直至如今肚胀。"上堂:"忆昔游方日,获得二种物:一是金刚锤,一是千圣骨。持行宇宙中,气岸高突兀。如是三十年,用之为准则。而今年老矣,一物知何物。掷下金刚锤,击碎千圣骨。抛向四衢道,不能更惜得。任意过浮生,指南将作北。呼龟以为鳖,唤豆以为粟。从他明眼人,笑我无绳墨。"

宋当阳玉泉寺沙门释务本传 文宣 可忠 慧远 宗道 怀远 知忍 知藏 怀静 齐月 慧本

释务本,未知何许人,亦不详其氏族。出家时,年二十四。后得法于琅琊觉禅师,其弟子十有一人,本居弟二。开悟甚早,福慧兼修,有无并邕。宋仁宗时,诏主当阳玉泉寺。庆历八年,荆门军守谢公翩然来游,谓如此名胜,昔贤留题,当复不鲜。本因录唐人自曲江至齐己,得诗八篇。谢公镌之石,立于蒙惠之侧。嘉祐六年,命契宁等募造铁塔,高七丈,为级十有三,重百二十万两,逾年而成。其发愿词曰:"愿以此功德,普及于一切。我等与众生,皆共成佛道。愿力深弘,故寿诸金石,永垂不朽。"本每说法,学侣万指。有文宣、可忠、知忍、知藏、慧远、宗道、怀远、怀静诸子辅翊法化,首出当机,皆一时禅望,有声铮铮,故玉泉宗风冠于三楚。邑令左侯为请于朝,锡号悟空,并赐紫衣。以元丰三年三月八日示寂,寿八十三,腊五十九。

本主玉泉四十年,寂之日,集众为说法要曰:"平日横说竖说,东喝西喝。有时扬眉眴目,有时鼓掌擎拳。只为诸人不察,微露锋芒。若逐色寻声,白云万里。"又举:"荆州白马寺昙照禅师常云'快活快活',及临灭时,便叫苦苦,且云:'阎罗王来取我也。'院主问曰:'和尚当日被节使抛向水中,神色不动,如今何得若是?'照举枕子曰:'汝道当日是,如今是?'院主无对,照便入灭。今我临灭度时,汝等看是快活,是苦苦?"众无语,遂泊然坐化。塔于罗汉山麓。

文宣宗说,兼通教禅,双彻陆沈,众中人莫之识。嘉祐间,至玉泉,务本崇以殊礼,使之领众,导扬法旨,学者宗之。可忠者,安州大安山住持也。禅思莹澈,教眼尤精。闻玉泉道声嶐楸,欲一窥真际,振锡来游。务本以最乐堂处之,遂终老焉。务本既寂,付法于齐月。宋崇宁时,改玉泉为护国寺,以加封关壮缪为崇宁护国真君,乃改寺额,故续传灯,或称护国齐月。上堂,僧问:"壁立千仞,水泄不通,还许学人请益也无?"齐月曰:"正令已行。"乃曰:"穷外无方,究非内里。应用万般,无可比拟。分明向你诸人道,佛性精魂总不是。"齐月既老,传席于其徒慧本,耀续传薪,禅风攸馥。僧问:"有物先天地,无心本寂寥。未审是何物?"慧本曰:"一铤墨。"曰:"恁么则耀古腾今去也。"慧本曰:"作甚么生是耀古腾今的?"僧喝,本亦喝。上堂:"好个时节,谁肯承当?苟或无人,不如惜取。"良久曰:"弹雀夜明珠。"盖是时,荆门玉泉导师相继演化,诸方正未艾云。

宋衡[山南]岳石头庵沙门释怀志传

释怀志,姓吴氏,婺州人。尝欲会通诸宗异义,有禅者问曰:"杜顺,贤首宗祖师也,而谈法身则曰:'怀州马吃禾,益州马腹胀。'此偈合归天台何义?"怀志不能对。即游方至洞山,谒净真,问:"古人一喝,不作一喝用,意旨何如?"净叱之,趋出。净笑呼曰:"浙子斋后游山好。"志忽领悟。久之辞去,庵居于南岳石头二十年,不与世接。有偈曰:"万机休罢付痴憨,踪迹时容野鹿参。不脱麻衣拳作枕,几生梦在绿萝庵。"宋崇宁元年,往见龙安照禅师,居于龙安最乐堂。明年六月晦,问侍者曰:"早暮?"曰:"已夕。"笑曰:"我睡已觉。"遂寂。

宋眉州中岩寺沙门释祖觉传 慧日能　南堂静

释祖觉,嘉州杨氏子。自幼聪慧,书史过目成诵。乃著书排斥释氏,忽恶境现前,大怖,悔过出家,依慧日能。未几疽生膝上,五年医治莫愈。因书《华严合论》毕,夕感异梦,旦即舍杖,趋履如故。一日,诵至《现相品》曰:"佛身无有生,而能示出生。法性如虚空,诸佛于中住。无住亦无去,处处皆见佛。"遂悟华严宗旨。至是始登僧籍,精究贤首宗旨,尽得其奥府。帅请讲于千部堂,而词辩宏肆,众所钦服。适南堂静禅师过其门,谓曰:"观公讲说,独步西南,惜未解离文字相耳。傥能问道方外,即今之周金刚也。"觉欣然罢讲。南游禅社,遂依圆悟于钟阜。一日,入室,悟举:"罗山道:'有言时,踞虎头,收虎尾,第一句下明宗旨。无言时,觌露机锋,如同电拂。'作么生会?"觉罔对。于是夙夜参究,忽有所省,作偈呈曰:"家住孤峰顶,长年半掩门。自嗟身已老,活计付儿孙。"悟未许可。次日入室,悟问:"昨日公案作么生会?"觉拟对,悟喝曰:"佛法不是这个道理。"觉复留住五年,愈更迷闷。后于庐山栖贤阅浮山远《削执论》云:"若道悟有亲疏,岂有旃檀林中却生臭草?"始豁然大悟。遂作偈,寄圆悟曰:"出林依旧入蓬蒿,天网恢恢不可逃。谁信业缘无避处,归来不怕语声高。"悟大喜,持示众曰:"觉华严彻矣。"自是诸方皆称觉华严云。上堂,僧问:"最初威音王,末后楼至佛,未审参见甚么人?"觉曰:"家住大梁城,更问长安路。"僧问:"如何是一喝如金刚王宝剑?"觉曰:"血溅梵天。"曰:"如何是一喝如踞地师子?"觉曰:"惊杀野狐狸。"曰:"如何是一喝如探竿影草?"觉曰:"验得你骨出。"曰:"如何是一喝不作一喝用?"觉曰:"直须识取把针人,莫道鸳鸯好毛羽。"觉尝修《北宋僧史》,并《华严集解》《金刚经注》《水陆斋仪》若干卷。

宋台州钓鱼台沙门释自回传

释自回,号石头,临海人。世业石工,人因名之。眼如盲龟,不识一字,善根内启,志慕空宗。求人口授《法华》,颇能成诵。遂弃家投大随,供扫洒。寺中令取崖石,用砌阶除,回手不释锤凿,诵经不辍口。随见而语曰："今日硁磕，明日硁磕，生死到来，作甚折合？"回愕然，设礼愿闻究竟法。随令罢诵经，看赵州勘婆子因缘，于是念念参究。久之，一日凿石，石坚，乃尽力一锤，火光迸出，忽然彻悟。即走方丈，礼拜呈偈曰："用尽工夫，浑无巴鼻；火光迸散，元在这里。"随大喜曰："子彻也。"复述《勘破偈》曰："三军不动旗闪烁，老婆正是魔王脚。赵州无柄铁扫帚，扫荡烟尘空索索。"随可之，遂为剃染，授以僧服。出世，住钓鱼台。上堂曰："参禅学道，大似井底叫渴，殊不知塞耳塞眼，回避不及。且如十二时中，行住坐卧，动转施为，是甚么人使作你？眼见耳闻，何处不是路头？若识得路头，便是大解脱处。方知老汉与你证明，山河大地与你证明，所以道，'十方薄伽梵，一路涅槃门'。诸仁者，大凡有一物当途，要见一物当途之根源；一物无处，要见一物无处之根源。见得根源，源无所源，所源既非，何处不圆？诸禅德，你看老僧有甚胜你处，你有甚不如老汉处，会么？太湖三万六千顷，月在波心说向谁？"

宋江宁蒋山太平兴国寺沙门释赞元传 法泉

释赞元，字普宗，一字觉海，姓傅氏，义乌人也，为双林傅大士之裔。三岁出家，七岁为大僧，受具足。年十五，游远方，造石霜，见慈明。圆乃曰："好好着槽厂去。"赞元作驴鸣。明曰："真法器也。"请为侍者二十年。后阐法苏台、天峰①、龙华、白云。兄事蒋山心公。心没，江宁府帅请居宝公道场，提振宗要，诸方推服。丞

---

① 底本作"筆"，《五灯会元》《续传灯录》《吴都法乘》皆作"峰"，因改。

相王安石重其德望,奏赐章服。安石致仕,结庐定林山中,与之萧散林下,清谈终日。元祐元年九月示寂,安石痛哭,为造塔焉。

又法泉,字佛慧,随州时氏子。居太平兴国寺,经营辛苦,多所修建,以成丛林。与苏东坡友善。晚奉诏,住大相国智海禅寺。问众曰:"赴智海,留蒋山,去就孰是?"众未及对,泉书偈曰:"非心非佛徒拟议,得皮得髓漫商量。临行珍重诸禅侣,门外千山正夕阳。"

宋虎邱云岩寺沙门释清顺传 子英　智通　慧光

释清顺,宋至道中,知州事魏庠奏改虎邱律寺为云岩禅寺,迎清顺主之。虎邱自竺道壹、道生以来,主法席者,多崇义解,至清始启禅派,故后学奉清为鼻祖云。

又子英,字觉印,姓怀氏,钱塘人。在母孕时,恶闻膻腥。生质既异,不伍凡童。年十五,从长老希言出家。又五年,受具,游方。一夕梦白衣大士注琉璃瓶水,与饮,若甘露灌顶,自是豁然。遂得法于圆通秀公,坐大法会者九,云岩其最后也。英顾秀深静,须发长数寸,目光炯然,如古图中老僧在岩壁者。与人言,不离忠孝慈顺。开悟来学,随其根性,利钝浅深,示以津梁,故人人归信,而名亦高。说法三十余年,得度二百五十余人。政和七年七月十四日卒,葬于虎邱东庵,开封府司士曹事何安中为撰塔铭。

其弟子智通,号法海,继主虎邱法席。既状其师行事,请铭于何安中。安中称其扶教弘道,名并其师。东坡有《遗虎邱通长老书》,知其声望矣。

又慧光,有道行,赐号传法慧满大师。

宋江宁太平兴国寺沙门释慧懃传 怀深

释慧懃,字佛鉴,姓汪氏,舒州人。嗣五祖得度,每以"唯此一事实,余二则非真"味之,有省。遍参名宿,往来五祖之门有年。政和五年,居蒋山,赐徽号紫衣。政和七年十月二十八日,沐浴更衣,端坐,手写数书别故交,停笔而化。

又怀深,字慈受,姓夏氏,寿春人。生之夕,祥光满舍,文殊坚遥见之,疑火也。诘旦,知邻里生儿,心异之,往访焉。且告之故曰:"如此瑞征,宜善护之。"自后抱儿,见坚辄笑,因许出家。及长,遍游方外。请益鉴公,乃大豁,呈偈曰:"只是旧时行履处,等闲举着便淆讹。夜来一阵狂风起,吹落桃花知几多。"鉴抚掌曰:"者里岂不是活祖师意?"后终于蒋山。

宋潼川护圣寺沙门释居静传

释居静,字愚丘,成都杨氏子也。年十四,依白马寺安慧出家。闻南堂禅师道望,往谒。堂举香严"枯木里龙吟"话诘之,静于言下大悟。一日,堂问曰:"莫守寒岩异草青,坐却白云宗不妙。汝作么生?"静曰:"直须挥剑。若不挥剑,渔父栖巢。"堂夔然曰:"这小厮儿。"静珍重便行。后出世,住东岩。尝谓众曰:"参学至要,不出先南堂道:最初句及末后句,透得过者,一生事毕。傥或未然,更与你分作十门,各各印证自心,还得稳当也未? 弟一,须信有教外别传。弟二,[须]①知

---

① 底本无"须"字,据上下叙述句例校补。

有教外别传。弟三,须会无情说法与有情说法无二。弟四,须见性如观掌中之物,了了分明,一一田地隐密。弟五,须具择法眼。弟六,须要行鸟道玄路。弟七,须文武兼济。弟八,须摧邪显正。弟九,须大机大用。弟十,须向异类中行。凡欲绍隆法种,须尽此纲要,方坐得这曲录床子,受天下人礼拜,敢与佛祖为师。若不到恁么田地,只向虚头,他时阎老子未放你在。"又偈曰:"十门纲要掌中施,会得来时自有为。作者不须排位次,大都首尾是根基。"

宋潭州大沩山沙门释清旦传

释清旦,字慧通,蓬州严氏子也。初辞亲爱,即嗜空宗。闻有教外别传之道,注念日切。乃发足远游,欲投丛席。时大沩山泰住德山,谒之。值泰上堂,举:"赵州曰:'台山婆子已为汝勘破了也。且道意在甚么处?'"良久曰:"'就地撮将黄叶去,入山推出白云来。'"旦闻,平生疑碍释然。翌日入室,泰问曰:"前百丈不落因果,因甚堕野狐?后百丈不昧因果,因甚脱野狐?"旦曰:"好与一坑埋却。"住后,上堂曰:"三脚驴子弄蹄行,步步相随不相到。树头惊起双鲤鱼,拈来一老一不老。为怜松竹引清风,其奈出门便是草。因唤檀郎识得渠,大机大用都推倒。烧香勘证见根源,粪扫堆头拾得宝。丛林浩浩谩商量,劝君莫谤先师好。"旦之门庭严肃,机语峻利,故学者仰之,知取法焉。

宋天台国清寺沙门释行机传

释行机,字简堂,天台杨氏子也。生知夙发,趣向高迈。少弃妻孥,超然出世。精穷竺典,妙贯三乘。窃欲离言,单求直指。于是慕护国元公道价,负笈相依。稍触钳锤,密有契证。因住莞山,刀耕火种,独处十有七年。尝有偈曰:"地炉无火客囊空,雪似杨花落岁穷。拾得断麻穿坏衲,不知身在寂寥中。"每自视欿然,辄兴叹曰:"岂以住山乐吾事耶?"一日,偶见斫树倒地有声,忽大悟,平日碍膺之物,泮然冰释。未几,适有江州圆通之命,乃曰:"吾道行矣。"即欣然拽杖应之。登座说云:"圆通不开生药铺,单单只卖死猫头。不知那个无思算,吃着通身冷汗流。"闻者无不绝倒,丛林至今称焉。

宋澧州灵岩寺沙门释仰安传 表自

释仰安,未知所出。生而颖异,幼年舍俗。既圆颅顶,慕最上乘。精谨律仪,耽游讲肆。久而弃之,遂入佛果勤公之室。时大沩泰为座元,昕夕扣之,顿领玄旨。后泰住持德山,命安诣佛果,且付以书。果见,问:"千里驰骋,不辱宗风。公案现成,如何通信?"安曰:"觌面相呈,更无回互。"果曰:"此是德山底,那个是上座底?"曰:"岂有弟二人?"果曰:"背后伊谁?"安即进书,果笑称作家。次至僧堂前,捧书问讯首座。座曰:"玄沙白纸,此自何来?"安曰:"久默斯要,不务速说。今日拜呈,幸希一览。"座便喝,安曰:"作家首座。"座又喝,安以书便打。座拟议,安曰:"未明三八九,不免自沈吟。"又一击之,曰:"接。"时佛果、佛眼同座见之。果曰:"打我首座死了也。"眼曰:"官马厮踢,有何凭据?"安曰:"说甚官马厮踢,正是龙象蹴踏也。"果唤安至前曰:"我五百人首座,汝为何犯之?"安曰:"和尚也须如是。"果顾佛眼吐舌。眼曰:"未在。"却问曰:"空手把锄头,话意作么生?"安鞠躬曰:"所供是实。"眼笑曰:"元来是屋里人。"

又往五祖山,通书于表自。自曰:"书里说个甚么?"安曰:"文彩已彰。"曰:"毕竟说甚么?"安曰:"当阳挥宝剑。"自唤曰:"近前来,我不识字。"安曰:"莫诈败好。"自顾侍者曰:"是那里僧?"曰:"曾在和尚会下去。"自曰:"怪得恁么活头。"安曰:"被和尚钝置来。"自将书于香炉熏曰:"南无三曼多。"安近前弹指,自便开书。自是声播四方,而不辱泰使命。未几,出主灵岩,衲子辐辏,拈椎竖拂,大有古风。

宋江州圆通寺沙门释道旻传

释道旻,赐号圆机,兴化蔡氏子也。母梦吞摩尼珠而生,五岁不履不言。一日,母入西明寺,抱儿见佛,置于蒲团,遽趣合掌作礼,随声称南无佛,见者大异之。稍壮,宦学大梁,忽焉弃去,依景德寺德禅出家。得度,遍扣禅林,皆得染指。后亲沩山喆,无所入。谒泐潭乾公,具陈所得,潭不为印可。一日,潭举世尊拈花,迦叶微笑话问之,不契。侍潭行次,潭以杖架肩,长嘘曰:"会么?"旻拟对,潭朴之。有顷,复拈草示之曰:"是甚么?"亦拟对,潭又喝之。于是顿悟玄旨,便作拈花势曰:"这回瞒旻上座不得也。"潭曰:"便道。"旻曰:"南山起云,北山下雨。"即礼三拜,潭首肯印之。后开法于灌溪,迁圆通,学者宗之,如川赴海。朝廷闻其道,锡以命服并圆机之号。于是遐迩钦化,人被其泽。未详所终。

宋隆兴云岩寺沙门释天游传

释天游，字典牛，成都郑氏子也。幼习儒业，颖俊逸伦，侪辈推重。初试郡庠，复试梓州，二处皆与贡籍。惧不敢承，遂窜名出关。适王山谷西还，见其风骨不凡，谈论超卓，邀与同舟，策往庐山削发，不易旧名。首参死心不契，依湛堂准于泐潭。一日，湛堂普说曰："诸人苦苦就准上座觅佛法。"遂拊膝曰："会么？雪上加霜。"又拊膝曰："若也不会，岂不见乾峰示众曰：'举一不得举二，放过一着，落在第二。'"天游闻之，脱然悟入。出世于云盖，迁云岩说法，有湛堂之风。尝和忠道者《牧牛颂》曰："两角指天，四脚着地。拽断鼻绳，牧甚屎屁。"张无尽见之，甚为击节。因退云岩，过庐山而栖贤，主者意不欲纳，乃故曰："老老大大，正是质库中典牛耶。"天游遂述偈曰："质库何曾解典牛，只缘价重实难酬。想君本领无多子，毕竟难禁这一头。"竟去。庵于武宁，匾曰"典牛"，则终其身不出，年近百岁而告寂焉。径山涂毒见时，九十三矣。

卷第十二
习禅篇第三之二
正传十二人　附见三人

南宋西蜀昭觉寺沙门释克勤传

释克勤,姓骆氏,彭人也。世守儒学,儿时日记千言。偶游妙寂寺,见佛书,三复怅然,如获旧物,曰:"予殆过去沙门也。"即出家,依自省师祝发,从文照①通讲说,又从敏行授《楞严》。俄得病,濒死,叹曰:"诸佛涅槃正路不在文句中。吾以声求色见,宜其无以死也。"遂弃去。至真觉胜禅师之席,胜方创臂出血,指示勤曰:"此曹溪一滴也。"勤矍然,良久曰:"道固如是乎?"即徒步出蜀,首谒玉泉皓,次依金銮信、大沩喆、黄龙心、东林度,佥指为法器,而晦堂称"他日临济一派属子矣"。最后见五祖演,尽其机用,祖皆不诺,乃忿然而去。演曰:"待着一顿热病时,方思量我。"勤至金山,病寒困极,以平日见处试之,无得力者。追绎演言,乃自誓曰:"我病稍间,即归演。"及演一见而喜,令入侍寮。会部使者解印还蜀,造演问道。演曰:"曾忆少年读小艳诗,有'频呼小玉原无事,只要檀郎认得声'之句乎?"部使喏喏。勤适侍立,反复研诘。演为举"如何是祖师西来意?庭前柏树子"语,有省,出见鸡飞上栏干,鼓

---

① 照,底本作"昭",据《嘉泰普灯录》《五灯会元》《补续高僧传》《指月录》校改。

翅而鸣。复自忖曰:"此岂非声耶?"乃呈偈曰:"金鸭香销锦绣帏,笙歌丛里醉扶归。少年一段风流事,只许佳人独自知。"演喜,遍谓山中耆旧曰:"我侍者参得禅也。"由此,所至推为上首。

崇①宁中,成都帅翰林郭公之章请开法昭觉。政和间谢事,复出峡南游。时张无尽寓荆南,以道学自居,少见推许。勤舣舟谒之,与谈《华严》旨要。因言:"《华严》现量境界,理事全真,初无假法。所以即一而万,了万为一。一复一,万复万,浩然无穷。心佛众生,三无差别。卷舒自在,无碍圆融。此虽极则,终是无风匝匝之波。"无尽于是不觉促榻。勤乃更迭推勘,谓:"云门道,山河大地,无丝豪过患,犹是转句。直得不见一色,始是半提,更须知有向上全提时节。"无尽为之首肯。明日复举"事法界,理法界,至理事无碍法界"。因问:"此可说禅乎?"无尽曰:"正好说禅也。"勤笑曰:"不然,正是法界量里。盖法界量未灭,始好说禅。如何是佛?干屎橛。如何是佛?麻三斤。是故真净偈曰:'事事无碍,如意自在。手把猪头,口诵净戒。趁出淫坊,未偿酒债。十字街头,解开布袋。'"无尽叹曰:"美哉之论,岂易闻乎?"于是以师礼。留居碧岩,复徙道林。枢密邓公子常奏赐紫服,诏住蒋山,学者归之如市,至无地以容。敕补天宁万寿,召见便殿,褒宠甚渥。

建炎初,又迁金山。适驾幸维扬,入对,赐号圆悟禅师,改云居。久之,复领昭觉。徽宗为降敕,使开堂焉。略云:"匝地普天,皆承恩力;九州四海,悉禀威灵。百千法门之外,殊特法门;无量妙义之中,真实妙义。克勤禅师者,鸡园上品,鹿苑名家。早空六妙之门,无惭饶舌;接引四流之岸,意许安心。飞锡所至,法雨咸沾;

---

① 崇,底本作"祟","崇宁"是宋徽宗赵佶第二个年号,共五年,即1102—1106年,因改。

布金而来,愿云共领。特启祇园世界,广引方袍;宏开觉路津梁,都成圆具。铃铃振策,允为万德之师;凛凛戒规,直入三摩之地。于戏! 道生说法,石亦点头;罗什谈禅,岩俱撒手。普济僧人行脚,象负以游;定懿菩萨低眉,鸠分而食。遍洒醍醐,同登欢喜。"绍兴五年八月,示微恙,趺坐,书偈遗众,投笔而逝。荼毗时,舌齿不坏,舍利无数。塔于寺后威凤山中。谥真觉禅师。清雍正十三年,加谥明宗真觉禅师。

南宋泉州教忠寺沙门释弥光传　黄檗祥

释弥光,字晦庵,闽中李氏子也。生寡言笑,闻僧贝梵则喜。年十五,依文慧禅师圆顶。未穷海藏,喜究群书。尝自忖曰:"剃发染衣,当期悟彻,而醉心俗典耶?"遂首谒圆悟,次参黄檗祥、高庵悟,机语皆契。以淮楚盗起,归谒佛心,值大慧寓广,因从之。慧曰:"汝在佛心处所得者,试举一二。"光曰:"佛心上堂拈普化公案曰:'佛心即不然,总不恁么来时如何?劈脊便打,从教遍界分身。'"慧曰:"汝意如何?"曰:"不肯他后头下个注脚。"慧曰:"此正是以病去法。"光毅然无信可意。慧曰:"汝但揣摩。"光竟以为不然。经旬,因记海印信公拈曰:"雷声浩大,雨点全无。"光始无滞,趋告慧。举道者见琅琊并玄沙未彻语诘之,光对已,大慧笑曰:"但道一步,不着所在。如人斫树,根下一刀,则命根断矣。汝向枝上斫,其能断命根乎?今诸方浩浩说禅,见处总如是也,何益于事?其杨岐正传,止三四人而已。"光愠而去。翌日,慧问:"汝还疑否?"曰:"无可疑者。"慧曰:"只如古人相见,未待开口,已知虚实,或闻其语,便识浅深。此理如何?"光悚然汗下,莫知所诣。慧令究有句无句话。慧过云门庵,光亦侍行。一日,问曰:"某到这里,不能得彻,病在甚处?"慧曰:"汝病最癖,世医拱手,何也?别人死了不得活,汝今活了未曾死。要到大安乐田地,须是死一回始得。"光疑情愈深。后入室,慧问:"吃粥了也?洗钵盂了也?去却药忌,道将一句来。"光曰:"裂破。"慧乃振威喝曰:"你又说禅也。"光即大悟。慧即捶鼓告众曰:"龟毛拈得笑哈哈,一击万重关锁开。庆快平生在今日,孰云千里赚吾来?"光亦呈偈曰:"一捞当机怒雷吼,惊起须弥藏北斗。洪波浩渺浪滔天,拈得鼻孔失却口。"自尔名喧宇宙,道洽缁素。出住教忠,瓣香为妙喜拈出,其为知本也欤。

南宋嘉兴报恩寺沙门释法常传

释法常,姓薛氏,开封人,丞相薛居正之后也。宣和七年,始解尘缚,退思高举。遂依长沙益阳华严试公剃须发,受田衣。见者狮王,居必宝社。非法不言,异轨弗顾。深慕大乘,不斥小教。一日,阅《首楞严经》,乃廓尔义天,渊通法海。自是肆游淮泗,放浪湖湘。后至台山万年,参谒雪巢,一见机语契会,命掌翰笺。未几,请令首众,为僧入室,殊有风彩。澹然处世,不饰众缘。室中唯一矮榻,余无长物。绍兴庚子九月望日,语众曰:"吾一月后,不复留矣。"至十月二十一日,书《渔父词》于室门曰:"此事《楞严》尝露布,梅花雪月交光处,一笑寥寥空万古。风瓯语,迥然银汉横天宇。蝶梦南华方栩栩,斑斑谁跨丰干虎。而今忘却来时路,江山暮,天涯目送鸿飞去。"书毕就榻,收足而逝,塔于寺西南。

南宋成都信相寺沙门释宗显传

释宗显，字正觉，潼川王氏子也。少选为进士，有声于时。尝昼掬溪水为戏，至夜思之，遂见水泠然盈室，欲汲①之，不可得，忽尔尘境自空，叹曰："吾世网裂矣。"往依昭觉白公得度，萧然一衲，随众咨参。一日，白公问："高高峰顶立，深深海底行。作么生会？"忽于言下顿悟，曰："钉杀脚跟也。"白拈起拂子曰："这个又作么生？"显一笑而出。服勤七祀，出游至京都、淮浙，遍历丛林。晚登五祖，见演问："未知关棙子，难过赵州桥。如何是关棙子？"演曰："汝且在门外立。"显进步，一踏而退。演曰："许多时茶饭，原来也有人知味。"明日入室，演问："是昨日问话僧否？我固知尔见处，只未过得白云关。"显珍重，便出。

时圆悟为侍者，乃以白云关意扣悟。悟曰："直下会取。"显笑曰："我不是不会，只是未谙得耳。"次日，演往舒城，显与悟继住，适会于兴化。演问："记得曾在何处相见？"显曰："全火祇候。"演顾悟曰："殊饶舌。"后游庐山回，举"高高峰顶立"话所得之意，白演。演曰："吾尝以此事诘先师。先师曰：'我曾问远和尚。'远曰：'猫有衔血之功，虎有起尸之德。非素达本源，不能到也。'"显侍之久，演钟爱之。辞返蜀，演为小参，复送之以颂曰："离乡四十余年，一时忘却蜀语。禅人回到成都，切须记取鲁语。"显归昭觉，白公尚无恙，再侍之，声誉蔼然。初，出住长松，次主保福，大张炉鞴，锻炼学者，故龙象多出其门。

---

① 汲，底本作"没"，据《嘉泰普灯录》《五灯会元》《指月录》校改。

南宋平江虎邱寺沙门释绍隆传

释绍隆，合山人也。年九岁，辞亲投佛慧院。六年得度，受具足戒。精研律部，五夏而后游方。首访长芦信，得其大略而已。一日，见有僧传圆悟勤语录，隆读之，欢曰："想酢生液，虽未得浇肠沃胃，要且使人庆快，但恨未聆謦咳耳。"遂至宝峰依湛堂，次见黄龙死心，然后参圆悟于夹山。一日，入室，圆悟问曰："见见之时，[见非是见]①。见犹离见，见不能及。"悟忽举拳曰："还见么？"隆曰："见。"悟曰："头上安头。"隆闻，脱然契证。悟曰："见个甚么？"隆对曰："竹密不妨流水过。"悟首肯之，俾掌藏钥。有僧问于圆悟曰："隆藏主其柔易若此，乌能为哉？"悟笑曰："瞌睡虎耳。"后因圆悟回蜀，隆乃住邑之城西开圣。宋建炎间，结庐于桐峰之下。郡守李光延居彰教，次迁虎邱，道大显著。

尝登座云："此柱杖一划，划断生法师多年葛藤。有人于此着眼，知前阿师住此山者，都从一鼻孔出气。庶不负点头石拊掌一笑也。"因追绎白云端立祖堂故事，乃曰："为人之后，不能躬行遗训，于义安乎？"遂图像奉安，题赞其上。《达摩赞》曰："阇国人难挽，西携只履归。只应熊耳月，千古冷光辉。"《百丈赞》曰："迅雷吼破澄潭月，当下曾经三日聋。去却膏肓②必死疾，丛林从此有家风。"《开山明教大师赞》曰："春至百花触处开，幽香旖旎袭人来。临风无限深深意，声色堆中绝点埃。"盖白云以百丈海禅师创建禅规之功，宜配享达摩，可谓知本矣。隆既为赞，且发明其道，亦为知礼者

---

① 底本无"见非是见"一语，据《嘉泰普灯录》《五灯会元》《指月录》校补。
② 肓，底本作"盲"。

软。绍兴六年丙辰,示微恙,白众曰:"当以首座宗达承院事。"索笔大书伽陀曰:"无法可说,是名说法,所以佛法无有剩语。"跏趺而逝。年六十,夏四十五,塔于寺之西南隅。司农少卿徐林铭曰:"于穆初祖,一花东土。谶至马驹,益昭益著。派衍而蕃,实惟圆悟。圆悟得师,如马之蓺。大座虎邱,雷动云骛。临济中兴,杨岐再住。只履忽西,聿严龛墓。有神在天,来诃来护。咨尔后昆,展转流布。"后一百七十四年,当元至大二年,岁在己酉,吴兴赵孟頫重书,住山寿永立石。

南宋真州长芦庵沙门释青了传

释青了,字真歇,姓雍氏,西蜀左绵人也。少小出家。年十八,试《法华》得度。往成都大慈习经论,略领大意。出蜀至沔汉,叩丹霞之室,微悟元旨。寻游五台,至京师,浮汴直抵长芦,谒祖照。一语契合,命为侍者,逾年分座。未几,照称疾退居,青了继席,学者归之。南宋建炎末,游四明,主补陀及台之天封、闽之雪峰。绍兴七年,奉诏住育王。徙温州龙翔,并兴庆为一。继迁杭之径山慈宁,皇太后复命开山皋亭崇先。及终,塔于寺西华桐坞,谥曰悟空禅师。

南宋天台山万年寺沙门释法一传

释法一,字雪巢,姓李氏,襄阳郡王驸马李遵勖玄孙也。世居祥符,母梦一老僧至其家而生。发声洪亮,质异凡庸。年十七,试上庠。从祖仕淮南,欲官之,不就。请去家,事长芦慈觉颐禅师,祖弗许。母曰："此儿必宿世沙门也,愿弗夺其志。"未几,慈觉寂,礼灵岩通照愿禅师祝发,相依十载,觉心迷闷,道无所入。遂往蒋山,谒圆悟,一见器之。适悟移住天宁,一亦随侍。次见草堂于疏山,一言之下,忽尔彻其源底。绍兴七年,泉守刘彦修请居延福。四迁巨刹,最后住长芦。因慕天台形胜,昕夕怀之,于是乞退,居山之古平田观音院。高卧烟霞,长啸深翠。一日,忽示微疾,书偈曰："今年七十五,归作庵中主。珍重观世音,泥蛇吞石虎。"乃入龛,跌坐而逝,塔于古平田。

南宋建康华藏寺沙门释安民传

释安民,字密印,嘉定朱①氏子也。初至成都,讲《楞严》有声。于时闻圆悟居昭觉,因造焉。值悟小参,举国师三唤侍者因缘,赵州拈云："如人暗中书字,字虽不成,文彩已彰。那里是文彩已彰处?"民闻,心疑之,告香入室。悟问："座主讲何经?"对曰:"《楞严》。"悟曰:"《楞严》有七处征心,八还辩见,毕竟心在何处?"民多呈义解,悟皆不肯。民复请益,悟令一切作文彩已彰会。偶僧请益《十玄谈》,方举:"问君心印作何颜?"悟厉声曰:"文彩已彰。"民闻悦然,自谓至矣。悟示钳锤,罔措。一日,白悟:"请弗举话,我自说之。"悟曰:"诺。"民曰:"寻常拈锤竖拂,岂不是经中道,一切世界诸所有相,皆即菩提妙明真心。"悟笑曰:"你原来在这里作活计?"民又曰:"下喝敲床时,岂不是返闻闻自性,性成无上道?"悟曰:"你岂不见经中道,妙性圆明,离②诸名相。"民于言下释然,于

---

① 朱,底本作"米",据《嘉泰普灯录》《五灯会元》《指月录》《大明高僧传》校改。
② 离,底本作"虽",据《嘉泰普灯录》《五灯会元》《指月录》《大明高僧传》校改。

是罢讲侍。圆悟出蜀,居夹山,民从行。悟为众小参,举古帆未挂因缘,民闻未领,遂求决。悟曰:"请试问之。"民举前话,悟曰:"庭前栢子。"民即洞明,谓悟曰:"古人道,如一滴投于巨壑,殊不知大海投于一滴。"悟笑曰:"奈这汉何?"悟说偈曰:"休夸四分罢《楞严》,按下云头彻底参。莫学亮公亲马祖,还如德峤访龙潭。七年往返游昭觉,三载翱翔上碧岩。今日烦充第一座,百花丛里现优昙。"未几,开法保宁。迁华藏,大宏圆悟之道。后示寂于本山。阇维,舍利丛生,人或穴地尺许,皆得之,尤光明莹洁,心舌不坏。并建塔焉。

南宋潭州龙牙寺沙门释智才传

释智才,舒州施氏子。早岁服勤于佛鉴。及游方,谒黄龙死心。翌日入室,死心问曰:"会得最初句,便会末后句。会得末后① 句,便会最初句。最初末后,拈放一边。百丈野狐话作么生会?"才曰:"入户已来知见解,何须更举轹中泥?"心曰:"新长老死在上座手里也。"才曰:"语言虽有异,至理且无差。"心曰:"如何是无差底事?"才曰:"不扣黄龙角,焉知颔下珠?"心领之。才初住岳麓,次迁龙牙。三十载以清苦莅众,故衲子畏敬之。又迁云溪。绍兴戊午八月望,俄集众付寺事,书偈曰:"戊午中秋之日,出家住持事毕。临行自己尚无,有甚虚空可觅?"每日垂训如常。至二十三日,再示众曰:"涅槃生死,尽是空花。佛及众生,并为增语。汝等诸人,合作么生?"众皆下语不契。才喝曰:"苦,苦。"复曰:"白云涌地,明

---

① 后,底本作"得",据《五灯会元》《指月录》《大明高僧传》校改。

月当天。"言讫,蹶然而逝。火浴,获设利五色,塔寺西北隅。

南宋明州天童寺沙门释正觉传 枯木成　丹霞淳

　　释正觉,隰州李氏子也。父讳宗道,世学般若。母赵氏,尝梦五台山僧解右臂环与之,诞觉之夕,光出于屋,人皆异之。年七岁,日诵书数千言。十三,通五经七史。一日,乞从释氏学无生法,依郡之净明寺本宗剃发。受具于晋州慈云寺智琼,年十八游方。因自诀曰:"若不发明大事,誓不归矣。"于是渡河,首谒枯木成于汝州,久之无所入。时丹霞淳禅师道价方盛,乃顶笠造焉。入门,霞问:"如何是空劫已前自己?"觉曰:"井底虾蟆吞却月,三更不借夜明帘。"霞曰:"未在,更道。"觉拟议,霞一击拂子曰:"又道不借。"觉忽大悟,作礼。霞曰:"何不道取一句?"觉曰:"今日失钱遭罪。"霞曰:"未暇罪尔,且去。"后霞退唐州大乘寺,觉亦从焉。

　　宣和二年,霞主大洪,俾掌记室。三年迁首座,时金粟智、雪窦宗辈皆参随之。真歇了公住长芦,招之首众。未几,出主泗州普照。高宗建炎间,住舒之太平,迁江之圆通能仁,次补长芦。时寇酋李在抄掠境上,乃入寺,众惧奔散。觉独危坐堂中,但以善语谕之,李在稽首,馈金赡众僧。于是一方赖安,寇静。又越二年,乃渡浙之钱塘。至明州,礼补陀。会天童虚席,郡守驰檄召之。无何,胡虏犯境,虏至登岭,遥望岭上,若有神卫,遂敛而退。次年,被旨主灵隐。将行,四众号阻,百鸟哀鸣。未两月,获旨再主天童。初礼祖塔时,梦至一山寺,长松夹道,有句纪之曰:"松径森森窈窕门,到时微月正黄昏。"及至天童,宛如梦境,有终焉之志。故觉居天童三十年,凡寺舍殿廊,无不新者。绍兴二十七年九月朔,别郡帅檀越。七日还山,饭客如常。次辰,索浴更衣,端坐为书,嘱后事讫,书偈曰:"梦幻空花,六十七年。白鸟烟没,秋水连天。"掷笔而逝。先是育王缺席,觉举妙喜佛日主之,相得益欢。尝于白椎倾倒,剧谈阔论,执其手曰:"吾二人皆老大,苟一旦溘然先去,则存者为之主。"及佛日得遗书,夜至天童,凡送终之典,悉主之。塔于东谷,诏谥曰宏智禅师,塔曰妙光。

南宋临安径山寺沙门释宗杲传

释宗杲,字大慧,因居妙喜庵,又称妙喜,宣州奚氏子,或云即云峰悦之后身也。灵根夙具,慧性生知。年方十二,即投慧云齐公受经论。五载涵泳,乃从剃染。初,游洞宗之门,洞宗耆宿因其锋锐,乃燃臂香,授厥心印。杲殊不自肯,弃去。依湛堂准,久之不契。湛堂因卧疾,俾见圆悟。悟居蜀昭觉,杲踌躇未进。一日,闻诏,迁悟住汴之天宁。喜曰:"天赐此老与我也。"遂先日至天宁迎悟,且自计曰:"当终九夏。若同诸方妄以我为是者,我著《无禅论》去也。"值悟开堂,举僧问云门:"如何是诸佛出身处?"门曰:"东山水上行。"悟曰:"天宁即不然。只向他道:'薰风自南来,殿阁生微凉。'"杲闻,忽前后际断。悟曰:"也不易,你到这田地。但可惜死了不能活,不疑言句,是为大病。岂不见道,悬崖撒手,自肯承当;绝后再苏,欺君不得。须要信有这些道理。"于是令居择木堂,为不厘务侍者。日同仕夫,不时入室。

一日,悟与客饭次,杲不觉举箸,饭皆不入口。悟笑曰:"这汉参黄杨木禅到缩了也。"杲曰:"如狗舐热油铛。"后闻悟室中问僧"有句无句,如藤倚树"话,杲遂问曰:"闻和尚当时在五祖曾问此话,不知五祖道甚么?"悟笑而不答。杲复曰:"当时既对众问,今说何妨?"悟不得已曰:"我问五祖:'有句无句,如藤倚树,意旨如何?'祖曰:'描也描不成,画也画不就。'又问:'树倒藤枯时如何?'祖曰:'相随来也。'"杲当下释然,曰:"我会也。"悟历举数段因缘诘之,皆酬对无滞。悟喜谓之曰:"始知吾不汝欺也。"乃著《临济正宗记》付之,俾掌记室。未几,圆悟返蜀。杲因韬晦,结庵以居。后度夏虎邱,阅《华严》至第七地菩萨得无生法忍处,忽洞明湛堂所示殃崛摩罗持钵救产妇因缘。宋绍兴七年,诏住双径。一日,圆悟讣音至,杲自撰文致祭。即晚小参,举:"僧问长沙:'南泉迁化向甚么处去?'沙曰:'东村作驴,西村作马。'僧曰:'意旨如何?'沙曰:'要骑便骑,要下便下。'若是径山即不然。若有僧问圆悟:'光师迁化向甚处去,向他道堕大阿鼻地狱意旨如何?'曰:'饥餐洋铜,渴饮铁汁,还有人救得也无?'曰:'无人救得。'曰:'如何救不得?'曰:'是此老寻常茶饭。'"十一年五月,秦桧以杲为张九成党,毁其衣牒,窜衡州。二十六年十月,诏移梅阳。不久,复其形服,放还。十一月,诏住阿育王。二十八年,令再住径山,大宏圆悟宗旨。辛巳春,退居明月堂。一夕,众见一星殒于寺西,流光赫然,寻示微疾。八月九日,谓众曰:"吾翌日始行。"是夕五鼓,手书遗表,并嘱后事。有僧了贤请偈,杲乃大书曰:"生也只么,死也只么。有偈无偈,是甚么热。"委然而逝。世寿七十有五,坐五十八夏。谥曰普觉,塔名宝光。

南宋绍兴慈氏院沙门释瑞仙传

　　释瑞仙,会稽人。少缠尘网,几溺爱河。年二十,奋然去家,会试经受度。精习大小律藏,至"戒性如虚空,持者为迷倒"句,忽自省曰:"戒者,束身法耳。胡自缚耶?"遂探究台教。一日,阅"诸法不自生,亦不从他生,不共不无因,是故说无生"处,疑曰:"既不自,又不他,不共不无因,毕竟从何而生也?"叹曰:"因缘生法,虽照以空假三观,不过抑扬性海。心佛众生,名异体同。十境十乘,妙心成智。不思议境,智照方圆,固非言诠所能及也。"遂更谒诸耆宿。后登投子山,见广鉴禅师。问曰:"甚处来?"曰:"两浙东越。"鉴曰:"东越事作么生?"曰:"秦望山高,鉴湖水阔。"鉴曰:"秦望山与自己,是同是别?"曰:"梵语唐言。"鉴曰:"犹是丛林祇树,毕竟是同是别?"瑞仙便喝,鉴便击之。忽有省,礼拜曰:"恩大难酬。"后开法于慈氏。尝问僧:"三个橐驼两只脚,日行万里趁不着。而今收在玉泉山,不许时人乱斟酌。你等向甚处与仙上座相见?"一众无能下语投其机者。终于本山。

卷第十三
习禅篇第三之三
正传十七人　附见十人

南宋庆元育王山沙门释端裕传

　　释端裕，字佛智，吴越钱王之裔也。六世祖守会稽，因家焉。裕生而岐嶷，眉目渊秀。十四，驱乌于大喜寺。十八，得度受具。往依净慈一禅师。未几，偶闻［僧］①击露柱曰："尔何不说禅？"裕忽有微省。去谒龙门远、甘露卓、泐潭祥，皆以颖迈见推。晚见圆悟于钟阜。一日，［悟］②问："正法眼藏向这瞎驴边灭却，即今是灭不灭？"曰："请和尚合取口好。"悟曰："此犹未出常情。"裕拟对，悟击之，裕顿去所滞。侍悟居天宁，命掌记室。寻分座，道声蔼著。京西宪请开法丹霞，次迁虎邱。径山谢事，后复徇平江道俗之请，庵于西华。阅数稔，敕居建康保宁，更移姑苏万寿及闽中玄妙③、

----

① 底本无"僧"字，恐脱，据《嘉泰普灯录》《五灯会元》《补续高僧传》《指月录》《大明高僧传》及《明州阿育王山志》校补。
② 底本无"悟"字，恐脱，据《嘉泰普灯录》《五灯会元》《补续高僧传》《指月录》《大明高僧传》及《明州阿育王山志》校补。
③ 玄妙，《嘉泰普灯录》作"贤沙"，南宋宝祐元年《五灯会元》刻本作"贤沙"，元至正二十四年《五灯会元》重刻本作"玄沙"，《补续高僧传》作"玄沙"，《大明高僧传》作"玄妙"。据南宋学者梁克家于淳熙九年(1182)撰成的《三山志》记载："升山有元沙寺（又称玄沙寺），本安国禅师塔院也。"明代学者王应山于万历四十年(1612)撰成的《闽都记》记载："升山灵岩寺，去郡十里而遥。陈天嘉三年创寺，旧号飞山。元沙寺　（转下页）

寿山西禅，复被旨补灵隐。慈宁皇太后幸韦王第，召裕演法，赐金襕袈裟，乞归西华旧隐。

绍兴戊辰秋，赴育王之命。上堂曰："德山入门便棒，多向布袋里埋踪。临济入门便喝，总在声尘中出没。若是英灵衲子，直须足下风生，超越古今途辙①。"拈柱杖卓一下，喝一喝曰："只这个何似生，若唤作棒喝，瞌睡未惺。不唤作棒喝，未识德山临济。毕竟如何？"卓一下曰："总不得动着。"僧问："如何是宾中宾？"裕曰："汝是田库奴。"僧曰："如何是宾中主？"曰："相逢犹莽卤。"僧曰："如何主中宾？"曰："剑气烁愁云。"曰："如何是主中主？"曰："敲骨打髓。"裕莅众，色必凛然，寝食有常度，唱道无倦。绍兴庚午十月初，示微疾。至十八日，首座法全请遗训，裕曰："尽此心意，以道相资。"语绝而逝。火后，目睛齿舌不坏，其地发光终夕。得设利②无算③，逾月不绝。黄冠罗肇常平日问道于裕，适外归，独无所获。罗念勤切，方与客食，咀嚼间若有物，吐哺则设利也，大如菽，色若琥珀。好事者持去，遂再拜于阇④维所。闻香匦有声，亟开，所获如前，而差红润。门人奉遗骨，分塔于鄮峰西华，谥大悟禅师。

（接上页）即其址也。"另据明代学者郭子章撰《明州阿育王山志》亦作"元沙"。按：文中所指玄妙寺，盖为福州升山之元沙寺。

① 途辙，底本作"遵起"，据《嘉泰普灯录》《五灯会元》《大明高僧传》及《明州阿育王山志》校改。

② 设利，底本作"设舍利"，"舍利"亦作"设利"，文本中衍"设"或"舍"，因循文本惯例，又据《嘉泰普灯录》《五灯会元》《补续高僧传》《指月录》《大明高僧传》及《明州阿育王山志》皆作"设利"，因改。

③ 算，底本作"鼻"，据《嘉泰普灯录》《大明高僧传》校改。

④ 阇，底本作"闍"，据《嘉泰普灯录》《五灯会元》《补续高僧传》《指月录》《大明高僧传》及《明州阿育王山志》校改。

南宋隆兴黄龙寺沙门释道震传

释道震,字山堂,金陵赵氏子也。垂髫,依觉印英禅师。英迁泗之普照,得度。久之,辞谒丹霞淳,与论曹洞宗旨。震呈以偈曰:"白云深覆古寒岩,异草灵花彩凤衔。夜半天明日当午,骑牛背面着靴衫。"次依草堂,日取藏经读之。一夕,闻晚参鼓,步出经堂,举头见月,忽大悟。亟趋方丈,堂望见,即曰:"子彻矣。"遂为印可。寻出三迁,而至百丈,道甚显著。绍兴己巳,有律师妄踞黄龙,衲子散去,黄龙主事走钱塘,求王承宣继先书达洪帅张如莹,莹公命震,以从众望,而主事者请致书谢王。震让曰:"王公为护佛法,何谢之有?况我与之素昧平生。"于是主事愧退。其严正如是,故仲温曰:"彼交结权贵,倚之为藩垣者,闻其言亦足颜汗,谅哉!"

南宋华亭昭庆寺沙门释法宁传

释法宁,因住沂州马嵢山,故号马嵢,姓李氏,莒人也。初依沂州天宁妙空明得度,参侍既久,尽得云门宗旨。出世,住沂之净居寺,大宏雪窦之道。初,宁于绍兴间,抵华亭青龙镇。察判章滚,其母高氏梦天人告曰:"古佛来也。"翌日宁至,迎之止钱氏园。乃建精舍,掘地得铁磬、断碑、佛像之应。于是华亭令柳约奏所建刹,赐额曰净居,因省明公于雪窦。时郡守莫将请主吉祥。哲宗元符,佘山有精舍曰灵峰,部符改曰昭庆禅院,右丞朱谔请宁开山。无何,迁明州广慧,复返昭庆。绍兴二十六年丙子正月八日,沐浴,端坐说法,辞众而寂。世寿七十六,僧腊五十九,塔全身于寺之东隅。

南宋安吉何山[寺]沙门释守珣传 广鉴英

释守珣,字佛灯,姓施氏,安吉人也。初参广鉴瑛,不契。遂谒佛鉴,随众咨请,亦无所入。乃封其衾曰:“今生若不彻去,誓不展此。”于是昼夜峭立,如丧考妣。逾七七日,忽佛鉴上堂曰:“森罗及万象,一法之所印。”珣闻,顿悟。鉴曰:“可惜一颗明珠,被这风颠汉拾得也。”乃诘曰:“灵云道‘自从一见桃花后,直至如今更不疑’,如何是他不疑处?”珣曰:“莫道灵云不疑,只今觅个疑处了不可得。”鉴曰:“玄沙道‘谛当甚谛当,敢保老兄未彻在’,那里是他未彻处?”珣曰:“深知和尚老婆心切。”鉴然之。珣拜起,呈偈曰:“终日看天不举头,桃花烂熳始抬眸。饶君更有遮天网,透得牢关即便休。”鉴嘱令护持。是夕,展衾厉声曰:“这回珣上座稳睡去也。”圆悟闻之,窃疑其未然,乃曰:“我须勘过始得。”令人召至。因与游山,偶[①]到一水潭,圆悟推珣入水,遽问曰:“牛头未见四祖时如何?”珣曰:“潭深鱼聚。”曰:“见后如何?”珣曰:“树高招风。”曰:“见与未见时如何?”珣曰:“伸脚在缩脚里。”圆悟大称之。

后出世,初主禾山,次天圣,徙何山及天宁。绍兴甲寅,谓居士郑绩曰:“十月八日是佛鉴先师忌日,吾时至矣。”乞还鄣[②]南。至十月四日,绩遣弟僧道如讯之,珣曰:“汝来正其时也。吾虽与佛鉴同条生,终不同条死。明早可与我寻一只小船来。”道如曰:“要长者,高者?”珣曰:“高五尺许。”越三日,鸡鸣,端坐如平时,侍者请偈,珣曰:“不曾作得。”言讫而逝。阇维,舌根不坏。

① 偶,底本作“隅”,据《五灯会元》《补续高僧传》《指月录》《大明高僧传》校改。
② 鄣,底本作“障”,据《嘉泰普灯录》《五灯会元》《补续高僧传》《指月录》校改。

南宋眉州象耳山沙门释袁觉传 佛性

释袁觉，姓袁氏，眉人也。出家传灯寺，本名圆觉。郡守填祠牒，误写袁字，守疑其嫌，因戏谓之曰："一字名之，可乎？"对曰："一字已多也。"郡守异之。已而往大沩，依佛性。入室陈所见，性曰："汝见远矣。"俾充侍司，掌宾客。佛性每举《法华》"开示悟入"四字，令下语。又曰："待我点头，汝理方是。"偶不职，被斥。制中无依，乃寓俗士家。一日，诵《法华》至"亦复不知，何者是火，何者为舍"，乃豁然有省。制罢，归寺白性，首为肯之。后至云居，见圆悟，述所得。悟呵之曰："本是净地，何用秽浊？"于是所疑顿释。绍兴丁巳，郡守请居象耳，法道大振。四方英俊宿德，闻风礼谒，室无所容。开堂词辩，河倾峡泻，丛林称之。

南宋成都昭觉寺沙门释道元传 大别道

释道元，字彻庵，姓邓氏，绵人也。幼于降寂寺出家，受具。谒大别道，令看廓然无圣之语，忽尔失笑曰："达摩只如斯道。"命参佛鉴、佛眼，皆有启沃。又投金山，见圆悟，呈所见处，悟弗许。值悟被诏居云居，元从之。虽有所入，终以鲠胸之物未散。因悟问僧："生死到来时如何？"僧曰："香台子笑尔。"次问及元，元曰："草贼大败。"悟曰："有人问汝时如何？"元拟答，悟凭陵曰："草贼大败。"元大彻。悟以拳击之，元拊掌而笑。悟曰："汝见甚么便如此？"曰："毒拳未报，永劫不忘。"

南宋平江南峰寺沙门释云辩传 穹窿圆

释云辩,姑苏人。初依瑞峰章公得度,旋谒穹窿圆,忽有所得,遂通所见。圆曰:"子虽得入,未至当也,切宜着鞭。"乃辞,扣圆悟。值入室,才踵门,悟遽曰:"看脚下。"辩打露柱一下。悟曰:"何不着实道取一句?"辩曰:"师若摇头,某便摆尾。"悟曰:"你试摆尾看。"辩翻身而出。悟大笑,由是知名。住后,僧问:"如何是夺人不夺境?"曰:"霸王到乌江。"僧曰:"如何是夺境不夺人?"曰:"筑坛拜将。"僧曰:"如何是人境俱夺?"曰:"万里山河获太平。"僧曰:"如何是人境俱不夺?"曰:"龙吟雾起,虎啸风生。"僧曰:"向上还有事也无?"曰:"当面蹉过。"僧曰:"真个作家。"曰:"白日鬼迷人。"

南宋南康云居寺沙门释善悟传

释善悟,字高庵,洋州李氏子。生有夙慧,灵根自发。年十一得度。闻冲禅师举梁武帝问达摩因缘,如获旧物。遽曰:"我既廓然,何圣之有?"冲异其说,勉之南询。遂谒龙门佛眼。一日,有僧被蛇咬,佛眼问众曰:"既是龙门,为甚却被蛇咬?"悟应声曰:"果然现大人相。"眼器之。后传此语至佛果,果曰:"龙门有此僧,东山法道殊未寂寥。"上堂:"心生,种种法生。森罗万象,纵横信手拈来,便用日轮午后三更。心灭,种种法灭。四句百非,路绝直饶达摩,出头也是眼中金屑。心生心灭,是谁木人,携手同归,归到故乡田地,犹遭顶上一锤。"

南宋隆兴黄龙寺沙门释法忠传

释法忠，字牧庵，四明姚氏子也。十九试经得度，习天台教，悟一心三观之旨，未能泯迹，故遍参名德。后至龙门，观水磨旋转，发明心性。述偈呈佛眼曰："转大法轮，目前包裹。更问如何，水推石磨。"佛眼曰："其中事作么生？"忠曰："涧下水长流。"眼曰："我末后一句，待分付汝。"忠即掩耳而去。后至庐山，于同安枯树中，绝食清坐。宣和间，湘潭大旱，祷弗应。忠跃入龙渊，呼曰："业畜！当雨一尺。"雨随至。尝居南岳，每跨虎出游，儒释皆望尘而拜。上堂："我有一句子，不借诸圣口，不动自己舌。非声气呼吸，非情识分别。假使净名杜口毗耶，释迦掩室摩羯，大似掩耳偷铃，未免天机漏泄。直饶德山棒，临济喝。若向牧庵门下，只得一橛。千种言，万般说，只要教君自家歇。一任大地虚空，七凹八凸。"

南宋临安灵隐寺沙门释如珏传 寒岩升　广闻

释如珏，字荆叟，婺人也。得法于天童颖禅师。继席后，上堂云："新岁新击鼓，普施新法雨。万物尽从新，一一就规矩。普贤大士忻欢，乘时打门户，放出白象王，遍地无寻处。"拈柱杖曰："唯有者个，不属故新。等闲开口，吞却法身。"掷下云："是甚么？千年桃核里，原是旧时仁。"僧云："如何是佛？"珏云："烂东瓜。"

寒岩升者，姓吴氏，建安人。母氏游。初生有肉如环，在其左乳，人皆异之。年十四，依郡之龙居寺出家，肉环随隐。弱冠进具，有志游方。因之长乐，会圆悟高弟佛智禅师端裕演法于西禅，入其室,言下顿悟。自是机锋迅发,人莫能当。佛智移杭之灵隐,升为首座。佛智归,升亦还乡。后住支提、承天、石霜、泐潭诸大刹。示寂于鼓山,寿七十九,僧腊六十。山阴陆待制务观与升游,爱敬之如师友。周丞相子充为之塔铭。

又偃溪广闻者,侯官林氏子。年十八,得度受具。初,见铁牛印、少室睦、无际派,追随甚久。参浙翁于天童,针芥虽投,自知未契。及再参于双径。一夕坐檐间,闻更三转入堂,曳履而蹶,如梦初醒。诘朝入室,翁举赵州洗钵盂话,将启吻,遽止之。平生疑情,忽焉冰释。绍定时,由净慈历香山万寿、雪窦、育王、灵隐、径坞。上堂云:"赵州吃茶去,金牛吃饭来。龙门多上客,有人续得末后一句,许入阿字法门。"景定四年六月十四日寂。

南宋天台护国寺沙门释景元传

释景元,字此庵,姓张氏,永嘉人也。年十八,依灵山希拱圆具戒,习台教三禩。弃去,谒圆悟勤于钟阜。间读死心小参语云:"既迷须得个悟,既悟须识悟中迷、迷中悟,迷悟双忘,却从无迷悟处建立一切法。"元闻而疑,即趋佛殿,以手托开门扉,豁然大彻,机辩逸发。圆悟目为鼙头元侍者。悟自赞像付之曰:"生平只说鼙头禅,撞着鼙头如铁壁。脱却罗笼截脚跟,大地撮来墨漆黑。晚年转复没刀刀,奋金刚椎碎窠窟。他时要识圆悟面,一为渠侬并拈出。"自尔沈彩埋光,不求闻达。后为括苍太守耿延禧慕仰元欲致开法南明,得元于台之报恩,迫其受命。僧问:"三圣道,我逢人即出,出则不为人。意旨如何?"曰:"八十翁翁嚼生铁。"僧又问:"兴化道,我逢人即不出,出则便为人。又作么生?"曰:"须弥顶上浪翻空。"

元后示疾,请西堂应庵华,付嘱院事,训徒如常时。俄握拳而逝。茶毗,得五色舍利,齿舌右拳不坏。塔于寺东北刘阮洞前,世寿五十三。

南宋临安净慈寺沙门释①妙伦传

释妙伦,字断桥,姓徐氏,黄岩人也。母梦月而孕。十八,落发于永嘉广慈院。见谷源道于瑞岩,闻麻三称话,疑之。遍叩诸方,机终未凑。自谓:"口讷耳聩,不若根本修行。"日以诵经为业,忽阅《楞伽》于云居见山堂,至蚍虫蝼蚁无有言说而能办事,顿然有省,曰:"赵州柏树子话,可是直截,然不以语人。"还谒无准于雪窦,准以狗子因何有业识,令下一语,凡三十转,不契。伦曰:"可无方便乎?"准以真净所颂答之,即竦然良久。忽闻板声,通身汗下,于是始脱然矣。准移育王、双径,俱以伦从俾分座。

出主祇园,迁瑞岩国清。至净慈,上堂:"荆山有玉,获得者不在荆山。赤水有珠,拾得者不在赤水。衲僧有无位真人,证得者不在面门。"蓦拈拄杖,按云:"会么?幽州江口石人蹲。"又尝举慈明室中安一盆水,盆上横一柄剑,剑上安一两草鞋。凡见僧来,便指;拟议,便打。自颂云:"百花丛里跃鞭过,俊逸风流有许多。未第儒生休眼觑,满怀无奈旧愁何。"又云:"德山低头,夹山点头。俱胝竖起手指头,元沙筑破脚指头。"提起拄杖云:"一叶落,天下秋。"将终,与大众入室,索笔作书,辞诸山及魏国公。公馈药,不受。又使人问曰:"师生天台,因甚死净慈?"答云:"日出东方夜落西。"遂

---

① 释,底本作"译"。

晏然而化。

南宋临安灵隐寺沙门释慧远传 灵岩徽

　　释慧远，眉山彭氏子。年十三，从药师院宗辩剃染。首诣大慈讲肆，次参灵岩徽禅师，微有所入。会圆悟复住昭觉，遂投之。值悟普说，举庞居士问马祖不与万法为侣因缘，远顿悟，仆于众中，众掖之起。远乃曰："吾梦觉矣。"至夜小参，远出问曰："净裸裸空无一物，赤骨力贫无一钱。户破家亡，乞师赈济。"悟曰："七珍八宝一时拿。"远曰："祸不入谨家之门。"悟曰："机不离位，堕在毒海。"远便喝。悟以拄杖击禅床云："吃得棒也未？"远又喝。悟连喝，远便礼拜。自此机锋俊发，无所抵午。初，住皋亭山显孝，宋乾道六年十月十五日，诏迁灵隐。上堂，僧问："即心即佛时如何？"曰："顶分了角。"僧曰："非心非佛时如何？"[曰]①："耳坠金环。"僧曰："不是心，不是佛，不是物，又作么生？"曰："颡顶修罗舞柘枝。"

　　七年七月十五日，召入选德殿，赐坐。孝宗问："如何免得生死？"远对曰："不悟大道，终不能免。"帝曰："如何得悟？"远曰："本有之性，究之无不悟者。"帝曰："悟后如何？"远曰："悟后始知，脱体现前，了无毫发可见之相。"帝首肯之。帝又曰："即心即佛如何？"远曰："目前无法，陛下以甚么作心？"帝曰："如何是心？"远正身叉手，立曰："只这是。"帝大悦。八年秋八月七日，召远入东阁，赐坐。帝曰："前日梦中，忽闻钟声，遂觉，不知梦与觉是如何？"远曰："陛下问梦耶，问觉耶？若问觉而今正是寐语，若问梦而梦觉无

---

① 底本无"曰"字，据《嘉泰普灯录》《五灯会元》《大明高僧传》校补。

殊,教谁分别?梦即是幻,知幻即离,[离幻即觉]①,觉心不动,故曰若能转物,即同如来。"帝曰:"梦幻既非,钟声从甚处起?"远曰:"从问处起。"帝又问曰:"前日在此阁坐,忽思得不与万法为侣,有个见处。"远曰:"愿闻。"帝曰:"四海不为多。"远曰:"一口吸尽西江水又如何?"帝曰:"亦未曾欠阙。"远曰:"才涉思维,便成剩法,正使如断轮、如闪电,了无干涉。何以故?法无二法②,见无二见,心无别心,如天无二日。"帝悦,赐佛海大师之号。淳熙二年乙未秋,示众说偈曰:"淳熙二年闰季秋九月旦,闹处莫出头,冷地着眼看。明暗不相干,彼此分一半。一种作贵人,教谁卖柴炭?向你道,不可毁,不可赞,体若虚空没涯岸。相唤相呼归去来,上元定是正月半。"明年正月,忽感微疾,果于上元说偈曰:"拗折秤锤,掀翻露布。突出机先,鸦飞不度。"安坐而逝。留七日,颜色不异,全身塔焉。

南宋临安径山寺沙门释智策传 寂室光　大圆

　　释智策,字涂毒,天台陈氏子。生而聪敏,卓迈群儿。不乐世华,潜思寥廓。幼依护国楚光落发,授以僧仪。一钵萧然,研穷三藏。首造国清寂室光公,洒然有省。次往明州,谒万寿大圆禅师。问:"甚处来?"曰:"天台。"圆曰:"曾见智者么?"曰:"即今亦不少。"圆曰:"因甚在汝脚跟下?"曰:"当面蹉过。"圆曰:"尚人不耘而秀,不扶而直也。"一日,辞圆,出门送之,拊其背曰:"宝所在近,

---

① 底本无"离幻即觉"四字,据《宗门统要续集》《释氏稽古略》《续传灯录》《武林梵志》校补。

② 法,底本作"故",据《瞎堂慧远禅师广录》《释氏稽古略》校改。

此城非实。"策敬诺。欲往豫章参典牛,游道由云居,因风雪塞涂,无客进履,越四十二日。午闻板声,豁然大悟。

及造典牛之门,牛独指策曰:"何处见神见鬼来?"策曰:"云居闻板声来。"牛曰:"是甚么?"曰:"打破虚空,全无柄靶。"牛曰:"向上事未在。"曰:"东家暗坐,西家厮骂。"牛曰:"崭然起出佛祖。他日起家,一麟足矣。"后住双径,大宏典牛之道。四方学者,鳞布猬集。将示寂时,为文以祭,自危坐倾听,至云尚飨,为之一笑。后两日,沐浴更衣,集众说偈曰:"四大既分飞,烟云任意归。秋天霜夜月,万里转光辉。"泊然而逝,塔全身于寺东冈之麓。

南宋临安灵隐寺沙门释道枢传

释道枢,字懒庵,吴兴徐氏子也。尝参道场慧禅师,得授心印,道业日隆。初主何山,移华藏。隆兴初,诏迁灵隐。宋孝宗召入内殿,赐坐,问曰:"禅道之要,可得闻乎?"对曰:"此事在陛下堂堂日用应机处,本无知见起灭之分、圣凡迷悟之别①。第护正念,则与道相应。亡情却物,则业不能系。尽去沈掉之②病,自忘问答之意。矧今见在般若光明中,何事不成见也?"上为之首肯。后以老,乞退居明教之永安,逍遥自适。尝题偈于壁曰:"雪里梅花春信息,池中月色夜精神。年来可是无佳趣,莫把家风举似人。"淳熙丙申八月,示微疾,书偈而逝,塔于永安。

---

① 别,底本作"则",据《五灯会元》《大明高僧传》《续指月录》《续灯正统》《武林梵志》校改。

② 之,底本作"二",据《五灯会元》《续灯正统》《武林梵志》校改。

南宋明州普陀山沙门释慧晖传 悟明

释慧晖,字自得,姓张氏,会稽人也。幼依澄照道凝①染削进具。年二十,扣真歇于长芦,微有所证。旋里谒宏智,智举"当明中有暗,不以暗相遇;当暗中有明,不以明相睹"问之,语不契。初夜定,回往圣僧前爇香,宏智适至。晖见之,顿悟前语。次日入室②,智举:"堪嗟去日颜如玉,却叹回时鬓似霜。"晖曰:"其入离,其出微。"自尔问答无滞,智许为室中真子。绍兴丁巳,开法普陀,徙万寿及吉祥、雪窦。淳熙三年,敕主净慈。上堂:"朔风凛凛扫寒林,落叶归根露赤心。万派朝宗船到岸,六窗虚映芥投针。本成现,莫他寻,性地闲闲曜古今。户外冻消春色动,四山浑作木龙吟。"又云:"谷之神,枢之要。里许旁参,回途得妙。云虽动而常闲,月虽晦而弥照。宾主交参,正偏兼到。十洲春尽花凋残,珊瑚树林日杲杲。"又尝举风幡话,乃曰:"风幡动处,着得个眼,即是上座;风幡动处,失却个眼,即是风幡。其或未然,不是风幡不是心,衲僧徒自强锥针;岩房雨过昏烟净,卧听凉风生竹林。"七年秋,退归雪窦。十年冬十一月二十九日中夜,沐浴而逝,塔于明觉之左。

后有晦翁悟明者,福州人。上堂举:"夹山会下一僧到皋亭,才礼拜,亭便打。僧再拜,又打趋去。僧回,举似夹山。山云:'会否?'云:'不会。'山云:'赖汝不会。汝若会,即夹山口哑去。'应庵

---

① 凝,底本作"疑",据《嘉泰普灯录》《五灯会元》《续传灯录》《普陀珞迦新志》校改。

② 室,底本作"定",据《嘉泰普灯录》《五灯会元》《续传灯录》《补续高僧传》《武林梵志》校改。

拈云:'皋亭一期,忍俊不禁,争奈拄杖,放行太速。当时此僧莫道皋亭、夹山,便是达摩也应斩为三段。'"明云:"皋亭、夹山,门庭施设,各得其宜。但中间一人较些子,应庵与么道,也是巩县茶瓶。"嘉定十年,明纂修《联灯会要》,至今传于丛林。

南宋临安径山寺沙门释宝印传

释宝印,字别峰,嘉州李氏子也。幼通六经,长穷七史。忽厌尘俗,志慕竺典。乃从德山清素得度,往听《华严》《起信》,尽得旨。觉劳算沙,终非解脱,遂依中峰密印民禅师。密印举:"僧问岩头:'起灭不停时如何?'岩叱曰:'是谁起灭?'"印闻,大悟。会圆悟归昭觉,遣印往省,随众入室。悟问:"从上诸圣,以何接人?"印竖起拳。悟曰:"此是老僧用底,何者是从上诸圣用底?"印以拳挥之,悟亦举拳相交,大笑而止。又谒大慧于径山。慧问:"甚么来?"曰:"西川。"慧曰:"未出剑门关,与汝三十棒了也。"曰:"不合起动尊者。"慧欣然。后住雪窦。

淳熙七年秋,召印问道,赐肩舆,入选德殿。帝曰:"三教圣人,本同这个理否?"对曰:"譬如虚空,东西南北,初无二也。"帝曰:"但圣人所立门户,则不同耳。如孔子,惟①以中庸设教。"印曰:"非中庸如何安立世间? 故《法华》云,治世语言、资生业等,皆与实相不相违背。《华严》云,不坏世间相,而成出世法。"帝曰:"今时士大夫学孔子者多,只工文字语言,不见夫子之道,不识夫子之心。惟释氏禅宗不以文字教人,直指心源,顿令悟入,不乱于生死

---

① 惟,底本作"性"。

之际,此为殊胜。"印曰:"非独后世不见夫子之心。尝见孔门颜子,号为具体,尽平生力量,只道得'瞻之在前,忽焉在后',竟捉摸不着。而夫子分明八字打开,向诸弟子道:'二三子以我为隐乎?吾无隐乎尔。吾无行而不与二三子者,是丘也。'以此观之,夫子未尝回避诸弟子,而诸弟子自错过了也。昔张商英曰:'吾学佛,然后能知儒。'此言实为至当。"帝曰:"朕意亦谓如此。"帝又问:"庄子若何如人?"印曰:"只是佛法中小乘声闻以下人也。盖小乘厌身如桎梏,弃智如杂毒,化火焚身,入无为界。即如庄子所谓'形固可使如槁木,心固可使如飞灰'。若大乘人则不然,度众生尽,方证菩提。正如伊尹所谓:'予,天民之先觉者也,将以斯道觉斯民也。有一夫不被其泽者,若己推而内沟中也。'"帝大悦。

诏住径山,开堂曰:"三世诸佛,以一句演百千万亿句,收百千万亿句只在一句。祖宗门下,半句也无。只恁么,合吃多少痛棒。诸仁者,且道诸佛是,祖师是?若道佛是祖不是,祖是佛不是,取舍未忘。若道佛祖一时俱是,一时俱不是,颠顶不少。且截断葛藤一句,作么生道?"良久曰:"大虫裹纸帽,笑人又惊人。"十年二月,帝注《圆觉经》,赐印,命作叙流行。绍熙元年十一月,往见智策禅师,诀别。策问行日,印曰:"水到渠成。"索纸书云:"十二月初七夜鸡鸣时也。"果至期而化。留七日,颜色明润,发长顶温。葬全身于西冈,谥曰慈辩,塔曰智光。

卷第十四
习禅篇第三之四
正传十三人　附见八人

南宋余杭净慈寺沙门释重显传　韩大伯　善暹

释重显，字隐之，姓李氏，遂宁人也。依普安仁铣出家。受具后，横经讲席，究理穷玄，诘难转深，机辨无敌，咸钦法器。元莹讲《圆觉疏》于大慈寺，显往复辩难，莹不能屈，曰："闻南方有得诸佛清净法眼者，彼待子之求也久矣。"往诣石门，留居三年，殊无所契。负笈南游，首造智门祚。即申问曰："不起一念，云何有过？"门召近前，击以拂子。方拟陈词，又忽击之。遂豁然开朗，无可言说。将造钱塘，值曾学士于淮南以书荐于珊禅师，显至灵隐，浮沈众中，忽焉三载。曾奉使归，访之灵隐，无识之者，乃于净头寮舍，物色得之。曾询荐书，显出袖中，纳之曰："公意勤勤，然行脚人非书邮也。"珊由是奇之。有《为道日损》偈曰："三分光阴二蚤过，灵台一点不楷磨。区区逐日贪生去，唤不回头争奈何。"出住翠峰，忽迁净慈。

未几，移主雪窦。上堂，僧问："雪覆芦花时如何？"曰："点。"曰："如何则为祥为瑞也？"显乃颂曰："雪覆芦花欲暮天，谢家人不在渔船。白牛放却无寻处，空把山童赠铁鞭。"一日，游山，四顾瞿瞿，悠然神远，久之谓侍者曰："何日复来于此？"侍者哀乞遗偈，显曰："平生唯患语之多矣。"翌辰，出杖履衣盂，散及徒众，乃曰："七月七日，复相见耳。"至期，盥沐摄衣，北首而逝。塔于寺之西坞，追谥明觉。尝《同于秘丞赋瀑泉》："大禹不知凿，来源亦自成。色应怜众白，声合让孤清。远势曾吞海，飞流未喷鲸。灵槎如可放，天际问归程。"《雪窦漫兴》："春山乱叠青，春水漾虚碧。寥寥天地间，独立望何极。"《日暮游东涧》："极目生晚照，幽情春兰芷。白蘋叶里风，不在秋江起。"《送僧下雪窦》："云衣轻拂下层峦，松桂生风触袖寒。谁问亲游乳峰意，百千年后与人看？"《寄太平端①》："千朵危峰杳霭间，石房长带瀑声寒。鸟啼花发寻常事，松木青青雪里看。"

同时，有韩大伯修苦行于大阳，显时为典客，与客论赵州宗旨，大伯侍其旁匿笑。客退，显数之曰："我偶客语，汝乃慢笑，笑何事？"大伯曰："笑知客智眼未正，择法不明。"显曰："岂有说乎？"对以偈曰："一兔横身当古路，苍鹰才见便生擒。后来猎犬无灵性，空向枯桩旧处寻。"显阴异之，结以为友。后显主雪窦，法席之盛，号云门中兴。显尝经行植杖，众衲环之，忽问曰："有问云门：'树凋叶落时如何？'曰：'体露金风。'云门答遮僧邪？为说解邪？"有宗上座曰："待老汉有悟处即说。"显熟视，惊曰："非韩大伯乎？"曰："老汉瞥地也。"于是令抠鼓集众。显曰："大众，今日雪窦宗上座乃是昔年大阳韩大伯，具大知见，晦迹韬光，欲得发扬宗风，幸愿特升此座。"遂升座，一众大惊。

善暹初参德山，后至雪窦谒显。显喜其俊逸，曰："海上横行暹道者。"遂命分座说法。显欲其住金鹅，暹书二偈而去："不是无心

---

① 太平端，底本作"大平瑞"。据《明觉禅师语录》之《寄太平端和尚》校改。太平端，南宋僧人，与重显交游，生平事迹难考。

继祖灯,道惭未厕岭南能。三更月下离岩窦,眷眷无言恋碧层。""二十余年四海间,亲师择友未尝闲。今朝得到无心地,却被无心趁出山。"

南宋常州华藏寺沙门释有权传

释有权,字伊庵,姓祁氏,昌化人也。髫龄出家,十四得度。笃志勤励,博究群章。年十八,知有向上,殚力参禀,首礼佛智裕于灵隐。时无庵充首座,权入室请益,庵以从无住本,建一切法问之。权久而有省,答曰:"暗里穿针,耳中出气。"庵可之,遂密付心印。既有所得,精进益坚。一夕危坐,深入禅那,至于达旦,虽行粥至,忘乎展钵。邻僧以手触之,顿然大悟,偈曰:"黑漆昆仑把钓竿,古帆高挂下惊湍。芦花影里弄明月,引得盲龟上钓船。"佛智深加称赏。一日,问权:"心包太虚,量周沙界时如何?"对曰:"大海不宿死尸。"佛智抚其座曰:"此子他日据此诃佛骂祖。"权于是深自韬晦,寄迹湖湘、江浙之间十年。然后或依应庵,或见大慧,凡明眼宿德,躬往礼谒。无庵出主道场,召权分座说法,自是声播诸方。未久,有华藏之命。开堂云:"禅禅!无党无偏,迷时千里隔,悟在口皮边。所以僧问石霜:'如何是禅?'霜曰:'甋砖。'僧问睦州:'如何是禅?'州曰:'猛火着,猛油煎。'僧问首山:'如何是禅?'山曰:'猢狲上树尾连颠。'乃知道无横径,立处孤危。然此三大老,而行声前活路,用劫外灵机。若以衲僧正眼检点将来,不无优劣。一人如张良入阵,一人如项羽用兵,一人如孔明料敌。若人辨白得出,可与佛祖齐眉。虽然如是,忽有个出来道,长老话作两橛了也。适来说道,道无横径,无党无偏,而今又分许多优劣。且作么生只对?

还委悉么？把手上山齐着力，咽喉出气自家知。"淳熙庚子秋，示微疾，书偈而逝。荼毗，齿舌不坏，舍利五色者无数。

南宋南康云居寺沙门释德昇传 慧温

释德昇，字顽庵，汉州何氏子也。幼溺尘滓，长便醒悟。二十得度，游心讲席，三学四众，以义虎推焉。忽以支解自嫌，幡然易辙，更衣顶笠，谒文殊道，恳示佛法省要之音。道说偈曰："契丹打破波斯寨，夺得宝珠村里卖。十字街头穷乞儿，腰间挂个风流袋。"昇将拟对，道叱曰："莫错。"于是退参三年，方领前旨。入闽鼓山，礼觐竹庵。问："国师不跨石门句，意旨如何？"竹庵应声曰："闲言语。"言下顿悟。后有僧问："如何是无位真人？"昇曰："闻时富贵，见后贫穷。"

释慧温，字萝庵，福州郑氏子。与昇同依竹庵。未几，因竹庵谢事，自以胸次尚未洒然，又谒高庵悟、南华昺、草堂清诸耆宿，俱承赏许。会竹庵迁闽乾元，温复归省。竹庵曰："情生智隔，想变体殊。不用停囚①长智，道将一句来。"温释然悟入，呈偈曰："拶出通身是口，何妨骂雨诃风？昨夜前村猛虎，咬杀南山大虫。"竹庵肯之。后住通州狼山，与昇共树竹庵赤帜，为一方良道。

南宋南康云居寺沙门释自圆传 善能

释自圆，字普云，绵州雍氏子也。夙有灵根，少能割爱，脱彼欲

---

① 囚，底本作"因"，据《嘉泰普灯录》《五灯会元》《大明高僧传》《续传灯录》《续指月录》校改。

桔,栖此法林。年十九,试经得颁祠牒。染衣之后,先探律宗,作犯止持,白圭良璧,淹流教海。五祀而后,出关南下,遍扣尊宿,始入龙门。偶步廊庑,睹绘壁间胡人之像,忽尔有省。至夕,白于高庵,庵举法眼偈曰:"头戴貂鼠帽,腰悬羊角锥。语不令人会,须得人译之。"庵即筴火示之曰:"我为汝译了也。"圆于言下大悟,呈偈曰:"外国言音不可穷,起云亭下一时通。口门广大无边际,吞尽杨岐栗棘蓬。"高庵遣侍佛眼,眼曰:"吾道东矣。"

释善能,亦高庵嗣法门人,其族严陵。一日,高庵普请择菜次,庵知其缘熟,忽以猫儿掷能怀中。能拟议,被庵栏胸踏倒,豁然大悟,起,惟吟笑而已。历年既久,德馨远闻,缁素倾心。出住福州中际,大阐宗风,世称双树法幢云。

南宋临安净慈寺沙门释彦充传

释彦充,字肯堂,於潜盛氏子也。生而慧性朗然,善根内著。爰在髫年,愿脱尘羁,依明空院义堪剃发。五夏学律,一钵孤征,径造大愚宏智、正堂大圆。后闻僧举东林颜示众曰:"我此间别无玄妙,只有木札羹、铁钉饭,一任汝等咬嚼。"彦窃喜之,直谒,陈所见解。东林谓曰:"据汝所见处,正坐在鉴觉中也。"彦尽将从前所得一时扬下,专注一心,精勤参究。一日,闻傍僧举南泉道:"时人见此一株花,如梦相似。"乃默自觉,曰:"打草只要蛇惊耳。"次日入室,东林问:"那里是岩头密启其意处?"彦曰:"今日捉败这老贼。"林曰:"达摩大师性命在汝手里也。"彦拟开口,蓦然被林一击。豁尔大悟,汗流浃背,点首言曰:"临济道,黄檗佛法无多子。岂虚语哉?"呈偈曰:"为人须为彻,杀人须见血。德山与岩头,万里一条铁。"林深然之。

南宋潭州上封寺沙门释讳才传 海印隆

释讳才,字佛心,福州姚氏子也。幼为驱乌,弱冠得度。精求律部,持犯霜清。慕最上乘,不惮遐扣,一念力参。首谒海印隆于大中,偶见老宿达道看经,至"一毛头师子百亿毛头一时现"处,才问曰:"一毛头师子作么生,得百亿毛头一时?"达曰:"汝乍入丛林,未可理会许事。"才疑之。适海印夜参,至结座,掷柱杖曰:"了却毛端吞巨海,始知大地一微尘。"才豁然有省。次谒黄龙死心,不契。乃参灵源,凡入室,出必挥泪,曰:"此事我见甚是分明,只临机吐之不出,奈何?"源曰:"须是大彻,方得自在。"一日,窃观邻僧读曹洞《广录》,至"药山采薪归,有僧问:'甚处来?'山曰:'讨柴来。'僧指腰下刀,曰:'鸣剥剥,是甚么?'山拔刀作斫势",才忽然大悟,即揭帘趋出,说偈曰:"彻彻!大海干枯,虚空迸裂。四方八面绝遮拦,万象森罗齐漏泄。"初住上封,屡迁名刹。词河辩海,潮涌波腾,学者无能凑泊其涯涘也。

南宋明州天童寺沙门释文礼传

释文礼,字灭翁,姓阮氏,临安人也。家于天目山麓,因别号天目。生性聪慧,别具灵颖。家世田作,尝在髫年,从母出桑,携篮相随。母戏之曰:"提筐者谁?"忽焉有省,始怀出尘之想。年十六,依邑之真相寺智月得度。参净慈混源,不契。谒佛照光于育王,问风动幡动,应对机敏。喜其俊迈,使掌书记。久之还浙,西听一心三观之旨于上天竺。时拟议之间，顿忘知解。往参，遂印可。寻复辞去，礼祖塔于江淮间。因至蒋山，浙翁琰留之分座。嘉定五年，张约斋居士镃请开法于临安慧云，既而迁温之能仁。未几，辞归西丘。时节斋赵公慕礼高行，微服过西丘，礼亦不问姓氏，与语终日而去。明日，奏请礼住持净慈。复移居福泉，迁住天童。礼素崇古谊，高洁简俭，不苟笑言。其说法，则风雅流丽，读之非解，人亦复神动。尝诵《楞严经》"诸可还[者]①，自然非汝。不汝还者，非汝而谁"句下，忽作偈曰："不汝还者复是谁，残红流在钓鱼矶。日斜风定无人扫，燕子衔将水际飞。"

冬至，上堂云："黄钟才起时，九数从头数。相将幽谷莺啼，次第雕梁燕语。田父祭勾芒，丛祠敲社鼓。农父狎牛郎，村姑教蚕妇。光阴老尽世间人，冬至寒食一百五。"其他妙语类如此。尤邃于《易》，乾、淳诸儒大阐道学，礼与之游。晦翁朱子问"毋不敬"，礼叉手示之。杨慈湖问"不欺之力"，答曰："此力分明在不欺，不欺能有几人知。要明象兔全提句，看取升阶正笏时。"礼领刹五，前后八九载余，多逍遥于梁渚西上，而群衲聚扣，与住院无异。将入寂，谓侍者曰："谁与我造无缝塔？"或请其式，曰："尽力画不出。"乃怡然脱去。世寿八十有四。阇维，收舍利无算，祔于应庵华塔之左。尤焴序其语录。嗣法弟子横川琪、石林巩。

南宋临安灵隐寺沙门释德光传 光化吉

释德光，赐号佛照，临江彭氏子也。志学之年，即依郡之光

---

① 底本无"者"字，据《续传灯录》《续灯存稿》《续灯正统》校补。另《楞严经》卷二有载："诸可还者，自然非汝。不汝还者，非汝而谁？"

化吉剃发受具。一日,入室,吉问曰:"不是心,不是佛,不是物,是个甚么?"光罔措,通夕不寐。次日,复登方丈,请曰:"昨蒙垂问,既不是心,不是佛,又不是物,毕竟是甚么?望乞慈悲指示。"吉乃震威喝曰:"这沙弥,更要我与你下注脚?"拈棒劈脊一击,于是有省。次谒月庵杲、应庵华、百丈震,皆无所入。适大慧住明州阿育王,四海英才鳞集,光亦造焉。入室,大慧举竹篦问曰:"唤作竹篦则触,不唤作竹篦则背。不得下语,不得无语。"光拟对,大慧便棒。光豁然大悟,从前所得,到此瓦解冰消,侍久之。宋孝宗慕光道价,降诏命住灵隐。一日,召问,对答称旨,留宿内观堂。后示寂,塔于东庵。

南宋江州东林寺沙门释道颜传

释道颜,字卍庵,潼川鲜于氏子也。初参圆悟,但登堂,未能造其玄奥。圆悟将还蜀,以书遗大慧曰:"颜彩绘已,特未点眼耳。他日未可量也。"于是朝夕质疑于慧,方大悟彻。声光遐溢,黑白咸被其化。僧问:"如何是佛?"颜曰:"志公。"曰:"学人问佛,何答志公?"颜曰:"志公不是闲和尚。"[曰]①"如何是法?"颜曰:"黄绢幼妇,外孙齑臼。"曰:"是甚章句?"颜曰:"绝妙好辞。"曰:"如何是僧?"颜曰:"钓鱼船上谢三郎。"曰:"何不直说?"颜曰:"玄沙②和尚。"凡所说法,简易如此。

---

① 底本无"曰"字,据《大明高僧传》校补。
② 玄沙,《嘉泰普灯录》作"贤沙",《五灯会元》《续传灯录》《大明高僧传》《续灯正统》皆作"玄沙"。

南宋福州西禅寺沙门释鼎需传

释鼎需,字懒庵,福之林氏子也。幼业儒,举进士,振振有声。年二十五,因阅《遗教经》,忽省曰:"几为儒冠误也。"即欲舍俗,母氏难以亲迎在期,需笑绝之曰:"夭桃红杏,一时吩咐春风;翠竹黄华,此去永为道侣。"遂依保寿乐为大僧。遍参名宿,归里结庵,羌峰三年。尝以即心即佛话,问学者。时妙喜庵于洋屿,晦庵光在侍,特以书招之曰:"此间庵主手段,与诸方别。可来少款,如何?"需不答,光以计邀至。值妙喜为众入室,需欲随喜而已。妙喜因举:"僧问马祖:'如何是佛?'祖云:'即心是佛。'你作么生?"需下语,喜诟曰:"汝见解如此,敢妄为人师耶?"乃鸣鼓,讦为邪解。需泪交颐,不敢仰视。自默计曰:"我既为所排,而西来不传之旨,岂正此耶?"遂求入弟子之列。一日,妙喜问曰:"内不放出,外不放入。正恁么时如何?"需拟开口,喜拈竹篦,劈脊三击之。需大悟,厉声曰:"如此已多了也。"喜复击之,需礼拜。喜笑曰:"今日方知吾不汝欺也。"即以偈曰:"顶门竖亚摩醯眼,肘后斜悬夺命符。瞎却眼,卸却符,赵州东壁挂葫芦。"自此名喧丛席,始称具眼宗匠云。

南宋建宁沙门释道谦传

释道谦,建宁人,未详氏族。初依佛果,无所入。妙喜住径山,谦亦在侍。令往长沙,通书于张紫岩。乃自谓:"参禅二十年,尚无个入处。又有此行,岂不荒废乎?"将辞之。同寮宗元叱曰:"不可。岂以在路参禅不得耶?汝去,吾与俱往。"一日,在途,泣曰:

"一生参禅，无得力处。今奔波若此，何得相应？"元曰："你但将诸方参得、悟得，并圆悟妙喜与说得底，都不要理会。途中我可替者，尽替汝。只有五事替不得，须自承当。"曰："何为五事？"元曰："着衣吃饭，遗矢放尿，驮个死尸路上行。"谦于言下大彻，不觉手舞足蹈。元曰："汝此回方可通书，吾先归矣。"后半载返双径，妙喜于山门外亭，一见便曰："建州子，这回自别也。"

南宋平江觉海寺沙门释法因传

释法因，姑苏崛山朱氏子也。少泊尘俗，无意出缠。年二十四，始披缁服。不终五夏，遽尔游方。谒慧日雅于东林。慧日举灵云见桃花悟道因缘问之。拟对，日曰："不是，不是。"忽有所契，呈偈曰："岩上桃花开，花从何处来？灵云才一见，回首舞三台。"慧日戒曰："子虽见已入微，更猛着鞭，当明大法。"于是居芦阜三十年，不与世接，四方仰之。学者奔赴，就其炉鞴。因亦不辞锻炼，随机说法。宋建炎末，盗起江左，乃顺流东归。觉海缁白，踵门问道。尝谓众曰："汝等当饱持定力，弗忧晨炊干求外务也。"晚年放浪自若，称曰五松散人。

南宋眉州中岩寺沙门释蕴能传 澄甫　崇真

释蕴能，号慧目，姓吕氏，眉人也。少习儒，博究经史。年二十二，校书村落。偶于山寺，见禅册在几，阅之似有得。遂裂衣冠，投僧圆具，一钵遐游。首参宝胜澄甫禅师，征诘酬酢，所趣颇异。径往荆湖，方谒永安喜、真如喆、德山绘诸公，造诣益迈。次抵大沩，参瑃禅师。问曰:"桑梓何处?"曰:"西川。"瑃曰:"闻西川有普贤菩萨示现,是否?"曰:"今日亲瞻慈像。"瑃曰:"白象何在?"曰:"爪牙已见。"瑃曰:"会转身么?"能提具,绕禅床一匝。瑃曰:"不是。"能趋出。一日,瑃问僧:"黄巢过后,有人收得宝剑么?"僧竖起拳。瑃曰:"菜刀子。"僧曰:"争奈受用不尽。"瑃喝出。次问,能亦竖拳。瑃曰:"也是菜刀子。"能便近前,一筑曰:"杀得人即休。"瑃笑曰:"三十年弄骑马,今日被驴扑。"由是声播诸方。返蜀,初主报恩,次居中岩。室中尝问崇①真毡头曰:"如何是你空劫已前面目?"真忽领悟,对曰:"且低声。"遂呈偈曰:"万年仓里曾饥馑,大海中住尽长渴。当时寻时寻不见,今日避时避不得。"能印可之。能住持三十余年,说法不许人录。临终,书偈辞众,端坐而化。阇维时,暴风忽起,烟之所至,皆雨舍利。道俗厮地,亦有得者。心舌不坏。

---

① 崇,底本作"祟",据《五灯会元》《续传灯录》《大明高僧传》校改。

卷第十五
习禅篇第三之五
正传十三人　附见三人

南宋余杭灵隐寺沙门释之善传

释之善，字妙峰，姓刘氏，吴兴人。参佛照光于鄮山。照举风幡语，妙峰直截了当，机锋不让。遂印可，赠偈曰："今日与君通一线，斩钉截铁起吾宗。"乃游匡庐，面壁妙高峰下十载。出世慧因、洪福、万年诸刹。会天童虚席，时郑清之秉钧轴谓："非妙峰莫属。"因勉其行。妙峰答曰："老僧逾耄矣，尚夜行不休乎？"郑公高之。晚住灵隐，上堂云："久参高士，眼空四海，鼻孔撩天。见也见得亲，说也说得亲，行也行得亲，用也用得亲。只是未识老僧拄杖子在，何以故？将成九仞之山，不进一篑之土。"妙峰平生善诱，一经指授，辄神融意悟。端平二年九月示寂，寿八十四，腊七十一。荼毗，舍利不可数计。塔灵隐西冈，郑清之为之铭。

南宋明州天童寺沙门释昙华传

释昙华，字应庵，蕲州汪氏子也。生而奇杰，不类凡儿。年十七，依于东禅剃发。首谒遂师，略得染指法味。于是遍参知识，靡所契证。闻圆悟住云居，锻炼学者，华往礼焉，因依之。悟乃痛与锥札。值悟返蜀,指见虎邱隆,趋侍一载,顿明大事。已而访此庵,元命分座,于是开堂妙严。迁归宗,时大慧在梅阳,有僧传华示众语,大慧见之,极口称叹。复寄偈曰:"坐断金轮第一峰,千妖百怪尽潜踪。年来又得真消息,报道杨岐正脉通。"虎邱忌日,拈香曰:"生平没兴,撞着这无意智老汉,做尽伎俩,凑泊不得。从此卸却干戈,随分着衣吃饭。二十年来,坐曲录床,悬羊头卖狗肉。知他有甚凭据?虽然,一年一度烧香日,千古令人恨转深。"世称华与杲二甘露门。尝戒徒众曰:"衲僧着草鞋住院,何啻①如鼋蛇恋②窟乎?"宋隆兴元年六月十三日,奄然而化,塔于东山。

南宋婺州智者寺沙门释真慈传

释真慈,字元庵,潼州李氏子也。总角即慕空寂,好游伽蓝。恳父母,依成都之正法院圆顶。受具足,大小乘戒,洁肃冰雪。解慧日隆,耽嗜贝文。遍游讲肆,听《圆觉修多罗》至"四大各离,今者妄身当在何处?毕竟无体,实同幻化",因而有省。颂曰:"一颗明珠,在我这里。拨着动着,放光动地。"呈似诸座讲师,无能识者。归举受业师,师以"狗子无佛性"话诘之,慈曰:"百千公案,无出此颂也。"师乃叱出。因而南游庐阜,挂锡圆通。时卍庵为西堂,为众入室举:"僧问云门:'拨尘见佛时如何?'门曰:'佛亦是尘。'"慈闻豁然,随声便喝,以手指胸曰:"佛亦是尘。"复呈颂曰:"拨尘见佛,佛亦是尘。问了答了,直下翻身。劝君更尽一杯酒,西出阳关无故人。"又颂《尘尘三昧》曰:"钵里饭,桶里水,别宝昆仑坐潭底。一

---

① 啻,底本作"事口",据《五灯会元》《续传灯录》《续灯正统》《吴都法乘》校改。
② 恋,底本作"恶",据《五灯会元》《续传灯录》《续灯正统》《吴都法乘》校改。

尘尘上走须弥,明眼波斯笑弹指。笑弥指,珊瑚枝上清风起。"卍庵领之。于是声扬四表,道洽殊途。出主智者,诲诱学者,大屠龙之手焉。

南宋福州鼓山[寺]沙门释安永传　安分

释安永,字木庵,姓吴氏,闽人也。永生具道质,行止肃然,身泊爱缠,心怀遐举。弱冠剃发,高标物外。闻有别传之道,乃谒懒庵于云门。入室之际,庵顾而问曰:"不问有言,不问无言。世尊良久,不得向良久处会。"随后便喝,永倏然契悟。作礼曰:"不因今日问,争①丧目前机。"懒庵许之。辛卯,住当山。上堂,举睦州示众云:"诸人未得个入处,须得个入处。既得个入处,不得忘却老僧。"永曰:"恁么说话,面皮厚多少。木庵则不然,诸人未得个入处,须得个入处。既得个入处,直须扬下个入处始得。"凡所说法,简明如此。

时有安分庵主,少与永共肄业于安国。后永偕依懒庵,不契,辞谒大慧于径山。行次钱塘江干,仰瞻宫阙,忽闻街司喝"侍郎来",分忽大悟。偈曰:"几年个事挂胸怀,问尽诸方眼不开。肝胆此时俱裂破,一声江上侍郎来。"竟回西禅,懒庵迎之,付以伽黎衣,自尔不规所寓。后庵居剑门,化被岭表,学者从之。

南宋临安净慈寺沙门释昙密传

释昙密,字混源,天台卢氏子也。生即英敏,颖异匪凡。幼失

---

① 争,底本作"几",据《嘉泰普灯录》《五灯会元》《续传灯录》《增集续传灯录》《续灯存稿》《续灯正统》《续指月录》校改。

所天,志怀高迈。初依邑之资福道荣,研穷竺教。十六圆具,登大僧籍。大小律部,莹无瑕疵。精习天台教观,而于顿渐偏圆、性具理毒之旨,如指诸掌。一日,叹曰:"教乘之妙,无得而称。但未离于名言,终非见性。不若更衣,从别传之学。倘有隙见,足快生平。"闻大慧唱道径山,顶笠谒之。又访雪巢一、此庵元诸公,皆无省发。于是从闽而之泉南,投教忠光,因职维那。闻忠举香严击竹因缘,豁然契悟。呈偈,忠诘玄沙①未彻之语,对酬无滞。始嘱曰:"子此后方可见大慧也。"于是受教,辞往梅阳,服勤四载。慧尝命分座。出住净慈,大宏教忠之道,户外履常满。示寂,塔于寺西北隅。

南宋明州天童寺沙门释咸杰传

释咸杰,字密庵,福州郑氏子也。其母梦庐山老僧入舍,遂举杰。自幼颖异过人,及壮,剃发进具。遍参知识,最后谒应庵华于衢州明果。庵一日问曰:"如何是正法眼?"答曰:"破沙盆。"应庵颔之,说偈曰:"大彻投机句,当阳廓顶门。相从今四载,征诘②洞无痕。虽未付衣钵③,气宇吞乾坤。却把正法眼,唤作破沙盆。"后出住衢州乌巨庵,次迁祥符、蒋山、华藏。未几,诏主径山及灵隐。

---

① 玄沙,《嘉泰普灯录》《五灯会元》作"贤沙",《续传灯录》《续灯存稿》《续灯正统》作"玄沙"。
② 诘,底本作"结",据《五灯会元》《释氏稽古略》《续传灯录》《增集续传灯录》《续灯存稿》《大明高僧传》《续指月录》校改。
③ 衣钵,《五灯会元》《释氏稽古略》《续传灯录》《增集续传灯录》《续灯存稿》《续指月录》皆作"钵袋",《大明高僧传》作"衣钵"。

上堂："牛头横说竖说，不知有向上关棙子。有般漆桶汉，东西不辨，南北不分，如何是向上关棙子？何异开眼尿床。我有一转语，不在向上向下，千手大悲摸索不着。老僧今日布施大众去矣。"良久曰："达摩大师，无当门齿。"上堂，卓柱杖曰："迷时只迷这个。"复卓一下曰："悟时只悟这个。迷悟两忘，粪扫堆头重添搕𢶍。莫有东涌西没全机独脱处，道得一句底么？若道不得，老僧自道去也。"掷柱杖曰："三十年后。"又举："金峰示众曰：'老僧二十年前，有老婆心。二十年后，无老婆心。'僧问：'如何是有老婆心？'峰曰：'问凡答凡，问圣答圣。'僧又问：'如何是无老婆心？'峰曰：'问凡不答凡，问圣不答圣。'"杰曰："我当时若见他恁么说，好向他道，你若自瞥地去，自然不落这圣凡窠臼也。"又举婆子烧庵话毕，杰曰："这个公案，丛林中多有拈提者。老僧今日裂破面皮，不免对众纳败阙一上，定要诸方检点明白。"乃召众曰："这婆子住处深稳①，水泄不通，遍向枯木上糁花，寒岩中发焰。这僧孤身迥迥，惯入洪波，等闲坐断泼天潮头，到底自无涓滴。仔细检点将来，敲枷打锁则不无二人②。若谓佛法俱未梦见，今老僧与么提持，毕竟意归何处？"良久曰："一把柳丝收不得，和烟搭在玉栏杆。"上堂，卓拄杖曰："尽大地唤作一句子，担枷带锁；不唤作一句子，业识茫茫。两头俱透脱得了，净倮倮，赤洒洒，不可把。达摩一宗，扫地而尽。所以云门大师道，尽乾坤大地，无纤毫过患，犹是转句。不见一法，始是半提，更须知有

---

① 稳，底本作"隐"，据《五灯会元》《增集续传灯录》《续传灯录》《续灯存稿》《大明高僧传》《续指月录》校改。

② 底本无"二人"两字，跳入后句"佛法"两字之后，今据《五灯会元》《续传灯录》《增集续传灯录》《续灯存稿》《续指月录》及《径山志》校改。

全提。"良久曰:"剑去久矣,方乃刻舟。"

南宋夔州卧龙山沙门释祖先传 法薰

释祖先,字破庵,广安王氏子也。幼岁出家,力参祖道。夜不安寝,一衲随身。闻密庵大宏临济之宗,遂往参谒,密庵深加勘发。一日,密庵上堂示众,忽有省。后密庵住灵隐,命之分座。偶有道者,问曰:"猢狲捉不住,奈何?"先曰:"用捉作甚么?如风吹水,自然成文。"有讲《楞严》座主求示,先说偈曰:"见犹离见非真见,还尽八还无可还。木落秋空山骨露,不知谁识老瞿昙。"时有石田法薰往参,先举"世尊拈花,迦叶微笑"话诘之,薰对曰:"焦砖打破连底冻,赤眼撞着火柴头。"先颔之,后付以法。

南宋临安灵隐寺沙门释崇岳传

释崇岳,字松源,龙泉吴氏子也。幼卓荦不凡,长慕出世法。年二十三,弃家,衣①扫塔服。谒大慧杲于径山,杲称应庵华为人径捷,岳闻之即行,晨夕咨请。应庵大喜,以为法器,劝令祝发,栋梁吾道。隆兴二年,得度于杭之西湖白莲精舍,参方最久。后谒密庵杰,闻室中问僧"不是心,不是佛,不是物"话,忽大悟,遂得心印。因密庵还灵隐,命居首座。久之出世,首住平江澄照,次居江阴光孝、饶之荐福、明之香山,最后居虎邱。道化盛行,得法者众。宁宗庆元三年,诏住灵隐。三易寒暑,以老乞退,居寺之东庵。嘉

---

① 衣,底本作"依",据《补续高僧传》《续传灯录》《增集续传灯录》校改。

泰二年八月四日,手书别公卿,垂语示学者曰:"有大力量人,因甚抬脚不起?"又曰:"开口不在舌头上。"遗嘱弟子,以阐法是务。乃书偈曰:"来无所来,去无所去。瞥转玄关,佛祖罔措。"跏趺而逝。寿七十一,腊四十,塔全身于北高峰之原。得法者香山光睦、云居善开。

南宋临安径山[寺]沙门释师范传

释师范,字无准,梓潼雍氏子也。年九岁,依阴平山道钦出家,读书过目成诵。绍熙六年,始游成都,谒正法尧,问坐禅工夫。尧曰:"禅是何物,坐的是谁?"范于是昼夜体究。一日,偶提前话,有省。明年,出游广浙,谒佛照于育王。照问:"何处人?"曰:"剑州。"又问:"带得剑来么?"范便喝。佛照笑曰:"这乌头子也乱做。"师贫,无资剃发,故人目之曰乌头子。破庵居灵隐,范侍次。有一道者问破庵:"猢狲子捉不住,奈何?"庵曰:"用捉作么?如风吹水,自然成文。"范于言下大悟。未几,同月石溪公游天台雁宕。时雪峰云住瑞岩,留之分座。夜梦一伟人,手持把茅,授与范。次日,明州清凉寺专使来迎。方入院,见伽蓝神牌书茅姓,其衣冠与梦所见无异。住三年,迁焦山,次雪窦。复主阿育王,久之补双径。

无何,召入大内修政殿,说法称旨,赐金襕衣,加佛鉴禅师之号。范住径山,其殿宇再毁于火,皆复新之。又去寺四十里,筑室百楹,额曰"万年正续"。次于其西数百步结庵,为归藏之所。又建重阁,其上藏朝廷所赐御翰。其先世居蜀,遇乱绝嗣,乃于山中,设祠祀其所生祖父。事闻于朝,赐额曰"圆照",以征其孝思。宋淳祐戊申,筑室明月池上,榜曰"退耕"。是年三月旦日,疾作,遂升座谓众曰:"山僧既老且病,无力与诸人东语西语。今勉强出来,将从前说不到的尽情向诸人倾吐。"遂起身披衣曰:"是多少?"便归方丈。十五日,集众,亲书遗表,书数十言,而与客言笑如平时。至夜,书偈曰:"来时空索索,去时赤条条。更要问端的,天台有石桥。"移顷而逝。停龛二七日。遗表上闻,帝遣中使降香赐币帛。塔曰①圆照。

南宋名山天宁寺沙门释禅惠传

释禅惠,名山人。家世儒服,屡举不第。元符间,郡守吕由诚以僧敕戏之,遂弃家从释。力参祖道,得大开悟。初,出住邑之天宁寺,出入必策马乘舆,诸耆宿言:"以佛法贵乎苦行,固不宜乘舆马、服绮绣。"惠答以偈曰:"文殊驾师子,普贤跨象王。新来一个佛,骑马也无妨。"凡所说法,机锋敏捷。有语录数卷。

南宋巴川宣密院沙门释显嵩传 净业

释显嵩,铜梁李氏子也。饱参倦游,出住巴川之宣密院,三十年迹不出阃。绍兴中,集众说偈曰:"八十年中常浩浩,宏开肆货摩尼宝。也无一个共商量,不是山僧收舍早。"言讫,端坐而逝。荼毗,舍利无算。

时有净业者,石照文氏子。少业屠,有羊方乳二羔,将杀之。

---

① 曰,底本作"于",据《增集续传灯录》《续灯存稿》《续灯正统》《续指月录》校改。

二羔衔其刀,跪伏于门,若乞母命。业感叹,弃家为僧,力参宗匠。忽大悟,作偈曰:"昨日罗刹心,今朝菩萨面。罗刹与菩萨,不隔一条线。"

南宋平江静济寺沙门释法全传

释法全,字无庵,昆山陈氏子也。生有伟质,温粹不凡。幼请父母,从道川禅师为僧。参请精勤,志明大事。一日,行静济寺殿前,偶触首为柱,忽大悟。傍观者见其光彩飞动,而不自知。自此遍游名山丛席,道价益高。乾道中,将示寂。众求遗偈,全瞪目下视。众又请,遂援笔书"无无"二字,端坐而逝。阇维,得舍利五色,塔于金斗峰。

南宋临安径山[寺]沙门释道冲传

释道冲,字痴绝,武信荀氏子也。首参杭之妙果曹源生,大悟玄旨。出主嘉禾之天宁,次迁蒋山雪峰。无何,移住四明天童。三年,诏补灵隐。时京兆尹建法华寺,特奏请冲开山,允之未赴。宋理宗降敕命,主杭州双径。冲谓众曰:"不赴法华则不信,违径山之命则不恭。既失恭与信,何以为后学法?"遂先就法华,开堂月余,即衔旨登径山。于是一众响合,欢声若雷。当住灵隐时,朝命改灵隐菜圃为阎妃香火院。冲不肯署文字,后命养老虎邱。临入灭,乃手书记叙得法之由。上堂说法,辞众,入方丈嘱后事。至夜分,正坐与众论道,移时蜕然而逝,时理宗三年三月十五日也。寿八十二,僧腊六十一。茶毗,舍利莹然。弟子分塔二处,一于菖蒲田玉芝庵,一于金陵玉山庵。冲尝游鼓山,题诗大顶峰,诗曰:"野径斜连石涧傍,草根呢呢语寒螀。郊原经雨多秋意,庭院无人自夕阳。风卷暮云归碧嶂,叶随野水入寒塘。数家篱落枫林外,枳壳垂青菊绽黄。"识云,淳祐辛酉立秋后三日刻于石。

卷第十六
习禅篇第三之六
正传七人 附见六人

金上京大储庆寺沙门释海慧传 清慧

释海慧,金国人也。幼而英敏,学不由师,鲁简竺册,过目成诵。初游讲肆,如入龙宫,性相玄途,无不得其精粹。所以法喜禅悦,饫义怀真。潜踪五台,刀耕火种,就岩傅屋,一榻萧然,如是者十有五禩。一日,叹曰:"具大愿力者,当以众生为急,溺是胡为?"遂携锡燕都,遍历禅寺,随缘演化,七众云屯,于是声播寰宇,望重都闉。金皇统三年六月,英悼太子创造大储庆寺于上京宫右。工初告成,极世精巧,幻若天宫。慕慧道价,请为开山说法,赐牒普度境内童行有籍于官者百万为僧尼。次年,诏迎栴檀瑞像,供养于寺之积庆阁。皇统五年,海慧入寂。火浴,获舍利五色无算,光明彻于空表,异香弥旬。金主偕后、太子、亲王、百官设供五日,奉分五处建塔,谥曰佛觉祐国大师。明年正月,诏清慧禅师,住持储庆,赐号佛智护国大师,特赐金缕僧伽梨衣,并赐异瓶垆宝器。金主、后妃、太子顶礼双足,奉服法衣,其敬礼兼致,古所未有也。

金济南灵岩寺沙门释道询传 净如

释道询,出周氏,义城人也。世席丰富,财雄一乡。询幼孤,事祖母以孝闻。但性豪迈,喜驰逐猎较,日纵鹰犬,乡里多惮之。尝过故人家,见读方册者,直前取视。曰:"是岂汝所能知耶?"询气慑,终读之,乃智望禅师《十二时歌》也。读未竟,汗下沾巾,乃叹曰:"报应若斯,可奈何?"即谢归,放黜鹰①犬,杜门饭脱粟,布衣芒屩,已萌出世念。家人以为狂,或加诃禁,而志益坚。竟投县之兴教寺,礼德安落发。旋进具戒,力持头陀行。德安以求学勉之,发志行脚。初参建隆,因入室叩请,颇领玄妙。复至龟山,见慈禅师,闻静板②有省,以颂投慈,深蒙印可。遂入舒州,谒甘露卓。卓谓之曰:"法华言禅师为一时郢匠,盍往归之?"询忻然荷担,一见契合,淹留四稔。偶因小参,举二祖觅心了不可得,马祖即心是佛机缘,于是彻证传心之旨。太湖真乘虚席,郡委县令赍牒劝请,询固辞。令请益坚,询碎牒投地,峻拒之。令骇曰:"此罪也,奈法何?"众以询厉志纯一,本无慢心,祈令得不白州,听举自代,因得遁去。

询以名迹为众指目,乃归义城,距旧居数十里,得佳泉石处,曰冶山,构精舍,号定光庵,将终老焉。乡里子弟,执侍瓶锡,求度者五十余人。建炎二年,大军渡淮,寻据天长,询处仓卒无挠色。太尉薛公异之,入白统军,迎置军中。及旋军至沂,询乃辞退,于泗水灵光山卜筑自晦。阜昌六年,府帅刘益请主济南普照,犹守前誓,专使频来,势不获已,乃为一出,希踪百丈,恪尔清规。其于诲导,尤示慈航,学子仰之,奉为指南。殿宇圮毁者,改建完葺,侈不逾旧,俭而中礼,道力所摄,人自乐施。皇统元年,住灵岩,妙空净如示寂。净如,一号方山老拙,嗣法荐福英,出大

---

① 鹰,底本作"膺",据灵岩寺《定光禅师塔铭》校改。
② 板,底本作"版",据灵岩寺《定光禅师塔铭》校改。

宗师门下。居山数十载，示徒贵机用，唯棒喝，可语言。其自题像赞云："眉不修疏头突兀，鼻磬垂兮颧无骨，长怜百丑兼且讷，慈禅慈禅不我拙，名兮邈兮水里月。咄！"道闻昭著，颇难其继。府帅都运谓："一时尊宿，德行纯备，无如询者。"命士夫、僧正、纲维诣寺礼请，询犹谦让，府帅再恳，久乃应命。以九月五日开堂演法，渐欲树立[纪纲]①，具牒于府谓："供僧岁费，无虑三千万，拨赐田亩，播种所得，时形不足，乞依旧例，原免科役，庶获饭僧福田，上报国恩，实久远利赖。"府可其请。明年春，至府求退，援引至理，词义切当。乃强留，结制。因日为众普说，入室勤劬不替者弥月，众亦莫测。

俄有野蜂，集于寝堂，鸦鹊百数，悲鸣上下，众咸怪之。夏六月二十三日，粥罢即令挝鼓，集众入座，垂语词旨哀切，异于曩日。翌明示疾，右胁而化。暑气蒸蔚，停居六日。始从荼毗，而颜色不变。火余，得五色舍利百余粒。瘗灵骨于当山后兴塔之右。阅岁五十七，坐夏三十二。有《示众广语》《游方勘辨②》《颂古偈赞》诸篇。询先在淮甸，尝膺椹服之赐，及更名禅定洎北来，绝口不言，唯号定光庵主。询居心慈恤，待人以诚，动推恻隐，数于道路解衣以遗寒者，噤冻而归。又好储良药，拯救患难，见有疾苦，如出诸己。于是感怀恩谊与参问要法者，所至交口称誉，出于自然，闻者欢喜，愿居门下，可谓道重一时，名高四远者矣。窣堵既成，弟子智月哀其行实，乞濮阳李鲁为之铭，立石山阿，昭垂来许。

---

① 底本无"纪纲"二字，据灵岩寺《定光禅师塔铭》校补。
② 辨，底本作"辩"，据灵岩寺《定光禅师塔铭》校改。

金燕都庆寿寺沙门释教亨传 普照宝

释教亨,字虚明,任城王氏子也。先有汴京慈济寺僧福安,居任城有年,精修白业,缁素仰重。一日,托钵于芒山村,乃倚树化去。是夕,示梦于女弟冯自彭村,见其乘白马而下曰:"我生于西陈村王光道家。"冯觉,语母及其子,三人梦皆同。诘旦,至光道家询之,其母刘氏,先夕亦梦安公求寄宿焉。是日果诞亨,乃拳右拇指似不能申,但瞬而未笑。次日,有同业僧福广、福坚闻而来谒,见即呼云:"安兄无恙耶?"亨熟视,举手伸指而笑。其母尝卧儿于室中,若有人诵摩诃般若之声。及晬①,或以佛经、酒杯试之,竟取经卷。素不茹荤血,见僧,喜从之游,人皆呼为安山主。故芒山村乃以亨事勒诸石,记其异。

年七岁出家,依州之崇觉寺圆公剃染。十三,受大戒。遇苦瓜先生,相之曰:"此儿他日坐道场,必领僧万指。"年十五,游方。闻郑州普照宝法席之盛,于是荷锡,自汴发足。宝公夜梦庆云如金,芙蕖缤纷乱坠,因语众曰:"吾十年无梦矣,今有此,是何祥也?"翌日亨至,宝独异之。朝夕参叩,宝亦痛札之。一日,径睢阳,忽马上忆击竹因缘,凝情不散,如入禅定,将抵河津,浑无知觉。同行德满呼曰:"此河津也。"亨惊,遂下马,悲喜交集。及归,涕以语宝公。宝曰:"此僵人耳,切须更苏转动始得,曾看日面佛公案否?"曰:"儿时已念得。"宝公笑曰:"我只教汝参诸方棹下底禅,但再参去,自有得力处。"一日,亨于云堂静坐,忽闻板声,霍然证入。遂呈偈

---

① 晬,底本作"晬"。

曰:"日面月面,流星闪电;若更迟疑,面门着箭。咄!"宝公曰:"我谩汝不得也。"

亨后出世,乃五坐道场,若嵩山之戒坛、韶山之云门、郑州之普照、林溪之大觉、嵩山之法王。复因金丞相夹谷清臣请主中都潭柘,迁济州普照。未几,忽方丈后丛树中有一株,亭亭高丈余,而群鸦以次来巢,状若浮图,上下十二级。众贺曰:"佛法将大振乎!"不十日,诏住庆寿寺,众常万人。三年继主少林,法席大盛。无何引去,乃徜徉于嵩、少之间,时或放歌长啸,如是数年。忽杜门坚坐,谢绝宾客。金兴定己卯七月十日,诫众曰:"汝辈各自勤修。"索浴说偈,端坐而逝。年七十,坐夏五十有八。阇维,焰如莲华开合,牙齿目睛不坏,舍利无算。亨自儿时,额有圆珠涌现于皮间,至是爆然飞去。弟子分设利罗以建塔焉。

金燕都潭柘寺沙门释政言传　慈照

释政言,姓王氏,长社人。九岁,诣资福院净良祝发。受具戒后,参香山慈照。尝入丈室请益,慈照曰:"诸法如意,即诸如来。"政于言下有省,即说偈:"诸缘不坏,了性无灭。云散长空,碧天皎月。"照可之。后至中都,参竹林广慧通理。既而梁园大长公主暨东京留守曹王,请住潭柘龙泉寺,遂继惠公法席。三岁制颂古、拈古各百篇,注《禅说金刚歌》,又著《金台录》《真心真说修行十法门》,皆行于世。后大定间,说偈而化。

金蓟州盘山双峰寺沙门释广温传　圆新

释广温,姓韩氏,高安人。幼童超卓,不甘俗处。丱角双落,受经于习法师。禅院幽清,夜深盗入,温有所闻,坚卧不动。黎明,习责之曰:"物为他人所盗,宁无悔①耶?"温曰:"我人也,盗亦人也。物有所归,又何憾焉?"习奇之。后参同昌英公,英弗纳,庐于岩谷间三年,草衣木食,英异之,乃许问道。又参云门晦堂,及竹林广慧。慧曰:"从来明暗两岐,依他作解,须当弃却我。者里有个铁酸赚,从头一一咬嚼。"温举手谢曰:"既往不咎。"乃取箧笥中秘文火之。一日,顿悟,如桶底脱,法性圆通,无不了然,慧印许之。出住盘山双峰寺。大定戊子夏,示疾而化。

圆新者,范阳六城邨人。得法于龙泉英公。大定壬午,住盘山报国寺。次住天城,又次住法兴。后示疾感化,谓远侍者曰:"吾翌日当行脚去。"索浴净发,至夜分,复谓远曰:"黎明西北有声,须当报吾。"至时,果符其语,声类钟磬。方趋报新,新已脱去。荼毗后,舌齿不灰。

金郑州普照寺沙门释道悟传 白云海

释道悟,字佛光,兰州冠氏子也。生即齿发俱长。年十六,力求出家,父母不听,乃绝食几死,遂舍入里中寺祝发。阅二年,偶宿临洮湾子店,梦梵僧振声唤觉,忽闻马嘶,豁然大悟,喜不自胜,说偈曰:"见也罗,见也罗。遍虚空,只这个。"遂归告父母曰:"儿于途中拾一物。"母问:"何物?"曰:"无始来不见了的。"母掌之曰:"何喜之有?"遂辞,欲参方去。母问:"汝将何之?"答曰:"水流须到海,鹤出白云头。"先是熊耳山有白云海禅师,虽住古刹,不蓄一

---

① 悔,底本作"侮"。

徒,人或问之,海曰:"芝兰秀发,独出西秦。"曰:"几时至?"海曰:"行脚了也。"及悟将至,海命侍①者鸣钟集众,曰:"我关西弟子来也。然此寺原是郭子仪所建,今渠自来住持,汝当迎之。"悟方入门,海遥见便云:"相公,来何暮也?"悟进前曰:"诺。"海大笑,竟授与衣法,令继其席,海即退居寺傍。先有群盗,盘踞劫掠,民受其害,或请海捕之。海曰:"非老僧所能也。不久郭公至,必自捕也。"民弗解其说。后悟居寺方三日,乃率众往擒,尽缚之,破其穴。将欲尽诛,贼哀乞命。悟从容谓曰:"汝劫财物,伤人命,分当死矣。今汝乞命,独不念彼命乎?"贼叩首流血,愿从三宝戒,誓不为非。悟为说偈,剃发释之。自是路不拾遗数十年,人始信悟为郭令公再来也。

金大定二十四年,海公殁,悟方出主郑州普照。又迁三乡竹阁庵,身着白衣,跨黄犊,吹短笛,游于洛中。尝曰:"道我凡耶,曾向圣位中来。道我圣耶,又向凡位中去。道我非圣非凡耶,却向毗卢顶上别有行处。"泰和五年,于临洮大势寺结夏,阐《圆觉经》,谓众曰:"此席将半,吾当行矣。"五月十二日晚,小参,为众谈弟一义。晨兴,呼侍僧曰:"我病,觅药去。"侍僧将出门,悟已蜕矣。上有五色祥云,盘结似盖,红光如日,弥塞四维,三日不散。世寿五十五,僧腊三十九。弟子举全身建塔焉。

金燕都潭柘寺沙门释相了传

释相了,原名行录,姓宋氏,义州弘政里人。生性质直,举止

---

① 侍,底本作"待"。

端重，行必正视，坐即跏趺。髫年闻祖父诵赋，至"秦皇汉武，不死何归"，相了便问："死归何处？"祖异之，语其父曰："此子非尘俗中人。"令依郡之大嘉福寺祚师落发。九岁得度，习《华严》《圆觉》诸经，神机颖悟，发于妙龄。历诸讲肆，同学相钦。咸平石城，继请讲授，开诱不倦。一日，忽念经云："修多罗教，如标月指。经既为标，月何所在？"寻闻辽阳禅刹有大导师，单传佛心，不立文字，乃罢讲席，径往清安，访月公，不契。遂造咸平，见定公。复往锦州大明，参诱公，命掌记室，久之亦无所得。诱曰："汝缘不在此。懿州崇福超老人，明州嫡嗣也，可往依之，必为子发其奥耳。"乃拜辞邃谒，超公一见曰："丛林主，来何暮？"命掌维那。一日，问："俱胝一指头禅，受用不尽，未审和上有多少？"超应声一吹，相了忽然有省，如披云见月，欣跃无量，呈颂曰："窥破浮云月色寒，狂心顿歇髑髅干。通身光透威音外，普应群机作大缘。"超印可，乃更名相了。自是机锋超逸，缁素倾仰。因更遁去，隐云峰间，禅悦自乐。然令名振飞，德芬远播。懿州连帅敦请开法崇福，北京留司具疏迁住松林，龙象云归，人天感慕。东京留守曹王向其道风，请居大惠安六稔，规范肃清。但性乐闲寂，倦于应对，遂夜遁间山宁国寺，枕石眠云，作终焉之计。金明昌时，会潭柘虚席，功德主岐国大长公主恭请住持四年。又晦迹天王小刹，冀国公抑居竹林。相了尝愧名为道累，息影无计，未经岁，退居城隈古寺。龙泉闻知，复迎颐老，乃欣然从之，曰："吾将终老此山。"泰和三年十月终，忽示疾。至期，索笔书偈曰："三十余年说法，弄巧成拙临岐。更为诸人重重，漏泄本来无法。与人依旧，清风明月。"偈毕，右胁而寂，寿七十，腊五十二。荼毗日，有百千蝴蝶自烈焰中出，祥云五色，遍见空中，牙齿不毁。门人收灵骨,树石塔焉。相了禀性纯净,加之慈恕,心不忤物,一生未尝略起瞋恚,纵遇呵毁,容色不易。盖心如大地,八风不能动也。嗣法者三人,道积、相崇、善惠,各行道一方云。

卷第十七
习禅篇第三之七
正传二十人　附见九人

元庆元育王山沙门释如珙传

释如珙,字横川,姓林氏,永嘉人也。生有特性,不尝肉食。叔父正则,乃为之落发。初,见石田于灵隐。时国清断桥延典藏钥,及迁净慈,命为首座。元至元十年,有旨,授珙育王。懋畅宗风,行修精实。指示法门,深入玄妙。敪人行履,自明去来。一日,忽自谓曰:"今年六十六,死日将至。火之乎?土之乎?"西堂唯庵贯云:"古郯山中有一片地,荒草凄然,足安舍利。"因叠石为塔,而自铭焉。词曰:"天生一穴,藏我枯骨;骨朽成土,土能生物。结个葫芦,挂赵州壁;永脱轮回,起三世佛。"将殁,书诀而化,时至元二十六年三月十八日也。

元余杭径山寺沙门释行端传

释行端,字原叟,姓何氏,临海人也。年十二,从叔父得度于余杭化城。苦求大法,至忘寝食。而生有夙慧,文字不由师授,自能通晓。初参藏叟珍,珍问:"何处人?"答云:"台州。"珍便喝。端展坐具,珍又喝,乃于言下豁然有省。珍既寂,复依净慈石林巩,为记室。与虚谷、东屿、晦机为莫逆交。大德庚子，主湖之资福，遂以瓣香归藏。叟居五载，学人奔凑，名闻京国，赐号慧文正辩。复迁中竺、灵隐、径山诸刹，屡承恩宠，三锡金襴。延祐丙辰，有旨，设水陆大会于金山，命端主其事。事讫入觐，于便殿从容奏对，深契圣衷，更赐普照之号。拂衣南旋，止于良渚西庵，二十年足不越阃，慕其道者鳞萃，几无所容。至正辛巳八月四日，坐书偈云："本无生死，焉有去来？冰河发焰，铁树花开。"投笔，垂一足而化。寿八十八，腊七十六。留龛七日，颜貌如生。塔于径坞，曰寂照。分爪发，别建塔于化城。

元泉州开元寺沙门释妙恩传 契祖　真首座　杰道者

释妙恩者，全州倪氏子。去家入桑门，清苦自励，始终无斁，胁不沾席者四十二年。恩初事游参，历谒宗匠。旋入雪峰湘室，湘器之，至使分坐。退归善见居，深自晦匿。元至元二十二年，泉州僧录刘鉴义建言行省，合开元百二十院为一禅刹。明年秋，以恩为弟一世。上堂云："是法非思量分别之所能解。三家村里，十字街头。秽语喧嚣，恶言漫骂。总是面门放光，助佛扬化。其奈学此道者，如人画龙，真龙见时，却又惊怕。何以如此？识真者寡。"恩履行纯实，语言无华，而人服之。丛林法敝，以之具兴。有作，人必式之曰："是开山创也。"尝梦五百僧求依止，黎明传武林南山罗汉以灾毁，乃构殿于寺，其雕塑瑰伟，闽中无出其右者。二十九年春，应诏入京，锡紫伽黎，进号帝师。三十年春三月望日，辞众，以弟子契祖补其处。越三日而寂，偈曰："不须剪剃，不用澡浴。一堆红焰，千足万足。"既火，而雨设利。敛其骨，藏西山，谥广明通慧普济禅师。

著有《上生经解》及语录行世。

契祖者,出泉之同安,嘉禾张氏。宋宝祐中,侍元智法师。智奇其材,以龙象期之。元至元二十九年,恩始以西禅净淑,致之上坐。尝寝疾,恩馈药资,却之以偈曰:"正坐虚消人信舍,生身受此铁围殃。冶金热炭都吞尽,那更教人入镬汤。"恩由是益爱其为人。及授以席,凛凛自持。盖开元以六百载同门异爨之宅,集百有二十院之众,一旦合之。恩既褎然首举,造大僧堂,阐此愿力,聿弘制作。极盛之后,殊难为继。乃祖受兹重托,矢以肫诚,将以敬恪,朝夕勤恳,二十有八年。达官贵人,莅斯寺者,瞻其仪范,尊礼有加,谓为福慧人也。汇其事迹以闻,诏赐佛心正悟之号。祖善说法语,浑然天成。时真首座亦能词颂,有声丛林间,偶以卜隐颂,要祖作之。祖口占曰:"自断胸中更莫疑,行藏那许鬼神知。直饶天下藏天下,未是羚羊挂角时。"真叹服。

有杰道者,颇清狂,出言无度。恒扫除巷市,所至群稚相与哗笑之,杰彗而走。人或尊养之,终必以亵语,绝其人去。所服衣常垢甚,忽取而浣之曰:"明日行矣。"明日,求僧粥不予,曰:"幸予我,不再至。"还,置粥于几,危坐而化。祖为阇维,曰:"一生杰斗①,打硬参禅。街头巷角,如风似颠。若无末上一解,不直半文钱。杰道者谁信,寒灰有暖烟。"泉人至今诵之。延祐六年秋八月二十二日,无疾卒。寿九十,塔于西山寺。

元燕都西刘村[寺]沙门释行秀传

释行秀,字万松,姓蔡氏,河内解人也。父真,才气俊爽,好善

---

① 斗,底本作"十",据《补续高僧传》校改。

多能，雅信因果。皇统初，宦游洛水，喜永年风物之盛，因而家焉。秀年十五，即求出家，父母不能夺其志。礼邢州净赟，业五大部。试于有司，在选者二百人，与老僧靖恩，皆为众所属望。恩自以为不如，不能出其右。秀闻而让之，试之日，独献律赋而归。考官孙椿年读其文，乃大叹服，请冠其发，而妻之以子。秀拒之曰："与其挂名吏曹，曷若取牒祠部？"明年，受具足戒。遂游燕，历潭柘、庆寿诸刹。晚归西刘村寺，西刘村者，今广济寺也。秀初出家时，参万寿胜默光禅师，半载无所入。复于元沙未彻语有疑。行脚至磁州大明，请益雪岩满禅师，力参二十七日，于满言豁然大悟，满以衣偈付之。旋还中都，居万寿。金章宗景其道行，请入内廷，敷座说法，宫嫔罗拜。建普度会，香花阗咽，万众云屯。复奉诏命，住大都仰山。更移锡报恩、洪济。元太宗①庚寅，乃奉敕主万寿。已而退居从容庵，幽室独处，冥然入定，心相俱清。生平励行苦志，勤修弗倦，数典名蓝，发扬洞旨，宗风蔚蔚，动人神髓。至是疲于津梁，盖将终焉。至元元年丙午后四月四日，示疾。七日，书偈别众，悠然坦化。世寿八十有一，僧腊六十。建塔于西刘村寺前，今乾石桥北砖塔是也。

元余杭净慈寺沙门释原妙传

释原妙，字高峰，吴江人。出家净慈，参断桥伦。伦示以生从

---

① 宗，底本作"祖"。此处应为"元太宗"，而非"元太祖"。据《续指月录》卷七《中都顺天报恩万松行秀禅师》载："元太宗二年庚寅，复奉敕主中都之万寿。"又据《续灯正统》卷三十五《顺天府报恩寺万松行秀禅师》载："元太宗庚寅，复奉敕主中都之万寿。"因改。

何来,死从何去。穷究未契,立死限三年,胁不至席,口体俱忘。或提单遗巾,发箧置镐,终岁矻矻,若无见闻。时雪岩钦寓南屏北涧,夙夜孳孳,以剖决此心,见父母未生以前本来面目。一旦冰消,豁然迥露,无依无欲,得大解脱境界。扣之灵隐石田、天童痴绝、径山无准,莫不印证。原妙闻之,欣然怀香往谒。方问讯,即推出闭门。再往,稍得就近。钦忽骂曰:"阿谁与你拖个死尸来?"声未绝,继之以掌。如是者三,而原妙叩礼逾虔。一日,忽睹《五祖演像赞》云:"百年三万六千朝,返覆原来是此身。"蓦然惊破死尸之疑。明日诣,钦又问:"阿谁话头?"举杖方下,原妙喝住曰:"今日却不得如此。"拂袖便出,自此机锋不让。遂辞入天目,立死关于师子岩,三十余载影不出山。弘悟普度,名冠元世。所著有《高峰语录》。

元保定兴圣寺沙门释德富传

释德富,姓谢氏,易人也。年七岁,力求出家。父母感异梦,遂舍入兴圣寺,依真空剃发。受具戒,力究大法。一日,经行次,忽大悟,自是名播丛林。宋皇庆初,万山寿方大兴水陆斋会,请富开堂说法,七众咸集。富方升座说偈,忽于座上放大光明,遍照空际,现诸瑞相,良久方隐。事闻于朝,赐通辩大师之号,并金僧伽黎衣。及后示灭,有白光从顶出,照耀四达。荼毗,得舍利数十颗,建塔焉。

元明州佛岩寺沙门释天伦传

释天伦,字仲方,姓张氏,象山人也。幼而岐嶷,投广德天宁竺源剃落。源曰："汝志宏远，堪任大法，无为我滞。"时晦机在净慈，伦遂往见之。才入门，机云："湖山霭霭，湖水洋洋。浸烂鼻孔，塞破眼睛。因甚不知？"伦云："通身无影像，步步绝行踪。"机令更道，拂袖便出。机俾居侍司，复掌藏钥。惮其繁杂，闻吴兴桃花坞尤僻邃，乃缚茅焉。一日，灌园，忽四山云暝，骤雨疾风，摧折林木，霹雳一声，胸中疑碍顿释，乃曰："大奇大奇，摄转空虚。颠倒骑蟭螟，吞却五须弥。曩于南屏室中屡叩，终不为我道。使当时说破，安有今日邪？"元泰定丁卯，出主庆德东泉，迁明之佛岩。将终，谓净觉昙曰："今日何日？"曰："小尽。"曰："不宜。明日五月朔，吾即行矣。"应期而化。

元吴兴霞雾山沙门释清珙传

释清珙，字石屋。受具后，与净慈平山林同得法于道场及庵。遂隐居吴兴霞雾山，以清苦自守，不干檀越。偶至绝食，饮水而已。为人慈祥恤物，作为祇陀，多警法语。元至正初，道问流闻，洽于朝野，敕降香币，以旌异之。皇后亦赐金襕法衣，珙殊不为意。至正壬辰秋，与众诀，书偈而逝。偈曰："青山不着臭尸骸，死后何须掘土埋。顾我也无三昧火，光前绝后一堆柴。"阇维，舍利五色。高丽国王仰其道行，表达于朝，诏谥佛慈慧照。更命有司，移文江浙，命净慈林取珙舍利，予馆伴归国。所著有《石屋语录》。诗不多见，《瘦松集》载其《山居》诗云："僧因产业致差科，官吏句追耻辱多。我有山田三亩半，尽行发付与檀那。"其高致可概见矣。

元钱塘灵隐寺沙门释法林传

释法林,字竹泉,别号了幻,姓黄氏,宁海人也。依法庵太虚出家。因看睦州语有省,白太虚曰:"从生至死,只是者个不由别人也。"时东屿海在净慈,招分半座。居蒙堂,不出户者九年。行省左丞相脱欢请主万寿,还中竺。元至元间,复迁灵隐,宗风大振。顺帝闻之,赐以金襕法衣。时龙翔虚席,累召不赴,遂避会稽山中。至正十五年二月二日,索笔书偈云:"七十二年,虚空打撅。末后一句,不说不说。"遂奄然而逝。

元义乌云黄山宝林寺沙门释绍大传

释绍大,字桐江,姓吴氏。世居严之桐江,因以为号。父善,母李氏。绍神观孤洁,不乐尘壒,一触世氛,唯恐浼之,乃入里中凤山寺为沙弥。稍长,祝发升坛,纳满分戒。私自忖曰:"化龙之鱼,肯伏蹄涔耶?"即日杖策而出。上双径山,谒大辩陵,授以达摩单传心印,相与诘难者久之。复自忖曰:"如来大法,天地所不能覆载,其止如斯而已乎?"遽辞去。历三吴之墟,宿留建业,经匡庐,溯大江之西,还止湖湘、汉沔间,名蓝所在,必往参焉。诸尊宿亦多以深入远到期之。已而叹曰:"吾今而后,知法之无异味也。"乃归见陵。陵使给侍左右,益加奋励,胁不沾席者数载,朝叩夕咨,所以悟疑辨惑者,无一发遗憾,遂得自在无畏法。陵喜传授有人,每形之于言。时东屿海以天目真派唱道净慈,为法择人,如沙中淘金,鲜有慊其意者,独于绍别见推许,邀主藏室。居久之,又自忖曰:"心法既明,而世出世智不可不竟。"手翻贝叶,寒暑俱忘。每夜敷席于地,映佛前长明灯,读一大藏教,凡六千二百二十九卷,往复三过,皆通其旨趣。绍犹以为未达,乃取儒家及老氏诸子之书,择其菁华而嚅哜之。自是内外之学,粹然无滓。元至顺壬申,广教都总管府新立未久,采诸舆论,命出世严之乌龙山景德禅寺,兴废补坏,善誉流衍。至正辛巳,行宣政院迁主金华山智者广福禅寺。寺当孔道,且近郡城,持节往来多朝中华贵及文学之士,恒入山问道,故持法者颇难其人。自绍莅此,无贵无贱,靡不向风悦服,四方学子,翕然坌集,至无所容,一时法会,号为极盛。戊戌秋,院中复徇群请,移住义乌云黄山宝林禅寺,坚不欲行,使者三返,然后承命。

明年己亥八月朔,觉体不自适。至七日,日将没,鸣鼓集众,告以永诀,即敛目危坐。或请书偈,掷笔叹曰:"纵书到弥勒下生,宁复离此耶?"翛然而化。服沙门衣五十八春秋,享年七十有四。越五日,获舍利罗如绀珠,齿牙贯珠不坏,弟子永明、戒茂建塔藏焉。绍广额高眉,正容悟物,使人妄意自消。生平以弘法为务,敲喝兼施,未尝少懈。有求文者,操笔立书,贯穿经论而归之弟一义谛。间游泳性情,发为诗词,和冲简远,有唐人遗风。至于有所建造,甃石运甓,躬任其劳,以为众倡。手未尝握金帛,瓶钵外无长物。所服布袍,十余年不易。临寂,维那发遗箧,欲行唱衣故事,唯纸衾一具而已,大息而去。《三会语》有录。与金华宋文宪濂相友善,尝共阅蝇头小字,虽年耋,眼明如月,濂为惊异。又录近作诗一卷寄之。故其终也,濂为铭其塔,历序苦行及证悟之由,以昭来者,具《芝园续集》。

元径山兴圣万寿寺沙门释正源传

释正源,字竺远,姓欧阳氏。世居南康,盖欧阳文忠之苗裔也。生之夕,母感梵僧入梦,知非凡俗。稍长,即归禅院,鱼钟清彻,心性俱驯。年二十七,始受具戒。大辩与虚谷陵以道德名冠东南,源往参之,皆得其法而去。初见陵时,以龙潭灭纸炬语问之。源应之曰:"焦石可破层冰。"曰:"破后奚为?"复应之曰:"探索乃知。"陵诘曰:"所知者何事?"方思属对,陵遽举杖击之,悚然默喻。由是智开识融,外内无碍,雄谈慧辩,动静皆空。叩之者无穷,归之者有容。近者化而信,远者慕而宗。又能饰之以文,持之以勤。位尊而不以为荣,德盛而守之以谦。所居道场,培修增饰,佛殿僧寮,悉臻完备。主径山时,乱兵所至,遗骸暴露,盡焉闵之,尽为焚瘗。其在灵隐,屡经兵燹,楼阁煨烬,唯居室独存,若有神相。其建功动物,可见如此。元帝闻其贤,锡以佛慧慈照普应禅师之号。五主名蓝,皆方镇大臣遣使邀致,盖法之孚于人者深也。元至正二十一年六月二十六日,预告期至,书偈而化,寿七十有二。得法弟子广化、圆伊等。分爪发于道场,舍利丛生,灵异显著。越明年,奉遗骨藏径山,而征宋文宪濂为之铭云。

元金华天龙寺沙门释守贵传 大道平 千岩长

释守贵,字无用,别字水庵,姓甄氏,浦江人也。父力农业,日事耕樵,尝使贵行馌田间,志颇不乐,乃同里中童子入乡塾读书。元至治癸亥,年十八矣,趋邑中康侯山习浮图法。群僧各分檀越家,值其斋会,辄持鼓螺应之,贵又弗乐也。泰定乙丑,乃翩然往浙水西,日以问道为事。适千岩长缚禅于龙华山寺,贵往叩之,授以向上一机,冥参默究,时有所契。龙华与天龙院邻,天龙沙门大道平,方务起废,力挽千岩主之。丁卯春正月,笑隐䜣言,千岩行业于行宣政院,将俾出世,住大禅坊,千岩竟遁逃,不见使者。久之,夜渡涛江,东走乌伤伏龙山,贵复与之俱。山有废刹,千岩为一新之,遂命贵领其徒。至正丙戌,复还天龙,往参中峰本、断岩义、梁山宽,反复叩答,不异千岩。退而太息曰:"千江虽殊,明月则一。吾今后无疑矣。"戊子之夏,退居嘉兴,建庵为佚老。庚寅秋七月十日,梦大道来别曰:"吾已弃人间世矣。"贵大惊,急棹舟往视之,大道果告寂。因名所居庵为应梦,黄文献公为记其事云。自是复住持天龙,其寺素无恒产,募斋民二千家,每临食辄取一小瓯,聚之养四众。大道既建大殿、三门、两序及造佛、菩萨、阿罗汉诸像,贵继其后,殚志毕虑,增设僧室及演法堂。堂上为阁,以安吴越钱氏所造大悲尊象。又购寺侧地,以为蔬畦。而寺制所有者,大小咸备,钟鱼响应,经呗兼举,隐然如大伽蓝。

辛丑八月二十日,作偈一首,副以高丽净瓶,寄别江浙行省丞相达识帖穆尔。明日命浴,索笔书曰:"一蜗臭壳,内外秽恶。撒手便行,虚空振铎。天龙一指今犹昨。"掷笔而化。丞相闻之,大加叹异。弟子善法为造慈济塔院于天龙西冈,奉灵骨藏焉。贵平生不蓄长物,寒暑唯一布衣,戒行甚峻。尝落一齿,其左右楔藏,中生舍利罗,五色烨然,日见增长。世寿七十有二,僧腊五十又四。贵与宋文宪濂同乡里,濂与千岩交最密,故于贵之行业,知之甚悉,因铭其塔。其词曰:"伏龙之山,悬岩千尺。谁陟其巅,奋身一掷。躯命既绝,万缘顿息。绝后复生,真体轩兀。如摩尼珠,其光五色。照耀东南，不落名迹。天龙一指，斯为独得。无用之用，动而常寂。化为楼阁，庄严净域。苟以为是，涉乎执执。以空为楮，以无为笔。焯德示后，用垂千亿。"

元钱塘妙果寺沙门释水盛传

释水盛，字竺源，自号无住翁，姓范氏，乐平人也。母氏徐，生盛时，祥光照室。及成童，以嬉戏为佛事。年十七，依罗山院僧常，初就塾师，讲习文义。而盛每从静坐习禅定，且刺指濡血书《金刚经》。常呵之曰："汝不先明文理，顾能深入禅关耶？"盛曰："学佛了明生死，岂若儒者拘守章句乎？"及受度，谒月庭忠于蒋山，而孤舟济方居首。庭以皖山诲蒙山者诲之，盛抚几叹曰："吾已见二老矣。"乃端坐一室，以三百六十骨节、八万四千豪窍及河山大地，咸摄入一念，始觉变易。继凝定，双眸与念为一，汗从背出，亦不知所楚。后三四日，见色闻声，渐撼摇不动，乃自信法决可证。因取所携帙，以火焚之，且发愿云："吾生非深入佛海，当入无间狱也。"闻者惊叹。俄过匡庐，止东林。闻有僧所见不异云门，盛往叩焉。僧以无诚心让之，盛复自厉曰："今夕必就蒲茵上死尔。"即正襟趺坐，加精进力，如临万人敌，如操滩上舟，不遑他接。夜半，参至极切孤危之际，捐命一跃，不觉如出荆棘，所履之地，忽尔平沈。而秋空素月，娟娟独照，返观自身，湛湛澄澄。唯一念之不忘，犹以坠于断灭，益进弗懈，或静或动，未尝间断。洎归罗山，方全体顿见，十方世界，举皆现前。参之诸祖契证，如镜照镜，坦然明白，自以为开悟。及掌藏钥东林，偶阅妙喜"明心见性，非桑门事"之辞，又复致疑，不能释者数日。或谓之曰："法离唇吻，道绝言诠。子何太滞也？"于是胸中又荡然如洗，然不敢谓已至也。

越五年，重晤济于蒋山。济曰："蒙山尝言：栽松道者，不具二缘而生。达摩葬熊耳后，只履西归。果神通耶？抑法如是也。"盛云："此形神俱妙而已。"济云："不然，子他日当知之。"复往无为，见无能教，以济所举之言质之。无能云："为汝弗解故也。"盛忽大省，尽脱去玄妙知解，历观从前所悟，如通宵一梦，梦时非无，及至觉后，绝无所得矣。无能抚其背，而祝之曰："尔后当大弘吾宗也。"盛复辞去，游四明天童，已而归息浮梁之凤游山。时海印如方长荐福，请分座说法。久之，往隐于南巢。巢民柳氏割山地，建兰若，延盛居之。地当五峰之下，旧有龙潭五，及盛至，悉乘风雷徙去。元天历己巳，起主西湖之妙果寺。弘阐宗旨，震撼四方。学侣云蒸，有不远数千里而来者。郡守戍将，虚己求道，日不暇给。时军书旁午，令僧充役，盛请于郡守刘公，特免其科繇。未几，返南巢故隐，而向慕者愈众。宗藩宣让王累遣使者，欲邀致之，以老病固辞。

至正丁亥夏四月二十四日黎明，召四众戒勖之，且云："世尊有言，我今背痛，将入涅槃。吾其时矣。"引纸书偈，端坐而逝。初，盛尝自营葬塔于山下，是夜有光，如匹练交烛通贯，顷之散布峰顶，复合于塔中，弥三夕乃止。巢之居民，数十里聚观，骇之。弟子慧月、慧观等，奉遗骨瘗焉。寿七十三，腊五十三。盛制行峻绝，有壁立万仞之意。每垂三关语以示人，多有不契其机者。然其淬砺学徒，必使洞明诸佛心宗，行解相应，以正悟之境自照。久之，如透水月华，万浪千波，触之不散，方不被生死阴魔所惑。此盖一生实证实悟，故以之诲人，真切如此。所著语录，虞公邵庵既为之序而行之。

宋文宪公濂复捃其事而铭其塔。

元泰安灵岩寺沙门释普就传

释普就，字古岩，姓刘氏，真定人。幼不茹荤。年十有五，即厌俗境，独慕空门。径往封龙山禅房，礼赞公落发。亲炙道范，博通经律。登坛受具，历谒林棠宝积、云峰禅伯，体妙穷元，南询之典，日益加矣。又于鹊里崇①孝清安老宿一叩大事因缘，为汝槌拂之下，发明此事。后依灵岩足庵肃，栖止八载。及肃主万寿，亦不惮驰驱，远道追随，锻炼日精，了无窒碍。遂付衣颂，且谓之曰："质性朴真，纯有古风，将来足振吾宗。"因还宝积，闭关十载。出诣灵岩，便充首座。大德六年，月庵海告退，寺众即请继席。大德丁未，受旨护持山门产业，前后一新，总统褒赐，号曰妙严宏法大禅师。匡扶七载，退隐灵栖庵。复归封龙山禅房，再易春秋。皇庆元年仲冬，更还灵栖。时祖庭少林阙席，寺中僧侣不远千里，持疏而来，请接主座，续佛慧命。盖自达摩西来，密付单传，青州之下，四传万松。就为雪庭足庵嫡派，正令全提，付托得人。末后一着，心月孤圆。延祐元年，觉达为之铭云。

元泰安灵岩寺沙门释智慧传

释智慧，字涌泉，姓李氏，袁人也。善缘夙具。年十六，礼长清方山足庵肃落发。受具为大比丘，随众习五大部经。告香请益，禅

---

① 崇，底本作"祟"，据同卷《释智慧传》校改。

宗奥典，杂勘公案，微有省悟。至元二十年，侍安山月泉，执持巾瓶，依止三载。参宝峰顺，于《信心铭》"言语道断，非去来今"处，豁然颖脱，成一偈曰："言词尽净绝机关，凡圣情忘造者难。木马穿云消息断，依前绿水对青山。"宝峰欣然，以衣颂付之。自是诸方名宿，无不参叩，皆蒙许可。始出世于泗水安山。至大元年，主鹊里崇孝数载，接踵灵岩，以名山事烦，退居云台。至顺元年，复主肥城空杏。五处名蓝，皆著勤劳。寿七十余，僧腊五十五。至顺二年，嵩山法王觉亮为之寿塔铭云。

元泉州开元寺沙门释如照传 道符　广漩

释如照，字元明，一号寂室，出晋江蔡氏。初，从祖膊院道符出家，符业白良苦，照化之，更尝世难，不一变志。元至元二十年，祝发受具。再逾年而合刹议定，开元、祖膊并为一家，延妙恩开山，照实左右之。已而辞去，负簦游方，咨访甚力，天慧内发，深有所悟。尝典客雪峰，刺血书《法华经》。及归故业，复血书《华严》《楞严》，恩益礼之。及恩迁化，契祖继席，命之知藏。未几，出主安溪泰山岩。不数月，归者如市，百废具兴。大德延祐八年，祖命还山，已有付属意。及祖寂，宣政命照补其处。照不宿怨，无亲疏卑尊，一遇以诚，而延接四方，亹亹若不及。其说明白严正，大厌服人。佛成道日，上堂曰："雪满于山，星回于天。一见便见，更待六年？瞿昙瞿昙，无端引得众生起颠倒，东土望西天。"又曰："雪窖生埋幸可怜，六年曾不动机缄。眼皮爆绽三更后，明破星儿即不堪。"道誉上闻，锡佛果弘觉之号。至顺二年四月十七日，无疾溘化，年七十有四，腊四十有九。阇维，藏灵骨于故塔。

弟子广漩,字空海,晋江苏氏子。性不肉食,幼而聪慧。初,从照受《楞严》,匝月悉能诵。照奇之,度为僧。益致力禅奥,心光炯炯,达旦不寐。尔后虽宿衲,无能当其辩者。尝游方以试,真珠华颂,见知雪峰。甫之龙华,寻知藏钥。所为颂多惊策语,其《咏鼠》有云:"寻光来佛后,窃食犯僧残。"后还寺,迁首座。一夕,濡笔大书曰:"百年大梦今方醒。"遂隐几而化。其弟子大圭,著《紫云开士传》者,别有传。

元邹县大明禅院沙门释海印传

释海印,泰安人。居邹县大明禅院。幼有异征,常梦梵僧指示,经中奥旨,一见了然。年长进具,偶事游访,便悟真如。一日,呼弟子曰:"吾幻身非久住世。"书偈毕,端坐而化。三日,其貌如生,院上紫雾光明贯天际。邑人见之,称为真佛。

元余杭凤凰山圣果寺沙门释珠明传

释珠明,杭人也。幼投圣果出家。尝问石屋参"狗子无佛性"话,后每入室,石屋曰:"汝不如狗子。"珠才拟问,石屋摇手曰:"须似狗子去。"珠体究有年。一日,至厨下见狗子盆中食,顿省不如狗子话。即以手招狗,笑语曰:"得似尔,又何如?"遂作偈曰:"摆尾垂头咳唠声,余多馊饭饱喉咙。从今识得家无客,一任人来不管门。"以所得谒石屋,再相诘难,机锋铦利。后归圣果,涵养自适,意无他愿。惟以补路栽松,是为活计。有留三偈,以记所愿:"人作千年计,吾为一路松。半生心在此,老大小桥封。""兴废随他去,难为自在心。山灵知我意，勿使有枯根。""自愧人缘少，相交尽冻冰。客来学得避，答话恐无能。"一日，对徒众云："汝等随侍，总不知我心事。"徒云："师有心事，何不指示？"珠曰："与汝说得，岂是我心事？"即微笑而寂。

元余杭吴山圣水寺沙门释明本传 惟则

释明本，字幻住，晚号中峰，姓孙氏，钱塘人。幼好梵呗，长乃出家，初依吴山圣水。闻高峰原妙居天目山师子岩，立死关以待参学，明本往叩之。原妙欣许，知为大器。久之，明本诵《金刚经》，恍有开解者，谓识量依通，虽于义趣通解，终非悟也。已而剃染。时原妙闭关独居，誓不接纳，独见本，授以话头。由是给侍死关，昼服力役，夜事禅定，十年而学成，豁然超脱，宗旨别传。九流诸子，罔不淹贯，激扬提唱，机锋禽霍，圆转不穷，时称大辩焉。元贞间，高峰将迁化，以大觉禅寺相属，辞之。登皖山，游庐阜，至金陵，结庵庐州弁山及平江雁荡。已而还山，领师子院。宰相大臣以五山主席交聘，俱力辞，因日避走南北间。朝廷闻其名，特赐金襕伽梨，进号佛慈圆照广慧禅师。元统二年，并诏明本所著《广录》三十卷收入佛藏，揭傒斯为之序。至治三年八月，安坐而逝，寿六十一，腊三十七。文宗敕词臣制碑，谥曰智觉，塔曰法云。明本身履长大，倍于时人，所遗麻履二，尚藏寺中。寂时，茶毗于天目，虞集铭其塔，赵孟𫖯书其《净土诗》。初，松雪极致敬礼，冯海粟意殊不然，及示《梅花诗》六十首，明本和之，复成百咏及九言一首，冯由是叹服加礼焉。今有爪发舍利塔在圣水寺。

弟子惟则，字天如，庐陵人。髫年出家，初参海印，后得法中峰。有语录四卷。

元兖州布金山大云寺沙门释行全传 德友

　　释行全，姓房氏，清河人也。生有宿慧，既长，受具戒于州之广教院。历游讲肆，通晓律义，创刻宗门碧岩经律文字。往来奉高山中，结茅晏坐于天胜寨上，默究玄理。兖州节度左副元帅张进遂兴葺布金山之大云寺，请主席焉。全至，扇厥清风，法化大行，落发弟子二十有五人。中有德友者，兖州双村王氏子也。元时盗起，避地泰山。闻全驻锡天胜，即往炷香。既蒙示及，去师不远。因于师子峰下，抱节育道，或三日一餐，五日一饭，若此者三稔。忽闻鸦鸣，而悟乃曰："从今后更疑着天下老和尚鼻孔也。"全以德友，机缘契证，载其道资，付托有人。晚岁辞退，复还乡井。时称其来如着衫，去如脱屣云。

卷第十八
习禅篇第三之八
正传十一人　附见五人

明杭州灵隐寺沙门释可光传

释可光,字慧眼,不知何许人。久栖灵隐,尝述达摩西来意。留二十字,意如织锦回文,往复读之,成四十韵,以接中下之机。文曰:"终始圆明净,智身寂照忘。空理缘清性,离真极妙常。始圆明净智,身寂照忘空。理缘清性离,真极妙常终。圆明净智身,寂照忘空理。缘清性离真,极妙常终始。明净智身寂,照忘空理缘。清性离真极,妙常终始圆。净智身寂照,忘空理缘清。性离真极妙,常终始圆明。智身寂照忘,空理缘清性。离真极妙常,终始圆明净。身寂照忘空,理缘清性离。真极妙常终,始圆明净智。寂照忘空理,缘清性离真。极妙常终始,圆明净智身。照忘空理缘,清性离真极。妙常终始圆,明净智身寂。忘空理缘清,性离真极妙。常终始圆明,净智身寂照。空理圆清性,离真极妙常。终始圆明净,智身寂照忘。理缘清性离,真极妙常终。始圆明净智,身寂照忘空。缘清性离真,极妙常终始。圆明净智身,寂照忘空理。清性离真极,妙常终始圆。明净智身寂,照忘空理缘。性离真极妙,常终始圆明。净智身寂照,忘空理缘清。性真极妙常,终始圆明净。智身寂照忘,空理缘清性。离极妙常终,始圆明净智。身寂照忘空,理缘清性离。真妙常终始,圆明净智身。寂照忘空理,缘清性离真。妙常终始圆,明净智身寂。照忘空理缘,清性离真极。常终始圆明,净智身寂照。忘空理缘清,性离真极妙。"

(圆形排列文字:圆明净智身寂照忘空理缘清性离真极妙常终始)

明金陵钟山寺沙门释班的答传

释班的答者,亦作版的达,中印度迦维罗卫国人,姓刹帝利氏,原名萨曷梭室里,此云具生吉祥。幼性恬静,长乃出家于迦湿弥罗国苏啰萨寺。初习通教,明经律论,辩析精详,虽老师宿德,多逊谢不及。然以言论非究竟法,乃笃修禅定,不出山者十数年。尝慕东方有五台清凉山,为文殊应见之所,当往瞻礼。遂发足从信,度河历突厥、屈支、高昌诸国,东行数万里。所涉国土,其王及臣庶多请受戒法。越四寒暑,始达甘肃。当元至正时,帝后王公颇崇佛旨,仰其高躅,不惮重译而来,遣人迎至京师,居吉祥法云寺。一时衲子,翕然从化,而智光亦得投礼受业焉。元主间询以事,或对或否,礼接虽隆,而机语不契。因往清凉,遂尔初志。

明室龙兴,奄有区夏,杖锡来朝。太祖嘉其远至,召见奉天门,奏对称旨,锡以善世禅师之号,特颁银章,使总天下释教。命于钟山创庵居之,复谕礼部,有愿从受戒法者,勿禁。车驾每幸钟山,必过其室,咨论道要,往往移晷,时赐诗篇,劳问甚至。丙辰秋,具启愿游名山,弘敷法旨。遂游宝陀罗伽山,登天目师子岩,溯彭蠡,跻匡庐,渡长淮,礼四祖五祖塔而还。谒太祖于华盖殿,天语温接,宠赉弥厚。每举其懿德硕行,宣谕僧众,使效法焉。于时,从受法者八万余人。施金币不可数计,悉以散布,囊无寸储。一日,召弟子智光、孤麻啰室里等曰:"五台清凉,是吾初愿。今因缘已毕,无他念矣。可将此梵书一帙,与吾遗骸,分至彼处,以足吾志。汝其善护吾法,勿少懈怠。"以辛酉夏五月二十四日示寂,事闻赐祭。阇维,获五色舍利无算。塔于聚宝门外,并建庙宇。车驾临视,赐名西天寺,表所自来也。后数十年,至宣德乙卯,大学士杨荣始为之铭,文词斐然,具见别集。

明宜兴龙池寺沙门释永宁传

释永宁,字一源,别号幻虚子,姓朱氏,淮东通州人。世为宦族,母陇西李氏。宁生而黠慧,舅氏吉安郡守爱之,欲以为嗣。年六岁,入乡校,始习经籍,即能暗记,了明大意。然非所乐,闻人诵佛号,心向往之,注耳以听。九岁,有离俗之思,请于二亲,初弗之许,后见其志坚,乃使依模上人于利和广慧寺。利和,州之望刹,宋有淮海肇禅师说法度人,声闻当世。前一夕,寺众梦迎禅师,旦而宁至,寺众异之,谓肇禅师乘愿再来者也。年十二,游扬之雍熙寺。会主僧来峰泰编《禅林类聚》成,宁览之,笑曰:"此古人糟粕,检点何为?"河南王童童奇其幼而器之,属僧录司给牒,剃度为沙弥,寻受具足戒。自是厥后,蓬累出游,浙河东西,见诸宿老,下语无所契。中峰海方柄法苏之万寿,留之经年。乃入穹窿山,谒克翁绍。

绍察其志不凡,俾掌藏室,时年已十九。

既而欲归乡省觐,至毗陵,约明极昶于焦子山,精修禅定。稍涉睡昏,则戴沙运甓,悬版坐空,如是者五年。明极曰:"藏主见解且至,宜往参人。"遂至淮西大湖山,求印可于无用。无用门庭严峻,方入户,厉声叱之。合爪立于门外,久之乃许入见。诘其居处,知在通州,便问:"淮海近日虚盈若何?"宁曰:"沃日滔天,不存涓滴。"无用未之许。退就禅室,彻夜不寐。一日,闻无用举云门一念不起语,声未绝而有省。急趋入堂,无用便欣然知其领悟,令造偈拈赵州,宁立就曰:"赵州狗子无佛性,万家森罗齐乞命。无底蓝儿盛死蛇,多添少减无余剩。"无用嗒然一笑。复举证道偈,问之曰:"闪飞电来,全身不顾。拟议之间,圣凡无路。"宁曰:"火迸星飞,有何拟议?觌面当机,不是不是。"无用喝曰:"东瓜山前吞匾担,捉将清风剥去皮。"宁不觉汗下曰:"今日方知用处。"无用闭着口。自是侍左右者三年。因以断厓义所赞己像,亲署一书,授宁曰:"汝缘在浙,逢龙即住,逢池便居。"宁遂还浙。时虚谷陵、元叟端、濑翁庆、幻住本、天如则各据名山,递展化机。宁往叩击,皆相吻合,而幻住尤誉之弗置。

元祐庚申,延至广德,缚茅于大洞中。洞左有实相寺,马祖弟子澄公道场也,宁为重新之。同时有无一全遁迹于石溪,石溪与大洞相望,人称广德二甘露门云。至治癸亥,宜兴之龙池请宁建立禅居。宁以名符悬记,欣然赴之,作室百堵,命曰禹门兴化庵。先是山颠有龙池,其深叵测,龙出每大水,居民苦之。宁乃咒鼋,受三归依戒,不复为害。久之,复厌凡近,思涉幽邃,乃穷绝巘,构室以居。至壁立如削处,斫木为栈,钩环连锁,栖版空中,足不越户限者二年。学侣闻风,遐迩奔赴。帝师大宝法王稔其道行,降号曰弘教普济禅师。泰定乙丑,州西九里,有地曰青山,僧副延宁主之,为创寺一区,以九里名之。至顺庚午,出世李山禅寺,瓣香酬恩,归之无用。俄有诏,集桑门千七百人,阅《毗卢大藏经》一七日。宁升座,敷正法,天降甘露。壬申,退归龙池。时元叟主双径,月江印主云峰,皆虚首座招之,并辞不赴。元统甲戌,浙西江东道广教总管具疏,请主常之天宁万寿。州守戍将,敦劝尤力。左右亦谓,大法火冷灰寒,不可自安暇逸。乃蹶然起赴,而寺尝被灾,方议经营,至则为新,释迦佛殿造菩萨天神诸像,雄冠诸刹。逾八年,有司以闻,诏锡本觉妙明真净之号。至正壬午,江南行宣政院命主大华藏寺,宁举龙门膺代之。明年,复命补天童景德,坚以疾辞,退归龙池。宜兴铜官山旧有北岳菩提院,毁于火,会昌士人潘敬之重构焉。宁以九里寺,助建法堂丈室之属。

戊子,有旨,趣入觐,说法于龙光殿,赐金襕法衣,纽以玉环,加号曰佛心了悟大禅师,帝师亦有绛袍毳帽之赠。无何,奉旨函香至五台山,曼殊大士为见祥光应之。明年,陛辞南还,道过维扬。镇南王波罗普化率妃嫔迎之入宫,禀受大戒,赐以白金盂及僧伽黎衣,遣司马护还龙池。庚子,出领善卷。寺故废坏,宁为修葺,涂塈丹雘,且甃其宝坊。明年,募善士万人为万善会,及瘗兵后枯骨无万数。壬寅,退归龙池。癸卯,大旱,询乡民之请,结界诵咒,作法将终,大雨如泻,岁乃有秋。众愈知敬,坚留不拾,强住麻蕻慈慧,未几成大丛林。

有明洪武初元,复归龙池,将不复出。明年己酉夏六月,示微疾,属弟子宗珦裁纸为衣,曰:"吾将逝矣。"自兴化庵移龛,至绝巘所居。一日,昧爽,起沐浴,更纸衣,索笔书偈曰:"七十八年守拙,明明一场败阙。泥牛海底翻身,六月炎炎飞雪。"掷笔而化。黑白恋慕,执绋之人盈万。荼毗,有五色光舍利无算。弟子志舜、志思等分余骨,就龙池、太平、齐山、紫云、麻蕻五处建塔藏焉。寿七十八,腊六十五。宁气貌雄伟,身长七尺有余,吐音鸿亮。其接物也,不以贵贱异,心所至,无不倾向。右丞相呆儿只、左丞相别不花、赵文敏孟頫,尤所宾礼者也。所为文偈,了不经意,引纸行墨,空义自彰。有《四会语》行世。寂后七年,弟子仁性亲撰《行业记》,征宋文宪濂铭其塔云。

明处州福林禅院沙门释智度传

释智度,字白云,姓吴氏,丽水人也。父德大,母叶氏,具有善愿。度生而灵颖,迥异凡近。年十五,洒然有出尘之趣,欲就浮屠学,父母方珍爱,峻辞拒之。因不火食者累日,若将灭性。父母知不可夺,使归禅智寺,礼空中假剃发。受具戒,习禅定于楞伽庵。每跌坐达旦,如是者数年。已而叹曰:"六合之大如此,颓然滞一室可乎?"遂出游七闽,遍历诸山,无有契其意者。复还郡之白云山,因澄禅师道场遗址,筑福林院,为憩息之所。日取《楞严》《圆觉》二经钞疏,读之既熟,不假师授,章旨自通。久居此山,遂以为号。已而复叹曰:"拘泥文字,如油入麦粉,了无出期。德山所谓'穷诸玄义,若一豪置于大虚者',信不诬也。"乃去之,出游浙河之西,见灵石芝于净慈。未几,又上天目山,参断崖义。谭锋铦利,莫之敢撄。时无见睹说法天台华顶峰,大振圆悟之道。更逾涛江,叩之曰:"西来密意何如?"无见曰:"待婆罗峰点头,乃与汝言。"度拟答,无见遽喝度曰:"婆罗峰顶,白浪滔天。花开芒种后,叶落立秋前。"无见颔之。服勤数载,乃翩然辞还。无见嘱之曰:"昔南岳十五岁出家，受大鉴记莂，后得马祖授之以心法，针芥相投，岂在多言？勿掉三寸舌诳人，须真正见解着于行履，方为报佛深恩。"度佩服之，弗敢忘。然既有所证入，俨然如白云在天，卷舒无碍。又走长沙，见无方普；入云居，见小隐大。当机问答，无异华顶。

元至正甲申，县令长徇缁素之请，迎还福林，与毒种昙、成山钦互相策励，如恐失之。甲午，复隐楞迦庵。壬寅，王府参军胡公深安复请至福林。甲辰，御史中丞章公溢招致龙泉之普慈。徒侣景从，云输川委，至八千余指，而檀施日集，食用无缺。乙巳，移茅山。丙午，迁武峰。元季乱扰，复隐岑楼。明室龙兴，首崇正教。洪武己酉，始建法会于蒋山。有诏，起天下名僧，敷宣大法，而度与焉。初犹力辞，戍将强①起之。度曰："心境双忘，随缘去住，复何拘碍？"遂行。将至，而会散，乃还杭。杭人奉居虎跑，历夏及秋，便趋华顶。明年春二月，示微疾，浩然有归志。四众坚留之，度曰："落叶归根，吾所愿也。"遂旋福林。五日，忽沐浴易衣，索笔书偈曰："无世可辞，有众可别。大虚空中，何必钉橛？"掷笔而逝，时洪武庚戌三月一日也。寿六十七，腊五十二。阇维之夕，送者千余人。火余，得五色舍利及齿牙数珠。弟子仁喆瘗骨院西，善女子唐净德为建塔其上。

度静谧寡言，机用莫测，临众无切督之威、严厉之色，唯以实相示人。所至人皆钦慕，如见古德，或持香华供养，或绘像事之，不可数计。盖信心为一切功德之母，苟能信，奚道之不造、法之不明？自圆悟八传至于无见，究其所得所证，何莫不由于此。度自幼龄，即能信道，决可脱离死生，一息不少怠，所以卒能彻究心源，纵横自

---

① 强，底本作"疆"。

在。平昔教人，随机开导，无懈容，无蔓辞，有问则言，否则终日澄坐而已。金华宋濂为之铭曰："华顶之峰，有道所居。随时演法，大音铿如。当机一喝，见者惊愕。言出霆奔，无蛰不作。振锡而归，我亦何心。举首睨之，白云在岑。乘运而游，或出或处。落叶归根，古今一轨。尘缘既尽，翛然而化。掷笔坐蜕，如人赴家。世相有灭，其性常在。谁谓师亡，青山不改。"

明杭州净慈寺沙门释智及传 广智

释智及，字以中，别号西麓，自题所居曰愚庵，姓顾氏，吴人也。谒广智于龙翔，微露文彩，广智大惊。有聚上人者，呵之曰："子才俊爽若此，不思负荷大法，甘作诗骚奴仆乎？无尽镫偈所谓黄叶飘飘者，何谓也？"智及噤不能答，即归海云，胸中如碍巨石，目不交睫者逾月。忽见秋叶吹坠于庭，豁然有省，虽喜不自胜，不取证明眼，恐涉偏执。乃走见径山，山勘之，智及应机不滞，遂命执侍，久之乃掌藏室。元至正壬午，行院钦其道誉，推主昌国隆教，转普慈。未几，行省左丞相达识公延主净慈，复请迁径山。一日，达识帖睦尔翩然来游，直趋方丈，便问："净名丈室容三万二千狮子座，净慈丈室容多少？"智及云："一尘不立。"丞相云："与么觌体相违？"智及揭帘云："请丞相鉴。"乃笑谢曰："作家宗师，不劳再勘。"明洪武癸丑，诏有道硕僧十余人，集天界寺，褎然居首，以病不能一对，赐还穹窿山，即海云所在也。戊午八月，忽示疾，至九月四日，索笔书偈而逝。荼毗，火焰化成五色，有气袭人如沈香。遗骨绀泽，类青琉璃色，设利罗交辍于其上。其徒奉以藏海云山阴，又分爪发归径山瘗焉。

明四明宝陀寺沙门释慧照传

释慧照，字大千，姓麻氏，永嘉人也。父均，母黄氏。家有积庆，照生，宝之胜摩尼珠。童年聪俊，雅慕超凡。闻人诵习经偈，便合爪谛寀。年十五，往依沙门了定于县之瑞光院。了定者，族从兄也。长老良公，知为法器，即剃落为弟子。明年，禀持犯于处之天宁。蝉蜕万缘，誓究大乘不思议事。首谒晦机熙于杭之净慈，未契圆证。一日，阅真净语，至头陀石掷笔峰处，默识悬解，流汗浃背。时东屿海以石林巩正派，提倡于苏之荐严。杖锡从之，反复勘辩，灵机响应，遂留执侍。照以为心法既通，不阅修多罗藏，无以阐扬正教，耸天人之听，乃主藏室于郡之万寿。及东屿迁净慈，邀照分坐，表仪四众。元大历戊辰，始主乐清之明庆。尝集诸僧伽而诲之曰："佛法欲得现前，莫存知解。缚禅看教，未免皆为障碍。何如一物不立而起居自在乎？所以德山之棒、临济之喝亦有甚不得已尔。"闻者说怿。至正乙未，迁四明之宝院。先是，寺以构讼废，照谓讼兴在乎辨难太迫，一处之以宽慈，绝弗与较。且曰："我佛得无诤三昧，所以超出群品。我为佛子，可不遵其教？"众服其化。

未几，行宣政院署照住阿育王山。由是云侣景附，不远千里，照亦善诱，孳孳不遗余力。因垂三关语，以验学者。其一曰："猛虎伺杀为性，何以不食其子？"其二曰："虚空无向背，何缘有南北东西？"其三曰："饮乳等四海水，积骨如毗富罗山，何者是汝最初父母？"语皆峻切，惜未有契其机者。居九年，退于妙喜泉上，筑室曰梦庵，因自号为梦世叟。掩关独处，凝尘满席，澹然无虑。明洪武癸丑十月朔，诏门弟子曰："吾将西归。"越七日，沐浴更衣，索纸书记，恬然化灭，寿八十五，历夏七十。经三日荼毗，牙齿数珠不坏，余成舍利罗，五色烂然。是年十二月九日，葬灵骨于梦庵之后。有语录若干卷。宋文宪濂为之碑，文词甚清朗，载在私集，曰《护法录》。

明温州雁荡山罗汉寺沙门释正智传　大观

释正智，字卧云，姓陈氏，福宁人也。初出家时，受剃度于泰顺之南峰寺。后得法于大观慧实，传月亭中兴台教之学。盖佛法自梁以前，无宗、教之别。大通中，达摩西来，始崇教外别传之旨。而智者大师独宏止观于天台，学者宗之，斯台教之名立焉。永嘉佛法肇于无相大师，实因止观，发明大事，印证曹溪，号一宿觉。是则宗、教旨归，初无有异也。厥后，青原南岳宗风大鬯，永嘉之学薪尽不传，而天台亦渐微弱，不复演扬止观，专以讲义为台教矣。盖千余年，然后得月亭大师振中兴之烈，正智则月亭之正传也。智嗣大观慧，慧嗣晦谷珂。初，大观虽习教典，而实研精止观，常立庵天台绝顶，覃思冥契。又崇别教之旨，遍历诸方丛席，斟酌印可，始归嗣晦谷，有"从来心印本无文"之嘱。既登祖位，乃思出大炉锤，合宗、教为一。于是著宗、教不二之说，略云宗者悟佛之心，教者明佛之理。复订法系正派，以世其传。

就雁山能仁寺，宣扬法要，一时龙象云集，然入室者，为正智一人而已。正智姿仪魁垒，外示冲和，崇重毗尼，律身峻绝。虽宏解经义，而托根止观，行解双圆。既得法于大观，了悟宗乘，屡登法席。李尚书志、曹学士学佺、张大令文光，俱延之讲堂，躬亲听受。最后讲《楞严》于永嘉之宏济寺。时大参石公万程备兵东瓯，钦师道范,怀香谒之。因即讲次,从容问难,殊未了悟,驰书请益。因命笔答之曰:"觌面相逢,犹遭钝置。若更商确笔端,当令师子脱颐后闻木鱼声。"又以相叩,智举敲空有响,击木无声语复之,乃赞叹而去。智以雁荡古刹湮没殆尽,而罗汉寺有应真飞迹,且密迩能仁,望大观作道场处,炉烟可接,乃重营兰若,游客衲子,栖息得所,而道风馥郁,被于遐迩矣。讲观之余,雅好登临,搜奇剔异,樵牧所不到,悉能及。晚岁,道誉益隆,诸方参学,缁素礼谒,每食逾千指。更营雁湖绝巘以居,天光云影,置身汉表,每一凭眺,心迹俱清。岁乙酉,鲁藩建邸临海,仰其风范,致书劳问。内史顾公超因奏请,即雁湖建立禅院。复肃启礼请再四,智不报。明年,大兵寻至,追讨逋伏,而雁荡悉罹兵燹,人始服其先见云。

丁亥九月,示微疾,至二十九日,谓门人曰:"吾归矣。"沐浴更衣,然后顺化。世寿七十有四,僧腊四十有九。三日荼毗,得舍利,皆五色。以癸巳八月十九日,塔于罗汉寺侧,与大观塔合。方大观欲合宗、教为一也,门户竞争,教以宗为掠虚,宗以教为摭实。其实,宗为口头之宗,教亦纸上之教,使果悟佛之心,明佛之理,则原自无分,又何从拟合?故开口乱道蛇入竹筒论,不自大观起也,惟大观欲融而一之耳。惜乎大观灭,而智亦西归,永嘉之焰①谁续哉?李象坤芻庵为作塔铭,寄慨深远有以夫。铭曰:"千潭一月,千月一摄。闭门造车,出门合辙。彼宗与教,胡为中裂。峨峨观公,建大炉鞲。砂屑并融,不假抟捏。或鼎或彝,任其铸出。卧公亲承,宏扬煜烁。法座屡登,弘辩磬折。国王敬礼,宰臣钦慴。讲观不二,顿渐岂别。蓉峰巍峨,雁湖澄澈。与虚为邻,孤操崒绝。昔

---

① 焰,底本作"熖",恐误。

栖其巅,今瘗其㟮。无缝塔中,寂光不灭。"

明五台山灵鹫庵沙门释宝金传

释宝金,字璧峰,姓石氏,永寿人也。父通甫,宅心从厚,人号长者。母张氏,嗜善弗怠。有沙门授观音像曰:"谨事之,生智慧儿。"未几儿生,白光贯屋。幼多疾,因归释氏,依云寂温剃落。受具后,穷性相学,言辞落落若贯珠,闻者动容。已而叹曰:"三藏玄言,皆标月指。如来心法,果如是乎?"遂弃所学,更习禅观。谒如海真于缙云,海问曰:"万法归一,一归何处?"所答不契,遂疑之三年。一日,撷蔬于圃,忽凝坐久之。海问曰:"子定耶?"金曰:"定动不关。"海曰:"定动不关,是何景象?"金示之以筐,海非之。金扑筐于地,拱而立,海又非之。金低头不语,海把其臂曰:"速道,速道。"金翻手触,海仆地。海起,徐曰:"未在此,尘劳暂息耳。必使心路绝,祖关透,然后大法可明。"尔后工夫益切,遁峨眉山下,柏叶为食,胁不至席者三年。一念不生,前后际断,照体独立,物我相如,自是入定,或累日乃起。一日,闻伐木声忽悟,汗下如雨,乃曰:"妙喜谓大悟十八,岂欺我哉?"后归,白之海。海方可之[曰]①:"无用云,'坐下出三虎一彪',尔其彪耶?尔缘在北,当诣朔方,必弘吾道。"

金乃北游,至五台栖灵鹫庵,檀信争凑。会岁俭,恐其饥,所施益多。金虑饥民乏食,劝施者分粟赈之。元至正间,岁旱,帝诏祈雨,金入城,大雨千里。帝赠千金,不受,益敬礼之,赐号寂照圆明

---

① 底本无"曰"字,恐脱。

大师。金每闻己过,必稽首感怀。尝曰:"生我者父母,教我者师友。生而无闻,几如牛马;生而有闻,可至圣贤。父母生其身,师友能成其德也。世有喜佞,而恶谏者,下愚人也。"有明肇兴,崇尚佛旨。洪武戊申,金应诏入都,奏对奉天殿,道扬法典,简在帝心。命居天界,日接龙颜,譬晓法义,赐以紫衣、金钵及御制诗,有"玄关悟尽成正觉"之语。一日,示疾,着衣危坐,唱别。弟子智信请留一语,金曰:"三藏法宝,尚为故纸,吾言何为?"怡然而逝。荼毗,得舍利,五色灿烂,齿舌舍珠皆不坏。门人收之,建塔文岫山普光寺。尝制华严字母佛事,梵音清雅,四十二奏,盛行于世。

明五台山寿安禅林沙门释具生传

释具生者,本名具生吉祥,中天竺迦维卫国人,行二字,略也,刹地利种。三藏五明,无不彻究。自谓言语非究竟法,乃入雪山习定,十有二年,得奢摩他。求证于迦罗室利尊者,尊者可之。元末明初,浮海东来,求礼五顶。所经信度、高昌诸域,国王而下,莫不敬畏;缁白承风,远道相从。四越寒暑,始达甘肃。有明洪武二年,乃底台山,卓锡寿安禅林,恒山之民,翕然向化。七年,帝嘉其行,诏住蒋山,开化石城。法侣云蒸,虽狠戾之夫,仰其慈相,善心油然而生。四方檀施,填门塞路,祥视之漠然,悉举所有,以济饥寒。八年春,帝赐以诗,有"笑谈般若生红莲"之句。十四年,有足疾,不良于行,敕御医疗之。乃附奏,欲归五台,莫解其意。一日,又白众曰:"今将为五台之行,有能从我者乎?"弟子中有一人愿从,因举病足示之曰:"汝无此一足,安能从我?"至午命沐,跏趺而坐。弟子请最后垂训,乃举念珠示之。弟子曰:"教我念佛耶?"因掷珠于地，长呼而化。荼毗，烟焰所及，皆薰成舍利，缀于松枝，若贯珠然。门人建塔于西林庵。所著有《示众法语》三卷，并译《七枝戒本》传于世。蒲庵释见心复为之碑铭。

明杭州天目山沙门释印原传 智曈

释印原，字古先，姓藤氏，日本国人也。世居相州，为国贵族。生有异征，垂髫时，辄刻木为佛陀像，持以印空。父奇之曰："是儿于菩提有缘，宜使之离俗，学究竟法。"甫八岁，归桃溪悟公，执童子役。年十三，即剃发，受具足戒。自时厥后，遍历诸师户庭，无所证入，乃慨然曰："中夏为佛法渊薮，盍往求之？"于是浮海南游，飘然西渡。初至天台，参无见睹于华顶峰。睹语之曰："尔缘不在斯。中峰本以高峰上足，说法杭之天目山，炉火正赤，往来学徒无不受其锻炼。此真汝导师也。"原遂往谒。中峰一见，遽命给侍左右。屡呈见解，中峰呵之曰："根尘不断，如缠缚何？"原退而悲泣，饮食皆废。中峰怜其诚恳，乃谓之曰："人惟此身，包罗万象。迷则生死，悟则涅槃。生死之迷，固是未易驱斥；涅槃之悟，犹是入眼金尘。当知般若如大火聚，近之则焦首烂额，唯存不退转一念，生与同生，死与同死，自然与道相符。若当未悟之际，千释迦、万慈氏，倾四海大水入汝耳根，总是虚妄尘劳，皆非究竟。"原闻之，不觉通身汗下。无昼无夜，未尝暂舍，积之又久。一夕，忽有所省，见前境界，一白无际，急趋丈室，告中峰曰："原已撞入银山铁壁去也。"中峰曰："既入银山铁壁，来此何为？"由是瞩机生悟，超然领解，十二时中，触物圆融，无纤豪滞碍。

未几辞去，往谒虚谷灵、古林茂、东屿海、月江印。此四公者，道誉隆隆,各据高座,展化一方,见其证悟亲切,机锋颖利,莫不以丛林师子儿称之。会清拙澄将入日本建立法幢,原送至四明。澄曰:"子能同归,以辅我乎?"原曰:"云水之踪,无住无心,何不可之有?"即摄衣升舟。其后澄之行化遐迩,皆原之力也。已而出世甲州慧林,瓣香酬恩。卒归之中峰,黑白来依,犹万水赴壑。古山源议革城州等持教寺,为禅物论,非原无以厌伏众心,竟迎原主之。俄住州之真如,又迁万寿,又迁相之净智。及谢去,更行化于奥州。原之族兄藤君新建普应寺,延原为开辟住持,方起而应之。关东连帅源公建长寿院于相州,复请开山,兼主圆觉,原又赴之。未几,迁建长。其说法度人,孜孜弗懈,无异慧林时。后退归长寿,有终焉之志。岁在甲寅春正月,忽示疾,至二十三日夜参半,召门人曰:"吾今日逝矣,尔等恪守常训,使法轮弗替可也。"黎明,宾朋候问起居,应接如平昔。及午,呼侍者曰:"时至矣,可持觚翰来。"及至,复曰:"吾塔已成,唯未书额。"尔乃手书心印二字,入室端坐,泊然入灭。世寿八十,僧腊六十又八。弟子奉全身瘗焉。初,原以流通大法、建立梵宫为事,若丹州之胜愿、津州之保寿、江州之普门、信州之盛兴、房州之天宁,皆蔚然成大兰若。而建长之西,复创广德庵,命其徒守之。故先后所度比丘,一千余人。平生端严若神,虽燕坐之时,俨若临众,目光炯炯射人,见者若未易亲炙;及聆其诲语,温若阳春,莫不心悦诚服。有求法语偈颂者,濡毫之间,洋洋数百言,曾不经意,皆契合真如。犹不自以为是,取语录并外集,投于火中曰:"吾祖不立文字,但传心印。留此糟粕,何为?"门人欲为画像,且索赞语。原乃自作一圆相,题其上曰:"妙相圆明,如如不动。触处相逢,是何面孔?"其方便为人,皆类此。

同时,有智曜者,亦日本国人,势州源氏,宇多天王九世孙。其母祷于大士,梦吞金色光而孕,生时祥光盈室。九岁出家,依平盐教院。授之书,一览辄能记诵。稍长,绘死尸九变之相,独坐观想,知色身不异空华,慨然有求道之志。年十八,为大僧,礼慈观律师受具足戒。寻学显、密二教,垂三年,恐执滞名相,建修期道场,以求玄应。满百日,梦游中国疏山、石头二刹,一庞眉僧持达摩像授之曰:"尔善事之。"既寤,拊髀叹曰:"洞明吾本心者,其唯禅观乎?"遂更名疏石,字梦窗。谒无隐范于建仁寺。继至相州巨福山,山之名刹曰建长,缁锡之所萃止,时一山宁主之。一山见曜,甚相器重,令为侍者,朝夕便于咨决。俄游奥州,闻有讲天台止观者,往听之曰:"斯亦何碍实相乎?"自是融摄诸部,昭揭一乘之旨。虽辩才无碍,然终以心地未明,怅怅然若无所归。浃修忏摩法,期至七日,感神人见空中,益加振拔。时一山自建长迁主圆觉寺,曜复蓬累而往,备陈求法之故,至于泣涕。一山曰:"我宗无语言,亦无一法与人。"曜曰:"愿慈悲方便开示。"一山曰:"本来廓然清净,虽慈悲方便,亦无。"如是者三返,曜疑闷不自聊,结跏澄坐,视夜如昼,目绝不交睫。久之,往万寿禅寺,见佛国高峰,日扣请如前。高峰曰:"一山云何?"曜述其问答语甚悉。高峰厉声曰:"汝何不云和上漏逗不少?"曜于言下有省。辞归旧隐常牧山,唯分阴是竞,誓不见道不止。

嘉元三年夏五月,一夕坐久,偶作倚壁势,身忽仆去,豁然大悟。平生碍膺之物,冰解雪融,心眼烂然如月,佛祖玄机,一时烂破。乃作偈自庆,有"等闲击碎虚空骨"之句。亟见高峰,求印。高峰喜曰:"西来密意,汝今已得之,善自护持。"以书卷付之。退接甲州龙山庵,高峰招住上野州之长乐寺,力辞不赴,卓庵浓州古溪。都元帅平公之母觉海夫人慕曜道行,欲一见之,竟遣人五台山,缚吸江庵。已而潜入海屿,夫人遣使迹之,使出世云岩寺。曜复辞,构泊船庵于卧龙山,退耕庵于总州,有终焉之意。正中二年,国主后醍醐天王命宫使起曜,领南禅禅寺。入见,王赐坐,因自陈志在烟霞,出非所愿。王曰:"吾心非有他,欲朝夕向道耳。"不得已应命。王时幸临之,相与谈论,或竟日乃去。将及期,王逊位,曜亦引退。道经势州,会新建善应寺成,延之开山。未几弃去,抵相州,枢府郡公迫主净智寺。寻归锦屏山,营瑞泉兰若。元德元年,圆觉四众必欲致曜,为勉强一出,又复弃去。二年,羽州守藤道蕴初创慧林寺,延曜莅之。元宏元年,达官贵人有以见长请者,曜复辞。二年,瑞光寺又求为弟一代主。三年,王既复辟,召曜入见,以介子都督亲王之邸,更为灵龟山临川禅院,命曜为之长,赐以国师之号。

建武元年秋,王妃薨,王留曜宫中十余日,罢政而讲法。因请宣说大戒,执弟子之礼弥谨。及还,强之再入南禅。王亲率群臣至山,见群僧入定,静不闻声,次第行食,秩然有序,王甚嘉之。曜每登席提唱,音声闳朗,词意警策。王益喜,赐田若干亩,以饭僧。先是近臣有毁斥禅宗者,王以问曜。曜曰:"自性三宝,何必强生分别?"王以为然,至是益知禅学为贵,谤言无自而入。已而退处兜率内院,而建仁禅寺,又欲起之,曜笑而不答。历应二年,摄州守革西芳教寺为禅,金谓:"非曜无以厌众望。"遂振锡而往,举扬达摩氏之道,听者改容,为建无缝阁,以水晶宝塔安置舍利万夥①其中。他若奇胜之地,多冠以亭榭,以憩四方游士,规制灿然可观。尝梦王作沙门,相乘宝车,往灵龟山,已而即世。征夷大将军源公造天

---

① 夥,底本作"颗",明正德刊本《宋学士文集》之《护法录》作"夥",恐误。

龙资圣禅寺，以助冥福，聘曜住持，遂与前梦协。阿州守源公新立补陀院，曜亦徇其意，为之说法，即还天龙。康永元年春，太仓天王亲往受戒，愿为弟子。三年，建八幡菩萨灵庙于寺侧。贞和元年，王复帅群臣来听法，敷宣之际，有二星降于庭，光如白日，赐以金襕紫衣。二年春，令弟子志元补其处，退归云居庵。冬，复召之入宫，加以正觉之号。

观应元年春，两宫国母请曜于仙洞受五戒。二年春，曜谓左右曰："天龙宫室，幸皆就绪。唯僧堂犹阙，当力为之。"及堂成，可容七百人。廷议重曜名德，复强入天龙，为行《百丈清规》，声振朝野。王复加以心宗普济之号，且遗之手书，略曰："道振三朝，名飞四海。主天龙席，再转法轮。乘佛祖权，数摧魔垒。"人以为荣。曜年已高，又复引退兜率内院。九月朔，召门弟子曰："吾世寿七十又七，僧腊亦六十矣。旦夕将西归，凡有所疑，可商讨焉。"于是集座下者如云，曜随机开示，皆充然有得而退。越七日，示疾。两宫游临，问起居，曜为陈摄心正。因精神不少衰，作偈别大将军源公。复书《辞世颂》一首，至晦日，鸣鼓集众，翛然而逝，塔于内院之后。所度弟子，万有五千余人。其嗣法者，天龙则志元、妙葩，建长则慈永，南禅则通彻、周泽。曜仪观高朗，慧学渊深，举扬正教，如密云广布，甘雨频澍。凡具生性者，随其根器小大，皆获成就。上自国王宰臣，下至士庶，莫不顶礼敬信。如见七佛出世，香华供养，唯恐或后。

夫佛法之流于日本者，台衡、秘密为最盛。禅宗虽仅有之，将寥寥中绝矣。千光院荣西禅师以黄龙九世孙，握佛祖正印，唱最上一乘，飙驰霆銵，逢者胆落，达摩氏之道，借以中兴。其示寂之时，且曰："吾灭后五十年，禅宗当大兴。"今印原承天目之正传，见道分明，契悟精深，则其悬记之言，已有可征。而智曤又以高峰之胤，上纂无学元公，以继佛鉴范之传。禅学勃兴，若合符节，斯亦验矣。然而自天目溯而上之，至杨岐十有二世，杨岐、黄龙则同宗慈明者也，其道固同矣。道同则凡嗣其学者，先后奋发，殆有不言而喻者乎？明金华宋濂既为印原铭其塔，又于明洪武八年秋七月，因日本使臣之请，奉敕撰智曤碑文，俱见《銮坡别集》。

明虎邱云岩寺沙门释文琇传 慧无尽[①] 灭宗起

释文琇，字南石，姓李氏，昆山人。出家邑之绍隆庵，参法要于行中仁。居虎邱，得言外旨。有《续传灯录》《四会语》行世。

慧无尽者，不知何许人。洪武间，为虎邱藏主。文琇称其戒简冰清，禅诵勤勇。刺血书大乘经，攻苦行澹。备行三宝中事，孜孜弗懈。学教观于古庭，听《楞严》于融室，又从行中究别传之旨。及示身火，聚灰烬出，舍利如粟。其行德之显验如此。

又僧起，字灭宗。初住天台华顶山，来主虎邱。专力宗门，不省俗事。临终，尽出平生文字火之。

---

① 慧无尽，底本标目皆作"无尽慧"。

卷第十九
习禅篇第三之九
正传十二人　附见十三人

明金陵灵谷寺沙门释道谦传 居顶　净戒

释道谦，字巽中，一号牧庵，南昌人。生质明敏，幼离尘溷。学通内外，妙彻真如。元季，住杭之报国寺。明初，诏至京师。泐公方主天界，分座演法。寻授左阐教，住灵谷。洪武二十九年十一月，示微疾，端坐而逝。

又居顶，字元极，黄岩人。幼学出世法，聪慧过人。得西邱之正传，性相双融，行解兼至。初住四明翠山，次迁婺之双林，所至振兴。洪武间，选赴京师，召对称旨，授僧录。住灵谷，说法传经，其道大行，成祖亦屡加恩赉。永乐间，无疾而化。

又净戒定岩者，亦字幻居，吴兴人。年十一出家。后至金陵，值觉源昙住天界，命居维那，胁不暖席。一日，昙举桶箍语问之，拟议未即答，昙厉声曰："早迟八刻了也。"言下大悟。复游东南，名流加敬。洪武丙子，授左觉义，兼住鸡鸣。永乐初，敕居灵谷，迁右阐教。永乐戊戌六月二日亭午，起坐索笔，书偈而逝。火后，有顶骨，牙齿数珠不坏。事闻，遣官致祭。宣德四年，追谥惠济禅师。

明金陵灵谷寺沙门释能义传

释能义，字无言，四明人。本世家子，素志清苦，不事华丽。旁无长物，以一钵自随。居钟山闲房，非行谊高洁者，不与之接。日惟禅定为事，暇则与学侣演说经藏要义。成祖雅重之，召对无虚月。每入大内，即命讲说《楞严》大义。居灵谷，授僧录。以奉诏北来，卒于庆寿僧舍。

明金陵灵谷寺沙门释三峰传

释三峰，字于密，亦号汉月，梁溪苏氏子也。年十五出家。越十年，受具戒于灵谷古心。时古心参禅说戒，绕座数百人，见峰来，大喜曰："此子乃法中王，岂但我座前子乎？"居一年辞去，古心亲送之，曰："灵谷有灵，汝当再至。"峰回顾者三，乃往三峰。后参天童，为首座。年四十，受天童衣拂，法弟子遍江浙。自此灵谷宗派，皆承三峰矣。

明燕京潭柘山龙泉寺沙门释德始传

释德始，字无初，日本国信州神氏子。幼性端静，见群儿嬉戏，辄引去。遇僧过门，则色喜。父母知其志，遣从近寺一公祝发。稍长，诣天宁。探索群籍，荏苒三冬，悉通大意。已而叹曰："文字之学，不能洞了人之性源。"遂舍所学，附海舶，抵中土。谒灵隐慧禅师，深悟单传之旨。及东归，国人景仰，尊为禅祖。闻古幽州山川之胜,结侣来游,因憩庆寿。时独庵衍治寺事,与德有旧,延致丈室,与激扬临济宗旨,识者称之。衍欲以寺事付德,德殊谦让未遑,乃礼峨眉。时献王咨问法要,礼遇勤厚。始出世无为,道望弥崇。明永乐初,独庵进阶大子少师,邀之论道。六年春,应董平坡之请,居再岁,即谢事。十年壬辰,将辟静室,为佚老计。而帝眷方隆,诏畀龙泉寺事。德既钦承明旨,早夜孜孜,以缮修为务。凡栋宇蠹敝者易之,阶甃颓坏[者]①治之,丹垩剥落者新之,比旧有加焉。先是,献王致兼②金百镒,为造西方三圣像,金彩庄严,曲尽其妙。德平昔尤喜恤贫赈乏,薄于奉己,厚于待人,以故四坐道场,囊无余蓄,褚衾瓦钵,萧然自怡。临终,端坐而逝。荼毗时,获舍利百余颗,晶荧圆洁,观者叹异。

明五台山显通寺沙门释迦也失传

释迦也失者,天竺迦维卫国人,世尊之族也。道行非凡,神通难测。仰曼殊之踪,来游清凉。明永乐十二年,至显通寺。冬十一月,明帝遣太监侯显诏至京师。入大内免拜,赐坐于大善殿,奏对称旨。敕主能仁方丈,制书慰劳,赐予甚厚。明年,颁赐金印宝诰,号曰妙觉圆通慧慈普应辅国显教灌顶弘善西天佛子大国师。无何,辞还五台,一定七日乃起。至于宣庙,尤加钦崇,礼逾常格。后于宣德六年,辞归西域。

---

① 底本无"者",据上下文义补。
② 兼,底本作"鎌",恐误。

明衡山南岳寺沙门释开缘传 宝珠 圆昂

释开缘，字无尽，顺天人。明嘉靖间，与僧宝珠同游南岳。初栖明月峰，又得花药僧元章山庄于水参峰之麓，居四十余年，草衣木食，悟佛心印。年七十坐化。

弟子圆昂，字逊庵，衡阳人。祝发花药寺，参南岳无尽。遂严戒律，习教明宗，妙通玄悟。曾在南岳建云龙寺。以万历壬辰入寂，葬小松山。武陵龙德孚铭其塔曰："南岳胡来，西天胡去。丕振宗风，洪沾法雨。五叶有传，一苇可渡。无生无灭，何去何住。勖哉后人，永修禅土。"

明泉州开元寺沙门释道超传 秋鉴 祖渊 月溪 绝尘 无际 泽忠

释道超，字云外，姓李氏，安平人也。生有凤根，幼怀高志。当辞亲入山日，家人为具牲醴饯别。超蹙然曰："既欲出尘，当除腥秽。如此俗习，尚不能远，何论他耶？"或为譬解，强之，竟不食。礼开元秋鉴为师。年二十，入京师，依大功德寺祖渊。职藏三载，心迹皎然。后游东浦，参无际、月溪二老，授以无字公案。染疾还山，状甚沈瘵，祷于观世音，夜梦白衣授赤丸，使吞之，惊寤而嘻。是日果有老人负囊至，疗之而愈。一日，看《黄檗语录》，殊有会心，憾无明眼提撕，莫由省觉。复又自念，如来六年苦行，方得成道，乃思辟谷，唯饮①水乐饥，一意参穷，历十八日，而身心轻莹，如有悟入。

---

① 饮，底本作"钦"。

时太守熊公以开元日坏,命超掌院事。窜匿山谷,求之再四,始为一出。及熊卒,乃复辞去。参绝尘于秀林,尘问佛祖关要,超即事酬答,辩若泻流,尘印可之,犹自以为未也。乃谒泽忠于栖真,机缘符契,方得无疑。自尔归来,息影山阿,独处兀坐,千日为期。明天顺壬午,开元缺席,推选未当,久悬不决。闻于郡丞孔公,孔命使持简,请超莅止,超益深遁。至成化甲午,幡然归院,为众说戒。已而度夏天立岩中,忽焉示疾。临终,书偈曰:"天地之数,五十有五。邈焉中立,超佛越祖。本无生灭,何用指注。击碎虚空,何处不遇。要行便行,着甚分付。"掷笔坐化,时成化十一年五月十八日也。荼毗,窆灵骨旧塔。有《云外语录》一卷。

明五台山普济寺沙门释净澄传

释净澄,字孤月,姓张氏,宛平人也。始生时,有二僧踵门而至,厥父喜,告以举子,且请名焉。僧曰:"此儿非常,可名清正。"无何,父母相继谢,零丁孤寂,因有绝尘志。偶至双城,路逢老僧,相与问讯,为道所愿,求之落发。及详诘来缘,具明夙因,知此所遭者,乃初立名僧也。嗟叹久之,于是就金河寺剃度。初习经业,未惬心性,示以念佛法门,则拳拳服膺,奉持不爽。未几,其师竟寂。更参知识,得五台寿宁寺僧清善为易其名,曰净澄。随之诣台,执业甚勤。自觉工候未纯,即走古华严,日夜磨炼,几及一载。一日,凝滞顿开,如去重负,乃还燕京,求证于广恩月溪,陈其所悟。溪诘数语,汗下不能对。溪曰:"汝得信念尔。"令参"狗子无佛性"语,疑情顿发,数日忽有省。久之,溪可其悟,即付以卷拂。南游,渡黄河,舟没,所有俱失,手触浮木,攀之不沈,随波漂流,遇救得出。自此勘破生死,发愿拯溺,苦海茫茫,欲登觉岸,何异此境。于是入蜀川,飞雪山,独居三年,深心究参。

尝于造饭中得定,既觉来时,饭生白醭。一日,方坐,闻声曰:"祖顺踏破脚了。"三日后人到,印对前言无差,在百里之外,盖静极彻听也。澄好敷坐地上,寒湿伤足,不良于行,荷至后山安养,久之渐差。又一日,敷坐木床,正尔湛寂,忽闻爆竹声,豁然心空,自是方得一切时中,洞然明妙。乃辞众,诣圆觉法鉴处,陈其所悟。觉曰:"子向后更当何如?"澄曰:"随分。"觉曰:"若然,则饥餐渴饮去也。"澄曰:"终不作如是见解。"觉颔之。后参广福云谷,谷见其一向孤迥,乃问:"如何是无字意?"澄曰:"风行草偃,水到渠成。"又问:"大地陆沈,虚空粉碎,向何处安身立命?"澄曰:"云消山岳露,日出海天清。"谷肯之,遂付衣钵。明天顺初元,言返清凉,道声远震。代王请诣内掖问道,感白光袭室之异,为舍资建刹五台山华严谷,额曰"普济",事之唯谨。后坐化斯寺。著有《清凉录》及《山居诗》,为世传诵。诗云:"寰中独许五台高,无位真人伴寂寥。一任诸方风浩浩,常空两眼视云霄。甘贫林下思悠悠,竹榻横眠枕石头。格外生涯随分足,都缘胸次为无求。自住丹崖绿水旁,了无荣辱与闲忙。老僧不会还源旨,一任山青叶又黄。"

明衡山南台寺沙门释无碍传

释无碍者,信阳人也,而遗其姓字。一衲百结如粟穗。明弘治①初,来衡岳,坐天柱峰下狮子岩,日啖苦菜,不谷食者三十年。

---

① 弘治,底本作"宏治",弘治为明孝宗年号(1488—1505)。

坚苦动众,为建寺居之。明刘阳有《无碍山房记》略云:"南台者,荒址也,因无碍而再辟。乃今开阁,依崖壁,穹林幽舍,为南山一胜矣。"南轩、晦庵二先生尝倡和雪中,其诗曰:"相望几兰若,胜处是南台。"斯南台之胜,宋乾道间见之矣。无碍持一钵,至天柱峰下狮子岩,岩中仅容木榻,无碍坐木榻,啖野菜,不谷食者七年。邑中人苦之,乃谋所以居之者。弘治①间,大崖李世卿《游衡山记》所称:"有僧岩居,食生菜,见人嘿嘿者,即无碍也。野云孤鹤,飘飘然无与于斯世者,似其人也。昔卧山房,千崖冰雪,雪芝挂崖石,乃无碍赤脚踏悬崖,取之饷余,余为赋《雪芝》以答之。俟三十年,冰雪如昨也。兹与诸君,对床上方,乃于斯人,至激余衷,彼其所求,何坚苦刻励也。其徒明通,欲传无碍坚苦之行,谓余三度寒腊于兹山房,当有留于山房者,兹漫识之。"

明云南归化寺沙门释善坚传 铁封

释善坚,字古庭,姓丁氏,滇城南廓人也。诞生之夜,红光盈室,异香弥户,邻里惊叹。甫及龀龄,便乞出家。年当就傅,入五华寺,礼慈宗为师,命名善贤。初习禅观,坐持不辍,慈甚异之,勉诵圣号。年十六,走金陵,谒无际。示万法归一语,参究精诚,兀兀达旦,胁不至席。一日,看《圆觉经》,至身心俱幻处,焘然自释。因太息曰:"离此身心,谁当其幻?"年十九,复礼柏岩,更名善坚。逾年,受具足于古杭戒坛。明正统十年,始造金台,乃恍然曰:"目前境界,非我所留。死去生来,安可息也。"遂尔心地豁明。寻复参无

---

① 弘治,底本作"宏治",弘治为明孝宗年号(1488—1505)。

际,证明大事。一见喜曰:"吾法自子大行于世。"赐号古庭,付之法服,为临济二十三世。且命之曰:"先师慧命,勿令断绝。"坚聆其言,如怖惊雷,两手掩耳,俯首而退。后驻锡皖桐浮渡山华严寺,大兴法会,道望日崇。已而返滇,建归化寺,滇南禅风,由此复振。尝移母柩就葬,拈香遥咒,冀得超登,俄而祥云弥空,冉冉西向,久之方息,见者惊愕,叹为诚感。以明弘治六年癸丑七月二十日,集众说偈,瞑然而逝,年八十余,腊七十。立塔寺南。滇人敬礼,至今不衰,明季谥曰栴檀尊者,今更名法幢寺。所著有语录、《名山》、《云水》诸集。

铁封慧固者,昆明石氏子。稚年出家,壮岁受具。晓夜精勤,戒行冰洁。恒持《金刚经》,久而不怠,因之发明。晚参古庭,遂得印证。时有异人,兼善幻术,试之累验,欲以授铁。铁婉却之谓:"佛法真谛,不生不灭。身心俱幻,何有于术?"年七十余,述偈坐化。

明金陵大报恩寺沙门释永宁传

释永宁,字西林,姓郭氏,六合人也。幼出家,礼报恩无瑕玉为师。生性耿介,独自持重,言动不妄,众所推服。年二十,即持《金刚经》,至老不辍。明武宗驾幸南都,驻跸斯寺。大宗伯虑寺僧无可承旨者,遴选皆不称。先是宁与东林惠远,素称莫逆,两人状貌魁伟。乔白岩为大司马,久与宁善。宗伯大喜,即以远为僧录右觉义,以宁为报恩寺提点。及驾临寺,登殿礼佛,百官朝罢,谕作诵经佛事,命呈疏草。宗伯议须翰林,宁曰:"佛疏别有体制,须僧当行可耳。"因举远具疏草呈,武宗览之,喜曰:"朕家有此僧耶?"宗伯即以僧录印付远。宁随侍游览,应对称旨,自建道场至起跸,陪宴七日,竟无一失,宗伯由是益重之。嘉靖十年,众举为住持,综理寺事二十年。迁僧录右觉义,又五年,转左觉义。先是,江南佛法未大行,宁居僧秩,切以法门为忧,每谓僧侣见轻于士林者,以其无学,故取辱名教,玷污法门耳。乃请云谷法师住三藏殿,教诸习禅者,始知有禅宗。数年,云谷去隐栖霞,适守愚师南来,宁复延致,选僧众数十人,日开讲席,亲领听受,从此始知向佛法。掌僧录印二十五年,诸山奉法惟谨。嘉靖四十四年正月十六日,示寂。先数日,持僧录印谒礼部大宗伯,请以老辞,大宗伯慰留不允,宁归即封其印。明日示疾,竟不药,但诵《金刚经》不绝。十五夜,举众围绕号佛,遂悠然而化。寿八十有三,腊七十有奇,弟子奉葬于智安寺。憨山释德清,再传徒子也。尝抚清嘱众曰:"我身后寺事,无大小,听此儿主张。"人服其知人。

明云南鸡足山圣峰寺沙门释德住传 兴彻　祖复

释德住,字宝山,姓张氏,剑川人也。童行超然,不为俗染。明嘉靖癸亥,入鸡足山受度。初居圣峰,究心宗学。忽一笠飘然,行脚中州,至伏牛山。主僧北人,格于语音,闭门不纳。山因立一足,亭亭门外,寂然一定,经七昼夜,立处不偏不倚,不移尺寸。寺僧尝布灰验其左右,众始叹异,后额其处曰云南铁足罗汉云。及还滇,隐幻住庵。值圣峰灾,与妙峰分道叩募,复恢旧基,重构新宇。年至耄耋,始化。

兴彻者,字大空,洱海人。依定堂祝发。誓习立禅,终日不坐,终夜不寝。后往孤鸟寺,参天竺。复掩关荡山,学《楞严》于印光。

一定三日，光讯曰："得法喜乎？"曰："如是，如是。"翘一足示之，而无敧斜，光首肯之。既而入狮子山，一日，报众违别，香烟起处，闻空中梵声，渐向西去。

又祖复，字野山，姓朱氏。其先出自晋藩，远承国荫。复虽生于华胄，而厌弃俗荣。明万历初，游匡庐茅山，周览名胜。寻祝①发，至滇。会楚雄岁旱，复为祈雨，甘霖立霈。士民德之，乃建紫顶禅林。未几，入永昌台山，更创金光梵宇。赴京请藏，以镇此山。尝爇香指上，焚祷佛前，十之八九。平生不设卧具，翘然达旦，故人号为立禅，足不蹈户者数年。及闻明社倾覆，清兵入关，遂绝粒，但饮清水。儳焉三七，说偈而化。遗言贮身香桶，有"桶箍三裂，吾当再来"之识。后其箍二裂，寺僧竟封其塔。

---

① 祝，底本作"税"。

卷第二十
习禅篇第三之十
正传十人　附见三人

明摄山栖霞寺沙门释法会传

释法会，字云谷，姓怀氏，嘉善胥山人也。幼有逸志，颇厌尘嚣。投邑大云寺出家，初习瑜珈。会每叹曰："欲了生死，乃碌碌衣食邪？"年十九，决志操方，乃登坛受具。闻天台小止观法门，专精修习。时法舟济禅师续径山之道，掩观于郡之天宁。会往参，扣呈其所修。舟曰："止观之要，不依身心气息，内外脱然。子之所修，流于下乘，岂西来意耶？学道必以悟心为主。"会悲仰请益，舟授以念佛审实话头，直令重下疑情。会依所教，日夜参究，寝食俱废。一日，就食，食尽亦不自知，碗忽堕地，猛然有省，恍如梦觉。复请益，舟乃印可。阅《宗镜录》，大悟唯心之旨。从此一切经教及诸祖公案，了然如睹故物。于是韬晦丛林，陆沈贱役。

偶读《镡津集》，见明教大师护法深心，初礼观世音尊，日夜称名十万声。会愿效其行，遂载观世音像，彻宵不寐，礼拜经行，终身不懈。时江南佛法，禅道绝然无闻。会初至金陵，寓天界毗卢阁下行道，见者称异。魏王闻之，乃请于西园丛桂庵供养。会住此，入定三日夜。居无何，西林永宁请住报恩寺之三藏殿。会危坐一龛，绝无将迎，足不越阃者三年，人无知者。偶有权贵人游至寺，见会端坐，以为无礼，谩辱之。会拽杖之摄山栖霞。栖霞者，本梁时开山，武帝凿千佛岭，累朝赐供赡田地，但道场荒废，殿堂为虎狼所穴。会爱其幽深，遂诛茅于千佛岭下，块然独处，影不出山。时有盗侵之，窃去所有，夜行至天明，未能离庵左右。人获之，送至。会食以饮食，尽其所有持去，由是闻者感化。太宰五台陆公初仕祠部主政，访古道场，偶游栖霞，见会气宇不凡，雅重之。信宿山中，欲重兴其寺，以会为住持。会坚辞，举嵩山善以应命。善尽复寺故业，建禅堂，开讲席。江南丛林实肇于此，会之力也。道场既开，往来者众，会乃移居于山之最深处，曰天开岩，吊影如初。一时士大夫闻风造谒，会目无贵贱，不问道俗，入室必掷蒲团于地，令其端坐，反观本来，甚至终日竟夜无一语。临别，必叮咛曰："无空过日。"再见，必问别后用心，难易若何。非深造有得，则茫无以应。盖慈念愈切，绳纠益严，虽无门庭设施，见者望崖，不寒而栗。

　　了凡袁公未第时，参谒山中，相对默默，坐三日夜，但示以唯心立命之旨。奉教唯谨事，详《省身录》。丙寅冬，憨禅道绝响，乃集五十三人，结坐禅期于天界，力拔憨山人众同参，指示向上一路。会垂老，悲心益切，虽最小沙弥，一以慈眼视之，遇之以礼。凡动静威仪，无不耳提面命，循循善诱，见者人人以为亲己。寻常示人，特揭唯心净土法门。居恒安，重寡言。定力摄持，孤山清修四十余年。终身礼诵，未尝一夕辍。居乡三载，所蒙化者以千万计。一夜，四乡之人，见庵中火发，及明趋视，会已寂然矣，时万历三年乙亥正月五日也。寿七十有五，腊五十。荼毗，葬于寺右。憨山感其发迹入道因缘，亲蒙开示，礼塔于栖真。因募建塔亭，述其见闻，而为之传，推为中兴禅道之祖。惜机语失录，无以发扬秘妙云。

明燕京吉祥院沙门释明信传

释明信,字无极,姓宋氏,沙河人也。垂髫髭髭,即舍尘凡,礼顺德天宁深为师。稍长,以生死为忧。年十三,即请本师以行脚事。往牛山,入大火聚,精勤刻苦,日夜锻炼者二十余年。尘劳虽觉暂谢,然未有所悟入。因觐归顺德,至西山上栈坪,迥绝人迹,潜居六载,一食朝昏,诸念顿息。顷之,即参诸方,北走京师,登坛受具。复隐银山之中峰,避影三载,日以橡栗为食,专注禅观。时忽心境皆空,根尘顿脱,豁然开悟,自觉当体无依。时翠峰据临济正宗,令开法于都门,因求印证,机缘契合。寻即谢去,隐于京西金山吉祥院,以长养为怀,坚持孤硬,澹然若无所寓,衲衣觳食二十余年。内府太监张暹南闻而谒之,捐金重新梵宇,诸方学者日益景从。居无何,念家山寥落,有归与之叹。杖策西游祖塔,以谢度脱。未几,寻归吉祥,灭影人世,而水云四来,道风益振。一日,无恙,召众说偈,危坐而逝,明万历二年二月七日也。寿六十有三,腊三十有奇。弟子奉荼毗礼,收灵骨,葬于西岭之隐寂石洞,憨山为之碑记。

明新城寿昌寺沙门释慧经传

释慧经,字无明,姓裴氏,崇仁人也。初生时,母产难,祖父诵《金刚经》,遂得娩①,因名经。经生而聪颖,仪形苍古,若逸鹤凌

---

① 娩,底本作"婉"。

空。天性澹然，无他嗜好。九岁入乡校，便问："浩然之气何如？"塾师异之。年十七，弃帖括，慨然有向道之志。及冠，偶入居士舍，见案头《金刚经》，阅之辄终卷，欣然若获故物。即与居士言其意，居士奇之。由是不茹荤酒，决志出世，父母亦听之。蕴空中禅师说法于廪山，往依之，执侍三载。凡闻所教，不违如愚，独于《金刚经》四句偈颇疑之。他日偶见傅大士颂云："若论四句偈，应当不离身。"不觉洒然，因述偈，有"遍界放光明"之句。以是知为夙习般若重发也，时年二十有四。

又尝阅《大藏》，至《宗眼品》，始知有教外别传之旨。至于五宗差别，窃疑之，迷闷数月，若无闻见，时以为痴。久之有省，由是切志参究。遂辞廪山，欲隐遁。乃访峨峰，见其林壑幽邃，诛茅以居，不明大事，誓不空返。居三岁，人无知者。因阅《传灯》，见僧问兴善："如何是道？"善曰："大好山。"经罔措，疑情顿发，日夜提撕，至忘寝食。一日，因移石，坚不可举，极力推之，豁然大悟。即述偈曰："欲参无上菩提道，急急疏通大好山。知道始知山不好，翻身跳出祖师关。"因呈廪山，山亦知为法器。经躯体孱弱，若不胜衣。及住山，极力砥砺，躬自耕作，凿石垦田，不惮勤苦。每闻空山喧叫，若物凭之，乃夜独山行，居不闭户，诵读如恒。年二十有七，犹未剃发。人或劝之曰："待具僧相乃尔。"至是始染剃受具，自是以往，影不出山者，二十有四年。邑之宝方，乃宋宝禅师故刹也。请经重兴，始应命，先之廪山扫师塔，而后往，有"倏然三十载，忘却来时道"之句，时年五十有一，万历戊戌岁也。

既住宝方，益增精进，凡作务必以身先，形枯骨立，不厌其劳。不数年，百堵维新，四方衲子闻风而至。然久住山中，未得行脚，终嗌见闻，乃荷锡远游。过南海，访云栖。复之中原，入少林，礼初祖塔,问西来单传之旨。寻往京都,谒达观,深器重之。入五台,参端峰。峰门庭孤峻,一见而契。乃请益数则,乞其指示,若临济道佛法无多子、玄沙谓灵云未彻、赵州云台山为汝看破之类,遂相印许。峰返诘之,经答以颂,语详别录。最后《赵州颂》云:"暗藏春色,明露秋光。有眼莫鉴,纵智难量。到家不上长安路,一任风花雪月扬。"峰为首肯,观经语忌十成,机贵回互,知洞上宗,由此必振,而经亦倦游矣。乃返锡宝山,开堂说法,以博山来为首座。师资雅合,激扬宗旨,逯迩向风,来者益众。戊申,邑之寿昌为西竺禅师所创,久颓,众请经居之。旧传有谶,经与竺同乡同姓,以经为竺再来云。经住寿昌,不攀外援,随缘任用,数年之间,所费万计,道场庄严,焕然巨丽,丛林所宜,纤悉毕具。虽千指围绕,而随机善诱,各得其宜。每遇病僧,亲调药饵。不择净秽,必尽心力而为之,胸次浩然,耳目若无睹闻。年已七旬,犹溷迹劳侣,耕凿不息。尝先出后归,以身作则,故三刹岁入,可供三百众。四十余年,曾无一息自安。虽临广众,未尝以师道自居。至于应酬,偈诵法语,川流云涌,诚所谓般若光明,如摩尼圆照,无思而应。益王钦其道德,深加褒美,尝叹曰:"去圣时遥,幸遗此老。"其见重若此。

以万历戊午正月十七日示寂,寿七十有一,腊四十余。先是丁巳腊月七日,自田中归,语大众曰:"吾自此不复砌石矣。"众愕然。除夕,上堂云:"今年只有此时在,试问诸人知也无?"至戊午正月三日,示微恙,遂不食,云:"老僧非病,会当行矣。"大众环侍,欢若平生。七日,以偈示博山,次第写宝方寿昌遗规,并遗书远近道俗。自作举火偈,至期乃索笔大书:"今日分明指示。"掷笔,端坐而逝。茶毗,火光五色,心焰如莲花,其细瓣如竹叶。顶骨、诸牙不坏,余者其白如玉,重如金,文成五色。憨山为之塔铭,称其昭然生死,实践可知,洵不虚矣。

明青阳九华山沙门释性莲传

释性莲,字无垢,姓王氏,仙源人。生而不凡,幼时嬉玩,效作佛事。有明中叶,政教庞杂,象法浸微,外道群聚,宣扬其说。莲每往观听,辄谓众曰:"此梦语也,其如生死何?"年二十二,遂散家财,弃妻子,之金陵摄山栖霞寺,从素庵节剃染。受具,依栖讲席,习诸经论义。置卷叹曰:"吾为生死大事出家,此岂能了大事乎?"复弃去,得故乡之牛头山,诛茆以休。刀耕火种,专以己躬下事[为]①念。久之,未有所入。又弃去,至清河,谒法堂,授以念佛三昧,乃深信入。寻参遍融于都下,一见器之,因留入室。久之,妙峰开法于芦芽,莲特往见,多所陶冶。复归故乡之大山,四方缁白,闻风而至。叹曰:"吾辈出家,当尽历名山,遍参知识,岂拘墟近见,障此生平乎?"乃复弃去,多方行脚,备尝辛苦,如是者七年。偶冬日涉河,冰裂作声,堕水寒彻,忽然有省,生平之疑,泮然自释。即卓锡于池阳之杉山,十方衲子,日益麇集。遂开梵刹,以接待为事。至者无他技,但精洁粥饭茶汤,了无禅道佛法。观者谛信不疑。九华道场迎为丛林主。

莲治己精苦,忘身为众。凡化恶性,必委曲周旋,俟其大信而后已。行之廿年,远近倾心。凡有所须,应时如响。足迹所至,一食一宿之地皆为道场。若池阳之杉山、九华之金刚峰、观音山之金堂、大山之草庵、莲岭之静室、金陵之花山,余若秦头峰、婆娑垄、岑

---

① 底本无"为"字,据《九华山志》卷四《明性莲》校补。

峰洞、白沙山、吉祥诸天，随地各建兰若数十所，以修隐静者居之，咸以其徒主其业。丙申仲春，应众请，来皖山。不数月，百废具举，三祖道场，灿然复盛，遐迩风动。乃复归九华，越明年，皖山四众固请重莅。莲首肯曰："去即去矣，尚须三日。"明日，偶过九龙，访一庵主，四顾欣然，乃谓众曰："吾至此山，大事毕矣。"众不喻其意。二日，示微疾，竟终此。塔于兰若之右，时万历丁酉九月三日也。年五十有四，腊二十有五。其弟子查汝定持其行实，乞憨山为之铭云。

明会稽华严寺沙门释志若传

释志若，字耶溪，姓姚氏，山阴人也。母晏氏，尝祷于白衣观音，祈生佳儿，梦跣足头陀谓之曰："吾与汝作狮子儿。"觉而举。若性机颖，幼喜念佛，合掌趺坐，貌如老僧。父早丧，母孀居。七岁母病，日夜悲泣。母临终嘱曰："汝宿僧也，无负本愿。"言讫而逝。若以遗命，寻礼会稽华严贤出家。年十七，始剃染。居常切念生死，即之牛头山，矢念参究。未几，从荆山法师，听《法华经》于天台。即隐山中，愤求向上，单栖六载，偶触境有省。年二十六，闻雪浪恩开法于南都，乃瓢笠而往。先从栖霞素庵受具，遂依雪浪座下，执业十有二载，研穷诸经论，深造玄奥。明万历己丑，槜李创慧华庵，沈司马、岳水部延若居之。庚寅，陆太宰五台、管金宪东溟、刘柱史子威请讲《楞严》于吴门。壬辰，讲《法华》于杭之灵隐。明年，讲《楞伽》于净慈。壬寅，栖息武林飞来峰。北有永福寺故址，废入民间，潘太常赎建佛阁禅堂，既成，以若居之。三吴两浙，皆宗若教化。随在列刹，开演诸经论者三十余处，坐禅五十余期，称一代师匠云。寂于万历丁巳某月九日，寿六十有四，腊四十有七。先一日，示微疾，手书遗憨山。嘱弟子曰："我留最后供，必为献之。"明日索浴，自起更衣，端坐而逝。生平清节自守，应世𫖮然。三衣之外无长物，临化脱然无罣碍。盖乘夙慧，般若根深，人未易察也。憨山为撷其芳菲，以诏后来。

明庐山云中寺沙门释法忠传

释法忠，字敬堂，姓曹氏，歙人也。母程氏。生而颖异，幼好端坐，不随儿戏。稍长，颇厌尘苦，不治家人生产。年十九，游钱塘灵隐寺。遇云水僧大机，即求出家为染剃，执侍三载。未几，登坛受具，即依讲肆。久之，多所参承。然未自信，遂行脚至少林，依大千润禅师，扣单传之旨。已而走长安，谒遍融、月心，指示心要。寻归五台，时憨山、妙峰同居北台龙门，忠访之于冰雪中，一见心相印契，留居期年。万历壬午，妙峰之芦芽，与忠同往，遂开丛林。诸所创立，忠有力焉。居三载，弃去，入伏牛火场，调炼三业。南还，登匡庐，爱其幽胜，诛茅于讲经台。居三载，复还五老峰，匿彩四年。一日，登仰天坪，乃匡山绝顶，喜其高胜，遂居之。零丁数祀，渐缉屋宇，久之衲子渐集。忠手植松十余万本，冀成丛林。忠恒坦夷，无缘饰。御众不立规矩，凡细务必以身先，至老不倦。随缘自守，一衲之外无长物。粒米茎菜，必与共之。视众如一，平等行慈。无论智愚，浸久默化而不自知，故来者如归。凡所言论，慨切痛至，无不心领神会。寂于万历庚申秋七月二十一日。先示微疾，临化端坐，谓其徒曰："吾见红日当空，金莲遍地，吾其行矣。"言讫默然。寿八十，腊六十。荼毗，收灵骨，塔于桃花峰下。憨山为之铭。

明燕京大慈寿寺沙门释觉淳传

释觉淳,字古风,姓宋氏,新城人也。父钦,母张氏。生性恬澹,不茹荤酒。儿时好趺坐,颇厌嬉逐。及长,不治生产,即善观空。修离欲行,天然颖悟。每集诸善男子作般若圆觉法会,淳为之长。年二十七,弃家远游。如京师,登堂受白衣戒。宝藏成师开法于王城,淳往参谒,有所感契,即从披剃,执弟子业。居最下版,虽执爨负薪,未尝不以身先。坚苦三载,始受具足。从守心、无碍听《华严》《圆觉》《楞严》诸经,于"四大分离,妄身何处"之语,有所领契。自尔随处建立《华严》《圆觉》道场,岁无虚日,王城感化。若迦维改观,洋洋中外,如此者十余年。明嘉靖辛酉,司礼监黄锦、锦衣焦重修普安寺,迎淳居之。几二十载,淳唯据丈室,不事干请。延一江、大千、止庵诸法师,弘天台、贤首两宗。隆庆壬申,宫中始崇佛道,就普安建吉祥道场。淳主坛筵,精诚感格,恩渥颁隆,斋馈尽从中出。神宗初元,两宫圣母为社稷祈福,凡建斋堂,多就淳所,尝赐千佛锦袈裟。万历丙子,建大慈寿寺成,即迁淳为住持。命度沙弥一人为弟子,及敕校续入《大藏》,淳首领之。凡所弘阐,无不称旨。居常接纳四众,但举《圆觉》"知幻即离,不作方便;离幻即觉,亦无渐次"之偈,及《楞严》如幻三昧。或拈提古人向上公案,以警发之。暇则行住坐卧,每咄咄作私语,见闻即之改容,举莫识其为密行者。生平所行,不离当处,而大播宗风,竟莫究其涯涘。一夕召诸弟子,告以微疾。端坐三日,熙然集众念佛,随声寂然而逝,时万历九年辛巳四月十有七日也。寿七十有一,腊四十有奇。得度弟子十五人。本在为钦依僧录善世,领大慈寿住持,奉葬于寺后。圣母悼之,赐金建塔,而憨山为之铭焉。

明临安东天目昭明寺沙门释如空传 晓本　性冲

释如空,字无趣,姓施氏,秀水人。幼性端凝,长企清洁。自号静斋,留心内典。博览经论,志慕禅学。同友法舟,参访八年。乃至东山,谒野翁晓本,授以一归何处话。夜闻鸡鸣有省,复叩决之,晓本印可。如空始落发受戒,便付衣法,偈曰:"非法非非法,非性非非性。非心非非心,付汝心法竟。"

晓本,浙人。初习教观,后登东峰。于念佛是谁,体究有得。恍然于西来大意,乃叹曰:"有水皆含月,无山不带云。"禅者宗之。如空得法后,即住敬长。万历庚辰八月六日辞世,有偈:"生来死去空华,死去生来一梦。皮囊付与丙丁,白骨断桥随众。呵呵,明月清风今弄。"寿九十岁。

弟子性冲,字无幻,为编语录行世。后住径山,亦自有语录。

明金台龙华寺沙门释广祯传

释广祯,字瑞庵,姓孙氏,金台人也。生性奇谲,不齿群儿,见者异之。心喜念佛,时喃喃作讽经语。龙华荣庵茂,居僧录左阐教,有重行。偶过从孙氏,祯甫七岁,见而奇之,因乞为沙弥,遂命与上足玺为弟子。少长,即喜以声音为佛事。调练三业,精修六时。年三十,登坛受具。大通法师教化昌隆,祯事之,多闻法要。隆庆改元,大宗伯举为龙华住持。祯大开法社,延禅讲宗师,集四方学侣。披阅《大藏》,阐少室、天台两宗。后来诸方师匠,中兴曹洞。若大千润者,多发迹于斯。妙峰登微时,以《大藏》因缘谒祯,祯为引重公卿间,道风大著。妙峰为法门推崇,亦借资焉。神宗登极,尤尚法化。海内名蓝知识,多出其门。丁丑春,妙峰与憨山隐居清凉,祯倾心慕之。游五顶,搜访于冰雪中。居无何,杖锡南游。礼普陀,入天台。隐于通玄峰顶,鸟栖鷇食,于焉三载。专精一行三昧,有所发悟。寻谢去,回策东吴,礼长干舍利。溯长江,陟九华,登匡庐。驯黄龙白鹿,揖五老而望香炉,绕文殊经台三匝,涤除玄览以休,过黄梅求印证焉。复游天目武当,抵南岳,求悟法华三昧处。回入伏牛,练磨众中,居三月乃归。

万历九年辛巳春,妙峰与憨山建大会于清凉。祯与双林平、无遮允齐入法社。壬午春,会罢,复与憨山结隐太行。冬初,始还故居。甲申,奉慈圣命,同妙峰饭僧秦晋伊洛诸名山。因出关走芦芽,渡河登华岳,览长安,阅雁塔留影,寻草堂罗什翻经处。结夏圭峰,望太白太乙。略崤函而东,再入伏牛。访嵩少,参鼻祖单传。哭润公,扣白马以归。居顷之,复奉慈旨,赍《大藏》,往天台庐岳。复之清凉还报,祯喟然叹曰:"一介微僧,数叨慈命。抚心顾德,愧何以当?"乃引疾独居,屏绝人迹。居常自足,无意于世。生平后己先人,不以物为事。戒珠心月,秋露空寒。貌古神清,长松孤鹤。暖然可亲,凛然可敬。达观尝称之曰:"吾门之龙华,犹如秦镜,真能照人肝胆。"其赏鉴如此。祯抱疾期年,一日,召诸弟子曰:"吾赖为佛子,愧无补法门。但耿耿此心,不敢辜负佛恩耳。生谓我不足,死当我有余,尔其勉之,予行矣。"言讫而逝,时万历十有七年五月二十三日也。寿六十有二,腊三十有奇。葬于京西北海之隆禧寺左,憨山为之铭。

明会城斗光寺沙门释洪上传 不语僧

释洪上，字梵庵，姓赵氏，普安人也。家世儒素。洪生之夕，其母梦白鹤飞翔，集于屋瓦，寤而娩①子，以为祥也。未几失怙，孑然孤幼，殷殷奉母。长历世变，远避入滇，渐达腾越。依毗卢寺大藏祝发，时明天启六年也。欲穷我空之理，离生死之苦，阐心勤求，食寝俱废。因读《楞严》有省，虔礼观音。一夕定中，见金身菩萨，千眼所视，千手所指，森然丛集。方惊愕间，菩萨乃分一手眼授之。出定独觉，异香满室。自是心地清凉，精进倍蓰。复参妙峰野愚，指示理谛，皆得证明。游寻甸钟灵，见山峦环拱，林壑幽秀，乃刈草为庵，独处数载。始回黔，改宅为寺，名曰慈云，以饭游侣。及再至滇，会城荐绅，延主斗光，大弘法席。己亥春，迁锡易隆。即示微疾，留偈示众。偈曰："十方三世总无明，会彻无明无不明。随缘应物无他事，只在当人善用心。"寂年六十三。茶毗，骨莹白有光。

又不语僧者，不知何许人，亦无由得其名字姓系。常居盘山峰顶石岩中，灰头土面，厄坐如枯。人有谒者，略不一顾，或叩之再三，终不语，因以不语名之。憨山德清游盘山时，入岩礼请，屹不为动，问之不语。清知非常人，相与对坐，直视默然，寂寂无声。久之，僧从定起，煮茶唯取一瓯自饮，清亦取一瓯自酌而饮。饮后，敛茶具，枯坐如故，清亦端坐。又久之，起炊饭，饭熟，取一碗一匙自食，清亦取具同食。食后，复坐如故，清亦如之。夜中，僧出岩外经行，清亦随之，足音或东西相应。明日，清知饮时饮、食时食，僧同

---

① 娩，底本作"婉"。

饮啜如故。入夜经行,亦复如是。忽焉七日,终未一语。然已契其恳至,相喻言外。居久之,僧起问清曰:"仁者何来?"清曰:"南方来。"曰:"来此何为?"曰:"访隐者。"僧曰:"隐者面目,不过尔尔。"清曰:"入门早已勘破,欲得一语以窥其究竟。"僧乃笑曰:"余住此三十年,今日始遇一道侣。"愿小留,清亦安之,不复言去。清一夜经行,忽然顶门一声,轰如乍雷,山河大地,身心世界,豁然顿空,其境非寻常目前可喻。约五寸香许,渐觉有身心,渐觉脚下实地,渐见山河大地。一切境相,还复如故。身心轻快,不可言喻。举足如风,迅归岩中。僧乃问曰:"今夜经行,何其久耶?"清举所得境相告,僧曰:"此色阴境耳,非是本有。我住此三十余年,非阴雨风雪,夜夜经行此境,但不着则不被他昧却本有。"清深肯其说,即礼谢就坐,同居月余。妙峰登遣使寻至岩中,始兴辞而去。归以语其所知,犹自叹曰:"此路边境界,盖不语僧犹不语也,今无可传已。"

卷第二十一
习禅篇第三之十一
正传九人　附见三人

明径山化城寺沙门释法铠传

释法铠,字忍之,亦号澹居,姓赵氏,江阴人也。世称巨族。母梦僧趺坐于堂上,而生铠。故幼性颖悟,知有夙慧。长习举子业,才名奕奕。乃尘视世荣,志性命之学。父母方为聘室,铠愀然不乐。父卒,乃杖策孤游。登太和山,遇羽士,授长生之术。过武昌,遇讲良知学者,皆掉头弃去。一日,入僧舍,见《金刚经》,读至"如来说诸心皆为非心",忽有省,乃曰:"是吾所归也。"还过浮山,坐三曲洞,沥血写《孝经》。癸巳,游皖城。达观禅师过江上,铠往参,再谒乃见,求度未许。达登马祖庵,铠偕阮自华至。达夜梦披白铠人侍其侧,及见铠,着白衣,恳求剃度,达许之,因命今名。剃发受具,时年三十有三。未几,入天目,诛茅于分经台。吊影藏修,单提向上。蔬食不糁,敝衣露肘。每降妄心,燃香爇臂。如是者三载,大有开发。石帆岳公入山,见铠蓬首垢面,腰镰采薪,因太息曰:"真道人也。"久之,下天目。复过宣城,掩关于西乐。乃习荷重负,肩试经行,以苦筋骨、调昏睡,其道益进。后出关,行脚至匡庐。每过丛林,坐廊下,忽焉达旦。辛丑,至都门,省达于慈寿。初入室,便问:"生死大事,愿师指示。"达即痛棒,如是者再。一日,又问:"永嘉云:'了得业障本来空。'只如师子尊者、二祖、肇公等,是了得也未?"声未绝,达连棒之。铠猛省,但点首而已,自是见地隐密。

壬寅秋,南还入浮山。会圣岩乃宋远录公与欧阳六一因棋说法处,久为俗业。皖城澹宇阮公谋复之,请铠以居。重新远公塔,沥血书《梵网经》,日课《金刚》《般若》为母寿。戊申,应太史观我吴公请,住持浮山大华严寺。居常以本分为念,四方衲子至者,唯示直捷处。乃集诸祖入道缘,梓之。初,达刻《大藏》,以双径寂照为刻场,后灵龛亦归之。铠欲满其愿,遂往。庚戌,至山,见雾湿浓浓,宜求爽垲。下有化城故址,为宋佛日宣禅师道场,太史具区冯公议修复为藏版处。铠简得手札,示左方伯本如吴公,为按址画界,夺诸豪右,仍为佛地。又赎临安太平寺田百亩,以资供赡,于是藏事有归。甲寅,吴公开府于蜀。铠以刻藏因缘,往议之。遂登峨眉,礼普贤。乙卯春,同直指若谷徐公出蜀。是年秋,还径山,颇疲于津梁。辛酉秋七月,遍辞诸檀越,过白门,以藏事托本如吴公。冬十月,归双径。一日,倚杖立堂下,顾谓众曰:"羚羊挂角,不出十二。"众罔测。至晚,爇香礼佛,沐浴更衣,趺坐默然,至旦忽脱去,天启辛酉十二月十三日也。寿六十有一,腊二十有八。弟子元亮具状,走匡山,乞憨山为之塔铭。

明四明天童寺沙门释圆悟传

释圆悟,字觉初,亦号密云,姓蒋氏,宜兴人也。父曦,母潘氏,家世田作。悟生而渊穆,不逐尘戏。八岁,便知佛号。稍长,樵耕给养,归则独处,颇切世相无常之想。既冠诵经,怪然默记。尝负薪入市，释肩横陈，积柴面前，侧立竟日，若不见人。壮岁，置妻孥，从龙池山禹门寺幻有传祝发。数载勤劳，多所未彻。一日，过铜官山顶，秋爽天高，豁焉开朗，凝膺涣释。时传已入都，北来觐之，二祀而归。礼天台，探禹穴。海门周公汝登唱道东南，以宗传证圣学，与悟深相契。结祭酒陶公望龄、司空王公舜鼎，交参扣击。悟之道法，遍于东海，自兹始也。传归龙池且老，以衣付悟。由是六坐道场，龙池、通玄、金粟、黄檗、育王、天童，临济之传，称中兴焉。

初之金粟也，梦旗亭下有大井，可饮千人，一丈者指曰是师住处，盖金粟故千人井。悟居六年，食指盈万，果符斯兆。天童古刹，岁久荒芜。悟为完饰，高檐触云，连阁四周，金田香界，随地涌出。又壤接海宇，轮舶交至，南诏北貊，重译炷香。近古以来，所未有也。崇祯癸巳，天步方艰，物多疵疠。国戚田弘遇奉御香，祈福普陀，随赍紫衣赐悟。又以南都大报恩寺，属悟住持，以老病辞。逾年，寂于天台通玄，还塔天童南山下。清室龙兴，嗣法弟子道忞，于顺治乙亥应召入京，奏悟道行，天语咨嗟，有生不同时之叹。又进曾鲸所绘遗像，呈入御览，复命供奉。王国材临摹二帧，世祖雅善丹青，亲为着墨，赐藏天童。谕所编语录，采入《大藏》，其眷慕如是。康熙四十四年，赐谥曰慧定禅师。

明云南竹林寺沙门释密行传

释密行，字寂忍，姓谷氏，宜良人也。父思节，母时氏，均有善念。寂行年十四，即舍入竹子山竹林寺，从顺语剃度。随侍三年，渐通经论。乃辞往云台，拜读《楞严》。年十九，忽感念无常，欲离生死。有僧自鸡足来，为道最上乘禅，聆之心喜。恳乞开示，因导以赵州狗子语。历究五载,了无着处。后遇济凡,谓之曰:"参禅到无可奈何处,方是得力处。如战士失却宝刀,赤手徒搏,奋斗直前,夺取敌人手中器械,方能杀出去也。"即于言下有省,往参破山。一日,砌下偶见蜈蚣,以石击断。破山见两截齐动,因问曰:"他性命在那头?"密行曰:"一举两得。"破山曰:"否,否。"即呈偈曰:"者个蜈蚣大煞奇,战场不怕断头皮。拦腰一击重开眼,正是当场施毒时。"山肯之,乃付以源流,嗣曹溪正派。且书偈曰:"蚊子喝喝上铁牛,无容下嘴处难酬。纷纷一夏归山后,遇虎逢龙且出头。"后驻锡衡州南云寺,更弘法于云南会城妙音、慈云诸刹。寂年五十八,有语录数卷。

明荆南普仰寺沙门释正诲传 了凡嵒

释正诲,字无迹。初祝发时,名永灯。姓刘氏,当阳人也。母李氏,幼从外祖之宜都。十岁,舍入石宝山。有塾师馆于寺,与众课读,多解文义,以未了梵咒为憾。年十六,西游,憩圣水寺。见习瑜伽者,喟然叹曰:"法固如是耶?"去之,复归石宝,读书益力。年二十,见僧持《缁门警训》者,诵之泣下,作偈曰:"善财与我原同性,不证菩提誓不休。"遂诣荆南,访天柱于普仰寺。柱器之,为更名正诲。留居三年,遍阅《大藏》。柱寂,乃游伏牛,寻其遗迹。因之两都,重登讲席。慈圣太后闻其清誉,赐以千金。修葺玉泉,复请三藏,存之寺中。初,当阳旧有度门寺,荒废已久,人多不知。海在普仰时,天柱曾口授北宗五十六字,云在度门秀国师碑后。海自都归,便访度门。去玉泉七里,见古寺破落,有石黝然,曰大通秀国师之碑,在榛莽中,抚之凄然。集工修治,因于塔前兴复度门寺,曰：“吾将老此，为北宗之裔。”自是养晦此中，专志净土。崇祯元年正月，先期告逝，端坐说偈曰：“人间去住是寻常，处处名山古道场。一念不生三世佛，谁能直下可承当？”有僧问曰：“究竟若何？”诲以手抚案曰：“究竟到彼岸。”遂寂，塔于楞伽峰麓，秀国师之傍。寻陵王宪使维章为之记。诲所著有《识略》《庄子注》及诗文诸稿。

弟子了凡，当阳靳氏子。总角时，依报恩寺广通出家。长习经论，策杖南询。遇诲，机教相叩，言中见谛。付与大法，更名乘訔，遂续北宗正派。著有《楞严讲录》传世。

明云南水目山宝华寺沙门释洪如传

释洪如，字无住，姓邓氏，定远人也。志行孤洁，颇契幽遁。家居自课，恒持《金刚经》。尝入白云崖，折茶枝插地，咒曰：“吾道有成则荣，无成则萎。”后乃日见秀发，渐至合抱。洪如晓夕穷研，亦有心得。乃礼大千，受染。复参彻庸，命居福城饭众。一夕忽闻钟声，倏尔洒落，了明大事，即成偈曰：“通身是，遍界是，处处逢，何曾避？”后侍庸，走金陵请藏。历叩诸方，更谒天童、六雪。及还滇，创宝华寺于水目山。弘施法化，宗风凛然。道价之盛，冠绝一时。寂年七十三，腊四十，塔于水目山。所著有《苍山集》《空明集》《苦海慈航集》及《宗门语录》《南灯续焰》诸编。

明湖州上柏山报恩禅院沙门释天隐传

释天隐，荆溪闵氏子。早岁失怙，奉母居贫。不能力学，种圃以养。年二十，始自检束，蔬食盟心。然未识三宝归向，唯对神立誓。若邪念忽起，则默诵"小人闲居为不善"章，顿然念息。一日，听讲《楞严》"一切众生皆由不知常住真心，性净明体，用诸妄想。此想不真，故有轮转"，因自警惕，欲图解脱。适幻有禅宿来自清凉山唐凝庵，太常吴安节通政延居龙池山，道风远邆，乃往归之。虽处尘寰，无心世味。母知其志坚，遂允出家。万历戊戌，初从芟染。看赵州无字话，无有入处。更参未生前本来面目，工候急切，昼三夜三。及百余日，偶展《楞严》，见佛咄阿难云，此非汝心，于是如善财入弥勒楼阁，顿空豁境界，疑情放下。明年春，随幻有入城，至显亲禅堂，问永嘉大师道："忽然如托空时，如何？"幻有一喝，复顾隐曰："我代尔修行去。"隐礼拜，便会得宾主照用之句。复入石城天界寺，谒松云。貌古腊高，精勤定课，寒暑不移，亲炙久之，获益良多。又访文斋于能仁寺，敏而能文，出语新奇，令人心畅。

辛丑，还山，掩关两载，终日蒲团。正在忘绝境界之际，忽闻驴鸣，恍然而悟，顿释前疑。有偈曰："忽闻驴子叫，惊起当人笑。万别与千差，非声非色闹。"自是见解圆通，了无滞碍。偶闻风拂松梢，雨打窗纸，口占云："风声与水声，不必论疏亲。一耳闻为快，何曾有二音。"甲辰四月八日，解关，趋觐幻有于燕都普照。时已残冬，命呈所见。偈曰："人说北地寒，我道南方暖。寒暖不知人，穷人知寒暖。"异日，复征云："只如四料简，汝如何会？"隐以四法界答之，幻有首肯。时古辉老宿博通三藏，讲经于白塔寺。因思古德云："通宗不通教，开口便胡道；通教不通宗，如蛇入竹筒。宗教两俱通，如日处虚空；宗教俱不通，如犬吠茅丛。"于是更历教海。会慈圣太后建无遮大会于台山，静渊主法席，隐亦与焉。更与妙峰居塔院数月，每当请益，忻羡真诚。苦行建树，德业浩然无穷。后回京，复与密云南游浙中，谒幻也于天童。高风逸韵，世所罕及。丁未,还龙池。明年,命隐秉拂,隐辞之。癸丑,命理院事,复辞。因假岭南,静室掩关。幻有以偈寄之云:"老衲于今不坐关,既无住,慈幸无间。何曾进,又何曾出,只在寻常天地间。"及闻幻有寂,破关匍匐,归诣龛前。已而曳杖入关,居久之,为凝庵居士强之始出,遂归龙池。庚申,欲遍①历诸方。偶得山南幽处,名磐山荆溪,极深谷也,诛茆为庵。自冬徂春,大雪绵绵,积五十余日。人迹罕到,徘徊四顾,唯饥禽野兽而已。储尽粮空,烟爨欲绝,因卓杖语侍曰:"若老僧数尽,即埋此山,他日自然成就伽蓝地也。"后果借檀信,经营十二载,竟成丛席。

　　崇祯七年秋八月,移主湖州上柏山报恩禅院。示众云:"老僧多病,不能提持佛法。赖土木瓦石,为诸人转大法轮,发诸人大机大用,切不可当面错过。若错过,只知事从眼前过,不觉老从头上来。"盖隐年已六十矣。当掩关岭南时,顾九畴太史问:"如何是夺人不夺境?"曰:"白云封我圆光户,恰似无人坐室中。""如何是夺境不夺人?"曰:"风送白云归洞去,只留一个野僧间。""如何是人境两俱夺?"曰:"了知四大原非我,白云聚散本无踪。""如何是人境俱不夺?"曰:"几度白云来伴我,就里和衣带月眠。"得法弟子通问箬庵,入室呈颂云:"千玄万妙隔重重,个里无私总不容。一种没弦琴上曲,寒崖吹落五更风。"隐曰:"玄妙即不问,如何是不隔底句?"通问拟议,隐便棒之。复示颂曰:"千波万浪隔重重,识得源头处处通。根境脱然全体用,拈来物物始从容。"

---

① 遍,底本作"编",恐误。

明宁乡大沩山同庆寺沙门释如学传 圆上座

释如学,字无为,晚号五峰,姓任氏,临潼人。降生之辰,白光满室。与佛生同日,故莲胎含素,鹤骨出尘,有自来也。年二十,恃怙并失。剃发五台,从天齐师观修净业。昼夕思维向上,以了生死。斯心未安,决志行访。始谒熊耳无言,即往圆戒于澄律师。依止律堂,勤披藏卷。复遍游金刚台、虎跑、伏牛、终南,行力艰深,境界叠更,自得解释。历抵黄檗、匡庐、云门、径山,还至龙池。参密云悟,深契法旨。及从入天台通玄,亲承锻炼,屡临血棒,机不放过。久之,入室请辞。悟握拂云:"唤作拂子则触,不唤作拂子则背。不得拈起,不得放下,不得下语,不得无语,不得错举。若不错举,即分付汝。"学即跃起云:"不要,不要。"悟云:"犹是乱叫乱跳,更试举看。"乃转身云:"学今去也。"悟即付之,承受记莂。去后,省悟于金粟。崇祯辛未,来主大沩同庆。斩石诛茅,仅蔽风雪。从侣朋兴,宗绪丕振。癸酉,出山将行,化于五台。至金陵,为余集生中丞请,说法祇陀林。吼声弘亮,四众惊服,东南望为大法幢。无何,自期厌世,是秋七月二十二日示寂。先以手书入山,属法于养拙明,使主沩山。示众偈云:"痛举钳锤为阿谁,可怜漆桶自狐疑。为伊结下来生债,五夜霜花开玉墀。"依法阇维,塔于大沩羊城,陶汝鼐为之铭。

先是崇祯戊辰,有圆上座者,骑犊披榛,把茆晏坐,觇枯杏复芽之异。明年,大宗伯李公腾芳来访白牛,寻源黄木,与圆公一宿树下而去,属同游者陶子汝鼐作记。胡子懋选造庵,得前令周公瑞豹所请,复官田三十余亩,供香积,咸钦聚石之风,颇忆画灰之语。俄而学至,才举南宗,遽还中印。时有金铜瑞像、宫绣幢幡赍自行僧,出于大内。诸方闻者,莫不谓大沩之山,兴复有日也。

明漳州南山报劬禅院沙门释亘信传

释亘信,字行弥,姓蔡氏,浯人也。父惟和,母李氏。梦大星入怀,及诞亘,小字福星。年十二,闻梅山止安九族生天语,欣然慕之。欲报劬劳,白于母,母不听。后病热极危,许舍出家,即愈。年十七,从止安剃发。尝见雪山书寿昌塔铭,知有宗门事。寻居漳之长泰石狮岩,偶值中秋,止安到岩,方设饼煮茶。忽举德山棒、临济喝、云门饼、赵州茶是同是别,竟日思惟。欲云同,机用各别,若云别,道岂有二,终未能决。一日,负米登山,忽忘身世,成一偈曰:"行住原非我,棒喝不是他。一个云门饼,好下赵州茶。"方知古人真参实悟,语不我欺,乃发足游参。首造鼓山,叩博山无异,令看父母未生前语,顿起疑情。值狮林师出,因询林曰:"适来所问,是何意旨?"林曰:"一块石,一块砖,两相撞。"乃从,结茅于芙蓉山。居顷之,复回鼓山受具,时年二十四。

八月解制,乃还温陵。掩关于葵山牛眠室,昼夜提撕,二七不眠,亦不依倚。后闻密云晤开堂于黄檗,以书乞示。即取来书,转语作复云:"但见横尸遍野,即便知恩有地。"亘已爽然若失。已而复掩关于南安圭峰报亲寺之东庵,曾忆僧传晤以"薰风自南来"语,勘验学者,思之未得。值六月,扫地关中,汗下沾衣,忽尔清风徐来,举体庆快,乃拍掌曰:"好个出身处,时人不知。时人一知,汗透满衣。"适金粟费隐继席黄檗,乃驰书陈其所见。答云:"未见有本分语,而通本分消息。"遂启关,直诣黄檗,问费曰:"昔临济会下,两堂首座相见,同时下一喝。僧问临济:'还有宾主也无?'济云:'宾主历然。'只如两堂首座未下一喝时,还有宾主也无?"费云:"两眼对两眼。"礼之而退。费问:"如何是汝本分句?"亘曰:"今日晴。"费云:"我不问晴。"再道:"昨日雨。"费云:"汝自己亲切上,何不道一句?"亘举拳,费云:"离却此手,别道一句。"亘曰:"鼻孔大头垂。"费肯之。亘拟再进语,费连棒挥出。立于侍寮,如卓地露柱。生平所得所悟,前后际断。及结冬,费先垂语,举古人云:"欲识佛性义,当观时节因缘。时节若至,如迷忽悟。如忘忽忆,试向此处作一偈看。"亘呈偈曰:"数载觅心不见心,承师棒下且翻身。一生伎俩从斯丧,赢得条条一个人。"自是机缘峻峭,当仁不让。乙亥腊月八日,始付拂子,时年三十二。

　　崇祯九年,温陵檀越请住南安大罗山栖隐禅院。戊寅春,往金粟,省费。复回黄檗,助隐元建兴大殿。壬午冬,费遣专使,赍源流祖衣付之。举示众云:"此是小僧生平,直不藏曲。须知当败阙处,正是得力处,凑泊不上处,正是立地处久立。"其自叙艰辛如此。有语录三卷。

明夹山沙门释本豫传　方来

　　释本豫,字林皋,一号晦夫,姓陈氏,昆山人。年十九脱白,诵《金刚经》有省。得法于磬山,修栖黄山指象处三年。偶偕普门观瀑布,普云:"此泉在心内,在心外?"豫云:"内外且置,试道此泉从何处来?"普云:"原来此中人也。"两人从此心契。豫后踞夹山法席,其道大显。尝取唐宋尊宿语录,各加品评,为宗门诫范。岁在丙戌，豫计日期至，说偈，委衣顺化。

方来，字晓宗，沁水人。佐普门，开辟黄山，颇著勤劳。后嗣其法，继主慈光。来梵行精严，初依伏牛山，得炼吒语法，与普门契合。普门素精等韵焰口，唯来独得其秘。丙戌秋，一日，告众将别，无疾化去。

卷第二十二
习禅篇第三之十二
正传十二人　附见九人

清峨眉毗卢院沙门释克诚传　贯之　性藏　实如

释克诚,南涪人。顺治时明经也。年四十,弃家为僧。居峨眉山毗卢院,与伏虎寺贯之相亲善。居山三十年,一瓶一钵,他无长物。

贯之,犍为人。少出家,从三济得法,讲经于伏虎寺。重筑堂庑,廓广寺基。临终偈云:"年经七十六,自愧无长处。私誓深如海,道心高似佛。生生任我行,世世人天路。万物常围绕,那些随分足。"

性藏,字紫芝,渝城人。年十五,祝发。主白水寺三十年,九开禅衹,有语录数卷。康熙癸丑,抚军延至江左。乙卯,寂于扬州上方寺。其别众偈云:"年光五十七,世缘今已毕。东海石头枯,大峨如铁壁。"

实如,峨眉人。居伏虎寺,贯之四传弟子也。受法于可闻。著有杂集若干卷。

清宁乡大沩密印寺沙门释正明传　慧山海

释正明,字养拙,姓常氏,蒲版人。生秉异姿,澹怀世网。年逾志学,独怀幽趣。初夏日没,仰见青天,忽焉叹曰:"世界许阔,如何拘此?坏我善因,誓心舍去。"年二十,落发于南海普陀。参学金粟、黄檗。不事文学,唯以苦行磨砺性灵。一日,见僧读《万峰语录》,以万法归一,恍然大悟。后嗣法五峰,每当入室,如破桶底,如灭烛光。种种密印,皆悟后事。尝云:"迷因悟有,悟以迷生。迷悟两忘,圣凡路绝。"又曰:"入得三界,混于常流。识得个事,无处停留。"又曰:"有耳不闻,有口不说。历代祖师,亡锋结舌。"五峰偕之西来,付以沩山。结茅为庐,蓻①粟以食。挥麈论道,宗风渐开。四方之士,云集响应。主沩十余载,尝与百人俱,顿成丛林。每借草参禅,就钁说法。灵祐之统,赖以不坠。顺治己丑春,知世缘将尽,留僧伽黎,属门人慧山,栩然入化,塔于沩山前阜。慧山海既承其积力,抗彼前修,而随众作务,不碍悲流。故槌槌之筵,尝围四众,毗尼所摄,岁授千徒,蝾蜥不灾其界,魔军自摧于境,以是因缘,重修胜境。顺治乙未,绀殿琳宫,妙相嵯峨矣。

清四明天童寺沙门释通贤传

释通贤,字浮石,姓赵氏,当湖人也。生有奇禀,性厌薰腥。稍长志学,便怀出世。年十九,潜越南海,礼绍宗剃染。因归省,父母以独子苦留,稍自蓄发,貌为慰解。后投武原普净庵乘白,重相剃度。受沙弥戒于云栖莲,圆具于海宁湛然澄。随侍嘉禾东塔,闻同堂举七贤女尸陀林话,有省。归葬二亲,复参证于云门。及闻金粟密道风崇峻,决志归依。明崇祯辛未,密迁天童,随入侍寮。未几,

---

① 蓻,底本作"蓻"。

思出掩关武原,请辞。密语之曰:"汝三年关后,可随处开堂,厚自保重。"去经二载,密过嘉禾,破关执侍。一日,集众,以拂子属贤曰:"付汝,为众去。"自是,当湖青莲,请贤开法。甲申冬,主席遁邨报昌。顺治戊子,迁海门广慧。甲午,牧云谢事,天童延贤住持。丁酉,迁嘉禾栖真。己亥,迁宜兴善权。庚子,住虞山福城。退老西山支公之白马礀。丁未七月二十五日入灭,世寿七十有五,塔于径山之鹏搏峰下。著有语录行世。

清四明天童寺沙门释通容传

释通容,字费隐,姓何氏,福清人。幼孤,叔父送之镇东卫,依慧山出家,年已十四矣。初参寿昌经,有省。后参博山、来显、圣澄,俱以法器目之。依澄最久,常命代座说法。自谓:"吾斯未信,痛念大事因缘,不觉流涕。"阅《密云禅师语录》,倾心向慕,往谒于越之吼山。寓次,横机不让,密唯痛棒,头脑几裂,一时知见,猛然顿释。自是随侍通玄、黄檗,益入阃奥。受属后,随住黄檗,旋之金粟。未几,又迁天童。清理南山塔院,恢复东谷,赎还侵田三百余亩。方容之初入院也,遍谒祖塔,扶杖过东谷,见塔宇刊落,影堂沦墟,荒碑残碣,偃卧阶陀间,皆先师铭词,香积田数,纪载详尽,文旨斐然。尝有居民,拟操巨斧,击仆宋周益公碑铭,不中,反中其首,因病创死,容矗然伤之。未几,得孙观察子秀、张大将军杰、吴参戎岱为之计匡复。辟荆榛,摧井灶,草剃而禽狝之,并按碑问诸侵蚀法产者。于是太白之阴,宝藏之林,兴璇之英,七十二祖之灵,无复卷娄之垢藏,瓯窭之曼声。至今,论继述功,于容称最。后主径山,投老石门之福严。清顺治辛丑二月十九日示寂,逾数载始化,获舍利无算,分供诸方。著有语录二十卷。弟子彻纲从石剑常分得舍利子一,大如菽。归蜀昭觉,起窣堵波于圆悟之左,破山之右,今犹鼎峙云。

清四明天童寺沙门释道忞传

释道忞,字木陈,号梦隐,潮阳林氏子也。剃染于匡庐开先若昧明,受戒具于憨山清。顺治时,赐号弘觉禅师,更寺名曰弘法,锡以敕印,赉予甚盛。敕曰:"朕惟佛会拈华,妙心传于迦叶;禅行面壁,宗旨付于神光。六叶既敷,千华竞秀。荫法云于真际,火宅晨凉;耀慧日于康衢,重昏夜晓。以至晌目扬眉,擎拳举指,皆合宗门之妙谛,得教外之灵机。诚非他学可知,亦岂意生所度。眷言道行,冀觏高踪。实悟真如,必先玄觉。咨尔禅僧道忞,嗣法天童,传宗临济。克证无生之旨,机自玄明;允通向上之关,悟称真谛。尝稽载籍,祈会性真。间览玄文,深嘉妙义。故时于听政之暇,询尔以法道之微。乃名言之不繁,克随机而得解。玄关幽键,感即能通。遥源浚波,酌之不竭。传一灯于种智,了万法于真空。广量出于凡心,元明逾于宿学。引之于有,高谢四流;推之于无,俯弘六度。信乎凡之可以证圣,惟觉足以悟迷。非同测海窥天,固已登堂入室。堪主法门之席,允称禅众之尊。是用封尔为弘觉禅师,锡之敕印。於戏!慈周万有,大身遍于十方;利济四生,本觉超乎三世。俾举代咸登仁寿之域,在随方而启般若之门。其益懋尔勤修,庶弘开夫正梵。式承嘉命,丕阐宗风。钦哉!"以康熙甲寅六月示寂,寿七十又九。荼毗,顶骨五采,齿无损痕。塔于平阳黄龙峰下。所著有纪年、专谱、语录、诗文集及《北游录》。

清钱塘净慈寺沙门释正嵒传 方孝

释正嵒,字豁堂,亦号随山,姓郭氏,仁和人。夙秉异姿,不近烝①腻。长无俗缘,息绝尘念。落发禀戒,三德同具。洁己亲师,积功劬学。博通世典,综贯三乘。汇众派以同流,悟大化之无尽。力崇正法,见推耆宿。参三峰于净慈,略呈所见。三峰曰:"依识解为超生死根,犹北适南辕,我无此逐日长进之禅。"自是顶伽脱尽,睛翳消除。自甘澹泊,智刊情亡。一生萧散,不接权贵。芦花泛月,响震鱼龙。屐齿登山,春归奚锦。迨废宗之诖误,致法席之零丁。运属明夷,咎来元妄。从容就逮,振锡圜门。劝化无方,感悟羁囚。道幽益显,化火宅之凶焰,来徒役之皈依。鬼神呵护,顿见吉祥。天龙回翔,永围法座。绅衿崇仰,檀越追踪,频来问讯之书,更满入山之屐。嵒乃睹白云以高卧,侣浮鸥而赋诗。一任蓬庐之化,永矢物外之情。方择地以终休,意泊然而委顺。以康熙庚戌七月二十日示寂,寿七十四,腊五十五。所著语录、拈颂、启疏、诗偈、杂著若干卷。得法弟子十有五人。建塔于慧日峰左,名曰宏济。越明年,其徒戒青为之行状,乞冯溥铭焉,文词华丽,见于寺志。

方孝,字舜瞿,姓王氏,江都人也。投白云院雪石剃染,受具于天宁永礼。参豁堂得悟,遂受记莂。康熙十一年,继席净慈。住寺三十年,建堂筑室以拾跂而升,一望山半无阙焉。寂于康熙三十九年九月二十六日,寿七十六,腊五十四。毛奇龄为之塔志,并见寺志。

---

① 烝,底本作"菵"。

清孤屿江心寺沙门释本莹传

释本莹，字大云，姓王氏，重庆人。幼清警绝俗。年十九，依莲城镇国师剃度。已，受具戒于德山嵩。逾年，往参破山，随命给侍。值山迁化，门徒散处。莹慕江南之胜，乃出三峡，度潇湘，历金陵，溯钱塘，所至丛林耆宿，靡不参请。康熙初，海宇载宁，佛法复兴，宏觉国师提唱平阳。庚戌春，莹走谒之，一见契合，执役五载，遂授衣拂。已而闻雁山奇秀，欲住诛茅。偶因失道，回憩江心。顾瞻释迦古像，恍若再来，私谓："此地为真歇了祖道场，荒芜五百余载，傥再立刹竿，吾愿毕矣。"寺有住持曰元奇，一见契若水乳，走恳当道，请主院事。时变乱初平，物力维艰，堂庑倾圮，从事修饰，所费实繁。但把茅覆顶，道以人传，徒事铺张，亦为物碍。乃涂泥编竹，斗室萧然。败衲破罂，吟咏自得。客至，清谈竟日，夜则焚香跌坐而已。癸巳冬，返杭之东园。东园者，莹旧隐处也。居园三年，忽告众曰："我西归矣。"众惊问故，莹莞尔曰："缘尽则行，何常之有？"说偈而逝。偈曰："五十一年，惺惺寂寂。日面月面，山青水碧。"乙丑正月二十六日也。年五十有一，腊三十有二。荼毗，收舍利无算。弟子元日迎灵骨，塔于永嘉莲花峰下。周天锡为之铭，文具山志。

清瑞安仙岩寺沙门释超志传

释超志，字天目，姓李氏，青浦人也。父文所，母许氏。夙怀道念，秉性祥柔。及生超志，异香满室，邻里庆之。方在髫年，夜梦祖墓幻成栖阁,离离辉映。有老人指曰:"中紫金上座者,尔祖也。"自此知有仙佛境想。又夏夜乘凉露坐,忽见天裂,中如浮舟,霞光灿烂,闪烁夺目,惊为异瑞。明崇祯甲申,天下改革,海内多故。喟然曰:"吾无济世才,青紫非吾愿。"乃别其亲,飘然作水云游。戊子,从亮融剃度。冬于栖真林野受具足戒,时年二十三。己丑,参罗汉自闲,一见相契,充为侍司。庚寅,执巾瓶,随至崇明慈济寺。寻登堂集众,付以大法,嗣住天台崇法寺。甲午夏,访雁荡玉甑名胜。遂抵永嘉,礼无相师塔,谒密印法幢。过仙岩,徘徊林麓,若不能去。久之,挂笠渔潭天王寺。万兵宪代尚读其语录,称叹不已,因赠以诗。诗云:"花香鸟语小窗南,灌顶醍醐我自酣。长怪东南两天目,精灵幻出老瞿昙。"遂与尚总镇好。仁潭瑞令希闵、李中丞光春合词请住仙岩。时荒垣坏壁,草没人胫,仅左屋数椽,乃提柳栗一枝,入山选胜。戊戌,浴佛日,有以腥酒乱清规者,超志诫之,弗听,突有虎从丛薄中跃出,众始惊溃。志以禅律兼化,乌藤白拂,玉律金科,随机接引,而道风四邕,灵应响臻。三十年来,佛卢禅肆,复阁纡寮,辉生林壑,晨钟暮鼓,轨则清严,与东南诸名蓝相伯仲矣。寺后偪岩嵌石,状若龙虎森列,乃凿壁剜山,入地数级,甃砌其下,以为静室。寂后,其弟子奉灵骨藏焉。王锡琯为之铭。

清四明天童寺沙门释本画传

释本画,字天岳,别号寒泉子,姓萧氏,蕲春人。幼性聪慧,年方四周,听塾师诵书,随声咿唔曰:"我亦能诵。"试之果然,因令从读,日数百言,颖异迈俦。稍长,随父避寇匡卢,恍若旧游。白父出家,就大林慧剃染,锐志苦学。偶尔婴疾,乃礼诵习禅,以资静摄。因阅灯录"藏身处灭踪迹,没踪迹处莫藏身",怀疑不已。一日,晓起,宿鸟飞鸣,有省。时往参雪峤信于开先,问:"某也坠地二十年,未知坠地事。"机语契合,从兹服膺。后依山翁忞于布木台。会天童密云示寂,相随过四明,乃于龛前受具足戒。明年,忞继席,画尝于侍立,次问:"大慧谓,参禅贵得命根断。若命根未断时,如何?"忞喝曰:"汝识何为命根?"乃豁然而悟。后再参信于云门,书云门大树授之。又参箬庵问于夹山、玉林琇于大雄,皆器重之。忞住台州广润时,招画至,忞即升座告众,授以衣拂。后结茅于黄石嵒,三年移牧石庵。首开法于龙门,迁海会,历杭之佛日、清流。越之平阳,尝再至焉,为日最久。康熙丙子,延居天童,年已七十六矣。圣祖南巡,赐宸翰、石砚诸物至山,画对使赋诗,恭谢盛典。癸未冬,营寿藏于东谷。乙酉春,构归来庵退休,命弟子伟载乘主院事。是冬,书偈云:"辞世向谁辞,西方太远哉。不如遗蜕葬,山阿日听长。"松响天籁,伏枕数日,吉祥而逝。寿八十五,腊七十三。有《六会语录》及《牧石吟诗卷》《直木堂》《晚云楼》诸集。

清荆南东山天齐禅院沙门释明智传 实妙

释明智,字息为,姓李氏,江陵人。父曰明恒,母氏齐。方在孕时,梦一篛冠道人假屋修炼,期以游南岳复来。及智将生之夕,其母复梦道人顶笠负囊入室,知有夙因。生而三月,母病绝乳,智虽在襁褓而有殊性,不乳他人,食以米汁。年十一,寄学观音寺。秋时,患痢三月,病几不起,家人始许舍身。乃从剃度师,命礼大士号,昕夕无间。久之,梦白衣神赐净水一盏,饮之,顿觉身心清凉。醒而告师,因勉以精进,勿自放逸。康熙十二年癸丑,三藩告变。吴三桂屯兵衡阳,建号称帝,骚乱湖湘。王师南下,会于荆汉,两壁相望,但隔一江。智年才舞勺,与师困守,刀林枪雨,无所恐怖。二十年,滇南平息,民气方苏。法会渐启,始从天皇寺莲月受具足戒。每欲参游,以师衰老见阻。未几,枕石自常德过寺,与语而善开示,参悟法门,侍至更深,但以仔细磋磨为切实工夫。二十八年,大博厂夫来寺度冬,朝夕请益与厂。阅密祖录,至三峰所论,一净瓶内,贮毒蛇、蜈蚣、蝎子三种,试拈出善者来。厂命下语,不契。正逼问间,智忽猛省,当胸一掌跳出,厂随击一篦。智曰:"也非善的。"晚复开示,看青州布衫。坐香三日,如身在空中,弥漫无路。正恐怖间,被厂一篦击来,浑身醒豁,即作礼致谢。由是机悟敏捷,应答无爽。

一日,闻童子诵经,至"无眼耳鼻舌身意"处,恍如脱桶。因说偈曰:"学道参禅须要急,磨穿铁砚始称奇。明明历历非他物,识得方知性不疑。"遂怀香谒天钟,大扣大鸣,应声如响,即承印可。四十二年,沙市檀越请居东山。因思此地既非法席,绝少丛林,且属通衢往来,游侣无从栖止,乃事叩化。一盏之食,聚集千家,竟得赡足,南北衲子始以东山为憩息之所。是冬,天钟示疾,以法付之。四十六年冬,至公安华严寺。参轶山,留堂习坐。五日夜半,如重病加身,百骸俱散,但见黑云覆盖,如处暗室。俄而天开一线,四面渐朗,皓月当空,置身太虚,不觉世界身心,合成一片。喜不自禁,自呈所悟。山曰:"此乃工用边事,正好着力。"自此方信禅有深浅,机有大小。更于康熙己丑,跪诵《法华》《华严》《楞严》诸经,一字一扣。十余年间,鱼声远应,香云彩结,人天感动,施信景从。复建大悲阁,重葺寮庑,铸钟刻像,庄严备饰。每岁结制放戒,斋供不绝。著有语录三卷。

弟子实妙,字语微。生而颖异。初依极乐寺明郛,后参智尽,得东山之法。智寂,褒其遗语,乞陈进士文灿为之序。实妙继席东山,多循旧规,禅风不坠。机薪既尽,应火斯传。又得徒悦贤,亦能嗣响。

清云南水目山宝华寺沙门释普行传 学蕴

释普行,字非相,姓孙氏,景东长摩人也。父尚志,母章氏。夜梦老僧投寄,寤而诞生,知为再来。五岁而孤,随母往田,遥望水目山脊白云垂覆,绿树参天,因指问:"此何处?"母告之曰:"佛寺也。"若触所感,即请偕往。其母难之,然聆其语,意已符夙兆。年十五,母没,乃投鸡足,从德周削发,戒德日进。后谒无住,示以参究,即有悟入。年五十五,始受具无住。继席宝华,既弘戒法,复毘宗乘,道声所施,缁白皈依,宰官敬护。其最著者,降毒龙于洱海,导幽魄于楪榆。感通所及,非常情可测。康熙庚午秋,预知期至,拈香沐浴,竟自入龛,一偈寂然。寿八十七,腊七十三。

学蕴知空者,亦参无住,而受法于开峰密行者也。蕴本洱海王氏子。年十四,入寂光寺剃度。初从大力、野愚、彻庸及西蜀了凡诸宿参究,虽并承其教,而于万法归一之旨,四五年间,疑情不释。后听亮如讲《法华》诸经,参不是心话。又十余年,苦无入处,建玉霖轩,闭关习静。礼《万佛名经》,至三卷"南无"二字,忽心身脱落,内外圆明,如一轮皎月。即说偈曰:"虚空是佛身,我本世间人。我性与空合,非佛亦非人。"随参无住,即首肯之。欲付以法,俄而辞去。明桂藩之至滇也,命晋王李定国平楚雄、永昌叛军,凯旋时,学蕴遇于道中,因止晋王至鸡山,请免山中徭役,晋王允之。复随至昆明,表贡山果,明帝嘉之,赐敕寂光为护国兴明之寺。鼎革后,入九台,把茅三载,而大方广法席巍然起于万山密菁中。开峰老人神契百城之外,忽命僧持卷至山,蕴欣受之,由是开法领众常数百人。忽一日,属诸门人曰:"三日后,我当灭度。天降微雨,即其时也。"至期果雨。众集,有侍僧问曰:"和尚向来说禅说教,呵佛呵祖。正恁么时,作么生?"蕴震威一喝,捋须于口,绕殿三匝,复座翘一足而寂。寿七十七,僧行六十五。著有语录及《草堂集》。

清富民九峰山西华寺沙门释慧宗传 心安　道瑞

释慧宗,字灵药,姓赵氏,澧人也。幼孤,依叔抚立。年十八,礼龙潭智弘祝发。闻密云开法金粟,乃从之圆具。授以万法归一语,参之期月,服膺拳拳。既而密迁天童,慧居小北河,锄园种蔬。每于青烟数点,绿菜一畦,举锸芸芸,别有会心。一日,扶锄矗立,僵然定去,寮侣寻至,唤曰:"如此作么生?"慧举锄喝曰:"非汝境界。"即说偈呈密云:"我生真面目①,处处不曾藏。塞满虚空界,随缘自主张。"密曰:"所主张者何?"慧曰:"棒下无生忍,当仁不让师。"密连棒之,退而有省。偶值修筑,众多疾病,慧主药寮,凡经治无不立愈,遂号灵药。一日,密拈梅一枝与慧,慧掷之曰:"莫惑人。"密喝之,因作偈曰:"东南岭下一枝梅,叶落枝枯切莫推。九九逢春寒艳发,也应令汝摘花魁。"慧礼谢之。已而负笈远游,遍迹名胜。及返滇,主席五华。复开石屏之天宁、宁州之海镜,且重修灵照。康熙壬寅,更创富民九峰山之西华寺。法席逾盛,道声益弘。至庚戌四月二十八日,示寂。先三日上堂,垂语云:"人世无

---

① 目,底本作"月"。

常,终当有尽。吾道从虚,体寂为真。"又别众偈云:"东倒西歪,世人难猜。了无一法,何必安排。"语方竟,侍僧报曰:"侍者心安,已坐化矣。"慧曰:"何太忙?"掷杖而逝。得年六十六,腊四十,塔于九峰之阳。有语录数卷。

又知止道瑞者,广安王氏子。亦参密云而有悟者也。年十六时,依邑中奉圣寺惟远得度。尝赴讲席,闻《楞严》七处微心之旨,顿起疑情。发志参方,数礼名德,谒语风于径山,叩密云于天童。时密年已七十矣,龙象威仪,棒喝如雨。一日,于众中出,问曰:"如何是木人看花鸟?"密云:"但自无心于万物,何妨万物常围绕?"因之有省,退而游普陀诸胜。复归奉圣,掩关三年。时闻象崖演法五龙,乃出而往叩。象曰:"闻道汝南方去来。"道瑞曰:"江山虽有别,古镜甚分明。"象曰:"带得何物来?"道瑞展两手相示,象诺之。后付法源,有"一灯分点百千灯"之嘱。遂于诸方开导,弘布宗乘。顺治癸巳,至滇,居曲靖东山报恩寺。禅声懋㔽,道骨凛然。后于迤东及会城,重兴古刹十余所。至康熙壬戌六月十日,乃举拂说偈曰:"临末稍头一句子,十方诸佛口难宣。老僧露个真消息,凡圣从兹识本源。"语毕掷拂,泊然而化。异归交水龙华寺。茶毗,阴云四合,雨似倾盆,俄而八表开霁。送者数千人,悦怿而归。塔于寺右,其上火光夜明,旬日方息。

卷第二十三
习禅篇第三之十三
正传十四人　附见六人

清燕京柏林寺沙门释超方传

释超方，字独超，姓沈氏，武进人。母氏徐，怀素履洁，义训惟谨。故超方生而岐嶷①，举止端详。居恒趺坐，不异老僧。年二十，从大莲克闲芟染，圆具华山见月。后入资福，参灵机。愤志大事，胸次了然。犹以未尽阃奥，继往径山，坐枯木禅三年。时天笠在镇江竹林，以书招之。笠有大名，慎许可，独见超方，如合水乳，便受付属，为临济三十三世。出主金坛东禅、武陵南涧、临安东天目、山阴宝寿。康熙三十八年，诏住京都柏林。逾年辞归，赐《金经》衣钵。世宗方在藩邸，分府城东，企其清妙，尝与往还，谭论法要，甚相契合。归后六年，以康熙庚寅嘉平月八日示寂。寿六十八，腊四十八。宪庙闻之，不胜嗟悼。明年辛卯，遣官建塔，且镌铭焉。篆额书丹，皆出宸翰，文具山志。灵骨藏于山阴宝寿山。

超方高颡深目，虎视鹤行。平居寡言笑，钳锤森严，不以辞色假人。诸方老宿，见者莫不悚栗。历数大刹，四方衲子，云蒸辐辏。所著语录一卷，宪庙为之序。其略曰："原夫道昉鹫山，法开鹿野，

---

① 嶷，底本作"疑"。

伽林书贝，义学于是敷条；师座拈花，禅宗为之发颖。然而自周及汉，大乘仅显夫新头；由魏迄梁，妙谛未传于震旦。自海州遥洎，嵩室弘开，揭净体之光明，示无心之元寂。于是智灯续耀，朗月连辉。法信六传，至临济而门庭益广；派流千别，惟滹沱之瓶钵堪珍。自唐以来，于今转盛。独超方禅师者，幼钟福慧，长涉文华。厌世网之沈迷，慷慨别父；缘夙因之深厚，勇决寻师。珠毓难生席设，何尝着胁墙遮。慧可雪来，都至埋腰。恒因苦以悟空，遂离尘而证道。高提祖印，明湖之草木增荣；远振宗风，赤县之人天引领。共迎桑宿，来主柏林。暮鼓朝钟，数百众之军持禽集；擎拳竖拂，三千界之道信争来。变定水于迷津，回歧途为觉路。积成公案，录自支那。现教外之圆通，脱人间之撰迷。精求弁简，顾属制文。余忝列藩维，沃叨宸眷。拱薇坦以北陌，适兰若为南邻。数以诗礼之余闲，来与菩提之胜会。恒河比貌，警语频承。吾岫闻经，梵音罕谱。潜符冥冥，颇量测以靡涯；崇委殷殷，欲迁言而不得。懵个中之宾主，赘门外之言诠。玉带镇山，何妨一笑。金栖在望，仁喻三禅。"又著《净土格言》一卷，并行于世。

清云南水目山宝华寺沙门释通荷传

释通荷，字担当，原名普荷。自题《橄庵草》云："前名普荷，从戒师无住遵戒而不嗣法。今名通荷，从先师云门嗣法而遵正眼。"荷本诸生，姓唐名泰，字大来，云南晋宁人。以明经谒选，不赴。避游吴越，环观山水，寄心空寂。故归滇，礼无住祝发。复参云门湛然，多所启悟，竟授传衣。复往来鸡足、点苍、水目、宝台间，随地吟赏，发诸禅悦。视斤斤自喜者，殊不为意。康熙癸丑冬，示疾，趺坐书偈曰:"天也破,地也破。认着担当便错过,舌头已断谁敢坐?"以示二众,寂然顺化,寿八十有一。所著有《翛园》《橛庵草》二集,及《拈花颂》百韵。

清永丰禅院沙门释本实传 洪中　海航

释本实,字性空,姓戴氏,寻甸人也。生而岐嶷,颖异过人。幼孤,依母抚育。少习诗书,志轶尘侪。及长,礼古林剃发。誓持《法华》,跪诵十载,乃从和雅受具。尝阅《楞严》而疑之,因参钟灵梵公,示以万法归一语,力究数载。一夕梦为虎吞,觉而五内清凉,殊胜曩日。偶以习定问梵,梵曰:"性本至空,何定可习?"言下有省。因以为字,乃作偈曰:"绝心绝境绝情识,绝到无时更有谁。双手拓开波底月,大光明藏本如如。"后掩关,刺血书《华严》二部。时定北王艾公企其高德,延主永丰。名公巨子,向往日众。常趺坐山石,林麓幽胜,自酣禅悦。忽有巨蛇,蟠踞石上,实至,熟视之曰:"汝踞吾石,吾坐汝身。"遂就蛇坐之。蛇俯首委蛇,徐徐循去。傍僧问曰:"具何神通,蛇不敢缚?"实曰:"若有神通,早被他缚却矣。"因注目直视,问傍僧曰:"会么?"僧不能答。实曰:"神通也不识。"僧礼而退。康熙壬子冬,忽谓众曰:"吾明日去矣。"书偈,默然而逝。寿六十九,腊五十,塔于永丰之阳。

又洪中,字惟敬,黔普安赵氏子。避乱游滇,入腾越,依《大藏》祝发。亦严持《法华》,生死为念。居数载,忽行脚至钟灵,诛茅构庵,晨夕提究。一日,闻磬声大悟,乃曰:"始知今日,通身是佛,不假修持,渐感檀施,成大法场。"康熙戊申夏,微疾,召众付授,端坐而化。阇维,有异香。

海航济舟者,曲靖孔氏子。幼恶荤①膻,二十得度。戒行高洁,宗律兼弘。住觉照庵,遐迩钦之。康熙十五年丙辰八月四日,集众示偈云:"虚空非大,我身非小。要知面目,明月皎皎。"

清燕京西城云居寺沙门释僧广传

释僧广,字圆通,姓高氏,雄人也。父性果,母孟氏。夜梦一灯入怀,觉而有孕。故生有夙根,不类凡童。虽在髫年,颇慕清净。常以家居俗累,不如修行,超出尘浊为言。母闻之,知不可夺,欲乞卜者推定。卜者曰:"此子之命,出家极当。"年十八,父母相继没亡。因辞亲里,至白沟河观音庵,乞义天祝发。义尚苦行,时勤作务。广每求参生死,以决疑情。会溟波禅师就庵结制,广便昕夕密究未生已前本来面目。复充行者,随赴京师。命往悯忠寺受具戒,时年二十五。始习坐,三日才定,身心俱空,便见旁列罗汉,中坐古佛。四炷香时,所见境界消灭。心正结疑,忽闻溟波语曰:"凡所有相,皆是虚妄。"广顿豁朗,自是精修,无一妄念。康熙辛亥,溟波住西域。广更进七,才至三日,如息重负,身心俱快,彻底洒脱。四日五更,胸中豁②然,便呈颂曰:"三世诸佛坐底牢,一条鼻孔透九霄。从今看破本来面,普天匝地任逍遥。"溟波见其经行坐禅,与前迥异,及落堂,便问:"如何是最初句?"广喝之。又问:"如何是末后句?"广又喝之。及问:"如何是函盖乾坤?如何是截断众流?"广连喝之,溟波迎击一棒。广云:"棒打石人头,朴朴论实事。"溟波笑曰:"而今始得一人矣。"自是机锋迅疾,当仁不让。

---

① 荤,底本作"荞"。
② 豁,底本作"谿"。

尝卧病八昼夜,不进饮食,如在梦中,忽从平地起,升须弥山四天王至忉利天,又升夜摩、兜率、他化自在,从六欲诸天乃至梵众、梵辅、大梵天以及四空天。方觉时,闻人言曰①:"广维那八日不食矣。汤水在兹,曷饮诸?"广仰视曰:"学道之人,禅悦为食。"复沈沈睡去,梦至十八狱中,见重重善恶果报。因白狱中人云:"汝等何不念佛?"众乃齐声一举。忽一吏蓝袍乌巾,近前云:"长老有病,我能除之。"乃以手入腹中,取出脂膏一片。忽觉大痛,一呼而醒。时早课方毕,同来问讯。自是胸次清爽,方知前境俱是梦幻。癸丑,溟波命住中江。广辞之,即上五台。观山势如兜罗绵,倏忽有光横飞,如弓影,刹那而没。循至河南,登少林,过首山。执爨厨下,或遗火烧破道袍,殊无所觉。已而辞去,结夏香岩。晓闻报钟,口占一偈,有云:"惊醒梦中人,宵夜渡关津。"禅者知其有悟。乙卯,归省溟波,充首座三年。壬戌,出住慈憨,十有一载。壬申,溟波示寂,继席西域。广赋性刚直,诲人不倦,接物有方。夏演毗尼,冬则结制。发机者固多,沾戒者亦复不鲜。春秋行头陀事,利生三十余载。不立文字,孤硬直截,罔容凑泊。著有语录二卷。

清汉阳栖贤寺沙门释行敬传

释行敬,字独冠,姓杨氏,云梦人也。生有静性,不乐尘嚣。年十三,从县中空如落绀。一夕梦大士持刀剖解,为之换骨,至齿牙间,负痛而觉。尔后,唯耽禅寂,杜绝外缘。偶检天奇语录,读之有得。荷笠南游,首谒密云于大白山中,以不着佛求,不着法求,不着

---

① 曰,底本作"曰曰",恐衍一"曰"字。

僧求,大事不明,当何所求为问,密云轩然一棒。还叩所求,因自惟曰:"可教直下承当。"乃恳恳勤勤,看斯一棒。三秋靡间,殊鲜真际。忽动他山之想,遂过云门。虽得轻安,终未洞明。再上天童,复见密云。追随数载,偕上天台。方冀通玄,发明此事。未几云寂,放声大哭,以为从此失望,无复了时。会金粟费隐,闻丧而至。隐固得天童髓者,敬尝造请,乞其指示,即指其掌,竟尔豁然,日臻阃奥。隐后历超果、福严,而至径山,敬皆荷橐相从。有清顺治癸巳,隐以信拂授之,传临济法焉。

乙未,主席吴兴灵山。丁酉,汉阳栖贤,更隆礼聘。敬念乡关久别,云树依依,欣然就道。至则弘炉大冶,跃金同范。俄而兴阳使符来迎,慨祖席荒颓,黾勉效命,而破屋残僧,苍凉满目。适严公玉环提督豫章,假道汉上,晤于栖贤,宛如夙好。敬以兴复事,从容言之,提督竟尔檀施。由是殿宇摩云,楼阁碍日,片言之契,万金无吝,信有自也。未几,云杜之纂峰、沔阳之广长、鄂渚之岩头,相继以请。敬为居纂,匝月止广长,期而岩头,则往来至焉。荆门玉泉、澧浦夹山,且却而不应。乃诣衡山,一展祖塔。敬主栖贤二十余年,六坐道场,津梁不倦。康熙壬子八月晦日,示疾,书偈有"钓竿砍尽重栽竹,不脱荷衣归去来"之语。寿六十,僧夏四十五,塔于兴阳东麓。门人如水鉴、佛顶皆唱道诸方。

清枝江玉安山六合寺沙门释行洪传

释行洪,字云锡,姓尹氏,公安人也。生有瑞征。儿时珍重,过于掌珠。性独悱恻,见宰家畜,号泣趋避,人疑其怯。八载失怙,随母作苦。明季,兵燹四起,母子离散,为寇所获。乙酉,随至当阳,潜身遁去,隐匿佛寺,得师颖秀,遂从剃落。未几,栖于熊口精舍,更肄经说。庚寅冬,诣普护禅林,听遍云讲授《法华》。复从受戒,数年尽得其传,便跻讲座。尝于寿圣法云,敷演弘旨,辩如涌泉,其从如水。偶憩枝江昙华寺,夜闻钟声有省,说偈曰:"何人一击定更钟,破我疑团千万重。彻底掀翻都罄尽,从今永不落顽空。"已而设讲于公安慧庆、松滋龙华,舟车碌碌,颇不暇给。忽自忖曰:"既为佛子,当究佛乘。何得高坐自恣,徒逞雄辩耶?"庚子冬,散众云游,谒常熟新塔浮石。讯问之余,机缘相契,授以书记。随侍九载,夙夜罔懈。偕至吴江,遁村报恩寺。一日,入室,浮云:"马祖一喝,因甚百丈耳聋三日?"曰:"不许夜行刚把火,投明始到走盘珠。"浮云:"是何意旨?"曰:"杲日当空新宇宙,山河大地一时明。"又问:"世尊不说,迦叶不闻,是何境界?"曰:"春色满园关不住,一枝红杏出墙来。"浮曰:"老僧所问,汝还闻否?"曰:"若将耳听终难会,眼里闻声便是奇。"浮为首肯,授以衣拂。

丙午,浮寂。寻归楚,省颖秀于荆州云华。丁未,延主千华山毗①卢寺。癸丑,受荆城祇园请。无何,三藩告变。甲寅冬,避于玉安山。有长者熊玉亭,创建六合丛林,三县翕然,合词礼聘。丁巳,大贝勒遣官持谕,卫护备至。贝勒尝读洪卷子,有不可眼里无筋之语而疑之。后遇于常德,举以相难,洪笑谢曰:"难逃圣鉴。"遂相视莫逆。丁卯春,游南岳,道出新店龙周。两居士留之度夏,乃开筑竺云精舍。戊辰夏,龙湾人士请居三鸦。庚午六月,转草市西来寺,寻还三鸦。康熙三十年辛未正月三日,示疾,留偈而别。壬申十月,迎骨,归塔枝江六合寺旁。洪七坐道场,

---

① 毗,底本作"昆"。

有语录十卷。

清公安观音寺沙门释超乘传 [云锡]①

释超乘,字天钟,姓缪氏,南阳人也。父曰以政,明崇祯庚辰进士。母冉氏,信心佛果,檀施无吝。梦游香岩寺,有老僧乞屋,许之,方惊而诞乘。清顺治丁亥,随宦来楚。甲午,失怙,以荫入国学。丁酉,选定海县,莅任一载。因海寇猖獗,失地而归。回翔燕都,郁抑无聊。时上西山,一纵心目。因与丛社知识辩析儒佛,颇穷玄理,已有离世之感。以母老子幼,复还乡里。终苦尘嚣,更携二仆游南岳,过紫荆峰,至大隐龙山慈云,谒杲日。杲曰:"君子乐游山耶,水耶?"乘曰:"二途俱不涉。"杲云:"截断两头,向父母未生前,道将一句。"乘乃嘿然,数日即哀恳剃发。随众习勤,朝夕无倦。杲以法门柱石期之,乃诏参学远方。于是径至湘潭,泛舟江汉。庚戌,谒蒋山介庵。一日,晚参,大雨,介曰:"好雨滴滴,不落在别处,且道落在何处?"乘曰:"一点也瞒学人不得。"因呈偈曰:"自叹从前错用心,东飘西逐作游人。今朝勘破闲家具,云散长空月色清。"介肯之。已而入浙,至南涧,谒天竺。竺见便问:"是圣,是凡?"乘举拳示之,竺云:"是何面目?"乘云:"一鼻两眼。"乃留度夏。遂历览灵隐、显圣、云门、天台诸胜,至平阳天箬,留居一载,微示付属之意。乘乃辞之入都,还践五台汾阳、少林风穴。习静于石门,见诸方付授淆滥,不再言禅,前所留稿,投之一炬,但持念诵,为自了计。

---

① 底本无"云锡"标目,据传文体例校补。书中他处标目亦同,不另出注。

康熙二十三年，闻呆寂，回山奠之。逾年，至荆州龙山。遥望松枝两处，云峦秀耸，心焉向之。丙辰秋，渡江觅憩居之地。过西来寺，礼云锡。会云与众论《楞严》，每以言挑之，不露一词。一夕云举《楞严》"见见之时，见非是见，见犹离见，见不能及"，有僧举问古德擎拳云："还见么？"乘不觉答云："头上安头。"云曰："似则似，是则未是。"乘云："疑则再参。"复颂曰："春至园林花自开，几人识得解拈来。堪笑瞿昙藏不住，机前绕弄嘴头乖。"云首肯之，付以偈云："四七二三历代传，重兴临济遍山川。老僧付汝全担荷，大阐洪宗鼻祖禅。"又嘱云："识汝天钟，圆音最洪；透彻三界，刹海尽融。龙象闻声云集，圣凡逐响皈崇；亦任兴扬祖道，处处流通。"丁卯春，同游南岳。过天龙山，拓基开作丛林，曰竺云精舍。庚午夏，主报恩寺。壬申，辞归双林静室，时云锡已寂。甲戌，乘为云遍刻语录入藏。以康熙四十三年正月六日示寂，塔于沙市宝塔观音寺。著有语录三卷。

清虎邱云岩寺沙门释弘储传 本琇

释弘储，字继起，亦号退翁，姓李氏，通人也。母高氏，梦梵僧授金环而生，小字金。四岁，抚于祖母孙氏，终日兀坐私语，语不可解。剃染后，行脚参方，得法于三峰藏。博通内外，心地光明。提正法印，十坐道场。息影灵岩，有终焉之志。吴人以虎邱虚席，强起，应之。升座说法，四众围绕。有《虎邱语录》一卷，钱公谦益为之序，具文集。居半载谢去，后寂于尧峰，康熙壬子九月二十七日也。茶毗，龛顶生光，渐变五色，光中有声大如雷，顿成妙景，若琉璃世界。弟子南潜，撰《化琉璃记》。

本琇，字节岩，西蜀人。天性机敏，幼达宗理。契天童法，九迁大刹，道播江浙。著有《全会法录》。康熙癸未，住虎邱。圣祖临幸，垂询道要，深邀奖许，御制诗赐之。

清昆明胜因寺沙门释德润传

释德润，字香谷，姓俞氏，新添人也。以明万历己未正月二十一日生。生时，有僧到门，口唱偈云："元正三七，眉横鼻直。日月同明，川流不息。"其父问之，不答而去。因记之，以占其异。稍长，习文艺，颇不后人。独喜近僧侣，谭内典，尝与宝华上人相契。后其父宦滇，随之任所。每叹世路崎岖，超然名利。丁酉，抵腾越，入云峰山。从心安剃度，精勤罔懈。后谒阿山，示以"无踪迹"三字。研穷晨夕，因行头陀行。建刹接众，聚食千指。常坐门外，诵咒祈求。香供依蒲，连翩而集，众赖以赡。经行四十余日，夜闻钟声，静中一惊，汗流浃背，觉"无踪迹"三字，悠悠窅窅，浑然无间，身心俱空矣。

庚子岁荒，斗米数金，加以大疫，润恻然悯之，更募赈饥，率徒掩骼，不可亿计。郡县钦崇，为额其寺曰普济，由是道风远邕。复叩诸方，亲承妙谛。后谒半生老人于昆明五华寺，机缘有契，授以拂偈。庚子春初，率众为破老人拈香祝寿，亦正月二十一日，与己生辰月日相同。忽悟前僧遗偈"日月同明"者，信有因也。壬子冬，崔方伯之英延主常乐。岁久荒废，张公国忠、何公拱极感润精诚，施给巨资，重修殿宇，新建廊庑。壬戌冬，主昆明胜因。癸亥九月，镇安将军马公遣使相迓，谓常乐重经修饰，大功告成，毕乃愿力，率众归来，当所欣许。即翩然还止，然润已先期走束，谢诸檀樾及远近二众。故复院一日,即示疾遄化,口吐白气,悠然而逝,寿六十五。

清蜀北给孤寺沙门释本襄传 懒石 福慧

释本襄,字半生,姓张氏,阆人也。幼而孱弱,长复多病。父母许度为僧,其病寻瘥。年十二,舍入给孤寺。一夕闻人言,今日已过,再无今日,不觉悲感交集,悟世无常。年十九,从应时法师受具。听讲《般若心经》,至"无眼耳鼻舌身意"处,疑不能明。夜分入室,请问其旨。应曰:"既无眼耳鼻舌身意,还有口么?要汝自信自悟始得。"由是举步忘形,胸中如结。会明季丧乱,寇噪蜀境,避入秦中。因至徽州,访素寻玄。偶闻汉中丈雪门庭孤峻,岁在己丑,径往参之。夜行护法堂前,撞倒磬架,碎磬作声,疑情廓然,乃呈偈曰:"蓦直行将去,虚空撞脚跟。磬破原是铁,冤家聚头生。"丈肯之,因授杖拂,付以偈曰:"龟毛拂有腾龙势,兔角杖支南斗云。山水悉归布袋里,昆明池上日方昕。"康熙甲辰,复自蜀入滇。庚戌,重修青门,大弘佛法。四月九日,示疾,乃集众曰:"我有一偈,当问汝等。生亦何苦,寂亦何乐。苦乐两忘,是甚活泼?"众无语,襄一喝,垂手而逝。茶毗,得坚固子,为人分供,顶骨复见五彩。塔于筇竹之巅。襄凡九坐道场,五刹结制。寿五十九,僧腊四十。

懒石聆禅者,姓张氏,蜀人,亦得法于丈雪者也。母赵氏,夜梦吞月,觉而生子。幼岁剃染,受戒于象崖。复参破山。后于丈雪道旨契合,遂授记莂。康熙初,至滇,主商山斗光寺,阐法数年。复归蜀,授法自觉云。

福慧野竹者,亦蜀之长寿人。得法砖镜,本天童正派。康熙初至滇,阐法于昆明嵩山寺,众数千指,士庶皈依恐后。诸方宗仰,极一时法会之盛。

清燕京海会寺沙门释超古传

释超古,字溟波,姓郭氏,武清人也。父曰文选,曾披缁于邑中天仙庙,家人以继嗣故,迫令还俗。娶王氏生子七①,超古最幼。时文选患病,昏迷见冥王,责以为僧不终,减算一纪,左右曰:"子可代父。遂检籍,惟幼子有宿根,宜令出家,可代汝。"文选唯唯。始苏,对亲戚具说其事,咸相嗟异。而王氏不从,谓此儿才三岁,未免予怀,不忍舍也。俄而文选复昏去,王氏不得已,虔祷许之。故超古七岁即舍入天仙庙,礼智庵得度。庙僧杂居,无异俗人,超古颇厌恶之。年十八,痛念生死,莫可咨决,乃发愿跪诵《华严》,足不逾阃者三载。年二十有五,偶与同侣抱璞参访要妙,勉以游方。因于北京愍忠寺圆具。时大博结制天津如来庵,水云环集,超古往从之,刻苦参研。尝问:"本来面目如何?"博举拳示之,超古曰:"舍此还有否?"博即以拳击之,从兹疑情顿发。随至杨村报成寺,上堂云:"堂中有一病汉,当出一身白汗。"超古闻之,工夫弥切,顿忘人我相,目不交睫者四昼夜。因托屡有省,往白博。博问:"如何是你本来面目?"超古云:"六六三十六。"博云:"不是,更道。"超古云:"九九八十一。"博击一掌云:"此是九九八十一,还是六六三十六?"超古一喝便出,自是当机不让。复侍博三载,得大休息,始蒙印可。遂于燕都西山云居寺静修十年,清多罗惠王与李德云居士请开法于海会,后更开建西域寺。著有语录数卷。

---

① 底本作"迫令还俗聚王氏先子七"。

清怡山栖云寺沙门释超定传

释超定，字体真，姓林氏，南安人。其母娠时，常依外家。外祖晚见一僧求借宿，俄失所在，而内室举子，呱呱有声，家人骇异，知有自来。襁褓而孤，育于郑氏。年十六，翁媪并逝，悲幻质之无常，叹深恩之罔极。伶俜哀慕，屡叩空门。时本寂尊宿方住龙浔，旋驾云栖，道望甚高。定乃直造丈室，一言开导，即便皈依，剃染服勤，志期证悟。及承寂命，继主青黎禅室。慧风广扇，云水奔趋。因以物色高贤，虚怀诸益，而龙象骈臻，精庐窄隘。乃于附郭平山，大兴禅刹。四事益给，至者如归。虽接待綦繁，而研经弥切。刺血书《华严》大部，至《现相品》，发明心地。又闻客僧举天地同根，万物一体语，从此豁然，前后际继。会雪峰亘从黄檗解夏，直造平山，加意勘验。举古德法语，往复推寻，皆箭锋的的，函盖相承，亘深为助喜。及雪峰居漳之南山，始受属主西平禅院。

明季流寇蜂起，中原鼎沸，乃策杖孤征，随缘放旷，曷至剑浦，栖托法云。主僧汇谷，一睹光仪，如瞻相好，因请驻锡。施以钳锤，正击旁敲，一期方便，众多省发。檀护四众，复请开堂。昙花瑞现，大地春回。毒鼓声轰，群魔胆裂。于是玄风弥播，道誉光昭。永安之西华、大科、大田及广湖诸刹，企慕殷勤，咸垂慈顾，主其法席。逮及晚年，沙中耆旧，请住栖云。乃携节翩翩，来作怡山主人。氍毹瞻风，苾刍倒屣，莫不饫以法喜，慰所怀来。以殿宇荒凉，仅蔽风雨，乃发诚恳，揭节余资，从事建筑。十载之间，宝坊轮奂，百具鼎新。而报缘已尽，示疾迁化。迹其生平，入道精猛，见地超卓，慈忱弘愿，实罕其俦。弟子奉其全龛，塔于怡山。寿七十有九，为临济三十三世。自撰行述，信为实录。如幻更摭懿美，作为碑记，勒石山左，昭示来者。

清青林龙安寺沙门释超况传

释超况，字重眉，姓蔡氏，同安甪里人也。凤根神颖，髫龄就塾。虽抱儒经，已具佛性。因投龙池岩，礼惟云为师。勤习净行，弗惮寒暑。年二十一，始从披剃。掩关三载，拜诵《华严》，致诚百万。又阅藏教中，有云能三日不食、七日不食者，俱力行之，但日夜思谛，终非究竟。有禅客自金粟至，具道费隐棒喝接人最直捷法门。况闻之，喜曰："吾固疑有是。可效春蚕作茧，徒自缚乎？"即破关而出。日夕咨参，未有入处。适雪峰亘从罗山至龙池，与之盘桓。一日，问曰："如何是第一义？"况拟议，峰便掌云："这钝置阿师。"况云："请师道。"峰才启唇，况遽以手掩之。峰乃笑云："向汝道了也。"况亦爽然有省，然胸臆犹滞。偶过戏场，于人丛中，见其举首向上，鼻孔一一，俱见唇上，觉碍滞之胸，涣尔解释，遂作偈曰："二十年来被孰瞒，刚才放下便平安。早知鼻孔在唇上，总不者中觅易难。"乃诣黄檗隐元处，随众参请，不露锋芒。明年出岭，叩金粟费隐，亦默契之。

时值严冬，潜颖众中，自居樵汲，手足冻皴，亦不暇恤。尝有偈曰："牯牛无贯四方周，放去收来得自由。蹄角虽然未显露，分明触处便昂头。"时年二十八，始受具。明年春，还闽。途中作偈，有"今朝踏破芒鞋底，赤脚迢迢入闽山"之句。归则仍就龙池，键关三稔。后值雪峰出主芙蓉，一日，问："薰风自南来，殿阁生微凉。汝作么生？"况但云："仲夏酷烦，幸自珍重。"雪峰默许之。未几，受峰付属。即旋泉南，居清溪贵湖。龙安寺为唐清豁禅师退隐旧址，编茅为屋，翛然自得。雪峰至泉昭庆，况充首座。立僧秉拂，发挥宗乘，旨趣亹亹，倾动四来。继席南山，千指围绕。三冬学足，启迪尤多。闽司马子奇请住隆寿。兵燹之余，寺宇凋残，而近寺兵众杂处，尤难调摄。况躬率行道，接以等慈，莫不倾服，丛席改观。历十数载，忽尔辞退，请还旧山，留之不得。无何，世局变更，郡城内外，几频危殆，人始知其先见云。以康熙十四年乙卯三月二十六日示寂，寿六十有六，腊三十有四，塔于青林之麓。释超弘为之志铭，称其知鉴莹朗，而器量舍弘，人莫窥其涯际，时以为知言。

清漳州驯虎岩沙门释超顶传

释超顶，字逸然，姓谢氏，晋江人也。幼而清慧，知慕佛法。垂髫时，有清质禅德住泉中小庵，顶从之游，昕夕随其焚修。崇祯甲申，始落发于驯虎岩。年二十，寻栖仙亭，辛勤力作。暇则礼诵，讫无虚晷。经数岁，叹曰："出家为生死，岂宜系此？"时雪峰亘住南山报劬，卷祴从之，一见相契，潜鞭默练，靡间朝昏。一夕诵次，嗒然若失，前后际断，自觉愉快，入陈所见，亘颔之。自是酬对，无爽玄旨。亘尝与客谭，问："无须锁子，谁人开得？"客茫然。因传令堂众下语，或云不费纤毫力，或云开也。顶则曰："用开作么？"亘深喜其语，因谓客曰："非超顶不能为此语。"讯之果然。乃益加策励，期臻阃奥。亘主泉之昭庆延福、福之雪峰庆城，顶皆随侍左右。助扬法化，精勤不懈。屡欲属累，每逊谢不逮。顺治己亥秋，亘居庆城，将灭度，遗命付顶衣拂。时隐仙游东山岩，耕锄自给，茹草饮泉，怡然乐之。驯虎衍如老宿，顶师祖也。以乱后零落，命为住持。

顶率先劳役,行古德规范。三载之间,颓纲渐振。丙午秋,与南山怡石偕往雪峰,为亘师筑塔。劳顿灰土,感疾数日,遽尔奄化,时康熙五年也。顶神颖通慧,梵行精白。独处岩谷,坚苦枯澹,而道望蔚然。弟子明经、如修,以丁未年冬,奉遗骸窆于东山后冈。释超弘作铭云。

卷第二十四
习禅篇第三之十四
正传十人　附见十一人

清杭州理安寺沙门释行昱传

释行昱,字晓庵,号曰无隐,姓叶氏,龙游人。寄迹吴门,三岁失怙,母程氏训养成立。自幼纯笃,情殷报母。力持疏食,偶见杀生,闭目驰去。一日,读《六祖坛经》,知有宗门事,遂参密云于金粟。及冠将昏,遁入磬山,求天隐剃度,开示谆切。而亲属追寻,忍泪别去,远走天台。至莲花峰,礼肇心老宿芟染。即圆具于天童。闻通问开法南涧,投诚参考。每入室,痛棒厉喝,不假词色,身心自觉纯一。尝因激发,立五大誓,以大事未明,不出山,不语,不卧,不加衣,不看书。自夏徂秋,力行不倦。一夕月下独坐,忽内外洞彻,皎如冰盘,向所疑处,澄净无滓。遂出山省母,又劝还俗。复潜渡江,参石奇于昭阳。未几以母老,复返吴门,持钵奉养母终。

更上南涧,研究古今差别,得大自在,寻付衣拂。无何,通问迁竹林,分座说法,万指铿锵。屡以南涧院事属付,苦辞不已。己丑夏,将命摄方丈,昱即宵遁。涉桐庐,访陈尊宿遗迹,过疏山,谒影堂。因回浏阳,叩尔瞻于石霜。旋应武功山灵溪之请,遂开法焉。甲午夏,领众东还,继席南涧。提纲絜要,规令森然。通喜得人,致书金少保,称晓庵首座侍衲二十年,悟境不异高峰、断崖,而德业深厚，其推许如此。明年通寂，窣堵告成，拂衣竟去。复入浏阳，结茅山中，作投老计。江楚衲侣，闻风趋附。不逾年，遂成丛席。苒苒廿载，影不出山。唯不忘所自，梓其师手辑《续灯集》，赀镂版，畀之入藏。康熙乙丑夏四月二十九日，奄忽坐化，寿七十有九，腊五十。所著有《三会录》《黄昙拈颂》若干卷，皆编刻盛行于世。

清四川双桂福国院沙门释印水传

释印水，字云桥，姓赵氏，化城人。凤禀灵根，生而颖异。幼罹灾患，特然自立。成童剃发，应缘寻师，而性峻不群。然每见游僧，辄起敬心。甲申之变，中原鼎沸，寇盗蜂生。被驱入营，逐流漂泊一十三载。戊子，随营之楚，寓姚归山。受具于常乐律主，时年二十三矣。辛卯，返蜀，谒破山明于开中凤城。问讯之余，举拳击掌，顿发疑情。甲午，坐夏七日，寝食俱废。偶承瓦盏，堕地有声，触碎疑团，身心愉快。欲求印证，而峡道未通，思明至切。辛丑秋，川乱初平，疾趋双桂。一日，入室，明问："行不出户，坐不当堂。"水云："明月堂前挂，松竹引清风。"明曰："未是。"水再拟议，即蓦然一棒。水一喝而退。他日为水更号云桥。书偈于扇，赐之云："欲向高梁未得来，而今梦明醒难开。急将一句活头语，痛为吾贤莫乱猜。"是冬，拔充教授。甲辰春，重示偈云："曾闻古德辅丛林，逆顺机缘无二心。自此任教肝胆碎，终身相继意深深。"命监院事。未几，即付法卷。丙午，明寂，为校刻语录全稿三十一卷。己酉春，继主双桂。设千日禅期，请于官吏。给寺四界印照，蠲免杂征。刊石立碑，垂之来世。乙卯夏，书《退院语》一篇，卜居香水庵，削牍启诸同门，承兹仔肩，卒鲜应者。癸亥，为台谏黄公所请，复理院事，衲子如归。时双桂旧栋，悉为蚁蛀，风雨摇撼，其势甚危。乃鸠工庀材，次第兴革，四载落成，而水亦老矣。以康熙三十二年癸酉五月十七日示寂，寿六十八，腊四十六，塔于双桂山左。有语录十卷，杂诗三卷。

清杭州理安寺沙门释行悦传 行洸

释行悦，字梅谷，亦号呆翁，晚称蒲衣尊者，姓曹氏，娄东人。年十八，披剃于普陀海岸禅林。受具后，担簦诣硔峒，参瑞白，知向上事。复参天童密，问："掣电之机，还许凑泊也无？"密方诘难，即拂袖云："鹞子过新罗。"密连棒趁出，悦当时会得宾主句。年二十二，再参报恩。已而入夹山，参南涧箬庵。问："隔江招手，便乃横趋。上座还具者个眼否？"悦云："不入虎穴，焉得虎子？"南涧卓杖云："能有几人知？"悦云："果然作家。"南涧便喝，悦即礼拜。明年，随侍金山，即承付属。后居庐岳，忽焉数载。时在茂年，居多暇日，乃简古公案数十百则，皆为颂之。丁酉，继席南涧。乙巳，主粤东龙树院。丁未，主蒋山天华。

辛亥秋，复入粤，住大隐禅院。癸丑，至南安，居西华山龙光寺。己未，赴江宁蒋山金陵寺请。壬戌，拟之台山，先入京师，憩锡城西。甲子秋，客城东弥勒庵。腊月朔夜，索水沐浴，焚香礼佛，辞众端坐，垂诫恳至。众皆感泣，请末后句，乃说偈曰："使符多谢远相迎，撩起袈裟请共行。一曲浩歌归去乐，从来老将不谈兵。"三日茶毗，舍利莹莹，灵骨片片，作金玉声。塔于南涧北莲花峰，寿六十六，腊四十八。悦凡七坐道场，五会说法，一语一机，有照有用，学者宗之，弟子数十人。所著《正宗语录》《列祖提纲》《增集禅宗杂毒海》《历代帝王宏教录》各若干卷。又《三会语录》《梦冰》《东皋》《拈庄》《放钵》《北游》诸集，皆梓行于世。

行洸，字济水，上虞顾氏子。亦嗣箬庵法，宗教兼通，在僧中最为杰出。主理安三年，寂于康熙乙亥。著有《正法录》诸书。

清湘阴神鼎山沙门释行泽传 玄剑　修木　懋功

释行泽，字云外，姓汪氏，婺源人。父南栖居士，旷达不群，有高世志。母氏王，诞泽之夕，梦麟舞于庭，觉而告居士。居士曰："吾所梦亦然。"因名应麟。八岁，入乡塾，授以《千字文》语，便问："天是何物造成？到何处止？"塾师曰："尔且读，将自知。"泽曰："不识得，何用读？"居士闻之曰："儿殆道学者流，非功名中人也。"年十一，失怙。又八载，亡怙。贫苦艰辛，郁劳心病，呕血几昏。祷佛求救，若有神诏，归心三宝，病当自愈。觉而自誓，其病渐瘳。遍游僧舍，从读佛经，决志出家。癸酉，投黄山云谷院无易守师脱白。易久参云栖，受念佛三昧，命泽依行。日念佛三万句，诵《华严》一卷，礼佛百拜。如是一年，而神观精明，志气轩朗。甲戌冬，受具戒于姑苏茂林。遂过云栖，礼莲池塔。山中耆旧，留居二载。忽闻唱僧名，僧应阿弥陀佛，有省。遂上天童，叩密老人。时有启迪，而土音难晓。后举"薰风自南来"话，占颂曰："薰风自南来，殿阁生微凉。今朝寒冷甚，向火恰相当。"密笑而诫之曰："须勤学老僧，不孤负汝也。"无何病困，为同侣僧不易邀往杭州。及赴，阳山召不易，复强之偕行。阳山者，即通授。泽初见山，问："万峰头上，目视云霄，怎么生？"山一笑目之，即呈偈云："闻说阳山选佛场，一条拄杖绝商量。谁知别有真消息，笑里藏刀人未防。"自是与山日惬。

再逾年,山主磬山,泽随侍。一日,举铁牛过窗棂话,泽下语数十转,皆不契。山曰:"只是桶底未全脱。"泽愤而再参,沈坐终日。忽风揭门帘,扑落作声,将从前知解窠臼一齐打落,透到通身无念无依处,不胜快活。入方丈,密启其意。山手书法语,并衣拂付之,且云:"子将来有超越之见,但世故未谙,早出恐鲜福耳。"泽曰:"愿终身岩谷。"乃入匡山,借居五乳峰破庵。囊钵萧然,日采野蔬,和米作璎珞粥食之。偶携篮涧边,寻摘苦菜,失足跌下,惊起山禽,飞叫一声,坦然休歇,如云开日朗。因作颂曰:"钟残漏尽一声鸡,脱尽从前悟里迷。大用纵横施巨阙,汪汪洗土不成泥。"旋迁雷光庵。泽隐匡庐八载,严操切究,光颖渐露。大江南北,颇传其机缘语句,咸思亲炙,而禅者负米往来,苦于崎岖。泽悯之,且将为法求人。戊子春,舟溯浔阳而上,至大江之北,止于蕲之大泉山。蕲黄本大医故里,数百年来不闻正法,禅德过寓亦罕。泽始至,创法席,聚众棒喝轰奔。州守闻而怪之,过候泽。泽质直,不克尽宾主礼,州守怒。己丑春,假他事,持兵马来,竟火大泉山寺。泽对火说法,曳杖下山,栖于蕲北菩提寺。

庚寅春,过黄梅,扫医祖塔于双峰。至冯茂,返道经紫云寺。寺本千岁宝掌遗址,代有高人。闻泽至山,众遮迎以休夏,诺之。山最高处,其路僻绝,去人烟甚远,泽甚安之。幽居数载,学侣千指,语句布流,诸方赞赏。如庐山木陈、宝华、朝宗与玉林国师,皆岁时款密,屡通书问。辛卯,赴高山寺说戒。壬辰,岁旱,蕲黄尤甚。禅众数百,皇皇待食。乃欲散众下山,移人就粟。会湖南道素敦请,遂之神鼎,盖宋洪諲所开山也。癸巳,沩山慧山修礼相迎。泽许之,以神鼎初兴,未即往也。甲午季冬朔日,示疾,自书属累千余言。三日作偈曰:"是非海内展全机,多少时师尽皱眉。此日一言无可付,江南江北大家知。"又云:"神鼎龛,无人封。自作偈,自封之。三十年前平贴地,三十年后大神奇。"驱众出户,端坐而逝。泽悟门既正,重自刻厉,扫除枝叶,直透末后牢关。有语录、拈颂若干卷。

玄剑英禅师者,亦湘人也。康熙戊辰,还湘。造神鼎,访一揆。时龙牙法席久虚,一揆强英住之。开法三载,不欲久居,乃拽杖归神鼎。三十三年,长沙易启莘迎主福嵩寺。盖易子新建,以报劬劳者也。英有《三玄颂》云,第一玄:圣凡罔措拟何宣,髑髅有眼犹能视,枯木龙吟识未干。第二玄:石女停机尚未然,拈起龟毛断贯索,千七百则一齐穿。第三玄:法界都卢在目前,野色更无山隔断,天光直与水相连。英所著语录、颂偈,易子请授梓而为之序。

又修木林禅师者,亦曾主神鼎。尝问僧云:"尽大地是火坑,得何三昧不被烧却?"僧云:"正是放身命处。"林便喝。又举埋牛话,僧问:"牛已埋了,此后何所牧?"林云:"一个闲人天地间。"著有语录、颂古数卷,惜多残佚。

懋功勋禅师者,得法于南岳山田寺松涛照,传曹洞三十二世。康熙壬戌,主江西袁州南泉慈化寺。示众,举"圆悟勤云:'参到无参始彻头。'当言'参到无参未彻头',以向上更有事在"。戊辰,移住曹山禅寺。庚午,还潭州,主席华林。其退院别众云:"慈化六载,曹山两秋。几度欲归今始得,烟波江上意悠悠。"盖勋本湘人也。辛未,至山田省松,后以院让操雪。著有语录。

清杭州理安寺沙门释行珍传 斯瑞

释行珍,号天竺,姓陈氏,上海人。少聪颖多能。尝从人贸迁,舟行遇盗，投之水中，为渔者所救，得苏。因求出世，脱离尘扰。礼无海学剃染，时年十八。参箬庵于南涧，示以未生前话。长跽请益，箬庵拊掌者三，珍才起立，即喝出，愕焉失措，疑不去心。年二十，圆具于瑞光。侍古南，扫塔天童。因阻兵不能归，寄迹显圣。坐不语禅，念大事未明，愤郁致疾。一夕气绝，众僧讽经，有一僧抚其胸曰："速往西方去。"珍忽苏，瞿然顾视曰："此身是何所在？"众皆惊悚。病愈还涧，箬庵随命侍香夹山。于赵州勘台山婆子话下，顿彻古今公案源委，呈偈机缘，载在语录。箬庵印以偈云："吹毛不犯当头令，出窟金猊果俊哉？"又称于众曰："珍虽年少，悟处确实法门令器。"珍闻之，痛自鞭策。箬庵命掌书记，始垂记莂。复诘高峰六问，珍一一著语。箬庵解颐，自题其像授之。已而结茅昼眉泉。及箬庵寂，奔丧建塔。更栖蕲州大潜。

戊戌冬，出主菩提寺，三载迁德章。丁未夏，应洸禅之请，继席南涧。宏觉禅师为法派尊宿，每以古德应庵相拟，而念湖州道场为最初祖庭，宜兴之龙池为天童、磐山两宗所自出，邮书劝驾，皆以为非珍不克胜任。珍既至，重饬旧规，彻夜禅堂，策励勇猛，宗风一振，善权龙池伊迩。甲寅之难，乐安禅师塔毁于火，珍从灰烬中负灵骨归。迄难定，复造窣堵，拟于旧制。无何，銮辂南巡，驻跸夹山。珍雍容晋接，庭柏奏对，天颜大悦，宠赉有加。将寂之日，法雨泉岩石崩裂，林竹枯瘁。生平九坐道场，说法十二会，开堂三十七年。前后四住理安，道风孤迈，学子非谋道真切、痛念生死者，不敢登其堂。所至随机接引，辨才无碍。自奉甚薄，一衲补缀，终身至若。南涧则殿宇寮舍，焕然一新。得法弟子三十人，南北称大宗师者，强半出其门。寿七十一，腊五十三。祥符令遂安毛际可为撰塔铭。

又斯瑞者，云间瞿氏子。亦嗣法箬庵，继席理安，传临济三十二世。有语录行世。

清长沙岳麓万寿寺沙门释智檀传 操雪筠

释智檀，字香木，晚号肺山，姓冯氏，汉中人。本儒家子，生有殊姿。方九龄，即有志弃家学道。顶有黑子，大如荚，高于粒。有相者曰："此子松顶一珠，必高僧也。"檀闻之，益自决。时寇盗充斥，父母继亡，避兵深山。从热病中，感观世音见相，膜拜而愈。年二十，往明珠院，礼无量剃发。闻两僧对语，欲了生死，必须参学，乃矢志行脚。至终南，读《楞严》有感。入长安，遍投讲席。所至或代座演论，群相推许。已而叹曰："行脚事止于是耶？"因游湖广，与人论《圆觉》，至普眼章"根根尘尘，周遍法界，无坏无杂"处，忽闻孩提击钟声，不觉失笑曰："原来又复杂其语。"竟下座，觉通体舒泰，不可言喻，自是不复事义学。抵九江，参竺庵成。复谒龙池微，皆有机缘。及造佛日，叩具德礼。结制，静坐三日。举头见桂树，豁然如井中跃出，从前所见，皆冰释矣。更随普明照，问学三载。顺治甲午，年三十五，始过宝寿，参白岩位中符，遂受印可。寻至湖湘，觅隐深山。值长沙岳麓寺久废，为虎狼所居，人莫敢近。檀杖锡深入，就树结茅，唯一行者自随。夜则经行林麓间，虎皆驯伏。不逾月，禅侣闻风渐至。岁大旱，檀为诵佛祷雨，所至甘霖立沛。乡人感之，方谋建寺。而张少师秉节镇湖湘，蠲貲倡建大雄殿，督抚巨公布金建法堂、丈室、门庑、庖湢，无不备矣，竟成丛席。

中丞三韩周公召南来抚湘，未至长沙，先梦僧于沅芷署中求见，后至山寺，宛如旧识，遂议建藏经阁。后与召南谭论，有心静自凉一语不合，欲罗致其罪不得。或劝檀避之，檀曰："祸患之来，亦时节因缘。山僧得力处，正在于处祸患。处祸患，即所以了生死也。"械系至狱，笞辱随之。檀在狱中，每得食，必施囚徒之饥者。有逋赎锾，代募金偿之。常劝念佛，以消夙业。久之得释，乃诛茅天岳云腾寺。未几，游南岳，住马祖传法院。康熙庚子春，中夜月朗，二虎怒号，若山崩石裂，直至草庐。檀策杖坐门前，厉声喝之曰："尔业根未断。"一虎俯伏。久之钟鸣，二虎一跃而去。檀戒侍者慎勿言，恐谓我惑众。后往山谷者，多见虎，虎不伤人，人皆知虎为檀所驯。辛丑，道出衡阳，访郡守张公。闻城外杀伤二虎，檀太息曰："莫是我护山虎也？"惋惜不已。次日回寺，有虎于说法堂前大吼数声。檀闻之，喜曰："吾护山虎固无恙也。"然虎若善解人意，每于寺众聚集，新建柱梁，吼声相应，不约而然，屡验无爽。尝有句云："玲珑茅屋无关设，虎鹿终朝伴作邻。"即其事也。及檀寂，虎亦去。著有《便麓居翦蔓篇》《滇游集》《岳麓衡书》《埋云草》及文集、语录若干卷。

又操雪筠禅师者，得法于衡岳双峰松涛照，传曹洞卅二世者也。康熙壬申秋九月，为懋法延居长沙华林寺。尝因雨晚参："滂沛淫霖不歇，滴碎髑髅骨节。灯笼鼻孔浸烂，露柱眼里流血。"拈杖云："唯此木尊者，雨打不湿，风吹不折。"卓一卓曰："向者里劈开红日，寸土皆金。紧系晴光，天人欢悦。芒鞋踏幽径之清香，柱杖拨烟岚之秀色。须是纯钢打就，方才道得。土山焦而无热性，海枯而无竭。门庭户口，见烟见角而不别。"壬午季冬，松涛示寂。筠上供有云："昔年侍巾瓶于六处，春秋不计。强将螳背，谬继芳绳。深恩似海，粉骨难酬。"知其得力于棒喝者深也。著有语录、拈颂若干卷。

清衡阳万寿寺沙门释行泰传

释行泰,字杏堂。初出家,依止南岳优昙林。得法于衡阳万寿寺若剑司,亦传曹洞三十二世者也。康熙己未春,万寿老人命居潭州谷山宝林禅寺。且应长沙诸孝廉之请,二月八日入院上堂,示众以三玄三要。复指西来意云:"但道涧上樱桃少妇面,径边棕树夜叉头。与先谷山,是同是别?"众惮其锋,莫敢究诘。泰禅机超妙,而文义斐然,有《破院歌》,初住谷山作也。其词曰:"破落僧,破落院,破破落落真风见。生涯只在岭头云,活计从来山一片。听猿啼,闻虎啸,正是山家真个妙。半边砂罐煮清泉,野客同餐欢共笑。松逸清,范湖渺,人情淡若秋云皎。舜跖鸡鸣总一心,英雄几识春光老。杨岐屋,懒残岩,今古无人得共排。惟有杏堂风味别,松根磐石独安怀。也无烦,也无恼,万事拈来都靠倒。狼烟消尽任遨游,子房韵入青霄嶂。丹已成,火已到,跨鹤凌云无影向。我自生来性逸舒,一间破屋幽情放。"因此,复得檀助,重葺宝宁。后圭峰以木铎于岳麓说戒,请泰羯磨。主僧阿诺延之,上堂谓:"以水合水,以镜照镜,犹是儿孙边事。更有向上一着,且道如何是向上?"以杖一卓曰:"一堂风冷澹,千古意分明。"壬申冬,开法长沙兴化。上续弁山雪为五世,次绍云岩莹为四传。著有语录、颂偈八卷。

清成都昭觉寺沙门释通醉传 溪声圆 佛冕纲

释通醉,字丈雪,姓李氏,内江人。生性冲澹,意气洒然。幼时,母携入寺,见金像巍焕,慨焉兴感,顾谓母曰:"他日我亦如此。"父母知非凡物,礼古字山清然落发。尝读《法华经》"乃至举一手,或复小低头,皆以成佛道",因默忖曰:"成佛若是其易耶?"乃上峨眉,欲得证悟。闻金粟密云门庭孤峻,卓有古风,复举僧问:"云门如何是佛门?"云:"干矢橛。"聆之如石碍胸。直入西山,参鉴随,而随不重机锋转语,一味平实,因圆戒法。癸酉冬,仍归古字,掩关山阿。读诸家语录,镇日如痴。会灵筏来自江南,言破山明荷金粟衣钵入蜀,负笈从之。谒明于万峰,入室叩请。明曰:"老僧不参禅,只爱伸脚眠。"正疑闷间,一夜方下榻,到着鞋不上,以手纳之,忽然猛省,遂呈所见与明。游白兔亭,观瀑布,以丈雪字之,书偈曰:"画断苍崖倒碧岑,纷纷珠玉为谁倾?拟将钵袋横栏住,只恐蟠龙丈雪冰。"乃入记室。

丙子秋,造天童,见密。夜闻版鸣,声震山谷,忽大彻悟。更回万峰,见而印可,复受之偈曰:"现身恶世可深藏,莫逐周胡严李张。只待兔冰蛇吐火,始拈柏子祝吾香。"由是力振颓纲,于烽烟浩莽中,往来秦蜀。康熙癸卯,还集昭觉。兵燹之后,荒凉满目,而故址依然。意图恢复,作诗自见。诗曰:"廿年偶尔见华阳,屡跋荒榛覆古梁。小径淡分烟影石,幽岩初醒月华香。惊人野鸟间歌啸,科首残黎牧大荒。极目天涯无点翳,惭抛汗雨洒危疆。"至乙巳,殿宇落成,果符蛇火之语。复有诗云:"俄乘愿海到蚕丛,瓦砾翻成释梵宫。只为聚沙作佛塔,常伸只手撮虚空。长裙扫地山河动,短杖支云日月红。工成正拟垂帘卧,何期外有扣门翁。"当康熙甲辰时,秉钧者以汤若望圣眷方隆,煽其左道,有沙沃之变。闻玉林国师密楮达部,欲保全大雄报恩。通醉遗书责之云:"既应一国之宠,当此魔强法弱之时,正宜挺身利济,宁谧诸山。焉得重己刹而轻他寺乎?"其严正类是。晚岁,休息于佚老关。癸酉七月,沐浴趺坐,作真归,告示寂。有语录十卷,《里中行》一卷,《青松诗集》一卷,《杂著文》二卷。寿八十四,腊七十八。荼毗,得舍利无数,塔于寺西。得法弟子佛冕纲、溪声圆。

其最著者圆,于兵火流离之际,鹑衣垢面,意欲建寺不果。遂作《破衲歌》以自警,歌曰:"看这破衲个,破得大络索。斤两刚七斤,多少人不觉。泥猪癞狗要且嫌,跛鳖盲龟被伊缚。雨也打不湿,风也吹不着。披自尘沙浩劫前,绽则千补与百缀。无贵贱与人抾弄,有剪尺与人裁度。从来不晒晾,东掷西抛。一向不洗浣,汗污气浊。东土衲子礼三拜,寒温入髓。西天尊者立微笑,摆他不脱。分明盖覆赤肉团,无位真人尽包裹。山野一生多快活,全凭此领破衲个。"后徙武平。寂于壬寅冬,塔昭觉佛果之左。

彻纲,内江李氏子。卯龄削染,世味邈然,巾瓶廿载。两下吴越,谒尧峰费,圆具。及辞去,费以偈送之云:"佛是冤家汝自知,威风凛凛孰能窥。因思昔日韶阳老,白棒拈来要打伊。"后侍醉,归静明,击破顶额,血流踣地,半晌方苏,即呈偈云:"生死关头俱截断,丝毫那许着情尘。一回击着头颅裂,雪拥红炉未是冰。"醉笑云:"未是,未是。"顷之,复呈偈云:"碧潭深处龙难隐,峻岭高松鹤自鸣。拨动天关珠苑转,日用如何不现成?"醉深肯之,即付拂子,命主昭觉。上堂:"通方上士,鉴在机先。灵机密运,情量超然。星回汉地,月落楚天。所以目前消息,非口耳之所传。看他从上诸圣,千种喻万般言,用尽机轮徒枉然。若要深深海底立,直须打破上头关。且道用何打破?挨落须弥如辊芥,鞠来不碍刹那间。"后回里,重辟古字山。

清杭州理安寺沙门释超格传 超彻

释超格，字梦庵，姓丁氏，芜湖人。生性颖异，九岁能吟咏。长攻帖括，有声庠序间，然非其志也。独好内典，喜趺坐。初谒梅生，闻万法归一语，有省。欲出家，以亲在，不果。年二十八，始投金陵清凉寺剑门落发，秉戒于宝华山见月。历诸名胜，偶登庐山五老峰，豁然悟彻，有"踏破虚空作两边"之语。时天笠主禹门，往参次。便言："破夏远来，请师一接。"笠云："未入门时，吃棒了也？"遂作礼云："谢师指示。"笠一击云："知恩者少。"格遂一喝，拂袖便出。笠门风孤峻，学者惮之。格横机不让，一众侧目。甫三月，遂受属，笠示有"微笑争看第一枝"之偈。后笠往南涧夹山东禅，格充首座。四方来者，服其机用之敏，咸亲依之，推之开化。历主嘉善东禅与慈云，及武林南涧、清波，最后主京都柏林。类能以道示人，所化殊广。戊子春，感微疾，然参请酬应如常时。虽中夜危坐，犹屹然不动。六月二日，忽索浴更衣，众知不可留，因求偈，格瞪目叱之，请不已，乃曰："南来北往也寻常，竿木随身作戏场。今日风前舒一笑，满轮明月湛清光。"说毕瞑目，时康熙戊子六月二日也。寿七十，腊四十有二。得法弟子十人，迦陵音、调梅鼎，皆别有传。格应世以诚，称性说法，眼藏甚高，而辨论精当。著有《五会录》《宝伦集》，诸方莫不推重。塔于灵岩左麓。雍正九年，明鼎主柏林时，始乞和硕庄亲王为之铭，立石山陲，余芬未沫。

超彻，字越鉴，绍兴全氏子。亦得法天笠，继格主理安。康熙四十八年，杭城大饥，沿门托钵，辛勤劬瘁，竟寂于万安桥侧，时年五十。时迦陵音主柏林，以其事达于朝。世宗为发帑，重建寺宇。

崇楼杰阁,妙相庄严,与溪山相辉映,皆呈态骋奇于几席之下。是岂山川清淑之气,盘礴郁积之既久,而后泄其菁英与?盖超彻之苦行,精诚有以致之也。及遣来造寺者僧名越宗,置田者僧名成鉴,与越鉴之字合。噫,异矣!著有语录二卷。

清杭州云林寺沙门释原志传 慧辂　智广

释原志,字硕揆,姓孙氏,盐城人也。七岁闻塾师讲《大学》致知格物义,乃曰:"此曾子教人诚意方法。不明则疑,疑则诚意,去疑得明,非诚意不能。"塾师大惊。顺治丁亥,其父玉庭,为人所害。卒手刃父仇,告祭于墓。庚寅,至通州佛陀寺祝发,师事元玺。未几,投灵隐,得戒于具公。尝参万法归一、无梦无想语七日,闻具答傍僧问:"威音王劫前,如何是学人自己?"有"初三、十一、中秋赏月"之言,豁然有省。因呈偈曰:"夜来消息枕中传,报道火烧水底天。丧尽毒龙哮石虎,爪牙突在万人前。"具深肯之。己亥,命居座首。倡明三峰之学,勘辨方来。电激雷奔,当者震栗。康熙壬寅,具手书付属,谓首提三峰为滹沱正宗,别开生面。杨岐正脉,斯得人矣。是岁,主扬州上方。癸卯,移泰兴庆云。所至香花倾城,万指环绕。一时兴坠起废,不假思议。遏山水为妙声,化竹树为宝网,东南法席,莫与比盛。丁未,具寂,为造塔径山。

壬子,迁三峰,以重兴为己任。至则责负如山,催征似火,墙不岁苦,库无宿积。乃不数月,遐迩向风,赢粮输挽,寺众既赡。更以其羡,为兴造资。虽规模草创,而气象一新。己未,赴镇江五州之请。庚申,居扬州善庆。辛酉,更主灵隐,院宇严饰,革其颓坏。丁卯,和硕康亲王奉衣钵请志说戒。徒众累千,抚军听法,焚香塞路。

具公五千衲子下扬州,志足方之,是时志年已六十矣。己巳,圣祖南巡。二月既望,幸灵隐,御书"云林"二字赐之,因易寺额,更锡金百镒。志以为法门庆幸,未敢自炫也。居灵隐十二年,始辞去。缁素攀留,而三峰之众,已迎之境上。癸卯,再主三峰。盖其去此已十四年,昔所修葺,今已圮坏。乃告于介众,背负栎杵,夏雨冬霜,剥肤灌顶,皆所不避。于是旧者新之,阙者补之,卒底于成。以康熙丁丑七月十五日示寂,临终偈曰:"昨欲行时月不圆,今迟一日月婵娟。从今要见三峰面,劈破乾坤作两边。"寿七十,腊四十九,塔灵隐。有《八会语录》、杂著、尺牍、诗偈若干卷,皆梓行。诗曰《借巢集》,自吐胸臆,论者谓在寒山、栯堂间。

慧辂,字谛晖,金田沈氏子也。六岁而孤,家毁于役。母没,出家。游学至灵隐,礼具德于直指堂下。见题额,憬然曰:"彼以直指,我以直会。"忽闻户外鸟鸣声,顿觉大千一时俱直。具德弟子五千人,惟辂年最少,而机锋奋迅,超越流辈。真定特立,常住不迁,卒嗣其法。历主兴福、妙济、师林、天竺、龙井诸寺,终于灵隐。初,圣祖南巡,锡额云林。翠华重临,复赐辂御书"禅门法纪"四字,及黄金、佛像、白金等物。而辂三身八胜,六时一真,露地白牛,无得无舍。尝造竺西草堂,行梅花下,花千余树,如晓霞映雪,香动心魂,辂来去自若,未一仰视。年九十后,不酬不对,枯坐终日,了无言动。雍正三年三月二十日示寂,寿九十有九,腊七十有四。敛以佛法,塔于飞来峰顶。辂秀眉大耳,仪观伟然,所至学侣云集。弟子智广,乞云门张汇为之铭。

广字敏岩,秀水马氏子。主云林六载,修葺颓坏,奏免山税,为丛林倚重。有《讷庵语录》。

卷第二十五
习禅篇第三之十五
正传十三人　附见十人

清杭州理安寺沙门释性音传

释性音,字迦陵,别号吹馀,姓李氏,沈阳人。母氏许,梦日轮堕怀,感而生音,面如圆月。童时就学,初受章句,于性命之说,即能诘问。及长,不乐世缘,长怀高行,禁于父兄,不伸厥志。年二十四,始投高阳毗卢真一求剃发。寻受具戒,真一示以本来面目话,默参有省。辞一南游,时济洞尊宿法席相望,音皆谒叩,多未能契。及见梦庵于理安,便入记室。安每有垂问,横机不让,竟授衣拂。已而辞去,道经六安,爱雪峰山水之胜,颇欲栖止。康熙丁亥,梦庵主柏林,寓书招之,入京分座。临众勘验,真切简要,莫不推服。戊子夏,梦庵寂。诸山耆旧请音继席,乃遁之西山。缁素复以大千佛寺敦逼出世,据座提唱,广众翘仰,为法为人,剿知刊见。于是方来英俊,奔趋恐后,座前环绕三千余指。禅风斯邑,殷勤六载,得益如林。

未几,携锡补处柏林。才及三稔,而杭之理安虚席以待,又往应之。方欲避酬答,憩山阿。江右许方伯兆麟以庐山归宗,请为栖息之地,忻然赴之。未逾年,而有京都大觉之命。雍正元春,忽谢院事,飘然而南,一瓢一笠,山栖水宿,居无定止。四方征书交至,却之弗顾。四年秋,复还归宗,独居静室。凉风九月,偶示微疾,举疏山造塔事,逐①段作颂,有"此处埋老僧,不得羊肠鸟道自庚辛"之语,为后来迁塔燕都西山大觉先兆。以雍正四年九月二十九日示寂。礼亲王汇其事迹奏闻,敕赠圆通妙智大觉禅师。著有《十会语录》二十卷,语要、指要各一卷,《外集宗鉴法林》七十二卷,《是名正句》八卷,《宗统一丝》十二卷,《杂毒海》八卷。

清润州金山江天寺沙门释实彻传 际云

释实彻,字大晓,姓黄氏,崇明人也。参学诸方,自以为了此大事。因往临安径山,忽染大病,觉前所得,胥归无用。病愈,复荷担出行,重参知识,无有能发疑情者。乃入钟山石洞,誓不复出,独处崖中,屡有悟处。适游侣相访,叹其精进,谓古人悟后,必当见人,力劝之出。乃往钟山,亲炙香林月潭。一日,洒扫,举篲应机,问答契合,付以南涧源流。尝入终南,住石洞二年。一夕立洞外,天无星月,云雾晦冥,忽见电光一烁,豁然开悟。后主金山席,复移常州天宁。乾隆二十二年,重幸江南,赐紫。是岁四月卒,年七十三。弟子际云,序其语录刊之。

际云,字天涛,嘉定王氏子。母唐氏,善病,娠云乃瘳。剃染后,参扣宗匠,发明宗乘。云以迩来禅学鲜求真际,不惜腕力,提命周至。遇知见缠缚者,必广引佛祖言教断之,不至释然不止。乾隆三十五年,腊后十日示寂,建塔于丹徒七里甸南。

---

① 逐,底本作"遂"。

清杭州理安寺沙门释明鼎传

释明鼎,字调梅,号粟庵,晚岁自称恬退翁,姓冯氏,黄梅人。幼读书,辄嗜禅味,企慕空门,父怜而成其志。髫龄入汇源,礼石白落发。年二十,秉戒于万杉大楚,深究本分。遍参宗匠,若金粟碧,若包山柯,皆有启迪。复走浙之理安,参梦庵格。格问黄鹤楼公案,未及答,遽棒之曰:"打破黄鹤楼。"当下大悟,于时客尘观尽,妙气来宅。康熙丙戌,遂承记莂。明年,梦庵方主京师柏林,专使持书至,随之入燕。无何,梦庵入灭,鼎载柩南还,卜葬于吴之石林,庐塔五载。壬辰,娄江士庶请主永宁。明年,入京师集云堂,较刻《宗鉴法林录》。宪庙在藩邸时,自拈佛祖公案相咨询,机缘深契,留内久之。夏礼台山,回登白塔峰顶,跏趺而坐。时方阴霾,云漏日光,斜射殿顶,鼎举头一见,身世顿空,自此证到,宗旨彻通。

甲午,主磬山席。殚精七年,多所造就。庚子,移居理安。歉岁辛劬,支持八载。世宗即位,宣取来京,住柏林寺。尝召见便殿,问答皆称旨,赐紫衣、如意、转轮藏等物。且谕之曰:"天然如意,常转法轮。"宠遇之隆,叹为希有。癸丑,柏林告退,翛然南迈。还守石林,若将终焉。乙卯,刊修《大藏》,奉诏来京,命董厥事。校雠稽考,不辞劳勚。乾隆三年,藏经告成,庄亲王为奏请卓锡万寿,并掌僧录。辛未闰五月,示疾,命坐,告众说偈曰:"海上横撑没底船,神头鬼面已多年。而今搌转娘生鼻,一任诸方取次传。"安跌而化,时乾隆十六年七月朔日也。寿七十二,腊五十四,塔于磬山。著有《四会语录》十四卷,及诗偈、别录。得法弟子二十余人。实瑄述其行状,庄亲王为撰塔铭。

清燕京西山普觉寺沙门释元日传

释元日,字青岩,姓丁氏,盐城人。幼从永宁寺严深忍得度。年十九,受具于金陵宝华定庵基。己卯,参虎邱节岩琇。琇曰:"并却咽喉道一句。"日曰:"学人没气力。"复诘问,拟议间,即棒出,日因有省。庚辰,叩天童天岳昼,以一念不生是如何?昼曰:"何处得此消息?"日喝,昼棒之。癸未春,游天台,养道卧云庵。飞怪石折脚铛边,悟心境一如之旨,然终不自肯。乙酉夏,复参灵隐谛晖辂,亦有启发。壬辰冬,参松江云峰薪传澜,师资深契,洞彻法源,遂以衣钵付之。康熙五十四年,始出,主山阳之东林。五十八年己亥冬,复唱道于天长毗尼。雍正十二年,召见,赐紫及宝盂、玉如意,命至天童。乾隆元年,建报恩道场,命日监理。遂开法于西山普觉寺,单提向上,以本色钳锤为事。一时僧侣云集,禅规律范,事理彰然。而和硕怡亲王、宁郡王信向诚笃,执礼甚恭。日处盈恒虚,在丰崇俭,深得古尊宿应缘之道。年六十余,著有语录数卷。

清杭州云林寺沙门释德元传 德琳

释德元,字在瞻,号耐亭,姓丁氏,吴兴人。生而端静,风采不凡,总角即礼庞山妙智寺西岚禅宿为驱乌。入塾肄艺,仿书属句,恒度越余子,一时名流为之刮目。年二十,受具于觉海寺。归而严净毗尼,暇则游神典籍。杜门宴寂,即有叩户者,枢不为转也。既而憬悟文字非究竟法,大事不可不明,乃杖笠出游。参巨涛于云林,一见器之,留侍巾瓶。妙密钳椎,精求累载,将有所得。及闻万法归一语,恍然契悟,遂获印可。乾隆庚午,出主华亭船子道场。学徒辐辏,檀护归崇。乃于随机化物之余,复营土木,鼎新殿宇,西林旧面,忽焉改观。唱导三载,几欲化成,会巨涛浸倦,寄声呼助,遄返鹫峰,过雁流云,曾无系恋。乾隆十八年,继主法席。纯庙南巡,翩然戾止。德元仰承天问,答语雍容,上协皇情,宠锡紫衣及香金,诸方荣之。无何,维摩善病,欲息劳肩,因谢院事。唯以泉声林影,时助吟咏,以永禅悦。虽有诗稿、语录,多未付梓。寂于乾隆庚辰九月十五日,塔天圣院左莲峰下。

德琳,字玉山,吴江人,亦受法于巨涛。乾隆二十八年,云林虚席,为浙①抚熊学鹏所延引,入室据座,大唱道声,力挽颓纲。三十年,车驾重临,太后銮舆亦复随至,累承渥赏。时琳兼主法喜寺,香金石佛,亦得分赐。已而辞退,掩关习静,沈沈暗室,寂寂蒲团,若将终焉。三十七年夏,为两众要请,更住云林。上堂云:"丝纶收拾未多时,今日无端一竿持。应向烟波深处里,金鳞冲出莫来迟。"有《玉山语录》。寿六十余,塔于云林山麓。

清四川双桂福国院沙门释真旻传

释真旻,字透月,姓萧氏,湘乡人。生质孱弱,幼多病苦。十龄就傅,略通大义。家贫废学,然见僧心喜。年十八,始有出家之念。乙巳,随兄贸迁入蜀,无意经营。及闻父丧,感世无常,归真益切。丁未,侍母至宝藏,归依幻师,命名依寓。戊申,乃从剃落。一日,请益,幻言:"问者是谁?"独自默诵:"分明是我,又道是谁?"沈吟

---

① 浙,底本作"淅"。

久之，颇有入处。时幻初建宝藏，以为坐静。亲依者十余辈，皆猛勇精进，行持礼拜，中夜方息。因自策励，大法未明，身不贴席。尝静中忽然浑身不见，惟觉一空境界，顷之便失，疑碍益甚。举白幻，幻曰："此乃尘劳歇息，返本还源，将近好处，勿喜勿惧。"由是工力益加，无敢怠逸，念兹在兹，浑忘人我。每逢出汲，往往逾井，遇人问故，始觉转步。偶听晓钟警醒，仓卒起身，头撞殿柱，觉眉际上火星迸裂，方悟得问者是谁，胸臆畅达。复看一归何处及本来面目，皆释然无疑。及再勘证，幻复示曰："本分一着，大抵如斯，还有向上之关。"因举"僧问赵州曰：'蠢动含灵，狗子何无佛性？'答：'以有业识故。'其僧即于此悟去，且道所悟安在？"旻不能对，仍前愤究。壬子仲秋，行持中夜，出至丹墀，见天河竟端，无限庆快，始信天地同根，万物一体，不我欺也。古德为人，无不切直，乃自生纡曲耳。黎明白幻，幻为之助喜。

是冬进具，闻示苦行法，欣然欲效之。及然香，略无所苦。因自蓺烛然顶，初若冰清，顷之忍痛，惟觉无头。有老僧诮之曰："可惜然错了所在，然着心就好了。"旻疑其言必有由来，后读经知药王焚身，世尊因地舍头目髓脑，欲成菩提，方忆前觉，无头亦拾头。故自信发心苟诚，虽小苦行，必有胜益。方知老僧语，亦廓达空之类也。甲寅春，幻寂后，充职西堂。戊午，建方丈并西廊，旻有力焉。庚申，编《桥云语录》成，欲附《嘉禾南藏》，旻任其事。道过石南银杏，士人方议重修银杏，羁迟久之。九月，舟至汉阳，就归元度冬。辛酉春，下江浙，至嘉禾楞严，询附藏之事。见经版多蠹，意不谓然，遂下杭至灵隐。壬戌春，谒天台，更观华顶胜迹。游宁绍诸名刹，遂至大梅。梅以三问，乞下转语，一一契合，赠以訾物，却之而去。浮海礼普陀，复至楞严。《桥云语录》印出，分送江浙名蓝。

十月还蜀,达银杏。四众具启,延主丈席。乙丑,修造殿宇。又为绅衿召,赴宝藏。丙子,复应银杏。戊寅,主双桂。订修藏经,兼葺殿阁。早作宵息,不忘宁处。廿余年中,四处法位。所有语录、杂偈,都二十卷。弟子了深为之编刻,今有传本。

清杭州理安寺沙门释明羲传 实胜

释明羲,字佛日,号煦园,姓陈氏,洪都人。幼礼绳金塔寺普照堂毓明为师。年十九,依翠岩鞭雷受戒。承示机要,参究两载,殊无所得。闻江浙宗风甚盛,棹舟南下,遍访知识。始抵余杭,值越鉴唱道之初,命充纪录。一日,上堂,僧问:"元沙不肯,灵云意旨如何?"鉴曰:"君子千里同风。"羲闻之,如贫得宝,窃叹发明古人用处,如揭日也。相依数月,竟书南涧流源,并衣拂授之。无何,毓与鉴相继谢去。羲念正法陵迟,典型凋丧,不有振起,后学何从钻仰?弘法之志,自是而坚。游五台,抵燕山。遭际宪庙,培隆祖道,爱月居士访寻高诣,以备顾问,柏林调梅以羲名入告。留止岁余,出主江右云居五载。及调梅移锡万寿,招之入京,举为座元。时修《檀柘山志》几成,而理安之启至。羲居祖席,兢兢十载,谨守旧规,不敢失坠。而性复严洁,有黄龙真净之风,人或望崖而退。乾隆辛未春,翠华临幸,应对称旨,赐额曰"树最胜幢",御书《心经》塔,及采帛数种。是岁饥,寺众匮食,忧以成疾。乾隆十七年壬申八月十七日示寂,寿七十,腊五十一,塔于莲花峰之阳。著有语录八卷,外集八卷,并见刊本。

又实胜,字法南,号竹庵,益阳邓氏子。幼入乡塾,善病。礼同县华严悟宗剃染,侍学六载,苦无所入,并力农田。年二十四,诣德山半瞿受具。明年,参石塘吼天,示万法归一语,猛力精究。复走江浙,再上湘南,叩衡岳祝圣晓堂。已而诣吉安龙须山陶谷。庚子三月,至博山。四月至杭,游净慈、灵隐。至理安,为退翁所赏。凡遇劳苦,身任不辞。壬寅,随至京,比还,受记莂。未几,开法东安瑞征。庚戌,修建堂殿,像饰钟鼓,靡不具新。癸丑,召见,天机契合,命主理安。甲寅,受虞山普仁之请。乙卯,入京,命住慧福。乾隆元年,诏主竹林。七年壬戌,移主磐山。丁卯,复归益阳,趋拜亲墓,叩悟宗,相违三十年,俱不相识,唯挽手泣下而已。以乾隆十七年壬申二月十七日示寂,偈云:"南北支离三十年,七花八裂得人嫌。今朝自唱还乡曲,珍重时人莫浪传。"寿六十三,腊三十九,塔于退翁之右。

清乌程阳山梵音院沙门释通授传

释通授,字印中,号松际,姓严氏,乌程人。年十二,丧母。稍长,阅《盂兰盆经》,因慨曰:"先慈虽无重业,奈泉路茫茫,何痛念者久之!"后见云栖一笔句词,瞿然曰:"吾志决矣。"是夜,即投道场山慧如慈脱白。慈修苦行久,一方敬信,然所训诲,授颇不合。偶徘徊岩石间,有老僧至自天台,借草而坐,与授语,大器之,谓曰:"子英年高志,幸勿向醋瓮中淹杀。"授承激发,遂起参寻之志。望庵作礼,遥谢慈公而去。至武塘,谒一关主,主令看谁字。一日,途中正疑此事,忽闻牧童相调曰:"骑牛去觅牛。"授聆之,觉有入处。因念行脚,终岁尘征,徒形劳痛。

尝闻弁山有黄龙洞,徐探得之,日坐其中。久之,迹渐露,远近竞①观。弃去,之武林,受具于龙门秀峰。峰令见抱璞,乃往叩之。璞曰:"汝但休得一分心,便是学得一分佛法。"授云:"古人道,莫执忘形与死心,此个难医病转深。又作么生?"璞曰:"休去。"授返乌程,拟寻静室。夜梦至一山,茂林修竹,青嶂四围,有人招之曰:"阳山也,可居,盍居诸?"明日以问人,有居士曰:"此去五十余里有阳山,然虎狼出没之地耳。"授曰:"盍往观之?"居士欣肰,与之偕行。及登山四顾,宛如梦境,喜曰:"吾得活埋地矣。"就树趺坐。值雨雪连绵,经旬断火,乡人以为此僧冻馁死矣。雪霁,携粮往视,见授怡然枯坐,大奇之,相与舍赀,具材构庵以居。后得法于神鼎云外。除夕,上堂云:"年穷月穷日穷时穷,山穷水穷寺僧穷。穷堂头说穷法,穷学者解穷义。直得事穷理穷旨亦穷,一穷穷到无穷处,万象回春瑞气浓。所以道穷则变,变则通明,明再向枝头看,新岁梅花旧岁同。"著有语录若干卷。

清成都昭觉寺沙门释了元传 际定

释了元,字道魁,姓童氏,黄陂人。龀龄失怙。幼不耐学,略习技勇。气豪志毅,情似傲物。然性爱僧道,喜览名山。乾隆丙寅,至汉皋十方庵,礼明禅师剃染。闻成都昭觉宗风远振,径上川西,就昭觉守仁禀具足戒。一日,入室,问:"丹霞掩耳,高沙弥拂袖,意旨如何?"仁曰:"非汝境界,且向父母未生前速道一句。"元方伫思,仁一喝,忽尔如梦惊觉,拂袖便出。明年癸酉正月上元,乃受

---

① 竞,底本作"兢",恐误。

付属。

　　仁名际定,应城陈氏子。年三十六,始出尘浊,便勤参叩。尝谒马祖寺翠庵,昼夜提撕,终无入处。偶因入林采薪,有树横卧草中,绊之而仆,倏焉豁悟,身世皆空,遂说偈曰:"仆地忽然忘所晓,从今再不寻他讨。一交跌①落一肩柴,万象森罗都笑倒。"已而辞回丹景山,掩关持诵《法华》三年。己未,至昭觉参潜修,机缘契合,俄而继席。乾隆戊寅,仁寂,了元尽礼,阇维入塔。复检潜修语录稿,逐一编较,辑成卷帙,刊入嘉兴楞严藏室。并收集破山明以下六代祖师语录,随舟载至高旻寺,入正源录部。后游吴越诸名胜,登天童礼密祖,过育王觐舍利,谒补陀睹潮音真相。壬辰春,返昭觉,遂接席。

　　尝作《警策偈》示众云:"欲明出世法,信力为根本。本不从他得,脚跟须把稳。习气尽蠲除,灵光孤迥迥。顶门开正眼,方见吾无隐。一喝分宾主,离名无等等。堪叹梦中人,不悟无生忍。参禅志不坚,徒捉波中影。工夫未现前,念念成魔境。着空守寂灵,可悲复可悯。自昧本来心,云何得解脱?依旧入轮回,远离诸大觉。孤负丈夫身,借衣逃生活。痛策诸禅侣,莫随风摆拨。发奋自忘疲,精修无漏学。话头得力时,万境难摇夺。扑落大虚空,原来是者个。"其《颂明星悟道》云:"六年空抱死疑团,此夜方知彻骨寒。蓦地举眸开口笑,从今返覆诳人天。见见之时,见非是见,见犹离见,见不能及。叶落青山染翠容,丹霞映水露金风。九霄云尽孤峰丽,万壑苍苍一点红。"又《颂庭前柏树子》云:"认得中时却未中,承虚接响意朦胧。不因柏子庭前树,争解金鸡觌面风。"福康安之

---

① 跌,底本作"跌"。

督川也,陛辞时,高宗面谕之曰:"四川昭觉僧了元者,善知识也,汝善护持之。"盖潜德幽光,声闻于天。及福至川,宿新都。明日晨发,私念:"了元,圣眷如此,果有道否?"欲试之,阳命驺从导自山门,而阴乘便舆入于寺东门。比至,则僧众集于东门,鹄立以俟,福心讶之。初欲自讳,及见了元问讯,不觉折服,相与携手入寺,订交而去。后往来无间云。

清杭州理安寺沙门释实月传 实道

释实月,字智朗,号渔陆,姓李氏,白门人。年十九,投江宁观音慧开,诵习三年。受具于六安大悲院昙瑞。明年,谒天目晦日、磐山若水。后依云峰素莲,习天台、贤首诸经论。久而厌其枝蔓,乃飞锡至理安,见佛日,以从上湝①讹公案征诘,投机,许之入室。丙寅,付以偈,有"十八涧边一句子,于今分付在江南"之语。且云:"称宗师者,须具自他眼,方可为人。若但明自己,不明他人,与学者酬酢,终不能拣魔辨异。子宜勉之!"月唯唯。是岁遁迹临江辨利,有匿②彩埋光之意。竹村茅居士请居定香古刹。至则百废具举,座下食指,已盈二千,而香积乏粒。出则分卫四衢,入则宣扬三藏,亦略无倦色。癸酉,奉命住理安。正纲饬纪,大振石磬之音。四方参叩,殆无虚日。激扬本分,兼讲《阿含》《方等》《般若》《华严》《法华》《唯识》诸经,所依皆一时英俊。乾隆丁丑以还,讫于乙卯,三次幸临,奉对无爽,宸衷载怿,锡予有加,御书"识安心竟"四字予之,其额犹存。月平生一衲之外,无余物,有赠衣者,辄以予

---

① 湝,底本作"譗"。
② 匿,底本作"暱"。

人。幼时未尝习文学,晚忽贯通诸子百家,武林词客皆乐与之游。将示寂,告众偈曰:"金刚王宝剑,一断一切断。山云与水沤,谁断谁至断?"时乾隆三十六年八月十日也,寿六十一,腊四十二,塔于莲花峰之阳。有语录四卷,及《禅宗必要》《南涧吟草》《示众偈》诸卷。

实道,字正宗,号无隐,岳阳人。七岁剃染。年十八,参雪鉴,遂秉戒。后闻理安迦陵音道风藉甚,相随十有一载。尝以临济家舍途中公案诘之,疑情顿发。偶于香版下豁然开悟,怀香入室,为众秉拂,授以大法。庄亲王向其道范,令主京都大千佛寺,衲子归之。复振锡庐山归宗,已而继席理安。以癸酉十月二十日示寂,亦塔于莲花峰,寿六十三,腊四十五。

清西蜀广行寺沙门释自光传

释自光,字际月,常宁人也。幼性恬淡,志在山水,超然尘表。年十八,就县中七佛庵得度,时康熙己未岁也。受具后,参游至蜀,初憩蓉城。复依昭觉潜,潜示以"晴空云迹,水曲风痕,无中觅有,虚里寻空,总括万象,为唯一之密机,了性之玄猷"。光闻声即悟,获授心印。于是励行祖道,警发末学。仰厥风徽,莫不悦怿。及年登大耋,精倦神疲,退隐彭县广行寺。更锡化成院。寂于乾隆四十五年庚子,寿百有二岁。先夕夜半,晏坐丈室,召诸弟子,问曰:"今月何在?"曰:"在天心。""古月何在?"众莫能对。光莞尔命笔,偈曰:"宇宙原无坏,幻质本非坚。夜沈星畔月,依旧照山川。"掷管,垂目而寂。弟子道魁为铭其塔,塔在化成院北。

清扬州高旻寺沙门释际圣传 天慧彻　了贞

释际圣，字了凡，姓薛氏，海宁人也。父觉原，母曰慈荫老人，后就养于寺，修念佛三昧坐化者。际圣初生不啼，五岁始能言。年十二，读《战国策》云"生王之头，不若死士之垄也"，即有触发。年二十四，读兰峰语录，念生死事，怦怦心动，不觉流涕，掩卷凄然。惘惘出门，至耀岩山徜徉半载，始投中岩慧剃染。复受具于圆妙，乃事参求。雍正五年，谒怡然于杭州大雄山崇福寺。入禅堂时，天慧居首座，令参"万法归一，一归何处？"经数月，无入处，泫然久之。一日，方举前话，胸中若有物脱落，了无一念可得。天慧曰："参禅须参活句。"问："如何是活句？"曰："瞻之在前，忽焉在后。"殊未达，徘徊庭间。闻弹指声，忽有省，左顾右盼，无非自家受用处。举呈天慧，乃诘之曰："既知万法归一，毕竟一归何处？"又不能对，天慧曰："汝今得处与萌芽相似，须更加精进。"乃兀坐枯寂，七昼夜，忘寝食。闻人举肇法师"会万法为自己"语，忽有会。天慧问曰："唤作竹篦则触，不唤作竹篦则背。不触不背，当作何观感？"际圣曰："溪声尽是广长舌，山色无非清净身。"天慧曰："未也，更道。"乃曰："摩醯首罗三只眼。"天慧曰："孰是正眼？"际圣一偈，天慧曰："见处虽是，生死岸头犹未了得。"其警策如是。

明年，居崇福，依迅机。得疾甚剧，跌坐顷，力不能支，平日所得处，俱不相应。疾愈，益自励。度夏江宁香林寺，一日，见《金刚解》云："得之于心，应之于手。"欢悦无量。出随众工作，上瓦于檐，相次递举，忽尔忘失从前，三际俱断，瓦犹在手，不知所以。众诃之，际圣曰："非尔境界。"自此一切不疑，语人曰："虽古佛现身说法,不复参叩矣。"十一年,宪庙念大法陵迟,禅林凋丧,思所振之,诏访玉林正派。天慧应召,入京进见,询向上事,应机无滞,宪庙殊未深许。掩关拈华寺,重加策发,久之忽大彻。进对契旨,赐紫衣。归江东,住磬山圣月寺。乃招际圣入院,警语重提,勘发尤殷。尝于辩论时,目际圣曰:"汝向中间说。"际圣曰:"说即不中。"天慧曰:"颠顸佛性,囫囵真如。"然由此服膺愈深,精进更勇。旋住扬州福缘寺,礼佛次。举头见露柱,遂大彻了,知情与无情,悉皆成佛。及还磬山,天慧屡举古德淆讹公案试之,一一透脱无滞。天慧既主高旻,乃命分座说法。已而去之天目,复之天台华顶。乾隆十年,天慧将示寂,疾甚,遣使赍衣钵遗书,敦促继席高旻。道问傍流,遐迩慕德。自是历主镇江嘉山、真州寿宁、常州开利,而终归于高旻。每结制,衲子云集,开悟者岁得三五人。二十年,江东大饥,诸山缁侣多赴高旻,食指数千。恒虞不给,亲出叩募,劬劳备至。明年春,大疫,寺僧多病。遍候寒热,视食与药,夜以继昼。夏五月朔,患心疾,以席传弟子了贞。病七日,安坐而逝,以乾隆二十一年五月七日寂。后十二年,建塔于镇江九华山麓。

了贞,字昭月,余氏,沛人也。幼多疾,父母舍于铜山曹都,依洁生剃染。尝诵《法华》至"止止不须说,我法妙难思",掩卷长思,顿发参方之愿。年二十,投皇藏峪弘济律师受具,依止学律,孜孜三载。偶闻讲《金刚经》,举古颂曰:"本来无名字,权立号金刚。"顿明深旨。寻来扬州,栖息高旻。际圣命参不是心,不是佛,不是物,年余无入处。一夕放香次,偶举话头,身心忽空,直至天晓,谛观内外,了无一物。举呈际圣,际圣曰:"悬崖撒手,自肯承当。绝后再苏,欺君不得。"言下洒然。当结制时,昼夜苦参,胁不沾席。及解制,了凡升座,举云:"一灯光现百千灯,忽如善财入弥勒楼阁,身心世界,融成一片。"贞随述偈曰:"一灯化作百千灯,弥勒楼阁几万层。雀噪鸦鸣干甚事,昂头天际自青青。"际圣肯之,为记莂,时年二十八矣。明年,竟绍厥席。

高旻自天慧来,钳锤猛厉,为诸方冠。学子非忘身为法者,往往望风裹足。一传至了凡,扬灯续焰,日新不已。及贞,以少年英特,驾诸耆宿上,咸忧高旻宗风将不振。乃贞纯提向上,不少假借。每结制,入堂开示,淋漓激切,闻者泪下。或自陈所得,证辩津津,辄一言斩截,使人沮丧愧恨,重加策发,终获契证者不鲜。故三十年来,海内丛林,知有生死大事者,必以高旻为归。总督高公凤与贞契,三十六年,创修浮图,高有助焉。已而欲以洲田五千亩施寺,贞辞曰:"幸有薄田,可共饘鬻。不愿益之,以滋累人。"问其故,贞曰:"利者,争之府也。往时诸寺院以洲田致讼者,累数十年祸不得息,可无惩乎?且高乌能久居此耶?"其后受田者果讦讼反复,人以是服其明。寺南故有漕渠五百丈,后改渠北行,旧渠为渔捕所集。贞过而悯之,请于官,截渠为放生池,植柳桧培堤,构梵宫其上,以僧守之。丹阳万寿、杭州崇福,延贞主席。或一至焉,规模聿新,辄复舍去。而归老于高旻,以乾隆五十年十月七日示寂。手书偈云:"四十九年无一字,我今纵说也徒然。离相离名离自性,输他古庙旧台边。"年五十七,僧腊三十七。

清天台国清寺沙门释道宗传 妙祥瑞　净鉴　文定静

释道宗,字耀冶,姓胥氏,宝应人也。幼失怙恃,慅慅无告。复多痰疾,瘨忧以痒。闻村庵梵呗,圆音遥触,心性俱清,遂思轶俗。年十九,依宝莲庵恒鉴剃染。泥室三载,爇香两臂。持诵《法华》,

昕夕无间。已而出侍高旻宝林,随入天台,诛茅华顶。乾隆四十九年,继席国清。十有三稔,退居吴江横塘之东。诸方禅子,叩关不已。乃创建阳山,重敷讲筵。四众景仰,乐道不倦。嘉庆十三年春中,归自天台,偶示微瘇,语其徒曰:"吾于甲子日子时去矣。"因书偈曰:"三唤三应却似渠,是文殊兮非文殊。从今省识本来面,始觉尘埃半点无。"有语录数卷。

同时有妙祥瑞者,临海金氏子。亦参宝林有悟,首众国清三载。乾隆四十七年春三月,示疾,返妙峰庵。长坐不卧,与众含笑作别,端坐而化。有语录一卷,附刊《宝林集》。

后宗弟子通静,字文定,别号苇渡,宁海韩氏子。少依治平寺染削。年二十,始进具。遂造维扬高旻,谒宝林,有所证入。后参宗授玄旨,为入室真子。遂付衣拂,主席国清三载。退隐四明,掩关十年。再住国清,阅岁十六,门庭殿宇,焕然改观。道光五年秋,示疾。冬十一月朔,集众训勉,乃示偈曰:"来无所来,去无所去。东土不留,西方不住。只在此山中,云深不知处。"安坐而逝。

又净鉴,号月舟。年二十受具,参访名山。勤行禅观,精持密语。世缘所入,随取随舍。时值国清中兴,百度待理,劬劳尤甚。道光十九年九月朔,示疾,预自诹吉曰:"吾于四日寅时入龛,巳时入圹。"至期,香沐肃衣,端坐说偈而化,年七十有九。时无用禅师以偈赞之,犹能首肯,而气息微矣。

卷第二十六
习禅篇第三之十六
正传九人　附见十二人

清什邡罗汉寺沙门释达澈传 月容

释达澈，字礼汀，出潘氏，丹徒人也。幼孱弱，善病惊风。父母忧之，寄投小九华山海师为徒。每岁随亲至庙，见山水幽胜，留连不舍，因系念空门。顾以养亲责在，不得遂志。乾隆丁亥，父母相继谢世，欲见超升，比方古德。己丑，溯舟入蜀，蹑峨眉，达嘉阳，登凌云，逾东山。凭临丘壑，远眺岷源，顿忘身世。辛卯夏，乃礼东山净碧剃发，接入凌云。丁酉，受具于新都宝光月容。初事参究，开示谆切，令看未生前本来面目。经冬历夏，疑情勃发，誓究高深，乃回凌云。独栖静室，杜门三载，足不履阃，历尽魔苦，始放光明。尝自念云："假使爇铁顶上旋，终不退此菩提心。"从前心识，痛自剿绝，放身舍命，不起豪末，觉察如是。坐才一时，万籁俱清，槁木死灰，了无知触。爇香寸余，窗外风动，树摇瓦落，有声锵然，一惊而苏，浑身洒脱，恍如五里雾中灯光灿灿，一切景物从新发生，迥非旧况。前日疑障，如推门落臼，不待拟议，略无隔阂，庆幸无已。始信佛祖言教，真心决志，久苦不退，以悟为期者，为不虚也。秋初，晋省谒月容于什邡罗汉寺，便讯所得。因云："何不将汝平素行持道将一句？"然言外契合，已超然尘表。三日，月容付以衣钵。邑令任侯、宝光善度,及荐绅衲子,敦劝不已。容复集众,词旨悲切,怆然有感,敬谨承命。黾勉经纪,十有余载,督课功程,应持苦心,足为后规,别详碑记。

嘉庆七年壬戌七月朔日,自言将入涅槃,弟子闻之,有悲哀者,澈曰:"止!止!曷听吾偈?"因唱偈曰:"大道无去来,皆因妄分别。因此分别心,与道相悬隔。万法由一心,一心是一切。一动一切动,一静一切灭。诸学二乘者,执定生灭说。如然灯谓生,如吹灯谓灭。灯自本非动,由汝心妄决。若人欲了此,唯一是妙诀。了却生灭心,自然生死绝。欲识佛性义,熟诵吾斯偈。"又谓:"一念悟即佛,一念迷即众生。即今急切不能开悟者,皆因无明结习,烦恼暗蔽,以致触事窒塞。须当扫除是非人我一切不善之心,奋发猛勇,精进不怠,久之又久,自能断却。切莫因循自误,未得谓得,未证谓证,后顾茫然,悔之晚矣。好自修持,慎勿放逸。明日为我六泉母难之日,有一段特地公案,难得饶舌。"众莫之测。次日,众方相邀,齐诣丈室,为澈祝寿,则已跏趺化矣。澈以己巳七月三日生,以壬戌七月三日灭,生灭一日,殆所谓无去来与!

清云南水目山宝华寺沙门释祖真传 续果

释祖真,字容光,系出尹氏。其母梦白莲入口,寤而生。五岁随母入圆通寺,见佛像森严,问何因而得,母告以为僧修行可成正觉,真即请曰:"儿愿作僧成佛。"母甚异之。年十九,入水目山落发。遍参广印禅师、悬岩头陀、金山长老、淮峰和尚,得其法要。归居水目,会岁大旱,真筑九龙台祷雨。诵咒方始,甘霖立霈,田禾萎者复起,枯者复荣,民赖以生。道光丙午春,忽告其徒曰:"吾将归矣。"如期坐化,塔于水目。

续果者,鹤庆北山丁氏子。五岁出家,祝发兴福寺,乘戒俱圆。咸丰丙辰岁示寂,年已九十三矣。先夕,谓其徒曰:"大难将至,吾寺为贼踞,且为贼毁矣,宜先避之。"寂未逾月,杜文秀陷大理滇西俱郡县,鹤庆亦为所占。

清润州金山江天寺沙门释大定传

释大定,字密源,姓邓氏,黄陂人也。父学浩,母蔡氏。雷雨中,见宝塔涌见其前,感而有身,故生有自来。幼而素食,有志遗尘。及严慈见背,诣随州仁圣寺,礼本分剃度。同参大千,知为道器,时善诱之。定为沙弥,即精进猛勇,胁不沾席。咸丰五年,定年三十二,从襄阳净信寺映川圆具。遭逢寇乱,三为贼虏,皆因缘得脱。避兵年余,居徙无常。入蜀至宝光寺,参妙香不契。乃遍历终南、五台、九华、普陀、维扬之高旻、毗陵之天宁,皆定问道处。最后至金山,见观心慧,令参念佛是谁,有省。定本名大顶,观问名时,聆音未悉,误为大定,乃曰:"一定多少时?"对曰:"不堕诸数。"观笑曰:"可谓大定矣。"自是始更名大定。久之,命为领袖。同治甲戌,观示寂时,定已还鄂,居归元寺。迎之还山,初不言住持事,既至丈室,首座惟请继席,坚辞不允,惟偕众僧环跪不起,定不得已许之。然性枯淡,居二年即退,仍禅诵不倦。虽老不假给侍,躬自缝浣。或略失威仪,即跪佛前,痛自责励,学者为之感泣。室中惟一禅床,常坐一日,如弹指顷。尚言恐有走漏,愧古人多矣,其真诣如此。

光绪癸卯,年已八十,众请开期弘法,登坛乞戒者五百余人,极一时法会之盛。丙午七月,偶患疾,延医视之,定笑曰:"我本无病,奚用药为?"犹兀坐自若。高居士者,本五戒弟子,辞之他往。定曰:"勿去,恐汝回时,不及见。"或以为戏言。至八月三日,有请益者,初不之答,哀恳再三,乃厉声曰:"汝真欲参禅,只须到底毋懈。若中道而退,前功尽弃。"言词痛切,闻者堕泪。明日五鼓,呼侍者扶起,端坐至日午,头稍低侧。或呼曰:"老宿平时脊梁如铁,今何乃尔?"定闻即举头,泊然而寂,清光绪三十二年八月□日也。寿八十三,腊五十有五,坐五十二夏。荼毗火灭,远见其面目如常,俨然入定,近视则薪尽无余,获舍利无数。塔于五峰山之阳。生平教人真参实悟,不贵口头利滑,偶拈古人论说,皆得其要。尝游普陀,与一座主论二六时中安身立命之处,喟然叹曰:"真妄相待,纵饶证真,亦是对待边事,岂究竟耶?"闻者感服。弟子慈本状其行事,乞释敬安为之铭。

清金陵天宁寺沙门释不二传 焦山长老

释不二者,不详所出,或曰鄂渚人。天宁西堂僧也,出家后,得戒于归元寺。参金山天宁,发明心地。职居班首,提奖后进,不遗余力,多所成就。咸丰间,年逾七十,独处静室,专习禅定,兼究大乘。一日,阅经,见楼上司香往来频数,招而问之曰:"碌碌者,何为也?"曰:"今日大寒,略事洒扫,将迎新春。"不二闻之,若有所思,忽笑谓之曰:"明年大寒,我将去矣,尔为我记之。"司香应诺,因书其语于楼上壁间,久亦忘之。逾年,大寒节至,司香者登楼,见壁上字,隐隐可辨,遂忆前事。径造西堂,见不二方检《华严》,曰:"师自看经,今日大寒节矣。"不二曰:"幸去岁有约,非尔来,几忘之。"

乃沐浴更衣,曰:"幸为我白众,吾不待矣。"及众至,已趺坐而寂。火化,得舍利如菽。

又焦山长老者,归元真一之师也。尝游终南,荏苒十载。言旋江南,道出汉水。偶示微恙,止于夏口。遣召真一曰:"吾命在旦夕,末后大事,烦汝结束。"昇至归元,即从脱化,返葬焦山。

清安陆西来寺沙门释秀野传 裕如　纯备

释秀野,未知何许人。初出家时,受具于天童,后参百丈。得衣拂于智老,为奇然正派,盖传临济者也。蹑屩名蓝,熠耀佛灯,上至王公,下逮士庶,遂听道声,罔不崇仰。江庵净土,皆谭玄之地;普门广济,亦说法之场。主安陆西来二十余年,提阐上乘,入室者多。尝东游江浙大小百余城,每启讲筵,环而听者,水赴云从,堂除充塞,几不能容。年登七十,安禅而化。门人最正录《遗语》十卷,武昌太守刘余霖为之序。

又裕如禅师,道履孤危,戒香馥郁,传德山衣钵。栖公安报本寺数十年,寿近古稀,无疾而化。天钟有偈赞之曰:"霜叶飘飘万木枯,哲人云逝至堪吁。含生智眼方昏浊,业海谁携出险途?"

又黄牛峡孚济寺纯备德者,得法于天圆。亦传临济,锻炼向上。著有语录,博达道隆为之序。

清九华山百岁宫沙门释宝悟传 宝初　宝月　宝印

释宝悟者,嘉兴人。出家百岁宫,具足后,精进毗尼,严行头陀行,兼修定慧。参金山、天宁、高旻、崇福诸宗师,皆获印可。咸丰时,推居金山首座,演唱要妙,被所薰发者,不可胜计。同治十年,退处宜兴铜官山,专事禅观,不涉外缘。生平耿介自持,不蓄徒子,有归依者,婉辞谢之。至于远来请益,则循循善诲,至老不倦。光绪初元,大定主金山,迎悟至寺,振播宗风,衲子闻而至,室不能容。时年逾七十,不倦津梁,每对众说,必爇香为度。一日,讲筵方罢,向众礼退,偃息片刻,即惊坐化,时光绪元年二月六日也。留偈甚多,举其略云:"春华锦绣翠玲珑,雪岭高撑映碧空。灵山一别重相晤,归来犹住九华峰。""一点灵丹万物通,六根应用去无踪。① 八面玲珑空皎洁,觉来何处不相逢?""密密无踪切要亲,识神停处冷冰冰。孤明彻隐无分晓,才有纤毫即是尘。""清风明月遍恒沙,七宝山河共一家。照见五蕴皆空相,分明却是镜中花。""青山叠翠只数重,绿竹黄花鸟语风。眼前尽是西来意,点头自肯道无穷。""净觉精严最上乘,何须探索苦追寻。遍满虚空真实际,个里无私彻底清。""殿阁清幽古树深,巧鸟常啼雪里春。顿入玄机谈妙趣,寰宇长留清胜因。""洞里宗风古寺家,烟云老鹤散天花。② 般若光中谈秘密,相邀同吃赵州茶。"

　　时江南有宝初、宝月、宝印,与悟齐名,皆以向上接人为一时宗匠,号为四宝。同时楚北有四明,曰朗明、永明、月明、妙明,皆弘演化道,辉映南北。咸同间,佛法衰而复振,赖此数子。

清荆州如来庵沙门释朗明传　月明　永明　妙明

　　释朗明者,沔阳人。早岁离俗,超然尘表。具戒于归元寺真

---

① 　此句《九华山志》作"六根应用去无踪,一点灵丹万物通"。
② 　此句《九华山志》作"烟云老鹤散天华,洞里宗风古寺家"。

一。既穷律论,更求奥旨。参金山天童宁常,亦历年所。值粤寇蜂起,窃据金陵,乃孑身南旋。沔阳有广长社,旧为丛林,时渐废弛。朗明还里,毅然兴之,游侣复至。后居荆州如来庵,与戒凡辈,激扬向上,勤修罔懈。光绪初,年逾八十,集众讽佛,合掌而化。朗律身甚严,言行不苟,道俗敬惮。月明、永明亦倡道于沔,与朗明同门。又偕至荆州,宏宣法化,后皆归寂沔阳。

妙明亦沔阳人。少习举子业,妻以缢死,乃感无常。忏悔求度,受戒于荆州水月林。亦至金山,发明心性,以文学赡优。名人达士,多相往还。结社论禅,声誉远播。然不乐见官长,常州观察三谒三拒,观察怫然,直斥其名,妙殊不为意,时人以是高之。晚岁还乡,居广长社方丈。复栖荆州如来庵,更受龙山之请。光绪中,与众言别,安禅而化,藏于龙山。人称楚北四明,与江南四宝,皆禅中之铮铮者。

清衡阳岐山仁瑞寺沙门释无来传 懒放

释无来,字恒志,姓谭氏,衡山人也。父安祥,母陈氏。来性纯孝,得父母欢。虽在童年,而好善之心过于成人,往往诱劝乡里小儿毋作恶剧。及居丧,哀毁断食。以家贫,耕牧自给,力作逾众。祁寒溽暑,无少怠,而不索值,与则受之,忘则置之。人或侮辱,处之怡然,诳之亦即信,若不知世间有人我爱憎事。见人一德一善,称道不衰。闻訾人过,或走或不语,如犯尊长。然从不矢口道人恶,邻里有斗者,见其至,辄释然曰:"休,休! 毋使谭善人知。"每于中途,为人负物,负至则行,不取一钱,人咸异之。又尝为僧寺佣,耕种三载,昼事田作,夜则礼佛达旦。身无长物,惟一衣一裳,浣时蹲树下,俟以晞。一日,裁旧被布为袴,僧疑其窃,遍以语人。其徒知者不平,劝之他往。来曰:"止。汝不合言师之过。吾作衣时,未及白,致师疑而得谤人之名,皆吾过也。"语毕泣下。其僧及众人闻之,皆感叹,里人至今传其事。时法空成中兴衡阳罗汉寺,衲子多归之。来往见,成惊为再来人,亲为剃染。从培元寺无漏律师受具。

闻郴州法云耀本分接人,往请益,秘不说。因长跪痛哭,言词哀恳。耀悯之,谓曰:"无上妙道,非积劫勤苦不能得。汝且澄神寂照,收其放心,再为尔说。"来闻,如获至宝,日夕研究,目不交睫者数年。忽于定中,闻破竹声有省,叹曰:"觅心尚不可得,宁有收放心乎?"久之,与其弟恒忍遍参江浙名宿,皆蒙印可。旋于海上,病疟甚厉,日夕寒热,饮食不进,犹禅诵自若。有南岳僧同病,呻吟不已,来怜之,自四明负之归,沿途乞食。每行,运衣具置前店,复还负病僧,如此者日往返数十次,行不过十余里,年余始抵衡。来亦病剧,养病祝圣寺,专业禅定,坐数日如弹指顷。适惟一自怀安圆明寺归,颇得文静老人心法,见来耽味禅悦,恐未能宏法利生,因谓之曰:"佛法广大如太虚,洪纳若巨海,须博识多闻,彻浚法源,岂枯坐能了? 昔有比丘,自过去迦叶佛时入定,至梁普通时出定,尚未了证。况子也耶?"始留心宗教,福严自成,演教外别传之旨。

一日,诱之论义,奉衣钵示曰:"此是大庾岭头,提不起的。"来曰:"既提不起,如何在汝手中?"成曰:"若不在我手中,又乌知提不起?"来于言下大悟,自是机锋神捷,如迅雷掣电,不可触犯。然韬晦不炫,前后掩关罗汉寺六载。室置一龛,依之行道,欲睡以首触柱,因失明,而慧光灼灼,不疲津梁。衡阳紫云、衡山万寿,并立禅关,延来主讲,多所策发。距紫云三十里,有岐山,壁立万仞,俯瞰湘衡。上有仁瑞寺，为清初懒放禅师开辟。放固明末进士，不屈为僧，与定南王孔有德有旧，王高其节，檄于此建招提，终其隐。寺田千余亩，土豪觊觎之。咸丰间，粤寇起，托充军饷，遂占其业，寺以颓废。紫云定禅师伤之，葺茆守其基。有默庵法师阐化经此，喜其幽复，人迹罕至，迎来居之。学者裹粮相从，不一年，清风远洒，云奔水赴。乃伐木开林，依岩结宇，凿石而饮，耕云而饭。来说法其中，灵山一会，俨然未散。惟法幢复树，波旬震慑，流言四散，来屹立不动，一以慈心向之。山故多虎，樵牧寡近。自是远伏乡人，相率入山，伐木声丁丁不绝。院僧忧之，约众互巡。一日，获斧树者数人，将要山邻谕之，来悉纵归，僧众皆曰："村野非慈心能化，不禁，宁保异日之不至乎？"已复有数十人大肆樵采，缚巡山僧于树，负薪以行，突一虎咆哮而出，响应山谷，众惊仆若死，乃不敢复至。乡人语曰："岐山寺虎巡山，岐山僧常闭关。"山富兰蕙，有僧采之，来见，呵曰："汝为释子，不以戒定薰心，而以草木供玩好，从我何为？转眼异世，能无惧乎？"闻者泣下。尝剥枣红颗满地，百余人无私啖一枚者，其严肃如此。

一日，沙弥以大蛇搏树上雏鸟，众随来往观，挥以长竿，蛇怒目而视，来急止其竿，叱曰："汝由嗔受恶形，犹不知悔，而以强凌弱，抑知更有强于汝，能弱汝者乎？"蛇即下，来为说法，蛇引颈似听法状，久之乃去。众惊问故，来曰："吾闻至人无心，入禽鸟不乱其群，近虎狼能驯其威。吾无他，彼时不见有蛇，不见有鸟，亦不见吾不见之处。"湘阴易太史堂俊赠之诗云："听讲蛇无毒，巡山虎有威。"盖纪实也。时法侣云从，日食千指，而资生艰难，或馈饟不继，乃分卫乞食。仆仆风雪中，常颠踬，足破血流，犹裹扶前导，自忘其疲。卒能随机诱劝，皆获法喜，所至香花盈路，众赖以赡。同治甲戌，穆宗哀诏至衡,来哭之痛。或问之曰:"世外人非有君臣之谊,何伤感如是?"来曰:"洪逆倡乱十余年,生民涂炭,自大行皇帝登极,化红巾为赤子,吾辈得优游林下,一旦天崩地坼,山川草木莫不雨血,况有情者乎?"是时已有顺寂意,以殿宇未成为念。厥后尝遍求继者,且告众曰:"三众火宅,早求出离,勿使此生空无所得。吾不惜他日死于道路,但恨般若智灯无人续焰。吾身如秋叶枯藤,不久住也。"众大惊曰:"师岂不垂怜众生,而独得解脱耶?"来曰:"吾视菩提涅槃如梦幻,岂厌生死?诸佛圣人为调伏众生,示现灭度,法皆如是。吾当乘愿再来,汝且无留恋。"

光绪元年正月,乃谓首座镫曰:"暂以大法累师,吾有前因在朗州,当往了之。"众坚留不可,临行遍礼佛像,若永诀者。八月,由长沙抵朗,礼者盈门。顷之病痢,医来不尝药,曰:"众生病,吾亦病。众生无病,吾无病。"语毕,吉祥而逝,时元年乙亥九月十六日也。寿六十有三,腊二十有七。寂后七日入龛,颜色不变,异香满室。有一初受优婆夷戒者,疑曰:"既得道,胡病死?"偶步庭际,见来现金色身于空中,俄顷而隐,乃大恸,诣龛前忏礼。朗人神之,欲留龛,众以遗命当归,不许,乃奉龛归衡阳。经过寺院,前一夕,皆梦来至。还山之日,林壑昏昧,猿鸟悲鸣。弟子得心法者二十余人,得度皈戒者又数十人。合词同念,为起塔于岐山懒放塔下。葬后十有七年,释敬安述其状云。

清燕京广济寺沙门释古念传

释古念,字清一,晚号幻影,姓舒氏,钟祥人。始自髫龀,即存远度。家贫无养,佣作取给。年才逾冠,父母俱逝。感斯惨毒,深悟业系,遂投邑中文昌阁出家。所居僻左,师友乏绝。尝得古德语录数篇,潜寻幽旨,不营俗务。复随方行脚,止于天目。寺主广福一见,断为伟器。遂留参究,多所策发。既而福问:"如何是西来意?"念沈吟久之,福因谓曰:"汝盍反诘?当代汝答。"念从容作礼曰:"道在己躬,岂容旁贷?"福喜曰:"能如是,真法王子也。顾佛旨高坚邃远,非一蹴能跻,汝勉旃!"退归禅室,凝心栖虑,行止若痴,累旬兼月,未有所得。一日,宴坐,闻香版声,偶尔感悟,执虑顿殒,五官百骸,如土委地。从是一念不生,前后际断,乃起求证,遂获印可。然犹遍习禅观,精进不懈。三衣一钵,游憩胜境。金山九华,皆所栖止。东南禅侣,具知念矣。光绪二十年,仰台山灵迹,杖锡孤征,不远千里,陟秘魔崖,爱其幽隐,依林结宇,殆将终焉。岁值大旱,群请祷雨。念曰:"吾守此庵,只知念佛,复何神异?"重劳祈请,乃持珠端坐,须臾雨至,四野沾足,人多德之。居台六年,来游京国。始至龙泉,博览经论。会联军入京,两宫西狩,夷酋骄横,胜地名蓝,多遭蹂躏,惟念所在,戎马绝踪。灵感既昭,光耀斯发,问道之众,室无所容。有内监聆其誉问,奉金三百,却而不纳,其他檀施,亦多屏谢。故身无长物,居止之地,惟置一榻,败絮单衾,而风范凝然。虽公卿造访,言词峻洁,略无假借。非僻之流,睹其神宇,莫不改容。

晚居西城广济寺,道闻日高,远近归依,千有余众。乃就所居,研讲经论,遍应众心,随所叩问,百轨千涂,片语洞然,窦开障抉。一时文彦,多舍其夙业,愿闻真谛,相从不去。丙辰十月,方设水陆道场,犹登座说法。七日会散,正容端坐,专待众别。时环而侍者,百有余人,启目周视,庵然坦化。寿七十四,僧腊五十,塔于大阳山。初,闽中有鼓山耀灵禅师者,远来五台,立谈之间,便如夙契,别时以破衲相赠。御之经年,初未留意,偶于裂缝中,露一纸牒,展视则曹洞世系,应相传授。盖耀灵默识密付,有深心焉。念亦感动,以福本临济,嗣法在前,遂兼承两宗。斯亦禅林逸闻,未忍放失者也。著有《宗镜捷要》四卷。长沙方表为之传。

卷第二十七
明律篇第四之一
正传十人　附见九人

宋余杭昭庆寺沙门释允堪传

释允堪，钱塘人也，未详其姓氏。年九岁，客指小桂令赋，咏曰："始生岩谷畔，早有月中香。"客奇之。从天台崇教慧公祝发，学无不通。专精律部，续南山宗。仁宗庆历二年，建戒台于杭之昭庆寺。自兹以后，复依律建坛。苏之开元，秀之精严，并宏法会，传戒度僧。晚岁，退居西湖菩提寺。撰《会正记》，以释《南山律钞》，辩论精详。更著《十二部经解》《法门赞序》诸文。弟子元照，祖述师法，纂著益繁，照别有传。堪邃学穷理，老而弥笃，启迪后秀，津津不倦。以宋嘉祐六年十一月二十六日寂于昭庆，建塔于菩提。仁宗时，赐号曰真悟大师。徽宗崇宁元年，更谥智圆大师。释元复赞曰："三无漏学，以戒为先。至人不生，宗其谁传？援笔作记，宏范人天。寥寥千古，宝月空悬。"

宋钱塘灵芝寺沙门释元照传

释元照，字湛然，余杭唐氏子也。少依祥符东藏慧鉴。年十八，通《法华》，试经得度，专学毗尼。及见神悟谦师，讲天台教观，博究群宗,以律为本。乃从广慈授菩萨戒,慧定珠圆,威仪中度,纲领条贯,罔不兼备。后嗣法允堪,南山一宗,蔚然大振。常披伽黎,杖锡持钵,乞食于市。苦行清修,遐迩感应,重造明州五台戒坛。坛成,有一老人,神气超迈,眉须皓白,进而启曰:"愿献三珠,用贺新坛。"叩其姓氏,笑而不答,飘然竟去。因置珠坛心,屡有光异。其后坛主,尝会十师,开大法戒。夜分,有一僧登坛,忽睹圆光外彻,中见善财童子,僧乃惊呼,众起视之,悉皆环礼。自是益昭虔恳,而珠光所见,神异非一,世所罕闻。元丰间,继真悟,主昭庆。晚居灵芝,三十年摄斋讲授,众逾五百。每言生宏律范,死归安养,平生所得,惟此法门。有义天远来求法,为授菩萨戒。登坛六十余会,度者几及万人。所至伽蓝,必为结界。

政和六年丙申九月一日,集众讽《行愿品》,趺坐而化,葬寺之西北,谥大智律师,塔曰戒光。著有《资持记》以释《南山行事钞》,《济缘记》以释《羯磨疏》,《行宗记》以释《戒疏》,《住法记》以释《遗教疏》,《报恩记》以释《盂兰盆疏》,《观无量寿佛经》《弥陀经》诸义疏,及《定尼戒本》,凡百余卷。尝谓其徒曰:"欲化当世,无如讲说。若垂来兹,必资著述。"故口诵手书,孜孜不辍,累岁积学,老而忘疲。其精诣所至,福应斯闳,珠光祥善,有自来矣。照有《题白云庵》诗曰:"道人倦逢迎,结庵就岩穴。静爱山头云,空蒙如积雪。随风亦卷舒,触石更明灭。却忆古人诗,只可自怡悦。"照尝持钵乞食,无为居士杨杰颂之曰:"持钵出,持钵归,佛言常在四威仪。初时入廛人不识,虚空自有鬼神知。"又释元复赞云:"毗尼秘藏,终南著称。中微谁振,大智崛兴。仪合万行,论集诸乘。芝园西迈,天乐来迎。"

宋台州赤城寺沙门释有严传 妙生

释有严,字樗菴,姓胡氏,临海人。六岁依灵鹫从师。年十四,进具。往东山,学于神照,契一心三观之旨,修法华三昧。寻主赤城寺。绍圣中,隐故山东峰,卢于樗木之旁,因以为号。有严严护戒律,一钵之外,不蓄分寸。所修三昧,每见瑞应。专事净业,其所论述,多激劝往生。建中靖国元年孟夏,一日,入定,若天神降空中曰:"师戒珠圆,净业成矣。"又梦池中大莲华,天乐围绕,乃作《自饯》诗示众。后七日,跏趺而化。

妙生者,会稽人。习律学,勤修净土之业。与大通善本居杭之象坞,共明此道。一夕,会门人诵《弥陀经》,就榻端坐,焚香合掌,嗒然而寂。

辽蓟州磐山甘泉普济寺沙门释非觉传 等伟

释非觉,姓刘氏,良乡人。律行高卓,早有大名。会车驾幸燕,重其道德,诏入大内说法,特赐紫衣,授右街僧录判官,并锡号曰仪范大师。年七十二,示化大昊天寺,归葬甘泉,僧腊四十有七。太康三年癸亥七月十七日,弟子等伟为立塔。

等伟者,姓李氏,析津人。太康元年,从觉剃落。居慧济寺,未几受戒。肄习经律,学者交推。大安中,主福田寺,及蓟之香林兰若。寿昌三年,宣毗尼诸部于慧济寺,京师义学群以律主许之。明年,三学寺奉命慎择主者,伟以勤谨应选,寻授善济大德。伟力整颓弊,居多弘益。三载俭持,供费之外,有钱五千余贯。乾统初,以课最闻，朝旨嘉之，赐紫，加号慈辩。三年，宣充三学殿主，易号严慧。乾统七年夏四月旬又七日，示寂。后二日荼毗，舌根不烬，如青莲色。其徒敬诠以甗灰分葬，归骨于磐山甘泉，附于先茔。年五十七，腊三十。南抃为之记，并系以铭，亦具《山志》。

金燕京左街净垢寺沙门释法律传

释法律，姓张氏，安固人。幼出家于甘泉普济寺，礼均上人为师。年十七，试经得度，时天庆七年也。专志听习，以律为宗。天眷三年，主燕京左街净垢寺，遂授善庆大德牒。皇统二年，奉宣开建普度坛，度僧尼十万余人。八年，又奉宣越本宗，上试十显，所答无不中理，选定充平州三学律主，改授精正大德牒，官讲满，特赐紫严肃大师牒。本寺大众，共议署状，请为提点。供济僧众，不避寒暑。六时行道，未尝或阙。孜孜十载，令闻四溢。请住寺者五：中都驻跸，福田，福胜，香河胜福，当山香水。大定二年，复充都下暖汤院提点，设济饥民。以大定六年六月十五日告寂，寿六十八，腊五十二。荼毗，送者千余人，烈焰之际，有五色云团绕于上，齿舌不坏。塔于寺西。门人宗律比丘善隆叙其始末，乞沙成之为之铭，曰："性资上智，宗律为风。清高厉行，紫牒庇躬。传戒十万，僧尼溥蒙。宣显奉试，理无不通。化办济众，久而愈恭。焚之祥见，齿舌弗镕。勒铭幽石，聊记芳踪。"时大定七年三月也。

南宋四明湖心寺沙门释元肇传　道言　思敏

释元肇，姓陆氏，明州人。蚤岁习律，阅《大藏》诵《莲经》万过，刺血书《莲经》一部，写律宗诸疏三部，操行谨严，精进无懈。建炎四年，金兵破明州。肇时住湖心寺，金虏强之北行，行至南徐，谓左右曰："吾将西归矣。"即闻笙歌声，西望念佛而化。

道言，会稽人，灵芝元照弟子也。照详律仪，著述颇富，言从之究心毗尼，尽获所学。晚修净业，临灭前数日，见二神，长丈余，谓言："何不系念？"于是大集道俗，称佛名三昼夜。忽升座说法，为众忏悔，至晓即座而化。

又思敏者，亦依灵芝照增受戒法。既严操行，兼志净修，如是者二十年。偶疾，约众讽《观经》十余日，见佛光满室。临终唱佛，声出众表。酷暑留龛七日，异香郁然。

南宋新城碧沼寺沙门释宗利传

释宗利，会稽高氏子。方在龀岁，受业于天华。既具戒，游姑苏，就神悟学经论。即入普贤忏室，要期三载。感亡母示兆，得生善处。又见普贤从空而过，益矢精诚，朝夕罔懈。已而复往灵芝，谒大智律师，增受戒法。既阐律学，更究净修。照言生平所得唯此二法门者，利依而行之，皆有所获。尝于定中，神游西方，见宝池莲华祇林境界，因而自喜，愈坚所志。寻诣新城碧沼寺，专修念佛三昧。阅十年，复游天台、雁荡、天封，皆建净土道场。晚归天华，造无量寿佛阁。建炎末，入味道山，题所居曰一相庵。绍兴十四年正月，谓弟子曰："我见白莲华遍满空中。"越三日，复曰："佛来矣。"即书偈曰："吾年九十头雪白，世上应无百岁客。一相道人归去来，金台坐断乾坤窄。"端坐而寂。是日，近山人见异僧满山，不知所自云。

南宋桃源厉氏庵沙门释睎颜传 惟月

释睎颜,字圣徒,奉化人。幼龄出家,试经得度。从久法受观法,文藻高妙,后进爱慕。晚岁自省,余习未净。乃住桃源厉氏,专心念佛十余年,谓人曰:"净土之道,岂有一法可得?但于修中不见一法,则寂光上品,无证而证。"题所居小轩曰忆佛。平生于戒律,尤兢兢自持。尝步菜畦,见诸虫甚微,啮蚀痕迹,隐隐可辨,恐择之不精,惧伤物命,遂不茹蔬,但啖海苔,以供朝夕。寂时,预别道俗,沐浴焚香,西向作观,忽称佛来,合掌而化。

惟月者,不详所出。居诸暨化城,明律学,修净业。一日,有异僧来迎,后二日微疾,急呼同侣道宁曰:"吾见弥陀佛,高八丈,驻空中。可以行矣。"言讫而化。

南宋钱塘七宝院沙门释用钦传 行诜 慧亨

释用钦,不详所出。初,依大智学律,操持独谨。闻智示众曰:"生弘毗尼,死归安养。出家学道,能事斯毕。"始标心净土,一志不退。后居钱塘七宝院,日课佛三万声。尝游神净域,见种种异相,谓侍者曰:"吾明日西行。"即集众唱佛,黎明跌坐而化。

行诜,亦学律于大智者也。初受具时,诵《四分戒本》,三日而通彻。后依智,讲求仪范。住明庆寺,且二十年。偶寝疾,设西方佛像,向之念叩而瞑。

慧亨,字清照,亦依灵芝习律。已而住杭州延寿寺,专修净业,垂六十年。建宝阁,绘神像,最称殊特。有江居士自任者,钦亨戒范,信仰尤至,梦宝座从空而下,一人曰:"亨律师当升此座。"未几,孙居士预启别亨,如期而化。亨往炷香问讯,归而谓其徒曰:"孙君已去,吾亦行矣。"说偈坐脱。

元余姚极乐寺沙门释戒度传 旨公 智印

释戒度者,不详所出。初脱白时,投栖心寺,学《四分律》,操持谨严,兢兢罔懈。晚居余姚极乐寺,一意西归。尝和陶渊明《归去来辞》以见志。病中作书,别士大夫。命众诵《观经》,至法身观,厉声号佛,凝然坐瞑。

旨公者,字别宗,余杭人。戒德甚严。尝创观室于龙山之阳,修念佛三昧。虽经离乱,曾不少废。临终无疾,沐浴端坐而寂。

智印者,居雪川祇园。初学毗尼,止作兼持,语言无妄。常修净观,罔间晨昏。病中集众,讽《弥陀经》,合掌端坐,一卷方终,奄然而化。

卷第二十八
明律篇第四之二
正传十四人　附见四人

明华亭兴圣寺沙门释原真传　绍宗

释原真,字用藏,姓朱氏,上海人也。得度于华亭兴圣寺,戒行高洁。明洪武十八年,微疾,浴已,书偈曰:"四十二年,无作无修。有生有灭,大海一沤。真归无归,心空净游。"趺坐而寂。

绍宗,字一原,号遂初,姓陈氏,亦上海人也。年十三,依里中安国寺受具,戒行精严。明洪武中,应召,有事庐山,奏对称旨,赐金缕僧伽黎,擢右讲经,迁右善世。后端坐而化。敕遣中使致祭,会者数千人。其徒奉舍利遗骨,塔于安国旧院。

明杭州昭庆寺沙门释朴原传　广霑　成玉

释朴原,字智淳,菩提节庵守弟子也。正统间,请主昭庆,奉诏开坛说法,为天下传戒宗师。后主灵芝。己亥,辞于朝众,沐浴而逝,时正统十一年丙寅秋七月也。英宗遣礼部郎中赵昴赐祭,其文曰:"尔宿悟善缘,坚持梵行。迩膺宠命,为释宗师。方阐法音,导人为善。倏云示寂,良可悼嗟。灵其如存,服此谕祭。"

越百年,有广霑者,字日庵。嘉靖三十四年,兴复昭庆,奉部札开坛说戒,僧众如归,不减庆历之盛。

后二十余年,有成玉者,字蓝田。掩关数载,众称关主。万历丙子、丁亥之间,皇太后叠赐画像于昭庆,且赐经建阁。因得放戒,十六年登坛开阐,一时龙象,若云栖、净妙、真修、莲池诸大德,均于是得戒。

明燕都普庆寺沙门释法闻传

释法闻,姓严氏,陕西人,号曰实相圆明光教律师。初,西安王奉藩秦陇,遥听高风,延至西安城南义善寺。于是邠岐泾渭,缁侣云集,自春徂冬,讲筵不绝,负笈从学者,盖千数焉。玄德上闻,征诣阙廷,诏居太原教寺,赐辽世金书戒本。求戒者,皆从之若归。一时王公大臣,莫不瞻仰丰裁,思接光采,比之景星凤皇,见瑞明时。倾慕之沈,于斯可睹。

明燕都西山戒台寺沙门释道孚传

释道孚,字知幻,姓蒋氏,江浦人也。初,依金陵灵谷寺,雅慕清洁,不和情俗。年三十,剃染受具,发愿参方。展程之日,即自誓曰:"此行不踏曹溪路,不敢回头见故乡。"卒践其言。明正统间,孚方北游。睿宗崇尚内典,尤重清修,闻声嘉赏,有诏赐紫,敕建戒台。每岁四月一日至十日,阅敷坛席,深契帝心。又以僧众既多,隆污莫辨,敕建净染二门于此山中,以验泾渭。其笃信者,则受净戒;不笃信者,则触染法。但众生愚昧,多着染法,因奏毁之,一归净流。孚仪表雄特,顶题隆起,帝见奇之,称为凤头祖师。孚应声曰:"亦鹅头耳,敢附凤耶?"帝叹其谦德,弥近蔼光。尝召入大内,详询佛法。试以凡情,不动声色。由是钦崇戒德,益加敬仰,赐号万寿祖师。春秋八十有五,法腊五十有五。寂后,建塔兹山,云封犹在。

明金陵天隆寺沙门释如馨传

释如馨,字古心,姓杨氏,溧水人也。年少家居,笃信释氏。及近不惑,乃厌尘俗。初,投摄山栖霞寺,礼素莘法师,从事剃染,遂受沙弥戒。复欲近圆本师,示以须得清净十僧,方能得戒。由是叩诸宗匠,辄究戒缘。因读《华严》,识菩萨住处,忻然有得,谓:"文殊所在,常住清凉。抗心希踪,步礼五台。当见文殊,为我授戒。"因辞法侣,躬亲跋涉,三遭寒暑,方眺宝峰。渐至灵境,夙夜虔勤,恳求切至。一日,景值余晖,客途阒寂,恍惚之间,见一老妪,形枯发白,捧敝伽黎,出自林中,适前问曰:"汝来何求?"曰:"求见文殊。"妪曰:"此衣亡儿所遗,尔来求戒,便应尔赠。"言讫竟去,衣遂着身。顷复呼曰:"比丘,比丘,文殊在兹。"馨方惊愕,已失所在。如梦初觉,顿悟五篇三聚心地法门,视大小乘律,如胸中自在流注,欢幸之忱,无可为喻。尔后南旋,中兴法戒,专持梵律,皎若冰霜。明万历间,金陵幽栖寺洪恩雪琅敕修长干塔,诸务严备,唯顶屡举,举不能正,深用为忧。蜀僧巨川,求匠架木,倍工益力,终未能成。唯日夜翘企,冀佛慈应。一夕梦感神谕云:"优波离尊者至,始克如愿。"翼日,馨露顶跣足,杖锡持钵,偏袒而入。洪恩一见,乃悟夙因,召众抠迎,倾诚请助。馨才举喝,翔然升去,塔顶便合。乃以梦警,向众宣明,群情忻跃,大加敬礼,咸指馨为优波离再世。由是法会云兴,遂开戒于栖霞、甘露、灵隐、天宁诸刹。

自元季以来,律学荒芜,馨尝慨然,谓佛法住世,功在毗尼。访求《梵网①》,遍参律法。至是坐道场三十余所,徒众累万。声闻于天,明神宗嘉兹誉问,延至五台,赐紫衣锡杖,为开皇坛说戒。敷座之日,五色瑞云,结盖盘空,亭午方散。帝心悦豫,题额万寿戒坛,赐号慧云律师。缁素归依,禀戒跻坛者,不可胜计。三坛既毕,复锡千佛珠衣。拜表辞谢,而圣眷隆渥,宏奖未已。以万历四十三年乙卯十一月十四日示寂,寿七十有五,腊二十又七,染道三十有四,瘗于天隆玉环山。帝闻迁化,思慕清辉,乃诏燕都愍忠寺图其遗像,供于大内,濡染宸翰,为题赞曰:"瞻其貌,知其人。入三昧,绝六尘。昔波离,今古心。"其见钦崇如此。馨风规简夷,神观凝肃,坐室中如在定者,虽左右近侍,不敢妄启。至训诲提奖,机用妙密,迥超情臆。故白四授具,三聚妙圆,皆弘于斯世,称中兴律祖云。

明五台山清凉寺沙门释承芳传

释承芳者,与古心比肩,法门不相先后。及在昭庆,闻古心弘戒灵隐,芳以弟子礼谒之。求戒先夕,古心感异兆,若有神人告之,文殊化身南来受戒,古心意不谓芳当之也。三坛既毕,芳以疾未至,古心忽忆前梦,来昭庆问疾,即于榻上说沙弥十戒,为摩顶已。戒得威力,身不由己,勇猛精进,扶疾而起,盥漱更衣,下榻求具。更为集僧,具仪传授菩萨大戒。疾亦随愈,寻还五台。慈圣太后又梦感神言:"文殊菩萨肉身还山。"物色及芳,遂诏主五台传戒。芳

---

① 网,底本作"纲"。

辞曰："才登戒品,行持未全。有本师在,不敢妄承。"乃移命古心,期以三年。古心告退,付属于芳,使继法席。

明金陵极乐寺沙门释性相传

释性相,字莲宗,姓高氏,江宁人也。父贫,樵薪自给,无以为家。尝采荻江渚,昏夜莫依。栖芦林中,席地独卧,蚊蚋交集,不以为苦。盖形同土木,亡怀自适。虽未染道迹,已别具忍力矣。稍长,遂厌樊笼,就摄山栖霞寺,礼素庵法师剃染为僧。复禀具足于慧云律师,虽同参法侣,共出一门,而闻道早晚,更相尊师。有可为无,实亦若虚,下问不耻,况在高明? 由是以律严己,以谦下人,处卑弥光,声闻自远。慧云迁化,相乃焚修塔院,礼诵《华严》,寒暑不辍。四众推许,请宏法牒,临坛演戒,亹亹忘疲。晚主金陵极乐寺,示寂寝寮。世寿、僧腊均未详,建塔玉环山右,与慧云相次,本相志也。

明燕都古憨忠寺沙门释永海传

释永海,字大会,丹徒人也。生有异禀,不慕世荣。壮志益邈,雅超尘想,因于郡平等寺落发披缁。时慧云精求毗尼,蹑屣清凉,契念文殊,中兴律法。海窃慕之,遂从受具。既纳戒已,专务律学,唯崇本相。德范深淳,道俗钦仰。乃接芳躅,步礼五台,誓心见佛,诚意默通,终契灵秘。明万历初,海自五台赴京。慈圣太后素崇佛法,夜梦神人告曰："鸟巢禅师从五台山来也。"明旦,遣内监访之,果得海,如神所诏。因请卓锡憨忠寺,帝闻赐紫,充讲经大德。先是僧相瑢于正统间重修斯寺，已奉敕改额崇福，至是欲复愍忠旧称，别衍法派。然相瑢再传弟子明玉方修葺院宇，延接名流、硕德、耆年，众望所归。海既钦其道范，深相契合。而玉之仰海高风，如景星庆云，倾慕无已，况以宫闱之符兆，帝廷之宠锡乎？于是两派分传，萃之一寺。然崇福自玉后不再振，海则阐化既久，绵演尤众，卒复旧号，遂为古愍忠一代祖云。世寿、僧腊均不得详，唯荼毗灵塔年号犹存，盖示寂于崇祯初元。而万历至崇祯已五十余载，其春秋亦高矣。所著《五百问戒经释》，盛行于世。

明金陵宝华山隆昌寺沙门释寂光传

释寂光，字三昧，姓钱氏，广陵人也。母感异梦而生。年二十一，礼净源，始出尘俗。初从雪浪，习贤首教观。既彻宗乘，遍参名宿，紫柏、云栖皆相器重。具戒于慧云，益精毗尼。及邀帝眷，弘戒五台。遂升副座，助其教授。盖其行解轶伦，词旨玄邈，律学中兴，光有力焉。寻以道贵潜修，功深宥密，乃闭关于小天台。面壁治心，妙观有得，谓理穷虚悟，学归实践。因发脚，历衡岳，登庐阜。江州众信延住东林，池中白莲不种自生，符远公再来之谶。又于塔龛中，得晋太尉陶侃所奉文殊金像，憨山目验，为之作记刻石。复徇众请，移锡衡山雉潭。相传潭下有龙，时见怪形，光为说戒，竟自驯伏。晋藩闻之，遣使迎迓，庹止清凉，为建龙华大会，宏敷戒席。藩妃斋肃，供紫伽黎。回驻维扬，兴石塔寺，掘地得舍利小金塔及断碣，有坡公石塔得三昧之语，名号符合，惊为夙记。尝演戒于金陵大报恩寺，浮屠放光者二十余夜。都人请兴宝华寺，山旧为宝师道场，妙峰立铜殿于山巅。光至，开千华大社，学侣云集，院宇重新。

崇祯壬午，荆王请兴沩仰道场。癸未，奉诏主修报恩。弘光①改元，金陵设坛谶荐，特赐紫衣、白金，敕文武百官迎谒于寺，称国师焉。以乙酉六月四日寂于山寺。先三日，命侍者进历，指示化期曰："吾为大明律师，说法利生垂四十年，吾愿毕矣，当与众别。"届期，命具汤浴，更衣跏趺，诫众号佛，端坐而逝。光道相清粹，丰骨凛然，慈蔼接物，孜孜不倦。慨世末道污，轻蔑毗尼，乃服膺师传，专宏律法。足迹遍海内，临坛演戒，百有余所。最后鲁王请宏戒于越之大能仁寺，又主嘉兴三塔寺坛。潞王请登昭庆古佛戒坛，尤为勤瘁，修建梵宇，凡十数处。所至感应，皆不可思议，出于意念之表。寿六十有六，坐夏四十有一，立塔华山千华社龙山，额曰"光明金刚"，谥净智律师。所著《梵网②直解》四卷，及《十六观经忏法》。清乾隆时，释福聚奏请以《梵网③直解》编入《大藏》，从之。

明太原永明寺沙门释远清传

释远清，字澄芳，新安人也。夙具畸姿，雅怀高素。既谢尘俗，遍游名胜。初习贤首，精通教观。负笈南来，至止越邦。时慧云律师方说戒于武林灵隐，夜梦有人语云："明日有文殊化身来乞戒，可方便为彼授之。"翌旦，清率众趋坛，执弟子礼。慧云惊异，问所从来。云自北五台，向虽宏法，尚未近圆，久慕道风，今欲归依。慧欣然应许，兴辞而退。及法期已届，大众登坛，清独未至。慧复忆前

---

① 弘光，底本作"宏光"，弘光为南明弘光帝年号（1644—1645）。
② 网，底本作"纲"。
③ 同上。

梦，方便摄授，因遣人探询，清果有恙，不可以风。慧云感彼神语，不吝慈悲，统众就之，一时三坛，方便授受。清既得戒，怀宝而归。径造五台，精研律部，善达意旨，开遮无碍。尤善属文，尝谓："古有戒坛，自明以来，岁久封锢，欲兴此举，非叩帝阍，其道末由。"乃具文疏，略述梗概，因内宦奏之。时神宗御极，雅重佛法，览疏大悦。遂奉旨南下，诏慧云赴五台，振兹法雷，弘尔象教，并敕两街及内使御马监张然赍衣钵锡杖赐之。说戒三年，敕建圣光永明寺，更赐紫衣金帛，恩荣重渥，莫与比数。乃值寇盗，戎马骚动，慧云讲演一期，竟尔南归。命清继席，遂终三载，无违圣谕，法戒大兴，果符神兆。世寿、僧腊均无可考，唯灵塔一区，长峙五台。

明姑苏报国寺沙门释性祇传

释性祇，字茂林，姓沈氏，长兴人也。方生之夕，母梦异僧托宿，惊而临蓐。呱呱在抱，骨相不凡。甫能言，效诵佛号，琅琅可辨。性好清洁，不茹腥膻。常欲出家，父母爱而不许。未几，二亲相继谢世，祇年才十七。闻里中有弥陀古院，慨然自决，径往投之，剃发披缁。及逾弱冠，抗志苦行，远参耆宿。初从云栖，首入净土。次依天台闻谷老人，更习禅观。明万历时，慧云法师建坛于金陵灵谷，祇杖锡归之。既受圆具，攻讨律文，遍探群书。由是清标三聚，谆诲五篇。遂开化四众于吴越之间，学者闻风趋向，负笈景从。祇量识浅深，循循启导。故宏律三十余载，禀戒归依者，不可称数。吴中士夫钦其戒德，每请利济幽孤。其甘露瓶中，水尝自溢，人以为功德之应。祇深自韬晦，若弗敢承，其真实无妄如此。法缘既终，西迈方始。寿六十有八，腊四十有八，建塔吴门西园。所著《四分摭略》及《五百问解》，学者珍之。

明广陵福田律院沙门释性福传

释性福，字东沧，姓赵氏，通江人也。生有奇禀，默感通神。初，从二峩山法空长老剃染。自访知识，南寻烟水，遂受具足于金陵慧云。既得戒体，益精律行。常持《秽迹金刚经神咒》，日夜不辍。先是福谒南海，躐迹普陀，栖止圆通殿三载。一日，散步林间，见白鸦衔片纸堕地，拾而视之，乃斯经也。因翻藏考核，一心受持，日诵万回，以为恒课，至是虔礼如故。一夕，慧云静夜起行，见殿宇微光闪烁，近前视之，唯闻咒声，乃叩所从，福具以告。慧云嗟叹久之，乃曰："汝自后可号金刚大德。"福每于坛内持咒时，则金刚杵飞舞空中，钵盂中水无火自沸，金刚轮亦自旋转不已。及持咒毕，其杵方坠，钵水自平，轮转亦止。尝咒钵中水，和泥为丸，可疗疾病，有求之者，莫不效应，其灵感如是。一日，有人为画金刚杵，画竟，其人遂失所在，相传为神。由是名动江左，道俗惊叹。明万历时，传戒于荆楚、淮扬诸郡，缁素受化者，不可胜计。旧住蜀江长龙山昙华寺，继徙广陵福田律院，金刚轮杵，具供院中。寿六十有九，腊四十有一。造塔寺旁，覆全体焉。明社既屋，清兵南下，进军江宁，道出广陵。昏夜塔中有光见者，疑为宝藏，启而视之，端坐如生。乃移供院内塔右，过者莫不骇异膜拜而去。

明潭州三角山沙门释如幻传

释如幻，字勉庵，姓林氏，蒲田人也。父环，家世儒术，望崇乡里。幻生而偈傥，负奇气。幼习帖括，善属文词。年十四，即列诸生，有声庠序。里有夏生治时者，通内典，幻与游从最善。一日，谓幻曰："君唇掀齿露，非寿者相。"幻惊问："何为而可？"生曰："闻之诵观音大士，祷无不应，持其号，久自当验。"幻遂依持，勤恳三载，而容貌改观，威仪简重。未几，倭夷寇闽，父母俱丧于兵。幻大泣曰："人命固如是乎？何恋恋乡井为？"遂拂衣，邀游江湖间二载。入庐山，参遍融。融问曰："大德何处人？来欲何为？"幻曰："小子闽人，为求长生。"融曰："有长必有短，何不学无生？"曰："何为无生？"曰："汝试剃除须发，屏息诸缘，咬嚼一句无义味话，久久自得下落，乃可为尔道无生。"幻即染剃，因名如幻，相与依栖，时年已逾冠矣。顷之，乃之蕲水马牙山，参无为藏主。居三载，退而隐处斗方山中，五易寒暑。遂荷策北游上都，依遑、理两宿，听诸经奥义，皆深器之。已而有田将军者，蕲人也，见其雅量，因漫之以世谛。幻笑谢曰："海龙肯入沟渠。"遂拽杖归九峰。衲子骈集，每以《楞严》为众发明心要。翰林郭公正域以居母忧，谒幻于九峰，甚相得。因进而请曰："窃见当世谭禅者，动以棒喝机锋为向上自多，及察其操存，则犹有未尽者，又不若守教乘、精戒律，离欲苦行，以慈利物之为得耳。"幻曰："然非禅之过，乃学禅之过也。奈何去圣愈远，法门日衰。诚若公言，可为流涕。"

幻律身清苦，生平无嗜好。人有所施，辄以施人。每有所往，唯一钵三衣。楚藩沈君与幻交最密，弟子欲置香火地，以券白沈公，幻闻，乃大斥之曰："方寸福田，不力耨区区，安向沈官人乞请耶？"乃拽杖去九峰。走武曲，憩吉阳寺，闭关诵《华严经》三载。往潭州三角山，为马祖门人总印所辟，不数年焕然一新，法席大振。一日，谓众曰："赵州八十尚行脚，我岂乏草屩一具邪？"遂拂袖之匡庐。入黄龙寺,留讲《楞严》,至二卷终,幻谓众曰:"姑舍是无论,且有末后,与大众商量。"即示恙。六日告终,众请留偈,幻曰:"辞世本无偈,痴人觅梦踪。虚空无面目,面目问虚空。"弟子又问:"灵骨可更之蕲乎?"幻曰:"爱重娑婆苦,无情极乐天。何须怀旧影,寂照满三千。"言讫遂逝。寿五十有九,腊三十。门人火浴,以骨瘗于黄龙山,释德清为之铭。

明云南鸡足山大觉寺沙门释真利传 明鉴

　　释真利,字和雅,姓石氏,昆明人。幼弃锦襦,改从僧服。始侍彻明,渐通经论。及长,有志参方。遂底金陵,得戒于古心。研穷仪范,便识津梁。复受教于三槐、蕴璞诸师,神智焕发,辩如泉涌。所至名山,屡主讲席。聿开法会,得律徒数千人,楚岷王奉以为师。及还滇,驻锡鸡足,更创律堂。滇之法戒,弘于真利。寿八十余,无疾坐化。有陶公《寄怀》诗云:"吴楚烟波几万重,金鳞掉尾许谁同?归来罢钓鸡山窟,高唱渔歌卷碧筒。"

　　又明鉴,无台大理李氏子。年十八,礼圣峰寺白斋出家。后隐波罗崖,草衣木食,戒行冰清。七日忘餐,亦无饥色。复事游参,究明宗旨。李中溪赠诗云:"贝叶翻三藏,昙花作一灯。"又云:"袖云一旦别,罗月几时圆。"万历十五年九月九日,沐浴端坐,诵《准提咒》而逝。荼毗之日,室有异香。

卷第二十九
明律篇第四之三
正传十五人　附见一人

清江宁古林寺沙门释性璞传　隐微理

释性璞，字印含，姓王氏，吴人也。与隐微理为同母兄弟，友爱天成，志趣不歧。兄性好佛，遇有道场，尝切观摩。璞必相随，及肩恐后。由是研心经咒，参访名宿，互为探讨，动则与偕。居恒相谓曰："安得名师而归依之？"明万历四十三年乙卯，古馨至苏，应香余说戒之请。夜梦二蜂，率小蜂无数，飞投于怀。诘旦，见璞兄弟怀香求具，适符其兆。古祖感念，因留意焉。遂同至古林，终日与兄瞑息对坐，各有会心。理依古祖，智慧聿启，德性坚定。命代说般若，颇开觉悟，因以紫衣法物、著述诸书付之。及理示疾，以席逊璞，辞之再四，理曰："祁奚举午不避亲，赵祖让弟不私子。我观四众，谁可与言？且既出世，志在弘法，更无他望，又何所嫌？汝其勿辞。"崇祯十年，召见赐紫。清室初兴，入主中夏，定鼎燕京。世祖万机之暇，寻味释典，雅慕高僧。企璞道望，诏入京师，参访要妙，时契帝心，赐紫还山。际遇两朝，恩礼有加，人或荣之，璞独伤焉。以清顺治三年十一月十二日示寂，寿七十有八，腊四十有四，塔于天隆玉环山后。当古祖香余说法之时，年已垂暮。而璞年最少，尝语人曰："孔门学者，聪明才辩，不为不多，而一贯之传，乃在后进。

曾子吾道,其在璞乎?"后接席十年,恪守祖训,大弘律学。四方景仰,卒如其言。

清燕京广济寺沙门释海禄传

释海禄,字万中,大兴人也。髫年,祝发兴隆庵。顺治五年,玉光律师宏戒广济。禄与同侣相诫曰:"我辈新徒,戒力未坚,当先登律堂,深求造诣,坐作进退,悉合规矩,非可微涉经训,徒资谭论也。况近来沙门,佻挞日甚,不守毗尼,何称佛子?"时玉光总持律部,操德精严,见禄衣敝履穿,坐无越席,行无越思。经岁不闻笑语,步行绥绥,尘不为动。有喧于侧者,则凝坐寂然,视若无睹,因其纯笃,拔为教授。阐心诱道,孳孳不倦。有好学者,则与之究解,贯彻终始,忻然说怿。偶有桀黠,薰其德馨,潜化默运,不觉自新,日迁于善。玉光益敬爱之。每有问答,未尝妄下一语。出见大众,澹然寡言。而胸中空洞,不着一物,人我俱亡。清顺治八年,玉光既灭,恒明老人乃迎之升座,摄尔旧衲,行止如故。主席六载,说戒硁硁。众有不和,但责执事。由是两序翕然,不严而畏。尝作《持戒简要颂》,明白易晓,以训后学。幽燕弟子,多遵守之。薰修之余,遍检三藏,因著《正法经》五卷。其他撰作,多在别集。每乘月独步,裴回阶间,闻诵读声,辄即其门,伫立不去。久之,乃叩户启扉,复与研味,迎机而道,多所造就。游其门者,几二千人。其最上弟子,则有天孚湛祐。以康熙十年寂于广济寺寮。荼毗,归灵骨于二圣庵塔院,鸳水何元英为之赞云。

清广陵五台律院沙门释书祯传

释书祯,字静观,姓王氏,禄丰人也。父曰之麟,母高氏,家世儒素。少习帖括,颇赡文思。忽绝尘想,欲求出世法。遂从翠峰西林寺心田祝发,晨钟暮鼓,梵呗灵文,无寒暑间。内典既彻,志在参学。滇俗,士子多之圣水,三潮若见金蟾,便喜形于色,以为科甲之兆,灵应不爽。祯亦往观,曾不移晷,蟾即浮出,三足跃跃,金色有光。因自忖曰:"吾志禅那,今睹此,岂非法门有望?"遂南循黔楚,道汉黄豫章,而之金陵。时明崇祯甲申,祯年二十六。三昧寂光方开坛于长干报恩寺,祯与戒焉。长干旧有浮图,耸拔霄汉,祯尝经其下,复睹顶上紫焰飞腾,光映云霞,心窃异之。因问一僧,僧曰:"奇哉,希有!此世尊舍利最胜顶光也,人所罕觏。子今睹此,得非精诚感格乎?"即约同戒五百余人,共礼之。已而緜白下诣中峰,历抵讲肆,兼叩禅宗。虽一时禅教诸匠,许为法器,而阐精穷年,终以律学为归。及三昧灭度,忽焉三周,思法乳之恩,申扫塔之念,飞锡虞山,托钵钱门。岂知构异隙于防纡,中奇殃于宿对,然处之坦如。日持《普门品》《大悲咒》,而罗网涣释。由是异迹著于一邑,声闻播于三吴。说此横逆,依止宝华,严净毗尼,纂修律部。见月弘戒,每届临坛,或任教授,或司羯摩,左之右之,辅翼有年。而僧伽黎之付,盖有自矣。

后卓锡楚州湖心寺,求戒者接踵。因慨然曰:"曲成后学,实乃绍隆佛种,何却为?"于是首传戒于睢宁普济,继说戒于淮阴准提,复弘戒于山阳大悲院。无何,见月书迎,还山淮郡。净土禅林,本祯创为律堂。丁巳冬,迓主丈席,遂弘法化。时大中丞帅公佩服高风,深心爱护,麾下军民,莫不尊亲,依若慈母。戊午春,京口诸山请说戒于避风馆。后因见月示寂,归山省视。蒲坐未暖,复有真州荐绅迎主五台。春冬传戒,夏则安居。学者从之,如水赴壑,得戒者千余。复建五楹大殿,鸟革翚飞,新立三圣法像,圆满庄严。由是道风丕播,遐迩均瞻。王公卿相,聘自都门,太守邑令,亲为促驾,人所羡忻。禛反却之,视名利网虚空粉碎矣。虽年登古稀,而闳阐法海,衣被后来,终不辞劳。著有《随机羯摩疏钞》六卷,《毗尼甘露择要》十卷,《律学日云要本》《教钵轨式》《历代律祖略传》各一卷。方纂辑《羯摩疏钞》,将成,日梦礼宣祖塔,以为积诚感应云。

清江宁宝华山隆昌寺沙门释读体传

释读体,字见月,姓许氏,楚雄人也。旧籍江南句容,远祖某,明洪武时从军,开滇黔,以功世袭指挥,遂家焉。父醑昌,母吴氏。懿言淑行,雅慕因果。梦梵僧入室,寤而生体。质禀钦奇,幼而神敏。好游览,善绘事。所至山水佳处,多留墨妙,尤工大士像,人争宝之。父母早逝,伯父无子,嘉其聪秀,欲使袭职为指挥。体不屑也,而慕赤松子游。尝至金沙江甸尾山,寓浪穹,迁赤宕岩,矢志修真,为黄冠三载。一日,偶行松下,遇茅庵老僧,与语甚契,授以《华严经》,读至《世主妙严品》,幡然有省。遂诣宝洪山亮如剃度。闻江南有三昧律师宏戒,慨然慕之,一瓢一笠,重茧而行。时当明季,流贼桀牙,烽火相望,饥荒遍野,土寇肆劫。所过崇冈危磴,盘江险洑,蛮雨瘴烟,猿嗥虎啸之区,荒祠古墓,深菁蔓草。昼则风餐,宵则露宿,体一意孤行,不为物扰。先入南岳,演《楞严四依解》。继登破额、冯茂、上高，礼诸祖道场。进九华，朝五台。再度大江，始遇三昧于海潮庵。往复二万余里，行脚六年，不知疲也。

既圆戒，充上座。讲《梵网经》，析义敷文，四座称善。体犹欿然不自足，乃于藏中，检《四分》并律藏读之，殚思研讨。间遇壅滞，祷佛求解，默坐移时，涣然冰释，由是毗尼大畅。尝从三昧传戒金陵报恩寺，座下千人。体临坛教授，忽忆初为黄冠时，梦至一大寺，金碧交辉，苾刍云集，门阃甚高，跃身而入，自顾已成僧相，一瞿昙丹衣高座，招之使上，授经命讲，众皆跪听。汗流而觉，及是所见，仿然前梦。距金陵七十里有宝华山，为志公道场，年远颓废，郡人迎三昧主之。体管院务，庀材鸠工，楼殿寮阁，雕饰庄严，大江南北，罕与伦比。乙酉，三昧示寂，即受衣钵。总持三学，以十事誓众，人颇难之，久而悦服。盖悯时习，便安止作，真教久成绝响，故结界立规，率先躬行，是制必遵，非法必革。寻复安居之法，门人日进。清室初兴，山寇时发，入寺横强。体诱致渠魁十人，设食供毕，忽厉声以大义责之，且晓示利害，大众围绕，贼相顾欷歔，逡巡遁去。有谮于大将军者，谓华山通贼，缇骑麋集，执至军前，剑戟如林，众僧惴惴，莫敢仰视。体独整威仪，缓步升阶，合掌而立，具陈华山为江南孔道，不能禁贼往来，并前日留食解散之故。三问三答，词气从容，颜色不变。巴厰二将军与陈中丞异之，悉解众僧之缚。又欲杀监院孙内监房头克修三人，体争之曰："罪在寺主，愿伏斧锧，勿累他人。"将军益奇之，并释不杀，还其田里，给帖护持，寺乃复安。

壬子，江南荐饥，导输赈粥五十余日，全活无算。每振锡出山，四方风动，遐迩缁素，奔礼恐后。戒徒千四百人，堂食三万指，法席之盛，世所希有。戊午岁除，示微疾。己未春正月既望，力疾起视，诫弟子曰："勿进汤药,更七日行矣。"至期,端趺而化。寿七十有九,腊四十八。荼毗,得五色舍利。所著《大乘玄义》《止持会集》《作持续释》《黑白布萨》《传戒正范》及《僧行轨则》诸书。其《毗尼止持》十六卷,《毗尼作持》十五卷,清乾隆时,释福聚奏请入藏。

清晋陵天宁寺沙门释戒润传

释戒润,字香雪,姓陈氏,夷陵人也。家世珪璋,心慕空门。深知情幻,妙达真常。乃弃俗荣,剃发披缁。近圆于三昧,禀具清修。遂历讲肆,就正名宿。精通经律,致功净土。尤善文词,挥豪成韵,见重时贤。辅化千华,颇淹年载。继复卓锡毗陵天宁律院,四众礼请,临坛演戒。时有祥云五色,覆其法座。缁素咸瞻,以为奇瑞。大清受命,颇崇释典。润遭际景运,敷化江南,受法弟子不可称计。道缘既终,建塔寺院。春秋五十有七,腊二十余。著有《楞严贯珠集》。

清江宁宝华山隆昌寺沙门释德基传

释德基,字定庵,姓林氏,休宁人也。父之泰,母姜氏。诞生之辰,瑞雯满室,吉祥止止。稍长,性见慈善,雅信佛旨。芳洁自喜,不近酒肉。读书颖悟,数过不忘。尝闻老衲读《金刚经》,至如露如电,顿发出世之心。以亲老弟幼,不忍遽违,力事生理,承欢菽水。及父没弟长,能委家计,乃拜辞慈帏,径下姑苏,访吴中有道知识。得宝林寺竹怀,往求剃度,给侍左右。将及一期,闻金陵华山见月演戒,因缘启白,得受具足。然陆沈下版,未露圭角,专志研精,诸大律部,俱臻玄奥。凡十五年,得阇黎成拙称许,拔居教授。整饬规约,上下敬服。见月化后,即受传衣。履席二载,声誉旁流。甲寅秋,江南苦旱。入冬,山下饥民,就食山头,为设粥赈之。恐粮少不济,率众渡江,由仪真至维扬,沿涂托钵,郡邑善信,素仰德望,乐施不绝。山上荒黎,卒赖周济,至麦熟始散。

癸亥冬,徇两浙绅耆所请,至武林昭庆,说戒一期。香花塞路,道俗嗟叹,善因福果,世所希有。所著《毗尼关要》十六卷,《羯磨会释》十四卷,《比丘尼律本会义》十二卷,撷其菁华,发抒底蕴,诚便后学。庚辰季冬朔,示微疾,集大众,诫之曰:"凡我出家,止为生死,不可不真实修行。既知修行,必当严持戒律。若不持戒,而欲超脱生死,如缘木求鱼,舍舟渡海,岂可得哉?吾早晚行矣,愿共勉之。"至八日,沐浴更衣,号佛而逝。塔于龙山之阳,寿六十有七,腊四十八,坐夏四十四。弟子三十八人,一时铮铮,足嗣法响。其《毗尼关要》十六卷,清乾隆二年,释福聚奏请入藏。

清宿迁极乐庵沙门释性澄传

释性澄,字湛一,姓胡氏,棠邑人也。幼事章句,颇厌繁文。抗志高迈,愿从净息。年近弱冠,就本邑普照寺了尘落发。挟锡南游,参学淮安,受具戒于嵩乳。复从正观法主习贤首教,栖止袁浦慈云庵中,澹茹数年。刺血书《华严》《报恩经》,嗣参玉林诸耆宿。最后登千华,觐见月。精习戒律,忽焉三载。止作二持,服膺罔懈。甲午,受宿迁智恒请,主极乐院事,以法度人。历岁传牒,远侣云集。道流景附,檀施日富。鸠工庀材,从事修建。大淮以北,千里之内,极乐遂为一大丛林。辛丑岁,淮阴绅耆,敦求宏法。澄至,重兴圆明古寺,胜会无遮。复徇邳、徐、两淮名刹。请修大悲忏法,每感瑞异。深息恬退,还山后,虽年衰,犹精进不辍,行般舟三昧,不坐不卧,三月而息。又念四方行脚,去极乐北无息肩处,乃于峒峿五花顶,建全潮庵,山下道旁,并设茶座,以利来者。康熙甲子,得腹疾,至十一月朔日,呼汤沐浴,更衣,命侍者集众曰:"吾今日当与众别。"端坐号佛,悠然而逝。春秋六十九,坐夏三十二,塔于全潮庵院。所著《大悲净土忏法》《瑜伽焰口作观节次仪文》若干卷。先后演戒三十余坛,感应奇异,恐涉惊疑,不复笔之简册云。

清杭州昭庆寺沙门释书玉传

释书玉,字宜洁,姓唐氏,武进人也。母梦月入怀,感之而生。幼时嬉戏,便陈盂钵。长习举业,颇通儒术。一日,听邻寺僧诵大乘《行愿品》经,质问义趣,豁然领解。遂发愿辞家,诣京江嘉山,从自谦剃度。服勤既久,赴金陵华山,受具于见月。供侍巾瓶,兼究律部。康熙癸亥,与定庵偕赴昭庆,临坛演戒。定庵还山,玉遂驻锡兹刹。昭庆寺者,唐道宣之所创立也。寺有戒坛,宋允堪之所开始也。屡遭兵燹,遗址犹存。明季,三昧自华山来,倡道新徒,四众景从。既而嗣音寞落,坛久尘封。玉至,而法轮重扶,躬履诚悫,寒必露顶,午不加餐。每岁春冬,两期弘戒,四方缁白,闻风翕集。主持三十八载,戒具者万余人。庚辰之岁,寺烬于火,次弟建造,轮奂更新。

然自壬辰,讫于己亥,八年之中,不遣一僧募化,而鹤俸清分,凤钗蠲助,纷纭辐辏,曾无匮竭。愿力所致,卒竟斯业,殿宇门垣,山寮园房,塔院神像,靡不光辉。成功之日,廷颁《龙藏》,供诸名胜,照耀湖山,福觊神庥,交欢备致。以康熙辛丑十一月十四日示疾,说偈坐定而化,寿七十七,腊五十六。著有《梵网初津》《羯磨仪式》《沙弥述义》《香乳记》《二部僧授戒》《兰盆合释》《忏悔文解》《发愿文解》《宾主序解》诸书。门人为之建塔寺院。南屏隆树赞曰:"儒之所贵,明德中庸。释之所重,三学为宗。世邈人遥,孰执厥中? 乃有人焉,玉器雪融。万行圆修,三宝兼宏。善德光明,高逾玄穹。垂教千古,罔知其终。昊天不吊,颓厥天峰。瞻仰道迹,浩淼难穷。令我怀想,碧水苍松。"

清姑苏狮林寺沙门释书秀传

释书秀,字慧宗,直隶通州人也。幼悟幻泡,即厌樊笼。因仰空门,便依精舍。习止教观,若温旧读。时金陵宝华山见月四分妙解,一时宗匠,向导后进,指破迷津。秀抠斋趋承,遂隶门下。久之知为法器,乃授记莂。衔命主苏州凤凰山狮林寺,摄衣升座,讲《木叉律》。容止端严,词辩清畅。瞻仰日众,信受益坚。大司寇翁公铁庵亦归依受戒,请讲《楞严》。敷衍微言,阐扬秘赜。七处征心,一语指掌。妙旨新辞,使人意领。曲邕旁达,足晓未悟。既扫支离之习,亦无汗漫之谭。故闻旨心通,如开茅塞,见理精审,若披云雾。见月尝题额示之,曰征心律院,盖纪实也。曾驻锡于枫江慈泰寺,西园戒幢律院,昆山放生、玉泉诸刹,皆不久处,还守本山。以康熙三十八年己卯九月三日示寂,春秋五十有六,僧腊三十有五,塔于寺右穹窿山下。其徒有灵跃、淳朴,皆律门领袖云。

清淮安闻思寺沙门释真贤传

释真贤,字独愚,泗州人,宝华见月弟子也。赋性简约,敦崇实行。外内典籍,靡不博览。尤精于教观,深得《楞严》之旨。自禀具千华,究心三学,凡所传集,贯澈精微,故分座演法,称为律匠。有行僧蓝盂者,建斋僧馆于楚州古枚里,谋之漕督帅中丞,扩张旧址,聿宏戒法,请贤住持。帅公欣然允许,改僧斋为大悲院,仍施膳僧田地,豁免差役。贤既戾止,初阐教乘,遂建戒幢。大淮南北,律学昌明,自贤始也。然经营伊始,不过数楹,饥馑之余,艰窘莫支。贤殚心造筑,精诚感发,檀护频来,施舍相继,卒立丛林,殿堂廊庑,罔不完备。又念止作二持,末法津梁,律门向导,必入大岁,庶不负著述,苦心并晰,镜砖疑议。因发愤,往京师。留居待时,将达所志,而积劳成病,终不服药,谓:"幻化空体,聚散不常,何劳人事?"唯栖心净土,超然善化。弟子遍知正奉灵骨归。世寿、僧腊,殊无可考。

清姑苏真谛寺沙门释书净传

释书净,字碧天,姓陆氏,江阴人也。生有异质貌焉。始孩,便厌膻腥,近之则啼。稍长,能诵佛号,见僧辄拜,不待教使。十三丧父,矢愿出尘。礼药雨为师,沉静好学。诣见月受具,随侍巾拂,服勤有年。精研律藏,兼究经论,造诣日深,遂付信衣,陟居要职。吴门程勉卿者,善士也,病垂死,梦华山僧饮之药而愈。因偕其友陆德敷入山访之,遇净视之,俨然梦中僧也。请于见月,分化吴下,以年少辞。后坚请之，始至，居城西之积善庵。时败壁颓垣，饘粥不继，净处之恬如，曾不芥蒂。唯精持律仪，严摄一众，羯磨布萨，规条肃然。人知信仰，檀护浸多。由是经之营之，创造戒坛，殿阁廊庑，数年之间，遂成巨刹。净广颡深目，大颐方口，目光炯炯，音如弘钟，望之有威。而性情和易，处事必诚，接物以慈，新徒禀戒，知愚同诲。虽累千指，肃然一室，威仪有则，不敢苟简。学子一涉其庭，依依不忍去，其感人之深如此。大清之初，佛法昌明，圣祖御极，颇重名僧。嘉净清德，颁赐御书《金经》，建阁藏焉。康熙四十二年，大驾南巡，面承褒语，复赐《心经》三册，御书"衍真谛"三字锡之。因改寺名，额以真谛，用昭异数。以康熙四十四年乙酉秋九月示疾，书偈别众，瞑然坐化。寿六十，腊四十有二。弟子湛中，奉塔供焉。

清燕京潭柘山岫云寺沙门释照福传

释照福，字振寰，姓孟氏，大兴人也。生有殊性，独坐寡言。方在龀龄，便亲法乳。初，依延禧寺名驰剃染，受具于广济寺万钟。精进潜修，足不逾阃者十有五年。究求律学，侪辈钦止，争师事之。万钟寂后，寺众同词，请福继席。独怀恬退，誉望日高，从学益众。康熙二十五年丙寅春，圣祖恩命住持潭柘岫云寺。大驾幸临，复奉温语，奖许有加。自是法侣景从，云合雾集，檀施辇辐，不可亿算。遂兴建造，扩广殿庭，一时轮奂，崖壑交辉，为西山诸刹之冠。戊寅秋，示微疾，圣祖闻之，命内务府选医护视。以己卯五月六日，索汤沐浴，返席而化。春秋六十六，腊三十二，塔于寺前。营葬之日，特赐内帑并龙旗御杖，以示殊异。康熙四十一年四月，圣驾重游，眷念旧情,命取绘像以进,嗟惜久之。遂邀睿题,有"若非明镜当前语,笑指真图是戒坛"之句。其道范钦峻,深契帝心,于此可见。而荣终之锡,追慕之隆,旷代希有,又何憾乎?

清金陵宝华山慧居寺沙门释真义传

释真义,字松隐,姓曹氏,江都人也。母戴氏,感异兆,有白衣授青莲一枝,垂花合跗,惊而举子。故生有夙慧,幼而聪颖。稍长就傅,知求大义,不屑章句,塾师惊异焉。年近弱冠,颇厌世俗。父母爱怜,不忍舍去。因念前梦,当证莲台,遂尔听许。送投子寺,礼静生祝发。一见教典,如温故简。每谓:"佛法不出三学,慧由定生,定从戒始。"乃渡江,登华山,乞具足于定庵。一期之中,威仪动静,谨肃端严,精究律门,终岁靡懈。定庵深相契许,知非凡器,拔为序首。董率后进,善诱多方,莫不感佩。尝言:"天台创教,其预设律宗制度,悉与西方未来之经印合。教非律不能精严也,舍戒律而谭宗教,如匠氏之废绳墨,安能善其事乎?"闻者叹服。每欲兼灵鹫三宗,扩充心境。遂下吴门,渡钱塘,登天台,遍参有道,多相契重。旋入京师,王公天宝仰其声誉,延居延寿兰若,正席方丈。乃愿行头陀行,一时归礼者,倾国而来。

明年,宏法给孤寺,鳞附蚁聚,室无所容。未几,定庵速之还山,竟付衣钵。戒坛累启,四方云集。抗席敷陈,花雨缤纷。圆音远邑,上达天聪。康熙癸未仲春,圣驾南巡,征赴行在,敕赐慧居寺额,御书《心经》《金刚经》,袛受而归,辟阁珍储。丁亥春,翠华南巡,幸临斯山,垂询创建始末,应对详尽,天颜有喜,为书"莲界云香""精持梵戒"二额赐之,又书"涌香林"三字于方丈,以示优异。

说者谓："莲香天语,与母兆暗合,斯为验矣。"初夏回銮,渡江迎候,复赐金箴彩笔、渊鉴法帖诸物,宠锡优隆,遐迩嗟咨。一日,示微疾,集众曰:"七日后,吾当别矣。"至期,沐浴更衣,危坐而逝。春秋四十九,腊三十八,坐夏二十五,塔于龙山一叶庵左。义道貌魁梧,法音清远。顶如霁月,发若旋螺。不厉而严,语无轻发。接物以诚,渭泾弗爽。人多敬之云。

清燕京潭柘山岫云寺沙门释超越传

释超越,字止安,姓王氏,大兴人也。夙抱清怀,雅欲离俗。年逾三十,始越尘嚣,胜福寺海云为之祝发。受圆具于戒台寺道光,动静尊严,德性坚定。日有恒课,不牵外缘。入夜焚香,趺坐净修,自摄其心。康熙三十三年,寺毁于火,赐帑重修。将建栋时,有一木初拟置左,众欲右之,舁不能升,超祝之曰:"我右汝也。"不数人,舁之以去。住持照福,见其诚感木石,知有自来。尝于圣祖游幸时,从容奏对,称超品度,比之仙露明珠,帝亦为之嘉赏。己卯,照福寂后,奉命继席。明年,与诸山长老赴畅春园,将觐天颜,适虎圈有虎怒唬,威势狞狞,众莫敢近。超突前曰:"汝由性暴,故堕虎身。今犹不改,性必终迷。汝伏,吾为汝说三皈,可得解脱耳。"虎遂驯服,说毕帖然,曳尾而去。生平奇迹,此类甚多,恐涉怪诞,不以语人。寂于康熙四十一年八月三日,春秋六十有一,僧腊二十七,塔于寺左。超精行戒律,日益严密,有北方律虎之目。

清金陵慈应院沙门释通明传

释通明,字眼闻,姓李氏,滁州人也。生有异性,方在襁褓,偶哺肉羹,即便吐弃,更以蔬食,接受如常,家人怪之。年甫弱冠,泊然自处,有志离尘。康熙庚申,从牛首山宏觉寺以忠祝落。湛心内典,力求彻悟。遂登华山,禀戒于定庵,弥复精勤。始受律义,随乞便讲。辨析文理,折衷指归。勤勤苦学,多历年所。一日,读《云栖法汇》,至"凡心未尽,圣果未圆"处,即痛念生死。更自磨砺,行般舟行,三易寒暑,其志不坠。定庵嘉其诚恳,闵斯愿力,命主慈应法席。明禀祜居醇,含章纵哲,箧蛇能弭,心猿久制,譬圆珠之朗洁,若春云之霭和。是以风徽远邑,缁素归心,爱畏兼深,尊为律虎。寂于康熙五十九年,寿六十,腊三十有九,塔于慈应山前。

卷第三十
明律篇第四之四
正传十四人　附见八人

清金陵宝华山隆昌寺沙门释实咏传　心开

释实咏,字珍辉,姓陈氏,霍邱人。父玉林,母汪氏。幼负欹奇,不偕俗戏。闻僧诵经,宛如宿习。塾师授学,过目不忘。观其行止,叹非凡品。乃自请于亲,愿超尘网。父母知其志坚,终不可夺,许诣近邑大悲庵心开祝发。初,演《华严》《涅槃》诸法,悉通大义。年二十五,慕华山仪范,辞开南下。旬有五日,始渡大江,底龙潭院。负笈登山,林中一径,晨光晻映,周回顾盼,仿如旧游,乃自惊愕。俄而叹曰:"转地凡夫,以何因缘顿临斯地?"及受具足,精求律意。早夜孜孜,不遑宁息。遮制轨范,取次领悟。其最深者,莫如智圆律师所著《会真记》。当时读者,谓其菁粹,超出六十家释义之外。咏综其旨趣,为之贯彻。非夙抱慧姿,殚志研虑,能如斯乎?主僧闵缘,窥其学识,擢之教授。开迪新知,道归正的。心力既竭,色相俱空。时闵缘告谢,逊以法席。三辞不获,始敢拜受。谨慎操行,惟恐失坠。每逢圣寿,建设道场,延厘介福,制府将军以下文武百僚来山瞻礼。昼夜斋宿,间与酬答,开示要旨,莫不敬信,归诚悦怿。康熙六十一年壬寅春仲,方示微疾,知世缘将尽,付衣文海,注念净域,号佛百声,奄然顺化。春秋四十有八,僧腊二十一。荼毗时，火光如五色云霞，散布山陬。三日，收遗灰藏之一叶庵左。

清凤山龙兴寺沙门释溥璃传

释溥璃，字儶雯，别号借堂，姓王氏，毗陵人也。韶龀嬉游，效诵佛号。欢心作礼，出自天然。长涉诗书，颇通大义。父母既没，听僧诵经，至"无智无得"，慨然有志，超脱尘凡。时年十四，投邑崇圣院瑞可剃落。专事礼诵，不涉外缘。净修十载，思得圆具。乃登宝华山，受戒定庵。安居学律，并侍书翰。已卯冬，遂受记莂，委较尼戒。道誉宣鬯，远方乞请，遂宏法于虹州广慈寺及释迦寺。乙未秋，复为凤山士大夫所请，入主大龙兴寺。寺殿倾圮，荒榛满目，凤地僻小。值明季兵燹之余，井邑萧条，檀施殊鲜。璃胼手胝足，苦心劳力，卒能修葺院宇，培养林木，使灌莽丛薄之地，蔚成招提胜境。且以余力，建僧寮厨库，视吴越都会商富聚集布金祇园者，难易迥别。璃矢志纯一，坚固不回。驻锡兹山，十有三载。成斯盛业，信非偶然。寂于雍正五年丁未十一月二十五日，寿六十有一，腊三十又七，塔于本山之阳。

清维扬石塔寺沙门释学伦传　瑞亭

释学伦，字抚生，别号幻堂，姓梁氏，海昌人也。赋性明敏，颖异绝人。童年入学，授以经史，辄能了彻。及既成立，颇志事功。尝授江西吉安永丰守备，梦感神语，因弃官去，削氏为僧。初，依清河西来庵瑞亭，研精《大藏》。已而闻人言，离戒修行，犹无足欲立，无翼欲飞，乃爽然自失。渡江，礼宝华定庵，持四分律。复参上乘，远游天台，瞻仰阿育王舍利塔，赤耀如丸，采腾虚际，心窃自异。未几还山，即受记莂，持律精进，已越五腊。自以立誓书经，愿力未毕，孑身至维扬准提庵，闭户禁足，刺血写《华严经》。既成，始徇绅耆之请，主席西城石塔寺。旧为三昧宏戒之所，遭岁荒凶，鞠为茂草。矢愿重兴，天人共应。复修般舟三昧，阐发戒光，胜缘会集。癸巳之春，重修大悲阁、布萨堂，落成，苾刍麋至。丁未冬，复建白石戒坛，置饭僧田数百亩。楼殿寮庑，秩秩有序。视昔之蓁莽塞路、瓦砾碍行者，焕然改观矣。伦尝说戒于泰州之朝海，时州人妇有怪疾，知为宿愆，十年祈神，弗能解，一日自言，非抚生法师不能救，因为忏悔，豁然如失。甲辰春，应盐城永宁之请。时愆旸不雨，屡祷不应，伦虔恳祈佛，甘霖大注。是秋，海潮泛溢，溺者无算，伦持《大悲忏》百日，幽济慈航。凡造请所至，四众改观。临众应机，老而无倦。追随请益者，日填堂宇。以雍正戊申夏四月示寂，世寿七十有三，僧腊二十八，坐夏二十三，塔于扬州城北建隆寺西。

清燕京瑞应寺沙门释性证传

释性证，字檀波，姓熊氏，为南昌右族。父时英，母陈氏，并崇佛旨，雅甘澹素。诞生之夕，母梦幢幡飘摇，自天而降。虽在襁褓，即异凡童。幼习诗书，略通大义。父母并逝，年逾有室。读礼将终，更赋悼亡。乃游京师，聊写忧思。寓龙华寺，见藏经阁。日寻内典，遂大感悟，慨然有出尘之志。就德润剃染，诣宝华定庵圆戒。退而结茆保定三台村，修杜多行。康熙壬辰岁，左都揆公招主龙华。明年圣寿，讽经祝厘。揆公捐俸，重新梵宇。事闻，赐名瑞应，并书"法云真际"四字,以显异之。先是寺中旧植文光果树,至是始实,双果并蒂,驰献行在。天颜大悦,为制《文光果诗》,从臣属和,传为盛事,寺遂因此得名。证进道坚勇,顶礼达旦,过午不食。冬必露顶,夏必重衣。每春传戒,岁以为常。寂于康熙六十年正月二十五日,寿六十有三,腊二十有七,塔于都城鹰房南。

清宿迁极乐庵沙门释兴祥传 不器

释兴祥,字桂昌,姓熊氏,吉安人也。母梦老僧投锡,惊寤而生。幼好静坐,性根不凡。年近富强,父母并逝。遂北游淮郡,剃度于菩提社隐名,受具于宝华山见月。寻依极乐湛一,荏苒十载。忽焉辞去,南参报恩大觉国师。凡名山大川,流览几遍。或谓风尘奔走,与匿迹潜修,两相县殊。不知道无不在,感无不通,动即静机,事为心印,其中真谛,非可泛测。祥胸无蕴蓄,故自去来,而不方物。后还山,力般舟行百日,豁然超旷,会委逢源,不可涘岸。适有不器禅士,来自都门,谓念佛不离参禅,参禅不碍持戒,百千三昧,不出心地一法。祥即恍然曰:"戒体圆明,德性空寂。反观本源,空性亦灭。了无持犯,是即心地法门。若存一念,见开知觉,便名破戒。况余念耶?"器与湛一,闻言首肯,默印心许,遂居首座。自是严究毗尼,精研广律,服勤十载。甲子冬,湛一寂后,继主法席。四方缁流,嗢然向化,日盈千指。祥克己以廉,接物以宽,务持大体。至于殿阁轮奂,田园增广,犹其余也。以康熙六十年辛丑十一月八日示寂,寿八十四,坐夏四十七。传戒二十七期。塔于县北五华顶。

清淮安普应寺沙门释溥范传

释溥范,字友昙,姓王氏,崞人也。家本仕族,少通儒术。年甫及冠,闻僧说戒,是心作佛,是佛是心,顿悟玄旨。遂剃染于三皇寺。复登宝华,得戒于定庵。精究毗尼,依止五夏。出参名宿,宿迁极乐寺湛一,见而器之,留为辅教,侍锡讲筵。随之还山,继席极乐。高建法幢,力行律制。尝与四众,结社修忏。讲演教观,勉敦苦行,遐迩归从。更徇众请,移锡普应。至则重新梵宇,严谧寺规。行解相应,功修无间。寂后,弟子彻洞奉为普应初祖。寿八十七,腊六十七。阇维,建窣堵于喜见塔北。双标相望,湖山之间,自饶幽胜。

清毗陵永宁寺沙门释学潜传

释学潜,字灵跃,平湖人也。幼习章句,资禀颖悟。独于贝叶上乘,一览弗遗,深嗜笃好,若有宿根。每谭禅理,时参妙解。年十九,祝发于姑苏真谛寺。因受具焉,操行严密,寒暑无间。历览名山,寻求佛祖证度之地。餐风味道,披雪传空。彻悟本来,归于自在。遂于狮林得法,开永宁律宗焉。毗陵旧有兴宁律寺,创自李唐,宋元而后,叠遭兵燹,败堵数椽,倾圮将尽,前人胜迹,荡然无余。潜游笠过此,恻然闵之,宏愿振兴,思缵前业。昕夕劬勤,持守律法,洁修精进,远迩翕然。僧众归依,规模式扩,高甍广座,堂殿鼎新,巍楼重宇,上薄霄汉。就其下作波罗提木叉之坛,围以文石,甃以古砖,闳敞瑰丽,卓然大观,为常郡诸兰若所未有。始于康熙庚寅,迄于乾隆己未,经营缔构,三十余年未尝稍懈,故能兴废拓荒,追隆往哲。乾隆十二年戊辰,潜年八十有二,设龛召众,讲法说偈,欣然入龛,跏坐而寂。

清淮阴闻思寺沙门释溥训传

释溥训,字宏范,姓彭氏,射陵人也。性质敏颖,不类凡童。幼依近邑延寿寺为僧,略习经典,颇解吟咏,出语天成,人多异之。年二十,闻独愚宏法楚州,诣坛圆具。精研律部,博综梵文。尝谓律学虽严,心宗不可不究。乃出参名宿,识碧岩于吴门。性缘契合,遂畀首座。验龙蛇于棒下,辨龟兔于镜中。大事既明,翛然自了。因于天平山之阳,缚茆为弇。乃占偈曰:"井上枯藤鼠啮多,争荣岂若住山阿。临溪短屋留云处,香吐松华映碧罗。"又:"手握吹毛剑一横,诛茆那惜路重重。深黄浅碧从兹尽,显出当阳个里人。"语能见道,音亦入古。由是词人传诵,声播两淮。及圣祖南巡,雅好吟赏,有司引训至袁浦。承恩召见,奏对应机。宸衷大悦,随扈广陵茱萸湾,仍命和韵,御书闻思寺额及《金刚经》赐之。拜受还山,意殊坦然。是岁首夏,略示微疾。五月朔旦,辞众而逝。追銮卫北旋,再过楚州,犹系圣怀,指名垂询。芳芬未沫,尘响不存,人事有终,胜因难再。俗众惜之,方外何荣。

清徽州韵松山寺沙门释寂融传 心空

释寂融,字莲城,姓张氏,宛陵人也。家本望族,生具福相。幼性敏悟,夙好诗书。长甘澹泊,归志清净。从益念剃落,殚心教典,靡不通贯。年二十,登华山,受具足于见月。随侍巾拂,数易寒暑,亦见器重。出参名宿,得礼心空于翠微。师资道合,两相印许。遂传以毗尼,授之法衣。于是刻苦自持,勉励行修。乃于韵松岭头,别筑一亭。冬汤夏茗,利济行者。远道流传,誉问宣昭。邑宰陈公闻而敬之,请主韵松。西乡檀越,又乞驻锡翠微。道化覃延,胜会无遮。两地戒法,一时振兴。往岁太邑祭祀,皆用鹿羞。猎火焚炎,响穷山谷。飞毛雨血,恻焉伤之。融为请于陈公,卒得免焉,里人深感之。暮年,仍还韵松,多与士林赋诗往还。每于赠答,随机诱迪。故文学之士,多愿皈依。后邑宰王公又创瓣香禅室,以供养之。融年逾八十,鹤发童颜,望之起敬。其修诵操行,老而弥笃。示期垣化,日月不爽。建塔山左,程绳武为撰铭。

清江宁古林寺沙门释海华传 心融　隆野　印含

释海华,字藏林,姓邓氏,宿人也。将娩之夕,母梦众僧受食,中有老衲,眷盼久之,迟回不去,觉而举子。知有宿因,宜祈佛果,遂求法名于里南大圣寺心融。心曰:"俗子投佛,意期荫怙。若华藏林,无畏风霜。"因名字焉。华生而岐嶷,幼有雅趣。性不嬉狎,独怀静洁。尝随母入寺,见僧威仪,恋恋不还。亲嘉其志,又感前兆,命依心融祝发。一切经典,受授不再。时有隆野,弘法夏邑,偕从与席。期毕,复之彭城。值云崖老宿谭庄老于塔山,众多与之。华独谓:"学无内外,内外在人。欲大其心志,妙其有无,此二学可表里,而不可偏尚。吾道大成,如海纳百川,同一盐味。"众莫能易。自是周游瀛宇,循览天中,达哲邵英,悉皆访谒。凡住处案头,唯宝旧训,熟读精讨,志在力行。闻祇峰法主阐《楞严》于古徐功德林,不惮千里,研穷数月,不能无疑。负笈南下,直指金陵,参月潭于

《圆觉》,再绎《楞严》,前疑洞释。

明崇祯十年丁丑冬,请戒于古林。印含喜其敏达,命司记录,书翰文词,代之裁治,靡不雅炼。时心融南询,欲华偕行。印谓华曰:"律是慧基,非智不奉。学未弥腊,岂宜他事?"猥以心命,不敢重违。同造天童密云禅师,令看父母未生前语,数月未彻。无何,心融、印含相继寂灭,华还古林,除职维那。偶提前说,顿破群疑。大清顺治三年,西竺老人居碧峰,新旧数千指,独识华于言论之表,称其戒行严密,学德俱深。壬辰春,犍椎集众,继席古林。是秋,岁旱乏食,众以大豆杂充午钵,有私市麦食以供方丈者,华斥之曰:"大众忍饥,我独果腹,是陷我于不义。"侍者感悚。复躬亲劳作,实导平等。众益亲附,学徒云臻。以康熙十八年己未入灭,寿七十二,腊四十九,塔于古林后山。

清燕京潭柘山岫云寺沙门释澄林传

释澄林,字洞初,姓张氏,武清人也。赋性慈祥,不伤生物。初投京师观音阁剃染,复从潭柘振寰受具足。遍历讲肆,讨论性相。兼叩禅宗,参究心要。虽出入宗教,而律身端严,语不妄发。衣钵自随,过午不餐。时瞿骨妙伟,皆深器之,谓有优波离之风。复归潭柘,辅导止安。为尊证者,四十一年。规范后进,不威而严。仪度汪汪,大众化之。廊寮接语,莫敢倾侧。一日,静坐,闻棚上群鼠窸窣,少焉益甚,寻复寂然。林心怪之,命侍者破棚,十数死鼠,累累坠下,口有余粒,知中毒药。乃至米库,复见群鼠,往来驰逐。林作色曰:"何不治之,而饱鼠腹耶?"司库对曰:"已和毒饵,彼东西跳梁者,将自毙也。"林乃痛加诃责,以违律伤慈摈之。然后知棚顶鼠声,犹呼吁见告,其德行感物如此。康熙六十一年壬寅,继席岫云。建楞严坛成,宣讲《梵网》,明辩以晰,开人心意。雍正六年戊申十一月五日示疾,诫其弟子曰:"末路比丘,乞食维艰。丛林接众,恒产为要。比岁负贷,二千余金。搏节苦辛,幸偿夙逋。欲增饭僧田,愧未及耳。事在得人,我无他愿。"言讫无声,溘然坐化。春秋六十有二,坐夏三十有八,塔于寺左。

清金陵宝华山隆昌寺沙门释常松传

释常松,字冈缘,姓陈氏,金坛人也。性厌繁嚣,颇耽幽僻。幼入塾学,宛自成人。塾师异之,谓宜养其静志,侪之士林。然家世农耕,务勤稼穑。松雅甘苦辛,不慕浮荣。年及弱冠,恳请离尘,父母许之。遂造九华甘露庵,从因实剃度。闻华山见月中兴毗尼,即登宝华,受具足戒。立德辨道,心树益高。松隐老人欲深窥法器,试以钳锤,乃愈自磨砺。历掌维那,一堂之内,分别三根。上者喻以纯旨,深思自得;中材导以正途,循序而进;又其次者,曲垂教言,引之渐入。三者不同,成功则一。故化有程式,人无弃材。新旧学子,荣出其门。松隐谢世,命传祖衣。康熙五十二年春,值圣祖万寿,上京祝厘。驾幸道场,奖其仪范,日赐御馔,并锡紫衣、玉器数事,奉之还山。时浙督赫公、将军鄂公皆相引重,敬礼有加。九华田产,亦为之勒石警众,用垂久远。寂于康熙五十七年戊戌八月九日,春秋五十有五,僧腊二十有三,坐夏二十有二。

清仪征隆觉寺沙门释洪建传　佛定

释洪建,字冶牧,姓冯氏,夏邑人也。母方孕时,即厌腥膻,见人肉食，便作呕逆。诞降三日，母梦儿言曰："误入汝家，意欲舍去。"母因急留，仓皇惊觉。晨起视儿，果病不乳。其母祷于大士，愿寄为僧。弗药有喜，遂礼近乡洪福寺庆庵为师。七岁，入寺剃染。初习经典，渐能领悟。十有余载，勤修不懈。年已及冠，始具三坛于白云佛定。入室造请，叩求经义，研习切韵，威仪中度，文质彬彬。既而南游，躬践宝华。学律于定庵，五易寒暑。既通律部，欲透禅关。扣诸宗匠，杭之理安、绍之显圣、宁之祖印，吴越知识，次第参访。康熙戊子，重上华山供职，羯磨三年。复徇维扬士绅之请，主席隆觉。尽心训导，大宏法戒。三十余年，孜孜无倦。是以道俗归崇，檀施恐后。维扬交如汪公，施金三千，创建戒坛于寺之左，使数亩古刹，易色改观，望之如祇园精舍。其胜缘所结，岂偶然哉？

清燕京潭柘山岫云寺沙门释明寿传

释明寿，字本然，姓杜氏，宛平人也。幼依普济寺休如落发，初寻经绪，渐明宗教。康熙四十年，得戒于潭柘山止安。五篇七聚，并穷研讨。精修锐进，罕有及者。遂跻首座，阐心教授。十有六年，位列尊证。凡式范后学，规模丛林，靡不详尽。时和硕康亲王避暑山寺，一见契合，夜坐清谭，深入玄理，退后语人，称为纯品。尝因事出山，归不过时。主僧责诃之，重加屈辱。恬然受之，略不芥蒂。知为入室真子，乃付重任，授以衣钵。及居丈室，不立侍者。巾瓶炉碗，躬亲拂拭。一日，无恙，匆集众曰："我时至矣。汝辈当念光阴迅速，人命无常，趁此努力，无遗后悔。"合掌而逝，时乾隆丙辰三月十九日也。寿六十有七，坐夏三十有五，塔于锦屏山南

卷第三十一
明律篇第四之五
正传十四人　附见四人

清燕京瑞应寺沙门释祥晖传

释祥晖，字瑞林，姓孙氏，天津人也。方在娠时，母感异征，私祷弥勒院，得举子。六岁，随祖母王氏，诣院礼佛。虽在龆龄，触事通晓。近听梵音，辄形喜跃。祖母知有宿根，不堕尘劳。久之，入里之无量院，礼济舟剃染。教习经论，仿如记忆。年二十，诣宝华，受具于定庵。三载安居，专精律部，研究止持。壬午春，辞定南下，兼慕禅学。历普陀、天童、育王、显圣诸刹，凡浙中名匠，莫不参谒。闻济舟病，招之北还。明年，过柏林，遇独超。痛领钳锤，方得了悟。壬辰春，从檀波来瑞应，命掌监院。律法大弘，寺声复振，皆晖唱导之力也。丙申，将登五台。口偈有云："摩尼宝积光辉满，定向无人觅处逢。"盖文理通彻，自成妙旨，非徒眈吟咏，可以企及。辛丑，檀波寂灭，继主瑞应。十载精勤，以律持躬，内外肃然。康熙庚戌，京师地震，殿宇倾颓，乃竭资修葺如故。复构法云、金汤二字。壬子夏五月二十五日辛巳，示微疾，集众诫曰："尘劳幻影，推穷莫测。稍涉安排，即成大错。随缘所遇，莫生节目。谨持斯语，莫或息息。"言讫坐化。春秋五十有二，腊二十有六，塔于都城德胜门外古塔之右。

清徽州常乐庵释照宏传

释照宏,字缘鹤,姓李氏,仙源人也。将诞之夕,母梦一童子,跨鹤翩跹,飞入其家。觉而身动,呱呱在地。圆顶广颡,眉目清奇。知有夙果,不入尘俗。稍长,拜常乐如心,字曰缘鹤,以符其兆。由是委怀内典,细绎梵音。虽贝叶灵文,过目能了。后得戒于宝华尝松,心契波罗[提]木叉之旨,力任行持。及遇韵松莲城,抉其素蕴,怃然曰:"超六尘通三昧者,是子也。"乃付以紫衣戒本,为律学真传。时诸檀越请主寺席,弘演毗尼,继风太原。三学既勤,七众来归。每当讲论,剖晰精微,闻其片偈,如证道果。戊申,以波离法脉,传之黄石普开,端坐迁化。

清杭州昭庆寺沙门释随道传 福溶

释随道,字德先,姓沈氏,石门人。幼投余杭龙泉寺履初受度,得戒于宜洁。久居昭庆,常为羯磨。持身端肃,学人依止者多为仰企高风。禀问毗尼,皆综原委。示以大法,如瓶泻水。康熙六十年,说冬戒一期。所得新徒,一时翘楚,后多为弘律宗师。乾隆时,昭庆主席怀德,亦其弟子也。寂于雍正甲辰十一月二十八日,世寿六十有二。

福溶,字澄如,仁和薛氏子。投西湖瑞云庵镜传受度,亦从昭庆宜洁受戒。执侍巾瓶有年,常为传戒纲维,遂受付属。雍正三年,继主寺席。当兴复未备之处,力为补益。崇坛高阁,巍然巨观。无少间缺者,溶之功也。以乾隆丁巳年十月十九日示寂,寿八十有四。

清燕京潭柘山岫云寺沙门释源福传

释源福，字毓安，姓王氏，新河人也。禀性澹定，不念世华，幼依邑中地藏庵护生剃度。康熙四十二年，从岫云德彰受具，来栖佛地。初入律门，矢志操持。务去嗔贪，引礼四期。进位尊证，守护禅堂。复作监司，事无大小，必协众心。二时粥饭，前后齐同。偶逢游客施舍傔资，积得五两，即入香厨，造食供众，谓："檀越布金，意在随缘，职司出纳，敢昧因果。"是以上下翕然，共仰清操。雍正三年，推举教授。避地让贤，遂朝南海。明年春，归京都。广济律院专启相祈，屈作教授，再辞不获，乃应其请。圆音既演，咸尊所闻。未几还山，进居羯磨。乾隆元年，始继丈席。益自恭谨，不懈初志。远地游僧，造止寺寮，多方周济，务求得所。故遐迩归心，道望日崇。己未岁，赐《龙藏》一部，建阁储之，用镇山灵。辛酉春，设龙华道场。法财雨施，缁白云集。大起三会，聚食千众。如此胜缘，旷世希有。五月讫事，颇形劳瘁。冬十二月，示期谢众："身为苦本，幸自努力。"默默三日，安详而逝。寿六十有三，腊三十有九，塔于山左。

清杭州昭庆寺沙门释果证传

释果证，字怀德，姓俞氏，归安人也。将诞之夕，邻媪见衣袈裟僧入其室，颇怪之，俄闻俞妇生子矣，由是异焉。故禀性殊众，别有夙根。年十六，投杭之吉祥寺净明受度。授经论，于曰："唯。"康熙辛丑，受具于昭庆德先。后为如澄所器，传以衣偈。乾隆戊午，继席昭庆。自严戒行，真朴无华。聿兴慈济，广播法声。公卿元戎，皆相器重，互隆荫护。遂得檀施辐辏，殿阁益光。建堂筑塔，拓地开基。肇兴水陆道场，庄严最胜。其徒晓苍、清莹辈，咸助其成。斯寺鼎新以来，康乾之际，于斯为盛。

清宿迁寿圣寺沙门释福住传

释福住，字灵峰，姓卢氏。世居峄阳，其父始徙于宿迁，遂为宿人。生有灵兆，幼而颖异。静幽成性，寡于言笑。然体羸质弱，病缠弥载。其父祷于佛，而疾少瘳。七岁，遂依护国庵瑞贞受染。稍长，诵经习礼，殷勤不懈。炬步度式，过于老宿。年近不惑，欲得名师，指其觉路。环视区宇，殊难其选。深居独处，几四十年。雍正甲寅春，宪庙诏文海入都，改建法源寺。敕开戒坛，受法者千九百人，住始与焉。既卒事，访万寿寺调梅、西方寺不二，俱相深契，期以远大。因留京邑，荏苒四载。尝值秋初，登玉泉山。俯临湖水，潆洄曲抱，几十数里。其中蒲荷菱芰，与沙禽水鸟，隐映于烟霭楼阁间。觉胸襟壅积，豁然开朗。因念江浙名胜，尽为禅薮，当更有异。乾隆戊午暮春，南还。自淮之广陵，谒福缘寺济生。连床话旧，夜灯忘疲。复渡江，抵金山。大晓老人为江天寺主，一见如故，相留弥月。偶于山楼静坐，更深月落，天气昏黑，忽见江心火光星散，照曜林木，栖鸟皆惊。晓曰："此木华《海赋》所谓阴火潜然者。"住闻之，爽然自失，别有所悟。又数日，辞去。由毗陵泛舟平渚，访生公说法台于虎邱下。

然后，次余杭，过六桥，出西湖，寻济颠旧迹。凡石甑、虎林、栖霞、飞来峰诸胜，靡不穷探幽索，证所闻知。独至鸟窠立法之处，惟存古木扶疏，颓垣破院。怅望久之，乃历东阳而南越嵩坝。渡关岭，涉楢溪，步石梁，得寒山、拾得隐居岩穴，与智者大师拜经台故址。遂悠然神往，折方竹为杖，陟天台最高顶，以望赤城、苍洞、天姥诸峰，盖徘徊不能去云。侍者曰："自此入天童阿育王寺，有古舍利在焉。"乃复攀崖扪萝，趋拜其下，见白光昱然，显于塔中。厥后，礼普陀。见海雾明灭，列嶂耸秀，高出云表，阴晴变幻，其状不一。山下波涛汹涌，雷砰电激，海岸孤绝，信非慈航，不能飞渡。庚申秋，返宿，居极乐庵。检阅《龙藏》，两易寒暑。时慧朗尊宿方修寿圣古刹，延住主席。更扩二楼，翚其式廓。至戊寅年，七十有一。传席其徒云浦，退处东林。石门深处，板桥隐隐。禅房花木，时有清香。户外松阴，池边竹韵。雨霁烟消，苍翠欲滴。怡然自适，忽焉一纪。惟扫地焚香，终日兀坐。神光圆湛，迥出尘世。庚寅春，示疾，二月六日，淹然而化。寿八十有三，腊三十有七，塔于五华山顶。

清淮安观音寺沙门释源长传

释源长，字涵空，别号性水，姓张氏，郯城人也。性甘淡泊，不逐尘末，幼投安东地藏庵受染。依老宿朗彻诵经习礼，仪容有则，讽赞无讹。雍正甲寅春，世宗弘畅佛法，诏文海入都，敕改法源寺。傲开坛场，得千八百九人，长亦与焉。既而南旋，参闻思聚用老人。精持律范，无间寒暑。相印以心，遂付衣偈。乾隆乙丑，聚主观音。三载勤劬，颇倦津梁。命长继席，甄陶后进，莫敢怠荒。重修殿宇，扩增旧制。岁在丙子，两淮大饥，寺无余粮。率众上堂，惟饮白水。

三日不食，人无去志。而禅房洁净，雍雍如初。德积有素，感物者深。故道风所被，欣然乐附。戊寅岁，示寂，春秋五十有一。长姿禀明敏，颖异过人。尤善丹青，常写雪中梅花，疏枝冷艳，古干横绝。人谓于画禅中，别得三昧者，谅哉！

清金陵慈应寺沙门释心观传

释心观，字璇璋，亦号雪堂，姓何氏，嘉善人也。少从郡中大胜寺渊浃剃染。一日，见《华严经》，顿发弘誓，竭诚礼诵。又玩《净行》一品，以戒为本。遂褰裳远涉，孑焉孤迈。康熙丙寅，受具于宝华定庵。复自姑苏，渡钱塘，游赤城。参宗门瞿仙，默契心宗。独念禅是佛心，戒为佛行，纵明佛心，不行佛行，更何所济？于是复之宝华，重学毗尼，开遮持犯，深有所得。盖道无二门，宗律一理，何可歧视，自分畛域？缁素闻风，偏私悉化。句曲士庶，请主宝山。时殿宇荒凉，墙垣倾圮。慨然以兴复自任，芟除荆棘，辛勤畚筑，次第经营，复称胜境。秣陵张君，又倾企仰，延主报恩。三藏禅林，既闳律范，兼修净土。嗣以慈应一席，宝华分座。复请继位，兢兢业业，二十余年。持己以廉，待人以厚。利赖甚众，闳济尤多。寂于乾隆壬戌岁六月十三日，寿七十有六，腊五十有一。

清维扬石塔寺沙门释通和传 实森

释通和，字朗清，兰陵人也。九龄，得染于大林。弱冠，受具于宝华。研几戒典，参究宗乘，发明大义。遂受抚生记莂，首众持律，一时龙象，靡不奉为轨范。抚生谢代，乃继其席。扇馥律门，毕其遗愿。四众云臻，戒光圆遍。既而示疾，因付衣钵于品木实森。寂于雍正十年十月十五日，春秋五十五，僧腊三十五，坐夏二十四，塔于维扬城北建隆寺西。十三年，世宗命集三宗义学沙门，校刊《龙藏》律宗。品木躬际盛会，选充校雠，时有纠正，足匡秕缪。乾隆三年，工始告竣。乃述通和行状，而乞尚书张照为之铭。

清宿迁极乐庵沙门释来照传 德明

释来照，字大初，姓樊氏，凤山人也。其父祷于雪山寺而生。灵根夙种，幼性聪悟。初就外傅，卓异凡儿。年及舞勺，游雪山寺。见佛国威仪，辄生感慕。知昔缘有在，辞亲，投唤生为师。昏晓持念，终岁不倦。年二十四，具戒于桂昌，穷研藏典。北请南参，圆足三学。后归极乐，慧彻深器之，拔置首席。雍正戊申，慧因目疾，付衣于照。遵守绳墨，十有四载，弗敢陨越。尝应邳宿士大夫请，主名蓝，弘敷戒法。每谓丛林授受，最宜精审，必其识能出类，德可表众，庶得畅厥素怀。若非察见本原，轻率放行，如麻蒸竹苇，何埤法系。故门下千指，而为印可者，殊无一二。间有见其亲炙最久，当在记莂，及默叩之，乃曰："皆不得吾真脉。"于是人益异之，莫敢窥其涯涘。乾隆七年五月十三日，忽书座右曰："我七月十九日且去矣。"及期，众以极乐法系为请，则曰："今且付院事于德明。"竟如期坦化。明既履席，兢兢自饬。上述祖风，下开来学。辛劬三载，秩然有纪。乾隆十年五月二十日，示疾，集众告曰："吾住无心，去亦无口。向下文长，大众出手。"说已，端坐而逝。知照不轻授受，无负正传，于斯可见。

清燕京潭柘山岫云寺沙门释圆瑞传

释圆瑞,字静观,历城人也。幼依近邑福慧寺还一剃染,受具于潭柘山洞初。栖迟三载,精味律旨。尝听讲《法华》,日课不足,则于佛前琉璃灯下补习之,其勤苦如此。清雍正时,世宗留意内典,延访名僧,重修《龙藏》。瑞以清誉,被选入馆。三易寒暑,始克蒇事。复遍游京邑诸刹。甲寅还山,始掌教授。学侣莘莘,群瞻煦育。乾隆乙酉,和硕庄亲王奏请主席岫云。一院翕然,钦其道范。及登猊座,益矢勤慎。矩矱先人,遵守弗越。春冬法戒,常期不爽。新众景从,信施日至。岁在辛丑,恭逢高宗万寿。会启龙华,用祝圣厘。香云缭绕,四众雾合。座拥万指,赞扬雷动。虽年逾古稀,精力犹健。乃不久示疾,正衣坐化。寿七十有六,腊五十有五。初感微寒,众欲延医。瑞止之曰:"幻化空体,聚散不常,何劳人事?"终不服药,知能自了。

清宿迁寿圣寺沙门释祥珠传

释祥珠,字云浦,姓曹氏,滁州人。父必达,母石氏。年十四,依近邑护国灵峰剃度。讨习经论,孜孜十载。乾隆癸酉,年二十四,偕善学赴潭柘,求戒于恒实。依正律宗,研究二持。甲戌夏,与善学同为引礼,各司一堂。丙子春,闻嘉兴达天讲说《法华》,抠衣趋座,与聆玄旨。又参恢慈禅师于拈花,方欲结冬。正待决疑,而岫云琼璋招之还山,任以旧职。初,岫云以戒为法,恒实窥其气度澹逸,迥出尘表,特为记莂。戊寅秋,寿圣灵师年逾七十,倦于院事,遣招祥珠。遂一瓶一钵,飘然南下。醯运高公,伫闻远誉,久企芳躅,拥彗清尘,迎之入院,就正法席。但寺古年湮,荆棘满砌,荒秽塞途,环堵萧然,势难复振。乃竭精诚,历三寒暑,鸠工庀材,金碧一焕,道场之盛,遂甲淮北。

尝渡南海,礼普陀,过江浙诸名山。偶尔驻锡,缁素景从。所在随缘,与众俱化。最后至阿育王寺,观塔中舍利,以证道果。及归维扬慧因度夏,念前日拈花旧疑,久思请益。甲申冬,再至广陵,晤高旻昭月。时昭欲北上,偕之同行。舟至五台,阻风不进。登岸数步,憩于上方寺竹西亭。下有池水,空明可爱。昭折竹枝点水,谓祥珠曰:"识此否?"语未毕,枝上飞流,洒及其面。当下有省,遂留偈别去。己丑春,重修大殿,广募万缘,三载告竣。殿后左右,并建二楼,以广其制。初,恒实慨律门浸衰,欲修灯谱,以永其传。久之未就,祥珠独善继述,躬任劳瘁,殚心校雠,卒成《律宗灯谱》十卷。

清江阴圆觉庵沙门释宗深传

释宗深,字慧海,姓程氏,江阴人也。秉性质朴,语简意迟。外貌如愚,菁英内蕴。幼好潜静,依圆觉庵出尘为之剃染。初习诵持,偶致推研,多所未彻。惟朝夕薰修,遂渐开悟,得大智慧。阅诸经论,仿如夙习。年既壮,受具于十方庵。未几,继席圆觉。默守《梵网》,董正仪范,率众焚修三十余年。后移锡十方,传受毗尼,多所成就。

清扬州慧因寺沙门释实长传 冶牧

释实长,字晓闻,姓钱氏,丹徒人也。母潘氏,初产乏乳,乞他母乳,长辄不就。饮以米汁,又未能食,举家忧之。七日乳至,始接怀哺。盖生有殊禀,知觉独灵,呱呱在抱,即辨血气。及能食言,便恶辛腻。发言应机,过于成人。幼时随父渡江,暴风忽作,波浪汹涌,一舟振荡,莫不惊恐。长微笑曰:"只是心不定耳。风浪何惧乎?"父曰:"此时心如何得定?"曰:"定在平日。"由是异之。年逾志学,溯江至金陵永济寺,闻僧诵《弥陀经》,偶焉怅触,遂决然舍去。投和州福兴寺密严剃染,栖迟三载,稍涉经论。礼宝华文海圆具。未几下山,欲求禅习道。遇老宿,问所从来,因言所志。老宿慨然曰:"了明心理为戒,悟彻本心为禅。名虽有二,理则一致。今之秉佛制、饬僧纲者已不多,觇汝后生新戒,当精进持律,弗坠初基。"于是涉江,而北依广陵石塔抚生,研讨毗尼。抚于淮南,有律虎之目,见长操持谨笃,迥出庸流,昕夕切磋,将欲记莂。长方游山未归,抚遽迁化。时城北舍利律院冶牧,少与同参,素契清修,请为辅导。既任仔肩,不辞劳瘁。久之,冶牧谢世,缁众固请,就履主席。婉辞却之,以待贤者。

会郡守景莱高公与绅耆汪君鹤崖,辟广初地,一新梵宇,勉长住持,乃不获辞。自是艰苦较甚于前,而春冬弘戒,十方新众,尤多于昔。平山堂之左,有惠照寺,为古木兰院,唐王播题诗处也。地颇幽邃,主者荒芜,士绅惜之。邑令徐公慕长誉望,率众造请,特令兼摄。未及期月,已复旧观。乾隆辛未春,高宗南巡,御舟经过,长出迎候,奏对雍容,请锡寺名,圣意俞允。九月,鹾运吉公恭赍御书慧因寺额至寺,时顾万峰、鲍步江、张冠村、陈道潜俱有诗纪胜。非道行高卓,声华茂美,未足臻此。以乾隆甲戌九月一日示寂,年五十一,腊三十一,坐夏十有四,奉龛于惠照之西偏。当长四十初度,隆觉冶牧以文寿之,序中推许真实,以为后来之秀,屈指无二。冶为海内律学宗纲,持论最严,独于长称道如此。况十年精进,其律学洵可一世也。

卷第三十二
明律篇第四之六
正传五人　附见三人

清金陵宝华山隆昌寺沙门释福聚传

释福聚，字文海，号二愚，姓骆氏，义乌人也。父林，母载氏。夙契净根，并修善果。尝梦月华流辉，着身皆白，感而有孕。诞育之夕，神光下烛，暗室生明，闾里惊异。方及髫龄，独自度桥，骇坠水中，不能游泳。顷之，似闻人语曰："绍隆之业，其在斯乎？"少焉浮出，因得拯救。由是永念慈航，归心普济。年近志学，依溧水上方寺静生剃染。初习讲诵，渐通义趣。日礼佛号，自课清修。苦行十年，志虑湛定。乃诣宝华，得戒于闵缘。外检律表，内澈圆光。寻事游参，经历八载。尝叩天童天目，默印深契。咸以肩承正法，远相期许。然机锋捷悟，终属言筌。波提木叉，乃照宝相。复上华山，闵已迁化。珍辉主席，方以真如正觉，丕倡宗风。既承洽契，遂令入室。未几，珍辉示疾，亲付祖衣。弥扇戒芬，龙象景从。鸣鹤九皋，声闻于天。时世宗耄勤，深求梵典，延揽高僧，研味弘旨。虽秦征童寿，汉请摩腾，道契冥符，蔑以加兹。雍正十二年春，福聚奉诏入都，卓锡愍忠寺。屡承圣眷，宠幸时临。讨穷藏法，实悦帝心。愍忠主席法藏律师，同出南山，方敷讲座，仰福宿德，瞻此帝徽，如爝火见日，光耀自息。私维远引，以避贤智。

未几迁化,而世宗倾慕益切,恩渥载隆。复新厥庙,更称法源。御制碑文,立石庑下。垂兹宸翰,播扬弘奖。特开戒坛,命和硕庄亲王及内府官从董理坛事。普给衣钵,传授法戒。期中弟子千八百九人,吁亦盛矣。在昔世尊,常随听法才千二百五十人,兹乃过之。家国休祥,德人爰降。上下孚应,有感斯通。是以宏戒之日,天朗气清,庆云微荫,倏焉龙见,围绕中庭,四众嗟异,传为奇瑞。乃临坛讲毕,逡巡静退,坚请还山。盖澹定之怀,本无留恋。欲得三昧,永离十缠。于是愍忠继席慧宽,别创寺宇,名曰定慧。而法源嗣位,更传弟子性实。由兹得徒,遂辞帝里,言旋华山。复蒙赐紫,赠施有加。重发内帑,修饰宝华。殿宇寮舍,百美具臻。荣光绚赫,一时无比。四方缁白,皈向弥殷。敷筵举拂,日不暇给。尝以世宗所示心要,诱掖初机,参考推寻,老而弥笃。课余所辑,有《瑜伽补注》《施食仪观》《南山宗统》《宝华志余》诸编。寂于乾隆乙酉八月二日,寿八十,腊七十,坐夏五十有四。依法阇维,金光烛天。烬余,获舍利数十粒,莹如珠。弟子八十二人。建窣堵于龙山之巅。性实于乾隆癸亥,为建寿塔于京都彰仪门外柳巷村,和硕显亲王为之铭云。

清仪征隆觉寺沙门释普悦传

释普悦,字敷和,姓赵氏,江宁人也。幼习儒术,颇擅文词。应童子试,已铮铮有声。乃志切超尘,自行剃染。得戒后,即依隆觉冶牧精研律部。操行笃谨,不逾矩矱。每当春雷冬雪,馥或戒香,调护苾刍,为引礼导师之冠。冶牧迁化,乃就主席。愿力弥宏,躬行愈励。尝谓毗尼一门,为入道之始,非踵其形迹,奉其圆具,即诩南山正宗也。必于教授导引之旨,悉心研求,夙夜罔懈,精实猛进,乃能讨核律义,庶几不误。否则扞格难通,无有是处。是以规仪严肃,不教而成。十方学子,群仰陶铸。大江南北,声誉流闻。与千岁戒法,两相辉映。得法弟子若岫、雯清者,号为一时龙象。以乾隆三十一年九月十日示寂,寿七十有三,腊五十三。

清燕京潭柘山岫云寺沙门释源谅传

释源谅,字恒实,姓侯氏,东光人也。六岁,依吴桥三元庵钧一剃染。康熙六十年,受具于岫云德彭。提挈《梵网①》,专求律范。雍正元年癸卯,初为引礼。指导新学,多方诱进,昕夕罔怠。六年戊申,勿遘痹疾,四体不仁。息心静养,寻就瘳可。负杖出游,历诸禅讲。所如不合,径还旧土。因念病苦,多缘宿业。遂自设坛,晨昏礼忏。默求垂护,孳孳三载。身始健强,乃梯五台,觐礼文殊。复来潭柘,会启龙华,留为引礼。乾隆元年,始理教授,更进羯磨。辛酉冬,得主法席。益励精修,研味梵典,开建阅藏道场。甲子中春,高宗幸临。寺众整肃,品物明洁。天颜有喜,赐白金二百。额联诗章,多出宸翰。其他赏赐,又复称是。甲申冬,圣驾重游,欢情胜昔。所赐有铜佛、金经、塔图并白金三百,御书四额,皇太后加赐镂金器品数十事,皆前所未有。谅为人宽厚寡言,不矜不忌。虽遇路人,爱之如亲。新学之徒,尤殷启迪。专教务化,不躬琐细。故四众悦豫,福应备臻。以乾隆三十七年四月二十日示寂,寿六十有

---

① 网,底本作"纲"。

八，腊四十有五，塔于莲花峰右。

清燕京法源寺沙门释性实传

释性实，字天月，号澄庵，姓刘氏，山阳人也。父国栋，乐善不倦，虔诵佛号，每见异征。尝梦菩萨垂光，觉而内室举子。时方中宵，昙花隐见，知有自来。故生而颖悟，性根不凡。甫及弱冠，志存遗俗。祝发后，闻金陵宝华山文海为一代尊宿，遂入山膜拜，从之学律。夙夜精修，不间寒暑。亲承密谛，妙悟环生。摄斋经坛，职司都讲。婆娑双树，龙象俱驯。既而文海紫衣内召，趋廷有喜。改建法源，说戒无遮。于是情殷辅导，因为教授。四禅风靡，胜流总至。金碧烟凝，同生悲悟。未几，道场圆满，文海请旨还山。承恩召对，垂询法源。继席时，新更寺名。未敢自私，故不举其徒，而荐诸寺长老。复奉钦命，南山法嗣，同举引见。特诏性实，继主法源方丈，遂履斯任。然库藏屡空，人莫之识。惟率众静修，澹然无营。久之，四众归仰，十方施助。于是殿宇寮垣，涂茨丹雘，鸠工以时，庄严宏丽，焕然改观。

生平誓愿，居不安逸，厨无香积。春冬说戒，结夏安禅。宵夜精勤，胁不着席。一钵一盂，身先率众。布衲一袭，不敝不更，数十载如一日。故年登大耋，视听不衰。王公卿相，往来参契，接其幽旨，皆相悦怿。不兢于心，不眩于目，澹然无欲。若遇道俗，虽至愚下，必与均礼，大众平等，斯为近之。乾隆丁丑岁，已传席圆林，退院闲居，恬静自得。时皇四子学山颇好游猎，尝憩寺门，车马阗喧。乃定中初起，扶杖款扉，草履迎候。皇子挹其谦光，皓首庞眉，物我胥蠲，觳然心折。投弓珥笔，贻之篇章，传为遗宝。以乾隆三十九年春正月八日示寂,寿八十有二,腊六十有三。弟子圆升,别起灵塔,不附悫忠。仰其芬菲,昭兹来哲。

清燕京法源寺沙门释昌涛传 信修　普照　海祥

释昌涛,字静涵,晚别藁汀道人,铜山刘氏子也。父道远,母曹氏,皆苏之望族。曾梦入大寺,八宝华严,天童鹿女,散花莲沼,仿佛神光,鼓浪池中,苊叶浮动,感而诞子。故涛生禀夙慧,幼好典籍。妙解声韵,尤善鼓琴。高山流水,时有出尘之思。每寄情于诗画,一幅丹青,半江风雨,望之翛然。顾性独信佛,究心律论。始披剃时,礼铜山吉祥庵达中长老。授《大品》《维摩》,坚持钦听,六时无倦。道光十年,始来京邑法源寺,依止信修律师。信乃释学津梁,幽燕冠冕。服勤左右,顺时请业。受具之后,志在博闻。寺有普照法师者,本信弟子。义府道宗,禅林雄伯。高据首座,说经硁硁。涛乃从学,四棱著地。负帙淹留,专功九载。穷竟端源,统解玄微。宿齿晚秀,咸推翘楚。会西闉广济寺年久残破,葺饰非易,欲得清望,以振法雷,乃举涛继席。丙午岁,入主其寺。以苦行严律,感诸檀那。相国潘祖荫、尚书乔松年皆首自施舍,助盈补亏。寒暑六易,功始告成。辉生金碧,人有羡心。

咸丰二年,院事粗具,群逆来触,至不堪忍。涛乃反心自照,顿悟烦恼菩提两大俱空。因作偈曰:"不求好,不学坏,东倒西倾皆自在。无牵缠,无罣碍,何须著意逃禅外。我心虚兮心常泰,一粒粟中见世界。"且谓:"《华严》五十三参,忽见我佛如来遍满十方,清香异常。若非回向坚固,则负佛矣。"十年庚申,粤寇未平,外夷乘隙抵瑕，陈兵大沽。京都震撼，四众惶扰，纷纷逃匿。涛独晏然，薰修焚楮，默为国祝，终获安谧。同治六年，醇亲王展谒西陵，暮还过寺，与钟王、孚王偕访止宿。夜灯寒峭，对榻联吟，涛口占三章献之。王俱能诗，即韵和歌，并见刻石。话尽宵分，忽焉惊顾，若有所戚。因言将为诸王修福禳祸，王亦唯唯，殊未介意。俄而钟王暴薨，方悟涛言有为，互相骇叹。诏涛入邸梵诵，乃设七日方等忏法。邸中侍从，咸梦王来致谢，信仰尤笃。八年己巳十月，奉命主席法源。入院之辰，王公将迎。车骑尘嚣，阗咽门巷。涛益自下，受宠若惊。于时祸乱初平，疮痍未息。愚氓贪勇，罔识义方。法借人弘，因欲传化。新侣侁侁，望风景附。

光绪四年戊寅，授僧录司副印。五年己卯三月，德宗方在髫龄，思瞻佛海。车驾幸临，贲然戾止。涛方出定，率众趋迓。望尘合掌，天颜有喜。十年甲申，转僧录司正印。时宇内大宁，京邑学僧，来自荒远。投诚请授，即为敷弘。三十年中，传戒者八，济度千百余人。涛每躬处座端，横经陈说，莫不娓娓听受。自是传灯不绝，于今多矣。又念更历艰苦，仗境起法，恐道犹未明，深滋愧悚。因发愿启箧，尽阅三藏。用是兢业，持以自强。就缘讲绎，仪轨华约，无不翘心。故二时法会，必香汁洒地，薰炉引前，去秽务严，钦若戒律。每震铃鼓，动盈万指。屯赴供舍，为俦罕匹。是以善气感通，成大功德。武圣文昌，并启祠宇，清瑞文端公、文文忠公赀助尤多。轮奂既闳，僧纲就绪。颇厌烦尘，思契禅寂。光绪九年癸未，乃付院事于徒海祥。净室悠然，专事贝藏。手披目送，貌瘁神怡。尝自作《虚心图记》，述其生平。名公巨卿，纷相题赠，百数十家，并刻诸石。以光绪十九年癸巳卒于寺寮，寿七十有七，腊六十有三。起塔柳村，表其清德。

海祥,字体本,号觉华道人,宛平邢氏子也。性质颇懋。幼好潜默,不逐儿戏,终日独处,或以为痴。顾解信仰,闻人说佛,则津津有味,乐得其详,惟恐不尽,穷究端委,因此感悟,遂弃凡俗。剃染后,从涛受毗尼。志逾沈毅,语无妄发。盖以净法清淳,本资摄念。圣果坚实,必固定想。泛论经说,徒弊唇舌。是用更崇前观,额上鼻端,唯所存息。月寮烟阁,为其栖止。由是光明内蕴,色相外空,形同槁木,心若死灰。精进六行,贯畅三乘。及摄院事,乃宏法戒,宣期讲演。于是五众数千余指,依崇习礼。声驰京国,化满燕云。接踵追风,远道不遗。阗户塞门,坐诲无倦。念彼新学,弘斯正则。涛寂,始专寺务。宽和柔慈,与物无兢。寺产万亩,租户百家。每届收敛,先饬司事,勿过取盈。宁俭勿奢,何用多金。量入为出,即可自存。然农人思惠,以为易与,则请求过分。又虑后来继主,艰于履行,乞予立券,以此为准。不再增租,永不更佃,有不如约,则寺僧出米三十石,以为示罚。同寮侣俦,睹此来词,皆有难色。祥独欣然,允许付券以去。

或告之曰:"既不加租,复不变佃。已难持久,况出罚米?无此事理。"祥喟然叹曰:"佛以舍身度世,化除烦恼,汰净利欲,无人见,无我见,四大俱空。身且无有,何问租赋?且寺为律门,律重戒贪,若不之许,是长贪也。可乎?"言者太息而退。其以德服人,颇复类是。然旧额半税,坐是又损,比之俗人,田赋才及四分之一,加以水潦凶旱,又复蠲除。于是岁用不赡,徒众日削,栋宇剥落,凄荒满目。祥乃澹然无虑,漠不动心,慧灯荧荧,一榻独处。以光绪三十二年丙午六月八日寂于丈室,春秋六十有一,瘗骨祖塔。祥主席法源二十三载,更事既多,弭患无形。庚子之乱,拳徒汹汹,强劫富室。寺以贫闻,农氓暗护,卒赖以免。及联师入京,两宫西狩,都人震恐,逃徙一空。而德意志军将率兵入寺,言搜拳徒。僧众避匿,祥独出迎,握手相告。德将大感,遂同进止,出谙保护,悬旗而去。后来夷酋,相顾起敬,寺无毁坏,祥之功也。庙旧犹新,风徽未沫。

卷第三十三
护法篇第五之一
正传六人　附传三十六人

宋钱塘灵隐寺沙门释契嵩传

释契嵩,字仲灵,亦号潜子,姓李氏,镡津人。年十三,落发受具。弱冠出游,往还江湘衡岳间。首常戴观世音像,而诵其洪号,日十万声。由是澄心妙想,理啼文言,慧悟俱彻。世间典籍,一览便通。初,参洞山聪,豁尔省朗。当是时,有慕韩昌黎排佛者,其言浸炽。嵩深忧之,作《原教论》,明儒、释一贯,以抗其说。闻者惊服,法会复昌。嵩复著《禅宗定祖图》《传法正宗记》诸篇,以闷厥旨。观察李公谨以其名闻,诏赐紫衣。府尹王仲仪复以所著《图》《记》上之,仁宗嘉叹,宣付传法院编次入藏,仍赐明教之号。当世名公巨子,如韩忠献琦、欧阳文忠修,莫不钦企,交相延誉,声望日隆。嵩居南屏最久,有《游南屏记》及《题咏》诸什。后为蔡君谟请,主佛日。未几,遂谢去,隐于灵隐大桐坞永安精舍。宋熙宁五年六月四日,书偈而化。偈曰:"此夜月初明,吾今喜独行。不学大梅老,贪闻鼷鼠声。"荼毗,得不坏者五,净慈北涧居简以《五不坏》赞之。所著有《辅教编》《定祖论》《正宗记》及《镡津集》三十卷。

宋余杭净慈寺沙门释妙堪传

释妙堪,字笑翁,姓毛氏,四明人也。广颡平顶,骨清气寒。从野庵道钦受释学,依息庵观于金山,参松源岳于灵隐,皆无所契。时无用居天童,径造其室。用问之曰:"行脚耶?游山耶?"曰:"行脚耳。"乃使参堂室中,常示狗子无佛性语。一日,拟议间,用以竹篦劈之。堪应声呈偈曰:"大䔥毒鼓,轰天震地。转脑回头,横尸万里。"无用颔之,即命侍香。已而报恩约公礼之分座,太守程公请主妙胜。迁金文,移光孝。寻以卫王堂牒,除台之报恩。天台旧无律宗,堪与大卿齐公议,合十寺为大刹,筑坛场,命负毗尼学者,倡开遮持犯之法,风励新学。闽帅王公请居雪峰。未几,诏住灵隐。嫌逼近屠沽,撤其庐,揭关飞来峰外避之。卫王以大慈完美,力请开山,允之。及王薨,乃庵居上柏。台州使君陈公,以瑞严邀堪。无何,江心牒至,监丞使公强之,乃起。净慈诏下,固辞不获。大参余公书来,言不可重违君命。明年,荆湖总臣奏令天下僧众入赀请紫衣封号者,许之。堪独忧焉,慨然谓所知曰:"朝廷果如是,则千金之子皆得主法,吾道殆矣。"乃奏疏论之,其事遂寝。终宋之世,法之不坏,堪之力也。诏徙天童,辞而东归翠岩。育王虚席,有旨起堪,再辞不允。天童书至,大参赵公请主净慈,谢之以疾。俄书遗表,草启与张公,请主后事。通守永嘉曹公来问疾,犹从容叙世次。顷之,书偈曰:"业镜高悬,七十二年。一槌击碎,大道坦然。"掷笔而寂。

宋余杭白云庵沙门释清觉传

释清觉,字本然,姓孔氏,曲阜人。少颖异别群,常有逸志。偶读《法华经》,因之有省,竟尔出家。元祐八年,至灵隐。后建白云庵以居,开阐玄化。自立一宗,曰白云宗。大观时,毁教风炽,清觉著《证宗论》,多所辨正,指斥当时。为忌者发之,编管广南恩州。后放归,作偈投太守游公。指日为别,至期而化。

元金陵钟山太平兴国寺沙门释妙高传

释妙高,字云峰,长溪人。母梦池上婴儿,合掌坐莲花中,两手承之,举抱入怀,觉而生子,因名梦池。出家见无准于径山,准器之,拟以侍职。辞曰:"一事未明,不遍参诸方,不止。"遂之育王,见偃溪。闻即请入,侍掌藏。一日,溪举:"如水牛过窗棂,头角四蹄过去,如何尾不得过?"高有省,答曰:"鲸吞海水尽,露出珊瑚枝。"溪可之。会蒋山虚席,直指佥议,无以易高,朝旨从之,历十有三年,众逾五百。德祐乙亥,乱兵入境,焚毁庐舍,寺几不保。有军卒数人迫高求金,高曰:"此荒寺,贫僧布施久绝,何从得金?"卒怒,以刃临之,试摩其顶。乃延颈曰:"欲杀即杀,非汝砺石。"辞气雍容,了无怖畏,军卒敛锋而退。伯颜丞相见之加敬,舍牛头赍粮五百石,寺赖以济。伯颜且诫诸将曰:"此老僧非常人,宜异待之。"以故寺得无恙。

元磐山甘泉普济寺沙门释祥迈传 辩的达拔合思八 福裕 从超 德亨 从伦 圆胤 至温 明津 本琏 道云 了询 庆规 行育 道寿 相叡 善朗 祖珪 元一 贵吉祥 伦吉祥

释祥迈,字如意,姓延氏,太原人。系出延赞,累世缨冕,播迁代郡,因家焉。九岁落绀,随师请业。栖隐磐山,怡性林泉,博通内外,尤善属文。凡所撰述,辩才无碍,卫道功多。至元中,全真道士丘处机、李志常、史志经、令狐璋等并为鄙词,排毁正法。时罽宾大师兰麻总统,少林福裕以其事闻。宪宗英敏,召集僧、道二家互相辩析,以胜负为断。而帝师辩的达拔合思八与燕京圆福寺从超、奉福寺德亨、药师院从伦、法宝寺圆胤、资圣寺至温、大明府明津、蓟州甘泉山本琏、上方道云、北京传教寺了询、大名法华寺庆规、龙门行育、大都延寿寺道寿、仰山寺相叡、资福寺善朗、绛州祖珪、蜀川元一十余人,抗声高论,义理坚卓,机辩警敏,卒使道者屈伏,如约行罚。樊志应等十有七人诣龙光寺,削发为僧,焚伪经四十五部。天下佛寺为道流所据者,二百三十七区,至是悉命归之。盖道家经文,传讹踵谬,有言人火不焚、人水不溺者。乃于廷对时,令道者张宗演、祁志诚、李德和、杜福春四人,佩符入火,自试其术。四人皆惶恐,自陈妄诞,入火必为灰烬,实不敢试,但乞焚去《道藏》。于是始就大都愍忠寺焚化伪经,报恩寺林泉伦吉祥奉敕下火,翰林学士王磐等为书其事之始末,刻之碑石。

祥迈证悟超群,推勘入细,躬与廷净,持论渊妙。因奉敕撰《辩伪录》五卷,其自叙略云:"嘉圣主之神聪,美少林之雅对。聊凭正典,斥破狂谭。塞妄说之根源,倒邪山之林薮。"且条数件,举一例余。俾金鍮别色,泾渭分流。为暗室之夜光,作幽衢之晓镜。如彼所说,良不诬也。同侣贵吉祥,亦为之序。称其所著《文赋》《注解四经序》《韩文别传》《性海赋》诸篇,在世已传。兹论五卷二百余纸,穷释老之渊源,分邪正之优拙,尤为造理深奥,剖解精详云。今其书,当清顺治间重刻于嘉兴楞严寺般若堂。主其事者,径山彻微印开也。

元当阳玉泉山寺沙门释广铸传 止严 宝渊 惠溥 自智 福明 自善 明见 至悟 宗元 至福 至荣 绍中 虚谷 福资 广铭 福祐

释广铸,字钟山,未详所出族里。元至大中,敕主玉泉。禅藻蕴藉,翔声士林。会好事者欲毁唐贤题碣,铸请于有司,移之寺傍。自撰跋语,其略云:"玉泉覆船,盖神龙宅也。自智者大师开山,二神护法,高僧硕德继续提倡,遂为楚汉丛林之首。殿堂楼阁,岁时增修。方丈而上,悬崖峭然。亭观相望,曰楞伽峰,曰慈云,曰山月,曰松风,曰惺惺,曰彼岸,曰翠寒亭。危径曲折,迥隔尘凡。巨栋飞薨,修篁古木,参差于烟云杳蔼间。得唐代名公、曲江诸贤题咏,而覆船之名,增重于昔。逮宋真宗景德初元,颁赐田庄二所。越四十余载,至庆历八年,荆门太守谢侯与悟空禅师撰录《唐贤题咏》八篇,大理评事张公为之序,镵石于郡亭。至大辛亥,又历二百六十余年矣。近岁,泉上碑刻率皆散失,而此碣亦为好事者取去。深虑玑珠锦绣,久即漫灭,负前人之盛心。因请于郡侯杜公,迎载而归,荡拭尘垢,表而出之,以补山中之缺文云尔。"

皇庆元年,入都朝觐,亲聆天语,锡号佛光慧日普照永福大师,并赐紫衣、金杯、甘露,有敕护归都城。法侣思议功德,止严首倡,赋诗祖饯。硕德名儒,依韵赓和,累轴盈篇。荆门太守杜公、州判李公、邑令达鲁花赤那怀,劝之立石,以彰宠惠。首座宝渊,字古源,道行高卓,词翰清超,为之作记,详具别集。是秋,复命惠溥取寺中田土四至、遗迹碑文,汇奏呈览。特蒙俞允,照勘明白,给付札牒,勒碣于寺。溥好清修,而勇于护法,极其苦心,与渊同志。宣之出世,皆屡诏不行。渊后坐化于寺,溥则隐于翠寒绝顶以终。铸住山五十余年,事理双融,性修一贯。尝与自智、福明、自善、明见辈,举扬向上,不落言诠,而维持像教,则使至悟、宗元、至福、至荣诸子,各阐厥力。一时宗门鼎盛,海内贤宿,闻风庋止。有若能仁寺宝渊由建康而至,南源寺绍中由江西而至,径山寺虚谷由浙江而至,而僧录司福资又来自徽州,相与讲肄经论,研晰秋豪。居常千僧环绕,四众倾心。法会之盛,远追梁隋,近接唐宋,故能作卫道之干城,泯无形之外侮。以至正元年八月望日中夜而寂,寿九十四,腊七十二,塔于罗汉山麓。铸示疾时,奏请广铭继领院事。先是,延祐间黄门伏氏妙善舍宅为寺,赐额"永福",命铭主之。及至玉泉,学徒日众,铭造大镬三,以营日膳。会元季荒乱,寺众散逸,铭携幼弟广鐄匿于深山,草衣木食,卒老于是。

又铸弟子福祐者,生而颖悟,迥出凡辈。少慕钟山之道,不远数千里,步至当阳,从铸剃染。长乃受具,专精毗尼,兼习经论。尝为侍司,服执勤劳。会铸入都朝献,祐与随至燕山,见幻堂讲主大鬯佛旨,心窃慕之。因请于铸,得与幻堂研穷讲席,遍说诸经,获其法要。已而辞归,有翰林侍讲揭傒斯者,赋诗饯之。其词曰:"学道玉泉寺,从师天子都。流年春事半,归路客帆孤。山势遥连蜀,江声不入吴。故园如可到,种芋有余区。"当时文士缁流,属而和者,颇复不鲜。然其诗,多佚而不传。祐至玉泉,大弘讲肆,力振三学,成就新进,利物为心。于寺中旧文,保护尤至。以顺帝至正十年八月朔旦,集众号佛,趺坐而化,塔于钟山之侧。

卷第三十四
护法篇第五之二
正传六人　附见四人

明金陵大天界寺沙门释慧昙传

释慧昙,字觉原,姓杨氏,天台人也。母贾氏,梦明月自天而堕,取而吞之,遂有娠。及生,容貌巍如,不与群童狎。每入塔庙,辄对法王瞻礼。父母察其有方外缘,使依越之法果寺诵经论。年十六,为大僧,受具戒。已而学律于明庆杲公,习教于高丽教公。精进力久,忽自叹曰:"毗尼之严,科文之繁,固吾佛祖方便示人。若欲截断众流,一超直入,非禅波罗密,曷能致之?"时广智笑隐䜣方敷扬大法于中天竺,海内仰之,如景星庆云。昙往造焉,备陈求道之切。广智曰:"从外入者,决非家珍。道在己耳,奚向人求耶?"昙退,凝神独坐一室,久之未有所入。广智一日举百丈野狐语,乃大悟曰:"佛法入我手矣。只为分明极,翻成所得迟。"广智曰:"尔何所见,敢大言邪?"昙展两手以示,广智颔之,乃命侍香。天历二年己巳,龙翔新建,文宗命广智为开山住持。昙实从之,为掌藏钥。明年庚午,广智如燕都,见文宗于奎章阁,同行者皆股栗不能前,昙独神气恬然。广智叹曰:"真吾家师子儿也。"及归寺,新铸铜钟成,广智曰:"非福慧兼美,莫先鸣钟。"乃命昙首击之。

至顺二年辛未,出主牛头山祖堂寺。昙奋剔秽荒,为之起废,使殿阁一新,且改其号,为祖山寺。至正三年癸未,迁清凉广惠禅寺。昙复自撙节,使有余赀,兴葺颓废。帝师嘉之,授以净觉妙辩之号。寻迁保宁。十六年丙申,明兵取建业。昙谒太祖于营门,见其气貌异常,叹曰:"此福德僧也。"命主蒋山太平兴国寺。时当俭岁,香积之供,恃有檀施,众无匮乏。山下田夫,多隶军籍,昙惧寺田芜废,请而归之。山中林木为樵者蔚伐,又请而禁之。逾年丁酉,诏改龙翔为大天界寺,命昙主之。每设法会,昙必升座,举宣秘要。车驾亲临,恩数优洽。远迩学徒,闻风奔赴,堂筵至无所容。先是僧堂寮库,有司权以贮戎器,久而不归。复请于朝,太祖乃命相国李韩公出之。且御书"天下第一禅林",扁之寺门。洪武元年戊申春三月,开善世院,秩视从二品,特授昙演梵善世利国崇教大禅师,住持大天界寺,统诸山释教,颁之诰命,赐以紫方袍。时章逢之士,以释为世蠹,请灭除之,疏再上,太祖以其章示昙。昙曰:"孔子以佛为西方圣人,以此知真儒必不非释,非释必非真儒。"太祖亦以佛教阴翊王度,又善昙言,毁释之议遂寝。又闻寺僧多行非法,命昙严驭之。昙但诱以善言,诸部沙门污染习俗者,咸思荡涤,不悖教范。二年己酉冬,得喑疾,始罢院事。三年庚戌春三月,疾良已。

夏六月,奉使西域。四年辛亥秋七月,至省合剌国,宣布威德。其国王感慕,馆于佛山寺,待以师礼。九月庚午示疾,甲戌见王,自陈欲归之意。王令名僧,咸来相慰。乙亥,浴沐更衣,呼左右曰:"余不能复命矣。"趺坐,夜半问:"日出否?"侍者曰:"未也。"已而复问,至于三四。曰:"日出矣。"恬然而寂,明洪武四年辛亥秋九月丙子也。逾五日,貌如生。国王大敬叹,聚香代薪,筑坛而焚之。王率百僚至坛下,命比丘千余旋绕,诵诸陀罗尼咒,至火灭方已。

拾灵骨，祔葬其国舍利塔中。七年甲寅秋九月丙寅，天界住持宗泐始奉遗衣，藏于金陵聚宝山雨华台傍。昙广颡丰颐，平顶大耳，颜作红玉色，耳如白珂，目光炯炯射人。学者见之，不威而慑。及即之也，盎然而温。若有所叩，随机而应。未尝务为奇巧，闻者自然有所悟入。其毗翊宗教，无一息或忘。广厦、细旃之间，从容召对。据经持论，每罄其蕴蓄。松园之复，释氏私租之免，皆昙所请也。弟子法印、净戒辑其行事，乞金华宋濂为之铭，具《文宪集》。

明金台永寿寺沙门释思敏传 邃庵

释思敏，字彻空，姓张氏，睢人也。早岁就读，有志超尘。礼师永寿，落发金台。割爱栖真，缘理明要。参烟霞于南山，求印可于西蜀。利济居心，大法自在。尝于荆南，挂锡普仰。遍探三藏，深究一乘。披览玄文，见《起世因本经》，再四玩味，研穷奥旨，斟酌颇多。以是经为世尊于舍婆城迦利罗石室中，从禅定起，因诸比丘疑世界成立、散坏、安住诸事而问，世尊以四量心观根受法而答也。谓一切世界各随业力而起成就，考其大略谓："三界之中，总有三十八种众生。十虚之中，多谭百亿千端苦乐。凭十善则世界成住，造十恶则劫数坏空。三界弥纶，水火风坏而复成。三劫周遍，刀疫饥极而复善。明晦相推，寒暑更递。转一气而坤乾圆融，见一心而法界齐彰。故经云：'三界无别法，唯是一心作。'揭其秘钥，的示于人。诚足统摄万汇，同归一源。"思敏既经研讨，慨竭悃忱，重锓诸梓，以广其传，乃属邃庵而序之。

邃庵者，自号泉石野人，未详所出。博通梵典，善于词翰。乃曰"猥承嘉命，难克固辞。以一豪之滴露，添性海之微波。希俊旧执,庶改前非。同蹑先圣之遗踪,共仰觉皇之慈敕。塞邪径而辟正涂,坚信根而拔疑刺。越三宥之苦津,入普贤之愿海。聊述弘纲,敢逃诮让。厥唯佛眼,证兹微诚"云云。文义斐然,详具别集,时明正德五年也。

明杭州灵隐寺沙门释德明传 真祥

释德明,字前溪,姓林氏,黄岩人。嘉靖间,主灵隐。值海寇肆虐,焚荡湖墅。山后西溪男妇纷纷迁徙,逾岭避乱。寺僧皆以寇必至,议弃寺散窜,各图自免。德明独倡合众结台,阻绝大道,声势相援,力主其说,百折不挠,寇亦不至。又为粥以食贫饿,于是人有固志,寺赖以全。年八十有一而寂。当海寇时,督府欲取寺钟,以为兵器,僧苦不能守。有僧真祥者,献以诗云:"百八黦音吼地鸣,篁溪檀越铸还成。曾闻兵器为农器,岂忍慈声作恶声。一统版图何及此,千年旧物敢云争。山僧最苦多遗谴,宦游从今失送迎。"钟由是得存。又督府胡公方治舟师,严防海盗,工师四出,以求大木,故家邱陇,多不能免。独灵隐九里松得全,僧亦有诗云:"不为栽松待茯苓,只图山色四时青。老僧终不将归去,留与钱塘作画屏。"盖松为唐时古迹,得请于胡督,禁止斩伐,皆真祥之力也。又山中有寺基久圮,势家将侵为葬地。僧感之以诗曰:"一带空山已有年,不须惆怅起颓砖。道傍多少麒麟冢,转眼无人挂纸钱。"势家闻之,遂止。

明杭州云居圣水寺沙门释寂心传

释寂心,字精斋。性果敢,负气不屈,必直之而后已。与人语,常自敛退，讷讷如不能言，众皆异之。师事少峰，为中峰法派也。嘉靖庚申，邑有太史某者，父丧择葬地，形家妄指云居为吉壤，乃嗾当事毁寺宇，驱僧众。众俱畏宿，匿不敢抗，往往自散去，存者无几。寂心独谓少峰曰："师主僧也，亦弃地他徙乎？如祖德何？"少峰辞以弱，且方外无助，不能与势豪敌。寂心大恸曰："吾宁死，誓不令此寺作丘垄。"日夕祷于土地神，忽见一老人曰："土神泥偶耳，祷之何益？"寂心长号不顾，祈请益力。老人抚其背曰："云居山有王者气，太史谋之是何意？"回视之，已失所在。遂书此二语，揭之通衢，且诉于中丞。太史闻之惊，急语中丞，欲得寂心而甘心焉。中丞者，固太史门下士也，授意有司，立拘寂心于堂下，杖毙之。被拘之时，寂心谓少峰曰："此行必死，死则寺可无虞，是死贤于生也。"大笑出门。临杖，乃大呼曰："愿中丞为朝廷保御封疆，如僧足矣。"暴其尸数日，颜色不变。太史惭阻，寺赖以全。远近壮其义烈，祭吊者以万数。至今寺僧崇祀之，与中峰埒。后数十年，明给事戴凤翔纪其事，都纲良缙、里人诸应麟、住持性哲为之立石，县令胡作柄复为之传云。

明燕都普济寺沙门释自成传 觉淳　本在

释自成，字宝藏，姓刘氏，德人也。幼习炉工，在钳锤间，即知以念佛从事。父早丧，事母以孝。年三十，有出世志，从历下钟楼寺潭师剃染。即立禅，习止观门。成将行脚，虑母老，无以为养，乃以具称其母，荷担之远游四方。每乞食，奉母于树下，菽水为欢，不减鼎俎。后至燕都，往来西山百花中峪，栖迟数载。相狎已久，人多重之，其养日益赡。然一瓢之外，无余糁，以此终母天年。母卒，以荼毗法葬之。众为建窣堵波，以表其孝义，土人称之至今。成既葬母，专志清修，乃结庵于大峪岳家坡。傅中贵钦其高行，请主都城普安寺。未几，白衣张居士造普济庵于阜城闉外四里园，以待水云，延成居之。会大虏犯京师，都城三面受敌，率多奔溃，唯西郭一面。将合围，虏酋引数千骑，驰至庵前，酋趣入庵，众拥其后。成望见之，颓然憨笑曰："毋动我物，毋折我木，毋毁我屋。"时在八月，秋果方熟，柿灿如火，罗列阶前，虏争取之。成曰："此不可食。"酋以为诳，强食之，甚苦涩。成乃夺其柿，更进以苹梨，虏啖而甘之，欢呼以为不欺己。因诫众曰："有人于此，毋妄杀也。"为下令旗而去。俄而，一虏逐王氏子，入庵奔潜佛座下，虏窥得之，刃将及肩。成以手挈虏，夺刀掷地，其人竟赖以免。居顷之，虏亦稍引去。然成每以一身当众虏，指麾谭笑间，所全活者无算云，事在嘉靖庚戌秋也。

余杭韶善士者，感神示兆，为成供养，倾心归依，建弥勒庵，以延成。成居常清洁，不事蓄藏，衲衣敝帚，一钵无余。苟得施舍，复倾囊以济贫人。若遇乏绝，更不乞请，唯以坏堵门面壁，忍饿而坐。久之，有知者馈以米麦，食尽则堵如故，习焉安之，率以为常。后修普安寺，乃复归院，弟子日益进。有觉淳者，执业甚勤。成更多方苦之，祁寒溽暑，陆沈贱役，百不一可，无人识其意者。及将终，顾谓众曰："吾之有淳，犹树之有干。至若枝叶，繁茂扶疏，而庇荫者多矣。汝知之乎？"未几，无疾而化，时嘉靖三十九年二月朔日也。寿八十有九，僧腊五十有奇。成灭后，淳大兴普安寺。神宗改元，时圣母建慈寿寺，使淳主之。成再传弟子本在继其席，以疾告退。慈圣太后为筑别院曰慈恩，以休老焉。其枝叶繁茂，一如成言。

明杭州净慈寺沙门释道富传

释道富，字了然，钱塘人也。妙岁离尘，始习经论，朗然明彻，不滞于怀。长事游参，名山耆宿，多所印契，声誉攸畅。嘉靖时，奉札付来主净慈。至则修葺山门，整理颓废，粗有端绪。而海氛不靖，倭寇日炽，遂围杭城。巡抚李天宠将废楼钟以为兵器，且欲焚寺，恐屯倭寇。富闻之，抱寺敕泣于辕门，以求庇护。巡抚卒为感动，因之获免。先是昭庆寺已罹灾燹，折毁之命，势将及净慈，非富之精诚泣恳，不同付劫灰者几希。当哭请时，人多危之，咸谓兵戎大事，况御外寇，国土不存，钟于何有？抚军生杀在手，不幸而犯其怒，责以贻误戎机，罪且不赦，可奈何？乃富振励直前，以为无钟是无寺，无寺是无僧、无佛也。吾宁舍身以饵虎口耳，虽白刃可蹈，百折不回也。矧哀而求之者，未必即罪，罪亦未必即死乎？及请之而得，人又感称富具大愿力、真勇智，非庶几徼幸者所能企及也。

卷第三十五
护法篇第五之三
正传十一人　附见十二人

清燕都广济寺沙门释宽寿传

释宽寿,字玉光,洪同人也。少从广济洗元参究。会明季寇乱,京国残破,乃潜迹南下,隐遁名山,翛然自远。清顺治五年,河朔敉平,民庆更始。步礼五台,回翔都邑。时恒明方阅法会,欲以慈悲福果化诱诸藩,胜其残杀。钦寿道矩,迎入方丈。杜门却轨,与人坐对,终日无一言。夜则焚香秉烛,兀首匑匑,危坐达旦。寮侣见之,罔测高深。及夫履席说戒,辨言侃侃,条理清晰。一岁三期,昕夕无倦。主斯讲席,十有三载,出其门者数千人。

世祖龙兴,肇有诸夏,万机之余,雅慕禅悦。十三年冬,幸临广济,住持德光入报曰:"皇上驾至,奈何?"寿方瞑然入定,闻德光语,启视曰:"亲近老僧耶,何不入?"德光曰:"疾趣迎驾,且至矣。可奈何?"寿不欲出,众皆遑遽。而龙辇已驻山门,侍卫传呼甚急。寿犹不行,众强扶之下殿。望见銮仪,众僧皆蛇行匐伏,寿独屹立。世祖见之,勃然作色。寿缄默屏息,容貌舒泰,邈若无睹。顷之,天颜微霁,始如正殿,德光指导随侍,寿瞠之以目,已而趋归方丈。及回銮将发,世祖指谓德光曰:"老宿崛强如此。"德光惶恐谢罪。

车驾还宫,终日不怿。复遣侍卫至寺,问曰:"不接驾,出何经典？"寿抗声曰："出《梵网经》菩萨戒中。"因检经，与侍卫曰："可呈皇帝鉴。"侍卫驰去。寺众惶然，相顾失色，而寿徜徉自若。世祖展经，叹赏久之，越日召入椒园。寿不欲往，众劝之曰："师独不保障此山乎？"乃步入西华门，至万善殿，众善知识皆在，寿乃南向趺坐。俄而，传呼驾至，众皆惊起，趋阶长跪。寿独默坐，略不为动。世祖前席曰："和尚好否？"则对曰："好。"无他语。赐食毕，即曳杖出。世祖指示众僧曰："为佛护法，不当如是邪？"由是重之，赍予有差。王公卿士，闻风向慕，礼谒不绝。

十六年冬，传旨阐法，赐衣钵者七百五十人。十八年，世祖崩。寿率众哭临，归而太息曰："大行升遐，我亦无意人世矣。"以是年十二月二十四日示寂。荼毗，得舍利六十余粒。寿八十，僧腊五十有八。

清四川昭觉寺沙门释离指传

释离指，壁山陈氏子。生有奇气，傲骨孤高。既改僧服，本分键锤，诱掖方来，人或难之。及受破山明记莂，见诸方泛。泛莫为砥柱，作《滥觞集》以纠之。明季，妖教流行，浸及川蜀。离指著论辩之，斥为邪说，而教徒惭沮，亦自引退。尝以偈示众云："今朝又十五，前后却慵举。尔我非等闲，岁月如在弩。大家团圞头，集贤山共处。老屋三五层，闲云百千朵。谩支折脚铛，拈起烂柯斧。饥将脱粟炊，衣裁荷叶补。佛法不须学，一一超今古。珍重诸禅人，抖擞试甘苦。"

又《散淡歌》："雨沥云凝几度秋，而今潦倒任风流。可怜不遇知音者，默默徒劳雪鬓头。大丈夫，应自健，当断不断招其乱。吹毛匣里冷光生，顺逆纵横靡不见。言非清，行非律，动人齿颊频瞋目。肯似寻常新妇儿，闺阁停针倦出没。不重真，不恶俗，镇日如斯试甄别。萧萧且学一陶朱，漫凿腴田消岁月。每自笑，还自哭，唼舌吻唇甚么物？大抵还他作者知，重叠三三即六六。"以康熙二年癸卯十二月十一日示寂。遗言阇维，粉骨为饼，葬之江中。离指初居昭觉寺，阐化有年，学者归之。每有论说，直指人心，启迪者多。晚岁，徙居新繁西河寺，遂终于斯。寿六十，夏腊三十有五。

清云南鸡足山兰陀寺沙门释道足传

释道足，字大藏，姓韩氏，昆明人也。年十六，投鸡足祝发，师事兰宗。受具于野愚，愚导之参学。时江淮间法席之盛，无如金粟、博山。乃首谒金粟，颇邀奖劝。继归博山，勤研数载，遂获证许。但博山道范崇高，法门严峻，不轻付授，而身后留六偈，传六弟子，道足其一也。明季，中原荒乱，避地百粤，阐化蛮服。时尚书熊文灿聆其清问，迎之东粤，主七星岩。已而归滇，复栖鸡足。癸巳，蜀王入山，访求高行。或贸然应召，王问："达摩面壁，作么生？"僧答不称，将毁其寺。后闻寺有道足，我法双空，欲相证明，召之不赴，枉驾就之。复举前问，道足应声曰："待个英雄来触机。"王即下拜曰："是吾师也，法以不灭。"清康熙初，主昆明白衣庵。庚戌七月二日，示微疾，与诸弟子诀别，申言明心见性之旨甚悉。鸡既鸣，端坐索茗，再饮而终。龙眠方咸亨为之序录，方孝标铭其塔。

清江宁古林寺沙门释本修传　续悟

释本修，字明空，姓翁氏，无锡人。初出家于溧水。道光时，始来古林，受具足戒。为续悟所知赏，遂付以法。悟本儒学，文理优赡，沈滞名场。忽感身世，乃超尘网，竟从剃落。既穷梵典，深入佛海。然于人少许可，独见修，知为法器。道光四年春，悟寂后，修遂继席。主持十五载，律己以俭，驭众以宽。生平无疾言厉色，气度温恭，举止娴雅，出自天然。制府将军以下，莫不交游，一接以诚，闻其妙要，多与之化。寺后山崖，峭壁层列，遍蓺花草。有曰秋海棠者，每当玉露霄下，金风晨扬，此花鲜艳，掩映秋光，一佳景也。省中官吏，岁有宴集，竟夕方散。又有白鹭，千百成群，夕阳西下之时，人影在山，白云无际，翔集树梢，苍松翠竹，春鸟秋花，飞鸣应候，点缀成趣。诚足邕发玄机，助我禅悦。

乃海禁既开，商舶互市。波斯酋长，素好鹭羽，以为冠饰。中土猎者，希得厚利，日负弹丸，伺寺左右。修恻焉闵之，白于长官，谓选佛胜地，端赖护持，飞鸟游鳞，各任造化，饮啄自天，何害于人。若听彼所为，不加制止，既戕生命，有怆慈怀，且杀风景，殊乖雅教。于是官吏感动，训谕惶惶，东至鼓楼，西至城隍，南起清凉山，北抵妙耳岭，皆为禁地。而将军每岁正月，更出新示，如换桃符。乃推广厥惠，设养生所、放生池。自尔以后，古林之中，鱼乐于水，鸟安其巢。悲闵之念，洽于庶物，法旨弘施，不可言喻矣。以道光二十一年十二月十八日示寂，寿七十有一，腊四十有六，塔于新院。

清丹徒焦山定慧寺沙门释了然传　悟春　凡涤　超尘　一诚　智林　明道　凡超　了因　净因　木森　圣举

释了然，字月辉，姓雷氏，宝应人也。赋性坚忍，不慕浮荣。少游盱眙,入一兰若,林木幽静,耽憩忘归。遂尔舍身,研求梵典,精进无已。既受具足,持律尤严。发脚行方,遐迩企止。道光丁未,来主焦山。时定慧寺殿宇倾敝,欲事修葺。岁在己酉,江水暴涨,漂没无算,民力穷困,物食维艰,势难兴举。会大府陆公立夫雅契名山,崇修福果,彭都转玉雯养疴庵中,从容告语,曲为陈说,终如所请。因访匠求木,计日程工,隆隆大雄,更超前矩。乃岁不一周,粤寇东下,镇江失守,居民惶恐,纷纷迁避。山中旧侣,各谋远徙,咸相怵曰:"贼已登金山矣。此必不免,盍去诸?"了然独毅然曰:"若吾属皆去,如此山何?吾将往说之。"因与其徒悟春诸人议曰:"怯者弗留。"强志坚决、死守弗去者,得同志十二人,曰悟春、凡涤、超尘、一诚、智林、明道、凡超、了因、净因、木森、圣举,皆矢誓居守。

悟春,字流长,姓金氏,监利人。幼为江陵庄王寺僧,得具万善寺。长游洛伽、峨眉,皆穷其胜,不以艰阻见止。后归焦山,遍读三藏,经论律仪,皆通大义。咸丰三年春二月,粤寇东下,陷金陵、镇江、维扬。所过残灭,仇视二教,梵宇道观,焚荡无遗。焦山环向三郡,中江而立,扼长江之嗌,用兵者所必争。三郡既陷,知寇当来,乃议一往探之。了然、悟春遂相携入城,见寇酋罗大刚,陈说利害。大刚故鄂人,悟春操鄂音,感以乡谊。然大刚貌绝狞恶,遍体黑毛,常裸身入阵,被发覆面,以口衔刀,人莫敢近。及觏两僧,清辩哀颜,恝怀戚戚,亦为之动。竟允其请,书纸悬寺门,禁止践踏。而金山、北固已相继毁灭,烟焰霄举,火光彻夜照江中,人声嚣呼,水波若沸。了然但与诸弟子默念佛号,祷求护祐而已。

凡涤者,字漱波,丹徒王氏子。依松寥阁秋岩出家。首发守山之议,有日记纪事甚详。性节俭,能储所入,以资兴复,尽改旧观。

凡超为海神庵主,木森为别峰主,圣举为香林主,了因、净因同居水晶庵。净因后至金山,规复江天寺,终于副寺。超尘、一诚、智林、明道皆随侍了然,分司执事。山中彝鼎法物,尤为寇所欣羡。尝拥众入山,即询周鼎汉炉、伏波铜鼓安在,幸寺僧薶藏,卒保无恙。了然亦终于此寺。

清丹徒焦山自然庵沙门释修敏传

释修敏,字定峰,一字耐庵,姓任氏,丹徒人也。方九龄,祝发于自然庵,礼玉衡平心为师。地擅江山之胜,游客登临,日不暇给,积累既巨,几无可支。及敏继席,清检旧逋,亏金三千,遂一意撙节,卒偿所负。更以余赀,重新宇舍,临江右岸,建观音阁,为文人燕息之所。又以定慧殿栋,年久荒残,金像露坐,慨然以中兴为己任。道光庚戌夏,南州彭都转玉雯避地养疴,假居寺寮。敏偶从谭论,得申其请。两江制府陆公立夫输三千金,逾月而轮奂蔚然,更廓旧式。

咸丰庚申,英吉利至天津议和,开五口商岸,于镇江设领事税务。时润城犹因发寇戒严,不得设关建署,乃移焦山。税务司者,已踞松寥阁,麾其主僧出。领事至自然庵,麾敏曰:"去,去。"敏若不闻也者。因复语之曰:"尔不解邪?"敏曰:"解则解矣,属有所思耳。吾意中西虽别国,礼无异。今日可夺吾庵者,他日亦为人夺,何必自君始邪?"领事默然。后欲去佛像,亦为敏所折服。领事知不可夺,立约租为宾主焉。然西人性乐山水,尤喜高旷。自海门溯江而上,焦山屹立中流,形若砥柱,南屏象阜,北带沙州,波谲云诡,旦夕数变。屡欲购地筑室,以为游息,终以敏一言,而寝其事。故西人虽久寓山中,不得置一椽者,敏之力也。平昔虔心焚修,寺规整肃,中外钦之。以同治甲子四月二十七日示寂,塔于城东万寿寺。云山陈任赐为之传,杨葆光并记其与英人问答,详具山志。

清长沙麓山寺沙门释芳圃传

释芳圃,字笠云,江宁陈氏子。幼即披剃于长沙黎仙庵。性聪颖过人,读书妙解义理。尤工书法,喜赋诗,以畅禅机。复有志名山,负担跋涉,虽历险阻,亦无惧怯。光绪初元,继席虎岑。与山长徐树钧相往还,结麓山莲社,唱和无虚夕。由是声称,啧啧公卿间。已而复主上林杲山,会曾太傅祠成,召僧居之。佥曰:"非笠云不可。"既处省垣,文燕日盛。湘中名宿,若王湘绮、郭筠仙,皆与酬答,词翰戢然。庚申,更游上杭姑苏。历览名胜,吊古遣怀,间有述作。仁和徐太史花农素钦高望,雅企芳躅,甫闻其至,走简迎之,相见甚欢。为卜西湖孤山,修复宝成寺以处之,乃工作方兴,而笠云还湘。太史因榜其室曰留云,以寄意焉,笠云亦感念。己丑,重至江南,颇寻旧约,扶筇缓步,拾级登临,名蓝胜迹,多有题咏,具见诗集。壬辰夏,始还故居。发箧遥吟,检拾余藁,借愉晚岁。

及戊戌政变,事言庞杂,新说盛行,竞立学堂,强侵寺院,摧残教宗,以夺僧产,将无所不至,笠云甚忧之。值倭僧水野梅晓寻法南岳,道出长沙,久慕道声,径来参叩。咨询之余,为述日本佛乘,随潮流之转移,与国运以俱新,种种业力不外兴学。欲谋保护教纲,畅弘佛旨,无出此者,笠云颇为之动。明年,遂假开福寺,创立僧学,并设佛会,推笠云董之,而夺攘之风稍息。乙巳春,又以水野之言,兴浮海之叹。率门人筏喻道香,航瀛东渡。著有《东游记》,

凡所经见,东西两京,佛寺僧学,及扶桑风景、政教习俗,莫不言之甚悉。而与倭人题跋诗篇甚富,索书者纸素满前,日不暇给。方讯归期,而倭僧百十相留不舍。及将别时,请其敝履,存为遗迹。景慕之殷,于斯可见。既归,了知教之隆替,在乎继起有人。于是培植后生,宏奖新进,以为己任。而麓峰、荫禅诸子扇其余风,联翩东渡,为僧侣游倭之渐云。笠云以光绪戊申年示寂,寿七十有二,戒腊六十。所著有《听香禅室诗集》若干卷。

清乐清白鹤寺沙门释华山传

释华山,字云泉,姓陈氏,乐清人也。生有奇资,气宇清峻。十岁,出家于双狮山净济寺,礼允参度为沙弥。初习教乘,敏慧天钟。光绪十一年,听大海讲《弥陀疏钞》,辄能依所闻义,对众敷演。时年近志学,人多惊叹。后得戒于明因寺宝祥,遂游学明州广利寺,从晓柔、妙智二师习天台。于弘纲要旨,了然解悟。梵呗之暇,兼嗜文学,吟咏山水,自适性情,尤善绘事。中岁遍游名胜,历蹑讲筵。所至之域,靡然从风,道誉日隆。顾操行刻厉,不欲以辩慧自见。尝闭关于净济寺,忽焉三载。又结茅天台深处,不入尘市者几易寒暑。三十二年春,讲《妙法华经》于台南五峰流庆寺。

已而言旋东瓯,复奄关于法华寺。会世变方棘,学风日坏,僧纲不振。州县竞立新学,往往假佛寺为校,提僧产充之。而缁林骚然,始谋自保。山方厌弃牙慧,研究玄理,博极中外,哲学群书,宗教典籍,天文格致、唯物唯心诸学说,靡弗贯通。会彼万殊,融入佛乘,故发论铮铮,群相折服。始得请于学部,行省自设僧学,立佛教会。前所侵借,率多归返,山启之也。宣统二年春,讲经于灵隐。

未几,为谛闲要任佛学编辑。而浙西当湖宝塔寺本山,提倡净宗者,又请讲《弥陀疏钞》。法雨缤纷,席不暇暖。后因兴复乡寺,重修白鹤,改为丛林。不数年,果于荒烟中化为宝坊,佛光道声,与东南诸名刹相晖映。而山竟超然善去,功修俱圆,盖寂于戊午九月二十日也。著有《卍云诗稿》一卷,为当代词家所称赏云。

清南海槟榔屿极乐寺沙门释复馀传

释复馀,字本忠,号道南,姓罗氏,南平人也。父绍德,母氏朱。家世耕读,力崇俭素。馀生性颖异,颇轶凡童。九岁,随母省舅。舅奉佛唯谨,馀因问曰:"佛何人也?"舅乃以出家成道,了明生死,雅意谆谆,为馀说之,由是有谢俗心。年二十五,始礼鼓山涌泉寺彻悟落发。初,聆净土法门,即夙夜礼诵,无倦容。逾年,从妙莲受具,益加精进,妙穷玄旨。尝答张宝池问《金经》四句偈曰:"《金经》以荡相为宗,不外遮照两用。遮则除执而显真空,照即成用而显妙有。盖相尽,则体现而妙用随,此经中密意也。又复依真故,则一相无相而不坏假名。依俗故,则万法齐彰而体原空寂。不坏假名故,即不变随缘,所谓无所住而生心,弥陀所以不舍众生也。体原空寂故,即随缘不变,所谓住即非住,是以感应道交也。此空有,亦空亦有,非空非有,即经中四句偈义也。"又云:"礼佛不可有我,有我则慢生。念佛不可无我,无我则无佛。凡所论说,身心体验,多成妙谛。"当妙莲创极乐寺时,邀馀佐助,犹以理未达而涉事,恐从迷积迷为辞。固请乃行,至则为之董饬工役,擘画材用。夤夜孳孳,罔言劳瘁。及院宇落成,率尔谢去。

庚子,主鼓山戒坛。逾年,住建之光孝寺。未几引退,南游缅甸。遂历印度,礼诸胜迹。参叩哲匠,多所启悟。但道涂深阻,跋涉艰辛,还至缅郊,已亟劳痡。梦一老人,授药三丸,吞之而瘥。晨视净水盂中,铿然有声,莹莹三舍利。其二且缘登盂上,忽而坠下,至今照耀佛前,其灵感如此。归而重葺光孝,而妙莲复敦迫南行,方属以极乐主席。会国事多故,中外骚然,侵夺僧产,强假佛寺,别立私会,所在见告。怡山、鼓山,几且不保。馀乃内渡沪滨,要约诸山长老,谋以自存。因偕寄禅,入京请开佛会。俄而,寄禅寂于都门,群相气沮。馀独慷慨自奋,悲涕陈词,为寄禅追悼。且言:"外人觊我教产,日以强邻代保相诱聒。僧侣无知,多为所煽。政府何不一援,坐使暴夫为渊驱鱼,尽入其网。"于是吊者麇至。名公巨子,多据枢要,群相感动,而总会规条,得邀允许,保护寺产之命,随之而下。馀始还闽,组南洋支部,而骇浪惊涛,渐告宁息。馀专修净业,垂数十年,虽在奔走,而其诵礼,未尝少辍。槟屿士女,沐其风化,归心莲社数逾千人。著有《净土法语》一卷。

清金陵毗卢寺沙门释显文传

释显文,字魁印,姓杨氏,易人也。幼有慈性,与群儿嬉戏,见草虫跃跃,相诫勿伤。父知其有自,年十一,送之永阳高明寺,投觉实祝发。弱冠,得戒于西域山慈霞。自是识深力果,每念出家,将求闻道,何敢自逸?乃游温阳红螺山,昼夜精勤,诵《楞严》《法华》诸经,研穷六载,洞悉奥旨。然自以为囿于一隅,见闻憾寡,欲遍名山,以廓知识。遂造九华翠峰,日趋讲座,顿悟性海,受持《华严》如来出现品。游江乘赤山,依法忍,参向上一宗。偶逢石子击足,忽惊呼有省。由是深窥堂奥,结习尽除。壬寅春,结茅庐山,旦暮勤修。胁不着席,几出死生。刘观察思训耳其道誉,请主金陵毗卢。

斯时新学方行,倡毁偶像,多假僧堂,改为校舍。毗卢殿宇,蚤已占去,神像迁移,蒙诸污秽。显文至此,悡焉伤之,思所以救护,未得其端。会江南官吏公宴至寺,或询法要,或契禅机。显文为具道学徒鸥张,佛地弗宁,惨雨凄风,目不忍睹。非赖大德,莫由保持。诸公皆为动容,合词以请。制府魏公光焘竟如其议,别建学堂,寺复旧观。佛龛神貌,更极尊严。群侣庆幸,叹其遭逢。而显文但感善缘,愧无酬答。唯是大阐宗风,春夏演讲,秋冬勤参,发明心地。时或弘戒一期,食众数百人,而寺无盖藏。前后制府,若周公馥、端公方,皆分盐余助之,故无竭乏。宣统初元,腊将终,示微疾,与天台谛闲论慧命当体无生。俄而复曰:"色相虽圆,阐扬《华严》。"心犹未已,因问:"后事如何?"乃曰:"心显身中主,意隐两家宾。火后一堆骨,且休认为真。"即说偈曰:"参透人间世事禅,半如云影半如烟。有时得遇东风便,直向山头驾铁船。"言讫而寂,年五十有三。有《法语》一卷,弟子清池为之记录,且刊行焉。

清常州天宁寺沙门释清镕传

释清镕,字冶开,姓许氏,江都人。生含素性,不食煮①膻。年十一,出家。初习经偈,了明词义。气宇洒落,其师祖莲庵知非凡器,遇之独厚。镕亦感其恩德,情谊恳至。后结茅终南,一夕定中,若有告者曰:"尔莲祖急矣。"惊呼而省。贸然下山,行四十八日,

---

① 煮,底本作"莙"。

始达维扬。入寺,其旧侣谓之曰:"汝归耶,师祖疾亟,日夜呼汝名也。"其时有先开行者,后开三日乃至,问:"何行之速,中途胡不遇?"开亦惘然,莫识所以。但觉闻神语,即发脚,专志觐莲,念念不舍。虽行四十余日,犹旦暮耳。莲见镕还,甚喜而病寻愈。镕少时诣常之天宁,信宿而去。逾岁再至,入禅堂有悟,庵留五载。欲切参究,不滞声闻。飘然远举,汛览名山。年三十八,复来天宁,再易寒暑。遂继主席,自是造殿修塔,应念而成。勤劬九秋,因病告退。而皈依日众,随意宣示,一切平等,终日无倦。后住杭之灵隐,特起大殿,使人敬仰。复于上海玉佛寺,创念佛堂,以弘莲化。会时事改革,学风披靡,屡攘寺产,以辟校舍。常州天宁,昔号完富,尤为人所窥伺。乃善意所孚,鸦声不变,卒保无事,神之祐也,镕之诚也。己未,北方苦潦,开沿涂托钵,筹瘖济赈,全活无算。明年苦旱,开复募金,一再济之。劳不告疲,人或劳之,则曰:"此本分事,何足道?"以壬戌十一月二十日示寂,年七十一,腊六十。弟子显澈哀其事实年谱,庄蕴宽为之传,文谊斐然,见重当世。

卷第三十六
灵感篇第六之一
正传十一人　附见二人

宋汴京景德寺沙门释志言传

释志言,姓许氏,寿春人。落发京东景德寺七俱视院,事清璲为师。璲尚苦行,讽诵尤勤。言忽造前,跪请愿为弟子。璲见其状貌奇古,直视不瞬,心异之,为授具戒。然动止无常,笑语失度。或袒裼裹裎,旁若无人。或书空咄咄,伫立不去。时行市廛,从屠酤游,饮啖无所择,众以为狂。璲独曰:"此异人也。"人有入寺舍施者,辄先知其至,不俟款扉,指名取供。温州人林仲芳自其家以衲衣来献,舟始及岸,遽来取去。仁宗尝延入禁中,径登坐结跏,赐之食,食终而未尝揖也。王公士庶欲与接者,召即赴,然莫与交一言。或阴卜休咎,乞书数字,则挥翰落纸,洒若云烟。初不可晓,其后往往多验。仁宗春秋渐高,皇储未定,默遣内侍至言所索书。言手书付之,中有十三郎字,人莫测所谓。后英宗以濮王第十三子,入继大统,众始惊服。大宗正守节持纸求言书,言不顾,固请,得润州字。未几,守节薨,赠丹阳郡王。见寺童义怀,抚其背曰:"德山,临济。"怀既落发,住天衣说法,大为学者所宗。其前知类此。

普净院施浴,夜漏初尽,门未启,方迎佛而浴,室有人声,往视则言在焉。有具馔荐鲙者,并食之,临流而吐,化为小鲜,群泳而去。海客遇风且没,见僧操紽,引舶而济。客至都下,遇言,忽谓之曰:"非我汝奈何?"客熟视之,真引舟僧也。与曹州居士赵棠善,后棠弃官,隐居番禺。人传棠与言数以偈颂相寄,往还万里,数日即达。棠死,亦盛夏,身不坏。言将死,作颂,不可晓。已而曰:"我从古始成就逝①多国土,今南归②矣。"仁宗闻之,遣内侍就真身安置寺中,榜曰"显化禅师"。后有善厚者礼之,见额上荧然有光,审谛之,得舍利。

宋福州圣泉寺沙门释绍镫传

释绍镫,姓陈氏,古田人。生时,异香满室,紫胞覆首。幼不茹腥。七岁入塾,聪颖绝伦,授以经书,如睹旧物。十年,辞亲出家,礼潭州开福琎为师。精通《法华》,试经得度。受具之后,瓶锡游方。造当阳玉泉芳禅师,法席一见,针芥相投,顿忘荃蹄。及还乡里,深自蹈晦。郡守向道,延主陀岭塔院,缁素归敬。一日,示疾,索浴更衣,鸣钟集众,乃说颂曰:"吾年五十三,去住本无贪。临行事若何,不用口喃喃。"俨然示寂,瞑目无声。已逾两宵,偶闻钟音,忽然而苏。自是身心澈莹,超然生死。

元丰中,福州大旱。太守孙公仰其灵迹,延之祷雨。经筵既启,甘霖立沛。孙公欣慕,迁居文殊。尔后每逢旱魃,郡中官吏辄相祈求。府主许公、察院王公、左司叶公皆先后致敬,恭请讽经。镫一诣坛,诚心持咒。虽晴烘烈日,曾不崇朝。远视天色,已油然作云。俄而霈然,三农沾足。人民忭舞,年复大有。故自镫祷雨,

---

① 逝,底本作"逃",据《五灯会元》《嘉泰普灯录》《指月录》校改。
② 归,底本作"国",据《五灯会元》《嘉泰普灯录》《指月录》校改。

十数年间,甘泽所降,从不愆期。遐迩钦企,视若神僧。后移主圣泉。凡三坐道场,提撕后学,警策尤多。上堂,僧问:"如何是圣泉境?"镫曰:"目前无异草。"曰:"如何是境中人?"镫曰:"往来无罣碍。"曰:"人境已承指,向上宗乘事若何?"镫曰:"驴足未去,马足又来。"因言:"般若门中,纵说百千妙义,不增一豪,直饶结舌亡锋,岂减少分?若论玄之又玄,终非沙门。鸟道鱼踪,早伤涂辙,何也?盖为出此入彼,去者不至其方,来者不得其所。举一明三,莫穷厥趣。更不用续凫截鹤,夷岳盈壑。霄壤相望,去道转远。正当与尔时,衲僧门下作何观感?"良久乃曰:"昨夜三更月到窗。"

宋上海静安寺沙门释智俨传

释智俨者,忘其姓字。俗称"鰕子和尚",居静安寺。旧俗七月望日为中元节,村郭设会。寺僧赴请殆尽,唯俨在寺。有胥村人来寺,因请偕之会所。舟行见捕鰕者,俨从买一斗,索水唼之,谓渔者曰:"返乃予汝钱。"诺之。及诣斋家,但席地一饭而已,无馔施。还时,渔者索钱。俨赧然徐云:"还汝鰕,何如?"复索水饮,随吐活鰕盈斗,人始异之。将示寂,敛蒲草为万余绳,悬诸廊庑曰:"吾将作大缘事。"即坐蜕。人竞施钱,悬之绳,绳皆满,遂建佛阁。或曰寺地近海,弄潮者多。俨得钱,辄买鱼鰕活之。人益以此相敬仰,施舍不绝,而放生日盛。今静安寺,犹称鰕子道场云。

宋温州沙门释了兴传

释了兴,姓宋氏,平阳人。参历诸方,得法于荆溪寻公。尝夜诵经,有虎伏于寺侧,若有听受,久之不去。乡人经此者,见其目光炯炯,乃不敢近。然虎不伤人,里中神之。会官筑垂杨埭,祭用牛,牛受刀奔至庵前,喘息求救,而逐者踵至。兴诘所由来,乃解袈裟,付之曰:"但条折此衣,散置其下,则埭址可固,勿用牛也。"果如所言,其埭遂成,放牛山中。时将建塔,兴谓牛曰:"汝能为我炼泥乎?"牛俯首受役,塔成七日而牛死。兴曰:"此牛已生善道矣。"宋天禧改元,兴竟坐化,乃作偈曰:"不愿生天及净国,只明心地本圆常。毗卢妙性非来去,耀古腾今遍十方。"经七日,目光不灭。

宋天台常宁寺沙门释处谦传

释处谦,姓潘氏,永嘉人也。母感异兆,见瑞云入怀,娠三年而生。九岁,依常宁契能出家。能得教旨于昱法师,讲道不倦。天台自智者以来,以炉拂传授为信,至能已四十世。乃慨然曰:"得法在心,岂在器乎?"乃藏之天台道场,遂不复传。宋大中祥符元年,封泰山,诏天下寺观得度一人。谦遭际覃恩,乃得度牒。往学于天竺慈云,复谒神照,大明圆顿之旨。燃三指供佛,用祈妙悟。未几,擢居首座,神照以止观一帙授之。已而言归乡邑,卒继契能之席。道不在器,斯言乃验。后迁慈云、妙果、赤城,讲道益振。少师李端悫请主白莲。北海郡王奏谦高行,诏锡号为神悟禅师。王丞相安石与朝贤竞为歌诗,以赞其德。郡大旱,谦至龙湫祈雨,俄而大风,黑云从湫起,骤雨如注。后十余年,将归永嘉,郡守士庶固留,乃于巾子山慧林精舍讲《小般若》。时赵内翰、陈舍人与杭之无择禅师,以宝阁净住。南屏、天竺诸胜,前后相乞请者不绝。遂十坐道场,历四十年,讲演无间,登其门者三千人。宋熙宁乙卯四月丙寅①,晨兴沐浴更衣,集众讽《普贤行》,法《阿弥陀经》,乃曰:"吾得无生,日用久矣。今以无生,而生净土。"即入定寂然。塔于南屏之右,无为杨杰为之铭,词甚清洁,见于别集。

宋四明雪窦栖云庵沙门释知和传

释知和,姓张氏,昆山人。从南岳辨,游丛林,以为饱参。元符间,住雪窦中峰、栖云两庵。山之前,曰妙高台,有石突出,下临无地。其旁古藤一枝,覆施而叶莫莫。和攀厥柔条,盘屈成龛。常偃坐其中,名曰藤龛,独处二十年。初,与普交同参洲潭,盟曰:"他日吾二人当踞孤峰绝顶,目视霄汉,为世外人。不可若今时,借名官府,屈节自污。"及交开法天童,访旧至山,和竟不接。和虽绝物,然有志于道者,多往见之。主雪窦者,嫉其名出己上。郡守尝询和于主者,主者曰:"常僧耳。"和遂题偈于壁,徙居伏锡山。偈曰:"竹笕两三升野水,窗前五七片闲云。老僧浩计只如此,留与人间作见闻。"其二曰:"十方世界眼前宽,抛却云庵过别山。三事衲衣穿处补,一条藜杖伴清闲。"其三曰:"自从南岳来雪窦,二十余年不下山。两处住庵身已老,更寻幽谷养衰残。"其四曰:"黄皮裹骨一常僧,坏衲蒙头百虑澄。年老懒能频对客,攀萝又上一崚嶒。"后又迁二灵。《传灯录》称,和住二灵三十年,恐非。盖其去雪窦时,已年近衰残,读题偈可知。宣和七年四月十二日示寂。闻和栖藤龛时,常有二虎扰侧。元大德间,栖云庵毁,虎为人患。至元二年,复建

---

① 寅,底本原无此字,据《佛祖统纪》《释门正统》校补。

庵祀和,其患顿息。或谓妙高台有伏虎洞,为虎在雪窦之证。而《传灯录》谓在二灵,但以为知和故事,不必辨其何山。其言似是,岂知虎为和驯,自有神异。和能往,虎亦能往,二灵之有驯虎,又何足疑。

金燕都潭柘山寺沙门释开性传

释开性,姓侯氏,怀柔人也。九岁,依都城嘉福寺戒振为沙弥。年十五,受具戒。天眷初,参佛日于汴梁。未几,豁悟心法,作颂呈日。日首肯之,付以法。乃潜南行,历齐鲁。时昭禅师居越峰,将造之。是夕有神人,冠服甚伟,语昭曰:"广慧大士明日来,当扫馆宇以待。"诘旦,开性至,众咸异之。后主大刹。金大定间,僧善诲十余辈,请主潭柘。开念古祖道场,禅学扫地二百余年,吾将起废。遂往经画,众以规模弘大,惧难遽集。开曰:"患诚不至耳,诚至奚患无成?"方凿石间,忽有大石崩坠,众悉骇避。开恬不顾,石飞落,去开才咫尺。众皆异之,以为志愿精悫,致神祐也。十有一年,工始告止。大定十五年六月晦日,沐浴易衣,说偈而化,寿七十二,腊五十七。荼毗后,建塔于潭柘虎首之阳。著有语录三编,手订寺中规则,至今遵守,无敢遗焉。

元邢州开元寺沙门释广恩传

释广恩,字万安,姓贾氏,洺水人。生有佛性,年且冠,求出家。从经城法云鋆祝发,又从晖公受具戒。学禅临城山,阅数载,游历诸方。还至枣强,与大姓霍氏契,因结庵于其所居。自谓行不坚洁,诚负佛恩。乃辟谷,持《大悲章句》,不出户庭者五年。一日,霍氏儿供鲜桃二枚,隆冬食之,遂多灵异。其邻火自却,攘暴自禁,鸡啄香而蓺,牛受戒而驯。至于愈奇疾,扶危困,复冽泉于涸井,溢浙米于众供,皆前世所希见。尝诵经传,古义妙理,超然领悟。饭僧以亿万计,持犯不间,斋敬等视。甘陵有塔基,欲为治之,发土得石,记恩名焉。且获舍利,即其地建大道场。会开元虚席,郡僚率阖属缁素,请恩住持。

盖自贞祐癸酉,中州板荡,所在萧条,说网罟而保郡县者,无几人。逮戊寅、己卯以来,大兵频岁南出,而邢为冲,驲使络绎,穹帐迁卓。郡或不能容,以故九流流寓,行客往返,逆旅无所投,恩皆为之馆谷。他郡则父逋逃于前,子窥隙于后。独此一方,以恩之故,晏如也。玄风所扇,遐迩怀芳。元勋懿戚、豪门贵族,不爱金宝重币,以圆照塔因故基而崇起之。众不靳力,工不秘巧,辇饷不惮数千里,艰险万状,皆得平达。随度施用,靡不如意,曾未十稔,屹然崒嵂,突地矗空。虽瑶光、永宁之盛,未易过此。癸卯仲冬十有八日示寂,春秋四十有九,腊三十。著有《密莲集》。度具戒僧千余,寺众恒不啻万指,纪律如一。弟子万松述其行状,乞房山刘百熙为之碑铭,御弟忽必列以旨谕五路兵马史万户天泽立石。

元潭州天台山沙门释彭彭传

释彭彭,不知何许人。自言姓彭,或叩其名,亦曰彭,因呼为彭彭。志乘亦称为彭祖师者是也。相传初来湘西时,年才七岁。为人牧牛,异于凡童。尝牵牛至一处,指其山曰:"此似天台。"后遂名其山曰天台山。偶于山阿,手植一松,上出九枝,旁敷晻蔼,遂居其下。牛亦驯伏,随宿山中。复以杖插一穴,牛入穴中,但见其尾。主家以牧牛不归,方疑为盗,迹之至山阿,见彭彭酣卧其下。牛入穴,拽之出,责之,彭彭殊不为意,卧自若。主者牵牛归,牛望天台而吼。俄而牛死,主者深恶之,彭彭遂乞食乡里。求依僧寺长老为之剃度,每于讽诵,声入心通,大有悟入。然不乐寺居,仍寄松下。岁旱,彭彭语乡人曰:"以粢供我,当得水乡。"人与之粟,彭彭振锡山麓,泉随涌出,村田水满。乡人神之,呼为振锡泉,亦称龙湫。会螟虰为灾,田禾尽稿,乡人复求彭彭作法禳除。乃命向暮田畔,然火一炬,呼我名号,其害当已。行之果验,人皆信仰,奉为尊者。乡人每有急难灾殃,辄往祈请。尝有一孕妇,产难七日,家人来求。彭彭因告之曰:"使产妇闻我名号,持清净戒,故多生以来,不杀众生。令妇闻之,生信慕心,孩当生下。"如言而行,须臾儿生,举家惊喜。其他灵异,不可尽述。曾手持折枝,插地祝曰:"若成正觉,枝当复生。"后生枫树二株,上合下分,迄今存焉。元大德丙午,彭彭忽焉蜕化。后人为建双枫寺,奉肉身寺中,三百余年。至明隆庆丁卯,不戒于火,栋宇俱烬,而尊者遗身如故。后寺重修,至今香火不绝。

元大理沙门释左黎传 连精

释左黎者,姓王氏,滇西人。出家后,执行精苦,多有异迹。常持秘咒,咒诸怪物及恶病,无不立验。元室龙兴,绥定六诏,黎随段氏,入觐上京。会成宗手疽,医莫能治,黎乃咒水洗之,患即瘥可。欲再试之,预屈一窟,可容八人,人持一鼓,击于地中,伪言有怪,使黎治之。黎应命而至,细察其声,果在此间,端坐其上,持咒喃喃,少顷,鼓声俱寂,开窟视之,八人已死。由是敬服,封为国师。后归大理,谓段氏王曰:"点苍玉局峰上,每月望夜,常闻天乐之音。"王曰:"安得致此?"黎曰:"能取之耳。"至期,当候其地,天乐果至。鸡鸣时,但见群鹤翔空而下,有玉琵琶、筝、琴、竹笛之器。人不得其音,遂秘之云。

又连精,定远人。通密教。元至正间,滇中大旱,梁王迎之祈请。乃于净瓶中,出一小蛇,雨随大降。王赠以金帛,却之。归日,役鬼荷担,步如行空,不知所往。连所隐处,即今云山。

元晋宁东山盘龙寺沙门释宗照传 空庵

释宗照,字莲峰,晋宁段氏子也。生有异性,天资绝伦。年十八,礼云峰剃染,每以七日断绝思想参究。一日,闻伐木丁丁,瞿然朗悟。杖锡操方,遍览名山,历抵巨匠。初谒空庵,许为法器。后叩中峰,乃邀证印。了达宗源,发明祖义。元至正间,还滇。间游晋宁东山,喜其深秀,谓似曹溪风景,乃建盘龙寺。山旧有龙池,建寺后,龙乃他徙。黑井有毒龙,兴水暴溢,每坏盐灶,损民居。照为书咒沈水,其害遂息。又宁州有虎噬人,照为噀水咒符,驱虎速去。次日,居人果见虎去,一方无患。自是两地感德,纳贡耕牛,为寺引盐,岁以为常。以元至正二十一年八月望日,沐浴书偈,趺坐而逝。身体温柔,七日如生。有彩云覆庵,虹气贯天者三日。门人立塔于寺后。照以八月望日寂,至今居民,每至中秋,咸致敬礼,香花缤纷,林峦若市。明季,更谥曰大慧禅师。

卷第三十七
灵感篇第六之二
正传十四人　附见十人

明四明阿育王山广利寺沙门释崇裕传

　　释崇裕，字约之，姓陈氏，毗陵人也。母梦庞眉异僧乘舆而入，直叩寝门，觉而生子。四岁①始能学步，七岁入小学。资识明敏，迥超群童。年十六，解通儒家言。然体素尫羸，十日九疾。父母以其兆应，冀邀灵释氏，命从寿昌院东林晓为沙弥。院有大梨，三十年不花。及裕来，花开满枝，结实大如罂。东林知为祥征，度为大僧，受具足戒。俄而出登双径山，谒寂照端。鞠明究曛，唯以观心为务。越二年，未有证入。偶游东坡池，操觚成偈。寂照见之，喜云："此龙象器也。"命为侍者，使便于咨叩。

　　乃未几，复走天目山，见佛慧义。佛慧授以万法归一语，裕淬砺益力。佛慧亦期其有立，所以警发者甚至。又二年，急于求证，复步中天竺山，参广智欣。一造户庭，如胶投漆合，即决以超脱死生。广智为举临济无位真人之言，且诘之云："尔还知否？"裕不觉下拜。广智云："尔何所见而作礼？"裕曰："拜者非是他人。"广智云："从门入者，岂家珍耶？"裕曰："慎毋欺人。"广智首肯者久之。

---

①　岁，底本作"藏"，据《护法录》卷一《扶宗宏辨禅师育王裕公生塔之碑》校改。

越五年，元文宗诏建大龙翔集庆于金陵，召广智开山。裕复往依焉，选主藏室，留左右者十余年，尽传其法。张御史中丞起岩尝问广智曰："选佛场中，僧伽如此众多，其有弗悖般若者乎？"广智云："戒律精严，言行不相背，唯崇裕一人。自受度以来，胁不沾席者三十载矣。"张公深加赞叹。自是声施烂然，日起丛林中。

朵儿只国王时，以浙江行省右丞相领行宣政院事，遴选诸方住持，命裕出主太平南禅报恩光孝禅寺。瓣香之祝，盖嗣广智云。裕既履主席，接物以诚，缁素翕然。一日，令圬人涂壁，壁中隆然如有物，抉之，获悉达多太子像，为佛骨刻成。因召工，傅以黄金，金忽迸裂，设利从中涌出，以小香殿奉之。风声所播，檀施云集，日新月异，数载之间，百废具举。帝师大宝法王闻之，锡以扶宗弘辩禅师之号。寻迁九江圆通崇胜禅寺。寺在宋初，有神僧道济德公，将示寂，累青石为塔，语其徒曰："此塔若红，即吾再来。"暨圆机旻公来镇法席，塔色果红，人多异之，旻公号为古佛。及其临终，复尔悬记，有三百年后大兴佛事之谶。裕入院之夕，众僧梦旻公至，而其塔烨然有光者弥月，人尤异之。先是，寺之师子岩大树皆枯，涧泉亦渴，至是树则重荣，泉则再涌。识者谓，自旻公至是，正符三百年之数，其能感物，盖非偶然。寺当灾毁，后唯佛殿法堂尚存，余皆瓦砾。裕会岁入，节其浮资，庀材鸠工，创僧寮游坛林，以居学子。新梵音阁，造大士像，他若黥音楼、经藏宝阁及塔院，莫不竭力经营，轮奂并美。时荣国公火尔赤以重臣总戎江西，慕其慈行，荐请敷演大法，申弟子礼，受持五戒而退。

有明初兴，崇尚佛旨。洪武元年，开善世院，统摄释教，选大浮屠，主诸名蓝。移裕住四明阿育王山，寺居五山之一，继席颇难。其人闻裕至，香华接踵，天乐远闻，万口称颂。及其接引未悟，单提向上之功，棒唱纵横，逢者胆落。两序之众，自庆获所凭依，相与勠力，振废起衰，备臻完美。五年春，太祖饬仪曹建广荐法会于钟山，遣使者征裕，已年七十余矣。至则召见便殿，咨以佛法，裕以偈献，览之大悦，命书天界寺额，赐赍有加。后数年，弟子师秀乞宋文宪濂铭其塔，文具《芝园前集》。

明台州国清寺沙门释昙噩传　荣枯木

释昙噩，字无梦，亦号梦堂，晚题所居曰西庵，姓王氏，慈溪人也。依净慈雪庭传，剃发受具。台衡、贤首、慈恩诸文，昼夜研磨，不知有饥渴寒暑。及雪庭迁灵隐，仍侍左右。雪庭寂后，元叟端来补其处。风规严峻，非宿学莫敢闯其门。噩直前咨叩，自一转至于六七，转语机锋，交触无畏。端领之，命掌内记。与群侣辩论，莫不推敬。元至元初，出主庆元宝圣，迁鄞之开寿、台之国清，后居瑞龙。一日，飓风骤雨，殿宇俱仆，噩所居亦就压，人意其齑粉矣。掘覆索之，一巨木横支榻上，噩危坐其下，若有神物为之呵护者。噩凡四坐道场，不久即退。尝游越中，诗人刘梦熙、唐处敬辈集曹娥祠，噩敝衣坐船尾，众方分韵赋诗，殊不相顾。俄而作礼曰："有剩韵，乞布施一字。"拈蕉字与之，噩即应声赋诗云："平明饭罢促高梢，撑出五云门外桥。离越王城一百里，到曹娥渡十分潮。白翻晴雪浪花舞，绿弄晚风蒲叶摇。西北阴沈天欲雨，卧听篷韵学芭蕉。"众惊曰："公非噩梦堂乎？"遂邀入社。明洪武三年，诏征奏封，闵其年耄，敕令还山。日本国王慕其道行，屡发疏请，欲迎致之，噩坚不往。凡遇噩手写经论，必重购之而去，且诧其放异光云。越四年，谓其徒曰："吾有一物，无头无面。要得分明，涅槃后看。"言讫敛目,趺坐而终。

同时,有荣枯木者,鄞人也。幼甘蔬食,持诵《法华》。父母不许出家,强为婚娶。将醮之夕,逃卧雪中,几死。外兄陆甲遇之,解衣以衣,扶归,温以汤火,乃苏。初事海会梅峰寿,复谒净慈东屿海,祝发受具。澄神禅观,昕夕无间。若中峰、断崖、布衲、大梁、无方、古林诸老宿,皆恭礼之。受其策发,雪窗住育王时,重其戒行精严,招居副座。元至正丁酉,勉徇众请,开法海会。道俗信向,寺赖以兴。明洪武四年,预钟山法会。明年,东迁。又明年,示寂。龛留七日,颜貌不变。

明四明瑞云山清凉寺沙门释僧茂传 启原

释僧茂,字实庵,别号松隐,姓郑氏,奉化人也。父孝,母胡氏。世业儒术,颇崇道谊。茂生有异禀,尝在幼龄,中夜跏趺,习为禅观。母殊不悦,推之使仆,辄达旦不瞑。年十六,依余杭传法寺希颜剃落,受大戒于昭庆惠律师。归杭,希颜使司食物琐务,乃叹曰:"离家为求道耳,奈何羁绁于此耶?"遂潜行大江西,见南涧泉于云居。泉命入堂,夙夜操持,无少间缺。一夕松月下照,起步檐隙间,岩泉泠泠然,微有觉触,遽叩之泉。泉曰:"此间寻常设施,不足发子大机大用。古林茂禅师为横川正宗,见道最真,今住饶之永福。子盍往依之?"即担簦启行。既至,古林问曰:"尔来欲何为?"茂曰:"正为生死大事,求出离尔。"古林曰:"子明知四大五蕴是死生本根,何缘入此革囊?"方拟议间,古林以杖叩之,豁然而省。从此悟入,机辩峻绝,纵横自如。古林器其为人,命居首座。未几,古林迁建康保宁,挟茂与俱。逾年回浙,会月江印苍湖之道场,法席之盛,震于东南。请茂分座,一音演唱,四众悦服。

元至正壬午,行宣政院命长明之瑞云山清凉寺。学侣奔奏,机锋敏妙。兔走鹘落,瞬目即逝。有沙门至,问对未竟,以手拍地而笑。茂曰:"钝根何烦拈出?"沙门一嘘,茂厉声喝之,竟相视莫逆,释然而去。其应机接物,皆刊落支流,直造根源,故所证如是。茂居清凉一十五载,始退东堂,影不出山,块然独处。时元明良方主天童,迎归此轩,举扬法要。一日,示微疾,左右具觚翰请书偈,乃以手指心曰:"我此中廓然也,何偈之有?"端坐凭几,右手掘拳,以额枕而逝,时甲辰八月二十七日也。寿八十五,腊七十。经七昏旦,容貌明润,其顶犹温。以香华幡幢,导引灵龛于太白山阳。茶毗,火方举,有物飘洒晴空,似雪非雪,如雨非雨,视之非无,即之非有,霏微缤纷,离地即隐,盘旋列焰之上,至火灭乃已,盖天花云。其弟子获舍利,如机珠,建塔瑞云之西藏焉。著有语录一编。宋文宪濂为之铭曰:"我闻如来,演说般若。天雨宝花,缤纷而下。岩岩普照,诸佛之子。依佛仿佛,乃亦有此。岂非天龙,及护法者。欲警有情,使之四洒。感应之机,非由外铄。风动籁鸣,实自中作。曷以明之,法因心悟。表彼空华,以无著故。何有四大,何有五蕴。一空之余,诸法销殒。如大宝镜,罔不含摄。随物赋形,了无余迹。宴坐云峰,学侣川赴。孰不清凉,如饮甘露。有窣堵波,中藏设利。佛光炜然,群昏咸赖。"

又安固沓石山山交寺比丘尼启原者,字太初,姓张氏,日本人也。九岁,祝发学禅。吴元年,航海入中国,历游海内禅林。明洪武丙辰,入安固,抵沓石山梅公洞。见四山浮翠,两石相沓,遂驻锡焉。先是巨蟒虎狼,怪异甚多。原至,禅诵其中。忽一夜,山下居民见峰顶火炬人马,南飞而去,其怪遂息。民因岩洞筑庵,师事之。

复建山交寺,徒众四百人。时明师讨叛,启原与徒为乱军所获。总兵富爵异之,相与谭空结聚,乃获免。永乐丙戌,其徒为立塔于寺旁,以为退修之所。丁亥三月朔日,入塔端坐而逝,年七十有五。著有语录三卷。相传正德间,有人开塔,见头发披垂,指甲长曲,闻风雷震,乃闭之。

明襄阳承恩禅寺沙门释觉成传

释觉成,襄阳僧也。少怀幽隐,决志弃俗。超然高蹈,寄迹桑门。泛读经论,妙解天成。发语惊人,若有神悟。每执事辨理,刊断祸福,瞩于机先,事后按之,莫不符验。然独处茅茨,萧条物外,不轻许诺。湘藩仰其风徽,更番迎迓,底于荆郡。又复偕至京师,觉成请别,止上方山。敷坐讲说,平易可亲。虽玄机密运,晦匿自深,而弘旨提挈,宣谭曲尽。由是海内闻风,四部云集,万指堵环。已而言返旧里,兴复承恩寺。更于别墅,自造寿塔。中有藏石,不令人知。后无疾化去,门人即就其塔瘗焉。后三十年,襄王薨,卜壤于此,欲毁其塔为兆域。举锸发土,掘起一碑,视其文曰:"地本襄王地,住我三十年。襄王来葬此,移吾向东边。"观者惊异,叹为神僧。于是依迁灵骨,奠址东方。更造新塔,规制严廓,胜于旧矣。事载《襄阳县志》。

明昆明大德寺沙门释道源传

释道源,字福裕,昆明人。明永乐初,居大德寺。研穷全藏,间习文艺,尤工书法。尝以金银泥粉,写《华严经》一部,贮以铜匣,供之五华寺。明末兵燹,寺僧惧其残毁,以铜匣沈之昆明湖中。每于夕月宵露,数见异光,浮生水面。清总督范承勋闻之,疑有宝物,令人汩取,乃得铜匣,而失其盖。口有蜗螺,数万盘绕,护持经卷,故有浸润而无漂没。至嘉庆辛酉,渔人网得其盖,献之巡抚。其上镌有道源篆文,乃叹其精愫弥纶,感通灵妙,书经功德之不可思议如此。复藏大德寺。清之末叶,新说盛行,大德寺改为学校,铜匣入图书馆。其经犹存二卷,余则不知遗自何时,可叹也。

明金陵法藏寺沙门释杜圣传 董伽　法光　大千

释杜圣,赵人。师事董伽,雅致幽间,密行深异。伽亦赵人,生于鹤巢。董氏抚之,遂蒙其姓。既改僧服,犹以为号,示不忘也。幼慕禅宗,感观世音法施,得省面目。常持大悲咒。明洪武间,游南都。太祖召对,赐藏并敕建法藏寺。圣既相依,尽传其咒。时有虎伤人,乞圣咒之,虎果潜去,民乃安居。后游燕都,成祖召对,复赐大藏南归。

又法光者,为定堂弟子。赋性孤高,不染世缘。独处深山,遇白虎掉尾而来,见之辄伏。年八十余,无疾坐化。

又大千者,大同人。七岁出家。明中叶来滇,驻锡曲靖玉龙庵,年五十矣。夜诵经,虎尝守户。后寿百龄。与净莲号大千者,同名异籍,或以为一谬矣。

明曲靖真峰山沙门释镜中传 志登　匾囤

释镜中,明正统间,栖止曲靖真峰山下,苦行四十余年。夜以念珠撒地，一一探之，仍累然成贯。竟夜不寐，以此为恒，无一夕间。侍者怪之，叩其所以。但言："不苦不真，吾以伏魔耳。"一夕有盗入室，攫取衣钵。镜中欣然与以饮食，遣之使去。乃盗挟所窃，出户而走。如堕云雾，腰缠背负，且行且探。长夜漫漫，不胜其苦。比晓，犹旋绕廊庑，相顾愕然。自还其物，罗拜以去。后建寺卜地，得一龙湫，以法咒之，龙果他去，遂成平地。今泉出山巅，一道瀑布，流于树杪，或云即龙所徙处也。

又有志登者，永昌马氏子。童年剃染，戒行孤洁。常修禅定，构庵龙泉门外。时有盗十二人，夜入寝室，志登定中，兀然不动。盗周视之，见案上蔬食罗列，皆自出新炊。所设盂箸，亦如人数。正惊异间，志登徐起云："昨已预知诸君至，故命徒略备草具，用慰饥渴耳。"乃为开示因缘果报，及诸妙义。群盗闻之，皆悔泣，愿求自忏。

后有匾囤和上者，不知何许人。常居鸡足百节桥土龛中，日唯种圃，夜则趺坐。每以草席为囤，跏趺其中，故人呼为匾囤。或云持紧那罗王咒，尝有劫盗相扰，殊不为意，及扰之甚，乃瞿然曰："何乃如是？"遂默持咒。是夜劫客数人，旋回囤旁，若梦若痴，遵循不能去。及明，群盗跪请归诚，囤以指挥之，始散去。又鼓山有妖魅，夜出迷人，行路相戒。囤以咒制之，其患遂息。今有降妖坊，立于法华庵旁。

明杭州佛慧寺沙门释圆果传

释圆果，字祇园，一字幻空。少为凤阳卫守陵指挥使。已而弃官，舍身入五台山。淹贯经论，顿悟直指。东游至姑苏，登座说法。天华昼下,缤纷如雨。嘉靖三十四年,倭寇犯浙,剽掠至北新关。果时居杭之佛慧寺,巡抚胡宗宪闻果道高,延之出山,问退寇之策。果曰:"三日后,贼当自退。"后三日,军士见云中有神兵数千,击倭,倭卒退窜,人以为果之力也。临化之日,属弟子十年后荼毗。至期,舁棺至野,忽自出火,灰烬无遗。道俗观者千人,咸见云中楼阁宫殿,并是金银琉璃之色,白鹤、孔雀、鹦鹉、舍利、迦陵频伽,种种奇妙,与经所说,无有差别。俄而,天乐振空,移时方灭。

明四川峨眉山沙门释万世传 牟罗汉

释万世者,不知何许人。一笠一钵,游迹无定。尝居峨眉山,昼夜趺坐,恒数日不食,兀然不动,不可方物。明巴陵进士杨一鹏初授成都府推官,登览太峨,抠衣直上,兴致勃然。见尊者高踞佛床,殊不为礼,忽睨而笑曰:"汝犹记,下地时,行路远,啼哭数日夜,吾摩其顶而止邪?"一鹏追忆儿时语,遂大惊,礼拜。聒语达旦,临别属曰:"三十年后,见汝于淮上。"后一鹏开府汝安,一日向暮,有野僧击鼓,称峨眉山僧万世尊者寄书。发函,得诗七章,索寄书僧,已失所在。俄而,流贼焚凤阳列祖陵,一鹏坐失救,论死西市。及临刑,无他语,但称好师傅数声而已。由是世尊名大著,后不知所终,樵夫牧竖往往于峨山顶上见之。其寄一鹏诗,后二章秘不传。传者五章,其词曰:"谪向人间仅一周,而今限满恐难留。清虚有约无相负,好觅当年范蠡舟。""业风吹破进贤冠,生死关头住脚难。六百年来今一遇,莫将大事等闲看。""浪游生死岂男儿,教外直传别有师。富贵神仙君两得,尚牵缰锁恋狂痴。""难将蟒玉拒无常,勋业终归土一方。欲问后来神妙处,碧天齐拥紫金光。""颁来法令不容违,仙律森严敢泄机。楚水吴山相共聚,与君同跨片霞飞。"

又牟罗汉者,名安,亦眉山人也。初为兵,隶倅厅。行役岷山,陟上清坡,苦饥。忽遇髯者,笑指曰:"汝饥,盍不食柏子?"因摘柏子投其口,顾髯者,不复见矣。自是不火食,易僧服,往来峨眉岷江道上,疾行如飞,奔马不及,人呼为牟罗汉。一日,江水暴涨,舟不可引,或戏指其笠曰:"乘此以渡,可乎?"牟遂置笠水面,趺坐其上,浮江以济,观者异之。

明云南鸡足山西来寺沙门释如唐传 大智

释如唐者,关中人。初至滇,栖鸡足山罗汉崖下,日讽《法华》。久之,泉自崖根迸出。众多叹异,乃为造寺,曰西来寺,本所自也。如唐性本慈祥,善心化物。每于食后,以手承钵,立向阶前,念佛一声,则林中群鸟,翩翩随至,集肩而食。殊行甚多,后不测所终。

有大智者,燕人也。行脚至白崖,每见鸡,辄与食。常以布囊盛米,肘后累累如斗。大人戏之曰:"老僧何为,饲人鸡,欲其肥邪?不然于尔何与?"大智喟然曰:"人家畜鸡而不饲以米者,欲其多食虫蚁乃肥耳。吾以米易之,正为诸虫度厄也。"一日,遍谢市中所相识者,曰:"吾往矣。"众叩所之,曰:"不远。"众随之去,至一蚁垤傍,闭目端坐,口吐白气如虹,向西而逝。

明云南筇竹寺沙门释圆旭传 陕西僧

释圆旭，字万松，通海人。少机敏，负奇气。既舍俗务，修持宗乘，教观靡不博通。周览名山，行踪所至，胜境殆遍。尝慨然慕济颠之为人，故任性飘忽，倜傥怪特，久亦自得。明崇祯间，还滇，憩于筇竹。起居不常，饮食无节，状类疯狂。时入酒楼，高歌起舞，旁若无人。人或戏之，则发人隐私，语多奇中。尝衣妇女襦裙，遨游市廛，亦不知所自来。市人环观，所着裙服，顷忽不见，莫测所以。每一入定，即危坐道旁，数日不移。风雨卒至，亦不知避，瞬息如故。一日，遍辞所识，还山沐浴，焚香礼佛，告众作别。众未之信，唱偈坐化。

陕西僧者，其名字不详。明万历间，游鸡足。入迦叶殿，取土主神，负之而走。寺僧大骇，逐而夺之。僧曰："尊者道场，何可容此牲酒，污我清净？我已牒官府，明斥此神下山矣。"寺僧以其诞妄，争持不已。乃委像而去，寺僧欲舁之归，重不能举。是夕，梦神谢曰："我已被逐下山，复何面目久居此乎？今卜他所，幸勿相留。"明晨，忽闻山下居民鼓乐来山，询之，曰："是夜土主神示梦，欲来山下卜居，故村老相约迎之耳。"盖陕西僧先具词于大理巡道，告神酒醴牲牢，污辱名山，乞法治之。巡道曰："彼神也，我何能禁？"僧曰："但乞允我词，我自能治。"遂批移下山。故僧来负之，神亦从命，吁异矣。

明九江庐山寺沙门释法禅传

释法禅者，楚中僧也。少有异趣，独怀幽致。夙闻庐山林谷绝胜,欲于其间拓地数亩,覆茅以居。而苦乏赀,托钵九江市中。有西城王西溪者,方欲延僧讽诵《金经》,期以三年,奉资三百。闻法禅初来,有建庵志,与之相约,两情欣许。法禅从此朝夕无懈,心维口诵,寒暑荐苒,忽焉三易。而王已拮据,才与百金。法禅高迈,略不与校金少。愿宏不称,所怀亦既已矣。法禅性复好施,所得几何,强半舍去。仍持空钵,往还江干。会分封藩王,行抵九江。湖浪风激,舟不得前。起夫牵缆,役者逃匿。强僧应募,法禅与焉。时众舫齐发,风逆水急,进寸退尺。独僧缆挽之若驶,足行如飞。王见惊骇,进询其故。法禅茫然,不知所对。再四征诘,良久方悟,乃曰:"贫僧素无他术,唯讽《金刚经》三年。"因述前事,王喟然叹曰:"《金刚》灵应,乃如是哉。"赐银三百,使终其愿。天启辛酉岁,遂隐于庐山云。

明云南鸡足山大觉寺沙门释周理传

释周理,出杜氏,荞甸人,初字彻融。后讲《华严》于青莲寺,释理微妙。与《中庸》义,多所发明。陶公不退,乃请易融为庸。理生时,白气出屋,乡人异之。然啼声辍作,三日不止。忽有二僧,闻声登门,为之摩顶。因请赐名,命曰慧九。是夕啼止,家人相庆。九岁而孤,集于茶蘑。年十一,入鸡足山,礼大觉遍周为师。先夕,遍梦大莲花生于殿庭,日中理至,适符其兆。遍乃忻然,为之落发。然语音蹇涩,期期不明,因礼诵观音三年。一夕,梦白衣入室,授药三丸,命吞之。自是发言,略无滞塞。后至姚城,参密藏大师,遂有省发。屡跻讲座,为众钦仰,延主妙峰山。

有龙湫,人莫敢犯,岁时宰牲,投之以祀。明崇祯辛未夏,日方亭午，忽雷雨暴兴，山林撼动，大众惊骇。侍者持杖立前，欲导之行。理曰："将何为？"曰："龙作孽，须避耳。"理叱之。俄而，水溢阶庭，浸及几案。理不为动，端坐持诵，若无所见。须臾，雨止天霁，前后林峦五十余里，坏山拔木，不可胜纪。惟寺宇静室，略无损伤。遐迩嗟异，知有神护。是夕定中，见一王者，乘空而至，告语求书，乃书善德祠予之。又见老姬，引一女子，形容妖冶。理呵之曰："汝前生作孽，今尚如此，当截汝首。"即剑光闪烁，飞射而出。姬与女郎，哀伏于前。因为说戒，遣之而去，自是境物安宁。明崇祯甲戌，游叩诸方，请藏南都。时密云说法天童，入室请益，相视莫逆。欲留不可，辞归滇南，弘法妙峰。古庭而后二百余年，祖灯再续，实赖斯人。著有《曹溪一滴》《谷响集》《梦语摘要》及语录若干卷。寂年五十七，僧行四十六。

明蓟州净业寺沙门释至明传

释至明，字无暗，姓袁氏，介休人。出家千佛庵，禀具五台显通寺。参遍融、憨山、达观，于言下各有所得。居盘山五盆沟者，十有五年。苦心坚忍，了然生死。尝绝粮五日，掩关独坐。王孝廉邦均者，夙怀善念，雅好施与。夜梦神人，告之曰："盘山五盆沟，有修行人，绝粮，是汝师也。"质明，孝廉问之薪者。踪迹之，境幽路险，寂无人声，扣门见之曰："师绝粮耶？"曰："何以知之？"以梦告，因请为弟子。再拜，乞一言。明曰："平常心是道。"由是相知。后应孝廉请，出住静业。阐毗尼，演修多罗教。会岁饥，人多求度，明见辄许之。老稚剃度者几千人，虽寺无储蓄，而厨中供具无缺。学侣请益者，譬引曲喻，必解悟而后已。崇祯末示寂，留偈曰："幻身本无实,真如本自然。昆仑成粉碎,生死不相关。"塔于庵左,智朴为之铭,具山志。德意颂以诗曰:"白云深处结精蓝,无限幽情只自耽。魔慑真风消幻障,龙钦高蹈徙澄潭。清操不让岩松古,妙义犹如水月涵。我欲询师师已邈,临风空对薜萝龛。"旧传五盆多魔魅,故云。

卷第三十八
灵感篇第六之三
正传十六人　附见七人

清燕京玉泉山二圣庵沙门释僧清传

释僧清,字满月,姓杜氏,山左人,不详其邑里。少读书,习举子业,博通经史百家之学。其于正心诚意,尤所阐究。不乐仕进,弃之出家。后参禅于京都卧佛寺岫禅师,听讲诸经,不违如愚。岫问之曰:"汝识字乎?"曰:"未也,愿学之。"岫曰:"既不识字,可司楼上钟。"然心知为大器,欲历试之也。于是晨昏是职,应期无爽。是时,法会盛行,讲席众多。都中若慈慧、慈悯、千佛、卧佛诸寺,皆名僧据坐,善信如云。清于鸿鸟间代,窃往观听。方过慈慧,又趣慈悯,旋至千佛,三番听受。复还本寺,鼓鼓钟钟。日夕奔奏,自忘其疲,如是者六年。及岫示疾,众询继者。岫瞿然四顾曰:"撞钟者安在?"乃命侍者以衣钵持付钟楼,清遂主卧佛讲席。

明崇祯二年,恒明方居玉泉山。徒侣麇集,众至六千。思敷讲座,以资化导。乃迎清入二圣庵,讲《华严疏钞》《涅槃》诸经,间以《左》《史》《庄》《骚》,秦汉六朝唐宋诗文。十余载,未尝少倦。尝遭饥馑,绝粮数月,日食糠秕。莘莘学子,犹不舍去,其相得如此。所居之地,恒感奇瑞,皆不告人。晓起盥沐,盛水铜盘,每至冬初春余,天寒欲冰,其中辄结异花,或莲或梅,及桃杏之属,逐日更易,形状不一。大内闻之，遣使索观。侍僧持铜盘献，自玉泉山二十余里，始达宫禁，而冰花不释。皇后传观，侍嫔皆呼万岁。因赐供物，赍予甚厚。都中传为神异，清但笑曰："此偶然耳，何足怪也？"由是四众感慕。襄城伯李国祯，司礼监王之臣、曹化淳，咸相皈依。

大清龙兴，入据燕都，既殄流贼，遂黜明命。然崇尚佛法，终召天和，平定区宇。时恒明已入广济，复迎清讲《护国仁王经》，八王无不敬事。顺治二年，一日，从容语恒明曰："吾将返二圣庵，作西归计矣。"初至玉泉山时，临水登山，瞻顾裴回，指示人曰："此地峰青耸秀，流东曲绕，颇饶幽胜，吾将老焉。"至是，果寂此山中。弟子环侍，以膝示之曰："昔在卧佛时，跪讽《华严》于瓦砾中，不施蒲团。今年已七十余，膝上肉瘤犹在也。汝曹勉之。"端襟就化。所遗铜盘，后虽遇冰，不复结花。

清云龙龙蟠寺沙门释法镫传　广术

释法镫，字续传，不知何许人，亦不详其氏族。清康熙时，沘江水涨，泛滥而下。东有别沱，又复横溢，两岸俱没。寺在水中，波声澎湃，楼阁震撼，几将倾圮。法镫以面作环，其大如盏，置于顶上，灌膏然火，登楼跪诵经卷，祈神救护。俄而，水势消杀，寺竟无恙。由是道誉旁流，叩谒日众。颇厌烦嚣，别建静室于江之西山，曰双清庵，独居之。辟地引渠，蓺花种竹，翛然无碍。常以饭置袖中，趺坐树下，群鸟集而食之，如是者屡年。自知日至，入龛坐化。

广术者，竹山定水庵僧也。日礼千佛，久之通悟。山有黑龙湫，旧在山腰。原上田多苦旱，水不能及。术虔祷之三年，水源忽自山颠石洞涌出，四时澄清。自是诸山田禾，皆得水利，不虑枯槁。

视前日龙湫,几高百尺云。

清衡阳法轮寺沙门释石隐传

释石隐者,不详其氏族,盖明故臣也。桂藩南迁,遁窜荒远。事不可为,乃改僧服。康熙时,始来衡阳。居法轮寺,重修精舍。戒律严苦,法化弘深。初至时,野兽残其园蔬,盗窃其财,皆自还伏,至今多传其灵异。县中诸生王仁纲,性质直,勇于为义。自明季,国用方亟,田税增加,每粮一石,增三升六合,名曰加秋。康熙时,削平三藩,兵乱初定,牧令争以垦荒为功。复报垦荒,六百余顷,科粮千四百余石,实无所出。更计见田增税之号,曰倍额粮,追呼逋逃,民吏交困。然莫敢陈诉,仁纲独讼之司院,请荒熟并丈,计亩征税,娓娓数千言。巡抚兴公惊叹,嘉奖之,以为下车以来,独闻此谠言,而切责府道,檄令依实详覆。官吏大怪,则怒仁纲,欲以生员言事律,置之死。按察使亦忽善也,拘仁纲省狱,将加严刑,令自伏诬。仁纲在狱,梦异僧谓己曰:"明日司讯,汝将不免。然为民请命,义士也。事急时,但可条辨,不直汝者,呼天当有应。"明日,果盛陈刑具,威胁之。仁纲不屈,方付重拷,急呼天称枉。俄而,大声若雷,震几案尽碎。群官愕然,得请通丈。赵申①乔鱼鳞册,发自

---

① 申,底本作"甲"。赵申乔(1644—1720),字慎旃,又字松五,江南武进人。康熙四十年(1701)擢浙江布政使,革除征粮及藩司陋规。另据《清稗类钞·义侠类五》载:"王仁纲,衡阳人,诸生。勇于为义。县田税自明万历中,每石粮增税三升六合,号曰加秋。康熙初,虚报垦荒,科粮千四百余石,计见田增入之,号曰倍额粮,民困甚。仁纲讼之院司,请荒熟并丈,计亩均其税,巡抚同安深韪之,切责道府行其议。官吏憾仁纲,欲坐以生员言事律,置之死。按察使拘仁纲,仁纲不屈,方加刑,急呼天称枉。忽大声若雷,震几案尽碎,惧而止,遂得请通丈。赵恭毅公申乔造鱼鳞册,自仁纲发之也。"

仁纲也。既释归，寻梦中僧，得石隐曰："是吾师也，愿留为弟子。"石隐不可，遣其徒与居西山。石隐栖法轮寺二十余年，所著论录，多至数十百卷，尚有传本云。

清燕京广济寺沙门释性美传

释性美，字恒明，姓王氏，顺天人也。生而敦厚，资禀聪颖，而气力雄健，刻厉有为。髫龄丧母，美泣曰："慈亲长逝，我愿入山。"其父允之，送入广济寺剃度。时主席洗元，道风藉甚。美执弟子礼，不少怠，周旋进退，悉中机宜，洗元大奇之。及长，有志焚修，京市辐辏，颇厌喧杂。乃退隐玉泉山二圣庵，闭户禁足，草衣木食，并日而餐，时明崇祯元年也。清室方兴，用兵攻取，进逼燕京，掠玉泉山而过。所获男女少者，衣以彩绘。美亦在房中，因使之监守。兵行，与诸妇处，日夜诵经不绝，人皆敬服。兵退，悉全节归。崇祯十五年，清兵复从墙岭下，守将逆战半日，擒杀数千人，陈尸遍野。及清人还师，战场外血肉糜烂，腥秽薰蒸，过客触之辄病。美恻然悯之，荷长锹，率弟子掘土深五尺，举尸埋焉。或见颡有沁，掩其鼻，及托故不行者，美因说法，感以至诚，发其善念，用是不复憎恶。辛勤月余，乃毕其事。然天阴夜黑，时闻哭声，往往白昼见形，人有逢之，无不死者。美复建水陆大会四十九日，自兹以后，灾戾消灭，人庆安居。

初，美之被虏也，军士以手指之曰："瓦迷。"瓦迷者，华言杀主者。以其方外头陀，令勿杀美。因于万众奔窜中，仍还故居，低徊不忍去。明使来略地，亦不之疑。盖真实无欺，取信远人，人亦望而知为长者。美住二圣庵时，地甚逼隘，四方禅客归之，达六千众。

乃迎满月,讲《华严疏钞》。众闻之,皆有省悟。美以一人,饭六千众,人皆果腹而已。独半餐饭而不菜,咸以白斋称之。尝刺血书《华严经》,足不履城市,而名喷喷禁庭。时兵吏两曹,以至御史内院,访谒不绝。马蹄车辙,时交于门。司礼监太监王永祚,尤加敬礼,为置蔬圃十亩,附益寺基。流贼李自成犯阙,荼毒生灵。清兵入关,扫除寇乱,定鼎燕都。而八旗所处,皆故明宅第。戎马从横,多散处寺院。有乐山僧,为广济耆宿,恐力不支,因马化龙舍柳林地十二顷,迎美于二圣庵,乃复入广济寺。初,乐山之来请也,众以京邑荒残之后,车骑蹂躏,旦夕数惊,皆不欲行。满月亦拘守二圣庵中,峙躇不前。美独毅然以护法自任,飞锡而至。于是从百余人,相随入院。诸藩府闻之,皆仰其清德,追述旧事。言及保全妇节,掩埋战骨,尤津津不置。檀那慕之,来者阗塞,其门如市。更请满月敷讲席于广济,演《护国仁王经》。八王随喜,见美有加礼。方中原鼎革,京国汹汹,草创未定。而法会不衰,象教复起者,美之力也。

五年春,王师南下,用兵淮江。京卫物价腾涌,谷食尤甚。寺无恒产,仰食檀施,而僧侣日众,相依不去,时有在陈之叹。一日,忍饥键户,瞑目禅床,忽有叩户声,启扉视之,则米车五辆,粲粲盈门。问所从来,则冯居士显功夜梦中有人告曰:"广济绝粮,胡不将去?"如是者三,故相馈耳。其灵感如此。玉光律师者,寺中老宿也。因朝五台,回翔京阙。美即迎居方丈,执弟子礼甚恭,事详本传。广济为都门律席,实美倡之。尝南渡江,览雨花、牛首诸胜。东至灵隐,考槃三月。后过金陵,印藏经五千四十八卷。十六年秋,自江南归,玉光把手甚欢。康熙二年,始建藏经阁庋之,沈宫詹荃为题额焉。寂于康熙六年正月十三日。将示疾时,呼弟子德光、复初、天孚,告曰:"吾大愿已足,从此逝矣。汝辈好为之。"众愕然。乃起沐浴,更衣趺坐,叠掌而逝。塔于玉泉山。

清龙溪圆照寺沙门释行森传

释行森,字笻溪,别号慈翁,姓黎氏,博罗人。生质清颖,器宇神俊。年及壮游,偶感疲困,倚枕间,忽闻鼓吹声,顿省根源,不从他有。遂决志出家,依雪峤信。信寂后,乃参大觉普济能仁国师玉林琇,洞明心要。琇令分座说法,四众参承,机辩敏捷,解说入妙。一时目为大鹏劈海,且称为森铁棒云。及开化龙溪,缁侣云集。清室龙兴,世祖入关,奠鼎燕京,崇礼佛乘,诏集高僧。时顺治戊戌,玉林琇应召入都,因令森主报恩。己亥,玉林还山,森奉诏留京师。世祖恩眷,礼遇优渥,屡降谕旨,欲加封号。森以师弟不敢并受,辞之甚力。

既而请谒五台,宿显通寺。寺前遇一老妪,手持竹篮,口嚼石子。与语,深明宗旨,呼森为大通佛。自五台还京,乞归龙溪。世祖名所居寺曰圆照,御书题赐,以宠异之。森持律精纯,导众严整,雅有百丈风。受世祖知遇甚深,及其归里,如日边云影,既离绛霄,即随意孤飞,断崖荒水间,不挂一丝。康熙十六年,游华岩曰:"此中修篁奇石,可以卧数江帆,吾老此矣。"乃自刻化期,手书封龛偈而寂。春秋六十有四,僧腊三十有六。至雍正十一年,追封明道正觉禅师。御题赞曰:"一人首出,八表升平。爰有龙象,僧中之英。十虚融摄,正眼洞明。日光月华,水绿山青。"

清江宁古林寺沙门释寂鼎传 能高

释寂鼎，字合吉，姓王氏，上元人。专志净修，时感灵应，不使人知。居恒杜绝外缘，独坐一室。于无尽藏中，人莫测其崖岸，而临事若有先觉。康熙甲子春，寺将火，先三日有声，熺熺熇熇，自南来者，鼎异之。夜见白衣神人，入室诫曰："师当精进无惧。"三称而去，鼎又异之。三日而灾生，光焰中若见白衣人，往来指挥。寺毁殆尽，唯戒台丈室犹存。鼎曰："神诏我精进无惧意者，或将兴复与？"遂坚立誓愿，三易寒暑，辛苦备尝，前后殿宇，轮奂并美。康熙二十四年，又置来安县田租，以供香积，皆苦行所致。以康熙三十四年正月十日示寂，寿六十七，腊三十八。主席十有一载，兴修寺宇，多赖其力。

后百余年，而有东山能高者，东台周氏子也。寂于清光绪二十六年庚子七月二十五日，奄缸西厅，方择日举葬。无何，雷电交作，营中火起，药库被焚。寺宇相连，殿寮楼阁，轰然一空。石裂砖飞，僧众伤亡，金像破损。而东山灵缸，竟尔无恙，此庚子九月八日事也。相距才四旬，其灵爽不昧，为天神呵护如此。东山生而尪弱，赋性和缓。同治季年，受具于慧居寺。严守律仪，而予人以宽。凡有求请，必曲徇之。施财散赈，见善勇为。主席六载，筑戒台，造厅室。山门大寮，具见经画。及营库延灾，火药横射，势极猛烈，陵谷变迁，千栋百梁，化为煨烬。而灵骨一缸，乃存于败瓦断木中，完固无损。先夕，示兆于其弟子辅仁友，独立门外，以手后指，若将告之者。噫，异哉！

清天台国清寺沙门释达珍传 宗海　素庵　昭月

释达珍，字宝林，别号师崖，姓刘氏，抚州人。幼好静居，若习禅观。年二十，弃家入括苍山石门洞，依宗海染剃。因于洞口庆云峰上，飞瀑源头，结茅为庵。进院之夕，山中神灯，满放光明，圆大如斗，照曜林谷，升降流转，远映城市。官吏惊怪，遣员察验，典史姚君，衔命而往。温州普明寺素庵法师，闻风问讯，遇于山中。是夜，庵前大树上，悬空数十圆光，灿如白日。素庵因谓姚君曰："《般若记》云，佛子出世，有大因缘。或机前显迹，自见神光。此子因缘非小，必为佛门津梁。"以偈记曰："今此光明照烛身，菩萨信有宿生因。他年定是灵山客，拨转如来正法轮。"珍礼谢，素庵曰："当期远大，毋久淹此。"珍以三年为请，尔后安处，亦无他异。后往普明，听讲《金刚》《弥陀》诸经。即以头陀行，修般舟三昧。饮水食澹，胁不至席。观方至高旻，受记于昭月，遂嗣法焉。

乾隆二十六年，主当阳万善。三十二年，主大雄山崇福。三十八年，主狮崖弥陀。四十年，主高旻。四十二年，主北嵩岩法轮。已而退入台山，憩于华顶妙峰庵。四十五年，县令张公与绅耆合词请住国清。就庵延揽，势不获却。其时国清，年久废朽，荒败不堪。珍至，整饬颓纲，绍隆先轨，庙貌佛乘，屹然有纪。五十一年，主大田白莲。五十二年，主黄岩庆善。廿余年间，八坐道场。所至兴起，学侣景从。得法十余人，皆一时柱石。以乾隆五十五年四月八日示寂。先是，弟子道宗请至国清传戒，归庵，坐说偈曰："世尊下降，老僧涅槃。指天指地，一等捏瞒。"披衣诣龛，泊然而化。寿六十，腊四十，塔于东坞。有语录数卷。

清宁乡大沩山密印寺沙门释濬明传

释濬明,《湘乡县志》作俊明,《塔铭》称哲公,盖名哲也。睿哲文明,取旨甚洽。江宁徐氏,世居金陵。明生而端谨,孝友天成。尝为母祈请,航海而南,步朝补陀。得晤至公,辞意契合,竟彻空有。及慈亲见背,衰绖斯除,便赴京城佛会寺落发。至公知有道根,遂授记莂。或云濬明少时,梦一老僧,教之持诵。一日,游寺中,闻僧诵经,皆梦中语。问之,乃《般若波罗密多心经》也。明顿悟,弃妻子,受戒。然则诵经僧殆即至与?康熙时,湘乡白云山僧募经江宁,未集而没,托于明。为毕斯愿,慨然许诺,竟致全藏来褒。忠山士人彭青选,仰其高谊,建阁藏之,遂留寺中。

后往荆紫、大沩诸山,屡主法席。岁旱祷雨,甘霖立沛,郡守牧伯为勒"至诚如神"额以颂之。一夕大雪,青选梦明言:"寺僧饥甚,晨兴令仆致米。"时雪深没踝,山径自开,积冻微释,异之。至寺,见韦驮像杵沾雪,泥水尚渗渗下也。有龙盘绕阁槛,昂首欲去。明戒之曰:"毋坏寺,毋伤生灵,毋淹禾稼。"龙果蜿蟺行石间,可半里许,风云四起,擘石飞去。山旧有虎啸,声怖行人。及明住山,久之,不复知虎所在。乾隆丙寅,强应大沩之请,甫膺丈席。四方奔奏,食指近千。锤炼所施,莫不获益。乾隆十三年戊辰春,偶示微疾,匝月间,说偈而化,经日如生。盖终于荆紫峰,西宁谭大昇为铭其塔云。有自述行状,今不可见。志称其言曰:"龙翔虎去,老僧亦从此逝矣。"其自述者,非邪?

清燕京潭柘[山]岫云寺沙门释广福传

释广福，字永寿，阜城人也。生性质鲁，习俗难移。独厌尘浊，怀出家志。因礼天齐庙明天祝发，日持半偈。复事田畴，勤苦自甘，异于惰食。乾隆四十八年，禀尸罗于潭柘静海。复愿习劳，执役爨下。朝汲夕薪，忻然无倦。供佛养僧，必精必洁，寺众翕然。然不懈真修，虽当淅粒淘砂，运斤采樵，而六时念佛，在心在口。故十方啧啧，谓之菩萨再来。一日，行礼五台，中途遇一老僧，扶杖翛然，向之诘所自来。福具以答，老僧曰："天色将暝，荒庵一宿，何如？"福欣然从之。底一山寺，茅屋数椽，亦甚清洁。相对燕语，老僧因谓之曰："观师福相，光明温润。当有大因缘至，为期不远。即在山中莫外求，徒费草屩也，宜急返锡。"瞬息别去。重寻旧路，行不数武，寺僧皆失所在，福惊叹不已。及复还寺，执役如故。

未几，住持日朗寂。依次应阇黎继席，以目疾未痊，逊之教授。又以才德未备，莫振祖风。彼此相让，一寺无主。傍有一僧，挺然出曰："二师不居此，宜位选贤者，傥权宜不达，固执成规，则提倡无人，焚修奚赖？厨典作再来人也，才虽未裕，德实有余，足以仰继前型，俯开后学。何不请证尊位，以为山门主？"众从其论。于是备香花，鸣钟鼓，齐集灶下，请之继位。福方惊愕，不知所以。众以情告，福默念老僧所言，因缘至矣，乃允所请。盖行门之下，内秘外显，不至其时，则人不知。故曹溪负春，雪峰司饭，沩山典食，径山洗筹，百丈不作不食，寿昌终身力耕，往哲遗徽，传灯备载。学者习焉不察，遂以执役服劳，为分外事，岂不悖哉？福莅寺事，佛心为心，不以善知识自居。居恒日中一食，戒行清净，皎若冰雪。依期弘戒，随时念佛，引诱诸子，盖二十余年如一日。忽染微疴，自知时至，端坐握珠，默然而化。阇维后，取舍利多粒。弟子奉灵骨，塔于兹山。

清荆州二神寺沙门释悟诚传 酒肆浮屠

释悟诚，少时行贸远方，及归而母病没。绕墓悲啼，数日不绝，行路感泣。因剃为僧，归心佛法。冀感母灵，借得超登。自是状类疯痴，迹行不恒，而言事微中，人莫之测。尝数日不食，或予以饭，过数升不辞饱。住南城外二神寺，城中人留至夜，门已扃，及旦伺之，乃高卧寺中。邑有巨室，林园幽胜，颇饶花木。以瓦缸贮水，蓄文鱼数十头。缸深数尺，水草交横。金鳞游泳，五色灿烂。儿童多聚观之，以为嬉乐。一日，悟诚入其间，手拳石儗其缸，大呼曰："击破好。"家人出而阻之，扶悟诚去。不一日，有童伙死缸中。主人闻之，互相嗟异。

尝仓卒至一相识家，急索斧升屋。须臾，旗营火起，飞焰逼墙檐。悟诚持斧，迎焰击之。四邻俱焦，此宅岿然独存。偶贸贸行道中，遇一旗员，告曰："公明日救我。"是夕，独行城中，值尉出巡，责以犯夜，系之狱。旗员闻而救之，得出。卒后数月，有见于燕市者。道光十九年三月，沙市火昼夜不熄，延烧数百家。众仓皇呼救，独一浮屠，饮酒肆自若。主人曰："火光不远，可奈何？"曰："无妨，但取酒来。"久之，主人延企曰："火真不远矣，可奈何？"则又曰："无妨。"斟饮如故。俄而，焰接比邻，主人告急，且促之去。浮屠乃徐说破衲，令覆屋上，笑谓曰："毕竟无妨。"须臾，火焰飞越邻巷，酒肆独存。指顾之间，遂失浮屠所在。

清衡阳培元寺沙门释无漏传

释无漏者，清泉陈氏子，名伯藩。以居积致富，后乃披染，舍资建寺。及修路造桥，工费巨万，无所吝惜。以郡城距南岳百里，游僧往还，中途憩止，苦无丛席，以接水云。因择迎水南二里许驿道傍，以岩为屋，题曰"培元寺"。通涧承檐，颇有幽致。而寺中香积，亦足自赡。道侣朝岳，便涂休息，尤所欣愿。寺盖创建于道光中，而李星沅《过寺》诗云："盘髻上巉岩，微茫夕照衔。冷黄垂橘柚，湿翠落松杉。瀑布竹间泻，修楼山半嵌。寺名建何代，吾欲叩琅函。"然询之寺僧，无不知者，不待检琅函也。无漏道行清洁，悲愿尤宏，尝立四十八愿，此其一也。城北青草桥，跨承水立基，圮者再三。无漏持咒祝之，桥基不坏，今百年矣。土人相传，无漏以宝物置其下，盖神之也。

清维扬沙门释澍荐传

释澍荐者，不知氏族所出，或云江南甘泉人，或曰仪征，莫能详也。幼性粗犷，长而游惰无赖。及出家，时复放纵，不持戒律。尝居扬州禅寺，入厨争食，恶语谩骂。主僧恶其无礼，对众诃谴之，且言："不知忏悔，当逐之出院。"澍愤恨，思所以报之。潜入厨，操刀置诸枕。中夜，忽自悔曰："若此所为，于复仇则得矣，如鬼神何？"已而念湔耻之术，惟在自修，而学道之方，自顾蔑如。展转无寐，天且曙，复自念曰："吾闻至心持《大悲神咒》者，无不彻法源，证上果。吾虽无知，犹能诵此，奈何以无术自阻邪？"明日，谒主僧，礼谢自陈愿闭关三年，专持神咒，乞假静室，且助衣食。主僧许诺，遂移居藏经阁，朝夕持诵不懈。削竹为片，题曰"禁语"，县诸胸前。有登阁者，欲与语，辄指以示。如是者，三年乃出。及出，则神采顿殊，抑抑自下。见者皆敬异之，而莫测其所证云何。

扬州土俗，喜入茶社，虽文人学子，列坐其间，僧道亦与焉。时海内方尚考证，汤盘禹鼎，名物象数，各专一经，以求淹博，号曰汉学。仪征阮文达，校勘十三经，海内宗之。一时执经问难，争辩不休，举国风靡。客有析经籍疑义于茶社者，相诘难甚苦。澍适在其傍，笑而不言。客察其状有异，起而问之。澍曰："卿曹所谭，皆有佚脱，何相难为？"因为各诵所论书，且诵且解，娓娓不已，客相顾骇服。由是以通博闻于时，士子从问经史者无虚日。久之，乃知其于内外方策、九流百家及说部杂记，不待研求，无不暗合者。轻薄少年，或戏诘以绮语诸书，亦应声诵之，以是竞传神异。而阮文达方予告家居，闻其名，试与语，澍亦酬对不倦。文达叹异之，谓其所证超然于天人之表，非占毕者所能测云。咸丰初元，澍已老矣，犹时出应客。见少年邀戏无节者，辄叹曰："后生不轨于正，惟事嬉逐。老僧且死，不得见矣。不日灾害将至，不知何以自存也？"或反诘之，复黯然神伤而已。越二年，粤寇陷扬州，澍寂已逾年，其言乃验。

澍晚岁独处，日以写经自课。所书《华严》诸经，尝为徒侣分去，故所见多残帙。或云所书全经亦不少，扬州丛林往往有藏之者。江都释祥开，每谓人曰："少时见澍，辄不敢仰视。故无由沾法乳，自求解脱，至以为恨。"可想见其威严。或谓澍以凡夫，骤登圣域，迹其所获，非见思惑尽、圆证声闻极果者，不能臻此。盖澍所持《大悲陀罗尼》，威神赫奕，包举法界，无所不统。其所证，为究竟三昧，即实慧也。固已超然于分段生死之外，视禅宗之彻悟，夐乎远矣。

清润州焦山寺沙门释悟信传

释悟信，字照空，丹徒人。幼孤寒，出家后，往来鹤林五州间。粤匪乱平，始居焦山西堂。性质朴，不事矜饰。居恒礼诵，寒暑不辍。精诚所至，颇多感通。一日，有夫妇两人，来自安庆，指访照空。或问其故，含涕语之曰："有儿数岁，今忽暴亡。亡后三日，同感异兆，非得照空诵经，不获超生，与有宿缘云。"信出相见，询儿生年月日，沈吟久之曰："前曾蓄一猫，猫死之日，即儿生之辰也。与有宿缘，其以此乎？"遂许为礼忏及设瑜伽焰口，颇见感应，泣谢而去。六道升沈，因缘果报，诚有不可思议者。以光绪壬午岁，寂于焦山，年七十有七。

清五台山清凉寺沙门释源修传 释柱

释源修，姓周氏，宝应人。年四十一，弃家为僧。冬夏一衲，日中一食。清咸丰间，约同侣数辈，取道西藏，往参佛国。偕伴数人，不堪其苦，皆中途而返。修一意孤行，孑然独迈。越悬渡，逾雪山，经历寒暑，直达印度。心欲见佛，无从问讯。憩坐道旁，忽闻呼江南源修者三，且云："佛召汝见。"遂飘然随去。至则殿宇光明，目不能视，志诚顶礼。佛坐莲台，摩顶慰劳，赐名阿王。因问来此何为，修以但愿常觐如来对。佛云："此间缘分，尚未具足。汝可往清凉山，造石室五，使参礼者有所安息，斯可已。"遂遵道而返，刻志兴筑。获兹灵感，冀得神助。果遇蜀僧释柱，相与为理。数年间，五台五室，并峙林际。修后端坐诵号，无疾而化。

释柱者，未详其姓氏。生平静默寡言，人莫测其蕴奥。既与源修，同筑五台，石窟既成，遂隐于栖霞山。光绪初元，示微疾，属将事者，于阁毗后，粉骨为丸，施之江中，并以钱二百、酒一尊、花果饴饼少许。众如其言，时值隆冬，泛舟江上，舍兹丸骨。所携钱物，恰应舟子所需。散后回棹，讯所由来，知亡者遗言乃尔。舟子叹曰："此人当生安养矣。"转瞬失舟所在。

清燕京潭柘山岫云寺沙门释常顺传

释常顺，字智成，姓王氏，俗呼王三，涉人也。父母早世，少依邑中松尔寺同兴祝发。蔬食苦行，幽暗独坐，不与众处。常自言笑，若与人晤。及就察之，块然一室，人莫测所由。清同治十三年，诣京西潭柘山，从慈云受具戒。既得度牒，便造寺北高峰，极颠置焉。归谓其侣曰："吾牒俾虎守之。"人笑其妄。然自是居无常所，仿佛若狂。寺东山旁，有蝎子洞，六月寒风袭人，或不敢近。顺独居之无恙，人始异焉。尝为人治病，无方药针灸，偶拾木叶草茎，杂以牛溲马勃，饮之辄愈。人以是奇之，竞相传说。求医者日益多，则息于树梢、崖巅以避之。有寻得者，辄谩骂，已而复随拾与之使去。时值瘟疫流行，顺至津沽，为人驱疫。所至就差，人多信仰，为造像奉之。今河东桥畔人家，犹时相膜拜。顺往来津京，飘忽无定，时见时隐。或向人作禽言兽舞，多不可解，以魔佛号之。

光绪十六年春，顺赤体跣足，手持白灰粉石，于山树崖壁，图画龟鼋鱼鳖。人或怪之，但云："到时便知。"至秋七月，山洪暴发。

寺门外石桥沟深十丈，至是水高于桥数丈。荡析林屋，漂流数百里。寺中铜鼎重万两，为水冲至罗滩村南，后运还寺。新房村东首，庙前古槐大十围，乘水浮去。自佛门沟至房山县地，四五十里，因根石盘结，树随水行，不偏不倚，卒止于沟口，亭亭若张盖，至今存焉。当水发时，居人登高，见有兽而角者，涌浪澎湃，状若怒涛，或云此蛟也。顺独预知其兆，人始服其神异。庚子之变，肇于拳民。联军入京，两宫西狩。六部长官，先后奔赴行在。达宦富室，纷纷迁徙，都城一空。先数月，顺不着衣履，游行市间，袒露胸脯，指示人曰："上半截一扫光。"且行且唱，多不解其故。及拳祸作，红灯教出，名曰"一扫光"，其言乃验。当水灾后，寺宇倾废，方欲兴修，正待募集。适恭忠王出游，将至山寺。顺悬两铁钩于颐，独坐石桥候之。王至，奇其状貌，又习闻山有异僧，因戏之曰："汝坐此何为？"曰："化缘。"王曰："化谁？"曰："谁肯舍吾，化谁。"王曰："吾闻汝有道行，能食椒四两不死，吾助此缘。"顺果食之，卒无恙。恭王前后舍施巨万，规模闳廓，金紫炽赫，殊胜于前，顺之力也。然鸠工估直，出入经营，顺不过问。

敝衣行囊，放浪自若。尝游京市，走入倡门，直趋卧闼，踞床高坐，两手金钱盈握，伎女环观。复指肘后一囊，白光粲粲，若数千银饼，笑谓之曰："若爱我，即予若。"然伎寮素闻魔佛，敬之若神，俱莫敢近。顺出以金钱，掷地铿然有声。迫而视之，若流入地中，都忽不见，行疾如飞，走马逐之不及。宣统元年正月元日，示微疾，作偈别众曰："始来终去五旬五，状疯类禽与兽舞。人赠别号称魔佛，愿众醒迷说三涂。"寂于水云堂。清御史徐花农者，感厥神异，执弟子礼。是夕，梦顺至其家，伎乐前道，天花缤纷，与之别曰："吾今他去，老虎洞里，烦君护持。"醒而异之。明日探视，则顺于子时入灭。

徐于西山洞中塑像奉之,至今乞药者,灵感尤甚。顺生时,尝作偈云:"将来罗侯岭上平,片野荒凉行路希。"独自吟咏,人莫得其故。及洪宪改元,袁总统将即帝位,使人至西山削平罗侯岭顶,以通车路,殆所谓"岭上平"尚未至"行路希"也。

清燕京法源寺沙门释护德传

释护德,字明觉,姓李氏,首阳人也。父曰得仁,母施氏。世有隐德,同抱慈心,故护德生秉懿质,赋性恬安。幼而沈重,恒寡言笑,时或怪之。乃道机潜伏,欸厌世烦。就昭化寺卫生落发,蔬食苦行。专持神咒,屡感异征,秘不示人。或有知者,即而讯之,则相视默然。光绪戊子,始来燕都,止于法源寺。深闳禅房,略无表见。己丑,受具戒于静涵律师,寺中老宿也。既习毗尼,因历名山。东践补陀,西指峨眉,南极衡岭,北履台山。行脚六载,精究一乘。以佛法玄旨,净心为本。财利炫俗,颇乖教化。欲以积苦,动其观感。甲午之秋,复来法源,屈职钟寮。鸿昏乌显,应时无爽。寒暑不易,几三十年。寺为唐太宗所创,旧号悯忠。前院古柏参天,清阴夏寒。游侣避蓺,多憩其下。护德鬻茗陈几,不惮烦辱。人或施予,必辞谢。受之,则尽以市香烛,蓺诸佛前,朝夕膜拜。禅悦之余,喜种花草。阶前数弓,环植玉簪、凤仙、紫菊、红药,春秋相代。而林中故有榆梅、银杏、丁香、海棠。花时,裙屦蹁跹,掩映其间。一见护德,面鳖神隽,仪观秩秩,如亲古佛,莫不心折神旷,敬仰弥殷。尝植牡丹一株,初开白花,逾年变为绿萼。主僧静涵异之,移诸内院,然知护德非凡夫也。

未几,静涵寂,主席数易,护德遂终于钟寮。首阳诸弟子,岁时觐省,欲迎居昭化,以怡老寿。护德殊不谓然,终日兀兀,守此追蠡,响答海潮韵,以神超百年,旦暮与钟俱迥者也。甲寅八月秋,一日侵晓,钟声初竭,方起扫院,见乌鹊千百成群,飞鸣树顶,如有所俟。别有三鹊,从西而来,爪连翅交,共衔一物,集于钟楼前小树。群鹊欢鸣,护德知有异,趋呼门寮寓客,湘中两生。俄而铿然,坠地有声,惊视则阿难铜像一躯,高才五寸许,重三十两,两生迎入寮厅。顷之,户外蛛网万丝,结成罗幔,两生不敢近。护德洒以香水,礼拜而去,蛛网自散。无何,两生还湘,竟携以归。寺主道阶欲置护德于理,使讼两生,护德默然。

桂阳夏内史寿田与书道阶谓:"三鸟衔来,于师何亲?两人持去,又于师何怨?佛若有灵,以世界为传舍。佛若无灵,直与人争铜耳。愿息心无闷,以参大道。"且作歌以广其意,歌曰:"寺中老鸦梳翅翎,忽然如有人使令。飞入何王宫殿里,衔出宫中铜佛子。众雏鸣绕诵贝多,欲依云树作禅窠。挂钵人出鸟惊散,舍得潜将置空殿。殿古苔深香火无,唯有蠨蛸守户枢。夜吐天经为布施,珠网四垂云覆地。端严螺髻坐中央,遍与虫天作道场。老僧一见惊突兀,灵异从来无此物。诸天涕泪倾海潮,万人膜拜法坛高。誓倾宝藏为璎珞,不惜精金铸鹊巢。行脚住持争供养,各求胜地安龙象。一朝呗罢失云踪,香花犹在佛床空。道俗人天莫惆怅,去来总在灵山上。世人结念向真如,岂识真如一相无。禅堂自宿虫檀越,戒树还栖鸟苾刍。苾刍檀越无烦恼,人生那得如虫鸟。"湘潭杨京卿度以歌和之曰:"城中乌鸦衔佛像,坠在城南寺阶上。寺僧供养空殿中,一宵蛛网覆千重。我闻灵异来瞻拜,僧告前宵失所在。即今城野方寻取,我语诸僧无复尔。人天虫鸟幻中缘,去住无心只偶然。即随鸟喙原游戏,纵惹蛛丝不挂牵。来处来,去处去,缘尽还空无觅处。"复有恩施樊方伯增祥作《息讼词》，多方譬晓，其祸始寝，文具寺志，而护德不问也。盖佛之来，为护德来，而人不知故。佛之去，亦为护德去，而人复不知。幸寺主一怒，以守舍责护德，使诉两生。而夏、杨诸贤乃歌咏其事，反为护德证明，灵异感召，吁亦神矣。

然自是护德益洒然，凡有物故必先知之。寺前西南院，曰万寿宫，旧有井，嘉庆时甘泉涌出，号为龙王灵井，灾旱请雨，辄有应。今宫毁井荒，且二十年矣。榛莽芜秽，人迹罕到，而地接鼓楼。护德于定中，见物自井出，逐一僧审其状，似衡山游僧，寺主弟子也。护德以身蔽之，而与物斗。明日，诫游僧勿妄出。无何，竟以微故忿其师，自投于井死焉。有夏生者，萧县人。求友京师，不遇。然工刀笔，故律师也。寺主方以增租与田者讼，得夏生喜，延之丈室，寝食与俱。会天寒风冽，单衣楚楚，忍冻以待。又自以积劳当酬，寺主必不恝视，竟以寒病死。先是夏生方寝疾，护德夜提一灯，自前院追入，及内廊而止，一寺皆惊。或曰夏生曾为军事执法，杀人累千，仇家迹之，乃逃于禅以自忏。护德所见，殆宿冤也。有问之者，但默然颔之而已，人由是知护德能见鬼物。衡阳程肃政崇信，生有夙慧，不昧因果，尝叩以定中所见景象及神鬼形状，护德初亦默默不言。久之，往还频数，请益再四，始述所见："鬼神出入，皆至天王殿前礼拜，以次进退，虽达官贵人亦然。"及叩以有识者乎，复默然。已而为程长娣诵《金刚经》一部，祓除畏恶。事有应验，深相叹服，遂归依佛法，长持戒珠，优入净域。如斯感化者，亦复不鲜。然护德不欲人知，多秘而不传。壬戌秋七月十六日，寂于法源钟寮。年六十有七，腊三十有四。茶毗，有舍利，红如赤小豆。

卷第三十九
遗身篇第七之一
正传九人　附见四人

南宋临安净慈寺沙门释德辉传

释德辉者，不详何许人。宋嘉泰初，住净慈。四年寺毁，德辉亦随火化去。其辞世偈云："一生无利亦无名，圆顶方袍自在行。道念只从心上起，禅机偶向舌根生。百千万劫假非假，六十三年真不真。今向无明丛里去，不留一物在南屏。"预书壁间。按，净慈寺于宋建炎初毁于火，鞠为荆榛。高宗巡幸，诏佛智道容住持，欲重修之。殿宇辉煌，金彩绚丽，为一时之冠。

南宋华亭青龙庵沙门释妙普传

释妙普，号性空，汉州人。久依黄龙死心，密受心印。品格高古，气宇宏迈。因慕船子遗风，抵秀水，结庵于青龙之野。别无长物，唯吹铁笛以自娱。好吟咏，尝赋山居诗云："心法双忘犹隔妄，色尘不二尚余尘。百鸟不来春又过，不知谁是住庵人？"示众偈云："学道犹如守禁城，昼防六贼夜惶惶。中军主将能行令，不动干戈治太平。"宋建炎初，贼徐明叛，道经乌镇，肆意杀戮，民惧逃亡。普闻，叹曰："众生涂炭，吾盍救之？"乃荷策而行，直诣贼所。贼见其伟异,疑必奸诡。询其来处,答曰禅者。问何所之,云往密印寺也。贼怒,欲斩之。普曰:"生死易了,奚以怒为？吾死必矣,愿得一饭,以为送终。"贼奉肉羹。普供佛出,生如常仪,曰:"孰当为我文以祭。"贼笑不答。普索纸笔,大书曰:"呜呼,惟灵劳我以生,则大块之过;役我以寿,则阴阳之失;乏我以贫,则五行不正;困我以命,则时日不吉。吁哉至哉,出尘之道,悟我之性,与其妙心,则其妙心,孰与为邻？上同诸佛之真化,下合凡夫之无明。纤尘不动,本自圆成。妙矣哉,妙矣哉,日月未足以为明,乾坤未足以为大。磊磊落落,无罣无碍。六十余年,和光混俗。四十二腊,逍遥自在。逢人则喜,见佛不拜。笑矣乎,笑矣乎,可惜少年郎,风流太光彩。坦然归去付春风,体似虚空终不坏。尚飨!"遂举箸饫肉,贼徒大笑。食已,曰:"劫数既遭离乱,我是快活烈汉。如今正好弃时,便请一刀两段。"乃大呼:"斩,斩。"贼骇异,稽首谢过,令卫而出。于是民之庐舍,少长无恙者,普之惠也。

绍兴冬,自造大盆,凿穴塞之。修书寄雪窦持曰:"吾将水葬矣。"壬戌持至,见普自若,乃作偈嘲之曰:"咄哉老性空,刚欲饷鱼鳖。胡不索性去,只管向人说。"普笑曰:"迟兄证明耳。"遍告遐迩,示以法要,乃说偈曰:"坐脱立亡,不如水葬。一省柴烧,二免开矿。撒手便行,不妨快畅。是谁知音,船子和尚。高风难继百千年,一曲渔歌少人唱。"遂跌坐盆中,口吹铁笛,顺潮而下。众皆随至海滨,普始去其塞,其水洄漩。众拥观水,涓涓侵入。乃乘流而往,歌曰:"六十余年返故乡,没踪迹处妙难量。真风遍寄知音者,铁笛横吹作散场。"人望目断,尚闻笛声呜咽于苍茫之间,遥见以笛掷空而没。众号泣,竞图像事之。后三日,见于沙上,跏趺如生,道俗迎归。留五日阇维,舍利大如菽。有二鹤徘徊空际,火尽始去。

塔于青龙庵。

元上海柘泽寺沙门释德林传

释德林，东瓯人。元至正十三年，独来上海，居柘泽寺。寺因兵火，岁久荒废。林禅坐其中，饥寒绝不婴心。一笠一瓢，偃然自足。越岁夏五月，忽语人曰："畴能施我一龛，九月一日将此身焚却。"人未之信。至期，市薪绕龛，趺坐于内，合掌说偈，竟火自身起。观者始瞿然，咨嗟而去。

明长沙柏林寺沙门释明星传　曼荼罗尊者　参灵

释明星，长沙人也。幼有异骨，性慈惠，好施与，出家为柏林寺沙弥。时尝饭一乞者，主僧甚吝，恶其所为，斥逐出寺。乞者知之，招明星入山，授以异术。祈晴祷雨，屡著灵应。明隆庆二年戊辰，岁大旱，三月不雨，人心惶惶。大吏忧之，明星以祈祷请，且言："三日不雨，当火其身。"乃筑坛，置薪其上，令登之。明星虔诚作法，终三日，日更烈。大吏怒其妄，命举火。火作，离坛咫尺。忽大风扬尘，雨随风至，倾注平畴，岁大熟。逾年火化，年九十余，故世称明星长老，后人为建寺祀焉。每遇旱灾，舆盖止寺，虽烈日，必有片云覆之。

又曼荼罗尊者，长沙周氏子，名福。因为僧号，故志乘直称周福。俗呼周仙，亦号周公真人，其实密宗龙象也。初具戒时，精持律仪，行头陀行。当是时禅风盛兴，多剽窃语录，貌为解悟。故野狐禅，为世诟病，福殊不屑也。研读大乘、方等、陀罗尼密部，初无定所。后于黑麋峰下,缚竹为庵。四威仪中,专精密学。严净坛场,名曼荼罗。静隐深山,修持数十年,不与人道,世人亦鲜知者。一日,谓其徒曰:"化缘将尽,当遵佛制,合就火浴。"使入山取柴,积高丈许。浴沐更衣,端坐其上。命徒举火,皆畏惮莫敢近。福持木鱼,诵咒朗朗,火忽自然迸烈。复告徒曰:"若岁逢旱魃,可呼我名,当降霖雨。"自明万历以来,乡人祷雨,但称周仙,或呼周爷,事多灵应。相传雨至时,恍于风雨中杂木鱼诵咒声,如火化时。

同时,有参灵者,姓瞿氏,长沙东乡人也。俗呼瞿和尚,志或作餐苓,目为神仙者,非也。明万历间,出家古华山寺。年七岁,相传为沙弥时,喜闻奇异事。一日,闻人拜诵观音号,忽合掌曰:"大慈大悲救苦救难,为僧伽者,应发如是心也。"及壮,远游西蜀,得传密印。受持《瑜伽大教王经》,遂获总持三昧。复回长沙,隐集龙山中四十余年。长爪披发,见者疑为仙也。清顺治初,始出山。集薪白沙河畔,沐浴举火,坐诵《瑜伽经》如曩日。忽风雷大作,须臾身化,四众感慕。是年八月,建寺集龙山中,造像供奉。每有旱潦疫疠,士庶祈求,莫不应验,至今香火甚盛。至同治丁卯,乡绅念托神祐,列具事迹以请,乃敕封溥护真人。盖沿志书餐苓而误,或又以为佛门仙子,谬矣。

明上海施水庵沙门释善信传

释善信,字无疑,姓吴氏,嘉定人也。年二十九,出家上海施水庵,依智德为师。初不识字,唯持佛号。久之,教以经论,便能了悟。一日,索浴入龛,欻然火起,自焚其身。寺僧为起塔绘像。

明金陵宝华山寺沙门释普照传

释普照,未知何许人,亦不详其姓氏。初,梁武帝时,有释宝志者,屡见神异,卓锡斯山,故旧有志公庵。明嘉靖时,圮废已久,荆榛丛杂,狼虎窟之,人不敢近。照乃审迹寻址,燔其林莽,构庐而居,纂修其绪。虎犹群聚,高据洞穴。照断臂祭之,虎乃散去,人谓诚心所感。自是,游迹复通,志公之业,赖以弗湮。至万历间,其徒明律,复张拓之。后妙峰液铜为殿,卜吉山中。明律以庵基、山场、田亩悉献之,而宝华山之名始著。

明荆门沙门释明秀传 明富

释明秀,字碧天,川人也。自蜀入楚,止于荆门,四十余年。一日,沐浴礼佛,谓其徒曰:"吾西去矣。"趺坐禅榻,合掌喃喃,火自内出,焚及胸际,犹号佛不绝,须臾而化。盖平日止一敝榻,横陈墙下,不与窗壁相连。其下常积薪蒸,便于取爨。故与其徒话别时,未见伏火,不虞其自焚也。及焰迸烽烈,始相骇异,知其积诚有素,信非偶然。

又居士张富明者,荆门人。万历中,治龛象山,呼佛自焚。明富不习文义,临化,作打破虚空一偈,观者比于碧天云。

明富阳栗坞山沙门释康斋传 归化比丘尼

释康斋,亦忘其姓字,蜀人也。明崇祯间,至富阳栗坞山,枯坐石洞中。一日，忽语里人曰："贫僧欲去，愿乞薪一束。"里中争舍之，遂厝薪空地。及期，趺坐其上，以油布帽覆首，吐三昧火自焚。观者如堵，火已发，忽举帽向人呼曰："大众信女中，有生气相冲，火不得化，请各退避。"众询之，果有孕妇，杂人丛中。既被指斥，赧然辟去。复以帽自覆，火遂大举，须臾而尽。其徒收骨入洞中。

又归化薪传庵比丘尼者，昆明人，亦未详其名氏。明崇祯季年，欲募薪自焚，众未之信。及佛诞日，诣归化东，积薪为台，自登其上，趺坐念佛，乃命秉炬，移时而化。当日见者，感叹赞扬，交于巷涂。后人仰之，为之建庵，名曰薪传。复为立塔，以示崇向。一时名士骚人，闻其苦行，多相题咏。今所传者，有四绝云："今日优昙花茂发，净梵王宫生悉达。只从者里便承当，性火真空阿剌剌。""瘤冷沈寒骨一束，十方普见光明烛。灵龟托壳已多时，无位真人火中浴。""万仞祥光匝地飘，漫空枝叶一肩挑。今朝匾担两头折，千日担柴一日烧。""刹刹尘尘悬宝鉴，鉴中闪烁飞急电。三千世界尽遭焚，九品莲花开烂熳。"

明蓟州林亭庵沙门释朗然传

释朗然，宝坻人，住林亭口小庵中。性质鲁钝，行止甚端，里人颇重之。一日，入盘山，遇老僧，授以念佛法门。归而行之，三年不懈。感内火自焚，其身不坏。状若古铜，铿然有声，今供庵中。智朴有诗《示诸禅者》，诗曰："禅者分卫归，备言邨中事。有僧曰朗然，根性乏聪利。声声忆佛名，只提六个字。誓愿见弥陀，昼夜无迁次。坚行三载周，果满从前志。智火自内燔，六根光明炽。顷之烟焰消,端严良可视。是非坚密身,毕竟难思议。末世精进幢,小子勉而识。脚跟下未明,光阴莫虚弃。须自检点看,生死非儿戏。"

卷第四十
遗身篇第七之二
正传十二人　附见九人

清杭州理安寺沙门释行杲传　侍者

释行杲,字汝风,姓张氏,吴门人。初依苍雪,博习经论。后参箬庵,问于夹山。举风穴见南院因缘,命杲颂之。乃颂曰:"师资合处芥投针,岳未为高海未深。看去作家炉鞴在,能消跃冶不祥金。"箬庵见之,喜曰:"此则机缘,三十年来,罕有契其旨者,今日始惬吾意。"遂承记莂,继席南涧。三载,退居润州静室。康熙戊午正月三日,往鹤林,与天树植诀别。植曰:"新年头,何得说末后语?"杲曰:"实非戏言,朽骨火后,祈扬大江,无违我愿。"由是相别。至廿四日,邻庵火起,杲但整衣。侍者曰:"火猛且近,奈何,盍速出?"杲曰:"吾时节至矣。"侍者曰:"师如是,弟子敢离左右?"遂同证火光三昧。门人依命,葬之大江。龙门有语录一卷。

清江宁华山沙门释海润传　长泾僧　罗墅僧

释海润,字西一,山阳人,不详姓氏。康熙二十九年春三月,始来江宁,栖于华山。或问:"作何行业?"曰:"念佛。"问:"来兹何为?"曰:"为生死事,故四月朔日,卓午当去。"问:"去何之?"曰:

"至日自见耳。"及期,众忽见山顶火光烛天,亟趋视,见润跏趺贵人峰,火从眼耳口鼻中迸出,照其躯良久。其身端直,火尽不倾。

时无锡长泾,有一庵僧,椎鲁无他,长唯念佛而已。一日,告众曰:"吾明日当去。"至明日,问其徒曰:"日中否?"徒曰:"未。"曰:"姑迟之。"少顷复问,徒曰:"中矣。"乃踞座跏趺,口中出火,焚其身。

又武进罗墅庵僧,姓周氏。专修净土,一意念佛。自知时至,托钵出募,但乞薪一束。众多与之,数日积如山。至期,来观者千余人,口中出火自焚。乡人即其处,建庵立塔,名化身庵。

清荆门沙门释无名传

释无名者,自言姓秦,不知其名,遂以无名名之。往来荆蜀间,隐见无常。年八十余,语未来事,多奇中,乡人异之。然心怀利济,喜造桥梁。每入市叩募,因果分明。所作有万善桥,远近德之。康熙十三年甲寅九月,积薪荆门城南,手执木鱼,登柴趺坐,命僧举火。观者如堵,乃举首向众曰:"万善桥基址未坚,四十年后,当有重修。"语未终,火已及身,犹叩鱼,声声朗诵。化后一日,有自北道来者,见僧飘摇山中,至城闻人谈疯僧自焚事,乃相惊异。后四十年,康熙甲午,宋思圣来宰是州,见万善桥微倾,捐廉修之,其工始坚,然思圣初不知前事也。疯僧所言正验,斯亦奇矣。

清衡阳法轮寺沙门释淡远传 香英

释淡远者,石隐弟子也。衡阳附生王仁纲因讼田税倍额入狱,感神僧灵异得出。归直诣寺，访之群僧。迎劳愈惊，礼为弟子。石隐不可，事具《石隐传》。乃命淡远，偕仁纲居盐菜山。一日，促仁纲归家，期日访之。仁纲归而死，将敛。淡远缁衣振锡，诵咒柩前而去，以是传其慧通。县大疫，求治于淡远。曰："非律也，求之益坚。"乃命疫家，各然香祷佛。香起室中，病者皆见神僧环室走，俄而尽愈。獐兔残寺中园蔬，淡远祝之曰："此寺居山僻，乞食艰难，赖菽蔬以供众山主，檀越何弗护视乎？"明日，獐兔数十，伏死篱外。淡远蹙然曰："毋犯园蔬足矣，罚之太过。"即见獐兔，蹶然皆起。预示死日，积薪自焚，既化得舍利斗许。死之日，或遇之朱石渡，且寄语寺中云。

香英者，居燕山庵。持戒行，不营田圃。寺外隙地，可十余亩。其徒请种巨胜，取油以供佛灯，止之不可。及实告之，及获又告，笮油又告，皆不应已。储油罂中，繘断尽倾。香英哂曰："何如？"徒请其故，曰："有求则有妄。"自是寺旁居人，多化其教，安分守素，不事强求。一日，集众趺坐，披衣持钵，以香然趾。已而焰起，烛于室，自朝至日昃。然及腹，诵咒如故。及胸，投钵而化，火掣如电。其日，或遇之集福寺，问其行，曰："西乡。"寄声其徒如言，往则将入塔矣。询其死时，正道中共语时也。

清杭州云林寺沙门释止安传 定世

释止安，宜兴人。久居云林，恒服勤务。作操劬苦，不言劳勚。而性真朴拙，与物无欺。常见寺库空乏，资粮无办，主僧终年托钵，奔走四方，不足供众。且栋宇倾朽，无缘重兴，安独忧之。每当食而叹，或未之喻。乃慨然自誓，舍身明法。因敛薪高积，危坐其上，与众诀曰:"止安去后,愿天人感应,使云构增辉,香厨充满。"遂掷炬自焚,朗声诵佛,怡然无恐。观者如堵,莫不赞叹,惊为鲜见。昔元漳州开元寺释定世,因峒贼之攻,祝城不陷,生焚以答。僧恒白为诗以美之。若止安者,欲振兴佛寺,发兹弘愿。后先相视,诚无愧色。时乾隆五年闰六月三日也。

清南岳祝圣寺沙门释斋子传 慧明

释斋子,姓王氏,江西人。削发祝圣寺,执行苦役。日持布囊,乞一盏饭。终日沿门,不语不笑。但叩铃音,表其悲愿。一日,往铁佛寺门拾柴,为蓬刺牵住,因举火烧蓬。火然,端坐蓬中,手敲木鱼,佛声不绝。火近腹,鱼响甚厉。

又慧明,结茨南坪,日啖苦菜。曾参晓堂,话无生理。忽一日移龛,攒柴浴身,入龛火化。

清江南金山寺沙门释了庵传 络丝僧

释了庵者,不知何许人。为人诚悫,不事浮华。出家后,历访名山,参究甚切,别有入处。深自退藏,莫窥其际。晚游汉皋,居士严君买园奉之,弥专净志。居久之,忽得疾,谓严君曰:"可归我江南。"乃为具舟,送之金山。禅房清寂,颇资调摄。复来江宁,栖于城寺。一日,积薪庭前,危坐其上,连称佛号,召众举火。众莫之应,厉声促之。或授以炷香,取向鼻间吹之,火从鼻端,出然至面,及衣而下,薪烈火炽。唱佛不绝,隐隐闻声,向西而迈,顷之化为烟烬。先是,了庵自汉归,有遗身志。每与徒众言:"吾寂后,当磨骨为粉,舍之江中,以结虫鱼。"语甚恳至。其徒诺之,然犹不虞其如此也。至是,乃益惊叹,不敢有违,竟如其言。盖在乾隆时云。

又络丝僧者,遗其名字,盖杭人也。幼事络丝,弃而为僧,人称络丝僧云。尝独居破庵,昼夜诵佛不绝口。顾无以自存,乃谓其旧主人曰:"但饭我,仍为主。"络丝主人从之。既得食,则手轧轧而口喃喃,他无所事,如是者数年。一日,携零纸满筐,向吴居士西泠,欲易钱百余文。西泠固高士,与僧有夙契,慨然曰:"需钱何为?予自可供之,而顾以此相易耶?予又何需此?"僧徐答曰:"居士前,我弗敢隐。今日我将西归,拟市柴一担耳。"西泠曰:"果尔,予即供之。"僧合掌谢,因将柴归。并期西泠届时一临,为作证明,西泠诺之。至时,西泠至庵前,则僧已积柴为座,趺坐其上,四面火焰俱炽。僧于火光中,举手向西泠作别状。忽以手拭面,顿见黄金色,俄焉化尽。西泠喟然叹曰:"善哉!古贤奇踪,再见于今日矣。"观者数百人,咸感嗟不已。

清房山上方黄龙庵沙门释成渊传

释成渊,字水月,姓胡氏,龙南人也。母氏董,素怀善念。渊生而开悟,幼即舍身东华山,依慧敬为师。复毕规律于白圭座下,即行脚江南,循海而东。游学十余年,参叩不疲。至浙江天台山,得法于广润寺镜堂长老,沈契深悟。于《楞伽》精义,多有启发,推为后秀翘楚。因继法席,十有三载。一日,谓其徒曰:"丛宇接续,正待来贤。吾将卸肩,汝曹善护之。"乾隆元年,翩然北上,息止都闉宣武城南松柏庵。僧流羽客,时相叩访,振振有声。达官长者,车迹盈门。复厌去之,投足上方,结茅峰下。文殊达公,亲其丰采,心窃慕之,请主黄龙。渊时年已七十,而精神康胜,涵养亦醇。居山七年,幽室暗居,莫测所以。

乾隆十一年秋八月望日,节届中秋,人看明月,而渊忽不见,罔识所向。辟户视之,一瓢一笠而外,复遗一偈曰"秋月圆明,归元消息。踏破虚空,不留形迹"云云,群相嗟异。越明年,丁卯春,有薪采沈氏子,于山北翠微峰上见之,危然端坐。盖渊去时,至是已六越月矣。闻薪者语,咸趋峰下。邈不得径,攀藤以升。环绕法体,焚香顶礼。虽经霜雪,面目宛然。山中居民,闻风麇集,莫不欢喜赞叹,惊为希有。翠微去黄龙五里余,素多虎狼,樵迹罕到,非结伴不敢近。渊超然而来,默然而化。所谓遗身向道,自了生死者,非与?乃积柴峰顶,举火以浴,而顶门汗出,异香飘荡。敛其骨藏焉,建塔以表之。真州方蹲为之记,文具山志。

清宜昌慈云寺沙门释惺参传 显远

释惺参,字心恒,姓刘氏,监利人也。性纯笃,好施与,事亲孝,能曲尽其道。年四十,父母并谢,痛念无常,专心求度。乃剃染于当阳玉泉,礼静然为师。静然,名显远。少颖悟,读书数行俱下,清辩入神。而持诣精苦,不避艰辛,晨汲晚樵,视为妙用,处之怡然。惺承其教泽,服膺已深。既禀具戒,并荷衣法。尝游荆州,以苦行导化。开如来、延庆、水月三寺,为丛社。复往宜昌,创慈云寺。弘我法旨,四众归之。主持数年,退居万年寺。平昔严持戒德,虔诵《金刚经》。一日,诏其徒曰:"汝侍吾有年,能知《金刚经》之功德不可思议,果报亦不可思议乎?经云:'一切诸佛及诸阿耨多罗三藐三菩提皆从此经出。'吾行住坐卧,不离此经者,盖念人生难得,乐土难生。吾今年七十有六,不愿久溷尘浊,行将西归,与汝别矣。"因命徒众,积柴于寺。叠累渐高,乃从容就之,向薪东西拜,登之。说偈曰:"当初不来,于今何去?慧灯不灭,灵台一炬。风扫枝头,月映潭底。众善护法,生死何异?"须臾,火自内发,香烟结盖,上入霄汉。观者千数百人,莫不赞叹。收灵骨,获舍利子七,塔于慈云寺前,时嘉庆戊寅秋七月既望也。

又清慧者,在重庆遇之。诘其何往,曰:"欲礼峨眉。"因谓僧曰:"汝至荆州,憩宜昌否?"僧曰:"正往宜昌。""然则可相烦耳。吾有念珠、芒屩二事,乞投慈云方丈。"及僧至寺,而惺已涅槃,方惊神异。回睹二物,固无恙也。此僧于惺,亦曾相契云。

清荆州资圣寺沙门释性空传

释性空者,遗其姓氏。住资圣寺,寺建自唐天宝间,于邑中为最古。性空虔诵《华严经》,晨昏不间,数十年如一日。清嘉庆丁卯,积薪自焚。烈焰中,见阿罗汉相,异香三日不散。

清常州天宁寺沙门释常慧传 香火道人

释常慧,字朗照,霍山人。少从池州青阳九华山净度寺出家。光绪初元,受具戒于甘露。十七年四月九日,始来常州天宁。归心净土,专诚念佛。刻苦精勤,阅十五载,无一息稍懈。后迁普同院,仍持苦行,至老不衰。寺内有闭关僧,慧每为护关,亦经多期。日诵《法华》,见药王焚身。因弘兹愿,舍身救世。宣统三年,时事改革,天下多故,道德日丧。欲实行其志,昌明佛法,挽回人心。化争竟为慈祥,弭贪嗔于未发。天地杀机,庶有止息。耿耿此怀,久不得遂。甲寅四月十七日夜半,于院墙东畔,积薪如小座,端跌于上,举火自化,时年六十有九。慧有一徒,为乡寺主。数日前,属之曰:"余欲焚身,烦尔举燎。"徒漫应之,终不果来。当火起时,往观者众。见其合掌,端坐于火光中。盖焚已过半矣,乃袈裟成灰,而铜钩犹悬于肩下,的然不坠。盖其道心坚决,视死如归,故能周身火发,节节然烧,痛苦俱忘,分寸不移。非具真解脱,得大自在,讵能端凝不动,从容以去如此乎? 树旁设香案,炉火未烬,想见虔诚礼佛,然后就化。当时见者,莫不敬仰嗟叹。发起信心,群竞施舍。于焚身处,建塔其上,狄葆贤为记其事。

又香火道人,丹阳朱氏子。为县中昌国寺司香,虔心念佛,人咸敬信之。忽一日,于城市中,告相识者曰:"我当化去,助我一束薪。"或笑之曰:"汝示灭耶? 若不自焚,我为汝举火。"道人欣然诺之。至期,四众咸集,道人中坐。徐起,坐积薪上,命众举火。众不忍,乃自焚焉。昌国主僧,奔赴其前。道人心忽飞出,主僧突而前,灭其火,纳其心。身皆不坏,乃加金其上。当火时,人皆见道人在云中,鸣鱼西去。地方有警,或预见道人坐云中,若击木鱼状者。

清燕京隆安寺沙门释真源传

释真源,字崇寿,姓王氏,大兴人也。赋质孱弱,幼而多病。因许舍身,祈佛福祐。遂尔霍然,初依广渠城闉隆安寺隆起祝发。同治四年,受具于都城南法源寺宝珠。既娴律度,止作兼持,仪容秩秩。晚岁,专志净修,翘首西方。礼诵不辍,自期安养。会庚子之变,九国联军,进逼都城,两宫西狩,海内骚然。初,拳徒倡乱,仇视袄教,多假佛寺,以处党侣。故联军入京,擒斩拳民,焚毁寺宇,而隆安与焉。当火起时,寺众纷纷避去。源独慨然曰:"忘身为教,代有高人。不尚苦行,谁明弘旨?且学佛,所以了生死,澈心性。此而不决,生复何为?不如壹念西方,与佛俱尽。"竟证火光于毗卢殿中,时年五十有四。

卷第四十一
净读篇第八之一
正传十五人　附见七人

宋金陵太平兴国寺沙门释有基传

释有基,字及贤,姓汪氏,钱塘人。五岁出家,从天台寿昌法超授诸经论。稍长,闻四明宝云传智者教,往事之。受《法华》《止观》,随言解义,曲尽其妙。端拱元年,郡人请演教于太平兴国寺,学者数百人。每白黑月,必集众诵菩萨戒法,劝人念佛。如是四十年,数达万众。遇岁歉,则持钵乞请,分食徒侣。祥符八年六月,示疾。弟子令祥请留训,基乃广演圆音。逾时,光见西方,音发空中,如聆鼓吹。基曰:"西方三圣人来也。"即右胁向西而化。法智闻而叹曰:"扶病谭禅,临灭见佛,信希有事哉!"荼毗,出舍利无算。尔后僧众,具有定力深心信仰者,每于定光中,见基具威仪西迈。或坐青莲华,对佛说法。又若阿弥陀佛为基授记者,种种异征,皆不可思议云。

宋四明延庆寺沙门释知礼传　省常

释知礼,字约言,明州金氏子。其父母梦神僧携一童畀之曰:"此佛子罗睺罗也。"未几生礼。七岁丧母,号哭不绝,白父求出家,依太平兴国寺洪选得度。及长,诣宝云寺义通法师,学教观圆顿之旨,一受即了。淳化中,主乾符寺,寻徙保恩院。敷扬教观,学徒踵至。会明州旱,礼与慈云式同修光明忏,约三日不雨,当自焚一手,如期果大雨。大中祥符三年,重建保恩寺,赐名延庆。六年,建念佛施戒会。自兹以降,每岁二月望,以为常举。尝集十僧,修法华忏三年。更集十僧,修大悲忏三年。积精竭诚,千日无倦。人以为难,自礼视之,乃若固然。复于佛前,并爇三指,真心妙谛,超然生死。天禧四年,赐号法智大师,敕令住世演教。礼以从上诸祖阐扬净土者,多谭事相,空示观门,暂被时机,未穷圆顿。因取天台《观无量寿经疏》,研极理奥,曲畅玄风,成《妙宗钞》数万言。时方诏天生,立放生池。礼舍钵资,集诸善缘,结放生会。每岁佛诞日,纵诸鱼鸟。有司以闻,敕枢密刘筠撰文,立碑院内。天圣六年正月元日,将示寂,建光明忏七日。至五日,结跏趺坐,召众说法,称佛数百声,奄然而逝,年六十九。露龛二七日,爪发加长。阇维时舌根不坏,若莲华然。

又省常,字造微,姓颜氏,钱塘人。七岁出家。宋淳化中,住南昭庆。慕庐山之风,谋结莲社。刻无量寿佛像,刺血书《华严·净行品》,于是易莲社为净行社。士夫与会者,一百二十人,皆称净行弟子。王文正公旦为之首,七众且千人焉。天禧[四年]①正月十二日,端坐念佛,有顷大呼曰:"佛来也。"泊然而化。众见地皆金色,移时方隐。年六十二。

---

① 底本无"四年"二字,据《佛祖统纪》卷二十六,省常卒于天禧四年正月十二日,因补。

宋乐清政洪寺沙门释觉秀传

释觉秀,姓陈氏,曹田人也。依政洪寺剃度,参慧公。看《十不二门》,至"一切诸法,无非心性,一性无性,三千宛然",忽焉大悟。尝以布袋,盛经律卷,往来浙闽诸山。或问:"此中所盛何物?"秀曰:"十界十如权实之法,都在里许。"或自诵,或示人。人问其故,秀曰:"为汝植菩提种。"以是人皆呼为秀布袋。后开法京师,十坐道场。洪觉范一见推服,赠以诗云:"梦泽于菟三日视,丹山雏凤九苞文。还乡妙曲谁能听,一笛清风两岸闻。"

宋池阳松山庵沙门释义怀传

释义怀,姓陈氏,乐清人。游汴京,投景德寺为行童。天圣中,试经得度,依明觉禅师于翠峰。偶汲水折担,忽大悟,作偈呈觉,觉称善。其后五坐道场,化导甚广。怀既了悟法原,密修净行。尝问学者云:"若言舍秽取净,厌此欣彼,则取舍之情,乃是众生妄想。若言无净土,则又违佛语。毕竟如何?"复自答云:"生则决定生,去则实不去。"晚以疾,居池阳松山庵。弟子智才,住临平佛日寺,迎归奉养。才往苏州,怀促之归,别众而逝,年七十二。

宋东山承天寺沙门释本如传

释本如,句章人,而佚其姓字。少依法智,善词翰。尝请益经义,法智曰:"为我作知事三年,却向汝道三年。"复请,法智厉声一喝,复呼曰:"本如。"如豁然有省,以颂呈,法智肯之。祥符四年,主东山承天寺,大振法道。历三十年,讲《法华》《涅槃》《光明》《观无量寿》等经,及天台教观。至再至三,终日不厌。尝集百僧,修法忏一年,瑞应屡见,不肯自承。宝历二年,赐号神照法师。与丞相章得象诸贤,结白莲社。仁宗钦其道,赐名白莲寺。皇祐三年五月十八日,微疾。升堂说法,与众诀别。遂逝,年七十。时江上渔人,见云端有僧,西向去。天气甚暑,异香非常。明年,门人启钥,貌如生。有大莲华,产于塔前。

宋华亭超果寺沙门释灵照传

释灵照,姓卢氏,兰溪人。出家宝慧寺,未期月,通《法华》《光明》二经。因往钱塘,依香岩湛学教观。久之,复之吴兴,谒净觉仁岳。台宗户牖,莫不通晓。元丰中,主吴山解空寺。熙宁中,迁华亭超果寺。每岁春首,开净业社,与者几万人,恒多获验。尝于定中,见西方圣相,因跽而请曰:"愿毕生诵大乘经,期生安养,乞示要道。"一神指曰:"净土在心,有愿即生,何远之有?"又深夜诵经,感普贤示兆。遂造普贤像,诵经万部,以严净业。元祐五年冬,卧疾,谓侍者曰:"吾安养之期已至。"遂面西,累足而化。阇维,异香袭人,舍利流迸。

宋余杭天竺寺沙门释思义传 可久

释思义,字和甫,姓凌氏,武康人也。试《法华经》第一得度。悟解过人,摄齎讲席。风发泉涌,泠然动听。顾以苦行自励,勤修三昧。尝生肉瘿，累累项下，如是行持。夜梦功德天，食之以桃，其疾良已。熙宁四年，赐紫衣，锡号净慧。丞相苏颂帅杭，请居天竺，大弘法化。元祐三年二月十八日，中夜趺坐，别众而寂。久之，忽苏曰："适随大士行，见金甲神，长身垂臂，谓我曰：'汝报缘未尽，过七日当来迎。'"至期后坐化。瘗龛之日，有赤云垂布，如引导状，向西而没。

可久者，不详所出，居明州。常诵《法华》，愿生净土，人号为久法华。元祐八年，年八十有一。一日坐脱，三日而苏，谓人曰："吾游净土，见诸胜境，与经符契。"且言："此间修净业者，莲华台上皆已标名。"历举所知，言讫复化。去后五年，所举徐道姑、孙十二郎标金银台名者，相继没。没时，异香满室，天乐盈空，久言多验。

宋余杭祥符寺沙门释择瑛传 从雅

释择瑛，姓俞氏，桐江人。出家余杭宁寿寺。熙宁中，参神悟法师，深悟止观之道。阅《不二门》《金錍》，不寝者数月。当湖鲁氏创一院以迎，瑛大弘法施。尝作《往生净土十愿文》曰："永离三恶道，速断贪嗔痴。常闻佛法僧，勤修戒定慧。恒随诸佛学，不退菩提心。速见阿弥陀，决定生安养。分身遍尘刹，广度诸众生。"在心在口，日以自警。元符二年春，寂于祥符寺。疾时，西向凭几，诵《弥陀经》，卷终而逝。

从雅者，钱塘人。始从海月辩，学止观。后入南山天王院，勤诵《法华》《金刚》《弥陀》诸经，计以十数藏。礼释迦、弥陀舍利塔，累百千万拜。如是诚恳，期生净土，故坐不背西。无为杨杰，述《安乐国赞》三十首以赠。雅欲起发信心，于净住寺图九品三辈，刻杰赞于石。或奏雅道行，赐号法宝。一日，无疾，趺坐而寂。

宋汴京慧林寺沙门释宗本传 善本

释宗本，字无喆，姓管氏，无锡人。既受度，参天衣怀禅师，念佛有省。后居杭州净慈寺。岁大旱，湖井皆竭。寺西隅忽涌甘泉，得金鳗鱼，浚为井。寺僧千余，赖以汲饮。张氏有女死，母梦女为蛇，既觉，得蛇棺下。持诣，本为说法。俄有黑蝉翔棺上，而蛇失所在。母祝曰："若吾女者，可入笼中。"当再持诣净慈，如其祝，本复为说法。是夕，女复见梦曰："二报已解脱矣。"其母因问："生死轮回，是信有之，何以得免？"女曰："六道四生，如井上辘轳，无一人可免。唯修出世法，当得脱耳，盍问净慈法主乎？"其显化，类如此。本尝奉诏入东京慧林寺，赐号圆照禅师。生平密修净业，雷峰才法师神游净土，见一殿殊丽，问之，旁一人曰："以待净慈本禅师耳。"又资福曦公，至慧林礼足，施金而去。人诘其故，曰："吾定中见金莲华，有神人言，以俟慧林本公。其他莲华无数，云以待受度者。或有萎者，云是退堕人也。"晚居姑苏灵岩寺。元符间，将示寂，沐浴而卧。弟子环拥请偈，本曰："我向无偈，今复何为？寻常犹卧，今日何须坐？"遂吉祥而瞑，若熟睡然。

弟子善本，姓董氏，开封人。母祷佛而生。及长，试《华严经》得度。师事圆照，时称大本、小本。诏住上都法云寺，赐号大通。后归杭州象坞寺，杜门却扫，专修净业。有僧定中见方丈，弥陀佛示金色身。大观三年十二月甲子，屈三指，告门人曰："止有三日耳。"及期，趺坐西面而去。

宋泰山灵岩寺沙门释延珣传

释延珣，姓张氏。生于历下，幼而迥异。长更英特，意舍浮华，情眈定慧。依灵岩山寺主僧志雅，以为亲教。方袍圆顶，禀戒持心。已而迁入郡城，别居莲宇。侣徒仰德，士庶钦风。常持念珠，壹志讽礼。一周之间，诵《维摩经》一千卷，课《金刚经》五万卷。由是广神庆赞，大集人天。胜善克敷，良缘是植。以咸平二年岁在己亥九月庚辰朔旦，示疾奄化。弟子琼，因义重法乳，深念训诲，建塔刻石，使灵骨有归，嘉猷不坠。今碑铭犹存，具《泰山志》。

宋余杭法慧寺沙门释慧才传

释慧才，姓王氏，乐清人也。髫龄离俗，师事白鹤山怡芳。宋章圣御极，封于泰山，覃恩得度。时年十三，进受具戒，从学四明。性质愚钝，常持《大悲咒》，愿学通祖道。忽于梦中，见梵僧长数丈，脱袈裟披之，呼曰："慧才尽心记取。"明日临讲，豁然开悟。前后所闻，一时洞晓。未几首众，四座推服。复谒慈云，北面服勤，旦夜不替。宋治平初，杭守沈公请住法慧宝阁，二十年始终如一，太尉卢公奏赐广慈之号。净石来请，勉徇众意，敷畅未久，翕然从化。已而退居雷峰塔下，每翘足诵《大悲咒》，必百八遍为课。元丰元年春三月，为灵芝元照及道俗千人，受菩萨大戒于雪峰。方羯磨时，观音像顶，忽放光辉。初贯宝韬，渐散讲堂。灯炬日色，皆为映夺。净慈禅师守一为作《戒光记》，米南宫芾为之书焉。六年五月二十一日，更衣就座，书偈赞佛，泊然而化。塔于庵右，寿八十六，腊七十三。继其业者，法宗、戒珠十人。才貌古性恬，少言寡欲。时教徒异论，喧动江浙，才独循循诱诲，未尝有所臧否。赵清献公交契最密，及镇越，犹寄以诗，有"浙江莫谓音书隔，一日潮声两度来"之句，深情如揭。

宋余杭天竺寺沙门释昙异传　宗坦

释昙异，姓杜氏，余姚人。皇祐间得度，习教观于天竺明智。后入雷峰广慈之室，孜孜叩击，二十年无倦志。学成归里，诵《法华》至五千部。崇宁元年秋，示疾，集众告曰："吾生净土时至，当乘金台，随佛西迈。"即澡身端坐，结印而逝。火余，舌根舍利如贯珠然。

宗坦，姓申，黎城人。年十六，落发受具。少通义学，长访名师，垂五十年，名播讲林。晚讲净土《观经》，劝人念佛，求生安养。听者如云，皆禀净业。后于唐州青台镇，誓求安养，持名作观，未尝暂忘。政和四年四月二十七日，定中见佛，告曰："汝说法止六日，当生净土。"出而白众，次日讲唱不辍。至五月四日，自知时至，鸣钟集众，告曰："因缘聚散，固当有时。净土胜缘，岂容错过？愿众念佛，助我往生。"又曰："享年七十六，四大分离处。净土礼弥陀，永超三界苦。"言已坐脱。满室雷鸣，白云覆地，从西而来，久之方歇。

宋甬东栖心寺沙门释中立传

释中立，姓陈氏，鄞人也。髫龄，出家于栖心。受诸经卷，过目不忘。治平中，试经得度。初依广智，学教观。及神智继主南湖，复依之。座下二百人，无出其右者。神智谢事，立继其席。常以净业诱人，命其徒介然创十六观堂，以延净土。已而谢去，未几，重兴宝云寺。又退居白云庵，日宣止观法门，著述颇众。后重主南湖，升席说法，开豁无尽。前后诵《法华》逾万部，为人祈祷，辄验。政和五年四月辛亥夕，忽谓门人曰："闻异香否？"即集众，含笑言曰："吾往生期至。"西向而逝。

宋嘉禾崇福西寺沙门释智深传 智仙

释智深，姓沈氏，嘉禾人。初出家，依海月辩学教观。既成，归嘉禾崇福西寺。建光明忏会，二十年如一日。行业上闻，赐号慈行。平居专志净土，劝人诵佛。从其教者，往往得显验。政和五年六月，示疾。客至，谈论如常。客方出，已坐脱矣。共见紫云，向西而没。荼毗，异香袭人，舍利无算。

又智仙，姓李氏，仙居人。不乐世俗，出家游学。至天竺，得三观之旨于明义。还乡，依白莲惠，听讲止观。大有发明，竟嗣其席。常时系念，唯在净土。讲道十三年，西向念佛，未常少废。示微疾，易床西向，乞人诵《弥陀经》，卷未终而化。比邻能仁寺僧，闻佛声沸天，仙乐盈耳，心甚异之。

宋余杭法慧寺沙门释法宗传 思照

释法宗，姓颜氏，钱塘人。年方就傅，舍身桑门。初依广慈慧才，专研教观。年十九，从广慧初法师。昕夕咨叩，服勤十载。复归侍广慈,依止观修大悲三昧,绵历九秋。凡有祷祈,悉获灵应。尝与天竺光明忏期,至五日,禅观中忽见慈云式,侍僧数十。宗作礼曰:"自昔同修者,皆得生净土否?"慈云曰:"元照已得往生,择瑛尚欲宏经恶道。汝宜勤修,以成本愿。"宗归,建净土道场,刻西方三圣像,月集四十八人,同修净业。名卿贤士,多与其会。政和七年春,寂。时自言,弥陀授手,接引而去。

思照,钱塘阳氏子。年十四,依净住从雅,听《法华》于南屏。复往东掖,参神晤,大有契入。刺血书《法华经》,礼诵诚虔,部卷千百。寒暑迭更,志愿弗懈。晚修念佛三昧,筑小庵曰德云。夜起唱佛,邻寺惰僧,闻声悚愧。每于下弦二十三,率众持念,常及千人,几三十年。一日,语其徒曰:"吾夜见佛,金身丈六,此往生之兆也。"日以七僧,讽经七日。厉声号佛,趺跏而化,时宣和元年春也。阇维,牙齿明莹,如玉石然。

卷第四十二
净读篇第八之二
正传二十一人　附见二十二人

南宋仙潭无量寿佛阁沙门释若愚传 则章

释若愚，海盐马氏子。学教于辨才净法师，居龙井久之。后于湖之仙潭，欲营室以接游侣。建无量寿佛阁，诱人诵佛，来者尝数百人。三十年中，与会诸贤，没时多有瑞应。有奏愚道行者，赐号法鉴。

又则章，与愚友善，同修净行。章既没，愚梦神人告曰："汝同学则章，得普贤行愿三昧，已生净土，彼方待汝。"觉而呼浴更衣，命众讽佛诵经，端坐默听。忽云："净土见前，吾其往矣。"书偈而化，偈曰："本自无家可得归，云边有路许谁知？溪光摇落西山月，正是仙潭梦断时。"又曰："室里千花罗网，梦中七宝莲池。踏得西归路稳，更无一点狐疑。"时靖康元年九月也，年七十二。阇维，得舍利无数。

南宋温州车溪寿圣寺沙门释如湛传

释如湛，姓焦氏，永嘉人也。母梦宝塔矗云，惊而举子。幼年，试经得度。首谒东灵钦师及普慈晖师，所学未就。乃与空相融之车溪，依卿师。时众已多，无所容，唯小室如斗，不以为隘。盛暑埋大瓮，实以寒泉，与四友背瓮环坐，以挹其爽。后参慧觉于横山，昼夜潜心，尽得教观之妙。初主车溪寿圣，讲余，课《法华》一部，佛号二万声。平时少睡，夏月坐草莽中，口诵《法华》，袒身露臂，任蚊聚集，略不拂搔。或谓年高，宜息苦行。湛曰："飞虫之类，安得妙乘？所冀唼我血、闻我经，以此为缘耳。"后人因表其处，为饲蚊台。晚岁谢事，间居小庵，日薰净业。宋绍兴庚申七月，端坐念佛而逝。阇维，得五色舍利。著《静业记》《释观经疏》《护国记》《释光明疏》，又述《金刚会解》《假名集》。建炎初，述《声闻会异》，其末题云："匈奴去杭人秀，兵火沿塘，劫掠蜂起，命在不测，聊书此为记时事。"人以为与章安，当寇盗纵横而著《涅槃玄义》，其事相类。

南宋余杭天竺寺沙门释齐玉传

释齐玉，号觉慧，姓莫氏，霅川人。家世显宦，独弃俗荣。蚤亲释学，日记数千言。始参祥符神智，后依慈辨。一日，赴僧次，有施予者，辞逊之。或问故，答曰："诚不欲以五千之利，而丧一日之功。"慈辨得通相三关之旨，秘不授人。齐玉屡叩之不已，乃于密室，跪炉以授。初出，居苕溪宝藏。每于岁终，大兴净社。迁横山，立丈六像，率众薰修。中夜告众曰："我辈未念佛时，心随尘境，作诸不善。犯一吉罗，尚受九百千岁地狱之苦，况犯篇聚重罪乎？今若念佛，则可一念能减八十亿劫生死之罪。况又父母生我，令我出家，理当度脱，以报重恩。今若破戒坠陷，父母有知，岂不失望？"大众闻之，无不倾诚忏悔，举身自扑，至损额失声者。宣和六年，迁居上竺。先是慈辨之去，继之者或不振。学徒谋曰："得玉公乃兴。"

郡守翁彦国闻之,乃具礼以迎。讲道敷化,不异慈辨。尝中夜顶像行道,一僧失规,责之曰:"汝无知,乃畜生耳。"已而悔曰:"彼虽不肖,诋为畜生,有玷三宝。"自是三年,对佛悔过。建炎元年秋,谓弟子修慧密印曰:"吾床前,夕宝塔现。"慧曰:"流通《法华》之瑞证也。"玉曰:"所愿见阿弥陀佛耳。"即集众念佛,顷之,举首加敬曰:"佛已来接也。"端坐合掌而化。葬于山西草堂之侧,谥妙辨,塔曰慧寂。所著《普贤行法经疏》及《自释祖源记》《无量经疏》《杂诸记》《安般守尊法门》《尊胜忏法》诸集。

南宋临安祥符寺沙门释思净传

释思净,姓喻氏,钱塘人。受《法华》于德藏瑛法师。复潜心净观,专志念佛,日课《观经》。大观初,于郡北关创精舍,饭僧三百万。因扩舍为寺,以待徒侣。宣和初,遇乱,经造贼垒,愿以身代一城之命,贼悚然,为之少戢。素善画佛,每画,先于净室爇香念佛,注想久之,乃下笔。一日,画丈六像,忽见佛光,良久乃灭。众皆瞻礼,世因呼为喻弥陀。或问净:"何不参禅?"答曰:"平生只解念弥陀,不解参禅可奈何。但得五湖风月在,太平不用起干戈。"绍兴七年冬,端坐想佛。经七日,忽起然香于炉,归坐加足而化。顶上,经七日犹暖,异香不散。

南宋润州焦山寺沙门释师体传

释师体,字或庵,姓罗氏,台人也。赋性醇朴,不随尘俗。初在天台,丞相钱公象先请主天封,师体即宵遁去。宋乾道中,访瞎堂远于虎邱。吴人请主报觉，师体欣然从之，曰："先师教我，逢老寿止，今信矣。"盖报觉，旧名老寿庵也。既悟夙因，聿修净德。芳声远邑，契结时贤。侍郎曾公，相就问道。及曾公守润，请主焦山。飞锡戾止，缁侣翕然。淳熙六年己亥八月四日，示微疾，手书并砚，一别曾公。逮中夜，书偈辞众，掷笔而寂，年七十有二。

南宋淀山湖白莲寺沙门释子元传

释子元，昆山茅氏子。母氏柴，夜梦佛入门，诘旦生元，因小字佛来。蚤岁出家，投延祥寺。习止观，定中闻鸦声，大悟。自后栖心安养，自号万事休。逆顺境中，未尝动念。慕庐山远公莲社遗风，恒以归依三宝，受持五戒诱人，谓："念弥陀五声，足证五戒，结普净缘，欲令世人净五根、得五力、出五浊也。"乃集《大藏》要言，编忏仪，为法界众生礼佛求度。后于淀山湖，创立白莲忏堂，同修净业。述《圆融四土三观选佛图》，开示莲宗眼目。乾道二年，诏至德寿殿，演说净土法门，赐号慈照宗主。三月二十三日，于铎城倪普建宅，告诸徒曰："吾化缘已尽，时当行矣。"合掌辞众，奄然而寂。荼毗，舍利无数。集有《弥陀节要》一卷。

南宋松江延庆寺沙门释道因传　法因

释道因，字草庵，姓薛氏，明州人。年十七，受具戒。遍历讲坛，屡参禅室。读四明《十不二门指要钞》，有省。历主永明、宝云、广受、治平、延庆。乾道三年四月十七日，别徒众曰："华严世界，洞彻湛明，甚适我怀，今将行矣。"乃令举所述《弥陀赞》，讽《观经》至上品上生,即敛念坐寂,三日手足犹暖。

弟子法因,字刻心,慈溪顾氏子。学于草庵,尽其旨要,时称为小因。主广寿寺三十年,冥心净业,昼夜讲演,未尝少懈。偶以檀施舍金为赠,至不得却,始受少分。或劝新所室,何患无用?法因曰:"此躯尚无常,何事外物为?"绍熙四年八月,示疾,于定中见净土二菩萨,谓左右曰:"吾睹法华道场,与平时所见异甚,吾将行矣。"乃书偈曰:"我与弥陀本无二,二与不二并皆离。我今如此见弥陀,感应道交难思议。"挺然端坐而灭。

南宋永嘉资福院沙门释道琛传

释道琛,赐号圆辩,姓彭氏,乐清人也。母梦紫气萦身而生。年十八,具戒,初学律仪。未几,去从息庵。于法明微言妙旨,一闻便领。后至南湖,依圆照。既归乡,出主广济。十二年,迁广慈。宋建炎三年,车驾幸永嘉,有旨,以林灵素故居为资福院,丞相吕颐浩以琛应诏。尝以僧伽黎,质米于市,夜见流光煜煜,旦即奉还。山居无水,指工凿井,得古砖,有天康字,泉涌其下。尝专修念佛三昧,忽感悟曰:"唯心净土,一而已矣。良以弥陀悟我心之宝刹,我心具弥陀之乐邦,虽远而近,不逾一念,虽近而远,过十万亿。譬如青天皓月,影临万水,水不上升,月不下降,水月一际,自然照映。"偶于定中,见一老宿,顾谓之曰:"吾四明也。"便惊喜作礼曰:"琛于一家习气,法相未能通达,乞垂指教。"尊者首肯之。及觉,心地豁然。自是言教观者皆禀为正则。宋绍兴十二年,圆照退老,举琛以代。寺经房寇焚荡之余,琛诚心感格,施者自归。岁月之间,栋宇悉备。因行法华三昧,感生异光,慧辩益弘。郡大旱,请祷雨,琛以时政苛猛为言。守大感悟,出囚徒数百人,是夕大雨。有久病,为说法施食,病多愈。与雪窦大圆禅师道交最深,尝为说经王义及六即义,联翩三日,一语不重。绍兴三十三年十二月十六日,集众讽经,昼夜不绝,众闻异香盈室,乃沐浴更衣,书偈曰:"唯心净土,本无迷悟。一念不生,即入初住。"令讽《安乐行》,未终,嗒然坐亡。留龛弥月,颜体如生,葬于崇法塔侧。

南宋南湖禅寺沙门释妙云传 有朋

释妙云,字慈室,姓杨氏,明州人。从学于清修久法师,通达教观。绍兴十九年,继主清修。历慈溪、南湖,寻退居溪口吴氏庵。一日,往别吴君,归而沐浴,趺坐谓侍人曰:"吾有瓣香,藏之三十年。今吾将行,其可焚矣。"及香烟正炽,起而白佛,求生安养,合掌就化。

有朋,字牧庵,金华人。性强记,谒车溪卿法师。昼夜叩谒,尽得其道。主仙潭,讲止观。时天衣持法师分卫至境,入寺就听,竦然曰:"我所未闻,设礼而去。"湖人薛氏妇早死,时见怪于室,其家为斋千僧,诵《金刚般若》,请朋演说经旨。妇凭语曰:"谢翁姑一卷经,今乃解脱矣。"翁曰:"千僧同诵,何言一卷?"曰:"朋法师所诵者是。"乾道四年十二月三日,坐青玉轩,请行人讽《观经》,至真法身观,令大众唱佛名,留偈坐逝。

南宋上虞化度寺沙门释智廉传 惟渥 冲益

释智廉,不详所出,居化度寺。禀性质朴,是非不挂唇齿。初,遍参宗门,晚乃一意西方。庆元元年秋八月,无病,忽别众曰:"我定中见阿弥陀佛,身长七八尺,紫金相好,见白豪光,大众围绕而说法。复白:'佛言诸善人等,当起大信心,修诸善法,来生我国。'说已即隐。"复曰:"我既见佛,往生必矣。"乃书偈曰:"雁过长空,影沈寒水。无灭无生,莲华国里。"回身西向而逝,年八十二。

惟渥,钱塘人。杜门不出,阅《大藏》三过。诵《华严》《法华》,至二万卷。晚但诵《弥陀》,无疾而化。

冲益,钱塘净光寺僧也。刺血书净土七经,复金书《法华》。依止观坐禅法,念弥陀佛无稍懈。一日,感疾,不服药,拈香对佛,奄然而寂。

南宋菁山常照寺沙门释慧明传 祖南 晞湛

释慧明,字无晦,盐官人。出家祥符寺,了一心三观之旨。晚居常照寺,日诵《法华》,以为常课。《楞严》《圆觉》诸经,亦循环讽读。持弥陀号,日数万声。庆元五年春,示疾,召徒属曰:"吾学大乘,求生净土,今必遂矣。"或请留颂,曰:"我临终,犹谜语乎?"无已,但书骨头只煨过,即累足而逝。茶毗,得五色舍利无数。

祖南,居南岳。刺血书《弥陀经》五百卷,《金刚》一百卷,《法华经》一部。历二十有七年,孳孳不舍,至血枯骨立,号佛之声不绝。一日,至丈室升座,而体中舍利迸出。

晞湛,山阴人。少为儒生,忽厌世荣出家。与莹行人,建无量寿佛殿于净社。持诵甚虔,坐不背西。久之,常见异相。一夕,诵经未已,正坐而化。

南宋洪州黄檗山寺沙门释了义传 法持　昙懿

释了义,字木讷,钟离少师之曾孙也。年十五,举进士。过金陵,见保宁玑公。闻法开悟,即从剃染。随所至处,扁曰昨梦。念念西方,未尝间断。后偕同参至黄檗,居久之,诵持愈勤。一夕别其侣[曰]①:"吾西归矣。"复见佛菩萨,授以金台。越三日,爇香宴坐,含笑而化。

法持,居化度寺。修弥陀忏三年,诵《观经》《弥陀》《如意轮咒》。日祷佛前,愿垂接引。唱佛之声,闻于百步。忽见佛身立于池上,即自言曰:"我已得生中品矣。"悠然而逝。

昙懿,居钱塘净住寺。初以医为业。晚年礼《法华》,修念佛三昧。出平日所蓄,供佛饭僧,造像设浴,如是者二十年。后微疾,屏药石。延僧唱佛,以助往生。明日,见莲华大如屋。又一日,见梵僧临榻问讯。夜半,众闻佛声渐微,视之泊然。

南宋钱塘法安寺沙门释思聪传 太微

释思聪者,钱塘法安寺僧也。少喜作文,及读大乘诸经,有会。遂息心净土,日诵《莲经》二部。兼持佛名,未尝语及世事。一日,忽谓弟子曰:"夜见佛来,当不久居此也。"弟子曰:"梦境何凭,或恐魔来相戏,奈何?"曰:"吾去后,但视吾胸前,可验也。"越二夕,命声磬唱佛名,喜曰:"佛来矣。"奄然而化。视胸前,一掌许,有文

---

① 底本无"曰"字,恐脱,据文意校补。

红润如莲华。

太微者,儿时亦出家法安寺者也。初授《弥陀经》,便能背诵。及受具,发愿扃门念佛,为不退僧。尝纵步后山,忽闻笛声,豁然开悟。因蓄一笛,以自怡。有凌监簿者,亦修净业,称微为净土乡长。一日,叩门曰:"净土乡弟相见。"微曰:"可相见于净土,今日诵佛正忙耳。"诘朝,人怪其不赴粥,往视之,见笛钵禅椅,先经火烬,趺坐于地而化。

南宋乌镇嘉会寺沙门释若观传　师安　显超

释若观,居乌镇嘉会寺。结十万人,同唱佛号。期先得生安养者,相次汲引,同入莲界。晚诵《法华》《光明经》,数十万部。偶尔示疾,索笔书偈而灭。

师安者,受业乌镇普净寺,通《华严》宗旨。修弥陀忏,观想净土,二十年昕夕不废。居恒多病,临终忽精爽异常,时谓弟子曰:"佛菩萨已降,吾将行矣。"即端坐而化。

显超,博州人。受金总持三藏,持《秽迹金刚咒》法,济病解冤。计所得施,五万缗,尽入永寿寺产。后病中,见佛菩萨前迎,莲华遍满,伎乐杂奏。弟子哀恳,愿留住世,救苦众生。俄而病已,复居十五年,行咒救人。一日,忽闻天乐,异香并见空中,即面西跏趺,悠然顺寂。

南宋雪川千步寺沙门释有开传　如宝　莹珂

释有开,居雪川千步寺。专修净业,旦暮不忘。尝于岁旦,请众唱佛讽经,至西方世界,即瞑目长逝。

如宝,亦雪川僧也。栖止觉华寺,肄习经论,具有会心。闻古德有以浴僧功德回向净土者,遂治浴室,以供众僧,阅二十年。建西方佛像,誓求往生。年八十一,与众言别,闻钟鸣,众方惊异,即向西合掌,凝望而化。

莹珂者,尝受业雪川瑶山,酒炙无所择。一日,忽自念梵行亏缺,且堕恶道,向同侣取戒珠禅师所编《往生传》读之,大有感发。择一室,面西设坐,绝食念佛。越三日,梦佛及大士告曰:"汝寿尚有十年,且当自勉。"珂白佛:"阎浮浊恶,易失正念。所愿早生安养,承事众圣。"佛言:"汝志如是,后三日当迎汝。"至期,命众诵《弥陀经》,曰:"佛及圣众俱至。"寂然无声。

辽万宁上方山寺沙门释守常传 禅悦

释守常,号忏悔上人,明所志也。姓曹氏,新安人。幼攻外典,学逐年进。文采焕发,有声闾里。而性耽恬静,不慕浮荣。因诣六聘山,以铁头陀为师。年十九,受具。就学无方,经明行修,誉流自远。学侣数十人,相从讲说,顾以力行诵持为倡导。主席上方,几四十年。日课《大悲》,无所间断。弘法传戒,已十余辈,新徒累千。津梁后学,孳孳不倦。以咸雍六年迁化兹山,春秋六十一,夏腊四十二。其年三月望日,塔于上方山院。大安六年三月,弟子王海温述其遗躅,乞乾文阁直学士王虚中为之志,文具山志。

又禅悦,字天空,昌平郑氏子。童年,依安乐寺道首上人祝发。日夕课诵,年学渐富,始于灵峰净老人受具。太宗癸卯初,来上方,居卧云庵。息影林阿,二十余载,蔬食苦行。常修百舟三昧,久之玄德昭闻,上达帝聪,征召入京。悦辞以衰朽,而诏书三至,未敢恝然,扶掖就道。既底都闉,便承恩渥,钦企戒行,就宫奉养。乃阐讽《护国仁王般若经》,九旬不怠。帝用劳止,赐号曰遐龄益寿禅师。及辞归,太宗御制赞云:"古人修隐尚游访,涉水登山步林莽。禅衣露湿烟霞明,拄杖横施风月爽。餐霞服气度春秋,白云秋水空悠悠。有时危坐入禅定,不关名利轻王侯。汤汤逝水尽流东,尘寰万虑皆为空。识得浮生若沤幻,百般忧恨自消融。顿息尘缘坐来静,劈破鸿蒙见真性。常生不死度流年,万古高风起人敬。"以海陵王正隆丙辰九月甲子示寂,偈曰:"名利光如水月,慧辩恰似镜痕。今朝消除梦幻,法界出入天门。"春秋九十有七,法腊六十有二。弟子超贤奏闻,赐白镪三百两,为之建塔。文华殿大学士冯国相为文,树碣纪之,亦具山志。

金燕都香林寺沙门释祖朗传 净观 利先

释祖朗,姓李氏,蓟人也。蚤岁出家,清操自矢。金大定中,历主崇寿、香林诸寺。真祐间,赐号圆通大师。日诵《弥陀》几万声。年七十有四,将示寂,告其徒曰:"吾缘尽矣。"其徒讶之。逾七日,口占偈曰:"咄者皮袋,常为患害。继祖无能,念佛何赖?来亦无来,去亦无碍。四大五阴,一时败坏。且道犹有不败者乎?"良久云:"浮云散尽月升空,极乐光中常自在。"遂跏趺而卒。

净观,住嘉兴寂光庵。修净土忏法十余年,谓弟子曰:"我后二十七日行矣。"至期,见红莲华,复见黄华满空,有童子坐于华上,招之而去。三日,入龛端坐,视之若生。

利先,居新城法慧寺。日诵《法华》,兼持佛号。每至中夜,其声哀切。愿早脱去,往生极乐。晚岁,屡感祥兆。偶示疾,命众唱佛,凝眸西向而望,若有所睹,辗然而逝。

元蓟州云泉寺沙门释妙文传 善住　文慧

释妙文,姓孙氏,蔚人也。年方九龄,舍身佛寺。既冠,始抵燕京。依大德明公,学圆顿之道。后居蓟之云泉寺,操行精勤,力崇俭朴。廪有余粟,岁荒以赈饥民,蓟人德之。累主讲席,大宏方等,高唱圆宗。晚年,退居逸老,专修念佛三昧。元延祐六年,示疾,令弟子讽佛名,遽起趺坐,声息泊然,年八十三。

又善住,字云屋,姑苏人。掩关一室,六时念佛。病久不易,终时异香满室。著有《安养传》《谷响集》行世。

文慧者,嘉禾青龙寺僧也。善作诗。已而专志净业,至老益励。一日,示疾,闻空中有声云:"中品生。"遂逝。

元嘉定西隐寺沙门释悦可传 祖辉　如鉴

释悦可,字中庭。主嘉定西隐寺,筑十六观堂,以修净业,缁白多归之。声光烂然,彻于九重。延祐间,赐号广慧大师。至正中,无疾坐逝。荼毗,齿舌不坏。

祖辉者,居明州城中佛阁。逢人但云:"阿弥陀佛。"鄞县尉王用享敬事之,一日,诣其家,告别云:"我明日行矣。"明日送者俱会,即入龛端坐,乞甘瓜一枚,啖尽,怡然含笑而瞑。

如鉴,亦居明州,止于塔山。尝读《大藏》,两度翻阅,颇穷研索,时人难之。长诵《莲经》,专诚讽佛,昼夜不懈。晚岁庵居,持诵尤虔。及示疾，乞邻庵诸僧同声唱赞，面西跏趺而逝。

元泰山沙门释大行传 叩头僧

释大行，齐州人。入泰山，草衣木食。行法华三昧，感普多见身。遂觉心眼洞明，见十方诸佛，犹如明镜中象。至元间，诏入宫阙，赐号开国法师常精进菩萨。

后数十年，有叩头僧者，不知何许人。尝栖泰安灵派侯祠，夜则跏趺，达旦不寐；昼则周游城市，叩头劝人为善，人以是呼之。尝语人曰："我参方五十年矣，盖载内胎生、卵生、湿生、化生，唯人为贵。具此灵性，便可立地成佛。莫使宝山历尽，虚过一生。"后游清源，预告寂期而化。

元余杭净慈寺沙门释蒙润传

释蒙润，字玉冈，姓顾氏，海盐人也。年十四，弃家依古源于白莲。尝礼护伽蓝神，土偶辄仆，若答拜然，左右皆惊。源授以经，应口成诵。命礼一祥祝发，寻进具。从源受天台家《金刚錍》《十不二门》诸书。会源入灭，遂师事竹堂传，以卒其业。因苦学，婴奇疾。修观音忏，既获灵应，疾愈而心倍明。南天竺之演福湛堂澄，命居首席。凡所阐扬，词鬯旨显。剛剛老宿，咸推服焉。出主当湖德藏，讲《法华经》，听者日千余人。迁主演福，宗风益振。居六载，退归白莲，誓不出山。修念佛三昧，依之者益众。行宣政院强起，主下天竺。时寺新毁，惟普贤殿岿然荆棘瓦砾中。因慨然曰："兹寺成于慈云，一殿尚存，则祖师愿力有在。"乃首加葺治，次第构诸堂舍。然不以经度程督之劳废教事,昼夜演说无倦色。率同志修法华三昧,感见瑞光。居三年,复迁主净慈。以涉世将迎,乖其素志,复归白莲老焉。临终之夕,呼弟子荣,示止观之法,且告之曰:"吾生缘殆尽。"兹惟其时,骤称阿弥陀佛数百声,泊然而逝,至正二年十二月六日也。寿六十八,腊五十四。荼毗,得舍利无数。塔于风篁岭下。

卷第四十三
净读篇第八之三
正传八人　附见十人

明余杭净慈寺沙门释可授传

释可授，字无旨，号休庵，姓李氏，临海人也。年十九，从九岩万鎣观受具。后参普觉明于灵隐，有省。命充堂司，四众悦服。寻还石门，白岩真主真如，延居上座。元至元六年，出主大雄山之安圣。授凡四坐道场，皆以净土法门为佛事。且曰："此即禅定之功也，恶可强分同异哉？"明洪武六年，杭之中天竺以府侯之命，请主寺事。行至钱塘江滨，净慈诸旧，相与谋曰："此大善知识，胡可失也？天竺尚可致，吾属独不能耶？"帅众邀于道，拥居其位，授屡却不听，强应之。时当岁俭，问道如云，糗粮方患不继，而施者踵至。居二载，遂退卧竹院。忽示微疾，端坐西向爪合，连称佛号，至声渐微而寂。茶毗，齿牙贯珠不坏，设利罗光色精莹，如金银水，遍泻于地。宋景濂铭其塔。

明黔中永祥寺沙门释兴宗传　周续　慧鉴　儒施　真怀　真全

释兴宗者，大理人，忘其族姓。童年出家。明成化间，始游黔中，止永祥寺。日诵《法华经》，一字一拜，无一夕间，持此四十年。

膝所着处，木版为穿，人呼拜经师。年七十，克期鸣鼓，告众而逝。

后有周续，字传镫，叶榆人。幼依鸡足山大觉寺遍周出家。壮游名胜，参叩耆宿。既而还山，专修净业。晨夕讽号，念念不辍。忽一日，闻墙角西有语声云："当得中品往生。"遂集众告语，合掌立化。手扶竹杖，指握数珠，操持不坠。及荼毗时，珠亦不毁，视之乃木质也。

慧鉴，镇南州白土城人。初住鸡足，念佛三年。后游狮子林，契其幽阒，遂止息焉。昼夜跏趺，三十载不设床席。然灯顶上，计三千余盏，毫发尽净，而顶骨洁白，莹然似玉。后终于石钟，世寿八十余云。

又有儒施，字大力，宜良人也。本所庵弟子。初入鸡足，四林密茂，人迹罕到，乃辟地结茅。山中初无习静者，建立静室，自儒施始。性素朴直，行止敦厚，有古人风。本修苦行，更习禅那。晚年，兼以净土导人，孳孳不倦。将示寂日，自云见西方一池，生大莲花，水清蘂碧，花叶无数，一花一人，端坐其中，己亦与焉，欢欣无既。因合掌，向西而逝。

真怀，字冲虚，昆明黄氏子。初投盘龙寺，后游峨眉、五台。栖台九载，学诸经论。参蕴璞憨山，幡然省悟，知所从入。及还鸡足，建不二轩以居。晚住传衣，十五年专修净业。将寂七日，预邀山中耆宿告别，忽焉迁化。

又真全者，燕人也。明万历间，至鸡足，留大觉寺，笃志清修。尝造一木缸，日夜趺坐其中，二十余年无稍懈。至崇祯丁丑冬，夜坐缸中，大声号佛，黎明寂然。同侣视之，始知已化去矣。

明通州静嘉寺沙门释本明传 性专　祖香

释本明者，姓字里居，未详所出。少时寄迹空门，梵行清洁，勤于讲诵。晚岁辍讲，居通州静嘉寺，专心净业。六时精虔，历年弗替。偶示微恙，自知时至，与众告别，安然顺化，异香七日。

性专，字守庵，姓张氏，昆山人。早岁剃发，遍访知识。谒妙峰受戒，预《法华》讲席。闻声领悟，誓行头陀行。十二时中，唯诵《法华》。深入禅定，尝于空中见西方宝池，成琉璃色，深广无际。以白妙峰，妙曰："此观行初成之相，不生取著，是善境界。"专遂深秘不言。石城有百尺弥勒像，嘉靖间，经兵燹金蚀，专为新之。又构石殿与像称，感见瑞光，夜明如日。二十三年秋，延传灯法师，讲小本《弥陀①经》。有请易《弥勒上生经》者，专曰："不然。吾闻弥陀与弥勒，一身一智，慧力无畏亦然。将使众同悟本性，弥陀即本性弥勒。先游莲华净土，然后预龙华胜会耳。"嘉靖二十五年仲冬，示寂。前数日，衣褶中生灵芝一本，大于拳，色红白。

祖香者，新喻人。居山东龙潭寺，精修净业。有居士王杰者，筑庵延之。香语杰云："吾当归去。"众留之曰："归安养乡耳。"及期，坐化。举龛入山，火出自焚。

明嘉兴天宁寺沙门释僧秀传 月潭

释僧秀，字碧峰。诚朴无华，极有戒行。每闻鸡鸣，即起诵经，

---

① 陀，底本作"阿"。

礼佛，无间寒暑。嘉靖时，居嘉兴天宁寺。法化流行，道侣蓁蓁。壬寅秋，卧病月余，终日酣睡，自言甚适。忽一日，起沐浴，衣新衣，跏趺端坐，诵佛数十声，已而止呼佛字，又数十声，顾与徒众，言别而寂。三日神色不变，左手捻中指作字，右手仰展，指节尚柔，而颈骨挺然。

月潭者，杨氏子。出家五台山，受具足戒。隆庆辛未，始来娄夻州，居士筑庵处之。万历丙戌，示疾，水饮五日，绝水二日，使人诵《无量寿佛经》，听已坐化。僧腊九十八，寿百一十三岁。

明会稽沙门释明证传 静明尊者

释明证，字无尘，会稽魏氏子。性醇厚简默，望之若愚。少不食腥膻，常欲出家。偶过邻寺，遇五台老僧，如旧相识，便求皈依。僧曰："汝三年后，始可剃发。当先苦行，学诸经典。"乃往丛林，勤力作务。尝学《楞严咒》，日读一字。偶误"摩"作"磨"，经三日改正。自旦至暮，仅守一言。夜礼佛号，彻晓不寐。三年咒成，大喜狂啸。登树言往西方，堕地几绝，良久方苏。卧病七日，周身痛楚。病愈，宛如隔世，动静言语，顿殊平昔。及期，五台僧果至，为明祝发。受具戒焉，且属明终身诵《法华》。明初未尝学问，展经朗诵无滞。已而《华严》《涅槃》诸经，悉得成诵。乃谓老僧曰："吾欲乞食，以供养报。"是夜，忽失老僧所在，后明日诵《法华》一部。

途中尝负小册，树下道旁，趺诵不辍。日唯二餐，更不杂食。三经衣钵之外，一无所畜。人有施予，随得随舍。每讽人出家，不择贤愚。人或讪之，明乃叹曰："贤者应度，代佛扬化。愚者应度,轮回免堕。"所度弟子,凡二十余辈。或入其门,俨如客僧,不致一言,诵经危坐,拂衣便去。或留之,则曰:"疏乃益。"亲人问法,但微笑,不多言。昼夜持念,胁不至席,如是者三十年。自知期至,往谒云栖。还至涧中,谓侍者曰:"汝往报众徒,我明日当去。"明日亭午,诸徒咸集。但闻异香馥馥,空中诵声朗朗,合掌而逝。云栖大师闻之,欣然率众,为之举火,时万历癸巳年也。

静明尊者,名真定,姓诸氏,越人。少孤,贫无所依。为人质直,寡言语。过钱塘,佣于戴居士交吾家,积赀十五年。交吾谓之曰:"汝物足以昏配成家业矣。"真定不答,谓人曰:"戴翁劝吾成家何为?吾意欲出家,但不遇明师耳。"一日,见无尘,欣然自庆曰:"是吾师矣。"瓣香归礼。无尘示以一切捐舍,苦行念佛,求生净土。尝慕《华严》《法华》诸经,不能展诵。无尘云:"不能口诵,当以身诵。精勤礼拜,能所性空,即身心诵经也。"因空所有,造像斋僧。施姜茗,以利行者。躬亲樵汲,二十余年。已而入山结茆,一心礼念,日夜无间。恒伐薪易米,供诸静室。时云栖创筑,值大雪,真定负米送之,往还百余里,且去暮归,不沾粒水。莲师叹曰:"大菩萨来,送供众中,恐难消受。"真定曰:"富贵赠百斛,此一粥之需,何足言?"莲师曰:"苦行得米,冲雪担来,胜富贵百斛多矣。"

开荒种蔬,不问僧俗,悉施与之。有盗其树者,引避不及,仓卒坠树。真定反抚慰之,负所伐树至其家,且曰:"欲用薪木,可告我,当为致之。"万历戊子,大饥疫,民死载道。真定痛如骨肉,有过其门者,推食与之。尝拾金五两,坐守十日,无问者。乃益己金,为之诵经施食,以祐失金者。生平所蓄,尽助善缘。隐德密行,人所罕知。身无完布,伏腊一衲。弟子或虑其寒,则曰:"吾昼寒掘地,夜寒拜经。唯苦汗出,宁畏冷邪?"年七十二,忽有微疾,延至涧中。有客送夹纩,不肯受,苦劝乃披之。已而笑曰:"可见世人喜穿绵,比衲衣之暖不同。"病愈,问众曰:"今日何日?"曰:"十二月四日。"曰:"明日午时,我将行。"至夜半,唤人扶起,面西而坐。问:"何时?"曰:"子时。"[曰]①:"五日也,我去矣。"众徒曰:"师既言午时,何不如期?"曰:"我龛与柴,俱在江干。转回三四十里,天寒雨雪,往返不及。未得入龛,恐累汝耳。"俄而高声诵佛,佛声渐微而化。真定积薪三载,遗命荼毗。经十日火灭,牙齿、顶骨、手足、指节悉皆不坏,色如车渠。塔于庵前山顶。弟子如嵩,为理安重开山祖,自有传。

明梵村云栖寺沙门释袾宏传

释袾宏,字佛慧,号莲池,姓沈氏,古杭仁和人,世为名族。父德鉴,訚訚宿儒,人称明斋先生。母周氏,淑性善容,慈惠爱物。宏生而颖异,幼习帖括。年十七,入县学,屡②试冠诸生。学行文艺,鸣于一时。顾澹于世味,视科第蔑如也。与从游讲论,必折归佛理。栖心净土,家戒杀生,瓜蔬必祭。居常太息曰:"光阴过隙,人寿几何。吾年三十,而后当超然长往,与世无求。"无何,妇张氏生一子,殇,妇亦亡。已勘破世缘,不欲续娶。母强之,为议婚汤氏。年二十七,居父丧,三年服阕。又丁母忧,因涕泣曰:"亲恩罔极,正吾答报时也。"明嘉靖乙丑除夕,命汤点茶,捧至案,盏裂。乃笑曰:"因缘无不散之理。"明年,诀汤曰:"恩爱不常,生死莫代。吾往

---

① 底本无"曰"字,恐脱。
② 屡,底本作"屦",据《憨山老人梦游集》卷二十七《云栖莲池宏大师塔铭》所载:"年十七,补邑庠,试屡冠诸生。"因改。

矣，汝自为计。"汤亦洒然曰："君请先，吾自至耳。"宏乃作一笔句词。竟投西山无门洞性天理祝发，乞昭庆寺无尘玉律师就坛受具。居顷之，一瓢一杖，遍游诸方。尝北诣五台，夜礼文殊，感见异光。至伏牛，随众炼磨。入京师，参遍融、笑岩，皆有开发。过东昌，忽有悟，作偈曰："二十年前事可疑，三千里外遇何奇？焚香掷戟浑如梦，魔佛空争是与非。"

以母服未阕，乃怀木主以游，每食必供，哀慕无已。至金陵瓦官寺，病几绝，时即欲就荼毗。因念曰："吾一息尚存耳。"乃止。病间归越，中多禅期，宏与会者五，终不知邻座名字。隆庆辛未，乞食梵村，见云栖山水幽寂，有终焉之志。山故伏虎禅师刹也，杨国柱、陈如玉为结茅三楹，以居之。宏吊影寒岩，绝粒七日，倚壁危坐。村多虎，环山四十里，岁伤数十人，居民苦之。因发悲愿，为讽经施食，虎患遂止。岁亢旱，村民乞祷雨，宏笑谢曰："吾但知念佛，无他术也。"众坚请不已。乃击木鱼，循田念佛，时雨随注，如足所及。民感异之，相与庀材木，荷锄镬，竟发其地，得柱础，而指之曰："此云栖寺故物也，师福吾土，吾侪愿鼎新之，以永其福。"不日成兰若，外无崇门，中无大殿，惟禅堂安僧，法堂奉经像，余取蔽风雨耳。自此法道大振，海内衲子归心，遂成丛林。

时教纲灭裂，禅道不明，往往掠影宗门，拨无净土，有若狂象，宏大惧之。又因思念佛一门，横截生死，普摄三根。于是单提净土，著《阿弥陀经疏钞》十余万言，总持圆顿诸经，融会事理，指归一心。一时缁素，归心净土，若水赴壑。谓佛设三学，以化群生，戒为基本。基本不立，定慧何依？思行利导，必固根本。乃令众诵《梵网戒经》，及《比丘诸戒品》。因著《沙弥要略》《具戒便蒙》《梵网经疏发隐》，以发明之。初，宏发迹参方，又忆昔见《高峰语录》，谓自来参究此事，最极精锐，无逾此者。向怀之行脚，欲并匡山、永明而一之。更录古德机缘中语，编之曰《禅关策进》，合刊之，以示参究之诀。盖禅净双修，不出一心。万历戊子，岁大疫，日毙千人。太守余良枢，请宏诣灵芝寺禳之，疫遂止。梵村旧有朱桥，潮汐冲塌，行者病涉。宏议倡造，无论贫富贵贱，人施银八分而止。或虑工大施微，不易集事，乃不日累千金。鸠工筑基，每下一桩，持咒百遍，潮汐不至者数日，桥竟成。

尝著《放生文》，传诵海内。慈圣皇太后见之，嗟叹不已，遣内侍赍紫伽黎，咨问法要。宏书偈进曰："尊荣豪贵者，由宿植善因。因胜果必隆，今成大福聚。深达罪福相，果中更植因。喻如锦上华，重重美无尽。如是修福已，复应慎观察。修福不修慧，终非解脱因。福慧二俱修，世出第一义。众生真慧性，皆以杂念昏。修慧之要门，但一心念佛。念极心清净，心净土亦净。莲台最上品，于中而受生。见佛悟无生，究竟成佛道。三界无伦匹，是名大尊贵。"慈圣善之。尝讲《圆觉经》于净慈，听者日数万指。因赎寺前万工池为放生池，复增拓之，岁费百余金。山中设放生所，救赎飞鸟禽虫，充牣其中，岁费粟二百石以养之。亦有警语，使守者依期对禽畜宣白。即羽族善鸣噪者，闻赞呗声，寂然而听。宣罢，乃鼓翅飞鸣，其感应如此。道风日播，一时贤士卿，若大司马宋公应昌，太宰陆公光祖，宫谕张公元汴，司成冯公梦祯、陶公望龄，及门问道者以百计，皆扣关击节，靡不心折。监司、守相，下车伏谒，胥忘形屈，势空其所有。非精诚感物，何能至是？以万历四十三年七月四日示寂，世寿八十有一，僧腊五十，塔于寺左岭下。

宏天性朴实，无缘饰，虚怀应物，貌温粹。弱不胜衣，而声若洪钟。胸无崖岸，而守若严城。善藏其用，文理密察。经济洪纤，不遗针芥。即画丛林日用,量施利,酌厚薄,核因果,明福罪,养老病,条理井然。其自律甚严,尝以三十二条自警。垂老,躬浣濯,服琐细,不劳侍者。终身衣布缕,一麻帏乃五十年前物,犹不忍弃,他可知已。平等大悲,摄化一切。非佛言不言,非佛行不行。佛属末世护持正法者,依四安乐行,宏实以之。憨山为作墓铭,且尊为法门周孔,推崇至矣。将终时前数日,入城别诸弟子及故旧,但曰:"吾将他往。"还山,具茶汤,与众话别。中元设盂兰盆,为荐先宗,乃告人曰:"今岁我不与会。"有簿记,密题云:"云栖寺直院僧,代为堂上莲池,追荐沈氏宗亲。"始知其悬记也。其了明去来如是。继妻汤氏,后宏祝发,建孝义庵,为女丛林主。先一载而化,亦塔于寺右。所著经疏外,有杂录、《竹窗》三笔等二十余种,行于世。

明怀庆龙冈寺沙门释如迁传

释如迁,字大方,别号松谷,姓李氏,岐山人。父铎,母张氏,生迁于落星里。幼诵佛号,戈戈自喜。每至佛寺,则如旧居,爱恋忘归。蚤入社学,肄儒业,颇不乐。每对父母,呈出世志。年十七,礼郡无踪本为师,剃染。居三载,发念游方,远访知识,决择己躬下事。首参悦庵喜,授具,指示向上一路。寻入青峰山,吊影独栖,有所开悟。闻大章宗师开法少林,往求印证。明嘉靖辛酉,谒章于立雪庭,遂留依止。朝夕入室,陶镕机缘,乃承记莂。有针头玉线,海底铁牛,日夜辛勤,记伊保守之嘱。由此知洞上宗风、五位正偏之旨,至是犹未泯也。迁得法已,复历遍海内名山。还至京师,参诸讲席,深穷性相宗旨。后至怀庆,郑世子让国潜修白业,闻迁至,致礼参请,深相印契。乃建精舍于龙冈,延迁宴息。四方学子,闻风远至。万历丁亥,应大都慈云庵请,举扬宗旨。戊子,千佛寺请讲诸经,日绕万指。庚寅,奉慈圣懿旨,于慈寿寺开净土法门,在会者千二百众。钦造镀金大佛像,赐《大藏经》,御书"大法宝藏"四字。甲午春,请回龙冈,庋阁供置。以万历戊戌秋八月十有一日,示微疾,端然而逝。世寿六十有一,僧腊四十有奇,塔于寺西原。后二十二年,万历己未,其弟子海云,走匡庐,谒憨山,始为之志铭。称其孤标凛凛,如立雪长松。衲子参请,拈提宗教,不假辞色。应机接物,纯一至诚,有先德典型。谅哉言乎!

明杭州资福院沙门释广彻传 体宽

释广彻,字通天,未详何许人。游方至余杭,与金省吾中丞有一日之雅,向之乞静宇数楹,为清梵地。时张元洲尚书家庙傍,有资福院者,绿荫沈沈,人足罕至。闻中丞有高僧,慨然许之。广彻居焉,日讽《金经》,夜则笼烛绕巷,诵佛达旦。省吾一夕夜归,遇之涂,为书其笼纱曰:"沙门广彻,念佛通天。"如是数年,万历中卒于所居。

又体宽者,初为燕都拈花寺禅堂司水。日不暇给,中夜拜诵。历二十年,所履之地,履砖为破。豁然大悟,呈白方丈,为之印可。未几,即付以法席,大弘净化。

卷第四十四
净读篇第八之四
正传十二人　附见十五人

明南岳上封寺沙门释法祥传

释法祥,字瑞光,别号隐南,姓周氏,嵊人也。生而超旷,长事儒术。屡试不第,慨然有出世志。从其叔游京师,往参啸岩老人。岩示以向上,且谓:"念佛法门,最为捷要。"祥虑专服膺,慎拟书绅。顷之南还,决然舍去,礼邑中喜庵恺剃发,时年三十有二矣。谒栖霞素庵,受具。相依讲肆,忽焉三载。乃游北都,得参遍融。因问:"念佛法门是第一义谛否?"融曰:"更不容念佛外,别求第一义谛。"祥深领之。时慈圣太后建净业期,请居首座。三年期罢,游五台之伏牛。有松柏者,牛山耆旧也。与语心契,留住石室。吊影绝迹,木食三秋。一日,跌坐,雪积满床,火绝衣湿。侍者往见,惊走报松柏。趋视之,犹未出定,乃击磬警觉。问曰:"烟寒灰冷,作何境会?"祥曰:"山原是石,冰原是水。雪飞满崖,不知所以。"松曰:"此暂息尘劳,得轻安耳。若耽此境,即坠偏空。勿滞于此,宜行脚去。"授以钵袋。遂造峨眉,礼普贤,住大峨石数月。苦切参究,心地未安。因之南岳,登祝融峰。望古大明,崇岭茂林,即往卜居。

未几,祝融峰僧楚然请主阅藏。祥至,一宿夜半,恍惚梦中告语:"此非所居,不如速去。"诘朝将他徙,适僧大觉来,留住崛为峰，祥许之。行三日，藏经殿毁。祥以啸岩所示，欲终身念佛，专精不懈。以豆为数，放下身心，影不出山，一声一豆，净念相继，积豆至四十八石，人称豆儿佛云。广西刘方伯谒庙，遗书请一见，辞不往。衡州卢郡丞祀庙，点失期者，罚粟三十石，送祥。祥曰："老僧岂以一钵饭，敛众怨乎？"竟不纳。长沙吉王遣内使往请，祥曰："山僧行脚倦游，息肩于此。愿效远公，迹不入俗，不敢奉命。"王遣前使，赍送《华严经》二部、《大疏钞》一部，斋资百两。祥以银散众，用广王惠，扫阁藏经，长护山灵，王益重焉。荆襄大盗，曰贾二、唐九者，事急来归，发露忏悔，哀乞活命。祥怜其诚，纳之，冠以道巾，令随作苦。捕骑至，见祥慈心蔼然，且闻念佛声有感，乃解腰缠三金，荐斋而去。盗亦感化，为苦行僧。祥居尉劳峰，勤修净业，三十余年，未尝少辍。笥无长物，灭之日，唯胡椒一瓶、旧布数片而已。以明万历庚戌二月六日示寂，世寿七十有九，法腊四十有三。其徒同融建窣堵波于峰右，释德清为之铭焉。

明燕都慈慧寺沙门释明玉传　真贵

释明玉，字无瑕，姓刘氏，西蜀龙居人也。生性倔强，少与俗合，不治主人产业。长娶汪氏，举三男。长儿聪慧笃孝，玉虽心爱之，不为儿女家计。居常以佛为念，每供养二亲，蔬食必洁，亲亦以此安之。及双晖并谢，即判然弃妻子，从方外游，时年四十六。长儿年十二，踯躅相随。至播州楼头山东洋海庵，父子俱剃发为沙弥，授具戒，明隆庆三年五月五日也。自尔携儿行脚，即督课业，为弟子。父子相从，云游万里，遍历名山，参叩知识。苦行绝伦，每日中一食，糠菜不糁。树下冢间，随遇顺适。自是终身，胁不至席。

万历初，谒普陀，过金陵，至都下。游履五台，寓三塔寺。礼《华严经》，六十万字，一字一拜。每昼夜，必稽首三千。如是者，经三匝。至十二年，复至京师碧峰寺。礼《法华经》，六万余字，一字一拜。如前者，十二匝。终而复始，夙夜罔懈。

长儿为沙弥者，年德日益长。多亲讲肆，听习《华严》《法华》《楞严》《圆觉》《唯识》诸经论。善开晓发蒙，而事父日益谨，一时称异，谓有弟子如此者，诚所罕觏。十七年，内监王太监欲开精舍，延其弟子为弘法。且为玉休老地，乃卜阜城门外二里许，捐赀创寺。寺成请额，圣母嘉之，赐曰"慈慧"，大宗伯棠轩李公记其事。一日，谓弟子曰："吾以业系娑婆，七十二年。侵寻老病，久住何益？吾将归矣，尔当以法为怀，勿生爱恋。"遂不食。念佛不绝者旬日，声响如钟，颜色不衰。弟子问生死大事，玉但曰："嘻嘻呵呵，呵呵嘻嘻。不是妄念，不是真知。"良久云："你说是如何，大通桥上交粮客，原是南方送米人？"临化，索浴更衣，端坐持珠，念佛益哀促，连声大呼："佛，佛！"声绝而逝，时万历乙未春正月十九日也。世寿七十有二，僧腊二十有六。弟子真贵，即玉长儿，为慈慧法师者，奉塔于黄村，乞憨山为之铭。

明钱塘龙井寺沙门释如清传 传记

释如清，字法原，姓阮氏，上虞人。初，出家于西湖龙井，后入云栖，壹志礼佛。诵《法华经》，六时不倦。万历十一年，示疾，沈绵者数月。既革，闻堂中念佛声，忽矍然起坐，兀兀中宵。注视金容，翘仰而寂。

传记者，鄞人也。性好独居，日以《法华》为课，数及九千七百余部,世称为"传法华"。万历十四年,司勋虞淳熙举法华三昧忏。传记禁足,修长期者三。九历寒暑,屡获瑞应。后憩杭州西溪道上,肩水负薪,行诸苦事。或曰:"佛法广运,乃犹作此有为功德耶?"传记折之曰:"无为岂在有为外乎?"万历四十一年七月,辞诸弟子,称佛三千声,唱《妙法莲华经》题者数四,西面坐化。越日,顶犹暖,异香不绝。

明幽溪高明寺沙门释传灯传

释传灯,姓叶氏,衢人。少从进贤映庵禅师剃发。随谒百松法师,闻讲《法华》,恍有神会。次问《楞严》大定之旨,百松瞪目周视,灯即契入,百松以金云紫袈裟授之。生平修《法华》《大悲》《光明》《弥陀》《楞严》等忏无虚日。卜居幽溪高明寺。先有土人叶祺,葬亲寺后,梦神云:"此圣者道场地,将有高人大作佛法,可速迁。"祺不之信,俄而举家病,始惧,乃徙焉。明日灯至,即地立天台祖庭,学侣侁侁。尝于新昌大佛前,登座竖义,众闻石室中天乐铿锵,讲毕乃寂。所著《生无生论》,融会三观,阐扬净土法门。又有法语一篇,最为切要。其注《楞严》《维摩》等经,凡染翰,必被戒衲。前后应讲席,七十余期。年七十五,预知时至,手书"妙法莲华经"五字,复高倡经题者再,泊然顺化。

明京口净业禅林沙门释古松传 了然

释古松,平阳人。幼出家于五台山罗睺寺,得念佛三昧。山多虎,松为说戒,命以名,虎不复伤人,呼之辄至。万历十三年,至京口,建净业禅林。时潜深谷,坐树下入定,居三十九年。一日,举手别众而逝。入龛,未建塔也。崇祯四年四月八日,龛中忽见五色光,启之,见松凝坐,貌如生。清顺治十五年十月二日,再见祥光,异香三日不散。

了然者,合肥西门外三里庵僧也。目不识字,口不谭经,但日诵佛号。年七十九,一日,趺坐说偈曰:"我今去,我今去,不向幽泉一直路。直上西方见如来,好认来时真面目。"垂首奄然,与声俱渺。

明青阳九华山东岩寺沙门释海玉传 传镫

释海玉,字无瑕,宛平人。历游五台,四至峨眉。明万历间,来栖九华东岩摘星亭。自知时至,拈偈而逝。授命于徒,三年启缸,可复相见。至天启丙寅正月,其徒率众,如期发视,见其颜色如生。檀众闻风踵至,遂为塑金供养。廷枢何使君,为捐资建塔。玉生正德八年癸酉,寂于天启三年癸亥,已百有二岁,今称百岁庵云。

后百余年,有传镫者,衡州人。当清乾隆时,来栖伏虎岩下,独居虎洞,不出山者二十年。后得檀施,为之结茅于望江亭下、定心石边,颜曰"甘露庵"。开辟殿堂,林竹辉映,晨钟夕梵,与漱石泉声,清籁相答,幽处静习。又十余年,行年八十矣,而倡导提持,了无倦色。郡伯喻使君成龙,矜其苦行,为作碑记,勒于岩中,用昭来许。

明新安黄山掷钵庵沙门释广寄传 宝相　墨浪　大守　毒鼓

释广寄,字寓安,姓余氏,开化人也。生而聪慧,年幼失怙。父听无为法公言，舍令出家。父故石工，携与工作，主人食以鱼菆，不受曰："爷已许出家，岂可复食此？"父不觉泪下。及为沙弥，好学多能，博雅游艺，往来于休歙之间。一时士大夫无不器重，乐与为忘年交。居尝叹曰："人生驹过隙耳，泛泛若此，何以出家为？"年二十四，始决志参访。屡行为亲知，羁留不果，乃宵遁。单瓢只杖，径造云栖。大师见而器之，为授具戒。开示念佛法门曰："念佛无他，专在一心不乱。"寄服膺。久之，乃司维那。居恒刻意精修，单持一念。谨束三业，严整威仪。调和内外，众心悦怿。云栖一日临众曰："梵语'维那'，此云'悦众'。若寄维那，可谓称职矣。"由是众咸推重，居斯职也，八易寒暑。以省师归故山，闭关三年。

明万历庚戌，入黄山丞相原。诛茅藏修，精进自策。一念不移，若忘人世。久之，一方缁白，归信者众。图南汪公，为结庵以居之。岁逾一纪，偶婴疾，竟不言，动止如常，人莫之知。久之疾笃，乡人请医诊视之，寄曰："生死如客耳，当行即行，又何为乎？"竟勿药，唯安然端坐，如不有身。一日，召弟子曰："吾行矣，末后一事，汝等识之。"言讫，跏趺而逝，天启元年辛酉二月二日也。初，弟子不意其遽化，未理龛室，乃置坐于几上。且恐形变，急积薪荼毗。值天大雪，不能行事，如是七日。远近缁素，闻而破雪奔吊。见寄颜色如生，喜容可掬，唇红不改，手柔如绵。咸曰："此生人，安忍火？"固止。乃借佛龛收敛，供于丈室。雪乃止，弟子相谓曰："此岂末后一事耶？"于是亦不敢火。经夏秋炎热，形气不变。明年壬戌三月，弟子大守走匡山，具白其事于憨山清，且请为铭。清闻而叹曰："吾沙门之行，贵真修实证，不在炫名闻、立门庭为得也。"且谓寄于生死，神往形留，化臭腐为神奇，非戒定熏修，精心融贯，岂能然乎？即佛祖之金刚不坏，常住不朽，亦由是而致，此可证寄之道行精能矣。

弟子宝相，一心念佛，以余力助寄开辟丛林。数十年，往来诸檀越家，托钵持金，四众信仰，因果不昧。时山豪啸聚山中，称为"念佛和尚"，相戒勿犯，遇之礼拜而去。

又墨浪，少从赵宦。先学工草篆书，后为寄记室。结庵白龙潭，得念佛三昧。每劝人，从止观着力，皆为寄所薰染者也。

又大守，字无易，婺源张氏子。亦得法于寄，专事净业。继主掷钵院，多所创作，缁规清肃。晨昏钟鼓，课诵不间。登坛施平等法食，尤多格冥之验。顺治辛卯，坐化。

毒鼓者，常参天台博山诸宿，爱莲化峰奇胜，遂栖止焉。每夜下浴汤池，沿路号佛，声震山谷，归时达旦，率以为常。高邮故人寂，毒鼓往视之，炷香后，跌坐龛左而瞑。

明余杭径山寺沙门释圆信传 照御

释圆信，字雪峤，姓朱氏，鄞人也。年二十九，始为僧。进具，欲往天台，访寻知识印证。忽举头，见"古云门"三字，豁然大悟。遂返，缚茅双髻峰。复以偈谒云栖，更参龙池，室中机契。万历间，迁径山。复住庐山，尝作净土诗自叙云。甲子秋，游黄山，直上危峰绝顶，若升忉利。忽空中人语："比丘久隐，时当弘法。众生差异，善调伏之。"知《净土百咏》，成于黄海光明顶也。崇祯八年，中丞余大成、司理黄端伯，访信径山，即请开法。丁亥八月二十六日，示疾，书偈端坐，索茶，饮半盏而寂。

照御，字参哲，小容范氏子。幼具佛性，中夜拜大士像，额坟起，不休。年十八，归依松石，后受具于巨德。禅诵而后，腰镰负薪，与众作苦。经楼茶舍，位置楚楚。于深松文柀中，户牖澄碧。六时梵课，猿啼鸟语。静中响答，极岩栖之致。坐腊四十二，寿六十四。预知归期，晏坐而逝。

明云南鸡足山大觉寺沙门释圆彩传 如然 云峰

释圆彩，字白云，姓刘氏，昆明人也。年十岁，礼筇竹十方得度，日事苦行。后从所庵受具，持律森严，专修念佛三昧。有皈依者，唯示以净土法门。尝游鸡足，止息念佛堂。时寺井枯竭，汲道苦遥。圆彩誓礼《华严》三载，以祈水泉。未几，果有灵源涌出，一日三潮。当时，藩王巨公，慕其德望，入山修敬。后于定中，见红轮坠怀，因告众曰："吾今夕有难，可酬宿殃。"是夜果寂，年七十三。

如然，字本实，昆明尹氏子。落染后，将田宅入寺，重修正觉禅林。既受具戒，益坚苦行。每见田园枯渴，愿祈灵泽，以苏农困。虔礼《华严》，殷勤三岁。忽绀沼清澄，渂洄左右，不泛不竭。一方稼穑，至今是赖。直指姜公，题曰"华严甘露"。寂于明崇祯乙亥，年七十五。

云峰者，不详姓氏，常与大千友善。崇祯甲戌，旱，六月不雨。直指姜公，乞僧祈祷，云峰与焉。峰曰："吾无他术，惟知念佛耳。"遂趺坐于海源寺龙池磐石上。已而果雨，三农遍渥。土人感德，建庵以答灵庥。

明会城大德寺沙门释如意传 向和尚

释如意，字宝峰，蜀人也。入滇，以五利起家。已而改服为僧，依止会城大德寺。礼佛三十余年,足所跪处,石为之穿。时直指李柄,慕其精勤,亲叩法要。遐迩谒者,几无虚日。如意倦于津梁,携徒无候,退隐伏牛。年八十余,说偈谢去。

向和尚者,湖广人。初为营卒,不茹酒肉。守安宁西城门,早晚必至鼓楼念佛,久而不倦。后削发龙应寺,结庐以居。每数日,一入城乞米,米一粒,跪诵佛一声,粒粒计之,盈握始炊,如是者十二年。一日,遍辞州人云:"明日贫僧去矣。"至期,果端坐而逝,面貌如生。

明常州天宁寺沙门释海宝传 无名僧

释海宝,状甚纯朴,不表饰言。人与语,或不之答,但微笑而已。居常州天宁寺,破衲一领,寒暑衣之。虮虱缘裾,随手扪得,殊不为意。春煦日暖,席阶而坐。对佛拈虱,聚于掌上,累若贯珠。已,复纳之袖中,幡然而起。客或与之钱,则市豆蔬,供寺僧。施金多,则乞众讽经,己则号佛。如是者,历有年所。崇祯间,翰林郑鄤长约宝礼南海,已而却之。发棹行时,常见宝在岸前,追之不及。及登山入殿,宝又在焉。遣使邀之偕还,复不得。郑既归,即诣寺候宝。弟子云:"师沈卧月余,昨方起耳。"因述其神异,郡人由此钦信。一日,趺坐,念佛而化。

又无名僧者,居黄州。持弥陀佛,昼夜不辍。崇祯十六年,总兵黄鼎守黄州,方出巡,僧大声唱佛,冲其卒伍,执之,已而得释。会张献忠攻黄州,僧坐城上,夜中高声唱佛。军士不得睡,恶之,缚投城下。俄而,复在城上,唱佛如故。每东城下,西城上,南城下,北城上。总兵闻之,始敬礼焉。岁饥,人相食。僧至城外,饥民持刀,乞僧舍身。僧云:"俟我诵佛千声,即舍尔。"称至三百声,众见兵至，皆惊散，而僧已在城中。山中猎者，生得一虎。僧见，欲赎放之。猎者索三十金，僧止得四金。猎者云："汝能执虎耳三匝，则与汝虎。"僧授记虎，执虎耳三匝，遂纵之。虎依僧不去，僧与虎同住黄麻山金刚洞中。巡抚卢象升督兵过黄州，诣山访之，欲见虎。僧语虎探头窗外，卢欲见全虎，虎乃大哮跃出。卢竟纳赀，称弟子而去。一日，行市中，见一鸡，僧高声念佛，鸡亦随声而应，市人皆惊。尝之武林，出白门，见秦淮河游船中有钱生者，其弟子也。呼钱登岸，放声大哭曰："众生以苦为乐，乃如是耶？"钱生哀求忏悔，示以念佛。后不知所终。

明仁和吉祥寺沙门释大云传　居溟　金童僧

释大云，字万安，姓郭氏，仁和人。出家永庆寺，受具于云栖。居北郊，笃修净业，相依者众。因创吉祥寺，寮宇灿然，竟成丛席。寺中规制，秉诸云栖，专以诵读为课。及示微疾，即绝饮食，唯称佛号。有往省之者，则曰："弥陀不念，念我何为？"临化，语弟子智经曰："为我洒扫，佛来迎矣。"

居溟，字去息，姑苏徐氏子。披缁邓尉，修灵岩储禅师。受蓟记，机悟敏捷。后继其席，二年退居锡山。读《宗镜录》，谓："宗门净土，本无异旨，吾亦当西游耳。"庚戌三月，示疾，有请说偈者，不应而寂。

金童庙僧者，遗其名，庙在常熟城北。日持一版，击于巷衢，高声诵曰："无常迅速，一心念佛。"众不甚异之。崇祯十三年三月，遍辞诸邻舍曰："好念佛，老僧去矣。"明日，蓺香佛前，合掌称佛，端坐而逝。

卷第四十五
净读篇第八之五
正传十二人　附见十七人

清诸暨大雄寺沙门释大勋传 如会

释大勋,字仲符,姓边氏,绍兴人。髫年,出家于诸暨大雄寺。及长,闻云栖道声,因渡江礼焉。深相契合,倾心净业。晚岁,憩锡大善禅堂。雅好《华严》,日诵一函。顺治六年十一月,示疾,亲书《封龛记语》,属诸后事。至期,起坐着衣,西向称佛而寂。

如会,字妙圆,姓谭氏,顺天人。少有奇志,便鄙肉食。年廿九,始出家。誓行头陀,胁不沾席。初至南方,唯事苦行。后为道侣所感发,壹意念佛,遂得豁忘身世。见人不作寒温语,必猛厉恳切,诲诫谆谆。孤志独行,不蓄长物。顺治五年秋,过淮安清江浦,众共留之。未几,以一衲赠万德庵主人,且嘱之曰:"吾不久将去,特一事相托。"主人曰:"此来未久,何遽言去?"曰:"西方去耳。可以遗身,付江流中,施诸鱼虫。"主人辞不敢。曰:"然则茶毗后,以骨和粉,投之大江,何如?"主人曰:"诺。"临化之日,先命购香烛,众莫测其意。至夜四鼓,大呼主人曰:"速启门,为我爇香然烛。"主人为然香,烛竟,视之,寂然矣。年七十一。

清常熟南洙静室沙门释崇文传 大真 道枢 具宗

释崇文，受业云栖之门，住常熟南洙邨静室。因目丧明，专心讽佛。夜每登座，施瑜伽食，三年不辍。以顺治十五年三月望日示寂。先夕，遣其徒，报城中旧友曰："明日将西归，可来话别。"如期集者，三十余人。文坐于床，命徒众诵《弥陀经》一卷，诵毕而瞑。室中香气，三日不散。

大真，字新伊，武陵周氏子。亦从云栖受具戒。后继绍觉，主莲居。著《唯识合响》，建大悲坛，修事理二忏。年七十一，示微疾，集居士弟子，属以护持正法。更衣，趺坐持珠，与众同称佛号。顷之，声息俱寂，鼻垂玉箸，过尺许。逾时，顶犹热云。

道枢，仁和人。通天台教，笃志静业，不亲世缘。尝梦神僧，偕登玉屏峰顶。顺治十三年六月，微疾，语众曰："吾夜梦神僧趋而来，岂昔之登玉屏峰者耶？"人静时，忽见幡盖盈空，莲花布地，即诵经讽佛，安详而逝。颜色不变，异香郁然。

具宗，无锡人。讲天台止观，修念佛三昧，诲人不倦。顺治十六年，示疾，具汤沐浴，着一履，诵《弥陀经》。复唱佛书"廓落虚灵，无往来处"二语，掷笔而逝。

清台州大慈寺沙门释灵睿传 恒转

释灵睿，字摄庵，姓钟氏，临海人。年二十四，迎女之夕，猛然弃家。往天台，路逢一僧，指示曰："此往大慈，续智者一灯。"俄失所在。心异之，遂入大慈寺落发受具。后至东瓯，修《大悲忏》。有老僧手持古木香炉，自称宋忏主慈云大师，以木垆遗睿，亦不知所往。由是虔期六期，心地发明，若有神助。睿性至孝，其父母墓在西郊外，晚筑度亲台于大固山之麓，朝夕望垄而拜。康熙己未四月，将示疾，作示友人书，期以五月朔日将归去。至时，诫侍僧曰："人命将终，当击钟诵佛，增其正念。"口占偈曰："百年聚首刹那时，分手从教任所之。仰借普门三昧力，愿持精爽向莲地。"端居顺化。

恒转者，靖江人。住镇山，苦志清修，诵经号佛无他事。康熙二十年七月，将入灭，先十日，豫知时至，戒诸徒侣，属以正法。至二十九日，沐浴更衣，入龛端坐，合掌而逝，时年六十有八。

清江宁天界半峰寺沙门释成时传 林谷 万缘

释成时，字坚密，姓吴氏，歙人也。少为诸生，年二十八，忽轶尘网，投迹空门。兼综禅教，参访略遍。及见蕅益法师，遂终身依止，卒传其道。歙人延居仰山，山中猛兽，为时所驯伏，不复为害。自撰《斋天法仪》，感应天神，人多见者。后居江宁天界半峰，弘灵峰之遗教。勤修净业，日有恒课，虽甚寒暑不少懈。以康熙十七年十月十五日寂于半峰，三日异香绕室。

林谷者，绍兴人。住罗山之西南，破衲麻鞋，翛然无闷，唯劝人念佛。一日，见白云中，有佛来迎，遂化去。土人名其庵，曰白云。

万缘者，长兴乔氏子。为人愚钝，人呵之弗嗔也，誉之弗喜也。专持佛号，数十年。康熙二年秋七月，忽自缚草龛。有殷任之者，与缘善，将之苏，谓缘曰："既缚龛，俟我归，当为置茵褥。"缘曰："恐不及待耳。"至九月，果示疾，但饮白水六日。日方午，自入草龛，跌坐而化。

清虞山普仁院沙门释行策传 指南

释行策,字截流,姓蒋氏,宜兴人。父曰全昌,匔匔老儒,颇耽内典,与憨山清相友善。清已寂三年,昌复梦其杖锡而来,入室昕然。俄而生子,小字梦憨。策既长,父母相继逝,始有志出世。年二十三,投武林理安寺,依箬庵问。五载胁不至席,顿彻法源。住报恩寺,遇息庵瑛,劝修净业。又遇钱塘樵石法师,引阅台教。乃同入净室,修法华三昧。宿慧渊通,穷究教义。康熙二年,结庵于杭州法华山西溪河渚间,专修净业,因名所居曰莲柎庵。九年,住虞山普仁院,倡兴莲社,学者翕然宗之。寂于康熙二十一年七月十九日①。时有孙翰者,病死一昼夜,忽苏,语人曰:"吾见阎罗,伏迎西归大师。问之,为截流。吾以光明所烛,遂得放还。"同日,有吴氏子者,亦病死复活,具白所见,并如翰言。

又指南者,常熟人。居东塔吴王庵,终日默坐念佛。人予之钱,即转施舍。性坦率,于一切处,无少系恋。有芝塘里善士数人,素归心焉。康熙三十年六月,入城谒南。因谓之曰:"来月五日,与诸檀施别矣。"众如期往,南无他语,唯劝以念佛,坐语顿寂。

清金陵大报恩寺沙门释普见传

释普见,字一微,姓李氏,黑井人也。年十四,依彻庸祝发。习

---

① 行策卒年有疑。据清周安士《西归直指》卷四《截流大师》所载,行策卒于康熙十九年七月九日。清彭希涑《净土圣贤录》卷六《行策》亦称,行策卒于康熙二十一年七月十九日。不知以何为确,难考。

诵毗尼,殷勤十载。会师请藏江南,随侍金陵。时大报恩寺方丈缺席,法徒颇众,殊难其继。金谓:"枚卜之法,始于虞廷,询为至公,曷昉行之?"唯普见三拈三得,众皆叹异。遂继厥席,时年二十四。居院三岁,归妙峰山,笃志精修。及开别峰庵,日诵《金刚经》一十五卷,如是者五十余年。一日,微疾,谓侍僧曰:"可传知内外执事,三日后吾将逝矣。"至期,鸣鼓集众,礼佛踞座云:"当日马祖道,离四句,绝百非,是有是无? 诸人速道一语。"众无对。普曰:"老僧自道去也,昔赵州左跏趺而逝,今老[僧]①右跏趺而逝。"乃左足垂下,寂然而终。寿八十一,腊五十八。

清云南鹿溪净乐庵沙门释性香传 寂舜

释性香,字飘然,寻甸人。剃发于鹿溪净乐庵,后从五云法师听讲。专习唯识相宗,著有《图相兼究》《梵网心地法》。晚岁精修,笃尚净业。清康熙辛酉,避兵西去,为贼所伤,趺坐俨然,人至抚之,方知化去。丁卯冬,庵灾,洪钟巨栋,镕毁灰烬,础石亦裂。而香所存一钵一炉及石章三事,竟于赤砾中掘出,铿铿有声,宛然无恙,以为异感。今宜兴钵广、宣炉、田石章,尤为僧徒宝重云。

又寂舜,字无语,洱海陈氏子。年十四,依鸡足彻庸剃染,侍读五载。后行脚富民,居慈胜后山,隐静四十余年,足不下山。履止端严,志尚净洁。神龙潜伏,水患不兴。雄雉驯化,栖止座席。康熙庚申,无疾,安详拈偈而逝。

---

① 底本无"僧"字,恐脱。

清大理雨珠庵沙门释弘宗传 性遇　洪舒　德曙　法华尊者

释弘宗,字晓了,姓戴氏,昆明人。年少举于乡,及成进士,仕至翰林侍读。后弃官,隐鸡山碧云寺,改僧服。历参知识,旦暮精修。尝游大理海东鲁川,见有崖泉,滴珠如雨,创庵以居,名曰雨珠。息影山阿,二十余年,专修静业。一日,焚香礼佛,忽命沙弥致别诸山师友及旧知檀越,持珠严坐,念佛而逝。寿七十余,僧行二十九。有《雨珠饶舌集》行世。

又性遇,字贤宗,昆明李氏子。幼而慧悟,卓尔不群。父见其行止孤僻,舍依正觉。既从染剃,勤修道业。受具于野愚。及正觉本公示寂,性遇感念法乳,庐墓三载。时司马傅公向其德行,延主慧光,恒以净土化人。诸山仰慕,闻名起敬。诵礼之暇,尤工书法。寺中联额,多其笔迹。清康熙甲辰岁,示微疾,合掌而逝。年六十四,僧行五十。

洪舒,字印文,楚雄杨氏子。年十八,投法光剃度。住鸡足石钟后阁,禁足笃诵《弥陀》,七十余年,未尝一日间。重建教义阁,从者数百人。年九十而化。

德曙,字敬止,太和孙氏子。世业儒素,性契幽间。且工吟咏,善绘事。每游名蓝,累夕留连,不忍舍去。及年近知命,乃礼云峰心安祝发受戒。尽弃前业,专志净修。后示微疾,吉祥而化。著有诗文、偈颂并《和宗本山居》百韵。

法华尊者,不知何许人。清康熙间至滇,居无定所。日背持《法华》,以为恒业,寒暑无间,因以名之。寂于辛酉。及阇维时,有贝子见,烟气上腾,若见人形,遣使驰骑致讯。人以为感召神速,群相叹息。

清燕京广济寺沙门释正会传 振寰

　　释正会，字道光，姓刘氏，永宁人。母李氏，慈心爱物，勤苦自持。会生而性质刚直，朴实持重，志趣高超，有不可一世之意。年十二，便尔离尘，为安国寺果从所抚。及长，披度，从能隐法师听讲《楞严经》。听未竟，忽焉开敏，识力慧心，自异群侣。清顺治七年，玉光老人说戒广济，会拜受焉。尔时，缁众云集，日给浩繁，会因辞去，归至汾上。见田庐榛莽，耆旧凋零，断井颓垣，离离禾黍，低徊久之。盖兵燹之余，流寇蜂聚，燕赵卫晋，残破尤甚。乃思南游，从事参究。于是泛长江，浮震泽，往来金陵、铁瓮间，徘徊于玉峰鉴湖之上。登高四望，满目烽烟，凭吊欷歔，怅然自失。由是复折而北，历齐宋鲁魏，遂造五台，时顺治十八年也。其在台山，退然自处，不异于人，人亦鲜知者。尝独寻幽胜，自为禅悦。时逢暮春，涧豁草绿，徐步梵园，荒蔓四围，路径皆没。方举袖拂草，借茵为坐，忽见空中，金光数丈，瑞云晻映间，若文殊宝相半隐半露。顷之，屹然前立，会惊愕下拜。俄而一片紫霞，从东飞来，与之西去，金光遂灭。因以白众，众多疑之。然会生平无戏言，知不诬也。

　　既感瑞应，益自愤发。行般舟三昧百日，持诵精进，勇猛无前。回向西方，直欲与佛齐肩。康熙元年，复入广济，为西堂首座。十年，说戒信安。又应宗师府万寿戒坛两期，无少暇。十五年，云光游盘山，不返广济，虚席几一载。监院乃迎会入主方丈，以振寰为阇黎。振寰者，燕台华胄。恬澹性成，而虔于礼诵，娴于词令。辛酉岁，圣祖幸临，迎至藏经阁下，便问："何处？法腊几何？"会但对曰:"晋人,年七十。"圣祖熟视之曰:"殊健在。"及入丈室,顾问《般若经》卷数,会未及应,阇黎代对之,甚悉。盖圣祖万机余暇,颇究心内典,知此经本八百卷,乃试问之。阇黎初对以六百卷,及再诘问,乃曰二百卷,实相般若,亦在此中。由是嘉叹,知为积学。

清鄮山阿育王寺沙门释实贤传 明宏　明德

释实贤,字思齐,号省庵,姓时氏,常熟人。少甘蔬食,出家后,参念佛是谁,有省,曰:"吾梦觉矣。"掩关真寂寺三年,昼览藏文,晚课佛号。诣鄮山,礼阿育王塔。大合缁白,广修供养。发四十八愿,卒感舍利生辉。作《劝发菩提心》文,激厉四众,诵者多为涕下。雍正十一年腊月八日,告弟子曰:"明年四月,吾其去矣。"独闭一室,日课佛名十万声。至期,书偈辞众,断食,敛目危坐。五鼓,具浴更衣,面西寂然。送者麇至,忽张目曰:"吾去即来,生死事大,各净乃心。"连声诵佛,少焉即瞑,雍正十二年四月十四日也。

明宏,字梅芳,杭人。弱冠,家人将为取女,逃去。剃发于绍兴柯桥弥陀庵。寻事参访,习天台教观,坐禅有省。后阅藏于天台万年寺,久之,两目劳损,乃专志诵佛,寒暑无间。尝曰:"我因失明,得大利益。"平时一钵一杖,居无常处。人所施与,辄济贫乏。实贤与之交,称其得真解脱,决生净生。雍正五年九月,实贤于梵天寺结妙莲法会,招宏入社。时宏虽病,而持名不少衰。移住无锡斋僧馆,病转剧。一日,遍告檀越,以明日将行。众如期往,即起坐号佛而化。

明德,字圣眼,海宁马氏子。四岁,出家梵天寺。性孤僻,不好世务。偶得喘疾,日甚,犹延僧开净业堂,实贤亦与焉。德闻众唱佛声,恒默随之。已而自知时至,乞贤开示。贤曰:"当净舍万缘,了脱生死。在此一时,宜急着力。"德遂偕众持佛名。复发四宏誓愿,语极恳切。至夜半,佛声方竭,即转身垂目而逝,时雍正七年十二月二十六日也。

清淮安闻思寺释常智传

释常智,字闻思,沭阳人。幼而安重,喜聆梵唱。见大士像,心瞿然起敬。既长披缁,即入闻思寺秉具。一日,课诵至《心经》"无罣碍",胸中凝结,涣然若释。因矢志渡江,遍游名刹,参诸知识。久之无所契,慨然谓其侣曰:"禅以戒行为基,净土为本。吾何事跋涉而不务实行乎?"遂还闻思,专修净业。及履主席,宣弘戒法,真诚不懈。凡人有过,必循循开迪。其有不逊,亦委曲譬晓,终无愠色。故学子依依,不忍舍去。尝结社修忏,预知时至,别诸同社,集众传衣,命汤沐浴,跏趺而化。至荼毗时,有隐隐紫色,状如莲花,自龛前火光中灿然涌出。其精诚所结,戒光圆满,信不诬也。

清长沙泐潭寺沙门释衍义传 三尹

释衍义,字湛修,姓董氏,秦人也。初出家,居长安荐福寺。闻麓山檀祖名,振锡来湘,而檀已灭。因访泐潭遗址,结茅星垣,昼夜静坐,恒持诵《大悲观世音咒》不辍。有问之者,曰:"欲祛虎患,故持此耳。"是时湘中乡僻,白额昼行,直入人家,受祸者众。士民苦之,莫能驱逐。及闻义言,多相效法。《大悲咒》声,遍于山陬。虎竟潜踪,其害遂已。四方檀护,不期而至。清康熙癸亥,胡副将景云协助资力，恢复旧基，更启新宇。义复作《泐潭八景诗序》，立之碑石，以纪名胜。八景之中，唯莲沼最广，长逾三里，曲岸湾环，宽亦里许，额曰"海会莲池"，今呼"荷花池"是也。义晚岁息此，专修净业。故王潞赠句云："六字消长昼，千秋老上人。"学者至今传诵。雍正甲寅夏，义年已八十矣。以念佛参禅，原本不二，乃示众曰："六十年前学讲禅，好个木人能竖拂。六十年后学念佛，切实只能七八句。直到临终十念成，念念无生念念佛。说有谈空两俱非，清净界中无一物。有禅有净带角虎，寿祖非是欺人语。肉眼能观大海众，亲见弥陀来接汝。"是日六月六日，为义生辰。复谓众曰："今日乃予末后真诞，期有会者么？"众默然，义曰："是真送别也。"遂坐化。时当炎暑，坐龛七日，面如生，塔于寺后平冈。著有《泐潭剩语》四卷、《留影文集》四卷、《禅余诗草》十卷。清季寺废，改建校舍及军药局，遗迹泯灭，不可复睹，思古者为浩叹。

同时，有三尹者，世称护国禅师，平江李氏子。从军数载，几经战场，见横尸遍野，不觉失声曰："人生如是，何苦自残？"因辞归，祝发为僧，游参南北名山十余年。还长沙，丁吴藩之变，官军云集，闾里骚然。三尹请于安亲王，又入穆将军幕府，哀恳陈述，禁止暴掠，人民安堵，故世以"护国"称之。晚岁，结茅星岳山，檀越为创梵宇，曰栖贤林。年逾七十，无疾而化。

卷第四十六
净读篇第八之六
正传十二人　附见八人

清淮安诞登寺沙门释万清传

释万清,字侣石,晚号山夫,姓唐氏,楚人也。将诞,母梦老僧,戴笠执杖,入其室,明发生儿。髫年,闻持《大悲咒》者,数过即成诵。比从塾师学,辄慧根潜发。尝从菩提灵祖乞开示,归而研于私室,昏夜危坐,倦则面墙。年二十,求出家,投洪福寺,礼应知剃染。授以《楞严》,读之至波斯匿王章,观河验见处,有省。寻诣宝华定庵,圆具。既而曰:"持犯束身而已,心地发明,非大匠曷由启迪?"遂南下,参硕揆志于灵隐,谒天岳昼于天童,叩湘翁法于显圣,皆有引入。庚午秋仲,归洪福。应知举赵州无字话勘之,清应声颂云:"赵州一无字,古今难辨别。纵使能辨别,称锤是生铁。"又举古宿云:"者一片田地分付来多少时,我立地代汝购去,汝作么生?"清复颂云:"大业不因谋,乾坤铁篆秋。却妨有欺作,无意割鸿沟。"应知但瞑目,危坐无言。盖心肯之,遂付衣拂。应知寂后,众请继席。有废必兴,顿改旧观。

因阅天台止观,誓行般舟三昧,凡九十日。至庚辰冬,复闭处一室,倏焉三载。偶乘昏倦,就榻假寐,遽跃然掷其衾褥于外,曰:"古人秉睿哲之资,尚胁不至席,矧在椎鲁。若不倍进,道业何日而辨？"人皆叹服。乙酉春，圣祖南幸，清迓候漕河，奏对明敏，御书"诞登寺"额赐之。辛酉，永宁虚席，勉徇众请。住院三载，即辞退。丙申，沭阳官耆延之清凉禅院，结制弘戒。法会之盛，一时称最。仍返诞登。丁酉嘉平朔，复闭户独居，专修净土，有终焉之志。己亥，岁大歉，僧众绝粮。以头碎扉，强而出之。是岁稍稔，因竭余财，建大雄殿，及藏楼、禅堂、方丈、厨院，次弟落成，更置西庄土田二千余亩。雍正庚戌，传席门人，掩关幽室，精进净修。

癸丑冬，世宗崇奖佛旨，召赴阙下，与论洞宗，应语响捷。次日，复询之曰："《传灯录》所说，汝宗至太阳警元几绝，得投子义青出而振之。今隆替若何？"清以被毁之故，据实奏之。为之骇异，乃谕之曰："朕为汝重建投子，汝可中兴其道，为开山祖乎？"寻赐紫衣盂杖，恩数优渥，字而不名。明年，奉命主灵谷。乾隆元年，投子庙告成，题曰"慈济"。二百年久废祖庭，一日兴复，出于一言。使洞灯再朗，泉石增辉，非有夙因，曷由致此？明年夏初，殿脊倾倒，有声若雷。又梦见"英端瑞首"四字，谓其徒曰："吾勿起矣，吾老矣，安得英且瑞乎？开其端而创其首耳，后当有兴者。"因书偈曰："虚度七十三年，宛如云过大千。云既归壑太虚，朗然浴余易衣。"坐化，时乾隆二年八月二十三日。移时，顶热如焚。寿七十三，腊五十三，塔于丈人峰下。清气貌雄伟，广颡丰颐。垂老，面如满月，须发如银。目炯炯有光，人见而敬之。五坐道场，皆有语录。所著诗文、偈颂，或劝刻之，清曰："佛祖教书，何止汗牛？今多置之，矧吾言乎？徒祸枣梨。"性好放生，所活尤众。

清润州焦山寺沙门释福毅传

释福毅，字敏修，姓李氏，武昌人。年十五，祝发。抵汉阳归元寺受具。志慕宗乘，至焦山，参硕庵行载。载命看无字话，十余年无所入。病几死，忽猛省，遂印可。后主焦山、五州山及扬州平山、金陵圆觉、荆州承天、湖州弁山，所至均沾法利。乾隆二年，复主焦山。会镇江大旱，福毅托钵维扬，募米二万四千余石以赈之。储大文为之记，详山志。后居瓜洲报本庵，年八十五，无疾而化，塔于润州黄山之南。

清杭州文殊庵沙门释道彻传

释道彻，钱塘人。出家于半山岭安隐寺。初参崇福、高旻诸老宿，发明本有。已而专修净业，居杭之文殊庵中。结期闭处，室无长物。入关数日，得疾困甚。忽自奋曰："念佛正为了生死，奈何以病辍邪？"持名号益切。俄而，金光照室，见佛摩顶，病霍然已。遂得念佛三昧，行住坐卧，了无异念，如是三年。以三月望出关，升坐说法，谓众曰："吾将西归，其在鹑火之中乎？"及盂兰会时，众理前语。彻曰："可少待。"明日，延崇福僧，属以住持。又明日方午，别众入龛，瞑坐寂然。顷之复苏，谓众曰："与诸君远别，可无一言。娑婆之苦，不可说，不可说。极乐之乐，不可说，不可说。傥劳记念，但念弥陀，不久当相见。错过此生，轮转长夜。痛哉！痛哉！"语讫而逝，时乾隆十九年也。

清吴山接引庵沙门释广志传 实圆

释广志，字尔立，会稽人。结茅天台黄金洞，专修净业。姑苏殷天成延主吴山接引庵，三十余年，随机化导，指归净土。尝结期念佛，昼夜不绝声。其弟子造之，见其经行之地，大书阿弥陀佛，放金色光，讶之。以问志，志曰："汝自本光发见耳。"乾隆二十六年四月望，要弟子四人，诣庵供佛，临别谓曰："明日当来送我。"及期众至，焚香诵经，称佛千声，端坐而寂。

实圆，松江人。少有逸志，年十八，父母为迎取有日矣。夜走一寺，求主僧为剃发。其父母求得之，闭之一室。日常趺坐，不食不寝。无已，乃听出家。松江城有僧设关，拜《华严经》，未竟化去，为终事焉。已而至金山，行般舟三昧。久之，居常州天宁寺。入念佛堂，昼夜唱佛不绝。乾隆二十八年三月，示微疾，集众讽佛，尽舍囊中金。三日，沐浴，具威仪，随众入堂，趺坐唱佛而寂。

清姑苏龙兴寺沙门释明悟传 德峻

释明悟，字丙元，黄冈人。早岁，出家仁寿庵。遍参诸方，了悟心法。历主吴江长庆、苏州珠明、石门崇庆、皋亭佛日诸寺。晚居龙兴，精修净业，昼夜无间。乾隆十七年正月九日，语众曰："吾当去矣，不及观上元灯也。"果于十四日作偈，有"自入涅槃门，不露真消息"之语。因取汤沐浴，易衣称佛，至午而寂。

德峻，字广闻，一字苍岩，姑苏人。出家于城中妙隐庵，参访既遍，归而闭守盘溪小灵隐，精勤数年，专课净业。定中两度见佛，遂造丈六弥陀像。刻《净土或问》，导人念佛。时赴众请演瑜珈法，屡有征应。所得施金，未尝启封。每出所藏，作诸善胜。乾隆二十八年九月，微示喘疾，召诸学徒，环称佛名者七日。临化，命众焚香，端坐不倚，垂手瞑目，年八十有五。

清杭州大椿禅院沙门释道证传 梅松

释道证,杭人。住郡东大椿禅院,禀性真实,专修净土。每日三时,爇香为度,长跪佛前,虔持名号。年至八十,独自精勤,信往之愿,耄而弥至。一日,谓众曰:"来年二月十二日,我将西归,为我识之。"至期无恙,或戏言曰:"今日是师所识日也,何尚未举锡?"证惊曰:"今果花朝耶?"即命弟子,取水沐浴,更衣焚香。邀集四众,齐声诵佛。有顷,趺坐竟化。

有同参曰梅松者,亦修净土,住妙严寺。中夜,闻有人呼曰:"道证已去,何不一送?"梅松惊觉,即趋视,抚其背曰:"平日相知,临去何无消息?虽然,我亦不久于尘世矣。"归三日,亦坐化,事在乾隆三十年。

清钱塘祇园庵沙门释闻言传 法真

释闻言,字超然,姓费氏,桐乡人。幼小之时,不食腥膻,好趺跏坐。七岁,入灵隐山祇园庵出家。为人淳朴,谨言力行。受具于云林硕揆志,朝夕提策。言曰:"言也钝根,不善参究,唯知念佛耳。"志曰:"念佛亦可了生死。"言奉教唯谨,尤精戒律。二六时中,唯持名号,不问他事。乾隆二年六月二日,忽召众曰:"我行矣。"说偈而逝。

法真,字朗如,高安人。得度于灌溪元文,平时潜心净修。一日,与禅者论及无字意,蓄疑久之,豁然有省。诣海幢,礼正月老人。机语契合,遂受记莂。乾隆二十年,主席海幢。提倡宗乘,兼宏净愿。晚岁谢事，掩关寺之东偏，专课佛号，寒暑不懈者八年。以乾隆三十八年九月十二日示寂。先夕，召弟子属身后事，及日午，自举净土文，香尽二寸而没。

清天目山禅原寺沙门释实定传 际会　佛安

释实定，字闻学，姓张氏，上海人也。少喜趺坐，长有出世志。年二十余，父母俱丧。入天台山，剃发万年寺，受戒于湖州万寿寺。初入堂，见"心空及第"额，不觉自失。至夜，闻引礼唱，罪从心起。将心忏一时，念虑俱清。期满入侍寮，见《六祖坛经》，阅之如获故物。寻至余杭圣因寺，参澹如，看"一归何处"，有省。及考工次，问："一归何处？"应声曰："南高峰顶浪滔天。"问："如何是此境界？"定无语。乃重加策发，行住无间。已而复入天台，上腾空岭，云雾四塞，忽见日轮涌出，身心廓然。自此动静二相，截然不生，回视古德差别机缘，洞无隔碍。及再见澹如，遂为印可，传法为上首。后澹如主天目禅原寺，定随侍数载。

澹如既寂，乾隆十八年，定乃继主天目。二十一年，退居蒙堂。已而历主绍兴之吉祥、江阴之香山。寻至姑苏，居灵岩山下华藏庵。又时入城，住文星阁，居士彭际清从受菩萨优婆塞戒。尝言达本之人，功未齐于诸圣，得生净土，果行方圆。故晚岁提倡念佛法门，著净土诗百八首，言诸佛法身含裹十方世界。居常称心而谈，随机赴感，如泉原涌地，高下平满，晴云映空，卷舒无迹。闻其妙旨，罔不邕怿。以乾隆四十三年正月三日说偈而寂，有"莲华池上见弥陀"之句，示得所归也。定于有为佛事，未尝措意，而治业资生，具有条理，众颇讶之。及闻末后脱去，始知其生平密行，不可测度。然读净土诗,诚足信矣。中峰正令,频唱弥陀。楚石宗风,遍扬净土。显唯心之妙谛,证不退之真修。以今视昔,宁有异焉?彼掠影宗门,拨无因果者,观其去来,可以自反矣。所著语录、颂偈、诗集,共十卷。世寿六十七,僧腊四十四。

其徒际会,字旅亭,亦修念佛三昧。临化,作偈别众,吉祥而逝。

佛安,字誓愿,姑苏人。年三十余,见邻家剖鼋,出其腑,有文曰"曹操"。瞿然发心,投上津天坐庵为僧。已而居北濠大王庙,以念佛为课。得钱,辄买香花,放诸鱼鸟。乾隆四十一年三月,有疾,召客为别,自称佛号,其徒和之。日午,举手曰:"行矣。"视之,竟寂。

清江宁灵谷寺沙门释绪守传 [世璞]

释绪守,初名法守,字道揆,号卑牧,姓凌氏,乌程人。年十九出家,投邑中宝云寺。受具于余杭灵隐谛晖,参淮安诞登侣石清。复还宝云,忘身为道。雍正甲寅,清方开法灵谷,忆绪前侍,机契,招之至,则喟然叹曰:"今之一见,非十年前境界也。其气度行藏,殊足令人敬羡。"因授之衣拂。乾隆元年,清复奉敕,主慈济。绪遂继席灵谷,三十余年,不入城市,唯事薰修。辛未春,恭迓銮辂,召对行座,赐御书福字、华藏图,垂询三绝碑,纶韵温温。绪以实对,并呈榻本,重泐诸石。丁丑春,翠华复幸,寺宇重光,御书"净土指南"四字,刻之碑额。绪复纪以诗云:"来日苦无多,去日良可惜。浮生六十年,忽忽此一日。饥餐倦即眠,何者为佛力。悟彻去来今,即是波罗密。两度觐天颜,几世能修得。一领破袈裟,香气御炉袭。峨峨三贤碑，劫灰几经历。一朝焕彩光，恩许重摹勒。胜迹岂常湮，禅房留宝墨。净土指南字，煌煌圣人笔。凤舞而龙飞，银钩兼铁画。长此大光明，不寂亦不灭。"三十一年丙戌秋，传席于世璞，退休静室。明年八月十一日，示微疾，留偈而化，寿六十有七。有语录、诗稿。

世璞，字玉潜，号茅庵，乌程沈氏子。四岁出家，二十受具。得法于绪，既继斯席。不涉世缘，专志持诵。十年中，蒙赐石刻梅花、《淳化阁帖》，以辉山寺。寂于乾隆丁酉六月十七日，年五十一，亦有语录、诗稿数卷。

清海宁护国禅院沙门释千一传 彻迷

释千一，字远人，姓王氏，海宁人也。素怀清洁，雅慕禅修，因投邑中护国禅院落发。受具于西湖昭庆寺，谨持律仪，诚心薰念。志乐寂静，颜其室曰"庐山僻处"，潜修其中。乾隆戊戌秋，自知时至，适道侣过访，欣然相迓曰："公来洽好，正我西归之期，可一借证明也。"遂沐浴更衣，焚香趺坐，说偈而化。是日，瞻礼者众，塔于院左。

又同院僧彻迷，嘉禾人，姓钟氏。性朴质，语多戆直。人多忽之，不乐与近。中年，始投海宁护国院，依定高染剃。执侍数载，但知念佛，求生净土。后侍师至延恩，方重修大殿，专任勤劬，无少懈惰。然念佛不辍，出入持珠。虽目营指画，终日喃喃，人亦未之奇也。一日，谓同寮曰："我将与诸君别矣。"众问："何往？"曰："西方去。"相与共笑之。后数日，复从外至，又呼同寮曰："我今日真去也。"众亦不为意。倾之，披衣礼佛，合掌端坐，复高唱曰："我去矣。"遂寂然无响。众连呼之，不应，趋而视之，则已化矣。时乾隆五十六年也。

清杭州孤舟庵沙门释实裕传

释实裕，字谷声，庐江人也。年六岁读书，苦不上口，祷于大士前，归而展卷，若宿习。年十八，怙恃俱失，投师出家。明年，游学湖州龙华寺。日中为众收粮，仆仆尘市。夜则就佛灯前，读《法华经》，久之成诵。每下山，辄诵一通，还亦如之。尝与同寮僧偕行，裕以诵经，故行稍却，前行僧为虎所衔，裕徐行且诵，弗知也。已而参龙华止谷，昼夜策发，身心顿空。又依理安迦陵，参赵州无字，闻香版声，有省。因举示迦陵，迦陵问："赵州因甚道个无？"裕曰："一人传虚，万人传实。"后诣大雄山，参灵鹫。深相契许，付以衣拂。遍游名山，始还余杭。

上皋亭山顶，居人冯氏为筑孤舟庵以栖焉。幽处深山，息心禅诵。日夕礼《华严》，未尝就枕席者，凡三十六年。当两足跪处，深陷寸许，绕室经行处，亦履迹宛然。有马氏子，负米蔬至山，其徒他出，从门外闻讽诵声，窥之，裕方绕佛朗朗，讽已便坐，声息俱无。马氏子念久立，日且暮，不如自外启扃入，又为淅米，具炊治蔬，与裕饭。饭已，马氏子去。其徒归，见余食，问所从来。裕曰："适为我治馔者，非汝耶？又谁邪？"既而，其徒至马氏家，乃知昨所供食者，马氏子也。其徒尝采菌，与裕共食，中毒呕逆，裕竟无恙。居常见人，未尝话寒暄。询以宗教，无所不贯，尤精《宗镜录》。崇福寺延主方丈，坚却之。年七十六，示疾，说偈曰："生也如是，死也如是。死生去来，如是如是。"趺坐而寂。当七十初度，远近集者数百人。就裕授五戒者，三十余人。其善教及物，如是。

清海宁延恩寺沙门释谛勇传

释谛勇，字定高，姓蔡氏，海宁人也。幼失怙恃，靡所瞻依。孤弱穷苦，几历艰辛。稍长，感触尘网，便思超脱。欲仗三宝，借报双亲，遂于州中护国院出家。精持律仪，馥郁戒香。嗣法福严，启建莲社。恒以诵礼，苦心劝导。缁白景仰，从之如归。及移住延恩，鼎新殿宇。虽工作繁兴，执持不问。嘉庆丙辰秋，示微疾，自知时至，预请安国得法师封龛。至期，沐浴更衣，微声念佛，泊然而逝。

卷第四十七
净读篇第八之七
正传十一人　附见九人

清红螺山资福寺沙门释际醒传

释际醒,字彻悟,一字讷堂,别号梦东,姓马氏,丰润人也。幼通经史。剃染后,遍历讲席,博贯性相,而于《法华》三观十乘之旨,尤为心得。参广通粹如纯,明向上事,师资道合,乃心印焉。后粹如迁万寿,醒遂继席广通。策励后学,每谓:"永明延寿,禅门宗匠,尚归心净土,期生安养。况今末代,尤宜遵承。"于是专主莲宗。寻迁觉生寺。未几,退居红螺山资福寺。衲子依恋,追随甚众。醒率性真实,为法为人,中心诚恳,始终无厌。平昔示众,一以净土为教。每当讲演,辨析两土圣贤苦折乐摄之思,或至泪随声落,而听受之者,亦未尝不涕泗沾襟也。

尝云:"'真为生死,发菩提心,以深行愿,持佛名号'此十六字,为念佛法门。世间一切重苦,无过生死。生死不了,难免堕落。一念之差,便入恶趣。三途易入而难出,地狱时长而苦重。七佛以来,尤为蚁子。八万劫后,未脱鸽身。畜道时长已极,鬼狱时长尤倍。久经长劫,何了何休。万苦交煎,无归无救。每一言之,衣毛卓竖,故当痛念生死,发大菩提心也。"且示八事:一、真为生死,发菩提心,是学道通途。二、以深行愿,持佛名号,是净土正宗。三、摄心专注而念,是下手方便。四、折伏现行烦恼,是修心要务。五、坚持四重戒法,是入道根本。六、种种苦行,是修道助缘。七、一心不乱,是净行归宿。八、种种灵瑞,是往生验证。此八事,修净业者,不可不知也。心能造业,心能转业。心不能转业,即为业缚。业不随心转,即能缚心。心与道合,心与佛合,即能转业。心随常分,任运作受,即为业缚。一切现前境界,一切当来果报,皆唯业所感,唯心所现。唯业所感故,前境来报,皆有一定,以业能缚心也。唯心所现故,前境来报,皆无一定,以心能转业也。若前境未报一定之时,忽发广大心,修其实行,心与佛合,心与道合,则心能转业,前境未报,定而不定。又若前境来报不定之时,而大心忽退,实行有亏,则业能缚心,即前境未报,不定而定。

　　盖吾人生死关头,唯二种力:一者,心绪多端,重处偏坠,此心力也。二者,如人负债,强者先牵,此业力也。业力最大,心力尤大。以业无自性,全依于心,故心重能使业强。今以重心,而修净业,故净业强。心重业强,唯西方是趋,则他日报尽命终,定往西方,不生余处矣。何为重心?信深愿切。一切邪说,莫能摇惑。一切境缘,莫能引转。如古德时临命终,六欲天童,次第接引,皆不去,唯专心待佛。后佛见,乃曰:"佛来也。"遂合掌而逝。夫时临命终,四大分张,此何时也?六欲天童,次第接引,此何境也?苟素常信愿不到十分坚固,当此时此境而能强作主宰乎?如古德可为修净业之金鉴矣。或谓一切诸法,悉皆如梦。同是一梦,修之何益?不知七地以前,梦中修道,无明大梦,虽等觉犹眠。唯佛一人,始称大觉。当梦眠未开之时,苦乐宛然。但娑婆之梦,从梦入梦,梦之又梦,展转沈迷。极乐之梦,从梦入觉,觉之又觉,渐至于大觉。所以永明云:"有禅无净土,十人九错路;无禅有净土,万修万人去。"此真实语也,学者幸勿忽诸。

嘉庆十五年二月,预知时至,辞诸檀护曰:"幻缘不久,虚生可惜。各宜努力念佛,他年净土相见也。"临寂前旬日,示微疾,命众相助号佛,见空中幢幡无数,自西而来,告众曰:"净土示相,吾将西归。"至期,面西端坐,合掌凝睇曰:"称一声洪名,见一分好相。"手结弥陀,安详而逝,众闻异香浮空。供奉七日,面貌如生。茶毗,获舍利甚多。以嘉庆十五年十二月十七日示寂,世寿七十。拈花寺沙门体宽为之传。所著有《念佛伽陀》一卷,语录二卷,中多开示念佛法门。武林钱伊庵居士得之于其友陈复斋,重刻于浙中,其道遂南。读其书而起发其行愿者不少,盖莲池、思齐后,一人而已。

清嘉禾觉海寺沙门释达纯传

释达纯,字粹修,晚称悉檀老人,嘉禾桐乡人也。幼而剃染,壮乃进具。受雪舡衣拂,为大觉七传弟子。住嘉禾觉海寺,精修净业,十有六载。建西方三圣殿,春冬启念佛期。远近观感,缁白云集。尝行般舟三昧,一夕梦中,见莲大如车盖,从空而降,自此知见超卓,辩才无碍。姑苏彭尺木居士遂聆道行,请住流水,居文星阁。领众念佛,日课严密。并讲演云栖《弥陀疏钞》及天台教观,以策事行,历十载不倦。后开法南禅寺,百废具兴。未几,退居殊胜庵。专意精修,长怀西土。嘉庆甲戌二月十三日,示寂。其弟晤灵以事羁南禅,乃于癸酉冬,手书招之归。归则曰:"佛涅槃日,予将西归,故需汝一诀耳。"至期,沐浴更衣,跏趺说偈曰:"多生浊苦,缠绵一旦。逍遥变迁,快睹弥陀。影见廓然,别有一天。"遂合掌,号佛而逝。

清江宁灵谷寺沙门释衍绍传

释衍绍,字祇园,姓佘氏,铜陵人。幼攻帖括,少为名诸生。省世无常,誓愿祝发。礼九华天台山真如庵洪度得度,受戒歙县黄山云谷寺介庵。乾隆二十三年冬,参灵谷玉潜,得法。助理院事十载,接主祖席。四十五年春,翠华幸寺,恩赏白金,以崇优奖。居灵谷十九载,率众勤修。年逾六旬,退休别室。专修净土,闭关二十年。嘉庆癸酉二月十日,无疾而逝,世寿八十有二。有语录、诗草。

清云间西禅寺沙门释悟虔传

释悟虔,字投诚,一字素愚,铅山人也。初来云间,掩关西禅寺,礼《华严》三年。旧有万佛殿、藏经阁,岁久荒残,金碧剥落。慨然闵之,矢志募修。檀越乐助,不日更新。性慷慨,好义勇为,急人之急。尝醵金,葬施牧堂居士一家数丧。又李居士衡堂家贫,常分衣钵之资助之,没,复为购棺以葬。虔通彻宗乘,而专志净土。虽兴崇利益,不废应接,而六时系念,无少间缺。晚移北门善应庵,益勤修念。嘉庆二十三年,临化先数日,遍辞道友,若将话别。至期,从容而逝。丈室暗暗,瓶钵萧然。送者数十百人,莫不赞叹礼拜而去。

清润州焦山寺沙门释觉源传 灏融缘

释觉源,字性海,姓张氏,定远人。幼颖异,九岁,五经具成诵。

弱冠,入县学,文名藉甚。顾无心仕进,每作出世想。因亲老,未能遽舍。为取妻,生一子。居常究心内典,阅《华严》《法华》诸经,多有契悟。无何,父母相继逝,始决志出家。依金陵耆阇寺克静祝发,礼封崇皓清受具足戒,时年已四十矣。自以学道迟暮,乐行苦行。坚持戒律,口不妄语,不非时食,手不触金银宝物,身不着兽毛蚕丝,四者尤为今时所难。尝于阅藏,行二时头陀,遍参知识。闻焦山借庵禅师为洞下名德,因往参叩。机缘契合,遂承印记。复住山中[阅]①藏,盖深入教海,而于《华严》奥旨,独有会心。乃自别其号,曰一真法界,以志庆幸。由是覃精《华严》,手披不暇,数百过,乃至背诵,不遗一字。尝为四众讲演大义,抉幽剔微,听者豁然。重订《普门观忏仪》,昼夜六时行法,胁不着席十数年。居心质直,其正见知,如永明云栖,以净土为归宿,日诵弥陀名号十万声。每礼忏毕,必回向净土。从学弟子数十人,皆一时之隽,多主席名山。而源乃虚怀若谷,愿居学地,有云栖风。

尝南游天台四明,西谒九华,过舒州,礼三祖塔,登妙高峰。所至,道俗敬礼,请求开示。源随机利导,莫不得其益以去,以是皈信者众。虽未曾主席一方,而恒为诸方留止,主人必为设普明观坛场,四事供养无阙,其道德感人深矣。晚年,石谷成禅师延居高旻。屏绝诸缘,一意安养。旧患足疮,至是增剧,而六时礼拜,无少间。复于普明忏后,加礼弥陀四十八愿。礼已,即持名号不绝。从学伺便请益,更无他语,唯以西方净业,谆谆劝勉而已。源一生精力,注于木叉、净业二事,既以自为,即以为人。又理胜辞达,令人一历耳根,顿获解脱。尝辅戒焦山,或问:"自性清净,名为戒体。今师精

---

① 底本无"阅"字,恐脱,据文意补。

究律部,敢问和尚是戒耶?阿阇黎是戒耶?白四羯磨是戒耶?"源答曰:"和尚非戒,然非和尚亦不得自性净戒。阇黎非戒,然非阇黎亦不得自性净戒。羯磨非戒,然非羯磨亦不得自性净戒。譬如,玉在石中,必玉人雕琢而后成;金在矿中,必金师锻炼而后净。佛性在烦恼中,必净戒遮止而后见。"一时以为名言。武昌陈熙,愿倾必皈依,信仰尤笃。将归,乞其指示,手书天悟净土诗一首,有句云:"普贤独发愿,何事再相疑?"且言:"欲了生死,不外禅、净二门。然而,竖出难而横超易,则今时修行切要,唯在净土一门耳。"

石谷禅师尝有《禅净百偈》之刻,源为之叙,略云:"参禅时,法法归禅。念佛时,法法归佛。所以普门云'生灭既灭,寂灭现前',势至云'总摄六根,净念相继'。是知参禅要全身放下,不放下,则六根动被遮蔽。念佛要念念提起,不提起,则种现乘间而出。以念佛之心参禅,则参禅即归净土。以参禅之心念佛,则念佛即是深禅。"其发明禅、净分合之义,彻了无余。嘉兴精严灏融缘禅师,虽禅门宗匠,亦持木叉而修净业者,与源为同参契友,谓源:"以念佛为往生正因,以持戒为决定往生正因,以读诵大乘解弟一义为往生上品正因,总成就一往生因缘。"其言谅哉。源之居萸湾十余载,道俗钦慕,奉为规法。嘉庆二十四年八月二十六日,示寂,世寿六十有九。是年夏,即辞归焦山,石谷坚留,不可。归逾月,而示微疾,自知期至,晨起索浴,浴毕,端坐念佛,安然化去。荼毗时,瑞云盘空,有光成五色,从火际直透虚空,获舍利子三,莹净如玉。塔于润州八公山。其徒供其舍利于山寺书藏楼。所著有《普明观法》一卷,《宗镜目录》二卷,《毕竟毗尼》二卷,《出世上上禅》一卷,《反约集》一卷,《净土诗》百首。寂后,借庵搜其遗稿,刻为《拾遗集》一卷。

清姑苏南禅寺沙门释佛度传 绝相 孙东瓜

释佛度,歙人也。初至姑苏流水居,复住南禅寺。坚守律法,过午不餐,夜坐不卧。后于檀香观音阁独居数载,专修净业。嘉庆戊寅春,示微疾,辞诸道友,端坐念佛而化。时有绝相禅师,与度相友善,及闻度化去,乃曰:"渠去,我亦去。"遂沐浴焚香,面西趺坐,合掌而寂。

绝相,嘉禾人。身体短小,貌复不扬,人多轻之。绝相终日不言,唯低头念佛。虽在操作,不废持诵。晨礼四十八愿及大悲忏,昼课《弥陀经》数卷。午后不食,夜则西面危坐,习以为常。依南禅悉檀老人二十余载,老人时称道之。独与佛度道谊甚洽,故临去相期,闻声应响,知有自来矣。

又东瓜和尚,姓孙氏,余杭人,而忘其名字。居恒素食,性嗜东瓜,人呼孙东瓜。后出家华严庵,偿其夙志,仍袭旧称,遂呼为东瓜和尚云。为人不多言,竟日游行街市,寒暑无间,经十余年,人莫之测。顾与邻庵僧慧照相友善,将寂之前月,告照曰:"新正六日,当相别汝,合来送我。"至期,因赴法慧庵,返,见慧照先在,曰:"汝何来?"照因笑曰:"汝不尝与我约耶,特来相送耳。"乃首肯之,曰:"汝真不负也。"遂沐盥更衣,礼佛竟,趺坐谓照曰:"既行,不可无偈,为我书之。"偈云:"终日走街坊,心中念佛忙。世人都不识,别有一天堂。"既书后,令诵朗。诵毕,曰:"吾去矣。"悠然而逝。

清杭州东园德宁庵沙门释律净传 戒乘

释律净,字明彻,姓钱氏,德清人也。年四十,始出家。初投余杭慈圣,复移束园德宁。虔诵《法华》,日以为常,二十余年,靡有间缺。一日,道侣戒乘,谓之曰:"汝道心如此坚固,若更以念佛回向净土,则圆成尤速。即如智者大师得法华三昧,尚求生净土。汝何不然?"因示以《高僧传》及《十疑论》。净深信之,由是诵经毕,即念佛回向净土。又久之,忽有开悟,生死关念,了然洞彻。嘉庆丙寅秋初,告其徒曰:"吾中秋前当行矣。"问:"何往?"曰:"西方。"八月二日,复谓道侣戒乘、增秀二人曰:"水到渠成,时至理彰,不可著意,求知亦未有不知也。"及期,二人偕往视之,则已更衣跌坐。时邻僧多来候送,欲齐声讽佛,接引相助。净止之曰:"用功全在平日,临渴掘井何益?吾非却此缘助,要使诸君不疑耳。"乃更移坐龛中,说偈曰:"吾年六十九,真实不虚口。放下者双手,直往西方走。"遂合掌化去。

清金陵鹫峰寺沙门释正真传

释正真,字达宗,别号西斋,湘潭人也。初出家时,随缘近邑。上礼衡岳,下泛长沙。既得具足,遂事游参。曾至高旻,谒昭月贞师,参究"谁"字甚力。旋得法于国清宝林珍师,又受金陵神木瑞林禅师教乘源流。荐绅先生请主鹫峰古刹,至则颓垣坏井,老屋数椽,人所不能堪,而真处之晏然。未几,檀施日至,百废具兴。次弟建诸殿阁,金涂丹艧,一改昔观。复置良田数百顷。率众礼佛,日有恒课。凡有求请,无不切示。宰官臧获,一视平等。久之,皈依愈众,悉授以持名法门。遐迩缁白,蔼然慕化。姬传姚太史、淮树章观察,信愿方隆,宏护尤切。一日,淮树邀真,对榻出其二妾,令受以经。真曰:"夫受经之法,必须正几中庭,爇香顶礼,而后敬谨授诵,恭严听领。盖法不可慢,心贵自虔。"观察悦服,方离榻致礼,而梁坠榻碎。由是畏之,率二妾同禀法戒。后舍二妾为尼,持心净土,颇称精进。未几,厌绝尘嚣,耽志幽隐。委院务于其徒脱凡,屏弃诸缘,专修净业。所著有《净土偈》若干首。道光元年正月九日,晨起,与徒清谭安养乐趣,貌和神怡。旋自讽诵,命脱凡领众食粥。及复至,则已更新衣,双跌逝矣。

清天台山国清寺沙门释小有传 妙修　静清　崇池

释小有,不知何许人。道光时,天台国清改建塔院,方兴筑时,有一贫衲贸贸然来,自请作苦,且言:"当先入塔为主。"询其名,自称小有。寺僧许之,乃荷锄执畚,随众勤劳,而工力倍之。塔院落成,无疾而逝。荼毗时,烟结如盖,隆隆直上。众见小有跌坐烟中,冉冉向西而去。

同时,有妙修,临海人。年方志学,便解超尘。后参名山,时有证悟。及至国清,沈沦爨下,四十余年。冬夏一破衲,而济人之急,恤人之病。视力所至,唯恐弗及。平昔寡言笑,无事则手持贯珠,佛号喃喃,在心在口。一日,忽语人曰:"今后七日,吾当去矣。"遂不饮不食,长坐绳床,如期而寂,寿七十八。

又静清,太平人。受具后,首众国清,多所启迪。禅观虽勤,净业尤专。一日,匆匆乞匠造龛,人多讶之,询其所以,乃谓之曰:"吾将逝矣,当在今月望日申时,迟恐不及。"寺中有存龛,许以供之,称谢而去。至日更衣,告众而别。因留偈曰:"来既空时去亦空,生生死死去来中。而今解得真如意,西天无路白云通。"掷笔合掌,瞑然遂寂。寂后数月,有族从女在楚门为尼,闻讣而来。舆将至寺,见清方袍圆领，彳亍道傍，即之而瞽。盖已近塔，尽礼而去。

又有崇池者，温人也。幼即披剃，端习梵行。壮游名山，专志净念。平昔寡欢，绝少交游。尝至国清，行堂三载。辞游天童，告众曰："我去复来，来而后去。"戊午夏，果来。秋九月，示微恙，绝医药。至十九日，语人曰："吾当去矣。"起立披衣持具，随取牟尼二贯，一执手中，一挂胸前，号佛而化。

清镇江良篷山寺沙门释自明传 如月

释自明，忘其姓字，武陵人也。持戒习禅，真诚无妄。尝事游参，道出镇江。至良篷山下，见其四面幽寂，冢墓累累。访之土人，曰："此官司决囚处，左右孤坟，皆死者断尸也。"自明因慨然曰："此间念佛，正可利益幽明。"于是露地而坐，三日三夜，念佛不绝声。行道感叹，竞相施助。不一年，梵宇辉煌，照耀林谷。独与如月，常相往来。自明告众曰："天地悠久尚有坏，况人世无兵燹乎？"时天下承平，人莫之测。未几，明寂。咸丰初元，粤寇起事，窜扰长江，窃据金陵，其言悉验。

如月，字妙明，与自明同邑。持律精严，结茅终南，三十余载。出访名山，小住镇江莲花庵，日以念佛为事。尝至金山、高旻、天宁，语未来事，有应。后复入终南，合掌称佛而逝。事在道光二十六年十二月十六日，春秋七十六云。

清高邮观音寺沙门释松园传 清法

释松园，姓朱氏，高邮人。幼有疾，久不瘳。医者视之，皆瞽瞽无方,谓已入膏肓,不可治,将坐以待毙。一夕,梦神人语曰:"汝必出尘,祈佛庇荫,病始能愈。"寤而发誓,遍告亲友,而疾果痊。乃依师普润出家,受具于八宝观音寺。后栖于城东蝗王祠,励志苦行,勤修净土。率众持名,至忘寝食。一日,宵小逾垣,入至禅席傍,倾囊发箧,搜索一空。松园方注想华池,若耳无闻、目无见者。侍者至前,始觉有盗,去已远矣。其精诚如此。凡对人无他,但云死心念佛,缁白悉从化导。同治戊辰仲冬,示疾,前数日,谓众曰:"吾将归去,汝等无忧恋,助我念佛可也。"即于八日晡时,端坐喃喃,诵佛而化。

又比丘尼清法,字宝月。于昆明永乐庵披剃,自幼精持戒律。闭关,拜《华严经》一部,一字一拜。晨昏扣钟,利济幽冥。五易寒暑,中宵不辍。晚岁,专修净土。临寂,诵佛坐化。咸丰元年也,世寿七十三。

卷第四十八
净读篇第八之八
正传十二人　附见十二人

清衡州中正禅林沙门释离尘传

释离尘，字镜江，姓万氏，衡阳人也。幼性慧颖，不好俗嚣。虽贫困失学，而出语成韵，若有夙因。咸丰丁巳，祝发郡城韩公祠，礼师禅机长老。究心生死，苦行二十年。拜《华严经》六部，勇猛精进。一日，始破本参，有偈曰："在尘都不染，自乐性真天。"犹恐见道未明，慨然舍去。朝九华、南海诸名胜，豁尔了悟。复呈偈云："一朝打破万缘空，面壁达摩成正觉。"及归于衡城中正楼，创立禅林。一时名流，如刘观察晟斋、杨廉访赓云，皆乐为之助，卒成厥志。自是日持一卷，朝夕朗诵，以笃修净业为务。尝有偈云："锻成炉火已纯青，内宝何须外索因。性海圆融归一片，时时不昧本来人。"清泉盛炳昆为叙其事，入《宗录》云。

清曲阳黄山寺沙门释正通传

释正通者，姓苏氏，曲阳石门邨人。九岁，于城南王固寺出家。年三十，始至京师，受具于西域寺。后住黄山八会寺。平居专修净土，晨昏鱼磬，琅琅远闻，人多化之。尝居蔚州，劝人念佛。缁素士女,相率归依,度人无筭。所著有《莲宗宝鉴摘要》三卷,蔚之信善,竞相资助,为之锓版。今其书流传尤广,以其词旨简明,易于诱导。后寂于蔚县老山寺云。

清成都宝光寺沙门释宗质传

释宗质,字朴斋,姓段氏,洪洞人也。初岁出家,便尔精修。及圆具姑射山兴福寺,戒律尤严。欲参耆宿,矢志游方。遂遍礼名山,历探圣迹。尝于成都宝光寺开筵讲演,绵延数夏。复往红螺山资福寺,与亮首座相善。亮示以念佛求生净土法要,质领其教语,服膺拳拳,持之三十年。鸿昏鸟显,历久无间。以清光绪七年二月十日示寂,世寿八十五。先三日,日方卓午,忽睹白莲,一茎三花,涌于室中。自知净业功深,圆成不远,戒其徒,招同参十人,相助讽佛。是日晨起,犹发声清朗,所诵佛号,历历分明。久之,响沈音寂,面容光泽,如笑欲语。傍侍方启叩,呼之不应,抚之,已逝去矣。

清长沙岳麓万寿寺沙门释映冰传 一心　心有　续乘

释映冰,字南泉,姓冯氏,湘潭人。年十六,出家于长沙百隆寺,具足于岳麓万寿寺。后主呆山,中兴禅林,道誉远敷。更历寺院,莫不革新,化为丛席。退居天井山,四十余年,专修净土。光绪八年壬午冬十月十日,示微疾,呼其徒曰:"吾居此仅七日耳。"徒唯唯,以冰从无大病,未之深信。至期,五鼓沐浴,更衣端坐,偈曰:"六十余年苦相连,一句弥陀在眼前。今日辞去娑婆界,径往西天。"合掌又曰:"真登般若船,寻本得源。踏破虚空白云巅,拈来须弥一轮月,果满功圆。"寂时,年六十有五。

一心者,湘乡杜氏子。投长沙龙象山剃度。年二十五,受具于宁乡大沩山。主白霞丈席九载,庙宇重新,百废俱起。移龙潭山,延揽水云,渐兴丛舍。复兴杲山寺,与映冰相先后,其专志净修亦同。晚岁,礼拜弥陀、观世音像,一日百叩,诵号万声,如是者二十七年,未尝稍间。主杲山时,曾弘法戒,得弟子三百余人。光绪二十一年乙未九月九日,示寂。先期召弟子曰:"吾西方净土日近,尔曹勉之。"重九午后,焚香诵佛,偶然雷震,西见祥光,端坐而瞑,年七十矣。

续乘,字妙宽,宛平人。依京西实山师出家。同治元年,得戒于潭柘寺。专壹持念,始终无懈。光绪三十一年五月二十二日,示寂,年七十八。

又心有,字昙光,亦燕山人。进具于潭柘者也。寂于光绪三十四年六月朔日,年七十。生平戒行芳洁,生死同参,尤以洗除尘垢为净修法门。故数十年,勤持佛号,念兹在兹,无少间坠,直至纯熟,圆明自见。今同侣中,多能道其精诣云。

清丹徒竹林寺沙门释悟先传

释悟先,字省一,姓高氏,江都人。世为农家,故省一生而诚悫,不染浮习。年十二,执母亲哀毁不已,念母死何归。人言佛法可冀超登,因有出世志。以父在,当力养,不果行。及父没,始投天峰寺剃染,复受具于扬州天宁。尝谓,出家祈登上果,今求修持之门,乃无知者。久之,始闻净土之学于焦山僧,辄自立课程,专志持名不辍。又数年,复有告以刻期求证念佛三昧者,省一闻之,喜曰:

"必如此,乃称圆顿。不然郁郁毕世,奚为也?"遂发愿,闭关念佛百二十日,期现证三昧。已入关,妄念纷乘,波谲澜翻,屡澄不止。期已满,无所得,乃大憾。规再入,誓必得乃已。又数年,复掩关于扬州。初念时,杂骛如故,至五十日,犹未已。复大戚,弥加恳挚,如是者二十余日。返观心境,觉情识破坏,妄心渐息。又久之,觉妄念之扰,日不过三五至。即见阿弥陀佛卓立空际,金容炳然,庄严微妙,不可名状,欢忻礼拜。私自忖度,佛已在前,涕唾欠伸皆不敬,奈何?已而洒然曰:"父母于子,犹不以污秽为嫌,况佛乎?"由是猛勇精进,持诵益虔。

又久之,心境廓然,皎如皓月凌空。善恶胥蠲,细微尽泯。万念澄清,纤尘不染。动静如一,心口之际,惟有佛名。至是神气倍充,不复卧寐。亦忘饥渴,食至则食,略无所苦。所居之室,墙壁皆虚,一望直达,光明洞彻。诸佛菩萨充满大空,金地莲池,七宝行树,宫室楼台,多不胜数。所行坐处,境界如一,不别昼夜,晖丽无间。其超胜博富,多净土经所未及。一日,方持诵间,见前有宝莲花,二花上天,人貌与诸菩萨同,而神似其父母。才一注视,其人已缓步至前,谛视之,果母也。辗然语之曰:"汝以我故,发心出家。汝今证道,我与汝父,亦以汝故,得生净土。今奉佛饬,特来慰汝。"省一方起立,母止之曰:"佛正在前,不以我故,扰汝定力。汝志已慰,他日净土好相见也。"言已遂隐。再视宝莲,则大地众华,披拂相似,迷不知处矣。自证三昧后,心中净境,不变不退。直至出关,心境寂然,浑忘久暂。虽逾百日,视若兼旬。年才三十,证道如斯。然终日诵佛,至老不倦。故眉发俱白,而颜色温润,状貌巍然。有参谒者,惟语以入道缘起及所证境界。或以禅教为问,则谢不知,其诚实如此。尝主天宁法席,未几辞去。光绪十一年四月初六日,寂于丹徒竹林寺,塔于夹山青龙麓。世寿七十有四,法腊五十有五。

清润州焦山定慧寺沙门释大须传

释大须,字芥航,晚号不不头陀,姓蔡氏,盐城人也。幼秉至性,超然尘表。因父寝疾,祷佛祈代,神鉴其诚,遂尔霍然。乃舍身邑中三元宫,年才十二。昙徽诣道安之岁,慧永居罗浮之时。法身无暇,学志弥笃。未几,得戒于樊汊水陆寺,遍游名胜,博访勤参。蹑屐宝华,便司职事,驻锡焦山,乃履主席。时咸丰辛酉,粤寇初平,疮痍满目,寺藏屡空。为联本山十二静室,蠲弃微嫌,布以公德。剃草开林,崇基正表。置藏经之室,立禅诵之堂。课以文字,勉以焚修。因人诱掖,莘莘后进,乐就范围。尝谓,说律论经,宜兼宏净土。不为高远,以浅近示人。从人之途,使之深造,自然有得。故一音称物,化感顽石,卅品探微,溺拯惑水。又谓,佛法升坐,后受众供养。未有后者,不得升座。以供养者,必其子孙,非异人任也。今执出家无家一语,死于句下,大背佛旨。故为其先人立,后而戚族有急,必竭瓶钵,量力为助,以故士大夫多贤之。光绪己丑五月四日,示疾入寂,塔于竹林寺夹山。蒯光典为之铭,见《焦山续志》。须生平澹泊为怀,疾己以绳。至于接物,处以抑抑。故贤者敬其善力,俗众感其丰棱。禅修之余,兼工诗画,竹兰入妙。人得一纸,珍同拱璧。

清善化护国寺沙门释慧圆传 开慧 灵一

释慧圆,姓徐氏,湘阴人也。出家时,年二十四。初,两目蒙眊,发心持戒。依善化护国寺,以清烦虑,虔诚诵佛。寻受具于南岳祝圣。已而反寺,专志礼拜。忽焉三载,两目复明。由是化导数十百人,同修净土。庙貌佛相,一时更新。同治九年腊月八日,示疾,召弟子,殷殷以坚持道心为诫。明日正午,合掌告众曰:"吾中品也。"含笑而逝。

又开慧者,长沙张氏子。得度于善化长庆,具足于长沙天王。参谒觉清,示以法要,专修戒行。年三十,重兴善化盐厂庵。后诵《法华经》四十年。光绪丙午冬,将寂时,定中见文殊谓之曰:"尔诵《法华》,功将圆满。"喜而诏其徒曰:"吾得见文殊,示我西方。速扫佛殿,助吾诵佛。"如是十余日夜,声不绝,果见祥光凝空,异香飘然,默默而化,年七十有二。

灵一尼者,长沙吴氏女也。幼有善念,不食腥血。年二十一,剃发于县中铁垆寺。未几,受具于南岳祝圣。精持律行,日诵《金刚》《弥陀》诸经。晚礼佛百拜,诵佛万声,以为常课。至光绪辛丑,自知日至,如期坐化。末后一偈,有"直往西天九品莲"之句。年五十余。

清宝庆点石禅林沙门释仁里传 开莲

释仁里,字尊美,姓王氏,邵阳人也。生性淳朴,幼失怙恃。早岁,祝发青云山。年二十,受具于岐山恒志。志宗规严厉,不稍宽假。仁乘戒俱急,冤亲等慈,杜多行成,道誉渐著。光绪初,邵北缁素于白云岩辟创毗卢寺,迎仁主之。此地林壑幽险,风气浑噩。未几,禅侣蒸蒸,竟成丛席。邵城东有点石庵者,自颛愚禅师开化后,已百有余年。风雨剥落,栋宇将倾。庵众乞仁主持,再弘悲愿。不数稔,殿阁巍巍,照耀山谷。丁未冬,传戒于毗卢,得新学一百九十余人。诱掖孜孜,不倦津梁。独以寺无《大藏》,学子虽勤,莫窥秘要。庚戌夏,诣阙请经,绕道名山,再经霜雪,始达京都。

时寄禅敬安主天童,邀之入山度夏。及其行也,并勖以诗,多叙其平生懿行。有可探者,略云:"多生忍辱运悲深,刀割香涂不动心。蚤虱纷纷来乞食,舍身为彼立丛林。"盖仁尝蚤虱满衣,或为去之,仁笑谢曰:"我已舍身,为彼立丛林。奈何迁去,违我本愿?"又:"锡杖绳床手自将,广行方便作津梁。欲知德被蚰虫细,看取随身漉水囊。"仁恐水中有虫,先以纱囊漉之始饮,故云。又:"闻师行脚宿山庵,饥吃拳头味亦甘。月出窥园犹拔草,令人思念每生惭。"仁尝行脚,至一庵投宿,拒而不纳,棒喝随之。仁竟怡然顺受,月出尤为之除草。庵主感悟,向之礼谢。其居,点石也。每苦乏绝,而仁四来不拒,一粒同餐,禅诵自若。故诗又云:"点石庵中苦异常,平居十日九无粮。唯将一滴曹溪水,散作醍醐上味尝。"寄禅赠诗十四章,多不备录,录其纪实者。

仁虽专心持念,而禅景清超,亦时动吟兴。《除夕》云:"清间佳趣在林泉,淡薄风光不世缘。瓦灶通烧松火暖,砂铛烂煮菜根鲜。从来处富争浓艳,自古居贫淡爨烟。输我山僧忘岁月,不知明日又新年。"癸丑腊初,偶有不适,静坐二十日。沐浴更衣,合掌西向,一声佛号,遽辞尘世,癸丑岁十有二月二十三日巳时也。寿七十有五,腊五十有五,塔于庵左。仁坚忍精进,形容枯寂。口期期若不能言,而笔下洒洒,千言立就。长坐不卧者,五十余年。冬夏一衲,不蓄私财。参父母未生前句,得悟后,即翘心净土,四十年不二心力。故说法示众,以念佛为指南云。

开莲者,善化潘氏子。年十九,舍身于长沙白龙山。明年,具足于白霞寺。参叩名山，历有年所。后还白龙，礼《华严经》二十余年。光绪间示寂，占偈云："一别裟婆界，西方归净土。今夜月当空，脱去臭囊走。"至子夜，趺坐而瞑。

清乐清净济寺沙门释机溥传 彦恢胜 妙能 大海

释机溥，字志西，号月杲，姓刘氏，乐清人也。母卢氏，感白衣神，授子于怀而孕。既举，常默默，如入定僧。才及龀龄，随母礼佛，见僧即拜。年十二，游龙门寺。闻邻舍僧诵《弥陀经》，能默记，终篇不遗一字。心有感发，屡欲轶俗。年二十，始从式公剃度。受具戒于大邑明因寺永智，习演教乘，渐得省解。彦恢胜者，永智弟子也。见溥诚笃，付以法衣。及归，适龙门山寺妙能法师方开莲社，因与斯会。专修净业，道风益著。缁素皈依，不胜指数。光绪纪元，创建净济寺于郭路双狮山麓。莲会再启，鱼梵之声，六时不绝，内外肃然，不减东林规度。十一年春，延大海法师入寺，崇专讲席，提倡净土宗旨。丁亥三月，应太邑绅耆之请，主明因丈席。频岁宏戒传经，声德远施。莘莘衲子，望风而至。

溥性简质，貌度冲和，言语率真，诚心爱物。生平戒律精严，功行超卓。虽事繁形疲，必晚息早起。禅诵不辍，午则随众作苦，戴笠荷锄。从事蔬圃，有栖贤百丈遗风。晚岁，体气康强，顶骨隆起，色如渥赭，状类肉髻。盖年已七十矣，童颜鹤鬓，目光炯炯，能睹小字藏经。居恒持诵《大悲神咒》甚虔，灵应甚著。凡有祈祷，俱获痊安。宣统二年，寿已八十，为弘戒法，得尸罗弟子百廿三人，洽符远公莲社之数，故卍莲有"一百廿三人入社，往生都在藕花中"之句。盖由往昔倡导，两寺莲社，功深果熟，故致此兆。溥后五年，果有往生净土之征。寂前一夕，自谓："定中见白衣大士，满身璎珞，乘百宝船大如山，凌空来迎。"遂得西向，念佛而去，塔于寺左凤冈之阳。

清上海玉佛寺沙门释戒然传

释戒然，字清泉，别号妙泉，宛平人也。居在黄黑二寺间。幼不识字，闻喇嘛诵经，似有所会，心窃慕之。家素贫，为人佣。尝赍香入西山檀柘寺，憩心幽寂。万虑俱清，有志超凡。请于父母，未之许也。年二十一，父病，因请随僧朝普陀，许之。还，遂礼天童、天目、天台诸山，久之父没。年二十九，得请于母，始披剃于弥陀寺。逾年，受具于拈花寺。然未明大事，乃诣红螺山资福寺。研教念佛，矢志薰染，七易寒暑。及听讲唯识，不能领会。乃自叹根钝，非苦行勤祈，即静坐念佛，亦不能得力。乃发愿拜礼名山，焚香诚祷，手持口诵，三步一拜。时光绪二十四年正月元日，发足资福，履雪峨眉，乘云九华，遂东朝普陀、天童、天目而息止焉。然草屩跋涉，蜀道丛蚕，昔人所艰。况循蹬叩礼，俯首屈躬于山岩峭壁之地。祁寒暑雨，略不知疲。周回万里，时逾二载。非道心坚固，能若是乎？顾念母老，思归觐省。一笠一钵，飘然北渡。道出金山，跻于台顶，瞻礼文殊。又居年余，乃返燕山。然不绝孝思，终为情感，既出世尘，安能家处？复遵原隰行，回齐鲁泰岱之阳，沂泗之畔。兰若胜境，灵奥所宅。游方无定，忽焉数秋。

时宣统辛亥，武汉兵起，天下骚然。乃思避地，循淮浮江，更至金山。日坐禅堂，参究念佛是谁，猛勇精进。一日，取藏经读之，声琅琅然，俨如宿习。寮侣异之，因留阅藏，已过其半。尝谓唯识繁难，虚究心理。不如《法华》《楞严》词义简明，便于诵读，尤利薰修。故息栖五岁，专持净业。尝居高旻，亦历寒暑。楚泉印光，皆仰其名。丁巳，静圆禅师初事参方，未有所识。与然遇于江天，瞻仰道范，肃然敬止。每谓佛旨弘深，必痛除习气，乃得相应。静圆心折，叹为名言。戊午新春，卓锡至沪，苏抚云阳雪楼程公德全避处海上，遁志玄妙。偶于冬暄，游览玉佛，见䩄䩄老宿，曝背寺檐，与众僧语，娓娓动人。程公访之，乃知为然，遂相往还。然每发论，时含玄要。程公一与周旋，未尝不悦怿而去。由是道契綦密，微间数日，便尔寻索。庚申二月，程公有疾，然问之，程公徐曰："其病甚苦。"然曰："要去便去，苦由他苦。"且自言："迩来心境开朗，觉数十年用功，今乃豁然。"以庚申四月朔日示寂，世寿六十，僧腊三十一。先数日，自制新衣，作别同侪。午后，入浴更衣，晏然坐化。傥所谓预知时至者，非耶？静园为之传赞，词有可采，亦纪实云。

清衡州西禅寺沙门释常析传 惟澄

释常析，字五空，姓刘氏，衡阳人。赋性诚悫，本分自持。取予之严，甚于一介。衡俗八月，男女相率朝岳，三五七步，手持香炷，拜于道左。劝孝歌词，高唱入云，响应山谷，远近化之。析于光绪七年，欲报劬劳，积诚三载。遇果月师，赠以《法宝坛经》《佛祖心要》及净土文，读之敬喜交并。乃诣罗汉寺，求静田开示。示以念佛法门，拳拳服膺。十四年，始受具于南岳祝圣。精进毗尼，兼穷性相。诵《金刚经》"凡所有相，皆是虚妄。若见诸相非相，即见如来"句，知本来无物无相，须自性妙明，心中所见一切境，即见自心如来。看《法华经》，知此中开权显实，深固幽远，无人能到。读

《地藏经》,至"若能回向法界,其福不可为喻",知住相布施,有为功用。凡所作一切功德,回施法界众生,不作所施,不作所受,不求果报,三轮体空,福无比量。自是目涉诸经,皆有启悟。居来阳金钱山一载,究竟念佛,不与人言。坐禅左右,不问名字。

十八年壬辰,归衡,职西禅寺监院。时主座普明方事兴造,除莱缉宇,因基成殿。自禅堂法堂,至于厨库,一砖一瓦,一木一石,筹运所需,丝豪无苟。金曰:"非析相助,无以语此。"故昔年寺租才五十石,既赡工食,反增旧额,至二百余石,此可概见也。已而求静,退处小庵。取藏中诸祖语录切近日用者,节其大要,编入课本,以为规式。行住坐卧,字字指心,句句是佛。清晨合掌,名佛千声,迄于昏暮,精神罔懈。或礼净土忏,或诵楞严咒,回向三归,数十年中,无或稍间。庚申秋,北至燕都,居法源寺。主僧道阶,旧与同参,仰其清操,付以管钥,勤劳三载。举千日水陆,开无遮大会,功果圆成。更弘戒法,新徒四百,聚食万指。庶务殷繁,而析以积劬示恙。至壬戌正月四日,说偈别众,偈曰:"本来无有种,无种亦无生。不出亦不入,当生生不生。本来无有念,无念亦无生。不变亦不动,当念念不生。"又曰:"念本无念,弥陀全见。圆圆明明,不动不变。"阇维,舍利莹然,大者如豆,小者如粟。将归塔衡阳云。

同时,有惟澄者,湘乡萧氏子。早岁离尘,超然自洁。常持净念,不昧本来。初至燕京,栖西城广济寺。庚申冬,欲从道阶肄讲论,移入法源。时方倡《续高僧传》,以澄习文耐劳,属之采访,且主文牍。澄为广印征文,启以简章,分行东土,使续传者事半功倍,澄之力也。壬戌新春,睹析寂,喟然曰:"此老不待我乎,何其速也?"人方讶其妄,时澄无恙,年才三十。顾乐与析居,寝处间一木壁,声息相闻,志愿无爽。后数日,澄果寂。尝贮铜币数千枚,病时悉付主僧以施众，不昧因果可知。

清燕都南城观音院沙门释清苦传 乘参　恒修

释清苦者，不详所自出。光绪初，来燕都，止于城南观音禅院。持头陀行，以清苦自甘，因以名焉。每岁春暖，发脚游山。尝浮海，瞻补陀还。溯江而上，践峨眉。更逾洞庭，南登衡霍。复泛湘流，揽江南名胜。北旋至五台，足迹遍国中。独以台山，僻处寒荒，道途修阻，舟楫鲜通，仆仆风尘，或十数里，不得水火。因发悲愿，祈修石路，计驿远近，设立庵亭。庶游侣跋涉，意烦力惫，得所止息。于是作为简册，叙述怀悰，附以红笺，随缘题请。苟书名数，则揭笺拜领，对之焚化。或予以赀，反辞不受，谓事非偶然，功难立竟，但有移山之心，本无敛金之意。若胜因不爽，福果熟成，则浮屠涌见，宝藏无尽。不问假手之人，同为毕愿之日，何事计较铢两，混我戒行。识者高之，以为非凡僧也。

晚岁，乃于道旁树下，自覆一庵，萧然块处。有来者，取钵中食，分而饭之。我无求饱，人不独饥。斯为两得，即是两忘。恩怨报施，皆不足言。桂阳夏内史寿田，少时侍其父中丞公官部曹，得见清苦，饫闻先训，悉其行谊。及入词馆，掌内监，颇复访之，不知所终。因作《独树庵饭僧歌》，以寄意焉。歌曰："独树庵中独住僧，独行独坐百无能。长披一世无温衲，静对千生不灭灯。平生担破残经裹，是处名山乞香火。偶得团瓢胜普陀，京城人海安心坐。鸟至惟栖雨后枝，人来不舍霜前果。贫斋只办一人餐，也似丛林任挂单。自甘半食长饥惯，未觉千僧供养难。有人布施向禅林，唯乞将心奉世尊。长见定时双履在，曾无化后一衣存。当时手种阶前树,树长阴成僧已去。老树空庵四十年,独忆孤僧饭僧处。"

后有乘参者,住北台峰顶,取茅为篷,额曰"广济"。盖以便过客、憩游侣,意良殷也。与恒修相友善,同抱净愿,期偕安养。参临化时,招修至,情话亹亹,中夜达旦,握手而瞑。未几,修亦坐脱。

卷第四十九
兴福篇第九之一
正传十一人　附见十二人

宋余杭灵隐寺沙门释幻旻传

释幻旻，姓叶氏，玉山人。童时出俗，入兴教兰若，师僧省覃。既纳戒，乃访道四方。来虎林，见慧明于灵隐，即服膺所说，尽得其法。久之命监寺，而寺大火。方究典守，众惧祸及，或有遁去。旻独曰："我总寺事，罪尽在我，尔曹不必惧也。"吏不穷询，止坐爨者，人咸伟之。及慧明告终，旻帅众白府，请慧照聪镇其寺，仍以监寺辅之，戮力和与，复其寺。不十年，所葺屋庐，嶷然千余间，盖伟于旧。庆历中，朝廷闻其名，赐之紫衣，其后又赐号普照。及慧照谢世，遗书举旻自代。官疑其事，更命他僧主之。旻事其僧愈恭，无豪发见于声彩。知府龙图季公知之，乃以上天竺精舍，命旻以长老居之。及观文孙公莅杭，特迁主灵隐。升席之日，孙公重旻，衣冠贵游不翅百人，预会蓺香，听其说法，而道俗老少，摩肩趋者万计。是日，人声马迹，溢满山谷，法席之盛，罕有其伦。旻天性宽平慈恕，居寺六年，规制整饬，灿然大备。嘉祐己亥仲冬，忽感微疾，先日招契嵩与语，将授以寺，语气详正，无异平昔。十三日鸡鸣，问："夜何其？"即起漱洗，安坐而尽。寿六十一，僧腊四十一。塔于呼猿涧直北寺垣之内，契嵩为之铭。

宋南诏水目山寺沙门释普济传 净妙澄　皎渊　阿标头陀

释普济者，姓杨氏，姚安人。曾与净妙澄同开水目山，山旧无泉，普济以杖卓之，泉随涌出，人呼卓锡泉云。澄本滇池高氏子，世辅大理段氏，袭爵国公。因读《楞严》，至"见犹离见，见不能及"处，有省。竟叩玄凝，获大解悟，即从剃染。后开水目山，段氏为建刹，乃赠净妙之号。

皎渊，字本月，亦高氏子。袭大理段氏国公，而嗣法普济者也。尝问济云："如何免得生死？"济曰："谁将生来？"渊拟议，济以扇击几有声，遂悟。及住水目，弘化后进，朝野尊仰。寂，示偈云："诸法因缘生，我说是因缘。因缘尽故灭，我作如是说。"掷笔而逝。

阿标头陀者，洱海人，未知姓氏。尝以《心经》"无智亦无得"义问皎渊，渊为开示法要。昕夕勤究，罔敢懈息。时段氏王为水目建寺，阿标为工匠都养。日则奔走勤劳，夜则系绳寺梁，遂获灵通。常挈筐入市，日行二三百里，食顷便至。人窃窥之，但见闭户默坐，置筐于前，诸物自盈。见者喧传，阿标立化，世称水目四祖。

宋润州金山寺沙门释瑞新传

释瑞新者，不知何许人。宋庆历八年，金山火。明年，瑞新来治寺事。闵兹天灾，念彼灵境，不忍荒废，抗心修复。乃择山阳亢爽之区，劝州人士为水陆堂，积钱百三十万，不日而堂成。曾巩为之记，叹其穹堂奥殿，瑰杰之观。非佛之法足以动天下，盖新之材且辨有以动人，故成此不难也。然则新之学行砥砺，识慧明通，发扬佛旨，坚人信仰，又可知矣。新为青原九世福昌善禅师弟子。尝与同侣，论父母未生以前身在何处，因作偈曰："旷大劫来无处所，若论生灭尽成灰。"又曰："猛虎不顾几上肉，洪炉岂铸囊中锥。"皆征玄悟。宋皇祐初，主金山席，建水陆堂。五年，卒。当庆历时，王荆公安石为鄞令，与瑞新交，有《答十远》诗以寄意。诗曰："远水悠悠①碧，远山天际苍。中有山水人，寄我十远章。我时在高楼，徙倚观八荒。亦复有远意，千载不能②忘。"及其经游宿寺也，记云："质明，与其长老瑞新上石望玲珑岩，须猿吟者久之。"又有《书瑞新道人壁》者，盖新移主金山之龙游，安石访之，而新已殁。

南宋温陵开元寺沙门释敦照传 体瑛　祖机　法均　本一　善演　嗣祖

释敦照者，不知何许人。宋建炎二年，来主泉之开元。旧有戒坛，形式卑陋，不合古制。照详仪度，检南山《图经》，太息久之。因与其徒体瑛、祖机、法均，准彼故文，重作新规。凡五级轮广，高深之数，尺度手量。校雠律法，必有依据。既成，恐来者不识矩矱，疑出私意，使崇灌为之叙，表其法，刻之石。其略曰：按《图经》，坛五级者，五分法身也。位北而向南者，生善灭恶也。第一级，高一肘者，制心一处也。第二级，一肘有半，法轮王坛量者，绍法王位也。第三级，高二指者，真俗二谛也。界方七尺者，七觉意也。下二级，阔狭随宜，不表法也。四阶道者，便陟降也。中尊象者，佛在

---

① 悠，新校本《王安石全集》作"然"。
② 能，新校本《王安石全集》作"相"。

临其上也。上三珠中天建坛释梵所献者，戒珠莹也。佛后四位，一楼至，二豆田邪，三马兰邪，西土请五坛主，四南山师，此方弘律祖也。东西相望十座者，十师位也。下级十金刚者，不坏也。四围神象者，护久住也。下列龛穴者，准《灌顶经》，护三归者，各十二神，合之得三十六护。五戒者，各五神，合之得二十五，故六十有一龛也。上级四王环十六神者，并以本愿在处护法也。龛列二十八宿出没，照临同护也。栏柱金翅啖龙者，制除业惑也。其栏柱下多师子者，出家禀具，魔外无敢犯，如彼威伏百兽也。内有九龙擎珠，效祇园。钟台下龙水沐者，灌顶相也。中置法界轮者，以法界境开悟受者，万法唯心，无始倒迷，翻恶成善也。为屋而涂绘者，俾登之生敬也。照生平严守毗尼，以身范物，学者宗之。尝为僧正，屡弘法戒，其徒万人，极一时之盛。甘露坛，本宋真宗天禧三年，普度僧众，例得为之。照法《图经》，复明其义，志虑深矣。

又本一者，亦泉之开元清凉院主也。才足达机，勤能任事。又以至诚感物，故施者多归之。宋绍兴二十五年，开元寺灾。旧有象，清凉山万菩萨者，与寺俱烬，历年未复。及淳熙二年，本一来主是院，慨然以兴修为己任。始改为藏，以康万圣，而疑象山为轮，不合法制，质诸李訦。訦曰："昔开福惟劲创藏，法忉利天，琢石象海，与须弥山上建大轮，运其宫阙，后有尊者室利嚩啰，自五天来，是其作此，其左验明甚，山而轮之，又何害焉？"因奔走诸檀施者，材匠悉择其良，指挥斫雕为八面，面千象，极其精妙。绍熙二年春，乃成，糜金钱八千缗，訦为之记。其略曰"造化机缄，阖辟翕张。显其妙用不穷，运而无息。故天地之旋，日月之行。星辰雷风，回移鼓荡。阴消阳息，暑作寒缩。一气循环，周而复始。旦夜夜旦，生死死生。古古今今，相推相代。而人与天地万物一气，俱为无穷也。必有道焉,超越乎造化机缄之外。不为彼转,而能转彼,则其妙用。亘天亘地,贯古贯今,不可磨灭也。是以诸佛菩萨于无住心,建大法轮"云云。记未刻,而本一卒。庆元四年,其门人善演刻之。

又嗣祖者,泉之惠安黄氏子。受业开元七佛。宋嘉泰中,苦志经营,复修寺院。祖性颖异,初承径山宗旻学派。内外经籍,皆深造有得,出语惊人。后居北山瑞象岩,刻"北山胜概"四字于霹雳石,陈说所题也。嘉定十年,真德秀知州事,闻祖名,致之出世承天。嗣龙翔南雅法,未几示灭。

南宋四明延庆寺沙门释子亲传 文表

释子亲,姓潘氏,乐成人也。幼从西坡觉祝发。年二十,听妙经于七宝戬,并圆大戒。戬问:"无量义处定,与法华三昧,是同是异?"亲曰:"说默虽异,是同。"戬深器之。辞归故居,未几,与其徒文表重兴白岩寿圣。尝示众云:"台宗三观十乘,乃治心法要,至简至精,最近最易。除我见,去妄情,莫尚乎空。辨邪正,晓偏圆,莫尚乎假。融事理,明体德,莫尚乎中。惟在信之坚,行之勿退,他日必至佛祖之所澈证。其或好异,厌故悦新,则徒劳其心、苦其身,何益于己?何益于人?"宋淳熙初,乃之鄞,卓锡延庆,重兴讲堂。一日,无疾,说法而逝。弟子奉灵骨,归葬白岩。

南宋温陵开元寺沙门释了性传 守净

释了性,出安溪黄氏。赋性慷爽,见义勇为。凡所行事,发于至性,使物我了然,明其无私,因以了性自名。及学佛,尤以导人作福为念。每见寺塔颓废，梁道倾圮，必竭力成之而后已。人感其真实，无一毫私伪，翕然响应。故所谋必济，所造多就。宋绍兴中，开元东西木塔灾，至淳熙初，了性次第建之，矗若双标。

弟子守净，晋江翁氏子。从性学禅，时性方造镇国塔，来则欣欣，左右不去。绍熙间，净建资圣塔，复新厥庙，及岩堂庵桥，凡十有七。开禧末，陈模作《资圣塔记》，略及之。然了性所造东西塔、弥陀殿、安溪龙津桥、晋江安济桥，郡志具详之矣。而其构承天僧堂，释太初子愚为之记。世所称简严有法者，庶乎近之。

南宋临安灵隐寺沙门释道昌传

释道昌，字月堂，姓吴氏，归安人。幼投鹿苑，礼澄公为师。年十三，祝发受具。坚持净节，不异成人。逾年行脚，不惮寒暑。寻访耆宿，究取上乘。时妙湛住湖州道场，声誉甚盛，昌往谒之。一日，问妙湛曰："不起一念时，还有过也无？"妙湛曰："须弥山，尔作么生会？"昌于言下领略。自是机峰捷出，有辩无碍。罢参，归雪川。土人莫倚施米麦豆六百斛，恳之主何山。左丞叶公寄栖卞山，与昌甚契。每鱼鼓相从，伊蒲共馔，为方外忘形之交。继主平江瑞光，移穹窿。又迁四明，居育王山。皆创成法席，一新寺宇。先是妙湛住净慈，有大通所传云门大师摩衲，已八代相授，至是妙湛对雪峰大众，以此衣授昌。众谓不失其宗，人以为荣。叶公帅建康时，蒋山新经戎烬，屋仅数椽，叶公奏请昌住此山。不数年，楼阁化城，若自天降，宝祖规制，尽复旧观。翠华驻临安，灵隐方丈虚席，诏补其处。时丞相汤公慕昌践履笃实，德腊俱高，欲以激昂有众为奏，授佛行大师之号，时年已七十余矣。乃以耄辞，选林泉幽胜为出尘之所,退居其间。因以月堂号所居,杜门谢客,以娱晚景。会净慈阙主,十方衲子恳府帅王公入山敦请,昌不得已,乃承命复出。辛卯岁正月,忽击鼓辞众。远近咸集,无不泣留。侍者宗本求语,昌曰:"吾平生拈古颂古,其语已多,尚何言哉?"端然而化。年八十有二,僧腊六十九。葬于寺之东隅,松隐曹勋为之铭。

南宋临安净慈寺沙门释可宣传 妙崧

释可宣,字石桥,姓许氏,嘉定人也。为橘州昙公之弟,道行卓见,海内钦企。元宁宗雅闻其名,赐号佛日。嘉定丁亥,丞相鲁国公请居径山。宣谓,学人重趼而来者,穷其日力,食息无所,乃创室百间。又自衷其囊,合缗市田千亩,接待于双溪之上。宁宗嘉其意,御书化城寺额锡之,眉山杨汝明有记。及示寂,建塔化城。

同时,少林妙崧者,建宁徐氏子。首参育王佛照光,有省。元嘉定三年,以尚书省牒四至,出主净慈。未几,谢去。后十二年辛巳,复以净慈虚席,诏崧住持。凡二十年,前后建置闳胜,甲于湖山。都人骇叹,谓出神力。嘉定十四年,以千秋节召入内廷,奏对称旨,赐号佛行,并紫方袍。后复被旨,迁主径山。二月二十日,奄然坐化。

南宋黄山云岭禅院沙门释云林传

释云林者,不详其里姓。宋淳祐甲辰,来游黄山,结茅其间。此地初名佛岭,唐大历中,志满禅师露宿岭上,山虫卫绕,数日不知饥渴,人以为佛也,故名岭,为游山者发足初地。在郡城西北三十里,自歙至太平,亦多取道焉。但经行十余里,无居人,行者苦之。及建禅院,岿然林表。四时姜茗,取携甚便,游侣德之。时事变迁,故院湮废。及云林庡止,知为龙象修真旧地,乃造华严楼以居,为开山始祖,因以云名其岭。林有《归山》诗云:"沧海尘生望不还,虚空粉碎步方艰。时人欲识今行履,一衲萧然云岭间。"又《答友》云:"搔首何须更问天,此心灰尽不重然。休将琐琐尘寰事,换我山中枕石眠。"味其旨趣,高蹈远引,无惭禅德。方遗民凤《寄林诗》云:"竹杖芒鞋去未能,鞅尘十丈苦相仍。去来今了三生事,输尔寒岩晏坐僧。"凤为文信国客,与谢皋羽结汐社,林盖方、谢旧友云。

南宋明州天童寺沙门释祖智传

释祖智,字别山,姓杨氏,顺庆人也。年十四,得度。初闻僧诵六岩语,悦之。时岩住苏之穹窿,亟往从焉。因阅《华严经》"弥勒楼阁,入已还闭"之语,恍如梦觉。越二年,遍叩浙翁琰、无际派、高原泉、淳庵净、妙峰善。最后见无准范于雪窦,知是法器,待之弥峻。时或棒喝交并,语不少贷。智欲拟答,禁不能发,由是知解都丧。久之,作而言曰:"吾生平皆守死法,今始行活路。"既而,范移径山,命智分座。嘉熙戊戌,洞庭天王虚,迎智主之。宝祐丙辰,天童寺毁,制相吴公潜判州事,奏智道行,被旨携一钵一囊至,缚茅以居。时州地久旱,祈祷辄应,人情奔凑。不三载,百废具举,天童乃复旧观。庚辰九月朔旦,忽示众云:"云淡月华新,木脱山露骨。有天有地来,几个眼睛活。"越十日夜分,重别大众,叉手而逝。世寿六十有一,坐四十七夏。塔于中峰密庵禅师之右,玉局文复之为之铭云。

南宋福州雪峰寺沙门释天锡传

释天锡,字樗拙,姓尤氏,晋江人。幼而失怙,羁孤坎壈,有愿空门。年十五,始裂缝掖,从僧道本剃发。绍定己丑,登具戒。后忘寝废食,研穷经传。质难臞庵之门,辨惑善堂之室。尽获圆顿秘奥,梵音风发。净侣雾滃,从听无地,多席门外。布毳珠珍,波流云委。尝造镇国塔,顶极其精丽。戒坛蠹朽,更易一新。开山真觉禅师有先茔一区,于兰若西偏,地号柘林,久委榛荆。乃夷地创庐,构崇阁五楹,上崇佛像,下列法祖。每岁香会,期以五月,至者如市。又辟硌确为田,以赡庵众。颜盘居为题句曰:"云根琢尽构禅室,石髓流来溉旱田。"盖纪实也。会白松虚席,众迎主之。坐未温席,在位移文,括没缁徒。即拂衣而去,从俗自戢。柳杨桥毁,颜公驰书,勉完之。迨尹京回驭灵隐,以殿缘祈公。公抵泉,屈天锡。一临讲席,距千万指。殿既就事,上国传耀。由是声誉日新,户屦常满,结系要迎无虚日。得亲炙者,幸甚焉。性介而敏,貌温而厉,机锋蹀踔,其徒率多依之。庵东皋,千柏而下,别无寺储,而香厨饱饫,不告乏绝。道范既隆,信施自至也。以景定癸亥十月九日示寂,寿五十五,腊三十五。七日荼毗,其徒维方拾舍利于烟烬,殖归承天永通塔。咸淳二年丙寅,维方更撼余闻,次为行传。比丘大全为立石,以垂久远,文具寺志。

卷第五十
兴福篇第九之二
正传十四人　附见十八人

金徂徕山法云禅寺沙门释福灯传 善宁　法朗　智崇

释福灯者，姓屈氏，曲阜人也。爰自妙龄，慕善出家，为童行。时云游济南，投开元寺普贤院。安居日久，礼真教大师善慧披剃。循序受课，起止自持，罔不有恒。一日，语福灯曰："人能弘道，非道弘人。佛道至妙，苟非我辈，孰能阐扬？汝其念之，当择有缘之地，以回胜事。"他日，福灯飞锡北来，道过徂徕山下羊栏村，旧有四禅寺废址，石佛断碑犹存，摩挲可识，盖创于北齐河清二年。福灯时与道侣法润，结庵上峪。或迎送约束，或求化僧储，往来维行斯地。观其古迹荒废，未尝不恻然动怀。屡见檀越、高年、硕德，具说修建之意，翕然喜从。及建筑方兴，周览形胜，金曰："此污下废败之地，不可荐修寺宇，当别卜善地。"乃去古基北数百步间，选地数亩，形势爽垲，宜建佛宫。且辟荒榛、起磐石，新基既成，乃鸠工遴材，以经以营。栋宇雄壮，檐殿高揭，窗牖疏明。法堂丈室，僧寮香积，于焉具备。复哀集钱三百贯，依上畔，经本军军资库纳讫钱数，乞示寺额，乃蒙特赐法云禅寺。大定十八年，刘贤为之记。

后有善宁者，远涉荒梗，首至谷山旧址，破屋横欹烟草间。而山色葱秀，出没起伏，远而益清。善独流连，雅契宿心。于是日趋山下，丐菽粟，携火具，结茅而休焉。往来山坡无难色，暇日畚筑溪涧，勤苦作劳，略无怠意，短褐芒屦，从事如初。自是涧隙山曲，稍可种艺，植栗数千株，后且充岁用焉。饘粥所须，日益办具，居此三十余年。其徒法朗继之，锄理荒险，不避寒暑。又三十余载，经营不倦。

复有智崇者，寺缘契合，四众归向。工役趋作，日盈百数。殿基琢石，高逾数丈。若是者三四焉。彩塑图饰不与也。经画作劳，不后二祖。兴复之功，于焉告成。党怀英为之记，文具《泰山志》，时泰和元年也。

金上方山感化寺沙门释澄方传 圆覆　宝公

释澄方，姓孙氏，香河人。幼好静默，出家于隆安寺。年十八，登具。遍历讲肆，于诸经论，无不了然，声华籍甚。后参禅旨，悟明心地。寻有尊宿，请住上方兰若。澄至，开辟幽荒，造感化寺，又起绝顶浮图。尝示众曰："《涅槃经》云：'避役出家，无心志道。我当罢令还俗，为王策使。'惭耻之服，是为上服。不知惭愧，非佛弟子。"后示疾而终。门人士隆建塔上方寺东麓。

又圆覆者，渤海李氏子。初为校尉，天会中予告归。尝问道于翁同西院，削发衣褐，随缘化导。皇统二年，遇恩得度，礼书林柔光为师。后住西院，重修上院府君祠及观音殿。金碧宏丽，甲于幽蓟。一日，有数僧，不知何来，手持佛牙二具，鲜白如玉，举以授覆。大定甲午四月九日，谓门弟子曰："白驹易过，幻化非坚。一切有为，终归寂灭。"又曰："余夙珍藏佛牙及《般若金经》，当于上寺之西，诛芜构塔，以安其上，置余骨于下。"且曰："生死无常，各自珍重。"语讫就枕,奄然而逝。春秋八十有五,僧夏三十有三。孙设为文记之,时大定九年三月十五日也。

又宝公,姓武氏,磁州人。慧性超绝。大定初,于滏阳造仰山寺。殿宇华丽,柱上作金龙蟠之。忽有题句于柱上云:"人道斑鸠拙,我道斑鸠巧。一根两根柴,便是家缘了。"宝公见之,大悟。即入西山,结茅以居。后遍历名山,住岘峪宝严寺。一夕,大风震地,端坐而逝。

金沂州普照寺沙门释觉海传

释觉海,西蜀人。家饶富,弃产万金,舍身桑门。金皇统初,行脚燕赵齐鲁间。未几,卓锡琅邪普照寺,为东晋王右军故宅。因台为基,下临阛阓,栋宇褊迫。法物经藏,多缺未备,不称宝坊之制。海深念之,乃议改作。众惧难成,请仍旧贯。然海志已坚,不为所挠。适高召和式守是邦,出己货力,往给经费。且示苦忍,降伏偷惰,畚锸斤斧,辄以身先。于是郡人感之,檀施远来,卒满初愿。工成,集诸山长老,建龙华会以落之,众逾万人。海尝有言,谓:"实际理地,不受一尘。佛事门中,不舍一法。吾以如幻三昧,游戏世间。虽化大千,尽为佛刹。其中宝供,最胜第一。种种具足,吾之妙用,未始有作也。昔真际之住东院,不听大檀越动一草以广其居,是诚古佛用心,然不可为丛林法。吾惧末世比丘喜虚诞者,竞为大言以欺佛,遂有假如来衣,窃信施食。视法宇成坏,若行路之过逆旅,曾不介意。或问其故,辄曰:'古之人,固如是也。'及覆压堪虞,乃恝然舍去。如诸方建化,率由此辙,则宝阁琳房,鞠为茂草。如来遗法,其能久乎?"其严持律操,笃行实践,类如此。后赐紫衣,并号妙济大师。海善书法,世所传《琅邪普照寺碑》,或云即海书,署曰"集唐柳公权书"者,犹临摹耳。

元云南大德寺沙门释玄坚传 节思枫 大云

释玄坚,字雪庵,姓王氏,龟城人也。幼而聪异,日诵千言。既及成童,即善属文。因见雄辩所译经论,翻以僰语,声入心通。便于俗学,本所见闻,解释法旨,依韵为歌。献之雄辩,一览奇之,叹为神助。由是延誉遐方,竟以所作,争相传诵。元至元甲申,乃礼雄辩,为之披剃。亲承指授,朝夕殷殷。讲演《圆觉》诸经、《摩诃衍四绝论》,分析幽微,妙解天成。复受宗教禅师衣钵,为讲仁大德。庚子岁,雄辩倦勤,畀以法席,俾之继承。时梁王为云南王,有高僧节思枫为王师,乃颁令与法旨,命主玉案山。癸巳,云南行中书省平章蒙古督鲁弥实创建大德寺,奏延坚为寺主。坚至大德,广演教乘,弘宣法音,诸方景企,徒侣日繁。庚戌,南省大臣奏请《大藏》,以新荒服。有诏,命古杭僧录司管巴领琅甫三藏,传至善阐,分供筇竹、圆通、报恩三寺,俾僧众转览。乃命坚主教法门,护持经藏。盖兼摄三刹,总揽大纲,虽及暮年,不辞勤瘁。延祐己未三月十七日,云隐四合,雨雪霏霏,乃诏众曰:"人世幻躯,如露电泡影。一切生灭,亦复如是。禅教定慧,汝曹勉之。道岂从吾往哉?"书偈而逝,年六十五。阇维,有舍利,五色莹然,与日下彩霞,照映南冈。竖塔筇竹寺。

后有大云者,不知何许人。或云以《羲经》登进士。居长安邸中,梦大士拊其背曰:"子于空门,大有夙缘。"觉而白光满室,香气袭人。因弃官,礼大觉祝发。遂游天台,习止观教。继入滇,锡三泊大云山，创华严寺，因号大云。时缁徒从者，履满庭阶。元元统间，始还大都，不知所终。

元云南真峰山正法寺沙门释玄鉴传 大休 宗屿

释玄鉴，字无照，曲靖人。生即不群，父仕安宁，僚从见之，莫不称谓。然性独高迈，颇厌宦尘。稍长，辞亲出家，往依虎邱寺云岩净剃落。尝与念庵为友，初习教观，善说经论。每登讲席，听者麇至，名著诸方。然未窥别传之旨，因出蜀，游荆楚间。参空庵一及高峰妙，领悟真谛，遍穷知识。两宗之门，多所启发。后叩中峰本，机缘契合。遂为首座，嗣法临济。世次派别，已达二十。已而还滇，本示以诗曰："狂心未歇为禅忙，万八千程过远方。丧尽目前三顿棒，挥开脑后一寻光。陈年故纸浑无用，今日新条亦渐忘。见说云南田地好，异时归去坐绳床。""衲僧用处绝罗笼，拶着浑身是脱空。辗破一尘如有旨，拨开万象觅无踪。德山焚疏情先死，良遂敲门路已穷。积劫尘劳忽吹尽，黑龙潭下五更风。"及至滇，止于曲靖真峰山，构庵以栖。傍有龙湫，堕叶触波，必遭风雨。鉴安禅制之，龙徙去，遂建正法寺。寻入会城，梁王钦崇殊胜，为创佛严寺居之，云南行省平章达理麻等力赞其事。当道权要，遐迩缁素，无不皈从。教化盛行，弟子数百，得法者五人而已。

不久，示寂。阇维之日，梁王车驾戾止，亲观举火，获舍利累累，太息而去。门人瘗灵骨于寺左，塔焉。天目中峰本复为文诔之，略曰："佛祖之道未易坠兮，吾无照远逾一万八千里江山以来兹。佛祖之道失所望兮，吾无照负三十七春秋而云归。生耶死耶果离合兮，非智眼而莫窥。祖意教意果同异兮，惟神心其了知。谓无照于吾道无所悟兮,真机历掌,其谁敢欺？谓无照于吾道有所悟兮,大方极目,云胡不迷？笑德山之焚疏钞兮,何取舍之纷驰？鄙良遂之归罢讲兮,徒此是而彼非。惟吾无照总不然兮,即名言与实相互融交涉而无亏。出入两宗大匠之门兮,孰不叹美而称奇。屈指八载之相从兮,靡有间其毫厘。我门人之既多兮,求如无照者,非唯今少,于古亦稀。我不哀无照之亡兮,哀祖道之既坠,而今而后,孰与扶颠而持危。对炉熏于今夕兮,与山川草木同怀绝世之悲。"

同时,有大休者,不知何许人。得法雪岩。元至元十五年,飞锡南来,栖圆照山兴祖寺。时梁王也先钦崇道化,弘敷法筵,御赐藏经并大休禅师之号。又重建圆通、普照诸刹。延祐丁巳,示寂。

又宗玘,号商岩。亦得法于玄鉴。初住鸡山,后为土官高凤请住姚安,创活佛寺。诸方向德,集者七百余人。有送僧偈云:"正是丛林摇落时,出门相送步迟迟。明朝玉案山中寺,逢着仙人莫看棋。"

元鼓山白云峰涌泉寺沙门释如山传 道杰　崇祖

释如山,字海翁,姓陈氏,闽人也。大德丙午,礼在山道杰为师。杰有慧辩,入雪窦简翁之室。晚住当山十余载,山中颓废,悉皆修举。元统甲戌,诸道广立教府,以统僧众,乃请如山,居当山以兼之。未几,遂专其席,经营勤苦,十有八稔,寺宇一新。诏赐紫衣,兼正宗颖悟之号。至正癸巳,传席弟子崇祖。

崇祖,字不传,出林氏,亦闽人也。年二十,剃落受具。元统癸酉,出主广明。至正十三年,始主当山。闻誉远著,卿相礼重。由是声彻禁中，朝廷特赐玺书，褒美护持。更赐紫衣，并号曰慧灯普照。故寺门有曲，皆得理而直之。白云廨院，为寇所焚。崇祖重建之，规模视昔有加，一时盛称之。以至正癸卯年示寂，入祖塔。如山寂于至正乙未二月七日，入南山仁寿寺塔，盖所自建者。

元伏龙山圣寿寺沙门释元长传

释元长，字无明，一号千岩，姓董氏，萧山人也。父九鼎，母何氏。晚岁生子，鞠育为艰。姒妇谢氏，养为己子。七岁，即就外傅，诸书经目成诵。出入蹈规循矱，有若成人。其父喜曰："吾家世诗书，是子当以文行亢吾宗。"长有从父曰昙芳，学佛于富阳法门院。羡长聪颖，欲乞为徒，谢氏弗许。未几，长遘疾甚革。谢氏祷于大士曰："佛幸我慈，是子弗死，令服洒扫役终身。"祷已，汗下而愈。遂使从昙芳游，时年十七。益求良师友，摩切九流百家之言。已而曰："此非出世法也。"复从授经师，学《法华经》，至《药王品》，问曰："药王既然二臂，何为复见本身？"授经师异之。年十九，剃发受戒具。走武林，习律于灵芝寺。律师问曰："八法往来，片无乖角，何谓也？"长曰："胡不闻第九法乎？"律师曰："问律而答以禅，真大乘法器也。"

会行丞相府饭僧，长随众入，智觉本公亦在座，遥见长，呼而语之："汝日用何如？"长曰："惟念佛尔。"本曰："佛今何在？"长方拟议，本厉声叱之。长遂作礼，求示法要，本以狗子无佛性语授之。既而缚禅灵隐山中，雪庭召掌记室。长下笔成章，见者叹服。俄归法门，随顺世缘，殆将十载。一旦，忽喟然叹曰："生平志气，充塞乾坤，乃今作瓮里酰鸡耶？"复造灵隐，跏趺危坐，胁不沾席者三年。

因往望亭,闻鹊声,有省。亟见本,具陈悟因,本复斥之,长愤然而归。夜将寂,忽闻鼠翻食猫器,堕地有声,恍然开悟,觉跃数丈。如蝉蜕污浊之中,而浮游尘埃之外。苍苍两间,一时清朗。披衣待旦,往质于本。本问曰:"赵州何故云无?"曰:"鼠餮猫饭。"本曰:"未也。"曰:"饭器破矣。"曰:"破后云何?"长曰:"筑碎方甓。"本乃微笑,祝曰:"善自护持,时节若至,其理自彰。"

盖少林之道,十传至慧照,而别为一宗,设三玄门,演畅宗乘,权实兼行,照用双至,四方从者,雷动海涌。逮乎宋季,其道浸微。惠朗钦公,起而任之,竖大法幢,屹然为东南之望。唯本公深造阃奥,以大辩才,通博无碍,慈泽普滋,遍一切处。长既受付属,遂为入室弟子。已而隐于天龙东庵,耽悦禅味,不与外缘。时见二蛇,环绕座下,长为说三皈五戒,蛇矫首低昂,若拜伏状,相率而去。自是声光日显,笑隐䜣方主中天竺,力荐起之。江浙行省丞相脱欢公,时领宣政院事,亦遣使迫之出世,皆不听。居亡何,名山争相劝请。长度不为时所容,与弟子希昇杖锡逾涛江,而东至乌伤之伏龙山。见山形如青莲花,乃卓锡岩际,誓曰:"山若有水,吾将止焉。"俄而山泉溢出,遂依大树以居,时元泰定丁卯冬十月也。初,伏龙山有禅寺曰圣寿,其废已久。当长入山时,乡民闻有异僧来游,相率造访,见其晏坐不动,各持食饮之、物献之。邑中大姓楼君如、浚一得,各为伐木,构精庐,延长居之。遂因旧号,建大伽蓝,重廛杰阁,端门广术,辉映林谷。

由是声称翕然,洋溢中外。齐鲁、燕赵、秦陇、闽蜀之士,与夫日本、三韩、八番、罗甸、交趾、琉球之人,莫不奔走胪拜,咨决心学,留者恒数千指。至有求道之切,断臂于前,以见志者,长则随其根性,而为说法。譬如时雨春风,吹嘘霡霂,乔木细草,各怀沾润,欣欣向荣。王公大臣，倾向之笃，如仰日月。朝廷三遣重臣，降名香以宠异之。江淮雄藩，若宣让王、镇南王，或下令加护其教，或亲书寺额，制僧伽黎衣，奉以普应妙智弘辩之号。帝都亦再降旨，更号曰佛慧圆鉴大元普济大禅师。资政院又为启于东朝，更崇号曰佛慧圆明广照无边普利，并金襕法衣赐焉。至正丁酉夏六月十四日，示微疾，索浴更衣，会众书偈云："平生饶舌，今日败阙。一句轰天，正法眼灭。"投笔而逝。春秋七十四，夏五十六。弟子德亨、德馨以陶器函其身，瘗于青松庵。长疏眉秀目，丰颐美髯。才思英发，超越丑夷，顷刻千偈，包含无量妙义。得其片言，皆珍袭宝护唯谨。著有语录若干卷，《和智觉拟寒山诗》若干首，皆梓行于丛林。宋文宪公濂与交，垂三十年。平昔激扬义谛，无微不入。感其道谊，为述厥事迹，铭其塔焉。

元磐山北少林寺沙门释云威传　圜悟

释云威，姓侯氏，太谷人。幼习儒术，高才博识，早有令誉。方及壮岁，舍业去浮，下发披褐，参最上乘。朋游讲肆，慧辩出伦。闻玉山博达公讲席之盛，走谒依之，为入室之子。久之，遂承印证。会磐山法兴虚席，使云威接武。明年，新巢云轩，因以巢云自号。宣政院使脱公为请朝旨，更法兴为北少林寺。尝谓脱曰："知人唯难，人实难知。知其难者，千中无一。"云开法施教，居止无怠。檀门仰德，寺规谨严。至正戊子八月二十三日，以疾告终，圆让为之记。

圜悟赈禅师者，不知何许人。得法东山本无玄公。孤藤只钵，至磐山，修报国寺。延祐五年戊午，闻于朝，赐号契宗禅师。

元泉州开元寺沙门释伯福传 守慈　永宝

释伯福,字谦叟,惠安周氏子。年十三,从积善长老守慈出家,六年乃得度。元初,合刹议定,隶入开元。契祖察其能,选知僧事,至使总之,皆称职。福性喜施予,作事耐劳,持大体,不分畛域。契祖以殿前大庭当甃石,福任其事,至与匠者同卧起。工成,复甃仓庭以石。契祖作轮藏既成,又以钟阙告,福不辞劳勚,不伐功能,若行所无事。环泉之四乡市廛,凿井数十,泉人甘之至今。承天之作《龙藏》也。其经若室,举求福理之,福副其求,无愠色。其后,承天以堤防水田求助,福归之金百。南安之蒙溪,其下可田,福垦筑之,其田濒海,胼手胝足,久之不怠,今为寺正供。以至顺元年二月八日,无疾而化。既火,藏其骨于西山后,弟子永宝复为建塔于宝幢峰。福为人沈毅寡言,能清约以禅自娱。或闭门累日不食,其徒走视之,福笑曰:"子以为我为死矣。"人知其初叩天竺宗,心法有得云。

元当阳玉泉山寺沙门释慧珍传 霞璧　宝镜

释慧珍,字藏山,江西人。元初,为荆门州僧正。至元十四年,来自江陵。寻住当阳玉泉,时当兵燹之余,满目蓬蒿,不胜荒凉。珍重辟旧基,式廓新宇,庙貌宏敞,丹臒增辉。二十七年,修筑显烈祠及关陵坊表。盖壮缪生为忠臣,没封王神,庙食兹土,世所观赡,故珍筹及之。珍妙解经说,性理双圆。升座高谭,四众环听。世祖敬异,锡号神应慈云大师,并袭紫衣。晚付院事于霞璧,老于斯寺。

霞璧，字师瑄，荆州人。弱冠落发，隶玉泉。元成宗时，为僧正。珍既告退，乃继其席。以院中治饰完善，唯旧钟无声。命宝镜叩募，远至湘州醴陵造就，舟运而至。其音清圆弘亮，发人深省。江西大仰山寺常陵为之铭，具详别集。远近缁素，闻风兴起，联翩而至，酬唱宗乘，激扬向上，不遗余力。武宗敬仰，赐以广智静慧之号，兼赐紫衣。至大中，谢院事，老于寺之山月堂。

元泰安竹林宝峰寺沙门释法海传

释法海，姓于氏，固陵人。祖尝任光化军节度使，昆季联镳，门多贵显，家赀巨万。值兵燹离散，时海才弱冠，遁迹魏博间。至馆陶东北，舍余地，得招提故基，曰白佛堂，榛莽蒙蔽，芟而除之，结茅以处。得念佛三昧，昼夜寒暑，不为变易。岁在甲辰二月，遇师披剃。如宝珠出泥，光溢众目。于是缁俗听信，力宏是愿，相与住持。逾六十晦中，起演法之堂，斋僧之室，香厨库困，以次俱新，揭其额曰"净土院"。时中书右丞严公总管东平，乃具书疏请，诣郡之四禅寺。徒众云聚，亦复如是。乃创为绘塑，大雄萨埵，护法神将，百有余躯，华光灿显。

丁未，僧录云公，同众比丘，请主开元。自是法缘洪振，众悉归依。居无几何，东振齐鲁，北抵幽燕，西逾赵魏，南距大河，莫不闻风趋赴。其送施者，朝暮不绝，资赆衣物，积如邱阜。于是乃重修雷音堂、文殊殿，方丈、寮舍、钟楼、廊庑，百有余间。四方下院，三百余处。剃度小师，千有余人。俗素豪士，受持三归者，莫知其数。前后斋僧几千百万。给缯纩以赈单贫，设糜粥以饲饥馁。慈悲方便，靡所不至。国师法云闻其道价，特赐号曰明慧大师。一日，宴居,语诸徒曰:"吾欲韬光,宜何而处?"有近侍曰:"泰山竹林,古迹犹存,山水佳丽,人境幽僻,可作终焉之计。"海闻之,告密窃记。异日弗辞,只影曳杖,独跨宝峰,达斯古础。折草为庐,苟避风雨,宴坐习禅,方遂雅怀。于是岩花争秀,野鸟声喈。云山以之变色,幽谷为之生春。未及旬日,门徒缁素,蹑踵相觅。愿奉衣餐者,继日不辍。奉高一郡,莫不归崇。

居之未久,云徒既众,欲广其厦,奄示维痲。召诸弟子,付以衣盂,曰:"吾缘尽矣。树此兰若,功输尔辈,勿忘吾嘱。"言讫,移时而逝。自兹以降,五世相继,排肩戮力,方始见成。能仁有殿,祖真有堂,云宾有舍,香积有庖,三门挟库,悉皆备矣。复以余力,树松塞户,植竹封窗。又抉川流,萦纡而通诸庭宇,沧浪而贯诸阶除。漱石砌以便汲烹,灌蔬圃而滋生长。漩归大壑,复入湍流。瀑作水帘,崖悬百丈。浍集龙池,湛碧千寻。逼之则毛寒,过之则胆战。真所谓遁世之桃源、栖心之福地矣。历历勤苦,后不乏人。而乙乙萌蘖,实自海始。海春秋三十有九,僧夏一十有七。依法荼毗,起塔灵台。翰林侍读学士同修国史野斋李谦为之记,具详山志。

元泰安灵岩寺沙门释净肃传

释净肃,字足庵,姓孙氏,永平人也。世居满城,以农立家,陇云耕月,遑言他务。肃生而苕颖,见异常儿,颇有出尘之格。其父携之唐县,礼香山明公落发。给侍之余,令识梵文,目击千言,娓娓成诵。后闻云峰亨公,走依座右。日复一日,于捶拂之下,发明大事。虽秘传密授,不满初心,深自韬晦,遍参名宿。谒三阳广、仰山通、报恩资,皆蒙许可。后雪庭掌天下僧权,而主万寿。才学博赡,道德丰盈。遐迩云臻,慨然辐辏。肃亦怀香,径造其室。一见心许,针芥之缘,不差毫忽,遂以衣法付之。诘旦卷衣,去依赵好乳峰禅伯,禀受外典。未及食新,果造幽微。复参东山微、九峰信,信欲使续东山,掉臂去之。入燕,栖万安。寄傲南窗,闭关却扫,杜绝人迹。

当是时,嵩少阙人,就命开法于万寿之堂。越明年,宣授河南府僧尼都提领。居九载,革故鼎新,未尝少息,创建方丈二十四楹,古未之有也。当修营之际,辇土移石,必先其力,上下竦然,莫不服从,争先恐后。次主灵岩八载,广阁大厦,椽桷差脱,人多忧之,肃为之一新。其余僧舍,增修百有余间。自来缔构,无出其右。会万善虚席,命补其处。及至,重新廊庑,翕然称善。肃三居巨刹,立丛林,锐意兴建,不遗余力。后退居香山寿圣故刹,年及耳顺,默焉而寂。依制阇维,收骨起塔。弟子智锦,以至元三十年癸巳重阳,求林泉老衲从伦撰铭,立石以永遗芬。

元金陵钟山太平兴国寺沙门释守忠传

释守忠者,匡庐僧也,为灵隐玉山禅师弟子。至治辛酉,应请来主太平兴国寺。禅学之士,日满其室。泰定乙丑之岁,寺毁于火,忠方忧之,会文宗潜邸金陵,感忠精诚,愍兹古迹,有意作新。于是行御史台,与郡县之吏,皆争出金币,以为民先。一时风动,远近云集,富者输财,贫者效力。一岁垣庑成,再岁屋室具。其可以名书者,曰方丈,曰北山阁,曰经楼,曰香积,曰水陆堂,曰白莲堂,曰伽蓝祠,曰大僧堂,曰道林堂,曰新苍院,曰耆宿之舍。而大宏兴钟、三门,皆次第而成,方忠之始治寺也。旧有蒲卢之泽,见夺于豪家，前僧讼之，累不决。忠至，让而弗辩，夺者愧而归之。及天历改元，更建宏祠于寺北，曰大崇禧万寿寺，赐号宏海普印昙芳禅师。命主新祠，兼领旧寺。未几，加授广慈圆悟大禅师，领寺如故。至顺元年秋，御史守丞赵世安传敕，召守忠入朝。九月九日，吏部尚书王士宏以忠入见于奎章阁，奏对称旨，命太禧宗禋院日给禀饩，赐金襕伽黎衣与青鼠之裘。十二月二日，赐设于圣恩寺，乃召学士虞集至榻前，命为文以记，俾忠归刻诸石，具详《灵谷寺志》。

元云南崇宝山正觉寺沙门释定山传 悦颜 ［普觉］

释定山者，未知何许人。元大德间，卓锡崇宝山。戒律彪炳，缁素向德。每见尘俗茫茫，悍然不顾，定喟然曰："非以正法觉之，无由化入于善。"因开正觉禅林，尽心教导，归者日众。诸方慕之，法筵盛兴。

弟子悦颜者，滇阳李氏子。龆年出家，服定训言，力求正觉。于是慧香纷彧，戒德冰霜，内外典坟，研究通洽。梁王钦慕，玺书旌之。明洪武壬戌，寺毁兵燹。悦颜矢志重修，恢复旧规，备增新制。后五年始寂，寿七十有四，腊五十八。

佛日圆照普觉大师者，高昌人。与大休、弘觉、普圆、广慧四子，偕至中庆圆通寺。元皇庆初元，天子特赐玺书，嘉其轨范高洁，德业诚旷。及延祐六年己未，重兴其寺。时滇南宗风，为之一振。

卷第五十一
兴福篇第九之三
正传十人　附见一人

明衢州西安福慧寺沙门释世愚传

释世愚，字杰峰，姓余氏，西安人也。家本儒素，世守诗书。母毛氏，梦感神人授以青衣童子，觉而生子，故愚自幼好佛。稍长，投兰溪显教寺，从孤岳嵩供洒扫。已而剃除须发为大僧，受具足戒，昼夜奉芗灯惟谨。以针刺指端，濡血书《金刚般若经》，忽抵几叹曰："纵能尽书一大藏教，亦属有为。绝如梦幻，不可控搏。盍学无为，以明心宗乎？"出谒古崖纯、石门刚，诚心恳至，相对于邑，悲从中来，泣涕沾襟，祈示审端致力之要。二公为之感动，欣然语之。愚佩受其言，不间晨昏，兀坐如枯株，时年二十五矣。复自念曰："年日以增，学日以退。岂非见闻未充，无以启发知解乎？"渡涛江而西，见诸善知识。时布衲雍、断崖义、中峰本三人，大弘雪岩高峰之道。愚并往咨叩，语皆不契，中心愁惑。因止南屏山中，三年不逾户限。闻止岩成倡道大慈山定慧禅寺，门庭虽峻，而获证悟者众，亟往谒焉。止岩曰："南泉有云：'不是心，不是佛，不是物。'是何者？"愚闻而愈疑，仍还南屏，诸缘尽舍，形类气绝，行坐寝食，若无知觉，唯一念历然在太虚中，如此者久之。

一夕，坐至夜分，闻邻席唱《证道歌》，至"不除妄想不求真"

处,豁然如释重负。举目洞照,不见一物留碍,喜不自胜。且曰:"佛法自在目前,只为太近,故人自远耳。"即操觚成偈,有"夜半忽然忘月指,虚空迸出日轮红"之句。乃走见止岩,会止岩游姑苏。走天池,求证于元翁信。信者,止岩之师也。问曰:"上士从何来?"曰:"大慈。"曰:"大慈鼻孔,其深多少?"愚卓锡,信曰:"拗折锡杖,尔将何为?"愚作礼,信曰:"尔可归见止岩。"愚后见之,备述所悟。止岩曰:"何处见神见鬼?"愚曰:"今日捉了贼。"曰:"贼在何处?"愚便喝止,岩曰:"开口合口都不是,向上举将一句来。"愚曰:"遍界明明不覆藏。"止岩竖起竹篦,请指名,愚便掀到禅床。止岩曰:"尔欲来捋虎须耶?"愚复作礼,止岩击之者三,嘱曰:"善自护持,他日说法度人,续佛慧命。"遂留执侍,服勤三年。又还南屏,寻入大慈,为上座。

元至顺二年,归西安。先是西安乌石山有福慧古刹,岁久荒废,瓦砾堆除,荆榛塞路。愚独结茅以居,蛇蝎霄蟠,虎狼夜哮,了无恐怖。乡人信仰,钦其道德,裹粮遗之。遂澄居摄念,影不出山者,十有六载。声光日振,缁素麇集,至三千指,几无所容。县中大姓陈嗣宗倡义施舍,为造殿堂、藏经楼阁,规模弘大,制如伽蓝。且置山田,取其所入以供众。帝师大宝法王闻之,为锡弘辩之号。至正六年冬,江南行宣政院亦录其行业,请主广德石溪兴龙禅寺。祝香报恩,归之止岩,表其自证也。留居三夏,将迎还乌石,而郡中新建佛刹四,曰古望,曰龙眠,曰宝盖,曰普润,皆延之为开山祖。愚力起应之,无不感慕。明洪武三年冬十二月十日,示微疾,召门弟子,勉以精进入道,索笔书偈云:"生本不生,灭本不灭。撒手而行,一天明月。"掷笔而逝。越七日,藏于乌石慈云塔院。春秋七十,坐夏五十四。方参学莫知其数,得其法者则慧观、德随十有五人。所著《二会语》四卷,已刊行丛林中。愚道倾四众,高太尉纳麟、黄尚书德昭、廉访副使伯颜不花,莫不函香致敬,驰书问道,得其片言,称为玄要。其法施及人,可谓博矣。宋文宪濂为铭其塔。

明杭州灵隐寺沙门释辅良传

释辅良,字用贞,号介庵,姓范氏,吴人也。为文正十世孙。父伯和,母郑氏,秉性慈祥,素怀善愿。及诞良,聪悟夙发,妙意天成。见浮图书,跃然朗诵,若所故习。有相者见之,谓其父母曰:"是子骨格清耸,非世间法可缚。若使之学佛,必能弘大宗乘。"父母方钟爱,未之信也。里故多兰若,良稍长,日与群童邀游其间,徘徊爱慕,终日不忍去。父察其志,与相者言合。乃许之,从同里迎福院僧寿弥剃落。及受戒具,慨然曰:"学佛将以明心,心非师无以示肯綮,终日面墙可乎?"去从北禅泽法师习天台教观,所谓三乘十二分,研其精华,摄其密微,充然若有所契。

时士瞻枹主天平山白云寺,寺盖范氏所建,以奉先者。良数至其间,士瞻谓之曰:"教乘固当学,若沈溺不返,如入海算沙,徒自困耳。何不更衣,以事禅习乎?"良曰:"吾将焉适。"曰:"笑隐䜣主龙翔集庆,其道大被东南。缁白信从,如子归母。朝廷嘉之,赐以广智全悟之号。汝何不往依之?"良于是往见,䜣即以全器法宝期之。问答之间,棒喝兼施,弦发箭驰,霆迅电扫。刹那顷,凡情顿丧,虽未至清净觉地,而所入正途,超然出于物表。他日再有所问,良应声若响。䜣曰:"得则得矣,终居第二义也。"良益弗懈。久之,遂契其心法,云空川流,了无留碍。寻掌藏钥于四明阿育王山,与石室瑛纵横叩击,石室极推誉之。

元至正壬午,行宣政院檄良出主嘉兴资圣寺。年才二十有六,众颇易之。良杀衣黜食,为修建计。崇基广构,文甍雕甍。金碧烨然,前后相照。往来观者,始皆信服。居十三年,迁越之天章。阅四寒暑,移杭之中天竺。倾向者益多,教且远敷。会海寇兴乱,兵燹相仍。南北两山,名蓝梵宇,皆化于烈焰。灵隐古称绝胜,乃寒烟白草,凄凉夕照之中,过者为之慨然。康里公为江浙行省丞相,妙柬名僧,能任起废者,莫良为宜,命使居之。既至,翦剔荆丛,葺茅为庐,以栖学侣。虽凋零之秋,开示徒众,语尤激切。尝谓:"达摩一宗,陵夷殆尽。汝等用力,如救头然可也。然百千法门,无量妙义,于一毫端可以周知。如知之变大地为黄金,受之当无所让,否则贻素餐之愧。岁月流电,汝等急自进修。"参学之士,多有因其语而入者。化缘既周,手疏衣赀。入公帑,散交游。及治丧敛之事,顾谓左右曰:"明日巳时,吾将逝矣。"及期,澡身端坐,书偈而灭,明洪武四年六月十六日也。报年五十又五,僧夏四十。龛留五日,顶有暖气。阇维,设利罗珠圆玉皭,捧将盈升。弟子等以余骨入归云塔中,于寺东偏瘗焉。同门天界善世宗泐,辑其行事,乞金华宋濂为之铭云。

良性简直,虽面折人过,而胸中无留物。与人交,无少长,一以诚相遇。所造偈辞,初不经意,而语出浑成,有若宿构。举扬大法,不务缘饰,而西来之旨自明。复以净土观门,苦海航舟,时兼修之,未尝少怠。四坐道场,解结发覆,如利刃之破胃索,甘露之洒稠林。盖道行无迹,妙极无象,求而即之,吻契本真。未定之先,则万缘鼎沸。发慧之后,则一性洞虚。所谓不用其力而无所不力,则神器化于玄冥而忠信发乎天光。而良和粹外形,渊懿内朗。造请之间,因言悬解。证不染不迁之域,泯差别次弟之门。非上智宿植,恶至此乎？

明钱塘净慈寺沙门释智顺传

释智顺，字逆川，姓陈氏，瑞安人也。父道羡，母娄氏，生子辄殇，屡哭失明。其情不胜哀，乃塑智者大师像事之。一夕梦僧，顶有圆光，逆江流而上，谓之曰："吾当为汝子。"寤而有娠。顺既生，美质夙成。年五岁，从季父学。季父引生徒渡溪，抵萃野，顺欲相随，季父麾之还。俄而溪暴涨，季父生徒皆溺。然自少不喜蓄发，翛然有尘外趣。七岁，依仲父慧光于崇兴精舍。稍长，受具戒于天宁禅院。习《法华经》三月，通其文。出游永嘉无相院，觉源璿喜其俊朗，引为己徒。会横云岳大宏三观十乘之旨于水心法明寺，往而受其说，众推为上首。居亡何，走雁山双峰，未契所言。更走千佛，毒海清举为纲维，轨范肃然。毒海入寂，感世无常，叹曰："义学虽益多闻，难御生死。即御生死，舍自性将奚明哉？"遂更衣入禅。

走闽之天宝山，参铁关枢，授以心要，遵而行之，似有阶渐。一日，因触瓠瓜之机，地倏平沈，毛孔发光，举以求证。枢曰："此第入门耳，最上一乘则邈在万里之外也。汝可悉弃前解，专于参提上致力，庶乎自入阃奥矣。"由是精求，将逾半载，忽焉有省，如虚空玲珑，不可凑泊。厉声告枢曰："南泉败阙，今已见矣。"枢复举"不是心，不是佛，不是物"语相诘难，顺迎机契合。遂鸣钟集众，再行勘验，宗门元旨，应答如响。寻请分座说法，嗣主院事。寺制未备，多所规画，择地构亭，以增胜概。众方赖之，忽尔弃去。过杉关，抵百丈，上迦叶峰。渡江入淮，礼诸祖塔。经建业，回浙中。超然如野鹤孤云，无所留碍。

及反永嘉,会王槐卿造报恩院于瑞安大龙山,首延顺主之。参徒浸盛,至八百指,为建僧堂居之。石室岩主江心,仰其高风,以首座招之,翩然而往。未几,又以何山精舍,栋宇湫隘,不足以容众,拓之为大伽蓝。殿堂院庑之制,灿然毕具,像塑壁绘,次第告完。而平阳吴德大创归源寺,亦请开山。至则为造钟鼓法器,授职分班,动合规则。时东海有警,元帅达忠介公帅师镇台,遣使邀顺入行府。顺辞不见,达慕咏弗置,篆"逆川"二字遗之。尝因饭囚,戒其勿萌遁逃心,当重见日月。不久而赦书至,周吴二囚以为神。其后山寇窃发,二囚实为渠魁。所经之地,焚毁略尽,而报恩归源以顺故独存。朝廷闻之,为降寺额,锡以佛性圆辩禅师之号及金襕法衣。顺曾不为意,悉散其衣盂所蓄。退居一室,掘地为炉,折竹为箸,怡然自适。温城净光塔雄镇一方,年久将坏,修葺粗完,忽飓风大作,其上一乘,挟之入海。顺精诚宏愿,誓成此塔,遣其徒如闽,铸露盘轮相及焰珠之类,终遂所志,九斗七成,鬼输神运,涌峙海隅。

辨章燕只不花,出镇闽疆,道过东瓯,夜观塔灯荧煌,知顺所造,命驾造访,与谈《般若经》,心相悦怿,呼舟同载入闽。宣政分院请居东禅废刹。不一载,殿宇庑库,森如煜如,梵容穆冲,随相变见,灵山一会,俨然未散。补刊开元藏经,仍印施之。先是净业庆城东报国舶塔宝月松峰诸寺,兵燹之余,鞠为荒榛。福建行中书省,将籍其产于官。顺言于辨章,得仍其旧。已而思还,温方参政具船迎之。千佛院灾,无有起其废者,顺为剔除荒莽,一弹指顷,高阁立成。俄而,东瓯内附,潜居林泉,若将终焉。有明初造,尊尚佛乘,召江南高行僧十人,于钟山建无遮法会。顺与其列,升座演讲,听者数千人。事已,还钱塘。复振锡往净慈,以兵燹凋残,欲大有设施。会中朝征有道浮屠，以备顾问，众咸推顺。顺至南京，仅四阅月，超然善逝，洪武六年八月二十日也。阇维，得舍利无算。其徒文显、兴富持灵骨归，建塔藏焉。著有《五会语》若干卷、《善财五十三参偈》一卷。

明四明天童寺沙门释元良传

释元良，字原明，号左庵，姓周氏，宁海人也。初，居台之瑞岩。元至正十八年戊戌，行宣政院奏良道行，被旨住天童。重建朝元阁，范万铜佛于其上，危参政素奉敕纪其绩，赐号善觉普光禅师。庚子、丙午间，筑海堤五百七十五丈，成田一十顷有奇，为万佛庄涂田，梦堂昙噩记焉。主天童十二年，铸金范像，开基筑阁，事绩灿然。明室初兴，退居东谷，力修山宇，事在洪武丙辰以后。袁廷玉琪尝寄诗相赠，答诗云："归去山中笋蕨肥，石泉茅屋薜萝衣。一经静坐苍松下，闲看孤云自在飞。"塔于东谷庵前东南麓。

明金陵大天界寺沙门释力金传

释力金，字西白，姓姚氏，吴人也。母周氏，梦一庞眉僧，类应真者，直前麾斥，惊呼而觉，已而有孕。时至而育，奇芬满室。年方龀髫，广颡修颈，晳白如玉，见者爱怜。性尤颖悟，凡书一览，即能记忆。尝游佛寺，见像辄自下拜，信仰日深。因投县中宝积院，礼道原衍祝发。年十一，受具戒。精研三观十乘之旨，领其枢要。衍主秀之德藏，金为纲维，轨范肃然。忽喟然叹曰："名相之学，略谙之矣。盍弃诸缘，而往跻觉路？"遂更衣，入虎林，谒古鼎铭于双径。

一见，以法器相期，示以德山见龙潭语。金奋然踊跃，直触其机，从而有契，遂为记堂。未几，分席后堂，敷宣大法，如山川出云，灵雨沾润，四众信服。复登前堂，声光烨烨，起丛林间。元至正丁酉，出主苏之瑞光寺。会嘉兴天宁寺灾，郡守贰咸以为非金不足以起废，具礼币，遣使者力致之。金至未久，俨如兜率天宫下见人世，道路过者，莫不瞻礼赞叹。帝师大宝法王闻其贤，授以圆通普济之号。

有明初兴，洪武改元，弘阐佛乘，首开善世院，俾擢有道浮屠，莅天下名山。杭之净慈，主席尚虚，佥欲起金居之，疏币交至。浙江省丞复遣使趣之，金皆力辞。既而有旨，起住大天界寺。先夕，有仆梦花，发如芙蓉，光彩绝异，旁一人曰："此花天子当取之而去。"旦而命下，果符所兆。金既应诏至阙下，见于外朝，慰劳优渥，即令内官，送其入院，赐以天厨法馔。万几之暇，时召入禁庭，奏对多称旨。盖金精通内典，博极群书，其与荐绅谭论，霏霏如屑玉，故咸乐与之游。至于勘辩学子，直指心源，宗说兼行，机用迭发，尤足使闻者敬仰。四年春，诏集三宗名僧十人及其徒众二千，设广荐法会于钟山，命金总持斋事。于是灵承上旨，仪制规式，皆传之远永。五年，诏复建会，大驾临幸，诏金阐扬第一义谛。自公侯以至庶僚，环而听之，靡不悦服。一日，忽示微疾，谢去医药饮食，手书一偈，委顺而化，洪武六年十二月二十四日也。停龛六旬，始行茶毗，其貌如生。火时，获舍利无算。寿四十七，腊三十六。《三会语》有录。塔于嘉兴城西环翠兰若。金幼丧父，奉母至孝，为筑孤云庵，奉之以居。或有议者，则婉告之曰："不见编蒲陈尊宿乎？胡言之易易耶？"平生以宗教为己任，神观秀伟，智辩纵横。尝以《楞伽经》及《法宝坛经》为释门心要。当毒暑时，挥汗誊钞，锲梓以传。弟子觉慧，深恐遗行将泯，因条系群行为书，乞金华宋濂为之铭云，文见《銮坡续集》。

明金陵灵谷寺沙门释仲羲传 古新

释仲羲，字物先。浙东僧也，为仲芳伦禅师弟子。洪武九年，被召住蒋山梁志公塔寺。以寺近宫阙，王气攸聚，紫云黄雾，昕夕拥护。非惟僧徒，食息靡安，圣迹神灵，均未妥善。且佛法以方便为先，如得近地改建，诚至幸也。明祖许之，始择地于朱湖洞南。功将就绪，有言其地湫隘，非京刹所宜。羲复以闻，有旨，令舍旧图新，大其规制，可容千僧。太师李善长相度地形，择于独龙冈东麓，西距朱湖洞五里而近，回峦复阜，左右相向。方山在其南，俨然祇树之境。羲以图进，太祖答曰："以此奉志公为宜。"遂以十四年九月，中作大殿，其前东曰大悲，西曰经藏。食堂在东，库院附焉。禅堂在西，方丈近焉。后为演法之堂。志公塔则树于堂之阴，其崇五级。附以殿宇，以备礼诵。左右为屋，以栖僧。翼以两庑，其壁则绘诸佛梵像神师之迹。屏以重门，缭以周垣。其他规制，无有不具。逾年告成，赐额曰"灵谷禅寺"，羲实为开基之祖。

是年，授右阐教，敕曰："入定于大千界里，谈经于不二门中。解脱为空，清虚成性。久留心于佛教，独潜迹于禅林。去就维时，是非不染。尔仲羲居山禅伯，对月诗宗。抱不堕之慈悲，乐无穷之清净。乃命阐教之职，用副僧录之司。尚宜深究佛书，详穷禅教，条分本末，缕析始终。俾诸僧皆悟静中之禅，而无教外之失。今特授尔僧录司右阐教，往钦于训，宜懋尔功。"复赐紫开堂，风徽远畅，宗法攸寄。其寺碑，则杭州府学教授徐一夔奉敕撰，具见文集。

又古新者，金台尹氏子。幼从大兴隆静庵禅师祝发受戒。后至金陵,栖息普利。成化癸卯,推主灵谷。时殿宇将圮,司礼太监陈祖生奏修,焕然一新,皆古新劝赞之力云。

明崇恩演福寺沙门释显示传

释显示,字瞽庵,姓卢氏,宁海人也。母金氏,梦宝陁大士,见五色云中,觉而有娠。及生男,幼而凝静,不好嬉逐。稍长,神气洒然,有出尘之思。二十一,投会稽悟本院为沙弥,一山元为之脱白。一山度弟子四人,取《醍醐经》开示,悟入为之名曰显示。元天历初,受比丘大戒。即逾涛江而西,欲讲天台教观。时天岸济方主万寿圆觉寺,显示往事焉。久之,济见其天机峻利,一日千里之势,乃曰:"子盍从吾师游乎?他日大显南岳一宗,吾于子有望矣。"济之师,即佛海也。佛海倡道于上天竺灵感观音教寺,来受经者,云蒸海涌。显示杂多士中,昼夜研摩三观十乘之旨,察其密微,至于蚕丝牛毛,设有疑难,进而质诸佛海。退与四方俊彦,纵横切磋,不至于洞达,弗止。精积日久,大小乘部文义字句,了于心胸。有叩之者,辩口如水东注,不见所穷。朋类推服,恒以为不可。及佛海器之,命为司宾。及佛海退居南天竺,虎岩颐来绍其后,升掌忏摩而贤叟思。又延居首座,炼徒牧众,不异常时。

至正五年,始出世隆寿教寺。田亩侵蚀,董而理之。殿宇颓坏,葺而新之。如是者十有二载,虽蕞尔兰若,声望日增。迁雷峰显严教寺,破屋残僧,触目皆凄凉之境。显示既至,学侣渐集。复其旧规,蔚为胜地,人以为难。越六年,江浙省丞力聘主崇恩演福教寺。寺当兵燹之余,鞠为荒墟。显示为创丈室五楹,以纳负笈之士。遇有咨问,悉竭平昔所蕴,亹亹而语之。至于南屏、雪川之同异,尤严于断制,历引诸家经疏,辩证无遗。或惜其过劳,笑谢曰:"桑门为法忘躯,义所应尔,子以为劳乎?"会元季丧乱,兵祸日亟,飘然东迈,向悟本樵山栖焉。屏绝人事,颛志于西方净土之学。终日系念,未尝少忘,屡感瑞应。明室初兴,定鼎金陵。草创伊始,佛教复隆。洪武四年,出游虎林。未几,顺寂于太平兴国传法教寺,神思不乱,如返故庐。再逾年,其弟子知晓函灵骨归藏,受经祖塔之侧。显示古貌顾躬,寡于言笑。以清俭自持,一榻二十年,萧然如在逆旅。当时,齿腊相亚,职业相若,而据席名山,自显示视之,澹然如无所系念。其出世为人,皆迫于群情,不得已而起。性不乐时俗藻丽章句,凡有述作,一本山家诸师之论。人谓能衍佛海之道传之,方来动静出处,绰有可观,诚不诬也。宋文宪濂为摭其遗行而铭诸塔,具《芝园后集》。

明宁海报恩寺沙门释自缘传

释自缘,字会堂,姓陈氏,临海人也。父本儒素,夙好诗书,人称石泉处士。母感奇梦,寤而生缘。气骨不凡,虽在幼少,翛然有出尘之意。每入招提见像,则变容起敬,合爪作礼。处士君见之,谓其母曰:"是子如青莲花,水不能沾,岂俗能淹耶?"乃命从四明白云寺观公为弟子。见其容止修雅,言辞温简,出内典,授之读。年十七,剃发,受具足戒。趺坐一室,日以缚禅为事。已而还台,谒同郡天宁日溪泳。一见辄加奖予,使执侍左右,复付藏钥。泳迁杭之净慈,缘从其行。净慈居五山之列,号大丛林。四方龙象,咸来栖止。由是咨厥心要,知解日至,惭息群念,期至无念。时处士君春秋高,欲归觐省,乃复还台。道经宁海,日已向暮,悲风号林莽间。苍皇疾走,欲求憩止之地,而不可得。夜行三里许,乃逢逆旅主人,破屋一间,不能蔽风雨,危坐竟夕。因以建庵庐,延过客自誓。阛阓中有妙相古寺,两庑萧然,不留一物。缘往复视之,喜曰:"是足以遂吾志矣。"白于主僧明公,假其西偏,滴除芜秽,具床几衾褥之属,罔不严洁。吴楚闽浙之士,肩摩袂接,投之如归,宿宿信信,或至浃旬,皆饫其食饮而去。

先是县东有桃源桥,跨广度河上,故有圆通阁,岁久将圮。县人李斯民,撤而新之,邀缘为主。遂迁其处,远方来者,从之如初。犹以为未足,俭衣削食,建华严阁。月集善士,阅《华严经》。桥之南,复筑弥陀阁,为像净王十六观相。览者睹相兴行,启发极乐正因。阁道行空,朱甍耀日,俨如天宫。事闻于朝,授以金襕法衣,锡号为佛心普济禅师。更畀报恩寺额,以宠异之。复念廛居杂遝,尘氛袭人,无以称清净弘伟之观。乃择大桥之阳,去县治五里而近,林樾苍润,蔚为神区。更建报恩禅院,晨夕讽咏。由是两地梵声,钟鱼互答。会元季丧乱,海宇不宁,烽火四起。三阁与寺,鞠为茂草,缘蠹然伤之。又以兴复为己任,托钵聚落中。随其地,建华严传经会,演说因果。屠沽为之易业,于是施者四集。仍于桃源夹河两堤,悉甃以石,建杰阁三楹,命工造像。未几而缘厌世,自知期至,呼笔书偈,怡然委顺,明洪武戊申三月也。年五十九,腊四十二。茶毗,得舍利无算。弟子祖溢等,以其年六月二十一日奉遗骨,塔于寺西北偏。以乡先生夏克复所叙行业,因方孝孺而征铭于宋文宪公濂云。

明天台上云峰证道寺沙门释祖镫传

释祖镫,字无尽,姓王氏,四明人也。父好谦,尝写《华严经》,

五色舍利,见于笔端。父方惊叹曰:"般若之验,一至于斯耶?"时镫年尚幼,闻言兴感。及至成童,即求出家。依郡中天宁良伟习经咒,寻事东白明得度,复受具戒于开元奎。已而日溪泳来,代明说法,命掌纲维,司藏钥。日溪跻座,镫即问曰:"生死事大,无常迅速,乞赐指示。"日溪曰:"十二时中,密密参究。忽然触着,却来再问。"镫抗声曰:"无常迅速,生死事大。"语未终,日溪便喝。镫遽礼拜,日溪曰:"见何道理,便尔作礼?"镫曰:"开口即错。"日溪颔之。服勤数载,出参名德,以验所证。时中峰本在天目,方山瑶居净慈,无见睹住华顶,斗岩芳主景星,镫往来辩诘,多所印证。

因念既欲得道,当澄虑息影,蹈晦幽林。及遇上云,卓锡其中,遂至终身。盖天台上云峰,在州城西南十余里,重厓叠巚。如云旃翠蕤,荡摩于空蒙。而灵岩、龙湫,吐纳光景,尤号胜绝。五季时,东瓯大士永安来居之,疏释经论,达百余卷。依者日众,辟为巨刹。钱忠懿王,赐额曰"证道"。三百年间,游罹灾祸,焚毁殆尽,唯存断础于斜照荒烟中。元延祐甲寅,镫始至此。周览故址,蠲焉伤之。因缚草为庵,宴坐其间。虎狼蛇豕,交迹户外。镫一念摄伏,猛毒驯化,各不相害。日与其徒,修苦行以自给。冬一裘,夏一葛,朝夕饭一盂,影不出山者逾五十载,人多慕之。以勤劳修持为第一义。荆棘之区,变为宝坊。金碧交晖,上矗天际。诸禅林环列其下,上云之境,遂为之冠。有以土田为布施者,则辞之曰:"先佛以乞食为事,吾焉用此为?"南堂名重一时,作长偈寄之,称其行业,不让大士。

然天性尤孝,迎母终养山中。或疑非沙门所行,镫曰:"世尊尚升忉利天,为母说经。我何人,斯敢忘所自?"明洪武己酉春正月,忽示微疾,召弟子普饶继其席。二月八日,复作书,别所契道侣。

夜将半,顾左右曰:"天向明乎?"对曰:"未也。"因举:"古德坐疾,有问者云:'还有不病者乎?'古德云:'有。'又问:'何物是不病者?'古德云:'阿爷,阿爷。'"良久,乃曰:"如此以为病者,得乎?"众皆无言,镫曰:"色身无常,早求证悟。时至,吾将去矣。"侍者执纸乞偈,乃书曰:"生灭与去来,本是如来藏。梭到五须弥,廓然无背向。"投笔端坐而逝。寿七十八,腊五十七。火化,舍利无算。塔于峰左。隆恩道原为之状,征宋文宪濂铭其塔,文具《銮坡前集》。

明金陵大天界寺沙门释怀信传

释怀信,字孚中,姓姜氏,奉化人也。父尝为县校官。母刘氏,夜梦火星堕室中,有光如火,亟取吞之,俄而有孕。及诞,状貌异凡,而性端凝,不妄举动。唯见沙门,辄喜与亲。稍长,受三经于宋进士戴公表元。声入心通,经旨邕达。然不乐帖括,独企清幽。年十五,离家从法华院僧子思,执童子役。已而祝发为大僧,受具戒于五台寺。闻延庆半岩全弘三观十乘之旨,复与之游。久之且叹曰:"教相繁多,浩如烟海。苟欲穷之,是诚算沙,徒自困耳。"即弃去,渡浙而西。凡过名蓝,辄往参叩。语多枘凿,不胜愤悱。华藏竺西坦迁主四明天童景德禅寺,信随质所疑。竺西知为法器,厉色待之,不交一语。一日,上堂,举兴化与克宾案问之,信拟曰:"俊哉!师子儿也。"自是依止不忍去。竺西入灭,天宁云外岫来继其席,命司经藏管钥。文章渐彰,不可掩遏。

元泰定丙寅,行宣政院请居四明观音。策励徒众,珍惜时光,唯恐失坠。天历己巳,迁住补怛洛迦山。清望日崇,修行益苦。尝持一钵,乞食吴楚间。镇南王具香华,迎至府中,虚心问道,语中肯繁,且出菩提达摩像求赞。信拈豪挥洒,略无停思,而辞旨渊邃,王甚叹服。宣让王亦遣使者,奉旃檀香、紫伽黎衣,请示法要。信随其性资,利而道之。二王雄藩之望,首加崇礼。诸侯庶士,莫不望风瞻仰,施资填委。姑苏产奇石,因求善工,造多宝佛塔十三层①,载归海东。驸马都尉高丽王绎而吉尼、丞相撒敦,以行谊上闻,赐号为广慧妙悟智宝弘教禅师,及金襕法衣一袭。至正壬午,主中天竺永祚寺。天历乙酉,迁天童。矢志振兴,百废具举。佛殿岿然,厥工甚巨,亦彻弊而更新之。丹辉碧朗,照耀海滨。复造塔中峰,若将终焉。己丑冬十月,江表大龙翔集庆寺虚席,行御史台奉疏迎信主之。龙翔,文宗潜邸,及践祚,改建佛刹,栋宇宏丽甲天下。其住持,若笑隐䜣、昙芳忠,皆一时硕德。励行百丈清规,为东南楷则。亡何,毁于火。忠竭力兴复海会堂,未就而化。信初升座,提唱宗乘,万指所指,委蛇不迫。而玄机自融,无大无小,皆欢相亲戴。因出衣盂私赀,缵续前功,不日而集。

会元纲失纽,天下丧乱,戎马纷纭。寺院萧条,日见艰窘。信处之夷然,若不介意。明室龙兴,初号吴国。大兵下金陵,徒侣风雨飘散,信独结跏晏坐,目不他顾。执兵者满前,无不弃仗而拜。太祖尝幸寺中,听信说法,嘉其道行,命改龙翔为大天界寺,以宠异之。寺有逋租,在民间者,官为征集。僧众日归,法施益盛。一旦晨兴,索汤沐浴,更衣趺坐,谓左右曰:"汝曹荷法,自期励精进行,吾将归矣。"言毕而瞑。侍者呼曰:"去则去矣,宁不留片言,以示人乎?"乃握笔书曰:"平生为人戾契,七十八年漏泄。今朝撒手便行,万里晴空片雪。"掷简而逝,时丁酉八月二十四日也。寿七十

---

① 层,底本作"成",据《普陀列祖录》校改。

八，腊六十九。荼毗聚宝山下，舍利如菽，五色粲烂。烟所及处，亦累累攒珠。贮以瓶水，光发于外。弟子致凯坎牛首山东麓，为宫藏之，建塔其上。将迁之夕，明帝驻兵江阴，梦信褐服而来。问："何之？"曰："将归，且告别。"及还归，闻其寂灭，为之惊异。乃出内府泉币，助其丧事，且亲致奠，送于都门之外。荣贶之加，近代无比。著有《五会语录》。

卷第五十二
兴福篇第九之四
正传十二人　附见十一人

明杭州灵隐寺沙门释忻悟传

释忻悟，字空叟，姓纽氏，吴人也。年方龀龄，依龙兴白云间祝发受戒。至正戊戌，来游武林，参径山愚庵及。及问："如何是永明旨？"悟曰："但见一湖水。"及可之，遂容入室。癸卯，中竺懒庵俊请分席说法。时帝者师，锡以圆慈正济之号。明洪武庚戌，主浙江崇宁。百废之余，一旦振兴，时论难之。勤劳八稔，还居中竺。时寺废役繁，力任不倦。创建天香阁，岿然山峙。主席九载，忽萌退志，寺众悲泣不忍其去。戊辰，僧录选补灵隐。学者皆喜，籯粮愿从。钟鼓变音，丛林改观。未几，竟以前住持旧事，累逮至京，病卒于行。临终偈曰："我年五十五，信是生多苦。踏断生死关，夜半日卓午。"时洪武二十四年辛未夏五月三日也。弟子道净，依法荼毗，舌根不坏。德纬奉骨归窆灵芝东冈，复分瘗于西溪九曲山。生平以慈忍谨敏自将，所说偈颂，稳密不荡。三坐道场，有《三会语》行世。

明金陵大天界寺沙门释夷简传

释夷简，字同庵。初出家时，杭之南北两山禅黉教苑，金碧争辉,鱼音相应。元之季世,天下乱荒,余杭亦罹兵燹,寺宇荡矣。惟净慈岿然独存,而钟且就毁。明洪武十一年,海内粗定,佛法方兴。简以宿德雅望,来主净慈。缁素咸归,施者川委。简乃修葺寺院,重建钟楼。复聚铜三十二万两,铸巨钟,县于上,声彻江湖。两山阒寂之秋,独南屏成此宏伟。且栽松竹于四山,郁以成林。二十五年壬申,迁主大天界寺,朝廷征为僧录左善世教授。徐一夔称为誉彻九重,望膺圣眷。海内方袍之士,倚以为重者,殆无愧焉。

明五台山显通寺沙门释葛里麻传

释葛里麻者,乌斯藏人也。道怀冲漠,神用叵测,闻于中都。明永乐间,太宗遣使西土迎之,应命而至,封如来大宝法王西天大善自在佛。法王性乐林泉,辇毂之下,恐妨禅业,且初意来华,志在五顶,因请游台山。于是圣眷隆渥,赐以旌幢华盖之仪,遣使卫送至五台大显通寺。命太监杨昇重修寺宇,并葺育王所置佛舍利塔,以饰法王之居。先是法王随帝幸灵谷寺,感塔影金光之瑞。及入台山,帝思前瑞,再幸灵谷,默有所祷,复睹瑞象,颇胜于前。乃遗书台山,略曰:"朕四月十五日,与弘济大师诣灵谷,观向所见塔影,文彩光明,珍奇妙好,千变万态,十倍于前。虽极丹青之巧,言论之辩,莫能图说其万一。此皆大宝法王大善自在佛,道超无等,德高无比,具足万行,阐扬六通,化导群品。实释迦佛再现世间,而乃显兹灵应,不可思议。朕心欢喜,难以名言,略此相报,如来亮之。"明年,法王为疏别帝,词旨了澈。未几入灭,火化无遗物。是年,关吏见法王西迈,贻帝所赐玉玦回奏。帝览之惊叹,敕太监杨昇塑像于显通奉之。

明铜梁龙兴寺沙门释空源传 圆聪　智云　明愈　本尊

释空源，字不二，广安人。明永乐中，游蜀至安居乡，闻铁炉山为陈希夷修炼之所，赏其幽秀，遂结草庵。寒暑一衲，静居数十年，足不出户。圆聪闵其独处无伴，遣弟子明愈侍之，因得不二之传。始改庵为龙兴寺，聚徒说法，缁锡渐盛。嘉靖时，县令胡国源经其地，建坊表之，遗迹犹存。

圆聪，字松隐。亦参空源，有得。结庐寺旁，种松万株，环绕四围，烟雨晦明，变化百态。曾太仆为松隐诗，刻之石。

智云者，潼川方氏子，生于松州戍所。年十六，回潼川，投灵峰寺，依净源为师。严守戒行，无妄无欲。性质灵敏，悟机铦利，人多敬服。尝经双河口师子山，耽玩林壑。因辟地，建大如意寺，御史周兴恭为之记云。

又本尊者，铜梁本尊寺开山僧也。断臂剜睛，精诚感格。四众倾仰，为之建寺，因以其名额之。明刑部主事张纯作记，称为始祖云。

明江宁华严寺沙门释佛妙传 果开　祖祥

释佛妙者，昆明人，佚其姓字。出家于太华寺。明洪武十六年，赴京朝请。太祖嘉之，赐钵杖僧衣，并敕游两浙名山。十八年，回京，诏居天界寺。永乐十六年，太宗命主碧峰寺。隆仪硕矩，见重两朝。誉驰南北，声教烂然。尝慨时当改革，兵燹之余，荒邱古刹，焚毁废坏，未能兴复者十居八九。每见破寺，辄为怅然。十九年,闻江宁安德乡有古华严禅寺,年深颓敝。因倾己橐,益以胜缘,遂造佛殿、廊庑、石塔。宣德四年十二月望日,沐浴更衣,书偈而逝。其徒葬之石塔中。正统三年,僧果开奏乞寺额。有旨,仍称华严。十一年,主僧祖祥,更廓旧制。创菩萨殿阁,夹峙左右,互相辉映。藻绘涂垩,侈于前矣。

明泉州开元寺沙门释正映传 本源

释正映,字澄渊,号洁庵,一号月泉,晚称雪老,姓洪氏,金溪人。幼入安仁五峰寺为沙弥,演习瑜伽,随唱梵韵,庸庸合流,不敢立异。及阅《法华》火宅之喻,始知佛法广大,不可求之声音。于是矢志穷研,翛然物表。明洪武十九年,试经得度。谒灵谷牧庵谦,入门举首,探怀取香,忽尔堕地,因之有省。牧庵不见,传语令住三日。后呈一偈曰:"天下禅林第一家,法门光彩耀京华。御书扁额天香合,神卫精蓝地气嘉。石鼎香生浮贝叶,宝花风落散袈裟。我来问道无为理,愿借真风长善芽。"庵仍不见,命且住着。又三日,复呈一偈曰:"夜坐山房叹莫遭,本闲闲的趁劳劳。半生事业惭无用,一地声名恨不高。蛩响碧窗添唧唧,风来琪树转嘈嘈。薄才未毕轻孤负,尚拟天津掣巨鳌。"牧庵乃许,领维那。后住天界。

会泉之开元缺席,有旨枚卜住持,及选出,乃映也,一座尽惊。引见殿中,譬谕敦切,勉以清心洁己,侮谤自消。三十一年六月,奉敕来院,开堂演法,众志翕然。首立法堂,以示楷模。而甘露戒坛,次第兴建。不二年,百废具修。永乐元年,入京朝请。归至福州,诸山推主雪峰。重造佛殿,及三门、两廊、堂寮毕备。更开万工池,作金鳌桥。继而游化八闽,历建道场。洪熙改元,诏主灵谷。宣德元年，擢僧录司左讲经。正统四年冬，示寂。有语录若干卷，名《古镜三昧》，行世。葬沧波门外，建塔其上，赐名宝善寺。

后映主开元者，曰本源，晋江人也。习《法华》《楞严》诸经，咸通其奥。尝游漳浦，道旁有大石，源坐其上，每夜坐处，辄见祥光。漳人异焉，为立灵岭岩。居久之，道誉日远，泉人请主开元。永乐十八年正月，有敕征源入京，略曰："比闻高僧戒行精专，智慧超卓。造真如之蕴奥，悟空寂之玄微，深用嘉奖。今特遣人，赍敕谕意，惟冀高僧振锡来游，弘宣妙法，丕显宗风，以副朕企。拳拳极万之怀，故敕。"源至京，奏对称旨，屡承奖赐，时论荣之。

明杭州净慈寺沙门释师颐传　天宇净　时庵敷

释师颐，字希古，号简庵，别号佛鉴，姓朱氏，澉川人也。世居檇李，积善累功。明洪武丙辰重九，其母王氏，夜梦梵僧，钵擎一栗，大升许授之，把玩间，忽爆声若雷，白气腾空，惊寤而生。髫龀读书，聪颖异凡。年十七，从万寿天宇净祝发。净后主临江西华，颐随侍焉。然每参不契，乃走灵隐，扣时庵敷。诘曰："江西见马祖顶相否？"应声曰："千年桃核里，觅甚旧时仁？"敷领之，令居择木寮。屡有启迪，而大疑未彻。尝举赵州狗子语，咨其究竟。敷曰："待冷泉逆流，即向汝道。"自后，若穷子求奇珍，不释怀者逾月。一日，偶步冷泉亭，睹奔流翻激，豁然自得。即趋白敷曰："冷泉逆流也。"敷曰："汝见何来？"颐曰："千峰势到岳边止，万壑声归海上消。"敷曰："脱空汉三十年后，落节去也。"颐拂袖飘飘，翛然自远。

寻上金陵，礼雪轩成。见其丰裁挺秀，吐气不凡，竟畀以藏钥，义学复深。历岁庚辰，出世杭之崇福。既而退处万寿，卒继敷席。

永乐丙戌，以高僧征修大典，总持释宗，蜚声黼座。书成，碧峰无作，行欸其道，辟居首席。平昔研求古学，精于鉴别，为太宗所知。命乘驿遄征，索古彝器，归进所得，赐赉甚厚。丁酉，僧录司挹其清誉，檄住中天竺。其寺久废，立视荒烟碎甓间。每欲及时兴复，后以校雠藏典，征诣北原。历岁庚子，始竣事。辞归，赐佛像经玦衣币，宠渥有加。

适净慈主席虚旷，佥举颐。辛丑冬，寺众迎入，荐绅饯送。若慈云来覆，灵鹫再会。居数载，创建殿宇，高广可该。中塑罗汉神相五百十六，金彩炫然。如来正殿，大栋蠹腐，易以良材，宛若初成。更筑圆通殿，设三大士像，饰三十二应相，列无尽宝灯。皆妙智所发，真诚感格。前后费数千金，施者云集，多乐助之，靡不即相融性，沾教开昏。所谓不动舌根尽回向菩提者，非耶？戊申秋，颇倦送迎，萧然引退，休于寺北万工池右。啜粥默坐，五易星霜。宣德壬子冬十月四日，语众曰："吾行矣。"沐浴更衣，结跏危坐，书偈云："须弥一拳，大海一口。海渴山崩，鸟飞兔走。"已而徐励其徒曰："世相无常，各宜勤修，勿令退失。"众方念佛，寂然而逝。阇维，白烟四布，笼寺林宇，移时始散。所获舍利罗，五色晶明，顶骨、齿牙、数珠不坏。塔于雷峰之阳，年五十有七，腊四十一。杨复为之铭，具见寺志。

明四明天童寺沙门释祖渊传

释祖渊，字天泉，号雨庵，姓杨氏，庐陵人也。明永乐癸未，受具青原山。谒幻居戒，多所启发，称入室弟子。然臂明心，笃志求道，至忘寝食。孜孜五载，尘妄俱空。始出游参，遍礼丛林。壬寅，还天界，刺血书经。宣德改元，声誉远畅，四方学者，视作表率。寻为僧录司，举住灵峰。值天童虚席，乃移居之。甲寅，应召入京，命为左觉义。时敕建大功德寺成，命渊兼之。僧徒云集，复赐田四百余顷。渊念禅、讲、教三宗，名不可不正，奏以大功德、大慈恩、大隆善三寺为之。由是，三宗弟子受业，各有依归。又以天下寺废多，由学徒未广，请于常度正额外，增五分之一，废刹多因是而兴。未几，迁右善世。发上所赐物，建大刹于江宁凤翔山，赐额曰"普宁禅寺"。万善戒坛成，命为传戒宗师。又以寺左行道阻沟，往来苦之，乃拓地甃石，作桥建庵，其傍施茗，利济行者，德焉。以正统己巳三月七日示寂，临化书偈，掷笔悠然，异香满室。上闻，遣太监吴弼以金钞香币赐吊，又遣礼部主事林莹致奠。荼毗，得舍利盈掬，藏于大功德寺。奏请灵骨归塔南都普宁。

明杭州净慈寺沙门释宗妙传

释宗妙，字觉庵，别号堆云叟，姓赵氏，钱塘人也。父好施予，喜诵《法华》，亦尝持斋。母感异僧入梦，觉而生妙。幼性闲静，见佛像，致礼唯谨。十岁落发，即从慧云正庵阇受具。既而往参灵隐空叟，命主藏室。时空叟倡道东南，妙尝分座演说。遂主嘉兴广法禅寺，久废之余，一力新之。迁杭之万寿报国。昔䜣公笑隐主此寺时，最号名胜，继者非其人，日以颓坏。妙至，首建万松门及方丈，翼以重屋。作舞凤楼，碧梧轩香。积厨屋后，掘地得泉。遂潴为池，构亭其上。作大悲阁，以奉观世音像。佛殿后，又造大殿，刻卧佛其中，环以十弟子。土木采章，皆极巨丽，缭以外垣，凡四百丈。殚心竭力，二十余年，而寺乃复旧观。

荐为副都纲，精修力践，以振起宗风为己任。先是海昌汤镇，潮水荡激，屡坏堤岸，民不安其居。妙领名僧十二人，于其地号佛吁请，风潮竟尔止息，卒免其患。明宣德初，入主净慈，首建三门。越五年，寺众不戒于火，大殿毁焉。乃捐资重造，历岁告成，壮丽宏伟，有加于昔。中作三大像，诸天十地，皆旁侍焉。费以巨万。生平温厚凝重，道貌伟然。每升席说法，音如洪钟。四众聚观，欢喜赞叹，起其信心。济人利物，甚于为己。惓惓之衷，至老不倦。当日，名公巨子，若黄少保宗豫、黄尚书宗载、王侍郎子清、周侍郎恂如、张都督以诚，皆极推许，或赠以诗文，人多荣之。妙则欿然，以为方外不可以此相恩也。示寂于正统癸亥七月十二日，塔于南屏山阳。王真为之铭，文具寺志。

明远安福河寺沙门释普亮传 弘参 深润

释普亮，未知何许人。识怀温敏，风仪遒远。弱冠剃染，慧解兼人。博涉内外，独契真如。而道贵利他，更思弘济。振锡荆楚，卜居妙峰山，创建兰若。其山在远安城外五十里许，地隔尘嚣，林壑深秀。乃刳辟荒坏，蔛除榛秽。道流引渠，寥廓泓漾。俯视澄清，镜空心澈。诚安禅之福地，初启之灵源也。天顺丁丑，奉礼部札付敕，赐额曰"福河"，亮亦深蒙褒许。自是厥后，神宇栉比，堂殿相望，弥漫山阿，萦回河岸。一时士大夫归向，玄素蒸蒸，宏护之雄，莫之与京。隆庆初，有弘参、深润者，重振家声。高大楼观，覆以琉璃。法席所宣，直阐向上。开悟来学，亦临济之秀。法教光显，实寄其人。

明凤凰山圣果寺沙门释子敬传

释子敬,姓凌氏,海昌人。洪武十七年,礼海盐碧云院怀忠为师。年二十,受具。通内外典,为世所宗。永乐元年,永庆退席,卓锡圣果。慨寺废,经三百祀。力任其事而恢复之,宏绪未备,至正统九年落成。殿阁堂宇,庖湢像设,焕然如故。初,南京僧录司因孝陵久罢讲席,奏请子敬住持。天顺元年,告疾归寺。八月十五日,坐逝。寿九十三,腊六十三。塔跃云石右,谥曰懒耕。

明泰山竹林寺沙门释满空传

释满空者,高丽僧也。人称为云公,盖其字耳。永乐间,与数僧航海东来。宣德三年,给度牒,令参方礼祖。因登泰山,访古刹,重建竹林寺。复驻锡普照,四方衲衣,受法数千人。天顺七年闰七月二日,说偈而逝。弟子洪因为建塔立碑,称普照初祖云。

卷第五十三
兴福篇第九之五
正传十一人　附见十九人

明杭州净慈寺沙门释智源传

释智源,字古渊,姓袁氏,仁和人也。七岁,即欲出家。宣德己酉七月,舍入千佛寺,礼性空善受具。正统丁巳,趋京师,试经得度,领牒礼部。寻参雨庵于功德寺,有契。侍香室中,转司藏钥。甲子还杭,部札令主真珠。景泰甲戌,还住万寿。天顺戊寅,住持千佛。建宝阁,饰佛相。设立石桥浮屠,僧庐楼阁,殚竭心力。时有安福八咏,名士文学,多以诗纪之。成化戊子,移住中天竺。振举倾颓,云水毕聚。甲午,移住净慈。修葺大雄、应真诸殿,柱蠹者易之,像有尘晦者,金碧辉诸。且建东西坊门,以揭南山翠屏之胜。自是宗风益畅,更集名衲百余人。愤激力参,学者多有悟入。净慈自五代潜寿而下,百代相继,事久年湮,惧无所考。乃征名流为文,刻诸石,建亭殿左,以示来者。复创塔院于西隐,额曰"万峰深处"。癸卯春,屏烦远嚣,静阅《大藏》,逾年而周。盖源自甲戌以来,二十年间,四住名山。所至鼎兴,焕然改观。及领净慈,十有二载,年已七十四,腊五十四矣。乃谓弟子曰:"古德言,功成者退,天之道也。吾其隐乎?来自何所,去自何所。西方极乐,是吾净土。"因作寿藏,朱镛为之铭焉,具见寺志。

明燕京法华寺沙门释德聚传 祖能

释德聚,字宝峰,姓赵氏。家世金陵,祖谪戍玉田,遂为玉田人。将生之夜,母梦黄光弥户,己心异之。童时,有老衲见而相之曰:"此儿骨相不凡,将为法门大器,未可以尘俗限也。"甫五龄,尝于空中,见楼阁隐隐之状。年及就傅,父母舍之盘山少林寺,从随公出家。随公者,聚母舅也。宣德戊申,闻僧录右街大云兴公邃于道宣庙,宠渥极盛,玺书褒奖,名重天下,往师之。讲求宗旨,夙夜孜孜,服劳不懈。正统丁巳,荷簦吴下,受具而还。庚申,内监刘顺以私宅请为梵刹,英庙赐名法华,命德聚主之。即以修举为己任,殿堂廊庑,次第完具。天顺壬午,重来盘山,慨然叹曰:"吾少时于此往还,曾几何时,已五十余年矣。感化为魏晋古刹,毁于兵燹,久不能复。吾徒碌碌,无益于教,虽老奚为?"乃捐己资,以图兴建。勤劬三年,众缘鸠集。崇台广宇,丹白炫然。像饰庄严,咸臻精妙。事闻于朝,赐名广济,以同门白岩森禅师主之。成化己丑,复还少林。爱其峰峦幽秀,溪涧萦回。因倾囊橐,饬其颓敝。式廓规制,东作观音堂,西作明月堂,中作方丈,左右僧舍,更傍龙池。作竹坞蔬圃,以为息老地。其徒文扩,求柯潜为之记,勒诸石,文具山志。

又祖能,字蕴空,号松轩道人,三河孙氏子。九岁出家,师香林如庵翁。后至京师,依可堂善。复游汴洺香山,礼天龙潭公,传付心法。仍还香林,重新殿宇。已而退居白岩,自号白岩叟。姚太守叔谦常与往还,一日,步入峻峡,石齿碍足,踬而伤肩,了无愠色。盖契其道谊,不惮跋涉。时人重两贤之交,乐道其事,丛林至今传之。能生平恬退,以法自任。成化丙戌十月二十日,示寂,归葬香林西北隅。

明当阳玉泉山寺沙门释广镔传 碧潭　静玺　道泰　悟景　普旺　青普

释广镔，字锐莽。少从兄广铭祝发于玉泉。元至正十八年，天下鼎沸，荆襄孔道，数离兵患。镔才十龄，兄弟相携，隐匿岩阿。虽处乱世，而志高峻，福慧兼修。及铭谢去，愈自蹈晦。明室龙兴，海宇渐宁。洪武六年，乃与碧潭还寺。一望瓦砾，感伤无已。因相与葺废以居，垦荒而食。

碧潭，字净渊。励行精修，理教俱澈。元英宗时，主玉泉，赐号佛慧慈照，并袭紫衣。天历间，谢院事。遭元季丧乱，僧侣流亡，潭处之怡然。及与镔言旋故寺，重寻旧址，竭力经营，意图恢复。终以老病，于洪武二十年，奄然而逝。著有语录、诗集，亦散佚无传。

镔慨老成凋丧，荒院凄凉，冀得法力，再求兴建。明太祖定鼎金陵，褒崇佛典，道侣方盛，乃飞锡而来。得具足戒，即参慧日、宗泐诸宗师。游历名山，十有八载。复归玉泉，颇事修饬，略具规模。永乐中，得请于朝，宣谕住持。随力开垦，终岁勤动，不辞劳瘁。迄于宣德之时，徒侣渐众，胜施方来。有静玺、道泰、悟景、普旺、青普诸贤，左提右挈，或庀材具，或督工技，或事募集，或掌藏收，纲纪井然，俱就条理。如是辛劬，历三十载，始成丛社。正统初元，乃承敕许，讲经说戒。于是道播海外，誉驰寰区，缁众奔赴，日食万指。然乱后，寺籍散失，田产难稽。镔所锄垦，才及旧日百分之一，而檀助日多，终足集事。以成化十七年九月朔日，召弟子静玺，属累既毕，举手言别，坦然坐化。世寿一百一十有三岁，僧腊七十有四，塔于南庵之左。

青普，豫章张氏子。于天顺时，主院事。景泰初，谢去。专事净修，以西方为归。寂于成化二年二月朔旦。兴复之功，青有力焉。

静玺，昭邱刘氏子。既接镞席，维持象教，直阐心宗。禅诵之暇，补修未备。聿严像饰，颇勤营谋。宝鼎花瓶，并劳经纪。监造关垩，尤深虔谨。寂于弘治十六年三月二十六日，塔于狮子山下。

明燕京广济寺沙门释普慧传 且住

释普慧，字喜云，潞人也。明天顺初，至燕京，与彭城伯张守忠，惠安伯张元善，大学士李东阳、万安相友善。重建西刘村寺，宗风丕振，名闻九重，赐额"广济"，后遂奉为初祖云。先是，景泰间，有得佛像及石础于土中者，知为西刘村寺故址。宋末，有刘望云者，自谓天台刘真人之苗裔，得炼气法。一日，有僧号且住者过之，望云出迎，僧以佛理砭之。云深折服，执其手曰："且为我说法。"因为之建寺，曰西刘村寺，说法二十年。元末，为兵火焚毁，荡然无遗。至是，慧重为兴筑，金碧辉映，水云会萃，都阃宝坊，斯为第一。慧天姿明敏，性复沈静，虽日默默，而机锋所触，犀利莫当。涅槃后，塔于玉泉山二圣庵侧。成化六年庚寅，帝遣礼部郎中孙洪谕祭于万寿戒坛，谏曰："尔早通释典，克特戒律。正期阐扬宗风，何遽一疾而逝。爰昭锡典，特赐以祭。尔灵有知，尚其歆兹。"弟子大海洪为立碑塔院，用垂久远。洪弟子明仁、明宗，皆能祖述宗旨，不坠禅风。

明润州焦山普济寺沙门释妙福传 慧印　乐一

释妙福者，未知何许人。明弘治间，来焦山普济寺。寺左有石矶，迤而出者，逾十丈。地势卑下，潮汐往来，汪洋汗滥，不可涯涘。福为募工增土，筑而高之，岁久乃成平地。于是削木陶瓦，为庵数楹。其地崒起中流，四面皆水，因名水晶庵。明杨文襄公一清与福友善，为留玉带，以镇之。明武宗尝幸一清第，会福在座，为引见之，因命福为三山都纲。及福迁化，历数传。守者堕废，日以倾颓。破壁败垣，蒿榛塞目。像偶露立，见者恻然。久之，有僧慧印与其徒乐一，亦福之系也，一日游方归，寻其旧地。昔之庄严，已瘗埋穿漏，杂荒砾中，莫可认识，黯然神伤。立志兴复，乞善募众，冒暑冲寒，铃柝忘疲。于是七众感慕，檀施泉涌。乃撤敝去朽，培洼拓隘。更谋高出，作月波楼，建晓清堂、悟岚轩。胼胝竭蹶，十有余载，始可告成。盖作于康熙丁丑之春，藏于己卯之秋，冷士嵋为之记云。

明宜都显明山寺沙门释道庆传 妙性　明镜

释道庆，字寿堂。初出家，师事净满。研穷性相，顿契圆明。弘治甲寅岁，翔游荆楚。有善士曹宣者，为法求贤，寻访高侣。偶相逢遘，话于逆旅，咨询殷殷，参入玄际，宣心折服。因奉邑檄，请至宜都。有寺距城西四十余里，山曰显明，寺曰街蹬。庆至，力崇俭朴，屏绝尘缘。唯以明因果、识罪福倡率徒众，一方化之。且以余力，重建殿宇。左则方丈，右则禅堂。及山门廊寮，次第兴筑。久之，遂成丛林。居恒千指，诵声不辍。己卯岁，造宝塔三，极其壮丽。又修华严会，百三十会。前后建筑，几二十余年。以弘法为务，与众谈般若，引入圆妙，称为明登上人。后寂于寺。

同时，有妙性者，率徒明镜至尖山龙兴寺，勤修道行，拓庵以居。时户部中，徐君汉经与李中伦，感其清德，宏厥胜施。遂构栋梁，大启尔宇。更舍菽粟，以供香积。师弟焚修，三十余年，皆老于此云。

明昆明妙湛寺沙门释悟本传 净月

释悟本，字真空，姓秦氏，嵩明邵甸人。童稚进修，超然尘表。得法白斋禅师，慧机洞彻。律法精严，疏食饮水，禅悦自甘。道俗信仰，为建邵甸普贤寺。持钵咒语，摄神龙于崖下。泉源清冽，异于他处，但供香厨，不盂腥味。若游人汲之，烹鲜煮脍，则竟夕不能入口。或濯足涤秽，其患立见。后于昆明官渡，复创妙湛寺。著有《韵略易通编》。

白斋，名净月，曲靖胡氏子。年十九，出家。日唯一食，积久道重，人以"白斋"称之。弘治间，历游海内。及回滇，入鸡足山。初登峰顶，结庵净憩。徒侣攀跻，室不能容。乃于明歌平处创寺，掘地得碑，有迦叶入定、八大明王歌颂相送之说，即圣峰寺也。

明润州金山灵观阁沙门释定清传

释定清者，广德人也。好勤苦，早暮不休，发不暇鬋，亦不栉沐。两髦毿毿，顶结如毡。岁久，积高尺余，累若叠螺。见者异之，号曰"秀头"。清少入僧籍，传临济宗。初，广德有老僧来金陵，募造佛像，清与俱来。老僧每出，无所得。清出，辄充牣而归，归悉与老僧。后老僧颇为私藏，清遂弃去。闻祖堂山幽栖寺，林谷深秀，往栖焉。幽栖去城南三十余里，梁武时旧刹也，殿庑倾侧。清见而闵之，慨然以兴复为己任。钵杖所至，檀施恐后。三岁功成，费几巨万。已而见金山之阳，有阁焉，榜曰"灵观"。历岁既久，岸石崩颓，高阁陵夷，荡然无存。惟败垣斁砌，蒙蔽樲翳，土木偶躯，剥蚀风雨。清愀然伤之，乃募财庀工，借石他山，取木乔林，累岸为基，崇高七仞。开拓旧址，为阁六楹。重檐覆宇，雄伟壮丽。朱栋桷榱，绘以青碧。扁闼窗壁，漆垩涂墍。华光神像，金粉彩色。备极尊严，眩耀目精。始于弘治己卯八月，越明年八月，阁成。所费数千百金，皆子身为之。

清质状朴野，语言拙涩，未尝以巧令于人。人无贫富，见者皆乐为施与。每出募归，辄躬薪水以助，投夜则入山号佛，精诚不懈。平生惟疏食饮水，滋味不入口。一衲数载，寒暑不易，足惟草履而已。先后所募镪货，累亿万钱，未尝一毫自私。人多感叹，故巨工易成。僧宗文者，楚石上人再传弟子。乞王徽为之记，勒诸石云。

明通海东华山寺沙门释慧心传 真澄

释慧心，字妙空，姓马氏，通海人。母梦游寺，持金像归，觉而育子。父早世。慧心才数龄，采薪织屦，归以奉母。途中拾遗金百两，俟其主而还之。母有疾，割肤和药。母没，庐墓，每感异征。后之秀山涌金寺，礼智晓祝发，专壹勤恳。拜诵《法华》，感圆通得定，七日方起。即发言中理，莫不惊异。道声喷喷，达于妇孺。每入城市，前后欢呼，皆致敬礼。尝遇大疫流行，慧心为之讽经祈求，足迹所至,病者俱起。去县数里,曰东华山,旧有湫窟,倚邪湾曲,可通人迹。有怪,状甚狞暴,樵牧至者,每为电火焚击,一方患之。慧心独杖策入窟,趺坐其中。未几,果见怪物,状如龙蛇,张爪鼓鬣,若将吞噬。雷雨大作,七日方霁。忽有伟服三人,进而告之曰:"神龙所据,何苦在兹,顾不惧害耶?"慧心曰:"吾欲服此孽耳。"语竟,遂失三人所在。乡人以为,数日不出,必撄其害。聚众百人,持炬而入。见慧心兀坐如故,咸以为神。即于其上,建寺居之。又于鸡足、盘龙两地,饭僧数达二亿。暮年,游筇竹,喜其山林幽胜,乃重葺之,不日灿然。寂时,年六十五,僧行四十。塔后三日,忽发异香,移时乃散。

真澄,字所庵,寻甸张氏子。年十五,慕玉龙法光道范,常思见之。见园中柿熟,欲将为贽。攀树摘取,缘枝堕地。神魂惊越,昏昏如梦。竟赴光所,与光问答,历历在目。及苏,乃知身卧堕处。遂悟生死不在色身,即往礼光,受五戒。年十八,复投曲江,见古梅,始从剃染。已而遍参名山,乃至北都。居千佛寺,依遍融,多所发明,遂嗣其法。后住五台山,弘敷教席,为近代法师之冠。及回鸡足,建那兰陀寺于金龙潭。

明峨眉普贤寺沙门释慧宗传 宝昙 无穷

释慧宗,字别传,云梦人。明嘉靖中,游峨眉山,观普贤像,因敬生悟。留居四十年,创造铜殿。复范金为普贤像一,诸佛铜像六十五,诸佛大铜像三,铸铜钟三,重二万五千两。初,宝昙国师当洪武时,敕主峨眉山。重建铁瓦殿,造普贤金像。留蜀十五年,道化行相,传为断崖再世。后召还,寂于天界寺。太祖尝赐御诗二章云:"断崖知是再来僧,今日还修未了因。借问山中何所有,清风明月最相亲。""山中静阅岁华深,举世何人识此僧。不独峨眉幻银色,从教大地变黄金。"

又无穷禅师,从通天学。苦行弥坚,身炷四十八火。表其所愿,刺血书《华严经》两部。峨眉县东大佛寺,铜造大士像,高三丈余者,即无穷所募建也。万历中,官赍帑金,为之寺,前后赐赉甚多。有金书《金刚经》若干卷,又金书贝叶经一函,非中土所有,尤可宝云。

明洱海般若寺沙门释真语传 圆省　定堂　南嵩

释真语,字默庵,姓李氏,宾川人也。生有善性,幼喜事佛。明嘉靖癸丑,礼师正宗剃发,创止止庵。真语初不识字,及授经论,礼诵《华严》,日夜不辍。七易寒暑,慧性顿开,口诵心惟,便通妙义。后李中溪请弘法崇圣寺,遂跻讲席。化道既广,归来日众。因于白崖,建遍照寺。又于洱海,创般若寺、万松庵,以处徒侣。著有《观世音经注》行世。万历十七年,慈圣太后遗妙峰赍藏,供鸡足山,赐真语紫衣。坐化时,寿七十五,塔于万松深处。

同时,有圆省者,甘州人。年十六,出家。初栖伏牛山,后历五台、峨眉。嘉靖间,来滇。至鸡足,睹华首幽胜,思建寺憩止。亦与李中溪相值,机缘契合,遂为兴筑,今放光寺是也。圆省居山三十余年,德馨远邕。时神宗颁藏,赐敕供奉。

又定堂,名本帖,或作本鈠,寻甸杨氏子。嘉靖时,礼秀嵩山白斋得度。参万法归一旨,有省,笃实精进。游学三十余载,始归曲靖。将至之夕,按察使唐豫梦感神僧,及见本鈠,谓为再来人,重修东山梵刹居之。又于清水塘，建劝善楼。后憩鸡足金龙潭十八年，屡见龙爪出没，椒树生光，故创庵名椒花，后更额曰"寂光寺"。化日书偈，窅然解去。

南嵩者，不知何许人。依印光出家，习杜多行。鸡足檀花箐，素为盗薮。嵩独坐，结茅路旁，昼夜经行，三十余年。盗多感化，勉为善人。近乡檀越，欲为建寺。嵩拈香祝曰："若此地当兴，神示灵异。"须臾，金光照彻，林野皆黄，久之始散。因建金华庵，复于庵东石洞中，礼佛十三年。由是大圣、翔龙等九刹，相继创立，皆感金华之异。遐迩信仰，故法会日兴，道侣云从。将寂之日，命门人具馔邀诸二众，沐浴盆中，趺而化。超然来去，众皆嗟叹。茶毗时，人皆觉有异香云。

卷第五十四
兴福篇第九之六
正传十四人　附见十人

明房山上方普济寺沙门释银圆传

释银圆，字孤山，姓李氏，武清人也。少侍内庭，给事银局工作。公余多暇，留意内典。眈味久之，思出尘喧。乃乞退，遍游名山。远航南海，还至少林。遇无言师，为之披剃。具道从来，因以"银圆"名之，取其精坚不磨，流通无碍。即谢曰："银则无须此，但期圆满足矣。"居数岁，复事游参。迈迹上方，构朝阳庵，息静山阿，将从此终焉。顾上方地接皇都，山势绵邈，云水幽胜，甲于寰区，游侣日众。自孤山口，至兜率寺，二十余里，马不能行，故来僧至孤山，已饥疲交困，无休憩处，或望而却步。圆独发愿，欲于孤山，创建十方丛院，以利行者。早夜殷殷，默祷显叩，卒达所志。殿宇既成，额曰"普济禅寺"。遂为始祖，人称孤山长老。以地名之，嘉其志也。以万历庚申正月十一日示寂，其徒通祥、通昱依浮屠法，葬其骨于寺西北隅。

明黄山慈光寺沙门释惟安传

释惟安，字云亭。读经中《普门》，喜其谊广大无碍，因自号普门。姓奚氏,郿人也。幼失怙恃,不识生平。而志骨挺立,弗甘俗贱。年约十岁,为人牧羊。迅雷夜半,惊起自愤。消除卑念,投入空门。年近二十,剃发受具。遍叩宗匠,三十年中,往来少林、五台、太行、伏牛、补陀间。饥不言疲,患至不怖。昼夜精勤,锻炼周密,直至无可转处,必欲转得。如是努力,自疑自豁。尝于元日,入山负薪,被风吹落。身心两无,前后际断,如月映澄潭,花明空镜。虽青岩击竹,高峰落枕,无以过也。独以未经明眼印可,不敢自信。再上台山,谒空印,呈偈请益。一闻提惊,便破桶底,若洪钟既叩,靡不响应矣。

万历二十一年,立禅之夜,似梦初醒,觉黄山境象,如在目前。三十二年,行至新安。因缘所集,宰官、居士、缁素、道侣信受归依,几及千人。安乃破雪寻奇,扪萝陟峭,得黄山之胜,恍与梦符。遂入开山,草创法海禅院。来者日众,糗粮乏绝。相与采苦饮水,亦不相离。道价翔溢,声达禁苑,敕赐"慈光寺"额及七级四面金像,并藏经、金书《法华经》、紫衣、金钵,赏赉有加。天启三年,飞锡庆夫椒山祥符寺。山荒地僻,厨灶无烟。安与众闭门,七日不火。许居士鼎臣叩扉直入,见其道貌清峻,略无疲色,叹为华严不思议境界。消冻饿想,俨然雪山麻麦也。无何,以赐佛因缘,北至清源,乘愿禅林,即安十年前所建也。少傅蓼水朱公相留结夏,亦自知迁化期近,即止憩焉。以天启五年六月十二日示寂,跌坐说偈曰:"处处西方地,我无西方心。满目皆莲花,惟不见我身。"合掌而逝,僧腊五十余载。弟子辇骨黄山,造塔寺后,白石凿凿,流水环绕。许鼎臣为之铭。

明当阳玉泉紫紫庵沙门释法瑄传

释法瑄,字玄彻。幼栖燕山,托身桑门。明万历时,南游至当阳,止于玉泉。会无迹重修殿阁及十方堂成,将弘讲席,造就新徒,欲得《大藏》,以饷学者。以瑄来自都门,谙识旧事,使慈航偕之赴京。仆仆风尘,舟船南北,终遂所请,并载而归。玉泉之右,林谷幽秀,有峰名紫紫,流水环绕其下。乡贡袁君中道别治一庵,读书其中。丙辰岁,袁君捷南宫,成进士,以庵付瑄而去。逾年,瑄复谋于袁君曰:"凡兰若,当具三宝者也。今佛相修矣,法典备矣,独往来游侣尚无一粥饭为栖息之地,可奈何?"袁君闻而善之,为文征诸善信,卒置田百有余亩,以赡行者。瑄勤于护法,严于律身,凡所综营,利财不苟,人多敬服。主紫紫庵十余年,谆谆以念佛为第一义。后无疾诵佛,合掌而化。

明鼓山白云洞沙门释悟宗传

释悟宗,姓傅氏,闽人也。出世学道,苦行精进。万历间,结茅于鼓山之凤池。深山峭谷,人迹罕至。每当中夜,风凄露冷,有声呦呦啁啁,似蛮似鹿,若泣若诉。悟宗持诵《华严》,了无恐怖。久之,见光荧荧,自前峰飞来,至庵而止。时或散作金光数百道,朗耀烛天,如是数数。乃依不光处迹之,披榛五里许,得石,穿石披土,土尽而得洞,其上而小者为海音洞,下而广袤如覆钟、如削玉者,为白云洞。洞前空青隆起,为佛头岩。岩石稍平者,为说法台。台傍为潭,所谓三潭九井之一也。而石之仰者为钵,立者为杖,皆以形似名之。登洞则日月亏蔽，云霞从足底起伏。江流如带，沧海若污。无诸城郭，隐见烟中，一蚁垤耳。悟宗性行超凡，慧心独运，鸠工搜材，创立寺宇。而同时有善卜者，伽蓝神凭焉，言应如响。于是远近云集，布舍物力毕具。金像绀垣，香厨精舍，不日而成，蠹然林表。

然下视绝崖，殊难攀跻，则又凿石千武，县梯万仞，起于平地，为三天门。蛇屈而登，跨龙背，渡吼雷湫、印月潭，逾金刚石数百级，至化龙桥。观瀑布如线，散入桥下，天梯蠹云，峨峨然，王懋复太史为题"白云洞天"。初有巨石，横亘洞前，下临绝壑。石工相与谋曰："此石凿断，我辈且虀粉矣。"因释工而卧。夜分，大声轰然，如天地崩裂，岩谷震动，众惊视，石已断矣，以为神感云。悟宗后居郡之罗山，有法海寺为势家所夺，且一甲子，历数主矣。悟宗为引法曲谕，顿令檀越发心，舍宅还寺。不及三载，金碧珠林，焕复旧观。护教宏法，愿力尤深。长乐谢肇淛为碑文，并题三绝。《白云洞》云："白云不生灭，古洞无开闭。僧卧云亦还，松风吹岩际。"《海音洞》云："法海本无音，空洞自窽窾。谁为大知识，凿此浑沌窍。"《三天门》云："鸟道蟠石罅，危梯不可度。下有面壁僧，上有通霄路。"

明宜都广济寺沙门释彻天传 彻容

释彻天，未详何许人。有道行，摄化于荆楚间。宜都刘太史恒河暮年好善，倾心佛果，舍宅为寺，旁求高贤，奉为开山。及闻彻天品格清峻，玄旨渊深，抒忱礼请。欣然戾止，说法拈佛，缁白化之，今为广济始祖是也。

又彻容者，川人也。赋性坚忍，慧猛兼资。环眼晶睛，剑眉黑面。万历乙未，始至玉泉，栖于别院。旧名龙兴寺，为唐恒景律师道场，日就埋废。容慨然动念，立志恢复。奔趋三载，呼号十方，溽暑严寒，不惮跋涉，卒告成功。视前之栋楹挠折，桶槛腐敝，甍溜破缺，赤白漫漶者，经之营之，治之葺之。辇砾秽，燔榴翳，斩茅而蓺嘉树，发石而引清泉。怡神养性，助我禅悦。当机唱导，岁无虚日。后终于斯寺，窣波岿然，余芬未沫。

明黄山云岭禅院沙门释如本传　妙光慧　栎庵

　　释如本，字妙圆。万历时，与妙光慧禅师同游黄山，止于佛岭。把茅葺亭，设姜施茗。弘其愿力，相与胼胝。百具更新，遂成胜地。慧为歙岩王氏子，本则遗其氏里。尝自述《佛岭纪事》一篇，略云：“万历甲辰，自浙之虎跑，来游黄山。至歙西潜口之上五里，曰佛岭。前后十里间，悄无人烟。岭头有亭，额曰'佛岭云亭'。时当炎夏，行人苦渴。因与道侣雪樵行头陀行，煮水以赡行旅。就亭右诛茅，为蔽风雨计。忽于荒草中，见一断碣，苔藓弥漫，大半剥蚀，然隐隐可辨。于唐有志满，于宋有云林，具见《林传》。而亭亦于淳祐甲辰为汪桢珉所建，工费壮固。自宋至元，废兴不常。明洪武甲子，亭将圮，众为修治，有僧栎庵居之。正德丙寅，里人汪以辅氏又为更新。盖佛岭之名，由来旧矣。”本既爱其叠峰排空，中通一线，松声涧响，云影山光，鸟鸣喈喈，掩映其间，诚佳境也。爰与道友定居焉，此可见本之志愿矣。又亭之北麓，有水一泓，乳汁淳淳，出石骨中，白拟流酥，清同法鉴者，雪照泉也。泉以石为腹，泉心清彻，可鉴毛发。偶立久之，凉气沁人，不待洗涤，尘垢自消。慧初辟地时,疏凿成池,用以济行旅饥渴,因给庵僧食饮,至今赖之。

本尝参憨山清,清有《示妙圆禅者》偈曰"湛湛青莲花,居泥而不染。明明出世心,雪在玻璃盏",足状其禅心澈悟,功候圆成。故寂时,辞众偈云:"打破虚空,如风扫叶。天外山青,岭头日白。"正嵒豁堂《雪霁寄妙圆老宿》,有"寄言久卧寒岩柏,共拂高枝仰太阳"之句。嵒康熙中始寂,本盖有高年者。又谢彦章《赠妙光上人》诗,叙曰:"十年前,为作《募修石路疏》,今路已成。经楼佛阁,亦复焕然。观其愿力,可谓无负厥功。"其诗云:"四十年如一日过,入泥入水意如何。从他觉路光明殿,不比山僧愿力多。"可见本与慧开拓之勤。

明杭州灵隐寺沙门释如通传 良玠　慎庵祥

释如通,字易庵,姓杭氏。母氏潘,梦梵僧借宿而觉,是日生通。年十五出家,礼大海为师。未几,往双径万松,抉择心要。松问:"如何是白云不倚青山住?"通曰:"明月常悬古涧心。"松为首肯,乃付以法。嘉靖癸亥,司寇五台陆公延主南山慧因,前后改观。万历壬午,冢宰元洲张公礼致北山灵隐,重建大觉殿,十五年瓦砾,一旦更新,其功不可泯也。先是宣德九年,寺毁于火。有伐石良玠者,方建姑苏虎邱寺大殿。郡人慕之,礼主灵隐。前后建置,多其力也。

又慎庵祥者,海昌李氏子。少颖悟,经典过目应诵。受戒于全庵理,得法于壁庵璘。景泰间,主显宁。天顺时,迁灵隐。大弘法化,学子景从。重修殿宇,楼阁交辉。丈室寮庑,倾橐所葺,时论高之。

明沙市白斋庵沙门释道通传 德全 香林

释道通，字白斋，西蜀人也。早岁披缁，苦行自励。壮而发足，蹑屩负笈，遍迹名山。独以荆门，西达峨眉，北通五台。而滇、黔、湘、陇四方行脚者，欲瞻文殊而礼普贤，多道出沙市，水云往还，殊无止息之地。使过者烦苦，来者沮丧，非所望于弘法者也。乃矢志修持，自甘淡泊，感应人天，卒遂所愿，建庵沙市。人以"白斋"呼之，因以名焉。于是远近游侣，接踵而至，伊蒲之给，四时无缺。通临化时，谓诸僧曰："法性本无生，今复何灭？其不立一切法者，亦不舍一切法也。吾所以苦心经营，正以待诸佛子耳，岂有他耶？前为殿三楹以栖像，为阁五楹以栖法，为楼左右以栖僧，而禅室方丈俱备。居者得所，行者如归。有田可粒，有圃可蔬。尔曹善护之，吾将他往矣。"安禅而寂。阇维，得舍利无算，因立塔焉。通勤修有恒，昕夕无惰，五十年如一日。其徒德全，缵绪续焰，律肃宗明，更宏殿宇，洞启法门。荆南会稽陶公崇道为之记。

又香林僧者，吴人也，不详其姓字。万历初，游荆。会同侣于南湖，倡建众香林，以饷往来行者。其主敛米，已而不继。吴僧持钵，遍祖而出，索之市井。朝饔之余，家才一盏。三衢未遍，而白粲之积，足饱千僧。自是厥后，日以为常，施者不费，来者取足，人多效之。黄太史辉为题其额曰"众香林"，吴僧亦以是而得名焉。时荆沙两地，水云流行，俱得挂搭。而北诣清凉、西践峨雪者，依此止息，稍修烦困已。公安袁宏道亦为之记云。

明云中普兴禅院沙门释义玄传

释义玄,字古镜,姓贾氏,云中人也。父林,母李氏。生有异征,髫年厌俗,礼郡中定盛出家,志切向上。及长,辞师操方。初至京都,于万寿戒坛受具足戒。遍礼名山,参访知识。决策已躬,有所发明。念福慧未圆,功行不具,中年还乡,广作佛事。结饭僧缘,不以数计。造渗金像以严佛土,绘水陆以拔幽冥,修桥梁以济厉揭,建窣堵以标人天,跪诵《往生咒》三十六万遍以资净业。凡在利益,靡不精心竭力,以导利多人。由是四众归依,王臣敬仰。云中边地逼虏,民情慓悍,以玄之教化,转杀机为善种,变鸱鸮以好音,见者欣说景从。体厚而性柔,学富而行高,故感代藩国主,三世崇重。吉阳端惠诸王,咸为外护。建普兴禅院,遂为开山祖。以明万历乙巳年入灭,世寿八十,僧腊四十有奇。塔于云中郊外,释德清为之铭云。

明皖中浮山华严寺沙门释本智传

释本智,字慧光,姓李氏,曲静人也。先世居金陵,后徙滇南。生而倜傥,复然自远,隐有出尘之志。曲城之阳,有朗目山,智父白斋,出家居此。智年十二,往①依之,遂剃发为驱乌。后行脚,遇黄道月舍人,与语相得,为更其号曰朗目。白斋以《华严》为业,智多所熏发,即从事焉。年十九,受具。白斋将寂,智请益,乃瞿然曰:

---

① 往,底本作"住",据《憨山老人梦游集》卷三十《皖城浮山大华严寺中兴住山朗目禅师智公传》校改。

"是恶知不旦暮为人婿也。"因发愤,决志操方。北游中原,遍历名山,足迹半天下。南北法门,若伏牛之大方、印宗,南岳之无尽,庐山之大安,蓟门之遍融、月心,皆一时教禅师匠,咸及其门。经炉冶钳锤,故若宗若教,得其指归。但于参究己躬,恐未悟彻。乃立禅一十二年,始得心光透露,由是机辩自在。发迹北游,过六安,刘公为新中峰华严兰若居之。未几,去白下。

给谏宇淳钟公颇研内典,然多才傲物,素少沙门,无撄其锋者。一日,至天界,问主者曰:"善世法门,可有禅者否?"主者推智出见。便尔请问:"天界寺还在心内心外?"智曰:"寺且置,借问尔以何者当作心?"给谏默然。智曰:"莫道天界,即三千诸佛,只在山僧拂子头上。"钟良久作礼,退然心服,始知法门有人。陶公允宜官比部时,即与莫逆。及左迁庐州别驾,署篆六安,创镜心精舍以待,未暇及也。皖之东九十里曰浮山,昔远师与欧阳公说法处,有华严道场,古刹为一阐提所破废。吴太史观我每慨之,欲兴而未能也。智自泚水飘然一锡而来,吴太史一见,与语相印契,再拜而启曰:"浮度固为九带宗乘,近为古亭演化地,华严道场即重竖刹竿也。今为有力者负之以趋,其如兹山何?古亭为滇南人,师岂其后身适来,胡不理前愿耶?"智闻而愕然曰:"予少时,每对古亭肉身,瞻恋无已。抑闻开法浮度,不知即此山也。"因思《华严》乃出家本始,皆若宿契,遂欣然许之。于是祷于护法神,遂戞然而去,太史犹未知所向也。智至淮阴,沁水刘中丞东星建节于淮,夙慕方外友,邂逅于龙兴寺,睹其机警,喜惬素心,乃馆之公舍,暇与语,闲及浮度因缘。刘公忻然曰:"此弹指之力耳。"即檄下郡邑,令一行,阐提慴伏,尽归侵地。百五十年之废坠,一言而兴之,岂非愿力耶?寺既复,乃北入京师。会神庙为慈圣皇太后敕,颁印施《大藏》尊经,智乃奉玺书,持《大藏》归浮山。始戊戌,讫壬寅,五年之间,而浮山华严寺巍然如从地涌出。宝光瑞色,照耀人寰。非有夙因,孰能致此？丛林就绪,即付其徒。闻刘公麂,感其谊好,走沁水吊焉。

沈王为佛法金汤,闻智入国,欲致一见。乃语使者曰:"久向贤王,深心外护法门。若以世法相见,则不敢辱王之明德。"使者覆,王曰:"愿闻法要。"诘朝,王坐中殿,延之人。智长揖问王曰:"喜哉世主,富有国土,贵无等伦。作何胜因,感斯妙果？"王曰:"从三宝修来。"智曰:"若然,因何见僧不礼,生大我慢。"王悚然下座,请入存心殿,爇香成礼,请问法要。因言:"《华严·梵行品》云:'身语意业,佛法僧宝,俱非梵行。'毕竟何者是梵行？"智曰:"一切俱非处,正是清净梵行。"王闻之喜,遂执弟子礼。所供种种,独受一紫伽黎及水晶念珠,留镇浮度山门,王亦竟为华严檀越。乙巳冬,慈圣圣母周三百六十甲子,建法会于都南之广慈,懿旨请讲《楞严》。未及二轴,忽告众曰:"生死去来,皆目眚所见耳,吾行矣。华藏庄严,吾所图也,今归矣。"踞座,端然而逝,时万历乙巳十二月二十四日也。讣闻,圣母悼恤,赐金造塔,返灵骨于浮度妙高峰之南麓,从其志也。吴太史观我为之铭,有云"古座归路为来路,远录宗乘入教来",皆实录也。

明远安寿隆寺沙门释普义传

释普义,字了乘,姓胡氏,古陆人也。髫年祝发,顺时进具。勤习三学,博览群经。壮岁游方,饭众庐山。见真面目,如识本来。浮江东下,循海而南,瞻礼补陀。还至金陵,请求藏典。跋涉山川,护经回寺。万历丙辰,创建弥陀院。劬劳三载,上下堂寮,左右楼阁,莫不轮奂双美,金碧交辉。复铸三大士金身,刻彩十六佛龛。增置田畴,裕蓄香积。夷陵征士雷思沛为之碑文,玉泉无迹禅师著有《弥陀院记》,并垂久远,足示来兹。义虽传临济,而夕梵晨钟,数豆念佛,清心自课。邑侯张公题所居曰"庄严净土",盖知其回向。证愿已具,极乐玄猷。所诣既成,蝉脱而去。其芳模硕德,备载县志。

明燕京资福寺沙门释镇端传

释镇端,字守心,姓陈氏,长冶人。生多祥符,邻里惊异。弱岁自矜,风骨卓然。年十二,依黎城洪福庵惠忍为受业师。居无何弃去,登伏牛,礼补陀。既而入代之五台山,谒二虎禅师。一见契焉,为入室弟子。及还故山,沈王闻而敬之,延住资福禅院,给供甚勤。一日,慨然曰:"大丈夫不出家,即当以仁义辅弼明主,泽流遐迩。出家则当精深宗教,彻法底源,阐扬佛祖之道。俾博地凡夫,弹指登圣,以报佛恩,始不愧为男子。顾吾于二者之间,一无所有。"沈王虽勤厚濡滞一方,莫能广惠方来,终非所志。于是复弃去,来燕山宛平芦沟桥东,白茨数椽,聊为诸方息肩之地。亦额资福者,示不忘沈王也。

又于寺之西南隙,穿大井一,置石漕六,发愿曰:"无论黑白、愚智、人畜,凡有知者,沾我滴水,食我粒米,同此供养,水泉不枯,胜缘无尽。"然赋性严冷,不喜阿曲,即豪贵临门,或不少屈,故施者简寂。常住荒寒,乃力抱枯澹。欢接来众,了无倦色。或不堪其忧,端处之泰然,殊不为意。沈王恭妃,仰其玄风,遣中贵易茅茨为金碧。端方畅志,树功德幢焉。明万历二十年冬十二月,预知时至,谓门弟子曰："我明日行矣。积年劳勤,施者使我成就行门。我去后,无乏方来粥饭,我死犹生也。"至期,悠然坐化。僧腊五十七,世寿七十三。门弟子依法阇毗,归骨南冈塔,奉为初祖。释达观为之铭,文词超迈,具《紫柏遗集》。

明梓潼回龙寺沙门释慧慈传　无妄

释慧慈,汉中人。明万历庚辰,来游梓北。百四十里许,有古寺曰回龙。栖息其间,精修不倦,如是者亦有年。一夕坐化,感兆土人。冷潮父子,为奉其肉身入龛,香花供之,历久不坏。寺后,忽涌甘泉,潺湲不竭。时见白蟹,大如碗。每逢岁旱,里人取泉于寺,祷雨辄应。因改修庙宇,大其规制,额曰"活佛寺",以显异之。

后有无妄,姓段氏,梓潼人。出家城隅天封寺。自念大本五蕴非有,乃走岷峨,勤修数十年。复归天封,昼夜持诵。后坐化于铁炉山,亦多灵迹,土人立庙祀之。

明代州七佛寺沙门释道相传　道梅　法源

释道相,字契真,姓杨氏,岢岚人。年十三,依芦芽远公披剃。行脚至五台,习讲师子山窟。禁闼三载,出而过代。士民留居北斗宫,久之不乐,曰:"吾侍佛者也,而习见酒肉,乌乎可?"欲辞之。士民感其行谊,为辟净域,造僧房,颜曰七佛,时明万历十七年也。相复自誓,足不逾阃者十余年,晨钟暮梵,勤读《大藏》,以此终焉。

后数十百年,有道梅者,戒行精严,雅志洁修。见斯崇台高阁,廊庑环列,苍柏垂阴,嚣尘不至。信禅悦之清凉,游栖之福地,而馆粥无资,住僧谢去。梅独发愿,欲振颓纲,卒感善信,檀施不绝。清康熙二十二年,地震,楼殿损坏,梅甚忧之。因谋于众,为修复计。会参宪陈公,捐俸为助。而前后殿堂,扶危奠倾,正其柱础。禅室厨库,次第绸缪,俱臻巩固。弟子法源,远近叩请,躬任其劳。敝衣恶食,一介不苟。故经营二十余年,复告完善者。虽曰梅为之主,而相与有成,源之功不可没也。

卷第五十五
兴福篇第九之七
正传九人　附见三人

明五台山圣光寺沙门释福登传

释福登，字妙峰，姓续氏，平阳人，续鞠居之裔也。生秉奇姿，唇掀齿露，鼻昂喉结。七岁，失怙恃，为里人牧羊。年十二，祝发。携一瓢，至蒲坂，行乞村市。夜栖文昌阁庑下，阁为山阴王所建。一日，王晨出游，值登裴回阶间，见而异之，谓阁僧曰："是子五官皆露，而神凝骨坚，他日造诣殊未可量，曷善视之？"顷之，地大震，屋宇倾覆。登压于下，三日不死。王闻，益奇之。因修中条栖岩兰若，使居焉。登乃闭关习禅，取棘刺列四旁，以绝依倚。不设床坐，昼夜鹄立，三年心忽开悟。始至介休山，听讲《楞严》，遂受具戒。策杖南走，遍参知识。浮南海，礼普陀而归。复于中条深处，诛茆辟谷，日饮勺水。又三年，大有会心。

山阴王建梵宇于南山，延登居之。登每念二亲幽灵未妥，卜吉迁葬，刺舌血书《华严经》一部，欲报劬劳，借感人天。复下山，设无遮大会，结文殊万圣缘。时明神宗御极，皇储久虚，遣官武当，祷祈请乞，礼视高禖。登闻之，乃曰："吾徒凡所为，皆为国报本。今宜专诚尽忠，为皇上祈子。"乃启会，至百二十日，九边八省缁白奔赴者，道路不辍。事毕，一钵飘然，结庵芦芽。期年，皇长子生，奉敕就芦芽建华严寺，造万佛铁塔于山巅，加赐金帛，命往秦晋中州饭僧。已，忽念故山，往修万固寺三载。塔殿楼阁，焕然一新。渭川河水病涉，宣府西院议建大河桥，登应命至，度之水阔沙深，乃建桥二十三孔，亦竟成。

尝愿范金成三大士像，以铜为殿，送三名山，各就其显化之地祀焉。己亥春，杖锡潞安，谒沈王。王适造渗金普贤像，送峨眉。登言铜殿事，王问费几何？登曰："每座须万金。"王欣然愿造峨眉者，即具辎重，送登至荆州，听其监制，用取足于王。殿高广丈余，渗金雕镂诸佛菩萨像，精妙绝伦，世所未有。殿成，送至峨眉。大中丞霁宇王公抚蜀，闻登至，请见问心要，有契。公即愿助南海者，乃采铜于蜀，就匠氏于荆门。工成，载至龙江。时普陀僧力拒之，不果往。遂卜地于南都之华山，奏圣母，赐建殿宇安置，遂成一大刹。登乃造五台者，所施皆出于民间，未几亦就。乙巳春，躬送至五台，议建台怀显通寺。上闻，遣御马太监王忠，圣母遣近侍太监陈儒，各赍帑金往视，卜地建殿安奉。以丙午夏五月，兴工鼎新，创立大殿。前后六层，周匝楼阁，重重列耸，规模壮丽，赐额"大护国圣光永明寺"。工竣，先事峨眉，继事南海。会倭夷构难，海氛未靖，中途而止。乃三卜三吉，至得宝华山。诣京都奏请，特敕许之，赐予有加，慈圣太后更赐造寺金及藏经、佛像、幢幡之属。落成，乃之五台，鸠工庀材。帝与太后，复赐内帑，建寺赐额。建华严七处九会道场，所费悉出内帑。初，五台山路崎岖，行者苦之。至是平铺石片，三百余里，溪有津梁，道有亭院，以相接待，迄今利赖。造桥于阜平县，赐名曰普济。筑庵于龙关外，敕曰惠济院。渴饮病医，皇慈施舍岁费帑金。御书著妙峰，额之于院。随颁《龙藏》，起阁供之，更创七如来殿。

又于阜平立长寿庄,为太后祈福。建殿阁七层,赐"慈祐圆明"额,以尊异之。他如修会城道路石桥,皆人力所不能,登一一成之,人服其神。忽以微疾还山,一日,鸟雀翻飞,绕檐喧噪,逐之不去。登曰:"百鸟哀鸣,吾将行矣。"即命治龛。众见红光接引,端然而逝,寿七十有三。帝闻,赐葬祭,建塔于永明之西,御书封号"真正佛子妙峰高僧之塔"。太后赐金千两、布五百匹,供葬事。登起于孤微,刻志苦修。终身胁不着席,一衲外无长物。足迹所至,屡有建立,动费亿万。天子、圣母、王侯、卿相皆乐助其成,岂偶然哉?

明云南鸡足山传衣寺沙门释寂观传

释寂观,字法界,姓陈氏,叶榆人。生性纯笃,卯角丧母,哀泣几灭。见俗演目连,乃愀然曰:"欲报劬劳之恩,非此莫能尽心。"因思出家,往白于父。父有难色,固请,许之。往荡山,礼印光得度。光学富理超,贯激宗教。既得寂观,知为后劲,命名锡字,开示殊深。久之,乃辞光曰:"南历百城,差别之竟已见。东迈万里,难获之法可求。讵敢坐迷所宝,辜负此生?"光改颜而遣之曰:"吾道行矣。"遂遍游名山,乃至燕都。叩遍融,入室请益,至再至三,俱承印可。时叶榆荐绅,钦其名德,累致书祈请,却之不赴。后闻光寂,乃回滇。过响山遇虎,眈目视之,虎俯首而去。后居鸡足传衣寺,时寺毁于火,乃危坐松下。檀越感应,不日兴复。规制弘备,更胜于昔。当众务繁殷之日,手不释卷,而事无堕废,风徽远矣。

明四川黄龙寺沙门释观止传

释观止者，未知何许人。善讲经论，愿力弘深。天启初，游岩渠，见黄龙寺废荒，慨然以兴复为己任。法轮默运，信舍景从。殿宇楼阁，赫然屹立。学侣云蒸，更宏精舍。破山明公曾为之记，其略曰："自鹫岭分证，而泠光热焰，莫可胜纪。然幢幢列刹相望者，无越黄龙也。寺去城北二十里，建自隆庆时，兴而复废。至天启三年，观止法师于是作师子吼。地摇人震，道逗群机，远近响应。则殿阁堂宇，焕然一新，咸乘师之畴昔愿轮所致也。顾虑法久生弊，始问记于予。予固未学，敢以鼠尾续貂？然事关象教兴废，又谊不可辞。只可向泠泠孤光处拨焰，寥寥疏影里洞机。聊写墨滴，以灾劫石，永同金刚不朽云尔。"

明曲靖玉龙寺沙门释海量传　来秀　性寿

释海量，字大千，南阳人。七岁披缁，日务勤劳。不及文字，恒守师训。诵拜《华严》，以为常课。历久不辍，每获胜因。凡所到处，必感檀施。明崇祯初年，杖锡南来，底滇曲靖。有三岔荒山，樵牧罕到，豺虎夜嗥。量于此处，刈草覆荠，复事《华严》。鱼梵响处，二虎伏听。夜则击柝，绕山达旦。虎亦随之，行与俱行，止与俱止。量殊坦然，虎亦习之，略不加害。山居无水，汲道甚遥。未几，有泉从地涌出，行之期年。樵者迹之，始见茅庵，乃大惊异。群相问讯，具道所以。伏虎出泉，莫不感叹，膜拜而去。遝迩聆之，皈崇日众，大创禅林，今玉龙寺是也。久之，欲游鸡足，道过禄丰，至狮子口。时野盗出没,行人畏之。量复架茆垒石,出钵中余粒,以饷来者。由是商旅驿使,望而投归。因开山建刹,直指姜公为题其额,曰文殊寺,且赠以诗。群盗慕化,皆知敛迹,竟成坦途。又于县西避处,半山之中,建净莲寺。山亦乏水,量就道礼经,未及期月,果出甘泉。但不可洗秽煮腥,犯则立竭。寂时,寿已百龄,僧腊九十三。

又来秀,字云聚,亦河南人。苦行自持。初栖鸡足,后于四观峰创金顶山。居数十年,精勤不懈,戒德少伦。至崇祯末,耆寿而化。

后有性寿三宗者,蜀僧也。亦于崇祯初至滇,卓锡白马山。方拟建寺,开基之日,忽见祥光,中成狮形,金色灿烂,大小不一。因感黔国沐公赐谕题额,助修善缘,遂成巨刹,今传经寺是也。寂年七十九,塔于寺侧,称开山祖云。

明鼓山白云峰涌泉寺沙门释大舣传

释大舣,一名元来,字无异,姓沙氏,龙舒人也。早岁,礼五台落发。往参无明于宝方,阅《传灯》有省。往见无明,复茫然自失。居久之,随无明至玉山。闻护法神倒,划然解绝,以偈呈无明。无明曰:"子到门矣。"一日,见人升树,恍如大彻,走至无明所。问曰:"近日何如?"舣曰:"却有一条活路,只是不许人知。"曰:"因甚不许人知?"对曰:"不知不知。"无明乃举婆子烧庵及龙吟雾起公案,舣皆颂出。无明曰:"今日方知吾不汝欺也。"后隐信州博山,学侣辐辏,遂成丛席。天启丁卯,鼓山僧众方议合一,创作丛林,曹能始观察与乡人联词延舣主之。至则立规饬绳,四众翕然。徒侣累千,遂为始祖。上堂:"春日乍寒乍暖,春风倏有倏无。若从此处会去,佛法天地悬殊。不从此处会,又向何处去?才涉思惟,成群作队。不思惟处,又如何行?人更在青山外。"居六月而归。崇祯庚午九月十八日,示寂。建塔博山,鼓山僧徒更塔衣钵于香炉峰前。舣尝登喝水岩,吟曰:"云磴如鳞砌,扶筇纵步行。水从龙口出,松倚石痕生。浓树藏嘉羽,层峦叠翠屏。懒谭西祖意,独对远山明。"

明润州金山寺沙门释洪肇传

释洪肇,字缁云,姓高氏,蜀人也。性质聪莹,思力敏卓。髫龀之岁,芟染于凤凰寺。被甲律仪,下帷经阁。年十六,参学南询,遍历讲席。受戒于憨山,听法于巢松、一雨、莲峰、二楞。力修梵行,操持罔懈。既而叹曰:"正法道要,唯在解脱。拘滞文字,其能济乎?"乃走少室,参学于无言。方丈之室,侍立三载;箪瓢之供,日常一食。于是密参宗要,身心豁然,薝卜沁香,醍醐喻味,乃摩顶受偈,依派传宗。道法既明,有无俱彻。辞杖履,飞锡吴门。会润州金山,伽蓝乍谢,教钟中否。缙绅士子,金契慈缘,稽首请赴。卓锡之日,幡幢飞翔,白黑忭舞。洪肇念本慈悲,心怀信义。权实安定,通观平等。斗尺无私,衣止一衲。檀施云委,悉充常住。菩提之域,枳棘涤除。般若之杭,横流已济。群情充洽,众志咸服。门徒赞诵,不绝于口。以大彻堂为宝志肇兴水陆之地,而像法久湮,前修未缵,乃造水陆变像六十四轴,备其仪文,建水陆阁庋焉。更于堂之前楹,创立准提阁,以奉香像。建置周密,信施骈罗。精舍攸跻,度城斯感。凡硕士令名,道枢鼎望,莫不向风参请,仰叩洪钟。

肇应受融明，机对敏给。奉仪形者，荷师子之威；凛戒说者，悦甘露之泽。云雷拯其万数，药草溉其根茎。共喻法因，均承善诱。灯传雨润，虚往实归。户外之屦，烂其满矣。肇密教内修，肃严外度；兴复三有，安喻四因。兼以创构聿兴，勤劬过瘁；因仍成病，犹自振饰。乃太息曰："吾性植虚恬，愿耽云壑。因缘大众，坠影尘劳。虽日饭万人，创楹千舍，未足以益我性真。曷若孤松片云，萧然静寄，无言自合，无相谁离哉？"崇祯五年，岁在壬申七月七日子夜，拈偈辞众，正目端身，日建辰昏，趺坐示灭。年四十有七，腊三十有九。明年四月九日，同衣福城，谨护法体，归藏灵龛，建塔京口宝盖山。阳明潘一桂为作志铭，追书本行，勒之贞珉。词曰："大德名化，为天人师。舟筏三昧，灯巨毗尸。慈云覆身，福河灌顶。识解脱机，破烦恼窔。兴慈运悲，万物调爕。往而不著，行而不永。器为外假，形为烟聚。随世生灭，我无去住。慧光无尽，法身不迁。塔树勿蘙，永对炉烟。"

明湘乡荆紫山寺沙门释无学传

释无学，姓王氏，歙人也。早岁为诸生，后读书齐云岩。阅《华严合论》，有省。游黄山，履险几坠，触悟机。弃家投庐山，依敬堂披缁。受具后，参诸方。善自深藏，若不识字者，唯憨心知之，荐往会稽。见湛然澄，心心印合。复谒雪峤，参谷泉，入龙潭。既得法要，笑曰："吾决志自了，不随众起倒也。"因携一瓢，至南岳，徒侣云集。西至湘乡荆紫峰，缚茅以居，署其庵曰单丁。破纳晏坐六年，四方奔赴，乃为演法授戒。南入九疑，刘侍御兴秀为筑室以居。闭门独处，而从者麇至。湘人士苦迎出山，无学示偈云："世乱懒出山,病多难开口。闲坐深涧中,高拱两只手。"已而入常宁,访阿育王塔,瑶民多信仰。明崇祯癸未夏,归荆紫。冬,张献忠陷长沙。无学叹曰:"际此劫火焚如,正吾横担独步时耳。"因占偈曰:"五十三年独养机,与人同宿不相知。者番独自出山去,鸟道音书寄与谁?"端坐而寂,盖荆紫鼻祖也。

明杭州上天竺寺沙门释万灵传 万富

　　释万灵,字心台,姓邵氏,仁和人。万历甲申,同侣世荣投华藏房灵源师祝发。食贫守苦,备尝险阻。拮据自劳,以营堂构。尝建别业,曰静处斋,有终焉之志。会大士殿圮,议鼎新之。灵与同志,航海采木,功成。钱师相麟武、虞铨部德园、黄学使贞父,俱崇护之。崇祯壬申八月二十日,手书遗示。尝三舍钵资,为云栖饭僧,至此复建道场。七昼夜,命徒众聚而念佛,取历择日曰:"二十九日午时,吾从此逝矣。"届期更衣,吉祥而逝。寿六十二,腊四十八。

　　万富,字春山,姓钱氏,雩人也。礼上竺意正为师。居秋香阁,苦行清修。丙申,阁毁于火。遂肇基普门之旁,创兴杰构,不殚劳勤。会上竺正殿倾圮,复与同侣十有四人,共谋鼎新,终遂所愿。后以齿高多病,谢去。先是富筑准提阁,退息其中,礼《法华》诸经,晨昏靡间,诵佛号日以万计。走天童,受密云大师戒。越三年,预知期至,呼徒属曰:"除夕,吾正七也。"命浴。浴罢,犹手持贯珠,轮诵而逝,时七十有二。

明端州庆云禅院沙门释道邱传

　　释道邱,字离际,亦号栖壑,顺德龙山柯氏子。母陈氏,感神僧入梦，惊而举子。故生时，室有异光。妙龄剃染，后侍憨山于宝林。典通内外，心澈教禅。乃度岭至金陵，亲雪浪一雨，深究宗趣。复如杭，参莲池。授以净土法门，付之衣钵。更入江右，侍博山无异。久之又入匡庐，会同参家宗保禅师于金轮。遂归广州，道路传闻，争相趋谒。陈秋清、梁未央延住白云蒲涧，学侣辏辐。共坐枯木，种藗自给。尝访六祖，路出端州。望鼎湖山水秀丽，策杖而入。知为福地，乃开山焉。先是，地主梁少川与清波，延僧构庵其中，共结净社。闻道邱至，奉为住持，竟成大刹。内有涅槃台、庆云禅院、寮舍僧房，非万金不就。道邱谭笑成之，噫，异矣！昔憨山尝游此峰，悬记曰："不久当有至人于兹开山。"纪以诗曰："莲花瓣瓣涌沧溟，宝殿高高傍七星。白昼云封无犬吠，夜深说法有龙听。"至是果验。寺无担石之储，而众至数百。有赍金请置田者，却而不受。开山十年，未尝困乏。因白莲盛开，索笔书《莲花颂》而寂。

卷第五十六
兴福篇第九之八
正传十一人　附见七人

清云南鸡足山断际庵沙门释寂定传　楚石　普联

　　释寂定，字自如，别号铁牛，姓张氏，剑川人也。明天启间，随南礼科给事中杨栋朝之任金陵。习见俗荣，颇怀厌恶。思舍去之，恐不得遂。乃解衣履，置之眢井眉，竟从之逸。已，乃知其至衡岳为僧。初，受度于无相隐者，时年十七，后受戒于三昧。复游大江南北，参请名宿，博研经律。仍返南岳，依颛愚，得其法。登坛讲授，名与师埒。明崇祯辛巳，归滇，住鸡足山，弘敷法席，名振一时。乃建断际庵，居之数载。剑川赵鹤公，州之耆儒，仰其德教，延至石宝山，赵氏所建曰宝岩居。寂定既主宝岩，不复至鸡足。其时，清师定滇，明桂藩出奔缅甸，故锦衣卫都督指挥段昍弃官归，与为方外交。请为卜地石宝山顶，填筑龙湫，别建佛顶寺。寺成，主其法席。邓川刘涛石致《大藏》一部，庋寺阁。清顺治己亥冬，示寂。寿六十一，腊四十四。寂定宗律湛深，尤精教义。书兼行草，有阁帖遗意，鸡山犹存墨迹。所著语录、诗文十卷，未梓而佚。

　　楚石者，自云湖南人，而不详其姓字。明季游滇，至石宝山。喜其林壑幽胜，假榻宝岩居，躬亲汲爨。课诵之暇，辄吟诗，诗成则焚之。当寂定之主宝岩也，缁素多在弟子列，而楚石落落如故。每与寂定论经律、诗文，多出意表。尝以箴言规寂定，寂定深敬之。及别建佛顶寺，寂定兼主其席。徒侣从之，颇复相携徙去。而宝岩钟鱼声歇，庙宇绀落。楚石伤之，乃出己资，于山麓别筑数椽，榜曰"海云居"。置田数十亩，供香积。一日，谓弟子普联曰："吾欲去久矣，徒以不欲负空乘三宿之恋与平昔告寂定之言，始发愤与子别辟生面。今幸勉偿志事，子善守之。"遂去，不知所终。

普联，字断若，剑川向湖村赵氏子。幼从楚石披剃，尝称其慧心苦行，必光佛土。使至鸡山，受戒于非相。寂定之主宝岩，亦深器之。寂定没，其徒颇恝。普联不与校，从楚石讲授如故。楚石创海云居，躬庀材木。普联芒屦草笠，朝出暮入。檀施麇至，相与有成。寂定寂后，函骨二十余年未葬。普联于海云居左，卜地立普同塔院，始瘗焉，并以宝岩同学诸释子骨祔之。晚岁退院，别于庵后构精舍，曰梅溪室。每于春秋佳日，与文士胜流，挥麈谭道，以终其身。生平勤于学，严于戒，果于任事而存心至厚，人以为有古德遗风。寂后，其弟子归骨普同，更立浮图于上，以表异焉。

清四明大梅山保福寺沙门释行帜传

释行帜，字法幢，姓林氏，瑞安人也。原名增志，明崇祯戊辰进士，官中允。甲申，李自成犯阙，抗节不屈，酷刑几毙。贼败，乃间关南旋。及闻大清定鼎燕京，知事不可为，遂剃发为僧，时年已五十四。初，读书兴善寺，即契禅衲。馆头陀山密印寺，即唐宿觉道场也。古殿将倾，隐怀兴复志。日与僧摩相讲习，益知有向上事。及作令蒲圻，御史黄宗昌见僧摩有宗门三关语，因问之曰："儒亦有三关乎？"曰："有。'不知为不知，是知也'者，初关也。'吾有知乎哉？无知也'者,二关也。'吾无行而不与二三子'者,三关也。"宗昌怪然,结契弥厚。及改僧服,居吕峰山。更厉切磋,究心生死。尝具夙愿,再造密印祖庭,卒达所志。事多玄感,详载《重兴碑记》。壬辰,曳履过四明,登雪窦,拜石奇僧,受具足,且付以法焉。乙未,入大梅山,访汉尉梅子真迹。钁秽蓺荆,新唐僧法常旧观。盖八百余年荒庭,至是乃得与诸佛子披霜立雪。本分提持,远近趋跄,渐成丛林。苒荏六载,复还东瓯。庚子冬,开垆密印。丙午,应括苍净觉请,以密印付多子无。丁未夏季,示微疾,舟还陀峰。八月十二日,对众说偈曰："七十五年间打哄,总无奇特出常伦。而今撒手悬厓去,一任诸方说幻真。"悠然而逝。著有语录若干卷。

清公安玉泉寺沙门释海福传

释海福,字恒河,姓吴氏,名山人也。少依峨眉万佛寺正阳祝发。年二十二,始南游。参度门正诲,付以偈云："老僧亦爱恒河水,洗尽凡尘即圣胎。"复至荆,受一斋衣法。惠藩将修护国寺,欲得人监之,以海福操持精严,不昧因果,强督其事。功既成,辞返。玉泉因明季兵火,化为榛莽,浸成虎穴,人迹罕至。福归,即有兴筑。惠藩赠金三百,略助补葺。乃斩茅理树,引流辟涂。栋楹梁桷、甍瓦砖石,垩垩赤白,一董新之,无愧前哲。更请于朝,复除寺徭。盖自元钟而后,有造于玉泉者,莫福若也。以顺治十六年二月二十二日示寂,偈曰："骑象牵牛西复东,明珠穿破两头空。本来面目寻常处,付与来者好用功。"寂年七十有四,塔于南荠。

清当阳东禅堂沙门释性关传 觉聪　本赤　印正

释性关，字遍云，姓吴氏，郧阳人。少孤，剃发襄阳仁皇寺，事惺然为师。年二十，游吴越，受华山三昧寂光衣钵。复得法金陵天界寺中隐。西上荆州，于圣水寺旁结茆曰松庵。读《圆觉了义》，有悟。后辟乱汉沔间，时开讲席，人多重之。顺治七年，入玉泉，创立东禅堂。演法弘律，归依者众。顺治十五年正月十二日，寂于监利灵照庵。二十年中，驻锡十有八处，讲说所施，津梁无绝。所著语录、诗文，戒不授梓，故佚而不传。弟子觉聪、本赤，保守东禅，锄垦田土，补修殿宇，不坠旧声。

后有印正字莲月者，岳池江氏子。母丧，闻僧诵经，有三界火宅语，悚然有世外之心。因自断发，出涪陵，礼破山明。寻具戒，并授偈拂，始开法于东印寺。及入楚，历主福昌、天皇、玉泉三寺。晚岁，于玉泉增修毗卢殿，勤劳二十余年，遂成丛社。寂于康熙三十年七月十日，寿七十有八。著有语录，塔于寺东梅花洞北仙琴山。

清荆州天王寺沙门释慧海传

释慧海，字水鉴，别号沙翁，姓谢氏，兴国人也。少无俗氛，常怀逸志。年二十，始披缁。进具后，精严戒律。遨游洛北，讲肆经论。究穷妙旨，颇能敷说。然以生死事重，语言文字，终非上乘。遂看本来面目，探入幽窅，苦莫能得，沈闷无聊。一朝饭后，划然廓悟。乃谒径山容，复有增长。次金粟琇、禹门微、虎岩悫，互相发明。后于吴兴灵山敬，遂禀法焉。顺治戊戌，飞锡荆南。尝叹像教陵夷,古刹湮灭,慨然以兴废自期。偶因《通志》载,有天王寺,不知其误也。略致访求,御路旁有天王社者,慧海以为即古天王寺旧址。百计经营,克日鼎新。其实,荆但有天皇,《志》载天王者,即皇之伪也。盖天王为古代有天下之号,犹天子也,内典称曰帝释。慧海以为天王者,即四大天王之义乎。而《正名录》且辩之甚晰,兹不具也。康熙壬寅,受仪征地藏寺请。至则重建殿堂,轮美奂美。复历主荆门之铁佛、鄂渚之黄龙、汉阳之栖贤,二十年中,六坐道场。后寂于天王。著有语录四卷、寺志二卷。尤工诗词,唱和多名流,而无传集。

清四川双桂福国禅院沙门释海明传

释海明,字破山,人称曰万峰老人,姓蹇氏。世居渝城,后徙大竹,遂为大竹人。生含聪睿,质挺奇标,识者谓其状类黄檗。年十九,祝发于大持庵,以融光尊宿为师。偶听慧然法师讲《楞严经》,至"一切众生,皆由不知,常住真心。性净明体,用诸妄想。此想不真,故有轮转",终日疑闷。乃读古人语录、颂古,无可入处。遂孤身出蜀,见数耆宿,莫能取决。俄栖楚之破头山,经行万丈悬崖,自誓刻期取证,限以七日日尽。晌午,忽见银色世界,一平如掌。信步举足,不觉坠岩。左足已伤,尚不自知。胸中块磊,涣尔解释,但叫屈屈。自此出山南行,见憨山、博山、双髻、雪桥诸宿,微有启悟。再谒湛然,顿圆大戒。闻天童密云悟赴金粟,径往造请。机语契合,竟付以源流一纸、信金一缄。祇受而返,息止苕溪。

崇祯己巳冬,嘉禾绅耆,向其道风,请主东塔。遐迩学者,归之如云。壬申春,张金吾振宇、冯铨部伯井皆蜀人,请明还蜀,阐化乡里。而明亦动峨嵋瓦屋之思，辞密西迈，卓锡万峰古刹。既而中庆，佛恩白兔，已振威音。凤山栖灵，祥符无际，并撒布衣。感绅荐之归依，受藩王之隆养，二十年间，九坐道场。谭梁生司业所云，花开檇李、果熟蚕丛者，信不虚也。明季，甲申之变，刀兵横起，杀人盈野。有李将军立阳者，残忍尤甚，人呼"李鹞子"。尝请明至营中，明思导以慈念，化其杀机。阳遂强之食肉，明曰："公不嗜杀人，僧何惜一口？"阳曰："弟子不杀人，愿师常肉食。"然每于暴怒之下，多所全活。时以曹山酒、志公鸽比之，尤有足多者。

　　清顺治癸巳，蜀难渐平，乃回梁山，依金城寨。去寨半里，有旧绅别墅，尚余老桂二株，葺而居之，颜其堂双桂，院曰福国。未几，四众归之，遂成丛林。山门佛殿，一时聿新。康熙甲辰，总制李凯，既定巫山，道通川楚，以母丧故，再使延请。明不得已，杖锡巴渝。盘桓九旬，相得甚欢。及其别也，李公亨之牢醴。明喟然叹曰："昔遇恶魔而逾闲，今逢善友而昭戒，从兹不近酒肉矣。"遂辞而归。丙午春，年已七十余。道俗称庆，来者万指。方祝无量，无何示疾垣化，时康熙五年三月十日也。寿七十四，腊五十九，塔于梁山艮龙山麓。别众偈云："初开劫运九开炉，七十年来志不渝。每见驹隙难度尾，常闻老蚌易生珠。"得法弟子八十余人，可谓英灵并集。已而或疑其滥，不知明际鼎革，狂禅满地，过于峻拒，恐将折而趋邪，故以传法为卫法也。明著述最富，其传者《破山语录》《山居诗》《双桂草》诸集，几盈尺，已付梓云。

清盘山正法禅院沙门释行乾传　养心

　　释行乾，字大博，姓胡氏，达州人也。母梦神人，抱子入怀。及生时,白光弥室。年十三,祝发西圣寺。后入都门愍忠寺得戒。复南询,参万如微公于龙池。机契,乃付衣拂。归而出世于天津地藏,法幢既树,祖焰更辉。已而之燕山,结制于法通寺,复结制于弘善寺。比及三年,乃北游盘山。有蓟州僧来仪者,慕其行谊精严,以古中盘精舍一区献之。乾亦喜其连峰叠嶂,嵌空突兀,涧谷委蛇,果树茂蔚,诚禅悦之胜地。特规模狭小,院宇不完,思欲廓之,以为丛林。卒得和硕诸亲王之助,成兹宝坊,额曰"正法禅院"。以康熙十二年八月十日,冥坐而逝。乾坐道场十有四处,说法十有七年。著有语录四卷,董阎为之序。其塔院碑记,则魏裔介所撰,并见山志。

又养心尊宿者,耀州陈氏子。初谒博山无异,苦行力参,久之有得。乃北来,历叩名宿,居无常所。顺治辛丑,至盘山,重兴法藏寺,衲子归之。后不知所终。

清黄檗山寺沙门释隆琦传

释隆琦,字隐元,姓林氏,黄檗人也。生有灵征,幼志凝重。因父远游不归,绝意婚娶。附舟诣补陀祷祝,睹大士境界,遂欲轶尘。乃礼黄檗鉴源为师,剃染易服。遍造诸方,潜颖真参,心光灿发。闻密云居金粟,径往依之,始露头角。机锋酬酢,迥出寻常,密云甚相契重。逮受黄檗请,琦乃偕还旧山,结茅于师子岩。隐安继主檗山,琦本同参,则延之领众,因继其法。费隐既受别请,林御史汝翥与士众,请居祖席,始出世焉。坐夏十稔,指逾三千,鞭龙策象,声光远播。万里扶桑,梯航申礼,祈教彼土,恳请尤挚。琦亦自知信于东倭,实有宿缘,当为了之,故扬帆破浪,海若效灵,遂底长琦。岛主欣迎,万象云拥。驻锡兴福,益以崇福,兼兹二刹。法雨所施,罔不沾溉。受请普门，国王、大将军咸来致敬。宠锡优渥，珍服名香，络绎充积。琦亦漠然，惟思流通正教，弘我佛旨。但每念祖庭，时有故山之思。国王感其眷恋，乃于太和山更起梵宫，仍名黄檗，以慰其心。移居未久，举首座性瑫自代，退隐松堂。国王为建寿塔。优游泉石，十有余载。预知报谢，乃示微疾。彼国王臣，慰问再四，皆裁偈酬答。端居而化，康熙十二年癸丑四月三日也。寿八十有二，腊五十有三。得法者二十二人。有《七会语录》。琦貌魁伟，秉性刚正。苦行高谊，具在年谱。檗山大众仰其余徽，为筑衣钵塔。释如幻弘为之记，铭见《瘦松集》。

清兴教万寿禅寺沙门释道仁传

释道仁，字惟诚，姓郑氏，福唐人。父玉立，母吴氏。将诞之夕，祥光满室，邻里异之。幼而失怙，养于舅氏。仁体貌清俊，举止端凝。毁齿之岁，便厌火宅，其种性然也。年十三，礼福唐灵岩良真出家。左右服勤，无间寒暑。随真入黄檗祖山，而福严费隐方开法席，仁祝发入堂。时祖席重光，英俊云集。有西堂时恒师，解行兼优，通内外典。仁常亲炙，奉为楷模，而默究本分，晨宵无间。因参赵州衫子话，久碍胸次。一夕，经行堂中，举头见琉璃灯，将灭复明，瞥然有省，遂颂曰："赵州用处天然别，提起布衫重七斤。只是寻常家里物，令人千古乱纷纷。"即书呈费，费颔之，自是益加奋厉。受具后，云峰亘来继主席，见仁弥加器重，勉以法语。随众入堂，屡受钳锤，生平所得，涣然若释。虽久住檗山，几阅炉韛，而脚跟脱落，实在此际。洎亘迁罗山，至住漳之报劬、广严，仁皆殚力辅赞，众咸饭仰。

庚寅岁，始承属付，应青山之请。丙申，游金浦，有懒云上人请居梁山白云洞。丁酉，重兴清泉岩。亘命专使，赍赠源流法衣。庚子冬，受总镇王公敏斋请，出世兴教万寿禅寺。寺自唐妙应开辟以来，已历千载，香烟灰冷，钟梵无音。仁来莅止，道风远播，四众云臻。数年间，佛殿、法堂、山门、廊庑，一以新之，而金像夹辉，华丽胜昔。虽曰檀护倾输，亦仁之德诚感乎，有以致之也。癸丑秋，偕众游月江。归而示疾，日以耗损。缁素踵至，勉以精诚。自来知好，修书言别，若话平生。临化之夜，呼行者泛埽，曰："吾将行矣。"弟子元昇问："末后一句。"仁曰："踏遍周沙界，脱体月明前。"曰："毕竟向何处去？"仁曰："何处不风光？"遂奄然而寂，康熙十二年十一月十二日也。塔于青泉之左，释超弘为之铭。

清黄檗山寺沙门释性愿传 超炯

释性愿，字虚白，姓林氏，江阴人。少而颖异，记诵不忘，与群儿游，未尝嬉戏。年十五，随父过城山，访无生大德。欣慕禅林，恳求二亲，允从出家。闻天童密云开法黄檗，多以棒喝接人，心甚疑之。有超宗自携李还，与人言，举临济参黄檗三棒因缘。性闻之跃然，始知知识用处，迥出常情，因励志参究。尝诣狮岩，叩隐元，见而契之。及应黄檗，携之入山，遂登戒具。又往参金粟费，问："蚯蚓斩作两段，佛性在那一头？"性请开示，即蓦然一棒，直得迷闷盈臆，寝食不宁。欲彻此怀，因看《百丈政禅师语录》，老宿见日影透窗问话因缘，忽有省。乃颂曰："窗就日兮日就窗，现成一物露堂堂。房中有客好归去，莫向渠侬问短长。"呈似西堂玄密。密曰："何物露堂堂？"性举拳示之曰："见么？"密击一棒云："且道是赏是罚？"性喝，密亦喝，遂作礼而退。俄随密回闽，住芙蓉。密寂，复还檗山。

后住长乐德成岩，忽忆古人云："差别未明，住山无益。"重诣黄檗，更进侍寮。潜鞭密练，益臻玄奥。及隐元乘桴浮海，倡道扶桑，性乃潜处松溪白云庵。隐元遣使，航海万里，付与法衣以表信。寻有江西之行，路出宁化。缁素恳留，重兴东山古刹。寺前长桥久颓，行者病涉。乃募千金，先为筑造。鼎建寺宇，规制弘丽，遂为甲观。落成未几，黄檗耆宿以玉融檀信敦请继席。性至，重法剔蠹，拣魔辨异。登堂演说，如香象渡河，径截逆流；鹅王择乳，不事乱唼。以故诸方翘仰，龙象骈趋。有浙僧冒称福严法系，持数十金，入山扫塔，性验其非是而却之。有楚僧频以怪异惑众，领宰官善信至寺设宴，性疾其邪，斥之而逃。时或以为执拗，后两僧皆败露，人始服其卓识。居山十载，怡养恬静，气韵孤特，而诱进初机，唯恐不及。挫败类之偷心，指学人于实地，皆从自证中发用真切。生平法利所获，悉付司库。及将迁化，囊钵空悬。以康熙十二年癸丑六月十四日示寂，得年五十有八，坐夏四十三，塔于黄檗宝峰山。

又超炯，字参唯，亦得法于雪峰亘。后居漳之天柱、建之武夷，晚隐泉州安溪之妙峰。复结茆紫溪山中，竟终于此。炯赋性孤硬，律身苦严，耿介卞急。见稗贩阇茸，污蔑法门，必痛加诃斥。缁素之伦，敬而惮之。凡所挂锡，则檀信向慕，为筑精舍，意有不可，飘然长往，不系情去留。性喜施与，不蓄长物，贞风峻节，砥砺末流。及将灭度，忽至清溪，与所知好李太史在明，话别殷殷，但言遣游，莫喻其旨。归而取生平著作文字，悉燔弃之，泊然而逝。阇维，顶骨不坏。时康熙乙巳五月二十二日。释超弘、如幻，并铭其塔。

清衡阳东山智胜寺沙门释明德传

　　释明德，字本无，亦号明憨，姑苏人。幼岁舍身于练川西隐寺。初为沙弥，便眈禅味。及长，得戒于龙兴美元长老。会明季兵燹四起，避地南来，礼拜衡岳。更寻幽僻，卓锡于穿崖洞烟竹村。村外东山高千仞，常见紫气飞腾。其巅有石窟、石岩、石穴，亏蔽日月，遮护风雨。开辟以来，莫知年岁，相传为谢氏地。德趺其巅，数日不起。土人感之，竟访其山主，乞得片地，筑庐而居。山故多虎豹，薪采者苦之。自德庀止，虎亦驯化，虽与人遇，略不加害。寂于康熙癸酉，寿九十余，塔于山阳。

卷第五十七
兴福篇第九之九
正传十一人　附见十七人

清五台山清凉寺沙门释老藏传

释老藏者，本曰老藏丹贝，蒙古大喇嘛，行二字略也。初入卫籍，为赵氏。居京师，礼崇国寺僧为导师，又尝师土波沙门蓝建巴。始至清凉，居中顶及罗睺结念所，依数岁不去。后，复远涉土波、蒙古，于其国语言文字，靡不通晓。更自清凉山，归崇国寺。时清室龙兴，世祖入关，定鼎燕都，褒崇佛法，雅慕高僧。己亥岁，诏众推选清凉山住持，佥举丹贝。庚子，卓锡兹山。辛亥，受钵莅众。重葺经堂，远接水云。广护人天，不分畛域。圣祖御宇，銮舆西狩，遂幸斯山。至菩萨顶，则金碧辉煌，笋虡璀璨。花台宝幢，尊严峻肃，异于他处，奖赉有加。既而奉命监修五顶精蓝，悉力殚思，恭恪从事。甲子，复以陈请，山颠大殿改覆碧琉璃瓦。自山入都，跋履艰辛，遂成劳瘵，偃卧崇国。乃邀恩眷，日遣御医调治，终莫能瘳。及其灭也，赐金存恤，阇维，塔于凤林谷。生平朴质冲澹，器宇疏朗。妙解文义，兼工书法。其于学也，专事薰修，盖息心净行之流。以康熙二十三年甲子五月示寂，春秋五十有三，僧腊四十有四。乙丑夏，其徒丹巴将溯碣山阿，述其行状，乞翰林院侍读学士钱塘高士奇为之铭，文具山志。

清仙溪城峰禅院沙门释一空传

释一空,字朗然,姓郭氏,莆阳人也。幼失怙恃,依叔氏居,恒持斋素。年十九,叔为谋婚娶,强使肉食,因走。入壶山石泉寺,从闲公大德剃染。勤苦精能,靡间朝昏。闻闲公所举机缘,怀疑不决,常提父母未生前语。一日,归山,掷石敲门,有省,乃发志参方。首造鼓山,叩雪关,染指法昧。返莆,寻天壶旧址,缚茅而居。率徒力作,樵薪种茶,以给饘饳。昕夕焚修,不堕厥规。复参黄檗隐元,为典库钥。倾心恤众,道誉籍甚。会时学开法漳之广严,卷襆相从,酬酢投契。水乳相合,承其属累。时移天寿、福庐,皆竭力辅赞,法化大行。莆龟洋禅寺,唐无了、慧忠二禅师故刹。久历劫火,荒残殊甚。空受众请,率徒躬耕。不惮劬辛,每以向上相提撕。不数载,百废俱振,祖道重光。

晚岁,移住仙溪城峰院。兵燹之后,山门寥落,营求缔构,焕然一新。衲子虁至,望风恐后。甲辰三月,方值诞辰,即告众曰:"吾今六十有一,腊四十余。生平向镬头边,成办个事,实非草草,今且休矣。"不数日,遂示寂,康熙甲辰四月七日也。空虽尚贞朴,汰除浮薄。潜鞭密练,不愧古人。居龟洋时,旦坐方丈,有虎跑伏阶前,空为说三皈依,竟摄尾去。又一日,经行客寮,有巨蛇,长丈余,当道。侍者欲击之,空止之曰:"彼以毒来,我以慈受。"亦为授三皈依。蛇逡巡退,众皆异之。平昔拈颂机缘,言皆见谛。吟咏篇什,亦多天真流畅,知其所得深矣。塔于天壶东冈,释超弘作铭。

清漳州南山万善庵沙门释无疑传 行勉

释无疑，姓林氏，浯海人。中岁厌俗，礼印指，披剃于金门宝月。性姿纯实，笃杜多行。雪峰亘开法罗山，无疑知院事。拮据劬苦，以身率众，时承激发，知有向上事。逮亘移住芙蓉，乃结茅于三秀中峰，耕种自足，不染外缘。俄遭寇乱，同安、石尾相继沦陷，僵尸填城野。偕其徒行勉、达己，拾厥遗骸，聚而瘗之。于同安城北，立兆域以识，曰"同归所"。壬辰，漳城被围几七月，城中人相食。及清兵南下，转战百里，积骸如山。无疑复领徒众行勉、观素辈，收胔录髑于烈日苦雨中，备尝辛艰，亦立同归所于南山寺。更建万善庵，香灯钟梵，以利幽冥。远近闻之，皆感泣涕涟，以为真大士行愿也。及乙未岁，仙游陷，被屠。无疑力起奔赴，掩埋如前。计十年中，所瘗尸骸，何止万众？斯生民之惨变，而苦行悲愿，其功德诚不可思议。同安有甘露遗址，檀越陈公慕其道谊，延之鼎新。又尝住轮山圆通寺，重修大殿，足壮观瞻。一时云水，至者如归。俄而示疾，数日淹化。

行勉者，浯海蔡氏子。年二十，剃发于宝月庵。因读《石室语录》，有省。遂造青林，参重眉，服劳数载。值世颠连，人罹非命。乃随其师，躬掩埋之役，戮力为多。又募砌石，尾城通溪，石路数里，以便跋涉。重眉主漳之隆寿，复依为化士，遂付以偈。山居四十年，所居亦数易，俱以力耕悟道。晚隐温陵金粟，刻苦不懈，无改于初。及将入灭，寝疾于示现庵，沐浴更衣而化，亦塔于甘露。

清杭州灵隐寺沙门释弘礼传 戒显　济玹

释弘礼,字具德,姓张氏,绍兴人。初为锻工,好与黄冠游。有紫阳洞苏道者,教以息养方,本天台《小止观》与《首楞严》合。因读是经,而发正信,投普陀宝华庵仲雅祝发。既受具,乃参三峰汉月藏禅师。因承记莂,授以临济正宗。是宗在明初,法运中微。汉月初从折竹洞悟,彻尽法渊,后乃得源流于金粟悟。而其始终加护者,则在纲宗。纲宗者,全提五家宗旨,而于临济,则从一句。中分宝主,玄要照用,堂奥森严。使学者不滞鉴觉,洞抉佛祖心髓。弘礼闻之,亟往参叩。时汉开法安隐,以本来面目示之,苦求未得。偶窥镜见影,被同侣一推,猛然有省。由是精进,服勤左右。历三峰邓尉者,十有七载。彻悟宗旨,遂承衣拂。三峰既殁,同参潭吉忍著《五宗救》,弘礼赞助居多。书成而阐扬纲宗,三峰道法始晓然于天下。虽当时辨难三峰者,持论不无异同,是书一出,淆讹立判矣。潭又告寂,弘礼归隐云门。

御史念台刘公请主广孝寺,陶炼学人,名动诸方。继迁安隐显宁,复应江北请,说法泰兴之庆云、秦邮之地藏、维扬之天宁,嗣居佛日、灵隐、会稽、华严、径山。先后十坐道场,开大法门,雷震海内。在天宁日,湖海浩归,衲侣奔奏。所谓五千衲子下扬州者,纪其实也。灵隐方兴巨工,事同开创。大殿火,重新之,施者坌集。购大木于深山,人力罕致。一夕雷雨,暴洪汛涨,浮涌毕达,缺一石础,感神示梦,因之募得,故功成巨丽,甲于天下。又以其余,葺浙之广孝、安隐、法相、灵峰诸寺。而径山频以兴复请,乃以灵隐付其徒晦山,而自往径山。将兴法席,为弟子巨渤封塔。再至天宁,临行机语，皆似息机投老者。既至七日，刻晷为筵，爇香礼佛，五鼓易衣，端然坐逝，时康熙丁未十月十九日也。寿六十八，僧腊四十七。塔于灵隐慧日轩，吴梅村祭酒伟业为之铭。著有《弘宗说》《正讹说》二书。

弟子晦山戒显，太仓王氏子。弱龄游泮，有声庠序。甲申之难，作文告庙。入金陵，礼三昧祝法。受具，参天童雪桥。遇灵隐弘礼于皋亭，大悟云门拄杖话，遂得法。初隐庐山，开法云居。历主东湖荐福、黄梅四祖、临皋安国、武昌寒溪、荆州护国、抚州疏山，化行江楚，道望大著。所至兴建，不后其师。康熙丁未，继席灵隐。著有《禅门锻炼说》十三篇、《现果录》、《佛法本草》及语录、诗文集若干卷。

又五岳济玹者，古越吴氏子，亦弘礼弟子。生时，人闻空中音乐。三岁，诵《心经》，如宿记。成童出家，依石屋。年十七，游方登讲肆，词如瓶泻。受具天童密，参西来大意，便有入处。归越沙溪，将盥，触翻水盆，得大洒脱。出而遍叩，谒弘礼于显宁，遂授以法。其倡化诸刹，皆玹佐扬之力为多。出世安隐，遇火，重兴之。道誉流闻，相率敦请。如福善、夕照、隆平诸刹，先后庋止，津梁不倦。及灵隐虚席，遂补其处。振绪饬纲，绍芳先哲。和硕康亲王慕其高范，敬礼有加焉。

清公安报慈寺沙门释济亮传　问石　原直　树可彻　雪干远

释济亮，字灰如，姓王氏，萍乡人也。父本儒素，母简氏，亦有善德。世积醇和，感征吉兆，故亮生有夙因。幼习诵读，便喜内典。乡塾之后，乐近僧徒。因告二亲，愿出尘网，竟弗之许。年三十，乃托商游楚。舟次绣林,始从自性老宿剃落。俄而受戒大沩,访道吴门。首依大树证公,遵教参究。久之大有发明,盖已升其堂矣。后历天童、三峰,遍谒诸老,咸以法器目之。亮殊以大慧未圆悟,时深警策,已而闻问石唱道天隆,遂往依之。服膺拳拳,三易寒暑,曲尽大法。所谓五家宗旨不传之密,俱从定力得之,如指诸掌,更无所疑。因仍反楚,住于夹山。是时,问石亦应楚藩之请,道重湖南北间。亮则屏息于碧岩青嶂,若弗闻也者。待其退席白云,乃走僧致询。白云门庭高峻,不轻授人,顾于亮眷眷弗舍,若风穴之于首山焉。亮终自韬晦,时思引退,乃灵岩挽之于前,檗庵推之于后,而原直且激励之,使之出世。原直道眼空阔,不可一世,于亮独倾倒笃挚,勉令升座九峰,万众叹服。

未几,应公安报慈之请。寺本创自唐时藏屿禅师,历宋迄元,宗风蔚然,殿宇宏丽。明季鼎革,烬于兵燹。虽圆通一殿,古制犹存,亦仅支梁栋,而廊庑寮舍,荡然俱空。自亮率彼高足,憩锡于兹,法幢既建,檀施旋集。曾不逾期,而法堂禅关、香积之厨,次第具举。虽筑垣植树,事必躬亲。盖弛笠之时,但见茎草,晏坐之际,蔚为宝坊矣。后为湖南抚军衡斋周公请赴白云,亮亦自以为得法之地,力为兴复。慈风所扇,神人悦助。举已失之土田,久废之殿阁,于荒烟蔓草中,恢扩崇隆,悉复旧观。谓少酬夙愿,而亮亦勤瘁矣。公安二圣寺者,创始安、远二公,佛东圆悟亦尝于此演唱宗乘,废毁已甚。亮久怀兴葺,乃建立就绪。适值南诏之变,兵抵江介。亮年腊已高,弟子迎归报慈。一时悍弁武卒入其境者,莫不展敬,回怒为悲,其驯感暴恶如此。亮性刚介严冷,轻名重道,志坚行密,去留无所执吝。所至之地,如威凤卒止,百鸟翔集。契嵩善嗔,慈明喜骂,亮盖兼之。而徒众益盛,远近趋风。随其根器,各有所造。

以清康熙辛酉冬十一月二十九日示寂，寿八十，腊四十九。茶毗，得舍利数十。所著语录四卷。塔于寺西原。弟子树可彻、雪干远，复继其志，重修大雄殿、藏经阁。不数载，兴废举坠，光复旧物，皆足砥柱末法，唱导丛林。雪后继席报慈，树又徇神山之请，兴复祖庭矣。

清潭州大沩山寺沙门释明应传 要旨辉 敬元足 浮雪正 天枢铉 远目敬

释明应，字易庵，姓蒋氏，龙标人也。将诞之夕，母梦白象到门，惊寤而娩。紫胞裹体，父异之，因名象蒂。虽在髫齿，颇甘素茹。既终亲养，决志出家，投武攸莲花庵祝发。谒大沩慧山海圆具，执侍左右。参三不是话，有省。乃行脚吴越，遍谒尊宿。久之，觉真淳之气，终以沩阜为优，遂还山不出。间检《传灯①》，至云门章次，顿举，平昔疑滞，涣释无余。从此精修孳孳，昕夕苒苒，寒暑十有五载。服勤既久，因受记莂，首众代讲。初开法朗州西禅，风行沅澧。清康熙庚戌，应上湘白云。古貌严冷，略进枯株，提倡死心叟之为人。昭示来学，矩范一肃。甲寅，更主龙山，别立堂奥，诸方颂之。丁巳，大沩虚席，寺众敦请，五让乃就。既至，百废具举，宗风大振，声施愈远。已而白云性宗上人，再请莅席。晚节卓然，策励门子，不少弛假，道誉益崇。感其邑宰及诸檀护，敬礼优加。殿宇廡廊，一革其故，号为中兴。方及落成，遽示微疾，封龛举火，

————
① 灯，底本作"证"。

俱自留偈,时康熙乙丑孟夏十六日也。年五十有八,腊三十有七。著有《法录》数卷。初至白云,山鸣七日,卒符其兆。塔于白云山下,西宁陶太史之典为之铭焉。嗣法弟子,曰要旨辉,曰敬元足,曰浮雪正,曰天枢铉,曰远目敬,皆能缵绍,不愧师承。

辉为豫章冷氏子,初礼大冶青山剃染。受具后,偕敬元参大沩慧。复随易庵于白云,发明大事,同承记莂。辛亥,辉主白云院事,行道六载,远邑禅芬。后辟青峰,因岩结构,轮奂鼎新,杰然物表。著有《法言》数卷。

足师曾住壶天之归云,褒忠之白云,娄席之大悲、上湘之三峰,大施钳锤,造就方来。及赴龙山,绍厥先绪,辑录《永灯》巨典,垂诸来叶。厄坐孤峰,匔匔一纪,而大沩敦迫。及主其席,摘蠹拯敝,百度更新。三圣殿、水云堂,次第告成。复修禅谱、山志。期年之间,功绩昭昭,亦有语录数卷。

正字浮雪,衡阳刘氏子。从善权剃染,圆具于古梅,参易庵受记。随至白云,兴复之功,多所赞助。

实铉,字天枢,临川张氏子。始投衡阳青狮峰省元剃染,诣岳麓肺上人受具。首谒易庵于龙山,承记莂,后六坐道场。其住白云龙山,尤多继述,有语录四卷。

实敬,字远目,别号沤花道人,邵阳周氏子。六龄,从净明祝发。年十一,侍易庵,穷究玄理。听堕碗声,有省,诣易庵求证,便问:"万法归一。"曰:"水归原在海。"又问:"一归何处?"曰:"月落不离天。"自是机峰秀发。清康熙时,于上湘辟萝月庵,创凤林寺,皆前所未有。己卯,住白云。前后十余载,重修大殿,塑大像,置百人香火田。雍正十一年,加封祐祖大圆灵觉禅师,斋僧五百。实敬躬逢其盛,吁亦难矣。

清临安迎恩寺沙门释净极传 普灼　妙庵　性融　悟祯

释净极,字达一,姓曹氏,兖州人也。明崇祯甲戌,游南岳,从学明落发。后参诺诺大师,有悟。清康熙癸卯,入滇,初至临安,修迎恩寺。庚戌,居鸡足,重建迦叶殿。寂于戊午冬,年五十余。

普灼,字中也,太和人。祝发于鸡足传依,悟性敏达。继谒无住,受具于大理崇圣寺。掩关十年,德感郡人。重兴其寺,一览焕然。归者日众,不可胜计。寂年六十六,僧行四十。

妙庵,字石楼,昆明张氏子。年十二,诣筇竹得度。性极颖异,质近生知。历参名宿,授以狗子无佛性语,矢志勤攻,遂有悟入,机辩如流。德业精雅,士庶钦重,数兴古刹。寂年五十九,僧腊三十五。

又性融三昧,广济周氏子。童时,见朝黄梅者,即起信心,愿往从之。及长,礼普陀。回舟放洋,遇飓风,波涛大作,船众漂没。独性融负尸得度,望海礼拜。因感无常,欲超尘网。父母既丧,诣黄梅求度,因事不果。后至黔,遇本空,始从剃度。乙未,游滇,参无住,遂入定远白马山,结茅潜修。时土官李仁舍宅为庵,延性融居之。复于狮子窝,开建妙吉祥寺。数十年间,绀殿巍然,法物备具。清康熙甲子岁,绥远将军蔡公为请《大藏》,作镇名山。寂年六十,无疾告终。

又悟祯,字友山,姚安高氏子。出自华胄,性契禅修,因弃职出家。创建昙华寺,精修梵行,数十余年。凡经古刹名蓝,偶见破坏者,无不矢愿重修,必使栋宇增华,佛像光辉而后已。积诚所感,卒偿其愿。清康熙已巳秋,吉祥而寂。

清金陵灵谷禅寺沙门释宗运传 际曙

释宗运,字于南。师事南屏豁堂,昼夜密参。豁公印可,即付以法。大兴灵谷,弘开讲演。时经兵燹之余,山中幽寂,阴雨啾啾,夜闻鬼哭。运至,摄以道力,利济幽冥,其声遂绝。值岁荒,独锡走句曲,为众乞食,赖以乐饥。豁堂尝挂吏议,系于囹室。运闻,仓皇就道,竭力营救,事乃得解。当其将至灵谷也,值明室鼎革,寺宇荒凉,众皆出亡。有僧夜梦伽蓝神,语曰:"将有大知识来兴此山。"一旦,无量殿上忽放异光,钟楼大钟不叩自鸣,是日运至,其感应如此。后重修毗卢殿,惟务德感,不事攀求,而善缘自集。寺傍种桃万树,当春如红霞照耀,掩映林谷,望若仙阙。或以为羽南者,误也。

又际曙,字晓苍,山阳人。康熙辛未,入主灵谷。经营葺理,百废具兴,重修寺志。丁亥春,圣祖南巡,翠华幸寺。雍容奏语,深承帝眷。御书联额,赏赉有差,为一代异数云。

清杭州灵隐寺沙门释性证传

释性证,字无新,姓邓氏,钱江人。早岁从灵隐易庵剃发,相依日久,重其朴诚,以法器待之,密传衣钵。证复韬采匿光,遍叩老宿,具闻法要。值灵隐重筑废宇,缔构烦艰,工徒千指,仰食瓶钵。丹雘既毕,首复宋直指堂,于是飞来峰坊、回龙桥、密因阁、冷泉石门诸胜,皆一时焕新。而栖云、介如、古心、憨山,率乐就寺弘法,讲席之盛,甲于东南。晚岁,灵鹫隙起,潜叩檀护,尽力保持,幸免摧剥。改易轮殿,重新韩蕲王翠亭,岁补九里松,晚犹不倦。更护飞来竹树于斫伐之际,存古禅堂于崩败之余,改回龙桥于山洪未发之日。五易大殿柱,所费不赀。致峨眉老僧,万里寄语。凡所建树,出自实行。尝对人言:"我来时赤条条,去时岂容一丝自挂?"故破衲而外,无长物也。生平于持名反念,默自体会,不复以机锋自显。化去之日,徐叠双趺。有"六十四年打搅常住"之偈,可谓践履纯笃矣。以康熙乙亥五月五日示寂,塔于北峰之麓,陈继儒为作《行业记》。

清仁和艮山崇福寺沙门释超海传

释超海,字四航。福岩僧也,传临济三十三世。福岩与崇福,本同宗派。康熙丙申,里人吴岐生、吴道深,亲诣石门,敦请至再。海始应命,飞锡翩翩,惠然戾止。虽乔木阴浓,新绿可爱,而栋宇倾颓,规制狭小。海有道声,徒侣朋来,累千余指,室不能容。于是宏构禅堂,创大悲阁,重葺殿房、丈室、厨库,以次兴修,六载告成。壬寅六月,翛然引退。旋主余杭龙泉。雍正乙巳,士众同词,请归崇福。以雍正戊申四月朔日示寂,世寿六十有七,塔于院西南清宫港傍。有语录一卷,为侍者普兢所编,皆海主石门福岩、余杭龙泉及崇福时法语。海虽明禅宗,而接众论道以净律为先,可谓不忘本矣。寺创于宋,毁于元,建于明。永乐至清初,荒废已甚,佛像没于草中,海为中兴云。

清四明阿育王山沙门释持荃传

释持荃,字嵩来。六龄芟染,初依镇海海云庵。虽属沙弥,已露头角。年十六,为大僧,始参学于育王秋远。一见器之,留掌书记。《大藏》之外,兼及百家。颖悟贯通,颇穷妙理。迨秋老谢世,荃以次相继主席。初,育王久经残毁,一望萧然,舍利殿外,仅方丈数楹。荃苦心焦虑,缔构经营。荒烟蔓草间,忽见金碧辉煌。远近缁白,咸深赞颂。宗风大阐,学侣云集。乾隆十六年春,翠华南幸,荃随班奉迓于武林。乃圣眷东顾,稠人广众中,独奇荃仪表。召至马前,垂讯殷殷,酬答无爽,赏赉有差。回銮后,又赐御书《心经》一卷。二十一年,再觐天颜,特赐紫衣,他物称之。荃自遭际恩荣,益知策励。复造承恩堂,以大其赐。精进修持,老而更笃。寂于乾隆己卯十一月二十日。著有语录一卷,弟子证性编而刻之,今见传本。

卷第五十八
兴福篇第九之十
正传十四人　附见四人

清江宁古林寺沙门释普瑶传

释普瑶，字鲁玉，姓赵氏，黄梅人也。赋性孤高，不偕流俗。早岁剃染，受具后，务绝世缘，独精戒法，而心思敏达。每读经论，别有悟入，故于宗、律二门，融会贯通，独标玄旨。缁素之士，奉为津梁。清雍正九年，有富人闵君，仰其清望，咨访要妙，既聆法语，便尔心折。因请易青石戒坛，筑矶成之。雕刻精工，时世罕匹。其善气感物，类如此。主席十三年，虽就衰老，犹勤焚修。以清乾隆元年二月二日示寂，世寿七十有七，戒腊四十二，塔于山后。

清虞山福兴寺沙门释然理传

释然理，字智宏，姓赵氏。本宋宗室，藩守蓉城，世居江阴。父子祥，母裘氏。理生有凤缘，幼而颖异。依近邑广福寺大乘为度师。年二十五，秉戒于宝华闵缘。钻研律部，精进不已。后至姑苏，入真谛利咸室，分主娄东海宁。大施法雨，化导弥多。雍正元年，应虞山福兴之请。时殿堂圮废，廊庑萧然，榛草蔓延，香烟断绝。千年古刹，代有高僧，荒芜若此，心焉伤之。遂立弘誓，殚志修复,而岁值凶歉,一粥难支。又前者弃产负粮,追呼日迫,幸檀越不远,化施相应。陶太史、汪宫赞,皆力为护持。虞山赵氏,同出江阴,亦竭赀相济。二十年中,颓者葺之,废者兴之,昔日榛莽,焕焉改观。甲子冬,年已六十,门人方思为寿,理力止之,谓:"四相皆空,何有寿者?"士林闻之,益加敬仰。乾隆十一年丙寅,以院事付其徒至善。乃退居于破山西偏,一炉一经,翛然自远,不知所终。

清维扬智珠寺沙门释性贤传

释性贤,字德增,姓嵇氏,安东人也。远祖中散,世为名族。父祥,生有隐德。母孙氏,梦庆云入怀,遂觉有身。产时,异香满室。三日不乳,举家怪之。祷佛福祐,俄而就哺。稍长,不茹辛膻。儿童嬉戏,辄拜偶像。慧根夙具,有志出尘。父母奇之,不拂其意。年十一,于庙湾祇园寺,礼子敏为师。寺故以瑜伽教,徇世俗请,吹螺唱呗,日纷如也。贤厕其间,郁郁不得,慨然曰:"吾闻如来救世,明心见性,顾如是耶?吾其行矣。"年二十一,始诣宝华,受具足戒于文海。一见器之,令侍瓶巾。左右服勤,薰心砭骨。数易寒暑,欲遍参知识,乃造虎邱,谒洞明。慧悟超凡,勇往精诣,洞彻宗旨。

雍正十二年,宪庙特召文海入都,立坛演戒。贤从襄事,恩赐绛衣,临坛作证。期毕,圆明园引见,奉命内庭参禅,赏赉优渥。高宗御极,拜敕还山。复至宝华。时维扬有吉祥院者,地临河滨,洼隘嚣尘,为游氓逼处,日就荒废。郡有檀护汪交、戴南翁辈,请贤驻锡,至再至三,敦劝无已,乃慨然自任。败壁颓垣,榛莽塞路。贤至,为之扫除经纪,殿阁寮庑,依次修建。基址式廓,曾不数载,遂成巨刹。乾隆十六年辛未,圣驾南巡,率众迎候,蒙赐智珠寺额,天章璀璨,炳曜日星。复承恩眷,颁赐内帑,梵宇巍峨,益臻巨丽。于是创造戒坛,并构精蓝五处,增扩斋田四百余亩,资给禀戒禅众,食指数千,寂然无哗。贤言貌仉朗,风骨森峻,而居心和易,接物以诚,引导后进,有教无类。人多爱而敬之,依依不忍舍去。其自律甚严,恬然澹退。而众心向慕,不言而信,今为智珠鼻祖云。

清姑苏治平寺沙门释性言传

释性言,字理筠,姓徐氏,平湖人也。母俞氏,善心慈物,雅信释经,含苦茹素,祈佛得子。故禀性柔和,颖异过人。童机妙应,灵感独先。幼诵儒书,终怀逸思,及二亲终养,益惊旅寄。尝喟然曰:"幻躯浮业,四大非真。坚如铁石,宁不消磨?"乃投德藏寺雨昙受染。雍正九年,登宝华山,禀具于文海。馥彧戒芬,威仪棣棣,深见器许,授以院事。及文海奉诏入都,大起皇坛,弘戒法源,言辅弼赞助,厥功甚巨。随海还山,分席天隆,勤劭三载。乾隆二十五年,江苏巡抚陈公请主治平古刹。时蔓草荒烟,凄清满目。言至,始为辟除芜莱,胜地重辉。废寝忘餐,不辞劳瘁。乾隆壬午,圣驾南巡。乙酉之岁,再幸江南。前后迎谒,奏对称旨。御赐联额,恩施烂然。及文海谢没,复来宝华,嗣主法席。经营五祀,祖道增辉。以乾隆己丑春二月九日示寂,世寿六十有一,僧腊四十有八,坐夏三十有四。茶毗时,金光烛天,云霞四布。门人收遗骨塔焉。

清镇海瑞岩寺沙门释宗辉传

释宗辉,字净月。清乾隆戊午,重建总持寺钟楼。积精竭力,不日告成。复修大殿，墙垣廊庑，焕然一新。辉初得法于育王秋远碧公，传临济宗三十四世。后住灵芝，领院事，历有年所。创立法堂，增置寺产。是冬，开法灵芝普庆禅院，止作兼持。未几，移锡瑞岩。寺值残荒，辉一入院，百废具举，丛林为之改观。平生愿力弘深，常怀利济，得瑜伽三昧，广兴法施。一衲之外，他无长物，衣钵之赀，悉以修葺桥梁，平治道路。邮亭破院，尤尽心焉。乙亥春，复住镇海普庆。于正月九日，掩关自闷。三载乃出，即呈偈曰："入此禅关一刹那，竟忘三载疾如梭。寻空到得无空际，放下空空便出窝。"乾隆二十四年，复为育王嵩公及鄞镇诸檀护所请，卓锡阿育王山广利禅寺。辉晚年喜为韵语，天资敏捷，挥豪立就。其临机说法，具正知见，真足津梁末世。所著《芝峰语录》一编，谢间祚为之序，谓其能于叩募之暇，闭关之余，了明心性，悟四大皆空之理，成六尘不染之身。而其登堂说法，复能指示玄诠，令当下机锋，人人猛省。益信古人所传，顽石点头，花雨诸天，为不虚也。

清燕京潭柘[山]岫云寺沙门释圆琳传

释圆琳，字琮璋，姓张氏，宛平人也。幼依京师龙姥宫受染，长乃具足于岫云洞。初，潜心律学，不避寒暑。屡岁荒旱，食止秋粥。众多苦之，殊难下咽。琳独泊如，始发愿力，增置香租。闻都中西方寺讲演《楞严》，躬往听受。偶因疾作，不能随众，深以为惜。已而复参迦陵、调梅二宗匠，机锋[1]迅利，洞彻本源，均见称许。岫云印彻，方监院事，招之还山。复进引礼，兼综内外。四十余年，三易

---

[1] 锋，底本作"峰"。

丈席。屡承推举，乃退避不遑。惟用志苦修，殚思建置。殿堂寮舍，百废具兴。岫云名胜，遂甲于畿辅。岁在甲子，高宗幸临。览秀赏奇，叹为灵境。御赐额联，兼题诗句。宸章灿发，照映泉石。而佛楼道场，严整陈设。钦命琳为总理，其见重如此。尝念步礼五台，游侣跋涉，恒苦饥渴。设亭施茶，用广接待，力行三年，灵感种种，事详《清凉山志》。又有十方缁素穷苦无告者，殊堪悲悯，乃建安乐延寿堂于寺左，使得就养。朝暮入堂，导众课诵，专修净业。丁丑堂成，设无量寿会，和硕庄亲王为之记。

庚辰岁，发愿航海，跋屦普陀。过余杭净慈寺，因修济公塔，立五百尊者名号牌。及归，过广陵。艚运高公仰慕清望，请留瓶钵于慧因寺度夏。复求送佛于宝华拜经台，用式仪表。冬乃还山，为皇太后万寿，启建道场于万寿寺，祝延圣禧。甲申岁，圣驾复幸山中，次前韵诗一章，赐银三百两、玉佛塔一尊。皇太后加赐银器，供具一堂。自有丛林以来，不居丈席，而荷天恩之渥，叠未之前。闻其任院事，前后增广租地二百余顷，虽资出檀施，非盛德感人，何以致此？直督方公、吉林德公皆为文以纪之，而德公则记重修大悲坛，方公则专记延寿堂增置养赡地者。一时朝贵倾心，圣后眷德，犹以避席为高，视后之争主方丈、骛驰京省、缠讼经年者，可同日语耶？

清龙城双凤山朝阳寺沙门释语莲传 吼天

释语莲，湘乡李氏子。诞生之夕，母凌氏梦蛇入室。龆龄，剃染于冠梓园最乐禅院能达。后主翠竹山莲池庵。生平耿介，素履端方。年三十，始从大沩山吼天灿受具。一日，侍坐，吼天示以宗要，三月弗契。忽夜梦一尊者，自称准提，问云："汝意云何？"莲曰："不见一物。"尊者云："如是，如是。"次日参吼天，吼天亦云："如是，如是。"莲顿开悟。尝说法于雪峰最乐堂，直指人心，不惑于物。后于湘上双凤山，创朝阳寺。开堂说戒，法雨蒸蒸，殆遍衡湘。晚岁，天机浩然，禅悦之余，吟咏自适。尝与邓笔山、张紫雨、刘麟书诸人结社，为文字交。著有语录、诗草若干卷。诗中警句，如"将心寄明月，放眼看青山""鱼知入定潜沙涧，花解离尘上钓船"为世传诵。其开示后学，警提亲切，不倦津梁。尝说偈曰："四弘誓愿惟持己，一片婆心只为人。若要佛法留后代，直行天性不欺心。"张正笏序其语录称："其中两语，'路从平处险，人向静中忙'，此即心不在注脚，可为求放心者，作一棒喝。惟楔出楔，其旨莫妙于此。即读宗门家言，亦须解此，方为有益。"斯诚定论。

吼天，亦号放翁。曾主大沩，后住宗镜。六座道场，为湘中老宿。读书通性命之旨，以词赋著称楚黔之间。所与游者，皆一时达人，莲其高弟也。乾隆三十二年，吼天寂，讣至，莲哭之哀，上供云："龙门山水路迢迢，水自低兮山自高。痛观万卉皆垂泪，恰似心田插下刀。"读此，可知其概矣。

清孤屿江心寺沙门释通榛传

释通榛，字茂霞，别号全愚，姓姜氏，永嘉人也。家世儒素，代有闻达。榛幼而颖悟，五岁失怙。母氏悯其孤贫，尝戏谓之曰："汝愿栖空门，为苾刍不耶？"榛即欣然领诺。知其具有佛性，送入江心寺。时正庵禅师方主席，见其行止端详，审为法器，遂与剃度。及正庵寂，因嗣席焉，时年二十二。虔意焚修，晨钟暮梵，积行不怠。初，西塔荒圮，慭焉伤之，矢愿重兴。乾隆五十四年，制府伍公，中丞琅公、福公，先后来瓯，感其精诚，共捐廉俸，守宰以下，同献金帛。宝殿更新，伍公三至江心，嘉其志也。至龙翔、兴庆两刹，均自舍衣资，兴筑补葺，不假斗粟尺布之助，而事自集，以是人服其勤。晚卜塔于福昌寺左，寂乃藏焉。陈丰为之铭，文具山志。

清燕京龙泉寺沙门释真如传　月天宽

释真如，字清远，姓李氏，利川人。世守农田。襁褓时，姊负之堕峭壁中，而悬藤护之，竟无恙。少与群儿登金山之巅，戏曰："此处当建梵宇。"后果如其言，创金沙寺。稍长，竟脱白于金沙寺。有月祖者，与真如同出李氏，从父行也。寻于寺中受具足戒。年二十，随月祖朝五台，至洛阳病殆，野老延圃治之而愈。频行，谓之曰："后当弘法利生，善自护持。"珍重别去。过保阳，参宗庆长老与制府梁公肯堂，一见而知为法器。入都，往来法华、铁山诸寺。会长椿主人还天目，延之主席。寺有苦井，化为醴泉。时人叹异，惊为瑞应。声誉蒸蒸，而名巨乡。若朱文正珪、戴文端衢亨、阮文达元、蒋副宪祥墀、陈侍郎嵩庆诸子，皆乐与酬答，咨问法语。而张船山、吴兰雪、蒋笙阶，又以诗偈唱和无虚日。

蔡君镜舫，号称善人，见长椿院宇就圮，出橐重修。比及三年，殿寮彩绚，而主人亦归自天目。真如退息寿佛寺，众与俱往。蔡君即请主其寺。又三年，始得城南古刹于荒烟蔓草间，并得寺契于张氏。蔡君复为鸠工庀材，佛阁僧房，厨库廊垣，次第落成。乃移锡住之，时嘉庆十年正月也。居久之，恐修持或懈，宗风未隆，乃发十大愿，揭之寺壁，有"僧不出寺，寺不募缘"之语。又谓："明心悟道，禅那为宗。而读《华严》，始知富贵瞻法相。"乃见精诚。于是退处静室,阅藏数春,而宗教一贯矣。已而南游高旻、天宁、金山,至天目而还。盖自中兴龙泉,已四十二年矣。寂于道光乙巳三月九日,寿七十有二,腊五十有七,塔于寺院。著有语录及弥陀偈。其发人深省者,有云:"念头空处更须空,到得空空处处通。若是有些空不了,茫茫业识乱如蓬。"

又月天宽者,玉田孙氏子。年二十九,始事剃染。得戒具于盘山,未几参大觉。庄亲王称其真心实行,退迹信瞻。遭遇圣恩,颁发帑金,重兴大觉。一时禅子,感厥盛会,叹为希有。壬申三月九日,示疾坐化。住大觉九年,奉命兼理印务,谨守祖法,无愧人天。有语录二卷,颂古甚多。有《女子出定颂》云:"一切时中不起念,尘劳妄想何须断。回光返照两无私,见不及时无可见。"

清衡山晓霞峰沙门释续桂传

释续桂,字蕴空,人称香山长老,衡阳李氏子。髫龄归依,祈佛慧命,聪颖过人。及长,好游名山。寻胜入古滇,居寿佛宫,十载始言旋。道光甲申,衡山晓霞峰延之主席。其时,院堂神像,皆朽坏剥落,桂倾囊修之。丁亥谢去,退归东山。咸丰辛亥,改建寺寮,式廓旧基,僧房佛殿,岿乎焕焉。壬子,年已七十,惧朋辈为寿,走匿雁峰,逾月而归。偶看《金刚经》偈,至"一切有为法,如梦幻泡影",浩然叹曰:"我一生辛苦,皆为法所缠缚,今已矣。"重阳后一日,正襟跌坐,集徒焚香,一笑而寂。

清当阳玉泉寺沙门释惠证传 寂清

释惠证,字达顺,或云一名眼。顺生有殊质,秀拔伦表。髫龄入玉泉,从真如出家。依年进具,参静然显远,顿悟玄旨。乾隆五十三年戊申,继主玉泉。言行兼修,禅讲并弘。近远众生,多沾惠慈。寺旁有大士阁,年久废落。证怀耿耿,思复旧观。嘉庆初元,当阳汪令知崇佛旨,证候其来寺,从容语及,慨焉听许。不数年间,高阁巍巍,耸出林际。十年,远安缁白以清溪法席迎之。大开讲席,力振三学。徒侣云从,登堂入室,颇不乏人。以嘉庆十六年三月二日,示偈有:"但得本来心,任他尘与客。"遂悠然而寂,塔象王峰下。

清初,有寂清者,字映月,居宜都祐圣宫。值兵燹之余,庙宇灰烬。寂清披荆翦棘,夙夜不遑,重修殿堂,更广庭庑,轮奂斯新,美不胜颂。化时,僧腊七十有三。

清衡阳太和庵沙门释果法传 清和澄

释果法,字名则,姓徐氏,赣人也。幼罹寇乱,转徙衡中。依太和慧明出家,精持律仪。谨言慎行,目不邪视。务力勤啬,刻意苦行。辛劬三十年,重葺殿堂,式廓旧模。视法初来时,院宇颓敝,香厨无一日之积,不啻倍蓰。后因碧岩开西禅丛席,且欲捐其田租百石,以助胜缘。再传弟子清和澄,禀承懿范,赞襄尤多。时出余赀,修道设亭,以利行者。西禅之捐,卒成其手。

清新化四愿禅寺沙门释慈源传

释慈源，字悟道，亦号守拙，姓曾氏，新化人。父传唯，母张氏，夙抱悲怀，事佛惟谨。诞源之夕，祥光烛隅，里人异之。幼侍母食，同甘蔬菜。母没，经堂佛像，亲洁供奉，不异存日。尝自陈明水一盂，祝曰："此水不腐，吾当归依。"瞬焉五载，清洁如初。丙子，父丧告终，乃礼邑中法华庵松华披剃，旋具戒于福严怡。复依南岳祝圣默荐仁，亲炙既久，得力独多。深造堂奥，遂承心印，称南宗高足。丙戌，还新。独蠲巨赀，修葺城南承熙寺。寺为宋章惇平蛮后所创建，年湮荒芜。至是辟为丛林，法席重晖，僧侣云集。衡之悟真、邵之尊美，皆礼之首座，参同异焉。甲午，说法邵阳师子峰龙华寺，集者数百人。丙申，复依仁于祝圣。日诵《法华》，以为常课。丙午，卓锡资东锦石峰。旧有古寺曰慧龙，日就陨废，而山水之胜，甲于一郡。源因拓其前址，廓其新式，栋宇有辉，金像赫赪。额曰"四愿"，从所志也，寺中规制，一如丛社。道风翕然，溢于资流。寂于光绪三十四年七月十三日，年五十七，腊二十八。塔于锦石峰下，衡山戴鳌为之铭。

清长沙定湘王庙沙门释续成传

释续成，字觉道，姓徐氏，善化人也。家世力农，澹怀朴素。幼而祝发，入邑中城隍庙为沙弥。性明敏，主僧如静教之经论，便能了解，知为法器，久之竟付衣钵。当咸同间，粤寇窃发，曾国藩治兵衡湘。一时豪隽，浮湘上下，多与成为方外交。及乱定，安辑抚恤诸善举,成率隐与有力,而尤以兴复祖庭为志职。初,上林寺被摧毁,改为印卷局,而省会遂无丛林。成慨然动念,请于巡抚王文韶,卒申所愿。讲席复启,祖道重光。开福寺旧为丛席,寺田为田户所夺,日形衰削。田户隶曾国藩部下,积功至总兵,主僧无可如何。成乃倡捐巨赀,赎归侵田,立石以警来者。麓山寺田,亦为人侵据。成亦殚力清还,见义勇为,不辞劳勚。谷山住持改传法为剃度,法门讼之。成为晓譬,谷山退院,其讼遂息。成广颡方颐,谦下洽众。乡夫村童,望而展敬。以光绪甲申仲春示寂,寿六十一,腊五十四,塔桐溪寺南。

卷第五十九
兴福篇第九之十一
正传十六人　附见十二人

清新都宝光寺沙门释觉贤传　真印

释觉贤,字妙胜,姓曹氏。母氏梁,梦僧入室趺坐,寤而生子。儿时嬉戏,即陈佛事。年十二,落绀旌阳柟木院,礼常为师。从塾师读,闻讲《中庸》天命性道章旨,悉心体会,颇有所省。每日晡时,从塾返院,皆有定晷,独此向暮,不见其归。常甚怪之,使人觅得,出数里外。常诘其故,且谓:"熟路日行,何至迷失?"贤言:"方聆性道,未契旨归。心有所在,循涂而走,竟忘南北。"常师由此奇之。尝诵《金刚经》,至"诸心,皆为非心,是名为心",必反复数四,若别有悟入者。常师闻之曰:"此不凡器也。"清嘉庆癸酉,受戒于宝光继彰。由是力涉经论,兼穷教外别传心印。丙子南游,谒江天寺志学。偕至余杭,跋山涉水,渴饮饥餐。忽有所得,求证于志。志欲扩其知识,不囿一隅,乃曰:"今天宁之恒赞、圆明之真月、高旻之方聚,皆有道者也,汝盍往参之?"贤如其言,往还三寺,勤劬数载。互相启发,尽闻法要。

癸未,归蜀奉养慈亲。药鼎汤垆,备极劳瘁。及母寿告终,补藏讽经于开元寺。欲资冥福,冀得超登。忽忽三年,更下江天。与志学诸耆宿,往复议论,则超然尘埃之外矣。复至宝光寺,有经楼而无藏经，人多惜之。贤与州人李祖德善，劝其资助，得数千金，携之北上。未几，橐载数十箧以归。赞叹之声，彻于远近。会月耀倦劳，方思退处，以席让贤。遂主宝光，尽心诱掖。凡所造请，先后接踵，达二千余人。病者药之，寒者衣之，望风投止，僧至如归。戊戌，建莲社堂，创普同塔，养生送死，各得其所。戊申，筑藏经楼，崇高五丈，规制闳廊。更东造问本堂，西营静照亭，以翼辅之。己酉，修罗汉堂。咸丰五年戊午，重新佛殿，高壮称经楼。于是殿堂楼阁，碍日凌云，比美江南，而贤亦老矣。是秋九月九日，示寂。

其弟子真印者，字莲丛，亦号自信，姓王氏，彭人也。年二十，礼明钰剃发，习经三载。受具于宝光月耀。道光癸巳，妙胜贤自阙请经，至见真印朝夕礼诵《华严》，深契之。因以初祖不立文字之旨，令其参悟。夜闻钟声有省，诘旦语贤。贤曰："此非究竟。"引之以向上事。戊戌，发脚南游。底维扬，谒古灯，参领妙谛。己亥，至定海，礼普陀。复诣常州，谒恒赞、雪岩二老，了悟《华严》法义。庚子，旋蜀后，贤始付以正法眼藏，贤寂之。明年，李蓝乱蜀，宝光寺众星散。真印收而主之，仍以冬夏结制弘法，造就末学。咸丰十一年辛酉，建七佛殿。同治二年癸亥，贼氛炽甚，人心惶恐。而真印固视若无事，且以余金建尊胜念佛堂。尝谓人曰："当以慈航消彼逆焰，而摄其沈沦众生，免于灾害。"人多仰之。

甲子，更主郫县东林、义林二寺，置香田三百余亩。丙寅，至成都，重修大悲寺。寺为康熙时主僧所败，乃以三千金反其土地，堂室一一新之。复建千佛、大雄、观音、接引四殿，禅、观、戒三堂，经楼、方丈、山门及僧寮数十，九载落成，费金三万。省会招提中，号为巨观。将军崇文勤公素重其行履，故护持有加，得以竣事。光绪二年丙子，彭中缁素请主龙兴寺。至则为修观佛楼及丈室、廊庑。

寺为预知禅师道场,开建丛林,功久未讫。真印主兹三寺,专以弘阐宗旨为己任。平生苦行,不可思议。以光绪五年己卯十一月四日示寂,宏戒三十期,得戒弟子二千余人。以壬午仲冬,塔于宝光西南隅,雪堂含澈为之铭云。

清燕京圆广寺沙门释显珠传

释显珠,字庆然,别号竹心,姓朱氏,昌平人。父德库,母牛氏。家本寒素,幼依州城东岳庙永亮剃发。受具于潭柘岫云栋昌,既精律仪,泛及经论,止持兼至,性相双融。尝言:"一夕入定,心契法微。仿佛有象,若黄衲瞿昙。趺坐相对,演述上乘。由是诸妄祛释,五蕴俱空。"又尝还顾本形,蜕化枯骨。因念众生种种苦厄,作如是观。偶往菜畦,询于老圃,菜有心否,答以菜本无心。言下有悟,得大解脱。燕都阜成闉外,有圆广寺,明隆庆万历间,曾事修葺。阅岁三百,栋宇倾废。珠来其会,慨然有志,誓复招提。广祈法喜,得粟万斛,金银五百。凡诸布施,靡不具足。已涉愿海,终见伽蓝。僧夏方盛,遽尔就寂,光绪三十四年八月六日也。户部侍郎铁岭杨儒为撰碑铭,刻之石,以贻来者。

清燕京潭柘[山]岫云寺沙门释普德传

释普德,字慈云,姓傅氏,大兴人也。母贾氏,慈心爱物,茹素奉佛。生子三,长、次皆以痘殇,德最小,尤钟爱。及痘发,复濒于危,乃虔心祷佛,愿度为僧,竟获安。九岁,礼药王庙奇峰为师。未入寺而峰寂,因从同参长者学经典。寺有塾师,教授童蒙,日就正之,兼诵儒书,颇解文义。年十九,始祝发。道光二十五年冬,登潭柘山,秉尸罗于西峰。由是亲近善友,栖息禅堂,精研毗尼。举止威仪,昕夕无懈,众以清才目之。后膺维那,充收掌。和辑僧伽,权衡出入,秋豪不爽。复擢引礼,至教授羯磨。二十年间,备历辛勤,尤以谨慎小心、不昧因果为本,故一生廉介自持,不宝珍玩,不苟财利。尝曰:"珍奇异物,人之所欲,远之则无害。仁义道德,人之所尚,行之则致祥。吾辈身登戒品,当力除贪嗔,勉修梵德,庶报佛恩耳。"翊教寺海然察其功行,知为法门砥柱,以所得敕封阐教禅师达天理祖衣卷付之,为贤首宗三十四世,达天第五传也。自得法后,益加策励。

同治六年,为众推举,继席岫云。倡导清修,法侣云从,食指恒逾二千。法喜之盛,异于曩日。每念梵宇倾圮,风雨飘摇,游众往来,无所栖止。于是先立刹竿,以壮观瞻。次修斋堂,以供僧饭。继而东西诸殿,南楼禅寮,左右廊庑,方丈静室,上则舍利塔、大悲殿,外则龙潭观音洞、少师室,阙者补之,旧者新之,金碧辉煌,参天耀日。其他则有黎园奉福寺、城内翊教寺,皆下院也,并严藻绘,蔚为大观。二者尤以奉福为香火,出纳财产,总汇之区。每当秋月春风,游客往来,檀越憩息,得信宿之安,免奔驰之劳,人多便之。普德幼性颖异绝伦,双眸炯炯如晓星。言笑不苟,素喜事佛。虽在尘俗,常默默端坐如僧伽,识者知为再来人。事母尤孝,所得傣资,悉以供养,不使年老有所缺乏。既居丈室,更持平等。六时行道,一意念佛。法眼所照,职事得人。故能兴废起衰,所作皆办。

清沔阳甘露寺沙门释悟丘传 昌珩

释悟丘,字开梅,姓徐氏,沔阳人也。壮岁出家,行苦头陀。游遍名山，道出金陵。总督陆公，企慕硕范，延之府中，咨问法旨。淹留近旬，始得辞去。给传护送，馈遗甚丰，悟婉却之。蹑屩五台，因至燕都。提督向公，想望尤殷，闻芳躅匪遥，已拥彗除道。执弟子礼，入室请益，备极崇敬。名公巨子，向其风声，多相造谒。悟不乐尘嚣，复辞之而归。沔阳有废庙曰水府，盖六府之一，天子之监设于诸侯者。云梦大泽，不以封，当有王官，职司水虞。后世祀之，因名水府。年湮礼失，沦为僧居，又颓败焉，悟倡修之，以待游侣。更辟广长社，为十方丛林，侁侁学子，皆得所止。咸丰间，至仙桃镇，喜其地望，为川陆通衢，水云流行，筑基创甘露寺。会粤乱方殷，匪盗蜂起。斯寺落成，即罹兵燹。乃悟志不渝，剔除余烬。复构美材，深慈弘愿。感召人天，卒遂厥初。殿阁重新，禅客奔赴。同治初年，湘军屡捷，江汉载清。又以新堤巨镇，重湖孔道，殊无梵宇，不便游僧。更创万佛寺，使湖湘衲子，发足参访，中途烦劳，得所止憩。悟戒德贞坚，性尤耿介，不屑干请。每有兴举，信施麇集，如期而至。精诚所格，有自来矣。

同时，有昌珩，字慧山者，荆门朱氏子也。九岁出家，栖于玉泉，受具于荆州东山寺。远叩名宿，深有契合，接席东山，三弘宗法。慨念寺古，风霜飘蚀，院宇颓敝，金像剥落，乃事修葺。首毗卢殿，次藏经楼，且重造门外石磉，严饰佛相，足资观感。以咸丰癸丑四月十八日示寂，塔于旗鼓山麓，周柳溪为之铭。春秋五十四，僧腊三十五。

清江陵章华寺沙门释松青传

释松青，字空万，姓蔡氏，安陆人。幼性诚实，喜聆因果。年方舞勺，便从剃落，栖于沙津清凉寺。弱冠，禀戒于旧口莲华寺。专精毗尼，笃志勤修。尝受《华严》《法华》《涅槃》大乘诸经，知法华经藏，深固幽远，无人能到。唯佛与佛，乃能究竟诸法实相。故矢志弘扬净土，以念佛为本。及从事游参，诸方尊宿，佥以法器目之。咸丰九年，始来东山。时章华法席欲坠，沙市耆旧马印川、李星垣辈，举松为住持。请于江陵令张公，一见即相赞许曰："松禅师神气静穆，不染浮嚣，是诚有道者。"及入院，见败宇颓垣，荒榛满目，慨然以兴复为己任。始事叩募，有以秽物予之，松绝不与校，坦然无忤。虽重耳受块，师德乾唾，方之蔑然。人以是服其雅量，感厥真诚，欣欣乐助。不二载，佛像庙貌，焕然一新。三年退谢，尽其所余，遗之继席。一衣一钵，飘然长往。

首登五台，旋践峨眉。四年复返沙津，仍栖东山。四众叩请，更还本寺。因念规制粗定，将专志净修，闭关七载。一日，寺僧上市，马君印川问曰："松禅师何日出关耶？"寺僧曰："未也。"马君曰："吾昨于行路见之，非邪？"遂从至寺，见封识如故，乃叹其神异，久之而去。松生平笃厚，语不妄发，六时礼诵，五十余年，无一日虚度。归依弟子数百人，尝建涅槃会，垂数十秋。光绪二十六年，佛涅槃日，忽喟然曰："余于斯会，止于今矣。"明年春，果示疾。二月十九日，合掌向西，说偈而逝。寿七十六，腊六十三。荼毗时，五色火光，似莲花飞舞。远近观者，睹此异相，嗟咨无已。塔于本寺旧藏。

清新都宝光寺沙门释宗兴传 本立　清福　达摩波罗

释宗兴，字世昌，姓张氏，崇庆人也。父万锜，有隐德。母郑氏，梦抚松枝而生。兴赋有殊性，髫年秀发。幼礼上光严寺心维剃度，初习课诵，即问其师曰："出家如此，还有事否？"心维大异之。年二十四，始受具于宝光慈心。上光严寺者，亦称上古寺。禅林虽启，毗尼无闻，及兴得戒归，一方观感，始重律仪。更励苦行，不惮勤瘁，经营缔造，寺貌聿新。旧有《龙藏》，岁久蠹蚀，颇多残缺。兴为之写补，凡数十百卷。累时经岁，几易寒暑，乃告完备。及登主席，百废具举。规制弘大，无异丛林。达士名流，咸与亲近。已而发志南游，参访名宿。光绪癸卯冬归，所证益深。宝光本立，驰函相促，即付以法，畀之重任。先是，宝光古刹，建自唐时，垂数千年，号为富蓄，人多觊觎。清之季世，新学流行，夺寺设校，所在告控。本立处此，难于应付，知兴精敏强干，善解方便，必能操纵裕如。兼品德清高，众所推敬。故继席之后，外侮不侵，寺中资积，赖以无损。

本立，字道生，遂宁熊氏子。十岁出家，受具宝光圆公，亲侍有年。尝事游参，远谒海岩，结茆匡庐，南礼普陀，北叩清凉，足迹半天下。及回蜀，初栖成都大慈寺，后主宝光。癸卯冬，以席畀兴。甲辰春三月七日，即示寂。然寺僧以付托得人，卒攘外患，至今念之。

兴居数稔，更新造舍利石塔。初，宝光旧有舍利塔，即神州塔。《寺录》所载，宝光塔者，肇自周灵王四十一年，即西域阿育王之四十三年。育王以所得舍利，造八万四千塔。其在震旦者，十有九，宝光其一也。唐僖宗幸蜀，寺中忽放异光，掘出石函，得如来舍利十有三，莹彻明洞，不可方物。遂建浮图，号曰宝光。

今清福真修大师，远渡重洋，求佛胜迹。径暹罗，出缅甸，底印度。印度者，古天竺国也。复进千余里，拜楞伽山，见唐玄奘旧所经行处。还至锡兰都城,会梵僧达摩波罗方重修佛塔,塔藏佛骨舍利百余颗。清福虔诚祈请,至再至三,乞得十之一以归。又得玉佛六尊及贝叶经若干帙,皆别有记载。清福既以舍利三、玉佛二供奉宝光,兴乃增修一塔,与古塔双标并峙,后先辉映,其功德皆不可思议。

戊申秋,传法静照,退隐古寺。其时古寺,亦重焕殿宇,兴力居多。生平勇于为善,惟力是视,不敢自逸,积劳忘躯。癸丑冬,示疾。甲寅三月十七日,寂于古寺,塔之寺西。宝光徒众念其勤劳,议迎衣钵,建塔以示观感,岭南张元钰为之记。尝寄钰诗一百四首,盖仿寒山,随意吟咏,以见道者。

清东天目山昭明寺沙门释顿觉传 圆参　慈寿

释顿觉,字智海,永康人。幼于云栖西方庵披剃。道光二十九年,受具足于天目山维章。咸丰初,受记莂于云林寺引泉。庚辛之间,粤寇入浙,焚毁寺院,旧日僧侣,水流云散。同治初年,吴越渐平,归栖灵隐。六年,陈令小斋任於潜,属兴西目,招其友人玉辉回山。一肩担荷,遂辟胜境。时东目荒芜尤甚,探询前派,渺无踪迹。复得其徒静能助之,披翦荆榛,扫除瓦砾。一囊一钵,重开新宇。往复数载,历尽艰辛。十一年,移锡普照寺,又新之。以光绪五年己卯六月十九日示寂,塔于东山白云窝。

弟子圆参,字静能,桐城张氏子。赋性刚直,心行稳密。幼岁学书,丁年从军,于干戈扰攘中,勘破浮生,放下毒具,归心佛门。初,投临安涌莲庵悟胜出家。同治六年,于祇园寺受戒,遂得法于智海。闻百丈云"修行以念佛为稳当",深信念佛法门,朝夕不倦。

有问者曰:"念佛是谁?"圆参应声答之曰:"觌面呈君君不见,错过蓬莱路八千。"监持院事,十有余载,不惮尘劳,多方叩募。故东目中兴,殿栋炜煌,虽曰顿觉创始,实成于圆参为多。后十余年,又得慈寿为之继述,乃臻完备。

慈寿,字松华,号幻栖,汉阳黄氏子。九岁,于江夏龙池堂礼福善披剃。初学瑜伽,见日落时,便凄然泪下。十五闻雷声,得念佛法门。光绪三十年,受具戒于黄州安国寺慧明,始事游参。尝于真寂寺耆旧堂,有宏上人问不去不来时话,疑情如窒。忽闻墙外人声,豁然有省,遂述偈云:"十年参叩事更奇,无端平地忽生疑。一声打破疑团后,万妙千玄总自欺。"即阅《宗镜序》"真源湛寂,性海澄清,绝名相之端,无能所之迹"云云,似有证据焉。

清东安麒麟寺沙门释无彼传

释无彼,字高岸,姓陈氏,清泉人也。身干雄伟,胸怀磊落,有古豪士风。曾以军功,授蓝翎千总。发逆平定,还乡省亲。闻衡阳罗汉寺法空成说法,有省,乃叹曰:"世相无常,荣名非宝。吾当于兹,披精进铠,除烦恼贼矣。"成因为剃染,命从东林律师圆具。后佐恒志,开法岐山紫云。无彼持律精苦,常以杜多行自励。闻九疑岩谷幽邃,携杖孤往。道过东安麒麟观,因留习定。士民向其梵行,争营净宇。衲子从者如云,遂成丛林。晚年,专修净业。入太华山缚茅以居,而檀施所集,轮奂斯崇。戒定薰修,蛇虎驯伏,其慈心密行,感物若是。未几,邑人迎还麒麟阁,开阐毗尼,四众从之乞戒者,凡百有七十余人。寂于光绪二十一年十一月二十七日,世寿七十有七,僧腊三十有五。弟子遵其遗命,奉龛归太华建塔。释敬安状其道行，以昭来许。

清成都昭觉寺沙门释通朗传

释通朗，字明照，姓杨氏，崇宁人。母季氏，梦僧追虎入室，惊觉而娩，心异之。幼时随母入法忍寺，见尊者挖心出佛像，指问："何人？"母告曰："心中有佛故。"对曰："儿心亦然。"稍长，即思出尘，礼普照寺普荣披剃。道光癸卯，赴昭觉。道公见而器之，付正法眼藏。备历执事，调护水利。报效输将，弗殚艰险。几二十年，愿力甚巨。其职西堂时，已建成都准提阁殿宇。同治癸酉夏，继主昭觉。勤俭自持，清偿积逋，为数巨万。甲戌以后，重葺天王殿、五岳宫，修治北路官道。塔院彩绘庄严，足人信仰。戊寅，翻刻《释迦谱》，以宣佛果。一时名公巨卿，皆为莲社。制府丁公稚璜，尝相过从，若有夙契，偶至方丈，问曰："此为丈室，和尚又在何处？"朗曰："制府今在何处？"相视辗然。又问："坐禅如何？"朗曰："随时而坐。"曰："坐时如何？"曰："前有龙眼桥，后有威凤山，中间方丈室。"复以拂子一拂云："不即不离，若即若离。"丁公曰："真善知识也。"嗟叹者久之。

为奏，颁"龙象神通"题额赠之，以表异焉。廉访如公，亦深于禅宗者，闻丁公言造寺，咨厥要旨，且问："如何是究竟法？"朗曰："得安乐时即安乐。"如公笑曰："怎般安乐？"朗曰："廉访自能分晓。"如公不禁怃然曰："昨与丁公言，深得禅中三昧，殆不虚也。"乃携手上经楼，问："此楼创自何人？"曰："康熙时，修自丈雪。"曰："可重建矣。"朗曰："早有斯志，但力未足耳。"公举一茎草建梵刹竟之旨，朗曰："释谛须实地。"公首肯，助银三千两成之。一日，自云："佛诞之后,即吾归期。"时光绪乙酉四月十七日丑时,大众闻佛声,西去。寿六十五,腊五十八。得戒弟子千余人,得法者二十四人。朗性刚直,操行坚决,智慧皆从阅历中出,人目为伏虎再来云。

清润州焦山定慧寺沙门释常照传　肇圆

释常照,字昌道,号云飙,姓夏氏,海陵人也。根植菩提,生而敏慧。九岁厌腥,领鉴澄远。年及舞勺,通经史大义,不逐嬉游。值洪杨之乱,家人流离,子焉块处。有衣紫者,奇其俊峭,欲赢负之,以为其子。照不屑也,因以计说。年十五,乃归依春庭,于观音庵受剃。经翻贝叶,口诵如泻。香动木樨,心清得妙。弱冠,受具于焦山大须。神秉隽悟,智理双融。典习律教,中边俱彻。须器其量识,授以衣钵。乃本其誓愿,期济群惑。辞师行脚,苦志参方。望名蓝而戾止,入虚白而知空。偶息金山,从观心慧,研穷一乘。复返焦岩,执事监院。铠披坚忍,幢树精进。清课六时,调御四众。及主丈席,提倡戒乘。钟磬凛彻于鹫峰,杖拂谨严乎鹿苑。慈云罨覆,觉树蘙薱。甘露沾濡,慧珠莹澈。密持功行,殚心梵籍。尝注《金刚般若经》若干卷,尚待梓行。二十年间,虽事著述,不坠事功。创建海云、枯木诸殿堂,整设僧寮,严饰佛像。朝晖灿其雕栋,宝焰见其金身。吁,亦勤矣!清光绪三十二年十二月十三日,示寂。僧腊五十有三,塔于夹山竹林寺右。

弟子肇圆,字峰屏,丹阳束氏子。年十九,感因缘幻化,人事无常,厌尘舍家,投句容宝塔德生剃度。逾年,受具焦山芥航。旋参金山、高旻、宝华、天宁诸丛林,得善知识。往复寻究,默识潜通。

数年之间，竟尔直透三关，了明最上。又以道贵朗澈，事在躬行。遂归焦山，专礼《华严》。夙夜兢兢，寒暑无懈。照知为龙象，付传心印。继主法席，辛勤十载。院宇增修，寺寮严肃。退后示微疾，索浴更衣，安然坐化，塔于夹山西坡。

清江宁古林寺沙门释昌心传 虚舟真 辅仁友

释昌心，字定愿，一号宇堂，姓查氏，泾人也。父光远，母氏徐。心生有异相，广颡丰颐，赋性直爽，语言无妄。幼岁，出家于九华山百岁宫。及长，来古林，从虚舟真受具，留侍依钵。才十八日，即遭发贼之乱。金陵既陷，寇势汹汹，莫撄其锋，因随虚舟避祸田庄。行则扶之，涉则负之，匍匐山谷，几濒于危。稍得栖息，虽遍地干戈，犹日饭僧百余人。盖患难相从，多不忍舍。然烽火数惊，他人或往往散去，自求生计。独心侍虚舟左右，奉养惟谨。因感其道谊，于田庄授记莂。未几，滁来诸邑，悉为寇据。虚舟避之宿州，心遂检师所付牒录、簿书，藏之庄地，不敢一日离。虽身在贼中，伪为瞽者，行乞道旁。然兵氛攘扰，艰于得食，日啖芦菔数枚而已。同治甲子，官军收复金陵，乃躬诣宿境，迎还虚舟。而兵燹之余，寺宇焚毁，荆蒿满砌，瓦砾塞途。于是结茅为庐，累砖作爨，始构三楹，终兴百堵。数年之间，殿宇堂室，规制粗备。以清光绪十二年丙戌夏四月二十六日，示寂。

寂后十余年，而有庚子九月八日库药火灾之变。其三传弟子辅仁友者，方清赋田间，闻讯归来，见火药冲突，地皆易位，昔日庄严，化为乌有。余烟断木，碎石破瓴，充塞满前。而伤亡僧众，号泣悲啼，响应山谷。见者怆怀，闻者陨涕。友为禀恳，刘督部忠诚公命由司局，给资抚恤。友竭力经营，昼夜勤劬，跣足从事。善信倾心，施予云集。不及三稔，殿宇金容，焕然朗耀，规模崇远，视前有加。友好为文，先代行事，多所采辑。乃于愍忠法源、世系、派别，辨析幽微，戋戋不已。撰述《祖庭汇志》，以证明之。噫，可谓有心者矣！

清南海槟榔屿极乐寺沙门释地华传 奇量

释地华，字妙莲，号云池，姓冯氏，归化人。父曰书泰，以茂才出家怡山，衣钵余财，尽资放生。母杨氏，亦禀优婆夷戒。故家世善缘，福根有自。光绪三年戊寅，省亲怡山，因诫之曰："汝出家时至矣。缘在鼓山，甚勿错过。"遂投石鼓，礼奇量剃度。逾年，得本山怀忠授具戒。自是志愿深闳，威仪简重，然以净土为归。时鼓山大殿颓坏，志怀修复，乃虔诚竭虑，独往台湾。仆仆海雾，苦心感物。随叩获应，用集施僎，归筑殿堂。甲申，量公退老，付以法席，四众翕然。乙酉，华年四十，复杖锡南游。历抵群岛，卒从所愿。归而重建龟山崇熙寺，由是声誉日腾，清晖懋发。

因念法随地展，道以人弘，南洋岛屿，自弛禁后，番舶云屯，商旅臻辐，烟火繁盛。非有佛教，曷兴善感？而创建梵刹之举，已怦怦于心矣。且华往还岛屿，侨商稔习，信慕日多。曾请住广福宫，食其租赋，宫即岛中公所也，优礼如此。辛卯之岁，爰度厥地，经之营之。胜缘广及，檀舍云从。不日之间，屹屹绀宫，已雄峙海隅，乃颜曰极乐寺。南洋之有丛林，自兹始也，华为开山祖云。闽省白塔寺者，古刹也，剥蚀荒残。华见而伤之，乃搜集钵余，益以檄助，卒重修之，且筑回龙阁焉。漳州崇福寺众，仰其清望，请主法席。未几引退,归极乐,建普同塔。甲辰,至京师,请《藏经》二。于是极乐、崇福,俱得一藏。炎荒遐服,法宝光临,前所未有。时年已六十一矣,以寺事付本忠,而返鼓山。又重修天王殿,南山寺之颓,亦若待华鼎新者。复主其事,土木方竣,竟以微疾,寂于闽之崇熙寺,世寿六十有二。

清汉阳圆照寺沙门释体海传

释体海,字惟清,姓李氏,孝感人也。生感神奇,器宇不群。自甘素茹,遂托空门。同治时,受戒于汉阳归元寺。遍游名蓝,历抵宗匠,如定念、观心、青光、宝悟诸老宿,咸许入室。炉鞲所施,机锋敏捷,定慧交融。尝登九华,把茅以栖。已而舍去,浮海诣补陀。还游两浙,挂锡大雄。虽足迹半天下,而无所留滞。后于天宁老人,穷五家宗旨,得大解脱,随心自在。光绪七年,旋楚。卜地于汉皋仁里,得善士信心,为之筑基,初名鹿野苑。四海英才,闻风而至。檀越施予,有感必应。曾不数年,一片荒坏,化为宝坊。事若神功,因更其称,曰圆照寺。俄而归元,缁众迎海首席。一日,示众,有"若识白祖旨,后面翠微峰"之语。盖接引初机,显指实地也。由是道誉远流,名闻京国。龙泉主僧,慕其高风,遣使相迓。遂陟首都,阐扬心印。一音唱演,四众归怀。佛日再中,不可言喻。海知报缘将尽,幻质匪坚,乃重诣五台,再访二林。十五年春,言旋汉皋。诸刹交迎,俱辞不赴。示恙湘馆,说偈而逝。偈曰:"说法本无法,传心本无心。一切幻化境,见物即见心。"时光绪十五年六月二十四日也,春秋五十有五。

清燕京潭柘[山]岫云寺沙门释觉海传

释觉海,字慧宽,姓郭氏,临清人也。生而岐嶷,赋性聪颖。髫年多病,瘦骨嶙嶙。因甘澹泊,不茹辛腥。稍长,锐志读书,而厌绝尘嚣,超然有轶俗之致。父母知有夙缘,不以世务督责,送之大佛寺,礼阔然禅师祝发。研心经咒,深求佛旨,谨身清净。年二十一,始发足游参,遍历名胜。因诣京西潭柘山岫云寺,禀尸罗于心纯。同治癸卯,授书记,更诵《法华》《楞严》《维摩》《报恩》诸经,旁及《三坛仪范》。历教授、阇黎,训诫后学,悉中规矩。复思禅宗教义,奥旨弘深,不得良师,未易窥测。负笈京师贤良寺,任以维那,益加精进。

未几,慈云眷念,召之还山,证果倍蓰。光绪戊子年,传授衣钵,继席领众。宏济之怀,孜孜不倦。传戒十坛,津梁益远。深味古德语,重修天王、观音、龙王、药师诸殿,及厅堂朝房、静室石路、龙潭塔院。余力复及下院翊教寺后阁,轮奂并美,金碧交映。晚岁,见阜城门外海潮观音庵,年久荒废,颓垣破宇,愍焉伤之。发愿兴起,倾囊万金,鸠工庀材,杰然崇构,光彩一新,皆觉海之功,历历可征者。宣统三年,秋冬之交,示微恙,乃传席觉正,养疴静室。一日,诫众曰:"道在心不在事,法由己非由人,当勉力以达神用。"人以为解脱之词也。明年春二月,疾甚,念佛西去。世寿七十,僧腊五十,弟子建窣堵波于山之南塔崖下。

清维扬福缘寺沙门释日照传

释日照,字信林,姓孙氏。生而颖异,托迹桑门。年十二,依福善庵谷山剃染。内外经典，锐志研求。光绪二十年，受具于金陵宝华浩净。律学精勤，威仪无忒。旋于焦山讲筵，谛听真义。金山宗匠，参叩玄旨，由是教观双明，禅心独印。复闻通智法师讲《楞严》于维扬万寿寺，径往相依，止息十年。忽生醒悟，剌指书《华严经》八十一卷、《法华经》七卷。血痕犹在，悲愿益深，更礼阿育王释迦舍利。然指两度，信心泼泼，了无怵苦。尝慨念祖庭，栋屋颓败，力任修建，焕然改观。寻徇众请，主席扬州福缘。八载辛勤，重造山门河堤。禅堂、经楼、净室、廊庑七十余间，将次落成。忽遇狂飙，楼阁倾覆。忿不欲生，赴水几没，以救得苏。复感檀助，劬劳三载，卒复旧模。以辛酉九月三日示寂，春秋四十有八，僧腊三十有六。照戒行森严，生平无倦。《楞严》十卷，晨夕讽诵，寒暑罔间。于禅教、莲宗，皆得其奥。念佛利生，望人甚深。开导法化，如瓶泻水。倾心造福，财不私蓄，尤为僧所难云。

清梓潼永利寺沙门释圆镜传 海瑞

释圆镜，姓魏氏，梓潼人也。父曰芝梧，夙有善心。故镜生而聪慧，妙解天成。年六岁，舍入永利，度为沙弥，时道光初元也。苦志求学，酷嗜经义。六时梵呗，深契禅定。经论宏旨，俱能了澈。四方游侣，多相质证，皆悦怿以去。时庙宇颓败，常虞倾圮，镜乃劳勤自励，兼事耕耨。数年经营，集资千百。重修正殿，增葺两廊。绀文金相，焕然有赫。复以余力，置香田百余亩，差供僧众。晚岁，凿池寺后，约方十亩，栽种莲藕。春余夏初，新荷出水，便饶幽胜。迨及花时，香风习习，扇于数里。四围芙蕖，亭亭玉立。菡萏初放，光映晓霞。的实将成，粉涵秋露。池上古柏苍翠，芳草芊芊。镜往来其间,自契禅悦。须发皤然,神明清朗,略无尘意。寂时,寿已百有八岁。今徒众繁衍,与莲花并盛。

又海瑞,姓杨氏,姚人。幼从祥云水目山剃度。光绪十一年,依滇城南归化寺清光受具。复侍药师院清虚五载,尽得其法。还山后,慨寺宇凋零,遂发悲愿,苦志坚持,卒使水目、宝华两寺次第兴修,金碧相映,旧时铜像,赫赫生辉。县中每以正月八日,香会甚盛。欲壮观瞻,使人信仰,则此功德,不可泯也。以庚申九年三月十六日示寂,弟子达禅汇其行谊,备采择云。

卷第六十
杂识篇第十之一
正传十一人　附见六人

宋京师左街天寿寺沙门释赞宁传

释赞宁，姓高氏，德清人。初，出家于余杭祥符，后栖灵隐，习南山律宗。著述毗尼，时称律虎。钱武肃王钦其声望，署为两浙僧统。宋太祖征入京，锡号通慧，兼赐紫衣。淳化三年，兼翰林史馆编修。宁博物强记，辩语纵横。尝著通论，有驳董仲舒、难王充、斥颜师古、证蔡邕非史通等说，王禹偁深服之。兴国三年，太宗闻其名，召对滋福殿，延问弥日，更号通慧。七年，敕修《高僧传》，与新译经同入藏。端拱元年，书成，都三十卷，曰《有宋高僧传》，令弟子显忠拜表进纳。有敕嘉许，略云："一乘妙道，六度玄门。代有奇人，迭恢圣教。若无纂述，何以显扬？繄尔真流，栖心法苑。成兹编集，颇效辛勤。备观该总之能，深切叹嘉之意。其所进《高僧传》，已令僧录司编入《大藏》。今赐绢三千匹，至可领也。故兹奖谕，想宜知之。"又诏撰《三教圣贤事》一百卷。初，补左街讲经首座，知西京教事。咸平中，加右街僧录。年七十，入至道九老会。后二年示寂，塔龙井坞。

所著更有《内典集》一百五十卷，《外学集》四十九卷。内翰王禹偁为之序，极其赞许。宁博闻多识，虽张茂先，不能远过。徐常侍铉仕江南日,尝襆被入直澄心堂,至飞虹桥,马辄不进,裂鞍断辔,棰之流血,掣缰却立。铉遗书赞宁,宁答曰:"下必有海马骨,水火俱不能毁,惟沤以腐糟随毁者是也。"铉劚之,去土丈余,果得巨兽骨。上胫可长五尺,膝面下长三尺,髀骨若段柱,然积薪焚三日不动,以腐糟沤之,遂烂焉。徐谔尝画牛一辐,昼啮草栏外,夜则归卧栏中,持以献后主煜。煜献之,宋太宗以示诸臣,无能辨其理。宁曰:"南倭海水或灭,滩碛微露。倭人拾方诸蚌,腊中有余泪。和色著物,则昼隐夜见。沃焦山或风烧飘击,有石落海岸。滴水碧色,染物则昼见夜隐。此二形,殆二物所画也。"

宋虎邱云岩寺沙门释元净传 思悦

释元净,字雪庭,双溪人。具正法眼,机锋敏妙,为圆悟弟子。尝谒郡守,以诗僧自通。守书其刺云:"诗僧焉敢谒王侯?"净续云:"大海终须纳细流,昨夜虎邱山上望,一轮明月照苏州。"守见之,出坳、交、敲三韵,令题。净即应云:"久不下山坳,出林逢虎交。侯门深似海,也许老僧敲。"守大喜。

又思悦,宋治平中虎邱僧也。编陶渊明诗,辨其义熙以后止题甲子,云:"自庚子迄丙辰十七年,晋安帝时作。恭帝元熙二年,宋始禅,盖二十年。岂有宋未禅,二十年前遽有所讳邪?"有《书靖节先生集后》一则,文致清逸,见曾季狸《诗话》。

宋余杭灵隐寺沙门释如璧传 白崖长老 如琳 慧光

释如璧,字倚松,姓饶氏,临川人。原名节,字德操,以文章著称。曾子宣丞相礼为上客，陈了翁诸人皆与之游。往来襄邓间，颇有宦意。遇白崖长老，与之语，欣然有得。尝令仆守舍，归见其占对异常，怪而问之。仆曰："守舍无所用心，闻邻寺长老有道价，往请一转语，忽觉身心泰然无他也。"德操慨然曰："尔能是，我乃不能，何哉？"径往白崖，问道八日而悟。尽发囊橐，与其仆祝发为浮图。德操名如璧，仆名如琳，遍参诸方，陈了翁兄弟皆以诗称美之。至江浙，乐灵隐山川，因止息焉。琳病，璧躬进药饵，及其殁也，尽送终之义。后主襄阳天宁，夏均父为请疏。其略云："无复挟书，更逐康成之后；何忧成佛，不居灵运之先。"又云："岂惟江左公卿，尽倾支遁；独有襄阳耆旧，未识道安。"时称其精当。寻移余杭净慈，上堂云："变化密移何太急，刹那念念一呼吸。八万四千方便门，且道何门不可入。入不入，晓来雨打芭蕉湿。殷勤更问个中人，门外堂堂相对立。"又闻啄木鸟声，说偈曰："剥剥剥，里面有虫外面啄。多少茫茫瞌睡人，顶后一锥犹未觉。若不觉，更听山僧剥剥剥。"晚岁，称倚松道人，所为诗文皆高迈，曰《倚松集》。

又潜庵慧光，继璧主净慈者。上堂举赵州因僧问："狗子还有佛性否？"赵州云："无。"颂曰："狗子无佛性，全提摩羯令。才拟犯锋铓，丧却穷性命。"慧光亦能文，但无专集。

宋润州金山寺沙门释怀贤传

释怀贤，字潜道，姓何氏，温州永嘉人也。儿时夙根萌发，常合掌僧坐，父母异之。时郡之西山，有僧嗣仁，修西方白莲净观，行甚高，众多归之，号嗣仁社主。乃以贤从社主出家。天禧二年，普度天下僧,遂落发受具戒,时年十四也。贤既得法器,又仰高规,艺行日进,同侣无与比。有讲肆,辄往听受,久之尽传其学。慨然长怀,有志四方,辞仁远参,所至处延居上游。最后见达观禅师昙颖于润之因圣,遂得法焉。皇祐初,润守王公琪雅,闻贤敏悟,乃具礼请,传法甘露。而太平繁昌,又以隐静相召。贤以甘露颇近城市,隐静僻在深山,遂从太平繁昌之请。初,贤从瑞新游,十有二年,具知宗门承袭、宾主之事。比至达观会中,闻所开示,类皆世缘俗谛,或杂以委琐恢奇之言。又尝以事,斥一僧去,每升座,辄追论前事,矢口谩骂,累日不休。贤心陋之,乃潜诣丈室,请达观曰:"为人天师,当只说法,奈何预以世俗间事?且僧有过,斥去则已,何足重辱?"达观颔而不答,贤亦因此省悟。居隐静七年,王公移守金陵,复召以清凉,辞不赴。

明年,达观自明州雪窦徙金山之龙游,州人乃以雪窦召贤。既行,道过龙游,留一月。会达示寂,润之衣冠缁素,因以状诣郡,请止贤继焉。而龙游主者故事,当禀命朝廷,郡守以白部使者上之,报可。龙游自火灾之后,栋宇灰烬,瑞新禅师实中兴之,未既而卒。贤述其事,积勤八载,殿堂廊庑,灿然具备。今宫宇之盛,冠绝淮海,虽始于新,多成于贤。然其地当长江下游,帆樯迅至,游客登临,日不暇给,贤颇厌之。熙宁元年,遂谢去,隐于金牛山,去丹阳县数十里,人迹罕至。庭养猿、鹤、孔雀、鹦鹉、白鹇,皆就掌取食,号五客,各为一诗赠之。士大夫欲相见者,就山中访焉。三年,刘公述谪守九江,招贤主圆通。贤闻匡庐山水幽秀,得疏欣然,题诗壁间,有"岁晚当期返竹门"之句,示不久留也。

居匡庐山下一年,果谢去,复还金牛。明州复以雪窦来请,固以疾辞。史官刁公约谓贤曰:"雪窦东南名山,明觉、达观相继居其地。二十年间，请者三至，可谓勤矣。今又不赴，无乃孤其望乎？"贤素善刁公，从之。乘舟遵海，北转海门。遇大飓卒起，风樯摧败，黑夜漂泊，至慈溪东岸，触礁舟破，从者百余人皆散走。贤独淹坐水中，从者还救，乃免。居雪窦一年，复谢去，还金牛。以元丰五年九月甲午示寂，寿六十有七，腊五十三。葬于金牛之西垄，累坟为塔，秦少游状其行。贤操行卓越，遇人有恩。虽对宾客，未尝与众异馔。雅好施予，所得金钱、缯帛，率以散众，人多归之。又多才艺，工于诗，字画有法。当时贤士大夫，皆倾意愿与之游。以参知政事高若讷奏，赐紫。复以节度使李端愿奏，赐号圆通大师。凡十被请，从之者四，皆天下名山巨刹。道化方行，辄托事隐去。州郡虽欲挽留，不可。得弟子五十有五人。所著诗颂文集凡五卷，又撰次其自少至老出处之迹一篇，号《稚耄典记》，以自见云。

宋金陵太平兴国寺沙门释良策传

释良策，字慧炬，福人。得法云秀。初，见六合孜，稍有发明。诣圆通会下，顿释疑滞。阐发华藏，次迁钟山。一日，上堂："雪消残，分外寒。向火易暖，涉道艰难。好是和衣打睡，任他日上阑干。祖师雪没腰臂，吾徒莫作等闲。光阴荏苒，人事多端。这边绿水，那边青山。难，难。百年三万六千日，看看便是鬓毛斑。山僧与么说话，未免拖泥带水。虽然如是，养子方知父母恩。"

宋潭州南岳寺沙门释宣义传　了信

释宣义，字梦英，南岳寺僧也。禅悟深澈，博学多通，尤工篆法。宋乾德①五年，召至京师。陈希夷先生与当时宰执，俱赠以诗。晚归终南山，老焉。今所见有梦英书法。

又了信者，南岳高台寺主僧也。有诗名。张南轩游岳，读其集，题曰："萧然僧榻碧云端，细读君诗夜未阑。门外苍松霜雪里，比君佳处让高寒。"

宋长沙开福寺沙门释洪蕴传 法坚

释洪蕴，姓蓝氏，长沙人。母翁氏，初以无子，专诵佛经，既而有娠，生洪蕴。年十三，诣郡中开福寺智巴求出家。诵课余暇，兼攻方技、医祝之书。后游京师，以医术知名。太祖召见，赐紫方袍，号广利大师。太平兴国中，诏求医术，洪蕴录数十以献。真宗在蜀邸，洪蕴尝以方药谒见。咸平初，补右街首座，累转左街副僧录。洪蕴尤工于诊切，每先岁时言人生死，无不应。贵戚大臣有疾者，多诏遣诊疗。景德元年卒，年六十八。

又有庐山僧法坚，亦以善医著名。久游京师，尝赐紫方袍，号广济大师。后还山。景德二年，以雍王元份久疾，被召赴阙，至则元份已薨，法坚复归山而卒。

宋真定木浮图寺沙门释怀丙传

释怀丙，真定人。为人多巧思，出自天成，非学所能至，故其法不传。真定构木为浮图十三级，势尤孤绝。既久而中级大柱坏，欲

---

① 乾德，底本作"乾符"，误。

西北倾，他匠莫能为。怀丙度长短，别作柱，命众工维而上。已而却众工，以一介自从，闭户良久，易柱，下不闻斧凿声。赵州洨河，凿石为桥，冶铁贯其中，自唐以来相传数百年，大水不能坏。岁久，乡民或盗凿铁，桥遂欹倒，计千夫不能正。怀丙不役众工，以术正之，使复故。河中府浮梁，用铁牛八维之，以一牛且数万斤。后水暴涨绝梁，牵牛没于河，募能出之者。怀丙以二大舟实土，夹牛维之，用大木为权衡，钩牛，徐去其土，舟浮牛出。转运使①张焘以闻，赐紫衣，寻卒。

宋京师相国寺沙门释智缘传

释智缘，随州人，善医。嘉祐时，召至京师，舍于相国寺。每察脉，知人贵贱、祸福、休咎。诊父之脉，而能道其子之吉凶。所言若神，士大夫争造之。王珪与王安石在翰林，珪疑古无此。安石曰："昔医和诊晋侯，而知其良臣将死。夫良臣之命，乃见于其君之脉，则视父知子，亦何足怪哉？"熙宁中，王韶谋取青唐，上言蕃族重僧，而僧结吴叱腊主部帐甚众，请智缘与俱至边。神宗召见，赐白金，遣乘传而西，遂称经略大师。智缘有口辩，径入蕃中，说结吴叱腊归化，而他族俞龙珂、禹藏讷令支等皆因以书款②。韶颇忌恶之，言其挠边事。召还，以为右街首座，卒。

---

① 转运使，底本作"辑运使"。"转运使"，古代官职，始置于唐，主要负责运输事务，宋辽金元明清均有设置，职责根据运输事务而不同。
② 款，底本作"疑"，据《宋史》卷四百六十二《方伎下·僧智缘》校改。

宋四明雪窦资圣寺沙门释昙颖传

释昙颖，字达观，姓丘氏，钱塘人。得法谷隐聪。颖性爽直，语言率真。取譬晓人，以近喻远。闻所开示，类皆世缘俗谛，或杂鬼琐谐谭。尝以事，斥一僧去，每升堂，辄追念旧恶，慢詈累日。有一僧心非之，竟诣丈室，面数颖过，颖颔之而不言，而僧因从此悟去，乃以信香嗣颖法。颖有文采，名人多与之游。主雪窦时，梅尧臣送之诗曰："朝从雪窦请，暮卷雪衲轻。莫问居士病，自从他方行。吴霜点髭根，海鸟随众迎。安隐彼道场，万事都忘情。""处山无厌山，林鸟正关关。月入潭心白，花明谷口间。采薪能自至，流水不知还。闻欲观沧海，高峰峻亦攀。"颖尝游上雪窦，亦有诗曰："下雪窦游上雪窦，过云峰后望云峰。如趋仙府经三岛，似入天门彻九重。无日不飞丹洞鹤，有时忽起隐潭龙。只应奉诏西归去，此境何由得再逢。"政和五年，建亭于山麓，以憩行人。颖又有《四明十题》，梅尧臣和之，并见山志。

宋温州明庆院沙门释处严传

释处严，字伯威，姓贾氏，乐清人也。父靖，居乡以长者称。母万氏，方娠，梦黑龙自天而下，俄化为道人，入其家。及严生，有异相。幼时警悟不凡，经史过目，辄能成诵。舅氏东平先生规，邑之名儒也，试之联语，随声应答，由是奇之。少长，不茹辛膻。母强之，卒不从。一日，游精舍，归白其母曰："儿蔬食，居俗非所宜，愿出家学佛，惟慈亲割爱。"遂往里之明庆院，礼僧知性为师。既落发受具,游历郡刹。初学律,未几习天台教观,慨然叹曰:"吾邦僻在海隅,见闻不广。"遂之钱塘,依南屏臻公,听天台大部,明《法华》诸经。时学者尚编录,务相诘难。严听法罢,端然默坐。同辈问之,发明师说,了无遗误。因谓之曰:"文字分别,驰骋法相,吾不能为。"乃远游禅林,访寻老宿,叩击玄旨。严志节清高,学识超迈。杖锡所至,道眼相契为多。会有以首座诏之者,严曰:"吾宅心世外,逍遥自适,能为人役耶?"于是西游帝都,观伊洛南,周旋江淮间,凡名山胜境,丛林巨刹,靡不至焉。

时道潜、思聪与东坡居士游,声名籍甚。二僧咸与严善,数以篇章往来。严博学能文,诗词尤典雅,且工书,有晋宋法。或劝以所作,谒缙绅求知己。严笑谢曰:"古之桑门上首,与士大夫游,非求之也,道自合焉尔。"故终身不以一字干谒,识者高之。元祐间,还永嘉,寓净光、大云、开元诸寺,其徒翕然归之。扣门请益者,屡相蹑也。严训以本业,复以诗书子史导之。凡经指授者,咸见头角。时开元建护国天王殿,命严作记,文辞雄伟。太守范公见之,称叹良久,命刻之石,昭垂来许。元符初,归故山,诛茅结庐,循除蓄流,自号潜涧,赋诗鼓琴以自娱,有古林下风①。严有辞辨,长于讲释。里中巨室欲屈之讲经,恐不能致,因具法筵,广集众侣,预设巍座,俟其至,与众迫之。忽遽就席,阐扬奥旨,缘饰以文,吐音鸿亮,听者忻悦。明庆自创业几七百年,无文迹可考,严始为撰记,并书之,时称二绝。郡守张公平闻其名,以礼致之,躬受《楞严》大义。欲授以僧正,且请主禅席,皆力辞之。每诣府,手提一笠,未尝舆也。人以为府座所厚,或属以事,则正色峻拒。然政有不便于民

---

① 此句《补续高僧传》作"有古人林下风"。

者，委曲以告，守改容听之。瑞安令吕公勤，慕其道学，初相邂逅，要与俱还，为筑庵于厅治后圃，为留三宿而去。邑令丁公湛，每访严谈道，终日忘返。

晚岁，绝人事，惟精修净业。所讽《楞严》《圆觉》《维摩》《光明》《法华》诸经，精熟流畅。静夜孤坐，焚香高诵，琅琅之声，出于林表。尝手书《法华》《光明》二经，以报母德。又书《华严经》八十卷，首末不懈，字法益工。宋政和壬辰正月二十一日示寂，年五十四，腊三十九。三月，阇维，得舍利数百，明莹如珠。明年九月，植塔于故庐之旁，以遗骨并舍利葬焉。后四十余年，县人梅溪王十朋为之铭。十朋之生也，即严寂日。其母梦严来，惠以金环，觉而举子。忽闻严化，以此异之。十朋之大母，严之同母娣。严弟子宝印，又十朋之叔父也。尝以伏腊相过从，故其母识严。及十朋长，道经石桥寺，寺僧先夕梦迎严和尚，诘旦而十朋至。故其诗云："人唤我为严首座，前身曾写石桥碑。"铭有别致，见《梅溪集》。

卷第六十一
杂识篇第十之二
正传十人　附见四人

南宋泉州开元尊胜院沙门释太初传 宗达

　　释太初,字子愚,温陵人也。世业儒修,蔚为里望。初生有奇气,幼而倜傥。及为诗文,不落凡俗。已而弃家,入开元尊胜。以佛律己,尽去尘习,当世士大夫多推重之。南剑报恩虚席,郡守陈宓以书致初。而真德秀复以大沩山,延之匡众。垂二十年,聚徒千人。其道博大,无异古德。秀既参大政,函使往还,咨询要妙。致仕归,日与之游,从容论道,晏坐清香,略无倦意。初,以纯实接学者,始会儒释之通,使得其门而入,终示吾道之圆,以为之归。故人乐闻其说,而服其义之精深。

　　同时,有宗达者,字无外,泉之晋江人。善出世学,与初相友,亦有诗声。郡人王显世、赵彦慧、韩云瑞、翁定皆一时名流,初与达同结为社,文字酬唱无虚日。达居开元之普贤,与尊胜邻近,证契尤密。真德秀守郡时,尝以崇福延达。达殊落落,惟精心研核,穷究藏典。考订佛顶说圆璇之未至者,如以劫波罗为氍,非髑髅天之类,率正旧讹者焉。初,尝出导氏一章曰夜气者,名《牛山经》以受学者。然初不轻作文,作则传播一时。如《承天僧堂记》,简严有体,丛林多诵之。又评蔡襄《洛阳楼记》,当点窜三字,至今犹传其语。知非深于文法者，不能道也。夫儒释之不相入者，以不知其道，故无文以发之，则其理不显。初之《牛山经》，盖能会其通也。是故真德秀以正心诚意之学，而与之游。王显世为德秀以德行荐者，且与之善，以其文能明道，道合则交深。有在言语文字之外者，佛但微笑，孔欲无言，亦如是也。

南宋江西罗湖沙门释晓莹传

释晓莹，字仲温，未知何许人，亦不详其氏族。既离尘俗，历访丛席。顿明大事，四众推重。晚归罗湖，杜门却扫，不与世接。惟以平昔所见闻，诸方尊宿，提倡向上，及道侣谭说，发挥宗教之言，或残碑蠹简，有关要旨者，皆采辑成编，曰《罗湖野录》。其间文词之粹美，机锋之劲捷，气格之宏旷，可以辅翼宗乘，垂训后学。故读者挹其风味，不啻与命世宗匠、贤士大夫，雍容酬答，晤对一堂。诚足助尔禅悦，发人清省也。

南宋临安灵隐寺沙门释智融传

释智融，姓邢氏，名澄。世居汴京，以医入仕。南渡，居临安万松岭，号草庵。邢郎中官至成和郎，出入禁庭，赏赉殊渥。年五十，弃官谢妻子，祝发入灵隐寺。诸公贵人挽之，不可。又游诸方，径山、康庐，经行殆遍。闻灵山之胜，遂投迹为终焉计。独行独坐，或至移晷。人不知其能画也，山中多蛇，忽作二奇鬼于壁，一吹火向空，一蹋蛇而掣其尾，蛇患遂除。而时有火警，又于火端作土枭，枭声为之革。尝画龙首半体，祷旱辄应。遇其适意，嚼蔗折草，蘸墨以作坡岸岩石，尤为古劲。间作物象，不过数笔，寥寂萧散，生意飞动。或极力摹写，亦有形似，而邈不及远甚。楼攻媿钥尝寄匹纸求画，融久不与，攻媿以诗迫促之，曰："古人惜墨如惜金，老融惜墨如惜命。"又云："人非求似韵自足，物已忘形影犹映。地蒸宿雾日未高，雨带寒烟山欲瞑。"融始为之作《岁寒图》。融作诗不多，语意清绝。每自言："若得为僧三十秋，瞑目无言万事休。"绍熙四年五月卒，寿八十，僧腊如其言。

元云南苍山寺沙门释圆护传

释圆护，字念庵，大理人也。因读《证道歌》，有悟，段氏称为弘辩大师。护初号无念，后游大方，见中峰，便以罗什捧钵、永嘉无念无生之旨扣之。护曰："我之无念，异乎其所闻。什师过在绝念不起，永嘉过在任念自起，二者皆有念也。我无念者，心体灵明，湛寂不动，如水鉴像，如镜显物，未尝毫发隐也。惟洞彻法源者叵测，未易与缠情缚识者语也。"峰乃肯之，为作无念字说，并授三聚净戒而归，《广录》称为护藏主也。尝梦神人授书法，与松雪老人笔意同入三昧，为世所珍。闻其右手，自肘至腕，莹白如玉，然则笔力之精妙，信非偶然，故人称为玉腕禅师。所著有《磨镜法》并所书《证道歌碑》，及"佛都"二字，大径数尺，皆其真迹。

元余杭净慈寺沙门释希陵传

释希陵，字西白，姓何氏，义乌人也。年十九，落发东阳资寿。依东叟隐于净慈，掌内记。后侍石林巩，兼外记。径山云峰高尤敬之，分座设法，凛凛诸老之遗风。元世祖召见，作法施仪，适合上旨，赐号佛鉴。成宗加号大圆，仁宗更加号慧照。三朝圣眷，恩宠无比。至正壬午四月十二日，手书付属，说偈而逝，谥大辨，塔曰宝华。著有《瀑布集》及语录行世。

元四明仗锡延胜寺沙门释炳同传 善来

释炳同，字野翁，姓张氏，新昌人。得法于大川济。宋亡之日，避迹仗锡十二年。出主华藏三载，复还仗锡，榜其室曰晚泊。闭户书《法华经》，有"老来非厌客，静里欲书经"之句。一时遗老，黄则堂、文本心、黄东发、舒阆风、周伯弼，咸与之游。晚主雪窦，以寄幻颜所居。元大德六年，示寂。寿八十，腊六十八。提刑牟献铭其塔。有《送僧之华顶见溪西》诗："高高峰顶屹云中，八十溪翁也眼空。相见莫言行脚事，累他双耳又添聋。"

善来，号石门，象山樊氏子。亦得法大川济。常作《翦刀颂》曰："浑钢打就冷光浮，两刃交锋未肯休。直截当机为人处，何曾动著一丝头。"至元十七年，主雪窦。二十五年四月，大火，惟涅槃堂存。善来复之，三年而成。

元泰安灵岩寺沙门释福海传 觉达

释福海，字普耀，自名所居曰月庵，姓杨氏，翼城人也。诞生之夕，异光照室。爰在稚年，性好浮图。里闬寺曰香云，每戏往，则累日忘归。父兄知其志，乃舍入香云，依讲主成公。时才五龄，诵读不再，略无遗忘。岁戊午，年十六，始披剃受具戒。馨获成公平昔之业,有龙象称。乃纳履而西,入安西伯达禅师处,穷究无懈。久之,伯达讶其敏悟,以赵州柏树子检量海。机锋劲捷,辞理明晰,遂承记莂。且云:"他日祖道,必赖此子宏扬。"常自度云:"虽达毗卢,宜宗普贤。"闻宝应嵩岩与复庵唱道声高,器量沈雅,禅风大振。存诚敬谒,遂入嵩岩室。参访之暇,思留翰墨。重九,有句云:"赖有黄花封岩顶,又添红叶壮嵩阳。"嵩岩闻之曰:"海维那异日当为嵩山法主。"至元丙子,闻复庵受万寿寺疏,遂北上入复庵室。见其颖悟特达,即以衣颂付之。及复庵退居齐河,以书召之。俾应嵩山法王请,果符其兆。至元庚辰春,倡演大法,使纲颓载振,纽绝复维。丛席规矩,井井有序。犹以台门殿堂,栋宇榱桷,宜壮瞻视。乃凿西堂堨垣后崖,广基以起海会。延十方云侣,金碧灿烂,实嵩阳之胜迹也。

丙戌夏,龙门宝应、汝阳香山,二疏交至,乃就香山,钦纶命也。自指门登座,至大德丁酉,凡十二腊,其创者四围石基、正门丈室、水击来舂之具,厥三所焉。寺处山颠,唯雨水是赖。海以己资,僦运给用,始终如一。昕夕课程,传诵不息,度苾刍千余指。大德戊戌,移席灵岩,至则曰:"危哉岩乎,名非妄得。"遽命匠师,錾凿广平。隆殿堂于久替,新丈室于将败。檐牙栋桷,无不备焉。大德壬寅,挂锡南阳丹霞山,古迹成烬。府北丛竹,广袤三顷,寺产也,比丘众野处其中。海倾囊鸠工,作堑深广成寻,以御诸畜。举磬鱼灶釜,于瓦砾之余。手足胼胝,不辞劳苦,竹利遂充日用。已而询众泣请,返锡香山。未几,应召入都,主万寿禅寺。大德乙巳,敕赐元宝万五千缗。王公通施,亦二万缗。以之济众,赢羡计焉。至大己酉春正月戊戌,以疾示寂。荼毗灵骨,分瘗灵岩、香山、法王、丹霞,皆寿塔焉。寿六十有八,僧腊五十一。皇庆二年,孙荣覃为之铭,桂庵觉达为之书丹并篆额。

觉达，字彦通，桂庵其别号也，尉氏李氏子。幼颖悟，年十三，礼龙门宝应嵩岩为师。披剃之后，登坛受具。施以钳锤，便有入路。尝造燕京之万寿，复庵一见，待若故人，授以衣钵。复参林泉，心清目冷，室奥门深。屏退红尘，消残白日，百锻千炼，刮垢磨光，林泉付以衣颂。至元二十二年，出世椴谷山龙岩禅寺。人怀优足，物庆丰荣。四载而退，居燕山药师小刹。粥鱼有序，斋鼓依时。寒谷生春，烬灰发焰。及宝峰退院，灵岩虚席，遽疏礼请，辞让再三。殷勤六祀，百废具兴。渡河而南，至于法王，暂为小隐。又为法侣延居香山普门，阐化无穷，浮生有数。达既能文，颇复擅书。所传塔碑，多出达手，笔力质劲，今有存者。

元泰安灵岩寺沙门释思泉传 [思亨]

释思泉，姓何氏，象元人。早失恃怙，茕然孑立。年十有六，礼宝峰顺为师。泉气宇不凡，既习经业，兼究玄旨。大惬顺心，瞻礼四方。首诣燕都报恩林泉，爇香叩请，穷研数载，颇有悟入。后至万寿东川总统，入室诚祈，亦有启迪。偶值余暇，旁通医书。尝游上都，依经作法，舍施妙药。居数十稔，颇厌京尘。直诣山东灵岩，充职首座。广种桃杏，遍满山谷。依缘舍药，不吝囊赀，人多德之。

同侣思亨，姓赵氏，爱凌人，亦宝峰顺弟子也。披度后，负笈游学，博通诸经。又以余力，兼穷儒典。善读《广韵》，能晓切音。道高貌古，德厚人钦。诸路释教都总统，仰厥誉闻，加号圆明慈觉大师，而昭文馆大学士荣禄大夫，又加号曰明宗广教大师。思泉亦受慈济大师之号于昭文馆大学士万山司徒。盖当时加号，出自朝廷，国师而外,更出自达官,抑昭文馆或谓属之司徒即朝官司僧教者乎？而亨历充燕京万寿山、东灵岩,教读皆著道声云。

元泉州开元寺沙门释大圭传

释大圭,字恒白,号梦观,姓廖氏,晋江人也。父曰休庵,家世儒学。圭初亦习帖括,苦志勤学。稍长,善属文,有声于时。父忽诏之曰："吾为佛不果,吾以汝舍佛,汝其毋违。"圭乃礼开元广漩得度。凡三历职,而至分座秉拂。宣政院檄主承天,谢不起。客有劝之者,示以偈云："几年学得舞腰肢,到处身将竿木随。底事逢场羞作戏,只愁笑倒邓禅师。"又云："水牸还生水牸儿,入田不放鼻头低。秋来禾麦多成稗,空负先农一把犁。"乃相视一笑而罢。尝筑室开元之西,曰梦观堂。吟咏自怡,素性爽特。学博识端,为文似柳,为诗似陶。吴鉴称其为圆机之士,能贯儒释而一之,真知言哉。所著有《梦观集》《紫云开士传》。今读其书,自唐迄元,传七十二人,以匡护始,以契祖终。祖之嗣,曰始照,曰崇会,其行事皆有可传。而圭乃自记曰："照,吾尝侍其旁,掌其记。会,吾尝分其坐,知之固甚详。然必为之传,则私而谀矣。故系其名于祖传,以俟作者传之。"于戏,可想见圭之为人。

元渭南洪福寺沙门释子成传

释子成,字彦美,别号妙明子,霸陵人。出家于渭南洪福寺。遇鱼岩老人祥公处得法,阐扬大乘经论。元至正间,诏封传大乘戒赐紫闿大国师。其性爱书史,喜翰墨,乐游学,好著述。每与贤士大夫诗词唱和,一联一句,落在丛席,人多传之。如《鹦鹉》诗云:"学得人言字字明,便能巧语为通情。不知身在樊笼里,犹向堂前弄舌轻。"《昼寝》云:"梦魂不管擎书手,一帙南华堕枕边。"《闲游》云:"家家明月谁无分,处处青山我有缘。"《水心亭》云:"绿芰青荷香满池,环亭冷浸碧琉璃。高轩矮榻无纤暑,卧看清波浴鹭鸶。"其长篇短偈,例皆如此,尤能洞明本宗佛法。白水乡贡屈蟠与县大夫张昂,请注《心经》,五日而成万二千言,辞理精当,叹为难能。又尝缀述《本色法事文集》,仅二百首,语句雄丽,旨意浑成。同侣得之,珍秘不出,抑为难得,无意多传。后以兵火数惊,避居终南石室,契此山林,怡我禅性。尝与来客,问难诘折,事尽终始,遂录成轴,名曰《折疑论》。首之以序问,终之以会名,凡二十篇。言简而理当,文约而义丰。涵泳六经,略备诸子。每一篇之中,其引类证,断决折疑,理甚明白。今见传本,金台大慈恩寺西域师子比丘,为之述注。

卷第六十二
杂识篇第十之三
正传十五人　附见十九人

明海盐福臻寺沙门释梵琦传 梅雪

释梵琦，字楚石，小字昙耀，象山人。尝阅《楞严》，至"缘见因明，暗成无见"，恍然有悟。元叟端倡道双径，琦往问之："言发非声，色前不物。其意如何？"叟就以诘之，琦拟答，叟叱之使出。自是胸疑，如填巨石。会元英宗诏，粉黄金为泥，书《大藏经》，以琦善书，选至阙下。一夕，闻楼鼓动，汗如雨下，拊几笑曰："径山鼻孔，今日入吾手矣。"因成偈，有"舍得红炉一点雪，却是黄河六月冰"之句。旋入双径，叟见其气宇充然，谓曰："西来密意，喜子得之矣。"元泰定中，出主海盐之福台，寻迁永祚。明洪武初，诏名浮屠于蒋山，建广荐会。琦首应诏，跻席说法，圆音高唱，万籁俱清。帝心悦怿，赐宴文楼，亲承顾问。既还，出帑金以赐之，馆于天界寺。忽谓噩梦堂曰："吾将去也。"曰："子欲何之？"曰："西方尔。"因訚之曰："西方有佛，东方无佛邪？"琦厉声一喝，泊然而化。茶毗，齿牙舌根数珠，咸不坏。舍利黏缀遗骨，累累如珠。所著有《楚石语录》及《和永明山居诗》，并见寺志。

又梅雪，亦阅《楞严》，次见"一毫端现宝王刹"，有疑。后至江阴，睹乾明寺佛阁壮丽，顿释疑情。净慈休休翁证之。其所著亦有

《和永明诗》《寄幻集》。

明虎邱云岩寺沙门释至仁传 心觉 德珉

释至仁,字行中,姓吴氏,番阳人,晚号澹居子,又号熙怡子。父仲华,江州广文。仁五岁,其亲使拜报恩寺真纯牧公。七岁,得度。西土控空上人赴英宗召,便道憩报恩,见而叹曰:"再世人天师也。"令参厚叟于双径。叟喜谓曰:"仁书记,虎而翼者也。"出世蕲之德章,越之云顶、崇报,吴之万寿。明洪武三年,来往虎邱之云岩。道涵德隆,四众云集。旁通外经,尤邃于《易》。发为词章,严简而有法。务在匡宗,不以此自多。尝撰《黄州苏文忠祠堂记》,虞道园称其文言谨奥,有西汉风。张潞公寄以诗曰:"今代能仁叟,高风播海涯。"宋文宪亦曰:"虎邱尊者名浮屠,见性炯若摩尼珠。"被召至京,以佛旨为书而对,太祖大喜。洪武十五年三月十九日示寂,寿七十四,腊六十七。

又心觉源,住虎邱,名德推重。郡人易恒诗有"白云寻老衲,有约不须招"之句。又姚少师广孝诗,所谓"闻道蟾公似赞公,一瓶一钵寄山中"者是也。与高启、徐贲为诗友。

德珉,字伯贞,号在窗,嘉兴人。洪熙间,住虎邱,工诗。

明福州鼓山涌泉寺沙门释宗繁传 善缘

释宗繁,字独芳,姓陈氏,闽人也。年十六,从鼓山光严得度。出岭,参天界寺芳林。明洪武壬戌,举住舒州浮山。己巳,闽郡僧纲,举送教府,考选中程,主席当山。繁富于文学,尤擅诗名。与郡人唐震、王褒、周元、王倩为友,多所唱和,有诗集行世。寂于壬午,葬祖塔。

善缘,字了心,侯官姚氏子。七岁,依城东宝峰庵无尘出家。参鼓山蓝田。后住南京灵谷寺,礼僧录阐教幻居大师。永乐三年,鼓山虚席,领檄主之,建千佛阁。五年春,诏设广荐大会于蒋山,征天下名僧。善缘应诏入京,说法称旨,恩赉甚渥,赐号成就。秋归,举任都纲。后寺毁于火,善缘重兴殿阁及诸寮舍。宣德庚戌,还珠阁坏,更为募建,明年落成。十月,示微疾。十九日,沐浴更衣,口述生平行业,命侍僧书之。所积金谷,悉委其徒。命创大殿三门,语终而寂,塔于狮峰。著有《灵源集》,盖取鼓山前代老宿事实,编为叙传。及《名人文艺》,为山志之权舆。后黄用中、徐兴公相继纂辑,即本于善缘。

明泉州开元东塔院沙门释正派传 无断

释正派,字觉非,姓蔡氏,晋江人也。生有夙慧,苦志勤学。出家后,居东塔院。博洽诸经,兼以文艺,助我禅悦。时有无断老宿,栖止寺中,淹通内外典籍,素见重于王遵严诸文学。正派承其启迪,别有会心,无断深契之,一时名籍甚。郡司寇詹咫亭以直言归,结室北山巢云,延正派居之。礼意殷殷,山中唱和,有"竹下烹茶云入袖,松间倚杖鹤窥人"之句。后游吴越,名蓝胜境,咸有题咏,人多传诵。咫亭复邀朋辈及诸名德,结楞严社,每会人立一义,多方参辨。唯正每夺其标,有云:"惭愧未能成底事,逡巡难得似前人。"可见派之素履,不以文害志也。临终,示偈曰:"勿毁勿赞,本无涯岸。云度长空,月浮碧汉。"世寿七十九。

明燕京万福寺沙门释净伦传 觉明　觉义　波罗

释净伦,字大巍,姓康氏,昆明人也。幼性敏慧,卓越不凡。明正统庚申,礼大华无极泰出家,受禅学。戊辰,谒大方天顺。癸未,参古庭于浮山。一日,问答间,偶呈偈曰:"丛林处处播春风,此日寻师到别峰。末后声前句非句,写在山河大地中。"庭喜,遂入室授法,为临济二十四世。薄团深稳,极尽玄妙。成化乙酉,卓锡都城,创万福禅林。宗风鬯懋,缁白来者无虚日。癸卯,登五台。弘治庚戌,复游五台。壬子,归竹室,闭户读藏,薰室自修。所著有《竹室集》,多宗门语。

同学有觉明、觉义者,明字绝机,李氏子;义字彻堂,倪氏子,皆滇城人也。俱为无边海弟子,偕参古庭。一日,相与言笑,忽焉语歇,并坐化去。乃共为一穴,造塔其上,额曰"双月"。净伦为诗纪之曰:"塔目何缘题作双月名,道人高行信湛评。虚怀比比冰霜清,小朗大朗为弟兄。三十青黄节不更,只观百岁如长庚。日尝一钵和罗羹,庵前孰趁春风耕。有时对月陶幽情,有时坐石谈无生。此身不啻一点晴,云轻身外何时能?营营虚空无缝藏枯形,却把云根苦凿成。岩壑含虚两镜明,海天泻影双珠擎。碧鸡午夜空山鸣,溪头眠雪泥牛惊。肯似南阳一片话头行,千古万古遗嘉声。"

又波罗禅师,姓赵氏,大理人。初居苍山,尝登悬崖,西向礼佛。洞明经地,后谒诸方。印心于古庭,归而礼佛如故。一日,经行岩上,屹然立化。七日不踣,乡人香烛祷之,轻如一叶,遂就荼毗。得坚固子七,瘗于浮图,后人名其壁曰波罗岩。山势巉岭,登者凛然。风吹草木,皆作礼佛声。所立之石,足纹宛然。塔于荡山，院宇犹存。

明荆州普仰寺沙门释满秀传 正诲 死心

释满秀，字天柱，自号仓谷老人。初，依北宗出家，传大通下二十八世。后参伏牛，发明心要，龙池老人以衣授之。于时有两宗并立之目，以秀北宗人，南宗法也。及主荆南普仰寺，畅厥宗风，复区南北。

有禅者正诲，自宜都来，与语契之。锻炼三载，即付以北宗。正诲别有传，其南宗法派，则传之正诲云。以明隆庆戊辰，说法示寂。门人取舍利，建塔奉之。有《仓谷集》若干卷行世。

后有死心者，黄岗诸生袁文炜也。削发京师崇国寺。公安袁宏道兄弟，偕之作吴越游。已而归楚，爱大别山水，卓锡藏经阁。明万历时，止龙湾之南圣寿寺。宏道有《赠死心》诗，具别集。时辽阳用兵，死心感而赋诗云："烽火城边百将营，百家铃铎万家声。中原子弟花千朵，绝塞将军草一茎。膏血总输还列阵，文章无补漫谈兵。只今海内干戈起，未必禅房夜夜清。"死心颇好吟咏，惜多散佚。

明云南昆明寺沙门释广慧传 天祥

释广慧，字野愚，嵩明人。幼习诗书，才情开敏。既通文理，尤契玄机。后得法于水月禅师，便事游参。行脚江南数十载，始归滇。胸怀廓落，居无定所，而学艺日进，雅望益崇。著有《颂古百则》《沤花集》诸编，其他题咏颇富。有《鸡足山观风》一绝云："游遍苍崖尽法身,谁云门内更藏真。相逢欲问拈花事,千古空传献笑人。"聚洲王太史以师礼事之。后于昆明示寂,阇维获舍利,手骨赤如珊瑚。辞世偈云:"一句原无,踏倒太初。非凡非圣,万象如如。"

后有天祥者,不知何许人,居大理城中。《通志》载其诗,有《闻角》一绝云:"十年游子在天涯,半夜秋风又忆家。恨杀叶榆城上角,晓来吹入小梅花。"又《题龙关水楼》云:"此楼登眺好,终日俯平湖。叶尽村村树,花残岸岸芦。渔翁晴独钓,沙鸟晚相呼。何处微钟动,云藏岛寺孤。"有禅外意。

明杭州云居圣水寺沙门释照兼传 清荫　寂章

释照兼,字守泉,姓陈氏,海盐人。幼而机警,性复慷慨,以利济为心。九岁,出家为小沙弥。从塾师受四子书,读《孟子》至尽心章,恍然曰:"心,藏佛者也。性,即佛也。见性则见佛,见佛则无佛,而后可以证道。"乃屏杂家,专究释典。又念人生斯世,须有功德及物,慈航普济,愿力深广,未克一时了偿。因欲量力拯救,随缘施舍,拔去疾苦,则事易举。于是禅习之余,更习医方,详绎内经灵素,洞晓脉理,活人不可胜计。嘉靖中运,分宜用事,疮痍遍世,忠良莫保。照慨然欲如京师面折之,同侣咸谓非僧家所宜,乃止。然每中夜跌坐,北向长吁不置云。尝辟外麓山房,延接名流。更设药局,以宏胞与。与人谈论,洋洋洒洒,终日无倦容。见有疾,则愀然为之不乐,若大病之临身也。荼毗后,瘗安乐山塔。

弟子清荫,字宏泉,嘉兴蔡氏子。少聪敏,剃发外麓。袭照业,以医鸣于时。而修持益力,因往平窑闻谷大师所受具足戒。归请径山义航法师说《楞严》《般若》诸经。有楚才者,重建圆通阁,未毕而殁,荫为勉力成之。复倡修大雄殿。木商倪作霖曾受病,几濒于危,为荫所全活,因施三百金,购大木以毕其愿。及荫寂,塔于西山月桂峰下。后数十年,开拓禅房,犹用其遗材不尽云。

又寂章,字密印,桐乡毛氏子。自幼披剃,受具足于灵隐具德禅师。以医能救济众生,遂绍宏泉之业。且谓人曰:"不能作人天师,何弗精岐黄术?"可想见其为人。

明荆州天皇寺沙门释寒灰传 常镇　碧空

释寒灰,不知何许人。善诵梵呗,梵声高引,字句清圆,响入重霄,令人闻之,竦然起敬。万历间,来栖天皇。尝以香水和金汁写《金刚经》,从朝至暮,手不遑息。偶近黄昏,几上无灯,若有微光,笔不停书。便入初夜,因饥思食,才一转瞬,即呈黑暗,呼火视之,字画端严,无异平日。

同时,有常镇,字玉莽者,当阳李氏子也。好学不倦,于孔墨庄老无所不读。一日,阅佛书,悟三界无安,犹如火宅,悚然学出世法。与碧空禅师,水乳交融,乃说发焉。镇风度端凝,神采挺秀,士大夫咸推重之。每讲《摩诃止观》《大智度论》《涅槃》诸经,听者万指。尝有偈云:"珠泉白日净,塔影半空沈。门外长安路,云中智者心。"时南大理寺卿陈夕嘱赠诗,有"诗能谭上界,我亦旨西方"之句。居寺三十五载,德流缁素,名播中外。以万历九年十月十七日示寂,塔于大通寺后。其辞世偈云:"弥陀此日来,山僧此日去。登高一乂天,撒手云深处。云深处没毁誉,吾道一贯之,原来是忠恕。"

明永嘉西岑紫芝峰沙门释性静传

释性静,字普缘,武林人也。初,净发于西湖。久之弗怡,携所贮手掣茶,策杖天台千丈瀑下及五泄龙湫,遍试之。至永嘉,闻西岑紫芝峰下有鉴泉,为张又新守郡时烹茶水,亟荷瓶往至,则一泓冰冽,出旗枪瀹斗,不在中泠、惠山下,逌然曰:"吾老是山矣。"遂卓庵其旁。谷雨,团黄竞芽,走大罗诸绝巘,摘盈篦肩归,以意制之。越宿茶成,注诸瓯,令雪黑,浮香扑案,啜之。一时遐迩噪紫,紫芝峰下,僧茶特异。凡高人墨客、名缁胜羽及荐绅先生,赴如奔泉。静不殊彼我,操单持,涤铛注缶。人人自以新构卢玉川癖,归而吸他茶便不尔。或诗渴酒醒,亟诣双杵茶烟下乞一杯,如醍醐灌顶。性简率,冬夏一方布袍。修干鹤臞,留髭伐发。或兼旬懒剃,氉氉被两耳。晨昏无恒课,而鱼磬自若。不轻度弟子,而道侣日相问讯。所居不过茅茨,而盛饰一无量寿佛像,穷极庄严。客至,伺陆灶水沸,开云脚,浮乳花,引满别去。不讲道说偈,而禅味醇醇,直从舌根证入。林殿阁任先、刘方伯元受、邵水部金门,周雪朗、陈三有两孝廉,咸与之游,皆深彻佛旨。谓静乃透悟,如赵州唤吃茶者不是过也。而自起炉灶,独辟心传,热铛炽炭,锻十指如舌锥,其馈远则署曰普缘茶。得之者,珍异如摩尼珠。优昙花不必曹溪一花五叶而后侈盛也。静以明万历庚申住此山,至己丑十月十有一日,示寂郭仙庵。茶毗,葬紫芝峰下。李象坤为作《茶祖禅师塔铭》,文词清丽,自载别集。

明福州鼓山涌泉寺沙门释智闻传

释智闻，字雪关，姓傅氏，上饶人。龀龄舍身，遍习经论，便解文义。稍长，读《坛经》火烧海底句，心大疑之。往参博山，山示以船子藏身语，默究久之。偶见槽厂拽磨，忽磨鼻脱去，有省。作偈呈山，山曰："子可参禅也。"一日，指衲衣，令作颂，闻援笔立成五颂。山曰："汝偈固佳，但风骨大露。须知宗门语句，如满口含冰，不曾道著水字。"复曰："子根太利，须是死却全心始得。"闻再拜受教。即闭关六载，中悬大镜，对之趺坐。才觉业识心动，便指摘镜中人。久之，收放自然，作《雪关歌》。山见之，击节称善，乃为启关。壬申，曹能始观察请开法当山。解制，上堂曰："九十日期已满，闭门作活事。不曾捏杀猕猴子，重叠山关未易过。大抵末法禅期，真参罕遇。纵他意树抽枝，未见心花成片。虽然如是，冷冷岂无一粒豆炒？有不跨石门，扶持祖风者乎？如无，且向芦花深处宿，月明穿过钓鱼台。"未几，示寂，建塔博山。闻亦能诗，《咏天镜岩》云："扁秘灵奇久，鸿蒙忽启藏。岩吞江雾白，泉洒洞门凉。镜可容天面，窗惟贮月光。道人何所见，一鸟过沧浪。"惜多佚亡。

明金陵栖贤庵寺沙门释性洁传

释性洁，字润庵，别号乐愚，博野人，失其姓氏。童年，依城西寺瑜伽师剃落，习读经论。年二十，随香者步至五台山。见师子窟法席之胜，乃求依止。时空印喜其年少气劲，许之入堂。三年之中，《华严大钞》与诸经论，听习已周。究竟佛法大旨，不在文字知见。因弃前日所蕴,敝衲一肩,孤身万里,历抵诸祖道场。禅讲尊旨,一视无余,拂衣竟去。仍归五台,空印视之曰:"南方行脚一遭,一领破衲也不曾换却。"性洁曰:"师不与换,谁能换得?"空印领之。万历庚子,随侍空印至燕京,止明因寺,启楞严法席。逾年南行,止双径凌霄峰下。而同侣观衡禅师方出天台,直造径山相访,见之大喜。是时茶熟,要衡入山摘茶。衡曰:"住山人贪心亦不除,多茶何为?"洁曰:"你也得饮。"衡曰:"我只待人以茶饮我。"洁一喝,衡曰:"幸汝不似我般人。"已而衡去,洁亦结社匡山栖贤寺。

未几,复持钵白门,缚茅于谢公墩右。虽在城市,萧然独处。瓦罐茶铛,更清于岩穴深处。真火宅中一团冰雪,有为烦热所逼,一与相接,顿入清凉。从此高人名士,多就之消其俗焰。即廛肆若山林,未舍人间,已超然世外矣。而大司马李公、殿元刘公,密契尤深。而印入心源者,则宗伯凌公、侍御陈公,已形影无间。于是,易茆茨以甍栋,俨然一功德林。因自栖贤来,亦额曰"栖贤",志不忘也。洁居此二十余年,烟霞城市,变幻无时。心目间,唯匡庐在望而已。以崇祯十五年九月二十九日示寂,卜塔于牛首山中。启穴,则有山之耆宿号慧明者,先在其中,乃二函同葬,共作一塔。亦如多宝释迦,分坐一塔,以示十世古今终始不离于当念、十方刹海自他不隔于毫端者也。癸未,释观衡为之铭,具《颛愚集》。

明云南石宝山宝岩居沙门释思明传 大错 警秀

释思明者,剑川向湖村赵氏子。本名启华,以诸生试高等,食廪饩,将贡太学而明亡。因入宝岩披剃,自号思明,以寄意焉。往来三迤间,行脚无定。晚出黔蜀,不知所终。所著诗曰《一衲吟草》,已佚。独鸡山传其《题壁》一律云:"浮杯万里涉烟波,白衲团团破似蓑。龙象个中知己少,江湖方外故人多。几年行脚谁能识,一曲阳春独自歌。到处随缘堪挂锡,无边风景寄松萝。"

又有大错者,丹徒钱邦芑也。明季,官云南巡抚。品节学问,冠绝流辈。明桂藩称帝,建号永历。邦芑竭力翊卫,为结李定国、刘文秀、白文选,以阻抑孙可望,其功最多。帝仓卒奔缅甸,相从不及,乃削发改僧服,自号大错,往来滇黔。晚至衡岳,死即塔焉。《鸡足山志》,徐霞客创稿,简略未刊。大错居山一年,大有增补,为滇中山志善本。所著《蕉书》及诗文集皆散佚,剑川赵联元搜辑,编为《遗稿》四卷。其《咏梅柳》诗,旧有传本,已刊入云南丛书。

又警秀,字补樵,永昌人。年十一,遭乱,被掠至江南,为宦家子。心厌浮华,入南岳福严寺为僧。初师原直,后从见月。及主德山,寻亲至滇。父母早世,作《履霜咏》而还。著有《湘烟集》《倚鸣禅师语录》。

明杭州云居圣水寺沙门释德瑑传 德一　德言

释德瑑,字宝雨,姓陈氏,嘉禾人。"瑑"他本或作"瓀",而字姓、籍地、事迹皆同,知一人也。瑑方七岁,随父入杭,至云居圣水禅寺,见绀宇宏丽,宝龛严饰,道心激发,如逢夙游。舍之出家,欣焉乐从。初礼慕云,后参觉明。十年之间,两师继寂。瑑未披缁,遽膺寺务,勤瘁敏达,咸嗟异之。年二十三,受戒于闻谷大师,持之崭崭惟谨。及赴新伊古德讲席,数年得提示之要。于是携屦挈钵,西走豫章。访匡氏之遗庐,踞紫霄之绝巘。空蒙寂历,如遇真如。

久之,乘风放武昌,摩赤壁,长江荡胸,大崖耸目,廓然有洗空一切之意。回棹白门,花岩仿佛。南宗点滴,在师单持。一挥手间,即得所至,境与年忘。寻以岁歉,还栖寺中。盖冥心参访,又几许年。复杯浮闽渤,延睇武夷,揽九华三溪之胜。三年而遇汉冲林君,鼓琴而乐之,尽得其传,遂称绝调,愿受教者无虚时。过万玉山房,有声从岩谷泠泠而出,不知其在十指间也。璩为人伉爽,能任事,与人交,历久无倦容,更好为之下。遇横逆则坦然受之,不与校,世人以是益重之。性诚悫,每登坛作法,必有奇应。常为延平令陆君道胤追荐亡母,夜风雨灭烛,有光自天,照壁如日,见者惊叹。冯之焕父,参军楚南,槥返自燕,未抵家门,夜半于逆旅蹶同行者,梦中使起曰:"吾家有使,召我及归。"询之,方百日,仗璩设荐故也。仪真守将杨新亡母,迎璩资往,见母冉冉驾空,蹑梁而来,新投地哀号,望璩顶礼[曰]①:"微师吾谁与见母生天上也"。著有《如云集》。

又德一,字达方,仁和郎氏子。禅学之余,兼精诗赋。一时名流,乐与往还。年登大耋,趺坐而化。有诗集一卷。

德言,字心学。精岐黄,工诗能文。总河陈鹏年,少宰汤右曾、仇兆鳌,往复唱和。有《跌翠楼诗集》一卷。

明福州雪峰寺沙门释超弘传

释超弘,字如幻,姓刘氏,惠安人也。父祐,官潮州府学教授,家世儒素。生而聪迈,髫齿能文,手不仵虑。十九为诸生,屡试冠其曹。受知赏于黄相国石斋,才学重于时。年二十七,婴剧疾,知

---

① 底本无"曰",据文意补。

四大匪坚,生死事大。偶读《维摩诘经》,益信有宗门向上诣。遂有绝尘之思,喜从方外游。值雪峰亘往还黄檗,道出惠安。邂逅瞻拜,便蒙激发。于是矢志皈依,尚羁俗缘,荏苒岁月,世情愈澹。明季丧乱,清兵入关,天下改革,颁令剃发。弘乃慨然辞父母、舍妻子,就平山寺从彻际脱白。然戎马满郊,所在糜沸。久之,途径稍通,乃卷袠趋漳,依亘师于南山寺。止于侍寮,痛下钳锤,多有省悟。亘所居泉之招庆延福、会城之芙蓉雪峰,弘皆执侍左右,殷勤十载,拈颂机答,无爽玄旨。一日,亘问:"檐前雨声点点,滴向何处?"众所酬对,俱未契。弘曰:"否则落在师鼻孔里。"亘首肯之。丁酉岁,随之庆城,竟授以衣拂。

戊戌春,归温陵。不常厥居,盘桓山水间,笠杖萧然。久之,出主灵应。寺无香储,恒苦不给。因自持钵,以资饘粥。乙巳,霞舒苏家诸檀越,延居杨梅山雪峰院,亦真觉禅师旧刹也。与衲子数辈,刀耕火种。暇则为说大义,道望蔚然。距雪峰二里许,有慧泉古基。壬子,苏君尔源创建精蓝,迎弘居之。从此逍遥两寺,与名流达者,诗偈书疏,往来酬答,十有四载。戊午春,年已七十四矣,知期将至,谓其徒曰:"晓露春霜,光阴无几。可预建一卵塔,身后毋为尔累。"即启土督役,复自撰铭,中夏工就。每言中示意,不久于世。至十月初,始有疾,众进药食,则却之曰:"世缘已尽,食无益也。"客至,则执留之曰:"相见无多日,吾当与子诀。"笑言不衰。二十日,沐浴更衣,吉祥而逝,寿七十四,夏三十二。著述甚富,今所传者《瘦松集》八卷,及语录二卷。

卷第六十三
杂识篇第十之四
正传十四人　附见十人

清虎邱云岩寺沙门释自扃传

释自扃，字道开，号闾庵，姓周氏，吴人。出家虎邱。诗如石田，画宗巨然。师事苍雪彻、汰如河，通贤首、慈恩二宗旨归。讲《圆觉》于虎邱，讲《涅槃》于华亭，讲《楞伽》于武塘。妙义云委，如瓶泻水。顺治壬辰六月，自檇李归虎邱东小庵。属疾数日，邀苍公坐榻前，手书诀别。有曰："一事无成，五十二载。一场儱侗，双手拓开。"志气清明，字画端好。敛衣端容，掷笔而逝。塔在庵右，其徒文圭谒虞山钱谦益为撰塔铭。

清鼓山白云峰涌泉寺沙门释元贤传　道霈　法文

释元贤，字永觉，姓蔡氏，建阳人。父云津，世守诗书。远祖西山，为宋大儒。贤初名德懋，早岁入泮，为名诸生，嗜周程张朱之学。年二十五，读书山寺，闻诵《法华》偈，豁然开朗。因从赵居士豫斋受《楞严》《法华》《圆觉》诸经。明年，寿昌无明开法董岩，贤往谒之，反覆诘难。无明曰："此事不可以意解，须力参乃契。"归究话头，久之无所入。一日，留僧夜坐，举南泉轩猫语，有省。乃作颂曰："两堂纷闹大无端，宝剑挥时胆尽寒。幸有晚来赵州老，毗卢顶上独盘桓。"举呈无明，明谓之曰："参学之士，不得于一机一境上取则。虽百匝千重，垂手直过，尚当遇人。所谓'身虽已在青云上，犹更将身入众藏'，是参学眼也。"为别颂曰："大方之家手段，遇物一刀两断。赵州救得此猫，未免热瞒一上。若是有路英灵，毕竟要他命换。"贤得颂益省。年四十，始弃家，往建昌依寿昌寺无明落发。未几，得承心印。及无明迁化，依博山无异，三载遂进具戒。尝舟过剑津，闻同行僧唱经云："一时謦欬，俱共弹指，是二音声，遍至十方诸佛世界。"贤因彻悟，见寿昌用处，乃作偈曰："金鸡啄破碧琉璃，万歇千休祇自知。稳卧片帆天正朗，前山无复雨鸠啼。"

癸亥秋，居瓯宁金仙庵。阅《大藏》三年，徙建安荷山。明年之槜李，请藏经归，作《建州宏释录》。复会通儒释，作《寱言》。壬申，谒闻谷于宝善庵。时宜兴曹安祖兵宪请作《诸祖道影赞》，乃属贤命笔。贤成百余赞，闻谷惊讶不已，即以大戒付之，推主鼓山，年已五十有七矣。寻迁泉之开元，杭之真寂，剑之宝善。复归鼓山，重创梵宇。诸所撰述并语录，凡二十种，都百余卷。其目曰《净慈要语》《诸祖道影传》《开元志》《禅余内外集》《楞严义奥疏》《金刚略疏》《心经指掌》《四分戒本约义》《律学发轫》《鼓山志》《洞上古辙》及《续寱言》，《补灯录》以补《五灯会元》之阙。复作《继灯录》，盖《传灯录》止于宋，自宋至明四百余年，未有修者。贤广搜博采，至是乃有成书。寂于顺治丁酉年十月七日，寿八十，腊四十有二。临化偈云："末后句亲分付，三界内外，无可寻处。"塔于寺之西畲。其居山，颇致瑞应。甲戌四月十一日，甘露降山门松树，贤有偈曰："圣瑞端宜降大都，穷山何得独沾濡。晓来扶杖三门外，笑看松头缀玉珠。"至九月十九日，甘露复降，亦偈云："玉露霏霏又一番,满林花木已同繁。丁宁莫道甜如蜜,恐惹游人入石门。"

道霈,字为霖,建安丁氏子。出家白云寺,参闻谷密云。历诸讲肆,后得法于贤。撰述甚富,有语录行世。寂于康熙壬午,寿八十有八。

又法文,字淡然,姓萧氏,沙人也。依天宁常青披剃,参圆玉得法。乾隆时,继席鼓山。能属文,擅诗名。有诗集行世。

清泰山普照寺沙门释元玉传 佛藏正

释元玉,字祖珍,号古翁,广陵崇川[人]①。得法金粟天岸,居泰山普照寺。聚经典数千卷,澄思密探。寺前一石,题曰"界尘石"。名流往访,咸比之远公莲社。有《石堂集》《金台随笔》诸刻。

佛藏正禅师者,江南望族,履丰处顺。顾弃之若遗,誓死入山,终能解脱,得大自在。康熙丁巳秋,缁素敦请,继席古中盘。初,有大博禅师,道隆望重,中兴斯寺。正从之修省,得其法要。奋厥孤标,苦志枯守,不下山者有年。戊午九月,翠华临幸,入丈室取正所著语录、偈颂,阅之欣然,命笔题额。且赐之诗,诗曰:"中盘遥望莲华峰,日映山林气色重。老衲吟诗浑半偈,翠舆临发又从容。"是年除夕,重书前诗,命御前大臣萨毕汉赉之至寺。正复以偈赞之云:"御笔题诗第一峰,翠华初驻霭重重。盘山草木承恩泽,野衲欣逢识圣容。"盖自彩笔倡酬,三聚云臻,一乘雷震,而祖庭道法,丕宏厥绪矣。

---

① 底本无"人"字,恐脱,据传记叙述体例校补。

清四明天童寺沙门释本僼传 一揆

释本僼,字远庵,姓陆氏,昆山人也。襁褓即孤,依母与兄。因感嫂亡尸动,惧而告母,求出尘世。母曰:"我昔见天童僧行不凡,汝果有志,可往从之。"即依命薙发,径投天童,时明崇祯壬午六月初七。值密云退休,通玄欲往求度,俄阻危疾。既闻密逝,山翁道忞继席,遂从剃度。前后追随,历经八刹,服勤一纪。其间钳锤炉鞴,艰苦备尝,受付嘱于昆山安禅庵。清顺治十二年冬,就维扬宝积院请。明年四月,始入院。示众,僧问:"春风吹大野,万物尽光新。为复法尔如然,为复神通妙用?"僼云:"脱壳乌龟飞上天。"僧云:"一声幽鸟云天外,霭霭山光翠欲流。"僼云:"却被风吹别调中。"僧云:"青帝不劳常作主,迥然不逐四时凋。"僼云:"如何是'不逐四时凋'底句?"僧礼拜,僼便喝。僼尝至巴陵,蕤禅人统四众,就普济庵请。小参:"不传之道,迥绝雕镂。松直棘曲,鹤白乌玄。山僧不是无玄可说,无妙可宣,不欲强生节目,诳惑闾阎。简直说一句,究取父母未生前机缘。"

寻应湘阴神鼎之请,始为开法。迁主天童,凡十二载。移蛟川之瑞岩,未几,继席平阳。山翁示寂,应鄞白云之请,寻复归瑞岩。康熙癸亥①秋,入寂,世寿六十有一。著有前后语录、诗集数卷。其《被衲歌》,戏赠兀庵大师者,词曰:"千丝织,万丝缀,通身是眼百杂碎。秋云卷处波纹开,荷芰幅边柳线脆。薅尽烟霞补不全,历

---

① 卒年恐误。据《远庵僼禅师语录》卷二《瑞岩远庵僼禅师塔铭》记载:"(康熙)二十一年四月禅师谢世。"又《五灯全书》卷七十三《宁波瑞岩远庵僼禅师》亦载:"康熙壬戌四月示寂。"壬戌年,即康熙二十一年(1682)。

穷天地不知岁。粪扫衣,何森秀,凤毛麟腋俱落后。领头袖底自玲珑,文彩纵横欺锦绣。非全襕,真越格,千圣不传谁争得?珍衣不换老瞿昙,护持那费迦叶力。不入众,宁随色,非青非白非黄黑。挂松时上绿苔痕,梳风不染红尘迹。或时蒙,或时披,世事如麻总不知。不特御寒还御热,任数日炙与风吹。谁为伴,谁为邻,棕鞋竹杖与蒲轮。竹杖他时化龙去,渠能解作弥天云。"诗境禅心,道通为一。

一揆禅师者,后云外而阐化神鼎者也。其《扫云外塔》云:"惯能喝骂诸方,尽谓师有超师之作。殊不知日月出而爝火息,狮子吼而百兽藏。云散尽,月孤圆。逢人索尽辽天价,罕遇鸾胶续断弦。"

清磬山青沟禅院沙门释智朴传

释智朴,字拙庵,徐州人。早岁参方,尝谒南华,憩佛日峰,住五老东西二林间。最后得法青龙百愚,为洞宗三十世。康熙辛亥,始艘磐谷,构莽青沟之中盘,渐成巨刹。禅余更耽艺文,诗有佳句,为世所称。丙寅季冬,圣祖驾幸青沟。朴口占应制,诗曰:"冷静峰头云水香,六龙车驾幸山堂。百年胜觐唯今日,块雨条风祝我皇。"既惬圣赏,遂承宸翰。旧无山志,朴思创之,搜集遗闻,傍及碑碣,都十有四卷,体例严洁,九载乃成。后得王阮亭、朱竹垞诸贤为之参订,益臻完善。但朴所著书甚富,曰《谷响集》,曰《电光录》,曰《云鹤集》,曰《盘谷集》,曰《存诚录》,曰《游台集》,曰《辛壬蔓草》。其寺,后人亦称盘谷寺。没,葬寺东。同治时,寺已荒落。蓟州李江过而伤之,为立石,题曰"清诗僧智朴之墓"。

清福州雪峰寺沙门释照拙传

释照拙，字道余，姓方氏，莆田人也。父汉卿，儒修甚勤。母陈氏，感奇香满室而娠。崇祯癸酉重九日生儿，香气如前，邻居异之。年十二，怙恃俱失。从圣寿寺竹叟剃染，诵习十载。往福炉，依时学受具足戒。竹叟既没，仍参福炉。问不是心、不是佛、不是物，良久领悟大旨，作礼而退，益加策励。会如幻移锡芙蓉，邂逅之间，便承激扬，有如针芥，遂依座下。久之复辞去，参虚白于黄檗，机锋酬酢，证合无异。及如幻应武荣雪峰之请，驰书招之，随至雪峰，兢兢自守。戊午重九日，如幻付以衣拂，使之继席雪峰。后如幻寂，为辑其语录，序而刊之。寺左六和楼改建方丈，久未就，拙集檀信，经营乃成。以康熙甲申年四月二十四日示寂，寿七十二，腊五十，塔于寺右。拙赋性恬澹，言笑不苟。住山四十余年，甘淡泊。以法道自持，高风峻节，足为典型。著有《雪峰语录》《雪峰诗集》二卷及《毯堂草》一卷。

清漳州南山报劬寺沙门释超极传

释超极，字休耳，晚号笨翁，姓陈氏，靖人也。父于明季以卿贡进士谒选入都，病没燕山。会流寇鸱张，京城沦陷，旅榇未还，心怀忍痛。绝意世荣，竟从雪峰亘剃染。得法后，飘笠孤征，辛勤万里，遂负榇归，得首正丘。尝慨中原板荡，陵谷迁变，欲灭迹销声，枯槁嵌岩，因结茅曹岩之白壑。复移长泰天城山，息影栖迟，极殊乐之。及游兴逸发，闽之武夷，粤中佳山水，靡不登临。少时已有诗名，中岁益遒，至天真烂熳，不屑作犹人语。每浩唱清吟，知音传播，往往脍炙人口。顾于钳锤之下，参究精勤，智珠灿发。雪峰每举古德法旨勘验学徒，极每拈颂，出人意表。凡厥酬对，应机无爽。雪峰甚器之，有瞌睡虎之喻。授拂表信，声誉欻起，流播诸方。而华亭总宪徐公孚远，同安仪部纪公许国、处士洪思，又以气节文章，交契独厚。晚住南山，思建法幢，而世事更新，兵伍杂处，唯楗户蹈足，委顺而已。以康熙十五年丙辰八月示疾，浃旬奄然坐化，年五十四，腊二十八。幻如、超弘为之铭志，称其道眼圆明，文辞瑰玮，行洁冰霜，情酣泉石，信不诬也。

清长沙岳麓寺沙门释续灯传

释续灯，字弥嵩，号顽叟，姓郑氏，孝昌人。幼从广化顿悟剃染，受具戒于华山见月体律师。得法于岳麓肺山檀，遂继其席。拈槌之余，坐啸峰麓，湘水环回，夕阳西下，帆归天际。泽畔行吟，触物成韵，翛然迥出之资，非寻常所及。沈吟八载，诗境禅悦，俱入妙品。迁居南岳中荠，及清凉寺中荠，居七十二峰之中。昔大错老人卜筑于此，其赋咏为楚南所传诵。而续灯避乱其间，每一登眺，山鸣谷应，偶有所得，称口而哦。有《南岳山居诗》三十韵，自东至咸，一韵一篇。及《中荠后草》数十篇，《南岳海云诗》十首。昔人谓其雄奇古朴，直逼少陵。盖以虚灵之质，写浩瀚之境，如云舒风卷，不可端倪。其《岳麓山居诗》为次南涧法雨大师韵者，数十首，苍凉幽峭，清醇淡远之意，皆独杼机轴。暗逗针锋，随所见闻，俱成义谛。盖其胸中，圆明湛定，兴会所属，自然成响。

今录其五言古诗与禅旨亲切者，如《听鸟》云："春晴花欲然，山昼静如彻。侧耳坐茅檐,细听鸟能说。鸟语夫何为,独使我心悦。所吐无烦嚣,喃喃照冰雪。人口多雌黄,爱恶恣其辙。讹言乱友朋,逸言陷忠烈。未若杜宇心,生成一片血。所惜知音希,空使寒光裂。"《惜鹦鹉鸟》篇云:"鹦鹉鸟之俊,羽毛亦足奇。羽毛不足羡,尔乃工言辞。贾客爱金宝,远贩关西陲。江南尚华美,高价来京畿。公子见之笑,未惜囊中资。得之不轻易,银笼悬高枝。肉食恐不屑,呼童打虫儿。美人畏言语,计害心离披。托意挽钗钏,扰乱清油丝。强悍骂公子,畜此胡尔为。背里谓奴婢,碎羽灭毛皮。细询所憾故,毋乃狗其私。鹦鹉竟何罪,美人良足悲。"《荒年卖儿行》:"去年禾尽死,今年禾尚迟。米价日腾贵,户市争糠秕。东南军饷急,秋赋当夏支。虽有升斗粟,又为官纳之。东家不可贷,西家不可移。入门控饥妇,踌躇欲卖儿。儿去口亦去,儿饥我更饥。与其死共处,不若生别离。将儿出门去,得粟泪垂垂。"又《雪中古意》:"岩寺绕冰花,钟声碎寒玉。榾火无全威,冻云驱不出。面壁拟高山,衲服蒙头入。谁复乞安心,夜深门外立。"调高格古,韵远意深,使读者洒然。壬戌,还长沙。观察赵云岑、方伯薛梁翁、中丞泰岩丁公,皆乐为之助,重兴岳麓。有《三会语录》若干卷,均刊行于世。世寿五十九,僧腊四十七。寂于康熙庚午六月二十九日,掩灵骨于舍利塔上,得法弟子文惺为之铭。

清嘉鱼西安禅院沙门释弘照传 宏琛

释弘照,字隐岚。参博达廿余年,深有证入,付以偈云:"幽弦别操古佛风,刻羽引商未足同。赖有知音续正响,人天从此得奇逢。"后主嘉鱼西安院。上堂,僧问:"祖意西来是若何?"照云:"山灵有意,点顽石于峰头;药木当机,开生面于劫外。是以栖心丘壑,晦迹云隈。岂冀蓦地从空劈脑,直得通身粉碎?纵使通身有口难言,通身有手无指,祇得屈己从仁。"顾视左右曰:"领略是,不领略是?"良久,乃云:"其或未然,听取一偈。为续心灯出一头,青林有毒累吾侪。传来消息无多子,浩浩灵源,万古流法。"照诗歌风雅,辩论超伦,有《晓园吟集》行世。

又宏琛,与照同参博达,有寤,达以偈印之。后主横溪。题咏甚富,有《听月吟集》数卷。

清燕京观音禅寺沙门释元彻传

释元彻,字壁山,姓侯氏,高淳人。襁褓失怙,茕茕孑立。年十六,发心出家。依宁国莲花禅院一枝剃度,复圆戒于溧阳崇福寺石鉴。寻至报恩,作苦两载,勤力参究,终无省发。因行脚吴越,踏遍禅丛。每触云山烟水,花发鸟啼,觉非境缘。性灵绝待,虽不自信,为有悟处,而随响答机,颇无滞相。归省一枝,夜起廊下,举头见月,直下豁然,一如身外无余。有偈云:"通身即见大光明,犹是迷云遮太清。明暗两关俱打破,驴胎马腹任纵横。"时年二十有六,己亥中秋也。过溧水塔下寺,见永泰,互相勘发,亦有入处,为数日留。乃访铁舟金陵天隆,叩自间于宜兴芙蓉,更于福岩谒费隐,各见机用,当仁不让。随至嘉兴万寿寺,听三宜讲《楞严经》,颇新见闻,多落窠臼。

闻太平采石镇麓心寺大咸善诱方来,诲人不倦,往依杖履。视其语默,时或触机点拨,生大惭愧。清夜感悲,深怀悔责,咸见其真诚。因勉之曰:"众生无边誓愿度,己身未度先度人。者菩萨发心,烦恼无尽誓愿断。断一切烦恼,证一切菩提。法门无尽,誓愿学佛。称种智修假多闻,佛道无上誓愿成。虚空真尽,我愿无穷。情与无情,同圆智种。"彻聆斯语,服膺拳拳。淹忽三年,随咸退归东山,以联芳源流付之,勖其躬行实践。深蓄厚养,以待时节因缘,不可轻出浅露。康熙丁未,将往盛京,道出维扬。与刘居士调元遇于舟中,萍水契合。受其约请,住古燕观音道场。六月望日,入院云:"释迦已过去,弥勒犹未来。"乃顾左右曰:"相逢不识面,著眼莫依稀。"著有语录二卷。有《住山偈》云:"居在深林远市廛,山中无事绝攀缘。荆门镇日无人到,时看残霞落照前。"《栽松》:"根深培植在山隈,日见青青覆绿苔。可与山门标景致,四时苍翠拂云堆。"又《和友人韵》:"深山幽谷且随缘,种粟浇蔬数亩园。寒暑来时浑不觉,披云坐起覆西轩。"

清南岳石浪庵沙门释法智传 异目宗

释法智,字破门,维扬人,莫详其族姓。初来衡山,结茅下火场,庵名石浪。工草书,亦有诗名,与枢巡彭禹峰友善。或云,法智初习苦行,沈于厨饪。尝以铁钳画其门扉,效怀素体,岁月浸淫,扉为之破,书法遂入妙品,时人因号曰"破门"。

又异目宗禅师者,江西人。居南岳上封寺,偶夜乘月登绝顶,偈云:"孤迥迥,明历历,料得几人梦觉知。不是山僧消眼闭,清光空过夜深时。"禅理清澈,心与景超。自是大兴祖席,湖湘宗之。得法弟子四人,正庵统、源庵本、纶庵经、裔庵兴,均有德声。语录传世。

清黄山云岭禅院沙门释普信传 苍霞际

释普信,字师古,号梅屿,姓郑氏,歙人也。母梦道人手《法华经》一卷来,遂诞信。幼而善病,礼云岭参照晢御为师。年才十龄,受以经论,俱能了解,晢喜其灵慧。未几,进具于华山见月。既研律议,更究文艺,好学深思。每见骚客词人,虚怀请益,人以是称之。著有《听松阁诗》四卷,郡司马安丘曹贞吉为之序,称为草际幽兰,鸡群野鹤。今观其《除夜》诗云:"寂寞山居岁月迁,闲敲清磬出孤烟。懒倾竹叶歌除夜,喜见梅花放隔年。"又《草堂吟》:"草堂在深谷,久与人世疏。好鸟松间鸣,闲云与之俱。心安无所营,庋阁留残书。荜门有时启,以待故人车。"尝植山花数百株,每当春晚如丹霞。赤城庵前,木莲一株,花时香闻数里。欲从山径遍种梅花,坐卧寒香,以娱晚岁。胸怀洒落,诗思高超,殆罕其俦。

苍霞际者,亦云岭僧也。禅经之余,游心书画。著有《读画楼诗》一卷,中有《过萝青庵》:"山行不觉远,忽到白云窠。径曲依松转,泉高上屋过。花薰人欲醉,鸟学梵相和。何日烟瓢挂,餐松衣薜萝。"又《自题画夕阳红叶图》:"山寒木落篱花白,水碧沙明竹叶青。曳杖不知何处去,夕阳影里一茅亭。"际与普职,慎为同辑《云岭志》六卷,《听松阁》《读画楼》两集,均附刊。信寂于康熙辛巳三月五日。

清昆明妙湛寺沙门释读彻传 一雨 水月

释读彻,字苍雪,初字见晓,姓赵氏,云南呈贡人。生性敏捷,慧悟天成。童年，随父舍身昆明妙湛。复游鸡足，为寂光水月侍者。讲诵之余，研穷义谛，文词泉涌，辩者莫当。年二十五，发志行脚。一笠飘然，遍览名胜。遂达吴门，嗣法一雨。会明季丧乱，天下多故，不遑宁处，彻独晏然。更启法会，欲以慈祥，化彼杀机。及居中峰，继主讲席。道风郁邑，声闻南北。复兴支公道场，海内宗之。又以禅暇，与眉叟、玄宰、牧斋、梅村、请公，往复酬唱，诗名籍甚。生平著述颇富，笔迹尤珍。晚岁，讲《楞严》于宝华山。手编未终，踞坐而逝。

书有《遗诫十章》，词曰："无端讲席应宝华，老病人扶上小车。南国远钟萧帝寺，东阳古井志公家。苍茫不尽江边苇，狼藉空余台畔花。一自云光登说后，独怜沽酒送烟霞。　南朝帝业几经衰，碧眼无人辨劫灰。山抱玉泉荒寺在，峰标金地大僧来。针锋一拨山河转，枣叶重移殿阁开。衣钵相仍谁继武，法筵龙象见宏才。　闭门莫怪老山僧，打睡从来接上乘。十日庖羹咽未下，千人讲席病犹登。鼓将风力声难转，散入烟霞气不胜。如是我闻知未及，奉行倍受已先膺。　最初方便请开经，末后圆通择性灵。我自无心聊为说，谁人有耳不能听。蘸干海墨收佳句，缩小江山入净瓶。珍重莫教莲社冷，天涯诸子各飘零。　到岸乘风实快哉，亲迎遗像几还回。香花夹道群情肃，幡盖摩空宿雨开。人化双虹天上去，泉飞百道树头来。俨然未散灵山会，想望荆溪入五台。　庆喜惯啼抛止叶，饮光解笑示拈花。而今哭笑俱非是，何啻宗乘辩正邪。试问此槌曾白否，可怜双眼果青耶。刹竿倒却门前久，大厦将倾赖木叉。　囊虫漉水细微事，粒米同餐展钵巾。鸡足传衣犹在定，鹅头开戒遍分身。乡音莫辨难兄弟，老景无多惜主宾。博取大千凭手掌，陶家游戏转双轮。　多闻误堕示儿曹,作饭蒸砂事枉劳。欲漏未除习漏重,爱根不断命根牢。无心淫女能成佛,叉手屠儿早放刀。道眼沧桑何足问,云霄万里一鸿毛。 昼长无暑夜无蚊,帷幔虚牵掷扇巾。好与时人谈笑语,任留知己诉辛勤。难辞铩羽投林鸟,强作无心出岫云。一自金经读破久,奈何泄漏尽东君。 毛端五色障开经,劳久狂花净眼停。刁斗更声催历历,明量烟火散荧荧。交光摄入川源影,网相盘回楼阁形。何物无情头解点,也须说与众山听。"

又《中峰喜逢白公夜集法公方丈》云:"久别几于消息断,重逢犹记道途间。两山相忆秋同老,一夜刚随雨到山。故旧何人堪共话,林峦有主暂投闲。乱流落叶声兼下,听尽寒岩水抱关。"又《法公招游狼山登大观楼》云:"海上危楼壮大观,烟波无尽此凭栏。江南一水横衣带,天外三山落弹丸。潮色不来风势紧,客心欲渡浪声寒。高明胜会知何日,回首斜阳几度看。"又《解制送恒生还山》云:"满堂瓢笠忽天涯,云水茫茫去路赊。同坐那知君是客,送行翻觉我无家。九秋露冷芙蓉色,一夜风吹芦荻花。最是不堪回首处,夕阳江影片帆斜。"又《铁桥》云:"自堕黄尘每慨然,故乡卿相我无缘。眼前见画思鸡足,梦里寻家渡铁莲。苗庶尚潜诸葛洞,儒臣不去小西天。料应难得今生见,先过此桥五十年。"又《送唐大来还滇》云:"小艇难禁五两风,鸡山有路几时通。殷勤为我传乡信,结个茅团在雪中。"《送元白之燕》云:"一带燕山色,常时入梦间。平生未到处,今日逢君还。客路无时尽,秋心不自闲。塞鸿牵别思,早已出江关。"《挂瓢》云:"抱膝向空坐,偶然同许由。一瓢还似累,何物更须留。涧响悬孤影,风翻入夜秋。几时从空出,犹见在枝头。"《送朗癯入匡山》云:"独向匡庐去,安禅弟几重。九江黄叶寺,五老白云峰。落日眠苍兕,飞泉挂玉龙。到时应为我,致意虎溪松。"《别吴中诸子》云："相看了无意,临歧还黯然。回看吴苑树,独上秣陵船。春老还山路,江昏欲雨天。白鸥颇怪我,聚散绿波前。"

其所著书有《法华珠髻》,并同丽府木公参补《华严海印忏仪》四十二卷,在藏。闻所传诗文,散佚颇多,有《南来堂集》,刊入《云南丛书》中。王渔洋评当代释子诗,以苍雪为第一。卒,葬中峰,牧斋为撰塔铭。

清大埔南安寺沙门释幽明传 成鹫

释幽明,仁和人。九岁披剃,参万如,有省。顺治间,自江西龙虎山仙岩寺,度岭抵大埔三河坝南安寺,驻锡焉。康熙壬寅正月,立三河拱极门。顾佛顶山,欣然乐之,赋诗云："清风细雨送香来,借问重重宝砌开。世事不能为此量,天然相遇妙高台。"又云："行脚腰包意若何,我知无法法无多。碧山垂下言精妙,今日拈将赠彩波。"上佛顶山,复题偈云："今日移来佛顶冈,疏疏空里雨花香。摘来几个黄梅子,世上酸酣点不尝。"逾年而寂。预示诸徒,日时不爽,取水沐浴,趺坐默然。

又成鹫,字迹删,番禺人。父国骅,明季举于乡,鼎革后,隐居授徒。成鹫年十三入学,后为名诸生。年三十五丧父,感念无常,别母学佛于鼎湖。晚栖大通古寺,号东樵山人。一时名卿巨公,多与往还。藩使王朝恩、学使樊泽达、给事郑际泰,盛誉之,名益显。诗文最富,所著《咸陟堂前后集》,识者谓其笔响风雷,崩山立海,凡蛮烟黑雨,渴虎饥蚊,草木离奇,剑啸芒飞,直归纸上。浙西陈元龙,谓其文发源于《周易》,而变化于《庄》《骚》,涵亘呈豁,辨才无碍,诗在灵运、香山之间,时人以为非阿好。成鹫戒律精严,道范高峻。与贵人游,以宏阐道妙为本,他无所及。遇人有所咨请,瞑目趺坐,寂然若无闻焉。年八十余,卒。

卷第六十四
杂识篇第十之五
正传十二人　附见十七人

清当阳玉泉寺沙门释道严传 道乾　遍见　弘礼　性恺　圣义

释道严，字悦可，姓赵氏，当阳人也。幼入玉泉，妙龄秀发。清康熙间，参莲月老人，久之印可，并荷衣法。甲申岁，继主寺席，广宣律教。讲席之暇，博览群籍。幽契山水，怡养性灵，游兴所至，辄喜题咏。有《堆蓝纪胜》诗云："堆蓝秀峙依群冈，草自茂茂花自香。浩荡风光驹过隙，一天春色兴偏长。"又《题铁塔》云："泻影飞腾出众岗，游人遥指玉山旁。一朝云起疑天堕，却得浮图撑上苍。"篇什虽富，佚散甚多，故无专集。率众二十余年，翘翘后进，咸就陶成。以康熙五十年二月八日示寂，偈云："寄迹玉阳七十一，谈玄自有波罗密。翻身吞却金刚圈，岂待获麟始绝笔。"塔于寺左青龙山。

同时，有道乾者，字健若，一名超乾。亦参莲月，机契向上。康熙三十六年，接主玉泉。慧辩泻流，往从如水。虽宏提倡，不废吟哦。旧传一律云："灵机本自出天然，茧足南询不计年。乘兴访梅探白雪，闲来觅菊步青莲。昔时已结法王社，今日重开秘密筵。最后极谭无所示，拈花唯有此心传。"后遁迹人世，不知所终。

遍见，字慧日者，昭邱杨氏子也。幼而志学，具染紫紫，参鉴莘惺。决择向上，担荷正法。阐扬弘旨，诲人不倦。尝有偈曰："蓝峰玉水两幽清,苔护前朝造镬名。几度裴裹思圣化,一番锤炼胜天成。元钟堕地山魂断,宋塔干霄鹤影惊。只有今宵亭上月,依稀犹见古人情。"退老紫紫庵,结印而逝。

又弘礼,字廓曙,枝江人。青年落发,师玉泉道隆。圆具后,往参莲月老人。数载精求,发明心地。康熙癸丑,主上方法席。增置水田,以供香积。建讲经台,修东禅堂。善论说,喜吟哦。曾《题朝曦阁》云:"巉岩一片草萋萋,古阁斜阳石径迷。十载凭临惟此迹,青山一路鸟空啼。"寂于雍正五年三月二日,塔地藏院后。

又性恺,字天茨,江陵徐氏子。卯角剃落,从师诵读,颖悟迈众。长通经史,兼善草隶。莲月弘法天皇,往造焉。机契日深,直臻堂奥。自是定慧双圆,诗歌自得。与许瑶圃,时相唱和。其次韵,有"僧非巢父偏邻许,世无陈蕃懒姓徐"之句,有声士林。康熙丁亥,主玉泉。尝《赠圣义上座》诗云:"藕叶衣同老,松花食自甘。水惟思喷玉,山祇爱堆蓝。牧笛昭邱北,渔歌敖冢南。寻常无限意,岁晚自难堪。"有遗语、文集行世。

圣义,名兴宣,出当阳淯溪雷氏。三岁,为道严弟子。复受记莂,续焰玉泉。讲座高谈,议论风生。尝说《摩诃止观》,法音一展,听者万指。雍正六年,主清溪。上堂云:"浪迹天涯数十秋,枕流漱石懒垂钩。此番若得金鳞至,不枉冲波冒险游。"乾隆初,退归玉泉,称三宝而寂,塔于青龙山。承道严派,文字亦近之。

清海宁安国寺沙门释大涵传

释大涵,字雁黄,姓潘氏,吴江人也。九岁出家,习诵梵典,聪颖过人,能通大义。既长,入灵岩,从师继起。游南岳,禅理文心,俱极超妙，有名于时。俗僧忌之，谋折其足。乃夜遁，走大雪中，饥则抟雪食之，自号啖雪子。后住雁荡山。又入黄山，因字雁黄。其在黄山，闻伐木声丁丁，静中有悟。盗击之，不死。后居海宁安国寺，陈中丞元龙抚粤西，招之游罗浮。归至肇庆鼎湖山，示微疾，说偈而化，塔在桂林栖霞寺旁。著有《黄山草》《西湖草》《补陀南参集》《弹指集》《桂罗壮游集》《盐官剩草》，皆已刻。陈元龙为之塔志，见于别乘。

清房山上方山寺沙门释常岫传 大观 知幻 达闻

释常岫，字苍林，一号松阿，姓巴氏，黄岩人。少习经史，颇能属文。尝为人手书尺素，词足达意，遂交誉之。因读内典，契心空门。归依印空长老，为之剃度千佛寺，从大演义公习梵教。年二十，于广济受玉光大师规律。毕即参游五台、南海诸名胜，已而栖隐上方五载。忽焉南旋，结小庐于越溪，遂寂其间。著有《松阿集》。弟子迎其骨，塔于六聘北隅。乾隆丁巳四月，傅雯为之铭，文词修洁，详具山志。

又大观道目者，闽南人。值海氛不净，旧林难问，倦飞莫还。偶来上方，林谷苍秀，不觉神悟。遂构一茅，名归一庵。相将入室，内侍以观音殿主席见招。至则重建堂宇，修治道桥，丛院规制略备。丁未冬，复由上方，归隐栖贤。兴建梅山，勤劳八载。丙寅秋，托钵北来，自浙及燕。重履云洞，山灵投合，若不忍舍。赋还山诗十首，用记始末。依然出山，看云南下。

弟子知幻，字筠客，嘉兴仲氏子也。幼习儒学，长厌世累。拜新城镇能仁寺淡月上人剃发，依道目圆具。随入参堂，精诚颖悟，神契于道。康熙丁卯,道目见其纯笃,知为法器,付以上方观音主席。既而,入山应物,独标清风,岁寒挺特。偶遇诗客,亦唱亦和,但不落恒溪。尝有偈云:"懒经营,疏荣辱,深知世事有定数。名利眼前花,伎俩水上浮。食充饥,衣遮寒,无得无失乐余年。清风明月不相关,至道无难,罔费草鞋钱,直须涧饮林栖绝挂攀。拨转瞳神,祖翁鼻孔总撩天。"居山三十五载,以康熙辛丑七月十日示寂,塔于紫万峰下。

又达闻,字自如者。六龄入山,从师讲授,渐了文义。及长,更耐辛劳,独处约苦。居山五十余年,朝夕孜孜,日课有恒。尝以上方自东汉以来千七百余年,未闻有志,引为遗憾。乾隆辛未,淹关假死轩,搦管直书。于平日所集断碑残碣、名胜人物、建置物产、诗文风景,一一详之,成山志四卷。壬申而稿成,江宁吴仁敌为序而刊之。

清太平白雀雨花寺沙门释圣通传 东悟本

释圣通,字贯一,晚号拙存,姓王氏,常熟人。生有灵兆,少怀逸志。长就外傅,略加指授,即便成诵。因病废业,遂专心学佛。往依城中长寿庵履贞剃染。素风老人为寺尊宿,喜其颖异,诗法书画,皆所教导。年十九,圆戒于三峰川回,以法器目之。复思参叩,发明大事。首谒虎邱洞明尊者,授无梦无想话,如云开见日,获睹旧物。虽力究苦研,胁不沾席,负笈两载,遍访诸方,殊少所契。会川倡道维扬上方,趋往依止,深相印合。川再主三峰,倚畀甚重,付以大法。及川迁化,即命继席。乾隆时,翠华南幸,驻跸云林。感荷圣恩,重光祖德。因建大殿、筑山门,以承先志,辉焕林际。先是，白雀寺火，曾就烬余，更事鼎创。及东城方塔毁，又应众请，力完胜果。并主智林，次弟修举，劳不知疲。

年且七十矣，虑诸弟子将以新春为寿，癸未残腊，避居郡之北禅寺。甲申正月九日，偶示微疾，奄然顺化。寿七十，腊五十有一，塔于白雀。圣通夙具慧心，深明谊谛，因人说法，成就众多。而文词微妙，阐发菩提，信口吟咏，亦得玄旨。其事素风老人尤谨，辛未，迎就白雀寺，孝养有加。病时亲调药饵，殷勤累月，略无倦容。及其灭也，丧葬如法。复为校刻《息影斋诗钞》行世。圣通于法语外，亦有著述，但存录颇少。今所见者，有《自题画牡丹》诗云："纷纷红紫斗春风，国色天香一瞬空。何似毫端呈色相，一枝影见墨痕中。"又《谢顾钝伯山以兰卷见贻》："点染幽芳巧逼真，恍从九畹吐花新。淋漓墨幻山中意，浓澹香舍砚北春。纵笔横施皆有法，间涂漫洒亦通神。安排棐几供清玩，看取烟生湘水滨。"

随流本者，字东悟，姓陈氏，吴人也。父曰久康，母虞山高氏。尝祷于神，乞子而生二女。神示兆曰："此子足传宗矣。"本生而聪颖，幼好读书。性至孝，母笃信佛，故本矢志不字，托迹空门。洁养蒸蒸，久而弥敬。得法于维摩山，为费隐禅师四世法裔。尝礼峨眉，游补陀，历九华，朝五台，四至京师。所止之处，如摩尼圆照，令人钦慕。于石梅，辟智林法苑，立净业于尘埃之表。晚复卓锡燕都齐化郭外灵官庵，蒲团静摄。间为吟咏，以写性真。或绘佛像、山水、花卉，借资禅悦。而潇洒活泼之致，时流露于楮墨。著有《语录南帙》九卷，及《鉴云》《留迹》诸集，都十余卷。其《自题荆州寓庵求画西湖》云："移将江浙置荆州，咫尺西湖任所游。神入妙时天地阔，意融通处水山优。云烟每敛开林道，霞彩频兴拥殿楼。一带芳堤春正好，三潭印月又堪秋。"又《题智林庄严阁图》："融融丽日洞天幽,一种清华近宝楼。香篆去从朝彩接,白云来自晓风收。泉流竹叶将成筏,霞覆桐枝欲化虬。瑞气满峰花满麓,直教斗室作神洲。"乾隆庚午,辅国公如嵩乾庵为作《鉴云录铭》。

清南岳晓霞峰沙门释文惺传 大成

释文惺,字阿诺,姓周氏,湘潭人也。祝发清凉寺。初,不晓文字,一旦豁然,兼解文艺、法语,皆得正诠。开席南岳晓霞峰,因号晓霞,著《南岳游仙记》。后为岳丽继席,日与其徒,研穷第一义谛。笺《妙法莲华经》,间尝弄翰赋诗,句琢字削,不工不止。有《岳麓杂咏》《晓霞诗集》并《阿诺语录》三卷。其《救蛾》诗云:"入夜风雨狂,竹窗吹破纸。银缸影乱摇,飞蛾拂灯蕊。趁去复飞来,焦头不畏死。吾见恐尔燎,尔扑胡为喜。灭焰息徜徉,免尔堕油里。"又《捕瓜萤》:"居山乐清贫,种瓜趁时节。瓜瓣藤未抽,萤火先食叶。天胡降尔殃,群聚类孟孽。朝食叶萎焦,暮食根茎折。尔腹亦灵明,尔心何毒烈。珠露仅可餐,林花亦可啮。胡独害瓜苗,顿令瓜种绝。吾辈望秋成,助长意不辍。护生固吾事,相视忍驱灭。掘地愧先贤,远离无秘诀。"佛旨禅心,词意悱然。又《出山》云:"路下藤萝不可攀,诸峰回首白云间。扶筇极目湘江水,一带长虹走乱山。"亦饶有致。

又释大成者,字竺庵,醴陵人。少披剃于南岳,后行脚四方。居天目山最久,及老欲归故山。清顺治丁酉,移锡南岳毗庐洞广济寺。著有《会圣堂集》。

清润州焦山寺沙门释智先传 德镜 行载

释智先,字古樵,原名兴上,姓张氏,仪征人。年十一,投焦山元孚出家。参问石乘,无得。一日,登山,失足倾仆,遂幡然有省。博综内典,兼善文翰。住焦岩四十年,从事兴复,始终不倦。鸠工庀材,百废具举。四方之众,至者如归。尝写大士像,刻石自为之赞。纂山志,未削稿而卒。

弟子德镜,字鉴堂,姓刘氏,山阳人。智先创藏阁,功未竟。德镜嗣之,以继述为己任,悉臻完善。

其徒行载,字硕庵,姓段氏,泰州人。与江都谢家树、山阴潘宁,同辑《焦山志》,就智先初稿而续成之。载幼时出家于清净庵,有桥在庵东半里,载常至桥下取柴,十数年未尝过桥,其天性恬静如此。

清杭州云居圣水寺沙门释誅湛传 通渊 元玢 实懿

释誅湛,字休复。究心禅理,博综典籍。率弟子明伦,纂辑寺志。盖寺自唐咸通中,玉田道膺禅师由涿州至江西云居山,既而至杭,结茅于斯,而不忘云名,仍以名庵,至明以圣水寺并入,乃称寺。誅湛草创寺志,未臻完善而寂。

后有通渊,字仑山,海昌人。复掇拾旧闻。雍正己酉,仁和邑令荆门胡公罢官居寺,甄综荟萃,遂成完帙。

实懿,师事通渊。髫年读书寺中,一病几危,通渊医之而瘳,遂不还家。讽呗斋薰,兼精歧黄。顾以寺志数百年失修,开辟有自,颠末无稽。恐山灵腾诮,梅魂献嘲。既辞都纲,自彻缘障。肆力搜讨,追踪清芬。凡建置人物,灵异诗文,有可传诵者,都为六卷。复刊中峰《梅花百咏》二卷,及实懿《水明山楼集》四卷。其《和杨知海趺翠山楼避暑》诗云:"高处尘襟谢,恬吟不自休。门临山路近,榻傍竹窗幽。雨气迷江树,秋声入寺楼。晚凉应可纳,欹坐且迟留。"

又元玢,字玉山。有《愁囊集》一卷行世。

清福州雪峰寺沙门释海印传

释海印,字端章,号葆光,姓张氏,德人也。父性纯,母氏陈。生甫一周,即失所恃,育于外祖母家。年十七,丧父,乃有空门之志。丁丑,就开元云齐阁出家,礼道岸为师。己卯,受戒于鼓山为公。自是奋励参究,凡宗门硕德,莫不愿入其门。未几,叩雪峰道余。机谭心契,最垂珍赏。甲申,道余示疾,召印至山,属以衣拂,遂继厥席。是时,道余方寂,院宇零落,景物凄清,印坚忍艰苦,赖以不堕。尝参无梦无想,主人在何处一句,久无所入。一夕经行次,闻风撼林树声,觉心身庆快,口占偈云:"一夜金风飘岭上,萧萧木叶尽凋残。彻悟未生真面目,不将药汞认金丹。"前日疑情,一时涣释。甲寅、丁巳之间,三居法座,行证昭孚。晚岁,殚精著述,撰《心镜合明》四卷,融会易理,发明教典,为引儒入释之径。时年已八十矣,预知时至,自作塔铭。语录有《云阁法语》及《戴云法语》,诗则有《愧轩草》。

清杭州净慈寺沙门释明幢传

释明幢,字果树,芜湖人也,而忘其姓氏。幼从剃染,康熙季年,始游京邑。参礼五台,还至燕山,略事栖息。谭言玄妙,词意蔼然,名动公卿。雍正六年,以庄亲王教,居德胜庵。十年,于武英殿行走,奉旨阅视藏经。十二年正月,又以庄亲王手教,命住法源寺。四月八日,皇戒坛毕,引见,命留内庭。十月,世宗恩赐紫衣四袭,并特赐永明禅师像三帧,及炉砚、如意、钵杖、红磁盘、语录、法书、缎袍、四时法服。十二月,奉恩命出住浙江净慈寺。十三年二月十日,永觉禅师南下,幢随之行。时杭州织造长白隆公,奉旨送幢入院。至则重饬寺规,亲厘百务,几复旧观,而六时宏唱,益畅宗风。江南钟版之盛,道俗参学之众,自此始也。

清杭州云林寺沙门释义果传 上志

释义果,字巨涛,姓章氏,丹徒人。年十一,父母命出家于焦山。及长剃染,操行清苦,自名薅草行人,陈太守沧州甚器重之。受具于燕京西山潭柘寺德彰。后至杭,侍云林谛晖。执勤九载,略无倦容。命参不是话,久之入堂,便问:"不是心,不是佛,不是物,是何?"语未竟,晖迎击一篦,因有省。即呈偈云:"一击敲开海底天,尘尘刹刹尽归源。当场拈出无私句,铁马嘶风跃九渊。"晖领之,旋受付属。雍正时,继席云林。未几,入长安,于法门多所保护。乾隆戊午,复主院事,道望益崇。汪光禄感其精愿,舍赀建筑,废坠一新。寂于乾隆二十三年六月,寿六十四。有语录及《薅草行人诗集》，沈廷瑞为之序。

又闻竹上志者，秀水人，亦得衣钵于谛晖。主禾中天宁二载，寻接云林席。雍正十年，秋饥，寺僧绝粮。志为众持钵，朝夕市廛，卒赖以济。而心身俱瘁，示疾徂化，年六十五，腊四十九。有《忍庵剩语》。果亦留心文学，增修《云林寺志》八卷，钱塘举人厉鹗为之纂集焉。

清栖水大善寺沙门释篆玉传

释篆玉，字让山，号岭云，姓万氏，仁和人也。年十七，投净慈寺剃染。受戒昭庆，嗣雷岩，传临济第三十五世正宗。贯通义疏，精研戒律。清雍正十二年，游京师，和硕庄亲王招住海淀法界观心佛堂。十三年四月，侍郎海望带领引见，奉旨偕永觉超盛，考察智觉法派。时已加封妙圆正修之号，帝心仪之也。还住万峰，禅诵之余，游情翰墨，雅善鼓琴，工行草书，时复吟句，生峭自喜。夫《佛本行经》言，太子方入学，即问师六十四种梵书。大树王子弹琴对佛，香风菱花，为《首楞严》绝妙好词。天亲、无著以造论之才，一转而为寒拾青萝。吠犬东坡，追步不及。张无尽以居士反附，契嵩以传诗有别才。岂非性海中光明藏哉？

万峰地连宗镜，面对雷峰，旋螺而入，拾级而跻，浮岚暖翠，近挹几筵。玉与诗坛老宿，远瞻俯眺，别构数槛，结社其中。烹葵烧笋，荐伊蒲之馔，施龙天之食。清唫抱膝，韵播艺林。虽片席地，与五山十刹庄严楼阁相耸峙，则诗禅两绝也。乾隆十六年，德清令李芳榕延住栖水大善寺。当六飞初幸江浙，大府遴高僧十人迎銮，以备顾问，玉在其列。及回銮，驭送至碧天桥，垂问谆谆，即遣内臣赐银锭十,亦异数也。寺故贫瘠,损衣缩食,为僧众粥饭,犹恐不继。然居寺十载,不萌退志。二十五年,桐乡令陈虞盛请住秀溪之龙翔,亦犹大善也。然乐其闲静,若将终焉。乾隆三十二年重九日,作偈曰:"来无一物,去无一物。快恬七九,逍遥自得。"遂尔入灭。寿六十三,腊四十六。所著《南屏续志》一卷,诗十卷。葬南屏,杭世骏为之铭。

清长沙华林寺沙门释文楷传 文畅

释文楷,字志甫,亦号不二志,衡山人。初出家时,依南岳清凉阿诺惺。而胸臆洒落,趋向高远,固已器之矣。惺于禅暇,究心诗文,不异老儒。楷随侍三十余年,时有启诲。更苦志探求,遂尽传其学。复事游参,遍历江淮、吴越,使胜地风景、丛林雅范,皆以奚囊贮之。今诗集有《过高旻》《招隐江天寺》诸作,可想见矣。乾隆甲戌夏,归自金陵,静居白云。与同参文畅,听松观瀑,徜徉尘外。偶尔挥翰吟啸,终以守岩穴为念。乾隆三十一年丙戌秋,为缘六法长延继华林。胜地八景,殊少题留。楷幽栖数稔,禅居多暇,作八绝以纪之。《独尊峰》云:"突兀势参天,岩幽林亦窅。快登此独尊,四顾群山小。"《裴休桥》云:"桥古号裴休,度来非略约。四时涧水清,照彻行人脚。"《望日台》云:"台石矗幽岑,朝曦遥入望。扶桑忽吐红,滚滚金球漾。"《片云石》云:"怪石列冈陵,宛如云一片。奇根本自殊,终不因风转。"《伏虎岩》云:"峭壁一巉崖,二虎曾自伏。犹遗哮吼音,访道人难复。"《仰天湖》云:"溢湖势俨然,山顶自开掘。只可宕心胸,范蠡舟难越。"《呼龙潭》云:"潭深莫乱呼,只恐龙鹜起。大地洒甘泉,谁知龙酿水。"《滴水岩》云:"岩下散明珠,山头悬瀑布。朝朝杂鸟语,滴滴增奇趣。"楷初学诗,与文畅同请业于岣嵝东林简南禅师。及庚寅夏,同门将刻楷所作诗文,而畅已先寂于白云。楷哭之哀,因并畅诗刊之,曰《合刊诗草》。

畅,字不偶,亦湘人也。《春日怀文楷》诗,已入《国朝诗选》。其《游西林》诗云:"伏霞尽处有青岑,曲折宁辞仄径深。崖树疏疏行古殿,厨泉悄悄界东林。采薪频入增山晓,游客希来便陆沈。不是天龙曾卫护,楼台未必到于今。"西林有峰名青岑,昔为禅林,今易数主,未能长护持也。楷、畅并有语录,诗则昔人称为声律正宗,不愧唐禅,亦最上乘也。

卷第六十五
杂识篇第十之六
正传十一人　附见十八人

清长沙铁佛寺沙门释无迹传

释无迹，字寄尘，又号八九山人，湘潭彭氏子。幼寄佛寺，便从剃度。性质颖异，稚年诵经，即会其旨。既长，工书画，喜吟咏。时袁简斋太史搜罗名流，刊入诗话，极一时风雅之盛，独取其"净坛风扫地，清课月为灯"之句，以为得禅悦味。然无迹虽好吟哦，殊无留稿，今不多见。初居南岳，称衡麓山人。清嘉庆时，浮湘至长沙城下，栖铁佛寺。寺为唐法华尊者道场，相传为衡山王神舍铁造佛，尊者以锡卓地，得铁数百钧，遂冶之，造三佛像及大悲陀罗尼塔，故名铁佛。无迹居之，因号湘滨道人。后往闽粤，又曰航海道人。随地易名，不拘于物。尝与人言曰："予以琴韵诗词为声音，佛事以临书描画为禅关话头。虽世间学，即超世间法也。"凡所游处，达官文士，悉欣慕之。晚游吴，复之闽。客将军幕府，无疾而化，遂葬其地。清之末叶，新学盛行，校宇林立，多假佛地，寺为学堂侵占。今农校廓张，寺已湮没，唯铁佛犹存。

清金陵灵谷寺沙门释弥垠传　弥澍

释弥垠，字福溪，吴人。博通经史，事亲以孝。卢雅雨都转深器重之,延入幕中。观内典有省,厌俗出家,于牛首山祖堂寺得法祇园。继主灵谷三载。乾隆甲辰春,高宗驻跸寺中,赐《无量寿经》石刻、娑罗树、如意。寂于灵谷。著有语录、诗集。

又弥澍,字沧洪,德化人。生有佛缘,幼而聪慧。尝游古寺,恍如旧居。祝发故里,受具华山。亦参祇园,嗣其法,为弥垠同门弟也。初,居九江龙池寺,已振宗风。乾隆甲寅夏,继席钟山,笃志清修,不酬俗事。时陈东甫方伯,慕其雅度,延之入署。澍辞以偈云:"十年尘梦悟华胥,曾夺骊龙颔下珠。自入山来皆雪意,更于何处觅红炉。好风吹入白云关,有约来朝暂出山。不是在山云懒出,出山那及在山间。"其高尚如此。主灵谷五载。嘉庆己未春,偶因微疾而寂,年五十八。著有语录、诗偈。

清杭州云林寺沙门释悟森传 见初　品莲月　宝林鉴　品高峰　体纯洁　研庵谦

释悟森,字道光,姓陈氏,华亭人。雅性静默,独喜禅坐。尝与怀清老人参论,得其称许,遂受记莂。历访名山,十有余载。嘉庆二十年,复来云林,延为首座。后静养于普贤阁,终日潜处,杜门不出。著有诗稿、语录若干卷。道光九年九月四日,书偈而逝。

弟子见初,字懒堂。精篆刻晶玉,陈曼生司马甚契之。

品莲月,字藕船,江都徐氏子。早岁脱白。既冠,受具戒。相既圆,坚持无犯。研穷教典,竟入悟门。尝栖云林,止观入神。妙通画意,专工兰竹,得所南翁之旨。扬州吴贯之号称八怪,名擅一时。乐与森交,且精琴理。所作诗词书法,别有逸趣,获证于志安秀老人。嘉庆十四年,继主云林。三年退养于千佛阁,禁足礼《华严经》。时虽鼓琴弄翰,而禅理功深,心多解脱。谭笑而逝,寿六十又六。

宝林鉴者,嘉兴人。幼通释典,负笈求师,得具于玉山。扣厥心要,通明一切,因承其法。习诵之余,学写梅兰,亲炙一泉老人。久之亦工画法,颇有时名。乾隆五十五年,出主胜果寺。年七十,始告退。

弟子品高峰者,杭州陈氏子。既承师资,兼得笔法。所谓明月梅花师若弟子者,不是过也。嘉庆十年,继席胜果。阅十五载,以病乞退。寂于道光元年,春秋五十有七。

又体纯师,名洁,字粹白,吴江柳氏子。生质不凡,自拔尘表。幼依云林妙应阁昇达象禅师脱白,后随至京都。洁性好学,内外文辞,莫不精研。一时名士大夫,慕其风徽,多与往还,互相酬唱,结为诗社。已而南旋,养静灵山。凡故旧出京过访,往往辞谢。欲杜门避世,不为名高。唯镇浙将军萨宥阿请决禅要,尝许过从。洁虽偶耽幽韵,自畅禅机,而性心无碍,枯寂空山。与放浪豪吟者,非可同日语也。道光六年夏,示疾旬余,即作偈曰:"卅年功德两茫然,想被前程业识牵。今用金刚王宝剑,一挥斩绝生死缘。生来死去总分明,老病犹能自遣情。忽地一声参已透,便应一一了无生。一点向人瞒不得,石龟说壳事何如?可堪常寂光中乐,定里身心了幻虚。万事云烟萦满眼,百年荣辱不关心。平居自信尘缘净,久约慈航直到今。灵明湛寂家中宝,罔象捞空海底针。祇上任君拈颂得,圆机逗彻意何深?松籟惊风鸣万壑,梅梢得月影逾幽。缘心若不离缘缘,何啻虚空钉橛头?"寂年六十六。

又研庵,名仪谦,字见能,桐乡沈氏子。依仁和法海禅院嵩年剃度，受具于圣因寺中立。寻入云林，为记室。禅余，工写山水，可登巨然之堂。德山老人付以法物。嘉庆丙子，推继祖席。未几寺灾，自观音阁，延及行宫大殿，俱为灰烬。于是誓志兴修，苦行叩募。浙抚入奏内廷，颁发帑银万两。而仪谦亦购大木于楚，归而重兴土木。道光八年落成，谦仍主院事，更请沈太史听篁续修寺志。

清丹徒焦山定慧寺沙门释清恒传 觉镫 觉铨

释清恒，字巨超，别号借庵，姓陈氏，海宁人也。幼而聪秀，受读塾中。风致楚楚，便异群儿。稍解文义，探求玄理。妙契禅机，即厌世味。受具后，得法于焦山澄洮，继席定慧。诵课之余，辄肆及诗古文辞，涵泳心性。仪征阮文达公元、丹徒王征君豫，相与莫逆，往还酬唱。时有所作，多见传咏，因之士大夫皆乐与之游。然性甘澹泊，虽境极清苦，耐寒忍饥。贫衲乞请，绝口不言。有《借庵诗草》行世。塔于五州山。

弟子二：觉镫，字秋屏；觉铨，字性源。并承清法，相继住持。兼工吟咏，各有遗稿。镫尤有才能，理得连山。东州佚产，山中香火，至今赖之。

清铜梁寿隆寺沙门释悟贤传 真空 智昙

释悟贤，字愚岭，姓周氏，铜梁人也。襁褓多疾，寄养空门。稍长，因披衲城北寿隆寺。资性颖悟，超卓伦辈。讽诵余间，兼习文翰。六寅波仑，皆所栖止。尝游东南，历览名区。禅机既畅，吟咏益工。因与同里廖先达、王明诚、左昌华、吴乃赓，合州孝廉张乃孚、禹湛,巴县龚有融诸名士,结社赋诗,极一时韵事。著有《六寅唱和集》及《自定诗草》一卷。铜梁雅秀僧中,以愚岭为清代首称云。

又真空,字问渠,大足彭氏子,为智昙五传弟子。好读经史,手不停披。工书法,耽吟咏,喜与文人唱和。著有《屿峒吟》一卷。

智昙,自楚来铜,卓锡计都。每以所余,造桥修路,利济行人。真空师其法,善叩善施,乐利尤溥。且至性天成,笃于孝友,有古德遗风。

清峨眉卧云庵沙门释源通传 六义　涌泉　德辉

释源通,湖南人。年二十,学道峨眉山绝顶卧云庵中。居恒唯一蒲团,寒暑不易,盖三十余年。研阐释典,《华严》《楞严》诸经,尤熟读默识,了然心目,随举扣之,卷数篇第,指说无讹。山中衲子,多其徒党。道风所扇,归依者众。年八十八,无疾而化。

六义者,峨眉人。居万年寺毗卢殿,即广濬弹琴处。恒诵莲花七轴灵文,朝夕不爽。腊逾七十,而鹤发松姿,和蔼可亲,人服其德。

涌泉,居龙门院,参悟有年。通五经古文,善诗画。年八十一,笑而逝。杨廷瑞题其所居,曰一笑堂。

德辉者,川北名家子。中岁弃家,居峨眉之息心所,博极梵典。著有语录若干卷,及《甄奥赋注释》。赋为明蜀巡抚廖大亨作,词句多不可晓,德辉为之疏析云。

清公安今古寺沙门释如慧传

释如慧者，姓姜氏，高阳人。俗称许老，盖其字也。父文章，母杨氏。慧生有善根，性灵独异。幼龄多疾，蠲除腥味，持心茹素，已逾廿载。年三十，始削发，从师托迹公安今古寺。礼俊旃禅宿，传临济正宗。梵经咒语，昕夕课诵。尔后，出世报慈寺。三乘奥旨，胸次洒然。力行既深，道心彻悟。山光悦性，无非灵机。潭影澄空，早已参透。是以登坛说法，花雨齐飞。赠答挥毫，烟云并落。即事摘词，便成韵语。因人作偈，话出迷津。兼术精青鸟，风鉴独神。喜谭灵龟，妙言微中。著有《金绳指迷录》一卷，文人墨士多相传写，名公巨子尤深信仰。嗣法弟子遂以付梓，荆湘间犹有传本云。

清当阳玉泉寺沙门释隆昇传　培润滋　香山漾

释隆昇，字云樵，姓陈氏，江陵人也。旧为望族，代有簪缨。昇生而颖异，不昧灵根。幼入玉泉，归投柱公。言行超卓，气宇洒然。尝从聊溪周先生学诗文经义，靡不淹通。既妙词翰，尤擅草隶。一时骚人墨客，多与往还。道光十四年，始从东山寺慧山珩受具。习演经律，兼悟禅观。机锋敏妙，辩论风生。遂受柱公衣拂，主席玉泉。乙卯，宏法讲经，启迪来哲，孳孳不卷。丙辰，领众六合，盈二千指，清初以来未曾有也。丁巳，退处经楼，焚修自课。同治十年辛未二月三日示寂，塔于河西旗鼓山。著有语录、诗文若干卷，皆佚而不传。

弟子培润滋者，石门何氏子。貌古神清，言语简重。道心坚固，真实不苟。同治五年，受昇属付。六年，主席上方，聿弘戒法。九年，杖锡峨眉，参双桂，宗乘并彻。已而归山，专修净业，以约自持。至葺治殿宇，严饰神像，备极尊崇。光绪二十七年辛丑二月二日，沐浴更衣，集众示曰："幻身六十六，虚空复何有？不往兜率陀，径超安乐土。诸子莫悲伤，吾今暂回首。努力赴前节，各自寻门走。振起潙沱宗，常作师子吼。大道更何言，愿伸补天手。"寂后塔于伏牛山。

其徒香山仁漾者，宜昌东山刘氏子也。少习举子业，通经史，善书翰。中年忽悟无常，礼玉泉晓公出家。受具于荆州承天寺。复得滋公衣拂，主席上方。光绪十年，宏戒传徒，得法者众。乙酉，退居洧溪，日课《金刚》。丁酉冬十月十七日，示疾涅槃，寿七十有二，腊三十五。著有文集三卷，今已失传。自题寿塔云："孤雁旅孤洲，孤洲水常流。众鸟高飞尽，唯尔独鸣秋。"塔在洧溪寺前。

清金陵灵谷寺沙门释祢修传 光莲

释祢修，字德灯，姓袁氏，金陵人。披剃天印山东霞寺，受具华山，继衣钵于灵谷。慈善成性，悲愍感物。平昔扶持忠义，周恤丧亡，引为己事，视若固然。当咸丰初年，洪秀全窃据金陵，负隅死守，官军于朝阳门外掘长壕困之，日事攻战，凡阵亡及军营病没者，多厝寺傍。祢修悉书其姓名于册，使后有所稽考。枯骸在野，拾而葬之。事平，请于曾文正国藩重建龙神祠。主寺三十余年，寇至不去。旧有寺志十四卷，深自护持，不敢失坠。光绪乙亥，传法光莲，静修一室，人罕得见。寂于庚辰九月二十一日，年六十六，葬玉带桥之南。

光莲，字利华，泰州郜氏子。八岁出家，初事岱岳寺僧为师，后于华山受具。遍游天台、九华、南海。光绪纪元五月朔，祢修夜起，见香炉有光，状若莲花。五日而光莲至寺，祢修异之，因授以衣拂。垦荒竹，重造山门及金刚殿。以节省余资，未尝募叩。生平苦志清修，与物以诚。无疾言厉色，尤好劝人为善。光绪戊戌二月九日示寂，年七十四，亦葬玉带桥南。

清成都昭觉寺沙门释照常传

释照常，字朗西，姓税氏，温江人也。父登第，母杜氏。夙孕灵根，早通慧业。质挺莲植，居近禅房。年才十八，界空万千。清同治壬申，披剃于罗禅古寺。初习梵经，便穷微旨。俄而太师性长与师祖寂澄，相继谢世，遂主寺事。新矩既崇，旧规仍守。增辉院宇，培植林园。责无旁贷，务必躬亲。禅修之余，兼工文艺。左苏右黄，积墨横锦。超王迈倪，绘素生姿。好学多材，为时称诩。光绪丁亥，附近市场更易，商旅无依，乃竭愿力，别造广厦。且筑楼近水，起阁傍山，沱江左右，晖映霞表，地灵人杰，于焉聚集。后依文殊院香岩律师受具，香来木樨，花满祇树。戊午，主昭觉法席。弥复专精，儗作云游，遍留雪爪。己未，谒普贤道场，膺大佛殿方丈。已而辞去，蹑屩南海，负箦北燕。历尽尘劳，庶成佛果。庚申七月，乘杯西蜀，驻锡东川，栖止罗汉古洞。竟于十月七日坐化，寿六十有七，川东苏兆奎为之铭。

清四明天童寺沙门释敬安传 精一

释敬安,字寄禅,姓黄氏,湘潭人也。其先世为山谷苗裔,宋时由江西迁茶陵,明季乃徙湘潭之石潭,世业农。父宣杏,母胡氏。尝祷白衣大士,梦兰而生。数岁时,好闻仙佛事,常终日喃喃,若有所吟诵。七岁失母,诸姊皆嫁。父或他适,则以安兄弟寄食邻家,日昃不返,即啼号踪迹之,里人为之恻然。年十一,始就塾师,授《论语》未终篇,父又没,零丁孤苦,极厥惨伤。其弟以幼依族父,安独无所得食。尝为人牧牛,辄携书于牛背诵之。一日,与群儿避雨村中,闻读唐诗至"少孤为客早"句,潸然泪下。塾师周云帆骇问其由,以父没不能读对,云帆甚怜之,曰:"尔为我炊爨洒扫可乎?"即下拜。云帆喜甚,每语人曰:"此儿耐苦读,后必有所树立,余老不及见耳!"无何,云帆病没,安遂散去。然犹不废业,闻里中豪家欲觅一僮伴儿读,即欣然往就。至则使供驱役,自读辄遭诃叱。因悲叹,以为屈身为读书计。既违所愿,岂可为区区衣食为人奴乎?即辞去。习工艺,鞭挞尤甚,绝而复苏者数。一日,见篱间白桃花,忽为风雨摧败,不觉失声大哭,因慨然动出尘想。遂投湘阴法华寺出家,礼东林长老为师,时同治七年也。

冬初,复诣南岳祝圣寺,从贤楷律师受具。首参恒志于岐山,专司苦行诸职,暇则随众坐禅。越五年,颇有省。时精一首座为维那,间以诗自娱。安讽之曰:"出家人不究本分上事,乃学世谛文字耶?"因笑曰:"汝髫龄精进,他日成佛未可量。至文字般若三昧,恐今生未能证得。"后省舅氏,至巴陵,登岳阳楼,友人分韵赋诗,安独澄神趺坐,下视湖光,一碧万顷,忽得"洞庭波送一僧来"句。归述于郭菊荪,谓有神助,且言其有宿根,力劝之学。授唐诗三百篇,一目成诵。后精一见安所作,大奇之。精一,名思参,长沙张氏子。天资聪颖,幼从塾课,便解文义。淡于科第,而好佛书。见庭中桃花,因风飘落,悟世无常,乃从剃度具足。复还长沙,置慈云精舍于城南,迎母养之。与人论说,词简易明。引导后学,当机立判。故于安前激后劝,卒玉其成。

然安自以为读书少,用力尤苦,一字未惬,如负重累,至忘寝食。有一诗至数年始成者,念生死事切。时以禅定为正业,一日静坐,参父母未生前语,冥然入定,内忘身心,外遗世界,坐一日如弹指顷,猝闻溪声有悟。嗣后遍游吴越,凡海市秋潮,见未曾有。遇岳谷幽邃,辄啸咏其中,饥渴时饮泉,和柏叶下之,喜以《楞严》《圆觉》杂《庄》《骚》以歌,人目为狂。尝冒雪登天台华顶峰,云海荡胸,振衣长啸。睡虎惊立,咆哮攫前,以慈心视之,虎威亦解。又曾于深山遇一巨蟒,御风行,头大如斗,舌电尺余,因念佛亦无怖。旋养疴皋亭山中,中夜闻剥啄声甚急,启关月明如昼,四顾无人,如是者数数。次夕,伺叩门声急,开户见一黑眚,若圆球滚滚而去,安嗾群犬逐之,穷追至山腰,厉声曰:"扰我何为,我岂汝怖?苟有所求,当为汝度之!"遂号佛达旦,怪寻灭,病亦寻愈。

其住四明最久,窥天童雪窦,穷揽霞屿月湖之胜。郡中文学吕文舟、徐酡仙、胡鲁封、马文斋、沈问梅,皆相与酬唱。生平好善疾恶,触境而生。尝渡曹娥江,谒孝女庙,叩头流血。同行者曰:"奈何以比丘礼女鬼?"安曰:"汝不闻波罗提木叉孝顺父母,诸佛圣人皆从孝始。吾观此女,与佛身等,礼拜亦何过焉?"甲申八月,返棹长沙。年三十有四,行脚已阅十霜。明年,还石潭,省先茔。宿莽纵横,不可复识,望穷山恸哭。村老闻之,为指其葬处,始复忆识。

盖去乡里已二十余年，积思幽潜，故悲不自胜也。自是往来衡湘，时有著述。同县王湘绮先生为当代诗人，见安所作，未尝不称善。有陈伯严、罗顺循，皆擅词翰，曾综其诗十卷刻之，乞湘绮先生为之序。

图书在版编目（CIP）数据

新续高僧传/喻谦编著；李云点校. —北京：商务印书馆，2022
（中华现代佛学名著）
ISBN 978-7-100-16883-0

Ⅰ.①新… Ⅱ.①喻…②李… Ⅲ.①僧侣—列传—中国—古代 Ⅳ.① B949.92

中国版本图书馆 CIP 数据核字（2018）第 273582 号

本丛书由南京大学人文基金资助出版。

权利保留，侵权必究。

中 华 现 代 佛 学 名 著
新续高僧传
喻谦 编著　李云 点校

商 务 印 书 馆 出 版
（北京王府井大街 36 号 邮政编码 100710）
商 务 印 书 馆 发 行
江苏凤凰数码印务有限公司印刷
ISBN　978-7-100-16883-0

2022 年 10 月第 1 版　　开本 889×1194　1/32
2022 年 10 月第 1 次印刷　印张 26⅞
定价：120.00 元

前 言

现代社会，在很多家庭里，妈妈承担着教育孩子的主要任务，在与孩子沟通和交流中，妈妈们是否对以下这些话很熟悉：

"你怎么这么笨啊""你怎么总是不听话！""你看看人家！""千万别给父母丢脸！""你不行，我来帮你！""这次必须给我考一百！""你的心思没有用到学习上！""他打了你，你怎么不去打他！""你真是个胆小鬼！""真是没用！""不准哭！""吵死了！""这都是为你好！""当心揍你！"

……

这些只是妈妈在教育孩子过程中的无心之言，但却对孩子的心灵造成了严重的负面影响，要知道，我们的孩子本是一张纯净的白纸，而这张纸上最终展现出什么，完全靠父母的描摹绘画。妈妈们将这些"随心所欲"说出的话劈头盖脸砸给孩子的时候，会让孩子原本阳光的个性变得阴郁，会让孩子从积极自信变得胆小懦弱，从洒脱活泼变得自卑敏感……

也许一些妈妈会说："我没有恶意。"但正是这些脱口而出的话真正地伤害了孩子，使孩子失去自信，甚至失去与人沟通的能力和欲望。

俗话说："良言入耳三冬暖，恶语伤人六月寒。"曾经有一项调查——"孩子最怕什么"，结果表明：孩子最怕的并不是学习，也不是生活艰难，而是怕被打击，怕没面子。父母尖刻的奚落、讽刺和挖苦，并不比体罚更文明，它带给孩子的伤害甚至会大于体罚带来的伤害。很多时候，父母一句无心的打击孩子的话，会给孩子脆弱的心灵上造成无法磨灭的伤害，这些伤害无论经过多久，都无法被治愈。

因此，作为妈妈，千万不要认为孩子是自己的，就是你的私有财产，可以任由你打击、数落，相反，我们要考虑到孩子的心理承受能力。与孩子沟通，一定要讲究方法，要知道，即使你是出于为了孩子好的目的，但说话也要有理有度，不该说的话一定不要说。总结起来，就是妈妈们一定要尽早停止对孩子的语言伤害！

因此，在反思了我们的教育语言后，剩下的，就需要我们去理解孩子，去引导孩子。然而，很多家长又会产生疑惑，我到底该怎么说呢？这也正是本书要阐述的重点，我们深知"道理千千条，不如一策良方更实用"这一道理。所以，本书并没有那些繁复的大道理，而是从现实的角度，为妈妈们提供最实用、科学、更具操作性的方法。

本书就是从亲子沟通的角度，呈现给家长教育孩子的一些具体内容和主要思想，没有教不好的孩子，只有不正确的教育方法。每个孩子都是天才，相信您的孩子，一定可以快乐、健康地成长！

编著者
2021年3月

目 录

第01章　保护孩子的自尊，这些话妈妈不能说　/ 001

　　　　小孩子能有什么隐私
　　　　　　——自尊心要从保护其隐私开始　/ 002

　　　　她到现在还尿床
　　　　　　——别当着外人的面宣扬孩子的过错　/ 006

　　　　这么小就撒谎，长大还得了
　　　　　　——不要给撒谎的孩子贴标签　/ 009

　　　　你一个小孩子懂什么
　　　　　　——尊重孩子的意见和看法　/ 012

　　　　小小年纪就做贼
　　　　　　——孩子有偷盗行为不可定性　/ 016

　　　　你这穿的什么东西
　　　　　　——不要直接负面评价孩子的穿着　/ 020

第02章　培养孩子自信的光芒，这些话妈妈不能说　/ 025

　　　　你怎么这么笨
　　　　　　——别用负面标签评价孩子　/ 026

　　　　你真没用
　　　　　　——别让孩子因你的打击而丧失自信　/ 029

　　　　就你那破锣嗓子还想当歌唱家
　　　　　　——妈妈不要嘲笑孩子的梦想　/ 033

鼓励孩子大胆尝试
——让孩子获得自信与勇气 / 036

第03章　保护孩子纯真的爱心，这些话妈妈不能说 / 041

你少管闲事
——鼓励孩子帮助别人 / 042

这么脏的狗，赶紧扔掉
——爱护小动物的孩子更善良和富有同情心 / 046

别关心别人，关心学习就够了
——小心培养出自私自利的孩子 / 049

别把你的文具借给别人
——让孩子学会主动给予 / 052

你吃吧，我们不吃
——引导孩子学会换位思考，为他人考虑 / 055

只要成绩好，妈妈都依你
——骄纵只能教出冷酷无情的孩子 / 060

第04章　帮助孩子树立正确积极的价值观，这些话妈妈不能说 / 065

这么小懂什么是非呀
——尽早引导孩子树立正确的是非观念 / 066

你去玩，妈妈来处理
——让孩子学会承担责任 / 069

要什么，妈妈都给你买
　　——教孩子树立正确的金钱观　/ 073
以牙还牙，不要吃亏
　　——斤斤计较的孩子没人爱　/ 078
最好的都给你
　　——让孩子学会感恩　/ 081
你们老师就是偏心、不公平
　　——引导孩子不苛求绝对的公平　/ 085

第05章　帮助孩子实现独立的愿望，这些话妈妈不能说　/ 089

你还小，妈妈替你做
　　——妈妈大包大揽，孩子怎么能长大　/ 090
走，晚上跟妈妈睡
　　——让孩子和妈妈分床睡是其独立的开始　/ 094
来，妈妈喂你
　　——孩子成长的第一步是学会自己吃饭　/ 098
我替你收拾房间
　　——让孩子学会自己整理和收拾房间　/ 102
来，妈妈帮你选
　　——引导孩子自己思考、选择和决定　/ 106
妈妈陪你写作业
　　——让孩子独立完成家庭作业　/ 111
按照我说的做，听妈妈的就没错
　　——培养有主见的孩子　/ 114

第06章　强化孩子的社交能力，这些话妈妈不能说　/ 119

　　他打了你，你怎么不打他
　　　　——教孩子正确面对朋友之间的冲突　/ 120
　　人缘差无所谓，只要学习好就行
　　　　——让孩子成为人人喜欢的万人迷　/ 124
　　那么小需要什么社交
　　　　——孩子的社会交往能力需要从小培养　/ 127
　　别把玩具让给别人
　　　　——教孩子学会文明礼让　/ 130
　　拒绝别人的孩子不受欢迎
　　　　——妈妈要教会孩子敢于拒绝他人　/ 133
　　参加什么团体活动，影响学习
　　　　——鼓励孩子学会与人合作　/ 138
　　小孩子调皮、捣乱怎么了
　　　　——妈妈小心教育出目中无人、霸道自私的孩子　/141

第07章　激发孩子善于学习的能力，这些话妈妈不能说　/ 145

　　今天学习怎么样
　　　　——妈妈与孩子谈话，不要只关心学习　/ 146
　　你必须考第一名
　　　　——妈妈不要只看重孩子的学习成绩　/ 149
　　不准上网，上网会影响学习
　　　　——让网络成为有用的工具　/ 152

你是全家的希望
　　——给孩子的压力要恰如其分　/157
小孩子能有什么压力
　　——妈妈要及时帮孩子排解"压力"　/161
教科书怎么可能有错误
　　——鼓励孩子敢于质疑，开动大脑　/165
作业做不完，你就别想玩
　　——让孩子懂得劳逸结合，懂得放松自己　/169

第08章　让孩子的智慧插上想象的翅膀，这些话妈妈不能说　/175
你又到处乱画
　　——爱涂鸦的孩子，想象力丰富　/176
你怎么这么调皮
　　——妈妈要辩证看待和理解孩子的行为　/179
你怎么那么爱玩
　　——会玩的孩子才更有创造力　/183
你再拆玩具，以后不给你买了
　　——孩子喜欢"搞破坏"妈妈别急着阻止　/186
胡乱唱的什么，不要折磨我的耳朵了
　　——不要扼杀孩子的天赋　/190
你怎么那么多问题
　　——请呵护好孩子对事物的好奇心　/193
听我的，以后当医生绝对没错
　　——不要把自己的梦想强加到孩子身上　/198

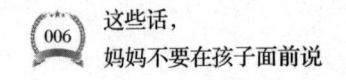

第09章　培养孩子敢于闯荡的勇气，这些话妈妈不能说　/ 201

　　小小年纪就这么爱争

　　　　——敢于竞争的孩子才更勇敢　/ 202

　　不要逞能了，我说你不行就是不行

　　　　——妈妈要鼓励孩子大胆去尝试　/ 205

　　你真是个胆小鬼

　　　　——妈妈如何帮助懦弱的孩子勇敢起来　/ 209

参考文献　/ 213

第01章

保护孩子的自尊,这些话妈妈不能说

家庭教育中,母亲对孩子的影响最大,初为人母,都希望能教出快乐、优秀的孩子,但妈妈教育孩子的前提是要尊重孩子,要把孩子看作一个独立人,从这一点出发,在沟通中,妈妈就要规避很多话语。比如,当众宣扬孩子的过错、隐私,不分青红皂白地为孩子的错误行为定性,批评和否定孩子的审美等,家庭教育中,妈妈应像尊重成人一样尊重孩子,把自己放在与孩子平等位置上,遇到问题会换位思考,寻求与孩子心理上的沟通。当孩子从妈妈的尊重和爱护中找到自信和自身价值的时候,他们自然而然就学会了尊重父母、尊重他人。

小孩子能有什么隐私

——自尊心要从保护其隐私开始

阳阳是某校一名四年级女生。有一天,她正走在上学的路上,突然间,她想起了昨天晚上的作业忘记带了,于是急忙又掉头往家跑。当她掏出钥匙打开家门时,看到妈妈正从自己的房间里出来,脸上带着不自然的表情。阳阳走进自己房间去拿作业本,推开房门,她愣住了,她看到自己书桌的抽屉全部敞开着,自己的日记本、同学们送的生日礼物及贺卡等全都胡乱地堆在桌子上。

阳阳非常生气地质问妈妈:"你为什么翻我的抽屉,随便动我的东西?"

没想到妈妈却比她还生气:"怎么了?当妈妈的看看女儿的东西还有错吗?"

"可是我也有自己的隐私啊!"阳阳很愤怒地回答妈妈。

"小孩子有什么隐私,别忘了我是你妈妈,好了,快去上学吧!"妈妈毫不在乎地对阳阳说。

生活中,这样的场景并不少见,不少妈妈认为,孩子都是自己的,看个日记怎么了?孩子能有什么隐私,还有些妈妈认为,这样做是关心孩子,一切都是为了孩子的成长,防止孩子走入歧途，以免孩子一步走错，步步皆错。其实，妈妈只是看似关心孩子，而孩子，虽然有可能会了解妈妈的本意是出于对自己的爱护，但是，妈妈的这些行为，都是对子女的不信任、不尊重，伤害了子女的自尊心，让孩子们感到不舒服。于是，这些孩子对妈妈偷看他们的日记、私拆他们的信件很反感，甚至有些孩子总爱在家中自己使用的抽屉上锁上一把锁，总之，妈妈和孩子之间筑起了一道鸿沟。

生活中，我们每个人，也包括成长中的孩子，都希望自己的隐私被尊重，这是每个孩子的心理需求，他们希望有自己的空间，孩子也有自己的隐私权。如果他们感到自己的隐私被侵犯了，就会感到无处藏匿，感到羞辱、气恼，产生令妈妈惊讶的激烈的情绪反应，为此，教育心理学家认为，尊重孩子的隐私，让孩子感受到被尊重，是预防孩子叛逆的重要一环。

的确，日记引起的冲突通常是一个令人无奈的话题。孩子们因妈妈要查看日记而愤懑苦恼，令家长们坐卧不安的则是：孩子竟然把日记锁了起来！而实际上，有时候，孩子藏日记，并不是因为孩子有什么见不得人的秘密，只是他们认为自己的隐私应该受到尊重。

在生活中，很多妈妈可能认为，孩子的生命都是自己给的，哪里还有什么隐私。因此，提到孩子的隐私问题，都会觉得不以为然，妈妈看看孩子的聊天记录、手机短信、日记，这都是天经地义的事。这正是一种不懂法的表现。

事实上，孩子在慢慢长大，他们渴望妈妈能给自己更多的空间，而有些妈妈总是想控制子女、管制子女、干涉子女。适当的控制是必要的，但随着年龄增长，更多的是靠子女的自觉和自律，而且要给子女以自主的空间，要尊重子女自主的空间。妈妈干涉过多，是很多孩子不快乐的原因，恰如金庸小说里所说："怜我世人，忧患实多"，尤其是孩子的隐私，"最讨厌的事情就是妈妈偷看我的短信""上网聊天也要偷着瞧，一点自由都没有，真烦"恐怕是很多孩子的心声。但家长们却左右为难："我们不看的话，怎么知道孩子怎么想的？"那么，如何在家长的知情权与孩子的隐私权之间取得平衡呢？

1.不看为妥

可能每一个妈妈在查看孩子的日记前，都会给自己一万个理由，但最大的理由莫过于你不适应孩子已经长大的事实，不适应与孩子在某种程度上的精神分离。静下心来想，我们可能会发现，促使我们这样做的主要原因是情绪上的某种需要。

当我们看到孩子带锁的日记时，你可能会本能地认为：孩子不再对我们敞开心怀，孩子开始躲避我们关注的目光。每一个敏感的母亲都不会对此无动于衷。无可奈何之中我们会感到有点委屈："我养你这么大，怎么连看看日记也不可以啊！"

2.要注意引导方法

妈妈侵犯到了孩子的隐私，她们的出发点并不坏，她们担心子女出事，有时也确实是为了更多地了解子女。但是，她们那种方法是不可取的，对于孩子某些问题，要重在引导，要根据孩子的选择给他自由，不能多加干涉。即使你想了解孩子，并不一定要以窥探孩子隐私、牺牲孩子隐私为代价，而应该把孩子当朋友一样相处，充分尊重孩子人格与隐私，给孩子一个相对独立的空间，通过平等对话，交流情感，让孩子主动敞开心扉，把内心的秘密告诉妈妈。亲子间多沟通，通过沟通可以了解孩子心中的秘密。

3.建立亲子之间的信任

信任感的建立，是从生活中的一点一滴积累起来的。承诺为孩子保守秘密，就一定要守信，兑现对孩子的承诺，如果不能兑现也得说清理由，取得孩子谅解。妈妈可以根据自己孩子的年龄不断改变监管的力度和方法。平时多和孩子谈谈心，学会信任孩子，也让孩子信任妈妈，妈妈应当将孩子当作是一个完整和独立的人来看待，学会尊重孩子，学会理解孩子。

人人都有不愿告诉别人的私事，这便是隐私。个人隐私应得到尊重，法律也规定保护个人隐私不许侵犯，这便是隐私权。因此，作为妈妈，要主动改变观念，改变单一管理孩子的方法，不要再把你的孩子当成你的附属品了，你需要把孩子当成一个具有完整人格的独立人来平等看待，尊重孩子，从尊重孩子的隐私权开始！

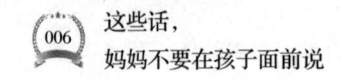

她到现在还尿床

——别当着外人的面宣扬孩子的过错

有位妈妈在谈到教育女孩的心得时说：

"有一天晚上，我和女儿在玩学习机，她突然仰起小脸凑到我的脸前说：'妈妈我给你说件事，你以后就只在我面前说我尿床的事，别在人家面前说，很丢脸的。'说完她就亲了亲我的脸，不好意思地对着我笑。看着女儿，我的心里突然好酸，心情也久久无法平静，我想起在这之前，我带女儿参加闺蜜的聚会，聚会上，我说：'她到现在还尿床'，现在想来，真的伤害了她的自尊心，虽然她才只有3岁，但孩子的心是多么的敏感脆弱。我心疼的抱起女儿，向她保证以后不在人家面前说这件事了。"

的确，任何孩子，都是希望被父母表扬的，尤其是那些敏感的孩子，他们的自尊心更强。作为妈妈，应该时刻注意保护好孩子的自尊心，不要在众人面前说他们的缺点和过错，更不要随意批评他们，其实，我们的孩子，他们的每一个行为都是有原因的，这是由孩子的心理和生理年龄特点所决定的。在我们成人看来，也许这些原因不值一提，但孩子却很重视比如尿床，我们可能经常拿孩子的这一糗事在众人面前开玩笑，但是孩子却认为自尊心受损，不了解原因当众批评他，非但不能解决问题反而会使问题变得更糟，使孩子产生逆反抵触情绪，导致对孩子的教育很难继续下去。

英国教育家洛克曾说过："妈妈不宣扬子女的过错，则子女对自己的名誉就愈看重，他们觉得自己是有名誉的人，因而更会小心地去维持别人对自己的好评；若是你当众宣布他们的过失，使其无地自容，他们便会失望，而制裁他们的工具也就没有了。他们愈觉得自己的名誉已经受了打击，则他们设法维持别人的好评的心思也就愈加淡薄。"实际情况正如洛克所述，孩子如若被妈妈当众揭短，甚至被揭开心灵上的"伤疤"，那么孩子自尊、自爱的心理防线就会被击溃，甚至会产生以丑为美的变态心理。

很多妈妈就产生了疑问："孩子自尊心强，难道孩子有过错就不能指出来吗？"答案当然是否定的，但是批评孩子也要掌握一定的原则和技巧，不能当众批评，妈妈应注意一些方式方法：

1.低声

妈妈如果是批评孩子，要注意分贝，最好是比低于平常说话的声音说话，音调低但是有力量的声音，会引起孩子的注意，让孩子认真听你说的话，这样的方式比大声训斥孩子的效果要好。

2.沉默

孩子一旦做错了事，最担心的就是被妈妈责备，如果被妈妈责备，反而会"如释重负"，对批评和自己所犯过错也就不以为然了；相反，如果妈妈保持沉默，他的心里会紧张，会感

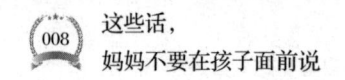

到"不自在",进而反省自己的错误。

3.暗示

孩子犯有过失,如果妈妈能心平气和地与之沟通,启发他认识自己的错误,孩子会很快明白妈妈的用意,愿意接受妈妈的批评和教育,而且这样做也保护了孩子的自尊心。

4.换个立场

当孩子犯了错,害怕被妈妈责骂时,通常会通过推卸责任的方法来逃脱责骂。此时最有效的方法,是当孩子推脱是别人的责任时引导一句:"如果你是那个人,你会怎么解释?"这就会使孩子思考"如果自己是别人,该说些什么",这会使孩子发现自己也有过错,并会促使他反省自己把所有责任嫁祸他人的错误。

5.适时适度

正如以上说的,妈妈不能当众批评孩子,而应"私下解决",这能让孩子明白妈妈的良苦用心,尊敬之心油然而生。比如,孩子考试成绩不理想时,妈妈和孩子坐下来一起分析一下考试失利的原因,提醒孩子以后避免此类情况的发生,就比批评孩子不用功、上课不认真效果要好得多。批评教育孩子,最好一次解决一个问题,不要几个问题一起批评,让孩子无所适从;也不要翻"历史旧账",使孩子惶恐不安,更不要一有机会就零打碎敲地数落,结果把孩子说疲沓了,最后却无动于衷。

孩子毕竟是孩子,难免会犯错,妈妈批评一下固然重要,但是妈妈在批评的时候，千万要注意不要在人多的地方对他横眉立目的训斥指责，这会伤害孩子的自尊，在一定的场合也要给足孩子的面子。尊重孩子，保护他的面子，掌握批评的方式方法，这对孩子的成长来说是极为重要的！

这么小就撒谎，长大还得了
——不要给撒谎的孩子贴标签

在中国伦理的范畴中，诚，本义为诚实不欺，真实无妄，它包含着对己，对人都要忠诚的双重内涵。诚信作为中华民族几千年积淀下来的传统美德，历来为人们所崇尚。而通常我们认为影响孩子诚信品质发展的因素主要有家庭，学校和社会三个方面。其中影响最大，持续时间最长的当属家庭教育。可见，如何改变孩子撒谎的习惯，使之成为一个诚实的人，教育孩子做诚实的人，是值得妈妈们共同去探讨的问题。

然而，生活中，一些妈妈一旦遇到孩子撒谎，就不分青红皂白就加以苛责、训斥，甚至给孩子贴标签，比如："谎话精""骗子""这么小就撒谎，长大还得了"等，这无疑是打压了孩子的精神，伤害了孩子的自尊心，这样，孩子怎么有信心成为一个诚实守信的人呢？

小东一直是个乖巧的孩子，可是，最近他居然挨了一次打,这是怎么一回事呢?

那天下午,妈妈在观看画展时,巧遇小东的班主任江老师,和他谈起小东的学习,自然涉及刚刚考过的期中考试。江老师说:"小东这次成绩不太理想,只考了第九名。"妈妈说:"听小东说,好像是第三名,从成绩上推算也应是第三名。"江老师肯定地说是第九名。

看完画展回家,妈妈问小东这是怎么回事,小东觉得纸包不住火,便把实情告诉了妈妈。

原来,在上个学期小东成绩是班内第一。入三年级后由于学习松懈,参加活动过多,成绩有些下滑,期中考试仅名列班内第九。可能是由于虚荣心太强,或者怕爸爸、妈妈责怪,于是小东涂改了数学成绩,使总分列班内第三。小东的爸爸由于当时心情激动,狠狠打了小东,妈妈则很生气地说:"不管考第几名,爸爸、妈妈都不会责怪你,关键是你不诚实,这么小就撒谎,长大还得了?"

可能涂改成绩对于一个孩子来说,并不算什么大事,但对于成长期的孩子来说,却涉及他们人格塑造得是否完善。然而,面对孩子说谎,妈妈往往非常生气:"小小年纪,怎么学会了说谎?长大成人后岂不成了骗子!"妈妈为孩子的不诚实担心是有道理的,但在批评孩子的时候,是要讲究方法的,这才会行之有效。首先不要损伤孩子的自尊心,妈妈要弄清楚孩子不讲诚信的深层次原因,千万不可盲目地批评。在此基础上，还要及时对他进行单独的教育以便抑制不诚信行为的继续发生。其次，要让孩子心服口服，不要用粗暴的方式来对待孩子，这无异于把他们推向不诚信的深渊，下次他们就会编出更大的谎言来骗你。

另外，对于孩子撒谎的行为，我们还有以下一些引导方法值得妈妈们学习：

1.父母要以身作则，不要撒谎

有这样一个笑话，一位爸爸教育孩子："孩子，千万别撒谎，撒谎最可耻。""好的，爸爸。我一定听您的。""哎哟，有人敲门，快说爸爸不在家。"试想，这样教育孩子，孩子能诚实吗？

美国著名心理学家大卫·艾尔金德认为：要想让孩子有教养，守道德，家长首先必须是一个品德高尚的人。作为父母，不要以为在孩子面前说的是一套，自己做的又是另外一套，而没有被孩子识破，孩子就会表现出诚信的行为。孩子的眼睛是真实的，他们往往会以实际为取舍。因此，我们父母应时刻检点自己的言行，从日常生活中点点滴滴的小事做起，不要撒谎，只有这样，对孩子的诚信教育才会有实效。

2.及时地肯定和鼓励孩子诚信的表现

孩子虽然在成长，但毕竟还小，思想和品德都未定型，我们应该抓紧实施诚信教育，时时事事处处都不放过，有理有利，让他们从小获得一张人生的通行证——诚信。

人人都渴望被肯定，孩子也是这样。为了满足这种需要，他们在与他人交往的时候，一般都会勇于自我表现，善于自我表现，妈妈们在这方面应该创造条件，给予他们积极的诱导。当孩子有了诚信表现之后，妈妈及时给予肯定，强化诚信的行为效果，不断加深诚信在孩子头脑的印象。日久天长，诚信习惯自然而然就会形成。

3.和孩子建立真诚和相互信任的关系

你要求孩子说话算数，你对孩子首先要说话算数。如果确实无法实现对孩子的承诺，一定要向孩子解释原因。这样孩子才能对诚信的重要性有一个深刻的印象和理解，也才会让孩子信任妈妈，有什么事，有什么想法都愿意告诉妈妈。

你一个小孩子懂什么

——尊重孩子的意见和看法

在日常生活中，可能不少妈妈感叹，孩子怎么越长大与没主见了，问他什么，他都"随便"，这样的孩子未来怎么能独当一面呢？

那么，我们的孩子为什么会缺乏主见呢？在此，妈妈们不妨回想一下是否曾经历这样一个场景：当妈妈谈及某一问题时，孩子发表自己的看法，而妈妈会说："你一个小孩子懂什么"，然后孩子缄默不言了。在这之后，孩子发言的积极性就消失了，这是因为孩子的自尊心被妈妈打击了，鲁迅先生曾说过："小的时候，不把他当人，大了以后也做不了人。"孩子们也都很希望得到大人的认可，而他们的主见一直被压制，久而久之就不愿意发表意见了。

其实，我们的孩子自从出生时，就有要发表意见的要求，比如用手去触摸自己喜欢的东西；不喜欢有些长辈抱自己时，就大声的哭闹。对于此时孩子的这些行为，妈妈一一接受了，可是随着年龄的增长，妈妈为什么又把这种自主权搁置了呢？压制孩子发表意见，就是压制孩子的主见，这对孩子的成长是极为不利的。

不得不说，我们都希望孩子乖巧、听话，但我们妈妈要记住，孩子并不是妈妈的私有财产，如果希望孩子样样服从自己的安排，结果将会适得其反。妈妈在言行上的矛盾教育常让孩子无所适从。妈妈在学习家庭教育理论知识的同时，还要善于反思、总结，不断提高自己的素养、转变自己的旧观念，把理论灵活的运用到实践中去，才能有好的效果。对于妈妈来说，教育孩子是一个漫长而艰巨的任务，也可以说是一生的课题。总之，妈妈不要总是强迫孩子听话，把什么都强加给他。而这就需要我们妈妈在与孩子沟通的过程中记住：

1.不要压制孩子的想法

妈妈当然比孩子拥有更大的权力，甚至有权让孩子完全得不到任何权力，但这么做的后果是培养出一个没有主见、没有责任感而且脾气暴躁的孩子。

其实，疏导是比围堵更好的手段。而且，孩子拒绝妈妈要他做的事，不是要反对妈妈，只是想对自己的事有主导权。如果妈妈理解并尊重这一点，那么，对孩子的发展是有利的。

2.把命令改为商量

在很多问题上，妈妈不要太过武断，也不要替孩子做决策，而应该先询问孩子的意见，"你是怎么认为的呢？"你打算如何处理呢？"你打算什么时候开始做呢？"这就表示了我们对孩子的尊重，在了解了孩子的想法后，如果有些想法不正确，那么，我们再以研究和探讨的语气与之商量："我能理解你的想法，但我们还要考虑这件事的可行性，不是吗……你认为妈妈的意见对吗？"

孩子是聪明的，有判断力的。如果你的话有道理，孩子也是会采纳你的建议的。同时，你和孩子交流会越来越多，亲子关系更好。

再比如，孩子想周末去朋友家玩，你可以和孩子商量，让其和更多的孩子去交往，但一定要讲究原则。比如，"你去的地方要告知妈妈，你什么时候回，都有哪些人，玩多长时间。"如果孩子要求在朋友家住，你要告诉孩子："不行，如果晚了，爸爸妈妈可以去接你。那样爸爸妈妈不会担心。"支持他，同时也告知不能破坏原则。这样孩子既得到他的快乐，又不会放纵他。给孩子一个空间，让他自己去体验，去成长。妈妈永远是孩子的后盾，是支持者和帮助者，这样才不会让孩子离自己越来越远，才会让孩子幸福快乐的成长。

以商量的方式去解决问题，即使商量失败，但感情氛围会增强，有利于以后问题的沟通。妈妈经常的错误是，当前问题没解决，还破坏了感情气氛，阻断了感情沟通，失去今后问题解决的机会。

3.支持孩子在小事上自己拿主意

当冉冉几次不肯睡觉时，妈妈对她说："冉冉，我相信你一定能管好自己的，因为你明天7点要起床。所以，你自己会在9点前上床睡觉，我相信你会自己注意时间。"果然，冉冉听话多了。

其实，妈妈可以支持孩子自己管理自己，并提醒他界限何在。当孩子做选择时，他觉得自己的确享有主导权，这一点会令他开心。又或者可以问他："你想要先听故事呢？还是先换上睡衣？"两种选择都暗示他该睡觉了。

4.妈妈保持适当的权威

许多妈妈也许在自己的童年时期，所接受的教养方式就是极端权威的，她们对父母说的话言听计从，所以，她们很少发表自己的意见，而这种教育方式她们又传达给了孩子。如果孩子所争取的是对他自己的自主权，而不是对妈妈的或其他人的管理权，那么他的要求就没什么不对。妈妈应将大人的权力保

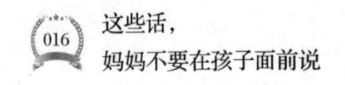

留在适当范围内,别将它过分延伸到孩子身上。但同时,也要让孩子尊重妈妈的权威。在尊重孩子的权利发展的同时坚持对孩子有利的一些原则。

比如,你的女儿选择了8:45上床睡觉,但时间到了,她仍不肯上床,你这时要严格要求她:"因为你今天答应的事情没有做到,所以明天你没有选择,一定要在八点半上床。"妈妈说出口的话,一定要严格执行。

我们的孩子从襁褓时期对妈妈完全的依赖,到发展自我意识、建立自信、试验探索,最终长大成一个独立的人,这都需要主见的培养。要想孩子有主见,妈妈可以遇事问他的看法和想法,不管是幼儿园的事还是家里发生的事,报纸上登的事,或者是路上看到的事,包括爱吃什么,爱穿什么,爱玩什么都要问他原因,从日常这些小事中,学会让孩子独立的发表自己的意见,让孩子学会独立思考,慢慢的,孩子就形成了遇事靠自己的习惯,并且,在这一过程中,孩子感受到了来自妈妈的尊重,也自然愿意与妈妈沟通!

小小年纪就做贼

——孩子有偷盗行为不可定性

刘太太家境不错,儿子的零花钱也一直不缺,但最近,她却被叫到了警察局，原来是儿子小杰偷东西了，为什么会这样呢？事情是这样的：

有一次，小杰到好朋友小伟家去玩，发现小伟家有一架很逼真的玩具望远镜。刘杰想知道这架望远镜究竟能看多远，就向小伟请求借来玩玩，没想到小伟很小气，不答应。刘杰很生气，就想故意偷走这架望远镜，好让小伟着急。果然，找不到望远镜的方伟像热锅上的蚂蚁，刘杰这下子得意了。

从那次之后，刘杰就产生了一种很奇怪的心理，他觉得偷别人的东西，能获得一种快感，班上很多同学的文具都被他偷过。而这次，他在逛超市时，因控制不住自己，从货架上偷拿一些并不贵重的物品，他刚准备把它们放在不易被发现的地方带回家，就被超市老板抓住了。

在警察局，面对儿子一次次的盗窃行为，刘太太失望至极，对儿子说："小小年纪就做贼，你这辈子完了。"

听到妈妈这么说，儿子小杰更自暴自弃了，从此，成绩也是一落千丈。

像刘杰这样的孩子并不多，但却很有代表性。实际上，一些孩子偷别人的东西，并没有什么明显的目的，有时纯粹是为了给别人造成困难而获得快感，如盗窃经济价值不大的物品，有的只是把窃得的东西扔掉、损毁或随便送人，这些行为让很多父母很是头疼。

面对孩子的偷盗行为，不少妈妈就为此定性，强调孩子是小偷，其实，这样的评价不但不会帮助孩子改正错误的行为，反而打击了孩子的自尊，要知道，被家长否定才是他们自暴自弃的开始。

心理学家就那些曾经有过偷窃行为的孩子进行了跟踪调查，经过调查发现，这些孩子一半以上都有过相似的经验：与父母长辈关系不融洽、学习压力大、没有可以交心的朋友、喜欢上了一个异性却被拒绝，这些都让他们产生了想偷东西的念头。

其实，每个孩子都想成为同龄人中的佼佼者，成为爸妈、老师的骄傲，可事实上，不是每一个孩子都能做到，于是，他们感到自己被人忽视了，干脆沉沦堕落；也有一些孩子，成绩优秀，但每一次优秀成绩的取得，都是经历了心灵的煎熬，正因为他们备受瞩目，所以他们很累，于是，想放纵的想法就在心里蠢蠢欲动，他们更羡慕那些不用考试、不用面对老师和家长严肃面孔的孩子，很快，他们尝试着抛开一切，放松学习，放纵自己。

孩子在进入学校学习后，都是聪慧的，但是他们也处于身心发展的时期，他们的心理发展和生理发育往往不同步，具有半成熟、半幼稚、叛逆等特点。因而，他们心理素质发展的关键阶段，应当引起父母者的重视，对不良行为的孩子既不能生硬批评，引发他们的叛逆情绪，也不能任其发展，让他们走入歧途。如果你的孩子有偷盗行为，在教育的过程中，你需要注意：

1.决不能打骂

孩子偷了东西，并不代表孩子就是真的"坏孩子"，更不能给孩子贴标签，但是决不能放任不管。

　　为此，如果你确定孩子真的偷了东西，那么，先要帮助孩子将事情的影响化到最小。有的家长认为只有"打"才是改正"偷窃"行为的最好对策。其实错了，打得厉害，会疏远了父母与孩子之间的感情，他会感到更孤独，得不到家庭的温暖，甚至不敢回家，流浪在外，与社会上的浪子交往，被他们所利用，最后走入歧途，甚至会触犯法律受到制裁。

　　2.细心观察，防患于未然

　　日常生活中，我们一定要随时观察孩子的思想动向，如果孩子的零花钱突然多了，我们一定要引起重视，因为这意味着你的孩子可能偷东西了。然后，我们要仔细排查可能出现的情况，不管运用什么方法，其目的只有一个：动之以情，使他自己露出破绽，承认错误，但不能伤害他们的自尊心，如果事态的发展允许对他们的错误行为进行保密，那么，一定要坚守诺言。否则就失去了再一次教育他们的机会，他们再也不会相信你。

　　3.培养孩子的是非观点，让孩子知道偷东西可耻

　　也许你从前已经教育孩子要知道什么是是非，但孩子毕竟是孩子，他们极其容易受到影响甚至改变，因此，作为父母，我们一定要经常对孩子进行一些是非观念的培养，要让孩子知道偷东西是可耻的，也不容许同样的事再次发生。对这类孩子进行矫治，必须先从帮助他们形成正确的是非观念，增强是非感开始。

总之，如果你发现你的孩子偷了东西，切不可急躁，既要批评，又要耐心说服，使孩子受到教育，感到内疚，他才会自觉改正！

你这穿的什么东西
——不要直接负面评价孩子的穿着

张女士的女儿叫王文，她是同龄的女孩中，始终走在"时尚前沿"的一个，这不，有一个星期天，她并没有和同学一起出去玩，而是神秘"失踪"了一天，到晚上的时候，她回到家，换了一身"行头"——一双马丁靴，高腰破洞牛仔裤，上衣还有一些亮晶晶的晶片。

她正准备回房的时候，被妈妈逮了个正着。

"你这穿的啥玩意儿了？奇奇怪怪的。"妈妈劈头盖脸地问。

"我们班女生都这么穿。"女儿说。

"给我换下来，跟个叫花子一样。"妈妈直接命令道。女儿听完也直接关上房门，不理睬妈妈了。

"爱美之心，人皆有之"，我们的孩子更是如此，随着孩子的成长，他们也开始有了自己的一些审美标准，他们都希望自己可以打扮得阳光、帅气、漂亮，每当穿上买的新衣服，

第01章
保护孩子的自尊，这些话妈妈不能说

心里总是美滋滋，走起路来也特别有神气，对于孩子的审美，如果我们直接对孩子说："瞧你什么德性，跟小混混有什么区别？"那么，孩子多半会立即反驳："你不懂，你不了解我的感受"，从而排斥父母，会加大亲子交流的难度。为此，一些妈妈会问，那么，孩子不合时宜的穿着，难道就该听之任之吗？答案是否定的，因为孩子他们正在求学的时期，又没有经济收入，穿戴方面不宜赶潮流、追时髦，只要衣着整洁，朴素大方即可。

那么，作为妈妈，该如何指导孩子学会正确打扮自己呢？以下是几点建议：

1.真正关心孩子，不要只在意他的学习成绩

生活中，有些妈妈工作太过繁忙，她们只关心孩子每次的考试成绩，甚至孩子换了一个新发型、一件新衣服，她们都没察觉出来。于是，这些孩子采用一些新奇的打扮、怪诞的行为来引起妈妈的关注。

对于这种情况，作为妈妈，一定要对孩子说："对不起，爸爸妈妈一直以来都忽视了你的感受！"真心向他道歉后，你就必须用行动证明自己在关心他，不仅要关心他的学习，更要关心他在生活中的细小变化等。你可以告诉他："不错，今天这发型绝对回头率高！"得到妈妈的认可，他们对自身的形象会信心大增。

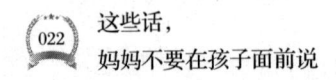

2.引导孩子认识心灵美才是真正的美，才会赢得他人的真正尊重与佩服

很明显，我们都明白，只有学习优异和品行优良才会得到周围人的认同，但对于孩子，他们并不一定有这一层次的认识。因此，作为妈妈，不妨以事例引导："你爸爸今天在回家的路上救了一位差点被车撞的老大爷，周围的人个个都竖起了大拇指。"或者和他一起观看具有启发意义的电影、电视剧等。另外，我们还可以和孩子一起探讨周边的人的行为等，在这个过程中，给孩子传递我们要注重外表，但是内心的美才是最重要的，让孩子的思想在潜移默化中得到改变。

3.妈妈要了解一些流行信息，引导孩子思考

如：跟女儿外出在地铁或路上，看到穿露臀的低腰裤的女性，跟孩子讨论："你如何看待穿着暴露的女孩子？""女孩子如果穿着暴露的衣服走在大街上，你感觉如何？""你认为这样好看吗？""你喜欢这样穿吗？""这样露给别人看，想证明什么？"引导孩子思考。

4.告诉孩子几点基本的着装要求

①干净整齐，不能邋遢有异味；

②不可袒胸露乳，不能不穿背心；

③不能光脚、不能穿拖鞋；

④不能戴有色眼镜；

⑤衣服扣子要系好；

⑥不奇装异服，不可违背学生身份；

⑦不要化妆、打耳洞、染发，不要追求名牌。

当然，穿戴也不应当过分，要尽量大众化。所谓大众化，就是自己的穿戴不要与他人格格不入，否则，就容易使自己鹤立鸡群显得难堪。

人和动物的很大一个区别，就是人穿衣服，而动物不穿。但是，现在很多人在着装的时候为了标新立异，往往穿得非常暴露。其实，正规社交礼仪要求人们不要穿过于暴露的服装。尤其是在正式场合，尽量不要穿袒胸露背，暴露大腿、脚部和腋窝的服装，更不要在大庭广众之下赤裸着胳膊。

另外，无论服装还是化妆，都不要将最前卫的状态表现出来，要打扮得恰到好处而又不失韵味。人们接受时髦是需要过程的。如果去办事，头顶着蓝色的头发，脚穿超高跟的鞋，多少会让人有些接受不了。衣着打扮需要有个限度，既不要太落伍，也不要太时髦。

爱美是一点儿也没错的，但人的打扮一定要得体，要适当，才显出美和可爱。不同年龄、不同身份的人有不同的形象要求。总之，妈妈要让孩子明白的是，成长期的他们本就是帅气的、美丽的，不需要任何刻意的修饰，他们也需要理智地对待身边的发生的事，这样，他们才会过得纯洁、快乐！

第02章

培养孩子自信的光芒，这些话妈妈不能说

在很多人会问："对人一生产生影响力的因素中，谁的作用最大？"毋庸置疑一定是母亲，妈妈是孩子成长路上最亲密的人，妈妈的一言一行都给孩子深刻的影响，而培养自信的孩子，妈妈切记打击、取笑、贬低孩子，相反，要多给孩子赞扬和赏识，这不但能让孩子认识到自己的价值、积累自信，还能引导孩子接纳我们的教育方法，进而对孩子的成长产生积极意义。

你怎么这么笨

——别用负面标签评价孩子

在美国,有这样一个家庭,母亲来自俄罗斯,她对英语一窍不通,也看不懂女儿的课本,可是,每次当女儿放学回家后,她看了作业都会说:"棒极了!"然后小心翼翼地将其挂在客厅的墙壁上。

每当家里有人来做客,她总是很自豪地向客人炫耀:"瞧,我女儿写得多棒!"其实女儿写得并不好,可客人见主人这么说,便连连点头附和:"不错,不错,真是不错!"女儿受到鼓励,心想:"我明天还要比今天写得更好!"

于是,她的作业一天比一天写得好,学习成绩一天比一天提高,后来终于成为一名优秀学生,成长为一名出色的女性。

生活中,我们常听到这样一句流行语:"说你行你就行,不行也行;说你不行就不行,行也不行。"从心理学的角度讲,这句话有一定道理。一个人的成长,除了先天因素外的种种影响因素中,社会评价和心理暗示起着非常大的作用。而在他们成长的过程中,他们最信任、最亲近的人就是妈妈,如果妈妈给他们的评价是正面的,那么,孩子长大后就会自信、开朗、勇敢。所以,专家称,任何时候,我们都不要给孩子贴

"笨"的标签，哪怕孩子智力差一点，也要相信通过正确的引导、教育也一定能使他进步的。不说孩子"笨"，也体现了对孩子人格的尊重，为人妈妈者应牢记不忘自己的孩子是聪明的。

的确，对于孩子来说，一句鼓励的话等于巨大的能量，等于成功的荣誉。孩子还小，并不是没有能力，所以，对于孩子来说"成不成为"是一回事，而妈妈"相不相信"孩子有这样的能力又是另外一回事。当妈妈相信孩子能力的时候，就会传达给孩子一种积极的信心，对孩子的期望会转化为孩子行为的动力，影响孩子将来的成就和发展方向。因此，千万别用"你真笨"束缚了孩子头脑。

陶行知先生说过："你的教鞭下有瓦特，你的冷眼中有牛顿，你的讥笑中有爱迪生。"现代科学已经证实，发育正常的孩子，天生智力并没有多大差异。俗话说："捧一捧，就灵。"这句话就表明了鼓励对于孩子成长的作用，当然，鼓励并不是一味地说漂亮话，我们还得有的放矢，注意点方法和技巧。

1.说结果

注意到了孩子整理房间的行为，即使孩子没做好，妈妈也可以说："我发现你今天已经整理了房间，现在房间焕然一新。做得真好，只是有些地方需要注意！"

2.说细节

你可以告诉孩子："你看，你不仅把床上的被子都叠好了，还把桌子上的灰都擦干净了。真是好样的！"你的鼓励表达得越具体，孩子越是能看清楚自己的行为中哪些是对的，越是知道如何重复去做这一正确的行为。而这样，对于你未曾提到的一些行为，他们也就明白自己做得不到位。

3.说原因

一次单元测试成绩公布后，你的孩子又没考好，在分析试卷时，你就不要指责孩子不好好学习，而是要对他说："你不是能力不行，也不是基础差，更不是不如别人，是你太粗心了，没审清题意，不然，凭你的智力是完全可以做出来的！"这种有意的错误归因，既维护了孩子的自尊，又增添了孩子的自信心。

4.说内在人格特质

妈妈可以说："看得出来，你是个很负责任的人。"称赞的时候，妈妈要多谈人格特质，而在做批评时，就该谈行为，而避谈人格特质。

5.说正面影响

例如，可以这么说："有你这样的女儿，爸妈觉得很高兴，你真是爸妈的贴心小棉袄，知道为妈妈分担了。"

其实，鼓励孩子也是需要技巧的，大部分妈妈都习惯和孩子说："爸妈以你为荣"，其实这句话的着眼点，应针对人格特质，而非学习成绩或表现。当妈妈如实说："你这次数学考了满分，爸妈真以你为荣。"这时，孩子会有个感觉，只有满分,爸妈才会"以他为荣",那万一下次没考好,妈妈就不再感到骄傲,甚至还可能"以他为耻"。但是换一种说法,强调人格特质就对了:"这次你考了满分,爸爸、妈妈发现你很努力,才有这么好的进步,这份努力,爸爸、妈妈很引以为荣。"如此一来,孩子就会知道,只要他努力,不论成绩如何,妈妈都会引以为傲。

教育子女,是一大学问。至今为止,尚未发现任何方式,能够比关怀和赏识更能迅速刺激孩子的想象力、创造力和智慧。孩子都是在不断的鼓励中坚定自己做事的信心的。为此,我们的孩子无论表现多么差,我们也不能给其贴"笨"的标签,要始终呵护孩子的自尊心和自信心,多多鼓励,让孩子最后走出精彩的人生!

你真没用

——别让孩子因你的打击而丧失自信

最近,某学校要举办一次诗歌朗诵大赛,彤彤妈妈听到这个消息后,马上替女儿报名了,她相信,女儿一定能拿到奖项,因为女儿从小热爱朗诵,而且也一直被老师赞扬,但奇怪的是,就在比赛即将开始的前一天晚上,女儿对她说:"妈妈,我不想参加了。"

这些话，妈妈不要在孩子面前说

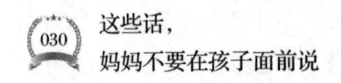

"为什么？"

"因为我知道我肯定会让你丢脸，还不如不参加。"

"你怎么这么不自信？"妈妈有点生气了。

"因为你经常说我没用，如果这次没拿奖，你肯定又会这么说。"听完女儿的话，妈妈若有所思："难道都是我的错？"

很多人会问："对人一生产生影响力的因素中，谁的作用最大？"毋庸置疑一定是妈妈。这个案例再次证明了这一点：为什么女儿面对比赛十分消极？因为妈妈经常否定性的暗示让女儿认为自己"一定做不到"。有美国情感纪录片显示，一位母亲无意中的一句话，不仅影响了其女儿在青春期的审美观形成，还直接影响其婚姻质量。上海青少年心理研究所专家支招：无论是表扬还是批评，妈妈一定要选择得当的话语，其作用可能真的影响孩子一辈子。

孩子毕竟是孩子，他们会不自信、胆怯甚至自我否定，可以说，都和家庭教育有一定的关联。常常听到妈妈说："你看某某的学习多么自觉，从来不要妈妈操心的，你为什么就这么让人不省心。我想了好多办法，花了大价钱请了家教，你的成绩怎么还是上不去？"亲子关系研究者认为，即便是出于事实的抱怨，妈妈的态度会让孩子相当敏感。久而久之，他们便会认为自己"真的没用"，或者变得消极、胆怯等。

也许我们有少数孩子能在打击中越挫越勇，最后建立优秀品质，但是大部分孩子可能都达不到我们想要获得的目的，长期接受妈妈未过滤、筛选的直白抱怨,尤其是针对自己的这些消极评价,对于培养他们的自信心和自尊心,有点强人所难。一位心理医生非常痛心地讲述他碰到的现象:"很多妈妈为了孩子的问题来找我,当她绘声绘色地描述着孩子的不良行为时,孩子就站在旁边听着!"这就是很多孩子不自信的原因所在,妈妈也许可以尝试一下,别时刻摆出一副居高临下的姿态嘲笑或教训孩子,不要小看这些,自信的基石就是这样奠定的。

那么,作为妈妈,该如何帮助孩子正确认识自我、树立自信、变得勇敢积极呢?

1.检查自己的价值判断

你是否也有这样的感受,当你的孩子在竞争或者比赛中失利后,你是否觉得很没面子?你是否觉得他太笨?事实上,孩子对自己的评价很多时候是来自家长的。如果孩子认为你看重成绩和结果,那么,一旦他失败,便会产生消极情绪。

一个孩子认为自己的妈妈只在乎他的成绩和比赛结果,那么,一旦失败,他们便会产生消极、悲观的思想。

事实上,很多孩子也知道妈妈爱自己,但却并不认为自己和妈妈平等,他们会认为妈妈是自己的保护伞,但却不确定你是否真的重视他的感觉。所以即使你的孩子这次失败了,你也不要用那些消极的语言打击他。

2.注意这些措辞绝对不能用

"你太笨了。"这句话太伤害孩子自尊了,孩子会按照

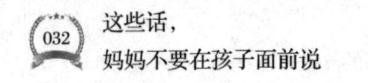

妈妈的语言来做自我评估，这样一句话很可能会让孩子变得敏感、自卑、孤僻。

"你要能像谁谁一点就好了。"孩子最讨厌被对比，这是对他们的最大的否定。

"你真没用。"本来孩子做事就自信不足，需要你的鼓励，但这样一句话反而让孩子更加怯懦了。

3.即使批评孩子，也要用肯定的语气说

"你平时的作文写得还不错，可这次的作文却不怎么好。"或"如果你再写上几篇这么糟糕的作文，你的语文就别想得到'良'。"虽然这两个批评所表达的意思是一样的，但前者却比后者易于被人接受。

当孩子缺乏信心或失去信心时，妈妈可以适时对他说"嗯！做得不错。"或"想必你已用心去做了！"等表示支持的话语，就是所谓前段的"感化"，最后再鼓励他："如果能再稍微注意一点，相信下次可以做得更好。"这种积极有建设性的检讨态度，才能使孩子不断进步，更加有自信心去与妈妈沟通问题，重要的是目标具体明确。

4.让孩子看到他自己的长处，进而建立自信

妈妈应该永远是孩子的坚强后盾，当孩子遭受失败时，我们有责任鼓励他，教会他怎么应付困难。告诉孩子，任何人都有长处和短处，只知道自己的短处而不懂发挥长处是极其不利的。

有些孩子有音乐天赋,有些孩子会绘画,有些孩子能言善辩等……干什么并不重要,重要的是如果孩子喜欢,不妨鼓励他发展,谁说爱好不能成为技能呢?为什么这些会重要?因为专注或擅长一件事情能帮助孩子建立自信。

自信对于孩子智力发展影响很大,可是很多孩子在一刀切的教育模式下,在人生刚刚起步的阶段,就已经丧失了自信心。因此,作为妈妈,我们一定要引起重视,帮助孩子重建信心,正视自己,如此孩子的智力与自信心才能完全的成长。

就你那破锣嗓子还想当歌唱家
——妈妈不要嘲笑孩子的梦想

生活中,我们每个人都有梦想,一个人只有梦想,才能活在希望中。而人们常说,童年是梦想的故乡,在孩子的世界里,一切都是新奇的,未来是充满希望的,因此,他们经常会做各种各样的梦。比如,一个女孩爱唱歌,她告诉妈妈自己长大的梦想是歌唱家,那么,大部分妈妈是怎么回答的呢?答案更多的可能是:"就你那破锣嗓子还想当歌唱家",就这样,很多孩子内心梦想的种子就因为妈妈的嘲笑而熄灭了。

相反,一个真爱孩子的妈妈应当精心保护孩子的梦想,这样,梦想的种子才有可能长成参天大树。这就是著名的梦想法

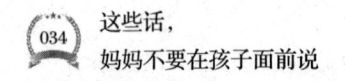

则。关于梦想，有个"少女沃森"的故事：

在澳大利亚海岸边的一个小镇上，有一个叫沃森的女孩，她从小就对航海有种痴迷与渴望。在她还很小的时候，她就和家人一起出海了，后来，当她长大后，她向当地政府提出申请，希望可以独自航海时，却在澳大利亚引发了一场争议，在所有人看来，这不过是一场白日梦，甚至连当地海事部门都登门拜访，希望她能放弃这一想法。

然而，沃森却坚持自己的梦想，不过好在她的妈妈一直支持她，她相信自己的女儿能实现自己的梦想。

最终，沃森真的做到了，当她面对总理陆克文给予自己"英雄"的赞誉，沃森却说："我不是英雄，我只是一个相信梦想的普通女孩。"

这里，我们不但佩服沃森的壮举，更庆幸她有如此明智的妈妈。可见，面对孩子的梦想，妈妈所做的不应该是抹杀，不是打破，更不能冷嘲热讽，而是要默默呵护，并与孩子一起坚守与实现。

曾经有篇报道称，中国人的创造力不如西方，中国当代的教育水平慢于西方50年。可能你会不服，但在看完以下这个故事后，你就能明白其中一些道理了：

曾经，在美国，一个孩子对自己的妈妈说："妈妈我想上月球上去玩会儿。"妈妈微笑鼓励他："去吧！记着早点回来吃饭。"结果这个孩子后来成了第一个登上月球的宇航员，他

第 02 章
培养孩子自信的光芒，这些话妈妈不能说

就是阿姆斯特朗。

而作为中国孩子的妈妈，你不妨想想，面对孩子这样的要求，你会怎么回答，想必你会说："别净想那些有的没的，好好学习吧！""你是不是脑子进水了？""吃饱撑的吧你？"而多半时，很多孩子按照妈妈的想法做了，就这样，他的第一个梦想就被妈妈扼杀在摇篮里了。再或许，你的孩子按照你的规划慢慢成长着，他也很优秀，最终也很成功，但实际上，你的孩子只不过是你的"傀儡"罢了，他快乐吗？一个没有创造力的孩子，怎能指望他有所建树？请呵护孩子的梦想吧，就像呵护他的生命一样！

实际上，和故事中的沃森一样，几乎每个孩子都有自己的梦想，梦想是孩子对自己未来的美好设计。天真无邪的孩子在谈到自己的梦想时，总是表现得那么兴奋、那么激动，因此，当老师为他们布置作文——《我的梦想》时，他们总有说不完的话，写不完的内容，而他们的梦想，常常被妈妈泼冷水。有一个小学三年级的男孩子曾对母亲说："长大了我要去人民大会堂工作。"而母亲却说："你也不看看你现在的成绩，恐怕将来人民大会堂清洁工的工作你都做不了。"孩子的梦想被母亲的讥讽伤害了。如果这位母亲能像沃森的妈妈那样认真对待孩子的那份梦想，没准孩子以后真的能实现自己的梦想呢？

其实，每个孩子是天真的，也是敏感的，妈妈对他们的态度都影响着他们的个性，如果妈妈能肯定他们的梦想，那么，

他们便和超人一样获得无穷的力量。因此，当孩子提到自己想成为某个偶像时，我们可以和孩子一起讨论他的偶像的成长成功史，从而让他们明白一个道理，要成功，就要付出汗水。那么，这一偶像就能在孩子心里生根，孩子就能变得成熟起来！

总之，人生因梦想而伟大，任何人，一旦在心底种植梦想的种子，那么，他的人生就会走向光明大道。对孩子来说，梦想有着无穷的魅力，对孩子的成长具有巨大的牵引和激励作用。因此，作为妈妈，一定要精心呵护孩子的梦想。让孩子插上梦想的翅膀，他才能飞得更高、更远！

鼓励孩子大胆尝试
——让孩子获得自信与勇气

有人说，孩子的世界是简单的，他们的情感也是最直接的，作为父母，你给他什么评价，他们就会按照你的评价来做事。比如，如果你赞扬他是个乖巧的孩子，那么，他就会按照你的意愿，处处都表现得乖巧：不说脏话，主动做家务，不与小朋友打架等；相反，如果你说他不听话，那么，他就会骂人、打人，做出一些让人生气的事情来。

因此，在家庭教育中，每一位妈妈都应该认识到我们的评价对孩子的作用，所以，即便孩子调皮、捣蛋、犯了错，也要找出孩子的闪光点，把这个亮点放大，并直接告诉他，他就会向着你期望的目标一步一步靠近。

作为家长，我们也要多赞扬和鼓励孩子，孩子就会按照我们的期待去做，这才是教育孩子听话的妙招。

那么，家长应该鼓励孩子多尝试哪些事呢？

1.鼓励孩子树立自信心

父母应该让孩子知道，树立自信心是战胜胆怯退缩的重要法宝。胆怯退缩的人往往是缺乏自信的人，对自己是否有能力完成某些事情表示怀疑，结果可能会由于心理紧张、拘谨，使得原本可以做好的事情弄糟了。

因此，父母要教导孩子在做一些事情之前就应该为自己打气，相信自己有能力发挥自己的水平，然后按照想法自己去努力就可以了。

2.鼓励孩子大胆与人交往

一般来说，怯于表现的孩子面对众多目光只是觉得不安，并非讨厌赞美和掌声，只要看看他们投向同伴的目光就知道了。因此，家长应有意识地扩大孩子接触面，让孩子经常面对陌生的人与环境，逐渐减轻不安心理。闲暇时，带孩子和邻居聊上几句，帮孩子与同龄朋友一起玩耍，建立友谊；购物时甚至可以让孩子帮忙付钱；经常到同事、亲戚家串门；节假日，一家三口背上行囊去旅游，让孩子置身于川流不息的游客潮中……随着见识的增长，孩子面对别人的目光时，便会多几分

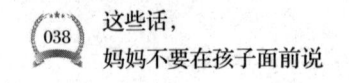

坦然。

3.鼓励孩子做一些不喜欢做甚至是不敢的事

也有些孩子总是不敢鼓足勇气尝试没有做过的事情，时间久了就会误以为自己生来就喜欢某些东西，而不喜欢另一些东西。应该让孩子认识到，什么事情都要敢于去尝试，尝试做一些自己原来不喜欢做的事，就会品尝到一种全新的乐趣，从而慢慢从旧习惯中摆脱出来。关键要看是否敢于尝试，是否能把自己的想法贯彻到底。

4.鼓励孩子学会照顾自己

父母要时时处处注意培养孩子的独立性、坚强的毅力和良好的生活习惯，鼓励孩子去做力所能及的事情，让孩子学会自己照顾自己。当孩子遇到困难时，父母不要一味包办，而要让孩子自己想办法解决。

当然，开始时父母要予以必要的指导，使孩子慢慢学会自己处理各种事，而不能一下子就不问不管，否则会使孩子手足无措，更加胆小。

5.鼓励孩子表现自我

有了家长的肯定，如果再加上外人广泛的认可，孩子的自信心会得到强化。带孩子走出小家，鼓励他迎着外人的目光勇敢地展示自己，这个过程可能较长，孩子的表现也会有反复，家长应有充分的心理准备。不妨先从孩子较为熟悉的环境入手，亲友聚会是个不错的选择，面对熟识的人孩子会比较放松。比如家长可以看准时机，轻声对孩子说："今天是外婆的生日，如果为外婆唱首歌，她一定特别高兴。"要注意的是，家长不一定非得当众大声宣布，要给孩子留有余地，众人期盼的目光或是善意的笑声都有可能加重孩子的排斥心理。如果孩子还是拒绝，家长不要再施加压力，给孩子个台阶下："是不是今天没有准备好呀？那下次准备好时再唱吧。"同时，为了减轻孩子的负面情绪，还可以给他一个微笑或拥抱，或找出别的理由对孩子进行肯定。

通过以上这些方法，我们可以说，多鼓励孩子，给孩子认同，不但能让孩子获得信心和勇气，还能拉近亲子关系，从而更有利于亲子沟通的展开。

另外，我们家长需要注意，面对胆小、勇气不足的孩子，家长切忌与同龄孩子对比或者辱骂孩子，应该不失时机地与孩子沟通，给孩子以鼓励和赞扬，帮助并引导孩子努力克服自身的弱点，尽可能避免孩子因胆怯所造成的心理紧张，以缓解孩子的胆怯，促进孩子健康成长。

第03章

保护孩子纯真的爱心,这些话妈妈不能说

我们发现,现代社会的不少家庭中,妈妈在教育孩子方面存在很多"爱的误区",许多妈妈认为,孩子只需要学习好就行了,她们会告诫孩子:"少管闲事""付出就要有回报""不需要关心别的,只需要关心学习",这些成人化和消极的思维,对孩子的人格培养有极大的负面影响。只会一味地付出,不求孩子的任何回报,结果导致了孩子不懂得什么是爱,不懂做人的道理,不懂得付出,自私自利,在他们的世界里,爱是无偿的提供的,是廉价的,不需要珍惜的。因此,妈妈必须要尽早更正自己的教育观念和语言,培养孩子的爱心、友善宽容,让孩子学会感恩和爱他人,懂得感恩和爱,这样,孩子才懂得去关心,帮助他人,才能学会包容,赢得友谊,孩子才能享受阳光,享受空气,才会拥有快乐,拥有幸福!

你少管闲事
——鼓励孩子帮助别人

人们常说:"人之初,性本善",孩子的本性是善良的,孩子在小的时候,总是会对周遭发生的不公正事情产生情绪,对需要帮助的人和事产生同情心,善良是孩子天生的性格,但在后来的成长中,一些妈妈往往会给孩子进行一些特殊的教育,比如,一些妈妈会告诉孩子:"你少管闲事。"也许妈妈是为了孩子好,却忽视了对孩子进行善良教育。特别是孩子们的母亲,要用自己的爱,告诉孩子,一定要乐于助人,乐于助人是中华民族的传统美德,是一个人良好道德水准的重要表现。

不得不说,现在的孩子都是家庭中的"小皇帝""小公主",是全家的宠儿和期望。妈妈们真是"放在一边怕凉着,搂在怀里怕热着",害怕自己的孩子受苦、受委屈、受挫折。妈妈都有这样的心理:"我们小的时候条件不好,现在条件好了,孩子需要什么我们都满足他。"孩子在家中随时随地都处于被照顾的地位。他们很少有机会去关心、照顾别人,甚至他们很少想到别人,除非他们需要别人帮助。这一切看来是自然的,顺理成章的。然而,这对孩子的成长都是十分不利的,它不利于孩子优良品格的形成,不利于孩子长大进入社会与人共处，它会妨碍一个人学习、事业上的成功。

其实，作为妈妈应该明白良好的品质、爱心和感恩的心、坚强的意志力，坦然地面对失败的抗挫折能力，体谅和宽容他人的博大胸襟等，往往都是在失意的经历中产生的。孩子的一生中会遇到很多挫折，做妈妈的不可能保护他一辈子，我们只有让他受到应有的"抗挫折"教育，他才能在苦难中得到磨炼，而在磨炼的同时，也能感受到妈妈养育自己的艰辛、事情的成功需要他人的帮助、合作的重要性等，因此，妈妈不仅没有必要总是担心孩子受苦、受委屈，而且还应设法创造一些让孩子体验痛苦的机会，才能避免孩子产生自私的心理。

比如，每次到节假日时，带孩子去参加一些社会公益活动，不仅能培养孩子的爱心，还让孩子接触了社会；当孩子到超市看上比较贵重的玩具要买时，不妨告诉他，钱是爸爸妈妈辛辛苦苦赚过来的，不能随便浪费，当然如果对他是真的有用处的，还是要义不容辞地买下来，这样适当拒绝孩子的一些要求，他才懂得生活中还会有不如意；平时在家里让孩子做些力所能及的事，这样他才能体会父母的艰辛……

乐于助人是一种高尚的品质。对于一个年幼的孩子来说，他们也许尚无明确的认识，不懂得它的社会意义。可是他们都极富同情心，这是培养他们乐于助人精神的基础。妈妈可以利用这点，鼓励孩子主动帮助别人。可以从以下几个方面入手：

1.培养孩子乐于助人，可从培养他们关心别人入手

例如，妈妈要有意识地让孩子从幼儿园回家后先去问问生病的奶奶好些了吗？妈妈下班回来，爸爸让孩子去问问妈妈累吗？爸爸出门办事，妈妈让孩子去代说一句"路上要小心"。

2.培养孩子乐于助人，要从小事做起

要给孩子机会，让他去帮助别人。培养孩子对周围人、事与情感的敏锐，并让他们去尝试自己所学到的。例如，假设哥哥或弟弟不舒服，或宠物生病了，让他去照顾，从经验的累积中会使他了解什么是"帮助"。在幼儿园，应教育孩子关心帮助别的小朋友，当小朋友摔倒了，要主动扶起来，并加以安慰。在这种举动中，将会体验到帮助别人的快乐。再如，妈妈蹲着洗菜，爸爸就可以启发孩子注意到这一幕，并让他送去小板凳；奶奶生病卧床，妈妈让孩子给递水、送药。走在路上，看到老人手中的报纸或其他较小的东西掉在地上，让孩子帮助拾起。

3.教孩子乐于助人，还要注意启发孩子的同情心

孩子的行为绝大多数是由感情冲动引起的，而且行为过程带有很浓的感情色彩。那么，在让孩子做某件事情时，最好从启发他的情感入手，如"你看那位老爷爷弯腰多吃力呀！赶快帮助他把报纸捡起来吧！"这比"你应该帮助老人"的效果好得多。

4.培养孩子乐于助人，还有赖于妈妈的榜样作用

妈妈是孩子第一个模仿的对象，妈妈一定要以身作则，

鲁迅先生曾尖锐地指出："妈妈不仅可以把自己的优秀品质传给后代，其恶劣性、不良性格、不好的生活习惯也会潜移默化地影响孩子。"孩子是妈妈的一面镜子，妈妈的行为，常在孩子身上反映出来。因此，家庭成员间互相关心，邻里间的互相帮助等，都能直接地教育孩子。当妈妈在接受了别人的帮助以后，及时地对别人说声谢谢；在收到礼物的时候邀请孩子和自己一起写感谢卡等。有了大人的示范，再遇到类似的情形时，孩子自然而然就会学着大人的做法。

5.妈妈对孩子的行为持何种态度，也是起重要作用的

对于孩子热心帮助他人的做法，妈妈要予以肯定、支持。万万不可教育孩子"少管闲事"。要知道妈妈的态度时时影响着孩子，是在塑造着孩子的未来。妈妈在启发、支持、赞赏孩子助人为乐行为时，还可逐渐地向孩子讲明为什么要这样做，帮助孩子逐渐形成较为明确的行为标准，也可以提高孩子的道德认识。

作为妈妈，如果孩子看见别人有困难的，如摔倒了，生病了等，都应该借此机会对孩子进行正确引导，然后帮助别人，让他分享帮助人的感觉与快乐，帮助孩子增添一种良好的品德，帮助他们形成"利社会"的自我形象，毕竟，一个乐于助人的人不是"自私鬼"，一个乐于助人的人能获得社会更高的评价！

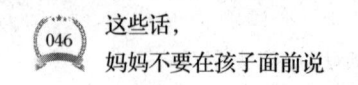

这么脏的狗，赶紧扔掉

——爱护小动物的孩子更善良和富有同情心

孩子，都是富有爱心的。有爱心的表现有很多，其中就有爱护小动物。关心、爱护小动物的孩子更能敬畏生命，同时也兼具其他优良品质，如孝心、责任心等。然而，在很多家庭里，当孩子第一次将流浪小猫小狗带回家时，妈妈的第一反应不是赞扬孩子的善良，而是说："这么脏的狗，赶紧扔掉。"孩子的善举最需要妈妈的支持，然而，当他们被呵斥后，内心会因受到打击而逐渐忘却行善事，甚至以后对家人也表现的冷漠、自私，试问，这是妈妈们想要的结果吗？

因此，每一个妈妈都要尽早在孩子心中播下善良的种子，多鼓励孩子关心和爱护小动物，保护孩子纯真善良的品质，能够付出爱和宽容的人，总能找到一片广阔的天地。

爱心的培养更多的是妈妈的示范，只要妈妈行为示范得当，孩子的爱心很容易被激发出来。这里最怕的是妈妈反向负面的示范，比如对一些社会的悲惨现象无动于衷，对力所能及的爱心行为不屑一顾，如公车或地铁上不给老人孕妇让座等，那真是一下子就能浇灭孩子的爱心。

王阿姨最近就非常苦恼，因为她发现自己上初一的女儿越来越冷漠了。"有一次在街上看见一个衣衫褴褛的老人，我让女儿过去给老人十块钱，女儿竟然嗤之以鼻。"

"我问她为什么,她竟然说:'那么脏,我才不去。'我愣在原地,问她为什么,她说:'小学的时候我带捡到的小狗回家,你也是嫌它脏,又扔了。'我恍然大悟,原来孩子的冷漠是我造成的。"

在现实生活中,这样的孩子的确不少。他们冷漠、自私,其实这与妈妈在生活里对孩子的教育有着莫大的关联,孩子的一次次善举被否定后,自然就不愿意再去做了,实际上,人要学会付出,才能活得有意义,人类是有感情的动物,当你将你的感情、爱心奉献给别人时,别人也会对你施以爱的回报,或是发自内心的感谢。被别人尊重和关心是我们每个刚走进社会的人所希望的事情,但如果我们不付出爱心,就很难会收获别人的关爱。

孩子天生是富有善心和同情心的,更容易同情弱者、爱护弱小,可以说,善良就是孩子天生的性格,但生活中,许多妈妈往往给孩子进行一些错误的教育,比如,觉得流浪动物脏、不要吃力不讨好等,这就是对孩子善心的最大否定,得不到妈妈的支持,孩子内心善良的种子这又怎能得到浇灌呢?

一个健康的孩子就好比一棵树,必须以善良为根,正直为干,丰富的情感为蓬勃的枝丫,这样才能结出美丽善良的果子。孩子善良的情感及其修养是人道精神的核心,必须在童年时细心培养,否则难有效果。

那么,在对待小动物这一问题上,妈妈该如何引导孩子树

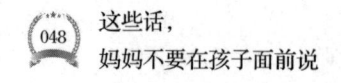

立爱心呢？

1.把小动物当作自己的朋友

妈妈要告诉孩子，不要将收养的小动物当成玩具来玩弄，必须为饲养它而无偿地付出时间和心力，要为小动物的生命负责。刚开始，孩子由于没有经验，饲养小动物的技能不熟练，妈妈应该手把手地指导他们。等孩子熟练了以后就放手让他们自己负责。

2.妈妈要管住自己的嘴

妈妈不要为了一时的口腹之欲而带着孩子去吃烤鸽子、烤麻雀等之类的小吃，更不要贪图新鲜刺激，去吃一些"活吃"或以残酷的方法"屠杀"动物做食物。当电视上以动物为主角的卡通片播放时，妈妈可以和孩子一起看。如果孩子说"大灰狼真是一个大坏蛋"时，不妨提醒孩子：也有好大灰狼，比如"大灰狼罗克"。最好不要在孩子幼小的心灵上留下某种动物是"坏蛋"的印象。

3.不要让孩子笼养在野外自由生活的动物

像鸟、野兔等野生动物要告诉孩子不要抓回来饲养。如果看见孩子在欺负小动物，哪怕只是一只小蚂蚁，也要及时制止，告诉孩子，小动物会疼，因为它们也有感觉。

4.经常给孩子讲一些拟人化的动物故事

这些故事让孩子觉得小鸟、小蜜蜂、小蚂蚁、小熊等小动物，都是和自己一样可爱的小朋友。让孩子明确，人类经常役使动物，就应该对动物心存感激。让孩子明确人类饲养的肉用动物和野生动物的区别。

总之，尽管孩子自己做主收养一只流浪的小动物，对家庭而言可能意味着有更多额外的负担和开支，但养小动物时付出的无条件的爱以及和它在一起时的美好时光会塑造孩子的各种美德，从而使孩子受益终身。

别关心别人，关心学习就够了
——小心培养出自私自利的孩子

生活中，我们发现，有这样一些孩子，他们的行为"自私自利"，他们的性格"自我中心"：他们只顾自己，只考虑自己，尤其是在金钱和物质上，他们表现出了贪婪和吝啬、不懂得分享，却又渴望得到别人的东西。那么，这样的孩子，很难交到知心朋友，还会招致他人的厌烦。他们只知道让父母为自己付出，而不懂得关心父母，即使父母生病了，他们也表现得很冷漠，让父母很寒心。那么，孩子这些自私自利的性格是怎么形成的呢？

在思考这一问题以前，作为妈妈，可以这样反思一下，在你的教育中，是否有这样的场景：当孩子关心他人、帮助他人时，你不屑一顾，甚至说："别关心这些，关心关心你的成绩吧。"这句话是告诉孩子，学习成绩比善心、比关爱他人更重要，只要孩子成绩好，妈妈可以付出一切，久而久之，孩子们便忽略了为他人付出、关心他人，养成了唯我独尊、自私自利的个性。

王阿姨最近就非常苦恼，因为她发现自己上初一的女儿越来越自私了，有好吃的都霸着自己吃，看到漂亮的衣服吵着要买，也不管爸妈能不能支付得起。王阿姨最近还接到班主任的电话，老师反映说，同桌因为弄坏了她的钢笔，她居然打了同桌一个耳光。"我真不懂，我和她爸爸对孩子都是无私的，什么都问问她要不要，但为什么她却那么自私，什么都要留给自己呢？"

在现实生活中，这样的孩子的确不少。他们不懂付出，只懂索取。如果你是这样的孩子，你一定要学会检讨自己了，人要学会付出，才能活得有意义，能够付出爱和宽容的人，总能找到一片广阔的天地。

欣欣是个很可爱的女孩，左邻右舍都很喜欢她。当她还是个小学生时，她的爸妈就教育她要尊敬长辈，还教她要有家教，从小时候开始，她就懂得在吃饭前要为长辈们摆好碗筷，另外，如果爸爸妈妈和爷爷奶奶没有吃饭，她从不一个人先吃，桌子上摆了水果，她会主动选最好的给爸妈吃，从来不自己一个人独吃。她事事都是首先能够想到别人，为此，即使现在刚进入初中，周围都是陌生的同学，但很快，她就和大家打成一片了。

相对于上面案例中的女孩，很明显，我们更喜欢欣欣，因为她懂得关心他人。因此，作为妈妈，我们应该从孩子还很小的时候就培养他对人友爱的性格。

那么，作为妈妈，我们该如何引导孩子关爱他人？

1.关心他人

你可以告诉孩子，从关心周围的人开始，比如父母、亲人，老师、同学。比如，当你的同学摔倒了，要主动扶起来，并加以安慰。在这种举动中，你将会体验到帮助别人的快乐。还例如，妈妈生病卧床，你可以为她递水、送药；要记得父母的生日并为他们送上一份礼物；走在路上，看到老人手中的报纸或其他较小的东西掉在地上，应主动帮助拾起。

2.引导孩子做力所能及的家务劳动，尽一份对家庭的责任

现代家庭里的妈妈是最累的，除了要工作，还要照顾家庭老小，还要管理孩子的学习情况，对此，我们可以告诉孩子，你已经长大了，也应该学会为我们分担一点了，你可以从最简单的家务来说，帮爸妈洗洗碗、做做饭、拖拖地。

3.要表达自己的真诚和关切

我们要告诉孩子，与人交往，一定要真诚，关心他人也不能有太强的目的性，这样才能使别人愉快地接受，我们才会得到心灵的满足和愉悦。

4.多为别人着想

在与人打交道的过程中，我们要引导孩子要学会站在他人的角度着想，这样，才能体谅他人的难处，说该说的话、做该

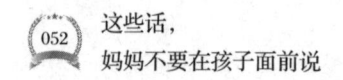

做的事，他人也会感受到你的贴心。

5.助人为乐，多经常参加一些慈善活动或者助人的社会实践活动

有名言说得好："关心他人，竭尽全力去帮助别人，会使人变得慷慨；关心别人的痛苦和不幸，设法去帮助别人减轻或消除痛苦和不幸，会使人变得高尚；时常为他人着想，会丰富自己的生活，增加自己的涵养。"我们要告诉孩子，你不仅要承担着努力学习的责任，还应该努力培养自己健全的人格，学会助人为乐，也就是帮助你自己。

别把你的文具借给别人
——让孩子学会主动给予

在日常的家庭教育中，我们经常听到一些妈妈对孩子说："在学校，不要总是把文具借给别人""你的零食不要给别人"，在妈妈这样的暗示下，孩子会认为，自己的东西就不该给别人，不难想象，不愿意给予、分享的孩子是自私的，也不会有好的人际关系。其实，我们的妈妈教育孩子时，应该向孩子提出适当的要求，那就是主动的给予，给予爱，学会爱别人，学会付出。

有人说，孩子是每个家庭的未来，而我们的孩子从出生开始，他们就是一张张无字无画的纸，交到妈妈手中，而母亲的责任就是将这张白纸填充出各种各样的色彩，使之鲜活，从而拥有一个健康的人格。我们绝不能培养出"自私鬼"式的孩子，自私的孩子从小到大在家里只知道向大人索取，不知道替大人分忧和承担，他们不喜欢与人分享，走向社会后也会只想让人家照顾他，不知道主动去关心照顾人家，一旦自己的意愿得不到满足，就会无比气愤甚至于走向极端。这样的人，从个体来讲是不受社会欢迎的，从群体来讲则会缺乏沟通、缺乏谦让，最终势必不利于整个社会的和谐和发展。

诚然，爱孩子本是妈妈的天性，但是妈妈们要学会正确地爱孩子，教孩子拒绝分享和给予其实是害了孩子，苏联教育学家马卡连柯曾经指出："一切都让给孩子，牺牲一切，甚至牺牲自己的幸福，这是妈妈所给予孩子的最可怕的礼物。"因此妈妈对孩子正确的言行和合理的要求应该给予支持和鼓励，对不正确的要求不但不能满足，而且应耐心进行说服教育，使孩子懂得做人的道理，这才是真正的爱孩子。

可见，要让孩子学会主动的给予，就要让孩子经历生活的磨炼，懂得索取和付出是相伴相依的，懂得主动给予别人才是立世之本。那么，妈妈应该怎样让孩子学会给予呢？

1.给孩子树立榜样

孩子是在模仿中学习做人，学会做人的。成人是他们模仿的主要目标。良好的情感和行为一定会给孩子以潜移默化的影响。

2. 克服孩子不愿意主动让出物质的习惯

培养孩子慷慨的行为，是培养孩子主动给予的一个重要方面，愿意付出物质的孩子也就能明白给予的第一步。

不愿把自己的东西给别人，这是小孩子正常的表现。孩子只有在逐渐学会关心和爱护他人之后，才会逐渐变得慷慨起来。追根溯源，培养孩子的慷慨行为，要从让孩子学会关心他人做起。此外，要想让孩子有慷慨的表示，可以给孩子买两件相同或相似的玩具，在他玩过一段时间以后，可以主动征求他的意见，"你有两个同样的玩具，隔壁的孩子一个都没有，咱们送他一个好不好？这样妈妈会很高兴。"在孩子高兴的时候提出这种建议，孩子往往乐于接受。一旦孩子表现慷慨，就要给他积极的反应。但不能以许诺给孩子什么东西为条件，否则孩子的行为只是交换报酬，而不是慷慨。注意这些指导的时机和方式，孩子就会逐渐变得慷慨起来。

3. 增强孩子对爱心情感的认识

在平时的日常生活中，我们应注意引导孩子观察什么时候别人难过，什么时候别人需要自己的帮助。比如，别人摔倒了，别的小朋友不应该站在旁边看，而应该把他扶起来，并帮助他拍掉身上的泥土，问他疼不疼，引导孩子主动关注困难者，帮助别人。

4. 让孩子体验爱，教育孩子学会给予爱

这是让孩子学会给予的最终目的。在给孩子爱的同时，让孩子知道别人在给予你爱时所付出的辛劳，从而使孩子产生感激之情，体验并懂得爱。同时要教育孩子学会给予爱，有了对爱心的认识以后，必须采取行动，行动是关键的一步，应教给孩子相应积极方式，例如：别人生病了，应去看望他。小弟弟摔倒了，应把他扶起来。当孩子有了爱心行动时，应及时肯定表扬，强化孩子良好的情感和行为。但幼儿的行动比较单一，缺乏多样的同情行动：例如看到一个小朋友哭了，好几个小朋友主动掏出小手帕为他擦眼泪，反而弄得那个小朋友不知所措，不知该如何做才好，针对以上这种情况，引导孩子用别的方式表示对摔倒同伴的关心与帮助，例如：为他掸土，为他搬小椅子，询问疼不疼，给他揉揉等方式。

总之，在平时，妈妈应有意识地去引导教育孩子，爱孩子也应爱得理智，这样，在孩子幼小心灵里埋下爱的种子，孩子就会主动地关心别人，并能主动给予。这对于孩子的人格发展很有必要，也不能忽视！

你吃吧，我们不吃

——引导孩子学会换位思考，为他人考虑

家庭是人生的第一课堂，妈妈是人生的第一任老师。也有人说："家庭是孩子的一面红旗，妈妈是孩子的一面镜子。"

可以看出，作为妈妈，对孩子的影响是很大的。现代社会，很多孩子都是独生子女，生活条件优越、长辈宠爱，因此以自我为中心，很少会为人考虑。孩子自我中心的形成往往与不恰当的教养方式有关。比如，我们经常听到一些妈妈说："你吃吧，我们不吃"，表面上看，这是爱孩子，其实是害了孩子，是助长了孩子以自我为中心的不良心理的形成。

为了让孩子健康地成长，每位妈妈都有责任在孩子的心灵中播撒一颗爱的种子，只有当这粒种子在孩子的心灵中生根发芽时，他的心中才能装得下别人。

孩子以自我为中心是有一定的发展阶段的，这个阶段需要妈妈的及时引导，不然就会养育出一个自私自利的孩子。

当儿童的早期意识发展到一定阶段后就会开始形成自我中心的心理，新生儿处于蒙昧未开的状态，没有客我之分，他们会经常吮吸自己的手指，其实这与吮吸其他东西没什么两样。当孩子到了两三岁，他们的自我意识开始萌芽，开始把自己与他人或者其他东西区分开。他们开始在所说的语言中加入带有第一人称"我"的字眼，如"我要""我有"和"我的"等。此时，自我意识发展到自我中心阶段。在此阶段，儿童以自我为中心观察世界，认为周围的人和事物都跟自己密切相关。他们往往从自我角度来进行行为选择和活动设计，而不考虑他人。

随着幼儿交往活动的增加，孩子逐渐有了他人意识，进而逐渐认识自我和他人的关系。到了四五岁，儿童不仅能够知道自己的行为会给自己带来什么好处，还能够进一步理解到自己的行为会给周围人带来什么好处。此时，我们可以看到儿童愿意为了集体活动的成功而行动。

可以说，自我中心人人都有，只是程度和发展速度上存在着个体差异。如果自我倾向过于严重，甚至到了六七岁还停滞在自我中心阶段，这就成了问题，是高级心理机能发展不充分的结果。这类儿童往往把注意力过分集中在自己的需求和利益上，不能采纳他人意见。对于与他认知不一致的信息，决然不能接受。因为他不懂得，除了自己的观点之外，还可以有别人的观点——他认为别人的心理活动和自己的是完全一样的。

由于孩子年龄小，具有可塑性，才容易把感恩的种子埋在心田，并不断开花结果。这个过程少不了妈妈的引导、指点。那么，妈妈该怎样引导年幼的孩子克服自我中心的心理呢？这就需要教导孩子学会换位思考。

1.让孩子清楚自己的份额

从孩子三四岁起，就要让孩子开始认识到自己在家庭中的位置。比如，有了好吃的，不要只留给孩子一个人吃，可以根据家里的人数分成几份，让他知道自己的食物只是其中的一份，而不是全部，懂得与人分享的概念。如果爸爸妈妈舍不得吃，可以留给孩子，但是要让孩子知道这种"优待"之中有妈妈的自我克制和爱，并不是理所当然。

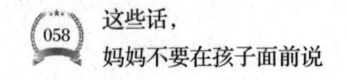

2.不要溺爱孩子

孩子吃独食,不愿与他人分享,是与妈妈的溺爱密切相关的。很多妈妈出于对孩子的爱,把好吃的好玩的全让给孩子,孩子偶尔想给妈妈分享,妈妈在感动之余却常说:"我们不吃,你自己吃吧。"长此下去就强化了孩子的独享意识,他们理所当然地把好吃的、好玩的据为己有。

3.让孩子多替别人想想

孩子之所以会自我中心,因为他不知道自己的行为会给别人带来什么样的负面影响,妈妈可以引导孩子站在他人的角度思考问题,学会换位思考。

有位妈妈这样是教育自己的孩子的:"有一次,朋友给我的儿子买了一顶帽子。儿子一戴,抱怨帽子小,戴着还觉得头皮发痒,一脸的不高兴,更没有主动表示感谢之意,弄得我很生气,朋友也一脸尴尬。等朋友走后,我就问儿子:'如果你买了一个礼物送给别人,结果人家看到你送的东西一脸的不高兴,你心里会怎样想?如果对方高高兴兴地接受,并大大方方地谢谢你,你是不是会很愉快呀?'儿子知道自己做得不对了,当天就打电话给送礼物的阿姨表示感谢,并为自己的失礼道歉。后来,儿子渐渐学会换位思考,没有我们的指点,他也能独立地面对别人的好意而主动说出感谢、感激的话了。"

4.孩子学会分享

在许多人眼里,帮助他人,意味着付出,意味着对自我的克制，其实更多的人还是在助人的过程中发现了快乐，帮孩子体会与人分享带来的快乐，他会更愿意与人分享并帮助他人。应尽量避免给孩子树立负面的榜样。

5.换位思考也需要妈妈转变观念，多从孩子的角度考虑问题

苏霍姆林斯基讲过这样一个故事：

他小时候住在一间杂货铺附近，每天都能看到大人把某种东西交给杂货店老板，然后换回自己需要的物品。有一天，他想出一个坏主意，将一把石子递给老板"换"糖，杂货店老板迟疑片刻后收下了石子，然后把糖换给了他。苏霍姆林斯基说："这个老人的善良和对儿童的理解影响了我终身。"

这位杂货店老板不是教育家，但他拥有教育者的智慧：他没有用成人的逻辑去分析孩子的行为，而是从孩子的角度，用宽容维护了一个儿童的尊严。这给妈妈有一定的启示，教育孩子要学会理解，教育孩子重在理解，重在引导，体验他们的感受，才能对症下药。

古语说："儿行千里母担忧"，孩子是妈妈生命的延续和希望，是妈妈心中永远的牵挂。妈妈都期盼自己的孩子能成才，然而要使孩子健康地成长，家庭教育也是不可或缺的。有一个比喻说得好：孩子就像风筝，妈妈就是放风筝的人，孩子飞多高多远，就看怎么放手中的线。如果每个孩子都能学会换位思考，学会将心比心，那么生活中一定会多份理解、多份和谐、多份幸福！他们也会因此而拥有一颗感恩的心，那么将来

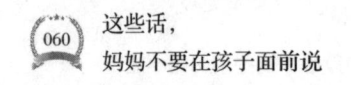

在工作中也一定能把方便留给别人，把困难留给自己，从而获得更好的人际关系，这样，他们的人际关系一定会更融洽，工作氛围也会更轻松！

只要成绩好，妈妈都依你
——骄纵只能教出冷酷无情的孩子

现代社会，学习文化知识的重要性毋庸置疑，文化知识过硬，是孩子升学的前提，但孩子的人格教育同样重要。然而，在应试教育的"感召"下，家长只注重学习成绩，而忽视孩子心灵的健康成长。很多孩子自私自利，凡是这种孩子，在他们家里无一不是唯一"核心"。中国父母爱孩子一直用错误的方式爱着，实行独生子女政策更加剧了这种趋势，比如，我们经常听到一些妈妈说："只要成绩好，妈妈都依你。"于是，社会上出现一种奇怪却非常普遍的现象：孩子成了家里的所谓"小皇帝""小太阳""独苗苗"，几代人都宠着他惯着他，希望他能好好学习，久而久之，这些孩子在心中逐渐形成了自己是"家庭中心"的观念，只知有自己，不知有别人。他们以为自己的欲望都应该得到满足，无需感恩和回报；如果不给予满足，是你们当家长的错；至于别人，包括最亲近的父母、老师的需要，与他无关，他无须考虑。

第03章
保护孩子纯真的爱心，这些话妈妈不能说

这是在旅行大巴车上发生的一幕：

一小学组织了学生集体旅行，当大巴车驶入学校时，学生们都争相挤上车，这样能尽快占个好座位，老师们最后上，没有座位了，只好都站着。这辆大巴车上的几十个在平时被认为是"好学生"的学生，竟然没有一个人站出来为老师让个座。

由于路途不近，一位年纪大些的教师实在站不住了，就准备拿个小板凳在过道上坐会儿，结果。身边的一位男学生急忙说："呦！您可别坐着我的包了！"

无独有偶，学校门口：

一对夫妇送7岁的儿子上学，到学校门口儿子不走了，要他爸爸叫他一声"爸爸"才肯进去。当爸的觉得在大庭广众之下叫不出口，求儿子免他一回。儿子自然不肯，不叫就不进去。他妈妈在一边撺掇他爸："你赶快叫吧！你就满足他的要求吧！"这当爸的没办法，对儿子叫了一声"爸爸"，儿子"唉"了一声，进校门了。

这两幕实在让人悲哀！为什么这些孩子一个个这么极端自私、冷酷无情？完全是被家长娇纵坏的！问题源于父母极度关爱、溺爱和无限纵容孩子。这已经成为当今一些家庭的通病。有的父母娇惯孩子已经到了违背人伦常理的地步。

这些自私的孩子正面临着心灵的荒漠，人格的缺陷，甚至失败的人生：他们因得不到某种满足或者把别人的一点点不足过失常常耿介于怀，因此往往痛苦多于欢乐，怨恨多于感动；

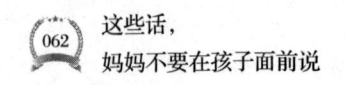

还可能因为极端的自私和狭隘,而演化成为危害社会危害他人的危险成分。

亡羊补牢,为时不晚,孩子还处在人格的塑造期,那么,家长具体应该怎样教育孩子,解决孩子的自私心理呢?

1.不能让孩子搞特殊化

在家庭生活中要形成一定的"公平"环境,这无疑对防止孩子滋长"独享"意识有积极的意义。妈妈还要教育孩子既看到自己也要想到别人,知道自己与其他成员是平等的关系,自己有愿望,别人也一样有愿望,好东西应该大家分享,不能只顾自己不顾别人。

2.让孩子明白分享不是失去而是互利

孩子之所以不愿与人分享,是因为他觉得,分享就是失去。妈妈应该理解孩子这种难以割舍的"痛苦",让孩子明白,分享其实不是失去,它是一种互利。分享体现了自己对别人的关心与帮助,自己与别人分享了,别人也会回报自己同样的关心与帮助,这样彼此关心、爱护、体贴,大家都会觉得温暖和快乐。

3.对孩子进行分享行为的训练可以从婴儿期开始

如孩子拿着镜子,妈妈拿着汤匙,妈妈温柔而愉快地递给孩子汤匙,然后从他手中拿走镜子,通过这样反复地交换,孩子便学会了互惠和信任。

4.给孩子分享的实践机会

经常让孩子与小朋友开展生动有趣的活动。孩子与小朋友们共同活动,共同分享活动的快乐。另外,应常创造孩子为爸爸妈妈服务的机会,如家里买了水果、糕点时,让孩子进行分配,如果孩子分配得合理,就及时表扬强化。

5.自己为孩子树立榜样

妈妈要做与人分享的模范,经常主动地关心帮助他人,如帮助孤寡老人、给灾区人民捐衣送物等。

自古以来,无数事实说明:骄纵败子,很多人人生失败的原因,不在于别人,全是因为娇惯溺爱他的父母,尤其是妈妈,因此,妈妈应该教育孩子,让他通过生活的磨炼,懂得感恩,懂得爱别人,让孩子拥有健全的人格,这是教育孩子的根本!

第04章

帮助孩子树立正确积极的价值观,这些话妈妈不能说

　　自古以来,中华民族都最注重品德修养,一个刚正不阿、诚实守信的人必当受到他人的尊敬。心理学家威廉·詹姆士说过:"播下一个行动,收获一种习惯;播下一种习惯,收获一种性格;播下一种性格,收获一种命运。"作为妈妈,我们一定要把打造孩子良好的品质作为他们人生性格修炼的第一要务,因为人生是一个不断前进、奋斗的过程。一个人只有做到心术正,才会有光明的前途,才能成为最后的赢家。而首先需要我们的妈妈们摆正自己的三观和态度、注意自己的教育语言,只有这样,我们才能立身正本去教育孩子,才能引导孩子身心健康地成长!

这么小懂什么是非呀
——尽早引导孩子树立正确的是非观念

有人说，在家庭教育上，父母是原件，孩子是复印件，当复印件出问题的时候，根源应该从原件上找，在培养孩子的是非观念上，我们经常听到一些妈妈说："这么小懂什么是非呀"，这些妈妈只关心孩子的学习，却忽视孩子价值观的引导，事实上，培养孩子树立正确的是非观念以及三观，需要尽早进行，如果孩子是非不分、三观不正，那么，他们有可能在日后误入歧途。

的确，自古以来，中国人就大致把生活中的人分为两类，一类是君子，一类是小人，并常常用"君子坦荡荡，小人长戚戚"来形容二者最为明显的区别。那到底什么是君子，什么是小人呢？关于他们的划分标准有很多，其中，是否正直、坦荡则是最重要的标准之一。当一个正直坦荡，让人尊敬加礼的君子，便成为其做人的最高奖赏。

小刚是个很懂事、很善良的孩子，而他善良的性格，是从自己很小的时候，妈妈就开始教育的。妈妈告诉他，一个男子汉，一定要明辨是非、刚正不阿、勇于担当，并且，妈妈还经常给他讲一些小故事。

第04章
帮助孩子树立正确积极的价值观，这些话妈妈不能说

上中学后的小刚，在学校里正直是出了名的，只要他看见高年级同学欺负那些低年级同学，他都会主动站出来。在家里，爸爸要是骂妈妈，他也会替妈妈说话。他记得最清楚的一件事是，有一天晚上，他从老师那儿补课回来，他看到有几个小混混在后巷打人，他很害怕，但他还是勇敢地报了警，当警察把这些坏人抓起来后，他觉得自己很光荣。因为这件事，小刚还被校长表扬了。自打这件事后，小刚决定，以后一定要做个正直的人，要敢于指出一些不公义的事。

的确，正直、善良、忠诚的人是高贵的；丢弃了这一品格的人是低下的。有做人品格，这是比金钱、权势更有价值的东西，也是成功的最可靠资本。

相信任何妈妈都希望自己的孩子能在未来成为一个人人敬佩的君子，但我们也听到一些妈妈反映：孩子好像学坏了怎么办？尤其是在接触一些社会青年后，孩子开始怀疑妈妈的教育观念。对此，我们妈妈一定要进行引导，成长期的孩子学坏，如果我们听之任之，那么，很可能会让孩子因为疏于管教而误入歧途，让其后悔终生。

引导孩子树立正确的是非观念，妈妈要做到：

1.引导孩子树立正确的是非观念

可能有一些妈妈会说，现在孩子还小，主要任务是学习，其他事应该充耳不闻。其实不然，我们每个人，都应该在心里树立一杆秤，对于是非黑白，一定要有辨别能力，这是任何一

个社会人应该有的责任心，孩子也不例外。

因此，尽管现阶段的孩子还是个孩子，但他们也应该学会辨别是非。我们要告诉孩子，当你发现有人违背原则，你也应及时制止，把责任心传递给周围的人。

2.培养孩子的好习惯永远都不算晚

可能有些孩子会说，随着年纪的成长、经历的增多，谁能真正做到不染世俗、一身正气？对此，我们要告诉孩子，二者并不冲突。我们要从现在开始，就养成良好的行为习惯，比如：守纪、守信、守法，坚决不骂人、打人、偷东西、毁坏公物、随地大小便、扔垃圾、墙壁上乱画乱抹、霸道、自私等，不要小看这些，日积月累，当孩子长大后，他们就会形成自己一套做事原则，即使他们饱经世事，但他们不会因此变得圆滑、世俗，而是依旧秉持着正直坦荡的做人原则。

总之，孩子在少年时就一定要尽快积累知识，但同样也要注重德行的修养。妈妈要着力培养孩子明辨是非的能力，一个能明辨是非的孩子就绝不是一个自私、狭隘的孩子，这样的孩子才不会活在自己的小世界里，会立志为国家和社会作贡献，长大后才会有出息，这种品质的获得将会对孩子的一生都大有益处！

你去玩，妈妈来处理
——让孩子学会承担责任

人是一种社会性的动物，责任是一种对人的制约，所谓责任心，是指个人对自己和他人，对家庭和集体，对国家和社会所负责任的认识、情感和信念，以及与之相应的遵守规范、承担责任和履行义务的自觉态度。每个人都肩负着责任，对工作、对家庭、对亲人、对朋友，我们都有一定的责任，正因为存在这样或那样的责任，才能对自己的行为有所约束。社会学家戴维斯说："放弃了自己对社会的责任，就意味着放弃了自身在这个社会中更好的生存机会。"

作为妈妈，我们要明白，我们的孩子在未来都要承担社会、家庭、集体中的责任，而事业有成者，无论做什么，都力求尽心尽责，丝毫不会放松，成功者无论做什么职业，都不会轻率疏忽。这就是一份责任。孩子的责任感必须从小培养，妈妈在这个过程中发挥着极为重要的作用。影响一个人意志形成的因素有很多，家庭环境是十分重要的因素，妈妈的态度对孩子的人格发展有潜移默化的作用。

然而，在现实生活中，我们经常看到这样一些场景：孩子打碎了碗，孩子准备收拾，妈妈却说："你去玩，妈妈来弄，别伤到手了。"孩子和邻居小朋友打架了，妈妈护住孩子，对他说："你回家去，妈妈处理。"家庭其他成员指责孩子的不当行为时,妈妈会说:"孩子还小,懂什么,干吗大惊小怪的"……如此这样的场景,不胜枚举,妈妈过度保护孩子、不让孩子为自己的错误负责,孩子是无法独立成人的。

要知道,责任心是一个人品质和修养的重要方面,那些责任心强的孩子,会对自己做的事负责,犯了错也会勇于承担,而不是通过发泄负面情绪来推卸责任。曾经有一位科学家,在他成长的过程中,他的母亲对他的影响很大。

在他很小的时候,一次,妈妈让他从冰箱里拿出一瓶牛奶,但他竟然一不小心把牛奶瓶子弄掉了,就这样,一瓶牛奶撒得到处都是,他害怕极了,生怕母亲会骂他。

谁知道,母亲听到声响后,走到厨房,并没有生气,而是对他说:"哇,你制造的混乱还真棒!我还没见过这么大的奶水坑呢,你看,我们要不要做个游戏,看看我们能用多久时间将它清理了?不过我们可以先玩几分钟。"

几分钟后,母亲说:"你知道,现在这个混乱是你造成的,你是男子汉,你应该自己摆平这件事,那现在家里有海绵、毛巾,还有拖把,你想怎么处理?"他选了海绵,于是他们一起清理满地的牛奶。

母亲又说:"我知道,你肯定不是故意打翻牛奶的,因为你还小,而一瓶牛奶实在太沉了。那这样吧,现在你要不再试一次,看看你能不能重新把这件事做好。我们去后院实验吧。"母亲建议他把瓶子里装满水,然后看看他能不能拿得

第04章
帮助孩子树立正确积极的价值观，这些话妈妈不能说

动，他同意了妈妈的建议，并且再一次将装满水的牛奶瓶抓在手上，这一次他发现，如果用双手抓住瓶子上端接近瓶口的地方，他就可以拿住它。

后来，这位科学家回忆说，他有一位伟大的母亲，他的母亲一直对他采用这样独特的教育方式，这让他从来不害怕犯错误，并且，他的母亲让他认识到，错误只是学习的机会，科学实验也是如此。即使实验失败，我们还是会从中学到有价值的东西。

作为孩子的妈妈，应该从身边的小事开始，培养孩子的责任意识，让孩子意识到责任的重要性，而这就不能娇惯孩子，让他们从小就被妈妈"保护"起来：他们在生活上接受了过多的照顾和包办，行为活动受到了过多的限制和干涉，在需求上也给予过多的满足。这样造成了孩子越来越娇气，生存的依赖性强，心理素质差，自然就不知道什么是责任了。

作为妈妈，一定要让孩子从小历经生活的磨炼，让他明白什么是一个人应该承担的责任，妈妈可以做到：

1.妈妈的教养态度和行为对孩子责任心的形成具有重要作用

在教养孩子中，妈妈用民主的态度教养，鼓励孩子独立思考，允许孩子有自己的意见和看法，孩子更容易形成责任心。相反，过度保护孩子，让孩子从小养尊处优，孩子容易养成自私自利、为所欲为的个性，孩子长大了就会缺乏责任心。

另外，一些妈妈要求孩子唯命是从，这样的教育方式只能

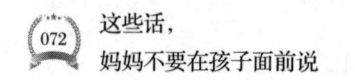

教育出毫无主见、不敢负责的人。

2.孩子心中有爱，关心他人，善待他人，这是培养孩子对社会的责任心的基础

比如，要求孩子主动关心老人、病人和比自己小的孩子；妈妈生病的时候，让孩子学会照顾妈妈；让孩子知道妈妈的生日，鼓励孩子给妈妈送上一份生日礼物。

3.孩子做力所能及的家务劳动，培养孩子对家庭的责任心

和孩子进行协商，对孩子解释他们应该做某事的理由。

把每件要求孩子做的事情，对孩子交代清楚，保证孩子能完全理解。耐心指导孩子做家务，以鼓励、表扬、奖励等方式对孩子进行积极的反馈。

4.让孩子信守诺言，要对自己的言行负责，妈妈为孩子做出遵守诺言的榜样

无论作出什么许诺，都要尽可能地实现，如果不能实现的话，一定要向孩子说明。告诫孩子不要轻许诺言，一旦许诺，就必须遵守。积极支持孩子参加学校的公益劳动和集体活动，培养孩子对集体的责任心。

但其实，责任心的培养，最终目的还是要让孩子学会担当，"担当"的意思是：接受并负起责任。意在强调行动的重要性。

曾经有篇报道，讲述的是一个16岁的农村少年，在高考中他获得了优异的成绩，并且被示范学校录取，但无奈，他有个

瘫痪多年的老父亲,为了上学,他决定卖掉全部家产,并背着父亲去上学,就这样,他开始了自己漫长而艰辛的求学之路。

一个"背"字,不仅体现了父子之情,也体现了孩子对家庭的责任,这个少年就是"担"起了家庭的责任。

责任不需要整天挂在嘴边,这是一种意识,我们希望孩子明白,在遇到事情的时候必须承担后果。孩子从小学会"担当",长大了自然就会有责任心。

因此,我们妈妈要从生活中的小事开始,让"责任"作为一种品质植根孩子的心灵。这样,才会培养出一个愿意担当,品质与修养兼备的好孩子!

要什么,妈妈都给你买

——教孩子树立正确的金钱观

现代社会,随着人们的生活水平越来越好,给孩子的零花钱也越来越多,从最初的几元到现在的几十、上百元,而随着孩子的成长、零花钱更是有增无减,我们发现,在很多家庭里,很多妈妈对经常对孩子说:"要什么,妈妈都给你买",在这些妈妈看来,苦什么不能苦了孩子,只要是孩子提出的物质要求,她们都一一答应,这些孩子在妈妈的"默认"和"纵容下"养成了不良的消费习惯:花钱大手大脚、没有节制、想买什么就买什么，只知道有钱就花，花完了再向妈妈要，久而久之让孩子的金钱观偏离了正常的轨道。

一位学者说过，金钱是把双刃剑，关键就在于用它去做有益的还是有害的事情。这提醒我们，指望用金钱堆砌出一个好孩子是不切实际的空想。实际上，用金钱毁掉一个孩子容易，但培养一个好孩子却很难。在金钱充斥的世界里塑造孩子不为金钱所动的性格则要难上加难。而这，更需要妈妈有正确的金钱观和科学教育孩子的技巧与方法。

丹丹的表姐考上省重点高中了，丹丹全家人高兴的同时又犯起了愁，尤其是丹丹妈，因为不知道送什么贺礼。

"随便送点什么呗。"丹丹随便说了句。

"那怎么行呢，这孩子好歹是我的侄女呢。"

"妈，那我考上高中的时候，是不是大家也要给我送礼啊，那我不是要小发一笔横财啊。那我先要去买个手机，然后去买个笔记本。"丹丹开着玩笑说。

"你这孩子，什么叫发财啊，瞧你这话说的，你这么小，就想着买这些了？"

"那怎么了？我们家那些同学都有这些，他们每月的零用钱都很多，我都羡慕死了。"丹丹继续说着。而说完，丹丹妈就意识到，现在问题的中心不是给侄女送什么礼物了，而是要教育女儿该怎样看待金钱。

"丹丹啊，你知道吗？你这种想法是不对的……"

第04章
帮助孩子树立正确积极的价值观，这些话妈妈不能说

实际上，和案例中的丹丹一样，很多孩子都有这样的心态，我们家长们的钱袋渐鼓，本不是什么坏事。问题是，金钱多了，物质丰富了，我们对孩子的理财教育却没有跟上。社会学者调查表明，家庭的经济付出与孩子的学业成绩、心理素质、身体健康和社会适应能力之间并未呈现显著的"正相关"，换句话说，并非在子女身上投入的经济成本越高，对子女健康成长和全面发展越有利。

曾经有篇晚报报道过这样两个孩子，一个16岁的孩子，偷拿了父亲朋友的钱包上网吧，钱包里有不少钱，包括人民币1000元、美元100元、港币2000元、日元20000元……而另一个才12岁的孩子偷拿了家里10000多元钱后离家出走。很明显，这两个孩子的金钱观是歪曲的，他们可以随手"拿"走巨额的现金，可见他们对金钱根本没有什么概念，或者对他们而言，钱就是拿来花的，他们不会想到父母赚钱的艰辛与不易。具有这样金钱观的孩子是可怕的，在幼年时他们可以伸手向妈妈索取，那长大成年之后，对金钱的欲望自然会更加膨胀，当妈妈不能满足时，他们会怎么做呢？

因此，从现在起，作为初中生的妈妈，一定要引起重视，孩子的金钱观教育不容忽视。那么，妈妈该怎么做呢？

1.告知孩子什么是正确的金钱观

对成长于物质相对丰富环境中的孩子来说，比给金钱更重要的是给孩子正确的金钱价值观念。这种价值观应包括：要让

孩子认识金钱是来之不易的，要让孩子明白只有通过艰辛的劳动才能换来收获；金钱能让人拥有物质条件，但不能代替所有的美好精神品格，幸福不是金钱可以买到的；用金钱去培养孩子的责任感，学会帮助需要帮助的人，获得精神快乐；学会合理支配金钱，让金钱在孩子的生活中处于合适的位置。

2.视需求必要性给零用钱

初中的孩子，零用钱会比小学时候多，尤其是那些住校的孩子，妈妈生怕孩子在学校受了委屈，对于零用钱更是有求必应，长此以往，孩子会认为妈妈给零用钱是天经地义的事，很容易让孩子养成好逸恶劳的个性。所以最好不要孩子一伸手就给零用钱，应该视需求的必要性而定。当他们有花费需求时，一定要了解这些需求的原因，衡量必要性再给，同时，妈妈还可以让孩子参加体验活动，让孩子通过参加一些力所能及的劳动来换取零用钱，让孩子从小就懂得珍惜生活。

3.让孩子学习节约用钱、珍惜物品

从小培养孩子树立正确的金钱观，要让孩子养成勤俭节约的习惯。中华民族历来就有勤俭节约的传统美德，只是在人们的物质生活水平提高之后，勤俭节约渐渐被人们淡忘。勤俭节约就是要让孩子在生活中学会不铺张浪费，从身边的小事做起，节约用水用电；不爱慕虚荣，从小养成不盲目追求名牌、不与同学攀比的生活作风。同时，要教育他们好好爱惜物品或保管金钱，若物品是因为孩子的疏忽而损坏，或是孩子不小心弄丢了钱或是恣意浪费时,要让他们对这些失去或损坏的金钱物品负责,这样才会让孩子更珍惜他所拥有的金钱或物品。

4.教会孩子理财

从小培养孩子树立正确的金钱观,还要培养孩子自主理财的能力。既然要教孩子理财,就要相信他们可以自己处理金钱,妈妈只能起一些指导作用。例如:妈妈可以和孩子一起先制订一个"消费计划"。也可以试试让他简单地记一下账,一来可以养成节俭的习惯,学会安排自己的生活;二来可以养成细心的习惯,初步培养理财能力。当孩子具备一定的理财能力后,可以给他一定的可支配金额,让他们用自己的方式去管理,重点是要他们学习如何让每一分钱可以发挥效用。

5.妈妈应以身作则,言传身教

孩子很多的外在行为仍会受妈妈的影响,所以当要求孩子应该怎么做或不能做什么时,要先想想自己的行为是不是影响到孩子的价值判断,要孩子做到的事情,自己得先做到才有说服力。在孩子面前以身作则,才可能引导孩子树立正确的价值观。

古人说:"爱子女则为之长远计。"作为妈妈,为孩子的健康成长负责,给孩子金钱时,别忘了同时给孩子正确的金钱观。树立正确的金钱观会让孩子终身受益!

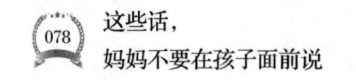

以牙还牙，不要吃亏
——斤斤计较的孩子没人爱

生活中，很多孩子被教育要"善解人意""心胸宽广"，这是任何一个孩子应该具备的一种美好的品质和美德，心胸宽广的孩子性情温和，能够处理好各种人际关系，能够很快地适应各种不同的环境，能够融洽地与人合作，充分发挥自己的潜能，而且，这样的孩子人见人爱。

我国古代许多伟人都很重视宽容的品质。如孔子曾说，一个真正的人要有宽容、恭敬、诚信、灵敏、慷慨五德，他把宽容放在五德之首。先哲庄子说："圣人应有包容天地，遍及天下的宽阔胸怀。"近代民族英雄林则徐指出，"海纳百川、有容乃大"。一个人善于宽容，他的人格才会像海一样伟大。今天的社会更具有组织性和开放性，孩子更需要具有宽容的品质。在一个组织性强、生产社会化程度高的社会里，社会进步与个人事业的成功更需要人们相互合作，而合作要以宽容为基础。宽容是孩子与人交往、合作的"润滑剂"。

可以说，由于妈妈在教育中对孩子品质教育的缺失，很多孩子并没有将宽容这一美好的品质传承下来。比如，我们经常听到一些妈妈对孩子说："做人不能吃亏，吃亏是傻子""以牙还牙""人不犯我，我不犯人"等，试问，这样的教育态度和语言，孩子怎么可能愿意与人和善相处呢？

第04章
帮助孩子树立正确积极的价值观，这些话妈妈不能说

微微是个很听话的孩子，但就是爱告状，一点小事就去找老师，"老师，朋朋欺负我，他刚才把我撞倒了""老师，巧巧把水彩墨水撒到我的书上了，我的书都没法看了"等。

一天，同学们正在玩游戏，忽然，形形不小心踩了微微一脚。看到刚买的白球鞋上有了一个大大的黑脚印，微微生气地跑到形形的身旁，狠狠地踩回她一脚。当老师质问微微为什么要这样做时，她却理直气壮地告诉老师："我妈妈说了，不能受别人的欺负，别人打我，我就要打别人。形形踩了我，我当然也要踩她。"

随着现在社会的开放性越来越明显。社会变化加速，新生事物层出不穷，社会价值取向出现了多元化的趋势，人们的个性也更加鲜明，但孩子不能失去其重要的品质——心胸宽广。从微微的那些话中，我们可以发现，妈妈的一言一行都是孩子效仿和学习的榜样，宽容的品质也需要妈妈的细心教导，宽容心对于孩子个性品质的发展，以及良好人际关系的建立，都有着非常重要的意义。富有宽容心的孩子往往心地善良，性情温和，惹人喜爱，受人拥护。而缺乏宽容心的孩子，往往性情怪诞，易走极端，不易与人亲近。

因此，妈妈要教孩子学会宽容，培养孩子宽广的胸襟，应该做到以下几点：

1.妈妈要心胸宽广、以身示教

教育家马卡连柯曾指出，妈妈"在开始教育自己的子女之前，首先应当检点自身行为"。妈妈让孩子学会宽容，首先自己

应有宽容的品质。如果妈妈本身心胸狭窄，无视他人的意见，习惯于将自己的意志强加于人，不给人改错的机会，为一点小事争执不休，为一点小利而斤斤计较，孩子又怎么能学会宽容呢？

妈妈宽容、大度、遇事不斤斤计较，与邻里、同事融洽相处，孩子就会学着妈妈的样子处理自己与同学之间的关系，也会变得宽容、和善。

2.让孩子明白"人无完人"

妈妈应该让孩子明白：金无足赤，人无完人，每个人身上都会有缺点。和同学、朋友相处，完全没有必要求全责备，应该学会求同存异。对于朋友的缺点和不足，对于同学心情不好时所说的话和所做的事，没有必要斤斤计较，要求事事都摆个公平合理。多给人一分宽容和理解，同时也为自己带来一个好心境，使自己的个性更加完善。

3.培养孩子善待他人的意识

孩子一旦学会善待他人，就学会了宽容别人，因为孩子已经有了一颗友善的心、宽容的心。那么，自然而然孩子也就会在日常生活中宽容他人了。

妈妈应该让孩子明白，他人是自己的影子，善待他人，也就是善待自己。对他人多一分理解和宽容，其实就是支持和帮助自己。

4.用故事教育孩子学会宽容

故事是教育孩子的重要手段，国内外都有体现宽容品质的小故事，妈妈可以借此教育孩子。通过故事还能够教会孩子站在别人的立场、角度上考虑问题，有利于孩子去理解别人的想法与行为，让孩子对别人的痛苦感同身受，激起孩子的宽容、善良之心。

5. 眼界宽的人，胸怀也会宽广

妈妈不妨经常利用各种节假日，带孩子游览祖国的大好河山，使他们受益匪浅。在这一次次的游览中，孩子就能增长知识，开阔眼界，也便能拥有了宽广的胸怀，也就很少会因为日常小事儿而产生无谓的烦恼了。

一个孩子，最重要的莫过于一份恬适淡雅的心态和善解人意的品质，然而，人非圣贤，孰能无过。妈妈要教育孩子学会宽容，和气待人，这样才能团结同学，营造一个愉快的生活和学习氛围。在以后人生的道路上才能以宽广的心胸消除许多无谓的矛盾，化干戈为玉帛，拥有一个良好的人际关系，孩子拥有这样的品质，便会人见人爱！

最好的都给你

——让孩子学会感恩

卢梭在《爱弥尔》中一针见血指出：

"你了解什么办法可以让你的孩子痛苦吗？那就是，让他想要什么就有什么。他得到的越多，想要的也就越多，迟早有一天，你不得不拒绝他，这种意料不到的拒绝，对他的伤害，远远大过他不曾得到过满足的伤害。"

作为妈妈，我们都知道要好好爱孩子，可是很多妈妈在不知不觉中溺爱，孩子要什么就给什么，不问原则对错。比如，我们常常听到一些妈妈说："最好的都给你。"久而久之，孩子觉得被爱是应该的，根本不懂感恩，我们看到很多孩子，即便到了成年后还理直气壮地啃老，认为从妈妈那里得到东西是理所当然，只知索取，不知回报，更不懂关心和感激他人。

因此，作为妈妈，如果你不想将孩子培养成"白眼狼"，那就千万不要替孩子做太多，不要助长孩子的受之无愧感，要去教导孩子懂得感恩。

1998年，在中国的清华大学，有名大二学生叫邹建，他希望自己能进入世界首屈一指的学府——哈佛大学深造，但此时，他的父母双双下岗，他的弟弟也在上大学，困窘的家庭经济条件让兄弟二人都要辍学。坚强的邹建决定边打工边上学，生活十分辛苦。

很快，唐山市路南区工商局了解到了邹健的情况，党委书记陈振旺率先发动起来，团委书记王阿莉很快联系了清华大学的校方，随即，清华大学很快提供了当时上大二的湖南籍学子邹健的相关情况，路南区工商分局决定每月捐助邹健400元，直到他大学毕业。一场跨区域的助学行动拉开了帷幕。"当时局里的36名青年团员每人每月出资10元，不够的部分就由工会补上。"一直参与此项捐助活动的王阿莉介绍说。

受到资助的邹健一直勤奋刻苦地学习，从清华毕业后，他又顺利进入了哈佛深造，而现在的邹健已经拥有了哈佛大学电机工程的博士学位，并在美国纽约的一家金融公司工作。

邹健是个懂得感恩的人，为了回报路南区工商分局的爱心，2006年2月14日，邹健托家中的父亲给路南工商分局打电话，告知他从美国特别寄来4000美元，且已兑换成人民币32125.60元寄给了路南区工商分局。

案例中的邹健是个懂得感恩的人，而正是这份感恩的心，让他拥有了积极向上的人生态度，最终，他也收获了幸福的人生。

东汉文学家王符曾说："生活需要一颗感恩的心来创造"，从这句话中，我们能看到，一个人，如果能以感恩的心面对生活，那么，他看到的就是阳光，他就能感到幸福。

不难发现的是，生活中，我们总能发现喜欢抱怨的孩子，他们喜欢抱怨学习太累、妈妈太唠叨，甚至会小到抱怨饭菜太差、衣服太难看等。其实，他们之所以经常抱怨，是因为他们缺乏感恩之心。对于这种情况，作为妈妈，我们有必要在孩子还小时就对其进行引导，让他们懂得父母养育他们之不易；知道所受到的爱是需要回报的；明白关心热爱家人是起码的孝心和良心；理解帮助他人是最基本的社会道德。

1.让孩子明白他无时无刻不在接受别人的帮助

可能你的孩子并未意识到，在他成长的道路上，他无时无刻不在接受他人的帮助,接受他人的恩惠。对此,我们可以告诉他:"自打你出生,妈妈就在孜孜不倦地哺育你,教你做人做事的道理;跨入校门,老师就无怨无悔地把毕生所学传授给你;遇到难以解答的学习问题,好心的同学也总是帮助你;而国家和社会,也为你提供了安定的学习和生活的环境;甚至生活中那些陌生人,也在无形中对你提供帮助……"这样,孩子就会明白,他需要报答的人太多。一旦孩子有了一颗感恩的心,那么,他还会抱怨妈妈的不理解、老师的严厉吗?

2.引导孩子理解妈妈

我们可以语重心长地对他说:"居家过日子,难免磕磕碰碰,有时候,妈妈的行为、语言可能导致了家庭纷争,可能不太恰当,但请你一定要理解,我们都是希望你好……"

实际上,任何一个妈妈何尝不希望自己的子女能在生活中多关心一点自己呢?教会孩子懂得理解妈妈,他们会懂得知恩图报、孝顺父母。

3.告诉孩子不要忘记经常对身边的人说"谢谢"

有时候,孩子可能认为,周围人对他举手之劳的帮助是理所当然,但我们要让他明白,没有谁应该对谁好,所以,你应该对他们说"谢谢",有时候,即使这么简单的一句道谢,也是一种幸福的回馈。

4.鼓励孩子为社会尽一份微薄的力量

一些孩子可能认为,我只不过是个普通人,哪里能为社会做多大贡献？但妈妈要告诉孩子，社会就是由千千万万这样的普通人组成的，每个人，只要从身边做起，多关心国家大事、社会新闻，多关心慈善事业，那么，哪怕你只捐出一块钱，哪怕你只是简单地拾起了马路上的一片废纸，你也是为社会的发展尽了一份力量。

总之，懂得感恩的人是幸福的，我们如果希望自己的孩子内心快乐、平和，就要培养他们用感恩的心看待世界，这样，由于懂得体谅、理解和感激，关心尊重他人，他就会得到他人的肯定和信任，关心和帮助，他的事业就比较容易成功。他的内心存在真与善，知足与美好，就会有更多的快乐。

你们老师就是偏心、不公平

——引导孩子不苛求绝对的公平

现实生活中，很多孩子在学校都遭遇了不公平的待遇，于是，他们回家后，会向妈妈抱怨，认为老师偏心，那些成绩好的同学即使犯了错也会被老师一笔带过，而自己犯了一点无心的过错也会被老师批评。对此，可能一些妈妈会告诉孩子："你们老师就是偏心、不公平""这个社会就是这样，你指望什么公平"。妈妈们这样的心态和消极的言语，很容易让他们对老师产生逆反心，对于建立良好的师生关系很不利。

生活中，我们总是强调人人平等，公平竞争等，但实际上，这个世界上，是没有绝对的公平，人的心理常常受到伤害的原因之一，就是要每件事都应当公平。在这种想法的引导下，人们一旦受到不公平的待遇，便开始抱怨、发泄内心的不满，而其实，我们完全没有必要苛求绝对的公平，这是一种不明智的做法。成人尚且如此，人生观、世界观尚未形成的孩子更是如此。

很多时候，孩子的叛逆心，是因为内心苛求公平，一旦达不到自己公平的要求，便会发泄情绪，为此，作为妈妈，我们要帮助孩子认识到，绝对的不公平是不存在的，只有平衡自己的内心，才能少些对抗，多些平和。

《新约·马太福音》中有这样一个故事。

从前，有一个国王，他要出宫很长一段时间，出发前，他叫来自己的三个仆人，并给他们三锭银子，然后吩咐他们说："这些钱你们拿去做生意吧，等我回来时，你们再带着赚到的钱来见我。"

一段时间后，国王回来了，第一个仆人来见他，对他说："陛下，你交给我的一锭银子，我已赚了10锭。"国王很高兴，给他10座城池作为奖励。

第一个仆人走后，第二个仆人来了，他对国王说："陛下，你给我的一锭银子，我已赚了5锭。"于是国王便奖励了他5座城池。

第三个仆人报告说:"陛下,你给我的银子,我怕弄丢了,所以一直用手攥着,没有拿出来过。"

国王一听,十分生气,于是,他将第三个仆人的银子也拿来赏给了第一个仆人,并且说:"凡是少的,就连他所有的,也要夺过来。凡是多的,还要给他,叫他多多益善。"

其实,后来这一现象被人们称之为"马太效应"。

事实上,在我们的生活中,马太效应也处处存在。而在孩子的世界里,"马太效应"的作用多数是消极的。

例如,在一个班级里面,那些学习上的尖子生,老师就会认为他们在其他方面也是优秀的,并对他们抱以很高的期望,于是,在这种激励下,他们的表现会越来越好,而那些学成绩差、调皮的学生,就会受到老师的冷落、同学们的孤立等。

总的来说,我们要帮助孩子保证心态,让孩子正确认识"不公平"。具体来说,你可以从以下两个方面入手:

第一,要让孩子不要总是提及别人,不要总是将注意力放在别人身上,而是应该学会关注自己,这样,孩子就不会因为比较而出现不公平的心态了。

第二,让孩子多关注生活中快乐的事。这时,孩子就会发现,心情豁然开朗。生活中的诸多快乐正一件接一件迎面而来,即使不是一个好天气,你都会感到内心的喜悦。

作为妈妈,你一定要让孩子明白,这个世界上,总是有这样那样不公平的事,没有百分之百的公平,越是苛求所谓的公

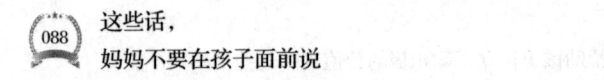

平，那么，你就越会觉得自己正在遭受不公平的待遇。所以要摆正心态，不必事事苛求百分百的公平，否则就是自己和自己过不去。要把注意力放到重要的事情上面。

在孩子的眼睛里，很多事都是绝对的，他们希望能得到绝对公正的待遇，而实际上，绝对的公平是不存在的，因此，作为妈妈，我们要告诉孩子，一定要学会摆正自己的心态，要注重自己的生活，而不要把眼光放在他人的表现上，否则，只会无端为自己增添烦恼而已。

第05章

帮助孩子实现独立的愿望，这些话妈妈不能说

在家庭教育中，妈妈们都希望孩子能自立成人，但我们的孩子从出生下来就依恋母亲，就像婴儿不愿脱离温暖舒适的子宫一样，孩子在自立的过程中，会带来痛苦、恐惧和焦虑不安，甚至愤怒和烦躁，易激惹，以及攻击行为等。那么，怎样可以使孩子在情感上接受分离，变得独立，就成了许多妈妈困惑和关注的问题。其实，让孩子自立，要尽早开始，当孩子具备了一定的动手能力后，妈妈就要注意自己的教育语言了，不要总是替孩子包办、拿主意，相反，我们可以从日常小事开始，比如让孩子自己睡觉、自己整理房间、告诉孩子"自己的事情自己做"等，长此以往，孩子就能变得独立，就能早日担当一份责任！

你还小，妈妈替你做

——妈妈大包大揽，孩子怎么能长大

有位母亲这样抱怨：

"儿子从小和我在一起，是我自己一手带大，母亲对子女的那种疼爱让我不仅对他宠爱有加，而且几乎没舍得让他做过任何家务。每次我都会告诉他：'你还小，妈妈替你做'，慢慢的，连儿子都认为妈妈就是在家里伺候他和爸爸的，于是能干的事情也不愿意去干，总是妈妈长妈妈短的叫个不停，而我也因为看不上儿子做的一些事情彻底剥夺了他想自己动手的念头，结果儿子的依赖心越来越重了！"

不得不说，现在的孩子大多都是独生子，他们生活在优越的环境里，备受长辈的呵护和关爱，他们在家里的一切都由妈妈包办代替，是家中的小太阳。偶尔他们有动手的欲望时，妈妈也会挡在前面："你还小，妈妈替你做"，这样，孩子一切生活琐事都无需自己动手，潜移默化地就养成了他们依赖别人的习惯，缺乏独立生活和艰苦生活的磨炼。而随着孩子年纪的增长，他们面临紧张的学习，更多的时间放在了学习，自我锻炼的机会就更少了，而这个阶段也是各种能力形成的重要阶段。如果忽视对孩子生活自理能力的培养，那么不久的将来，

第05章
帮助孩子实现独立的愿望，这些话妈妈不能说

他必将成为"饭来张口，衣来伸手"的人，怎么能接受社会的洗礼呢？

苏联著名教育家苏霍姆林斯基也说过："儿童的智慧在它的手指尖上。"心理学家也一致认为手指是"智慧的前哨"，这说明动作的发展多么重要。动手能力是一种最基本的而又十分重要的学习能力，妈妈在教育孩子，开发孩子智慧的时候，一定要让孩子学会独立和自理。

有位妈妈在谈到教育女儿的心得时说："我们家里虽然是祖孙三代，可孩子爷爷奶奶对女儿的独立性培养很重视。只要是女儿能力范围可以完成的事情，我们都让孩子自己做，其他人在旁边，在必要的时候给予她指导。在上幼儿园小班前的那个夏天，突然有一天，女儿高兴地说：'我自己会穿衣服了，你们都下去吧，我自己的事情自己做。'让我感到十分高兴的是，她竟然真的自己穿上了衣服。虽然穿得歪七扭八的，我不失时机地夸奖了她，她高兴地一蹦一跳的。"

和这位母亲一样，要教育出自立的孩子，必须培养他的自理能力。我们的孩子总有一天会长大的，小的时候受到一点挫折，凭借自己的力量解决，明天就会独立成长。孩子总要离开妈妈的怀抱，走进竞争的社会，妈妈放手越早，孩子成熟越早。早些让他自立，孩子的责任感会增强，孩子逐渐有了自己的主见，也就逐渐能自立了。

所以，妈妈一定要意识地培养孩子的自理能力，那么，家

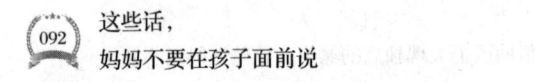

长应该如何做呢？

1.妈妈首先要学会放手

幼儿园开妈妈会，老师特意向孩子的妈妈布置了一项家庭作业——教会孩子剥鸡蛋皮。一位妈妈在下面小声地说："这多为难孩子啊，我家女儿还不知道鸡蛋长什么样呢！"老师觉得很奇怪，孩子都这么大了，怎么会不知道鸡蛋什么样子呢，那位妈妈继续说："我总怕煮鸡蛋的蛋黄会噎着她，到现在还一直只给她吃鸡蛋清。"在场的老师和妈妈们都惊呆了。

这位妈妈真的很爱自己的女儿，在日常的生活中大包大揽，什么事都替孩子做好，孩子上幼儿园了连鸡蛋的样子都没见过。这样的爱摧毁了孩子的动手能力，最终将会导致孩子一事无成。

2.让孩子从个人分内事做起

妈妈不妨让孩子从个人分内事开始做起，其中包括生活自理能力，如自己将衣服穿好、放好；自己的玩具自己收拾好；把脏衣服放进篮子里；收衣服时可请孩子帮忙拿衣架，由妈妈晾衣服；收衣服时，孩子还小，可由他负责拿自己的衣服；叠衣服时，孩子也可以学习折叠及分类放好。让孩子慢慢习惯其实做家务也是自己分内的工作。

3.不要扼杀孩子的自理萌芽

其实，每个孩子都有自己动手的欲望与萌芽，不同的年龄段有不同的表现，比如1岁多时爱甩开大人自己走路、自己去抓饭来吃、自己穿鞋子等，而到了3岁时，他们则希望可以自己穿衣服，自己吃饭等，因为他们对这个世界充满了好奇，想通过自己双手的触摸来探索。当孩子有这样的表现时，妈妈要鼓励，用笑脸来鼓励她去做。

4.妈妈不要着急，保持足够的耐心

我们经常所见：孩子在穿衣服或鞋子，穿了半天没穿好，妈妈冲到他面前，边数落边快手地帮他把鞋穿上。孩子动作都是慢的，因为这个世界对于他们来说就是新的，我们看上去很简单的东西，对他们来说则不是，都要去学，反复练习才能做到。所以，妈妈要有足够的耐心。

对于上述提到的问题，其实我们可以提前出门，这样，哪怕孩子做得慢，也不会耽误时间了。

5.对孩子的好表现给予奖励

当孩子努力去做了，或做得很好时，妈妈要立即予以称赞和鼓励，以调动孩子的积极性，增强孩子的自尊心和自信心。这种称赞尽量不要以实物的形式，如给孩子买玩具、买好吃的东西等，因为这样容易刺激孩子的虚荣心，时间久了，反而会阻碍孩子的健康成长。

我们称赞孩子，可以是行为上的，如摸摸他的头、冲他笑一下，或者给他一个大拇指，这样就够了。孩子从妈妈的表情、动作就可感知你的鼓励。每个人都是有惰性的，大人是，更不要说小孩了，关键看惰性来了时怎么去引导。

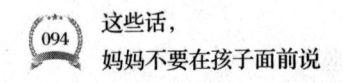

6.鼓励孩子力所能及地帮助别人

家庭生活是一种集体生活，也可以看作社会的缩影，妈妈要引导孩子多为妈妈做些事情，可以是一些很小的事情，如扫地、擦桌子、洗碗筷等等，从小培养孩子为他人着想的意识。

7.对孩子的自理能力给予正面评价

无论孩子到底做得怎样，都不要对其进行负面的评价。此外，为了让孩子以找到自理的乐趣，妈妈可以制作一份家务成绩单，逐项打分数，并给予适当的鼓励，也让孩子了解妈妈平时做家务的辛苦。

总之，当孩子具备一定的自理能力后，妈妈应该也要适当放开你包办的手了，给他们一个锻炼自己，提高能力的机会吧！

走，晚上跟妈妈睡

——让孩子和妈妈分床睡是其独立的开始

可怜天下父母心，作为父母，我们都爱孩子，尤其是妈妈，从孩子呱呱坠地开始，都希望把最好的都给孩子，但是有时候太过宠溺却不是好事情。我们都要训练孩子的自理和自立能力，要给孩子独立和空间，而第一步我们要做的就是让孩子学会和妈妈分床睡，然而，我们经常听到孩子上小学了，一些妈妈还这样说："走，晚上跟妈妈睡"，孩子不和父母分床睡，是无法做到心理断乳的，专家表示，妈妈和孩子分床睡，是一次"断奶"的过程，甚至要比断奶还难，因为这次断奶更多的是心灵上的"断奶"。

尽管过程艰难且令人揪心，但妈妈们还是要学会培养孩子独立睡眠的习惯。

然而，一些妈妈产生困惑："孩子多大应该和妈妈分床睡？"

在回答这一问题时，我们先来看看孩子不和妈妈分床睡的不利影响。

第一，影响夫妻关系。长期夫妻没有私人空间，影响感情。

第二，不利于孩子健康心理的成长。

3岁以下的孩子，跟妈妈同睡，带给他们更多的可能是安全、温暖。而对于一个3岁以上且已经上幼儿园的孩子来说，如果还不适应自己睡觉，很可能造成孩子以后的性早熟或者给他们带来错误的性观念。

第三，孩子的独立性会比较差。

孩子会比较依赖妈妈，觉得一定要有妈妈在才能把事情做好，很不利于孩子坚强性格的培养。

那么究竟在孩子几岁分床是最适合的年纪呢？

其实，这个并没有具体的时间限定。一般认为，只要能够在3~10岁之间完成分床就行了。也就是说，宝宝3岁后就可以尝试分床，至于尝试多久能成功，也是得看宝宝的适应能力了。因为，有的宝宝3岁就能完全自己睡了，有的可能要拖到八九岁，这都是正常的。所以说，不要强迫宝宝，多做点准备工作，多沟通，给宝宝一个适应过程，没必要为了分床睡弄得宝宝哭天抢地的。而至于分床睡吧，其实没有那么难。

妈妈如何帮助孩子顺利分床睡？

1.提前做好心理辅导

一般来说，我们从孩子3岁左右就可以让孩子分床睡了，但这一时期的孩子依赖性还比较强，所以这里需要妈妈做好心理开导，让孩子学会独立，愿意接受这件事。

2.与孩子一起创建温馨的睡眠环境

准备一个比较温馨的环境。让孩子学会分床睡得话，最好给孩子营造一个比较温馨的环境，不说多奢侈，但要温馨。

我们可以在房间挂上家庭合照，摆上孩子喜欢的玩具，另外，我们还可以和孩子一起布置他的小房间或者小床铺，妈妈要尽可能地满足孩子的愿望。这样，孩子会感到他长大了，有了自己的一片小天地，自己可以说了算了。这首先是从心理上满足了孩子独立的需要，同时又为孩子创造了单独睡眠的环境。

3.可以先从分被子做起

如果孩子实在不愿意分床，可以先从分被子开始习惯，让孩子自己睡一条被子，再慢慢进行开导，让他接受分床睡的事，这样也可以随时关注一下孩子情况，时间长一点孩子就会习惯一个人睡的。

4.鼓励孩子

适当的鼓励一下孩子,让孩子懂得独立的重要性,适当的一些奖励机制也是要的,多夸夸孩子,如勇敢,胆大等。

5.陪伴孩子

分床后妈妈陪孩子一段时间,让孩子适应一个人睡,妈妈可以刚开始陪孩子睡,等孩子睡着了然后离开,但是一定要提高警惕,夜间防止孩子醒来后哭闹,慢慢地适应一段时间就可以让孩子单独睡了。

6.让孩子保持放松心情入睡

妈妈与孩子分床睡时,要给孩子创造好心情,尤其在晚上入睡前,可以给孩子讲讲笑话或故事,让他心情放松。也可以和孩子一起听听轻柔舒缓的音乐,但不要讲鬼怪故事或者听节奏过快的音乐。

7.为孩子找个陪伴的替代物

如果孩子无法适应分床睡,可以先给他找一个替代物,比如,妈妈睡觉的枕头,或者平时孩子喜欢的布娃娃等,这样,孩子有了依恋的对象,就能慢慢适应了。

不过,时间久了以后,还是要撤掉这些替代物,但切不可操之过急。

8.打开房门,保持空间交流

孩子开始独睡时,打开他房间的门,妈妈也打开自己房间的门,让两个小空间连接起来。这样,孩子会感到还是和妈妈

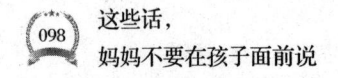

在一个房间里睡觉，只不过不是在一张床上。

9.选择合适的季节

一般我们在给孩子选择分床睡的时候最好是在春秋季节，这时候气温不冷不热，适合分床，冬天太冷，孩子容易蹬被子，夏天太热，孩子吹风扇不容易控制好，所以为了孩子的健康，尽量选择好时间阶段。

总之，让孩子独立睡眠有很多好处，既给孩子独立的机会，又有益孩子身体健康，培养孩子健康的性取向，同时增加夫妻感情交流的机会。

来，妈妈喂你

——孩子成长的第一步是学会自己吃饭

到吃饭时间了，妈妈做好了饭，准备喊5岁的儿子吃饭，可是叫了几遍，儿子都没反应，还是在玩玩具，妈妈只好端着过去说："来，妈妈喂你"，可说儿子依旧撅着嘴不吃，妈妈生气了，她一天忙里忙外，要工作，还要照顾孩子。她一气之下夺走了儿子手上的玩具，儿子也不高兴了，居然跟妈妈抢起来。妈妈这下可火了，生气地把孩子说了一顿。可是，说完之后，看着躲在墙角哭得惨兮兮的儿子，心又软了，她开始后怕，自己这样批评孩子，会不会给他留下心理阴影？

的确，生活中，很多妈妈陷入了这样的困惑中：孩子一到吃饭时间就闹，要么不吃，要么边吃边玩，要么非要你喂。不管教，孩子改不了，话说重了，又怕孩子接受不了……的确，孩子吃饭问题是很多妈妈操心的问题，一些妈妈为了能让孩子好好吃饭，经常给孩子喂饭，其实这样做不但扼杀了孩子的自理萌芽，还会让孩子越来越任性。那么，孩子吃饭问题到底要如何解决呢，对此，我们要具体问题具体分析：

1.边吃边玩

孩子有这样的饮食坏习惯，在很大程度上是因为妈妈没有科学地喂养孩子，比如孩子早已吃饱了，妈妈却要求孩子一定要把定量完成或再添饭；还有的妈妈过分迁就孩子，孩子想怎么样就怎么样；有的妈妈没有为孩子建立有节奏的生活习惯，孩子玩得正在兴头上的时候硬拉着孩子去吃饭；更有的家庭没有对孩子进行良好的餐桌礼仪教育等。

面对这样的情况，我们要做到：

（1）孩子到3岁左右，就引导他乖乖地坐着吃饭，不可边吃边玩。

（2）孩子吃饱了，就不要再硬塞给他吃。

家庭成员都共同遵守餐桌规矩。例如，大家关注谁还没坐到餐桌边，让孩子感受到不光是在用餐，还能愉快地享受用餐时光，围着餐桌边吃边交流情感。进餐时尽可能排除引发孩子玩的因素，并尽可能将看电视与吃饭时间错开。这也需要妈妈

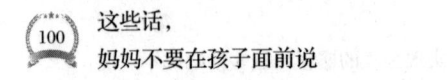

能以身作则。

2.挑食

孩子挑食从某种程度上说是孩子"自我意识"萌芽的表现,在3岁幼儿园小班孩子身上表现得尤为明显。此时得孩子希望自己做决定,因此,对于此类问题,我们要看到其背后的积极意义。

如果孩子因身体原因(不适或胃口不好),偶尔对某种食物有过反感或不良的体验,有可能会造成对某种食物的拒绝。成人如果在孩子饮食上过度迁就也会养成孩子的挑食。孩子的饮食习惯很大程度上是沿袭家庭的饮食习惯,所以当孩子挑食的时候,妈妈要想想自己是否挑食?

对此,你可以这样应对:

(1)让孩子有选择的自由,与大人一样,孩子选择食物也有好恶之分。可以允许孩子有一定的选择权。如何让孩子选择呢?在此提供几个小绝招:

营造温馨用餐气氛,共同布置餐桌,让孩子选择安排餐具、座位。进餐时有轻松的交流。

对某一食物挑食,母亲可以采用一些建议的口吻或说话技巧(例如,先吃什么后吃什么,吃三口或两口,可以和某种菜混在一起吃),但是允许选择绝不是迎合孩子的挑食。有些妈妈常常事先征求孩子的意见,问他想吃什么好菜,这无疑是教他学会挑食。允许选择一般是在孩子自己提出不愿吃的时候。

（2）时常启发孩子对食物的兴趣。可以用小故事启发孩子，例：某某就是吃了什么，才长得高，成了冠军；某某动画明星，很喜欢吃鸡蛋才有本事。或者妈妈用赞赏的表情诱发孩子食欲。

（3）细心的母亲在食物设计和烹饪技巧上要尽可能有变化。当孩子不喜欢某种食物时要分析烹饪中是否有问题，例如，不要一连几天重复同一种食物，食物一定要有变化，可以将孩子喜欢的食物和不喜欢的食物搭配起来。

（4）因人而异、因势利导、及时鼓励。在孩子食欲好的时候纠正挑食。

3.吃饭拖拉、慢吞吞

一些孩子吃饭的时候总是慢吞吞，有可能是孩子性格如此，还有可能是孩子容易注意力分散，所以没有食欲。

对于后者我们要着力培养孩子平时的注意力，另外，要注意烹饪的食物是孩子喜欢的，易于孩子咀嚼。

4.吃得少

对于这种情况，可能是运动量不足，消耗少，缺乏饥饿感。也有可能是吃了太多零食。

对于这一情况，我们要做到：

首先，要让孩子决定自己的饭量，不要给孩子定硬性标准，其次，要限制零食，一是数量上，二是时间上（进餐前一小时不吃零食）。另外，每天必须给孩子一定的运动量（促进血液循环，有助于消化）。

还有一点需要注意，要想让孩子好好吃饭，我们要尽量保持进餐时轻松愉快的气氛，这是增进孩子食欲的基本条件。孩子拒绝进食，绝对不能强逼他，你不妨就赶快收拾饭桌，让他好好饿一顿。饿肚子的感觉就是最好的"惩罚"。这比唠唠叨叨数落而后没有效果要强得多，如果不起作用，则要进行原因分析，参照以上的几种进餐状况研究特定的解决方法。

我替你收拾房间

——让孩子学会自己整理和收拾房间

生活中，我们经常看到有些妈妈唠叨自己的孩子没有自理能力，什么东西都乱放，到用时却找不到，其实，这些都是因为平时妈妈帮助孩子做的太多了，在孩子还小的时候就应该培养他们收拾整理的好习惯。要知道，孩子拥有好的自理能力会让其受益一生，另外，在收拾和整理的过程中，也能训练孩子的手脑并用的能力，引导他们统筹规划。然而，我们看到的现实的情况是，妈妈为孩子包办一切的习惯并没有得到纠正，为此，孩子连生活中最基本的收拾能力都没有。这些妈妈是这样说和这样做的：

（1）马上就要上学了，可是孩子还没吃好饭，"算了，妈妈喂你"。

（2）孩子房间乱七八糟，实在看不过去了，就说："你好好写作业，我来收拾"。

（3）早上快要迟到了，孩子书包还没整理，受不了了，赶快帮他收拾。

（4）本来孩子说要学习洗袜子，但是怕他洗不干净，大了再说吧，还是我帮他洗。

（5）做完手工后，桌子上脏乱不堪，可睡觉的时间又到了，算了，我来收拾吧。

（6）要去露营了，孩子怎么知道任何收拾行李呢，我自己代劳吧。

这些现象在生活中随处可见，妈妈承包了孩子所有需要整理和收拾的任务，可妈妈似乎没有注意到，这样会导致孩子缺乏自立能力，将来在面对、解决困难面前，都会表现出其缺乏自信和独立性的一面，更别说独当一面了。从另外一个方面说，这也会让孩子认为妈妈的付出都是理所应当的，更不会善待妈妈和家人了。

下面，我们来看看孩子不懂整理的坏处：

1.孩子缺乏自理能力

孩子不懂得整理，事实上，是因为孩子缺乏自理能力，爸爸妈妈应该从孩子有行为能力后可以教导他做一些力所能及的小事，让孩子明白自己的事情要自己做，别人遇到困难了可以

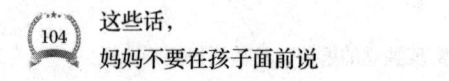

及时给予帮助。

2.孩子喜欢依赖他人

不得不说，现在的孩子大多都是独生子女，他们生活在优越的环境里，备受长辈的呵护和关爱，他们在家里的一切都由妈妈包办代替，是家中的小太阳。一切生活琐事都无需自己动手，潜移默化地就养成了他们依赖别人的习惯。

的确，孩子不懂得整理，总是会让别人帮忙，慢慢地就会让孩子觉得家务事并不是自己的责任，自己不想做的时候别人来帮助自己是正常的。这样就会造成孩子从小就不会自己独立去完成任务。

3.孩子养成懒惰心理

孩子不懂得整理，慢慢地会变得越来越懒惰，小时候自己的事情不肯自己做，长大以后很多事情也会懒得去做。这就是孩子的惰性在作怪。

4.孩子做事效率不高

孩子不懂得整理，会降低孩子做事情的效率，小事做不好，在工作学习上遇到事情就更加解决不好。因此，要想以后孩子有所作为，在孩子小的时候就要开始培养他的整理能力。

因此，妈妈必须引起重视，要从小引导孩子自己收拾整理。

在孩子有了一定的动手能力后，教会他主动去收拾整理，不仅可以帮助他发展能力，还能让爸爸妈妈的劳累程度大大减小。大家要注意的是，想要你的宝宝自己学会收拾，不是一蹴而就的。

其实，想要让孩子学会整理并不难，只要爸爸妈妈做到以下几点，孩子就能够简单地学会整理：

1.告诉孩子干净的房间的好处

可以给孩子讲讲，干净、整洁的环境能让他们很快地找到他们的东西，比如当他们需要衣服时能在第一时间找到，并且衣服放在衣柜里会让他们的房间看起来更整洁，他们的玩具小伙伴也会生活得更舒适。这样，孩子们就会越来越喜欢整理自己的房间。

2.可以让孩子去感受一下房间脏乱带来的后果

比如，孩子把脏衣服随手扔在地上而不是扔在篓子里，那么他们就没有洗干净的衣服可以穿；如果孩子不爱惜、收好自己的玩具，那么玩具可能被损坏或丢失。这是教孩子注意保持房间卫生很好的办法，甚至都不需要妈妈去惩罚，孩子就会乖乖整理好。

3.创造一个能使孩子乐于整理、能够整理的环境

比如，专门给孩子安排一个角落，用来放置去幼儿园用的衣服和物品，并标上新鲜有趣的记号。在孩子出入方便的地方，准备一个固定的放衣服、鞋、袜的地方。准备一个大的箱子，用来放玩具，准备一个低层书架或抽屉，用来放书。

4.当孩子的房间非常整洁时，妈妈要不吝惜地给予赞扬

可以夸孩子，说房间收拾得真好、真干净，衣服叠得也非

常好,这样孩子就会保持爱整洁的习惯。不过,奖励也不能太多,这会使孩子产生整理房间就有奖励的想法,那么若没有奖励孩子可能就不会主动整理房间。过度称赞孩子的勤快,可能会使他们认为他们本不应该打扫房间。

的确,爱玩是孩子的天性,像整理房间这样的事情,他们觉得没有乐趣才不去做。其实整理房间并不是一件非常困难的事情,妈妈可以通过一些"小伎俩"来提高孩子们整理房间的兴趣,给他们创造动机。

来,妈妈帮你选
——引导孩子自己思考、选择和决定

我们都知道,任何一个人的成长都要伴随着各种各样的痛苦,就像婴儿出生一样,不通过痛苦的挣扎,就不能脱离母体成为自己。成长就是一个不断经历挫败、忍受痛苦、面对困难的过程,失败和痛苦是生命的必然。只是不少妈妈怕孩子承担痛苦,尤其是在遇到一些重大抉择的时候,她们会为孩子决定一切,以过来人的眼光为孩子打理好一切,她们常常挂在嘴上的一句话就是:"来,妈妈帮你选",久而久之,孩子会对妈妈形成一种依赖,面对选择的时候,孩子就会有一种无助感,发现离开妈妈什么都不行,丧失信心和勇气,成为妈妈眼中

"听话的好孩子"。而一旦孩子不接纳自己的安排,她们就会说:"住嘴!你怎么就是不听话。"

的确,谈及孩子的教育,几乎无不以孩子是否"听话"论成败。"听话"则出息,反之则不会出息。的确,一个"听话"的孩子,看起来是那么令人满意:他听大人的话,不打架,不爬高,不惹事;他听大人的话,老师说什么就做什么;他听大人的话,从不违背妈妈的意志。如此等等,他因此获得大人们一片称赞。

但试想一下,这样的孩子能真正自立吗?难道一个从小在"听话"中长大,从来不需要自己做选择、自己做决定,也就是从来不需要对自己负责,而仅仅只要"负责听话""负责服从"就可以了的孩子,一旦走出校门,走出家门,就能够"独当一面,自立门户"了吗?他能从容地去面对今后的各种打击吗?我们发现,那些一贯"听话的好孩子",到了社会上,他们的成就好像不出色,甚至也不及那些"不太听话"的孩子。

因此,作为妈妈,必须要接受孩子成长中痛苦的过程,让孩子自己做出选择,承担后果。

有这样一个华人,在美国一个家庭目睹的两个例子。第一个例子:饭桌上,2岁多的儿子不肯喝牛奶,要像大人一样喝可乐等各种饮料。第二个例子:还是这个孩子,这时已4岁了。在一次在饭桌上,不知为了什么事大哭起来。两次都是当着客人

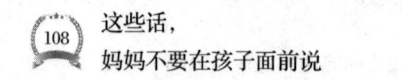

的面。类似的麻烦,很多中国妈妈可能是这样处理的:

1.迁就型

因为客人在,图省事,迁就了孩子,只要孩子"听话"、不哭不闹,什么都可以答应。

2.哄骗型

"你现在把牛奶喝了,听话!妈妈明天带你去儿童公园。""你现在不哭,妈妈明天……"但这都是随口说说而已,自己心里不当真,但求孩子快点"听话"。

3.回避型

"去跟爸爸讲,妈妈这里有客人。去,听话!""××,你把她带出去一会!这小孩,太不懂事!"然后你朝客人苦笑、摇头,表示"无可奈何"。

4.训斥羞辱型

"听话!不许喝(可乐)就是不许喝!不要以为有客人在,我会迁就你!""不许哭,难为情不难为情?当着客人的面!"你拿出做母亲的权威,严格不迁就。

5.说理型

对孩子说牛奶如何有营养,可乐怎么对小孩健康不利;对孩子说吃饭时候哭,会如何影响身体健康;"客人看着,××是不是一个听话的好孩子",有时还邀请客人配合说理,哄骗、吓唬。

你对孩子慈爱,教子耐心。而且,也许,你的做法还常常

第05章
帮助孩子实现独立的愿望，这些话妈妈不能说

没个定数，这次是迁就，下次是训斥，大都要看看你当时的心情而定。而正是你变化无常的沟通模式，让孩子学会了变化无常的行为反应。

那么，这位美国父亲是怎么做的呢？面对第一种麻烦，这位父亲每次都只有一句话："喝完了牛奶，可以在我杯里喝一口可乐。"隐含的选择是：你可以不喝牛奶，当然也没有可乐喝。请记住：口气坚决，是"告诉孩子除此没有商量余地"；态度和蔼，是父亲认为2岁的孩子有这样的行为是正常的，不认为是"不乖"。孩子选择喝完自己的牛奶，父亲说话算数，当场兑现，笑眯眯地允许孩子在自己的杯里喝一口可乐。面对第二种尴尬，父亲同样是和颜悦色，但语气严肃："我们在谈话，要哭，你可以到你的房间里去哭；想坐在这里和我们一起说话，就别哭。"他同样不觉得孩子的行为使自己"尴尬"，孩子选择了不哭。

可见，这是一个高明的父亲，他既没有如何批评责骂，也没有讲什么道理，他不强求孩子喝牛奶，也不直接制止孩子哭，他只是很具体地指出孩子可以选择的行为，以及每种行为的结果。在整个过程中，父亲对孩子的沟通是具体的、明白的、民主的。这位父亲并没有要求孩子"听从什么话"，只是要求他自己选择做决定。他是真正把孩子当作"小人"看：不管有没有客人，2岁的孩子吵着要喝可乐，不要喝牛奶，是正常的；饭桌上，4岁的孩子大哭也是正常的。父亲不会因此感觉

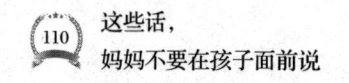

"尴尬""失面子"。

注重让孩子自己做选择，能帮助孩子树立独立的信心，因为一个人做出什么样的选择，就是在描绘他今后的人生，这对孩子的成长至关重要。

许多妈妈认为，孩子还小，由着他们自己选择做决定，还不乱套。而日常生活中不过都是一些细细碎碎琐事，处理"得当"最好，"不当"也难免，孩子从出生到长大成人，每个妈妈所面对的大都是诸如此类琐碎的日常生活中的小事情，但孩子"成长的秘密"正是发生在这混沌的日复一日、大同小异的一件件小事情中。当小孩子刚开始具有理解能力，就应该让孩子自己在可能的范围内去选择。比如，对一个2岁的小孩，每天早晨，当他起床的时候，让他从T恤衫、裤子、袜子中挑选自己喜欢穿的衣物。妈妈们要相信，孩子通过选择，能养成自理的能力。当他长大后，能从容面对日常生活中许多重要的选择，即使他们承担了很负面的后果，但这是孩子成长的必经之路，没有痛苦，就无法成长！

当然，让孩子自己选择做决定，并不是一切由着孩子说了算，也不是妈妈在任何情况下都不能对孩子有命令性、强制性要求，在一些重大事情上，妈妈对孩子的强制要求、行为规范是必要的，妈妈不可放弃作为孩子法定保护人的职责。但妈妈要把握一个"度"，不可事无巨细；也不可都要孩子听从妈妈，不能超雷池一步。

妈妈陪你写作业

——让孩子独立完成家庭作业

我们都知道，学习是学生的天职，而要学习就离不开做作业。可能有些学生认为，只要听好课就能取得好成绩，作业无所谓，于是，他们常把作业当成完成任务，也有很多抄袭作业的现象。而实际上，老师布置的作业，都是他所讲解的知识的浓缩，做好作业，能帮助孩子们更好的消化这些知识。

作为妈妈，我们发现，那些成绩优异的孩子在分享自己的学习经验时，都会提到独立完成作业这一点，他们认为，认真做老师布置的作业也是考试的重要环节。老师布置的作业要独立完成，努力思考，积极开动自己的大脑，结合上课老师所讲的新方法解决题目。

在家庭中，一些妈妈也认识到了孩子作业的重要性，为了督促孩子认真做作业，为此，妈妈在家庭教育中，会告诉孩子："认真点，妈妈陪你做作业"，其实，越是陪孩子做作业，孩子越是无法集中注意力，效率越低下，且容易对妈妈产生依赖心理。

的确，如果你问："人在什么情况下才能不走神呢？"只有当一个人被规定在一定时间内，要完成某一件任务时，这个人的注意力就会高度集中。考试基本功的好坏就在于平时对作业的态度。因此，我们就应该对孩子的考试素养和习惯进行培养，我们要告诉孩子，在做作业的时候，也要对自己进行像考试一样紧迫的训练，那么考试的时候就感觉是在做平时的作业，考试就会很容易。

因此，妈妈必须要告诉孩子，作业必须独立完成，让孩子把每次的作业当成一次考试，因为只有专注，才会有高效率的成果。

有位母亲谈到教育孩子的经验时说："常常听说有些妈妈说自己的孩子晚上做作业都要到12点。其实并没有这么多作业，问题的关键是效率不高。在我看来，提高效率有两种基本途径：专注和限制时间。专注说来容易做起来却很难。我们可以培养孩子专注的能力。我们家很小，所以我的女儿每天都是趴在饭桌上学习的，她告诉我，饭桌上的香味往往很容易分散人的注意力，但她会不断给自己暗示，必须投入学习，心无旁骛，现在看来效果真的不错。限制时间是提高效率的另一个有效途径。平时作业就要训练自己在规定时间里完成，到了考试才会从容不迫。"

的确，我们妈妈都明白，孩子做作业时，要做到两点：专注和限时，而这两点，都是任何一个成绩优异的孩子必须要训练出来的。

当然，独立完成作业，强调的当然是"独立"二字，作业不独立完成就完全失去了作业的任何积极意义，那就不如不做，此外，我们还要让孩子明确的是，一定还要坚决反对那种单纯完成任务观点，为应付老师检查而作业的不良习惯，作业实际上是课堂学习的继续，通过作业巩固课堂所学知识，检验课堂听讲的效果，培养自己独立思考、分析问题、解决问题的能力，提高学习的自觉性和积极性，当然作业中出现的疑难问题，在经过充分的思考、分析后可以向老师、同学请教或开展讨论，对作业中的错误，要及时分析错误原因进行改正。

可见，一个学生，只有做好作业管理，才有可能取得好成绩。而我们妈妈，则要监督孩子，让孩子独立完成，力求孩子在做作业时做到以下两点：

1.限时

孩子回家要写作业，要记录学习的时间，要限时学习，否则就是超量，不要超过规定的时间，提高学习效率，方法要对，老师的知识吸收得怎么样就看作业时间了，所以要平时训练有素，每次越快越好，又快又准。

2.专注

要告诉孩子一定要坐得住，而作为妈妈的我们也不要打扰孩子，安静的学习环境，孩子才能专心学习。我们可以帮助孩子记录开始的时间，结束的时间，至少要四十五分钟别动地方，多数孩子学到半夜是因为学习效率太低，没预习，听不懂，翻资料，问别人，抄答案，写答案，花费时间长的原因还是不懂。

总之，我们如果能让孩子记住以上两点做作业的要点，相信你的孩子一定能从作业中有所收获！

这些话，妈妈不要在孩子面前说

按照我说的做，听妈妈的就没错
——培养有主见的孩子

作为妈妈，我们都知道，我们的孩子是与众不同的，如同我们不可能找到两朵相同的花儿。每个孩子都有不同的感受事物的方式，玩耍的方式、思维的方式、学习的方式、享受的方式……正是这些"个别的特性"成就了孩子的"独特"。

然而，现实生活中，却又有不少妈妈总是在"为孩子拿主意"。比如，妈妈们经常会说："按照我说的做，听妈妈的就没错"，要知道，总是压制孩子的想法，很容易让他产生屈从的心理，这样的孩子是缺乏主见的。因此，妈妈要尊重孩子的个性，应该对其内在品性的各个方面进行更为明确的理解，真正地了解你的孩子，才能根据其个性打造其独特的人生，让他更自信地生存。

一位妈妈问一位教育专家："如何让我的儿子有主见呢？我儿子从小就很听话，可最近他刚入了幼儿园大班，老师经常要求小朋友说出自己的想法。这时候，他听话的优点就变成了缺点，因为他老是显得没有主见和缺乏应变能力，老师说他做事不够积极主动。我一下子觉得压力挺大的。对于这样听话的孩子，我不知道该用什么样的方式让他积极主动？"

这大概也是很多孩子的妈妈的困惑，因为我们都知道，孩子只有有自己的主见，才能主宰自己想要的人生。

第05章
帮助孩子实现独立的愿望，这些话妈妈不能说

作为妈妈，我们教养孩子的一个重要指标就是培养有主见的孩子，因为一个有主见的孩子，能明白什么是自己真正想要的，在欲望面前，能有独立的思考能力，也就能拒之于千里之外。

然而，成长期尤其是学龄前的孩子很多是以自我为中心的，作为妈妈，如果不能体察他们的内心世界，不注意尊重他们的自主要求，一味按照自己的想法为他们规定一个学习和生活的模式，孩子的依赖性就会越来越强。这样的孩子长大后，很可能会是一个优柔寡断、遇事毫无主见的人。那么，在日常生活中，妈妈应如何注意培养一个有主见的孩子呢？

1.给孩子表达意愿的机会

相当一部分妈妈害怕孩子走了错路，习惯于事事为孩子做出决定，而少有征求孩子的意见；一旦孩子不遵从，就大加责备。其实孩子也有自己的想法，妈妈在任何时候都要注意让孩子充分表达自己的意愿。

对此，我们要告诉孩子不能买的东西，就不能买，而想要的东西，不一定就非要得到，同时，他的东西，尽可能让他自己选，小孩子都有自己的一些兴趣和爱好，不过，妈妈还是要最后把关的。比如，孩子选的东西太贵的话，就告诉他，这个太贵了，我们买不起。孩子就知道要换一个便宜点的。

2.用启发式的话语代替命令

很多妈妈在要求孩子做事时，往往喜欢使用命令句式，因为他们以为，孩子天生是听话的，应该由别人来决定他的一

切,如"就这样做吧""你该去干……了"。而这种语气会让孩子觉得妈妈的话是说一不二的,自己是在被强迫做事,即使做了心里也不高兴。

妈妈不妨将命令式语气改为启发式语气,如"这件事怎样做更好呢""你是否该去干……了",这种表达方式会让孩子感觉到妈妈对自己的尊重,从而引发孩子独立思考,按自己的意志主动处理好事情。

3.耐心倾听孩子讲话

耐心倾听孩子讲的每一句话,鼓励并引导孩子自由地表达思想,既体现了妈妈对孩子的尊重,同时也能有效地培养孩子的自主性。

4.在生活小事上让孩子自己拿主意

在生活中,要让孩子学会自己拿主意,如吃什么、穿什么,孩子只有有自己的主见,长大后才不会凡事随大流,才不会失去自我和个性,才不会成为别人的尾巴,听别人摆布,或者为了满足他人的爱好,而不惜天天戴着精心制作的假面具,违背自己的人格。

5.随时随地自主选择

妈妈对孩子自主选择的尊重,可以随时随地体现在最简单的日常生活中:

(1)吃得自主。当孩子能力所及时,在不影响他饮食均衡的情况下,妈妈可以让孩子自己选择吃什么。例如在吃饭后水果时，妈妈不必强迫孩子今天吃苹果，明天吃香蕉，而让孩子自己挑选。

（2）穿得自主。孩子天生喜欢漂亮的衣服，这是人的天性，妈妈带孩子外出玩耍时，在保证安全、健康的前提下，可以让他自己决定穿什么衣服，切忌随自己喜好而不顾他的感受。

（3）玩得自主。不少孩子在玩游戏时，并不想让成人教给他们游戏规则，更愿意自己决定游戏的方式，并体验其中的乐趣。妈妈可让孩子自己选择玩具和玩的方法，这样做可以极大满足他的自主意识，帮助他成为一个有主见的人。

作为孩子，情商培养应是第一位，智商培养应是第二位，要想孩子有主见，我们就要尊重孩子的要求，并在生活中慢慢引导，总之，妈妈要记住，一个有主见的孩子更能控制住自己的欲望，更有自制力！

第06章

强化孩子的社交能力,这些话妈妈不能说

作为母亲,我们都知道,我们的孩子,有没有社会交往能力,是他以后生存的重要方面,社会交往能力强者更容易走向成功。我们教育孩子,除了给孩子一个轻松舒适的生长环境、优越的生活条件,接受有品位的生活以外,还需要教会孩子如何自信的与人交往,要知道,一个落落大方、平易近人的人才能赢得别人的赞同、尊重和喜欢,才不会孤独。对此,妈妈要抛弃担心和成见,更要避免说一些打击孩子社交热情的话,多鼓励孩子与人交往,大力帮助并引导他们结识好的朋友,建立纯真友谊,让他们走出狭小的自我空间,在与集体的相处中感受温暖和愉悦,在心与心的交往中丰富自己的情感世界。

他打了你,你怎么不打他
——教孩子正确面对朋友之间的冲突

对于成长中的孩子而言,他们主要的人际关系有三种类型:同伴关系、师生关系、亲子关系。当孩子在学习、生活上遇到挫折而感到愤懑抑郁时,向知心挚友一席倾诉,就可以得到心理疏导,身心也就更健康,学习更有劲。而那些孤僻、不合群的孩子,往往有更多的烦恼和忧愁,甚至影响正常的学习和生活。作为孩子成长路上的第一个引路人——妈妈,要明白的是,帮助孩子提高交际能力是家庭教育的重要内容。而对于孩子来说,在与同学、小伙伴交往过程中,难免会出现一些争端,此时,妈妈要引导孩子学会正确处理,不过现实生活中,我们听到的更多的是妈妈这样的态度:"他打了你,你怎么不打他。"这无疑是教唆孩子运用武力解决问题,孩子即使赢了又如何?相信没有人愿意和这样的孩子交朋友,孩子只能被孤立起来,这是我们教育孩子的目的吗?

事实上,任何一个孩子,他如何处理人际矛盾,是其社交能力的重要体现,这一点,需要妈妈们先摆正自己的态度——孩子之间有矛盾是再正常不过的事,让孩子自己处理,给予恰当的引导,才是真正帮助孩子学会如何交友,如何交益友!

第06章
强化孩子的社交能力，这些话妈妈不能说

飞飞、阿力和凡凡是最好的朋友，但偶尔也会闹一些小矛盾，尤其是凡凡和阿力之间。凡凡是一个内向的男孩子，而阿力大大咧咧，口无遮拦，有时候，因为一件小事，两人就会展开"战争"。

一天，大清早的，飞飞还在睡觉，阿力气呼呼地跑来，对飞飞说："凡凡怎么能这样，我怎么交了这样的朋友？"

"怎么了，发生什么事情让你发这么大的脾气？"

"昨天原本准备让你陪我去买周杰伦唱片的，你不是有事嘛，后来，我就打电话给他，他在卫生间，电话是他妈妈接的。他说好一会就出门的，结果我在他家楼下等了半天，也没看见他出来，于是，我就去他家找他，他却在家看电视。我问他为什么耍我，他说他根本不知道我找他的事，我一生气，就骂了他，结果他就打电话给他妈妈，你说，他这人怎么这样？"

很明显，这两个男孩之间的冲突来自一个小误会，只要找机会沟通，就能解释清楚。俗话说："结交新朋勿忘旧友，一如浓茶一如美酒，情谊之路长无尽头，愿这友谊天长地久。"这是一手儿童友谊歌，每个人都需要朋友，注重关系的孩子更是。尤其是当今独生子女家庭，朋友让孩子更懂得爱，也让孩子的人生路走得更平坦，因为有朋友的陪伴，孩子也可以有一个灿烂的未来！但如果和朋友发生冲突，又该如何解决呢？

1.要让孩子懂得反省自己

你要告诉孩子一个道理，如果你的朋友中，个别对你有意见，可能是对方的问题，但如果你在大家中被孤立或者被众人排挤的话，估计就是你的问题了，此时，你要做的就是反省自己，看看自己哪里不对，你试想一下，你是不是太"自我中心"了——凡事很少为别人着想，自己想怎样就怎样，或对朋友不怎么关心等。

2.让孩子懂得控制自己的情绪

"血气方刚"是年轻人的专利，情绪失控时会造成很多悲剧。我们妈妈要帮助孩子学会控制自己的情绪和脾气，要告诉孩子："当你被激怒时，或者当你觉得自己血往上涌，只想拍桌子的时候，千万要转移注意力，或者数数，或者离开那个环境。当你学会控制情绪时，你就长大了。"

3.告诉孩子要大度、宽容

我们要让孩子明白朋友之间，难免个性不同，生活习惯不同，要学会彼此尊重和包容。人都是重情谊的，你帮他，他也会帮你，互相帮助中，友谊更加深厚。在深厚友谊的基础上，彼此给对方提一些意见是很容易接受的。不是什么原则上的大错误，不要斤斤计较，多包容。

4.帮助孩子正确看待每个人的长处和不足

人无完人，金无足赤。我们可以告诉孩子："如果你发现你的朋友在外面彬彬有礼而跟你在一起有点粗鲁，可能正说明他真的把你朋友，不能因为谁有某种不足就讨厌他，如果这个缺点不是品质上的，不是道德问题的话。大家能够走到一起，本身就是一种缘。"

5.让孩子多帮助别人和关心别人

我们要告诉孩子经常帮助别人的人，自己也会得到别人的帮助。"比如同学肚子疼了，给她灌一个热水袋，倒点热水；同学哭了，送她一块纸巾，拍拍她的肩膀，不用说话就能把关心传递过去。这都会让你和姐妹们的感情升温。"

总之，我们教育孩子，最重要的目的之一就是培养孩子的情商。随着年龄的增长，孩子的人际交往范围逐步扩大。人际关系中的矛盾，会使他们产生"困惑""曲解"或"冷漠"等消极心理，并导致他们产生认识偏差、情绪偏差，进而会做出不适应、不理智甚至极端的行为反应。因此，在孩子与人发生矛盾时，妈妈要加强教育，指导孩子学会处理各种人际关系中的矛盾，我们要帮助他从那种被排斥的感觉中逐渐成长，因为每一个人独特的与别人相处的方式，都是要经过一番努力才能获得的。当孩子开始有了自立、独立的能力，有了与人交往的能力后，让他和同学、朋友一起玩，逐步提高谦让、忍耐、协作的能力。否则孩子总和妈妈与家人相处在一起，备受宠爱，培养不了这方面的能力，以后进入社会就不能很好地和同事相处。而教会孩子融洽的与人相处，你的孩子就可以利用人际关系登上成功的宝座！

人缘差无所谓，只要学习好就行
——让孩子成为人人喜欢的万人迷

作为成人，很多妈妈都知道人际交往的重要性，任何人，善于与人交往，就等于成功了一半，然而，在教育孩子的问题上，很多妈妈却认为：学生阶段任务就是学习，等以后考上大学、找到好工作，再去经营人际关系，因此，她们常常挂在嘴边的一句话是："人缘差无所谓，只要学习好就行。"其实，这样的想法是错误的，好的性格与品质是需要从小引导孩子获得的，并且，社交是一门学问，也不可能一日获得，作为妈妈，我们不仅要让其学习到文化知识，也更要着力培养他们好的性格与品质，这样，他们在未来人生道路上会有更广泛的人际关系和更多人的支持和帮助。

以下是一个四年级男孩的日记："我的性格还是比较外向的，长相虽然算不上出众，但是自我感觉还可以。学习也不错，班里前十名，可是就是人缘不好。感觉周围其他男生好像都很反感我，看到他们和别的女生闹我也想去玩，可是却不知道怎样加入他们。听我一个好朋友跟我说，他的同桌跟他说比较反感我，也没有说原因，还说不许我那个好朋友告诉我。虽然我是知道了，可是我很无奈，也许是因为我说话的缘故吧，因为我真的不知道该怎样和同学们交谈，怎样才能让别的同学喜欢和自己说话，有共同语言。我到底该怎么办？"

第06章
强化孩子的社交能力,这些话妈妈不能说

生活中,可能不少妈妈也听到孩子有过这样的苦恼:"不知道怎样才能被同学和朋友们喜欢。"的确,我们的孩子也不希望不受同学欢迎、人缘差,这的确是困扰孩子的一个问题。

对此,我们要告诉孩子,受人欢迎的万人迷一定是有人人喜欢的性格、品质的,而如果不被人喜欢,就要从自身寻找原因,这样才能有针对性地改变自己。比如,你可以这样说:"你可以先和好朋友聊聊原因,再自己回想下自己在哪方面做的不够,也可以让他们帮忙问问班里的其他同学为什么不喜欢你。也可以拿张纸出来,写出你认为班上受欢迎的男孩交际好的原因,为什么受欢迎,比方说他说话方式、内容,再与自己作对比,也就能找出原因了。"

作为妈妈,我们不但要成为孩子学习上的指导者,更要做他们成长路上的知心朋友,但孩子有了烦恼和困惑后,我们要为其答疑解惑。

孩子都想成为受人欢迎的人,对此,你要教导孩子形成良好的交往品质,这些品质包括:

1.自信

自信是人际交往中重要的一个品质,因为只有自信,才会将自己成功地推销给别人认识。无数事实证明,自信的人更赢得他人的欢迎。自信的人总是不卑不亢、落落大方、谈吐从容,而决非孤芳自赏、盲目清高。自信的人对自己的不足有所认识,并善于听从别人的劝告与帮助,勇于改正自己的错误。

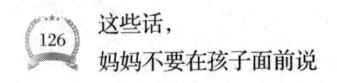

培养自信要善于"解剖自己",发扬优点,改正缺点,在社会实践中磨炼、摔打自己,使自己尽快成熟起来。

2.真诚

"浇树浇根,交友交心。"想要交到真正的知心朋友,就要学会真诚待人,真诚的心能使交往双方心心相印,彼此肝胆相照,真诚的人能使交往者的友谊地久天长。

3.信任

在人际交往中,信任就是要相信他人的真诚,从积极的角度去理解他人的动机和言行,而不是胡乱猜疑,在心里设防护墙,因为信任是相互的,尝试信任别人,你也会获得信任。美国哲学家和诗人爱默生说过:"你信任人,人才对你重视。以伟大的风度待人,人才表现出伟大的风度。"

4.自制

与人相处,经常可能会因意见不同、误会等原因发生摩擦冲突,而面对摩擦,学会克制自己的情绪,就能有效地避免争论,达到"化干戈为玉帛"的效果。青春期孩子,要想克制自己,就要学会以大局为重,即使是在自己的自尊与利益受到损害时也是如此。但克制并不是无条件的,应有理、有利、有节,如果是为一时苟安,忍气吞声地任凭他人的无端攻击、指责,则是怯懦的表现,而不是正确的交往态度。

5.热情

在人际交往中,热情的人总是不缺朋友,因为别人能始终感受到他给的温暖。热情能促进人的相互理解，能融化冷漠的心灵。因此，待人热情是沟通人的情感，促进人际交往的重要心理品质。

那么小需要什么社交
——孩子的社会交往能力需要从小培养

现代社会，任何一个人都需要掌握一定的社会交往能力，一个人的价值很大一部分是在社会交往中实现的，而我们很多妈妈也已经认识到这一点，并开始着手培养孩子的这一能力。然而，我们发现，一些孩子开始想交朋友、有了初步的社会交往愿望时，常常被妈妈打断："那么小需要什么社交""你再往别人家里去，我就打断你的腿""不要把小朋友带家里来玩"……妈妈这样说，可能是害怕孩子在社交中受伤害，但我们的孩子早晚要长大，我们不可能保护孩子一辈子，孩子在未来依然要接受残酷的社会竞争。社交能力差、不擅与人打交道，孩子可能会受到更多伤害，因此，我们要尽早培养孩子的一些社交能力，让孩子在与人打交道时做到不偏不倚、不卑不亢，让孩子自信大方地与人交往。

"我女儿5岁半了，很可爱，就是特爱害羞，碰到熟人也一样，有时甚至还会因害羞而哭闹。我也跟她讲了很多道理，可还是不管用。这该怎么办？"

这是一位漂亮妈妈对儿童心理学家说的话。其实，孩子到了5岁，正是他初步进行社会交往的阶段，孩子在这个阶段会学习如何来面对家人以外的人。在这之前他的身体还不够自如，语言表达也比较简单，更多地需要成人来猜测他的意愿。可以说，他的生活处处依赖成人。而孩子到了这个年龄以后，基本都开始上幼儿园，会接触到很多的同龄小伙伴，生活范围一下子扩大了。这时，需要他们自己去面对很多的"陌生人"，需要一个适应的过程。

但由于每个孩子生下来就具有不同的气质类型，一些孩子因为性格内向，一般不自信，会有点害羞，外向的孩子可能在交往中比较大胆。气质性格类型没有好坏，只是表明了孩子对待世界的不同方式。但妈妈一定要注意孩子的心理成长，别把孩子的不自信当成孩子的内向和害羞，一旦发现孩子不自信，就需要根据孩子的特点进行引导，让孩子喜欢交往，擅长交往。但妈妈也不必担心，这个年龄段的孩子性格可塑性很大，及时正确引导，是完全可以达到效果的。

那么，妈妈具体应该怎么做呢？

1.参加活动，给他与人接触的机会

您可以带孩子参加故事会、联欢活动等，还可以经常带孩子走亲访友，或把邻居小朋友请到家中，拿出玩具、糖果、画报分享，让孩子慢慢习惯于和别的孩子交往。孩子通常需要安全感，所以起初有妈妈在一旁陪伴，会让他比较放心。

2.妈妈多进行积极引导，不要强化孩子的弱点

如果妈妈朋友说："我的女儿胆子小、不自信、走不出去。"实际上这是强化孩子的弱点，结果是："胆大"的孩子更"胆大"，"害羞"的孩子更"害羞"。有的妈妈会有意无意地说："你看人家妹妹都会打招呼，你怎么都不会说呢？"这样的比较，反而会对孩子幼小的自尊心产生伤害，让他们更加害羞，更加不愿意说话。所以请不要轻易去比较，要相信自己的孩子就是最棒的。

当有其他人问候他时，您可以让孩子自己来回答，不必代替孩子来说。如果孩子不愿意说，您可以进行一些引导，如"小朋友跟你问好了，你该怎么回答啊？"当孩子自己与"陌生人"进行交流以后，逐渐就会胆大起来和自信起来。

3.教给孩子一些交往技巧

教给孩子一些交往技巧是让你的宝贝逐渐自信起来的最佳办法。比如，带着有趣的玩具走到其他小朋友的身边，这就能吸引别人的注意；做与其他小朋友一样的动作，也会得到友好的回应；想玩别人的东西，就教孩子说："哥哥姐姐让我玩玩好吗？"让孩子自己去说，哪怕是妈妈教半句，孩子学半句也好。如果得到了满意的回答也别急着玩，要让孩子学会说"谢谢"。如果得不到满意的回答，妈妈可以打圆场，转移孩子的注意力。妈妈要明白，在集体里孩子是一定会经历失败的，妈

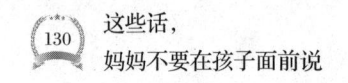

妈现在教孩子一些交往技巧，以后孩子独立面对失败时就不会承受不起。

4.及时表扬你的孩子

我们的孩子都是脆弱的，他在交往中迈出的每一步都需要妈妈的支持与鼓励。当孩子能大胆与其他人进行交往时，及时的表扬会让孩子更加自信，更乐于去与别人交往。

5.让孩子多做些运动

研究表明，无论男孩女孩，运动能够增强孩子的自信心，发展孩子的交往能力。妈妈也不妨多和孩子玩一些体育运动，如球类游戏、赛跑游戏等。引导孩子学会交流的最好时机是在他进行最喜欢的活动的时候。一般来讲，在大人与小孩子、或者孩子与孩子互动玩乐、运动的时候是孩子最放松的时候，也是引导他与人交流的最好时机。

别把玩具让给别人

——教孩子学会文明礼让

不少妈妈发现，孩子之间因不会谦让或不肯谦让而发生的矛盾十分常见，甚至有些妈妈也不把这些小事放在眼里，反而因为自己的孩子强抢到玩具而高兴，认为自己的孩子"聪明伶俐"，她们还会"教导"孩子"别把玩具让给别人"，然而，我们都忽略了不肯谦让所带来的一些负面影响，孩子之间的不谦让，会影响他们的人际关系。其实谦让是一种美德，我们中华民族是一个有着几千年历史的文明古国，许多启蒙读物如《三字经》等，都把"礼让"作为教育孩子的一个重要内容。人与人之间交往时的谦让和礼让也是社会文明的体现。

让孩子拥有这一品质，也是教育的重要方面，但生活中，我们总看到或碰到这样的场景：两个孩子在一起玩，妈妈总希望哥哥让着弟弟妹妹，但是很多孩子对此却很反感。也有些孩子为受表扬而谦让，也有些孩子为获得更大的弥补而谦让，孩子们这是怎么了？真正谦让的精神都到哪儿去了？

其实，孩子不懂得"让"，其实就是认为"任何东西理所当然都是自己的"，这种习惯其实是在生活中慢慢养成的。谦让也不是他与生俱来的本能，与其指责孩子，不如反思我们自己，我们该如何教育孩子做一个懂得谦让的人？在这个竞争激烈的社会，如何在谦让和竞争之间找个平衡点？在孩子懂得谦让的真正内涵之前，妈妈们应该清醒地认识到，这是教育的失败。

那么，妈妈到底应该怎样让孩子学会谦让呢？

1.给孩子营造一个相互谦让的环境中

幼儿时期的孩子的个性正处于萌芽阶段，他们对事物的看法往往出自大人的说教或老师的命令。作为妈妈应努力营造一个和谐、友爱、团结、互助的氛围。夫妻之间的谦让、邻里之

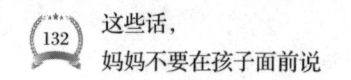

间的谦让，在这样一个良好的氛围中培养孩子谦让和宽容的美德更加容易。想让孩子学会谦让别人，可以孩子从小在谦让礼让的生活环境中成长。

2.妈妈要有意识地为孩子设置争抢的情境，让孩子慢慢地学会谦让

比如，让孩子讲道理，平时在家，妈妈可以和孩子争一下东西，培养他"并不是所有的东西都是自己的"意识，这样他就会慢慢知道了"谦让"，接下去他就会多一份情愿，会让着别人，不管是让大孩子还是让小孩子。

3.对于不懂得谦让的孩子，妈妈要讲清道理，也应及时提出批评

妈妈绝不能暴力解决问题，这更会加重孩子的负面情绪，孩子会执拗地认为是妈妈的错，更不会了解妈妈的真正用意。正面引导，耐心说服教育，要教给孩子如何谦让、友好相处、共同分享的方法，让孩子尝试体验团结友好、谦让和谐、共同分享的快乐。在与同伴相处中，要让孩子明白，分享并不是失去，而是一种互利，是双赢。

比如可以采取措施如：暂时先不让孩子参加游戏，使他意识到自己的行为是错误的，同时要告诉孩子如何处理矛盾的方法：只有大家互相谦让，游戏才能顺利进行，有了问题大家可以用"石头、剪刀、布"的方法来解决矛盾，使大家才能心平气和地继续游戏。

4.让孩子知道"谦让是一种美德",从而激发孩子的光荣意识

比如,可以给孩子讲"孔融让梨"的故事:

孔融小时候聪明好学,才思敏捷,巧言妙答,大家都夸他是神童。4岁时,他已能背诵许多诗赋,并且懂得礼让,家人非常喜爱他。

一日,父亲的朋友带了一盘梨子,父亲叫孔融他们七兄弟从最小的小弟开始自己挑,小弟首先挑走了一个最大的,而孔融拣了一个最小的梨子说:"我年纪小,应该吃小的梨,剩下的大梨就给哥哥们吧。"父亲听后十分惊喜,又问:"那弟弟也比你小啊?"孔融说:"因为弟弟比我小,所以我也应该让着他。"

当然,妈妈在日常生活中还要言传身教,一定要坚持正面引导,从小培养孩子谦让,友爱的精神,孩子在潜移默化中就会懂得"让"是一种好习惯。这样,就可以避免孩子会有过分的竞争意识,让孩子拥有谦让这一美德!

拒绝别人的孩子不受欢迎

——妈妈要教会孩子敢于拒绝他人

生活中,我们都希望我们的孩子懂得与人分享,养成慷

慨、大方、谦让的美德。但任何事情都要讲究一个度，若是轻易承诺了自己无法履行的职责，将会带给自己更大的困扰和沟通上的困难，这就需要学会拒绝别人。然而，在现实生活中，不少妈妈经常向孩子灌输这样的思想："要多帮助别人，拒绝他人的人不受欢迎"，并且，这样的妈妈在生活中也是不懂拒绝他人的人，但其实她们自己也知道，不懂拒绝，让她们的生活平添了很多麻烦，实际上，对于成长中的孩子来说，懂拒绝且善于拒绝，正是他们自尊自信的表现，才更能得到喜欢与青睐。

一个小男孩正专心致志地拼装玩具超人。当他把超人拼装好时，被一个大个子男孩一把抢去，并被推倒在地。小男孩从地上爬起来，跑到妈妈面前哭诉。

一般的妈妈会去调查事情的真相，再严厉地批评大个子男孩一顿，然后安慰受伤的弱者，让抢玩具的孩子把玩具还给他，并且道歉认错。

然而这位妈妈没有这么做，她了解了事情的真相后，对挨打的男孩说："不要哭，你去把属于你的东西要回来。"

于是这个小男孩就跑上去夺回自己的玩具，还跟大个子男孩打了一架。虽然过程很辛苦，但他最后胜利了，妈妈看到了小男孩拿回玩具时自信的笑容。

在生活中，妈妈往往教育孩子要学会谦让，或者通过成人的干预，为孩子解决难题，但却忽略了孩子应该从小懂得维护自己的权利和尊严，并在这一过程中获得自信。妈妈们，不妨放手，像那位妈妈那样，仅仅只需要给孩子一句鼓励，让他自己要回属于他的东西，同时，注意让他使用正确的方式。

"妈妈，我们班乐乐又让我给他带早餐，真烦人。"女儿跟妈妈抱怨道。

"帮助同学不是应该的吗？"

"可他每天都这样。本来那天早上，他说自己要迟到了，给我打电话让我带早饭直接去教室吃，但后来，他每天都说自己要迟到，我也不知道怎么拒绝他。"

"乖女儿，你是个善良的孩子，但帮助别人也要有度的，别人能做到的事，却让你去帮忙，你就不该答应，你要知道，'老好人'总是会被别人欺负……"

当然，教导孩子学会拒绝别人这个过程也需要我们父母的引导，因为拒绝别人实在不是一件容易的事。有些孩子在拒绝对方时，因感到不好意思而不敢据实言明，致使对方摸不清自己的意思，而产生许多误会，同时也容易给自己心理造成压抑。大胆地拒绝别人，是相当重要却又不太容易的事情。教会孩子学会拒绝别人，将使孩子受益终身。当孩子没有勇气拒绝的时候，家长就可以尝试下面的几种方法。

1.教孩子泰然拒绝他人

在日常生活中，即便是在孩子小的时候，作为父母，你也应该在孩子头脑中强化一个概念：别人的东西不属于我。这样，也就明白了拒绝别人的必要。

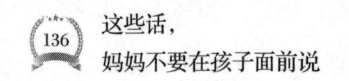

2.让孩子坚持自己的决定

有些孩子不敢拒绝同伴的要求是因为害怕别人不跟自己玩,害怕被孤立,于是,别人要什么东西,他就会拱手奉送,可是,事后他就后悔了。这种情况就是平常说的"没志气",常发生在年龄较小的孩子当中。

这就需要家长逐渐培养孩子的果敢品质,自己说过的话、做过的事,就应该勇敢承担起责任来,自己拒绝同伴后就应该承担起受冷落的后果,而不是过后就反悔。

3.教孩子正确认识"面子"问题

孩子不敢拒绝他人还可能是为了照顾面子。比如,虽然自己的钱都是父母给的,但当别人来借钱去玩游戏时,为了面子还是借给别人。有些孩子甚至发展到别人叫他去做一些不合纪律的事情也会违心去做,而事后却遭到老师的批评。可见,让孩子学会拒绝就应该教孩子正确认识面子问题。

4.教给孩子委婉拒绝的技巧

拒绝别人的某些无法接受的要求或者行为时,妈妈要教给孩子应注意的方式、方法,不可态度生硬,话语尖酸。你要告诉孩子,先不要急着拒绝对方,可采用迂回委婉的方式说明自己的实际情况,既不违反自己主观意愿,还可以给对方一个可以接受的理由。以下是几种委婉的、孩子可以学习的方法:

(1)让孩子学会用商量的语气和别人说话。告诉孩子,拒绝别人有时要和对方反复"磨嘴皮子",直到对方认可。如此,就巧妙地拒绝了对方,避免了一场冲突。

(2)让孩子学会间接拒绝别人。开门见山,直截了当式的拒绝,犹如当头一盆冷水,使人难堪,伤人面子。父母要教会孩子学会先承后转的方法,这是一种避免正面表述、采用间接地主动出击的技巧。即首先进行诱导,当对方进入角色时,然后话锋一转,制造出"意外"的效果,让对方自动放弃过分的要求。

(3)教孩子善用语气的转折。告诉孩子,当不好正面拒绝时,可以采取迂回的战术,转移话题也好,另有理由可以,主要是善于利用语气的转折:首先温和而坚持,其次绝不会答应。

(4)教孩子学会推迟别人的请求。如果孩子不想答应别人的请求,父母可以教孩子用一拖再拖的办法,推迟别人的请求,比如说"我想好了再跟你说""我再考虑考虑"等,这都是一种委婉拒绝别人的方法,别人也会从孩子的推迟中,明白他的意图,也不会使双方过于尴尬。

总之,父母所要做的,就是教会孩子如何平和地、友好地、委婉地、商量地拒绝别人的要求;同时泰然自若地接受他人的拒绝,而不是为孩子解决、包揽问题。

参加什么团体活动,影响学习
——鼓励孩子学会与人合作

相信任何一位妈妈都知道,当今社会,分工越来越细,任何人,都不可能单打独斗取得胜利,很多妈妈自身也已经感受到,工作中,我们需要好几个人来共同完成一件任务,你再聪明、能力再强,也只有一双手、一个大脑,你不能单独取得胜利,只有得到他人的帮助,与他人合作,才能获得更大的成功的机会。同样,我们的孩子也是如此。现在的他们正处于性格品质形成的时期,他们并不知道如何与人合作,实际上,怎样与人合作也是一门学问,我们要告诉孩子,与人为善、以诚待人,才能巩固你的人际关系;学会团结他人,你手中的力量才会更强大。孩子只有现阶段学会与人合作,日后才会有所成就。

正因为如此,我们的学校会在学习之余举办各种各样的游戏和团体活动,目的也是为了培养孩子的合作意识与能力,然而,一些妈妈却持反对态度:"参加什么团体活动,影响学习",她们认为,孩子的主要任务就是学习,参加活动会分散孩子精力,殊不知,合作能力是一个孩子综合能力的重要部分,只知道学习、不懂合作的孩子在未来是无法获得成功的。从这一点出发,我们的妈妈也要鼓励孩子学习与人合作。

最近,在学校组织的团体计算机竞赛中,亮亮和小江一组获得了冠军。在全校表彰大会上,亮亮说:"今天我能站在这个领奖台上,除了要感谢老师和妈妈的帮助外,最应该感谢的是我的盟友,我的兄弟,万小江,如果没有他对我的支持和彼此完美的合作,我想我们是无缘拿到冠军的。因此,最高兴的是,通过这次竞赛,我看到了合作的重要性。"

一段话结束后,台下响起了热烈的掌声。而同样坐在台下的亮亮妈妈更是为儿子有这样的心态感到骄傲。

案例中,亮亮的一番话很有道理。现今社会中,单打独斗的个人英雄主义已经行不通,任何一项任务的完成,任何一个产品的制作,都要分为好几个步骤和工序,由好几个人来共同完成。

俗语说:"单丝不成线,独木不成林。"叔本华说:"单个的人是软弱无力的,就像漂流的鲁宾逊一样,只有同别人在一起,他才能完成许多事业。"从小我们就高喊:"团结就是力量,合作就是力量。"

我们妈妈一定要让孩子知道合作的重要性并在日常生活中着力培养他们与人合作的能力,只有这样,才能在未来社会真正实现与他人的共赢。

以下是给妈妈们的几条建议:

1.鼓励孩子多参加集体活动

这种活动可以是游戏,也可以是竞技类的比赛,多参加此类活动,一方面孩子学会了欣赏别人,和同伴友好相处,共同合作;另一方面,在与同伴的交流中,学会如何克服困难、解

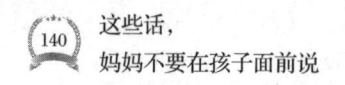

决问题。

所以,孩子在课余学习时间参加一些有意义的活动,我们妈妈不能反对,反而要鼓励他们。

2.让孩子分享合作成功带来的喜悦

你要告诉孩子,无论你在集体活动中充当什么样的角色,你都要学会分享集体的成功,如果团队的每个成员都能做到这样,那么,整个团队的向心力也会在无形中加强。

3.增加与孩子共事的机会,培养其合作能力

现代社会,很多妈妈都很忙,孩子每天忙于学习,这样,造成亲子间的代沟越来越大,其实,作为妈妈的我们,如果能制造机会和孩子相处,比如可以与儿子参加晨跑,参加体育运动,如一起打球、一起游泳、一起旅游,这样不仅能增加与孩子沟通的机会,还能在无形中提升孩子与人合作的能力。

4.让孩子学会与人商量

小敏经常与伙伴发生争执,这源于她的强硬和粗鲁。比如,抢曼曼正看着的童话书;偷踩月月新买的电动车……妈妈告诉小敏,伙伴之间可以交换书和玩具,但要学会和对方商量。不能蛮抢横夺。妈妈反复训练小敏这样说话:"我和你们一起捉迷藏好吗?""你可以把电动车借我玩吗?"慢慢地,小敏的嘴巴果真变"甜"了。一天,楼下的强强在玩四驱车,小敏很想试试,就走上前去对强强说:"我想玩玩你的四驱车,保证不会弄坏。你也可以借我的一样玩具,我们交换玩好

吗?"不费吹灰之力,四驱车被小敏玩到了手。

5.教孩子学会与其他成员加强沟通

沟通能创造出和谐的合作环境,成员彼此之间会乐于互相帮助,反映出团结、忠诚。同样的,沟通可以让成员公开坦诚地解决内部的冲突,找出冲突的原因。

总之,在教育孩子的过程中,我们不但要让孩子认识到与人合作的重要性,并学会与人相处的技巧、培养与人合作的能力。

小孩子调皮、捣乱怎么了

——妈妈小心教育出目中无人、霸道自私的孩子

每个人都需要朋友,我们的孩子更是。尤其是当今独子生女家庭,朋友让孩子更懂得爱,也让孩子的人生路走得更平坦。

不过,孩子要交到好朋友,首先需要孩子能做到为他人着想、懂得分享,然而,现在的孩子,在家里基本过着"一个中心"的生活,这容易养成孩子以自我为中心的行为习惯,所以会给别人留下霸道、自私、任性的印象。并且,一些妈妈在教育孩子的过程中,经常将孩子的自私、霸道的行为理解为"调皮""活泼",甚至认为这是孩子聪明的表现——"小孩子调皮、捣乱怎么了",得到妈妈的"默许"和"认可"的孩子变本加厉,甚至经常欺负别的孩子,这样的孩子到了学校也是小

霸王，不仅不好好学习，还影响老师上课和其他同学学习，久而久之，他不仅交不到朋友，甚至会形成孤僻的个性，更容易误入歧途。

璐璐虽然是个女孩，但却不像别的女孩那样讨人喜欢，她在班上是个不受小朋友欢迎的孩子，她简直就是班上的"捣乱大王"：老师让小朋友们排队离开教室时，她在地板上爬来滚去地疯；小朋友们聚精会神地听老师讲故事时，她推推左边的同伴、拍拍右边的同伴，不停地捣乱；游戏的时候，璐璐又很霸道，她喜欢的玩具就要独占，不让其他小朋友碰……

有一次，小朋友们在玩开火车的游戏，一个小朋友当火车头，由"火车头"邀请其他小朋友上火车，小朋友们在老师的钢琴伴奏下，骑在小板凳上"咔嚓咔嚓"一起前进。开火车游戏是小朋友们都爱玩的游戏，但是每次玩的时候，不管谁当火车头，都不会邀请璐璐上车。看着其他小朋友兴高采烈地开着小火车，坐在一边的璐璐显得特别孤独……

小朋友们都不愿把璐璐当成自己的好朋友，不邀请璐璐上自己的小火车，显然，璐璐成了班级团体里不受欢迎的人物。因为她捣乱、淘气、霸道，小朋友都躲开她，避免被她干扰或被别的小朋友认为是属于璐璐一类的人。其实，璐璐这样的孩子，在同伴群体里不受欢迎的地位一旦形成，几年时间内这种地位都难以改变。她属于性格外向、活动水平较高的一类孩子，也就是说，她比较喜欢动而很少对安静型的活动感兴趣。

所以,在要求安静的活动中,她容易出现"捣乱"行为。而对于集体生活的一些规则,如排队、保持安静等,璐璐接受起来有些困难,这就和她的家庭环境和妈妈的教育方式有关了。

其实,这样的状况对于成长中的孩子是危险的,每个孩子都希望有一种自我价值感和归属感,这是他们不断努力和奋进的动力,但周围同伴的隔离使得这些孩子变得离群索居,长此以往,会阻碍孩子交到真心的朋友,也会阻碍孩子良好的人际关系的形成。

那么,怎样才能做好引导孩子交到好朋友呢?

(1)如果你的孩子已经交上了朋友,妈妈要及时给予肯定,如对孩子说:"真高兴你有了自己的朋友,听说你的朋友很棒,你们应该互相关心,互相帮助。"或者说:"听说你交的朋友很出色,我很想见见他,你看可以吗?"

(2)如果你的孩子还没有朋友,则应积极帮孩子寻找。比如鼓励孩子与家附近的孩子一起玩,与同事或同学的孩子一起玩。并适时和孩子讨论他们交往的情况,帮助孩子分析并做出选择。

(3)要欢迎孩子的朋友到家里来。把孩子的朋友当成自己的朋友一样,采取热情欢迎的态度。当孩子来家里时,妈妈应该说:"我们家来朋友啦,欢迎欢迎。"或者"真高兴我的孩子有你这样的朋友,你们能来太好了!"而且要鼓励孩子认真接

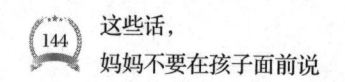

待，让孩子的朋友感觉到你对他们的支持和赏识。

（4）需要注意的是，对于孩子和朋友的交往，妈妈也不能听之任之，使孩子陷于不当的交际圈。而是要充分利用他们喜欢交往的心理，因势利导，正确地引导和帮助他们建立纯真的友谊。

妈妈不能因噎废食，还是要让孩子积极参加各项有益的活动的，但必须得让他们知道哪些朋友是不该交的。如果你对孩子的朋友某个方面很不满意，就应该当着孩子的面严肃地说出来。

友谊是每个孩子童年的重要组成部分。对孩子来说，结交朋友似乎是这个世界上最自然不过的事情。毕竟，他们整天待在教室里，一块儿吃午餐，一起在操场上玩耍。然而有时候孩子也需要爸爸妈妈的一点帮助，把天天见面的熟人变成自己的朋友。由于年龄相近、志趣相投、关系融洽、地位平等，同伴群体能满足孩子游戏、友谊、安全、自尊、认同等方面的需要。妈妈要让孩子明白，友谊是一笔宝贵的财富，要鼓励孩子在周围的生活圈子中多交善友，这会让你的孩子一生受益无穷！

第07章

激发孩子善于学习的能力，这些话妈妈不能说

知识改变命运，作为妈妈，我们都知道这个道理，更加明白读书是为了获取知识，为了让自己未来的人生路走得更平坦。然而，我们的孩子未必能理解，所以妈妈们一味地强迫孩子学习，比如告诉孩子："做完作业才能吃饭""你是全家的希望""你这次必须考第一名"……这些是无法真正让孩子爱上学习且提高学习效率的，事实上，妈妈们只有引导孩子，让孩子真正明确学习动机、放下心理压力以及挖掘孩子全方位的能力，才是正确的培养孩子学习能力的方法，才能让孩子快乐的学习和成长。

这些话，
妈妈不要在孩子面前说

今天学习怎么样

——妈妈与孩子谈话，不要只关心学习

作为妈妈，在日常的家庭教育中，自然要谈到孩子的学习成绩，妈妈关心孩子的学习成绩，也是无可厚非的，但不可过分看重分数。事实上，我们看到的是，在很多家庭里，当孩子一放学回家，妈妈就问："今天学习怎么样？"这句话是每天亲子沟通的开端，实际上，这样的沟通多半是无效的，因为很多孩子都会敷衍一句："就那样。"要知道，疲惫一天的孩子，回到家后并不想再谈学习，他们更需要妈妈的关心。因此，妈妈在沟通时，不要只关心学习，这会给孩子压力，那样，总有一天孩子会被压垮的，不要让分数成为孩子的枷锁，让孩子快乐的学习和成长，才是做妈妈应该做的！

"女儿刚上小学，一年级第一学期期中考试，考了个双百，全家人很开心，女儿更是兴奋不已，第一学期期末考试又是双百，自然又是一番庆祝。但是，我感觉这样下去，不一定是好事，当时也没有太在意这些，一年级下学期，平时测验试卷拿回家的时候，只要是满分，女儿总是神采飞扬地和我们谈论，只要不是满分，女儿就像犯了很大错误似的，头低得很，甚至不敢和我们交流，我逐渐意识到这里的问题了。我告诉女

儿，不要在意这些分数，无论是平时的测验，还是期中、期末的考试，只是对你这一段时间的学习进行检查，看看哪些知识真正的掌握了，哪些知识还没有吃透，然后再将没有吃透的部分进行复习，争取掌握就行了，考满分固然欢喜，考两个零分回来，我们也不会批评你的。不要有太多的想法和压力了，快乐学习最重要，即使是零分，我们只需要知道为什么，然后去总结，继续进步，就行了，你还是最棒的。进行了一系列的开导，女儿终于学会轻松地去学习，轻松地去考试了。"

这位妈妈的做法是正确的，只有不过分功利，孩子才能轻松地学习，他的潜能也才能得到发挥。根据这一点，我们在日常与孩子的交流和谈话过程中，要注意几点：

1.别只谈孩子的学习成绩和名次

当我们把沉重的分数、名次强加在孩子身上时，我们实际上是剥夺了他对丰富多彩的生命的体验，剥夺了他的人生选择权，剥夺了他的快乐和健康，我们这是在爱他还是在害他？

好学成性的孩子、终身学习的孩子会越学越有学习的劲头；为考试、为名次学习的孩子，学到一定时候就会厌倦学习、痛恨学习。这是教育成功与否的分水岭。只要孩子肯钻研、爱学习，不管成绩怎样，都是值得赞赏的。相反，孩子一心就想得高分、获好名次，那才是值得警惕的。

2.少提分数，多说孩子的学习效果

作为妈妈，在与孩子沟通、督促孩子学习的时候，不要只提孩子的考试分数，更应该说孩子实际的学习效果。不能仅以分数作为评价孩子学业水平的唯一标准，要以一种平和的心态对待孩子的考试分数，孩子考好了，不妨进行精神鼓励；如果孩子考试成绩不理想，要帮助孩子认真分析，找出失误的原因，并鼓励孩子继续努力，这样孩子才会情绪稳定，自信心增强，身心各方面才会健康发展。

3.引导孩子全面发展

一个只专注于某一方面特长或者某一爱好的孩子，一般在此方面投入的精力更多，期望也就越多，但"人外有人，山外有山"，即使他们这次成功了，但并不一定代表他们永远成功。而如果我们能培养孩子多方面的能力、兴趣、爱好等，那么，孩子在拓宽视野的同时，也会学习到各种抗挫折的能力、知识、经验等，具有较完善的人格，这对于提高孩子的自理能力、交往能力、学习能力和应变能力都有很大的帮助，也有助于他们独自战胜困难。

4.别武断地认为孩子成绩不好就是学习不努力

孩子在学习能力和方法以及智力上都是有差异的，其实，很多孩子明白学习的重要性和竞争的压力。但每个孩子由于智力的因素和非智力的因素，学习成绩总会有差异。妈妈要做的是认真了解情况，听听孩子的解释，不能武断地得出孩子学习不努力、不用功的结论。要以尊重平等的态度和孩子一起分析、解决学习中遇到的问题，帮助孩子掌握适合的、有效的学习方法，制订适当的目标。

5.孩子考试失利或者成绩下滑时给予宽容和鼓励

妈妈永远是孩子受伤时停靠的心灵港湾，孩子考试失利时，他已经非常难过了。这时候，妈妈不要刺激孩子，而要拿出自己的宽容和安慰，一定不要在孩子的伤口上再撒上一把盐。同时也要不忘对孩子说"下次努力"，使孩子把目光转向下一次机会。

总之，作为妈妈，我们要让孩子明白，积极参与竞争是对的，但是不应该把"第一"当成竞争的唯一目的，而更应该注重在参与过程中培养的良好品质，如遇事冷静、沉着，性格开朗等。这些个性品质比"第一"重要得多。

你必须考第一名

——妈妈不要只看重孩子的学习成绩

生活中，人们常说："可怜天下父母心。"21世纪的今天，很多妈妈在孩子的教育问题上更是操碎了心，尤其是孩子的学习成绩。她们想尽了办法，为孩子补课、让孩子做课后练习……她们对孩子说得最多的几句话是："你必须考第一名""这次你必须拿一百分"……而事实上，妈妈太过看重成绩，会给孩子很大的学习压力，在高压下学习，孩子的学习兴趣会降低，学习效率也会下降，孩子怎么可能学习好呢？

另外，最重要的是，妈妈们忽略的是，未来社会需要的是全方位的人才，对孩子的成绩太苛刻，就等于在扼杀孩子的其他各方面的能力，比如，人际沟通能力、领导管理能力、创造力、协调力等。

在杭州市的天长小学，有名老师叫周武，1989年时他曾受邀参加一次往届毕业生的聚会。

在这次聚会上，他发现了一个有趣的现象：那些担任企业高管、行业突出者在上小学时表现并不出色，而那些曾经的尖子生，现在却成就平平。

这个现象引起了周武的好奇，为此，他决定进行一次跟踪调查，跟踪调查的对象是151名小学生，调查时间是十年，在十年后，他得出总结：这些学生十年的成长是一个动态的过程，小学生随着就读年级的升高，名次会随着波动：小学时主科成绩在班级前五名的学生，进入中学后名次后移的比例为43%；相反，小学时排在六到十五名的学生，进入中学后，名次往前移的比例竟为81.2%。

其实，不只是教师周武，很多老师在长期的教学过程中，也发现了这样有趣的现象：那些在校时成绩出色的学生，在进入学校和社会后，并没有依然表现出色，也多半没能出人头地，而相反，那些第十名左右、成绩一般的学生，在社会生活和工作中却发挥了巨大的潜力，让人刮目相看。

第07章
激发孩子善于学习的能力，这些话妈妈不能说

于是周武提出所谓"第十名现象"：第十名左右的小学生，有着难以预想的潜能和创造力，让他们未来在事业上崭露头角，出人头地。

当然，这里所指的"第十名"，当然并不指的是那些正好是第十名的学生，而是一个泛指，指的是那些成绩处于中等水平的学生。根据周武解释，这个群体的共同特征是：他们并没有得到老师和妈妈的多少关注，但他们却有着更为自主性的学习动力。反过来，那些名列前茅的学生却因为得到长辈们过多的关注而抑制了自己的学习自主性。

那么，导致这种现象发生的原因是什么呢？周武通过对这些学生的跟踪调查总结出了以下几个原因：那些一味追求第一、第二名好的学习成绩的人，他们把所有的眼光放到了学习成绩上，而忽视了其他知识的摄取，也忽视了体育锻炼，更忽视了对自身心理承受能力的历练，正因为如此，参加工作后，他们体弱多病，无法胜任繁重的工作；他们知识面狭窄；他们心理脆弱，经不起挫折，最终也只能碌碌无为。而相反，那些成绩第十名左右的学生，学习成绩不差，同时，他们兴趣爱好广泛，他们喜欢参与各种社会活动、文艺活动、体育活动，他们对学习成绩不是过分在乎，因此，即使没考好，他们也能轻松面对，正因为如此，他们的心理承受能力明显比那些追求第一、第二名的学生强很多。在参加工作后，他们有足够的能力、体力承担各种压力，他们表现得也

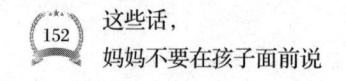

就更出色。

事实上,我们不难发现,爱因斯坦和比尔·盖茨都是属于"第十名效应"的人。他们在读书时期,成绩并不好,可是后来却分别成为了出类拔萃的科学家和企业家。

可见,一个人要想成功和成才,起决定作用的是他的全面素质。所以,为了孩子的长远发展,妈妈千万不能只看重孩子的学习成绩,而应培养孩子全面均衡发展,一张成绩单也不能代表一切。

未来社会,一个合格的社会人需要历练的能力是多方面的,如人际沟通能力、领导管理能力、创造力、协调力等。这些能力都是在考试成绩中无法体现出来的。考试第一名的孩子,综合能力并不一定是最强的。因此,作为妈妈,我们不要因对孩子的成绩太苛刻,而忽视了孩子其他能力的培养。

不准上网,上网会影响学习
——让网络成为有用的工具

现代社会,网络是个大家关心的话题,孩子作为家庭的一员肯定要参加到这个问题里面来。尤其是年龄稍大的孩子,他们在网上相当活跃。他们能在网上大量查询感兴趣的信息,喜欢浏览网页，并敢于向权威人士提问。除此之外，他们也开始进入聊天室，与其他人分享经验和兴趣。那么，是否能让孩子上网？

对此，很多妈妈的态度是："不准上网，上网会影响学习"，其实不然，网络有许多的功能，可以丰富孩子的知识，扩展他们的视野，最重要的是，网络可以帮助孩子获取最新的信息，获得交流学习经验的机会，但网络也有许多的安全隐患和问题，在目前的小网迷群体中，有15%的人曾主动访问过不良网站，10%的人曾被动地收到过不良信息，全球75%的妈妈明确表示，担心不良信息对孩子的负面影响。孩子上网，必须在妈妈的指导下，但是有时妈妈也并不是对互联网完全了解，在如今宽带都实现村村通的前提下，许多文化基础不是很好的妈妈，如何利用互联网学习，或是说如何指导孩子上网呢？我们先来看看下面这位妈妈的做法：

小伟最近在网上发现了一个很好玩的游戏，孩子毕竟是孩子，对什么产生兴趣之后，就一门心思扑在上面，这不，妈妈在厨房喊着吃饭，他都没听见，直到妈妈生气地走进卧室。

"我还以为你在看书、做作业呢，没想到你在玩游戏，还这么起劲，真是气死我了。"妈妈真的生气了，而小伟还在玩他的游戏。

"我马上这一局就玩完了，您先吃啊！"小伟应着。

妈妈一听儿子这么说，更是生气了，但转念一想，要是和孩子硬来，肯定不仅起不到作用，还会适得其反，孩子生活在单亲家庭里，更是要特殊对待，于是，她压住了怒火，说了句："儿子，你先玩着，妈妈吃饭去了，吃完饭，妈妈有话跟你说。"

晚上，小伟吃完饭，自己收拾了碗筷，坐到妈妈身边。

"儿子啊，你这个年纪，的确爱玩，这当然没错，但是你发现没，你最近玩游戏已经有点影响学习了。"

"是吗？"

"是啊，你看，你以前10点之前就能上床睡觉，可是现在要熬到12点才能完成作业，上次测验成绩也是大幅度下滑啊！"

"是啊，这倒是。可是，这个游戏是新出来的，很多人都在玩，我也想玩啊。"

"要不，你看这样好不，以后每天晚上你回来，饭前的时间电脑归你玩，你可以玩游戏，饭后，我就把笔记本搬到我的卧室，我们母子俩分开玩，以后我们还可以交流游戏心得，这就不耽误你的学习了，你说好不？另外，我觉得以后上网呢，还是尽量多以学习为主，你说是不？"

"妈妈，你真是太厉害了，好，我答应你，另外，这次期中考试你就看好吧，我一定拿个好成绩给您看看！"

小伟的妈妈是教育的有心人，面对沉迷于网络游戏的儿子，她并没有采取很多妈妈常用的禁止措施，而是和孩子促膝长谈，帮助孩子认识到迷恋网络的危害，并为孩子指出了解决措施，不仅加深了亲子关系，还让孩子学会了正确地上网，这一方法值得很多妈妈借鉴。

针对这种情况，我们对妈妈提出以下建议：

1.给自己充电，多学习网络知识，同时，妈妈也要健康上网

为什么国外青少年上网成瘾的现象没有我国严重，国外都是妈妈首先学会健康运用电脑和网络。如果妈妈自己沉迷于网络游戏、网络聊天等活动，孩子必然"看在眼里、记在心上"，一旦有机会便会效仿。同样，如果妈妈抵制网络，不愿意学习网络技术，利用网络学习新知识，那孩子也会反感新技术，不愿意接触新事物。

因此，作为妈妈，自己首先应当及时学习充电，了解计算机、网络的一般常识，只有这样，才能有效地起到监督孩子的作用。如果你什么都不懂的话，小心了，你很有可能会受到孩子的欺骗。当你懂得一些网络知识后，可以和孩子一起感受网络所带来的便利与快捷。必要的时候，甚至可以向孩子学习，当然，也可以请一些朋友或老师帮忙。

2.不要杜绝孩子上网，网络并不是洪水猛兽

让孩子"远离网吧""远离网络"也只是让孩子远离网瘾毒害的权宜之计。长此以往，若几代人都要18岁后才接触网络，网上信息资源的浪费是其次的，远离信息时代最重要工具的青少年素质及心理健康会大受影响。文明上网以预防为主，

妈妈不要把电脑视为洪水猛兽，网络是不能抗拒的发展方向，我们要主动迎接这一挑战。

3.运用多种措施对孩子加以引导

（1）要严格控制孩子的上网时间。孩子长时间对着电脑屏幕，会造成孩子视力下降，而电脑屏幕产生的电磁辐射也会直接侵害孩子的身体；大脑因为长时间处于工作状态而变得混沌；颈椎、脊柱等部位会因弯曲、久坐不动而变形、疼痛。除此之外，还会对其学习、生活产生不良影响。所以应严格控制孩子的上网时间，一般应控制在每天1小时为宜。

（2）要严格控制孩子上网的内容。现代网络世界充斥着各种各样的内容，有健康的，也有不健康的，比如黄色、反动、黑客等站点都会对孩子产生误导作用，一些自制能力差的孩子还有可能误入歧途。妈妈在电脑上要安装网络过滤软件，并经常查看孩子上网的历史记录及收藏信息，发现问题要及时采取对策。

（3）教育孩子要安全上网，不要透露个人信息。妈妈要时常教育孩子坚决不要把个人及家庭信息暴露在网络上。坚决不要让孩子被别人诱导，将个人账号、生日、住址、工作单位等信息暴露出去。

（4）要引导孩子去上一些启发性强，有关自然科学文化知识的网站，并引导孩子学会查找一些他们认为有趣的信息。我们都知道，孩子毕竟是孩子，他们毕竟自制力有限，面对网络的各种诱惑，很多大人都难以抵制，更何况孩子，对此，妈妈只有加以监督和引导，才能让网络成为孩子获取知识和信息的有用的工具！

你是全家的希望

——给孩子的压力要恰如其分

生活中，很多妈妈都知道，在孩子的学习这一问题上，给孩子一定的压力有助于激励孩子，让孩子更加努力，因此，他们常常这样告诉孩子："你是全家的希望。"尤其在那些经济条件不好的家庭里，妈妈更是把孩子的学习当成整个家庭的出路。但事实上，给孩子的压力也要注意分寸，压力过大会让孩子产生受挫感而失去学习动力和兴趣。因此，对于妈妈来说，帮助孩子找到这个承受压力的最佳点尤为重要。

对此，美国学者威廉森曾指出，无论是学习还是工作，压力过大或者过小都会降低效率，只有强度适中的压力才能使人们发挥出最佳的水平。也就是说，压力过大，人们无法承受，压力便成了阻力；而压力过小，又会使人们觉得没有挑战而陷入松懈状态，效率也不高。

在孩子的学习这一问题上，如果妈妈给他们过大的压力，他们的学习负担太重，那么，他们就会长期处于紧张状态，最终的学习效果也与妈妈的期望背道而驰。

梅女士的女儿叫琴琴，今年上初三，琴琴最近总是失眠，晚上熬到三点多才能勉强睡去，可是，一会儿又会自己醒来，上课的时候，也开始注意不集中，老师讲的内容听不进去，大脑一片空空。一回到家，她又会心情非常烦躁，紧张不安，感觉无聊，脑子始终昏沉沉的。无奈之下，梅女士带着女儿来看心理医生。

经过心理医生了解，琴琴这种焦躁不安的心理来源于她对未来的茫然：梅女士自己出生于一个书香世家，对女儿一直管教比较严格，而对于琴琴来说，妈妈的苛求逐渐转化成她对自己的标准，她所接受的暗示是"只有自己表现得尽善尽美了，有一个光明的前程，妈妈才会满意，我才会拥有她对自己的爱"，所以一直以来琴琴都不敢放松，努力追求完美的目标，但在最近的几次阶段性考试中，琴琴考得并不好，这让琴琴很担心，自己的成绩会不会一直这样下降下去？就这样，这样的紧张与不安让琴琴变得压抑、敏感，并开始失眠。

琴琴的情况的并不是个案，很多孩子都遇到过，而妈妈们也为此担心。的确，成长，对于孩子来说，既是快乐的，又是艰难的，快乐在于他们终于长大了，而同时，他们又不得不面临很多问题，学习就是其中之一，他们要背负家长的期望、升学的竞争，他们感到压力很大，不少孩子还为此感到压抑甚至失眠，严重影响身体健康和学习进度。

因此，作为妈妈，我们必须对这一现象引起重视，采取有效措施，既不要对孩子提出过多、过高的要求，也要设法帮助孩子按时完成任务，适当缓解孩子的紧张情绪，让孩子在快乐中学习。

其实，现代社会，很多教育心理学家提出"为孩子减压"，也不是没有道理的，现在的孩子从小学起就忙着学习，不但要完成学校的作业，还要参加各种各样的补习班，即使是假期也没有玩的时间。这种紧张的学习状态让很多孩子喘不过气来，甚至会出现"学习恐惧症"这样的心理障碍。对于这一问题，作为妈妈，我们必须引起重视，再也不要认为"有压力才有动力"了，最好的办法是找到一个最佳点，并以此为标准。当孩子压力较小时适当增加压力，当孩子压力较大时缓解压力。若是孩子已经出现了"学习恐惧症"，妈妈最好及时帮助孩子做心理疏导，以免影响孩子的心理健康。

具体来说，妈妈在教育孩子时，应注意以下几个问题：

1.给孩子的期望一定要合理

每个孩子的智力、能力都是不同的，妈妈在对孩子表达自己的期望时，一定要根据自己的孩子的具体情况。期望值过高，孩子不易实现，他自然会出现失望的情绪；而期望值过低，孩子会认为自己"很没用"。因此，我们的期望必须根据孩子能力的具体情况来确定，最好是让孩子稍加努力后就能

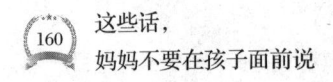

实现。

2.给孩子压力，也要给孩子支持

很多时候，孩子能承受多大的压力取决于妈妈给孩子多大的支持。一个孩子在成长的过程中，不能没有压力，但压力过大，孩子很容易被压垮。如果孩子接受的只是高压而缺少相对应的支持，这样孤军作战的孩子也很难走向成功。

因此，妈妈一定要善于赞扬孩子，时刻关注他取得的进步，就像关注他的缺点一样，这对缓解压力有很大好处。为了不辜负你的赞赏，孩子会全力以赴，怀着积极的心态，从而激发出强大的自信。

3.当孩子承受压力时，妈妈要和孩子一起面对

孩子是否能承受住挫折，很多时候，是和妈妈有一定的关系的。妈妈帮助孩子一起面对压力和挫折，他们能看到妈妈的关爱和自己的优点，抗压能力也就会增强很多。

任何人，都需要有一定的压力，我们的孩子也是一样。但在学习的过程中，他们承受压力的能力是有限的，作为妈妈，我们对孩子的实际能力和承受能力应有一个恰当的估计，找到一个最佳点并以此为标准，适当地给予压力和缓解压力，便能达到最佳的激励效果。

小孩子能有什么压力

——妈妈要及时帮孩子排解"压力"

作为成人，妈妈们都知道，人活于世，就必须承受来自各方面的压力，可以说，任何人都有压力，成人也是，生存的压力、发展的压力、竞争的压力等等，适当的压力是好事，它可以激励人们努力向上。如果没有压力则会使人不思进取，但压力太大又会使人身心无法承受而出现心理问题。可能不少妈妈们听到孩子经常这样说："我压力太大了"，她们会嗤之以鼻："小孩子能有什么压力，又不用为生计发愁，不用操心柴米油盐。"其实不然，孩子的压力也有很多，比如学习、人际关系，对前途的担忧等，当然，最主要的压力是来自学习。当孩子有了压力后，妈妈要及时帮助孩子疏解，别让孩子被压力压垮。

五年级后，童童明显比以前学习压力大了，似乎永远有做不完的作业，似乎永远有看不完的书，就连她最喜欢的动漫，也没有时间看了。紧张的学习压力把童童压的喘不过气来，童童妈妈是个细心的人，她看出来女儿最近的变化，找来女儿，开始帮助女儿解压，她认识到，好久没有带女儿出去玩了。

在一个周末，童童一家三口一起去爬山，爬到山顶的时候，妈妈对童童说："当心理状态不佳时，你可以暂时停止学习，放松一下，有一些小窍门会起到立竿见影的效果，如深呼吸、绷紧肌肉然后放松、回忆美好的经历、想象大自然美景等。另外，平时学习的时候，也不能太努力了，一定要注意劳逸结合，学习之余可以去上网、爬山、聊天、听广播、看电视甚至蒙头大睡，这样既可以暂时转移注意力，也可以缓解大脑的缺氧状态，提高记忆力。这些方法都可以释放内心的压力，记住，劳逸结合，学会缓解才能学习得更好。"

"谢谢妈妈，我知道该怎么做了。"

果然，童童又和以前一样，什么时候都精力充沛，学习上有了更足的劲头儿了。

在当前这种教育状况下，没有哪个孩子在学习上是没有压力的，只有妈妈多注意给孩子减压，才是关怀、理解孩子的良方。只有既紧张又放松的学习心态才能达到理想的学习效果。而孩子只有没有过重的心理负担，才能运转自如地学习。

如果孩子老是瞻前顾后，心事重重，担心考分，担心名次，每天都背着沉重的心理负担去学习，他能条理清晰地分析和认识学习中碰到的一些复杂的题目吗？答案是否定的。只有解除心理负担，轻装上阵，学习和考试才能达到理想的效果。

那么，作为妈妈，怎样帮助孩子及时排解"压力"呢？

1.主动与孩子沟通，让孩子一吐为快

很多时候，孩子无法排遣心里的压力，是因为无处倾诉，在他们眼里，妈妈只会告诉他要学习，而根本不理解自己，因此，他们宁愿将这种压力憋在心里，也不愿与妈妈倾诉。其实，作为妈妈，不妨主动与孩子沟通，先让孩子接受你，当彼此间的隔阂消除后，孩子也就愿意敞开心扉，排放心里的压力了。

同时，很多孩子难以与妈妈启齿或者不愿意与妈妈沟通的问题，你也可以鼓励他与同龄人沟通。同龄人之间有相同的经历，说出来可能惺惺相惜，有助于排解紧张的心理情绪。

2.告诉孩子要劳逸结合

孩子学习努力是好事，但不能太过疲劳，你应该告诉孩子：首先要保证睡眠，晚上不开夜车。如果睡眠不足，要抽出时间补回来。另外，要适当参加运动。若时间允许，可在平时唱唱歌、跳跳舞或者参加一些集体娱乐活动。在看书做作业中间，做做深呼吸、向远处眺望等。

3.带孩子出去走走，回归自然

工作繁忙、孩子学习紧张，让很多家庭的弦一直绷着，不仅孩子得不到放松，就连妈妈自己，也高度精神紧张。其实，你不妨多抽出一点时间，陪着孩子多出去走走，让孩子感受一下自然的伟大和神奇，尤其是那些山清水秀的地方，更是排放心理压力的好去处，在神奇的自然面前，所有的一些烦恼事都会烟消云散。

4.体力排放法

体力排放,也就是人们常说的运动法排放压力,这里的运动,包括很多种,可以是力量型的运动,如长跑、打球、健身等,也可以是智力型的运动,包括下棋、绘画、钓鱼等。从事你喜欢的活动时,不平衡的心理自然逐渐得到平衡。

5.有目的地对孩子进行"心理操练",培养其抗压能力

心理承受能力是一个心理品质问题,反映一个人对待困难与挫折的理智程度,社会风险意识,对自我思想、情绪、行为的控制能力。因此,妈妈可以在生活中有意识地对孩子进行心理操练,以此来对孩子进行心理承受能力的培养。比如,在孩子取得成绩的时候可出点难题,在他们失败、失意的时候给予鼓励,教育孩子"得之不善,失之不忧",始终以平和自然的心态参与生活和竞争,能够经得起未来人生路上的风风雨雨。

6.鼓励孩子与人交往,走出狭小的生活圈子

解压的方法千千万,但通常,人们都会选择与人交往的方法,因为当你融入人群的时候,你会有种感觉:大家都跟我一样有压力,就看谁能够调节过来。当你认为你跟大家都一样的时候,你的压力马上就会减轻。

减压的过程实际上是培养孩子良好心理素质的过程,因此,在生活中,作为妈妈,你要多关注孩子,经常从孩子的语言行动、情绪反应来了解他们的心态及其变化。当孩子幼小的

心灵因为压力而感到无助时，你一定要采取措施，帮助孩子从多角度减压，帮助孩子消除心理阴影，走出低谷，奋发向上。只有时时刻刻注意排解孩子的心理压力，才能使孩子远离心理疾患，树立健康向上的人生观和价值观！

教科书怎么可能有错误

——鼓励孩子敢于质疑，开动大脑

生活中，作为妈妈，当你的孩子拿着书本找你，指出书本中有错误时，你的态度是什么？想必大部分妈妈的态度是："教科书怎么可能有错误"，或者认为孩子"多事"。其实，孩子有质疑的精神是爱学习、爱探索的表现，俗语云："学贵质疑，小疑则小进，大疑则大进。"这句话强调了质疑在知识获取中的重要性，同样，质疑，也是孩子自主探究的起点，也是体现孩子自主发展的标志。有了疑问，才会产生自主探究的浓厚兴趣。

在学习过程中，要是孩子能对教材难以理解的内容提出疑问，或者对某种观点有不同的看法，这说明他们勤于思考，敢于提出问题，有了初步的创新意识，产生了创新的冲动。作为妈妈，要鼓励孩子敢于质疑，开动大脑，促使孩子主动发展。

这些话，妈妈不要在孩子面前说

有一天，月月在预习语文课文的时候，发现课文中有一个错字，但她也不敢肯定，于是，就查了好几遍字典，结果证明自己都是正确的，于是，她就拿着书本去找在看电视的妈妈：

"妈妈，你看，语文书上居然有错别字呢！"

"怎么可能，你们的教科书还有错误？"

"真的，妈妈，您看看嘛！"

"妈妈要看电视呢，你明天去问老师吧，估计老师也会说你错了。"妈妈不耐烦地对月月说。

月月一听，有点生气："妈妈，你知道'尽信书不如无书'的道理吧，但你现在怎么这样呢？"

看着女儿情绪有点不对了，妈妈拿过书一看，原来，这个字果然是错的。

"对不起啊，女儿，妈妈错了，妈妈不该只顾着看电视，而打击你质疑问题的积极性，以后遇到类似的问题，你都可以来问妈妈，妈妈不知道的，也会找人帮你解决。"

"这才是我的好妈妈，谢谢妈妈！"

在学习过程中，孩子是有一定的自主意识的，尤其是年纪较大的孩子，他们对自己不明白的问题，有时候会产生质疑，并试图找出正确的答案。但是，很多时候，孩子质疑的精神却被妈妈扼杀了。而现实生活中，妈妈往往只重视孩子学习的结果，只重视孩子记住了多少知识，只重视孩子的学习成绩，却忽视了对孩子敢于质疑习惯的培养。他们只希望孩子做个"听话"的学生，遇到孩子的疑问，他们会告诉孩子："你把老师教的学好就行了，别管那些，简直耽误学习！"孩子放学回家的时候，妈妈问孩子第一句话："老师教的知识都记住了吗？""今天考了多少分？"于是，孩子在妈妈这些"谆谆教导"下，开始变成一个"听话"的孩子，而孩子质疑问题的积极性也就打消了。

那么，作为妈妈，我们该如何培养孩子的质疑精神呢？

1.允许孩子说出自己的想法，允许孩子有自己的想象力

孩子的想象力是孩子学习和创造的动力之源，具备想象力的孩子才敢于质疑，没有想象力的孩子就像一潭死水，没有生机和活力。作为妈妈，绝对不能有意无意扼杀孩子的想象力。那么，如何保护和培养孩子的想象力呢？这就要求妈妈要有足够的耐心，要允许孩子说出自己的想法，对孩子充满想象力的答案要给予表扬，遇到问题鼓励孩子打破常规，发挥自己的想象力，不要用标准答案要求孩子，允许孩子有不同的答案、不同的见解。对于孩子的错误要宽容，久而久之，才能培养出孩子善于想象的天性。

2.培养孩子多动脑的习惯

有思考，才有可能提出问题并发现问题，任何有所成就者，都有爱思考的头脑，比如爱因斯坦，他通过对太阳的质疑产生了关于相对论的思想；比如物理学家牛顿，他在生活中发现了苹果落地的现象，进而产生了关于重力的思考；再

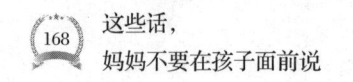

有，爱迪生因为最爱向老师"问为什么"而成为伟大的发明家。

一个只知学习、记忆而不动脑的孩子不是个好孩子，不会有创新能力，是一个思维上的懒惰者，妈妈要想让孩子在知识上实现自我突破，就要鼓励孩子多思考，比如，在做数学题的时候，你可以鼓励孩子多找出其他解题的方法；当孩子对某些生活现象产生疑问时，你也要鼓励孩子多思考，久而久之，孩子爱思考的习惯也就形成了。

3.重视孩子提出的问题，培养孩子质疑的积极性

很多妈妈认为问题应该在课堂上，孩子平时问一些不着边际的问题对学习没有任何好处，于是，对孩子的问题，他们往往采取的是忽略甚至批评孩子，其实，生活中的问题也是问题，解决这些问题既能增强孩子的求知欲，又能对培养孩子的批判性思维也有很大的帮助。所以，作为妈妈，不必怕孩子问来问去，而要鼓励他去发现问题。

总之，孩子的头脑不是一个等待填满的容器，而是一个需要点燃的火把。妈妈一定要消除"听话的孩子就是好孩子"这一观念，要不时启发和培养孩子敢于质疑的精神，鼓励孩子在学习中勇于提出问题，敢于表现自己，敢于独出心裁，敢于挑战权威、挑战传统，努力使孩子养成想质疑、敢质疑、会质疑、乐质疑的良好习惯。

作业做不完，你就别想玩

——让孩子懂得劳逸结合，懂得放松自己

曾经有人说过，人的生命只有两种状态：运动和停止。生活中，要面临升学压力的孩子们来说，他们每天的生活重心都是学习，努力学习固然不错，但并不意味着要一刻不停的学习。适可而止，会休息才会成长。因此，无论怎样，你都要懂得休息，只有劳逸结合，才有更高的学习效率。

可能有些妈妈会对孩子说："作业做不完，你就别想玩"，她们总选择让孩子夜以继日地学习，孩子争分夺秒地抓紧时间学习固然好，但要保证学习效率。拼时间、搞疲劳战术不可取，这样会影响学习效率，为此，作为妈妈，一定要让孩子注意劳逸结合，懂得放松自己。

周亚是某校的中考状元，在提到学习心得时，她说："劳逸结合使学习不断进步。"周亚的爱好是打羽毛球，每次，当她学习累了的时候，妈妈都会鼓励她找几个朋友或同学痛痛快快地杀几个回合。曾经一次月考失利时，她将沮丧倾诉给了汗水，一场羽毛球下来，忧愁全无。周亚说，从来不熬夜的劳逸结合方式可以让学习效率日益提高。

从周亚的经验中，我们发现，会学习的人都不会选择疲劳战术，他们能够成为学习上的尖子生，也是深谙"学要学个踏实，玩要玩个痛快"的道理。

可能不少妈妈认为，孩子学习就要抓紧时间学习，不放过每一分每一秒，尽可能地多学习东西，才能学习好，其实这是一种误解。因为孩子休息不好，会对眼睛、大脑不好，因为睡觉就是要自己的大脑休息的，如果休息不好就达不到休息的目的。这一整天孩子都会觉得全身无力，提不起精神。

的确，生活中，不少妈妈为了让子女不落后于其他孩子或者想让孩子稳坐学习尖子的宝座：她们让孩子在学习上极其用功，孩子在学校学，回家也学，不时还熬夜，题做得数不胜数，但成绩却总上不去。面对这样的情况，妈妈焦急，孩子也焦急，本来，有付出就应该有回报，而且，付出的多就应该回报很多，这是天经地义的事。但实际的情况却并非如此。

这里就存在一个效率的问题。效率指什么呢？好比学一样东西，有人练十次就会了，而有人则需练一百次。如何提高学习效率呢？其实最重要的一条就是劳逸结合。

学习效率的提高最需要的是清醒敏捷的头脑，所以孩子适当的休息、娱乐不仅仅是有好处的，更是必要的，是提高各项学习效率的基础。

英国教育家斯宾认为："健康的人格寓于健康的身体"，身体健康是心理健康的基础，不少精神焦虑、压抑的人在运动后出了一身汗，精神也获得了放松，科学研究证明，一些呼吸性的锻炼，例如散步、慢跑、游泳等，可使人信心倍增，精力充沛。因为这些活动让人肌体彻底放松,从而消除紧张和焦虑的情绪。

其实,我们的妈妈们在学习时代可能也有这样的体会:如果某一天,自己的精神饱满而且情绪高涨,那样在学习一样东西时就会感到很轻松,学得也很快,其实这正是学习效率高的时候。因此,保持自我情绪的良好是十分重要的。

那么,我们如何能保证孩子有良好的情绪体验呢?又该如何让他们做到劳逸结合、调整自己呢?

1.让孩子每天保证8小时睡眠

作为休息的方式之一——睡觉,对于人体的休息有很大的作用。第一是消除体力疲劳,第二是消除精神疲劳。另有一种观点认为,睡眠的主要功能是恢复大脑的疲劳。人的一生中,将近三分之一的时间是用于睡觉的。刚出生的婴儿几乎每天要睡20个小时;即使成年后,每天至少要睡6~7小时。而且,处于身体发育阶段的孩子,保证充足的睡眠也是必需的。

妈妈们要告诉孩子,晚上不要开夜车,只有休息好,才能学习好,保持良好的作息习惯,每天定时就寝。中午坚持午睡。充足的睡眠、饱满的精神是提高效率的基本要求。

2.鼓励孩子多参加体育活动,坚持体育锻炼

身体是学习的本钱。现代社会,很多青少年都处于亚健康状态,根本原因就是不注重体育锻炼。因而,孩子的学习再

忙碌，我们也要鼓励他们多锻炼。要知道，刻意的追求学习成绩，不放过每一分钟学习的机会而忽视体育运动，身体越来越弱，孩子会感到学习越来越感到力不从心。这样怎么能提高学习效率呢？

3.学习要集中精力，不要分散注意力

我们要告诉孩子，玩的时候痛快玩，学的时候认真学，这才是最佳的、也是最有效率的学习和生活方式。一天到晚埋头苦读，并不一定会有良好的学习效果，因为面不离书，并不一定是用心读书，学习时，一定要全身心地投入，手脑并用。学习的时候要有陶渊明的"结庐在人境，而无车马喧嚣"的境界，只有手和脑与课本交流。

4.鼓励孩子保持愉快的心情，和同学融洽相处

孩子有个轻松愉快的心情是提高学习效率的前提。每天有个好心情，做事干净利落，学习积极投入，效率自然高。另一方面，把个人和集体结合起来，和同学保持互助关系，团结进取，也能提高学习效率。

总之，任何一个妈妈都要明白，当今社会已经不是一个"头悬梁锥刺股"即能成功的社会，学习上也是，时间加汗水，加班加点，牺牲休息时间，完全不顾身体。这种做法有损身体健康，又没有效率，往往事与愿违。我们要告诉孩子，应结合自己的生理承受力，科学地安排作息时间。即使学习紧张，紧张中有也要有松弛，劳逸结合，这才符合人的心理生理

规律。在孩子学习之余，我们可以和孩子一起打打球，唱唱歌，去郊游等，孩子紧张的心情也能得以放松，压力自然也就得到缓解。同时，鼓励孩子广泛地培养兴趣，做一些使自己舒心的事，也都有利于减轻压力。

第08章

让孩子的智慧插上想象的翅膀，这些话妈妈不能说

作为妈妈，我们都知道，孩子从出生那一刻起，就在不断成长，不仅是身体的成长，还有心智的全面提升，他们的自我意识在不断发展，他们开始积极探索世界，甚至还经常出现一些"捣乱"的行为，让父母很头疼，为此，不少妈妈经常用一些打压性的语言来制止孩子的言行。而其实，这正是我们提升孩子智力水平、开发孩子想象力的重要机会，为此，我们应该从日常生活中开始注意起来，逐步培养出爱动脑、爱探索和爱学习的孩子。

你又到处乱画

——爱涂鸦的孩子，想象力丰富

生活中，经常有一些妈妈对在家里乱画的孩子指责说："你又在捣乱！"孩子画得不好，妈妈又打击："你这画的乱七八糟的什么呀，真奇怪……"其实，妈妈在阻止孩子涂鸦的同时没有认识到的是，涂鸦是孩子想象力丰富的表现，尤其是三四岁的孩子，更是到了色彩敏感期，此时，妈妈如果能加以引导的话，能开发孩子的智力。

儿童心理学家认为，孩子在刚出生时只看到黑和白两种颜色，到1岁能够辨认红色，到2岁可以掌握黄、绿、蓝三种颜色，到3岁，能够识别紫色、粉色等复合颜色，从3岁开始孩子对色彩产生了感觉和认识，开始在生活中不断寻找不同的色彩，并使用和搭配，而这就意味着孩子进入了色彩敏感期。

此时，我们建议妈妈们给孩子提供多彩的油画棒，任其图画，不要求构图，不要求绘画技巧，需要锻炼的是孩子颜色识别与搭配的能力。

其实，孩子是很敏感的，作为他最亲近的人，如果妈妈一味地呵斥和制止他涂鸦、消极地对待他的"作品"，这对他的心理将会造成很大的伤害，这些消极的声音会严重地打击他的积极性，其实，绘画是表达孩子内心的一种语言，绘画是孩子的一种成长方式。我们来看看下面这位妈妈是怎么做的：

"露露5岁的时候，我给她买了一些彩色蜡笔当做生日礼物，从那天开始，家里的地板和墙上经常都有她的'杰作'，我们并没有骂她，我们认为，孩子还小，涂鸦是他们表达自己情感和天赋的一种方式。刚开始她连笔都拿不好，也只会画出一些线条，心情不好的时候，她就会用力地在纸上画，后来，我们偶尔会带着她去公园或者郊区，让她画自己想画的东西，到现在，莉莉已经也画的像模像样了。如果她愿意，我们是会支持她继续画下去的。"

案例中的妈妈是开明的，她能理解孩子的涂鸦行为，并支持孩子。

所以专家称，儿童的绘画应该是自由的。我们鼓励孩子绘画，其实原本的目的也是开发孩子的想象力、观察力、记忆力、审美能力、动手能力等等。想象力是创造力的基础，而唯有想象力是会随着年龄的增长，生活阅历的丰富而被逐渐束缚、削弱、减少的。妈妈们可以通过让孩子绘画来发挥他们的想象力，同时保护好孩子们珍贵的想象力。

那么，作为妈妈，该怎样挖掘并培养孩子的绘画天赋、开发孩子的想象力呢？

1.培养孩子的观察力和对色彩的感知力

没有好的观察力，是画不出好的作品的，试想一下，他都看不到美的东西,或在绘画中需要表现的细节,他怎么能画出来呢?

多带孩子到大自然当中去,引导孩子对大自然进行细心的观察,培养他对事物的语言描绘能力、绘画描绘能力和对色彩感知能力,能激发他心中的创作灵感。

2.培养孩子的想象力

不得不说,不少绘画老师只教给孩子绘画的技巧,而没有鼓励他们发挥想象力,这就扼杀了孩子的创造力。

事实上,调查发现,对于孩子来说,他们从3岁开始,就已经有了丰富的想象力,比如,他们会想象自己的布偶朋友生病了,给他们打针、喂水;想象自己成为动物王国的公主,在森林里玩耍等。

这一切都反映了孩子无处不在的想象力。作为妈妈,一定要开发和挖掘孩子内在的想象潜能,把这种想象潜能转化为一种智慧和能力。

3.无论孩子画得像不像,都要给他恰到好处的赞美与鼓励

我们妈妈不要认为孩子画得像就是画得好,要知道,只会临摹的孩子是没有什么创造力的。我们对于孩子的涂鸦行为,也不要阻断扼杀孩子早期的绘画兴趣。

此时,我们要恰到好处地对其作品给以具体的肯定与鼓励,能够极大地提升孩子的自信心,增强对艺术的热爱。当然,鼓励与表扬的语言要具体。比如,"你这幅作品的人物的

脸画的很有立体感，色彩运用上也朴素大方哦！"

原来对自己并不自信的孩子，听到你的鼓励后，一定也会信心十足起来。要相信，任何时候，赞美与鼓励绝对是推动一个人进步的最有利的武器。

另外，儿童心理学家称，对于年纪较小的孩子，不建议让孩子开始学习系统的绘画，这会让孩子丰富的想象力受到限制，建议给孩子看大画面、丰富色彩的绘本，带孩子去大自然寻找不同季节的颜色，这都将会帮助孩子增加颜色鉴赏的品位。

你怎么这么调皮

——妈妈要辩证看待和理解孩子的行为

不少妈妈发现自己的孩子特别调皮，经常还有捣乱的行为，不是一个乖孩子。面对这种情况，很多妈妈总是大声呵斥孩子："你怎么这么调皮"，或者威胁孩子"你再乱扔东西，我就打断你的手"，但似乎并不奏效，对此妈妈们很头疼，感叹这样的孩子要怎么教育呢？其实，教育专家建议，孩子调皮的行为要辩证看待，因为孩子某些调皮的行为背后，暗藏的行为动机可能是积极的，作为妈妈，我们不可强制要求孩子听话，也不可对孩子的行为一刀切。

众所周知，爱迪生是著名的发明家，他被誉为"世界发明

这些话，
妈妈不要在孩子面前说

大王"。然而，爱迪生在小时候也是个调皮的孩子，经常做出一些在别人看来很怪异的行为。

曾经，他突发奇想将几种化学制剂放到一起混合，然后让佣人服用，他原本的目的是让佣人能飞起来，但最后佣人却晕了过去。

这件事在爱迪生的邻居之间很快传开了，大家纷纷警告自己的孩子："不许和爱迪生玩。"并且，因为这件事，爱迪生还被他的父亲痛打了一顿，因为他的父亲认为，这孩子太捣蛋了，只有打一顿才能长记性，才会听话，也才不会给自己惹麻烦。

除了爱迪生的母亲以外，没有人知道爱迪生为什么这样做。她明白，自己的孩子这样做的初衷是善良的，是想做好事，只是做事的方式不对。她并不认同丈夫这种粗暴的教育方式，这样会让孩子失去探索一切事物的兴趣。

正是他的母亲能够理解爱迪生的行为，才保持了爱迪生爱观察、爱想问题、爱追根求源的天才特质。

其实不只是爱迪生，综观古今中外的历史，很多天才的天赋之所以能被挖掘，都是因为他们的妈妈有着一双慧眼，他们的妈妈能从孩子的一些看似调皮捣蛋的行为中看到积极的一面，能以辩证的态度看待孩子的行为，并挖掘出孩子的潜能。

的确，表面看起来，孩子的一些行为是错误的、是要被批评的，但同时背后也蕴藏了积极的一面。比如，日本的宗一郎能像狗一样嗅车子漏下的汽油，牛顿在风暴中玩耍……他们表面上是在玩耍，甚至样子很可笑或危险，但他们真正的目的却是在尝试其他孩子没有兴趣尝试的东西。如果妈妈对其不理解并横加指责，这样扼杀一个孩子岂不可惜。

对于孩子的行为，妈妈要这样看待：

1.努力尝试理解孩子的行为

曾有妈妈谈到自己孩子的一件趣事："邻居家3岁多孩子被他爸爸打了，原来这孩子不知道从哪里找来一只受伤的鸟，然后将鸟绑在了炮仗上，然后点着了飞天，鸟落下来被炸死了。爸爸妈妈打骂完他之后，才知道他的想法，他想把受伤的鸟送上蓝天……"

其实，不少妈妈在教育中也总是有这样的习惯：对于孩子的行为，自己没有理解，也没有努力去尝试理解，他们还把孩子的做法归为错误的，这是对孩子教育极不负责任的做法，在这样的教育下，孩子能有多大的发展呢？

因此，要善于解读孩子的行为。妈妈要明白的是，孩子的行为，很多都是对他未知的一种探索，有些事情的做法孩子甚至比大人更有技巧。妈妈通过解读孩子的行为，明白孩子行为的本来目的，这样便于拿出适合孩子的教育方法，不至于出现因误解而扼杀了孩子的成长的行为。

历史上的很多天才在一般人看来，他们的很多行为是不可思议的。如果后来他们不能成为一个天才，他们的这些举止将永远成为别人的笑柄，更会成为他们是傻子、疯子的有力

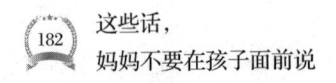

证据。

2.换位思考，挖掘出孩子"行为"背后的积极动机

曾经有一部风靡世界的喜剧片——《巴黎淘气帮》，这部儿童喜剧片来自法国，里面有这样一群孩子，他们为了让妈妈高兴，就趁着妈妈不在家的时间，想把家里来个大扫除，结果是把家里弄得一塌糊涂，沙发被划破了，地板被擦花了，甚至家里的小猫都"不幸"被扔进了洗衣机，其实不少家庭都发生过这样的事，孩子为了讨好大人，好心办了坏事，因为他们没有生活经验，此时，我们不能责备，而是应该告诉他方法。

3.从孩子的行为中开发其潜能

我们都想孩子能乖巧听话，但我们看到更多的是，调皮的孩子才更有创造力，而孩子创造力的明显特征就是喜欢调皮捣蛋，这是他们与乖孩子的区别，也是他们具备某一潜能的体现。不少天才之所以能成功，就是因为他们的父亲或者母亲能看到他们行为后的潜能，知道那些举止是天才诞生的开始，就有意识地支持孩子的行为，帮助他们开发潜能。

总之，我们妈妈要明白一个道理：解读孩子的行为，就便于更好地教育孩子，天才也就是这样教育成的。也就是说，如果我们能走进孩子内心世界，真正了解孩子的"行为"，去引导，去鼓励，去帮助，去发现，孩子就能健康成长、顺利成才！

你怎么那么爱玩
——会玩的孩子才更有创造力

生活中,不少妈妈可能认为自己的孩子太贪玩了,而且总是给你惹麻烦。有时他还很固执,不听你的话。对此,很多父母经常训斥孩子:"你怎么那么爱玩""又把玩具拆得乱七八糟,看我不收拾你""你能不能安静一会"……其实,专家指出,会玩的孩子才会学,活泼也是一种气质,每一个活泼好动的孩子,总是具有敏锐的观察力、想象力和思考力,而这些是成才的关键。作为妈妈,只要你合理引导,你很有可能会找到孩子的天赋所在。

我们来看看下面这位妈妈的教育方法:

5岁的玲玲对于其他同龄的女孩来说,显得格外活泼好动。周末,妈妈带她到公园去玩。妈妈在前面一边走着,一边轻声和女儿交谈着,可是一回头却发现小家伙不见了,妈妈急忙四处寻找,发现在不远处的草地上,玲玲正趴在地上,专注地玩什么东西。

妈妈悬着的一颗心落了下来,她悄悄地走到玲玲背后,发现小家伙正专心致志地用一只草棍拨弄着一只小蚂蚁,翻来覆去,仔细观察蚂蚁的每个动作。"宝宝,你在干什么?"妈妈问。"妈妈,我正玩小蚂蚁。"玲玲连头也没回,妈妈受到了启发,这是孩子好奇心的表现。

这些话，
妈妈不要在孩子面前说

回家后，妈妈给玲玲买了一只玩具小鸟，它会叫、会飞。玲玲高兴极了，爱不释手，她专心致志地观察小鸟的各种动作。第二天，当妈妈下班回家，却发现女儿正动手拆玩具鸟，桌子上已经有了几个小零件。见妈妈来了，玲玲显得有些害怕。妈妈故意板着脸问："你怎么把玩具给拆开了？"玲玲怯生生地说："我只是想看看它肚子里有什么，为啥会拍翅膀、会叫。"

妈妈很高兴，她相信：会玩的孩子才能会学，她必须抓住这个时机，培养孩子的智力。于是，她鼓励女儿说："宝贝，你做的对，应该知道它为啥会拍翅膀。"听了妈妈的鼓励，玲玲高兴极了。不一会儿就把玩具鸟给拆开了，并对里面的结构观察起来。

玲玲妈妈做的对，女儿贪玩，她并没有呵斥和制止，而是顺应女儿的天性，支持和鼓励女儿探索、开发女儿的想象力和智力。

当然，除了言语鼓励外，妈妈还应该支持孩子发展潜能，比如，有位母亲产生了这样的疑问："当我女儿在桌上不断地用手指比画着想象在练琴时，如果我们真的向她提供一架钢琴，这到底是件好事还是件坏事？假如我们这样做了，孩子的想象力就得不到应有的锻炼了……"

这个母亲的担心的确有一定道理，然而还是应该为女孩提供真正的钢琴。因为孩子的这一想象中的需求如果得不到满足，他的想象力一样受到限制，就会在这一点上停留过久。如果他拥有了梦寐以求的东西，就会得到及时的训练，提高自己的能力，甚至想象自己已经成了一名伟大的音乐大师。很多音乐家就是这样成长的。永远不要担心孩子的想象力会穷尽，因为一个想象的满足，会激发更新更高的想象。

对于孩子活泼好动的行为，我们妈妈可以这样引导：

1.理解孩子调皮好动的行为

很多孩子调皮捣蛋，妈妈带他出去玩，他总是喜欢做一些危险动作，如登高、从高处往下跳。妈妈因为担心他的安全而制止他们的行为。

在中国传统的教育理念中，认为孩子安安静静的更好，因为听话的孩子省事，但其实这是在约束孩子。因为我们的孩子是需要自由空间的，需要有广阔的天地来让他们成长，因此，孩子的活泼好动是天性，我们不必强加干涉，只需要做到保护他的安全。要知道，孩子在奔跑、跳跃、攀爬这些活动中，更易获得健康的身体，也更易活跃大脑。

2.尊重孩子的喜好

不少妈妈为了培养孩子，总是不停地为自己的孩子安排各种培训班，企图让孩子掌握各种技能，备战竞争激烈的未来。这样的做法似乎无可厚非，但是，所有的妈妈都忽略了一点，那就是埋没了孩子活泼的天性，孩子活泼的童年失去了，孩子天真的脸上没有了笑脸，取而代之的是厚厚的眼镜，是被紧张

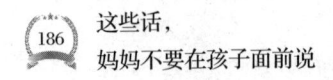

学习压迫的苦闷的脸。

其实，正确的培养孩子，就应该根据孩子的天性来培养。然而，不少情况下，妈妈的培养却是对孩子成长的阻碍：妈妈命令他去做这做那，把学习当作任务要他去完成，甚至为此去羞辱、责骂，让他战战兢兢地去做。其实，这样做的结果很可能是既让孩子对学习感到厌倦，同时还毁掉了孩子应有的气质，使他变得木呆呆、混混沌沌、行动迟缓。

所以，只有建立在尊重孩子天性基础上的教育才是有效的，这样，才能挖掘出孩子的潜能，才能让孩子健康、快乐地成长。

你再拆玩具，以后不给你买了

——孩子喜欢"搞破坏"妈妈别急着阻止

一些妈妈发现，孩子好像很喜欢拆东西，刚买的玩具经常是七零八落的，芭比娃娃的衣服也不知道丢在哪个角落了，有的孩子甚至开始拆家里的东西，如闹钟、手机等，面对这些"捣乱"的孩子，妈妈们怎么应对呢？

面对这样"搞破坏"的孩子，你会怎么样呢？也许大部分妈妈要么是生气，要么是喝斥："你再拆玩具，看我不收拾你"或者是将孩子拆坏的物件还原，其实这些都不是正确的方法，正确的方法应该是帮孩子一起完成他的"杰作"。

当然，在分析为何要这样处理的原因之前，我们先要搞清楚孩子为何那么喜欢拆东西？

孩子喜欢拆东西的主要原因是因为他们对事物的好奇心很强，具体分析如下：

1. 觉得好玩

有时候，孩子会将墙上张贴的画报撕下来叠纸人或者飞机，会将洋娃娃的衣服扯下来洗，用刀、笔在墙上、桌上乱画，一些孩子这样做，可能他们只是单纯觉得很好玩。

2. 经验不足

孩子到了3岁以后，已经有了一定的行动能力了，但毕竟孩子年纪还小，有时候，他们只是想要帮爸爸妈妈做些事，但是能力和经验的缺乏让他们好心办了坏事，比如，吃完饭，他们原本想要帮妈妈收拾下碗筷，但是没拿稳，导致了碗摔碎了。

3. 模仿的结果

很多年纪小的孩子模仿能力特别强，此时，孩子喜欢模仿父母的行为。比如，孩子的玩具坏了，爸爸可能会重新组装或修好，而孩子看到后就会模仿爸爸把玩具拆开，可是往往孩子把玩具拆了以后就再也组装不起来了。

一般情况下，爸爸妈妈发现孩子爱拆东西，大部分的爸爸妈妈会打骂孩子，但是其实最好的方法是引导孩子，孩子爱拆东西，是他探索欲强的表现，是因为他对这个东西感兴趣，想看看究竟是怎么回事。比如很多男孩喜欢把玩具拆开，去看车子里面到底是什么，车子为什么会动等，他是沉浸在了自己喜欢的事物里面，并努力通过自己的双手去寻找答案。

我国著名的儿童教育家陈鹤琴说："小孩爱搞破坏，失去的只是可估量的价值，而得到的却是小孩一生受之不尽的无穷财富——思考、创造和智慧。"其实，孩子的破坏行为，是受好奇心驱使的，是其探索世界的一种方式，当孩子过了婴儿期后，他们对外界事物的认知，已经不再满足于以前的用眼看、用嘴触，还要用双手去摸、用身体去试探；已经不再满足于对事物表面的认识，还要深入到事物的内部，去探究事物内部的秘密。以前那些只需要看看就能理解的事物已经对他们没有吸引力了，因此，3岁孩子呈现出很强烈的创造性和探索性行为，是典型的"好奇孩子"。他们没有搞懂自己好奇的问题，是不会罢休的。

对于孩子这样的"破坏"，妈妈要做到：

1.要有宽容的心态

孩子爱搞破坏，是求知欲强和想要学习的表现，此时，我们不要严厉批评孩子，也千万不要说"你怎么这么淘气，又把玩具拆了""你下次再这样，就不给你买了"等这样警告和威胁的话。因为妈妈的批评和威胁很可能会扼杀孩子可贵的探索精神。

2.妈妈应该尽可能地鼓励并且参与进来

当妈妈帮孩子修理玩具的时候，或者是看到孩子拆玩具的时候，最好能和孩子一起动手。比如，当妈妈看见孩子把机器人拆了，应该蹲下来参与到孩子的活动中："机器人里面是什么啊，怎么会动啦？"并且引导、帮助他们一起寻找结果，然后再跟孩子一起把拆开的玩具恢复原样。这样才能让孩子在"破坏"——探究——重建中获得心理的满足，也获得了知识。

3.教给孩子一些安全常识

明确地告诉孩子，家里的电器、药品不要乱动。如此一来就可以正确引导孩子的好奇心，也能够让孩子树立安全意识。

因为孩子"破坏"的过程，是一个手、眼都在活动的过程，能够促进他们思维的发展。鼓励孩子适当地"破坏"，就是在鼓励孩子的创造力，以及对更多事物的探索兴趣。

总的来说，对于孩子的这种看似"破坏"的行为，我们不但要鼓励，还要有意识地创造条件，引导孩子思考。在日常生活中，妈妈要多提些问题让他们去开动脑筋，去猜、去想。比如，我们可以问孩子，为什么泡沫漂浮在水上，而铁钉会沉下去，皮球为什么一拍就跳很高，如果把气放了，还能跳那么高吗？要在问题提出后，主动带领他们从"破坏"中寻找答案。

胡乱唱的什么，不要折磨我的耳朵了

——不要扼杀孩子的天赋

作为妈妈，我们都希望自己的孩子在某一方面有特殊的才能，也就是天赋，天赋能让孩子产生热烈的学习兴趣，并形成自己的竞争力。然而，不少妈妈会说，"我的孩子就是个普通人，哪有什么天赋""孩子越长大越没出息了"……那么，现在，你不妨来回想下，当你的孩子唱歌跑调时，你是否马上上前纠正，并且还说："别再折磨我们的耳朵了！"女儿把刚从幼儿园学到的舞蹈跳给妈妈看，妈妈看完后笑得肚子都痛了，最后给了女儿一句评价："宝贝，你的舞蹈好奇怪呀！"……然后，孩子再也没有了唱歌和跳舞的欲望了，要知道，孩子小时候很敏感，作为他最亲近的人，妈妈都这样评价他，这对他的心灵将会造成很大的伤害，这些消极的声音会严重地打击他的积极性，这将阻止他沿着天赋的道路继续走下去的脚步。

因此，作为妈妈，我们要明白，我们的孩子都是有天赋的，而孩子的天赋在很小的时候就能看出来，当我们发现了孩子在某一方面表现出兴趣时，千万不要扼杀和打压，而应该给予积极的鼓励的声音，有位妈妈这样述说自己在培养女儿音乐天赋上的成就感：

"我认为我的女儿有着与生俱来的音乐天赋，她刚上幼儿园的时候，老师就称赞她唱歌好听，音调、节奏把握得都好。

女儿在家经常自己打开音响,听那些名音乐家的作品,我不会干涉女儿的兴趣爱好,也不会强迫她学音乐,只是我会鼓励和支持她,我们买了新房后,我特地买了一套音响设备和贝多芬的全套钢琴曲,还有朗朗的钢琴曲。先是我到用餐时放朗朗的曲子,很快她就喜欢上并习惯听了。她说自己最喜欢的是贝多芬的《命运交响曲》,不久我换了贝多芬的曲子,她也慢慢习惯听了,到现在,我随便播放一首,她都能知道曲目的名字了。"

这位母亲的教育方法是值得我们学习的。其实,我们的孩子都是一粒亟待发芽抽枝、开花结果的种子,也许他是玫瑰花种,将来会绽放绚烂的玫瑰;也许他是一株小草,将来会焕发出绿色的、倔强的生机……然而有一点不容置疑:孩子天赋的发挥离不开妈妈的支持和鼓励。

在支持和鼓励孩子天赋这一问题上,我们妈妈要做到:

1.尊重孩子的兴趣和爱好

"一天晚上,我在房间整理衣服,听到客厅传来并不是很好听的歌声,我走进客厅,看到我3岁的孩子在随着伴奏的音乐咿咿呀呀唱歌,我马上对他说:'宝贝,你唱得简直太棒了!'现在他已经出了自己的专辑,我是他忠实的歌迷。"

这里,我们可以发现,孩子的天赋蕴藏于其兴趣中,而这需要我们作为父母的支持和鼓励。然而,我们却发现,现实生活中,一些父母认为,成绩好才是王道,于是,他们把所有精力都放在引导和提高孩子学习成绩上，即便是才3岁的孩子，他们也会让孩子参加各种各样的学习班，而事实上，这无疑是扼杀了孩子的天赋。

2.鼓励孩子大胆尝试

孩子都是充满好奇心的，他们很喜欢尝试，对此，妈妈应给予鼓励和指导，千万不要打击孩子的积极性，即便是做错了，也不要训斥，要积极无条件地关注自己的孩子，鼓励和帮助他们树立自信心，排除挫折，远离无助感。

3.不要用成人的眼光去评价和打击孩子

一些年幼的孩子即使喜欢唱歌、跳舞或者其他活动，但此时他们对该活动还没有系统的学习，但如果孩子表现出强烈的兴趣，那么，我们就不要用成人的眼光去评价孩子的歌声，更不要去打击他。

比如，孩子咿咿呀呀唱歌，如果你无心嘲笑孩子，看似无伤大雅，但却会给孩子今后的人生留下阴影，所以，不论孩子做的如何，我们都应该给予他鼓励，支持他，让他尽情发挥天分。

4.把孩子的愿望变成现实

孩子在某一方面再有天赋，如果得不到妈妈的支持，都会化为泡影，都不能使孩子走上正轨。我们只有做好了充分的准备，才能为孩子的天赋开掘出一条壮阔的通道，让孩子们的智慧之泉流淌。

总之，每个妈妈都要做教育的有心人，一旦发现孩子的天赋，妈妈就要积极地把它引导出来，这样，孩子所具备的那些天赋才会成为他终身的财富。

你怎么那么多问题
——请呵护好孩子对事物的好奇心

不知妈妈们是否发现，你的孩子好像总有问不完的问题，且总是问个不停，大有打破砂锅问到底的势头和得不到答案不罢休的执着。为此，有些妈妈被孩子问着问着就心烦了，会说："你怎么那么多问题？"其实，孩子开始问"为什么"，这表明他们开始展露他们的好奇心，一般来说，这种好奇心在年幼的孩子身上尤为明显，比如，你的孩子是否给布偶喂过牛奶、药或者饭菜，是否缠着你问各种"为什么"，是否观察某个小动物半天时间？有时候，甚至还会做出一些让我们哭笑不得的事。

我们先来看下面一个场景：

一位妈妈带着3岁的女儿去一家餐厅吃饭。在餐厅的正中间，摆放着一只超大的海绵宝宝，比女儿的个头还高很多。这时，小姑娘的问题来了！

"妈妈，这里为什么会有一只海绵宝宝呢？"

这些话，
妈妈不要在孩子面前说

"也许餐厅工作人员知道小朋友都喜欢海绵宝宝啊，所以放在这里！"

"为什么他们会知道小朋友喜欢呢？"

"可能他们问过小朋友吧，所以就知道啊。或者他们家也有小朋友喜欢海绵宝宝，他们就知道啦！"

"哦！那为什么小朋友喜欢，他们就把这只海绵宝宝放在这里呢？"

"呃？也许他们希望小朋友来他们的餐厅吃饭，希望小朋友来餐厅吃得开心吧，所以就放在这里吧！"

"那他们为什么要让小朋友喜欢呢？为什么要让小朋友开心呢？"

"嗯，嗯！你的问题好多啊！跟你聊天真开心！菜来了，咱们先吃吧！"

"好啊！谢谢妈妈！我也喜欢跟妈妈聊天！"

这样的场景可能很多妈妈都很熟悉，你是如何解决的？我们不得不佩服这位妈妈的耐心和善解人意。这段对话让我们明了，孩子有时并不是需要一个固定或准确的答案，只是想发散性跟我们天马行空地聊一聊而已。

你可能很难相信，一个两年前还不会开口说话的小孩子，两年后居然就有聊天的需求啦！没错，他们就是有了这种与人交流的需求。如果你没有足够的耐心，没有充分的尊重，没有随意聊来的答案，我想你是不能够应对得如此温暖愉快，极有可能不到两个回合就打断遏止了孩子的提问。

那么,孩子为什么这么爱提问呢?

这要从孩子大脑发育的情况来看,孩子在成长的过程中,大脑也逐渐在发育,到了3岁以后开始进入最为活跃和迅速发展的阶段,在这一阶段也是孩子们最喜欢问为什么的阶段。

此时,在一些因素,比如孩子求知欲旺盛、生活和教育环境轻松的催化下,孩子开始喜欢提问,且喜欢刨根问底。其实,孩子爱提问是好事,是孩子求知欲旺盛的表现,因此,我们建议要多鼓励孩子发问。不过,妈妈在鼓励孩子学会追问时,要注意以下几个方面:

1.培养孩子提问的习惯

让孩子做到谦虚好学,遇到不懂的问题,就应该主动提出来这样,孩子才能真正掌握到知识,从而能更好地创新。

2.给孩子讲善于提问的好处

对于不敢问、懒得问的孩子,妈妈应给他们讲清善于提问的好处。鼓励孩子提出问题,并能深入地探究问题,通过请教老师、妈妈,或者通过查阅资料,获得问题的答案。

3.带孩子发现问题

由于大自然是孩子最好的教科书,因此妈妈应该经常带孩子到户外走走、看看、玩玩,让他们有更多的机会去观察探索。在孩子发现问题的基础上,妈妈还要有针对性地引导他寻找到问题的答案,因为这样能让他的印象更深刻。

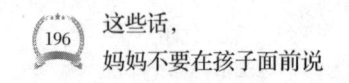

4.适当表扬孩子的提问行为

当孩子提出问题的时候，妈妈不但应该引导他找到答案，还应该表扬孩子的行为，使他始终保持提问的积极性。

不过，虽然妈妈都知道孩子喜欢思考是好事，但是妈妈也会感到困惑，孩子从不会按照套路出牌，如何回答他们那么多的奇异问题？

除了上面跟孩子漫无目的地聊天交流，下面提供几个小办法，帮你轻松应对孩子的刨根问底：

1.掌握一些回答孩子问题的常用术语

如果孩子的问题你一时回答不上来，可以先用一些常用术语来回答，比如"这真是一个有意思的问题""你居然能想到问这个""你很想知道为什么，对吗""你真是一个爱思考的孩子"。

这样的回答让孩子感觉到你很重视他的思考，会让孩子内心笃定：善于思考是一件备受妈妈肯定的事情。

因为使用了这些常用术语，你就为自己赢得了一些时间，努力想想该怎么回答，要解释到什么程度？建议大家，能解释多少就解释多少，不必苛求严谨和彻底。

因为孩子并不一定需要我们想的那样需要科学、彻底的解释，他们只是好奇，需要我们反复地回应。

2.和孩子一起探索问题的答案

比如，孩子问："小朋友有爸爸妈妈，那小蚂蚁有吗？还有他们也有姥姥、姥爷和舅舅吗？"一时间，可能妈妈还真是答不上来。这时，你可以回答："爸妈也不知道呢。咱们一起去查查资料吧！"

也许查阅一些科普书后，你才知晓，原来个别蚂蚁的寿命长得惊人，如蚁后寿命可长达20年，工蚁可活7天，而一只离群的蚂蚁只能活几天。如果一个窝里都是同一只蚁后的后代，那么，蚂蚁还真的很难有姥姥姥爷等亲属了。

因此和孩子一起探索，一起推测论证的过程，才是你应对各类问题的妙招。

3.鼓励孩子多与同伴讨论

在孩子的眼里，世界是新奇的，且他们的问题也是千奇百怪的，有时候，哪怕再有学问和知识的妈妈，也未必能回答出孩子的问题，如孩子们常常问的：鸡生蛋还是蛋生鸡？

而对于这样的问题，我们可以鼓励孩子和其他小朋友一起讨论，并且，随着年龄增长，孩子越来越需要跟同龄人进行交流和对话，鼓励孩子与其他小朋友讨论，不仅能开发孩子的智力和语言能力，还能帮助孩子交到朋友，结下友谊。

在孩子"刨根问底"的过程中你要不断提醒自己，此时最重要的不是给出他们多么精准的答案，而是你要习惯于跟孩子进行开放平等的对话和交流，让他们养成爱思考、勇于探索的好习惯，让他们体验到互动讨论的乐趣。

听我的，以后当医生绝对没错
——不要把自己的梦想强加到孩子身上

我们不得不承认，每一个妈妈，都对自己的孩子报以殷切的期望，比如，我们经常听到一些妈妈会对孩子说："听我的，以后当医生绝对没错""当老师好，我们家几代人都是老师""你一定要考上舞蹈学院，这是妈妈年轻时的梦想"……我们发现，妈妈们的这种期望，有很强的主观色彩，并且，和她们自身的经历、梦想有关系。的确，有的妈妈没有上过大学，她便希望孩子无论如何都要上大学；有的妈妈曾经在艺术的道路上因为外在原因没有闯出一番成就来，她便希望孩子能继续走自己没走完的路；也有一些妈妈，自打孩子一出生，她们就为孩子定了一条人生之路……而很多时候，这些妈妈并没有征求孩子的意见，也不向孩子解释原因。一些听话的孩子自然会遵从妈妈的愿望，但多半时候，却造成了孩子的逆反情绪。这就是心理学中"代偿心理"在家庭教育中的反映。因此，我们在与孩子沟通时，一定要避免这点。

的确，生活中，有些人当自己的理想无法实现时，便开始为自己积极寻找一个新的"理想代言者"，这一对象多半是他们的子女，也就是说，他们希望自己的孩子能帮助自己完成某一心愿或理想。实际上这是一种自欺欺人的心理。他追求的目标并未重新设立，只是为自己找了个替身，即使这个替身真的为自己实现了理想，那么，这也只是一种假象而已。

事实上，我们必须承认的一点是，很多妈妈在亲子沟通时都不可避免地有这种心理，且喜欢向孩子灌输自己的梦想，她们在自己成长的过程中，因为种种原因而未能实现自己的愿望，为此，她们便把希望寄托在孩子身上，希望孩子能够实现这些愿望。我们来看看下面这位母亲曾经是怎么教育孩子的：

"我是一名科班出身的芭蕾舞演员，在结婚前就获得过很多奖项，后来遇到了我先生，我们开始创业，我不得不放弃自己的事业，身材也慢慢走样了。为此，我哭过很多次。

"生了女儿丹丹之后，我发现，也许这是上天给我的暗示——让女儿来完成我的梦想。但丹丹实在太不听话了，她根本对这项艺术提不起任何兴趣来。

"在她5岁的时候，我就为她买了很多芭蕾舞鞋。到她7岁的时候，我就带着她去见最好的芭蕾舞老师，然后为她报名，学费很昂贵，但小家伙实在让我太失望了，她有着她爸爸的基因，7岁的她已经开始比其他女孩胖很多了，根本无法跳舞。

"其实，丹丹在一开始就告诉我，她不喜欢跳舞，她喜欢画画，但我仍然一厢情愿地强制孩子非学不可。半年过后，孩子仍然没有兴趣，也学无所成，我也没了热情。现在，我看着那些买来的芭蕾舞鞋，只能叹气。"

事实上，有过这样经历的妈妈肯定不在少数，当孩子还小的时候，他们对我们的安排并没有反抗的意识，但到他们长大后，他们有了自己的想法。我们曾经自以为强大的"权威"，会受到来自孩子的强烈挑战，严重地影响亲子关系。因此在教育孩子时，妈妈一定要考虑孩子真实的心理需求，不要将自己的意志强加在孩子身上。

当然，其实妈妈有这样的心理也是可以理解的。谁不希望子女能替自己了却心中的夙愿呢？只是妈妈在教育时一定要方法得当。为此，我们必须要调整自己的心态。

你要记住，孩子也是独立的个体，而不是我们的私有财产。

即使你曾经的梦想没有实现，你也不可把自己的愿望强加给孩子，而应该先问询孩子的意见，如果他愿意继承你的衣钵，那固然好，如果孩子不愿意，也不可强迫孩子，孩子毕竟是一个独立的人，让孩子选择自己的兴趣爱好，能培养孩子独立自主的能力。

再者，孩子也需要自己的空间。

教育孩子时，涉及原则的问题一定要坚持不让步，但其他小事没必要太较真。给孩子足够的空间，孩子会做得更好。

作为妈妈，在曾经的人生中，必然存在一些遗憾，但孩子并不是你的私有财产，更不是你的附属品，你的梦想，他没有义务为你实现。因此，在日常沟通中，不要向孩子灌输自己的梦想，只有放手让孩子自己做主，他们才能获得人生的经验，所以，在你确定孩子可以承担时，给孩子一些决定权，让他尝试按照自己的想法去做。总之，只有给孩子信心，给孩子机会，孩子才会越来越优秀。

第09章

培养孩子敢于闯荡的勇气,这些话妈妈不能说

我们都知道,未来社会,我们的孩子都要参加激烈的竞争,社会并不会因为一个人胆小懦弱就格外对他关照,培养孩子刚强勇敢的性格,是妈妈们教养孩子中义不容辞的责任之一。然而,事实上,我们发现,越来越多的孩子成了妈妈口中的"胆小鬼",他们怕黑夜,怕生人,怕风,怕雨,怕闪电惊雷,怕动物,怕父母不陪在身边……这样的孩子在未来怎么能独当一面呢?那么,为什么孩子如此胆小,妈妈们不妨反思一下自己的教育语言,是否总是给孩子贴"胆小鬼"的标签,是否总是说孩子"不行",是否打击孩子?如果是,妈妈们一定要自我调整和修正,多给予孩子鼓励和支持、引导,给足孩子勇气,进而让孩子成为一个勇敢的人。

小小年纪就这么爱争

——敢于竞争的孩子才更勇敢

丁丁是个腼腆内向的孩子，他从不和小朋友争东西，哪怕是他自己的东西，只要别人要玩，他就会默默放弃。

今年的丁丁十三岁了。这天，丁丁又拿着自己的滑板车出去玩了。其他孩子都对丁丁的滑板车很感兴趣。丁丁就让别人玩，自己则站在旁边干巴巴地等，看着别人一个一个轮番上车，丁丁的脸上写满了无奈。

好不容易车子还回来了，可丁丁的手刚握住他的小车，脚还没有跨上去，又有一个孩子叫着要玩小车。

在旁边看着的丁丁妈妈气不打一处来，想自己的孩子怎么这么窝囊，自己的东西自己都玩不上，如果被掠夺的次数多了，丁丁肯定会越来越惧怕别的孩子，这会让丁丁更内向。

想到这儿，妈妈直接走到丁丁旁边，替丁丁吆喝着把车子要了回来。那孩子的奶奶还嘀咕了一声："没见过你这么小气的妈。"其他孩子一看丁丁妈妈在身旁，都退到了一边。

妈妈大声对丁丁说："瞧你这个熊样，自己的东西，你想玩就玩，不想玩就不玩，怎么自己的东西反而被别的孩子抢来抢去，自己都玩不上！"

丁丁好像有一种无形的压力，他低着头，一声不吭。虽然，后来丁丁玩着自己的小滑车，可他并不开心。

作为丁丁的妈妈，一味地训斥丁丁，并不会起到改变丁丁的作用，而应该帮助丁丁获得自信和勇气，培养孩子的勇气就必须让孩子学会竞争，妈妈应鼓励孩子去战胜成长中遇到的困难。在遇到问题的最初阶段，孩子会不知所措，也有可能因此受到伤害，产生抵触情绪，而丧失了自己解决问题的机会。但这是一个孩子成长不可缺少的阶段，所以我们要放手让孩子自己解决。

竞争，在字典里是这样解释的：为了自己的利益而跟别人争胜。良性竞争是发展自己、提高自己的动力，所以，倡导良性竞争是很有必要的，尤其在当今竞争如此激烈的社会里，只有学会竞争，才能更好地适应社会。

然而，在家庭中，很多妈妈常常教导孩子要谦让，一旦孩子有竞争心态，就进行打压："小小年纪就爱这么爱争，长大还得了""把玩具给妹妹玩""好孩子是不争东西的"……在这些言论的影响下，孩子学会了忍让和放弃，久而久之，他们在生活和学习中也丧失了勇气了。而实际上，竞争可以激发人们内在的活力。在孩子的教育中同样如此，妈妈应该培养孩子的竞争意识。

有位妈妈有这样的隐忧："儿子已经9岁，身体的发育超越了同龄的孩子，高高的个子，健壮的身体，帅气的面庞，可

这些话，
妈妈不要在孩子面前说

他的心理年龄依旧停留在小奶娃的阶段。尤其是在勇敢、独立和竞争方面让我着急，让我不知所措。儿子父亲因为工作原因常驻外地，孩子的教育基本都是我在一肩挑，家里的住房面积比较大，空旷的房间里，楼上楼下就我们两个人，楼上有个窗动门响的，他就躲在我后面，手指着楼梯说：'妈妈，你走前面，让我们上去看看！'一脸恐惧的样子。如果晚上他睡觉，半夜醒来，必定要拉开所有的灯，跑到我房间找我，然后倒在我身边睡觉，有时，我故意跑到客厅的沙发上睡，看他半夜起来，还找不找我！无可救药的是，他居然找到客厅，躺在地板上睡，也不回自己房间。

"儿子在小区里有三四个要好的同学，他们经常到我家来玩电子游戏，如赛车了，三国了，他们在一起很友好，但友好的让我有点担心，他们从不比第一。本身自己的竞争意识已经很淡，所以孩子也就很淡漠竞争，如此这般身体力行地教育男孩子，将来我们这些妈妈会不会也'栽培'出新一代的'啃老族'？"

这位妈妈的隐忧是有道理的，不愿意做元帅的士兵就不是好士兵，必须从小培养孩子的竞争意识，谆谆教诲他们适者生存。

庆幸的是，也有越来越多的妈妈认为，"乖孩子"已经不适应社会了，要想将来不被社会淘汰，就要从小具备竞争意识。为此，妈妈们纷纷出"奇招"为孩子在竞争中获胜创造条件，如带孩子参加招聘会、给孩子报名参加各种比赛等，让孩子从小体会到成人世界的压力,并将压力转变为学习的动力,让孩子具备实力,这样,孩子自然不怕竞争,在竞争中也就有勇气过五关斩六将,最终获得成功。

当然,妈妈在激励孩子时,并不是简单地找几个学习更好的孩子来做比较,而是要讲究一些方法。

(1)在帮助孩子寻找竞争对手时,是找一个还是几个,这需要妈妈根据孩子的情况决定。

(2)注意帮助孩子寻找竞争对手的时间。在孩子取得一定成绩,并有暗自得意的征兆时,引进最合适。

当然,我们还需要注意的是,我们需要培养的不仅仅是孩子的竞争意识,还有孩子的竞争心态,因为竞争意识会随着孩子的成长而逐步形成。孩子的心态才是最重要的,孩子只有建立良好的心态,才能有正确的竞争意识,面对一个激烈竞争的世界,孩子在拥有竞争意识的同时,妈妈也要教育孩子们一定要有友爱意识,否则会使他们在竞争中变得冷酷无情。

不要逞能了,我说你不行就是不行
——妈妈要鼓励孩子大胆去尝试

很久以前,在一个广场上,有个妈妈牵着一个一岁的小男孩上台阶。

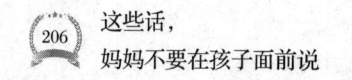

突然，小男孩挣开了母亲的手，要自己爬上去。

然而，台阶实在太高了，当他爬了几个台阶后，他害怕极了，然后他回头看了看站在身后的妈妈，但是他的妈妈却丝毫没有要抱他上台阶的意思，只是给了他一个鼓励的眼神。于是，他回过头来，继续爬，尽管很吃力，但他手脚并用，最终还是爬上去了，直到这儿，年轻的妈妈才过去将儿子抱起来，并在儿子的脸蛋上狠狠地亲了一口。

这个小男孩，就是后来成为美国第16届总统的林肯。他的母亲便是南希·汉克斯。

林肯出身贫寒，父亲是个农民，林肯接受过的所有的学校教育时间，加在一起还不到一年，但他却热爱学习、积极、努力、上进、正直。没有好的学习条件，他就自己创造，他曾用小木棍在地上写字，他不放过任何一个学习的机会。后来，林肯做过很多工作，当过工人，当过律师，也失业过。他从29岁起，开始竞选议员和总统，前后尝试过11次，失败过9次。在他51岁那年，他终于问鼎白宫，并取得了辉煌的业绩，被马克思称之为"全世界的一位英雄"。

母亲南希在林肯9岁那年不幸病故。但毫无疑问，她用坚强而伟大的母爱抚养了林肯，使他勇敢而坚定地走向未来。

其实，每个孩子的成长过程就像走楼梯的台阶，随着时间的推移，他们走过的台阶就越多。显而易见，如果妈妈牵着、搀扶着孩子走，他就会逐渐产生依赖性，最终只会把妈妈当成拐棍而难以自立。如果妈妈抱着孩子上台阶，那么，他就会成为"抱大的一代"，不经风雨，不见世面，更难立足于社会。

因此，作为孩子人生路上的第一人引路人，妈妈们都要鼓励孩子大胆去尝试，以此培养孩子的勇气，而其实，孩子都是充满好奇心的，他们很喜欢尝试，对此，妈妈应给予鼓励和指导，千万不要打击孩子动手的积极性，即便是做错了，也不要训斥，要积极无条件的关注自己的孩子，鼓励和帮助他们树立自信心，排除挫折，远离无助感。

生活中，我们常听到这样一句流行语："不要逞能了，我说你不行就是不行。"从心理学的角度讲，这无疑是对孩子最大的否定，在孩子成长的过程中，他们最信任、最亲近的人就是妈妈，如果妈妈给予他们鼓励，他们就会自信、开朗、勇敢，如果打击他们，他们就会自卑、胆小、怯懦。

因此，在家庭教育中，每一位妈妈都要认识到自己的语言对孩子的影响，不要说打击孩子的话，当孩子受挫后，你也应该找出孩子的闪光点，把这个亮点放大，贴在他身上，他就会向着你期望的目标一步一步靠近。

具体来说，妈妈们要做到：

1.学会放手，鼓励孩子独立行走

让孩子学会勇敢，首先妈妈要有让孩子独立的意识，否则所有的行为都是一句空话。而所谓独立的意识，简单一句话就是孩子能做的让他自己做，因为每个人的生活终将是每个人

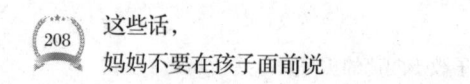

自己过，妈妈不能在他幼儿时剥夺他独立生活的意识。只有这样，孩子以后才能走得好、走得让妈妈放心。

从孩子学走路的那一刻，孩子就已走上自己独立的征途。对妈妈来说，则要做到，孩子能自己走，哪怕走得歪歪扭扭，会摔跤，也要让他自己走。

2.尊重孩子的天性，让孩子决定自己的未来

所有的妈妈都希望孩子长大后能有出息，但并不是所有的妈妈都能做到不干涉孩子选择人生，她们在为孩子设计未来时，多半不会考虑到孩子的天性、优点等，而是按照自己的意愿。这样的教育模式下培养出来的孩子是很难有突出的个性品质的，也多半是不快乐的。

3.尊重孩子的需要，让孩子自由探索

孩子的世界和成人的世界是不同的，对于他们成长道路上看到的很多事物，他们都会感到新奇，都有想探索的欲望，这也是孩子在成长过程中的一种本能的需要。对此，我们应该尊重，让孩子自由探索，这样，他才有更多的生活的体验，才能成长得更快。而假如我们剥夺了孩子的这种权利，那么，他们就体验不到这种乐趣，也会变得越来越没有自信。

4.不要过度保护孩子

孩子的成长过程虽然是充满恐惧的、颤颤巍巍的，但也是充满乐趣的。他们会摔跤，但作为妈妈，我们不能扶着孩子走，因此，如果你的孩子想尝试，那么，你应该鼓励孩子，让

孩子有尝试的勇气,而不是这样说:"算了,多危险,不要做了。""小心点,你会伤害自己的!""你不能做这个,太危险了!"这样,孩子即使想尝试,也会被你的提醒吓退的。

5.允许孩子做游戏,让孩子在游戏中学习

游戏是孩子最先接触学习的主要方式,在一些具体的游戏活动中,他们能学到如何思考,如何建立自信与勇气,如何与同伴交流,如何训练专注的工作态度。

你真是个胆小鬼

——妈妈如何帮助懦弱的孩子勇敢起来

生活中,不少妈妈经常这样评价自己的孩子:"你真是个胆小鬼",这句话对于她们来说似乎已经司空见惯,的确很多妈妈,潜意识里把小孩子当成弱者来看待,过分的渲染使孩子产生自卑感。这让一个原本自信的孩子,失去了坚定、果敢、骄傲等品质,对于孩子的成长极为不利。

作为妈妈,我们都知道,在孩子很小的时候,还很娇弱,需要我们的呵护,但我们妈妈要明白,我们的孩子始终要长大成人,而一个人成熟的标志之一就是勇敢。而事实上,在现实生活中,大部分妈妈在教育孩子时,往往关注其学习成绩,而忽视了其勇气的培养,这使得孩子普遍缺少勇敢精神。这些孩子凡事怕字当头：怕黑夜，怕生人，怕风，怕雨，怕闪电惊雷，怕动物，怕妈妈不陪在身边……但是妈妈们并不认为这有什么不妥，反而觉得小孩子就应该如此，但是这样的认识未免太过片面，因为他们没有看到一个懦弱的孩子很难建立起自信，也很难做成属于自己的事情。

鉴于此，妈妈应该改变教育方式，要教孩子勇敢起来：

1.不要过分溺爱孩子

妈妈的过分保护会给孩子消极的暗示。在妈妈的溺爱下，孩子一方面会变得娇纵、不可一世；另一方面，孩子的身体动觉能力智能也没有得到开发，会对实践产生畏惧心理。这样的孩子在面对"侵略"的时候不知所措，也就不足为奇了。

2.不要恐吓孩子

在孩子小的时候，当孩子哭闹的时候，一些妈妈会用恐吓的方式来制止孩子，比如用大灰狼、老虎来恐吓，甚至关掉电灯或者让孩子独自一人。但这些方法无异于饮鸩止渴，表面上看是制止了哭闹的孩子，但实际上，他们稚嫩的头脑中，会形成抹不掉的阴影，它的副作用是很大的，会给孩子带来长时间的心理创伤。

3.别动辄训斥孩子

诚然，孩子是管教出来的，但是孩子生性娇弱，自尊而敏感，动辄大声训斥，不是让孩子彻底丧失自尊心，就是让他与自信心无缘，这样的做法无异于扼杀孩子的未来。

4.妈妈必须自己要勇敢、坚强,做孩子的榜样

最好的教育始终是妈妈的言传身教,孩子看到妈妈自信、勇敢,也会进行效仿,同时,还要积极鼓励孩子大胆与人竞争,积极参与各种活动,在参与中锻炼和壮大胆量。勇敢心态的培养要从小开始,从点滴的小事做起,对孩子多鼓励、多赞赏,帮助孩子排解心理障碍,克服自卑心理,才能造就新时代新人,让他们生活在自信自立的天空下,快乐而幸福。

5.鼓励孩子对外交往

这是孩子的天性——孩子天生是出色的外交家,他们的世界是以关系为主的,他们需要在交往中锻炼自己的能力。如果孩子的生活中缺少了这一环节,他们就不知道该如何与别人交往,当碰到不公平的事情时,就更不知道怎么处理了。

6.鼓励孩子玩活跃的游戏

在合理的范围内,积极地鼓励孩子去做他们想做的事情,包括激烈活跃的游戏。他们想把自己弄得乱糟糟的,或者他们想扮成挎着枪的牛仔,就随他们去吧。如果我们老是对孩子说:"你不能这样,你不该那样",那么孩子长大以后,就会变得胆小怕事,不自信。一个缺少自信的孩子,又怎能激发自身的潜质,成就未来呢?

值得一提的是,攀爬、蹦跳、奔跑可以刺激发展孩子的协调能力,没有理由说孩子不可以玩这类激烈活跃的游戏。当然,游戏中安全必须是第一位的,引导技巧也很重要。如果他想从第五级往下跳，我们不妨对他说第五级有点高，我们先从第三级试试，最好不跟他说他不能。因为，我们对他做这些体育活动的能力的信心就是他树立自信心的源泉。

7.让孩子敢作为的最重要的一点，就是让他从小树立自己的理想

孩子要有所作为，必须有努力的目标，而这个目标，必须适合孩子的兴趣，爱好，要让孩子自己做决定，总之，不管他选择做什么，我们都要鼓励他享受他所享受的。这样，无论是芭蕾还是足球比赛，相信他都会是成功的。

总之，作为妈妈，你要明白，妈妈不可能永远是孩子的保护伞，只有真正地让孩子勇敢起来，拥有积极的心态，做一个生活的强者，才能让孩子独自去面对原本就不是一帆风顺的生活，在挫折面前才不会奢望别人的帮助，才会化不利为有利，才不会在外人面前轻易流泪，也不会在困难面前手足无措、六神无主，无法养活自己，才能成为一个强者！

参考文献

[1]曾田照子.这55句话,妈妈不要在孩子面前说[M].北京:新星出版社,2016.

[2]张振鹏.与孩子有效沟通的100个好方法[M].北京:金盾出版社,2010.

[3]赵雅丽.妈妈会沟通,孩子更优秀[M].北京:中国友谊出版公司,2019.

[4]于薇.不唠叨让孩子听话的诀窍学会与孩子沟通的技巧[M].北京:经济科学出版社,2013.